Düwel/Gabriel/Göhler/Renz/Teufel

EPÜ- und PCT-Tabellen

11. Auflage

EPÜ- und PCT-Tabellen

Workflow-orientierte Verfahrenshandlungen

von

Dr. rer. nat. Isabell Düwel (European Patent Attorney, Deutsche Patentassessorin),
Dr. rer. nat. Markus Gabriel (European Patent Attorney, Deutscher Patentanwalt),
Dr. rer. nat. Karen Göhler (European Patent Attorney),
Dipl.-Ing. Christian Renz (European Patent Attorney, Deutscher Patentassessor),
Dipl.-Ing. Benjamin Teufel

unter Mitarbeit von

Dr. rer. nat. Dirk Pansegrau (European Patent Attorney)

nach der 3. Auflage ausgeschieden aus dem Autorenkreis

Dipl.-Ing. Zdenko Bozic

11. Auflage

Carl Heymanns Verlag 2023

Zitiervorschlag: Düwel/Gabriel/Göhler/Renz/Teufel, EPÜ- und PCT-Tabellen, 11. Aufl., Kap. A Rn. 10

Bibliografische Information der Deutschen Nationalbibliothek

Die Deutsche Nationalbibliothek verzeichnet diese Publikation in der Deutschen Nationalbibliografie; detaillierte bibliografische Daten sind im Internet über http://dnb.d-nb.de abrufbar.

ISBN 978-3-452-30057-7

www.wolterskluwer.de

Alle Rechte vorbehalten.

© 2022 Wolters Kluwer Deutschland GmbH, Wolters-Kluwer-Str. 1, 50354 Hürth

Das Werk einschließlich aller seiner Teile ist urheberrechtlich geschützt. Jede Verwertung außerhalb der engen Grenzen des Urheberrechtsgesetzes ist ohne Zustimmung des Verlages unzulässig und strafbar. Das gilt insbesondere für Vervielfältigungen, Übersetzungen, Mikroverfilmungen und die Einspeicherung und Verarbeitung in elektronischen Systemen.

Verlag und Autoren übernehmen keine Haftung für inhaltliche oder drucktechnische Fehler.

Umschlagkonzeption: Martina Busch, Grafikdesign, Homburg Kirrberg
Druck und Weiterverarbeitung: Wydawnictwo Diecezjalne i Drukarnia w Sandomierzu, Sandomierz, Polen

Gedruckt auf säurefreiem, alterungsbeständigem und chlorfreiem Papier.

Vorwort zur 11. Auflage

Die vorliegende tabellarische Übersicht für das EPÜ- und das PCT-Anmeldeverfahren soll sowohl EQE-Prüflingen als Lehrmittel, als auch erfahrenen Patentanwälten und Neulingen auf dem Gebiet des gewerblichen Rechtschutzes als Arbeitsmittel dienen. Darüber hinaus können die Tabellen als praktisches Nachschlagewerk für Patentingenieure und Patentverwaltungsangestellte verwendet werden. Die Zusammenstellung zeigt die Anwendung der entsprechenden Rechtsnormen anhand von Rechtsketten, insbesondere bei Praxisfällen, aber auch bei Spezialfällen. Hierzu umfasst die tabellarische Übersicht neben zwei Haupttabellen, die das EPÜ und das PCT abdecken, weitere Spezialtabellen. In der Spezialtabelle EU-Patent werden ausführlich die Verfahrensmöglichkeiten und Rahmenbedingungen des Europäischen Patents mit einheitlicher Wirkung und das Einheitspatentgericht behandelt. Weitere Spezialtabellen betreffen Sonderthemen und besondere Rechtsgebiete wie zum Beispiel Priorität, Fristen, Gebühren, mündliche Verhandlungen und Teilanmeldungen. Weiterhin erlauben die aufgeführten Rechtsketten einen schnellen Zugriff auf Hinweise zur Mängelbeseitigung. Gerade die kompakte und übersichtliche Darstellung ermöglicht es, komplexe Verfahrensabläufe leicht zu erfassen.

Für die Rechtsketten wird die für das bessere Verständnis notwendige Rechtsprechung zitiert. Als Nachschlagemöglichkeit verweisen wir an den entsprechenden Stellen auf das kommentierte EPÜ von Singer/Stauder, 8. Auflage, Carl Heymanns Verlag 2019.

Diese Auflage berücksichtigt Rechtsänderungen bis zum 31.08.2022.
Wir danken unseren Familien und Freunden, vor allem Dr. Karl Michael Ketterle (European Patent Attorney, Deutscher Patentanwalt) und Dr. Jörg Fick (European Patent Attorney, Deutscher Patentanwalt) für die Unterstützung.

Das Werk wurde mit größtmöglicher Sorgfalt erstellt, jedoch sind wir für Verbesserungshinweise und Anregungen dankbar (Kontakt: epue-tabellen@gmx.de). Ergänzungshinweise stellen wir über die Downloadseiten des Verlags (siehe »Hinweise zur Online-Nutzung«) zur Verfügung.

Wir danken unseren aufmerksamen Lesern der 10. Auflage für die zahlreichen Rückmeldungen, insbesondere Torben Stingl (European Patent Attorney, Deutscher Patentanwalt), Bernd Eckert, Dr. Melanie Lödige (European Patent Attorney, Deutsche Patentanwältin) und Dr. Christoph Jocher (European Patent Attorney, Deutscher Patentanwalt).

Stuttgart, 01.09.2022

Dr. Isabell Düwel
Dr. Markus Gabriel
Dr. Karen Göhler
Christian Renz
Benjamin Teufel

Vorwort zur 1. Auflage

Die vorliegende tabellarische Übersicht für das EPÜ- und das PCT-Anmeldeverfahren soll sowohl EQE-Prüflingen als Lehrmittel, als auch erfahrenen Patentanwälten und Neulingen auf dem Gebiet des gewerblichen Rechtschutzes als Arbeitsmittel dienen. Darüber hinaus können die Tabellen als praktisches Nachschlagewerk für Patentingenieure und Patentverwaltungsangestellte verwendet werden. Die Zusammenstellung zeigt die Anwendung der entsprechenden Rechtsnormen anhand von Rechtsketten, insbesondere bei Praxisfällen, aber auch bei Spezialfällen. Hierzu sind die Kapitel neben zwei Haupttabellen, die das EPÜ und das PCT abdecken, in weitere Kapitel unterteilt. Diese betreffen Sonderrechtsgebiete wie zum Beispiel Priorität, Fristen und Teilanmeldung. Weiterhin erlauben die aufgeführten Rechtsketten einen schnellen Zugriff auf Hinweise zur Mängelbeseitigung. Gerade die kompakte und übersichtliche Darstellung ermöglicht es, komplexe Verfahrensabläufe leicht zu erfassen.

Für die Rechtsketten wird die für das bessere Verständnis notwendige Rechtsprechung zitiert. Als Nachschlagemöglichkeit verweisen wir an den entsprechenden Stellen auf das kommentierte EPÜ von Singer/Stauder, Carl Heymanns Verlag 2010, 5. Auflage.

Diese Auflage berücksichtigt Rechtsänderungen bis zum 01.07.2011.

Wir danken unseren Familien und Freunden, vor allem Dr. Dirk Pansegrau und Dr. Karl-Michael Ketterle sowie Dirk Slickers für die Unterstützung.

Das Werk wurde mit größtmöglicher Sorgfalt erstellt, jedoch sind wir für Fehlerhinweise und Anregungen dankbar (Kontakt: epue-tabellen@gmx.de).

Stuttgart, 01.09.2011

Zdenko Bozic
Dr. Isabell Düwel
Dr. Markus Gabriel
Benjamin Teufel

Hinweise zur Online-Nutzung

Downloaden Sie einzelne Ergänzungen zur aktuellen Auflage.

Rufen Sie dazu die Webseite **https://shop.wolterskluwer-online.de/code** auf und registrieren Sie sich mit dem folgenden Zugangscode:

WZM96KL3M

Eine genaue Anleitung finden Sie auf der oben genannten Webseite.

Inhalt

Vorwort	V
Hinweise zur Online-Nutzung	VII
Inhalt	IX
Abkürzungen	XI
Hinweise zur Benutzung	XVII
Quellen	XXIII

Haupttabellen

- A. Ablauf EP-Anmeldung/Patent 1
- B. Ablauf PCT-Anmeldung 69

Tabellen zu Spezialthemen

- C. EURO-PCT 127
- D. Mündliche Verhandlung 145
- E. Einspruch 167
- F. Beschwerde 201
- G. Übersicht EU-Patent 221
- H. Materielles Patentrecht 259
- I. Priorität 285
- J. Fristen 305
- K. Sprachen 337
- L. Änderung, Berichtigung 351
- M. Teilanmeldung, Neue Anmeldung 379
- N. Weiterbehandlung, Wiedereinsetzung 395
- O. Beschleunigung 407
- P. Vertretung, Unterschrift 425
- Q. Anforderungen zur Zulassung 441
- R. Gebühren 451
- S. Kommentierung G-Entscheidungen 501
- T. Tabelle mit Vertragsstaaten 519
- U. Zeitstrahlen EPÜ- und PCT-Anmeldeverfahren 537
- V. Übersicht US-Patentrecht 541

Kalender	551
Artikel und Regelverzeichnis	555
Stichwortverzeichnis	571

Abkürzungen

→	daraus folgt, es gilt
☝	siehe Entscheidung
📖	weiterführende Informationen in angegebener Literatur
📄	Interne Verweise auf Kapitel und Randnummer
~~Text~~	durchgestrichener Text hebt kürzliche Änderung hervor
<>, ≠	ungleich
-/+	nicht möglich / möglich
AA	Anmeldeamt
ABl.	Amtsblatt EPA
AFCP	After Final Consideration Pilot (USPTO)
AG	Applicants Guide
AIA	Leahy-Smith America Invents Act
allg.	allgemein
ABVEP/VEP	Ausführungsbestimmungen zu den Vorschriften über die europäische Eignungsprüfung für zugelassene Vertreter/ Vorschriften über die europäische Eignungsprüfung für zugelassene Vertreter
AO	Ausführungsordnung
ArbnErfR	Arbeitnehmererfinderrecht
Art.	Artikel
AT	Anmeldetag
AtVfVÖ	Abschluss der technischen Vorbereitungen für die Veröffentlichung
autom.	automatisch
AZ	Aktenzeichen
BdP	Beschluss des/r Präsidenten/in
BdV	Beschluss des Verwaltungsrats
B.-Gebühr	Benennungsgebühren
BGH	Bundesgerichtshof
bzw.	beziehungsweise
CIP	Continuation-in-part application (USPTO)
CEPT	Conférence Européenne des Administrations des Postes et des Télécommunications
C.F.R.	Code of Federal Regulations – Titel 37: Patents, Trademarks, and Copyrights (USPTO)
CMS	Case Management System (EPA)
DAS	Dossier Access System (Akteneinsicht)
d.h.	das heißt

Abkürzungen

DE, IT, US, ...	Länderkürzel für Deutschland, Italien, USA, ... à Spezialtabelle Vertragsstaaten
DO	Designated Office / Bestimmungsamt
DOEPS	Durchführungsordnung zum einheitlichen Patentschutz
DPMA	Deutsches Patent- und Markenamt
ECfS	Early Certainty from Search
EESR	Extended European Search Report (erweiterter europäischer Recherchenbericht)
EG	Europäische Gemeinschaft
EH	Entgegenhaltung
EO	Elected Office / ausgewähltes Amt
eP	Europäisches Patent
ePA	Europäische Patentanmeldung
EPA, EPO	Europäische Patentorganisation
EPG	Einheitliches Patentgericht
EPGÜ	Internationales Übereinkommen zur Schaffung eines Einheitlichen Patentgerichts (Gesetzgebungsakte 16351/12)
EPLC	European Patent Litigation Certificate
EPÜ	Europäisches Patentübereinkommen
EPVO	Verordnung über die Umsetzung der Verstärkten Zusammenarbeit im Bereich der Schaffung eines einheitlichen Patentschutzes (VO 1257/2012)
EuGH	Europäischer Gerichtshof
EU-Patent	Europäisches Patent mit einheitlicher Wirkung
europ.	europäisch(e)
Euro-PCT	PCT-Verfahren vor dem EPA
EV	Erstreckungsverordnung
GBK	Große Beschwerdekammer
Geb. Erm.	Gebührenermäßigung
GebM	Gebrauchsmuster
GebO	Gebührenordnung
GebOEPS	Gebührenordnung zum einheitlichen Patentschutz
GebVerz	Gebührenverzeichnis
GGVO	Gemeinschaftsgeschmacksmusterverordnung
GL	Richtlinien (Guidelines) für die Recherche und Prüfung im EPA als PCT-Behörde
GMVO	Gemeinschaftsmarkenverordnung
GRUR	Gewerblicher Rechtsschutz und Urheberrecht
IB	Internationales Büro
idR	in der Regel
IDS	Duty of disclosure (USPTO)

Abkürzungen

IGE	Eidgenössisches Institut für Geistiges Eigentum
INID	Internationally agreed Numbers for the Identification of Data (international vereinbarte Zahlen zur Kennzeichnung von Daten)
INPI	Institut National de la Propriété Industrielle (Französisches Patentamt)
int.	international(e)
IntPatÜG	Gesetz über internationale Patentübereinkommen
IPEA	International Preliminary Examination Authorities (mit der internationalen vorläufigen Prüfung beauftragten Behörde)
IPER	International Preliminary Examination Report (internationaler vorläufiger Prüfungsbericht)
IPR	Inter partes examination (USPTO)
IPRP	International Preliminary Report on Patentability (internationaler vorläufiger Bericht über die Patentfähigkeit)
IPTO	Italian Patent and Trademark Office
ISA	International Searching Authority (internationale Recherchebehörde)
ISPE-Richtlinien	PCT International Search and Preliminary Examination Guidelines (PCT-RiLis für die internationale Recherche und die internationale vorläufige Prüfung)
ISR	International Search Report (internationaler Recherchenbericht)
iVm	in Verbindung mit
ivP	internationale vorläufige Prüfung
J/G/R/T	Entscheidungen werden z.B. mit G xx/yy für Entscheidungen der großen Beschwerdekammer zitiert
JG	Jahresgebühren
JPO	Japanisches Patentamt
KIPO	Korean Intellectual Property Office
M	Monat/e
LK	Laufendes Konto
MdEPA	Mitglied des europäischen Patentamts
MdP	Mitteilung des/r Präsidenten/in des EPA
mind.	mindestens
MPEP	Manual of Patent Examining Procedure (USPTO)
NatR	nationales Recht
nat.	national(e)
OEE	Office of Earlier Examination
OFF	Office of First Filing
OLE	Office of Later Examination
OLF	Online Filing (Online-Einreichung)
opt.	optional
OSF	Office of Second Filing

Abkürzungen

P3	Post-Prosecution Pilot (USPTO)
PABC	Pre-Appeal Brief Conference Pilot Programm (USPTO)
PACE	Programme for accelerated prosecution of european patent applications (Programm zur beschleunigten Bearbeitung europäischer Patentanmeldungen)
PatG	Deutsches Patentgesetz
PCT	Patent Cooperation Treaty (Vertrag über die internationale Zusammenarbeit auf dem Gebiet des Patentwesens)
PGR	Post grant review (USPTO)
PI	Patentinhaber
PPH	Patent Prosecution Highway (Eilweg zur Patenterteilung)
Prio	Priorität/en
PT	Prioritätstag
PVÜ	Pariser Verbandsübereinkunft
PVA	Protokoll zum Übereinkommen über ein einheitliches Patentgericht betreffend die vorläufige Anwendung
QPIDS	Quick Path Information Disclosure Statement (USPTO)
R	Regel (z.B. R 106) oder Aktenzeichen (z.B. R 9/09) für Anträge auf Überprüfung durch die GBK
RAusk	Rechtsauskunft BdP des EPA vom 31.05.2012: Alle Rechtsauskünfte werden aufgehoben, da die behandelten Fragen in die Prüfungsrichtlinien aufgenommen wurden.
RB	Recherchenbericht
RCE	Request for continued examination (USPTO)
Rd	Randnummer(n)
RdBK	Rechtsprechung der Beschwerdekammern
reg.	regional/e
R.-Gebühr	Recherchengebühr
RiLi bzw. RiLi 19	Richtlinien für die Prüfung im Europäischen Patentamt (RL/EPA) (Stand 01.11.2018 bzw. Stand 01.11.2019)
RL/ISPE	PCT-Richtlinien für die internationale Recherche und die internationale vorläufige Prüfung
RL/PCT-EPA	Richtlinien für die Recherche und Prüfung im Europäischen Patentamt als PCT-Behörde (Stand 01.11.2018)
RO/RL	PCT-Richtlinien für Anmeldeämter
RO/AA	Receiving Office / Anmeldeamt
RoP	Rules of Procedure of the UPC (Verfahrensordnung des EPG)
RoCFRC	Rules on Court fees and recoverable costs
SIPO	State Intellectual Property Office (Chinesisches Patentamt)
SIS	Supplementary International Search (ergänzende internationale Recherche)

Abkürzungen

SISA	Supplementary International Searching Authority (mit der ergänzenden internationalen Recherche beauftragte Behörde)
SISR	Supplementary International Search Report (ergänzender internationaler Recherchenbericht)
S/S	Singer/Stauder
SA	Stammanmeldung
SdT	Stand der Technik
SR	Schutzrecht
TA	Teilanmeldung
techn./nichttechn.	technisch / nichttechnisch
u.a.	unter anderem
ÜbVO	Verordnung über die Umsetzung der verstärkten Zusammenarbeit im Bereich der Schaffung eines einheitlichen Patentschutzes im Hinblick auf die anzuwendenden Übersetzungsregelungen (VO 1260/2012)
UKIPO	United Kingdom Intellectual Property Office
UPC(A)	Unified Patent Court (Agreement)
UPOV	Internationaler Verband zum Schutz von Pflanzenzüchtungen
U.S.C.	United States Code: Title 35 – Patents (USPTO)
USPTO	Patent- und Markenamt der Vereinigten Staaten
usw.	und so weiter
VAA	Vorschriften über das automatische Abbuchungsverfahren
VEP/ABVEP	Vorschriften über die europäische Eignungsprüfung für zugelassene Vertreter/ Ausführungsbestimmungen zu den Vorschriften über die europäische Eignungsprüfung für zugelassene Vertreter
VerfOBK	Verfahrensordnung der Beschwerdekammern
VGBK	Verfahrensordnung der großen Beschwerdekammer
vgl.	vergleiche
VLK	Vorschriften über das laufende Konto
VO	Verfahrensordnung
VÖ	Veröffentlichung
VS	Vertragsstaat
vs.	gegen, gegenüber gestellt
WB	Weiterbehandlung
WE	Wiedereinsetzung
WIPO	Weltorganisation für geistiges Eigentum
WO-ISA	Written opinion of the ISA (Bescheid der internationalen Recherchebehörde)
WTO	World Trade Organization
z.B.	zum Beispiel
zbF	zu bestimmende Frist

Hinweise zur Benutzung

Dieses Buch enthält drei Haupttabellen, die knapp den gesamten Ablauf des jeweiligen Anmeldeverfahren abbilden sollen. Die Haupttabelle A »Ablauf EP-Anmeldung/Patent« behandelt dabei das Anmeldeverfahren von europäischen Patentanmeldungen. Die Haupttabelle B »Ablauf PCT-Anmeldung« behandelt das Anmeldeverfahren von internationalen Anmeldungen. Die Haupttabelle C »Ablauf Euro-PCT-Anmeldung« behandelt das Anmeldeverfahren von Euro-PCT-Anmeldungen. Zur Vertiefung von speziellen Themen sind weiterhin Spezialtabellen vorgesehen. Diese sind nach der praktischen Verwendung und ab dem Zeitpunkt, zu dem das betreffende Thema im Verlauf des Anmeldeverfahrens zum Tragen kommt, geordnet.

Die Tabellen bilden die Rechtsketten ab, zu den durch das EPÜ, der Ausführungsordnung und den Richtlinien zur Prüfung definierten Rechtsnormen.

1	2	3	4	5	6
Verfahrens-handlung	Rechtsnormen	Details und Fälligkeit	Unmittelbare Folgen eines Mangels, Mängelbeseitigung, Fristen	Rechtsfolge bei Nicht-beseitigung von Mängeln oder Fristversäumnis	Weiterbehandlungs-/Wiedereinsetzungs-Möglichkeit

- In der **1. Spalte** der Tabellen sind die Punkte der Verfahrenshandlung aufgeführt, die abgearbeitet werden müssen und zu dem jeweiligen Abschnitt gehören.
  Beispiel für Spalte 1:
  Zur Inanspruchnahme einer Priorität ist es notwendig, den »Tag und den Staat« anzugeben.

- In der **2. Spalte** der Tabellen stehen die relevanten Rechtsnormen.
  Beispiel für Spalte 2:
  »Art. 88 (1), R 57 g), usw.«

- In der **3. Spalte** stehen weitere Details und wann der Punkt fällig wird.
  Beispiel für Spalte 3:
  nach »R 52 (1) + (2) (...) bei Einreichung«

- In der **4. Spalte** stehen die unmittelbaren Folgen eines Mangels, Möglichkeiten zur Mängelbeseitigung und zugehörige Fristen
  Beispiel für Spalte 4:
  »Berichtigung innerhalb von 16 Monaten ab dem frühesten ursprünglichen oder berichtigten Prioritätstag« usw.

- In der **5. Spalte** stehen die Rechtsfolgen, die bei einer Nichtbeseitigung von Mängeln oder bei Fristversäumnis eintreten.
  Beispiel für Spalte 5:
  »nach Art. 90 (5) erlischt der Prioanspruch« bei Nichteinreichung der Prioritätserklärung

- In der **6. Spalte** stehen die Weiterbehandlungs-, Wiedereinsetzungsmöglichkeiten im EPÜ, auch Beschwerde.
  Beispiel für Spalte 6:
  Weiterbehandlung ausgeschlossen (»WB(–)«), aber Wiedereinsetzung (»WE(+)«) möglich.

  In der Haupttabelle »Ablauf PCT-Anmeldung« hat die 6. Spalte eine gesonderte Bedeutung, sie verweist hier auf die entsprechenden Schnittstellen zum EPÜ bzw. den nationalen Verfahren.

Hinweise zur Benutzung

An die Rechtsketten zu einem bestimmten Thema schließt sich in manchen Fällen noch ein Informationskasten »Besonderheiten und Rechtsprechung« an, in dem Sonderfälle und relevante Rechtsprechung der Beschwerdekammern kurz zusammengefasst sind.

Wird nach einem bestimmten Thema oder der Lösung zu einem bestimmten Problem gesucht, so empfehlen wir folgende Vorgehensweise:
Zunächst sollte in der 1. Spalte das passende Stichwort gefunden werden. Dabei helfen auch die Überschriften der jeweiligen Tabellen. Ist das Stichwort gefunden, so finden sich in der 2. Spalte die Verweise auf die gesetzlichen Grundlagen. Die 3. bis 6. Spalte enthalten Informationen darüber, wie bei Mängeln oder Fehlern zu dem betreffenden Thema vorzugehen ist. Handelt es sich um ein PCT-Thema, so gibt die 6. Spalte Auskunft über die entsprechenden Rechtsnormen im EPÜ oder nationalen Verfahren.

Hinweise zur Benutzung

Beispiel

Fragestellung:

Eine EP-Anmeldung wurde am 26.09.2017 eingereicht, welche die Priorität von zwei früheren Anmeldungen FR1 vom 18.10.2016 und FR2 vom 16.03.2017 in Anspruch nimmt. Bis wann muss die Prioritätserklärung spätestens abgegeben werden?

Vorgehen:

Eine Suche nach Priorität in der 1. Spalte in der Haupttabelle A »Ablauf EP-Anmeldung/Patent« führt zur folgenden Tabellenzeile:

	Prioritätserklärung Art. 88, R 52, I.30 ff.					
78	Verfahrenshandlung	Rechtsnormen	Details und Fälligkeit	Unmittelbare Folgen eines Mangels, Mängelbeseitigung, Fristen	Rechtsfolge bei Nichtbeseitigung von Mängeln oder Fristversäumnis	Weiterbehandlungs-/Wiedereinsetzungs-Möglichkeit
79	Inanspruchnahme der Priorität	Art. 88 R 52 R 57 g) RiLi A-III, 6.5	**R 52 (1)**: Erklärung über den - AT, - Staat und - das Aktenzeichen der Anmeldung deren Priorität in Anspruch genommen wird. **R 52 (2)**: Soll mit Einreichung der Anmeldung abgegeben werden, kann noch innerhalb von 16 M ab dem frühesten beanspruchten PT abgegeben werden.	R 52 (3) Berichtigung oder Hinzufügung einer Prio innerhalb 16 M ab frühestem PT, aber mindestens bis 4 M nach AT möglich (RiLi A-III, 6.5.3) Berichtigung, siehe L.162, I.31	**Art. 90 (5) 2. Halbsatz** iVm **Art. 90 (3)**: Prioanspruch erlischt für Anmeldung, wenn keine Prioerklärung eingereicht oder Mängel nicht beseitigt wurden Mitteilung nach **R 112 (1)**	WB (–), da durch **R 135 (2)** ausgenommen WE (+), nach **Art. 122 (4)**, **R 136** nicht ausgenommen;

In der 2. Spalte finden sich die relevanten Rechtsnormen Art. 88, R 52, R 57 g) EPÜ. Die Fälligkeit der Prioritätserklärung mit zugehöriger Rechtsnorm (R 52 (1)+(2) EPÜ) findet sich in der 3. Spalte: Die Prioritätserklärung ist bei Einreichung der Anmeldung, spätestens aber innerhalb von 16 Monaten ab dem frühesten beanspruchten Prioritätstag abzugeben.

Hinweise zur Benutzung

Zur Berechnung des genauen Datums wird nun die Spezialtabelle J »Fristen« herangezogen:

Fristen Art. 120, RiLi E-VII, 1		
Verfahrenshandlung	Rechtsnormen	Details
Fristberechnung	R 131 (1)	Die Fristen werden nach vollen Tagen, Wochen, Monaten oder Jahren berechnet.
Fristbeginn	R 131 (2)	**Fristbeginn** ist der Tag **nach** dem maßgeblichen fristauslösenden Ereignis, z. B. der Zugang eines Schriftstücks (↳**G 6/91**, »Empfangstheorie«).
Fristberechnung für Wochen-, Monats- und Jahresfrist	R 131 (3) - (5) RiLi E-VIII, 1.4 ↳J 14/86	Hat Monat keinen entsprechenden Tag, wird die Frist auf Monatsende festgesetzt. (31 Okt. → 1 M → 30 Nov.) Ausnahme nach ↳**J 4/91** bei der Nachfrist für Jahresgebühren nach R 51 (2), die immer am Monatsletzten abläuft. (»Ultimo-to-Ultimo« Prinzip für JG)
Automatische Fristverlängerung von Fristen bei allgemeiner Unterbrechung (kein Einzelfall)	R 134 (1) RiLi E-VIII, 1.6.2.1	**Feiertagsregelung**, auch Priofrist nach **Art. 87** Läuft die Frist an einem Tag ab: - an dem eine Annahmestelle (München, Den Haag, Berlin) des EPAs nicht geöffnet ist, oder - an dem Post aus anderen Gründen als in R 134 (2) genannten Gründen nicht zugestellt wird, so erstreckt sich die Frist auf den nächstfolgenden Tag, an dem alle Annahmestellen zur Entgegennahme wieder geöffnet sind und an dem Post zugestellt wird.

Der früheste beanspruchte Prioritätstag ist der 18.10.2016. Die Prioritätserklärung kann innerhalb von 16 Monaten ab diesem Datum abgegeben werden, also spätestens am 18.02.2018. Da es sich bei diesem Tag um einen Sonntag handelt, muss nach der Spezialtabelle J »Fristen« die Feiertagsregelung nach R 134 (1) EPÜ angewendet werden. Der späteste Tag, an dem die Prioritätserklärung abgegeben werden kann, ist also der 19.02.2018.

Hinweise zur Benutzung

Der Leser findet dieselbe Information auch, wenn er die Spezialtabelle I »Priorität« zu Rate zieht:

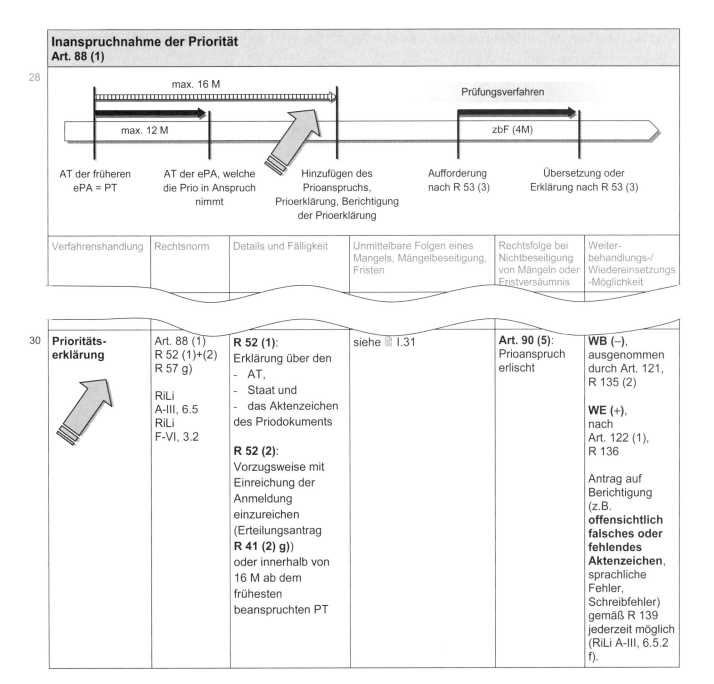

Diese stellenweise Redundanz der Information in den Tabellen ist von den Autoren durchaus beabsichtigt und beschleunigt das Auffinden der gesuchten Information deutlich.

Einen schnellen Einblick in die betreffenden Fristen und Zeiträume bieten außerdem die Zeitstrahlen und Ablaufdiagramme die in vielen Kapiteln dargestellt sind.

Hinweise zur Benutzung

Weiterhin enthält dieses Buch Informationskästen und Tabellen mit zwei Spalten. Dies ist dann der Fall, wenn sich zu einem Sachverhalt keine Rechtskette ergibt, sondern wichtige Details zu bestimmten Aspekten eines Themas aufgelistet werden. Hier findet der Leser Informationen zu den betreffenden Sachverhalten und die relevanten Rechtsnormen.

Beispiel

Wer ist berechtigt einen Einspruch gegen ein erteiltes europäisches Patent einzulegen? Die Spezialtabelle E »Einspruch« gibt die Antwort zusammen mit den relevanten Rechtsnormen, sowie Zusatzinformationen zu Spezialfällen.

	Einsprechende		
112	Verfahrenshandlung	Rechtsnorm, Rechtsprechung	Details
113	**Beteiligte**	Art. 99 (3)	Einsprechende und PI und ggf. Beigetretene. Spätestens am Ende der Einspruchsfrist müssen für Amt und PI die Beteiligten identifizierbar sein: ↳G 3/97, ↳G 4/97, ↳G 2/04, 📖 S/S Art. 99 Rd 8
114	**Berechtigter** RiLi D-I, 4	↳G 9/93	**Jedermann** gemäß **Art. 99 (1)**, außer dem Patentinhaber
		↳T 3/06	**Erfinder**, auch wenn dieser Anteile an der PI hält, jedoch keinen maßgeblichen Einfluss auf geschäftliche oder rechtliche Entscheidungen hat.
		↳G 3/97 ↳G 4/97	Der Einsprechende muss bei Ablauf der Einspruchsfrist **identifizierbar** sein (nicht heilbar, da eine Aufforderung nach **R 77 (2)** zur Beseitigung eines Mangels nach **R 76 (2) a)** iVm **R 41 (2) c)** nicht ergehen kann).
		↳G 3/97 ↳G 4/97	Einspruch durch **Strohmann** (z. B. Anwalt) ist nur dann unzulässig, wenn missbräuchlich, z. B. • Strohmann vertritt Patentinhaber (Umgehung von ↳**G 9/93**) oder • nicht vor dem EPA zugelassener Anwalt (EPÜ-Inländer) legt in Namen eines Dritten Einspruch ein (Umgehung von **Art. 133 (2)**, **Art. 134**).

Informationsquellen

- EPÜ2000 (http://www.epo.org)
- EPÜ1973 (http://www.epo.org)
- Richtlinien für die Prüfung im EPA (http://www.epo.org) (Stand: 01.03.2022)
- Ausführungsordnung (http://www.epo.org)
- Amtsblätter (http://www.epo.org)
- Gebührenordnung (http://www.epo.org)
- PCT (http://www.wipo.int)
- The PCT Applicant's Guide (http://www.wipo.int/pct/en/appguide/) (Stand: 01.09.2022)
- Singer/Stauder, Europäisches Patentübereinkommen, Carl Heymanns Verlag 2019, 8. Auflage
- US Patent Law (https://www.uspto.gov/patent/laws-regulations-policies-procedures-guidance-and-training)
- Mayer, Butler, Molnia, Das US-Patent, Carl Heymanns Verlag 2017, 5. Auflage
- Leahy-Smith America Invents Act (AIA)
- Exner, DII-Buch, Carl Heymanns Verlag 2009
- Malte Köllner, PCT-Handbuch, Carl Heymanns Verlag 2021, 16. Auflage
- Hüttermann, Einheitspatent und Einheitliches Patentgericht, Carl Heymanns Verlag 2017, 1. Auflage
- Schwarz/Kruspig, Computerimplementierte Erfindungen - Patentschutz von Software, 2. Auflage
- Patent Information News, EPA
- e-Learning Modul der Europäischen Patentakademie (http://www.epo.org/about-us/office/academy.html)
- EQE eLearning Centre (http://www.eqe-online.org)
- Kley, Kommentar zum EPÜ 2000 (http://www.kley.ch/hansjoerg/patrecht/epue2000_home.html)
- Euro-PCT-Leitfaden: PCT-Verfahren im EPA (http://www.epo.org/applying/international/guide-for-applicants/html/d/index.html) (15. Auflage - Stand: 01.01.2022)

Quellen

Europäisches Patent mit einheitlicher Wirkung & Einheitliche Patentgerichtsbarkeit:

- EU-Verordnung 1257/2012 (https://eur-lex.europa.eu/legal-content/DE/TXT/PDF/?uri=CELEX:32012R1257&from=LT)
- Übereinkommen über ein Einheitliches Patentgericht (EPGÜ, 16351/12) (https://eur-lex.europa.eu/legal-content/DE/TXT/?uri=CELEX:42013A0620(01))
- Rules of procedure of the Unified Patent Court (ROP) (https://www.unified-patent-court.org/sites/default/files/upc_rules_of_procedure_18th_draft_15_march_2017_final_clear.pdf)
- Protokoll zum Übereinkommen über ein einheitliches Patentgericht betreffend die vorläufige Anwendung (PVA) (https://www.parlament.gv.at/PAKT/VHG/XXVII/I/I_01027/imfname_987852.pdf)
- Durchführungsordnung zum einheitlichen Patentschutz (DOEPS) (https://www.epo.org/law-practice/legal-texts/official-journal/2022/04/a41_de.html)
- Gebührenordnung zum einheitlichen Patentschutz (GebOEPS) (https://www.epo.org/law-practice/legal-texts/official-journal/2016/05/a40_de.html)
- Rules on Court fees and recoverable costs (https://www.unified-patent-court.org/sites/default/files/agreed_and_final_r370_subject_to_legal_scrubbing_to_secretariat.pdf)
- Leitfaden zum Einheitspatent (http://www.epo.org/law-practice/unitary/unitary-patent/unitary-patent-guide_de.html)
- Rules on the European Patent Litigation Certificate (https://www.unified-patent-court.org/sites/default/files/draft-eplc-2015-07-01-rev-2016-12-01.pdf)
- Explanatory memorandum zum EPLC (https://www.unified-patent-court.org/sites/default/files/Explanatory-memorandum-EPLC-2015-07-01-final-clear.pdf)

Wenn Sie der Ansicht sind, dass eine weitere Quelle an dieser Stelle genannt werden sollte, dann teilen Sie uns bitte die Quellenangabe zur Überprüfung mit.

Quellen

Internetverweise

An relevanten Stellen im Buch wurden QR-Codes* eingefügt, um einen schnellen Zugang zu den angegebenen Internetverweisen, beispielsweise auf das EPÜ, mittels eines Smartphones oder Tablets zu ermöglichen.

Voraussetzung zum Lesen dieser Codes ist ein Smartphone oder Tablet mit einer Kamera und einer geeigneten Softwareanwendung.

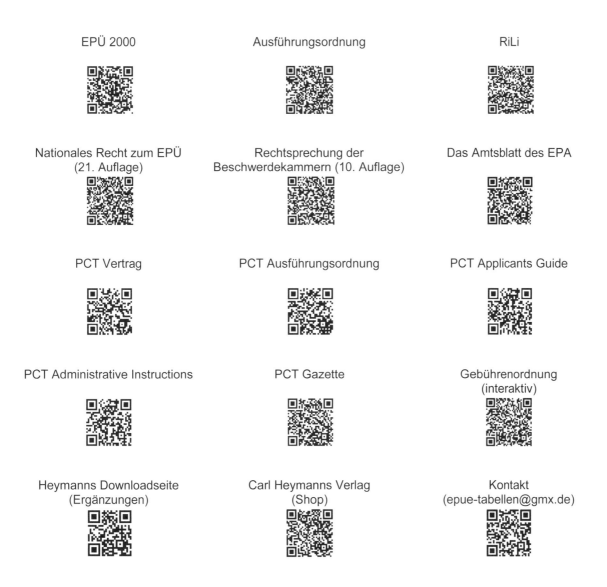

Die Codes wurden mit verschiedenen Smartphones und Tablets unterschiedlicher Betriebssysteme, in Kombination mit zahlreichen Apps (beispielsweise Scan (Scan Inc.), QR Code Dual (Chien-Ming Chen), Code Scan (AT&T Services Inc.), QuickMark (SimpleAct Inc.), barcoo (checkitmobile GmbH) und viele andere) getestet.

Die Lesbarkeit der Codes und die Aktualität der Internetverweise kann allerdings nicht sichergestellt werden.

Zum Erstellen der Codes wurde QRCode-Monkey (http://www.qrcode-monkey.de/) genutzt.

---

* QR Code ist eine eingetragene Marke von DENSO WAVE INCORPORATED.

Inhalt Kapitel A. Ablauf EP-Anmeldung/Patent

Mindesterfordernisse für eine ePA
Erfordernisse der ePA.. A.2
Eingangsprüfung für Anmeldetag .... A.3 f.
Voraussetzungen zur Zuerkennung wirksamen
Anmeldetags... A.5
Verspätete Einreichung fehlender Teile der
Beschreibung/Zeichnung(en) .... A.8 ff.
Fälschlicherweise eingereichte Anmeldungsunterlagen
oder Teile .... A.11 ff.
Besonderheiten und Rechtsprechung .... A.12 ff.

Bezugnahme
Bezugnahme auf frühere Anmeldung .... A.21 ff.

Bei Einreichung einer Anmeldung zu entrichtende Gebühren
Anmeldegebühr A.28
Anspruchsgebühren A.29
Recherchegebühr A.31
Zusätzliche Gebühr bei mangelnder Einheitlichkeit ... A.32

Formalprüfung
Übersicht Formalprüfung.. A.33 ff.
Sprache/Übersetzung A.47
Formerfordernisse der ePA.. A.49
Erfindernennung für die ePA..................................... A.51
Beanspruchung einer Priorität................................... A.52
Vertretung .... A.55 f.
Antrag auf Erteilung.. A.58
Patentansprüche .... A.59 f.
Zusammenfassung .... A.62 f.
Zeichnungen A.66
Anmeldeunterlagen A.67
Nachgereichte Teile der Anmeldung A.68
Nachgereichte Unterlagen – nicht Teile der Anmeldung .. A.70
Nucleotidsequenzen... A.71 ff.

Priorität
Prioritätsrecht A.76
Inanspruchnahme der Priorität .... A.79 ff.
Einreichung des Prioritätsdokumentes A.81
Übersetzung des Prioritätsdokumentes A.85
Auskünfte über den Stand der Technik .... A.87 f.

Erfindernennung
Erfindernennung für EP-Anmeldung........................ A.90
Erfindernennung nachholen in gesondertem
Schriftstück... A.91
Verzicht auf Erfindernennung A.93
Erfindernennung durch Dritte A.94
Berichtigung der Erfindernennung .... A.95 f.

Allgemeine Voraussetzungen für eine ePA
Zuständiges Anmeldeamt.. A.98 ff.
Weiterleitung durch Patentämter der Vertragsstaaten ... A.103 ff.
Form der Einreichung der ePA................................ A.107 ff.
Pilotprojekt Online-Einreichung 2.0 .... A.118 f.
Anmeldebestimmungen... A.120 ff.

Übersicht – Einreichungsmöglichkeiten (Verfahren)
EPA Online Filing Software (OLF, Online-Einreichung) ... A.131 f.
Online Einreichung 2.0 .... A.133
EPA Case Management System (CMS) A.134
EPA Web-Form Filing System (Web-Einreichung) .... A.135 f.
Telefax .... A.137 f.
Datenträger .... A.141 ff.
Übergabe – Postweg (Annahmestelle, Zentralbehörde,
Behörde VS) .... A.145 ff.

Übersicht – Einreichungsmöglichkeiten (Dokumente und Formate)
EPA Online Filing Software (OLF, Online-Einreichung) ... A.153 f.

EPA Online Einreichung 2.0 .... A.155
EPA Case Management System (CMS) A.156
EPA Web-Form Filing System (Web-Einreichung) ..... A.158 f.
E-Mail .... A.160 f.
Telefax .... A.163 ff.
Datenträger .... A.165 ff.
PCT ePCT, PCT-SAFE A.168
Übergabe – Postweg (Annahmestelle, Zentralbehörde,
Behörde VS) .... A.169 ff.

Spezielle Handlungen bei der Einreichung einer ePA
Voraussetzung für Benennung der Vertragsstaaten ... A.176 ff.
Benennung der Vertragsstaaten............................. A.178 f.
Benennung EP über PCT (Euro-PCT-Anmeldung) A.180
Brexit A.181
Zurücknahme Benennung einzelner Vertragsstaaten ..... A.182 ff.
Benennungsgebühr bei ePA.................................... A.188 f.
Erstreckung gemäß Erstreckungsabkommen A.191
Automatische Erstreckung.. A.192
Erstreckungsgebühren... A.193
Besonderheiten und Rechtsprechung
(Erstreckungsverordnung, Rechtsbehelfe, Nachfrist) ... A.194 ff.

Validierung
Validierung in Marokko A.200
Validierung in der Republik Moldau....................... A.201
Validierung in Tunesien A.202
Validierung im Königreich Kambodscha .... A.204 f.
Besonderheiten und Rechtsprechung .... A.206 ff.

Hinterlegung biologischen Materials
Hinterlegung biologischen Materials...................... A.210
Herausgabe einer Probe an Dritte........................... A.211
Herausgabe einer Probe an Sachverständige...... A.212 f.
Erneute Hinterlegung des biologischen Materials ... A.214

Unschädliche Offenbarung/Ausstellungsschutz
Unschädliche Offenbarung.................................... A.216 ff.
Zurschaustellung auf amtlich anerkannter Ausstellung ... A.220
Bescheinigung vom Aussteller................................ A.221

Europäischer Recherchenbericht
Maßgeblicher Stand der Technik A.224
Erstellung des europäischen Recherchenberichts ... A.225 ff.
Teil-Recherchenbericht... A.241 ff.
Besondere Verfahren (PACE, EESR, ECfS, BEST) ..... A.252 ff.
Erweiterter Europäischer Recherchenbericht (EESR) ... A.258
Stellungnahme zum EESR durch Anmelder A.259
Frist zur Stellung des Prüfungsantrags und Zahlung
Prüfungsgebühr .... A.260 f.
Notwendige Handlungen nach Hinweis auf VÖ des RB
im Patentblatt A.262

Veröffentlichung der europäischen Patentanmeldung
Zeitpunkt der Veröffentlichung .... A.264 ff.
Inhalt der Veröffentlichung................................... A.267a ff.
Neue oder geänderte Patentansprüche A.267g
Form der Veröffentlichung....................................... A.267h
Zurücknahme vor der Veröffentlichung .... A.268 ff.
Schriftartencodes (Kind codes) .... A.281 ff.
Angabe bibliographischer Daten (INID-Codes)..... A.284
Akteneinsicht.. A.285 ff.
Akteneinsicht – Ausschluss .... A.301 ff.
Akteneinsicht – in PCT-Anmeldungen .... A.309 ff.

Prüfung der ePA
Prüfungsantrag (bei ePA und Euro-PCT-Anmeldungen) .. A.316 f.
Prüfungsgebühr bei ePA... A.318 f.
Ermäßigte Prüfungsgebühr bei
Nichtamtssprachenberechtigten A.320

1

A. Inhaltsübersicht

Besonderheiten und Rechtsprechung für das
Prüfungsverfahren .... A.322 ff.
Aufrechterhaltungserklärung nach R 70 (2) .... A.334 ff.
Verbindliche Fassung .... A.337 ff.
Beschleunigtes Prüfungsverfahren A.340
Prüfungsbescheid .... A.341 ff.
Sprachenwahl zur Beantwortung A.347
Fristverlängerung .... A.348 ff.

Änderungsmöglichkeiten der ePA
Vor Erhalt des RB A.354
Nach Erhalt des RB A.355
Weitere Änderungen A.356
Änderungen kennzeichnen A.357
Nicht recherchierte Gegenstände A.358

Besonderheiten und Rechtsprechung
Rechtliches Gehör A.360
Amtsermittlung A.361
Einwendungen Dritter A.362

Zurückweisung
Zurückweisung der ePA .... A.369 ff.

Erteilung
Erteilung des eP .... A.373 ff.
Erhalt einer R 71 (3) Mitteilung .... A.377 ff.
Erteilungsgebühr A.386
Anspruchsgebühr A.387
Übersetzung der Ansprüche in die beiden fehlenden
Amtssprachen A.389
Jahresgebühr .... A.390 f.
Benennungsgebühr A.392
Änderung durch den Anmelder .... A.394 ff.
Antragsprinzip .... A.398 f.
Erteilung an mehrere Anmelder für verschiedene
Vertragsstaaten .... A.400 f.
Fälligkeit Jahresgebühr A.402
Veröffentlichung des Hinweises auf Erteilung .... A.404 ff.
Fehlerhafte Zurückweisung oder Erteilung .... A.409 ff.
Veröffentlichung der europäischen Patentschrift .... A.413 ff.
Schutzbereich .... A.422 f.
Laufzeit des europäischen Patents A.424
Fehler in der ePA nach Veröffentlichung .... A.425 ff.

Zurücknahme der Patentschrift, Verhinderung der Veröffentlichung
Zurücknahme der Patentschrift, Verhinderung der
Veröffentlichung .... A.431 ff.

Nationale Phase
Übersetzung der Patentschrift A.438

Umwandlung
Umwandlungstatbestände A.440
Frist zur Stellung des Umwandlungsantrags A.441
Vorzunehmende Handlungen A.442
Zuständiges Amt A.443
Wirkung der Priorität A.444
Sonstiges (Weiterleitung, nationale Erfordernisse,
Unterrichtung Öffentlichkeit) .... A.445 ff.

Anhängigkeit der ePA
Anhängigkeit der europäischen Patentanmeldung A.449

Mündliche Verhandlung
Mündliche Verhandlung A.452

Aussetzung und Unterbrechung
Aussetzung und Unterbrechung A.454

Rechtsverlust, Antrag auf Entscheidung
Rechtsverlust, Antrag auf Entscheidung A.456

Einwendungen Dritter
Allgemein A.458
Zeitpunkt .... A.459 ff.
Berechtigte .... A.465 f.
Umfang .... A.467 ff.
Gebühren A.471
Form der Einwendungen .... A.473 ff.
Sprache .... A.479 ff.
Vertretung A.482
Stellung des Dritten .... A.483 f.
Unterrichtung des Anmelders oder Patentinhabers .... A.485 ff.
Akteneinsicht A.488
Beschleunigung .... A.490 f.

Übermittlung ePA von nationalen Zentralbehörden
Übermittlung ePA von nationalen Zentralbehörden A.493

Nichtigkeit
Nichtigkeitsgründe A.495
Teilnichtigkeit A.496
Beschränkung A.497
Ältere europäische Rechte A.498
Ältere nationale Rechte A.499
Technisches Gutachten A.500

Ältere Rechte
Wirkung (ePa/eP, nationale Anmeldungen) .... A.502 f.
Patentansprüche A.504
Doppelschutz .... A.505 ff.
Nationale Gebrauchsmuster A.509
Schutzrechtsarten (aus PCT neben Patent) .... A.510 f.

Ablauf EP-Anmeldung/Patent A.

Mindesterfordernisse für eine europäische Anmeldung RiLi A-II					
Verfahrenshandlung	Rechtsnormen	Details und Fälligkeit	Unmittelbare Folgen eines Mangels, Mängelbeseitigung, Fristen	Rechtsfolge bei Nichtbeseitigung von Mängeln oder Fristversäumnis	Weiterbehandlungs-/Wiedereinsetzungs-Möglichkeit
Erfordernisse für eine ePA	Art. 78 (1)	**Antrag, Beschreibung, Patentanspruch, ggf. Zeichnung, Zusammenfassung** (siehe A.33 ff.).			
Mindestvoraussetzungen für die Zuerkennung eines wirksamen Anmeldetags Prüfung durch Eingangsstelle RiLi A-II, 4.1 (Formalprüfung siehe A.33 ff.)	Art. 90 (1) Art. 80 R 40	**Art. 80 (AT), R 40 (1)** **a) Hinweis**, dass Patent beantragt wird (R 41 (2) a)) (formlos möglich) RiLi A-II, 4.1.1 **c) Beschreibung** oder eine **Bezugnahme** (A.21) auf eine früher eingereichte Anmeldung (R 40 (2), (3) Satz 1) RiLi A-II, 4.1.3	**Art. 90 (2), R 55, R 40 (1) a), c):** 2 M ab Zustellung der Mitteilung über die Mängel, nach Mängelbeseitigung **neuer** (vom Amt zuerkannter) AT, gilt auch bei fehlenden Zeichnungen (**R 56**) RiLi A-II, 4.1.4	**Art. 90 (2)** iVm **R 55:** Anmeldung wird nicht als ePA behandelt. Mitteilung nach **R 112 (1)** **RiLi A-II, 4.1.4:** Rückzahlung von Gebühren	Frist nach **R 55: WB (–),** Ausschluss durch **Art. 121, R 135 (2)** WE (+) bei Mangel nach R 40 (1) a), c) RiLi A-II, 4.1.4 **Beschwerde (+)** nach Art. 106 (1), R 112 (2) In der Praxis: Neuanmeldung
		R 40 (1) **b) Angaben zur Identität des Anmelders** (R 41 (2) c)) (siehe A.15). EPA berücksichtigt alle Unterlagen (J 25/96); RiLi A-II, 4.1.2	Wenn das Amt keine Mitteilung zustellen kann, da die Angaben des Anmelders fehlen, kann der Anmelder von sich aus innerhalb von 2 M den Mangel beseitigen. RiLi A-II, 4.1.4 **R 40 (1) b): R 139** Name des Anmelders kann ersetzt werden (J 18/93)		
Eingangsprüfung für AT	Art. 90 (1) Art. 90 (2)	**Eingangsprüfung**, ob der ePA ein AT zuerkannt wird.			
	Art. 90 (3)	Wenn **AT zuerkannt** wird, **Formalprüfung** der weiteren Erfordernisse u.a. der **Art. 14** (Sprache), **Art. 78, Art. 81** (Erfinder) und ggf. **Art. 88 (1)** (Priorität) und **Art. 133 (2)** (Vertretung) (siehe A.33 ff.).			

A. Ablauf EP-Anmeldung/Patent

Mindesterfordernisse für eine europäische Anmeldung - Verspätete Einreichung fehlender Teile

Verfahrenshandlung	Rechts-normen	Details und Fälligkeit	Unmittelbare Folgen eines Mangels, Mängel-beseitigung, Fristen	Rechtsfolge bei Nicht-beseitigung von Mängeln oder Fristversäumnis	Weiterbehandlungs-/Wiedereinsetzungs-Möglichkeit
Verspätete Einreichung fehlender Teile der Beschreibung oder fehlender Zeichnung(en) RiLi A-II, 5	Art. 90 (1) R 56	Nach **R 56 (1)**: Innerhalb von 2 M ab Aufforderung RiLi A-II, 5.1 **ODER** ohne Aufforderung **R 56 (2)**: Einreichung der fehlenden Teile der Beschreibung oder Zeichnungen innerhalb von 2 M nach AT möglich RiLi A-II, 5.2	**R 56 (1), (2)**: Anmeldung **ohne Prio**: Nachreichung binnen Frist → AT wird neu festgesetzt	**R 56 (4)**: Bei **Nichteinhaltung der Frist**: Streichungsfiktion/ Fiktion der Nicht-einreichung, Mitteilung nach R 112 (1)	WB (–), durch **Art. 121 (4)**, **R 135 (2)** ausgenommen WE (+), Art. 122, R 136 Auch **Beschwerde (+)**: Art. 106
			R 56 (3), (5): Anmeldung **mit Prio**: alter AT bleibt auf Antrag nach R 56 (3) erhalten, wenn die binnen **2 M** Frist nachgereichte Unter-lagen vollständig im Priodokument enthalten sind (RiLi A-II, 5.4: Liste der Kriterien)	**R 56 (4) S. 1**: **Unterlagen nicht binnen Frist nachgereicht**: Streichungsfiktion/ Fiktion der Nicht-einreichung, Mitteilung nach R 112 (1). **R 56 (5) S. 1**: **Frist aus sonstigen Gründen nicht gewahrt**: Festsetzung eines neuen AT	
			Das Ersetzen von falschen Unterlagen ist nach R 56 nicht möglich (↪J 15/12, ↪J 27/10). Siehe dazu aber R 56a (ab 01.11.2022, 📄 A.11 ff). Aus der Unterlassung der Aufforderung nach R 56 (1) kann der Anmelder keine Ansprüche herleiten (RiLi A-II, 5.1). RiLi A-II, 5.4.2: Zeichnungen in schlechter Qualität gelten nicht als fehlend (keine R 139)	**R 56 (6), (4) b)**: Zurücknahme der eingereichten Teile/Zeichnungen innerhalb 1 M nach Mitteilung R 56 (2) oder (5) führt dazu, dass AT nicht neu festgelegt wird	

Ablauf EP-Anmeldung/Patent   A.

Mindesterfordernisse für eine europäische Anmeldung - falsch eingereichte Unterlagen (ab 01.11.2022)

Verfahrenshandlung	Rechts-normen	Details und Fälligkeit	Unmittelbare Folgen eines Mangels, Mängel-beseitigung, Fristen	Rechtsfolge bei Nicht-beseitigung von Mängeln oder Fristversäumnis	Weiterbehandlungs-/Wiedereinsetzungs-Möglichkeit
Fälschlicherweise eingereichte Anmeldungs-unterlagen oder Teile ABl. 2022, A3 BdV vom 14.12.2021 ABl. 2022, A71 MdEPA vom 23.06.2022	Gültig ab 01.11.2022 Art. 90 (1) R 56a	Nach **R 56a (1)**: Falls eingereichte Beschreibung, Ansprüche oder Zeichnungen oder Teile davon am AT offensichtlich fälschlicherweise eingereicht wurden, ergeht amtl. Aufforderung (R 56a (1) oder R 56 (1)) **innerhalb von 2M** die richtigen Unterlagen nachzureichen.	**R 56a (1), (3)**: Anmeldung **ohne Prio**: Nachreichung binnen Frist (aber nach AT) → AT wird neu festgesetzt (**R 56 (2) ab 01.11.2022**) **R 56a (4)**: Anmeldung **mit Prio**: alter AT bleibt auf Antrag erhalten, wenn die binnen 2 M Frist nachgereichten Unterlagen vollständig im Priodokument enthalten sind. (**R 56 (3) ab 01.11.2022**) Es muss außerdem eingereicht werden: a) eine Abschrift der Prio-Anmeldung, wenn sie dem EPA nicht nach **R 53 (2)** zur Verfügung steht; b) Übersetzung der Prio-Anmeldung in Amtssprache, falls nötig und falls sie dem EPA nicht **R 53 (3)** zur Verfügung steht, c) Angabe, wo die richtigen Unterlagen in der Prio-Anmeldung bzw. der Übersetzung vollständig enthalten sind. Die richtigen Unterlagen werden in die ePA aufgenommen, und die falsch eingereichten Unterlagen gelten als nicht eingereicht.	**R 56a (5) a)** Bei **Nichteinhaltung der Frist nach R 56a (1) oder (3)**: Einreichung der richtigen Unterlagen gilt als nicht erfolgt und die fälschlicherweise eingereichten Unterlagen verbleiben in der ePA bzw. werden wieder in die ePA aufgenommen. Mitteilung nach R 112 (1) **R 56a (6)** Bei **Nichteinhaltung der Frist nach R 56a (3) iVm (4) a) bis c)**: AT wird auf den Tag der Einreichung der richtigen Unterlagen neu festgesetzt. Die Einreichung der fälschlicherweise eingereichten Unterlagen gilt als nicht erfolgt. Mitteilung nach R 112 (1)	**WB (–)**, durch **Art. 121 (4)**, **R 135 (2)** ausgenommen (ab 01.11.2022) **WE (+)**, **Art. 122**, **R 136**	11

A. Ablauf EP-Anmeldung/Patent

Mindesterfordernisse für eine europäische Anmeldung - falsch eingereichte Unterlagen (Fortsetzung)

	Verfahrenshandlung	Rechtsnormen	Details und Fälligkeit
11a		R 56a (2)	Werden am oder vor dem AT richtige Unterlagen gemäß R 56a (1) eingereicht, so werden diese richtigen Unterlagen in die ePA aufgenommen und die fälschlicherweise eingereichten Unterlagen gelten als nicht eingereicht. (keine Änderung des AT, keine erneute Anmeldegebühr)
11b		R 56a (7)	Innerhalb 1M nach der R 56a (3) oder (6) genannten Mitteilung kann der Anmelder die eingereichten richtigen Anmeldungsunterlagen oder Teile zurücknehmen; in diesem Fall gilt die Neufestsetzung des AT als nicht erfolgt.
11c	ABl. 2022, A71 MdEPA vom 23.06.2022	Art. 93 R 56a	Die Anmeldung wird nach Art. 93 mit dem Anmeldetag und den Anmeldungsunterlagen veröffentlicht, die nach R 56a als Teil der Anmeldung in der eingereichten Fassung gelten, wenn das Verfahren rechtzeitig abgeschlossen ist.
11d		Art. 128 (4) R 144 R 56a	Alle beim EPA eingereichten Anmeldungsunterlagen und Teile sind Bestandteil der Akte, unabhängig davon, ob sie als Teil der Anmeldung in der ursprünglich eingereichten Fassung angesehen werden. Als solcher sind sie ab der Veröffentlichung der Anmeldung über die Akteneinsicht zugänglich. Auf begründeten Antrag des Anmelders können fälschlicherweise eingereichte Unterlagen, die nicht als Bestandteil der Anmeldung in der ursprünglich eingereichten Fassung angesehen werden, von der Akteneinsicht ausgeschlossen werden.

Ablauf EP-Anmeldung/Patent — A.

Mindesterfordernisse für eine europäische Anmeldung (Fortsetzung)

Besonderheiten und Rechtsprechung

	Rechtsquelle	Details und Fälligkeit
Mängelbeseitigung	Art. 90 (2)	**Anmeldungen, deren Mängel nicht beseitigt werden**, werden nicht als ePA behandelt (R 55, RiLi A-II, 4.1.4) → kein Priorecht (Art. 66), kein Hindernis für spätere priobegründende Erstanmeldung (vgl. Art. 87 (4)), keine Umwandlung in nat. Anmeldung (Art. 135). Nachträgliche Einreichung von Beschreibungsseiten → **Art. 123 (2)** beachten, sonst Zurückweisung nach **Art. 97 (1)**.
Unterlagen	RiLi A-II, 4.1	Unterlagen müssen **lesbar** sein.
Identität eines Anmelders	J 25/86 RiLi A-II, 4.1.2	Es reicht aus, wenn die **Identität eines Anmelders** unter Zuhilfenahme sämtlicher Angaben in den eingereichten Unterlagen **zweifelsfrei feststellbar** oder eine Kontaktaufnahme möglich ist (z.B. Name und Anschrift des Vertreters des Anmelders, Faxnummer, Postfachnummer).
Sprache	Art. 14 (2) RiLi A-VII, 1.1	**Anmeldung in jeder Sprache möglich**, nicht auf Amtssprache eingeschränkt. Übersetzung nach R 6 (1) innerhalb 2 M (siehe A.47) Es gelten bei Einreichung nach Art. 75 (1) b) bei der Zentralbehörde für den gewerblichen Rechtsschutz oder einer anderen zuständigen Behörde eines VS möglicherweise Einschränkungen aufgrund des anwendbaren nationalen Rechts.
Zeichnung (fehlender Teil)	J 19/80	Ein **fehlender Teil einer eingereichten Zeichnung** ist nicht eine nicht eingereichte Zeichnung nach **R 56** und kann nach **R 139** berichtigt werden.
Nat. Rechtsvorschriften	J 18/86	**Nationale Rechtsvorschriften sind zur Bestimmung des AT nicht heranzuziehen**; ABl. 1988,165.
Anmeldetag	J 4/87	**AT ist immer Tag des Eingangs der Unterlagen** bei der zuständigen Behörde, keine Fristverlängerung nach R 134 (2).
Widersprüche in den Unterlagen	J 21/94	AT wird auch zuerkannt, wenn **Widerspruch** zwischen eingereichten Unterlagen und den im Antrag angegebenen Unterlagen besteht (AT gilt für die eingereichten Unterlagen).

A. Ablauf EP-Anmeldung/Patent

21 Bezugnahme

Verfahrenshandlung	Rechts-normen	Details und Fälligkeit	Unmittelbare Folgen eines Mangels, Mängel-beseitigung, Fristen	Rechtsfolge bei Nicht-beseitigung von Mängeln oder Fristversäumnis	Weiterbehandlungs-/Wiedereinsetzungs-Möglichkeit
22 **Bezugnahme auf frühere Anmeldung** RiLi A-II, 4.1.3.1, RiLi H-IV, 2.3.1, ⇘T 737/90	R 40 (1) c), (2), (3)	**R 40 (2):** Bezugnahme muss enthalten: AT, Aktenzeichen, Amt der früheren Anmeldung, Hinweis, dass Bezugnahme die Beschreibung und etwaige Zeichnungen ersetzt (nach **R 40 (1) c)**) **R 40 (3) S. 1:** Beglaubigte Abschrift der früheren Anmeldung innerhalb 2 M nach AT.	**Art. 90 (2), R 55:** 2 M ab Mitteilung der Mängel, nach Mängelbeseitigung **neuer** (vom Amt zuerkannter) AT (R 55 (2) S.2) **RiLi A-II, 4.1.4** Amt verfährt bei Mängel bei einer ePA mit Bezugnahme wie bei einer ePA	**Art. 90 (2) iVm R 55:** Anmeldung wird nicht als ePA behandelt. Mitteilung nach **R 112 (1)** **RiLi A-II, 4.1.4:** Rückzahlung von Gebühren	Frist nach **R 55**: WB (–), Ausschluss durch **Art. 121, R 135 (2)** WE (+), **Art. 122, R 136 (2)** RiLi A-II, 4.1.4 Beschwerde (+) nach Art. 106 (1), R 112 (2) In der Praxis meist: Neuanmeldung
23		**R 40 (3) S. 2:** Übersetzung in Amtssprache innerhalb 2 M nach AT RiLi A-III, 14	Fehlende Übersetzung hat keinen Einfluss auf AT (RiLi A-II, 4.1.4). **Art. 90 (3), (4), R 57 (a), R 58:** 2 M ab Mitteilung zur Beseitigung des Mangels RiLi A-III, 16	Anmeldung gilt nach **Art. 14 (2)** als zurückgenommen Mitteilung nach **R 112 (1)**	WB (–), Art. 121 (4), R 135 EPÜ, WE (+), Art. 122, R 136 EPÜ
24		(Ausnahme:) Anmeldung behält ihren ursprünglichen AT bei Erfüllung der Fristen nach **R 55** bzw. **R 56** bei Nachreichen von Übersetzungen/Nachreichen beglaubigter Abschrift bei Bezugnahme auf früher eingereichte Anmeldung nach **R 40 (3)**, Frist 2 M (RiLi A-II, 4.1.5).			
25	R 40 (3) iVm R 53 (2)	Abschrift der früheren Anmeldung nicht erforderlich, wenn es sich um eine ePA oder eine beim EPA eingereichte PCT-Anmeldung handelt (ABl. 2009, 486). Bei Euro-PCT, bei der EPA ≠ AA, muss eine beglaubigte Abschrift eingereicht werden (RiLi A-II, 4.1.3.1).			
26		Bezugnahme auf eine früher eingereichte Gebrauchsmusteranmeldung ist auch möglich (RiLi A-II, 4.1.3.1).			

Ablauf EP-Anmeldung/Patent — A.

Bei Einreichung einer Anmeldung zu entrichtende Gebühren					
Verfahrenshandlung	Rechtsnormen	Details und Fälligkeit	Unmittelbare Folgen eines Mangels, Mängelbeseitigung, Fristen	Rechtsfolge bei Nichtbeseitigung von Mängeln oder Fristversäumnis	Weiterbehandlungs-/Wiedereinsetzungs-Möglichkeit
Anmeldegebühr 100 € (Online) 270 € (Nicht Online) Zusatzgebühr 16 €/Seite ab 36. Seite Sequenzprotokoll zählt nicht zur Seitenzahl, sofern es dem anwendbaren WIPO-Standard entspricht; Zusammenfassung zählt als eine Seite (RiLi A-III 13.2) ggf. 30 % Ermäßigung bei zugelassener Nichtamtssprache R 6 (3), (4)-(7) für Berechtigte nach R 6 (4) siehe R.4	Art. 90 (3) Art. 78 (2) R 17 (2) R 57 (e) R 38 Art. 2 (1) Nr. 1 GebO Ermäßigung: R 6 (3), (4)-(7) iVm Art. 14 (2) GebO + RiLi A-X, 9.2.2 siehe R.121 RiLi A-III 13.2: Berechnung der Zusatzgebühren	**Art. 78 (2)** iVm **R 38 (1):** Innerhalb **1 M ab Einreichung** (= Tag, für den ein AT zuerkannt wird, **RiLi A-III, 13.1**) **R 38 (2), (3):** **Zusatzgebühr** (Art. 2 (1) Nr. 1a GebO) innerhalb 1 M ab Einreichung der ePA **oder** innerhalb 1 M nach Einreichung des ersten Anspruchssatzes **oder** innerhalb 1 M nach Einreichung der Abschrift nach R 40 (3), je nachdem, welche Frist zuletzt abläuft		**Art. 90 (3)** iVm **Art. 78 (2):** Anmeldung gilt als zurückgenommen Mitteilung nach **R 112 (1)**	**WB (+)**, Art. 121 (1), R 135 (1) **WE (−)**, durch Art. 122 (4), R 136 (3) ausgenommen

A. Ablauf EP-Anmeldung/Patent

Bei Einreichung einer Anmeldung zu entrichtende Gebühren (Fortsetzung)

Verfahrenshandlung	Rechtsnormen	Details und Fälligkeit	Unmittelbare Folgen eines Mangels, Mängelbeseitigung, Fristen	Rechtsfolge bei Nichtbeseitigung von Mängeln oder Fristversäumnis	Weiterbehandlungs-/ Wiedereinsetzungs-Möglichkeit
29 **Anspruchs-gebühren** 250 € für den 16. bis 50. und 630 € für den 51. und jeden weiteren Anspruch Euro-PCT: 📄 C.29 ff., 📄 R.17	R 45 Art. 78 Art. 2 (1) Nr.15 GebO RiLi A-X, 5.2.5, RiLi A-III, 9 RiLi A-III, 15	**R 45 (2):** **Innerhalb 1 M** ab Einreichung **des ersten Anspruchs-satzes** Enthält die ePa mehrere Anspruchssätze, so ist R 45 nur auf den Anspruchssatz anzuwenden, der die meisten Ansprüche enthält Keine Rückzahlung, falls Anzahl der Ansprüche bei Erteilung <16 (R 71 (3)) RiLi C-V, 1.4 und ABl. 2012, 52 Nachzahlung bei Erteilungsabsicht: 📄 A.387 oder 📄 R.11	**R 45 (2), 2. Satz:** Innerhalb 1 M nach Mitteilung, zuschlagsfrei ☞ **J 15/88:** Ansprüche, für die keine Anspruchsgebühr bezahlt wurde, können im Prüfungsverfahren nur eingeführt werden, wenn der Gegenstand Teil der Beschreibung oder Zeichnungen ist (RiLi A-III, 9)	**R 45 (3):** Gilt als Verzicht auf Patent-anspruch Mitteilung nach **R 112 (1)**	**WB (+)**, Art. 121 (1), R 135 (1) **WE (−)**, durch Art. 122 (4), R 136 (3) ausgenommen

Ablauf EP-Anmeldung/Patent   A.

Weitere, die Recherche betreffende Gebühren Art. 78 (2), Art. 2 (1) Nr. 2 GebO							30
Verfahrenshandlung	Rechtsnormen	Details und Fälligkeit	Unmittelbare Folgen eines Mangels, Mängelbeseitigung, Fristen	Rechtsfolge bei Nichtbeseitigung von Mängeln oder Fristversäumnis	Weiterbehandlungs-/ Wiedereinsetzungs-Möglichkeit	
Recherchegebühr 1390 € 1350 € (bis 31.03.2020)	Art. 90 (3) Art. 78 (2) R 38 Art. 2 (1) Nr. 2 GebO	**R 38**: Innerhalb 1 M **ab Einreichung** (= Tag, für den ein AT zuerkannt wird, RiLi A-III, 13.1)		**Art. 90 (3)** iVm **Art. 78 (2)**: Anmeldung gilt als zurückgenommen Mitteilung nach **R 112 (1)**	**WB (+)**, Art. 121 (1), R 135 (1) **WE (–)**, durch Art. 122 (4), R 136 (3) ausgenommen	31
Zusätzliche Recherche bei mangelnder Einheitlichkeit RiLi F-V, 4 RiLi B-VII, 2.3 RiLi B-XI, 5 siehe 📄 A.231 Seit 01.04.2022: 1390 € für ab 01.07.2005 eingereichte ePA ABl. 2022, A29	Art. 82 R 44 R 62 R 64 (2) Art. 2 (1) Nr. 2 GebO Euro-PCT: R 158 (1) R 164 Widerspruch R 158 (3)	**R 64 (1)**: **2 M nach Mitteilung** Aufforderung zur Zahlung weiterer Recherchengebühr	**R 64 (2)**: Rückerstattung **auf Antrag**, wenn Prüfungsabteilung feststellt, dass Mitteilung nicht gerechtfertigt war (RiLi C-III, 3.3). Prüfungsabteilung überprüft auf jeden Fall die Einheitlichkeit (📄 **T 631/97**). RiLi B-VII, 1.2.1 a): Keine weitere RB entrichtet → Teil RB wird erstellt. RiLi B-VII, 1.2.1 b): RB wird für alle bezahlte Erf. zu Ende geführt.	Als uneinheitlich beanstandeter Teil kann im Prüfungsverfahren nicht beansprucht werden, nach **R 137 (5)** auch nicht über Änderung der Ansprüche (u.a. 📄 G 2/92), →TA RiLi C-III, 3.1.1; RiLi C-III, 3.2 siehe Spezialtabelle 📄 M »Teilanmeldung«	**WB (–)**, da kein Rechtsverlust **WE (+)**, Art. 122 (4), R 136 (3) Beachte: vom 01.04.2010 bis 31.03.2014 galt 24 M-Frist für TA nach **R 36 (2)**	32
Recherche bei fälschlicherweise eingereichte Anmeldungsunterlagen oder Teile ab 01.11.2022	Art. 90 (1) R 56a (8)	Reicht der Anmelder richtige Unterlagen Nach R 56a (3) oder (4) ein, nachdem das EPA mit der Erstellung des Recherchenberichts begonnen hat, ergeht Aufforderung, innerhalb 1M eine weitere Recherchengebühr zu entrichten.	Wird die Recherchengebühr nicht rechtzeitig entrichtet, so gilt die ePA als zurückgenommen.		**WB (+)**, Art. 121 (1), R 135 (1) (ab 01.11.2022) **WE (–)**, durch Art. 122 (4), R 136 (3) ausgenommen	32a

A. Ablauf EP-Anmeldung/Patent

33 Formalprüfung
Art. 90 (3), R 57

34 Formalprüfung Übersicht
Formerfordernisse nach AO: Art. 90 (3), R 57, RiLi A-III, 3

	Verfahrenshandlung	Rechtsnormen		Details
35	Sprache / Übersetzung	Art. 14	R 57 a)	A.47
36	Erfordernisse der ePA	Art. 78		A.49
37	Antrag auf Erteilung		R 57 b)	A.58
38	Patentansprüche		R 57 c)	A.59
39	Zusammenfassung		R 57 d)	A.62
40	Anmeldegebühr		R 57 e)	A.28
41	Erfindernennung	Art. 81	R 57 f)	A.51
42	Beanspruchung der Priorität	Art. 88	R 57 g)	A.52
43	Vertretung	Art 133 (2)	R 57 h)	A.55
44	Form der Zeichnungen und der Anmeldeunterlagen		R 57 i)	A.66
45	Nucleotidsequenzen		R 57 j)	A.71

46 Formalprüfung (Fortsetzung)

	Verfahrenshandlung	Rechtsnormen	Details und Fälligkeit	Unmittelbare Folgen eines Mangels, Mängelbeseitigung, Fristen	Rechtsfolge bei Nichtbeseitigung von Mängeln oder Fristversäumnis	Weiterbehandlungs-/Wiedereinsetzungs-Möglichkeit
47	**Sprache/ Übersetzung** siehe K.2 ff.	Art. 90 (3) Art. 14 (2) R 6 (1) R 57 a)	**Art. 14 (2) iVm R 6 (1):** Innerhalb 2 M nach Einreichung der ePA ist eine Übersetzung in eine der Amtssprachen einzureichen. Bei Anmeldung unter Bezugnahme → R 40 (3) 2. Satz	**R 58:** Aufforderung zur Mängelbeseitigung, Frist 2 M	**Art. 90 (3), (5) iVm Art. 14 (2):** Anmeldung gilt als zurückgenommen Mitteilung nach **R 112 (1)** Art. 9 (1) GebO: Recherchengebühr wird zurückerstattet	WB (−), da durch Art. 121 (4), R 135 (2) ausgenommen WE (+), Art. 122, R 136

Ablauf EP-Anmeldung/Patent A.

Formalprüfung (Fortsetzung)

Verfahrenshandlung	Rechtsnormen	Details und Fälligkeit	Unmittelbare Folgen eines Mangels, Mängelbeseitigung, Fristen	Rechtsfolge bei Nichtbeseitigung von Mängeln oder Fristversäumnis	Weiterbehandlungs-/Wiedereinsetzungs-Möglichkeit
Form-erfordernisse der ePA	Art. 90 (3) Art. 78	**Art. 78 (1):** ePA hat zu enthalten: - Antrag auf Erteilung, - Beschreibung, - min. einen Anspruch, - ggf. Zeichnungen, - Zusammenfassung	siehe weiter A.58 ff.	**Art. 90 (3), (5)** iVm **Art. 78:** Anmeldung gilt als zurückgenommen Mitteilung nach **R 112 (1)**	**WB (+),** Art. 121 (1), R 135 (1) **WE (–),** durch Art. 122 (4), R 136 (3) ausgenommen
		Art. 78 (2) iVm **R 38 (1):** Anmeldegebühr und Recherchengebühr sind rechtzeitig zu entrichten	siehe weiter A.27 ff.		
Erfindernennung für ePA siehe weiter A.90 ff. (Erfindernennung - Nachholen, - Verzicht, - durch Dritte, - Änderung, - Löschung, - Eintragung)	Art. 90 (3) Art. 81 R 57 f) R 19 bis 21	**R 19 (1):** Mit Anmeldung	**R 60 (1):** 16 M nach **PT** bzw. **AT**	**Art. 90 (5):** Anmeldung wird zurückgewiesen RiLi A-III, 5.4	**WB (+),** nach Art. 121 (1), R 135 (1), da keine Frist nach R 58 **WE (–),** durch Art. 122, R 136 (3) ausgenommen
Beanspruchung einer Priorität siehe weiter A.75 ff.	Art. 88 R 52 R 53 R 57 g) iVm BdP vom 17.03.2009 Prioerklärung ist einzureichen **RiLi A-III, 6**	**Art. 88 (1)** iVm **R 52 (1) + (2): Prioritätserklärung R 53 (1): Prioritätsunterlage (Abschrift) R 53 (2), R 163 (2),** BdP vom 31.03.2020, ABl. 220, A57 13.11.2021, ABl. 2021, A83, A84	siehe weiter A.75 ff.	**Art. 90 (5)** 2. Halbsatz iVm **Art. 90 (3):** Prioanspruch erlischt für Anmeldung, wenn keine Prioerklärung eingereicht oder Mängel nicht beseitigt Mitteilung nach **R 112 (1)**	**WB (–),** da durch **R 135 (2)** ausgenommen **WE (+),** nach **Art. 122 (4), R 136** nicht ausgenommen; innerhalb 2 M nach Priofrist (RiLi A-III, 6.6 und 6.7)
	RiLi A-III, 6.7 Abschrift der früheren Anmeldung	Gebührenfreie Übernahme einer Abschrift über den digitalen Zugangsservice (DAS) der WIPO; falls kein Antrag gestellt oder Probleme beim Abruf wird Abschrift gebührenfrei in Akte aufgenommen, wenn Prioanmeldung EP- oder PCT(EP)-Anm. ist (siehe I.34) (seit dem 01.01.2022 – ABl. 2021, A83, A84).			

A. Ablauf EP-Anmeldung/Patent

54 Formalprüfung (Fortsetzung)

	Verfahrenshandlung	Rechtsnormen	Details und Fälligkeit	Unmittelbare Folgen eines Mangels, Mängelbeseitigung, Fristen	Rechtsfolge bei Nichtbeseitigung von Mängeln oder Fristversäumnis	Weiterbehandlungs-/ Wiedereinsetzungs-Möglichkeit
55	**Vertretung gemäß Art. 133 (2)**	Art. 90 (3) R 57 h) Art. 133 (2) Art. 134 (1) R 151 siehe 📄 P.1 Gemeinsamer Vertreter	**Mit Anmeldung** Prüfung auf Vertreterzwang erfolgt nach Zuerkennung AT **RiLi A-III, 2.1** **Art. 133 (3) R 152 RiLi A-VIII, 1** Vollmacht auf Verlangen innerhalb vom Amt zu bestimmender Frist einreichen	**Art. 90 (4)** iVm **R 58**: Frist von 2 M nach Aufforderung gemäß R 58 zur Mängelbeseitigung RiLi A-III, 16.2 Für Einreichung der Vollmacht: R 152 (2): Nachreichung innerhalb zu bestimmender Frist nach R 132	**Art. 90 (5)**: Anmeldung wird zurückgewiesen **R 152 (6)**: Wird die Vollmacht nicht rechtzeitig eingereicht, gelten alle Handlungen des Vertreters mit Ausnahme der Anmeldung als nicht erfolgt.	**WB (–)**, da durch Art. 121 (4), R 135 (2) ausgenommen **WE (+)**, Art. 122, R 136 ggf. abhängig vom nationalen Recht Umwandlungsantrag nach **Art. 135 (1) b)** möglich - 3 M Frist ab Mitteilung (siehe 📄 A.439 ff.) Für Vollmacht: **WB (+)**, Art. 121 (1), R 135 (1) **WE (–)**, durch Art. 122 (4), R 136 (3) ausgenommen
56	**Vertretungszwang** für EPÜ-Ausländer (Wohnsitz/Firmensitz maßgebend) und Angestelltenvollmacht	Wichtigste Erfordernisse hinsichtlich der Vertretung (Formalprüfung) RiLi A-III 2.1	i) Anmelder, die weder Wohnsitz noch Sitz in einem Vertragsstaat haben müssen durch einen zugelassenen Vertreter oder einen bevollmächtigten Rechtsanwalt, der die Erfordernisse des Art. 134 (8) erfüllt, vertreten sein, ii) in dem Fall, dass ein Anmelder mit Sitz oder Wohnsitz in einem Vertragsstaat durch einen Angestellten vertreten wird, muss dieser Angestellte bevollmächtigt sein, iii) die gegebenenfalls erforderliche Vollmacht muss ordnungsgemäß erteilt (siehe RiLi A-VIII, 1.3, 1.6, 1.7 und BdP vom 12.07.2007, SA Nr. 3, ABl. 2007, L.1) und unterzeichnet sein (siehe RiLi A-VIII, 3.2 und 3.4) und rechtzeitig eingereicht werden.			

Ablauf EP-Anmeldung/Patent   A.

Formalprüfung (Fortsetzung)					
Verfahrenshandlung	Rechtsnormen	Details und Fälligkeit	Unmittelbare Folgen eines Mangels, Mängelbeseitigung, Fristen	Rechtsfolge bei Nichtbeseitigung von Mängeln oder Fristversäumnis	Weiterbehandlungs-/ Wiedereinsetzungs-Möglichkeit
Antrag auf Erteilung - Schriftlichkeit - Formblatt - Unterschrift (für AT ist formloser Antrag ausreichend) RiLi A-III, 4	Art. 90 (3), Art. 78 (1) a) R 57 b) R 41 RiLi A-III, 4.2	**Mit Anmeldung** **R 41 (1):** schriftlich auf Formblatt 1001 **R 41 (2):** Der Antrag auf Erteilung muss enthalten: a) Ersuch auf Erteilung b) Bezeichnung der Erfindung c) Anmelderdaten d) Vertreter e) TA f) PN bei Art. 61 g) Priorität h) Unterschrift i) Liste mit Anlagen j) Erfindernennung	**Art. 90 (1), (4) iVm R 58:** Frist von 2 M nach Aufforderung gemäß **R 58** zur Mängelbeseitigung **RiLi A-III, 16.2**	**Art. 90 (5):** Anmeldung wird zurückgewiesen	**WB (–)**, da durch Art. 121 (4), R 135 (2) ausgenommen **WE (+)**, Art. 122, R 136 Auch **Beschwerde (+):** Art. 106 → Abhilfe nach Art. 109 ↳ J 18/08 siehe auch 📄 F.100a ff.
Patentansprüche für ePA, TA, Anmeldung nach Art. 61 RiLi A-III, 15	Art. 78 (1) c) R 57 c) R 43 (Form und Inhalt)	**Art. 78 (1) c):** Mit Anmeldung aber: Ansprüche sind nach **Art. 90 (1), Art. 80, R 40** nicht nötig für die Zuerkennung eines AT (RiLi A-II, 4.1), Nachreichung RiLi A-III, 15	**Art. 90 (3), (4) iVm R 58:** Frist von 2 M nach Aufforderung gemäß **R 58** zur Mängelbeseitigung **Patentansprüche**, die nach dem AT, aber vor einer Mitteilung nach **R 58** eingereicht werden, gelten als »Änderungen« der ePA (Art. 123 (2)) und müssen in der Verfahrenssprache gemäß **R 3 (2)** eingereicht werden. Patentansprüche, die nach einer Mitteilung nach **R 58** nachgereicht werden, unterliegen **Art. 14 (4)** iVm **R 6 (2)** (fristgebundenes Schriftstück).	**Art. 90 (5):** Anmeldung wird zurückgewiesen. R 112 Mitteilung ergeht.	**WB (–)**, da durch Art. 121 (4), R 135 (2) ausgenommen **WE (+)**, Art. 122, R 136
		Nachgereichte Patentansprüche müssen Grundlage in den ursprünglich eingereichten Unterlagen haben gemäß Art. 123 (2). RiLi A-III, 15 - RiLi B-XI, 2.2: Wird bei Recherche geprüft.			

A. Ablauf EP-Anmeldung/Patent

61 Formalprüfung (Fortsetzung)

Verfahrenshandlung	Rechts-normen	Details und Fälligkeit	Unmittelbare Folgen eines Mangels, Mängel-beseitigung, Fristen	Rechtsfolge bei Nichtbeseitigung von Mängeln oder Fristversäumnis	Weiterbehandlungs-/Wiedereinsetzungs-Möglichkeit
62 Zusammen-fassung RiLi A-III, 10	Art. 78 (1) e) Art. 85 R 57 d) R 47 (Form und Inhalt)	**Art. 78 (1) e):** Mit Anmeldung	**Art. 90 (1), (4) iVm R 58:** Frist von 2 M nach Aufforderung gemäß R 58	**Art. 90 (5):** Anmeldung wird zurückgewiesen. R 112 Mitteilung ergeht.	**WB (−),** da durch Art. 121 (4), R 135 (2) ausgenommen **WE (+),** Art. 122, R 136
63		Zusammenfassung hat rein **informativen Charakter**, Inhalte können nicht in Ansprüche/Beschreibung übernommen werden. **Zusammenfassung ist kein SdT** nach Art. 54 (3) (siehe H.73) (Art. 85, T 246/86).			
64		Zusammenfassung darf **nicht zur Berichtigung** im Rahmen des Art. 123 (2) herangezogen werden (G 3/89).			
65		**Endgültiger Inhalt** der Zusammenfassung wird von zuständiger Rechercheabteilung bestimmt (R 66).			
66 Zeichnung RiLi A-III, 3.2	Art. 78 (1) d) R 46 (1), (2) a)-h)	**Art. 78 (1) d):** Mit Anmeldung R 46 (2) i)-j) werden von Prüfungsabteilung geprüft R 46 (3): Auch Flowcharts und Diagramme	**Art. 90 (1) iVm R 56:** Wurden **gar keine Zeichnungen** eingereicht → Aufforderung des Amtes, Zeichnungen innerhalb 2 M einzureichen Neuer AT = Tag der Einreichung der Zeichnungen, siehe A.7 ff.	**Art. 90 (1) iVm R 56 (4):** Zeichnungen und Bezugnahme auf Zeichnungen gelten als gestrichen	**WB (−),** Ausschluss durch Art. 121 (4), R 135 (2) **WE (+),** nach Art. 122, R 136 (3)
67 Anmelde-unterlagen RiLi A-III, 3.2	R 49 (1)-(9), (12) R 57 i)	Form der Anmelde-unterlagen, Zeichnungen, Zusammenfassung R 49 (9), Satz 4+(10) + (11) werden von Prüfungsabteilung geprüft	**Art. 90 (4) iVm R 58:** Frist von 2 M nach Aufforderung gemäß R 58 zur Mängel-beseitigung RiLi A-III, 16.2	**Art. 90 (5):** Anmeldung wird zurückgewiesen	**WB (−),** da durch Art. 121 (4), R 135 (2) ausgenommen **WE (+),** Art. 122, R 136
68 Nachgereichte Teile der Anmeldung	R 50 (1)	Formerfordernisse für nachgereichte Teile der ePA, siehe R 42, R 43, R 46-49	**Art. 90 (4) iVm R 58:** Frist von 2 M nach Aufforderung gemäß R 58 zur Mängel-beseitigung RiLi A-III, 16.2	**Art. 90 (5):** Anmeldung wird zurückgewiesen	**WB (−),** da durch Art. 121 (4), R 135 (2) ausgenommen **WE (+),** Art. 122, R 136

Ablauf EP-Anmeldung/Patent — A.

Formalprüfung (Fortsetzung)

Verfahrenshandlung	Rechtsnormen	Details und Fälligkeit	Unmittelbare Folgen eines Mangels, Mängelbeseitigung, Fristen	Rechtsfolge bei Nichtbeseitigung von Mängeln oder Fristversäumnis	Weiterbehandlungs-/ Wiedereinsetzungs-Möglichkeit
Nachgereichte Unterlagen - nicht Teile der Anmeldung	R 50 (2), (3)	Formerfordernisse für sonstige Schriftstücke: **R 50 (2)**: gedruckt, 2,5 cm Rand links **R 50 (3)**: unterzeichnet (ggf. durch Vertreter nach Art. 133)	Fehlende oder falsche Unterschrift (R 50 (3)): Aufforderung zur Mängelbeseitigung innerhalb zu bestimmender Frist (R 132) RiLi A-VIII, 3.1	Schriftstück gilt als nicht eingegangen RiLi A-VIII, 3.1	Abhängig vom betreffenden Schriftstück
Nucleotid- und Aminosäuresequenzen RiLi A-IV, 5 RiLi F-II, 6	R 30 (1), (2) R 57 j)	**R 30**: mit Anmeldung als einzige Datei im XML-Format (ABl. 2021, A97) zur Hinterlegung von biologischem Material siehe A.209 ff.	**R 30 (3)**: Aufforderung mit Frist von 2 M zur Mängelbeseitigung und Gebührenzahlung für verspätete Einreichung 245 € - Art. 2 (1) Nr. 14a GebO R 56 Die Möglichkeit, ein Sequenzprotokoll als fehlenden Teil der Beschreibung einzureichen, ist in der Regel auf sehr seltene Fälle beschränkt, siehe RiLi A-IV, 5.1	**Art. 90 (5)** iVm **R 30 (3)** Anmeldung wird zurückgewiesen	**WB (+)**, Art. 121 (1), R 135 (1) (WB: hier 2x Gebühren: 1. Nicht-Einreichung des Sequenzprotokolls; 2. Nicht-Zahlung der Gebühr für verspätete Einreichung) **WE (–)**, Art. 122, R 136
	RiLi A-III, 13.2	Seiten des Sequenzprotokolls werden bei Seitengebühr nach R 38 (2) nicht gezählt.			
	RiLi A-IV, 5 ABl. 2021, A97	Elektronische Einreichung gemäß dem anwendbaren WIPO-Standard (neuer WIPO Standard ST.26 ab 01.07.2022). Das Sequenzprotoll muss alle in den Anmeldungsunterlagen (einschließlich Zeichnungen) offenbarten Nucleotid- oder Aminosäuresequenzen umfassen, die über die im Standard definierte Mindestlänge hinausgehen, selbst wenn es sich lediglich um Fragmente einer anderen offenbarten Sequenz handelt. Keine Papiereinreichung oder PDF Einreichung.			
	RiLi A-IV, 5.3	Eine TA muss als selbständige ePA ihrerseits die Erfordernisse der R 30 in Verbindung mit dem BdP vom 28.04.2011 über die Einreichung von Sequenzprotokollen (ABl. 2011, 372) erfüllen (siehe G 1/05, Nr. 3.1 der Entscheidungsgründe). Das zur Beschreibung der TA gehörendes Sequenzprotokoll ist zusammen mit den anderen Unterlagen der TA einzureichen, sofern nicht auf eine früher eingereichte Anmeldung Bezug genommen wird, die das Sequenzprotokoll bereits enthält (R 40 (1) c)).			

A. Ablauf EP-Anmeldung/Patent

75 | Priorität
Art. 87, RiLi A-III, 6, RiLi F-VI
siehe insbesondere Spezialtabelle I »Priorität«

Verfahrenshandlung	Rechtsnormen	Details und Fälligkeit	Unmittelbare Folgen eines Mangels, Mängelbeseitigung, Fristen	Rechtsfolge bei Nicht-beseitigung von Mängeln oder Fristversäumnis	Weiterbehandlungs-/Wiedereinsetzungs-Möglichkeit
76 **Prioritätsrecht** siehe auch PCT B.71 ff.	Art. 87 (1) »Frist von 12 M« vgl. Art. 4 C (1) PVÜ	**Prioritätsfrist 12 M**	Bei beanspruchtem Prioritätsdatum >12 M: Amtsmitteilung nach **R 112**, dass kein Prioritätsanspruch besteht	**Art. 90 (5):** Prioritätsanspruch erlischt	WB (−), ausgenommen durch Art. 121 (4) WE (+), nach Art. 122 (1), R 136 (1) R 136 (1): 2 M ab **Ablauf der Priofrist**
77 **Wirkung des Prioritätsrechts** siehe I.1 f.	Art. 89	→ PT gilt als AT für **Art. 54 (2)+(3)** sowie für **Art. 60 (2)**			

78 | Prioritätserklärung Art. 88, R 52, I.30 ff.

Verfahrenshandlung	Rechtsnormen	Details und Fälligkeit	Unmittelbare Folgen eines Mangels, Mängelbeseitigung, Fristen	Rechtsfolge bei Nichtbeseitigung von Mängeln oder Fristversäumnis	Weiterbehandlungs-/Wiedereinsetzungs-Möglichkeit
79 **Inanspruchnahme der Priorität**	Art. 88 R 52 R 57 g) RiLi A-III, 6.5	**R 52 (1):** Erklärung über den - AT, - Staat und - das Aktenzeichen der Anmeldung deren Priorität in Anspruch genommen wird. **R 52 (2):** Soll mit Einreichung der Anmeldung abgegeben werden, kann noch innerhalb von 16 M ab dem frühesten beanspruchten PT abgegeben werden.	R 52 (3) Berichtigung oder Hinzufügung einer Prio innerhalb 16 M ab frühestem PT, aber mindestens bis 4 M nach AT möglich (RiLi A-III, 6.5.3) Berichtigung, siehe L.162 ff., I.31	**Art. 90 (5) 2. Halbsatz** iVm **Art. 90 (3):** Prioanspruch erlischt für Anmeldung, wenn keine Prioerklärung eingereicht oder Mängel nicht beseitigt wurden Mitteilung nach **R 112 (1)**	WB (−), da durch **R 135 (2)** ausgenommen WE (+), nach **Art. 122 (4)**, **R 136** nicht ausgenommen;

Ablauf EP-Anmeldung/Patent A.

Prioritätsunterlage Art. 88, R 53, 📄 I.32 ff.					
Verfahrenshandlung	Rechts-normen	Details und Fälligkeit	Unmittelbare Folgen eines Mangels, Mängel-beseitigung, Fristen	Rechtsfolge bei Nicht-beseitigung von Mängeln oder Fristversäumnis	Weiterbehandlungs-/Wiedereinsetzungs-Möglichkeit
Einreichung des Priodokuments (Abschrift der früheren Anmeldung)	R 53 (1)	bis zum Ablauf von 16 M nach dem Prioritätstag Die Abschrift muss von der Behörde, bei der die frühere Anmeldung eingereicht worden ist beglaubigt sein	Aufforderung mit zbF (mind. 2 M, verlängerbar R 132 (2)) (**R 59** iVm **Art. 90 (3)**).	**Art. 90 (5) 2. Halbsatz** iVm **Art. 90 (3)**: Prioanspruch erlischt für Anmeldung, wenn keine Prioerklärung eingereicht oder Mängel nicht beseitigt wurden	**WB (−)**, da durch **R 135 (2)** ausgenommen **WE (+)**, nach **Art. 122 (4)**, **R 136** nicht ausgenommen
		Elektronische Einreichung der Prioritätsunterlage siehe 📄 I.35 ff.			
	R 53 (2) SA Nr. 3, ABl. 2007, B.2 ABl. 2021, A83; ABl. 2021, A84; ABl. 2019, A27	Die Abschrift der früheren Anmeldung gilt nicht als ordnungsgemäß eingereicht, wenn eine Abschrift der früheren Anmeldung nicht in die Akte der ePA aufgenommen werden kann (**RiLi A-III, 6.7**). Auf Antrag gebührenfreie Übernahme der Abschrift über den digitalen Zugangsservice (DAS) der WIPO; siehe 📄 I.34 f.			

Übersetzung der Prioritätsunterlage Art. 88, R 53, 📄 I.43 ff.					
Verfahrenshandlung	Rechts-normen	Details und Fälligkeit	Unmittelbare Folgen eines Mangels, Mängel-beseitigung, Fristen	Rechtsfolge bei Nicht-beseitigung von Mängeln oder Fristversäumnis	Weiterbehandlungs-/Wiedereinsetzungs-Möglichkeit
Übersetzung des Priodokuments MdEPA, vom 28.01.2013, ABl. 03/2013, 150 RiLi A-III, 6.8	Art. 88 (1) R 53 (3)	wenn das Prio-dokument **nicht** in EPA Amtssprache vorliegt: Beglaubigte Übersetzung, **ODER** Erklärung, dass die ePA eine vollständige Übersetzung ist. **Auf Aufforderung innerhalb zbF** siehe 📄 I.44 f. Freiwillige Einreichung der Übersetzung jederzeit möglich RiLi A-III, 6.8.5	Nur gefordert, wenn zur Beurteilung der Wirksamkeit des Prioanspruchs notwendig: **RiLi F-VI, 2.1 und 3.4** R 53 (3): Aufforderung zur Einreichung der Übersetzung innerhalb zbF.	**Art. 90 (5)** iVm **R 53 (3)**: Prioanspruch erlischt	Prüfungs-verfahren: **WB (+)**, **Art. 121**, **R 135** RiLi A-III, 6.8 **WE (−)**, durch Art. 122 (4) iVm R 136 (3)

A. Ablauf EP-Anmeldung/Patent

86	Einreichung von Rechercheergebnissen für Prioanmeldung					
	Verfahrenshandlung	Rechtsnormen	Details und Fälligkeit	Unmittelbare Folgen eines Mangels, Mängelbeseitigung, Fristen	Rechtsfolge bei Nichtbeseitigung von Mängeln oder Fristversäumnis	Weiterbehandlungs-/ Wiedereinsetzungs-Möglichkeit
87	**Auskünfte über den Stand der Technik** Anmelder muss Kopie der Rechercheergebnisse des AA für die Prioanmeldung(en) einreichen ABl. 2010, 410, 600 ABl. 2019, A56	Art. 124 R 141 RiLi A-III, 6.12	**Art. 124 (1)** iVm **R 141 (1)**: Unverzüglich nach Einreichung oder sobald die Recherche vorliegt; Euro-PCT: bei Eintritt in die europäische Phase	**R 70b (1):** Frist von 2 M ab Aufforderung durch die Prüfungsabteilung Aufforderung nach **Art. 124 (1)**, **R 141 (3)**: Frist von 2 M bezieht sich auf allg. SdT, nicht unbedingt aus Recherche zur Prioanmeldung	**Art. 124 (2)** iVm **R 70b (2):** ePA gilt als zurückgenommen Mitteilung nach **R 112 (1)**	**WB (+),** Art. 121 (1) iVm R 135 (1) **WE (–),** durch Art. 122 (4) iVm R 136 (3) ausgenommen

88	**Keine Einreichung einer Kopie der Rechercheergebnisse erforderlich**	R 141 (2)
		
		RiLi A-III, 6.12
			Kopie gilt als eingereicht, wenn das EPA zur Prioanmeldung einen europäischen oder internationalen Recherchenbericht oder Recherche internationaler Art erstellt hat oder wenn EPA für nationales AA recherchiert: AL, BE, FR, GR, IT, HR, LT, LU, LV, MC, MT, NL, SM, GB, CY (Stand Oktober 2021).
			
			Befreiung bei Erstanmeldung in:
			    DK BdP vom 10.12.2014 ABl. 2015, A2
			    JP BdP vom 09.12.2010 ABl. 2015, 62
			    AT BdP vom 19.08.2012 ABl. 2012, 540
			    KR BdP vom 27.02.2016 ABl. 2013, 216
			    ES BdP vom 20.02.2016 ABl. 2016, A18
			    SE (seit 01.07.2021) BdP vom 14.05.2021 ABl. 2021, A39, A40
			    CH BdP vom 04.06.2019 ABl. 2019, A55, A56
			    GB BdP vom 09.12.2010 ABl. 2011, 62
			    US BdP vom 09.12.2010 ABl. 2011, 62
			    CN (seit 01.07.2021) BdP vom 08.04.2021 ABl. 2021, A38, A40
			    CZ (ab 03.10.2022) BdEPA vom 11.07.2022, ABl. 2022, A79, A80
			
			Auch im Fall von TA, bei denen die Rechercheergebnisse zur beanspruchten Priorität bereits in Bezug auf die SA eingereicht wurden, müssen die Ergebnisse für die TA nicht erneut vorgelegt werden (siehe MdEPA v. 28.07.2010, ABl. 2010, 410).			

Ablauf EP-Anmeldung/Patent — A.

Erfindernennung
Art. 62, RiLi A-III, 5

Verfahrenshandlung	Rechtsnormen	Details und Fälligkeit	Unmittelbare Folgen eines Mangels, Mängelbeseitigung, Fristen	Rechtsfolge bei Nichtbeseitigung von Mängeln oder Fristversäumnis	Weiterbehandlungs-/Wiedereinsetzungs-Möglichkeit
Erfindernennung für ePA RiLi A-III, 5 Formblatt 1002 Berichtigung siehe L.166 ff.	Art. 62 Art. 81 R 19 (1)	**R 19 (1):** Mit Anmeldung **R 20 (1):** Erfinder werden auf ePA und eP vermerkt **Art. 81 iVm R 19 (1):** Im **Antrag auf Erteilung** oder in gesondertem Schriftstück, wenn Anmelder nicht oder nicht allein Erfinder ist. Name, Vorname und Unterschrift des Anmelders bzw. Vertreters. **R 19 (2): Angaben werden nicht geprüft** jederzeit berichtigbar: A.95 **Art. 81 2. Satz:** Anmelder ≠ Erfinder → **Erklärung über Rechtsübergang**	**R 60 (1):** 16 M nach PT bzw. AT Frist gilt als eingehalten, wenn Erfindernennung vor Abschluss der technischen Vorbereitungen für die VÖ der ePA mitgeteilt wird.	**Art. 90 (5)** Anmeldung wird zurückgewiesen RiLi A-III, 5.4	**WB (+)**, nach Art. 121 (1) iVm R 135 (1), da keine Frist nach R 58 **WE (−)**, durch Art. 122 (4) iVm R 136 (3) ausgenommen
Erfindernennung nachholen in einem gesonderten Schriftstück	Art 81 R 19 R 60 RiLi A-III, 5.3 ABl. 2021, A12	**Auf Antrag:** Name und Land und Wohnort (inkl. PLZ) des Erfinders, Erklärung über Rechtserlangung, Unterschrift des Anmelders oder Vertreters) (Der Wohnort ist die Stadt o. Gemeinde (nicht die Region oder Provinz), in der der Erfinder seinen ständigen Wohnsitz hat, und sollte die Postleitzahl umfassen.	**R 60 (1):** 16 M nach PT bzw. AT **ODER** **R 60 (2):** **Bei TA nach Aufforderung** innerhalb einer zu bestimmenden Frist. Frist gilt als eingehalten, wenn Info vor Abschluss der technischen Vorbereitungen für die VÖ der ePA mitgeteilt wird.		

A. Ablauf EP-Anmeldung/Patent

92	**Erfindernennung** (Fortsetzung)			
	Verfahrenshandlung	Rechtsnormen	Details und Fälligkeit	
93	**Verzicht auf Erfindernennung**	Art. 62 R 20 (1) RiLi A-III. 5.2	**R 20 (1): Schriftlicher Antrag des Erfinders auf Nichtnennung** rechtzeitig vor Vorbereitung der Veröffentlichung; R 67, RiLi A-VI, 1.2: Bis 5 W vor VÖ noch möglich **R 143 (1) g): Eintragung in das europäische Patentregister unterbleibt** Erfindernennung und Verzichtserklärung **nicht** durch Akteneinsicht nach Art. 128 (4) iVm R 144 einsehbar.	
94	**Erfindernennung durch Dritte**	Art. 62 R 20 (2)	**R 20 (2):** **Dritter reicht rechtskräftige Entscheidung ein**, dass Anmelder ihn als Erfinder zu nennen hat	**Jederzeit möglich, R 20 (1):** Erfinder werden auf ePA und eP vermerkt
95	**Berichtigung bei unrichtiger Erfindernennung** (Änderung, Löschung, Eintragung) der Erfindernennung Gebührenfrei Kann auch noch nach Beendigung des Verfahrens vor dem EPA erfolgen (R 21 (1))	Art. 62 R 21 RiLi A-III, 5.5	**R 21 (1):** Eine unrichtige Erfindernennung kann auf Antrag berichtigt werden, sofern mit dem Antrag die **Zustimmungserklärung der zu Unrecht genannten Person** und, wenn der Antrag nicht vom Anmelder oder Patentinhaber eingereicht worden ist, dessen Zustimmungserklärung eingereicht wird.	**R 21 (2):** Ist eine unrichtige Erfindernennung berichtigt worden und ist die unrichtige Erfindernennung im Europäischen Patentregister eingetragen oder im Europäischen Patentblatt bekannt gemacht worden, so wird auch deren Berichtigung oder Löschung darin eingetragen oder bekannt gemacht.
96	Berichtigung der Erfindernennung siehe L.166 ff.	J 8/82	Bei Nachbenennung eines zusätzlichen Erfinders ist die Zustimmung der bisherigen Erfinder nicht notwendig (da nicht zu Unrecht genannt).	

Ablauf EP-Anmeldung/Patent A.

Allgemeine Voraussetzungen für eine europäische Patentanmeldung - Einreichung				
Verfahrenshandlung	Rechtsnormen	Details und Fälligkeit		
Zuständiges Anmeldeamt Art. 75 R 35 (1) RiLi A-II, 1.1, 1.2	Art. 75 (1) a)	**EPA** in München, Zweigstelle Den Haag, Dienststelle Berlin (ABl. 1989, 218); nicht jedoch Dienststelle Wien (ABl. 2017 A11, A12 und RiLi A-II, 1). In Wien eingereichte ePA werden zu einem der Anmeldeämter weitergeleitet und erhalten dort einen AT (ABl. 2017 A11, Art 1 (2))		
	Art. 75 (1) b)	Bei **nationalen Behörden**, sofern nach nationalem Recht (für alle EP Staaten außer NL und BE, hier muss beim EPA eingereicht werden) zulässig (siehe »NatR zum EPÜ«, Tabelle II). Weiterleitung ans EPA nach **Art. 77 (1)** iVm **R 37**. Siehe auch R 35 (3), (4).		
		ABl. 2018, A17: Seit 01.04.2018 keine Einreichung von ePA nach Art. 75 (1) b) (oder PCT-Anmeldungen) beim **belgischen** Amt für geistiges Eigentum (OPRI) mehr möglich. Ausgenommen sind Anmeldungen, die aus Gründen der Landesverteidigung oder der nationalen Sicherheit zwingend beim OPRI einzureichen sind.		
	Art. 76 iVm R 36 (2)	**TA** ist beim EPA in München, Den Haag oder Berlin einzureichen bzw. bei einer Einreichung bei nationalen Behörden gilt diese erst mit Tag des Eingangs beim EPA als eingegangen - RiLi A-IV, 1.3.1.		
	Art. 61 (2) iVm Art. 76 (1)	Anmeldung nach **Art. 61 (1) b)** müssen beim EPA (München, Den Haag, Berlin) eingereicht werden. RiLi A-IV, 2.5.		
Weiterleitung durch Patentämter der VS RiLi A-II, 1.6 RiLi A-II, 3.2 (Einreichung bei einer zuständigen nat. Behörde)	Art. 77 (1) iVm R 37	**Fristen für Weiterleitung** durch die Zentralbehörden: 6 W (keine zwingende Frist), wenn Anmeldung offensichtlich nicht geheimhaltungspflichtig (R 37 (1) a)), 4 M bzw. 14 M nach Prio, wenn Prüfung auf Geheimhaltungspflicht (**R 37 (1) b)**) RiLi A-II, 1.6	**Art. 77 (3) iVm R 37 (2):** Erfolgt diese Weiterleitung nicht innerhalb von 14 M ab AT oder PT, so gilt die Anmeldung als zurückgenommen, Gebühren werden zurückerstattet. **R 37 (2) Satz 2, RiLi A-X, 10.2.4)** R 112 (1): Mitteilung über Rechtsverlust Bei der Fristberechnung ist **R 131 (4), R 134 (1), R 134 (2)** anzuwenden.	**WB (–), WE (–)**, da keine vom Anmelder einzuhaltende Frist ↳**J 3/80**, ABl. 4/1980, 92), nur **Umwandlung** nach **Art. 135** iVm R 155 möglich, Frist: 3 M (siehe »NatR zum EPÜ«, Tabelle VII und **RiLi A-IV, 6**).
	Ausnahme: Art. 75 (2) a) und b)	Jeder VS kann bestimmen, dass die Anmeldung zuerst national eingereicht werden muss (Staatsgeheimnis etc.), siehe »NatR zum EPÜ«, Tabelle II.		
	Art. 77 (2)	ePA unter **Geheimschutz** werden nicht weitergeleitet.		

A. Ablauf EP-Anmeldung/Patent

106	Allgemeine Voraussetzungen für eine europäische Patentanmeldung - Einreichung (Fortsetzung)			
	Verfahrenshandlung	Rechtsnormen	Details	
107	**Einreichung der ePA**	**Einreichung durch unmittelbare Übergabe oder durch Postdienste** (RiLi A-II, 1.1).		
108	**Wo und wie?**	R 35 (1)	Anmeldung hat **schriftlich** zu erfolgen.	
109	R 2 RiLi A-II, 1	**Einrichtungen zur elektronischen Nachrichtenübermittlung** (RiLi A-II, 1.2)		
110		BdP vom 20.02.2019 ABl. 2019, A18 RiLi A-II, 1.2.1	**Einreichung der ePA per Telefax:** - Bei EPA (München, Berlin, Den Haag) und nat. Behörden, die das gestatten (siehe RiLi A-II, 1.2, RiLi A-II, 1.2.1); Priounterlagen werden vom EPA nicht per Fax akzeptiert (ABl. 2009, 182, 📄 I.37); In Wien eingereichte Anmeldungen oder nachgereichte Schriftstücke werden an eine der Annahmestellen weitergeleitet und erhalten erst den dortigen Eingangstag als AT. - Bei Einreichung durch Telefax ist gemäß R 2 (2) die bildliche Wiedergabe der Unterschrift der handelnden Person auf dem Telefax zur Bestätigung der Authentizität des Schriftstücks ausreichend. Aus der Unterzeichnung müssen der Name und die Stellung der handelnden Person eindeutig hervorgehen. - Falls Übermittlung fehlschlägt oder unleserlich ist, wird Anmelder, soweit er ermittelt werden kann, unverzüglich informiert. - Auf Aufforderung sind Originalunterlagen gemäß R 2 (1) innerhalb 2 M (RiLi A-II, 1.2 und RiLi A-VIII, 2.5) nachzureichen. - Bei Fristversäumung wird Anmeldung zurückgewiesen (Art. 90 (5), R 2 (1)). WB (+) Art. 121 (1), R 135. AT ist der Tag an welchem die eingereichten Unterlagen die Erfordernisse von Art. 80 und R 40 erfüllen (BdP vom 20.02.2019, ABl. 2019, A54 Art. 5 (1)); Genügen im Fall einer mitternachtsüberschreitenden Einreichung die noch am früheren Tag eingegangenen Unterlagen diesen Erfordernissen, so erhält die ePA den früheren Tag als AT, wenn der Anmelder dies beantragt und auf die nach Mitternacht eingegangenen Teile der Anmeldungsunterlagen verzichtet.	
111		ABl. 2021, A42 RiLi A-II, 1.3 RiLi A-II, 1.2.2 Einreichung per Datenträger, Online	**Einreichung in elektronischer Form** (RiLi A-II, 1.3 (RiLi A-II, 1.2.2)): - **Online-Einreichung OLF**, ABl. 2021, A42, ABl. 2022, A70), Online (Software ab Version 5.13) oder mittels beim EPA zugelassener elektronischer Datenträger möglich. Elektronische Datenträger: CD-R (nach ISO 9660), DVD-R, DVD+R (ABl. 2021, A42) Diskette nebst Papierausdruck seit 01.01.2003 nicht mehr (Mitteilung vom 01.10.2002, ABl. 2002, 515) → gilt für EPA, nat. Ämter in BE, CH, FI, FR, SE und GB. - **Online-Einreichung 2.0** (ABl. 2020, A44; ABl. 2021, A42) → siehe 📄 A.118 - **Web-Einreichung** (ABl. 2021, A42, ABl. 2014, A98) - **ePCT** (ABl. 2014, A107), **PCT-SAFE** (EPA 2016, A78, EP: Keine int. Anmeldungen ab 01.07.2020 - ABl. 2020, A59) - **CMS:** Abschaffung von CMS zum 01.01.2022. Wurde ersetzt durch Online-Einreichung 2.0 (ABl. 2021, A42, A43). Andere Verfahren/Software sind nicht zulässig 📄 A.116.	

Ablauf EP-Anmeldung/Patent A.

Allgemeine Voraussetzungen für eine europäische Patentanmeldung - Einreichung (Fortsetzung)			
Verfahrenshandlung	Rechtsnormen	Details	
Einreichung der ePA (Fortsetzung) R 2 RiLi A-II, 1.2.2	ABl. 2021, A42	**Elektronische Einreichung weiterer Unterlagen:** Die **Web-Einreichung** darf **nicht** genutzt werden für **Vollmachten**, **Unterlagen** in Bezug auf **Einspruchs-**, **Beschränkungs- oder Widerrufsverfahren** (Art. 99 bis 105c), Unterlagen in Bezug auf **Beschwerdeverfahren** (Art. 106 bis 112) oder Unterlagen in Bezug auf **Verfahren zur Überprüfung von Entscheidungen der Beschwerdekammern durch die Große Beschwerdekammer** (Art. 112a). Bei Verstoß gelten die Unterlagen als nicht eingegangen. Der Absender wird, soweit er ermittelt werden kann, unverzüglich benachrichtigt. Siehe auch Online-Einreichung 2.0 (A.118 f.).	112
		Die elektronische Einreichung von **Prioritätsunterlagen** ist mittels **OLF ~~oder CMS~~** (CMS bis 31.12.2021, danach wurde CMS abgeschafft, ABl. 2021 A42, A43) möglich und nur dann, wenn die betreffenden Unterlagen von der ausstellenden Behörde digital signiert wurden und die Signatur vom EPA anerkannt wird. Die elektronische Einreichung von Prioritätsunterlagen darf **nicht** mittels der Web-Einreichung erfolgen. Prioritätsunterlagen, die unter Verstoß gegen diese Vorgaben eingereicht werden, gelten als nicht eingegangen. Der Absender wird, soweit er ermittelt werden kann, unverzüglich benachrichtigt.	113
		Sind die eingereichten Unterlagen **nicht lesbar** oder **unvollständig** übermittelt worden, so gilt der Teil der Unterlagen, der nicht lesbar ist oder fehlt, als nicht eingegangen. Sind die eingereichten Unterlagen mit einem **Computervirus** infiziert oder enthalten sie andere **bösartige Software**, so gelten sie als nicht lesbar. Das EPA ist nicht verpflichtet, Unterlagen mit solchen Mängeln entgegenzunehmen, zu öffnen oder zu bearbeiten.	114
	[QR-Code]	Auflistung der Tage mit Nichtverfügbarkeit der Online-Einreichung beim EPA: Quelle: https://www.epo.org/applying/online-services/online-filing-outages_de.html	115
	ABl. 2000, 458 ABl. 2019, A18	**Einreichung durch andere Verfahren:** - E-Mail ist nicht zulässig (RiLi A-II, 1.3). - Telegrafische Einreichung, Teletex oder ähnliche Verfahren sind nicht zulässig RiLi A-II, 1.4; RiLi A-II, 1.3, RiLi A-VIII, 2.5	116
		Soweit die eingereichten Unterlagen zu unterzeichnen sind, kann dies mittels **Faksimile-Signatur** oder alphanumerischer Signatur erfolgen. Bei der Verwendung von OLF auch mittels fortgeschrittenen elektronischen Signatur (vom EPA herausgegebene oder anerkannte und mit Zertifikat des EPA bestätigte elektronische Signatur). RiLi A-VIII, 3.1, 3.2, 3.3: ePA und internationale (PCT-)Anmeldungen und andere Unterlagen, die mit diesen Anmeldungen oder mit Patenten auf der Grundlage dieser Anmeldungen im Zusammenhang stehen, können beim EPA in elektronischer Form eingereicht werden. ePA können auch bei den zuständigen nat. Behörden der VS, die dies gestatten, mittels OLF oder anderer vom EPA akzeptierter Dienste zur elektronischen Einreichung elektronisch eingereicht werden.	117

A. Ablauf EP-Anmeldung/Patent

Allgemeine Voraussetzungen für eine europäische Patentanmeldung - Einreichung (Fortsetzung)

	Verfahrenshandlung	Rechtsnormen	Details

118	Einreichung der ePA (Fortsetzung) R 2 RiLi A-II, 1.2.2 Online-Einreichung 2.0	ABl. 2021, A42 ABl. 2020, A44	**Online Einreichung 2.0**
			• Pilotprojekt ab 04.05.2020
			• Einreichung mittels **spezieller Software** für die **Online-Einreichung 2.0**, Zugang über registrierte Smartcard und für Nutzung vom EPA ausgestellte Zertifikate erforderlich
			• Relevante Funktionalitäten des ePCT-Dienst sind für int. Anmeldungen integriert
			• **Ausgenommen** für das Pilotprojekt für die Online-Einreihung 2.0 sind die Online-Einreichung des EPA (**OLF**), ~~über Case-Management-System (**CMS**), (CMS bis 31.12.2021, danach wird CMS abgeschafft, ABl. 2021 A42, A43)~~, **Web-Einreichung** sowie über **PCT-SAFE und ePCT-Filing**
			• Einreichungsfähige Unterlagen:
			   o Antrag (Formblatt EP 1001) mit Anmeldungsunterlagen (Beschreibung, Ansprüchen, Zusammenfassung, Zeichnungen), ggf. Übersetzung im PDF- oder DOCX-Format, andere Unterlagen im PDF-Format
			   o Eintritt in europäische Phase (Formblatt 1200) mit Unterlagen und ggf. Übersetzungen sowie etwaigen Änderungen (z.B. Art. 19/Art.24 PCT) im PDF-Format
			   o Antrag int. Anmeldung (Formblatt PCT/RO/101) mit Anmeldungsunterlagen einer beim EPA=AA, ggf. Übersetzungen im PDF-Format oder XML-Format, andere Unterlagen im PDF-Format
			   o Sequenzprotokolle für int., europäische und EURO-PCT-Anmeldungen
			• Nach Bekanntmachung geplante einreichungsfähige Unterlagen
			   o alle Unterlagen im DOCX-Format
			   o Anmeldeunterlagen für EPA=ISA, SISA, IPER, einschließlich Antrag ivP im PDF- oder DOCX-Format
			   o Änderungen, Korrekturen, Berichtigungen der Online eingereichten Unterlagen bis zur Erteilung im PDF- oder DOCX-Format
			   o Unterlagen im Einspruchs- Beschränkungs-, Widerrufs- und Beschwerdeverfahren sowie in Verfahren vor der GBK im PDF- oder DOCX-Format
			• DOCX-Format der eingereichten Anmeldungsunterlagen muss festgelegter Formatdefinition des EPA entsprechen, siehe ABl. 2020, A45

119		ABl. 2020, A45	Definition von DOCX Dokumenten sowie Anforderungen für die Einreichung
120	**Anmelde-bestimmungen**	R 41 (1)	Antrag hat schriftlich auf Formblatt 1001 zu erfolgen (für AT nicht erforderlich).
121		R 42	Inhalt der Beschreibung.
122		R 43	Form und Inhalt der Patentansprüche.
123		R 44	Einheitlichkeit der Erfindung.
124		R 45	Gebührenpflichtige Patentansprüche.
125		R 46	Form der Zeichnungen.
126		R 47	Form und Inhalt der Zusammenfassung.
127		R 48	Unzulässige Angaben
128		R 49	Allgemeine Bestimmungen über die Form der Anmeldungsunterlagen (s. A.67).
129		R 50	Nachgereichte Unterlagen.

Ablauf EP-Anmeldung/Patent — A.

Übersicht: Einreichungsmöglichkeiten - Rechtsgrundlagen und Verfahrensaspekte						130
	Rechtsnormen	Eingangsdatum	Priounterlagen (Beglaubigte Kopien)	Weitere Ausnahmen	Bestätigung auf Papier	
EPA Online Filing Software (OLF, Online- Einreichung, Online Einreichung 2.0)						131
	Art. 75￼R 2 (1)￼ABl. 2009, 182￼ABl. 2015, A26￼ABl. 2021, A42￼ABl. 2022, A70￼RiLi A-II, 1.2.1	Tag an dem das Dokument beim EPA (vollständig) eingeht	Ja, sofern sie von der ausstellenden Behörde digital signiert wurden und die Signatur vom EPA anerkannt wird. (ABl. 2021, A42)	Urkunden, die im Original einzureichen sind.	Nein	132
Online Einreichung 2.0 (Details siehe A.118)						133
	ABl. 2021, A42	Wie OLF	Wie OLF		Nein	
~~EPA Case Management System (CMS)~~ (bis 31.12.2021, ABl. 2021 A42, A43)						134
EPA Web-Form Filing Service (Web-Einreichung)						135
	Art. 7￼R 2 (1)￼ABl. 2014, A98￼ABl. 2021, A42	Tag an dem das Dokument beim EPA (vollständig) eingeht	Nein (ABl. 2021, A42)	Vollmachten, Unterlagen in Bezug auf Einspruchs-, Beschränkungs- oder Widerrufsverfahren, Unterlagen in Bezug auf Beschwerdeverfahren oder Unterlagen in Bezug auf Verfahren zur Überprüfung von Entscheidungen der BK durch die GBK, Abbuchungsaufträge.	Nein	136
Telefax						137
	ABl. 2010, 642￼ABl. 2014, ZP 1, 93-97￼ABl. 2019, A18￼RiLi A-II, 1.2￼RiLi A-II, 1.2.1	Tag am dem das Dokument beim EPA (vollständig) eingeht und lesbar ist	Nein (ABl. 2009, 182, siehe I.37)	Vollmachten, Urkunden, die im Original einzureichen sind	Auf Aufforderung sind Originalunterlagen gemäß R 2 (1) innerhalb 2 M (RiLi A-II, 1.2 und RiLi A-VIII, 2.5) nachzureichen.	138
	Wird eine ePA durch Telefax eingereicht, so sind auf Aufforderung des im Verfahren zuständigen Organs des EPA innerhalb einer Frist von 2 M als Bestätigungsschreiben Anmeldungsunterlagen nachzureichen, die den Inhalt der durch Telefax eingereichten Unterlagen wiedergeben und der Ausführungsordnung zum EPÜ entsprechen (ABl. 2019, A18).					139
	Wird eine internationale Anmeldung per Fax eingereicht, so ist gleichzeitig das Original, d.h. das Bestätigungsschreiben, zu übersenden, wobei auf dem Fax angegeben werden sollte, dass das Bestätigungsschreiben gleichzeitig separat auf Papier übermittelt wurde (Euro-PCT Leitfaden 2.2.024, ABl. 2010, 642, ABl. 2019, A18)).					140
Datenträger						141
	ABl. 2015, A91￼ABl. 2021, A42￼RiLi A-II, 1.2.2	Tag an dem das Dokument beim EPA eingeht (und ausgelesen werden kann)	Ja, vorausgesetzt, dass die Bedingungen siehe RiLi A-III, 6.7 erfüllt sind	Vollmachten, Urkunden, die im Original einzureichen sind		142
	Den auf elektronischen Datenträgern eingereichten Unterlagen ist ein Anschreiben in Papierform beizufügen, das den Anmelder und/oder seinen Vertreter ausweist, eine Zustellanschrift angibt und die auf dem Datenträger gespeicherten Dateien auflistet (ABl. 2015, A91).					143

Left side row grouping: Online (131–134), Elektronisch RiLi A-II, 1.2.2 (135–138), Andere Kommunikationskanäle (139–143).

A. Ablauf EP-Anmeldung/Patent

144 **Übersicht: Einreichungsmöglichkeiten - Rechtsgrundlagen und Verfahrensaspekte** (Fortsetzung)

	Rechtsnormen	Eingangsdatum	Priounterlagen (Beglaubigte Kopien)	Weitere Ausnahmen	Bestätigung auf Papier
145	**Übergabe/Postweg** (Annahmestellen)				
146	Art. 75 R 2 (1) R 35, RiLi A-II, 1.1	Automatische Briefkästen: bei Einwurf Pförtner: Übergabezeitpunkt Normale Briefkästen: Reguläre Öffnungszeiten (z.B. wieder am Montag)	Ja, wenn diese in Papierform erstellt wurden	Vollmachten, Urkunden, die im Original einzureichen sind	
147	Bei den Annahmestellen des EPA in Berlin und München (nur PschorrHöfe, siehe BdP EPA vom 03.01.2017, ABl. 2017, A11) gibt es automatische Briefkästen, die zu jeder Zeit benutzt werden können. Bei den Annahmestellen im Münchner (Isargebäude, seit 1.4.2017 geschlossen) und in Den Haag ist derzeit kein automatischer Briefkasten in Betrieb. Unterlagen können außerhalb der Dienstzeiten beim Pförtner abgegeben werden.				
148	**Übergabe/ Postweg** (Zentralbehörde, Behörde eines VS)				
149	Art. 75 R 2 (1) EPÜ R 35, RiLi A-II, 1.1	Eingang bei entsprechender Behörde; vorbehaltlich Regelung Art. 118	nein		
150	ePA (außer TA, siehe RiLi A-IV, 1.3.1, und Anmeldungen nach Art. 61 (1) b), siehe RiLi A-IV, 2.5) können auch bei der Zentralbehörde für den gewerblichen Rechtsschutz oder bei anderen zuständigen Behörden eines VS eingereicht werden, wenn das nat. Recht dieses Staats es gestattet (RiLi A-II, 1.6).				
151	PCT: Auf dem Postweg bei der zuständigen Behörde oder im Notfall beim IB.				

(Zeilen 145–151: Analog)

Anregung zu dieser Übersicht von Dr. Jetzfellner

Ablauf EP-Anmeldung/Patent A.

Übersicht: Einreichungsmöglichkeiten - Dokumente und Formate

	Anmeldung	Sequenzprotokoll	TA	Andere Dokumente	Formate	Unterstützte Verfahren	Rechtsübergänge	Vollmachten	Unterschrift
EPA Online Filing Software (OLF, Online-Einreichung)									
	Ja (+PCT)	Ja (WIPO ST 25 Format)	Ja (ABl. 2015, A26)	Ja	PDF oder XML Sequenzprotokolle (ST25)	• EP1001 (Antrag auf Erteilung eines eP) • EP1200 (Euro-PCT, Eintritt in die europäische Phase) • EP1038 (nachgereichte Unterlagen, einschließlich Einspruchs-, Beschränkungs-, Beschwerde-, Widerrufsverfahren) • Elektronische Prioritätsunterlagen mit anerkannter digitaler Signatur (ABl. 2018, A93, A94) • PCT-Demand (PCT/IPEA/401) • Nachgereichte Unterlagen im PCT-Verfahren • EP OPPO (Einspruch) • PCT/RO/101 (RO-EPA) – Antrag • Einreichung bei verschiedenen nat. Ämtern	Nein (weil diese Urkunden im Original einzureichen sind)	ABl. 2021, A42 und RiLi A-VIII, 2.5 sprechen dafür, dass Vollmachten eingereicht werden können	Faksimile-Signatur oder mittels alphanumerischer Signatur oder mittels fortgeschrittener elektr. Signatur
Online Einreichung 2.0 (siehe A.118)									
	Ja (+PCT)	Ja	Ja	Ja	PDF	Siehe OLF		Siehe OLF	Faksimile-Signatur
~~**EPA Case Management System** (CMS)~~ (bis 31.12.2021, ABl. 2021 A42, A43)									
	~~Ja (+PCT)~~	~~Ja (WIPO ST 25 Format)~~	~~Ja (ABl. 2015, A27)~~	~~Ja~~	~~PDF oder XML Sequenzprotokolle (ST25)~~	~~• EP1001 (Antrag auf Erteilung eines eP)~~ ~~• EP1200 (Euro-PCT, Eintritt in die europäische Phase)~~ ~~• EP1038 (nachgereichte Unterlagen, einschließlich Anmelde-, Recherchen-, Prüfungs-, Einspruchs-, Beschränkungs-, Beschwerdeverfahren)~~ ~~• Elektronische Prioritätsunterlagen mit anerkannter digitaler Signatur (ABl. 2018, A93, A94)~~ ~~• Nachgereichte Unterlagen im PCT-Verfahren (alle Verfahrensphasen und Unterlagen)~~ ~~• PCT/RO/101 (RO-EPA) – Antrag~~ ~~• Keine Einreichung bei nat. Ämtern~~ ~~• Euro-PCT: 3. JGB (ABl. 2018, A3)~~	~~Nein (weil diese Urkunden im Original einzureichen sind)~~	~~ABl. 2021, A42 und RiLi A-VIII 2.5 sprechen dafür, dass Vollmachten eingereicht werden können~~	~~Faksimile-Signatur oder mittels alphanumerischer Signatur~~

Elektronisch Online (ABl. 2021, A42)

A. Ablauf EP-Anmeldung/Patent

157 **Übersicht: Einreichungsmöglichkeiten - Dokumente und Formate** (Fortsetzung)

		Anmeldung	Sequenzprotokoll	TA	Andere Dokumente	Formate	Unterstützte Verfahren	Rechtsübergänge	Vollmachten	Unterschrift
158		**EPA Web-Form Filing Service** (Web Einreichung)								
159	Elektronisch — Online (ABl. 2021, A42)	Ja (+PCT)	Ja (als Anhang an das PDF)	Ja (ABl. 2014, A98)	Ja	PDF	• EP1001 (Antrag auf Erteilung eines eP) • EP1200 (Euro-PCT, Eintritt in die europäische Phase) • EP1038 (nachgereichte Unterlagen, **außer** Unterlagen in Bezug auf Einspruchs-, Beschränkungs-, Widerrufs-, Beschwerdeverfahren, Verfahren zur Überprüfung von Entscheidungen der BK durch die GBK) • Nachgereichte Unterlagen im PCT-Verfahren (EPA ist RO/ISA/IPEA) • PCT/RO/101 (RO-EPA) - Antrag • Keine Einreichung bei nationalen Ämtern	Nein (weil diese Urkunden im Original einzureichen sind)	Nein (ABl. 2021, A42; RiLi A-VIII, 2.5)	Faksimile-Signatur oder mittels alphanumerischer Signatur
160		**E-Mail (ABl 2020, A71)**								
161	RiLi C-VII, 3; RiLi A-VIII, 2.5	Nein	Nein	Nein	Ja	Anhänge als PDF	Dokumente nach R 50		Ja, bei als Videokonferenz durchgeführten mündl. Verhandlungen ABl. 2020, A71	Zeichenkette oder Faksimile-Unterschrift

Ablauf EP-Anmeldung/Patent A.

Übersicht: Einreichungsmöglichkeiten - Dokumente und Formate (Fortsetzung)									
		Anmeldung	Sequenzprotokoll	TA	Andere Dokumente	Formate	Unterstützte Verfahren	Rechts-übergänge	Vollmachten*
Elektronisch (Fortsetzung)	**Andere Kommunikationskanäle**	**Telefax**								163
		Ja	Nein (Papierform freiwillig; elektronische Form muss eingereicht werden)	Ja (RiLi A-IV, 1.3.1)	Ja	-	Alle Verfahrens-aspekte	Nein (weil diese Urkunden im Original einzureichen sind)	Nein; RiLi A-VIII, 2.5
		Datenträger							
		Ja (+PCT)	Ja (WIPO ST 25 Format)	Ja (ABl. 2018, ZP 1, 93 ff.)	Ja (RiLi A-VIII, 2.5)	WIPO ST 25 Format; CD-R (ISO 9660), DVD+R und DVD-R	Einreichung der Anmeldung, Priobeleg	Nein	Nein
		Den auf elektronischen Datenträgern eingereichten Unterlagen ist ein Anschreiben in Papierform beizufügen, das den Anmelder und/oder seinen Vertreter ausweist, eine Zustellanschrift angibt und die auf dem Datenträger gespeicherten Dateien auflistet.							
		PCT: **ePCT**: Einreichung von Anmeldungen und nachgereichten Schriftstücken (Euro-PCT-Leitfaden 76, 832.2.001 ff, ABl. 2018, A45, A46, ABl. 2014, A107) **PCT-SAFE**: für Einreichungen von Anmeldungen (Euro-PCT-Leitfaden 83) – seit 01.07.2021 nicht mehr beim IB (PCT Newsletter 02/21), seit 01.07.2020 nicht mehr beim EPA (ABl. 2020, A59)							
Analog		**Übergabe/Postweg (Annahmestellen)**							
		Ja (+PCT)	Nein (Papierform freiwillig; elektronische Form muss eingereicht werden)	Ja (RiLi A-IV, 1.3.1)	Ja	-	Alle Verfahrens-aspekte	Ja	Ja oder direkte Vorlage beim EPA
		Übergabe/ Postweg (Zentralbehörde, Behörde eines VS)							
		Ja	Nein (Papierform freiwillig; elektronische Form muss eingereicht werden)	Nein	Nein	-	Nur Einreichung der Anmeldung	Nein	Nein
		PCT: Auf dem Postweg bei der zuständigen Behörde oder im Notfall beim IB.							

* Vertreter kann die Übertragung oder das Erlöschen einer Vertretung elektronisch über den MyFiles-Dienst mitteilen (siehe BdP EPA vom 26.04.2012, ABl. 2012, 352).

Anregung zu dieser Übersicht von Dr. Jetzfellner

A. Ablauf EP-Anmeldung/Patent

174	**Spezielle Handlungen bei der Einreichung einer Anmeldung**			
175	**Art. 79: Benennung der Vertragsstaaten seit 01.04.2009**			
	Verfahrenshandlung	Rechtsnormen	Details und Fälligkeit	
176	**Voraussetzung**	Art. 79	Benennung ist nur möglich für Staaten, die bereits am Tag der Anmeldung VS des EPÜ sind.	
177			Keine Nachholung. Sonderregelung: Wird Anmeldung innerhalb von 1 M vor Inkrafttreten eines neuen VS eingereicht, kann Anmelder beantragen, dass AT auf Tag des Inkrafttretens festgelegt wird (↳J 14/90, ↳J 18/90).	
178	**Benennung der VS**	Art. 79 (1)	**Grundsätzlich** durch Antrag auf Erteilung gelten **alle VS als benannt**, pauschale Benennungsgebühr (ABl. 2008, 513).	
179	RiLi A-III, 11	Art. 59	Bei mehreren Anmeldern auch Benennung verschiedener VS für jeden Anmelder möglich	
180	**Benennung EP über PCT**	R 4.9 a) PCT	Die Einreichung eines Antrags umfasst die Bestimmung aller VS des PCT (Streichung von DE, KR und JP möglich), blockweise Bestimmung aller EPÜ-VS in Feld V des PCT-Erteilungsantrags (Streichung möglich, aber nicht zu empfehlen).	
181	„Brexit" MdEPA v. 29.01.2020: Der Status des Vereinigten Königreichs als VS des EPÜ bleibt vom Austritt aus der EU unberührt. (Art. 65, ABl. 2020, A19; siehe 📄 P.69)			
	Verfahrenshandlung	Rechtsnormen Rechtsprechung	Details und Fälligkeit	Unmittelbare Folgen eines Mangels, Mängelbeseitigung, Fristen
182	**Zurücknahme Benennung einzelner VS**	Art. 79 (3) R 39 RiLi A-III, 11.2.4	Ein oder mehrere Anmelder können **Benennungen** bei der Einreichung der ePA **zurücknehmen** (keine Rückerstattung von Benennungsgebühr). Die Benennung eines VS kann bis zur Erteilung zurückgenommen werden.	**Art. 79 (3) iVm R 39 (2)**: Die Zurücknahme aller VS gilt als Zurücknahme der ePA (↳G 4/98). Zurückgenommene Benennungen können durch eine fristgerechte Zahlung der Benennungsgebühr nicht reaktiviert werden. RiLi G-IV, 5.1.1: Zurücknahme einer Benennung nach dem Veröffentlichungstag berühren die Anwendung des Art. 54 (3) nicht.
183		↳J 11/91 ↳J 16/91	Ausnahme nur, wenn die Anmeldung am Tag der Zahlung nicht mehr anhängig ist oder keinen AT erhalten hat, da Rechtsgrund zur Zahlung fehlt.	
184		R 15	Benennung darf nicht mehr zurückgenommen werden, wenn Dritter nachweist, dass er ein Verfahren zur Geltendmachung eines Anspruchs auf die Erteilung eingeleitet hat (**Art. 61** - Anmeldung durch Nichtberechtigte).	
185		↳G 4/98	AT bleibt auch dann erhalten, wenn alle Benennungen zurückgenommen werden und damit die Anmeldung nach **Art. 79 (3)** wegen Nichtzahlung der Benennungsgebühr als zurückgenommen gilt.	
186	RiLi A-III, 11.3 (für eP- und Euro-PCT-Anmeldungen, die vor dem 01.04.2009 eingereicht wurden)			

Ablauf EP-Anmeldung/Patent A.

Benennung (Fortsetzung)					
Verfahrenshandlung	Rechts-normen	Details und Fälligkeit	Unmittelbare Folgen eines Mangels, Mängelbeseitigung, Fristen	Rechtsfolge bei Nichtbeseitigung von Mängeln oder Fristversäumnis	Weiterbehandlungs-/Wiedereinsetzungs-Möglichkeit
Benennungs-gebühr	Art. 2 (1) Nr. 3 GebO	630 € **pauschale** Benennungsgebühr			
Benennungs-gebühr für **EP-Anmeldung**	Art. 79 (2) R 39 Art. 2 (1) Nr. 3 GebO	**Art. 79 (2), R 39 (1):** Innerhalb von 6 M nach Hinweis auf Veröffentlichung des RB. Frühester Zeitpunkt für Fristablauf ist 24 M ab AT bzw. PT (= 18 M (Art. 93 (1)) + 6 M bzw. wenn der Anmelder Veröffentlichung gemäß Art. 93 (1) b) früher beantragt, ist R 69 zu beachten → EPA teilt dem Anmelder früheren Tag mit und weist ihn auf die Fristen der R 70 (1), Art. 94 (2), R 70a (1) hin (siehe RiLi C-II, 4)		Keine B.-Gebühr entrichtet: **R 39 (2):** Anmeldung gilt als zurückgenommen (↯ **G 4/98**) Mitteilung nach **R 112 (1)**	**WB (+)**, nach Art. 121 (1) iVm R 135 (1) **WE (–)**, da durch Art. 122 iVm R 136 (3) ausgenommen

187

188

189

A. Ablauf EP-Anmeldung/Patent

190	**Erstreckung**		
	Verfahrenshandlung	Details und Fälligkeit	Weiterbehandlungs-/ Wiedereinsetzungs- Möglichkeit
191	**Erstreckung gemäß Erstreckungsabkommen** (siehe Spezialtabelle T »Vertragsstaatenübersicht« siehe Durchführungsvorschriften, zu **Art. 79** S/S Art. 79 Rd 41 ff. (**RiLi A-III, 12**) Erstreckung: Nach nationalem Recht hat eP die Wirkung eines nat. Patents (eP wird nach **Art. 97 (1)** mit Wirkung für den benannten Staat erteilt), Erstreckungsstaaten (Stand 10/2017): Bosnien-Herzegowina (BA) seit 1.12.2004, Montenegro (ME) seit 1.3.2010 (ab 01.10.2022 Mitglied des EPÜ). Ehemalige Erstreckungsstaaten: Slowenien, Rumänien, Litauen, Lettland, Kroatien, Mazedonien, Albanien, Serbien		
192	**Automatische Erstreckung**	Durch vorgedruckten Text in Feld 33.1 des Erteilungsantrags (Formular 1001); Voraussetzung: Erstreckungsstaat muss zum Zeitpunkt der Anmeldung (PCT oder EP) bereits Erstreckungsstaat gewesen sein (RiLi A-III, 12.1). Behandlung Erstreckung wie Benennung.	
193	**Erstreckungsgebühren** siehe R.36	Entrichtung je Staat innerhalb von 6 M ab Veröffentlichung des RB, mit 50 % Zuschlag noch bis 2 M nach Ablauf der Grundfrist. Rechtsverlustmitteilung nach R 112 nur in Verbindung mit Rechtsverlust in Bezug auf Benennungsgebühren (RiLi A-III, 12.2). Erstreckungsgebühren je Staat (BA, ME) 102 € (gemäß ABl. 2004, 619, Nachfrist ABl. 2009, 603)	**WB (+)**, nach Art. 121, R 135 (zusammen mit Benennungsgebühr RiLi A-III, 12.2) **WE (−)**, nach Art. 122, R 136 nicht möglich

	Erstreckung (Fortsetzung)		
194	**Besonderheiten und Rechtsprechung**		
		Rechtsquelle	Details und Fälligkeit
195	Erstreckungsverordnung	J 14/00	Maßgebend für Ersteckung eP ist Erstreckungsverordnung (EV) mit jeweiligem Land. Das EPÜ kommt nur zur Anwendung, wenn dies in der EV ausdrücklich vorgesehen ist. Berichtigung von Erstreckungenn gemäß **R 139 nicht** möglich, da dies in den Erstreckungsvereinbarungen nicht geregelt ist.
196	Rechtsbehelfe	MdP 94, S. 75-80	Keine Rechtsbehelfe vor EPA gegen die Feststellung der nicht wirksamen Erstreckung bspw. bei verspäteter oder nicht ausreichender Gebühr.
197	Nachfrist (seit 01.01.2010)	ABl. 2009, 603	2 M Nachfrist zur Entrichtung der Erstreckungsgebühr und 50 % Zuschlag, keine Feiertagsregelung.

Ablauf EP-Anmeldung/Patent   A.

Validierung von ePA, EURO-PCT-Anmeldungen und eP RiLi A-III, 12 - siehe R.37				198
Eine Validierung stellt eine Erstreckung von ePA und Euro-PCT-Anmeldungen auf europäische und außereuropäische Staaten dar, mit denen ein Validierungsabkommen in Kraft getreten ist. Hierzu ist vom Anmelder ein Antrag zu stellen und eine vorgeschriebene Gebühr zu entrichten (RiLi A-III, 12). Voraussetzung: Am AT muss Validierungsabkommen in Kraft sein.				199
Verfahrenshandlung	Details und Fälligkeit	Unmittelbare Folgen eines Mangels, Mängelbeseitigung, Fristen	Weiterbehandlungs-/ Wiedereinsetzungs-Möglichkeit	
Validierung in Marokko MdEPA 21.01.2015 BdP vom 05.02.2015 (ABl. 2015, A18, A19, A20, ABl. 2016, A5) Seit 01.03.2015 ist die Validierung der ePA und eP in Marokko (MA) möglich	Die Validierungsgebühr beträgt **240 €**. Fällig innerhalb 6 M nach Hinweis auf Veröffentlichung Recherchenbericht ODER innerhalb Frist, in der erforderliche Handlungen für internationale Anmeldungen in europäischer Phase vorzunehmen sind.	Nachfrist von 2 M nach Ablauf der Grundfrist, inkl. Zuschlagsgebühr (50 % des Gebührenbetrags) Wird die Validierungsgebühr nicht rechtzeitig entrichtet, so gilt der Validierungsantrag als zurückgenommen.	Nur bei Nichtzahlung Benennungsgebühr: **WB (+)**, 2 M nach Mitteilung nach R 112 inkl. Zuschlagsgebühr (50 %) MdEPA vom 05.02.2015 (ABl. 2015, A19) **WE (–)**, da durch Art. 122 iVm R 136 ausgenommen	200
Validierung in der Republik Moldau MdEPA 09.10.2015 BdP vom 01.10.2015 (ABl. 2015 A84, ABl. 2016, A67) Seit 01.11.2015 ist die Validierung der ePA und eP in der Republik Moldau (MD) möglich	Die Validierungsgebühr beträgt **200 €**. Fällig innerhalb 6 M nach Hinweis auf Veröffentlichung Recherchenbericht ODER innerhalb Frist, in der erforderliche Handlungen für internationale Anmeldungen in europäischer Phase vorzunehmen sind.	Nachfrist von 2 M nach Ablauf der Grundfrist, inkl. Zuschlagsgebühr (50 % des Gebührenbetrags) Wird die Validierungsgebühr nicht rechtzeitig entrichtet, so gilt der Validierungsantrag als zurückgenommen. Umwandlungsantrag innerhalb 3 M möglich (siehe ABl. 2016, A67).	Nur bei Nichtzahlung Benennungsgebühr: **WB (+)**, 2 M nach Mitteilung nach R 112 inkl. Zuschlagsgebühr (50 %) MdEPA vom 05.02.2015 (ABl. 2015, A19) **WE (–)**, da durch Art. 122 iVm R 136 ausgenommen	201
Validierung in Tunesien BdP vom 11.10.2017 (ABl. 2017, A85) Seit 01.12.2017 ist die Validierung der ePA und eP und Tunesien (TN) möglich	Die Validierungsgebühr beträgt **180 €**. Fällig innerhalb 6 M nach Hinweis auf Veröffentlichung Recherchenbericht ODER innerhalb Frist, in der erforderliche Handlungen für internationale Anmeldungen in europäischer Phase vorzunehmen sind.	Nachfrist von 2 M nach Ablauf der Grundfrist, inkl. Zuschlagsgebühr (50 % des Gebührenbetrags) Wird die Validierungsgebühr nicht rechtzeitig entrichtet, so gilt der Validierungsantrag als zurückgenommen.	Nur bei Nichtzahlung Benennungsgebühr: **WB (+)**, 2 M nach Mitteilung nach R 112 inkl. Zuschlagsgebühr (50 %) MdEPA vom 05.02.2015 (ABl. 2015, A19) **WE (–)**, da durch Art. 122 iVm R 136 ausgenommen	202

A. Ablauf EP-Anmeldung/Patent

203 Validierung von ePA, EURO-PCT-Anmeldungen und eP (Fortsetzung)

	Verfahrenshandlung	Details und Fälligkeit	Unmittelbare Folgen eines Mangels, Mängelbeseitigung, Fristen	Weiterbehandlungs-/ Wiedereinsetzungs-Möglichkeit
204	**Validierung im Königreich Kambodscha** BdP vom 07.02.2018 (ABl. 2018, A15, A16) Seit 01.03.2018 ist die Validierung der ePA und eP in Kambodscha (KH) möglich	Die Validierungsgebühr beträgt **180 €**. Fällig innerhalb 6 M nach Hinweis auf Veröffentlichung Recherchenbericht ODER innerhalb Frist, in der erforderliche Handlungen für internationale Anmeldungen in europäischer Phase vorzunehmen sind.	Nachfrist von 2 M nach Ablauf der Grundfrist, inkl. Zuschlagsgebühr (50 % des Gebührenbetrags) Wird die Validierungsgebühr nicht rechtzeitig entrichtet, so gilt der Validierungsantrag als zurückgenommen.	Nur bei Nichtzahlung Benennungsgebühr: **WB (+)**, 2 M nach Mitteilung nach R 112 inkl. Zuschlagsgebühr (50 %) MdEPA vom 05.02.2015 (ABl. 2015, A19) **WE (−)**, da durch Art. 122 iVm R 136 ausgenommen
205		Nach geltendem Patentgesetz sind in Kambodscha Arzneimittel vom Patentschutz ausgenommen (WTO-Ausnahmeregelung: Möglichkeit für die am wenigsten entwickelten Länder (LDCs) auf die Erteilung und Durchsetzung von gewerblichen Schutzrechten auf Arzneimittel bis 2033 zu verzichten) → gilt auch für zu validierende eP auf Arzneimittel. Schutzmöglichkeit mittels »Mailbox-System« (Artikel 70.8 TRIPS). (ABl. 2018, A16)		

Validierung von ePA, EURO-PCT-Anmeldungen und eP (Fortsetzung)

206 Besonderheiten und Rechtsprechung

	Rechtsquelle	Details
207	RiLi A-III, 12.1	Erstreckungs- und Validierungsabkommen sind bilaterale internationale Verträge, die zwischen der EPO und einem Staat geschlossen werden. Im Hoheitsgebiet des betreffenden Staats beruhen die Wirkungen einer ePA, für die ein Erstreckungs- oder Validierungsantrag gestellt wurde, oder eines eP, das in dem Erstreckungs- oder Validierungsstaat validiert wurde, auf dem nationalen Recht. **Die Bestimmungen des EPÜ, seiner Ausführungsordnung und der Gebührenordnung gelten für die Erstreckungs- und Validierungssysteme nicht** bzw. nur insoweit, als dies in den anwendbaren nationalen Rechtsvorschriften vorgesehen ist. Folglich stehen die im EPÜ für Anmelder **vorgesehenen Rechtsbehelfe und Beschwerdemöglichkeiten** bei allen Handlungen des EPA im Rahmen des Erstreckungs- oder Validierungsverfahrens **nicht zur Verfügung** (siehe ℅ J 14/00, ℅ J 4/05, ℅ J 22/10), z. B. bei nicht fristgerechter Entrichtung der Erstreckungs- oder Validierungsgebühr (siehe RiLi A-III, 12.2).
208		Ebenso wenig können andere Patentansprüche, eine andere Beschreibung oder andere Zeichnungen für die Erstreckungs- oder Validierungsstaaten eingereicht werden, denn für diese Staaten gilt **R 138** nicht.

Ablauf EP-Anmeldung/Patent A.

Hinterlegung biologischen Materials
RiLi A-IV, 4, RiLi F-III, 6

209

Verfahrenshandlung	Rechts-normen	Details und Fälligkeit	Unmittelbare Folgen eines Mangels, Mängel-beseitigung, Fristen	Rechtsfolge bei Nicht-beseitigung von Mängeln oder Fristversäumnis	Weiterbehandlungs-/Wiedereinsetzungs-Möglichkeit	
Hinterlegung biologischen Materials Zu Erfordernissen betreffend Nucleotid- und Aminosäure-sequenzen siehe A.71 S/S Art. 83 Rd 66 ff., 72 ff.	Art. 83 R 31	Hinterlegung muss nach **R 31 (1) a-d)** am AT bzw. PT erfolgt sein, da Teil der Offenbarung (↳ T 107/09) ↳ **G 2/93**: Frist zur Angabe eines Aktenzeichens einer hinterlegten Kultur	**R 31 (2)**: Fehlende Angaben nach **R 31 (1) c), d)**, Nachfrist bis a) spätestens 16 M ab AT bzw. PT oder b) Antrag auf Veröffentlichung nach Art. 93 (1) b) oder c) innerhalb 1 M nach Mitteilung auf Akten-einsicht Art. 128	**R 31 (1)**: Erfindung gilt gemäß **Art. 83** als nicht offenbart. RiLi F-III, 6.3	**WB (–)**, da durch Art. 121 (4) iVm R 135 (2) ausgenommen **WE (–)**, Art. 122 nicht anwendbar, da ein Offen-barungsmangel nicht mit WE behoben werden kann (siehe ABl. 2010, 498).	210
Herausgabe des biologischen Materials an Dritte	Art. 83 R 33	Vom Tag der VÖ der ePA an ist das nach Maßgabe der R 31 hinterlegte biologische Material durch jedermann und vor diesem Tag demjenigen möglich, der das Recht auf Akteneinsicht hat (R 33 (1)). Herausgabe erfolgt nur, wenn der Antragsteller sich verpflichtet hat, das biologische Material oder davon abgeleitetes Material keinem Dritten zugänglich zu machen (R 33 (2)).				211
Herausgabe einer Probe an Sachverständige RiLi A-IV, 4.3 ABl. 2017, A55, A60, A61	Art. 83 R 32	Anmelder kann EPA bis zum Abschluss der technischen Vorbereitung (5 W vor Ablauf 18. M nach AT oder PT) für die VÖ der ePA mitteilen, dass das biologische Material nur einem benannten Sachverständigen zugänglich gemacht wird, - bis Hinweis auf Erteilung des eP, - für 20 Jahre ab AT, falls diese zurückgewiesen oder zurückgenommen wird oder als zurückgenommen gilt. Verzeichnis der anerkannten mikrobiologischen Sachverständigen: ABl. 1992, 470				212
		Gemäß MdEPA vom 10.07.2017 über die Änderung der R 32 und R 33 (Sachverständigenlösung): unabhängiger Sachverständiger (ab 01.10.2017). Als Sachverständiger kann jede natürliche Person benannt werden, sofern sie die vom Präsidenten des EPA festgelegten Anforderungen und Verpflichtungen erfüllt. Zusammen mit der Benennung ist eine Erklärung des Sachverständigen einzureichen, wonach er sich verpflichtet, die Anforderungen und Verpflichtungen zu erfüllen, und ihm keine Umstände bekannt sind, die geeignet wären, begründete Zweifel an seiner Unabhängigkeit zu wecken, oder die seiner Funktion als Sachverständiger anderweitig entgegenstehen könnten.				213
Erneute Hinterlegung des biologischen Materials	Art. 83 R 34	Erneute Hinterlegung, fall hinterlegtes biologisches Material bei der anerkannten Hinterlegungsstelle nicht mehr zugänglich (sowohl aus Gründen des ursprünglich hinterlegten biologischen Materials als auch der Hinterlegungsstelle), innerhalb von 3 M nach Unterrichtung des Hinterlegers. Übermittlung einer Kopie der Empfangsbescheinigung unter Angabe der Nummer des ePA oder des eP innerhalb von 4 M nach dem Tag der Hinterlegung ans EPA → Unterbrechung der Zugänglichkeit gilt als nicht eingetreten.				214

A. Ablauf EP-Anmeldung/Patent

215	**Unschädliche Offenbarung/Ausstellungsschutz** **Art. 55**, RiLi G-V		
	Verfahrenshandlung	Rechtsnormen	Details und Fälligkeit
216	**6-Monate »vor Einreichung«** JP: 6 M US: 12 M	Art. 55 (1)	**Offenbarung** bleibt für Anwendung des **Art. 54** außer Betracht, wenn sie nicht früher als **6 M vor Einreichung der ePA** zurückgeht auf a) **offensichtlichen Missbrauch** zum Nachteil des Anmelders oder seines Rechtsnachfolgers oder b) Offenbarung auf **amtlich anerkannter Ausstellung**.
217			6 M nach **Art. 55 (1)** ist der Tag der Einreichung der (Nach-)Anmeldung der ePA maßgebend. Der PT ist für die Berechnung nicht heranzuziehen, außer wenn es sich um die Prioanmeldung handelt, Schonfrist verhindert nicht das Entstehen nationaler Vorbenutzungsrechte (📖G 3/98, 📖G 2/99).
218			Missbrauchsabsicht (vorsätzlich, wissentlich, vermutend) (📖T 173/83, 📖T 436/92)
219			Kein offensichtlicher Missbrauch bei versehentlicher Veröffentlichung einer Anmeldung, die damit zum SdT wird (📖T 585/92).
219a			Geheimhaltungsvereinbarung: siehe RiLi G-IV, 7.2.2

	Verfahrenshandlung	Rechtsnormen	Details und Fälligkeit	Unmittelbare Folgen eines Mangels, Mängelbeseitigung, Fristen	Rechtsfolge bei Nichtbeseitigung von Mängeln oder Fristversäumnis	Weiterbehandlungs-/Wiedereinsetzungs-Möglichkeit
220	**Angabe, dass Erfindung auf amtlicher oder amtlich anerkannter Ausstellung zur Schau gestellt wurde**	Art. 55 (2)	**Art. 55 (2) iVm (1) b):** Bei Einreichung der Anmeldung **innerhalb 6 M ab Ausstellung** PCT: **R 4.17 v) PCT iVm R 51bis.1 a) v):** Bei Einreichung der PCT-Anmeldung im PCT-Antrag		Offenbarung ist nicht unschädlich	**WB (–)** **WE (–)** keine Amtsfrist
221	**Bescheinigung vom Aussteller** RiLi A-IV, 3	Art. 55 (2) R 25	**R 25: Innerhalb 4 M nach Einreichung**	Bei Mängeln in der Bescheinigung, Beseitigung innerhalb der eingeräumten Frist von 4 M RiLi A-IV, 3.2	Offenbarung ist nicht unschädlich	**WB (+)**, nach Art. 121 iVm R 135 Mängelbeseitigung der Bescheinigung (RiLi A-IV, 3.2) **WE (–)**, da durch Art. 122 iVm R 136 ausgenommen
222	📖 S/S Art. 55 Rd 5 ff.: 6 M sind keine echte Frist: keine Feiertagsregelung, keine WB oder WE					

Ablauf EP-Anmeldung/Patent A.

Europäischer Recherchenbericht			
Maßgeblicher SdT → Siehe Spezialtabelle H »Materielles Patentrecht« für die allg. Voraussetzungen für eine ePA			224
Verfahrenshandlung	Rechtsnormen	Details und Fälligkeit	
Erstellung des europäischen Recherchenberichts RiLi B-III, 3.1	Art. 92	RB wird bei Feststellung des AT nach **Art. 80** auf Grundlage der PA unter angemessener Berücksichtigung der Beschreibung und der Zeichnungen erstellt, wenn ePA nicht nach **Art. 90 (3)** als zurückgenommen gilt.	225
	R 61 (1)	Inhalt des europäischen RB → Schriftstücke zur Beurteilung Neuheit und erfinderischer Tätigkeit.	226
	Art. 92 iVm R 65	Europäischer RB wird unmittelbar nach seiner Erstellung dem Anmelder übersandt.	227
	R 137 (1)	**Keine Änderungen** an der ePA durch den Anmelder **vor Erhalt** des europäischen RB.	228
	R 137 (2)	In Erwiderung auf Mitteilung nach **R 70a (1), (2)** oder **R 161 (1)** kann Anmelder von sich aus **Beschreibung, Patentansprüche und Zeichnungen ändern**.	229
	R 70a	Anmelder muss auf Stellungnahme zum EESR innerhalb Frist nach **R 70 (1)** von **6 M nach Hinweis auf Veröffentlichung des RB** reagieren, sonst gilt Anmeldung als zurückgenommen.	230
	R 62a (1) RiLi B-VIII, 4	Ist das EPA der Auffassung, dass die Patentansprüche in der ursprünglich eingereichten Fassung **R 43 (2)** nicht entsprechen, so fordert es den Anmelder auf, innerhalb einer Frist von 2 M die **R 43 (2)** entsprechenden Patentansprüche anzugeben, auf deren Grundlage die Recherche durchzuführen ist. Teilt der Anmelder diese Angabe nicht rechtzeitig mit, so wird die Recherche auf der Grundlage des ersten Patentanspruchs in jeder Kategorie durchgeführt.	231
	R 62a (2)	Die Prüfungsabteilung fordert den Anmelder auf, die Patentansprüche auf den recherchierten Gegenstand zu beschränken, es sei denn, sie stellt fest, dass der Einwand nach Absatz 1 nicht gerechtfertigt war. Nur ein unabhängiger Anspruch pro Kategorie wird recherchiert, Ausnahmen R 43 (2), RiLi B-VIII, 4.1, RiLi H-II, 5, RiLi H-II, 6.1, RiLi F-IV, 3.3. → Bei zusätzlicher Uneinheitlichkeit: Aufforderung nach R 64 bzw. R 164 (**RiLi B-VIII, 4.5**), siehe auch C.48 ff., H.175 ff.	232
	RiLi B-VIII, 4.2.2	Gibt der Anmelder in seiner Erwiderung auf die Aufforderung nach R 62a (1) einen unabhängigen Anspruch einer bestimmten Kategorie an, den das EPA recherchieren soll, so führt das EPA die Recherche auf der Grundlage dieses Anspruchs durch.	233
		In seiner Erwiderung auf diese Aufforderung darf der Anmelder auch mehrere unabhängige Ansprüche der gleichen Kategorie angeben, wenn sie unter die in R 43 (2) vorgesehenen Ausnahmen fallen (siehe RiLi F-IV, 3.2). Macht der Anmelder von dieser Regel Gebrauch, aber das EPA stellt fest, dass die angegebenen Ansprüche nicht unter die in R 43 (2) vorgesehenen Ausnahmen fallen, so wird jedoch nur der unabhängige Anspruch recherchiert, der die niedrigste Nummer der vom Anmelder angegebenen Ansprüche hat.	234
	R 63	Erklärung innerhalb einer Frist von 2 M bei unvollständiger oder nicht sinnvoller Recherche → bei zusätzlicher Uneinheitlichkeit: Aufforderung nach R 64 bzw. R 164 (RiLi B-VIII, 3.4).	235
	R 66	Der endgültige Inhalt der Zusammenfassung wird dem Anmelder mit dem RB übersandt.	236
	Art. 9 (2) GebO	Ganz oder teilweise Rückerstattung R.-Gebühr, wenn **EPA** bereits **RB** für Gegenstand der Anmeldung **erstellt** hat und ganz oder teilweise verwenden kann (Prio einer ePA, TA, Anmeldung des Berechtigten nach Art. 61) – siehe auch R.140 ff.	236a

A. Ablauf EP-Anmeldung/Patent

237	**Europäischer Recherchenbericht** (Fortsetzung)		
	Verfahrenshandlung	Rechtsnormen	Details und Fälligkeit
238	**Erstellung des europäischen Recherchenberichts** (Fortsetzung) RiLi B-III, 3.1	MdEPA vom 03.03.17 (ABl. 2017, A20) RiLi B-VII, 1.2	Seit dem 01.04.2017 übermittelt das EPA den Anmeldern eine vorläufige Stellungnahme zur Patentierbarkeit der in den Ansprüchen zuerst genannten Erfindung oder einheitlichen Gruppe von Erfindungen. Diese ergeht zusammen mit der Aufforderung zur Entrichtung weiterer/zusätzlicher Recherchengebühren und den Ergebnissen der Teil-Recherche. Bereitgestellt wird zusätzliche Dienstleistung für europäische Direktanmeldungen, für Euro-PCT-Anmeldungen, zu denen eine ergänzende europäische Recherche nach R 164 (1) durchgeführt wird, und für Anmeldungen, bei denen der Anmelder auf die Mitteilung nach R 70 (2) verzichtet hat. Sie wird auch für internationale Anmeldungen erbracht, bei denen das EPA als ISA tätig ist.
239		RiLi B-III, 3.4	Werden Anspruchsgebühren nach **R 45 (3)** oder **R 162 (4)** nicht gezahlt, werden diese Ansprüche nicht recherchiert.
240		RiLi B-II, 4.2	Zusätzliche europäische Recherchen
241	**Teil-Recherchenbericht** RiLi B-VII, 1.1 RiLi B-XI, 5 RiLi F-V, 3.4	Art. 82, R 64 (1) R 164	Art. 82, R 64 (1), R 164: Teil-RB **für zuerst erwähnte Erfindung**, weitere Recherchengebühr bei **mangelnder Einheitlichkeit** (C.48 ff.): **Frist** zur Zahlung 2 M (keine WB nach R 135 (2)) → kein Verzicht auf die anderen, nicht recherchierten Gegenstände. (**RiLi C-III, 2.3, RiLi H-II, 7,** ↻T 87/88, ↻**G 2/92,** S/S Art. 92 Rd 98 ff.)
242		RiLi B-VII, 1.2.1 a)	Wenn der Anmelder innerhalb der gesetzten Frist **keine weiteren Recherchengebühren** entrichtet, wird keine weitere Recherche durchgeführt und der Teil-Recherchenbericht wird zum endgültigen Recherchenbericht, dem eine Stellungnahme zur Recherche beiliegt; Die endgültige Entscheidung in der Frage der Einheitlichkeit der Erfindung wird trotzdem von der Prüfungsabteilung oder in letzter Instanz von der zuständigen Beschwerdekammer gefällt.
243		RiLi B-VII, 1.2.1 b)	Wenn der Anmelder innerhalb der gesetzten Frist **weitere Recherchengebühren entrichtet**, wird die Recherche für alle Erfindungen oder Gruppen von Erfindungen zu Ende geführt, für die die zusätzlichen Recherchengebühren entrichtet worden sind. Der endgültige Recherchenbericht wird dann für alle Erfindungen erstellt, für die (zusätzliche) Recherchengebühren entrichtet wurden. In der Stellungnahme zur Recherche sollte auf alle Punkte eingegangen werden, in denen die Anmeldung in Bezug auf die Erfindungen, für die zusätzliche Recherchengebühren entrichtet wurden, die Bestimmungen des EPÜ nicht erfüllt (Beispiel: Erfindung 1 wurde recherchiert, und der Anmelder hat eine zusätzliche Recherchengebühr für Erfindung 3 entrichtet. Der Gegenstand von Erfindung 3 ist nicht neu. Somit befasst sich die Stellungnahme zur Recherche mit Erfindung 1 und erhebt Einwendungen zur mangelnden Neuheit des Gegenstands von Erfindung 3).
244		RiLi C-IX, 1.2	TA möglich (Rückzahlung ggf. nach **R 64 (2)** auf Antrag im Prüfungsverfahren, Entscheidung der Prüfungsabteilung beschwerdefähig)
245		↻T 1343/09	**Antrag auf Rückerstattung der Recherchegebühren (RiLi C-III, 3.3)** muss vor der Prüfungsabteilung gestellt werden.
246		RiLi B-VII, 2.2	Vollständige Recherche, falls ohne zusätzlichen Arbeitsaufwand möglich; dann keine zusätzliche Recherchengebühr; jedoch Einwand der Uneinheitlichkeit weiterhin anhängig

Ablauf EP-Anmeldung/Patent A.

Europäischer Recherchenbericht (Fortsetzung)			
Verfahrenshandlung	Rechtsnormen	Details und Fälligkeit	
Teil-Recherchenbericht (Fortsetzung) RiLi B-VII, 1.1 RiLi B-XI, 5	RiLi B-VII, 1.2.1	Bei Teilnahme am **automatischen Abbuchungsverfahren** muss dem EPA innerhalb der **Frist** von 2 M mitgeteilt werden, dass für keine oder einige der weiteren Erfindungen recherchiert werden soll. Ansonsten werden **alle weiteren fälligen Recherchengebühren** am letzten Tag der Frist **automatisch abgebucht**.	248
	RiLi C-IV, 7.2	Hält der Prüfer die ePA entgegen dem RB für einheitlich, wird nachrecherchiert.	249
	RiLi B-I, 2.2.2	Weitere Recherchen zu einer nicht einheitlichen ePA auf einem anderen technischen Gebiet.	250
	MdEPA vom 03.03.2017 über die Abgabe einer vorläufigen Stellungnahme als Anhang zum Ergebnis der Teilrecherche	Seit 1.4.2017 ergeht eine vorläufige Stellungnahme zur Patentierbarkeit der in den Ansprüchen zuerst genannten Erfindung (oder einheitlichen Gruppe von Erfindungen) zusammen mit der Aufforderung zur Entrichtung weiterer/zusätzlicher Recherchengebühren und den Ergebnissen der Teilrecherche ergehen (R 64 (1) und 164 (1) a) EPÜ bzw. Art. 17 (3) a) PCT). Erwiderung ist nicht erforderlich und wird nicht bei Erstellung des EESR berücksichtigt (Abl 2017, A20)	251
Besondere Verfahren	PACE	»Programme for Accelerated Prosecution of European patent applications« Schriftlicher Antrag auf beschleunigte Prüfung / Recherche im Rahmen des Programms zur beschleunigten Bearbeitung ePA (PACE) (siehe MdEPA vom 30.11.2015, ABl. 2015 A93 und RiLi E-VIII, 4). Siehe Spezialtabelle O »Beschleunigung«, (S/S Art. 92 Rd 33 ff.)	252
	EESR/EERB	»Extended European Search Report« (S/S Art. 92 Rd 18 ff.) Erweiterter europäischer Recherchenbericht, siehe A.223 ff.	253
	ECfS	»Early Certainty from Search« (seit Juli 2014 - S/S Art. 92 Rd 37 ff.) (Selbst-)Verpflichtung des EPAs, Recherchenberichte und schriftlichen Stellungnahmen zur Patentierbarkeit innerhalb von 6 M nach der Einreichung zu erstellen, Erteilung von bereits laufenden Prüfungsverfahren abzuschließen, sobald eine positive Stellungnahme zur Recherche ergangen ist, Beschleunigung von (nicht anonymen) substantiierten Einwendungen Dritter, vorrangige Bearbeitung von Einsprüchen und Anträgen auf Beschränkung oder Widerruf.	254
	BEST	»Bringing Examination and Search Together« Zusammenführung der Durchführung der Recherche und Prüfung (vormals in Den Haag und München getrennt)	255
	Recherche intern. Art	Recherche für nationales Amt, ähnlich zu einem ISR, durchgeführt durch EPA als zuständige ISA der EPÜ-VS – Art. 15 (5) a, c), Art. 16 PCT, Art. 10, Art. 3 (1) GebO, Art. 8 Vereinbarung EPA/WIPO (ABl. 2007, 617) 1295 € für Erstanmeldungen; 2025 € in allen anderen Fällen – ABl. 2022, A7 – siehe R.22	256

A. Ablauf EP-Anmeldung/Patent

257	Europäischer Recherchenbericht (Fortsetzung)	
	Verfahrenshandlung	Details und Fälligkeit

258	**Erweiterter europäischer Recherchenbericht**
	
	R 62 (EESR)
		MdP vom 08.05.2003, ABl. 2003, 206 (Durchführungsvorschriften 2004, 395) und Ergänzung MdEPA vom 03.06.2004:
		- Setzt sich aus zwei Bestandteilen zusammen:
		  Dem europäischen RB und der Stellungnahme zur Recherche
		- Handlungsempfehlung:
		  Positiver Bescheid: Entrichtung Prüfungsgebühr → Mitteilung nach **R 71 (3)**
		  Negativer Bescheid: Einreichung von Änderungen, Vorteil: Verkürzung des Verfahrens
		- Die Stellungnahme zur Recherche wird nicht zusammen mit dem europäischen RB veröffentlicht (R 62 (2)), Akteneinsicht: Nach Veröffentlichung der Anmeldung und Übermittlung des EESR wird dieser Bestandteil der Akte und ist für Dritte zugänglich
		
		Seit MdEPA vom 01.07.2005 (ABl. 2005, 435):
		EESR obligatorisch, Verzicht nicht mehr vorgesehen, wenn ISA ≠ EPA
		
		Sonderfall: Wird jedoch die Prüfungsgebühr vor Erhalt des RB gezahlt und wird auf Mitteilung nach **R 70 (2)** durch den Anmelder verzichtet, so beginnt das Prüfungsverfahren sofort nach Übermittlung RB, keine Stellungnahme nach **R 62, stattdessen R 70 (2)**, RiLi C-VI, 3.

	Verfahrenshandlung	Rechtsnormen	Details und Fälligkeit	Unmittelbare Folgen eines Mangels, Mängelbeseitigung, Fristen	Rechtsfolge bei Nichtbeseitigung von Mängeln oder Fristversäumnis	Weiterbehandlungs-/Wiedereinsetzungs-Möglichkeit
259	**Stellungnahme zum EESR durch Anmelder** seit 01.04.2010	R 70a	**R 70a (1):** Innerhalb Frist nach R 70 (1) von **6 M nach Hinweis auf Veröffentlichung des RB** im Patentblatt nach R 68 (1) **ODER** **R 70a (2):** Wenn Mitteilung nach R 70 (2) ergangen → Erwiderung auf EESR gilt dann als Bestätigung nach R 70 (2). RiLi C-II, 1.1	**Keine 10-Tage Regel** (R 126 (2)) bei der Fristberechnung (da die Frist durch Hinweis auf Veröffentlichung ausgelöst wird und nicht durch Zustellung der Mitteilung nach R 70a (1))	**Art. 94 (2)** iVm **R 70a (3):** Anmeldung gilt als zurückgenommen, Mitteilung nach **R 112 (1)**	**WB (+),** nach Art. 121 iVm R 135 **WE (−),** durch Art. 122 iVm R 136 (3) ausgenommen
260	**Frist zur Stellung des Prüfantrags nach R 70 und Zahlung der Prüfungsgebühren** RiLi A-VI	R 69 (1)	Amt teilt Anmelder Tag der Veröffentlichung des RB mit (Start der Frist nach R 70 (1) immer mittwochs) sowie dass die Benennungsgebühr innerhalb von 6 M nach Hinweis auf Veröffentlichung zu entrichten ist und weist auf Prüfungsantrag nach **Art. 94 (2)** und **R 70 (1)** hin, RiLi A-VI, 2.1-2.2			
261		R 69 (2)	Wird irrtümlich späterer Veröffentlichungstag genannt und ist das nicht ersichtlich, so beginnt Frist später (Änderung der R 69 (2), gültig seit 01.04.2010).			
262	**Nach Hinweis auf VÖ des RB im Patentblatt**		Innerhalb von 6 M nach Hinweis auf VÖ des RB im Patentblatt müssen folgende Handlungen vorgenommen werden: • Bezahlung der Prüfungsgebühr: siehe A.318 f. • Bezahlung der Benennungsgebühr: siehe A.178, A.188 ff. • Ggf. Einreichung einer Stellungnahme zum EESR: siehe A.259			

Ablauf EP-Anmeldung/Patent A.

Veröffentlichung der europäischen Patentanmeldung Art. 93, RiLi A-VI, 1			263
Verfahrenshandlung	Rechtsnormen	Details und Fälligkeit	
Zeitpunkt der Veröffentlichung der ePA	Art. 93 (1) RiLi A-VI, 1.1	a) Unverzüglich **nach Ablauf von 18 M** nach dem **AT oder PT** b) Auf **Antrag** des Anmelders **jedoch frühere Veröffentlichung möglich** (Anmeldegebühr und Recherchengebühren müssen wirksam entrichtet sein)	264
	Art. 93 (2)	Erfolgt die Entscheidung zur Erteilung vor Ablauf der Frist von 18 M, wird die Anmeldung gleichzeitig mit der Patentschrift veröffentlicht (S/S Art. 93 Rd 37).	265
	Veröffentlichung immer mittwochs (ABl. 1997, 542 und ABl. 2007, SA 3, D.1.)		266
	(Diagramm: 18 M ab AT/PT bis Berechneter Tag der VÖ, dann nächster Mittwoch = Tag der VÖ)		267
Inhalt der Veröffentlichung der ePA RiLi A-VI, 1.3	R 68 (1)	Veröffentlichung enthält **Beschreibung, Ansprüche**, ggf. **Zeichnungen** sowie **Zusammenfassung** in der ursprünglich eingereichten Fassung; ggf. Übersetzung in Verfahrenssprache und **RB** (falls bereits vorliegt, ansonsten gesonderte Veröffentlichung); Veröffentlichung der VS gemäß **R 68 (3)**.	267a
	R 68 (2)	Präsident bestimmt, in welcher Form die Anmeldung veröffentlicht wird. Form der **Veröffentlichung ausschließlich elektronisch** (siehe BdP des EPA vom 12.07.2007, SA Nr. 3, ABl. 2007, D.3 und ABl. 2/2005, 126, RiLi A-VI, 1.4). Die Klassifikation (ABl. 1981, 380; S/S Art. 93 Rd 20) und der Titel der ePA werden ebenfalls veröffentlicht. Berichtigungen der Unterlagen nach **R 139** werden bei der Veröffentlichung berücksichtigt (S/S Art. 93 Rd 22).	267b
	R 68 (3)	In der veröffentlichten Anmeldung werden die **benannten VS** angegeben.	267c
	R 68 (4)	Nach AT **nachgereichte Ansprüche** oder nach **R 137 (2) geänderte Patentansprüche** werden ggf. zusätzlich zu den ursprünglichen Patentansprüchen veröffentlicht.	267d
	R 139	**Berichtigungen von Mängeln** in den eingereichten Unterlagen nach R 139 werden auf Antrag bei der Veröffentlichung berücksichtigt. Änderungen, die jedoch nicht veröffentlicht werden, können, wenn RB (siehe A.223) vorliegt, eingeführt werden.	267e
	RiLi A-VI, 1.3	Anmeldungsunterlagen von so schlechter Qualität, dass jede Verbesserung zu einer Erweiterung des Inhalts gegenüber der ursprünglich eingereichten Fassung führen würde, werden wie eingereicht veröffentlicht.	267f
Neue oder geänderte Patentansprüche	R 68 (4)	Auch neue oder geänderte Patentansprüche nach **R 137 (2)** werden veröffentlicht.	267g
Form der Veröffentlichung	RiLi A-VI, 1.4	Veröffentlichung ausschließlich elektronisch, siehe A.267b	267h

A. Ablauf EP-Anmeldung/Patent

	Zurücknahme vor Veröffentlichung der europäischen Patentanmeldung		
	Verfahrenshandlung	Rechtsnormen	Details und Fälligkeit
268	**Zurücknahme vor der Veröffentlichung** RiLi A-VI, 1.1 und 1.2 Praxisregelung: ABl. 2006, 406	R 67 (2)	**Keine Veröffentlichung**, wenn die Anmeldung vor Abschluss der technischen Vorbereitungen zurückgenommen oder zurückgewiesen wird oder als zurückgenommen gilt (außer Verfahren nach **R 112 (2)** ist anhängig, ABl. 11/90, 455). Entscheidung muss unanfechtbar sein.
269		R 67 (1)	**Technische Vorbereitungen** gelten als **abgeschlossen** am Ende desjenigen Tages, der **fünf Wochen vor dem Ablauf des 18. Monats** ab dem **AT oder PT** (siehe BdP vom 12. Juli 2007, Sonderausgabe Nr. 3, ABl. 2007, D.1) liegt. Nach ✎**J 5/81**, ABl. 4/1982, 155 auch noch später, wenn Aufwand zumutbar (unverbindlich: 4 Wochen). Theorie: PT+18 M abzüglich 5 W Praxis: PT+18 M, nächster Mittwoch abzüglich 2 W
270			*[Zeitstrahl-Diagramm: AT/PT — 18 M — Berechneter Tag der VÖ — nächster Mittwoch — Tag der VÖ; 5 W vor Ablauf; Wochenende, Schließtage; Letzter Tag zur Verhinderung der VÖ]*
271		RiLi A-VI, 2.5	Ggf. Rückerstattung der Prüfungsgebühr (siehe R.145 ff.)
272		✎J 11/80	Eine Zurücknahmeerklärung darf keinerlei Vorbehalte enthalten und muss eindeutig sein. Bei mehreren Anmeldern müssen alle zustimmen.
273		RiLi A-VI, 1.2	Rücknahme der Anmeldung unter der Bedingung, dass Veröffentlichung nach **Art. 93** unterbleibt möglich (S/S Art. 93 Rd 15). Bei rechtzeitigem Verzicht auf die Prio wird die Veröffentlichung aufgeschoben (bis fünf Wochen vor 18. Monat).
274			Jedoch Zurücknahme für den Fall der Unterbindung der Veröffentlichung möglich. **An eine wirksame Zurücknahmeerklärung ist der Anmelder gebunden** (siehe aufgehobene RAusk Nr. 8/80, ABl. 1/1981, 6). Im Fall der versehentlichen Rücknahme ist die Anwendung der R 139 in Betracht zu ziehen. Sie kann jedoch z.B. die Bedingung enthalten, dass die Veröffentlichung verhindert oder die Prüfungsgebühr zurückerstattet wird. Eine telegraphische, fernschriftliche oder durch Telefax übermittelte Zurücknahme einer Anmeldung oder Benennung gilt nur dann als eingegangen, wenn sie schriftlich bestätigt wird.
275			Anmeldungen können bis zum Hinweis auf Erteilung zurückgenommen werden.
276			Empfehlung das Formblatt 1018 zu verwenden. (Abl. 2019, A79)

Ablauf EP-Anmeldung/Patent A.

Veröffentlichung der europäischen Patentanmeldung (Fortsetzung)			280
Verfahrenshandlung	Rechtsnormen	Details und Fälligkeit	
Schriftartencodes (Kind codes) ABl. 2001, 117	R 68 (2)	EP-A-Schriften: ePA, die 18 M nach der Einreichung beim EPA bzw. 18 M nach dem PT veröffentlicht werden. A0 Verweisung auf WO-Schrift A1 ePA mit Recherchenbericht A2 ePA ohne Recherchenbericht A3 nachgereichter Recherchenbericht nach A2 A4 ergänzender Europäischer Recherchenbericht (Euro-PCT) A8 korrigierte Titelseite einer ePA A9 vollständig korrigierte Neuausgabe einer ePA	281
		EP-B-Schriften: Europäische Patentschriften B1 erteiltes eP B2 eP nach Änderung im Einspruch B3 eP nach Beschränkung B8 korrigierte Titelseite eines eP B9 vollständig korrigierte Neuausgabe eines eP	282
		WO-A-Dokumente: A1 mit int. RB veröffentlichte int. Anmeldung A2 ohne int. RB veröffentlichte int. Anmeldung oder mit einer Erklärung gemäß Art. 17 (2) a) veröffentlichte int. Anmeldung A3 spätere Veröffentlichung des int. RB mit korrigierter Titelseite A4 spätere Veröffentlichung von geänderten Ansprüchen und/oder Erklärung A8 korrigierte Titelseite einer int. Anmeldung A9 vollständig korrigierte Neuausgabe einer int. Anmeldung	283
INID-Codes ABl. 10/1988	WIPO Standard ST. 9, Anlage 1	Die INID-Codes werden auf den Titelseiten der eP und in ABl. zur Bezeichnung verschiedener bibliographischer Daten verwendet, die sich so ohne Kenntnis der Sprache und der maßgeblichen Rechtsvorschriften identifizieren lassen. Der Code 22 kennzeichnet beispielsweise den Anmeldetag, der Code 32 beispielsweise den Priotag.	284

A. Ablauf EP-Anmeldung/Patent

285 Akteneinsicht

	Verfahrenshandlung	Rechtsnormen	Details	Hinweise
286	Akteneinsicht	Art. 128 R 144 bis R 147 (gültig seit 01.11.2016) RiLi A-XI, 2 ABl. 2015, A83 ABl. 2016, A90 ABl. 2017, Z1 84 ABl. 2019, A16 ABl. 2022, A51, A52	**Art. 128 (1), (4):** Vorbehaltlich der Beschränkungen in R 144 kann **ab dem Zeitpunkt der Veröffentlichung der ePA** Einsicht in die Akte und somit in die ePA genommen werden.	Akte liegt in **elektronischer Form** vor: Einsicht in die Akten ePA, eP, PCT-Anmeldungen (EPA=DO, EO) über kostenlosen **Online-Dienst Register Plus** oder über **MyEPO Portfolio** (siehe 📖 J.101). Einsicht in Papierakten nicht mehr möglich.
287				Akte liegt noch **nicht in elektronischer Form** vor: Die Eingabe einer gültigen **Anmelde- oder Veröffentlichungsnummer** wird wie ein **Antrag auf Akteneinsicht** behandelt. Es bedarf keines gesonderten schriftlichen Antrags (ABl. 2019, A16). Akte wird idR nach **10 Arbeitstagen online** zur Verfügung gestellt, sofern sie nicht bereits vernichtet worden ist. Findet nicht Anwendung auf Akten, in denen eine mündliche Verhandlung bevorsteht oder vor Kurzem stattgefunden hat.
288				Akten oder Aktenbestandteile, die nicht im Wege des Scanning erfasst werden können, werden im Original oder in der eingereichten Fassung zur Einsicht in den Dienstgebäuden des EPA gegeben.
289				In Ausnahmefällen wird auf Antrag Akteneinsicht durch **Erstellung von Papierkopien** gewährt: Verwaltungsgebühr ist vorab zu entrichten (R 145 (2), R 146); elektronischer Datenträger mit Kopie der Akte (R 145 (1)), wenn Papierkopie mehr als 100 Seiten umfasst. Elektronischer Datenträger und Papierkopien werden idR innerhalb von **4 W ab Eingang Antrag** zur Verfügung gestellt.
290			**Art. 128 (1):** **Vor Veröffentlichung** kann die Akte nur **vom Anmelder** selbst oder auf schriftlichen Antrag von **Dritten mit seiner Zustimmung** eingesehen werden.	Der EPA Online-Dienst »My Files« gibt dem Anmelder Online-Zugriff auf den öffentlichen Teil der Akte seiner noch unveröffentlichten Anmeldung (ABl. 2012, 22). RiLi A-XI, 2.5
291			**Art. 128 (2):** Wer nachweist, dass der Anmelder sich ihm gegenüber auf seine **ePA berufen** hat, kann vor VÖ dieser ePA und ohne Zustimmung des Anmelders Akteneinsicht verlangen (📖J 14/91).	Wird der Nachweis nicht zusammen mit dem Antrag vorgelegt, so fordert das EPA den Antragsteller auf, innerhalb einer bestimmten Frist den Nachweis zu erbringen.
292				Wird der Nachweis nicht rechtzeitig erbracht, so wird der Antrag zurückgewiesen.
293			Anmelder hat Anspruch auf **Nennung des Antragstellers**. Sofern ein zugelassener Vertreter für einen Dritten die Akteneinsicht nach Art. 128 (2) verlangt, hat er den Namen und die Anschrift des Dritten anzugeben und eine Vollmacht einzureichen.	
294			Entscheidung über Antrag **nach Anhörung des Anmelders**. Widerspricht der Anmelder begründet innerhalb einer vom EPA **bestimmten Frist**, weshalb nach seiner Auffassung die Erfordernisse nach Art. 128 (2) nicht erfüllt sind, so ergeht eine **beschwerdefähige Entscheidung**.	

Ablauf EP-Anmeldung/Patent — A.

Akteneinsicht (Fortsetzung)			
Verfahrens-handlung	Rechtsnormen	Details und Fälligkeit	
Akteneinsicht (Fortsetzung)	Art. 128 R 144 bis 147 (gültig seit 01.11.2016) ABl. 2015, A83 ABl. 2016, A90 ABl. 2017, Z1 84 ff.	Art. 128 (3)	**Vor VÖ** einer europäischen **TA** wird Einsicht in die Akte dieser TA nur in den Fällen des Art. 128 (1) und (2) gewährt. Dies gilt auch, wenn die SA bereits veröffentlicht ist. Nach VÖ einer TA oder einer nach Art. 61 (1) b) eingereichten neuen ePA wird Einsicht in die Akten der früheren Anmeldung ungeachtet ihrer VÖ und ohne Zustimmung des Anmelders gewährt.
		R 146	**Auskunft aus den Akten** vorbehaltlich der in Art. 128 (1) bis (4), R 144 vorgesehenen Beschränkung auf Antrag und gegen Verwaltungsgebühr.
		R 147	Elektronische Akte **R 147 (3)**: Elektronisch aufgenommene Unterlagen gelten als Originale. Papierfassung wird nach Ablauf von min. 5 Jahren vernichtet. Diese Aufbewahrungsdauer beginnt am Ende des Jahres, in dem die Unterlage in die elektronische Akte aufgenommen wurde.
		R 149	Akteneinsicht durch Gerichte und Behörden der VS. R 145 ist nicht anzuwenden.
	Art. 128 (4) R 144	**Ausschluss von der Akteneinsicht**	
		R 144 a)	Unterlagen über die Frage der Ausschließung oder Ablehnung von Mitgliedern der Beschwerdekammern oder der Großen Beschwerdekammer.
		R 144 b)	Entwürfe zu Entscheidungen und Bescheiden sowie sonstige Schriftstücke, die der Vorbereitung von Entscheidungen und Bescheiden dienen und den Beteiligten nicht mitgeteilt werden.
		R 144 c)	Die Erfindernennung, wenn der Erfinder nach R 20 (1) auf das Recht verzichtet hat, als Erfinder bekannt gemacht zu werden.
		R 144 d)	Andere Schriftstücke, die vom Präsidenten des Europäischen Patentamts von der Einsicht ausgeschlossen werden, weil die Einsicht in diese Schriftstücke nicht dem Zweck dient, die Öffentlichkeit über die europäische Patentanmeldung oder das europäische Patent zu unterrichten; dazu gehören Unterlagen zur Akteneinsicht oder Anträge auf beschleunigte Recherche und beschleunigte Prüfung nach dem »PACE«-Programm (siehe BdP EPA vom 12.07.2007, SA 3, J.3).
		ABl. 2007, SA Nr. 3	Von der Akteneinsicht werden von Amts wegen ausgeschlossen: a) ärztliche Atteste; b) Unterlagen, die sich auf die Ausstellung von Prioritätsbelegen, auf Akteneinsichtsverfahren oder auf Auskünfte aus den Akten beziehen und Anträge auf Ausschluss von Unterlagen von der Akteneinsicht nach Abs. 2 a); c) Anträge auf beschleunigte Recherche und beschleunigte Prüfung nach dem »PACE«-Programm, soweit sie mit EPA Form 1005 oder in einem gesonderten Schriftstück gestellt werden.

A. Ablauf EP-Anmeldung/Patent

	Akteneinsicht (Fortsetzung)			
	Verfahrens-handlung	Rechtsnormen	Details und Fälligkeit	
307	**Akteneinsicht** (Fortsetzung)	Art. 128 (4) R 144	R 144 d)	Art. 2 Andere als in Absatz 1 genannte Schriftstücke oder Teile solcher Schriftstücke a) werden auf begründeten Antrag eines Beteiligten oder seines Vertreters von der Akteneinsicht ausgeschlossen, wenn die Akteneinsicht schutzwürdige persönliche oder wirtschaftliche Interessen von natürlichen oder juristischen Personen beeinträchtigen würde; b) können ausnahmsweise von Amts wegen von der Akteneinsicht ausgeschlossen werden, wenn die Akteneinsicht prima facie schutzwürdige persönliche oder wirtschaftliche Interessen einer anderen natürlichen oder juristischen Person als die eines Beteiligten oder seines Vertreters beeinträchtigen würde.
308			ABl. 2014, Z1	Die von einem Antrag nach R 144 (d) Abs. 2 a) betroffenen Unterlagen werden bis zur rechtskräftigen Entscheidung über den Antrag vorläufig von der Akteneinsicht ausgeschlossen. Wird einem solchen Antrag nicht stattgegeben, so wird Akteneinsicht in diese Unterlagen gewährt, sobald die ablehnende Entscheidung rechtskräftig geworden ist.
308a	**Fälschlicher-weise eingereichte Unterlagen** Ab 01.11.2022 **Abl. 2022, A71**	Art. 128 (4) R 144 R 56a 📄 A.10a ff.	Alle beim EPA eingereichten Anmeldungsunterlagen und Teile sind Bestandteil der Akte, unabhängig davon, ob sie als Teil der Anmeldung in der ursprünglich eingereichten Fassung angesehen werden. Als solcher sind sie ab der Veröffentlichung der Anmeldung über die Akteneinsicht zugänglich. Auf begründeten Antrag des Anmelders können fälschlicherweise eingereichte Unterlagen, die nicht als Bestandteil der Anmeldung in der ursprünglich eingereichten Fassung angesehen werden, von der Akteneinsicht ausgeschlossen werden.	
309	**Akteneinsicht im PCT beim IB, ISA, IPEA** siehe 📄 B.473 ff.	Art. 30 (1) a) PCT R 94 PCT	**Vor Veröffentlichung** ist auf **Antrag** von **Anmelder** oder **bevollmächtigter Person** und **nach Veröffentlichung** für **jedermann** Einsichtnahme in Akte bei AA (R 94.1bis a) PCT), IB (Art. 30 (1) a), R 94.1 a) PCT), ISA (Art. 30 (1) a), R 94.1ter b) PCT), IPEA (R 94.2 PCT), Bestimmungsamt (Art. 30 (2) a), R 94.2bis) PCT) und/oder ausgewähltem Amt (Art. 30 (2) a), R 94.3 PCT) möglich. Ausstellung von Kopien gegen Kostenerstattung möglich (durch Akteneinsicht über PATENTSCOPE irrelevant geworden).	
310		R 94.1 a) PCT R 94.1bis b), c) PCT R 94.1 b), d), e) PCT R 94.1ter b), c) PCT R 94.2 b), c) PCT	AA, IB, ISA und IPEA erstellen auf Antrag des Anmelders oder einer von ihm bevollmächtigten Person von allen Schriftstücken nach der Veröffentlichung bzw. nach Erstellung der ivP (im Fall des IPEA) Kopien (ist durch Akteneinsicht über PATENTSCOPE irrelevant geworden); keine Einsicht in ausgeschlossene Angaben nach R 48.2 PCT oder auf Antrag des Anmelders nach R 94.1 e) PCT ausgeschlossene Angaben.	
311	**Akteneinsicht beim EPA zu PCT-Anmeldungen**, falls EPA=AA, ISA oder IPEA	BdP vom 20.02.2019 (ABl. 2019, A17)	EPA gewährt über **Europäisches Patentregister** Einsicht in Schriftstücke intern. Anmeldungen, bei denen **EPA=AA, ISA oder IPEA**.	
312			Von Einsicht **ausgeschlossene Unterlagen**: a) Angaben, die vom IB nach R 48.2 l) PCT von Veröffentlichung oder gemäß R 94.1 d) bzw. e) PCT von öffentlicher Einsichtnahme ausgeschlossen sind; b) Unterlagen, die gemäß EPÜ von Akteneinsicht ausgeschlossen sind (Art. 150 (2), Art. 128 (4), R 144 EPÜ und BdP vom 12.07.2007 (ABl. 2007, SA Nr. 3, J.3), siehe 📄 A.309 und 📄 B.479.	
313			Akteneinsicht durch Erstellung Papierkopien möglich - BdP vom 12.07.2007 (ABl. 2007, SA Nr. 3, J.2, Art. 1 (2), (3) und (5) sowie Art. 2)	
314	**Eintragung von Rechts-übergängen**	R 22-R 24 R 85 RiLi E-XIV, 1	Rechte an einer ePA oder an eP und Rechte an diesen Rechten werden in das Europäische Patentregister eingetragen.	

Ablauf EP-Anmeldung/Patent A.

Prüfung der europäischen Patentanmeldung						
Art. 94	**Prüfungsantrag** - schriftlich und Gebührenzahlung RiLi A-VI, 2, RiLi C-II, 1, WB (+)					
Prüfungsantrag im Erteilungsantrag	Bei EP-Anmeldungen ist der Prüfungsantrag im Erteilungsantrag (Formblatt 1001) untrennbar integriert, somit Frist automatisch durch Zahlung der Prüfungsgebühr gewahrt (RiLi A-VI, 2.2).					
Verfahrenshandlung	Rechtsnormen	Details und Fälligkeit	Unmittelbare Folgen eines Mangels, Mängelbeseitigung, Fristen	Rechtsfolge bei Nichtbeseitigung von Mängeln oder Fristversäumnis	Weiterbehandlungs-/ Wiedereinsetzungs-Möglichkeit	
Prüfungsgebühr 1750 € Bis 31.03.2022: 1700 € seit dem 01.07.2005 eingereichte ePA	Art. 2 (1) Nr. 6 GebO R 70 RiLi A-VI, 2.2 Rückerstattung: Art. 11 a) GebO	Prüfantrag mit Formblatt gestellt, wirksam mit Zahlung **Art. 94 (1) Satz 2** und **R 70 (1):** Innerhalb 6 M nach Hinweis auf Veröffentlichung des RB nach R 68 (1) **R 69 (2):** Irrtümliche falsche (spätere) Angabe, die nicht ohne weiteres ersichtlich ist → Frist beginnt später Wenn der Anmelder Veröffentlichung gemäß Art. 93 (1) b) früher beantragt, ist R 69 zu beachten → EPA teilt dem Anmelder früheren Tag mit und weist ihn auf die Fristen der R 70 (1), Art. 94 (2), R 70a (1) hin)		**Art. 94 (2):** Anmeldung gilt als zurückgenommen, wenn Prüfungsantrag nicht wirksam gestellt Mitteilung nach **R 112 (1)** Bereits gezahlte Prüfungsgebühr wird **zurückerstattet** nach - **Art. 11 a) GebO: in voller Höhe**, wenn Prüfungsabteilung noch nicht zuständig - **Art. 11 b) GebO: zu 50 %** wenn Sachprüfung begonnen, aber Rücknahme vor Frist nach Art. 94 (3) oder Datum der Mitteilung nach R 71 (3) ABl. 2016, A47, A48, ABl. 3/2013, 153, ↳J 25/10, ↳J 9/10)	**WB (+),** nach Art. 121 iVm R 135 **WE (–),** durch Art. 122 iVm R 136 (3) ausgenommen	
	RiLi A-VI, 2.4, RiLi C-II, 1: Eingangsstelle ist bis zur Stellung des Prüfantrags oder Erklärung über Aufrechterhaltung zuständig, d.h. prüft auch die Wirksamkeit des Prüfantrags (R 10: Zuständigkeit der Eingangsstelle und der Prüfungsabteilung). RiLi C-II, 1 i): Stellt der Anmelder einen Prüfungsantrag, bevor ihm der europäische Recherchenbericht übermittelt worden ist, so ist die Prüfungsabteilung erst ab dem Zeitpunkt zuständig, an dem auf eine Aufforderung nach R 70 (2) hin die Bestätigung des Antrags beim EPA eingeht. RiLi C-II, 1 ii): Stellt der Anmelder einen Prüfungsantrag, bevor ihm der europäische Recherchenbericht übermittelt worden ist und hat er zudem auf das Recht verzichtet, nach R 70 (2) zur Bestätigung aufgefordert zu werden (siehe RiLi C-VI, 3), so ist die Prüfungsabteilung erst ab dem Zeitpunkt zuständig, an dem der Recherchenbericht dem Anmelder übermittelt wird.					
Ermäßigte Prüfungsgebühr bei Nichtamtssprachenberechtigten	Art. 14 (4) R 6 (2), (3), (4) Art. 14 (1) GebO	**R 6 (2), (3)** iVm **R 3 (1):** 30 % Ermäßigung, innerhalb 1 M ist Übersetzung nachzureichen siehe R.30, R.121 ff.	Übersetzung des Prüfantrags muss bis zum Tag der Entrichtung der Prüfungsgebühr eingereicht werden, vorausgesetzt, die Übersetzung wird frühestens zum gleichen Zeitpunkt wie der Antrag eingereicht (↳J 21/98, ↳G 6/91, RiLi A-X, 9.2.3). Prüfantrag in der zugelassenen Nichtamtssprache kann noch bis zur Zahlung der Prüfungsgebühr gestellt werden (Art. 94 (1), R 70).		

A. Ablauf EP-Anmeldung/Patent

321	**Prüfung der europäischen Patentanmeldung** (Fortsetzung)		
322	**Prüfung der europäischen Patentanmeldung - Besonderheiten und Rechtsprechung**		
	Verfahrenshandlung	Rechtsnormen, Rechtsprechung	Details und Fälligkeit
323	**Antragstellung**	Art. 94 (1)	Schriftform erforderlich, durch Verwendung des Formblatts für den Erteilungsantrag gegeben.
324	**Abbuchungsauftrag**	ABL. 2019, Zusatzpublikation 4, Anhang A.2, Zu Nr. 3 VAA, I.6	Bei erteiltem **Abbuchungsauftrag** wird Prüfungsgebühr am Ende der 6 M-Frist gemäß R 70 (1) abgebucht.
325	**Gebührenzahlung**	Art. 94 (1)	**Gebührenzahlung** zwingend erforderlich.
326	**ivP**	Art. 33 (1) PCT	EPA ist nicht an internationalen vorläufigen Prüfbericht gebunden.
327	**Berechtigter für Prüfungsantrag**	R 70 (1)	Prüfungsantrag kann **nur vom Anmelder bzw. seinem Vertreter** (Vertreterzwang für EPÜ-Ausländer, außer bei Prüfungsantrag im Erteilungsantrag) gestellt werden.
328	**Prüfungsgebühr**	J xx/87 vom 21.05.1987, ABl 1988, 177	Werden zwei ePA verbunden, sind zwei Prüfungsgebühren zu bezahlen, auch wenn später zurückerstattet werden kann.
329	**Rückerstattung der Prüfungsgebühr**	Art. 11 GebO R.145 ff.	Nach **Art. 11 a) GebO volle Rückerstattung** der Prüfungsgebühr, wenn Rücknahme vor Beginn der Sachprüfung oder nach **Art. 11 b) GebO zu 50 %**, wenn ePA zurückgenommen wird, nachdem Sachprüfung begonnen hat und vor Ablauf Frist nach Art. 94 (3) oder falls noch keine Aufforderung nach Art. 94 (3) erlassen wurde, vor dem Datum der Mitteilung nach R 71 (3). Auch bedingte Rücknahme möglich (MdP vom 15.7.88, ABl. 1988, 354).
330	**Unterbrechung**	R 142 (1)	Frist zur Stellung des Prüfungsantrags **kann ausgesetzt** werden, wenn Verfahren unterbrochen wird, anschließend mind. 2 M (**R 142 (4)**).
331	**Vertretung**	J 28/86	Prüfanträge sind unwirksam, wenn sie von nicht zur **Vertretung** berechtigten Personen (Art. 134) gestellt werden, Prüfungsgebühren für unwirksame Prüfungsanträge werden zurückgezahlt.
332	**Zurücknahme**	R 70 (1)	Prüfungsantrag **kann nicht zurückgenommen werden**. Rücknahme der ePA möglich, siehe A.329, A.430 ff.

Ablauf EP-Anmeldung/Patent   A.

Prüfungsverfahren
R 70, RiLi C

Verfahrenshandlung	Rechtsnormen	Details und Fälligkeit	Unmittelbare Folgen eines Mangels, Mängelbeseitigung, Fristen	Rechtsfolge bei Nichtbeseitigung von Mängeln oder Fristversäumnis	Weiterbehandlungs-/ Wiedereinsetzungs-Möglichkeit	
EP-Anmeldung: Aufrechterhaltungserklärung (wenn Prüfungsantrag vor Erhalt des RB gestellt) Stellungnahme zum EESR als Bestätigung für Aufrechthaltung der Anmeldung 📖 A.259	R 70 (2)	Aufforderung zur Mitteilung ob Anmelder ePA aufrecht hält und Möglichkeit für Stellungnahme innerhalb einer Frist. RiLi C-II, 1.1		**Art. 70 (3)**: Anmeldung gilt als zurückgenommen Mitteilung nach **R 112 (1)** **Art. 11 a) GebO**: Prüfungsgebühr wird voll zurückgezahlt	**WB (+)**, nach Art. 121 iVm R 135 **WE (–)**, durch Art. 122 iVm R 136 (3) ausgenommen	334
	R 10 (3)	Erst mit Erklärung nach R 70 (2) wird Prüfungsabteilung zuständig für Anmeldung				335
	R 10 (4)	Unbedingter Prüfungsantrag = Stellung Prüfantrag vor Übermittlung europäischer RB und Verzicht auf Mitteilung nach R 70 (2) → Prüfungsabteilung ist zuständig ab Zeitpunkt der Übermittlung RB an Anmelder				336
Verbindliche Fassung	Art. 70 (1) bzw. Art. 14 (3)	Wortlaut in Verfahrenssprache				337
	Art. 70 (2) iVm Art. 14 (2)	Ursprünglicher Text bestimmt, ob Änderung über **Art. 123 (2)** hinausgeht.				338
	R 7	EPA kann davon ausgehen, dass Übersetzung mit ursprünglichem Text übereinstimmt.				339
Beschleunigtes Prüfungsverfahren	RiLi C-VI, 3	Auf Antrag Verzicht auf Mitteilung nach R 70 (2), siehe Spezialtabelle 📖 O »Beschleunigung«				340
Prüfungsbescheid RiLi C-III, 4 ff.	Art. 94 (3) R 71 R 71 (1) Aufforderung zur Stellungnahme R 71 (2) Mitteilung ist zu begründen	**R 132**: Zu bestimmende Frist 2 M bis 4 M, in besonderen Fällen 6 M, verlängerbar **R 137 (3)**: Anmelder kann nach erstem Bescheid Änderungen vornehmen, weitere Änderungen nur mit Zustimmung der Prüfungsabteilung	Frist kann nach **R 132 (2)** auf Antrag verlängert werden. RiLi E-VIII, 1.6	**Art. 94 (4)**: Unterlässt es der Anmelder auf eine Aufforderung nach **Art. 94 (3)** iVm **R 71** rechtzeitig zu antworten, so gilt die Anmeldung als zurückgenommen Mitteilung nach R 112 (1)	**WB (+)**, nach Art. 121 iVm R 135 **WE (–)**, durch Art. 122 iVm R 136 (3) ausgenommen	341
	Art. 94 (3)	Aufforderung zur Stellungnahme, so oft wie erforderlich (rechtliches Gehör - **Art. 113**). Bei Nichtbeachtung Rückzahlung **(R 103)** der Beschwerdegebühr, da Verletzung von Verfahrensbestimmungen.				342
		Rücksprache zwischen Anmelder und Prüfungsabteilung oder Formalsachbearbeiter (»jederzeit« während Erteilungsverfahrens), bevorzugt als Videokonferenz (RiLi C-VII, 2.1). Hierbei abgegebene mündliche Erklärungen müssen schriftlich bestätigt werden, um verfahrensrechtlich wirksam zu werden. Als solche sind sie im Allgemeinen nicht rechtsverbindlich (RiLi C-VII, 2).				343
		Anspruch auf Rücksprache besteht nicht (📖 T 19/87).				344
	Anwendung der R 50 (1) iVm R 49 (8)	Seit 01.01.2014 werden **handschriftliche Änderungen** in den Anmeldeunterlagen **nicht mehr akzeptiert**. Gilt im Prüfungsverfahren und Einspruchsverfahren (R 86 iVm R 82 (2)).				345

A. Ablauf EP-Anmeldung/Patent

346 Prüfungsverfahren (Fortsetzung)

	Verfahrenshandlung	Rechtsnormen, Rechtsprechung	Details und Fälligkeit	Unmittelbare Folgen eines Mangels, Mängelbeseitigung, Fristen	Rechtsfolge bei Nichtbeseitigung von Mängeln oder Fristversäumnis	Weiterbehandlungs-/ Wiedereinsetzungs-Möglichkeit
347	**Sprachenwahl zur Beantwortung**	Art. 14 (2)+(4) R 6 (2) R 3 (1)	Berechtigter kann Stellungnahme auf Prüfungsbescheid in zugelassener Nichtamtssprache (»NatR zum EPÜ«, Tabelle II) einreichen, Übersetzung in Verfahrenssprache innerhalb 1 M nachzureichen			
348	**Fristverlängerung** Siehe 📄 J.19 **ff.**	R 132 (2) RiLi C-VI, 1 RiLi E-VIII, 1.6	Verlängerung der Gesamtfrist max. 6 M	Nach RiLi E-VIII, 1.6.1 in Ausnahmefällen auch fristgerechte Verlängerung über 6 M möglich (Begründung notwendig)	Frist wird nicht verlängert	**WB (+)**, nach Art. 121 iVm R 135 **WE (–)**, durch Art. 122 iVm R 136 (3) ausgenommen
349		↳ J 37/89	Wird beantragte Fristverlängerung versagt und Bescheid nicht beantwortet, so gilt Anmeldung als zurückgenommen. Fristverlängerung kann nur vor Ablauf der Frist beantragt werden.			
350		R 134 (1), S. 1	**Feiertagsregelung**: Läuft Frist an einem Tag ab, an dem **eine Annahmestelle** des EPAs **nicht geöffnet** ist oder an dem Post aus anderen Gründen als in R 134 (2) genannten Gründen nicht zugestellt wird, **verschiebt sich Fristende** auf **nächstfolgenden** Tag, an dem **alle Annahmestellen** zur Entgegennahme **geöffnet** sind und an dem Post zugestellt wird.			
351		R 134 (1), S. 2	Ist eine vom EPA nach R 2 (1) bereitgestellte oder zugelassene Einrichtung zur elektronischen Nachrichtenübermittlung (vorübergehend) aus einem vom EPA vertretenden Grund (z.B. Wartung) nicht verfügbar, gilt **Fristverlängerung** nach R 134 (1) Satz 1 – ABl. 2018, A25			
		R 134 (2) + (5)	Störung der Postzustellung (siehe 📄 J.31) und Naturkatastrophe (siehe 📄 J.36)			
352		RiLi C-VI, 1.1	Ist nur noch die Beschreibung zu ändern, so kann d. Prüfer eine Mitteilung nach Art. 94 (3) erlassen mit Frist von 2 M. Alternativ kann d. Prüfer den Anmelder informell, z. B. telefonisch kontaktieren, den Einwand erläutern und Frist von 1 M setzen.			

353 Änderungsmöglichkeiten der ePA
siehe 📄 L.1ff

	Verfahrenshandlung	Rechtsnormen	Details und Fälligkeit
354	**Vor Erhalt des RB**	R 137 (1)	Vor Erhalt des RB Änderungsverbot für Beschreibung, Ansprüche und Zeichnungen (Nicht jedoch Zusammenfassung, Bezeichnung, Erteilungsantrag etc.).
355	**Nach Erhalt des RB**	R 137 (2)	Nach Erhalt des RB Änderungen der Beschreibung, Ansprüche und Zeichnungen von sich aus möglich.
356	**Weitere Änderungen**	R 137 (3)	Weitere Änderungen nur mit Zustimmung der Prüfungsabteilung.
357	**Änderungen kennzeichnen**	R 137 (4)	Änderungen kennzeichnen, Grundlage angeben, Mängelbeseitigung Frist 1 M.
358	**Nicht recherchierte Gegenstände**	R 137 (5)	Geänderte Patentansprüche dürfen sich nicht auf nicht recherchierte Gegenstände beziehen (s.a. ↳**G 2/92**).

Ablauf EP-Anmeldung/Patent   A.

Besonderheiten und Rechtsprechung			359
Verfahrenshandlung	Rechtsnormen	Details und Fälligkeit	
Rechtliches Gehör	Art. 113 (1)	Entscheidung nur nach rechtlichem Gehör	360
Amtsermittlung	Art. 114	Amt ist dabei weder auf das Vorbringen noch auf die Anträge der Beteiligten beschränkt	361
Einwendungen Dritter	siehe A.457		362

Zurückweisung Art. 97 (2), RiLi C-V, 14				368
Verfahrenshandlung	Rechts-normen	Details und Fälligkeit	Beschwerde	
Zurückweisung der ePA	Art. 97 (2)	Anmeldung wird in ihrer Gesamtheit zurückgewiesen (mit Begründung nach **R 111 (2)**), fehlende Begründung ist schwerer Verfahrensmangel, Rückzahlung der Beschwerdegebühr nach R 103 (↳**J 27/86**, S/S Art. 97 Rd 50)	Beschwerde **Art. 106** bzw. **Art. 107** und **Art. 108**	369
	RiLi C-V, 14	Entscheidung über Zurückweisung der Anmeldung kann erst ergehen, wenn im Prüfungsverfahren erster Bescheid versendet wurde (siehe RiLi C-III, 4 und E-IX, 4.1) oder mündliche Verhandlung stattgefunden hat.		370
	Art. 113 (1)	Entscheidungen des Europäischen Patentamts dürfen nur auf Gründe gestützt werden, zu denen die Beteiligten sich äußern konnten.		371

A. Ablauf EP-Anmeldung/Patent

372	**Erteilung** Art. 97 (1), RiLi C-V, 1 f.		
	Verfahrenshandlung	Rechtsnormen	Details und Fälligkeit
373	**Erteilung des eP**	Art. 97 (1)	ePA genügt den Erfordernissen des EPÜ → Erteilung des eP sofern die in der Ausführungsordnung genannten Voraussetzungen erfüllt sind.
374		R 71a (1)	In Entscheidung über die Patenterteilung ist die zugrundeliegende Fassung der ePA anzugeben.
375		Art. 97 (3)	Wirksam ab Hinweis auf Erteilung im Patentblatt: siehe A.404 Für die Prüfungsabteilung wird Entscheidung über Erteilung mit der Abgabe an die interne Poststelle des EPA bindend (↳**G 12/91**), siehe A.405.
376			Nach Einverständnis des Anmelders über die für die Erteilung vorgesehene Fassung ist der Anmelder durch die Entscheidung über die Erteilung nicht mehr beschwert im Sinne des Art. 107. Eine Beschwerde über die Entscheidung wird als unzulässig verworfen
377		**Erhalt einer R 71 (3) Mitteilung**	
378	**Anmelder stimmt mitgeteilter Fassung zu**	Erfüllung der Aufforderung zur Zahlung der Erteilungs- und Veröffentlichungsgebühr und Einreichung der Übersetzung (siehe A.385 ff.) gilt nach **R 71 (3)** als Einverständnis, Erteilung nach **Art. 97 (1)**	
379	R 71 (5)	Art. 97 (1) Art. 2 (1) Nr. 7 GebO	1) Erteilungsgebühr (inkl. Veröffentlichungsgebühr)	R 71 (3): 4 M $^{nv,+10\,T}$ ab Zustellung	A.386
380		Art. 97 (1) R 71 (3)	2) Übersetzung der Patentansprüche in die beiden Amtssprachen, die nicht Verfahrens-sprache sind		A.389
381		R 71 (4) Art. 2 (1) Nr. 15 GebO	3) ggf. Anspruchsgebühren		A.387
382	**Anmelder reicht Änderungen oder Berichtigungen ein** R 71 (6)	Anmelder beantragt begründete Änderungen oder Berichtigungen in der ihm mitgeteilten Fassung oder hält an der letzten von ihm vorgelegten Fassung fest (siehe RiLi C-V, 4).		A.386
383	**Anmelder stimmt mitgeteilter Fassung nicht zu** R 71 (7)	Ablehnung durch nicht rechtzeitige Zahlung der Erteilungs- und Veröffentlichungsgebühr oder Einreichung der Übersetzung oder Anspruchsgebühren (siehe RiLi C-V, 3).		A.386

384

```
                                    R 71 (3) Mitteilung
                                           │
         ┌─────ja─────┬─────ja─────┬──nein─┤                ┌──ja──┐
         │            │            │       │                │      │
    Zustimmung    Beantragung   Zahlung Erteilungsgebühr  Einreichung
    Prüfungs-    begründeter   (inkl. Veröffentlichungs-  Übersetzung
    abteilung?   Änderungen    gebühr) und ggf.           der Patent-
                 oder          Anspruchsgebühren?         ansprüche?
                 Berichtigungen?
         │            │            │                        │
        nein         nein         ja                       nein
         │            │            │                        │
         │       Festhalten   Aktive
         │       an der       Zurücknahme
         │       letzten      der ePA?
         │       Fassung?
         │       ja/nein      ja/nein
         │
 Wiederaufnahme    ePA wird         ePA gilt als      Erteilung
 des Prüfungs-   zurückgewiesen    zurückgenommen
 verfahrens
```

Ablauf EP-Anmeldung/Patent   A.

Erteilung - Gebühren - Mitteilung der erteilungsfähigen Fassung nach R 71 (3), R 71a (1), RiLi C-V						
Verfahrenshandlung	Rechts-normen	Details und Fälligkeit	Unmittelbare Folgen eines Mangels, Mängel-beseitigung, Fristen	Rechtsfolge bei Nicht-beseitigung von Mängeln oder Fristversäumnis	Weiterbehandlungs-/ Wiedereinsetzungs-Möglichkeit	
Erteilungsgebühr (inkl. Veröffent-lichungsgebühr) Online-Einreichung der Änderungen ab dem 01.04.2018: 885 €** In allen anderen Fällen 990** € ** für ab dem 01.04.2009 eingereichte ePA Siehe auch R.2 und R.45	Art. 97 (1) Art. 2 (1) Nr. 7 GebO	**Art. 97 (1)**: Innerhalb Frist 4 M gemäß **R 71 (3)**, nicht verlängerbar	**1. Fall**: Anmelder stimmt mitgeteilter Fassung zu (RiLi C-V, 2) **R 71 (5)**: Die Entrichtung der Gebühren nach **R 71 (3)**, **(4)** sowie die Übersetzung der geänderten Ansprüche gelten als Einverständnis mit der Anspruchs-fassung ODER **2. Fall**: Anmelder stimmt mitgeteilter Fassung nicht zu (RiLi C-V, 4.9) ODER **3. Fall**: Anmelder reicht Änderungen oder Berichtigungen ein (RiLi C-V, 4) Auf diese Mitteilung hin müssen keine Gebühren entrichtet werden, (können aber, ggf. spätere Anrech-nung, R 71a (5)) oder die Patentansprüche übersetzt werden.	**1. Fall, 3. Fall, 4. Fall**: **R 71 (7)**: Anmeldung gilt als zurückgenommen Mitteilung nach **R 112 (1)** **2. Fall**: Wenn Anmelder die nach R 71 (3) vor-geschlagene Fassung ablehnt, wird die ePA nach **Art. 97 (2)** zurückgewiesen (weil das Erfordernis des Art. 113 (2) nicht erfüllt ist und keine vom Anmelder gebilligte Fassung vorliegt), wenn: - die Prüfungs-abteilung in der R 71 (3) Mitteilung keine Änderungen vorgeschlagen hat, - die R 71 (3) Mitteilung nicht auf Grundlage eines Hilfsantrags erstellt wurde, und - der Anmelder mit Ablehnung keine Änderungen oder Berichtigungen einreicht.	**1. Fall, 3. Fall, 4. Fall**: WB (+), nach Art. 121 (1) iVm R 135 (1) WE (–), durch Art. 122 iVm R 136 (3) ausgenommen **2. Fall**: a) Wenn alle Kriterien erfüllt sind Zurückweisung nach Art. 97 (2) Beschwerde **Art. 106** **Art. 107** **Art. 108** b) wenn eines der Kriterien nicht erfüllt ist: siehe 3. Fall **3. Fall**: Wenn Änderungen oder Berichtigungen zulässig und gewährbar, wird eine neue Mitteilung erlassen (R 71 (6), RiLi C-V, 4.6, 4.10), ansonsten wird die Prüfung wiederauf-genommen (R 71a (2), RiLi C-V, 4.3 und 4.7).	386 387
Anspruchs-gebühren für den 16. bis 50. Anspruch 250 €, für den 51. und jeden weiteren 630 €** (sofern noch nicht bereits nach R 45 oder R 162 entrichtet) R.10 R.48 ** für ab dem 01.04.2009 eingereichte ePA	R 71 (4) Art. 2 (1) Nr. 15 GebO RiLi C-V, 1.4 RiLi A-III, 9 RiLi A-X, 7.3.2	**R 71 (4)**: Innerhalb der Frist 4 M gemäß **R 71 (3)**, nicht verlängerbar, gilt auch bei nur teilweiser Zahlung der Anspr.-Geb. RiLi C-V, 1.4				
		RiLi A-III, 9: wenn nach R 45 oder R 162 schon Gebühren für mehr Ansprüche bezahlt wurden als erteilte Ansprüche vorliegen, werden überschüssige Anspruchsgebühren nicht zurückerstattet.				387a
		RiLi A-X, 11.2: Anspruchsgebühren, welche auf eine erste R 71 (3) entrichtet werden, werden mit Anspruchsgebühren einer zweiten R 71 (3) verrechnet.				387b
		RiLi A-X, 5.1.1: Gebühren können nicht vor Fälligkeit entrichtet werden.				387c
		RiLi A-X, 5.2.3: Anspruchsgebühren zusammen mit Erteilungs- und Veröffentlichungs-gebühr mit Zustellung der R 71 (3) Mitteilung fällig. Außer bereits gemäß R 45 (1), (2) bzw. 162 (1), (2) entrichtet.				387d

A. Ablauf EP-Anmeldung/Patent

388	Erteilung - Gebühren - Mitteilung der erteilungsfähigen Fassung nach R 71 (3), R 71a (1), RiLi C-V (Fortsetzung)					
	Verfahrenshandlung	Rechts-normen	Details und Fälligkeit	Unmittelbare Folgen eines Mangels, Mängel-beseitigung, Fristen	Rechtsfolge bei Nichtbeseitigung von Mängeln oder Fristversäumnis	Weiterbehandlungs-/ Wiedereinsetzungs-Möglichkeit
389	**Übersetzung der Patentansprüche in die beiden Amtssprachen, die nicht Verfahrens-sprache sind**	Art. 97 (1) R 71 (3) Formerfordernisse R 50 (1)	**R 71 (3)**: Innerhalb der Frist von 4 M, nicht verlängerbar RiLi C-V, 1.3: Keine Qualitätsprüfung		**R 71 (7)**: ePA gilt als zurückgenommen. Mitteilung nach **R 112 (1)**	WB (+), nach Art. 121 (1), R 135 (1) WE (−), durch Art. 122 iVm R 136 (3) ausgenommen
390	**Ggf. Jahresgebühr**	R 71a (4) Art. 86 (1) RiLi C-V, 2	**R 71a (4)**: Falls eine JG nach Mitteilung nach **R 71 (3)** und vor frühestmöglichem Termin der Bekannt-machung der Erteilung fällig wird Mitteilung erfolgt durch EPA Hinweis auf Erteilung erst nach Zahlung der JGB	Zum Fälligkeits-datum, spätestens 6 M danach mit Zuschlagsgebühr (RiLi A-X, 5.2.4, **Aussetzung** vom 01.06. bis 31.08.2020 - Abl. 2020, A70) siehe R.73 ff. Berechnung der Nachfrist: ⇨ J 4/91, ABl. 8/1992, 402 ⇨ J 12/84, ABl. 4/1985, 108 und ⇨ J 1/89, ABl. 1-2/1992, 17 ABl. 4/1993, 229 bezüglich Euro-PCT-Anmeldungen	**Art. 86 (1), RiLi C-V, 2** Anmeldung gilt als zurückgenommen Mitteilung nach **R 112 (1)**	WB (−), nach Art. 121, R 135 ausgenommen WE (+), durch Art. 122, R 136 (3)
391		Hinweis wird erst bekannt gegeben, wenn JG, die zwischen Mitteilung nach R 71 (3) und frühestmöglichen Hinweis auf Erteilung fällig wird, entrichtet wurde.				
392	**Ggf. Benennungs-gebühren** Art. 2 (1) Nr. 3 GebO: 630 €	R 71a (3) RiLi C-V, 2 RiLi A-III, 11.2.1	**R 71a (3)**: Falls die B.-Gebühren nach Zustellung der Mitteilung nach **R 71 (3)** fällig werden Mitteilung erfolgt durch EPA	**R 71a (3)** iVm **RiLi C-V, 2**: Der Hinweis auf Erteilung wird erst veröffentlicht, wenn Benennungsgebühren entrichtet sind.		

Ablauf EP-Anmeldung/Patent A.

Erteilung - Mitteilung der erteilungsfähigen Fassung (Fortsetzung)			
Verfahrenshandlung	Rechtsnormen	Details und Fälligkeit	
Änderung durch den Anmelder	R 71 (3), (6), R 137 (3) RiLi H-II, 2.5 RiLi C-V,4	**R 71 (6): Beantragt der Anmelder** innerhalb der **Frist** von 4 M nach **R 71 (3)** Änderungen oder Berichtigungen in der mitgeteilten Fassung (ggf. mit angepasster Beschreibung), wird eine **neue Mitteilung** nach R 71 (3) erlassen (RiLi C-V, 4.6, 4.10), wenn Änderungen oder Berichtigungen zulässig (R 137 (3)) und gewährbar sind, **ansonsten wird die Prüfung wiederaufgenommen** (R 71a (2), RiLi C-V, 4.3 und 4.7). Auf Mitteilung nach R 71 (3) müssen keine Gebühren entrichtet werden (spätere Anrechnung bei vorgenommener Zahlung, R 71a (5)) oder die Patentansprüche übersetzt werden.	394
		In der Begründung für Änderungen oder Berichtigungen sollte angegeben sein: • warum die geänderten Anmeldungsunterlagen den Anforderungen an die Patentierbarkeit (Art. 123 (2), Art. 84) genügen und • warum die Fehler und ihre Berichtigungen offensichtlich sind (R 139).	395
		Verfahren nach RiLi C-V, 4.1 bis 4.10 sind entsprechend anzuwenden, wenn eine zweite Mitteilung nach R 71 (3) ergeht und Anmelder innerhalb dieser zweiten Frist nach R 71 (3): i) weitere Änderungen oder Berichtigungen einreicht, ii) die Änderungen ablehnt, die die Prüfungsabteilung in der Mitteilung nach R 71 (3) vorgeschlagen hat, oder iii) einen höherrangigen Antrag wieder aufgreift (wenn der zweiten Mitteilung nach R 71 (3) ein Hilfsantrag zugrunde liegt).	396
	~~Verzicht auf R 71 (3)~~ ~~ABl. 2015 A52~~ ~~MdEPA vom 08.06.2015~~ ~~RiLi C-V, 4.11~~ Gemäß ABl. 2020, A73 aufgehoben.	~~Anmelder kann darauf verzichten eine erneute Mitteilung nach **R 71 (3)** zu erhalten. Voraussetzungen:~~ ~~1.) Anmelder muss innerhalb der 4 M Frist nach R 71 (3) ausdrücklich auf das Recht verzichten, eine weitere Mitteilung zu erhalten; dies kann formlos erfolgen, und~~ ~~2.) eine Übersetzung der Ansprüche in den beiden Amtssprachen des EPA, die nicht die Verfahrenssprache sind, ist einzureichen, und~~ ~~3.) die Erteilungs- und Veröffentlichungsgebühr sind zu entrichten, und~~ ~~4.) Anspruchsgebühren für den 16. und jeden weiteren Anspruch sind zu entrichten, soweit diese nicht bereits nach R 45 oder R 162 entrichtet worden sind, und~~ ~~5.) die Änderungen sind zu kennzeichnen, ggf. Angabe ihrer Grundlagen in der ursprünglich eingereichten Fassung (R 137 (4)) sowie die betreffenden Seiten der die Mitteilung nach Regel 71 (3) EPÜ bildenden Unterlagen (Druckexemplar) mit den Änderungen oder Berichtigungen einreichen.~~	397
Antragsprinzip	Art. 113 (2)	EPA hat sich bei Prüfung an die vom Anmelder vorgelegte Fassung zu halten.	398
		Anmelder hat Möglichkeit das Nichteinverständnis mit den vom Amt vorgeschlagenen erteilbaren Ansprüchen zu erklären (↪T 1181/04).	399
Erteilung an mehrere Anmelder für verschiedene VS	R 72	Sind als Anmelder für verschiedene VS verschiedene Personen in das europäische Patentregister eingetragen, so erteilt die Prüfungsabteilung das europäische Patent den verschiedenen Anmeldern jeweils für die verschiedenen VS.	400
	R 74	Jeder Anmelder erhält eine eigene Urkunde (ABl. 2021, A94).	401
Jahresgebühr	R 71a (4)	Wird eine JG nach Mitteilung gemäß **R 71 (3)** und vor dem Tag der frühestmöglichen Bekanntmachung des Hinweises auf Erteilung fällig, so wird der Hinweis erst bekanntgemacht, wenn die JG entrichtet ist.	402

A. Ablauf EP-Anmeldung/Patent

403	**Erteilung** (Fortsetzung)		
	Verfahrenshandlung	Rechtsnormen	Details
404	**Veröffentlichung des Hinweises auf Erteilung**	Art. 97 (3)	Die Entscheidung über die Erteilung wird an dem Tag wirksam, an dem im Patentblatt auf die Erteilung hingewiesen wurde.
405			Für die Prüfungsabteilung wird Entscheidung über Erteilung mit der Abgabe an die interne Poststelle des EPA bindend, d.h. Prüfungsverfahren kann nicht wieder aufgenommen werden (↳G 12/91).
406			Zwischen Erteilungsbeschluss nach **Art. 97 (1)** und Bekanntmachung des Hinweises auf Erteilung nach **Art. 97 (3)** ist ePA noch **anhängig** (↳J 7/96) → **Art. 76** TA, **R 14** (Aussetzung) und Behebung von Fehlern möglich.
407		R 143 (1) o)	Tag wird in das europäische Patentregister eingetragen.
408		Art. 129 a)	Tag wird im europäischen Patentblatt veröffentlicht.
409	**Fehlerhafte Zurückweisung oder Erteilung**	Art. 111 (1) S.2	Liegt der Entscheidung über die Patenterteilung ein **wesentlicher Verfahrensmangel** zugrunde, so kann dies nur im Rahmen einer **Beschwerde** behoben werden (↳T 2133/09).
410			→ Zurückverweisung an die Prüfungsabteilung
411		R 140	Ein Antrag auf Berichtigung nach R 140 kann nur dann zum Erfolg führen, wenn klar erkennbar ist, dass die Prüfungsabteilung das Patent in dieser Form nicht erteilen wollte und in welcher Form sie tatsächlich beabsichtigte, das Patent zu erteilen.
412			Berichtigung Erteilungsbeschluss, Zulässigkeit, Zuständigkeit (↳G 1/10, ↳T 79/07).

Ablauf EP-Anmeldung/Patent   A.

Erteilung (Fortsetzung)			
Verfahrenshandlung	Rechtsnormen	Details	
Veröffentlichung der europäischen Patentschrift	Art. 98	Gleichzeitig mit der Bekanntmachung des Hinweises auf die Erteilung des Patents.	413
		Die maßgebliche Fassung des eP bei fehlerhaftem Druck der europäischen Patentschrift ergibt sich aus dem Text, der dem Erteilungsbeschluss zugrunde liegt (siehe aufgehobene RAusk 17/90, RiLi H-VI, 6 (Veröffentlichungsfehler), RiLi C-V, 10 (Veröffentlichung eP und Behebung Fehler)).	414
		Der Wortlaut des eP in der Verfahrenssprache stellt die verbindliche Fassung dar (Art. 70 (1)). Jeder VS kann vorsehen, dass in seinem Staat eine Übersetzung in einer seiner Amtssprachen für den Fall maßgebend ist, dass der Schutzbereich des Patents in der Sprache der Übersetzung enger ist als in der Verfahrenssprache (siehe »NatR zum EPÜ«).	415
		Veröffentlichung der europäischen Patentschrift erfolgt ohne die Zusammenfassung.	416
		Beschwerde schiebt Wirkung der Erteilungsentscheidung auf, Hinweis auf Erteilung und Veröffentlichung der Patentschrift hat zu unterbleiben (RiLi E-XII, 1).	417
		Ist die Bekanntmachung erfolgt, ist sie durch Berichtigung im europäischen Patentblatt außer Kraft zu setzen (↦ T 1/92).	418
		Ebenso Aussetzung nach **R 14** durch Dritte (↦ J 28/94).	419
	Art. 101 (3) a)	Nach Änderung im Einspruchsverfahren erfolgt VÖ einer neuen Patentschrift.	420
	R 74	Sobald die europäische Patentschrift veröffentlicht worden ist, stellt das EPA dem Patentinhaber die Urkunde über das eP aus. Inhalt und Form der Urkunde sowie die Art und Weise, wie sie übermittelt wird, siehe ABl. 2021, A94, A95	420a
	ABl. 3/2007, 97 ABl. 2005, 126	Der Europäische Publikationsserver ist seit 01.04.2005 das einzige rechtlich autorisierte Publikationsmedium für europäische A- und B-Dokumente, Veröffentlichungstag mittwochs, ab 14 Uhr kostenlos verfügbar. Seit 2007 ist der Veröffentlichungstag immer der Mittwoch, unabhängig davon, ob an diesem Tag ein gesetzlicher Feiertag ist oder nicht.	421
Schutzbereich - Art. 69 (Schutzwirkung siehe H.212 ff.)	Art. 69 (1)	Schutzbereich der ePA und des eP wird durch Inhalt der Ansprüche bestimmt. Beschreibung und Zeichnungen sind zur Auslegung heranzuziehen.	422
	Art. 69 (2)	Bis Erteilung wird Schutzbereich der ePA durch die zuletzt eingereichten Ansprüche, die in Veröffentlichung nach **Art. 93** enthalten sind, bestimmt.	423
Laufzeit des eP	Art. 63 (1)	Die Laufzeit des eP beträgt 20 Jahre, gerechnet ab AT (evtl. AT der Euro-PCT-Anmeldung).	424

A. Ablauf EP-Anmeldung/Patent

425	**Fehler in dem eP nach Veröffentlichung**	
	Rechtsnormen	Details
426	RiLi C-V, 10	Fehler in der europäischen Patentschrift, die bei deren Herstellung entstanden sind, haben keinen Einfluss auf den Inhalt des erteilten Patents. Für diesen ist vielmehr die dem Patenterteilungsbeschluss zugrunde gelegte Fassung allein verbindlich.
427	RiLi H-VI, 6	Um Veröffentlichungsfehler handelt es sich dann, wenn der Inhalt der gedruckten Patentschrift abweicht von den Unterlagen (Druckexemplar), die dem Anmelder mit der Mitteilung gemäß Regel 71 (3) übermittelt wurden (Formblatt 2004), falls diese dem Beschluss über die Erteilung des Patents zugrunde liegen. Die oben genannten Veröffentlichungsfehler können jederzeit berichtigt werden.
428	RiLi H-VI, 6	Für die Berichtigung von Veröffentlichungsfehlern sind Formalsachbearbeiter zuständig (siehe Beschluss des Präsidenten des EPA vom 23. November 2015, ABl. 2015, A104)
429	RiLi H-VI, 6	Veröffentlichungsfehler sind von Änderungen zu unterscheiden, die in der für die Erteilung vorgesehenen Fassung vorgenommen werden, nachdem der Anmelder sein Einverständnis erklärt hat, aber bevor der Erteilungsbeschluss ergangen ist (↳G 01/10). In solchen Fällen muss der Patentinhaber als Rechtsbehelf Beschwerde einlegen.

	Zurücknahme der Anmeldung, Verhinderung der Veröffentlichung
430	Siehe A. 268 ff.

	Zurücknahme der Patentschrift, Verhinderung der Veröffentlichung		
	Verfahrenshandlung	Rechtsnormen	Details
431	**Zurücknahme der Patentschrift, Verhinderung der Veröffentlichung** RiLi C-V, 11	RiLi C-V, 11	Der Anmelder kann seine Anmeldung vor Abschluss der technischen Vorbereitungen (5 Wochen vor Ablauf des 18. M nach PT - MdEPA, ABl. 6/2006, 406, ABl. 3/2007, 094) für die Veröffentlichung der eP jederzeit zurücknehmen, sofern kein Dritter dem EPA nachgewiesen hat, dass er nach R 15 ein Verfahren zur Geltendmachung des Anspruchs auf Erteilung des eP eingeleitet hat.

Ablauf EP-Anmeldung/Patent   A.

Nationale Phase						436
Art. 2 (2): Das europäische Patent hat in jedem VS, für den es erteilt worden ist, dieselbe Wirkung und unterliegt denselben Vorschriften wie ein in diesem Staat erteiltes nationales Patent, soweit das EPÜ nichts anderes bestimmt.						
Verfahrenshandlung	Rechts-normen	Details und Fälligkeit	Unmittelbare Folgen eines Mangels, Mängel-beseitigung, Fristen	Rechtsfolge bei Nicht-beseitigung von Mängeln oder Fristversäumnis	Weiterbehandlungs-/Wiedereinsetzungs-Möglichkeit	437
Übersetzung der Patentschrift Londoner Übereinkommen siehe K.96	Art. 65 »NatR zum EPÜ«, Tabelle IV	**Art. 65 (1):** Frist für Einreichung der Übersetzung mindestens 3 M nach Hinweis auf Erteilung, falls VS nicht längere Frist vorschreibt (z.B. IS 4 M) Erfordernis eines Inlandsvertreters, weitere Gebühren usw. entsprechend dem jeweiligen nationalen Recht zum EPÜ für die VS (siehe »NatR zum EPÜ«, Tabelle IV) beachten	Vertreterzwang; Fristverlängerung, Zuschlagsgebühr teilweise möglich siehe »NatR zum EPÜ«, Tabelle IV, Mitglieder des Übereinkommens	**Art. 65 (3):** Wird Übersetzung nicht rechtzeitig eingereicht oder Gebühr nicht entrichtet, wird das nationale Patent ex tunc unwirksam (gilt für alle VS, die Übersetzung verlangen)	**WE** iVm Art. 122 (6) teilweise möglich, Regelung nach nationalem Recht des VS (siehe »NatR zum EPÜ«, Tabelle IV)	438

61

A. Ablauf EP-Anmeldung/Patent

439 **Umwandlung in eine nationale Anmeldung**
Art. 135, 137, Art. 140, R 37, R 155, R 156, sowie nat. Gesetze, nat. Recht zum EPÜ, RiLi A-IV, 6; 📖 S/S Art. 135

	Verfahrenshandlung	Rechtsnormen	Details
440	Umwandlungs-tatbestände	Art. 135 (1)	Antrag des Anmelders auf Umwandlung in nationale Anmeldung, wenn: a) ePA gilt nach **Art. 77 (3)** iVm **R 37** als zurückgenommen (nationale Stelle hat PA nicht innerhalb von 14 M ab AT/PT dem EPA übermittelt); b) dem nationalen Recht vorbehaltene Umwandlungstatbestände, wenn ePA zurückgenommen oder zurückgewiesen oder als zurückgenommen gilt oder das europäische Patent widerrufen worden ist wurde. • CH/LI, ES, GR, IT, PT: Erlauben Umwandlung, wenn die Anmeldung nach **Art. 14 (2)** in einer zugelassenen Nichtamtssprache des EPA eingereicht worden war und die Übersetzung in eine der Amtssprachen nicht rechtzeitig eingereicht worden ist. • ES, GR, IT, PT: Umwandlung in nationale Gebrauchsmusteranmeldung möglich → **Art. 140** siehe »NatR zum EPÜ«, Tabelle VII
441	Frist zur Stellung des Umwandlungs-antrags	R 155 (1)	Innerhalb von 3 M nach dem Tag der Zurücknahme der ePA oder der Mitteilung, dass die ePA als zurückgenommen gilt, oder der Entscheidung über die Zurückweisung der ePA oder den Widerruf des eP. Maßgeblicher Tag ist Tag der Zustellung beim EPA bzw. Anmelder. Wirkung der ePA als nationale Hinterlegung (**Art. 66** iVm **R 155**) erlischt, wenn Antrag nicht rechtzeitig eingereicht wird.
442	Vorzunehmende Handlungen	R 155 (1)	Umwandlungsantrag gemäß **Art. 135 iVm R 155 (1)** beim EPA (oder im Fall des Art. 77 (3) bei der Zentralstelle, bei der die Anmeldung eingereicht wurde) stellen, Angabe der VS, für die die Umwandlung gewünscht wird; Entrichtung der Umwandlungsgebühr (**Art. 135 (3)**) in Höhe von 80 € gemäß **Art. 2 (1) Nr. 14 GebO**
443	Zuständiges Amt	Art. 135 (3)	Im Allgemeinen: EPA
			Im Fall des **Art. 77 (3)**: Zentralbehörde, bei der Anmeldung eingereicht wurde (**Art. 155 (1)**); diese leitet die Anmeldung an die anderen Zentralbehörden weiter.
444	Priorität	Art. 66	Eine ePA, deren AT feststeht, hat in den benannten VS die Wirkung einer vorschriftsmäßigen nat. Hinterlegung, ggf. mit der für die ePA in Anspruch genommenen Prio.
445	Sonstiges	Art. 135 R 155 (2)	Gilt ePA nach **Art. 77 (3)** als zurückgenommen, ist Antrag bei der Zentralbehörde des jeweiligen VS zu stellen, bei der Anmeldung eingereicht wurde; Zentralbehörde leitet Kopie der ePA an die benannten VS weiter; die in **Art. 66** iVm **R 155 (3)** vorgeschriebene Wirkung erlischt, wenn der Antrag nicht innerhalb von 20 M ab AT/PT weitergeleitet wird.
446		Art. 137	Nationale Erfordernisse: Gebühr und Übersetzung in deren Amtssprache (nicht weniger als 2 M), »NatR zum EPÜ«, Tabelle VII
447		R 156	Unterrichtung der Öffentlichkeit bei Umwandlung

Ablauf EP-Anmeldung/Patent A.

Teilanmeldung
Art. 76, R 36, R 4, RiLi A-IV, 1 und C-IX, 1, siehe Spezialtabelle M »Teilanmeldung«

Anhängigkeit der ePA

Erteilung:	Bis zu (aber nicht mehr an) dem Tag, an dem der Hinweis auf Erteilung veröffentlicht wird (↳J 7/96, ↳J 7/04, ABl. 2/2002, 112).
Zurückweisung:	Bis zum Ablauf der Beschwerdefrist (↳G 1/09).
gilt als zurückgenommen:	Bis zum Ablauf der versäumten Frist bzw. bis Entscheidung der Beschwerde.
Zurücknahme:	Bis zum Zeitpunkt der Zurücknahme.
Anmelderbeschwerde:	Während des Beschwerdeverfahrens nach Zurückweisung der ePA; bei Beschwerde gegen erteiltes Patent: keine aufschiebende Wirkung, siehe Erteilung. (↳**J 28/03** Wirksamkeit der während Beschwerde gegen Stammanmeldung eingereichten TA hängt vom Ausgang der Beschwerde ab).

Mündliche Verhandlung
Art. 116, R 115, RiLi E-III

siehe Spezialtabelle D »mündliche Verhandlung«

Aussetzung und Unterbrechung

siehe Spezialtabelle J »Fristen«

Rechtsverlust, Antrag auf Entscheidung
R 112 (2), RiLi E-VIII, 1.9

- In bestimmten Fällen des EPÜ tritt ein Rechtsverlust ein, ohne dass eine Entscheidung ergangen ist.
- Dieser Rechtsverlust wird dem Betroffenen gemäß **Art. 119** iVm **R 112 (1)** in einer Mitteilung mitgeteilt.
- Innerhalb von 2 M nach Zustellung der Mitteilung kann Betroffener gemäß **R 112 (2)** eine Entscheidung beantragen.
- Zuständiges Organ trifft eine Entscheidung nur, wenn es die Auffassung des Antragstellers nicht teilt; andernfalls wird der Antragsteller unterrichtet und das Verfahren fortgesetzt.
- Entscheidung kann durch **Beschwerde** angefochten werden.
- Evtl. Unterlagen (Postausgangsnachweis) beilegen, dass rechtzeitig geantwortet wurde.
- Fristversäumnis: WE in Frist zur Entscheidung möglich nach **Art. 122 (1)** und **R 136 (1)**.

A. Ablauf EP-Anmeldung/Patent

	Einwendungen Dritter Art. 115 iVm **R 114**, RiLi D-X, 4.5, RiLi E-VI, 3, ABl. 2017, A86			
	Verfahrenshandlung	Rechts-normen	Details	Hinweise
458	**Allgemein**		Dritter ist nicht verfahrensbeteiligt.	
459	**Zeitpunkt**	Art. 115 R 114	**Nach der Veröffentlichung**	Unabhängig davon, ob der RB mit der ePA veröffentlicht wird.
460			Einspruchsabteilung kann nach Ablauf der Einspruchsfrist Einwendungen Dritter, die sich auf einen neuen Einspruchsgrund beziehen, von Amts wegen berücksichtigen (↳G 9/91).	
461			Einwendungen Dritter sind bis Abgabe der Entscheidung an die interne Poststelle des EPA und bei Verfahren mit mündlicher Verhandlung bis zur Beendigung der sachlichen Debatte möglich (↳G 12/91, ↳T 390/90).	
462			Verfahren muss anhängig sein: Einwendungen, die danach eingehen, bleiben unberücksichtigt, aber diese werden den Akten beigefügt und z.B. im Falle eines Einspruchs zugänglich gemacht (RiLi E-VI, 3) (↳T 580/89).	
463		Euro-PCT	**Berücksichtigung** bei Erstellung des ergänzenden europäischen Recherchenberichts nach Übergang in Zuständigkeit EPA (Ablauf 31 M Frist)	
464		PCT-Anmeldung	Im Rahmen **PCT** sind Einwendungen beim IB mittels ePCT oder PATENTSCOPE einzureichen, ggf. ist bei Eintritt in europäische Phase Einwendung erneut beim EPA einzureichen oder auf bereits beim IB eingereichte Einwendung hinzuweisen (siehe B.495). Einwendungen, die beim IB eingereicht werden, werden an das EPA weitergeleitet.	
465	**Berechtigte**		**Jeder Dritte**	**Nicht** Anmelder, PI oder sonstiger Verfahrensbeteiligter.
466			Als Dritter auftreten kann jeder, dem der Beitritt nach **Art. 105** iVm **R 89** verwehrt ist (↳T 338/89) oder Einsprechender, der nicht am Beschwerdeverfahren beteiligt ist (↳T 811/90).	
467	**Umfang**		**Einwendungen gegen die Patentierbarkeit** nach **Art. 52** bis **57** der angemeldeten Erfindung erheben.	RiLi D-X, 4.5: Für alle Verfahren möglich. In der Praxis auch: - Einheitlichkeit (**Art. 82**), - ausreichende Offenbarung (**Art. 83**), - Klarheit (**Art. 84**).
468			Einwendungen, die im **Einspruchsverfahren** erhoben werden: Beschränkung auf die geltend gemachten Einspruchsgründe nach Art. 100 (S/S Art. 115 Rd 13).	
469			Einwendungen Dritter, die sich auf neuen **Einspruchsgrund** beziehen, dürfen im Beschwerdeverfahren nur mit Zustimmung des Patentinhabers berücksichtig werden (↳T 667/92).	
470			Einwendungen im **Beschwerdeverfahren** betreffend eine offenkundige Vorbenutzung bleiben unberücksichtigt, wenn nicht ausreichend substantiiert (↳T 908/95).	
471	**Gebühren**		**Gebührenfrei.** Im Gegensatz zum **Einspruchsverfahren**: Art. 99 (1) Satz 3, Art. 2 Nr. 10 GebO.	

Ablauf EP-Anmeldung/Patent A.

Einwendungen Dritter (Fortsetzung)

Verfahrenshandlung	Rechts-normen	Details	Hinweise	
Form der Einwendungen	R 114 (1)	Die Einwendungen sind **schriftlich** einzureichen und zu **begründen**. Rechtsprechung der Beschwerdekammern III-N, 1.4 (u.a. ✎T 1336/09).		473
		Anonyme Einreichung nicht unterzeichneter Einwendungen Dritter möglich (gültig nur für die erste Instanz) (ABl. 7/2011, 418; ABl 2017, A86).		474
		Einwendungen sollen vorzugsweise über das vom EPA zu diesem Zweck bereitgestellte **Online-Formblatt** eingereicht werden (ABl. 7/2011, 420; ABl 2017, A86).		475
		Mehrseitige Verfahren: Anonyme Einwendungen sind nicht zu berücksichtigen, da Schriftform nach R 114 (1) Unterzeichnung der Einwendungen (R 50 (3) Satz 1) zur Identifizierung Dritter umfasst → Feststellung, ob Einwendung von »Dritten« oder anderen Verfahrensbeteiligten (✎T 146/07).		476
		Einseitigen Verfahren: Keine Bedenken gegen anonyme Eingaben (✎T 1336/09).		477
		Ex-parte Verfahren: Anonymität der Einwendungen Dritter steht deren Zulassung im Verfahren nicht entgegen (✎T 1336/09).		478
Sprache	R 114 (1)	**Begründung**: Jede Amtssprache des EPA (Art. 14 (1)).		479
	RiLi E-VI, 3	**Beweismittel**: Jede Sprache (R 3 Absatz 3).		480
	RiLi A-VII, 3.5	Dritte müssen Einwendungen/Beweismittel in Amtssprache einreichen und dafür Sorge tragen, dass diese eindeutig, klar und vollständig sind (Art. 14 (4)). EPA kann bei Bedarf innerhalb einer Frist eine Übersetzung fordern. Wird diese Übersetzung nicht eingereicht, braucht Schriftstück nicht berücksichtigt zu werden (✎T 189/92).		481
Vertretung	Art. 133 (2) Art. 114 (1)	Art. 133 (2): »In jedem durch das EPÜ geschaffene Verfahren«, aber Art. 115, Satz 2: Dritte nicht Beteiligte und Art. 114 (1): Amtsmaxime. → **Vertreterzwang** erscheint nicht angebracht (S/S Art. 115 Rd 11).		482
Stellung des Dritten	Art. 115, Satz 2	Dritter ist **nicht** beteiligt **Art. 114 (2)** daher nicht anwendbar, stattdessen **Art. 114 (1)**: Amtsmaxime		483
		Art. 115 ist nicht so auszulegen, dass dem Dritten Rechte eingeräumt werden, die über diejenigen der Verfahrensbeteiligten hinausgehen (✎T 951/91).		484
Unterrichtung des Anmelders oder PI	R 114 (2)	Die Einwendungen werden dem Anmelder oder PI mitgeteilt, unabhängig vom Stand des Verfahrens (**R 114 (2)**, S/S Art. 115 Rd 19 ff.). Werden Einwendungen als entscheidungserheblich erachtet, so werden diese von Amts wegen in das Verfahren eingebracht; Aufforderung zur Stellungnahme der Verfahrensbeteiligten (**Art. 94 (3), Art. 101 (1)**). Einspruchsabteilung und Beschwerdekammer übermitteln die Eingabe der Einwendung, aber nicht mehr die Anhänge (ABl. 2022. A28, A57)		485
	Art. 113 (1)	Recht der Verfahrensbeteiligten dazu **Stellung zu nehmen** (S/S Art. 115 Rd 20 ff.).		486
		Stellungnahme kann als Grundlage für Entscheidung berücksichtigt werden (✎T 390/07).		487
Akteneinsicht	RiLi A-XI, 2.1	Einwendungen Dritter werden Bestandteil der Akten und sind als solche der Akteneinsicht nach **Art. 128** zugänglich.	Einem Antrag eines Dritten, seine Einwendungen oder Teile davon als vertraulich zu behandeln, kann nicht entsprochen werden; gegebenenfalls Hinweis an Dritten.	488

65

A. Ablauf EP-Anmeldung/Patent

489	**Einwendungen Dritter** (Fortsetzung)		
	Verfahrens-handlung	Rechts-normen	Details
490	**Beschleunigung**	MdEPA vom 05.07.2017, ABl. 2017, A86	**Beschleunigung (ePA/eP)** Nach Eingang Einwendung bei der Prüfungsabteilung bemüht sich EPA innerhalb von 3 M den nächsten Verfahrensschritt zu vollziehen, sofern • Einwendung nicht anonym eingereicht wurde, und • Einwendung substanziiert wurde.
491			**Beschleunigung (Euro-PCT)** Nach Eingang Einwendungen und Übergang in Zuständigkeit der Prüfungsabteilung bemüht sich EPA innerhalb von 3 M nach Fristablauf R 161 den nächsten Verfahrensschritt zu vollziehen, sofern • gesamte Einwendung in Amtssprache des EPA eingereicht, • Dritte hat Wunsch geäußert, dass Verfahren beschleunigt werden soll, • Einwendung nicht anonym eingereicht wurde, und • Einwendung substanziiert wurde.

Ablauf EP-Anmeldung/Patent   A.

Übermittlung ePA von nat. Zentralbehörden
Art. 77, RiLi A-II, 1.6
siehe A.103

Nichtigkeit
Art. 138 iVm **Art. 139** - Wirkung für diesen VS

	Rechtsnormen	Details
Nichtigkeitsgründe	Art. 138 (1)	**Nichtigkeitsgründe** (neben den älteren Rechten nach **Art. 139 (1) + (2)** und Doppelpatentierungsverbot **Art. 139 (3)**): a) Gegenstand des eP ist nicht patentfähig nach **Art. 52** bis **57**; b) Mangelnde Klarheit/Vollständigkeit (entspricht inhaltlich **Art. 83**); c) Inhalt geht über ursprünglich eingereichte Fassung hinaus (entspricht **Art. 123 (2)**); d) Unzulässige Erweiterung im Einspruchsverfahren (**Art. 123 (3)**); oder e) Anmeldung durch Nichtberechtigten (**Art. 61**), d.h. Inhaber ist nicht nach **Art. 60 (1)** berechtigt
Teilnichtigkeit	Art. 138 (2)	Beschränkung des Patents ist je nach nat. Recht möglich (siehe S/S Art. 138 Rd 23 ff.).
Beschränkung	Art. 138 (3)	In Verfahren vor dem zuständigen Gericht oder der zuständigen Behörde, die die Gültigkeit des europäischen Patents betreffen, ist der Patentinhaber befugt, das Patent durch Änderung der Patentansprüche zu beschränken. Die so beschränkte Fassung des Patents ist dem Verfahren zugrunde zu legen.
Ältere europäische Rechte	Art. 139 (1)	**Ältere europäische Rechte** vs. nationale Rechte
Ältere nationale Rechte	Art. 139 (2)	**Ältere nationale Rechte** vs. europäische Rechte (Abhilfe **R 138**: unterschiedliche Ansprüche, Beschreibung, Zeichnungen)
Technisches Gutachten	Art. 25	EPA kann auf Ersuchen eines nat. Gerichts im Rahmen einer Verletzungs- oder Nichtigkeitsklage ein **technisches Gutachten** über das eP erstellen, das Gegenstand des Rechtsstreits ist. Gutachten betrifft nicht die Rechtsbeständigkeit (RiLi E-XIII).

A. Ablauf EP-Anmeldung/Patent

501	**Ältere Rechte** Art. 139, RiLi H-III, 4.4, G-IV, 6		
		Rechtsnormen	Details
502	**Wirkung**	Art. 139 (1)	ePA/eP als nationale PA oder nationales Patent, deshalb auch älteres Recht
503	**Wirkung älteres Recht**	Art. 139 (2)	Nationale ältere Rechte → **Nichtigkeitsgrund** (S/S Art. 139 Rd 2 ff.)
504	**Patentansprüche**	R 138	Ältere Rechte schon im **europäischen Verfahren berücksichtigbar** (durch unterschiedliche Abfassung von Ansprüchen, S/S Art. 118 Rd 5 ff.)
505	**Doppelschutz** siehe H.199 ff.	Art. 139 (3)	**Doppelschutz** möglich, nationales Patent und eP (in AT, DK, FI, HU, IS, NO, PL und SE), nationales Gebrauchsmuster und eP (in AT, CZ, DE, DK, EE, FI, HR, HU, IT, PL), Auslegung des Abs. (3), dass eP Vorrang hat S/S Art. 139 Rd 9 → Einzelheiten »NatR zum EPÜ«, Tabelle X
506			**Doppelschutz** eP und EU-Patent ausgeschlossen: Art. 4 (2) EPVO und Nr. 8 Präambel EPVO
507			**Doppelschutz** nationales Patent und EU-Patent in DE möglich (S/S Art. 142 Rd 10). Siehe G.18.
508			**Doppelschutzverbot** in DE erstreckt sich nicht auf Gebrauchsmuster → **Art. 140**
509	**Nationale Gebrauchsmuster**	Art. 140	Art. 66, 124, 135, 137 und 139 sind anzuwenden
510	**andere Schutzrechtsart**	Art. 43 PCT	Statt Patent kann auch **andere Schutzrechtsart** beantragt werden, z.B. Gebrauchsmuster.
511	**Schutzrechtsarten**	Art. 44 PCT	Es können zwei **Schutzrechtsarten** beantragt werden, z.B. Patent und zusätzlich Gebrauchsmuster.

Inhalt Kapitel B. Ablauf PCT-Anmeldung/Patent

Übersicht – Notwendige Unterlagen und Angaben
Übersicht: Mindesterfordernisse für die Zuerkennung eines internationalen Anmeldetags.................... B.1
Übersicht: Einreichung einer internationale Anmeldung... B.2
Übersicht: Zusätzliche Angaben zur Behandlung als internationale Anmeldung................................. B.3

Einreichung der internationalen Anmeldung
Definition eines internationalen Anmeldung B.4
Voraussetzung Zuerkennung Anmeldetag...................... B.6 ff.
Anmeldeberechtigung... B.9 f.
Anmeldeamt .... B.11 ff.
Sprache .... B.14 ff.
Inhalt der Anmeldung (Voraussetzung zur Zuerkennung AT)... B.18 ff.
Gänzlich fehlende Ansprüche oder Beschreibung............ B.25 ff.
Fehlende Teile der Anmeldung (Ansprüche, Beschreibung, Zeichnungen, etc.)............................. B.28 ff.
Falsch eingereichte Bestandteile............................. B.34 ff.

Formalprüfung
Mängel nach Art.14 PCT (Unterschrift, Angaben über Anmelder, Bezeichnung, Zusammenfassung, Formerfordernisse, Übersetzung)............................. B.39 ff.
Übersetzung der Zusammenfassung oder Beschriftung der Zeichnung.. B.45
Übersetzung in eine für die int. Recherche v orgeschriebene Sprache... B.46
Übersetzung in eine für die Veröffentlichung vorgeschriebene Sprache...................................... B.47 ff.
Sprache des Schriftverkehrs mit ISA, IPEA, IB .... B.50 f.

Bestimmung
Umfang der Bestimmung...................................... B.52 ff.
Wirkung der Bestimmung..................................... B.58 f.
Ausnahmen (Wirkung auf DE, JP und KR)..................... B.60
Bestimmung EP-Länder (Regionale vs. nationale Bestimmung) .... B.61 ff.
Zurücknahme Bestimmungen................................. B.64 ff.

Priorität
Beanspruchung einer Priorität................................ B.71 f.
Prioritätsfrist... B.81 ff.
Zurücknahme Priorität .... B.88 ff.
Wirkung der Zurücknahme .... B.88 ff.
Prioritätsbeleg... B.91 ff.

Bei der Anmeldung zu entrichtenden Gebühren
Übermittlungsgebühr.. B.94 f.
Internationale Anmeldegebühr (Grundgebühr).............. B.96
Gebührenermäßigung internationale Anmeldegebühr...... B.97 ff.
Rückerstattung internationale Anmeldegebühr............. B.99
Internationale Recherchengebühr .... B.100 f.
Gebührenermäßigung internationale Recherchengebühr... B.102
Rückerstattung internationale Recherchengebühr.......... B.103 f.
Zusätzliche Gebühr bei verspäteter Einreichung fehlender Bestandteile....................................... B.104 f.

PCT-Kapitel I: Internationale Recherche – Internationaler Recherchenbericht (ISR)
Vorbereitung der Recherche bei ISA B.107
Durchführung der internationale Recherche................. B.108 ff.
Zuständige Behörde für die internationale Recherche (ISA, EPA=ISA)... B.113 ff.
Vorherige EPA Recherche B.116
Beschränkungen der internationalen Recherche .... B.117 ff.
Maßgeblicher Stand der Technik für die internationale Recherche (ISR)... B.120 ff.
Übersetzung in eine für die internationale Recherche vorgeschrieben Sprache..................................... B.126 f.
Zusätzliche Recherchegebühr bei Uneinheitlichkeit (Folge, EPA=(S)ISA)... B.128 ff.
Widerspruchsgebühr .... B.131 ff.
Einheitlichkeit vor nationalem Amt........................... B.136
Feststellung Bezeichnung bzw. Zusammenfassung......... B.138 ff.
Internationaler Recherchenbericht (ISR)..................... B.142 ff.
Frühere Recherche.. B.143 ff.
Schriftlicher Bescheid (WO-ISA) der ISA..................... B.151
Schriftlicher Bescheid mit Wirkung für ivP.................. B.155
Folge für schriftlichen Bescheid bei Nicht-Beantragung der ivP... B.156 ff.
Anspruchsänderung nach Art. 19 PCT....................... B.163
Einsichtnahme schriftlicher Bescheid/WO-ISA............... B.164
Übersetzung in eine für die int. Veröffentlichung vorgeschriebene Sprache.................................... B.165 f.

Ergänzende internationale Recherche (SIS)
Ergänzende internationale Recherche (SIS) .... B.167 ff.
Antrag .... B.169 ff.
Bearbeitungsgebühr.. B.174 ff.
Recherchegebühr .... B.177 ff.
Prüfung des Antrags.. B.181 ff.
Beginn der Recherche .... B.186 ff.
Uneinheitlichkeit .... B.189 ff.
Übermittlung .... B.194 ff.
Recherchenbericht (SISA) .... B.198 f.
Zurücknahme Antrag B.199

PCT-Kapitel II: Antrag auf internationale vorläufige Prüfung (ivP/IPER)
Antrag auf internationale vorläufige Prüfung (ivP)......... B.201 ff.
Zurücknahme ivP.. B.214 f.
Berechtigte B.216
Zuständige Behörde (IPEA, EPA=IPEA) .... B.218 f.
Prüfungsgegenstand der ivP .... B.220 f.
Beschränkung der Recherche .... B.222 f.
Maßgeblicher Stand der Technik für die internationale vorläufige Prüfung (ivP)...................................... B.225 ff.
Übersetzung der internationalen Anmeldung (Sprache, EPA als IPEA)....................................... B.231 f.
Mängel im Antrag auf internationale vorläufige Prüfung... B.233 f.
Änderungen nach Art. 19/Art. 34 PCT mit Antrag ivP....... B.235 ff.
Gebühren für ivP.. B.239 ff.
Bearbeitungsgebühr.. B.242 ff.
Beginn der Prüfung... B.245
Frist für die Erstellung der internationalen vorläufigen Prüfung (IPER) B.246
Handlungen vor Beginn der internationalen vorläufigen Prüfung (IPER) .... B.247 ff.
Erstellung des Prüfberichts (IPER) zur ivP................... B.258 ff.
Weiterleitung der internationalen vorläufigen Prüfung... B.268 ff.
Uneinheitlichkeit (Feststellung durch IPEA und zusätzliche Gebühr)... B.271 ff.
Widerspruchsgebühr .... B.276 ff.
Nationalisierung (Kapitel II) .... B.281 f.
Zurücknahme Antrag auf ivP .... B.283 ff.

Die internationale Veröffentlichung
Gegenstand der Veröffentlichung........................... B.293 ff.
Zeitpunkt der Veröffentlichung.............................. B.304 ff.
Form/Medium der Veröffentlichung (elektronisch).......... B.310 f.
Sprache der Veröffentlichung................................ B.312 f.
Wirkung der Veröffentlichung (PCT, Euro-PCT) .... B.314 ff.
Unterbliebene Veröffentlichung (Beispiele) .... B.322 ff.

Einleitung der nationalen/regionalen Phase
Übermittlung an Bestimmungsämter .... B.331 ff.
Frist.. B.335
Wirkung B.336
Nationales Bearbeitungs-/Prüfverbot........................ B.337 f.
Nachprüfung durch Bestimmungsamt B.339
Nationale Gebühr (Kapitel I/Kapitel II)....................... B.340 f.

Nationale Erfordernisse
Nationale Erfordernisse .... B.348 f
Vollmacht .... B.350 ff.
Erklärung hinsichtlich nat. Erfordernisse .... B.357 f.

B. Inhaltsübersicht

Unschädliche Offenbarung .... B.358 f.
Erfindernennung (PCT, EPA, USA) .... B.360 ff.

Nachprüfung durch Bestimmungsämter
Möglicher Verlust der Wirkung in den
Bestimmungsstaaten B.364
Nachprüfung durch Bestimmungsämter auf Antrag
beim IB .... B.366 ff.
Entschuldigung von Fristüberschreitung durch
Anmelder B.372
Versäumnis der Frist zum Eintritt in die nat. Phase oder
zur Vornahme der
notwendigen Handlungen B.373

Änderungen der Ansprüche, Beschreibung und Zeichnungen
Vor Erhalt internationaler Recherchenbericht .... B.375 ff.
Nach Zugang internationaler Recherchenbericht (ISR) –
Änderungen Rahmen
des Kapitels I (nach Art. 19 PCT) .... B.376 ff.
Vor Erstellung ivP im Rahmen des Kapitels II (nach
Art. 34 PCT) .... B.388 ff.
Änderungsmöglichkeit bei Nationalisierung/
Regionalisierung .... B.404 ff.

Weiterleitung
Weiterleitung der Anmeldeexemplare an AA, IB und
ISA .... B.410 ff.

Umschreibung / Übertragung
Umschreibung / Übertragung .... B.412 ff.

Anwälte und gemeinsame Vertreter
Vertretungsregelung (PCT, Euro-PCT) .... B.418 f.
Bestellung Vertreter/Anwalt .... B.421 ff.
Vollmacht .... B.428 ff.
Wirkung der Bestellung .... B.432 ff.
Widerruf und Verzicht Bestellung .... B.436 f.

Übersicht: Zurücknahmen mit Bezug zur internationalen Anmeldung
Zurücknahme Internationale Anmeldung B.439
Zurücknahme Bestimmung B.440
Zurücknahme Prioansprüche B.441
Zurücknahme Antrag ergänzende Recherche B.442
Zurücknahme Antrag ivP/Auswahlerklärungen ... B.443
Vollmachtserfordernis B.444
Unterschriftserfordernis .... B.445 f.
Wirkung Zurücknahme B.447

Allgemeine Gebühren im Rahmen der internationalen Anmeldung
Grundlage der Gebühren .... B.448 f.
Bestimmungs-, Übermittlungs-, Anmelde- und
Recherchengebühren .... B.449 ff.
Gebühr für verspätete Zahlung B.453
Währung B.454
Zahlungsarten für IB als AA .... B.455 f.

Akteneinsicht in PCT-Anmeldung sowie damit verbundene Schriftstücke
Allgemeine Voraussetzungen zur Akteneinsicht B.462
Veröffentlichung .... B.463 f.
Akteneinsicht bei den PCT-Ämtern (AA, IB, ISA, IPEA) ... B.465 ff.
Akteneinsicht bei Bestimmungsamt bzw. ausgewähltes
Amt .... B.473 f.
Regelung des EPA als AA, ISA oder IPEA .... B.475 ff.
Akteneinsicht beim nationalen Amt B.478
Ausgeschlossene Angaben B.479

Schutzrechtsarten in Verbindung mit einer PCT-Anmeldung
Ausführung zu Schutzrechtsarten B.481

Form der Einreichung
Form und Übermittlung der Einreichung B.489
Telefax .... B.490 f.
Elektronische Einreichung B.492
Nichtverfügbarkeit elektronischer
Nachrichtenübermittlung B.493
Pilotprojekt Online- Einreichung 2. .... B.494
Einwendungen Dritter über PATENTSCOPE oder ePCT . B.495

Übersicht – Zusammenwirken PCT – EPÜ
Anzuwendendes Reche PCT vs EPÜ B.291
Wirkung für EP B.292
EPA als PCT Behörde (AA, (S)ISA, IPEA,
Widerspruchsbehörde) .... B.293 ff.
Einreichung internationaler Anmeldung bei einem
EP-VS B.299
Übermittlungsgebühr B.300
Anmeldeamt für internationale Anmeldungen ... B.301
ISR wird zum europäischen Recherchenbericht ... B.302
Veröffentlichung (Gültigkeit als ePA, Ausnahme,
Übersetzung, Schutzwirkung) .... B.302 f.

Protokolle von Nucleotid- und/oder Aminosäuresequenzen
Einreichung .... B.497 ff.

Übersicht: Zusammenwirken PCT – EPÜ
Anzuwendendes Recht PCT vs EPÜ B.503
Wirkung für EP B.504
EPA als PCT Behörde (AA, ISA, SIS, IPEA, BS,
Widerspruchsbehörde) .... B.505 ff.
Einreichung int. Anmeldung bei EP-VS B.511
Übermittlungsgebühr B.512
AA für internationale Anmeldungen B.513
ISR=europäischer Recherchenbericht B.514
Veröffentlichung .... B.515 f.

Übersicht PCT-Vorbehalte, Erklärungen, Mitteilungen und Unvereinbarkeiten
Übersicht Vorbehalte .... B.517 ff.

Beispielhafte Übersicht für Zuständigkeiten im Rahmen des PCT
Zuständige AA, akzeptierte Sprachen und zuständige
ISA/IPEA .... B.541 f.
Nationale/Regionale Phase B.543

Ablauf PCT-Anmeldung B.

Soweit nicht anders angegeben, sind alle Artikel und Regeln diesem Kapitel auf das PCT bezogen.

Notwendige Unterlagen und Angaben für eine internationale Anmeldung

Übersicht: Mindesterfordernisse für die Zuerkennung eines internationalen Anmeldetags
Art. 11 (1), R 20.2 a), AG 5.001 ff., 6.005 ff., bei Mängeln: Aufforderung durch AA nach Art. 11 (2) a), R 20.3 i)

Angabe/Vorgang/Handlung	Rechtsnorm	Verweis
Definition int. Anmeldung	Art. 3 (2), (4)	B.4 f.
Voraussetzungen Zuerkennung Anmeldetag	Art. 11 (1), R 12.1. R 20.1, R 20.2	B.6 ff.
Anmeldeberechtigung	Art. 11 (1) i), Art. 9, R 18	B.9 f.
Sprache	Art. 11 (1) ii), Art. 3 (4) i), R 12.1	B.14 ff.
Inhalt der Anmeldeunterlagen (Antrag/Gesuch)	Art. 11 (1) iii) a), Art. 4 (1) i), R 3 (Form), R 4 (Inhalt)	B.18 ff.
Bestimmung eines VS	Art. 11 (1) iii) b), Art. 4 (1) ii), R 4.9	B.52 ff.
Name des Anmelders	Art. 11 (1) iii) c), Art. 4 (1) iii), R 4.1 a) iii)), R 4.4, R 4.5	B.20
Beschreibung	Art. 11 (1) iii) d), Art. 5, R 5	B.21 f.
Mind. einen Anspruch	Art. 11 (1) iii) e), Art. 6, R 6	B.23

Übersicht: Einreichung der internationalen Anmeldung

Angabe/Vorgang/Handlung	Rechtsnorm	Verweis
Anmeldeamt	Art. 11 (1) i), Art. 10, R 19	B.11 f.
Form und Übermittlung der Einreichung	R 11 (äußere Form), R 92.4 (Telefax, etc.), R 89bis.1 (elektronische Einreichung)	B.488 ff.

Übersicht: Zusätzliche Angaben/Informationen zur Behandlung als internationale Anmeldung

Angabe/Vorgang/Handlung	Rechtsnorm	Verweis
Vertreter (optional)	Art 4 (1) iii), R 4.1 a) iii)	B.20, 417 ff.
Bezeichnung	Art 4 (1) iv), R 4.1 a) ii)	B.42
Erfindernennung (ggf. optional)	Art. 4 (1) v), R 4.1 a) iv) (Nationales Recht wenigstens eines Bestimmungsstaats verlangt Nennung zum AT) Art. 4 (1) v), R 4.1 c) i) (Kein Bestimmungsstaat verlangt Nennung zum AT)	B.360 ff.
Prioritätsanspruch (optional)	Art. 4 (1) i), Art. 8 (1), R 4.1 b) i), R 4.10	B.71
Angabe frühere Recherche (optional)	Art. 4 (1) i), R 4.1 b) ii), R 4.12 i), R 12bis.1 c) oder R 4.12 ii) (Angabe über inhaltsgleich frühere Anmeldung)	B.143 ff.
Bezug auf Hauptanmeldung (optional)	Art. 4 (1) ii), R 4.1 b) iii), R 4.11, R 49bis.1 d)	B.485
Angabe zur gewählten ISA (optional)	Art. 4 (1) i), R 4.1 b) iv), R 4.14bis	B.113 ff.
Unterschrift	Art. 4 (1) i), Art R 4.1 d)	B.40
Erklärungen hinsichtlich nationaler Erfordernisse (optional)	Art. 4 (1) i), R 4.1 c) iii), R 4.17 (Berechtigung Anmelder, Identität Erfinder, unschädliche Offenbarung)	B.357
Erklärung über Einbeziehung durch Verweis (optional)	Art. 4 (1) i), R 4.1 c) iv), R 4.18	B.18
Antrag auf Wiederherstellung Prioritätsrecht (optional)	Art. 4 (1) i), R 4.1 c) v), R 4.18	B.81 ff.
Nucleotid- und/oder Aminosäuresequenzen	Art. 11 (1) iii) d), Art. 5, R 5.2	B.22, B.496 ff.
Zeichnungen (soweit für Verständnis erforderlich)	Art. 7, R 7	B.24
Zusammenfassung (ausschließlich techn. Information, nicht Bestandteil Schutzumfang)	Art. 3 (2) + (3), R 8	B.43

B. Ablauf PCT-Anmeldung

Einreichung der Internationalen Anmeldung

	Verfahrenshandlung	Rechtsnorm	Details	Unmittelbare Folgen eines Mangels, Mängelbeseitigung, Fristen	Rechtsfolge bei Nichtbeseitigung von Mängeln oder Fristversäumnis
4	**Definition einer internationalen Anmeldung**	Art. 3 (2), (4) GL F-II	**Art. 3 (2)**: Notwendige Bestandteile zur Behandlung als int. Anmeldung • Antrag (Art. 4, R 4 - 📖 B.18) • Beschreibung (Art. 5, R 5 - 📖 B.21 f.) • wenigstens einen Anspruch (Art. 6, R 6 - 📖 B.23) • (opt.) Zeichnungen (Art. 7, R 7 - 📖 B.24) • Zusammenfassung (R 8 - 📖 B.43)		
5			**Art. 3 (4)**: Anforderungen an int. Anmeldung • Vorgeschriebene Sprache (-> R 12 - 📖 B.14 ff.), • vorgeschriebene Formerfordernisse (-> R 11: Äußere Form - 📖 B.488 ff.) • vorgeschriebenen Anforderungen an Einheitlichkeit (-> Art. 17, R 13) • Verpflichtung zur Zahlung der vorgeschriebenen Gebühren (-> Art. 14 (3), R 27.1 - 📖 B.94 ff.)		
6	**Voraussetzung Zuerkennung Anmeldetag** durch AA **AG 6.005 ff** GL A-II, 4.1 GL A-II, 3.2	Art. 11 (1) R 12.1 R 20.1 R 20.2 📖 B.18 ff.	**Art. 11 (1), R12.1, R 20.1, R 20.2**: • Anmelder berechtigt (📖 B.9 f.) • Vorgeschriebene Sprache (R 12.1 - 📖 B.14 ff.) • Bestandteile (Antrag, Bestimmung, Name Anmelder, Beschreibung, Anspruch) (📖 B.18 ff.)	**Art. 14 (4)**: Stellt AA innerhalb Frist von 4 M (R 30.1) fest, dass ein Erfordernis des Art. 11 (1) i) bis iii) zum Anmeldezeitpunkt nicht erfüllt ist, gilt Anmeldung als zurückgenommen und wird vom AA für zurückgenommen erklärt. **R 29.4**: Mitteilung des AA an Anmelder, innerhalb 2 M Gegenvorstellung oder Bestätigung, dass Bestandteile durch Verweis nach R 4.18 einbezogen werden (->📖 B.18 ff.). AG 6.012	**R 29.1**: Mitteilung des AA an Anmelder und IB; es findet keine int. Veröffentlichung statt, wenn Mitteilung vor Abschluss techn. Vorbereitung zur Veröffentlichung beim IB eingeht.
7	Eingang Anmeldeunterlagen an verschiedenen Tagen AG 6.026	R 20.3 b) R 20.5 b) R 20.5bis b), c), d)	Zuerkennung AT für den Tag, an dem **alle Unterlagen** nach **Art. 11 (1) eingegangen** sind. Erfolgt Einreichung erst nach Aufforderung des AA nach Art. 11 (2) (Feststellung Mängel), Berichtigung innerhalb 2 M (R 20.7) möglich → AT verschiebt sich, es sei denn Einbeziehung (R 4.18, R 20.6) wird nachgewiesen.		
8	Wirkung im Verhältnis zu nationalen Anmeldungen	Art. 11 (3), (4)	Int. Anmeldung, die **Art. 11 (1) i) bis iii)** erfüllt und int. AT zuerkannt worden ist, gilt vorbehaltlich Art. 64 (4) in jedem BS als **vorschriftsmäßige nationale Hinterlegung** Int. AT gilt als **tatsächlicher AT** in **jedem BS**		
9	**Anmeldeberechtigung** AG 5.020, 5.023	Art. 11 (1) i) Art. 9 R 18.1 a) Mehrere Anmelder: R 18.3: ein berechtigter Anmelder ausreichend	**Art. 9**: Mind. ein Anmelder ist Staatsangehöriger eines PCT-VS oder hat Sitz oder Wohnsitz in einem VS (R 18) Zuerkennung AT	**Art. 11 (2) a), R 20.3 a) i)**: Resultierende Nichtberechtigung aus fehlerhaften Angaben, Nachweis der Berechtigung (R 20.7 a) i) innerhalb von 2 M ggf. nach Aufforderung R 20.3) AA (außer US) fordert nach **Art. 14 (1) a) ii), R 4.5** (📖 B.18) zur Mängelbeseitigung innerhalb Frist nach **Art. 14 (1) b), R 26.1** mit Frist (**R 26.2** - 2 M, verlängerbar) auf. Mit Berichtigung gilt Mangel nach **Art. 11 (1) i)** als nicht vorhanden, AT bleibt erhalten (AG 6.036).	**Art. 9, Art. 11 (1) i), R 20.4**: Fehlende Berechtigung → kein AT, gilt nicht als int. Anmeldung, Rückzahlung der Gebühren → **R 29.1**: Feststellung durch AA und Maßnahmen nach Zurückweisung **Art. 25 (1)**: Nachprüfung durch Bestimmungsämter auf Antrag (**Art. 25 (1) c**): Frist 2 M nach **R 51.1** ab Mitteilung nach R 20.4) **Art. 25 (2) a)**: Nat. Gebühr möglich, Heilung, wenn Fehler des AA oder IB
10	EPA = AA GL A-II, 1	Art 151 EPÜ R 157 (1) EPÜ	Natürliche und juristische Personen, die Staatsangehörige eines EPÜ-VS sind bzw. dort Sitz/Wohnsitz hat, können int. Anmeldungen beim EPA als AA einreichen.		

Ablauf PCT-Anmeldung B.

Einreichung der Internationalen Anmeldung (Fortsetzung)					
Verfahrenshandlung	Rechtsnorm	Details	Unmittelbare Folgen eines Mangels, Mängelbeseitigung, Fristen	Rechtsfolge bei Nichtbeseitigung von Mängeln oder Fristversäumnis	
Anmeldeamt (AG 5.008) siehe B.541	Art. 11 (1) i) Art. 10 R 19.1 Mehrere Anmelder: R 18.3: Ein Berechtigter ausreichend R 19.2 i) Nat. Amt bei dem Anmelder berechtigt ist ii) IB	**R 19.1 a) i) bis iii)**: (i) Nationales Amt, in dessen Staat der **Anmelder** Sitz oder Wohnsitz hat oder (ii) dessen Staatsangehöriger er ist oder (iii) beim IB als Universal-zuständigkeit Euro-PCT-Leitfaden, Kapitel 2.1.001 Zuerkennung AT		Falls das AA nach **R 19.1**, **R 19.2** nicht zuständig ist: Weiterleitung an das IB (**R 19.4 a)**), ggf. Übermittlungsgebühren **R 19.4 b)** (EPA verlangt keine Gebühr (ABl. 93, 764)) andere Gebühren werden vom AA zurückerstattet und die Gebühren sind an das IB zu entrichten **R 19.4 b)**: AT bleibt erhalten **R 19.4 c)**: bzgl. der Fristen für die Gebühren ist der Tag des Eingangs beim IB maßgeblich	11
EPA = AA GL A-II, 2 und 4	Art. 151 EPÜ, R 157 (1) EPÜ	EPA als AA möglich, wenn (ein) Anmelder EPÜ- VS- Angehöriger ist bzw. dort Sitz/Wohnsitz hat EPA als AA → direkt beim EPA oder bei Zentralbehörden (Art. 151 EPÜ iVm Art. 75 (2) und **R 157 (3) EPÜ**)			12
	R 19.1 b) Art. 75 (2) EPÜ GL A-II, 3.2	Nationale Einreichung bei Annahmestelle eines EPÜ-VS, Tag des Eingangs bei nationaler Behörde gilt als AT der int. Anmeldung, wenn alle Erfordernisse für die Zuerkennung AT erfüllt sind. (GL A-II, 4.a) Nationale Behörde hat Anmeldung an EPA weiterzuleiten, bis spätestens 2 Wochen vor Ablauf 13. Monat nach Einreichung oder frühester in Anspruch genommener Prio.			13

B. Ablauf PCT-Anmeldung

Einreichung der Internationalen Anmeldung (Fortsetzung)

	Verfahrenshandlung	Rechtsnorm	Details	Unmittelbare Folgen eines Mangels, Mängelbeseitigung, Fristen	Rechtsfolge bei Nichtbeseitigung von Mängeln oder Fristversäumnis
14	**Sprache** AG 5.013, 6.006, 6.013 ff., 6.034 siehe B.542 GL A-VII, 1	Art. 11 (1) ii) Art. 3 (4) i) R 12.1 a) R 19.4 a) ii) Zulässige Sprache des AA	**R 20.1 c)**: Beschreibung und Ansprüche müssen in von AA zugelassenen Sprache (**R 12.1 (a)**) eingereicht werden IB akzeptiert jede Sprache, ggf. Übersetzung nach R 12.3 (Recherche) und/oder nach R 12.4 a) (Veröffentlichung) (B.47 ff.) Zuerkennung AT	Anmerkung zum weiteren Verfahrensablauf: Für Recherche ggf. Übersetzung nach **R 12.3 a)** - Frist 1 M oder 2 M (**R 12.3 c) i)**) ab AT + 1 M Nachfrist (R 12.3 c) ii)) mit ggf. Gebühr nach R 12.3 e), B.46, AG 6.014-6.017 Für Veröffentlichung ggf. Übersetzung nach **R 12.4 a)** - Frist 14 M ab PT + 2 M Nachfrist nach R 12.4 c) mit ggf. Gebühr nach R 12.4 e) (25 % der Anmeldegebühr) B.47, AG 6.020-6.023	Für AA nicht zugelassene Sprache: **R 19.4 a)**: Weiterleitung an IB, hierfür ggf. Gebühr in Höhe der Übermittlungsgebühr nach **R 14** (EPA: 135 €, DPMA: 90 € - siehe B.95); AA nimmt für IB an; **R 19.4 b)**: AT erhalten **R 19.4 c)**: Frist (1 M) zur Zahlung von Gebühren beginnt mit Eingang beim IB zu laufen, bereits bezahlte Gebühren werden zurückbezahlt (ABl. 93,764) Anmeldegebühr R 15.3, R.-Gebühr R 16.1, Übermittlungsgebühr R 14.1 (c) jeweils an das IB als AA **R 27.1**
15	EPA = AA GL A-II, 2 und 4	R 157 (2) EPÜ Art. 14 (1) EPÜ	Int. Anmeldung ist in EPA-Amtssprachen DE, FR, EN einzureichen. Auch akzeptiert: Einreichung der Anmeldung in niederländischer Sprache beim niederländischen Patentamt. - ABl. 2018, A24 Patentamt BE (OPRI) leitet Anmeldungen in niederländischer Sprache an EPA weiter, EPA an IB - ABl. 2018, A17		
15a		R 12.3 R 55.2 GL A-VII, 2	EPA-Amtssprache, in der int. Anmeldung oder deren Übersetzung für die int. (vorläufige) Recherche eingereicht wird, gilt als Verfahrenssprache. Verfahrenssprache kann in der int. Phase oder beim Eintritt in die europäische Phase nicht geändert werden (G 4/08)		
16		GL A-II, 2	Wird int. Anmeldung nicht in EPA-Amtssprache eingereicht, ist EPA nicht als AA zuständig -> Weiterleitung an IB unter Anerkennung des Datums des Eingangs beim EPA als AT, keine Erhebung Übermittlungsgebühr für Weiterleitung		
17		R 157 (3) EPÜ	Einreichung int. Anmeldung bei Behörde VS zur Weiterleitung an EPA; Anmeldung muss spätestens 2 W vor Ablauf des 13. M nach AT/PT beim EPA eingehen.		
17a	Wenige kurze Sätze/Fragmente in falscher Sprache	R 91 GL A-VII, 1.2.3.1	EPA fordert Anmelder auf, beim EPA = AA oder EPA = ISA die Übersetzung in Sprache der Anmeldung einzureichen, sind Erfordernisse erfüllt, gilt int. AT als wirksam, ansonsten werden die jeweiligen Sätze/Fragmente bei der int. Recherche u/o vorläufigen Prüfung nicht berücksichtigt.		
17b	(Nicht-)Technische Begriffe in falscher Sprache	GL A-VII, 1.2.3.2	EPA prüft, ob Begriffe auf dem Gebiet des SdT üblich oder Standard ist, falls Begriffe nicht üblich sind, Aufforderung nach R 91 zur Übersetzung (siehe B.17a)		

Ablauf PCT-Anmeldung B.

Inhalt der Anmeldeunterlagen

Verfahrens-handlung	Rechtsnorm	Details	Unmittelbare Folgen eines Mangels, Mängelbeseitigung, Fristen	Rechtsfolge bei Nichtbeseitigung von Mängeln oder Fristversäumnis	
Inhalt der Anmelde-unterlagen Für AT erforderlich Antrag/Gesuch	Art. 11 (1) iii) a) Art. 4 (1) i) R 4.1 a) i)	**Art. 11 (1)** **R 20.2 a)** Positive Feststellung des AT **R 3** (Form) **R 4** (Inhalt) **R 20.7 a) ii)**: Ohne Aufforderung nach R 20.3 nachreichen bis 2 M nach AT möglich	**Art. 11 (2) a), R 20.3**: AA fordert zur Mängel-beseitigung auf, Frist: 2 M nach Aufforderung (R 20.7 a) i)) **Art. 11 (2) b), R 20.3 b) ii)** Nach Mängelbeseitigung neuer AT (Verschiebung, ggf. wird Priorität unwirksam) ODER ggf. Verweis nach **R 20.6**, **R 4.18** auf Einbeziehung von Teilen einer früheren (Prio-)Anmeldung (standardmäßig im Formblatt zu Anmeldung) → **Art. 11.2 b)** iVm **R 20.3 b) i)**: AT bleibt erhalten **Achtung:** **R 20.8**: Bezug nach **R 4.18** kann mit nat. Recht unvereinbar sein (siehe Tabelle »NatR zum EPÜ«, bei EPA möglich) siehe B.525, B.527	**R 20.4**: Anmeldung gilt nicht als int. Anmeldung (kein AT) (Rückzahlung der Gebühren, **R 15.4**, **16.2**) → **R 29.1**: Feststellung durch AA und Maßnahmen nach Zurückweisung **Art. 25**: Nachprüfung durch Bestimmungsämter auf Antrag (**Art. 25 (1) c)**: Frist 2 M nach **R 51.1** ab Mitteilung nach R 20.4) **Art. 25 (2) a)**: Nat. Gebühr möglich, Heilung, wenn Fehler des AA oder IB	18 19 20
Mind. eine Bestimmung eines VS	Art. 11 (1) iii) b) Art. 4 (1) ii) R 4.9 B.52 ff.				
Name, Anschrift, Sitz/Wohnsitz des Anmelders Opt. Vertreter/ Anwalt	Art. 11 (1) iii) c) Art. 4 (1) iii) R 4.1 a) iii)) R 4.4 R 4.5				
Beschreibung	Art. 11 (1) iii) d) Art. 5 R 5 GL F-II, 4				21
	R 5.2 Nucleotid-/ und/oder Aminosäuren-sequenzen B.496 ff.				22
Min. ein Anspruch	Art. 11 (1) iii) e) Art. 6 R 6 GL F-IV, 1				23
Nicht erforderlich für Zuerkennung AT Zeichnungen	Art. 7 R 7 Zeichnungen, falls für Verständnis erforderlich GL A-V,1 GL F-II, 5				24

75

B. Ablauf PCT-Anmeldung

Mängel bei der Einreichung der Internationalen Anmeldung

	Verfahrenshandlung	Rechtsnorm	Details	Unmittelbare Folgen eines Mangels, Mängelbeseitigung, Fristen	Rechtsfolge bei Nichtbeseitigung von Mängeln oder Fristversäumnis
25	**Gänzlich fehlende Ansprüche oder Beschreibung** GL B-III, 2.3.3 GL A-II, 5	Art. 11 (1) iii) d) Beschreibung e) Ansprüche	**Art. 11 (2) a)** **R 20.3 a) i)** **ODER**	Nachreichen bis 2 M (R 20.7 a) i)) nach Aufforderung → **R 20.3 b) i):** Verschiebung AT	**Art. 14 (4), R 20.4:** Mitteilung, dass Anmeldung nicht als int. Anmeldung gilt; Anmeldung gilt als zurückgenommen
26			**Art. 11 (2) a)** **R 20.3 a) ii)**	Aufforderung zur Bestätigung nach R 20.6 a), dass **Verweis nach R 4.18** vorliegt innerhalb 2 M (R 20.7 a) i)) → R 20.3 b ii): Zuerkennung AT, an dem alle Erfordernisse des Art 11 (1) erfüllt sind	
27	Unvereinbarkeit		R 20.8	**Achtung:** Bezug nach **R 4.18** kann mit nat. Recht unvereinbar sein (siehe Tabelle »NatR zum EPÜ«, bei EPA möglich) siehe B.525, B.527	
28	**Fehlende Teile der Anmeldung** Teilweise fehlende **Ansprüche** oder **Beschreibung** AG 6.025 ff. GL B-III, 2.3.3 GL A-II, 5	Art. 11 (1) iii) d) Beschreibung e) Ansprüche R 20.5 Fehlende Teile	**Art. 11 (2) a)** **R 20.5 a) i)** **ODER**	Nachreichen bis 2 M (R 20.7 a)) nach Aufforderung → **R 20.5 c):** Verschiebung des AT **R 20.5 e):** Wurde AT nach **R 20.5 c)** berichtigt, kann innerhalb 1 M beantragt werden, dass unter Erhaltung des urspr. AT die hinzugefügten Teile nicht berücksichtigt werden	**Art. 14 (4), R 20.4:** Mitteilung, dass Anmeldung nicht als int. Anmeldung gilt; Anmeldung gilt als zurückgenommen
29			**Art. 11 (2) a)** **R 20.5 a) ii)**	Nach R 20.6 a) Bestätigung, dass **Verweis nach R 4.18** vorliegt innerhalb 2 M (R 20.7 a)) → R 20.5 d) Zuerkennung AT, an dem dieser Bestandteil beim AA eingegangen ist	
30	Unvereinbarkeit		R 20.8	**Achtung:** Bezug nach **R 4.18** kann mit nat. Recht unvereinbar sein (siehe Tabelle »NatR zum EPÜ«, bei EPA möglich) siehe B.525, B.527	
31	**Fehlende Teile der Anmeldung** Teilweise oder ganz fehlende **Zeichnungen** AG 6.025 ii) ff. GL A-II, 5	Art. 14 (2) Nicht beigefügte Zeichnungen, auf die verwiesen wurde R 20.5 Fehlende Teile	**Art. 14 (2)** **R 20.5 a) i)** **ODER**	Nachreichen bis 2 M (R 20.7 a) i)) nach Aufforderung → **R 20.5 c):** Verschiebung des AT **R 20.5 e):** Wurde AT nach **R 20.5 c)** berichtigt, kann innerhalb 1 M beantragt werden, dass unter Erhaltung des urspr. AT die hinzugefügten Teile nicht berücksichtigt werden	**Art. 14 (2) 2. Satz:** Bezugnahme auf Zeichnung gilt als gestrichen
32			**Art. 14 (2)** **R 20.5 a) ii)**	Nach R 20.6 a) Bestätigung, dass Verweis nach R 4.18 vorliegt innerhalb 2 M (R 20.7 a) i)) → R 20.5 d) keine Verschiebung AT	
33	Unvereinbarkeit		R 20.8	**Achtung:** Bezug nach **R 4.18** kann mit nat. Recht unvereinbar sein (siehe Tabelle »NatR zum EPÜ«, bei EPA möglich) siehe B.525, B.527	

Ablauf PCT-Anmeldung — B.

Mängel bei der Einreichung der Internationalen Anmeldung (Fortsetzung)

Verfahrenshandlung	Rechtsnorm	Details	Unmittelbare Folgen eines Mangels, Mängelbeseitigung, Fristen	Rechtsfolge bei Nichtbeseitigung von Mängeln oder Fristversäumnis	
Falsch eingereichte Bestandteile Beschreibung, Ansprüche, Zeichnungen AG 6.025 ii) 📄 B.104 f., 📄 R.179 GL A-II, 5 und 6 GL B-III, 2.3.3 GL G-IV, 3	Art. 11 (1) iii) d) oder e) R 20.5bis	**Art. 11 (1) iii) d), e)** **R 20.5bis a) i)** Nachreichung richtiger Unterlagen **ODER** **Art. 11 (1) iii) d), e)** **R 20.5bis a) ii)**	Feststellung falsche Bestandteile durch das AA; Nachreichen bis 2 M. Aufforderung zur Wahl (innerhalb Priofrist): **R 20.5bis a) i):** Einreichung richtiger Bestandteile, innerhalb 2 M (R 20.7), → R 20.5bis b): Verschiebung des AT und **R 20.5bis c)**: Entfernen der fälschlich eingereichten Bestandteile **R 20.5 bis e):** Anmelder kann beim AA 1 M nach Benachrichtigung nach c) beantragen, dass der richtige Bestandteil als nicht eingereicht gilt, fälschlicherweise eingereichte Bestandteile nicht entfernt werden und Berichtigung nach c) nicht erfolgt. **R 20.5bis a) ii):** Nach R 20.6 a) Bestätigung innerhalb 2 M (R 20.7), dass richtige Bestandteile durch Verweis nach R 4.18 einbezogen wurden, → R 20.5bis d): Zuerkennung AT, an dem dieser Bestandteil beim AA eingegangen ist	**R 20.5bis a):** Mitteilung über Umstand, dass falsche Bestandteile in int. Anmeldung enthalten sind	34 35
EPA = AA 📄 B.526, 📄 B.528	ABl. 2020, A81, II: PCT Regelung bis 30.10.2022 (Abl. 2022, A71) **nicht vollständig** für **EPA = AA** anwendbar: **Anträge** nach **R 20.5bis** werden nur im Falle **R 20.5bis b)** (Verschiebung int. AT) oder **R 20.5bis e)** (Nichtberücksichtigung nachträgliche eingereichter Bestandteile) bearbeitet Stattdessen Übermittlung der int. Anmeldung an das IB mit Zustimmung Anmelder			36
EPA = ISA oder IPER GL B-III, 2.3.3 f 📄 B.105	ABl. 2020, A81, III, IV: **Unvereinbarkeit** hat **keinen Einfluss** auf **Tätigkeit** des EPA als **ISR** oder **IPER**, wenn a) die **richtigen Bestandteile vor** der **Recherche** mitgeteilt wurden, b) die **richtigen Bestandteile nach Beginn** der **Recherche** eingereicht werden, unter **zusätzlicher Zahlung** einer **Recherchengebühr** (R 40bis.1, Art. 2 (1) Nr. 2 GebO; in diesem Fall wird Recherche auf Grundlage der ursprünglichen Unterlagen, dieser RB ergeht nur für die Bestimmungsämter die nach R 20.8 b-bis) (📄 B.528) eine Unvereinbarkeit mitgeteilt haben, gilt nicht als int. RB nach R 43 bzw. SB nach R 43bis			37
EPA = Bestimmungsamt/ ausgewähltes Amt 📄 B.526, 📄 B.528	ABl. 2020, A81, V: Werden **richtige Anmeldeunterlagen** nach **R 20.5bis d)** durch **Verweis** einbezogen, d.h. **ohne** dass sich **AT verschiebt**, so ist diese **Einbeziehung nicht wirksam**, **Standardverfahren**: EPA betrachtet Eintritt in europäische Phase als AT, an dem die richtigen Unterlagen eingegangen sind (R 20.8 c)), Mitteilung an Anmelder nach R 20.8 c) und R 82ter.1 c), d) mit 2 M Frist zur Erwiderung -> Anmelder hat die Wahl a) nach R 82ter.1 d) die richtigen Anmeldeunterlagen unberücksichtigt zu lassen oder b) Anmelder nimmt Stellung nach R 20.8 c), R 82ter.1 c), d), oder c) Tag des Eingangs der richtigen Anmeldungsunterlagen gilt als AT **Verkürztes Verfahren** a) Anmelder kann innerhalb 31 M Frist nach R 159 (1) EPÜ oder spätestens vor Mitteilung nach R 20.8 c), R 82ter.1 c), d) beantragen, dass richtige Anmeldeunterlagen unberücksichtigt bleiben b) Anmelder kann in Frist nach a) erklären, dass Anmeldung mit richtigen Anmeldeunterlagen weiterverfolgt wird, gilt als Verzicht auf Mitteilung nach R 20.8 c), R 82ter.1 c), d), EPA berichtigt AT, fälschlicherweise eingereichte Unterlagen gelten als nicht eingereicht, Unterrichtung Anmeldung			38

B. Ablauf PCT-Anmeldung

Formalprüfung
Art. 14, R 26
Mängelbeseitigung AG 6.001 ff. ausgeführt durch AA - auch erst nach Hinweis von IB nach **R 28.1 a)**

	Verfahrenshandlung	Rechtsnorm	Details	Unmittelbare Folgen eines Mangels, Mängelbeseitigung, Fristen	Rechtsfolge bei Nichtbeseitigung von Mängeln oder Fristversäumnis
39	**Bestimmte Mängel**	Art. 14 (1) a)	Prüfung der int. Anmeldung durch AA	**Art. 14 (1) b), R 26.1, R 26.2:** Frist: Mind. 2 M nach Aufforderung zur Mängelbeseitigung, verlängerbar	**Art. 14 (1) b), R 26.5** Int. Anmeldung gilt als zurückgenommen; → **R 29.1:** Feststellung durch AA und Maßnahmen nach Zurückweisung
40	i) Unterschrift AG 6.032 (i) AG 5.089	R 4.1 d) R 4.15 R 26.2bis a)	**R 4.15, R 26.2bis a):** Bei mehreren Anmeldern reicht Unterschrift + Angaben eines **Berechtigten** aus; ebenso Unterschrift Anwalt, wenn er Vollmacht von zumindest einem Anmelder vorlegt	**R 90.4 d), R 90.5 c), d):** AA, ISA, SISA, IPEA und IB kann auf Vorlage einer Vollmacht verzichten (siehe G.94) **Art. 49, R 83, R 90.5 c):** Fehlende Vollmacht des Vertreters führt zur Fiktion der fehlenden Unterschrift des vor dem Amt zugelassenen Vertreters **R 90.5 d):** Ausnahme Zurücknahmen: Vollmacht ist einzureichen	**Art. 25** Nachprüfung durch Bestimmungsämter auf Antrag (**Art. 25 (1) c):** Frist 2 M nach **R 51.1** ab Mitteilung nach R 20.4) oder R 29.1 ii) **Art. 25 (2) a):** Nat. Gebühr möglich, Heilung, wenn Fehler des AA oder IB
41	ii) Angaben über den/die Anmelder	R 4.4 Name + Anschrift R 4.5 Details zu Name, Anschrift, Staatsangehörigkeit, Sitz/Wohnsitz	**R 26.2bis b):** Angabe ausreichend, wenn Identität des Anmelders feststellbar ist		
42	iii) Bezeichnung (Titel)	R 37.1 R 37.2	Trotz fehlender oder unpassender Bezeichnung wird int. Recherche fortgeführt	**R 37.2:** Bei fehlender oder unpassender Bezeichnung und fehlender Unterrichtung des Anmelders, wird die Bezeichnung von der Recherchenbehörde erstellt	Ausnahme bei fehlender Unterschrift und Verzicht auf Vollmacht u.a. bei IB (nur als AA), EPA, DPMA, US (Annex C)
43	iv) Zusammenfassung	R 8 Inhalt und Form R 38 Fehler oder Mängel	**R 38.1, R 26.2:** Aufforderung zur Einreichung; Frist 2 M, verlängerbar Verspätete Zusammenfassung führt nicht zu einer Verschiebung des AT (AG 6.032 (iv))	**R 38.2:** Ist der Anmelder nicht zur Einreichung der Zusammenfassung aufgefordert worden oder verstößt sie gegen **R 8**, wird sie von der Recherchenbehörde erstellt **R 38.3:** Anmelder kann Änderungen innerhalb von 1 M ab Absendung int. RB vornehmen	
44	v) Formerfordernis	R 26.3 R 9 (Ausdrücke) R 10 (Terminologie, Zeichen) R 11 (Äußere Form) R 12.3, R 12.4 (Übersetzung)	Nicht zu verwendende Bestandteile, sowie Übersetzungen für Recherche und Veröffentlichung	Mangel nach **Art. 14 (1) a) v):** Beseitigung nach **Art. 14 (1) b), R 26.1, R 26.2:** Frist: Mind. 2 M nach Aufforderung zur Mängelbeseitigung, verlängerbar	

Ablauf PCT-Anmeldung B.

Übersetzungserfordernisse

Verfahrenshandlung	Rechtsnorm	Details	Unmittelbare Folgen eines Mangels, Mängelbeseitigung, Fristen	Rechtsfolge bei Nichtbeseitigung von Mängeln oder Fristversäumnis	
Übersetzung der Zusammenfassung oder Beschriftung der Zeichnung AG 6.018 Falls Sprache nicht mit der Sprache der Beschreibung oder den Ansprüchen übereinstimmt GL A-VII, 1.2.1	Art. 3 (4) i) R 12.1 R 26.3ter (US Vorbehalt siehe B.531)	Vorgeschriebene Sprache: Durch AA (R 12.1) bestimmt, bei ISA (R 12.3) zugelassen und Veröffentlichungssprache (R 12.4) Antrag ist nach R 12.1 c) in einer vom AA zugelassenen VÖ-Sprache einzureichen	**R 26.2** (wegen **R 26.3ter a) + c) letzter Satz** anwendbar): Frist mind. 2 M nach Aufforderung zur Mängelbeseitigung, es sei denn, i) Übersetzung der int. Anmeldung n. **R 12.3 a)** ist erforderlich oder ii) Zusammenfassung oder Textbestandteile der Zeichnungen sind in der Sprache, in der die int. Anmeldung zu veröffentlichen ist. Frist zur Mängelbeseitigung verlängerbar	**R 26.2** und **R 29.1** (wegen **R 26.3ter a) + c) letzter Satz** anwendbar): Int. Anmeldung gilt als zurückgenommen → **R 29.1**: Feststellung durch AA und Maßnahmen nach Zurückweisung **Art. 25** Nachprüfung durch Bestimmungsämter auf Antrag (**Art. 25 (1) c)**: Frist 2 M nach **R 51.1** ab Mitt. nach R 20.4) **Art. 25 (2) a)**: Nat. Gebühr möglich, Heilung, wenn Fehler des AA oder IB	45
Übersetzung in eine für die int. Recherche vorgeschriebene Sprache Falls Sprache in der eingereicht wurde, nicht bei AA/ISA zugelassen ist AG 6.014-6.017 (siehe B.126)	R 12.3	**R 12.3 a)**: 1 M nach Einreichung Anmeldung **R 12.3 a)**: Sprache i) von dieser Behörde zugelassen (EPA) ii) Veröffentlichungssprache iii) eine vom AA nach **R 12.1 a)** zugelassene Sprache **R 12.1 c) + R 12.4 + R 48.3**: Veröffentlichungssprachen: Arabisch, CN, DE, EN, FR, JP, RU, ES, KR, PT	**R 12.3 c) i) + ii)**: **Innerhalb 1 M** ab Aufforderung oder **innerhalb 2 M** nach Einreichung der Anmeldung, je nachdem, welche Frist später abläuft + ggf. Zuschlagsgebühr 25 % der Anmeldegebühr (**R 12.3 e)**) **R 12.3 d)**: Rechtzeitig ist Einreichung Übersetzung vor Absendung der Erklärung nach **R 12.3 d)** und innerhalb von 15 M ab PT	**R 12.3 d)**: Anmeldung gilt als zurückgenommen	46
	R 12.3 R 55.2 GL A-VII, 2	EPA-Amtssprache, in der Übersetzung für die int. (vorläufige) Recherche eingereicht wird, gilt als **Verfahrenssprache**. Verfahrenssprache kann in der int. Phase oder beim Eintritt in die europäische Phase nicht geändert werden (⌕G 4/08)			46a
Übersetzung in eine für die Veröffentlichung vorgeschriebene Sprache AG 6.020-6.023 Falls Sprache in der eingereicht zwar bei AA bzw. ISA zugelassen, diese aber keine Veröffentlichungssprache ist	Art. 21 (4) R 12.4	**R 12.4 a)**: Falls Übersetzung nicht nach R 12.3 a) erforderlich, ist sie innerhalb 14 M ab PT beim AA einzureichen **R 12.4 a) + R 48.3 a)**: Veröffentlichungssprachen: Arabisch, CN, DE, EN, FR, JP, RU, ES, KR, PT **R 48.3 b)**: Veröffentlichung in der übersetzten Sprache	**R 12.4 c)**: Aufforderung zur Einreichung der Übersetzung innerhalb von 16 M ab PT + ggf. Zuschlagsgeb. (25 % der Anmeldegeb. (**R 12.4 e)**) Geht Übersetzung vor Aufforderung ein, gilt sie nach **R 12.4 a)** als eingegangen **R 12.4 d)**: Rechtzeitig ist Einreichung Übersetzung vor Absendung Erklärung nach **R 12.4 c) und** innerhalb von 17 M ab PT	**R 12.4 d)**: Anmeldung gilt als zurückgenommen	47
EPA = AA (siehe B.127)	R 157 (2) EPÜ Art. 14 (1) EPÜ	Alle drei Amtssprachen sind von ISA zugelassen und gleichzeitig Veröffentlichungssprache			48
		Für auf Niederländisch eingereichte Anmeldung beim NL-Patentamt ist innerhalb von 14 M Übersetzung für Veröffentlichung einzureichen – GL A-XI, 2.2, GL B-XI, 2.2			49

B. Ablauf PCT-Anmeldung

Übersetzungserfordernisse (Fortsetzung)

	Verfahrenshandlung	Rechtsnorm	Details	Unmittelbare Folgen eines Mangels, Mängelbeseitigung, Fristen	Rechtsfolge bei Nichtbeseitigung von Mängeln oder Fristversäumnis
50	**Sprache des Schriftverkehrs** mit ISA, IPEA, IB AG 8.009 f.	R 92.2	**ISA**: Sprache der Anmeldung oder Sprache der Übersetzung in eine für die int. Recherche vorgeschriebenen Sprache (**R 92.2 a), R 12.3, R 23.1 b)**) **IPEA**: Sprache der Anmeldung bzw. in von IPEA zugelassener Veröffentlichungssprache (**R 92.2 a) + b), R 12.3, R 55.2 a)**) **IB**: EN oder FR oder in einer vom IB zugelassenen Veröffentlichungssprache (**R 92.2 d)**)		
			Ist Übersetzung nach **R 23.1 b), R 12.3** (für int. Recherche) oder **R 55.2** (für ivP) eingereicht worden, ist die Sprache der Übersetzung zu verwenden.		
51	EPA = ISA, IPEA oder SISA	R 92.2 b) Art. 14 (1), R 3 (1)	Schriftverkehr in jeder Amtssprache möglich **Art. 14 (1), R 3 (1) EPÜ**, ABl. 1993, 540 EPA antwortet jedoch in Verfahrenssprache (siehe B.15a und B.46a)		

Ablauf PCT-Anmeldung B.

Bestimmung
Art. 11 (1) iii) b) iVm **Art. 4 (1) ii), R 4.9**, AG 5.052-5.055

Verfahrenshandlung	Rechtsnorm	Details	Unmittelbare Folgen eines Mangels, Mängelbeseitigung, Fristen	Rechtsfolge bei Nichtbeseitigung von Mängeln oder Fristversäumnis	
Umfang der Bestimmung - alle VS (Gesamtbestimmung) im Antrag für alle int. Anmeldungen am oder nach dem 1.1.2004 (auch wenn Formblatt PCT/RO/101 nicht verwendet wird bzw. wenn int. AT in den 1.1.2004 oder später geändert wird)	Art. 4 (1) i) R 4.9 a) i)	Bestimmung aller am int. AT dem PCT angehörigen VS siehe Spezialtabelle 📖 T »Vertragsstaaten«	**R 90bis.2 a)** und **R 90bis.4 a)**: Rücknahme von Bestimmungen jederzeit innerhalb 30 M ab PT **R 90bis.5 a)**: Zurücknahme ist von allen Anmeldern zu unterschreiben (siehe 📖 B.69)	Zurücknahme der Bestimmung (siehe 📖 B.70)	52
	R 4.9 a) ii) 📖 B.480 ff.	Jede Art von Schutzrechten in Bestimmungsstaat, auf die **Art. 43** (Bestimmte Schutzrechtsarten) oder **Art 44** (zwei Schutzrechtsarten) Anwendung findet.			53
	Art. 4 (1) ii) R 4.9 a) iii)	Antrag auf **regionales Patent** bzw. nationales Patent nach **Art. 45 (1)**, wenn VS nicht nach **Art. 45 (2)** Antrag auf regionales Patent vorsieht. - 📖 B.484			54
	R 4.5 (d)	**Bestimmungsstaaten** können **verschiedene Anmelder** aufweisen (analog Art. 59 EPÜ)			55
	R 32.1	Erstreckung der int. Anmeldung auf **Nachfolgestaat**, wenn dessen Gebiet vor der Unabhängigkeit Teil des Gebiets eines in der int. Anmeldung bestimmten VS war, der nicht mehr fortbesteht, vorausgesetzt, der Nachfolgestaat ist VS geworden (Zeitraum ist in **R 32.1 b)** definiert).			56
Bestimmungsgebühr siehe 📖 R.170	Art. 14 (3) a) + b) Art. 4 (2) R 27.1 b)	Nach R 27.1 b) sind die in Art. 14 (3) a) + b) gemäß Art 4 (2) vorgeschriebenen Gebühren für die Bestimmungsstaaten die **int. Anmeldegebühr** (R 15.1) und ggf. die **Gebühr** für die **verspätete Zahlung** (R 16bis.2)			57
Wirkung	**DE**: **Rücknahme** der vorherigen **DE Prioritätsanmeldung** mit Ablauf **30 M** ab **PT** betrifft nur • dieselbe Schutzrechtsart • die **Einreichung** der **PCT-Anmeldung** beim **DPMA** (da keine weiteren Handlungen zur Nationalisierung notwendig sind, Übersetzung und nationale Anmeldegebühr nicht erforderlich)				58
	JP: Mit Ablauf von **15 M** ab **PT** gilt die frühere **JP Prioritätsanmeldung** als **zurückgenommen**, JP hat keinen Vorbehalt eingelegt				59
Ausnahmen	R 4.9 b)	Bestimmung wird aktiv nicht vorgenommen (gilt für DE, JP, KR) **Unwiderruflich** (siehe 📖 B.523)	Keine nachträgliche (spezielle) Bestimmung möglich, bei aktiver Bestimmung Rücknahme jederzeit bis 30 M möglich (**R 90bis.2 a)** und **R 90bis.4 a)**)		60
Bestimmung EP-Länder	Art. 45 (2) Euro-PCT-LF, 2.11.007	Bestimmung von BE, CY, FR, GR, IE, IT (seit 01.07.2020), LT, LV, ME (ab 01.10.22), MT, MC, NL, SM, SI ist als Wunsch nach einem **regionalen Patent** (EP-Patent) zu interpretieren. siehe R 4.9 (a) iii), Art. 4 (1) ii)			61
	Art. 4 (1) ii)	**Nationale Bestimmung** für **EP-Länder** möglich: AT, BG, CH/LI, CZ, DE, DK, EE, ES, FI, GB, LU, IT (seit 01.07.2020) PL, SE, SK, TR, HU, IS, RO, SL			62
	⌇J 30/90	EPA kann nur dann für einen Staat Bestimmungsamt sein, wenn der Staat bereits am AT EPÜ- und auch PCT-Mitglied war (aus **Art. 153 (1) a) EPÜ** und **Art. 4 (1) (ii), R 4.9 a)**) **Vorsicht**: Erstreckungsstaaten evtl. möglich			63

B. Ablauf PCT-Anmeldung

Bestimmung (Fortsetzung)
Art. 11 (1) iii) b), Art. 4 (1) ii), R 4.9, AG 5.052-5.055

	Verfahrenshandlung	Rechtsnorm	Details
64	**Zurücknahme Bestimmung**	R 90bis.2 a)	Zurücknahme der Bestimmung **vor** Ablauf von **30 M** ab **PT**. Zurücknahme der Bestimmung = Zurücknahme der Auswahlerklärung (**R 90bis.4 a)**)
65	GL A-IV, 2.2	R 90bis.2 b)	**Zurücknahme** der Bestimmung eines Staates bedeutet **nur** die Zurücknahme der Bestimmung für ein **nationales**, aber **nicht** für ein **regionales Patent**
66		R 90bis.2 c)	Zurücknahme der **Bestimmung aller Staaten** = **Zurücknahme** der int. **Anmeldung** gemäß **R 90bis.1**
67		R 90bis.2 d)	Zurücknahme **wirksam bei Eingang** beim **IB**, **AA** oder ggf. **IPEA**
68		R 90bis.2 e)	Internationale Veröffentlichung der Bestimmung unterbleibt, wenn Zurücknahme vor Abschluss der technischen Vorbereitung beim IB (15 Tage vor der Veröffentlichung abgeschlossen – AG 9.014)
69	Mehrere Anmelder	R 90bis.5	Bei **mehreren Anmeldern** müssen **alle** Anmelder die **Zurücknahme** der Bestimmung **unterzeichnen** oder ein bestellter Anwalt gemäß **R 90.1** oder ein bestellter gemeinsamer Vertreter gemäß **R 90.2 a)**, aber nicht ein »als gemeinsamer Vertreter« geltender Anmelder gemäß **R 90.2 b)**
70	Wirkung der Zurücknahme	R 90bis.6 a)	Falls Bearbeitung oder **Prüfung** gemäß **Art. 23 (2)** oder **Art. 40 (2)** bereits bei einem Bestimmungsamt oder ausgewähltem Amt **begonnen** hat, hat die Zurücknahme **keine Wirkung**, ansonsten → **R 90bis.6 b)** und **c)**

Ablauf PCT-Anmeldung B.

Priorität
Art. 8, AG 5.057-5.071 (siehe 📄 I.77 ff.)

Verfahrenshandlung	Rechtsnorm	Details	Unmittelbare Folgen eines Mangels, Mängelbeseitigung, Fristen	Rechtsfolge bei Nichtbeseitigung von Mängeln oder Fristversäumnis	
Beanspruchung einer Priorität AG 5.057-5.071 GL A-VI GL F-VI siehe 📄 I.78 und 📄 I.92)	Art. 8 (1) Art. 8 (2) a) iVm Art. 4C (4) Art. 4A (1) PVÜ R 4.1 b) R 4.10	Art. 8 (1) R 4.1 b) Prioritäts-anspruch im Antrag R 4.10 a): Angaben zur früheren Anmeldung i) Datum ii) AZ iii) Verbands-land/WTO-Staat iv) Behörde bei regionaler Anmeldung v) AA bei int. Anmeldung Art. 2 (xi) b) Bei mehreren Prioritäten wird **älteste** als **PT** verwendet	**R 26bis.1 a): Priorität berichtigen** oder **hinzufügen**: 16 M ab PT oder geändertem PT, je nachdem, welche Frist früher abläuft; mind. bis 4 M nach dem int. AT **R 26bis.1 b):** Bei Antrag auf vorzeitige Veröff. (**Art. 21.2 b)**) möglich, wenn Berichtigung vor Ablauf der technischen Vorbereitungen zur Veröffentlichung noch nicht abgeschlossen (15 Tage, AG 9.014) **R 26bis.2 a):** Bei bestimmten Mängeln: Aufforderung durch AA oder IB einen nicht den Erfordernissen nach R 4.10 PCT entsprechenden Prioanspruch mit Fristsetzung (4 M/16 M) wie bei **R 26bis.1 a)**; gilt als rechtzeitig, wenn Eingabe vor Erklärung des IB nach **R 26bis.2 b)**, spätestens 1 M vor Ablauf Frist **R 91.1 a), b) i), g):** Korrektur offensichtlicher Fehler im Antrag beim AA, wenn sich Berichtigung zu Änderung des Prioritätsdatums führen würde	**R 26bis.2 b):** Prioanspruch gilt für das Verfahren nach dem PCT als nicht erhoben. **R 26bis.2 d):** Nicht als erhoben geltender Prioanspruch, der vor Abschluss der technischen Vorbereitungen zur Veröffentlichung beim IB eingegangen ist, wird in der Veröffentlichung aufgeführt. **R 26bis.2 e):** Auf Antrag (nach Ablauf Frist nach **R 26bis.1** und vor Ablauf von 30 M seit PT) kann berichtigter oder hinzugefügter Prioanspruch in einer zusätzlichen Veröffentlichung aufgeführt werden (+ Gebühr 50 CHF + 12 CHF für jede weitere Seite, AG 6.044, Section 113(c) der Administrative Instructions). **Wiederherstellung Priorecht ->** 📄 I.110 ff. **R26bis.3 e):** Bei Antrag auf **vorzeitige Veröffentlichung** nach Art. 21 (2) b) gilt Antrag nach R26bis.3 a) oder Gebühren nach R26bis.3 d) nach Abschluss der technischen Vorbereitungen für die intern. Veröffentlichung nicht als rechtzeitig eingereicht oder entrichtet	71 72 73 74 75 76 77 77a
Mehrere Anmelder	GL A-VI, 1.6	Wenigstens ein Anmelder der int. Anmeldung muss Anmelder der früheren Anmeldung oder dessen Rechtsnachfolger sein.			
		Bei mehreren Anmeldern der früheren Anmeldung müssen alle auch Anmelder der int. Anmeldung sein oder Priorecht an einen Anmelder übertragen haben.			
Frühere Anmeldung = PCT-Anmeldung (siehe 📄 I.92)	Art. 11 (3)	Eine PCT-Anmeldung hat vorbehaltlich des Art. 64 (4) PCT (Nationale Vorbehalte – siehe 📄 B.521) in jedem Bestimmungsamt die Wirkung einer vorschriftsmäßigen nationalen Anmeldung mit int. Anmeldedatum			78
	Art. 11 (4)	Eine PCT-Anmeldung steht einer vorschriftsmäßigen nationalen Anmeldung im Sinne des PVÜ gleich.			79
EPA = ausgewähltes Amt/ Bestimmungsamt	Art. 153 R 159 (1) R 51 (1) R 53	Einreichung des AZ und der Abschrift der früheren Anmeldung innerhalb von 31 M			80

B. Ablauf PCT-Anmeldung

Priorität (Fortsetzung)

	Verfahrenshandlung	Rechtsnorm	Details	Unmittelbare Folgen eines Mangels, Mängelbeseitigung, Fristen	Rechtsfolge bei Nichtbeseitigung von Mängeln oder Fristversäumnis
81	**Priofrist** AG 5.059 ff. (siehe 📄 I.77 ff.) (Wiederherstellung siehe 📄 N.119 ff., 📄 I.110 ff. – AG 5.069) GL A-VI, 1.2	Art. 8 (2) a) Art. 4C (1), (2) PVÜ R 2.4 R 2.4 b) R 80.5	**Art. 8 (2) a)** **R. 2.4,** **Art. 4C (1), (2) PVÜ:** Priofrist: 12 M ab AT der »frühesten Anmeldung« Art. 8 (2) a) iVm Art. 4C (1) PVÜ Priofrist abhängig von Art des SR	**Wiederherstellung durch AA:** **R 26bis.3:** Bei abgelaufener Priofrist Wiederherstellung auf Antrag möglich innerhalb von **2 M** ab Ende Priofrist wenn Versäumnis »unabsichtlich« (»unintentional«) oder »trotz Beachtung der nach den gegebenen Umständen gebotenen Sorgfalt« (»due care«) – GL A-VI, 1.5, GL F-VI, 3.7 Für Wiederherstellung: Antrag stellen, Gebühren bezahlen zu Gunsten des AA (AG 5.062 ff.) – GL A-III, 4.6 **R49ter.1:** Wirkung Wiederherstellung (AA)	siehe 📄 B.71
82			**R 2.4 b), R 80.5:** (Feiertagsregelung)	**Wiederherstellung durch Bestimmungsamt:** Anwendung unterschiedlicher Kriterien möglich: **R 49ter.1 und R 49ter.2:** Antrag innerhalb 1 M nach Frist **Art. 22** (30 M, DE, EPA: 31 M) oder 1 M ab Eingang Antrag nach **Art. 23 (2)** – GL F-VI, 3.7 (siehe 📄 I.110 ff., 📄 N.119 ff.)	
83				siehe Vorbehalte zur Wiederherstellung 📄 B.533 und 📄 B.537 f.	
84	EPA = ausgewähltes Amt/ Bestimmungsamt	Art. 153 EPÜ GL F-VI, 3.7		WE in Priofrist bei Nachweis Beachtung der nach den gegebenen Umständen gebotenen Sorgfalt (nicht unabsichtlich) - 📖 S/S Art. 153 Rd 462 ff. Gebühr für Wiederherstellung mittels Wiedereinsetzungsgebühr 685 € Art. 2 (1) Nr. 13 GebO	
85	**Zurücknahme Priorität** GL A-IV, 2.4	R 90bis.3 a) + b)		Zurücknahme **einer** oder **mehrerer** in der int. Anmeldung nach **Art. 8 (1)** beanspruchten Prioritäten vor Ablauf von **30 M** ab PT.	
86		R 90bis.3 c)		Zurücknahme **wirksam** bei **Eingang** beim **IB**, **AA** oder ggf. **IPEA** (wenn **Art. 39 (1)** anwendbar).	
87	Mehrere Anmelder	R 90bis.5		**Zurücknahmeerklärung** nach R 90bis.1 bis R 90bis.4 muss von • **allen Anmeldern** oder • einem **bestellten Anwalt** gemäß **R 90.1** oder • einem bestellten **gemeinsamen Vertreter** gemäß **R 90.2 a)**, aber **nicht** ein »als gemeinsamer Vertreter« geltender Anmelder gemäß **R 90.2 b)** (Vollmacht siehe 📄 B.444 und B.435) unterzeichnet werden	
88	**Wirkung der Zurücknahme**	R 90bis.3 d) R 26bis.1 c)		Führt die Zurücknahme zu einer **Änderung** des **Priodatums**, so wird eine aufgrund des ursprünglichen Priodatums berechnete und noch **nicht abgelaufene Frist** nach dem geändertem Priodatum **berechnet**.	
89		R 90bis.3 e)		Falls Zurücknahmeerklärung beim IB nach Abschluss der technischen Vorbereitungen für die int. Veröffentlichung (15 Tage, AG 9.014) eingeht, kann das IB die Veröffentlichung nach dem ursprünglichen Priodatum berechneten Frist vornehmen.	
90		R 90bis.6 a)		Falls **Bearbeitung** oder **Prüfung** gemäß **Art. 23 (2)** oder **Art. 40 (2)** bereits bei einem Bestimmungsamt oder ausgewähltem Amt **begonnen** hat, hat die Zurücknahme **keine Wirkung**.	

Ablauf PCT-Anmeldung B.

Priorität (Fortsetzung)					
Verfahrenshandlung	Rechts-norm	Details		Unmittelbare Folgen eines Mangels, Mängelbeseitigung	Rechtsfolge bei Nichtbeseitigung von Mängeln oder Fristversäumnis
Prioritätsbeleg AG 5.070 (siehe 📄 I.98)	Art. 8 R 17.1	**R 17.1 a)**: Innerhalb 16 M ab frühestem PT (oder vor Antrag beschleunigte Bearbeitung nach **Art. 23**) an IB oder AA. Geht Abschrift später beim IB ein, aber vor int. Veröffentlichung nach **Art. 21 (2) a) PCT**, gilt sie am letzten Tag als rechtzeitig eingegangen **R 17.1 b)**: Innerhalb 16 M ab PT Antrag auf Übermittlung ans IB (**R 4.1 c) ii)**), falls **Prioritätsunterlagen** vom AA ausgestellt wird (Feld Nr. VI in Antrag), Gebühr EPA: 110 € (seit 01.04.2022, ABl. 2022, A7), DE: 20 € **R 17.1 b-bis)**: Abruf **Priobeleg** aus digitaler Bibliothek (DAS), Antrag beim IB vor int. Veröffentlichung ggf. Gebührenzahlung		**R 17.1 c)**: Bestimmungsamt muss Nachfrist einräumen. → **R 111 (2) EPÜ** **EPA**: **R 163 (2) EPÜ**: Aufforderung mit 2 M Nachfrist zur Einreichung AZ oder Abschrift	**R 17.1 c)**: Bestimmungsamt kann Prioanspruch unberücksichtigt lassen; muss jedoch Anmelder Gelegenheit zur Einreichung der **Prioritätsunterlagen** innerhalb Frist geben Hat Anmelder **R 17.1 a), b)** oder **b-bis)** erfüllt, darf Bestimmungsamt ihn nicht vor Ablauf der Frist nach **Art. 22** zur Nachreichung auffordern (EPA: RiLi E-IX, 2.3.5.1: Prüfung kann dennoch beginnen)
	DAS: Digital Access Service Digitale Bibliothek des IB, in der der Anmelder das Priodokument/die **Prioritätsunterlagen** bei einem Depositing Office bzw. Office of First Filing (OFF) registrieren lassen kann; anschließend kann der Anmelder beantragen, dass das Accessing Office bzw. Office of Second Filing (OSF) die **Prioritätsunterlagen** über dieses System bezieht - AG 5.070A ff. **Depositing Office**: AU, AT, BR, CL, CN, CO, DK, EAPO, EP (seit 01.11.2018 für ePA, seit 01.04.2019 für PCT-Anmeldungen, ABl. 2019, A27), ES, FI, FR, GE, GB, IB, IN, IL, IT, JP, KR, LT (ab 01.07.21), MA, MX, NL, NO, SE, US **Accessing Offices**: AU, CN, EP (seit 01.11.2018 für ePA, seit 01.04.2019 für PCT-Anmeldungen, ABl. 2019, A27), ES, FI, GB, IB, JP, KR, SE, US				
EPA = ausgewähltes Amt/ Bestimmungsamt	Art. 153 R 159 (1) R 51 (1) R 53 R 163 (2)	Einreichung des AZ und der Abschrift der früheren Anmeldung innerhalb von 31 M		**R 163 (2) EPÜ**: Nachfrist von 2 M zur Einreichung des Aktenzeichens und/oder Abschrift	**Art. 153, Art. 90 (5) EPÜ, R 163 (6), 2 Satz**: Prioanspruch geht für die Anmeldung verloren **WB (+)**, da in R 135 (2) nicht ausgenommen 📖 S/S Art. 121 Rd 11 und Art. 153 Rd 426 **WE (+)** R 112 EPÜ beantragen

B. Ablauf PCT-Anmeldung

Bei der Anmeldung zu entrichtenden Gebühren
Art. 14 (3) a), Art. 3 (4) iv)

	Verfahrenshandlung	Rechtsnorm	Details	Unmittelbare Folgen eines Mangels, Mängelbeseitigung, Fristen	Rechtsfolge bei Nichtbeseitigung von Mängeln oder Fristversäumnis
94	**Übermittlungsgebühr** (von AA bestimmt)	Art. 3 (4) iv) R 14.1 R 27.1	**R 14.1 c):** 1 M ab Eingang der Anmeldung, **an AA** (ebenso **Art. 151 iVm R 157 (4), (3) EPÜ**)	1 M ab Aufforderung nach **R 16bis.1 a)** durch AA (nach **R 16bis.1 e)**) spätestens bis Erklärung nach **Art. 14 (3))** + Zuschlag nach **R 16bis.2** von 50 % der Gebühr möglich, • mind. aber in Höhe der Übermittlungsgebühr **R 16bis.2 a)** • höchstens in Höhe von 50 % der Anmeldegebühr, Gebühr für ≥ 31. Blatt bleibt unberücksichtigt **R 16bis.2 b)** GL A-III, 4.5 **R 16bis.1 (d):** Ohne Zuschlag, falls Zahlung bis Aufforderung nach **R 16bis.1 (a)** und **R 16bis.2** versandt	Anmeldung gilt nach **Art. 14 (3) a)** iVm **R 16bis.1 c)** und **R 27.1** als zurückgenommen **R 29.1:** Feststellung durch AA und Maßnahmen nach Zurückweisung **Art. 25** Nachprüfung durch Bestimmungsämter auf Antrag (**Art. 25 (1) c)**: Frist 2 M nach **R 51.1** ab Mitteilung nach R 20.4) **Art. 25 (2) a):** Nat. Gebühr möglich, Heilung, wenn Fehler des AA oder IB
95	**EPA = AA** 📄 R.168, 📄 R.165	R 157 (4) EPÜ Art. 2 (1) Nr. 18 GebO GL A-III, 4.1	0 €** (seit 01.04.2022) **geplant: 0 € (Online), 140 (Nicht online) ABl. 2022, A2		
96	**Internationale Anmeldegebühr** 1330 CHF + 15 CHF ab dem 31. Blatt (R 96, Nr. 1 GebVerz) 📄 R.166 f.	Art. 3 (4) iv) R 15.1 R 27.1 Höhe: R 15.2 R 96 GL A-II, 4.2	**R 15.3:** 1 M ab Eingang der Anmeldung, **an AA für IB** Währung: CHF **R 15.2 b), c), d)** 1305 € (PCT Fee Table, Table I(a), seit 01.07.2022) + 15 € ab 31. Seite/je Seite +196 € Bearbeitungsgebühr ABl. 2022, A65		
97	**Gebührenermäßigung** AG 5.188 ABl. 2018, Zusatzpubl. 2 ABl. 2022, A65	R 96, Nr. 4 GebVerz	**Ermäßigung** der internationalen Anmeldegebühr bei **elektronischer Einreichung** • nicht zeichenkodierter Antrag: 98 €, • zeichenkodierter Antrag: 196 €, zeichenkodierter Antrag, Beschreibung, Ansprüche und Zusammenfassung: 294 €		
98	(siehe 📄 R.200) GL A-III, 8	R 96, Nr. 5 GebVerz	90 % Reduktion der **internationalen Anmeldegebühr** nach Nr. 1 (zusätzlich zur Reduktion nach Nr. 4), der **Bearbeitungsgebühr** für die ergänzende Recherche nach Nr. 2 und Bearbeitungsgebühr nach R 96, Nr. 3 GebVerz, falls **alle Anmelder** aus einem **Land** mit einem **festgelegten Pro-Kopf BIP** oder einem von der UN als **Entwicklungsland** eingestuften Land stammen.		
99	**Rückerstattung internationale Anmeldegebühr** 📄 R.168	R 96, Nr. 5 GebVerz	**R 15.4:** **Durch AA**, wenn i) kein AT nach Art. 11 (1) festgestellt, ii) Anmeldung vor Übermittlung an IB zurückgenommen und, iii) aufgrund Vorschriften zur nat. Sicherheit nicht als int. Anmeldung gilt		

Ablauf PCT-Anmeldung B.

Bei der Anmeldung zu entrichtenden Gebühren (Fortsetzung)

Verfahrens-handlung	Rechtsnorm	Details	Unmittelbare Folgen eines Mangels, Mängelbeseitigung, Fristen	Rechtsfolge bei Nicht-beseitigung von Mängeln oder Fristversäumnis	
Internationale Recherchen-gebühr R.172	Art. 3 (4) iv) R 16.1 R 27.1	**R 27.1**, **R 16.1a** wird **von ISA** erhoben **R 16.1 (f)**, **R 15.3**: 1 M ab Eingang der Anmeldung, **an AA für ISA**	**R 16bis.1 a):** 1 M ab Aufforderung durch AA (nach **R 16bis.1 e**) spätestens bis Erklärung nach **Art. 14 (3)**) + Zuschlag nach **R 16bis.2** von 50 % der Gebühr möglich, • mind. aber in Höhe der Übermittlungsgebühr **R 16bis.2 a**) • höchstens in Höhe von 50 % der Anmeldegebühr, Gebühr für ≥ 31. Blatt bleibt unberücksichtigt **R 16bis.2 b**) **R 16bis.1 (d):** Ohne Zuschlag, falls Zahlung bis Aufforderung nach **R 16bis.1 (a)** und **R 16bis.2** versandt	Anmeldung gilt nach **Art. 14 (3) a)** iVm **R 16bis.1 c)** und **R 27.1** als zurückgenommen **R 29.1**: Feststellung durch AA und Maßnahmen nach Zurückweisung **Art. 25** Nachprüfung durch Bestimmungsämter auf Antrag (**Art. 25 (1) c**): Frist 2 M nach **R 51.1** ab Mitteilung nach R 20.4) **Art. 25 (2) a):** Nat. Gebühr möglich, Heilung, wenn Fehler des AA oder IB	100
EPA = ISA	Art. 152 EPÜ R 158 (1) EPÜ Art. 5 EPO/WIPO-Vereinbarung Art. 2 (1) Nr. 2 GebO GL A-II, 4.3	1775 € (seit 01.04.2018)			101
Gebühren-ermäßigung (siehe R.202) GL A-III, 8.2	Art. 33 (2) d) EPÜ ABl. 2020, A4, ABl. 2022, A72	BdV gemäß Art. 33 (2) d) EPÜ (Festlegung Recherchengebühr durch ISA/SISA/IPEA): Ermäßigung um 75 % für int. Recherche, ergänzende int. Recherche (jeweils Art. 2 (1) Nr. 2 GebO) und int. vorläufige Prüfung (Art. 2 (1) Nr. 19 GebO), wenn • (alle) Anmelder (natürliche Personen) Staatsangehörigkeit und Wohnsitz in einem von der Weltbank als Staat mit niedrigem Einkommen oder mittlerem Einkommen im unteren Bereich eingestuft besitzen – ABl. 2022, A72), oder • (alle) Anmelder (natürliche oder juristische Person) Staatsangehörigkeit und Wohnsitz oder Sitz im Sinne der R 18 PCT in einem Staat besitzen, in dem ein Validierungsabkommen mit EPA in Kraft ist (MA, MD, TN, KH – ABl. 2022, A72) **Vereinbarung WIPO-EPA** (ABl. 2017, A115, Anhang D), BdV vom 12.12.2019 (ABl. 2020, A4) und MdEPA vom 06.07.2022 (ABl. 2022, A72) – Gültig ab 01.07.2022			102
Rückerstattung internationale R.-Gebühr R.208 R.205 f. GL A-III, 9.2	R 16.2	**Durch AA**, wenn i) kein AT nach Art. 11 (1) festgestellt, ii) Anmeldung vor Über-mittlung an IB zurückgenommen und, iii) aufgrund Vorschriften zur nat. Sicherheit nicht als int. Anmeldung gilt			103
	R 16.3	Teilweise Rückerstattung bei Berücksichtigung früherer Recherche nach **R 41.1**			103a
Zusätzliche Gebühr bei verspäteter Einreichung fehlender Bestandteile B.104 f. R.179	R 40bis.1	Aufforderung **durch ISA** zur Zahlung zusätzlicher Gebühr innerhalb 2 M, wenn fehlender Bestandteil nach R 20.5 c) bzw. R 20bis c) oder nach R 20.5 d) bzw. R 20.5bis d) erst nach Beginn Erstellung ISR mitgeteilt worden ist. Festlegung der Gebühr **durch ISA an ISA**	ISR wird nicht für die nachgereichten Bestandteile erstellt.		104
EPA = ISA	Art. 2 (1) Nr. 2 GebO GL A-III, 5.1	1775 € (ab 01.07.2020)			105

B. Ablauf PCT-Anmeldung

106	**PCT Kapitel I: Internationale Recherche** **Internationaler Recherchenbericht (ISR)** (= Ermittlung des einschlägigen Stands der Technik) **Art. 15, Art. 18** - AG 7.001-7.032, GL B-II, 1			
	Verfahrens-handlung	Rechtsnorm	Details
107	**Vorbereitung Recherche bei ISA**	Art. 12 R 23	AA übermittelt Exemplar der internationalen Anmeldung (bzw. Kopie Übersetzung in für ISA geforderten Sprache, wenn von Anmelder eingereicht) als **Rechercheexemplar** an zuständige ISA (sobald R.-Gebühr bezahlt).
108	**Durchführung int. Recherche**	Art. 15 (1)	Für jede **internationale** Anmeldung wird ein **ISR** erstellt.
109		Art. 15 (2)	Die internationale Recherche dient der Ermittlung des **einschlägigen SdT**.
110		Art. 15 (3)	**Grundlage** sind **Ansprüche**, angemessene Berücksichtigung der Beschreibung/Zeichnungen
111		Art. 15 (4)	ISA (**Art. 16**) ermittelt SdT und berücksichtigt **Mindestprüfstoff** (**R 34.1**)
112		Art. 15 (5)	Nationales Recht eines VS kann dem Anmelder eine der internationalen Recherche ähnlich Recherche (»**Recherche internationaler Art**«) ermöglichen. - siehe R.22
113	**Zuständige Behörde für int. Recherche (ISA)** AG 7.002 AG ANNEX C (siehe B.542)	Art. 16 (2) R 35.1 + 2 R 4.14bis Art. 152 EPÜ	**Art. 16 (1) + (2)**: Durchführung der internationalen Recherche bzw. Recherche internationaler Art durch ISA (internationales Amt eines VS oder zwischenstaatliche Organisation) → AG ANNEX C Auflistung der möglichen ISA für AA • Jedes **AA** bestimmt gemäß **Art. 16 (2), (3) b), R 35.1** bzw. **R 35.2** eine oder mehrere intern. ISAs, die Recherchen für dieses AA durchführen. • Sind **mehrere ISAs** vom AA als zuständig bestimmt, so kann **Anmelder** (vorbehaltlich einer Sprachbeschränkung bzw. der Art der eingereichten intern. Anmeldung → **R 35.2 a) ii)** gemäß **R 35.2 a), R 4.14bis**) unter ihnen **auswählen**. • Wird int. Anmeldung beim IB als AA nach **R 19.1 a) iii)** eingereicht, so ist gemäß **R 35.3 a)** zuständige ISA die Behörde, die zuständig gewesen wäre, wenn int. Anmeldung bei einem zuständigen nationalen/reg. Amt entsprechend **R 19.1 a) i)** bzw. **ii), b)** oder **c)** oder **R 19.2 i)** als **AA** eingereicht worden wäre (siehe Vereinbarung EPO - WIPO Art. 3 (3), ABl. 2010, 304). **Beispiele**: Für US ist als ISA zuständig: AU, EPA, IL, JP, KR, RU, US Für CH oder EPA ist als ISA zuständig: EPA (Art. 152 EPÜ) **ISA in Europa** (AA gibt ISA vor) - Annex C EPA, FI, AT, SE, ES, XN (Nordisches Patentinstitut) oder VPI (Visegrad-Patentinstitut)
114		IP5-Pilot-projekt ABl. 2018, A47, A95 ABl. 2019, A65	**IP5-Pilotprojekt** zur Zusammenarbeit bei PCT-Recherche und -Prüfung **Gegenstand**: Zuständige ISA eines IP5-Amts (EPA, JPO, KIPO, CNIPA, USPTO) übernimmt Recherche/Prüfung, schickt vorläufigen int. RB an andere teilnehmenden ISAs der IP5-Ämter, dort erstellen Prüfer unter Berücksichtigung des vorläufigen int. RB ihre Beiträge und senden diese an Hauptprüfer, der unter Berücksichtigung dieser Beiträge den endgültigen int. RB und SB erstellt. **Zeitraum**: Ab 01. 07. 2018 **Voraussetzung**: Sprache: EN, zust. Haupt-ISA kann Anmeldung in anderer Sprache akzeptieren; seit 01.07.2019 auch DE und FR beim EPA akzeptiert, (ABl. 2019, A65). **Kosten**: In Pilotphase bleiben Kosten unverändert, d.h. Standardgebühr nach Kapitel I PCT, Nach Abschluss vermutlich spezielle CS&E-Gebühr (Höchstbetrag voraussichtlich Summe der R.-Gebühren der teilnehmenden ISAs zzgl. Verwaltungsgebühr). **Status**: Obergrenze am 06.04.2020 erreicht, EPA nimmt keine Anträge mehr entgegen (ABl. 2020, A46)
115	**EPA = ISA**	Art. 152 EPÜ	**Vereinbarung WIPO-EPA** (ABl. 2017, A115, 2010, 304): • EPA ist ISA/IPEA für Anmelder, die Staatsangehörige eines VS sind oder Sitz oder Wohnsitz in einem VS haben; EPA kann auch für andere Anmelder tätig werden (universell) (S/S Art. 152 Rd 51 ff., 74). • EPA kann ISA/IPEA für Anmelder aus US bzw. mit Sitz/Wohnsitz in US sein, Ausnahmen siehe Beschränkungen in B.119 - siehe ABl. 2014, A117 • EPA kann ISA/IPEA sein, wenn int. Anm. beim IB eingereicht wurde und Einreichung bei einem AA möglich gewesen wäre, welches EPA als ISA bestimmt hatte, allg.: würde EPA Recherche erstellen, wird ISR/IPEA erstellt (Vereinbarung WIPO-EPA Art. 4 und Anhang B) • Mögliche Sprachen für die Recherche neben DE, EN, FR auch NL falls AA NL - siehe ABl. 2018, A24 (siehe B.126 f.) • **Beschränkung** der **Zuständigkeit** als ISA und IPEA (siehe B.119); Frist zur Einleitung der nationalen Phase bleibt nach **Art. 22 (2)** bei Vorliegen einer Erklärung nach **Art. 17 (2) a) i)** (es wurde kein ISR erstellt) bestehen. • **Art. 153 (6) EPÜ**: Der zu einer Euro-PCT-Anmeldung erstellte **ISR** oder die Erklärung nach **Art. 17 (2) a) i)** und deren int. Veröffentlichungen **tritt an Stelle des europäischen RB** und des Hinweises auf dessen Veröffentlichung im europ. Patentblatt.

Ablauf PCT-Anmeldung B.

PCT Kapitel I: Internationale Recherche (Fortsetzung)			
Verfahrens-handlung	Rechtsnorm	Details	
Vorherige EPA Recherche	PCT-Direkt ABl. 2017, A21 GL A-IV, 1	Bearbeitung informeller Stellungnahmen zu früheren Recherchenergebnisse durch EPA = ISA Für alle internationalen Anmeldungen, die die **Priorität** einer **früheren** vom **EPA bereits recherchierten Anmeldung** beanspruchen, die ab dem 01.11.2014 beim EPA als AA oder ISA eingereicht werden. Voraussetzungen: a) Informelle Stellungnahme wird zusammen mit int. Anmeldung beim EPA als AA/ISA eingereicht (Form der Einreichung: PCT-Direkt-Schreiben sind der internationalen Anmeldung als separates PDF-Dokument beizufügen, Änderungsversion der Ansprüche oder Beschreibung, informelle Stellungnahme muss in sich geschlossen sein, und b) Int. Anmeldung beansprucht Prio einer vom EPA recherchierten früheren (internationale, europäische oder nationale Erst-)Anmeldung.	116
Beschränkung der int. Recherche AG 7.013 GL B-VIII, 1 ff.	Art. 17 (2) R 39.1 bzw. Art. 34 (4) a)i) R 67.1	**Art. 16 (3) b) + c)**: Vereinbarung zwischen nationaler Behörde und IB zur Einsetzung Recherchenbehörde als ISA/IPEA. Mindestanforderungen an Recherchenbehörde an Prüfstoff, um als ISA eingesetzt werden zu können. **Art. 17 (2), R 39.1** (ISA) bzw. **Art. 34 (4) a) i), R 67.1** (IPEA): Festlegung der Beschränkungen hinsichtlich der Durchführung der Recherchen durch die ISA/IPEA: • **R 39.1** bzw. **R 67.1**: ISA/IPEA ist nicht verpflichtet, Recherchen zu Ansprüchen durchzuführen, die eines der Gebiete: Theorien, Pflanzen, Tierarten, Geschäftsmethoden, medizinische Verfahren, Informationswiedergabe, Computerprogramme betreffen (**R 39.1** bzw. **R 67.1**), nach Vereinbarung WIPO-EPA (ABl. 2017, A115, Art. 4, Anhang C) sind Gegenstände nicht ausgeschlossen, für die das EPA gemäß EPÜ Recherchen durchführen würde. – GL G-II, 4.2 und 5 • **R 6.4 a)**: Nationale Bestimmungen können gegen die Formulierung mehrfach abhängiger Ansprüche sprechen. • **R 13ter.1 c), R 5.2**: Nucleotid- und/oder Aminosäuresequenzen sind trotz Aufforderung nicht dem Standard entsprechend und/oder nicht in elektronischer Form eingereicht worden - AG 7.005 ff, GL B-VIII, 3.2 • **Art. 17 (2) a) ii) bzw. Art. 34 (4) a) ii)**: ISA ist nicht verpflichtet, zu den Ansprüchen eine Recherche durchzuführen, wenn Beschreibung, Ansprüche oder Zeichnungen unklar sind (z.B. Rückbezüge mehrfach abhängiger Ansprüche auf mehrfach abhängige Ansprüche gemäß R 6.4, AG 5.113 – GL B-X, 8).	117
Folge der Beschränkung		• ISA/IPEA teilt Anmelder und IB mit (inkl. Erklärung), dass **kein ISR/IPER erstellt** wird oder für bestimmte Ansprüche (gemäß **Art. 17 (2) b)** bzw. **Art. 34 (4) b)**) keine Recherche durchgeführt wird. • Beschränkung ist **für Gültigkeit** der int. Anmeldung **ohne Bedeutung**, Bearbeitung wird fortgesetzt (AG 7.013)	118
EPA = ISA GL B-III, 2.10 GL B-VIII, 2	Art. 152 EPÜ	**Keine** internationale **Recherche** bei: • **Geschäftsmethoden** als Anmeldegegenstand, außer wenn Anmeldegegenstand noch technische Mittel umfasst - siehe ABl. 2007, 592, ABl. 2014, A117 • Nucleotid- und/oder Aminosäuresequenzen, die nicht dem Standard entsprechen und/oder nicht in elektronischer Form vorliegen - siehe Sonderausgabe Nr. 3, ABl. 2007 ABl. 2010, 328	119

B. Ablauf PCT-Anmeldung

PCT Kapitel I: Internationale Recherche (Fortsetzung)

	Verfahrenshandlung	Rechts-norm	Details	Unmittelbare Folgen eines Mangels, Mängelbeseitigung, Fristen	Rechtsfolge bei Nichtbeseitigung von Mängeln oder Fristversäumnis
120	Maßgeblicher SdT für die internationale Recherche AG 7.004	Art. 15 (4) Art. 16 (3) R 33	**Mindestanforderung an ISA** **Art. 27 (5)**: Jeder **VS** kann **eigene Maßstäbe** für SdT aufstellen; keine Bindungswirkung **Art. 33 (2)**: Int. Recherche bezieht alle techn. Sachgebiete ein, nicht nur techn. Gebiete in welche die Erfindung eingruppiert ist, sondern auch gleichartige Gebiete ohne Berücksichtigung der Klassifikation. Ebenso schließt die int. Recherche alle äquivalenten Gegenstände der Erfindung für alle oder bestimmte Merkmale ein.- GL G-VI,2		
121			**EPA**: RiLi G-IV, RiLi B-VI, 2 + **Art. 27 (5)**: Definition SdT nach **R 33** (z.B. **mündliche Offenbarung**) gilt nur für int. Phase; in europäischer Phase gelten die Kriterien des EPÜ **USPTO**: USA hat Vorbehalt nach **Art. 64 (4) a) PCT** erklärt; bei Nationalisierung kann ggf. früherer SdT berücksichtigt werden. (siehe B.528)		
122		Art. 15 (2)-(4) R 34.1	**Mindestprüfstoff**: Umfang der Bestandteile der int. Recherche für die ISA in Bezug auf die möglichen Offenbarungsdokumente, Ländern, Sprachen; nationale Patentschrift in CN, JP, RU, KOR oder ES muss nicht berücksichtigt werden, wenn diese Sprache nicht Amtssprache einer ISA ist und keine EN Zusammenfassung vorliegt (**R 34.1 c) ii) und e)**)		
123		Art. 33 (2), (3) R 33.1 a) R 64.1 a)	**Einschlägiger SdT** (nach **Art. 15 (2)**) **nur schriftliche Offenbarung** vor int. AT (**R 64.1 b) i)**) oder Prio (**R 64.1 b) ii)** bzw. iii) - ggf. auch, wenn Priobeanspruchung WE fähig - siehe B.81) – GL B-VI, 2		
124		R 33.1 b) R 64.2	**Mündliche Offenbarung, Benutzung, Ausstellungen** oder andere »**nicht-schriftliche Offenbarungen**« vor int. AT (wenn Zugänglichkeit am/nach int. AT mit schriftlicher Offenbarung belegbar) werden im **ISR** nach **R 70.9 gesondert aufgeführt = nicht SdT** - GL G-IV, 6.3		
125		R 33.1 c) R 64.3	**Nachveröffentlichte Anmeldungen/Patente** (ältere Rechte) werden im ISR nach **R 70.10** gesondert aufgeführt = **nicht SdT** – GL G-IV, 5		
126	Übersetzung in eine für die int. Recherche vorgeschriebene Sprache AG 6.013-6.023 Falls Sprache in der eingereicht wurde, nicht beim AA bzw. bei ISA zugelassen ist AG ANNEX D (zulässige Sprachen für ISA) (siehe B.46)	R 12.3	**R 12.3 a)**: Innerhalb 1 M nach Einreichung der Anmeldung **R 12.3 a)**: Sprache i) von der ISA zugelassen ii) Veröffentlichungssprache iii) eine vom AA nach **R 12.1 a)** zugelassene Sprache **Art. 21 (4), R 48.3 a)**: Veröffentlichungs-sprachen: **Arabisch, KR, PT, CN, DE, EN, FR, JP, RU, ES**	**R 12.3 c) i) + ii)**: Innerhalb 1 M (Frist nach **R 12.3 a)**) ab Aufforderung (vorzugsweise mit Mitteilung nach **R 20.2 c)** über AZ + AT) oder innerhalb 2 M nach Einreichung der Anmeldung, je nachdem welche Frist später abläuft + ggf. **Zuschlagsgebühr 25 %** der int. Anmeldegebühr (**R 12.3 e)**) (ohne 31. Blatt) **R 12.3 d)**: Rechtzeitig ist Einreichung der Übersetzung vor Absendung der Erklärung n. **R 12.3 d)**, dass Anmeldung als zurückgenommen gilt und **innerhalb von 15 M ab PT**.	**R 12.3 d)**: Anmeldung gilt als zurückgenommen
127	EPA = ISA	Art. 152 EPÜ	Alle **drei Amtssprachen** DE, EN und FR sind von der **ISA zugelassen** und gleichzeitig **Veröffentlichungssprache**. Auch akzeptiert: Anmeldungen in **niederländischer Sprache**, die beim niederländischen Patentamt eingereicht wurden ABl. 2017, A115, ABl. 2018, A24 (hier trotzdem notwendig 14 M nach PT: Übersetzung in eine für die internationale Veröffentlichung zugelassene Sprache). – GL B-XI, 2.2 **Spezialfälle**: • Bei einer Anmeldung in niederländischer Sprache beim niederländischen Patentamt wird das EPA als ISA tätig, NL-Patentamt erstellt eine Übersetzung in die englische Sprache - Art. 3 (1), Anhang A der Vereinbarung zwischen EPO und WIPO über PCT. • Bei einer Anmeldung in skandinavischer oder englischer Sprache beim jeweiligen Patentamt wird das schwedische Patentamt als ISA tätig. Einreichung der int. Anmeldung beim spanischen Patentamt auch in Spanisch möglich (auch für Mexiko etc.); soll EPA als ISA fungieren → Übersetzung in eine der drei Amtssprachen (Frist 1 M)		

Ablauf PCT-Anmeldung B.

PCT Kapitel I: Internationale Recherche (Fortsetzung)

Verfahrenshandlung	Rechtsnorm	Details	Unmittelbare Folgen eines Mangels, Mängelbeseitigung, Fristen	Rechtsfolge bei Nichtbeseitigung von Mängeln oder Fristversäumnis	
Zusätzliche Recherchengebühr bei Uneinheitlichkeit (Feststellung durch ISA) AG 7.015-7.021 AG ANNEX D R.174 f. Anmerkung: PCT sieht keine TA vor	Art. 17 (3) a) R 13 (Einheitlichkeit) R 40.1 R 40.2 (zusätzliche Gebühr, Höhe durch zuständige ISA festgelegt)	**Art. 17 (3) a):** Aufforderung zur Zahlung zusätzlicher Gebühr **R 40.1 ii):** **1 M** ab **Aufforderung**, nach **R 40.2 b)** an ISA zu zahlen, ggf. nach **R 40.2 c)**, **R 158 (3) EPÜ** unter Widerspruch mit Begründung und Widerspruchsgebühr Überprüfung durch Gremium (**EPA**: seit EPÜ 2000) **R 40.2 e):** Prüfung des Widerspruchs ist ggf. von Zahlung der Widerspruchsgebühr abhängig	Weitere Erfindung wird nicht recherchiert	**Art. 17 (3) a):** ISR wird nur für recherchierte Teile (Haupterfindung und ggf. für alle weiteren Erfindungen, für die zusätzliche R.-Gebühr entrichtet wurden) erstellt, gleiches gilt für ivP (**R 66.1 e)**) **Art. 17 (3) b):** Nat. Recht steht Rücknahmefiktion für die nicht recherchierten Teile zu; ggf. besondere Gebühr zu zahlen **R 43.7**: ISR gibt an, ob zusätzliche Gebühren bezahlt wurden + welche Teile recherchiert wurden	128
EPA als ISA GL A-III, 5.1 GL B-III, 2.12 GL B-VII, 1	Art. 17 (3) b) R 158 (1) EPÜ Art. 2 (1) Nr. 2 GebO	Zusammen mit Aufforderung zur Entrichtung weitere R.-Gebühren (wie R.-Gebühr 1775 € - Art. 2 (1) Nr. 2 GebO, seit 01.04.2018) ergeht eine vorläufige Stellungnahme zur Patentierbarkeit der zuerst genannten Erfindung, Erwiderung nicht erforderlich und wird bei der Erstellung des EESR nicht berücksichtigt, Änderungen nach Art. 19 sind erst nach »endgültigem« int. RB einzureichen (Abl. 2017, A20)			129
EPA als (S)ISA Folge Nichtzahlung zusätzl. R.-Gebühr	R 66.1 e) R 158 EPÜ	Keine ivP für Ansprüche für die kein ISR erstellt (da keine zusätzliche R.-Gebühr bezahlt); Erfindung ist einzuschränken auf Gegenstand, der im ISR bzw. im ergänzenden ISR behandelt wurde.			130
Widerspruchsgebühr AG 7.016 ff.	R 40.2 c), e) R 158 (3) EPÜ	**R 40.1 iii):** **1 M nach Aufforderung**, an ISA zu zahlen	Widerspruch wird nicht bearbeitet	**R 40.2 e):** Widerspruch gilt als zurückgenommen	131
EPA = ISA GL A-III, 5.2 GL A-III, 6.3 GL B-VII, 7 R.177	R 158 (3) EPÜ	**EPA** nimmt hierbei nach **R 158 (3) EPÜ** eine **Dienstleistung** (Überprüfung des Widerspruchs) für die WIPO im Rahmen als ISA wahr (BDP vom 09.06.2015, ABl. 2015, A59). **Zahlungseingang** der **Widerspruchsgebühr** wird **beim EPA** erwartet und stellt somit ein **Versäumnis** nach Art. 122 EPÜ dar, welches zur **WE berechtigt**. – siehe auch B.189 ff. (SISA) und B.278 (IPEA)			132
	R 40.2 c) + e)	Bei in vollem Umfang begründetem Widerspruch wird die Widerspruchsgebühr + zusätzliche Gebühr erstattet; Bei teilweise begründetem Widerspruch wird zusätzliche Gebühr erstattet, nicht aber Widerspruchsgebühr S/S Art. 152 Rd 331 ff u. 376 ff.			133
	R 40.2 c)	Auf Antrag des Anmelders kann Widerspruch und Entscheidung (beides vom Anmelder zu übersetzen) hierüber an Bestimmungsämter zusammen mit ISR übermittelt werden			134
	Art. 2 (1) Nr. 21 GebO	935 € (seit 01.04.2022) bis 31.03.2022: 910 €			135
Einheitlichkeit vor nat. Amt	Art. 27 (1)	Nat. Recht darf nicht Erfüllung anderer Erfordernisse verlangen oder zusätzliche Anforderungen stellen.			136
	R 13	Feststellung der Einheitlichkeit bindend für ausgewähltes Amt oder Bestimmungsamt, außer wenn nat. Recht milder ist (**Art. 27 (4)**), d.h. USPTO kann auch nach Nationalisierung in USA keine nat. Maßstab anwenden, Ausnahme CIP, da dabei PCT nicht bindend.			137
Feststellung Bezeichnung R 4.3 bzw. **Zusammenfassung R 8 für ISR** AG 7.022	R 4.3 R 8	Bei Feststellung eines **Mangels** oder des **Fehlens** der Bezeichnung (**R 4.3**) bzw. der Zusammenfassung (**R 8**)			138
	R 37.2	Erstellung Bezeichnung durch Recherchenbehörde			139
	R 38.2	Erstellung Zusammenfassung durch Recherchenbehörde			140
	R 44.2	ISR enthält Bezeichnung/Zusammenfassung des Anmelders oder den durch ISA nach **R 37.2** bzw. **R 38.2** festgelegten Wortlaut der Bezeichnung/Zusammenfassung			141

B. Ablauf PCT-Anmeldung

PCT Kapitel I: Internationale Recherche (Fortsetzung)

#	Verfahrens-handlung	Rechtsnorm	Details
142	**Internationaler Recherchen-bericht (ISR)** nach Art. 18 bzw. Erklärung nach Art. 17 (2) a) AG 7.023-7.026		• Wird von ISA erstellt und dem Anmelder + IB übermittelt gemäß R 44.1 • ISR oder Erklärung gemäß Art. 17 (2) a) werden von IB übersetzt • IB versendet jeweils eine Kopie an die Bestimmungsämter und veröffentlicht ISR bzw. Erklärung gemäß Art. 17 (2) a) (Erklärung das kein int. Recherchebericht erstellt werden konnte).
143	**Frühere Recherche**	R 41.1	Berücksichtigung der **Ergebnisse** einer **früheren Recherche** bei Antrag durch Anmelder gemäß **R 4.12** und wenn Voraussetzungen der **R 12bis.1** (Einreichung Kopie früherer Recherche) und (seit 01.07.2017 auch **R 12bis.2** (Aufforderung zur Einreichung früheren Anmeldung/Recherche) erfüllt (u.a. Einreichen von Ergebnisse früherer Recherchen oder Kopie der Anmeldungen, zitiertem SdT sowie Übersetzungen, nach **R 12bis.2 b)** keine Einreichung von Recherche oder Kopie der Anmeldung nötig, wenn über digitale Bibliothek für ISA erhältlich)
144	Rückerstattung bei früherer Recherche R.208 ff.	R 41.1 R 16.3	Teilweise Rückerstattung der R.-Gebühr, wenn int. Recherche ganz oder teilweise auf frühere Recherche dieser Behörde gestützt werden kann (EPA: BdP vom 21.12.2018, ABl. 2019, A5).
145	Berücksichtigung ohne Antrag	R 41.2	Berücksichtigung der Ergebnisse falls kein Antrag nach **R 4.12** vorliegt, hierzu gibt es Vorbehalte nach **R 23bis.2 b)** und **e)** (Übermittlung Unterlagen zu früherer Recherche vom AA zur ISA) (siehe B.529 f.)
146	Frist Erstellung ISR	R 42.1	**3 M ab Eingang Recherchenexemplar bei ISA** oder **9 M ab frühestem PT**: Spätere Frist
147	Inhalt des ISR	R 43	u.a. ISA, AZ, Datum des ISR, Klassifikation, in Sprache der Anmeldung, Angabe der Unterlagen (SdT), Recherchierte Sachgebiete, Bemerkungen zur Einheitlichkeit, Zuständiger Bediensteter (Rechercheur)
148	Übersetzung ISR und Erklärung	R 45.1	ISR und Erklärung nach **Art. 17 (2) a)** sind - wenn nicht in EN abgefasst - in EN zu übersetzen
149	Schriftlicher Bescheid	R 43bis.1	Schriftlicher Bescheid/WO-ISA über Patentfähigkeit → Ausnahme: **kein** Bescheid, wenn ISA auch IPEA und **R 69.1 b)bis** erfüllt
150	Übermittlung an Bestimmungsamt	Art. 20	IB übermittelt die intern. Anmeldung zusammen mit ISR oder ggf. Erklärung gemäß **Art. 17 (2) a)** und deren Übersetzungen jedem Bestimmungsamt (wenn kein Verzicht von Bestimmungsamt: EPA = kein Verzicht) + ggf. eingereichte Änderungen gemäß **Art. 19 (1)**, **R 44.3** auf Antrag Bestimmungsamts oder Anmelders auch Übersendung der Unterlagen zu SdT (ggf. gegen Gebühr - 0,80 €/Seite - siehe R.108)
151	**Schriftlicher Bescheid (WO-ISA) der ISA gleichzeitig mit ISR** oder der Erklärung nach Art. 17 (2) a) R 43bis	R 43bis.1 a) AG 7.027-7.032	Gleichzeitig mit dem ISR oder der Erklärung nach **Art. 17 (2) a)** wird von der ISA ein vorläufiger und unverbindlicher schriftlicher Bescheid WO-ISA über die Patentfähigkeit der internationalen Anmeldung erstellt. Übermittlung an IB und Anmelder nach R 44.1. Inhalt und Form des Bescheids orientieren sich an Erstellung des ivP/IPER → Ausnahme: <u>Kein</u> Bescheid, wenn ISA auch IPEA und **R 69.1 b-bis** erfüllt.
152	Sprache	R 43bis.1 b) R 43.4	WO-ISA in Veröffentlichungssprache (R 43.4 i) → B.312: **R 48.3 a)**) oder Sprache der Übersetzung für die Recherchebehörde, die auch VÖ-Sprache ist (R 43.4 ii)
153	Frist zur Erstellung WO-ISA und ISA/Erklärung nach Art. 17 (2) a) GL B-X, 1	Art. 18 (1) R 42.1	Innerhalb von **3 M nach Eingang des Rechercheexemplars** bei ISA oder **9 M ab frühestem PT**; spätere Frist zählt; Rechercheexemplar wird von AA an ISA übermittelt (wenn R.-Gebühr bezahlt). Liegt Anmeldung nicht in Veröffentlichungssprache vor → Übersetzung (Anmelder) + Übermittlung (von AA) nach **R 23.1 b)** iVm **R 12.3** an ISA, ansonsten direkte Weiterleitung nach R 23.1 a):
154		AG 7.030	Anmelder kann informelle Stellungnahme an das IB einreichen, wird mit VÖ über PATENTSCOPE ebenfalls veröffentlicht (B.164)

Ablauf PCT-Anmeldung B.

PCT Kapitel I: Internationale Recherche (Fortsetzung)			
Verfahrenshandlung	Rechtsnorm	Details	
Schriftlicher Bescheid mit Wirkung für ivP 📄 B.262	R 43bis.1 c) AG 7.032 AG 10.028	Schriftlicher Bescheid/WO-ISA enthält Mitteilung an Anmelder: Falls ivP beantragt, wird schriftlicher Bescheid (gemäß **R 66.1bis a)**, vorbehaltlich **R 66.1bis b)**) zum ersten schriftlichen Bescheid der IPEA gemäß **R 66.2,** Aufforderung zur Stellungnahme oder Einreichung Änderungen an Anmelder ggü. IPEA vor Ablauf **der Frist** nach **R 54bis.1 (a)** (**3 M** nach WO-ISA und **ISR** oder **Erklärung** nach **Art. 17 (2) a)** oder **22 M** ab **PT**, spätere Frist zählt); keine Verpflichtung, neuen Bescheid zu erstellen (Kap. II PCT).		155
Folge für schriftlichen Bescheid bei Nicht-Beantragung ivP	R 44bis.1 a) R 66.1bis	Aus **WO-ISR** wird durch IB der »**international preliminary report on patentability**« (IPRP bzw. ivP) (Kap. I) erstellt (entspricht inhaltlich dem nach **R 43bis.1** erstelltem Bericht); Abschrift IPRP unverzüglich an Anmelder durch IB.		156
	Art. 20 (1) a) R 44bis.2 a) R 47 R 93bis.1	IB übermittelt ivP (nach **R 44bis.1**) an Bestimmungsämter, jedoch nicht vor Ablauf von 30 M ab PT; auch früher, wenn Antrag durch Anmelder bei Bestimmungsamt gemäß **Art. 23 (2)** (nationale Prüfung vor 30 M durch nationales Amt) gestellt wurde.		157
	Art. 20 (1) b) R 44bis.3 a)	Jeder Bestimmungsstaat kann **Übersetzung** des **Berichts** nach **R 44bis.1** in EN verlangen (durch Antrag an IB), wenn Bericht nicht in Amtssprache des nationalen Amtes erstellt ist.		158
	R 44bis.3 b)	**Übersetzung** in **EN** wird **von IB** unter dessen Verantwortung durchgeführt		159
	R 44bis.3 c)	Übermittlung der Übersetzung an Bestimmungsamt und Anmelder Übermittlung des IPRP an Bestimmungsamt nach **R 44bis.2a** oder wenn Antrag durch Anmelder bei Bestimmungsamt gemäß **Art. 23 (2)** (nationale Prüfung vor 30 M durch nationales Amt) gestellt, 2 M nach Eingang des Übersetzungsantrags		160
	R 44bis.4	**Stellungnahme** des **Anmelders** zur **Übersetzung**		161
	R 44bis.3 d)	Auf Verlangen des Bestimmungsamts Übersetzung des IPRP ins Englische, wenn nicht in Amtssprache des Bestimmungsamts vorliegt; Anmelder kann Bemerkungen zur Übersetzung hinzufügen (**R 44bis.4**)		162
Anspruchs-änderung nach Art. 19 AG 9.004 ff. (siehe 📄 B.376 ff., 📄 L.114 ff.)	Art. 19 R 46.1 GL H- I, 3	• Innerhalb **2 M** nach **Übermittlung** (= Absendedatum) des ISR durch ISA oder **16 M** nach **frühestem PT** (spätere Frist) einmalige Änderung der Ansprüche (R 46.5 a): Ersatzblätter, vollständiger Satz von Ansprüchen - nicht über Offenbarungsgehalt) der intern. Anmeldung durch Anmelder mit Erklärung (**Einreichung beim IB**) möglich; • Erklärung der Änderung nach Art. 19 (1), z.B. im **Begleitschreiben** mit **Nachweis** der **Änderungen** aus Offenbarung (R46.5 b)); • Frist ist eingehalten, wenn Eingang der Änderungen beim IB vor Abschluss der techn. Vorbereitungen für die internationale Veröffentlichung erfolgt; • **Änderungen** und **Erklärung** sind in der **Veröffentlichungssprache** gemäß **Art. 48 (3)**, **R 46.3 und 4 beim IB einzureichen**; Nicht zulässig, wenn Erklärung nach **Art. 17 (2) a)**.		163
Einsichtnahme in WO-ISA bzw. ivP AG 7.028, 7.030		Schriftlicher Bescheid/WO-ISA wird **nicht** zusammen mit der Patentanmeldung **veröffentlicht**, jedoch ist durch die **Akteneinsicht** über PATENTSCOPE eine Einsicht in die WO-ISA in Verbindung mit dem ISR ab dem Tag der Veröffentlichung der int. Anmeldung **möglich**, falls die WO-ISA dem IB zur Verfügung steht. Eine Antwort des Anmelders auf die WO-ISA ist ab dem Tag der Veröffentlichung für Dritte einsichtig. AG 10.080: Auf Antrag eines ausgewählten Amts kann der ivP über PATENTSCOPE abrufbar gemacht werden, allerdings nicht vor 30 M ab PT.		164
Übersetzung in eine für die int. Veröffentlichung vorgeschriebene Sprache Falls Sprache, in der eingereicht wurde, keine Veröffentlichungssprache	Art. 21 (4) R 12.4	**R 12.4 a):** **Innerhalb 14 M nach PT** beim AA einzureichen **R 12.4 + R 48.3 a):** Veröffentlichungssprachen: **Arabisch, KR, PT, CN, DE, EN, FR, JP, RU, ES**	**R 12.4 c):** **Innerhalb 16 M nach PT** + ggf. Zuschlagsgebühr (25 % der int. Anmeldegebühr (**R 12.4 e)**) (ohne 31. Blatt) **R 12.4 d):** Rechtzeitig ist auch noch die Einreichung der Übersetzung vor Absendung der Erklärung nach **R 12.4 c)**, dass Anmeldung als zurückgenommen gilt, und **innerhalb von 17 M ab PT**.	**R 12.4 d):** Anmeldung gilt als zurückgenommen	165
EPA = ISA		Alle drei Amtssprachen sind von ISA zugelassen und Veröffentlichungssprache			166

B. Ablauf PCT-Anmeldung

	Verfahrenshandlung	Rechtsnorm	Details
167	**Ergänzende Internationale Recherche - SIS**		
168	**Ergänzende int. Recherche (SIS)** **R 45bis** AG 8.001 ff. GL B-XII, 1		• Durch die ergänzende int. Recherche kann Anmelder **weiteren Prüfstoff**, vor allem **in einer weiteren Sprache**, in die Recherche einfließen lassen. Jede hierzu beauftragte Behörde (**SISA**) bestimmt den **Umfang** der Recherche zusätzlich zum PCT-Mindeststoff sowie **Gebühren** selber: **AT**: Dokumente in dt. Sprache, europäische/nordamerikanische Dokumente oder PCT-Mindestprüfstoff **EP**: Zur Verfügung stehende Dokumente (ABl. 2010, 316) **FI** und **SE**: Zur Verfügung stehende Dokumente in DK, FI, NO und SE **RU**: Dokumente in russischer Sprache sowie der GUS-Staaten oder vorstehende Dokumente für Behandlungsverfahren (Art. 17 (2) iVm R 39.1 iv)) **XN** (Nordisches Patentinstitut): Zur Verfügung stehende Dokumente in DK, IS, NO, und SE **VPI** (Visegrad-Patentinstitut): Zur Verfügung stehende Dokumente in CZ, HU, PO, SK • Es wird **nur eine Erfindung** recherchiert, für weitere Erfindungen muss eigener Antrag gestellt werden. • Grundlage sind urspr. Unterlagen. **Änderungen** nach **Art. 19/Art. 34** werden **nicht berücksichtigt**. • RiLi E-IX, 1 vi): EPA kann auf Antrag SISA sein, wenn ISR nicht vom EPA durchgeführt wurde.
169	Antrag	R 45bis.1 a) GL B-XII, 1	**Antrag** (in **EN** oder **FR** nach R 92.2 d), Formular PCT/IB/375) vor Ablauf **22 M** nach PT; **mehrere Behörden** gleichzeitig **auswählbar**
170	Amt zur Einreichung und Übersetzung	R 45bis.1 b) + c)	**Einreichung beim IB**, Angabe der SISA, sollte Sprache der int. Anmeldung bei SISA nicht zugelassen sein -> Angabe ob beim AA nach R 12.3 oder 12.4 eingereichten Übersetzung Grundlage für SIS bilden soll, ansonsten Übersetzung in für SISA zugelassenen Sprache beifügen, Sequenzprotokoll in elektronischer Form beifügen
171	EPA = SISA	GL B-XII, 1	EPA als SISA hat SIS-Anträge auf 700/Jahr begrenzt.
172	Uneinheitlichkeit	R 45bis.1 d)	Bei festgestellter Uneinheitlichkeit Angabe der Erfindung möglich, auf die Recherche beschränkt werden soll, nur nötig, falls nicht Haupterfindung nach Art. 17 (3) a) recherchiert werden soll
173	Unwirksamkeit des Antrags	R 45bis.1 e)	IB erklärt Antrag als nicht gestellt, wenn i) er nach Ablauf von 22 M nach PT gestellt wird ii) ausgewähltes Amt keine SISA nach Art. 16 (3) b) ist oder nach R 45bis.9 b) nicht zuständig ist
174	**Bearbeitungsgebühr**	R 45bis.2 a), b), c) GL A-III, 6.1	**Bearbeitungsgebühr** (200 CHF – R 96 Nr. 2 GebVerz) für die ergänzende Recherche innerhalb **1 M** ab Antragstellung **an IB** gemäß GebVerz, Reduktion um 90 %, falls alle Anmelder aus Entwicklungsland (R 96 Nr. 5 GebVerz)
175	Gebührenermäßigung	R 96, Nr. 5 GebVerz	Gebührenermäßigung um 90 %, falls alle Anmelder aus Entwicklungsland, Aktuelle Ländertabelle (siehe Details in B.98 und R.201)
176	Rückerstattung	R 45bis.2 d)	Bearbeitungsgebühr wird zurückerstattet, wenn int. Anmeldung vor Übermittlung Unterlagen nach 45bis.4 e) i) bis iv) zurückgenommen wird, Antrag zurückgenommen wird oder nach R 45bis.1 e) als nicht gestellt gilt.
177	**Recherchengebühr**	R 45bis.3 a), b), c) GL A-III, 6.2	**Recherchegebühr** (1809 CHF – PCT Fee Tables, EPA: 1775 € - Art. 2 (1) Nr. 2 GebO, seit 01.04.2018) für alle für die ergänzende Recherche ausgewählten Behörden (jede Behörde legt Gebühr fest); **an IB zugunsten SISA** innerhalb **1 M** ab Antragstellung
178	Gebührenermäßigung	ABl. 2020, A4, ABl. 2022, A72	Beschluss des Verwaltungsbeirats gemäß Art. 33 (2) d) EPÜ: Ermäßigung um 75 %, wenn (alle) Anmelder Staatsangehörige und Wohnsitz/Sitz eines Staats mit niedrigem Einkommen haben (siehe Details unter B.102 und R.202).
179	Rückerstattung	R 45bis.3 d)	Recherchengebühr wird zurückerstattet, wenn int. Anmeldung vor Übermittlung Unterlagen nach 45bis.4 e) i) bis iv) zurückgenommen wird, Antrag zurückgenommen wird oder nach R 45bis.1 e) als nicht gestellt gilt.
180		R 45bis.3 e)	SISA erstattet Recherchegebühr, wenn ausgewähltes Amt keine SISA nach Art. 16 (3) b) ist, wenn Antrag nach R 45bis.5 g) als nicht gestellt gilt, bevor SISA die SIS nach R 45bis.5 a) begonnen hat

Ablauf PCT-Anmeldung B.

Ergänzende Internationale Recherche – SIS (Fortsetzung)			
Verfahrens-handlung	Rechtsnorm	Details	
Prüfung des Antrags	R 45bis.4 a)	IB prüft Antrag auf Erfordernisse R 45bis.1 b) und c) i), ggf. Aufforderung Mängelbeseitigung innerhalb 1 M	181
Nachzahlung	R 45bis.4 b), c)	**1 M** Nachfrist nach Aufforderung zur Zahlung Bearbeitungs- und/oder Recherchengebühr, 50 % Zuschlag zur Bearbeitungsgebühr zugunsten IB erforderlich	182
Fehlende Mängelbeseitigung	R 45bis.4 d)	Werden Mängel nach R 45bis.4 a) nicht beseitigt oder fällige Gebühren nach R 45bis.4 b), c) nicht entrichtet, gilt Antrag als nicht gestellt, IB unterrichtet Anmelder	183
Übermittlung Unterlagen	R 45bis.4 e)	Übermittlung notwendiger Unterlagen (R 45bis.4 e) i) bis iv)) an für die ergänzende Recherche ausgewählte Behörden (nicht vor Eingang ISR oder vor Ablauf **17 M** nach PT; spätere Frist).	184
Übersetzung ISR	R 45bis.4 f)	Auf Antrag SISA wird ISR in EN übersetzt, wenn er nicht in einer für die SISA zugelassenen Sprache abgefasst ist, IB übermittelt innerhalb 2 M ab Übersetzungsantrag Kopie der Übersetzung an SISA und Anmelder	185
Beginn der Recherche	R 45bis.5 a)	Wenn alle Unterlagen gemäß **R 45bis.4 e) i) bis iv)** vorliegen, Beginn aufschiebbar, bis ISR (R 45bis.4 e) v)) vorliegt, oder bis Ablauf **22 M** nach PT (frühere Frist);	186
Gegenstand	R 45bis.5 b) GL B-XII, 3	Recherche (Ablauf, Anforderungen, Einheitlichkeit, usw.) wird auf Basis der ursprünglich eingereichten Ansprüche (oder deren Übersetzung) erstellt, keine Berücksichtigung von Änderungen nach Art. 19 oder Art. 34, orientiert sich an Durchführung der ISR und des schriftlichen Bescheids (R 43bis.1), bei Uneinheitlichkeit Beschränkung auf Angabe nach R 45bis.1 d)	187
Beschränkung	R 45bis.5 c), d) e), g), h) GL B-XII, 5	Beschränkung der Recherche auf von ISA recherchierte Ansprüche, zusätzliche Beschränkung aufgrund Art. 17 (2) oder R 45bis.9 a) möglich, SISA unterrichtet Anmelder und IB	188
Uneinheitlichkeit	R 45bis.6 a) GL B-XII, 10	Feststellung **Uneinheitlichkeit** durch SISA; Erstellung SISR für Ansprüche der zuerst genannten Erfindung, Mitteilung über Uneinheitlichkeit an Anmelder inkl. Gründe und Möglichkeit zur Überprüfung durch die SISA ggf. in Abhängigkeit von Überprüfungsgebühr (beim EPA 935 € - Art 2 (1) Nr. 22 GebO).	189
Überprüfung Uneinheitlichkeit Überprüfungs-gebühr	R 45bis.6 c), d) GL A-III, 6.3	Innerhalb 1 M Antrag bei SISA auf **Überprüfung Uneinheitlichkeit** möglich, durch EPA als Dienstleistung für WIPO (BdP vom 09.06.2015, ABl. 2015, A59), **Zahlungseingang Überprüfungsgebühr** (GL A-III, 6.3) **beim EPA** erwartet, stellt somit **Versäumnis** nach **Art. 122 EPÜ** dar, welches zur **WE berechtigt** - siehe auch B.132 f. (ISA) und B.278 (IPEA)	190
Übermittlung an BS	R 45bis.6 e)	Auf Antrag Anmelder Übermittlung Wortlaut Antrag auf Überprüfung und Entscheidung zusammen mit SIS an BS	191
Ergänzender int. RB (SISR)	R 45bis.7 a)	**Ergänzender int. RB** (SISR) oder **Erklärung** nach **Art. 17.2 a)** erstellt durch ausgewählte SISA innerhalb **28 M** nach **PT**	192
Sprache	R 45bis.7 a)	Jeder SISR, jede Erklärung nach Art. 17 (2) a) sowie jede Erklärung nach R 45bis.5 e) sin in einer Veröffentlichungssprache abzufassen	193

B. Ablauf PCT-Anmeldung

Ergänzende Internationale Recherche – SIS (Fortsetzung)

	Verfahrenshandlung	Rechtsnorm	Details
194	**Übermittlung**	R 45bis.8	**Übermittlung** des ergänzenden int. RB oder Erklärung nach **Art. 17.2 a)** an **IB** und **Anmelder**; weiterer Ablauf wie bei ISR
195	Relation zu ISR	R 45bis.8 b)	Vorbehaltlich R 45bis.8 c) gilt SISR als Teil des ISR, SISR wird nicht veröffentlicht, ist jedoch über PATENTSCOPE öffentlich zugänglich (AG 8.053)
196	Relation zu ivP	R 45bis.8 c)	Geht SISR nach Beginn der Erstellung des ivP bei IPEA ein, muss diese den SISR nicht berücksichtigen
197	**SISA**	R 45bis.9 a), c)	SISA wird durch Vereinbarung nach Art. 16 (3) b) festgelegt, Beschränkungen zur Durchführung möglich, z.B. Gesamtzahl der durchzuführenden SIS oder Beschränkung auf bestimmte Anzahl von Ansprüchen
198	ISA = SISA Keine Recherche	R 45bis.9 b)	ISA darf für gleiche int. Anmeldung keine SISA sein; Ist EPA als SISA für die SIS tätig geworden, wird in der europäischen Phase kein ergänzender europäischer Recherchenbericht nach R 159 (1) e) EPÜ erstellt.
199	**Zurücknahme Antrag**	R 90bis.3bis GL A-IV, 2.5	**Zurücknahme** des **Antrags** auf ergänzende Recherche jederzeit vor Datum der Übermittlung gemäß R 45bis.8 a) des SISR oder Erklärung, dass kein solcher Bericht erstellt wird.

Ablauf PCT-Anmeldung B.

PCT Kapitel II: Antrag auf internationale vorläufige Prüfung - ivP Art. 31, R 53, AG Kapitel 10, GL C				200
Verfahrenshandlung	Rechtsnorm	Details	Rechtsfolge bei Nichtbeseitigung von Mängeln oder Fristversäumnis	
Antrag auf ivP Frist	Art. 31 (1) R 54bis.1	Antrag ivP ist innerhalb von **3 M ab** Übermittlung **ISR**, **Erklärung** nach **Art. 17 (2) a)** und **schriftlicher Bescheid** (**R 54bis.1 a) i)**) oder **22 M ab PT** (**R 54bis.1 a) ii)**) zu stellen.		201
	Art. 31 (3) GL C-II, 1	Antrag ist gesondert von der int. Anmeldung zu stellen → Sprache (**R 55.1**: In Sprache der Anmeldung oder bei Abweichung in VÖ-Sprache), Form (**R 53.1**, AG 10.012).		202
Form AG 10.012	R 53.1	Formblatt (PCT/IPEA/401)		203
	R 53.2 a) i) R 53.3	**Gesuch**		204
	R 53.2 a) ii) R 53.4	Angaben **Anmelder** (**R 4.4**, **R 4.5**), bei mehreren Anmeldern reichen Angaben nach **R 4.5 a) ii) + iii)** eines Anmelders (**R 60.1 a-bis**)		205
	R 53.2 a) ii) R 53.5	ggf. Angaben **Anwalt** (**R 4.4**, **R 4.7**)		206
	R 53.2 a) iii)	Angaben zur int. Anmeldung		207
	R 53.2 a) iv) R 53.9	ggf. Erklärung über **Änderungen** nach **Art. 19** oder **Art. 34** - siehe B.235 ff..		208
	R 53.2 b) R 53.8 a)	**Unterschrift**; alle Anmelder haben zu unterschreiben; es reicht nach **R 60.1 a-ter)** jedoch bei **mehreren Anmeldern** die Unterschrift eines Anmelders oder nach **R 90.3 a)** die Unterschrift des Vertreters aus (AG 10.031) - siehe B.233.		209
Benennung ausgewählter VS	R 53.7 Art. 31 (4) a)	**Benennung** der **ausgewählten Staaten**, alle VS werden mit Antrag bestimmt		210
Sprache	R 55.1	**Sprache** des Antrags (Sprache der int. **Anmeldung**, **Veröffentlichung** oder der nach **R 55.2** notwendigen **Übersetzung** für IPEA - siehe B.116)		211
Gebühren AG 10.035 ff.	Art. 31 (5) R 58.1 R 57 GL C-II, 11	• **Prüfungsgebühr** für die **ivP** (R 58.1: an IPEA, von IPEA festgesetzt) - siehe B.239, R.188 f., R.97 – GL A-III, 7.2 • **Bearbeitungsgebühr** (R 57.1 an IPEA, zugunsten IB) - siehe B.242, R.190		212
Zahlungsfrist AG 10.042	R 57.3 R 58.1 b)	Innerhalb 1 M nach Antragsstellung oder 22 M nach PT, spätere Frist ist relevant - GL C-II, 11		213
Zurücknahme Antrag auf ivP GL IX, 1	Art. 37 (1) R 90bis.4 a)	Zurücknahme des Antrags bis **30 M** ab **PT** - AG 10.005		214
	R 90bis.5	Zurücknahme ist von **allen Anmeldern** zu **unterschreiben** – siehe B.285.		215
Berechtigte AG 10.004, 10.017	Art. 31 (2) a) R 18.1 R 54.2	Mind. **ein Anmelder** ist **Staatsangehöriger** eines VS oder hat **Sitz** oder **Wohnsitz** in einem **VS**, für den Kapitel II verbindlich ist, und die int. Anmeldung ist bei einem AA dieses VS eingereicht	**R 54.4** (Anmelder ist nicht berechtigt): Antrag auf ivP gilt als nicht gestellt	216

B. Ablauf PCT-Anmeldung

PCT Kapitel II: Antrag auf internationale vorläufige Prüfung (Fortsetzung)

	Verfahrens-handlung	Rechtsnorm	Details	Unmittelbare Folgen eines Mangels, Mängelbeseitigung, Fristen	Rechtsfolge bei Nichtbeseitigung von Mängeln oder Fristversäumnis
218	**Zuständige Behörde für ivP** AG 10.006 (siehe auch 📄 B.113 f. und 📄 B.541)	Art. 32 (2) Art. 31 (6) a) R 59.1 R 59.3	**Art. 32 (2)**: AA bestimmt IPEA **Art. 31 (6) a)**: Bei durch AA bestimmter IPEA einzureichen **Art. 31 (6) b)**: Nachträgliche Auswahl ist beim IB einzureichen	**R 59.3 a)**: Weiterleitung ans IB oder EPA (falls AA, ISA oder IPEA nicht zuständige IPEA) **R 59.3 b)**: Datum der Einreichung zählt **R 59.3 c)**: Einreichung bei IB → Aufforderung zur Wahl IPEA mit Frist (R 54bis.1 a) oder 15 Tage, spätere Frist) bei mehreren zuständigen Behörden	**R 59.3 d)**: Ohne Wahl gilt Antrag beim IB als nicht gestellt
219	**EPA als IPEA** siehe auch 📄 B.114 (EPA als ISA)	Art. 152 EPÜ GL C-II, 2 GL C-IV, 2.2	**Vereinbarung WIPO-EPA** (ABl. 2017, A115, 2010, 304): • Falls **EPA** kein AA, Bestimmungsamt oder ausgewähltes Amt ist, kann **EPA** nur **IPEA** (und ausgewähltes Amt) sein, wenn **internationale Recherche** von **EPA**, einem der Patentämter **AT, ES, SE, FI, TR, XN** (Nordischen Patentinstitut) oder **VPI** (Visegrad-Patentinstitut) durchgeführt wurde. - RiLi E-IX 1 v), GL C-IV, 2.1 Mögliche **Sprachen** für die Recherche neben DE, EN, FR auch NL falls AA NL - siehe ABl. 2018, A24 (siehe auch 📄 B.126)		
220	**Prüfungs-gegenstand der ivP**	Art. 33 (1) GL G-II und G-VII	Gegenstand der ivP ist Erstellung vorläufigen und nicht bindenden Gutachtens über **Neuheit** (**Art. 33 (2)**), **erfinderische** Tätigkeit (Nichtoffensichtlichkeit) (**Art. 33 (3)**) und **gewerbliche Anwendbarkeit** (**Art. 33 (4)**) der Ansprüche		
221	**Fehlender ISR/ Uneinheitlich-keit**	R 66.1 e)	Keine ivP für Ansprüche für die kein ISR erstellt (da keine zusätzliche R.-Gebühr bezahlt); Erfindung ist einzuschränken auf Gegenstand, der im ISR bzw. im ergänzenden ISR behandelt wurde.		
222	**Beschränkung der Recherche** (IPEA)	Art. 34 (4) a) i) R 67.1	**Festlegung** der Beschränkungen hinsichtlich der Durchführung der Recherchen **durch** die **ISA/IPEA** - siehe 📄 B.117 ff.		
223		Art. 16 (3) b) + c)	Vereinbarung zwischen nationaler Behörde und IB zur Einsetzung Recherchenbehörde als ISA/IPEA. Mindestanforderungen an Recherchenbehörde an Prüfstoff, um als ISA eingesetzt werden zu können.		
224	**EPA als IPEA** (siehe auch EPA als ISA 📄 B.119)	Art. 152 EPÜ GL C-IV, 4.1 GL -B-VIII, 2	**Keine** internationale **Recherche** bei • **Geschäftsmethoden** als Anmeldegegenstand, außer wenn Anmeldegegenstand noch technische Mittel umfasst - siehe ABl. 2007, 592, ABl. 2014, A117) • **Nucleotid-** und/oder **Aminosäuresequenzen**, die **nicht** dem **Standard** entsprechend und/oder **nicht** in **elektronischer** Form vorliegen - siehe Sonderausgabe Nr. 3, ABl. 2007, ABl. 2010, 328		
225	**Maßgeblicher SdT für ivP**	Art. 32 (3) Art 16 (3) R 63.1	**Mindestanforderung an IPEA**		
226		R 63.1 a) ii) R 34	**Mindestprüfstoff** (entspricht Anforderung an ISA - siehe 📄 B.122)		
227		Art. 33 (2) + (3) R 64.1	Nur **schriftliche Offenbarung** gelten als SdT für Neuheit (**Art. 33 (2)**) und erf. Tätigkeit (**Art. 33 (3)**) iVm **R 64.1 a)** - GL G-VI und GL G-VII Maßgeblicher Zeitpunkt nach **R 64.1 b)**, **R 65.2** ist int. AT bzw. PT der früheren Anmeldung		
228		R 64.2 R 70.9	**Nichtschriftliche** Offenbarung im Prüfbericht nur erwähnt		
229		R 64.3 R 70.10	**Nachveröffentlichte** Anmeldungen und Patente im Prüfbericht nur erwähnt		
230		R 66.1ter	**Zusätzliche Recherche** zur Ermittlung des veröffentlichten oder zugänglich gemachten **SdT nach** Erstellungsdatum **ISR** (seit 01.07.2014, ABl. 2014, A57)		

Ablauf PCT-Anmeldung B.

PCT Kapitel II: Antrag auf internationale vorläufige Prüfung (Fortsetzung)

Verfahrens-handlung	Rechtsnorm	Details	Unmittelbare Folgen eines Mangels, Mängelbeseitigung, Fristen	Rechtsfolge bei Nichtbeseitigung von Mängeln oder Fristversäumnis	
Übersetzung int. Anmeldung. in für die ivP vorgeschriebene Sprache AG 10.011	R 55.2 a)	Zugelassene Sprache IPEA oder Sprache der Veröffentlichung	**R 55.2 c):** Mind. 1 M nach Aufforderung, verlängerbar bis Entscheidung getroffen wurde	**R 55.2 d):** Antrag auf ivP gilt als nicht gestellt	231
EPA als IPEA (siehe B.126)	Art. 152 EPÜ GL B-XI, 2.2	• Alle drei Amtssprachen DE, EN und FR sind von der IPEA zugelassen und gleichzeitig Veröffentlichungssprache. • Auch akzeptiert: Anmeldungen in **niederländischer Sprache**, die beim **niederländischen Patentamt** eingereicht wurden ABI. 2017, A115, ABI. 2018, A24 (hier trotzdem notwendig 14 M nach PT: Übersetzung in eine für die internationale Veröffentlichung zugelassene Sprache).			232
Mängel im Antrag auf ivP	Art. 31 R 53 R 55.1	**R 60.1 a-bis** und **a-ter):** Bei **mehreren Anmeldern** reicht Angabe und Unterschrift **eines Berechtigten** nach **R 53.4** und **R 53.8** aus; ebenso Unterschrift Anwalt, wenn er Vollmacht von zumindest einem Anmelder vorlegt	**R 60.1 a) und b):** Aufforderung zur Mängelbehebung durch IPEA, Frist mind. 1 M ab Aufforderung, verlängerbar bis Entscheidung; Datum Antragstellung auf ivP verschiebt sich auf Tag der Mängelbeseitigung, wenn kein ausgewählter Staat benannt oder int. Anmeldung nicht ausreichend gekennzeichnet ist → aufschiebende Wirkung bzgl. der nat. Phase kann verloren gehen (wenn späteres Datum nach 19 M Frist liegt)	**R 60.1 c):** Antrag gilt als nicht gestellt bzw. Auswahlerklärung gilt als nicht erfolgt: **Antrag** kann innerhalb Frist **R 54bis.1 a) i):** 3 M ab Übermittlung des ISR/ Erkl. nach Art. 17 (2) a), oder Bescheid nach R 43bis.1 ii) 22 M ab PT **erneut gestellt** werden; **Kritisch für Länder, die Frist nach Art. 22 noch nicht auf 30 M verlängert haben (LU, TZ)**	233
EPA = IPEA	Art. 155 (3) EPÜ	EPA-Beschwerdeabteilung nicht zuständig, falls EPA als AA, ISA oder IPEA tätig war J 15/91, J 20/89			234
Änderungen (nach Art. 19, Art. 34) zusammen mit Antrag auf ivP GL H-I, 1 (siehe B.376 ff., L.114 ff.)	Art. 31 R 53.2 a) iv) R 53.9 a) (n. Art. 19) + Erklärung der Änderungen R 53.9 c) (n. Art. 34)	Einreichung Antrag mit **Erklärung** innerhalb Frist nach **R 54bis.1 a)** (siehe B.201) + **Angabe** zu Änderungen, die nach **Art. 19 (R 53.9 a))** oder **Art. 34 (R 53.9 c))** eingereicht wurden.	**R 60.1 g):** Änderung nach **Art. 34** nicht eingereicht, nur Erklärung gemäß **R 53.9 c),** IPEA fordert auf, innerhalb Frist (nach **R 60.1 a)** mind. 1 M, verlängerbar, bis Entscheidung getroffen wurde) Änderungen einzureichen, Prüfung **R 69.1 e)** nach Eingang oder Fristende	**R 69.1 e):** IPEA beginnt Prüfung nach Eingang oder nach Fristende nach R 60.1 g) (frühere Frist) - GL C-VI, 1 **R 55.3 d):** Ist Begleitschreiben nicht in erforderlicher Sprache übersetzt, braucht Änderung bei ivP nicht berücksichtigt zu werden	235
	R 55.3	Falls **Übersetzung** der int. Anmeldung nach **R 55.2** erforderlich (siehe B.231), sind **Änderungen** in Sprache dieser Übersetzung einzureichen	IPEA fordert auf, innerhalb Frist nach **R 55.3 b)** (mind. 1 M), nach Aufforderung Übersetzungen einzureichen	**R 55.3 c):** Änderung werden bei ivP nicht berücksichtigt	236
	R 53.9 b) R 69.1 d)	Möglichkeit zur Aufschiebung des Beginns der Prüfung bis Frist nach Art. 19 abläuft, um Änderungen einzureichen, wenn IPEA = ISA + gleichzeitig mit ISR und ivP beginnen möchte.			237
	R 66.4bis	Berücksichtigung von Änderungen durch IPEA bis Beginn der Erstellung Bescheid/Bericht			238

B. Ablauf PCT-Anmeldung

PCT Kapitel II: Antrag auf internationale vorläufige Prüfung (Fortsetzung)

	Verfahrenshandlung	Rechtsnorm	Details	Unmittelbare Folgen eines Mangels, Mängelbeseitigung, Fristen	Rechtsfolge bei Nichtbeseitigung von Mängeln oder Fristversäumnis
239	**Gebühr für ivP** (von IPEA festgesetzt) AG 10.035 ff. (siehe R.27, R.97)	Art. 31 (5) R 58.1 a) Prüfungsgebühr R 58.1 c) an IPEA	**R 58.1 b), R 57.3**: 1 M nach Antrag auf vorl. Prüfung bzw. 22 M nach PT (jeweils späteres Fristende maßgeblich) bzw. 1 M, wenn IPEA Recherche + Prüfung gleichzeitig durchführt (nach **R 69.1 b)**)	**R 58bis.1 a)**: 1 M ab Aufforderung, mit Zuschlag nach **R 58bis.2 i)**, mind. 50 % der nicht gezahlten Gebühr aber mind. Bearbeitungsgebühr, max. doppelte Bearbeitungsgebühr (Zuschlag: ABl. –2018, Zusatzpublikation 2) **R 58bis.1 c)**: Rechtzeitige Zahlung ohne Zuschlag bei Eingang vor Absendung der Aufforderung nach **R 58bis.1 a)** durch IPEA **R 58bis.1 d)**: Rechtzeitig auch vor Absendung Erklärung nach **R 58bis.1 b)** (keine Reaktion nach Aufforderung gemäß R 58bis.1 a) und Zahlung der Gebühr nach R 58bis.2 innerhalb 1 M) GL A-III, 7.5	Prüfungsantrag gilt nach R 58bis.1 b) **als nicht gestellt.** Wenn Zuschlagsgebühr nicht gezahlt, wird Gebühr zurückbezahlt - R 58.3 (ABl. 2001, 601)
240	EPA = IPEA GL A-III, 7.2	R 158 (2) EPÜ Art. 2 (1) Nr. 19 GebO	1830 € (seit 01.04.2018) 1930 € (bis 31.03.2018)		
241	Gebührenermäßigung	ABl. 2020, A4, ABl. 2022, A72	Beschluss des Verwaltungsbeirats gemäß Art. 33 (2) d) EPÜ: Ermäßigung um 75 %, wenn (alle) Anmelder Staatsangehörige und Wohnsitz/Sitz eines Staats mit niedrigem Einkommen haben (siehe Details unter B.102, B.178 und R.202).		
242	**Bearbeitungsgebühr** (zugunsten IB) AG 10.035 (siehe R.190)	Art. 31 (5) R 57.1 Höhe: R 57.2 a) R R 96, Nr. 3 GebVerz 200 CHF R 57.1: an IPEA	**R 57.3 a) bis c)**: 1 M nach Antrag auf ivP bzw. 22 M nach PT (jeweils späteres Fristende maßgeblich) bzw. 1 M nach Aufforderung, wenn IPEA Recherche + Prüfung gleichzeitig durchführt	Folgen entsprechend B.239	**R 57.4**: Rückerstattung
243	EPA = IPEA GL A-III, 7.1	PCT Fee Table II	196 € Stand 01.01.2020 Verspätete Zahlung nach **Art. 8 GebO**		
244	Gebührenermäßigung	R 96, Nr. 5 GebVerz	Gebührenermäßigung um 90 %, falls alle Anmelder aus Entwicklungsland, Aktuelle Ländertabelle (siehe R.201, B.98)		
245	**Beginn der Prüfung** AG 10.010 AG 10.051 ff.	R 69.1 a)	IPEA kann **bei Vorlage** des **Antrags**, der **Gebühren** und des **ISR** oder **Erklärung** nach **Art. 17 (2) a)** und **schriftlichem Bescheid** nach R 43bis.1 vorbehaltlich der Absätze b) bis e) mit der **ivP beginnen**, es sei denn, der **Anmelder beantragt** die **Aufschiebung** bis zum Ablauf der Frist nach **R 54.bis1 a)** (**22 M ab PT** bzw. **3 M nach Absendedatum** des int. RB und schriftlicher Bescheid) ausdrücklich.		
246	**Frist für die Erstellung des ivP (= IPER)** AG 10.074	Art. 35 (1) R 69.2 GL C-VI, 2	28 M ab PT oder 6 M ab Beginn nach **R 69.1 a)** oder 6 M ab Einreichung Übersetzung der Anmeldung nach **R 55.2** (spätere Frist)		

Ablauf PCT-Anmeldung B.

PCT Kapitel II: Antrag auf internationale vorläufige Prüfung (Fortsetzung)

Verfahrens-handlung	Rechtsnorm	Details	
Handlungen vor Beginn ivP (IPER) AG 10.066, 10.068, 11.045	Art. 34 (2) a)	Anmelder hat das Recht, mündlich und schriftlich mit der IPEA zu verkehren.	247
	Art. 34 (2) b)	**Änderungen** der Ansprüche, Beschreibung und der Zeichnungen (vor Erstellung des ivP) im Rahmen der ursprünglichen Offenbarung am AT (siehe B.388 ff.)	248
	Art. 34 (2) c)	Anmelder erhält **wenigstens einen schriftlichen Bescheid** nach **R 66.1bis a)**	249
Keine Erstellung ivP	Art. 34 (4)	IPEA erstellt keine ivP (nicht patentierbar - R 67.1, nicht recherchiert - R 66.1 (e), unklare Anmeldung)	250
	R 66.2 a)	Schriftlicher Bescheid, dass keine ivP durchgeführt wird oder negativ ausfallen würde (auch bei evtl. nat. nicht erlaubten mehrfach abhängigen Ansprüchen)	251
Aufforderung zur Stellungnahme	R 66.2 c)+d) R 66.4 a)+b)	Ein- oder mehrmalige **Aufforderung** zur **Stellungnahme**, mind. 1 M, max. 3 M Frist zur Äußerung, **e)** verlängerbar	252
	R 66.3	Stellungnahme gegenüber der IPEA	253
	R 66.4	Zusätzlicher (erster) schriftlicher Bescheid der IPEA	254
	R 92.2 a)	**Sprache** des Schriftverkehrs mit Amt (siehe B.50)	255
	R 12.2 a)	**Änderung** ist in der **Sprache** der **Anmeldung** einzureichen. (siehe B.403)	256
EPA≠IPEA	MdEPA, ABl. 2011, 532 GL C-IV, 2.1 GL C-VII, 1	• Liegt kein schriftlicher Bescheid des EPA als ISA vor, erstellt EPA ersten schriftlichen Bescheid, wenn es Einwände sieht, d.h. die ivP negativ ausfallen würde, und teilt dies dem Anmelder mit (**R 66.1bis c**) und 66.2). • Vor Erstellung der ivP kann der Anmelder eine **telefonische Rücksprache** beantragen. Das EPA (als IPEA) gibt einem solchen Antrag idR nur **einmal** statt (**R 66.6**).	257
Erstellung Prüfbericht des ivP (IPER) GL C-VIII, 1	Art. 35 (1)	Erstellung des ivP (IPER)	258
	Art. 35 (2), Art 33 (1)-(4)	Prüfung der Ansprüche auf **Neuheit, erfinderische Tätigkeit** und **gewerbliche Anwendbarkeit,** Angabe der Unterlagen, die Beurteilung stützen, ergänzt durch Erklärung	259
	R 66.1 a) bis d)	Als Grundlage dienen eingereichte Originalunterlagen sowie Änderungen nach **Art. 19** und/oder **Art. 34**	260
	R 66.1ter	**Zusätzliche Recherche**, um **nach Erstellungsdatum** des **ISR veröffentlichte** oder zugänglich gemachte **Dokumente** zu ermitteln. Nur für Teile, für die ivP erstellt werden, nicht für Art. 34 (3), (4) oder R 66.1 e); Angabe des Datums der Erstellung der zusätzlichen Recherche oder Feststellung, dass keine zusätzliche Recherche durchgeführt wurde nach R 70.2 f) (seit 01.07.2014, ABl. 2014, A57)).	261
	R 66.1bis a) R 43bis.1 c) AG 7.032 AG 10.028	Schriftlicher Bescheid (WO-ISA) enthält Mitteilung an Anmelder: Falls ivP beantragt, wird schriftlicher Bescheid (gemäß **R 66.1bis a)**, vorbehaltlich **R 66.1bis b)**) zum ersten schriftlichen Bescheid der IPEA gemäß **R 66.2**, Aufforderung zur Stellungnahme oder Einreichung Änderungen an Anmelder ggü. IPEA vor Ablauf **der Frist** nach **R 54bis.1 (a)** (**3 M** nach WO-ISA und **ISR** oder **Erklärung** nach **Art. 17 (2) a)** oder **22 M** ab **PT**, spätere Frist zählt); keine Verpflichtung, neuen Bescheid zu erstellen (Kap. II PCT).	262
	R 66.1bis b)-d) AG 7.032	Ggf. Mitteilung der IPEA, dass schriftlicher Bescheid **keine Gültigkeit für IPEA** hat; **Hintergrund**: IPEA war nicht ISA; Mitteilung an Anmelder; WO-ISA der ISA kann jedoch in der ivP durch IPEA berücksichtigt werden (siehe **Vorbehalte** B.540). → **Stellungnahme und Änderungen bei schriftlichem Bescheid der IPEA**	263
	R 66.4bis	Berücksichtigung von Änderungen durch IPEA, bis Beginn der Erstellung des Bescheids/des Berichts Berücksichtigung Einwendungen Dritter (EPA = AA – GL E-II) - siehe B.495	264
EPA = ISA	MdEPA, ABl. 2011, 532 GL C-IV, 2.2 GL C-VII, 1	• EPA (als ISA) erstellt **zweiten schriftlichen Bescheid**, wenn Anmelder **Änderungen** u/o **Gegenvorstellungen** zum ersten schriftlichen Bescheid **fristgerecht eingereicht** hat und noch Einwände bestehen, so dass die ivP negativ ausfallen würde. • **Frist** zur Erwiderung auf den zweiten schriftlichen Bescheid oder ggf. auf Niederschrift der telefonischen Rücksprache beträgt **normalerweise 2 M**, mind. 1 M (**R 66.2 d)**).	265
Vertraulicher Charakter ivP	Art. 38	**Vertraulicher Charakter** der ivP; Einsicht für ausgewählte Ämter nach Erstellung des ivP	266
Akteneinsicht	R 94.3	**Akteneinsicht** beim ausgewählten Amt durch Dritte evtl. durch nat. Bestimmung möglich; jedoch **nicht vor** der internationalen **Veröffentlichung** (AG 10.080, 11.074). AG 10.080: Auf Antrag eines ausgewählten Amts kann der IPER über PATENTSCOPE abrufbar gemacht werden, allerdings nicht vor 30 M ab PT.	267

B. Ablauf PCT-Anmeldung

PCT Kapitel II: Antrag auf internationale vorläufige Prüfung (Fortsetzung)

#	Verfahrenshandlung	Rechtsnorm	Details	Unmittelbare Folgen eines Mangels, Mängelbeseitigung, Fristen	Rechtsfolge bei Nichtbeseitigung von Mängeln oder Fristversäumnis
268	**Weiterleitung der ivP**	Art. 36	**Übermittlung** der ivP (IPER) an den **Anmelder** sowie über das IB die **ausgewählten Ämter**, Übersetzungen (falls notwendig) sowie Anlagen sind beigefügt		
269		R 72.1 a)	Ausgewähltes Amt kann Übersetzung in Englisch verlangen, falls nicht in Amtssprache übersetzt		
270		R 72.3	Anmelder kann schriftlich zur Richtigkeit der Übersetzung der ivP oder des schriftlichen Bescheids (WO-ISA) Stellung nehmen.		
271	**Uneinheitlichkeit (Feststellung durch IPEA)**	Art. 3 (4) iii) R 13	Generelle **Anforderung** an **Einheitlichkeit** der int. **Anmeldung**	R 70.13: Bei Zahlung oder Einschränkung Angabe in Bericht; Angabe nach R 68.1	R 68.5: **Haupterfindung wird recherchiert**
272	AG 10.072, 10.073	Art. 34 (3) a) R 68.2	**R 68.2 iv) PCT:** Aufforderung innerhalb 1 M Einschränkung Ansprüche oder Zahlung zusätzliche Gebühr, 1 M		R 66.1 e): Nur recherchierte + bezahlte Ansprüche werden geprüft
273	zusätzliche Gebühr für int. vorläufige Prüfung	Art. 34 (3) a) R 68.3 a), b)	**Zusätzliche Gebühr** für ivP wird **durch IPEA** festgelegt und an IPEA zu zahlen		Art. 34 (3) b), c): Nat. Recht steht Rücknahmefiktion für nicht geprüfte Teile zu, falls der Anmelder keine besondere Gebühr zahlt
274		R 68.1	Keine Aufforderung trotz mangelnder Einheitlichkeit		
275	EPA = IPEA GL A-III, 7.2.1 GL C-V, 1 ff.	R 68.3 a) R 158 (2) EPÜ Art. 2 (1) Nr. 19 GebO: 1830 € (seit 01.04.2018)	Gebühr wie für ivP	Möglichkeit der Einreichung von TA nach Art. 76, R 36 EPÜ bei Regionalisierung vor EPA nach Frist der R 159 (1) EPÜ RiLi E-IX, 2.4.1	
276	**Widerspruchsgebühr** AG 10.072 ABl. 2007, SA 3, N.2	R 68.3 c), e)	**R 68.2 v):** Innerhalb 1 M nach Aufforderung (also gleichzeitig mit zusätzlicher Gebühr)		R 68.3 e): Widerspruch gilt als nicht erhoben
277			**Zahlung** der zusätzlichen Gebühr für int. Vorläufige Prüfung **unter Widerspruch**, Beifügung **Begründung** des Widerspruchs		
278	EPA = IPEA GL A-III, 7.3 GL C-V, 4.3	R 158 (3) EPÜ Art. 2 (1) Nr. 21 GebO 935 € (seit 01.04.2022) (910 € bis 31.03.2022)	Durchführung des **Widerspruchsverfahrens** als Dienstleistung **vor EPA = IPEA** einstufiges Verfahren - ABl. 2015, A59, S/S Art. 152 EPÜ Rd 331 ff.		
279			**Zahlungseingang** der **Widerspruchsgebühr** wird **beim EPA** erwartet und stellt somit ein **Versäumnis** nach Art. 122 EPÜ dar, welches zur **WE berechtigt**. siehe auch B.132 ff. (ISA), B.189 f. (SISA) und R.177, R.186 und R.195		
280	Erstattung bei begründetem Widerspruch		Bei in vollem Umfang **begründetem Widerspruch** wird die **Widerspruchsgebühr + zusätzliche Gebühr erstattet.** Bei **teilweise begründetem Widerspruch** wird **zusätzliche Gebühr erstattet, nicht** aber **Widerspruchsgebühr** (siehe S/S Art. 152 EPÜ Rd 375).		

Ablauf PCT-Anmeldung B.

PCT Kapitel II: Antrag auf internationale vorläufige Prüfung (Fortsetzung)

Verfahrens-handlung	Rechtsnorm	Details	
Nationalisieren (Kapitel II)	Art. 39 (1) a)	Anmelder hat innerhalb 30 M ab PT jedem ausgewählten Amt ein Exemplar der int. Anmeldung zuzuleiten (EPA: Übermittlung nicht erforderlich (R 49.1(a-bis) iVm R 76.5)	281
	Art. 40 (1)	Keine Prüfung vor Ablauf der Frist nach Art. 39, außer Art. 40 (2) auf ausdrücklichen Wunsch des Anmelders (siehe zur beschleunigten Prüfung »PACE« Spezialtabelle 📄 I Beschleunigung)	282
Zurücknahme ivP AG 11.060 f. GL A-IV, 2.6	Art. 37 R 90bis.4 a)	**Zurücknahme** des **Antrags** auf **ivP** sowie eine oder alle **Auswahlerklärungen** vor Ablauf von **30 M** nach **PT** jederzeit durch Anmelder möglich	283
Wirksamkeit	Art. 37 (3) a) R 90bis.4 b)	Wirksam mit **Eingang** der Erklärung beim **IB**; reicht Anmelder Zurücknahmeerklärung beim IPEA ein, wird nach **R 90bis.4 c)** Eingangsdatum von IPEA vermerkt und an IB weitergeleitet; Erklärung gilt mit Eingang IB als eingereicht; nach **Art. 37 (3) b)** informiert IB jedes betroffene ausgewählte Amt und IPEA von Zurücknahme.	284
Unterschrift	R 90bis.5	Bei **mehreren Anmeldern** müssen Zurücknahmeerklärung nach R 90bis.1 bis R 90bis.4 • alle Anmelder oder • ein bestellter Anwalt gemäß **R 90.1** oder • ein bestellter gemeinsamer Vertreter gemäß **R 90.2 a)**, aber nicht ein »als gemeinsamer Vertreter« geltender Anmelder gemäß **R 90.2 b)** unterzeichnen.	285
Wirkung	R 90bis.6 a)	Falls Bearbeitung oder Prüfung gemäß **Art. 23 (2)** (bei **Bestimmungsamt**) oder **Art. 40 (2)** (bei **ausgewähltem Amt**) bereits begonnen hat, hat die Zurücknahme **keine Wirkung**.	286
	R 90bis.6 a)	Wird int. Anmeldung nach **R 90bis.1** zurückgenommen, wird Bearbeitung der int. Anmeldung eingestellt.	287
	Art. 37 (2) R 90bis.6 c)	**Einstellung** der internationalen **Bearbeitung** durch IPEA, wenn **Antrag** oder **alle Auswahlerklärungen** nach **R 90bis.4** zurückgenommen.	288
	Art. 37 (4) a)	Zurücknahme **Antrag** oder der **Auswahlerklärung** mit Wirkung **für einen Staat** gilt als **Zurücknahme** der **int. Anmeldung** in **diesem Staat** (falls nicht anders bestimmt durch nationales Recht des Staates).	289
Ausnahme	Art. 37 (4) b) R 90bis.7	**Bestimmungsamt kann vorsehen**, dass **Zurücknahme** des Antrags oder der Auswahlerklärung vor Ablauf der jeweiligen Frist nach **Art. 22** (Übermittlung Exemplar der Anmeldung, Übersetzung und Gebührenzahlung an Bestimmungsamt) **nicht** als Zurücknahme **der int. Anmeldung gilt**, wenn nationales Amt innerhalb Frist (30 M ab PT) ein Exemplar der int. Anmeldung mit Übersetzung erhalten hat und nationale Gebühren bezahlt worden sind.	290
	R 58.3 EPA = IPEA	Wird Antrag vor Start der Prüfung zurückgenommen, werden 100 % der Gebühren zurückerstattet (ABl. 2017, A115).	291

103

B. Ablauf PCT-Anmeldung

	Die internationale Veröffentlichung Art. 21, R 48 durch IB		
292	Verfahrenshandlung	Rechtsnorm	Details
293	**Gegenstand der Veröffentlichung** AG 9.012 ff.	Art. 21 (1)	**Internationale Anmeldung**
294		Art. 21 (3)	**ISR** nach **R 48.2 a) v)** (zusammen mit der int. Anmeldung, falls bereits erstellt, ansonsten gesonderte Veröffentlichung nach **R 48.2 (g)**) oder **Erklärung** nach **Art. 17 (2) a)** (durch IB) - (über PATENTSCOPE - AG 9.015)
295	Inhalt	R 48.2 a)	**Titelseite, Beschreibung, Ansprüche**, ggf. **Zeichnungen**, ggf. **ISR** oder Erklärung nach Art 17 (2) a), **ursprüngliche Ansprüche** und ggf. **Anspruchsänderungen** nach **Art. 19 (1)**, ggf. Antrag auf Berichtigung offensichtlicher Fehler, ggf. Angaben über biologisches Material nach R 13bis, ggf. Angabe zu Mängeln im Prioanspruch nach **R 26bis.2** bzw. deren WE nach **R 26bis.3**
296	EN Übersetzung Zusammenfass.	R 48.2 b)	Zeichnungen, Zusammenfassung (falls nicht in Englisch, wird englische Fassung erstellt (**R 86.2**) und an erster Stelle veröffentlicht)
297	Ansprüche	R 48.2 f)	Wiedergabe sowohl der **ursprünglichen als auch** der nach **Art. 19 geänderten Ansprüche.**
298	Ausschluss von Angaben	R 48.2 (l) bis (n)	Auf Antrag des Anmelders oder Vorschlag des ISA, SISA oder IB **Ausschluss von Angaben** (z.B. Beeinträchtigung persönlicher oder wirtschaftlicher Interessen einer Person) von Veröffentlichung
299	Schriftlicher Bescheid/WO-ISA	AG 7.028, 7.030	**WO-ISA** wird **nicht** zusammen mit der Patentanmeldung **veröffentlicht**, jedoch ist durch die **Akteneinsicht** über PATENTSCOPE eine Einsicht in die WO-ISA in Verbindung mit dem ISR ab dem Tag der Veröffentlichung der int. Anmeldung **möglich**, falls die WO-ISA dem IB zur Verfügung steht. - siehe auch B.164
300	Berichtigung auf Antrag Anmelder B.311 ff.	Section 113 (b) + (c) ANNEX B (IB)	**Gebührenpflichtige Veröffentlichung**: 50 CHF + 12 CHF/je weiterer Seite bei Änderung Prioritätsanspruch (-> R 26bis.2 e) - B.301) oder Verweigerung der Zustimmung zu Berichtigung (->R91.3 d) - B.303)
301		R 26bis.2 e) Section 113 (c)	Ist **Antrag Anmelder Berichtigung/ Hinzufügung** eines **Prioritätsanspruchs** nach Frist der R 26bis.1 (16 M) und vor Ablauf 30 M ab PT eingegangen, werden unter **Zahlung** von 50 CHF + 12 CHF/je weiterer Seite die Angaben unverzüglich durch das IB **veröffentlicht**.
302		R 91.1 R 91.2 R 91.3 GL B-III, 2.3.2	Antrag nach R 91.2 durch Anmelder auf **Berichtigung offensichtlicher Fehler** in int. Anmeldung oder anderem eingereichten Schriftstück, bedarf Zustimmung der »zuständigen Behörde«, auch Aufforderung zur Stellung des Antrags zur Berichtigung durch AA, ISA, IPER oder IB möglich, falls Fehler von dieser Behörde erkannt wird.
303		R 91.3 d) Section 113 (b) B.311e	Bei **Verweigerung** der **Zustimmung** zur **Berichtigung** kann Anmelder innerhalb 2 M ab Verweigerung der zuständigen Behörde **beantragen**, Berichtigungsantrag, die Gründe für die Verweigerung durch die Behörde sowie ggf. kurze Stellungnahme des Anmelders mit der int. Anmeldung **zu veröffentlichen**, sofern möglich (+Gebühr: 50 CHF + 12 CHF/ je weitere Seite, Section 113(b) der Administrative Instructions), wenn int. Anmeldung **nicht veröffentlicht** wird, wird Kopie des Antrags, Begründung und ggf. Stellungnahme **in Übermittlung** nach **Art. 20** aufgenommen.
304	**Zeitpunkt der Veröffentlichung** AG 9.013	Art. 21 (2) a)	**Veröffentlichung** erfolgt unverzüglich nach **Ablauf** von **18 M** ab **PT**.
305		Art. 21 (3)	**ISR** oder **Erklärung** nach **Art. 17 (2) a)** wird **zeitgleich** mit int. Anmeldung **veröffentlicht**, wenn sie bei Abschluss der techn. Vorbereitung (15 Tage - AG 9.013) für die int. Veröffentlichung vorliegen (**R 48.2 g)**); ebenso **Veröffentlichung** von **eingereichten** und **geänderten Ansprüchen** nach **Art. 19 (R 48.2 f)**.
306		Art. 21 (2) b) R 48.4	**Vorzeitige Veröffentlichung** auf Antrag des Anmelders beim IB, ggf. besondere Veröffentlichungsgebühr (200 CHF, Section 113 (a) der Administrative Instructions, ANNEX B (IB)) gemäß **R 48.4** fällig (wenn zu diesem Zeitpunkt kein ISR oder Erklärung nach **Art. 17.2 (a)** vorliegt)
307		R.90bis.3 d)	Bei Zurücknahme des Prioanspruchs ändert sich VÖ Zeitpunkt, sofern technische Vorbereitungen zur Veröffentlichung nicht bereits abgeschlossen sind -> B.305
308		PCT Newsletter 12/14	Veröffentlichung Donnerstag; falls Feiertag üblicherweise am Freitag
309	Nationales Amt	Art. 30 (4)	Kein nationales Amt darf PCT-Anmeldung oder Übersetzung veröffentlichen, bevor int. Veröffentlichung erfolgt ist oder wenn keine int. Veröffentlichung bei Ablauf von 20 M ab PT stattgefunden hat, vor Ablauf der 20 M ab PT.

Ablauf PCT-Anmeldung B.

Die internationale Veröffentlichung (Fortsetzung)			
Verfahrenshandlung	Rechtsnorm	Details	
Form/Medium der Veröffentlichung	AG 9.015 Section 404, 406 (b)	Die **Veröffentlichungen** von int. Anmeldungen erfolgen **vollständig elektronisch**; sollte Frist nach **Art. 19** bei Abschluss techn. Vorbereitungen noch nicht abgelaufen sein, wird entsprechender Hinweis veröffentlicht, dass spätere Veröffentlichung erfolgt; ebenso falls noch kein ISR oder Erklärung nach **Art. 17 (2) a)** vorliegt.	310
	AG 9.022	Die veröffentlichte internationale Anmeldung ist in elektronischer Form über PATENTSCOPE abrufbar.	311
Sprache der Veröffentlichung	Art. 21 (4) R 12.3, R 12.4, R 48.3 a)	**Veröffentlichungssprachen**: Arabisch, CN, DE, EN, FR, JP, KR, PT, RU, ES	312
	R 48.3 c) Section 406bis	Int. Anmeldung nicht in EN veröffentlicht → falls vom Anmelder nicht nach R 12.3 eingereicht, wird zusätzliche Übersetzung ISR oder Erklärung nach **Art. 17.2 a)**, Zusammenfassung, Bezeichnung der Erfindung in EN entsprechend **R 45.1** vom IB angefertigt	313
Wirkung	Art. 29	**Vorläufiger Schutz** wie bei nationaler Veröffentlichung einer ungeprüften nat. Anmeldung (ggf. ist in bestimmten Bestimmungsstaaten Übersetzung der Veröffentlichung hierfür notwendig **Art. 29 (2)** und ggf. Schutz bei vorgezogener Veröffentlichung erst nach 18 M. **Art. 21 (3)**, siehe Auflistung Bestimmungsstaaten in AG ANNEX B) – AG 9.024	314
Euro-PCT	Art. 153 (3) EPÜ	**Internationale Veröffentlichung** wird zur **europäischen Veröffentlichung**.	315
	Art. 153 (4) EPÜ	**Ausnahme**: Falsche Sprache, **Wirkung** tritt mit Veröffentlichung der **Übersetzung** in eine **Amtssprache** ein.	316
	Art. 153 (6) EPÜ	**ISR** der int. Anmeldung und deren **int. Veröffentlichung treten an Stelle des europ. RB** und des **Hinweises** auf dessen **Veröffentlichung** im Europäischen Patentblatt	317
Akteneinsicht (siehe B.462 ff.)	Art. 30 R 94	Nach Veröffentlichung ist auf Antrag von Anmelder oder bevollmächtigter Person Einsichtnahme in Akte bei AA (R 94.1bis a), IB (Art. 30 (1) a), R. 94.1 a), ISA (Art. 30 (1) a), R 94.1ter b)), IPEA (R 94.2), Bestimmungsamt (Art. 30 (2) a), R 94.2bis) und/oder ausgewähltem Amt (Art. 30 (2) a), R 94.3) möglich.	318
EPA = AA, ISA oder IPEA	BdP vom 20.02.2019 (ABl. 2019, A16, A17)	EPA gewährt über **Europäisches Patentregister** Einsicht in Schriftstücke intern. Anmeldungen, bei denen EPA = AA, ISA oder IPEA.	319
		Von Einsicht **ausgeschlossene Unterlagen**: a) Angaben, die vom IB nach R 48.2 l) von Veröffentlichung oder gemäß R 94.1 d) bzw. e) von öffentlicher Einsichtnahme ausgeschlossen sind; b) Unterlagen, die gemäß EPÜ von Akteneinsicht ausgeschlossen sind (Art. 150 (2), Art. 128 (4), R 144 EPÜ und ABl. 2007, Sonderausgabe Nr. 3, J.3. - siehe A.312 und B.479)	320
		Akteneinsicht durch Erstellung Papierkopien nur noch in Ausnahmefällen möglich - BdP vom 20.02.2019 (ABl. 2007, Sonderausgabe Nr. 3, J.2, Artikel 1 (2), (3) und (5) sowie Artikel 2, ABl. 2019, A16)	321

B. Ablauf PCT-Anmeldung

Die internationale Veröffentlichung (Fortsetzung)			
	Verfahrenshandlung	Rechtsnorm	Details
322	**Veröffentlichung unterbleibt** AG 9.012	Art. 21 (5)	Die int. Anmeldung **gilt als zurückgenommen**, wenn (schriftl.) Rücknahmeerklärung (aller Anmelder) gemäß **R 90bis.1 c)** vor Abschluss der technischen Vorbereitungen zur Veröffentlichung (18 M - **Art. 21 (2) a)**) beim IB eingegangen ist (15 Tage - AG 9.014), keine Gebühr für Zurücknahme - AG 11.048, bedingte Zurücknahme möglich – GL A-IV, 2.2.1 (siehe B.439).
323		Art. 64 (3)	Der **einzige Bestimmungsstaat** bei Abschluss der technischen Vorbereitungen zur Veröffentlichung ist die **USA**, es sei denn, einer der in **Art. 64 (3)** genannten Ausnahmen findet Anwendung; Veröffentlichung nur auf Antrag des Anmelders (siehe B.520).
324		Art. 21 (6)	Ausdrücke, Zeichnungen und Äußerungen in der Anmeldung gegen **gute Sitten/ öffentliche Ordnung**; Ausschlüsse sind in der Veröffentlichung angegeben.
325		R 20.4	Die int. Anmeldung hat **keinen AT** durch das AA zuerkannt bekommen (AG 6.005 ff.), Anmeldung wird daher nicht als int. Anmeldung behandelt.
326	**Sonstiges**	Art. 64 (3)	Staat kann vorsehen, dass **Veröffentlichung nicht notwendig** ist (z.B. USA), trotzdem wird Anmeldung vom IB veröffentlicht (siehe B.520).
327		R 38.2	Ist der Anmelder nicht zur Einreichung der **Zusammenfassung** aufgefordert worden, wird sie von der ISA erstellt.
328		R 38.3	Anmelder kann **Änderungen der Zusammenfassung** innerhalb von **1 M** ab Absendung int. RB vornehmen.
329		R 86.2	Das IB übersetzt für die **Veröffentlichung** die **Zusammenfassung** in **Englisch** und **Französisch**.

Ablauf PCT-Anmeldung B.

Einleitung der nationalen/regionalen Phase					330
Verfahrenshandlung	Rechtsnorm	Details			
Übermittlung an Bestimmungsämter Durch Anmelder	Art. 22 (1) 76.5 ii) bzw. Art. 39 (1) a)	**Übermittlung** eines **Exemplars** der int. Anmeldung **durch Anmelder** spätestens **30 M** seit PT an Bestimmungsamt (nach Art. 22 (3) können nationale Ämter eigene Frist setzen LU, TZ: 20 M (siehe B.518); DE, EPA 31 M), soweit nicht bereits gemäß Art. 20 übermittelt worden ist + ggf. Zahlung nat. Gebühr **R 49.1 a-bis)**: EPA hat IB mitgeteilt, dass es vom Anmelder keine Übermittelung eines Exemplars verlangt. - RiLi E-IX, 2.7			331
Durch IB	Art. 20 (1) a) R 47	**Anmeldung + ISR/Erklärung** nach **Art. 17 (2) a) + Änderungen** nach **Art. 19** ggf. inkl. deren **Übersetzung** (Art. 20 (1) b)) wird jedem **Bestimmungsamt übermittelt**, sofern Bestimmungsamt nicht darauf verzichtet.			332
	Art. 13 (2) b)	Anmelder kann IB jederzeit auffordern, Exemplare der Anmeldung an die Bestimmungsämter zu schicken.			333
	R 44bis.2	Falls kein ivP erstellt wurde, erstellt **IB** aus **WO-ISR** den **ivP** und **übermittelt** ihn an **Bestimmungsämter**, nicht vor Ablauf 30 M ab PT; Bestimmungsamt kann **Übersetzung** des Berichts (**R 44bis.1**) in EN verlangen (**Art. 20 (1) b), R 44bis.3**) -> B.156 ff.			334
Frist	R 76.5 ii)	Fristen für **Art. 22** zur Übermittlung richten sich nach den Regelungen nach **Art. 39**			335
Wirkung	Art. 11 (3) Art. 45	**Int. Anmeldung** hat **Wirkung** einer **vorschriftsmäßigen ePA** für die bestimmten EPÜ-Staaten			336
Nationales Bearbeitungs-/ Prüfverbot	Art. 23 (1) Art. 40 (1)	**Bearbeitungs-** bzw. **Prüfverbot** bis nach Ablauf der nach **Art. 22** maßgeblichen Frist			337
	Art. 23 (2) Art. 40 (2) R 76.5 ii)	Auf **ausdrücklichen Antrag** des **Anmelders** kann **Bestimmungsamt/ausgewähltes Amt vorzeitige Bearbeitung/Prüfung** der int. Anmeldung **aufnehmen** (siehe zur beschleunigten Prüfung »PACE« die Spezialtabelle O Beschleunigung)			338
Nachprüfung durch BS	Art. 25	Nachprüfung durch Bestimmungsamt, falls Mängel in PCT-Anmeldung zu **Nicht-Zuerkennung AT** oder Zurücknahme für die int. Anmeldung führt.			339
Verfahrenshandlung	Rechtsnorm	Details und Fälligkeit	Unmittelbare Folgen eines Mangels, Mängelbeseitigung, Fristen	EPÜ-Regelung	
Nationale Gebühr (Kapitel I)	Art. 22 (1) Höhe: R 49.1 a) ii) (durch VS bestimmt)	Seit 1.4.02: Innerhalb von 30 M ab PT an das Bestimmungsamt (**Art. 22 (3)**): Längere Frist national zulässig	Nachfrist national geregelt WE vor nationalem Amt siehe B.373 und B.536	31 M nach **Art. 153 (3), (4) EPÜ** iVm **R 159 (1) c) + d) + e) EPÜ**	340
Nationale Gebühr (Kapitel II)	Art. 39 (1) a) Höhe: R 49.1 a) ii), R 76.5)	Innerhalb von 30 M ab PT an Bestimmungsamt (**Art. 39 (1) b)**): Längere Frist national zulässig			341
Änderungen beim Eintritt in die nationale Phase	Art. 28 (1)	Vorschreiben der Möglichkeit zur Änderung der Ansprüche, Beschreibung und der Zeichnungen im **Verfahren vor den Bestimmungsämtern** → 6 M nach Regionalisierung gemäß **R 52.1** iVm **R 161 EPÜ**			342
	Art. 41 (1)	Vorschreiben der Möglichkeit zu Änderungen entsprechend bei Kapitel II im Verfahren **vor den ausgewählten Ämtern** → 6 M nach Regionalisierung gemäß **R 78.1** iVm **R 161 EPÜ**			343
EPA = Bestimmungsamt oder ausgewähltes Amt	R 161 (1) EPÜ	War **EPA = ISA, IPEA oder SISA**, fordert es den Anmelder mit entsprechender Mitteilung auf, innerhalb von 6 M die festgestellten Mängel zu beheben und Beschreibung, Patentansprüche und Zeichnungen zu ändern. Stellungnahme bei Mängeln obligatorisch, sonst freiwillig, nicht verlängerbare Frist 6 M			344
	R 161 (2) EPÜ	EPA≠ISA oder SISA, ergänzende europäische Recherche wird durchgeführt (**Art. 153 (7) EPÜ**), Anmelder hat Gelegenheit, die Anmeldung innerhalb von 6 M einmal freiwillig zu ändern, Änderung liegt erforderlichen ergänzenden Recherche zugrunde.			345
	G 4/08	PCT-Anmeldung, die in einer EPA-Amtssprache eingereicht wurde, bei Eintritt in nat./reg. Phase keine Änderung der Verfahrenssprache möglich.			346

B. Ablauf PCT-Anmeldung

347 **Nationale Erfordernisse**
Art. 27, R 90.4

	Verfahrenshandlung	Rechtsnorm	Details	Unmittelbare Folgen eines Mangels, Mängelbeseitigung, Fristen	Rechtsfolge bei Nichtbeseitigung von Mängeln oder Fristversäumnis
348	**Nationale Erfordernisse**	Art. 27 (1) R 13	**Nat. Recht** darf **nicht** die Erfüllung **anderer Erfordernisse** verlangen oder **zusätzliche Anforderungen** stellen, z.B. R 13 Einheitlichkeit.		
349		Art. 27 (2) ii) R 51bis.1 a) vi) + vii)	**Nationales Recht** darf **Bestätigung** der **Richtigkeit** der Anmeldung oder von Erklärungen **durch Unterschrift** des Anmelders verlangen (z.B., wenn (nicht alle) Anmelder den PCT Antrag unterschrieben haben) - Nachholung der Unterschrift.		
350	**Vollmacht**	Art. 27 (7) R 51bis.1 b)	Jedes **AA** und **Bestimmungsamt** kann Anwalt mit **Anschrift** im Bestimmungsstaat und **Vertretungsberechtigung** vor **diesem Amt verlangen**.		
351		R 90.4	Bestellung eines Vertreters mit gesonderter Vollmacht; gemeinsamer Vertreter		
352		R 90.5	Allgemeine Vollmacht		
353	Verzicht auf Abschrift Vollmacht	R 90.4 d) bzw. R 90.5 c)	**IB, AA, ISA, IPEA** und **SISA** kann auf **Einreichung** einer **Abschrift** der **Vollmacht** eines Anwalts oder gemeinsamen Vertreters **verzichten**; Zurücknahmeerklärung nach **R 90.4 e) bzw. R 90.5 d)** ist davon ausgenommen.		
354	IP = AA		**IB** hat **nur** als **AA Verzicht** erklärt, somit ist für wirksame Handlungen (z.B. Änderungen nach Art. 19 bzw. R 92bis oder Korrektur Prioanspruchs n. R 26bis) eine **Vollmacht** vom fiktiven gemeinsamen Vertreter (**R 90.2 b**): erster Anmelder) in die Akten aufzunehmen.		
355	EPA = AA, (S)ISA, IPEA		**EPA** hat **Verzicht** nach **R 90.4 d)** und **R 90.5 c)** bzw. für die Fälle, in denen es als **AA, ISA, SISA** oder **IPEA** tätig ist, erklärt. Im Einzelfall Anforderung möglich. - ABl. 2010, 336		
356		R 90.4 e) bzw. R 90.5 d)	Bei **Zurücknahmeerklärungen** nach **R 90bis** durch Anwalt/gemeinsamen Vertreter **muss Vollmacht eingereicht** werden, sonst entfaltet die Rücknahmeerklärung keine Wirkung. - für EPA: ABl. 2010, 336		
357	**Erklärungen hinsichtlich nat. Erfordernisse** AG 6.045 ff.	Art. 27 R 4.17 R 26ter R 51bis.1	**Art. 27**: Nationale Erfordernisse **R 4.17**: u.a. Berechtigung des Anmelders; Identität Erfinder; Unschädliche Offenbarung **R 26ter**: Berichtigung/ Hinzufügung Erklärung n. R4.17 **R51bis.1**: Zulässige nationale Erfordernisse	**R 26ter.1**: **Berichtigung** innerhalb von **16 M** nach **PT**, spätestens vor Abschluss techn. Vorb. der **Veröffentl. R 26ter.2 a)**: Auf Aufforderung durch das AA oder IB, Frist wie nach **R 26ter.1**	AG 6.049: Veröffentlichung der Erklärung wie ursprünglich eingereicht oder unkorrekt berichtigt
358	**Unschädliche Offenbarung**	R 4.17 v) R 51bis.1 a) v)	**R 51bis.1 a) v)**: Nachweis hinsichtlich unschädlicher Offenbarung für nationale Erfordernisse		
359	EPA = ausgewähltes Amt/ Bestimmungsamt	R 159 (1) h) EPÜ Art. 55 (2) EPÜ R 25 EPÜ	Innerhalb von 31 M ab AT/PT Ausstellerbescheinigung 📖 C.26	Bei Mängeln in Bescheinigung, Beseitigung innerhalb von 4 M nach Mitteilung	Bei nicht behobenen Mängeln Mitteilung nach R 112 EPÜ
360	**Erfindernennung** AG 5.035 ff. Änderung der Erfindernennung AG 11.018 ff.	Art. 4 (1) v) R 4.6 R 4.17 i) Identität des Erfinders R 51bis.1 (a) i)	Eingang Anmeldung: **R 4.1 a) iv)**: **Zwingend** im Antrag, **falls nat. Recht** eines Bestimmungsstaats Angabe zum Anmeldezeitpunkt **verlangt R 4.1 c) i)**: **Kann** enthalten sein, **falls kein Bestimmungsstaat** Angabe **verlangt R 4.6**: Bestimmung im Antrag	**R 92bis.1 a) ii)**: Antrag auf Eintragungen von Änderungen bzgl. Erfinder durch IB vor Ablauf von 30 M ab PT (R 92bis.1 b)). Kann bei AA eingereicht werden. Kurz vor Ablauf der Frist direkt beim IB einreichen, nicht über AA	Rechtswirkung ist in den einzelnen Ländern unterschiedlich **Art. 4 (1) v)**: Nach nat. Recht auch später möglich
361	EPA = ausgewähltes Amt/ Bestimmungsamt	R 159 (1) EPÜ R 163 (1) EPÜ	Einreichung bis zum Ablauf der Frist nach R 159 (1) (31 M), falls Erfinder nicht benannt wurde (RiLi E-IX, 2.3.4) - 📖 C.33	**R 163 (1) EPÜ**: Frist von 2 M nach Mitteilung	**R 163 (6) EPÜ**: Anmeldung wird zurückgewiesen
362	USA = ausgewähltes Amt/ Bestimmungsamt	Art. 27 (3) R 18.4 c) R 4.5 d)	In **USA** ist **Erfinder** auch **Anmelder**; in int. Anmeldung können unterschiedliche Anmelder für verschiedene Bestimmungsstaaten angegeben sein. Nach Änderung des US Patentrechts (**AIA**) kann für Anmeldungen nach dem 16.09.2012 auch ein **Bevollmächtigter** oder **Rechtsnachfolger** des **Erfinders**, z.B. der Arbeitgeber, die **Anmeldung einreichen** (**35 U.S.C. § 111** und **§ 118**). - siehe 📖 V.17		

Ablauf PCT-Anmeldung B.

Verfahrenshandlung	Rechtsnorm	Details		
Nachprüfung durch Bestimmungsämter **Art. 25, R 51**				363
Verlust Wirkung int. Anmeldung in BS	Art. 24 (1)	Vorbehaltlich Art. 25 in den Fällen ii) endet die in **Art. 11 (3)** vorgesehene Wirkung der int. Anmeldung in einem Bestimmungsstaat wie bei einer Zurücknahme einer nat. Anmeldung, wenn i) Bestimmung oder der int. Anmeldung vom Anmelder zurückgenommen wird ii) int. Anmeldung (**Art. 12 (3), Art. 14 (1) b), Art. 14 (3) a), Art. 14 (4)**) oder Bestimmung (**Art. 14 (3) b)**) als zurückgenommen gilt iii) Anmelder Handlungen gemäß **Art. 22** (DE, EPA 31 M) nicht innerhalb Frist vornimmt.		364
Ausnahme	Art. 24 (2)	Bestimmungsamt kann Wirkung nach **Art. 11 (3)** aufrechterhalten, auch wenn es nach **Art. 25 (2)** dies nicht tun muss		365
Nachprüfung durch BS	Art. 25 (1)	Nachprüfung durch Bestimmungsämter, **Antrag beim IB** zur Übersendung Unterlagen an vom Anmelder benannte Bestimmungsämter (**Art. 25 (1) c**): Frist 2 M nach **R 51.1** ab Mitteilung über Rücknahmefiktion)		366
	Art. 25 (2) a)	Für **jedes Bestimmungsamt** ist gesondert **Antrag** auf **Nachprüfung** zu stellen: Nat. Gebühr + geeignete Übersetzung - Frist **R 51.3** (bezieht sich auf **R 51.1**, d.h. 2 M)		367
	Art. 25 (2) a)	Bestimmungsamt prüft, ob **Unterlassung/Fehler** des **IB** oder **AA** Ursache für **Ablehnung/Erklärung** ist. Ist das der Fall, wird Anmeldung vor diesem Bestimmungsamt wie PCT-Anmeldung behandelt.		368
	R 29	Feststellung nach **Art. 14 (1) b) + R 26.5, Art. 14 (3) a), Art. 14 (4), R 12.3 d)** bzw. **R 12.4 d)** oder **R 92.4 g) i)** durch AA, dass PCT-Anmeldungen als zurückgenommen gilt		369
Beispiele		Eine Nachprüfung nach **Art. 25 (2) a)** durch das entsprechende Bestimmungsamt kann für folgende Entscheidungen erfolgen: • Kein AT (**Art. 25 (1) a)**, s. **Art. 24 (2)**) • Anmeldung gilt als zurückgenommen wegen **Mangel** in der Anmeldung (**Art. 25 (1) a) iVm Art. 14 (1) b)**) oder **Nichtzahlung** von **Gebühr** (**Art. 25 (1) a) iVm Art. 14 (3) a)**) • IB hat Aktenexemplar nicht fristgerecht erhalten (**Art. 25 (1) a) iVm Art. 12 (3)**) • Bestimmung eines Staates gilt (wegen Nichtzahlung der Gebühr) als zurückgenommen (**Art. 25 (1) b)**)	**WB (+)**, Frist nach R 51.1 und R 51.3 nach nationalem Recht WB-fähig (R 48 (2) a), R 82bis, Art. 151 EPÜ, R 135 (2) EPÜ)	370
	Fehlende Unterschrift im Antrag	Art. 24 (2), Art. 25 (1) a) + c), Art. 48 (2) PCT, R 51.1, R 82bis PCT, Art. 121 EPÜ Folgen: - Antrag, dass IB Kopien an EPA schickt → Art. 25 (1) a) + c), Frist 2 M - R 51.1 PCT - Nat. Gebühr + Übersetzung → Art. 25 (2) a); Frist 2 M - R 51.3 PCT WB beantragen: Art. 121 EPÜ, Art. 48 (2) PCT und R 82bis PCT		371
Entschuldigung von Fristüberschreitung durch Anmelder	Art. 48 (2) a) R 82bis.1	Fristüberschreitungen nach R 82bis.1 können vor nationalen Behörden nach nationalem Recht entschuldigt werden. Bei Fristversäumnis kann das ausgewählte Amt (EP: **Art. 153 (2) EPÜ**: Prüfungsabteilung) die Folgen einer **Fristüberschreitung** durch Anwendung nationaler Mittel (EP: **WB/WE, Art. 121 und Art. 122 EPÜ**) beseitigen. Vor dem Bestimmungsamt (z.B. **EPA**) muss der Anmelder innerhalb der 2 M Frist nach **R 51** folgende Handlungen vornehmen: • Antrag auf Übersendung Unterlagen und Nachprüfung einer Entscheidung nach **Art. 25 PCT beim IB** • Entrichtung der nat. Gebühren (EP: nach **R 159** und **R 162 EPÜ**) • Übersetzung in einer Amtssprache einreichen (EP: nach Art. 153 (4) iVm R 159 (1) b) EPÜ) • Gebühren und Handlungen gemäß nationalen Rechtsbehelfen (EP: **Art. 121** bzw. **Art. 122 EPÜ**) Entschuldigung einer Fristüberschreibung kann nicht während der internationalen Phase beantragt werden, sondern nur in der nationalen Phase vor jedem Bestimmungsamt einzeln.		372
Versäumnis Frist zum Eintritt in nat. Phase/ Vornahme der in Art. 22 oder Art. 39.1 genannten Handlungen	Art. 24 a) iii)	Wirkung der int. Anmeldung nach Art. 11 (3) endet (**Art. 24 a) iii)**) Möglichkeit zur WE gemäß Art. 22 iVm R 49.6 bzw. R 76.5 i) und Art. 39 (1) iVm R 49.6/R 76.5 ii) durch das jeweilige Bestimmungsamt. Das DPMA hat Vorbehalt erklärt (**Art. 24 (2)**), siehe zu weiteren Vorbehalten auch 📄 B.536		373

B. Ablauf PCT-Anmeldung

Allgemeines zum PCT - Verfahren

374 Änderungen der Ansprüche, Beschreibung und Zeichnungen
AG 11.045-11.047

	Verfahrenshandlung	Rechtsnorm	Details
375	**Vor Erhalt int. RB (ISR)**	GL H-I, 2	Keine Änderung möglich
376	**Nach Zugang int. RB (ISR)** **Kapitel I** AG 11.046, 9.004- 9.011 GL H-I, 3	Art. 19 (1)	Einmalige Änderung nur der **Ansprüche** (erst **nach** Erhalt des **ISR**, ggf. mit Stellungnahme möglich); Erklärung (**R 46.4**) zu den Änderungen kann beigefügt werden (wird ebenfalls veröffentlicht)
377	Inhalt	Art. 19 (2)	Änderungen dürfen **nicht über Offenbarungsgehalt** der ursprünglichen Anmeldung hinausgehen (Mitteilung nach **R 66.2 a) iv)**).
378		R 70.2 c)	Keine Berücksichtigung bei ivP, wenn Änderungen über Offenbarungsgehalt hinausgehen.
379	Einreichungsort	R 46.2	**Einreichung** der Änderung unmittelbar **beim IB**
380	Frist	R 46.1	**Frist 2 M** nach Übermittlung des vollständigen **ISR** (Absendedatum) oder **16 M** nach **PT** (spätere Frist zählt); spätestens vor Abschluss der techn. Vorbereitung zur Veröffentlichung (15 Tage vor Veröffentlichung - AG 9.014)
381		R 62.2	Ist bereits Antrag auf ivP gestellt, sollen Änderungen, Erklärungen und Begleitschreiben (**R 46.5 b)**) gleichzeitig bei mit ivP beauftragten Behörde eingereicht werden; IB leitet Kopien weiter.
382	Form	R 46.5 a)	Änderungen nach Art. 19 durch Ersatzblätter mit vollständigem Satz von Ansprüchen
383		R 46.5 b)	Ersatzblättern ist **Begleitschreiben** beizufügen, Hinweis auf Änderungen, Wegfall von Ansprüchen, **Grundlage** der **Änderungen**
384		R 70.2 c-bis)	Änderungen werden bei ivP nicht berücksichtigt, wenn Unterlagen (Begleitschreiben nach **R 46.5 b)**) fehlen. – AG 11.047A
385	Sprache	R 46.3 R 46.4	**Änderungen** und **Erklärung** (der Änderung) sind in **Sprache** der **Veröffentlichung** einzureichen
386		R 55.3	Wird **Begleitschreiben nicht** in **erforderlicher Sprache** übersetzt, braucht Änderung für **ivP nicht berücksichtigt** werden.
387	Veröffentlichung	Art. 21 R 48.2 a) iii), vi)	Veröffentlichung ursprünglich angemeldete Ansprüche, eingereichte Anspruchsänderungen nach Art. 19 und Erklärung der Änderungen nach Art. 19 (1)

Ablauf PCT-Anmeldung B.

Änderungen der Ansprüche, Beschreibung und Zeichnungen (Fortsetzung)

Verfahrenshandlung	Rechtsnorm	Details	
Vor Erstellung ivP **Kapitel II** AG 11.045-11.047, 10.024 ff., 10.067ff GL H-I, 3	Art. 34 (2) b)	Änderungen der **Ansprüche, Beschreibung** und der **Zeichnungen vor** Erstellung des **ivP beim IPEA** möglich, im Rahmen der ursprünglichen Offenbarung am AT, sonst gemäß **R 70.2 c)** Prüfung ohne Änderungen	388
Frist zur Einreichung	R 66.1 b)	Einreichung Änderungen nach Art. 34 **bei Antragstellung** oder vorbehaltlich **R 66.4bis PCT bis** zu **Beginn** der **Erstellung** des **ivP**	389
Form	Art. 34 (2) a)	Anmelder hat das Recht, mündlich und schriftlich mit der IPEA zu verkehren.	390
Änderung bei negativem ivP	R 66.2 c), d)	Auf negativen schriftlichen Bescheid der IPEA Aufforderung zur schriftlichen Stellungnahme, Anmelder kann Stellung nehmen, Frist von **mind. 1 M**, normalerweise 2 M, (wenigstens 2 M, wenn int. RB gleichzeitig mit Mitteilung zugeschickt wird), max. 3 M, aber verlängerbar (**R 66.2 e)**) bei **Nichtbeantwortung** drohen **KEINE Rechtsverluste**	391
Stellungahme Anmelder	R 66.3	Anmelder kann mit Änderungen und/oder Gegenvorstellungen antworten, Antwort ist unmittelbar an IPEA zu richten	392
Zusätzlicher Bescheid des IPEA	R 66.4 a)	IPEA kann einen oder mehrere zusätzliche schriftliche Bescheide erlassen (-> R 66.2 und R 66.3)	393
EPA	MdEPA, ABl. 2010, 406	Liegt kein schriftlicher Bescheid des EPA als ISA vor, erstellt das EPA (als IPEA) einen ersten schriftlichen Bescheid, wenn es Einwände sieht, d.h. die ivP negativ ausfallen würde und teilt dies dem Anmelder mit (**R 66.1bis c)** und 66.2).	394
Änderungs-möglichkeit	R 66.4 b)	Auf Antrag des Anmelders mit Zustimmung der IPEA mehrere Möglichkeiten zur Änderung	395
Nicht Berücksichtigung Änderung	R 66.4bis	**Keine Berücksichtigung** der **Änderungen**, wenn bereits mit **Erstellung** des **Bescheids** oder Berichts **begonnen** wurde (evtl. telefonische Ankündigung der Änderung).	396
Kontakt Prüfer IPEA	R 66.6	Formlose Erörterung mit dem Anmelder vor Erstellung ivP/IPER → auch telefonisch (ABl. 2005, 493 und MdEPA, ABl. 2010, 406)	397
Begleitschreiben	R 66.8	Ersatzblättern ist **Begleitschreiben** beizufügen, Hinweis auf Änderungen, Wegfall von Ansprüchen, **Grundlage** der **Änderungen**	398
Berücksichtigung Änderung beim ivP	R 70.2 a)	Änderungen der Ansprüche werden der ivP zugrunde gelegt	399
	R 70.2 c)	Ist IPEA der Auffassung, dass Änderungen über Offenbarungsgehalt hinausgehen, wird ivP/IPER ohne Berücksichtigung der Änderungen erstellt und im Bericht darauf hingewiesen. IPEA gibt Gründe an.	400
	R 70.2 c-bis)	Änderungen werden bei ivP nicht berücksichtigt, wenn Unterlagen (Begleitschreiben mit Grundlagen für die Änderungen nach **R 66.8 PCT**) fehlen.	401
Sprache	R 55.3 a)	**Änderungen** sowie **Begleitschreiben** sind in **Veröffentlichungssprache** einzureichen, **verlängerbare Frist** von min. **1 M**, solange keine Entscheidung getroffen (**R 55.3 c)**); Nichtberücksichtigung Änderungen bei der ivP, wenn Übersetzung nicht eingereicht wird (**R 55.3 d)**).	402
	R 55.3 b)	Falls Übersetzung nach **R 55.2** erforderlich ist, sind **Änderungen** nach **R 55.3 a)** sowie **Art. 19** und **Begleitschreiben** nach R 46.5 b) in Sprache der **Übersetzung** abzufassen.	403

B. Ablauf PCT-Anmeldung

Änderungen der Ansprüche, Beschreibung und Zeichnungen (Fortsetzung)

	Verfahrenshandlung	Rechtsnorm	Details
404	**Änderungen bei Nationalisierung/ Regionalisierung** Bestimmungsämter	Art. 28 (1) R 52.1	**Möglichkeit** zur **Änderung Ansprüche, Beschreibung** und **Zeichnungen** bei **Bestimmungsämtern**; wenigstens 1 M nach Erfüllung Erfordernisse des Art. 22 (Regionalisierung)
405	EPA als vorherige ISA/IPEA	RiLi E-IX, 3.3.1	Geänderte Ansprüche nach **Art. 19** u/o **Art. 34** sowie bei der Einleitung der regionalen Phase werden als **Änderung** der **ursprünglichen Unterlagen** gewertet. Anmelder hat in diesen Fällen (bei Art. 19/Art. 34 Änderungen nur, wenn EPA kein IPER erstellt hat) nicht auf R 161 (1) EPÜ zu reagieren; empfohlen wird jedoch Erwiderung, um Mitteilung nach R 137 (4) EPÜ zu vermeiden. ABl. 2009, 533
406	EPA als BS	R 161 (1) EPÜ EPA = (S)ISA	**Bei Mängeln** in ISR, ivP oder SIS Stellungnahme/Änderung innerhalb **nicht verlängerbare Frist** 6 M **obligatorisch**, sonst freiwillige Änderung möglich
407		R 161 (2) EPÜ EPA ≠ (S)ISA oder IPEA	EPA erstellt **ergänzende europäische Recherche** Anmelder kann **innerhalb 6 M** ab Mitteilung **Änderung** einreichen, die der ergänzenden europäischen Recherche zugrunde gelegt wird.
408	Ausgewählte Ämter	Art. 41 (1) R 78.1	**Möglichkeit** zur **Änderung** vor **ausgewählten Ämtern** (Kapitel II), wenigstens 1 M nach Erfüllung der Erfordernisse nach Art. 39 (Übermittlung eines Exemplars der int. Anmeldung und Übersetzung sowie Gebührenzahlung an das ausgewählte Amt).

409 Weiterleitung

	Verfahrenshandlung	Rechtsnorm	Details
410	**Weiterleitung** AG 5.180, 6.001, 6.057	Art. 12 (1)	Verteilung der eingereichten Exemplare auf AA (Anmeldeexemplar), IB (Aktenexemplar), ISA (Rechercheexemplar)
410a		Art. 12 (2)	Maßgebliches Exemplar für das Verfahren ist Aktenexemplar, welches dem IB übermittelt worden ist. – GL A-VII, 5
410b		Art. 12 (3)	PCT-Anmeldung gilt als zurückgenommen, falls Aktenexemplar dem IB nicht innerhalb Frist (**R 22.3**: 3 M ab Mitteilung nach R 22.1 c) oder g) - nach Ablauf 14 M ab PT) zugeht
410c		Art. 12 R 22.1 (d)	Nach Ablauf von 14 M ab PT kann Anmelder vom AA verlangen, dass dieses eine Kopie seiner int. Anmeldung mit der eingereichten Anmeldung übereinstimmend beglaubigt und diese beglaubigte Kopie an das IB übersenden.

411 Umschreibung/ Übertragung

	Verfahrenshandlung	Rechtsnorm	Details
412	**Umschreibung/ Übertragung** AG 11.018-11.022	R 92bis.1	Eintragung von **Änderungen** bzgl. **Anmelder, Vertreter** oder **Erfinder** im Antrag oder im Antrag auf ivP **beim IB** (vorzugsweise über Online-Portal ePCT) - auf **Antrag** des Anmelders oder des AA Änderungen, **beim IB** (empfohlen) oder AA einzureichen - innerhalb der 30 M-Frist ab PT (ggf. beim AA, wirkt erst bei Eingang IB) - **keine Gebühr**, kein Einverständnis der Erfinder notwendig
413	**Nachweis**	Art. 27 R 51.bis	**Nationale Ämter** können **Nachweis** verlangen (AG 11.018B, AG 11.022)
414			**Umschreiben** durch **neuen Anmelder** nur mit **Nachweis** (AG 11.018B)
415		R 90.3	**Nachweis** durch **Unterlagen** bei Antrag durch **neuen Anmelder**, bei Antrag durch **Vertreter** des neuen Anmelders muss **ggf. Vollmacht** beigelegt werden. AG 11.018B
416	Sammelantrag	ABl. 2019, A79	Bei Anträgen, die mehr als eine Anmeldung betreffen, verlangt IB idR Einreichung einer Liste aller betroffenen Anmeldungen

Ablauf PCT-Anmeldung B.

Anwälte und gemeinsame Vertreter
Art. 49, R 90, AG 5.041-5.051, 11.004-11.014

Verfahrenshandlung	Rechtsnorm	Details	
Vertretungs-regelung AG 5.041-5.051, 11.004-11.014	Art. 49 R 90.1	Rechtsanwälte, Patentanwälte oder andere Personen, die beim **AA vertretungsbefugt** sind, können **vom Anmelder** vor **AA**, **IB**, **(S)ISA** und **IPEA** als **Vertreter bestellt werden**. – GL C-II, 5	418
	Art. 27 (7) R 51bis.1 b) i)	AA und Bestimmungsamt (→ nationale Phase) kann verlangen, dass Vertreter bestimmt wird, der vor Amt befugt ist	419
Euro-PCT	Art. 133 (1) EPÜ Art. 134 (1) EPÜ	Nach **Einleitung** der **regionalen Phase** (Euro-PCT, 31 M) sind nur **Anmelder** oder **zugelassenen Vertreter** beim EPA **handlungsbefugt** (S/S Art. 133 EPÜ Rd 6, 14)	420
Bestellung Vertreter/Anwalt	R 90.1	Anmelder hat Vertreter/Anwalt zu **bestellen** • durch **Unterzeichnung** des **PCT-Anmeldeformulars** (Antrag – **R 90.4 a)**), wenn in dem Formblatt der Anwalt eingetragen ist (**Art. 4 (1) iii**) iVm **R 4.7** bzw. **R 4.1 a) iii**)) • durch die **Unterzeichnung** einer **gesonderten Vollmacht** (**R 90.4 a**) und **d**): Einreichung von Kopie nicht nötig (**Ausnahme: R 90.4 e**): Zurücknahmeerklärung nach R 90bis.1 bis 90bis.4. - siehe B.445) • durch die **Unterzeichnung** des **Antrags** auf **ivP** (**R 90.4 a**)) • falls eine **allgemeine Vollmacht** vorliegt, in der der Anwalt zu Handlungen nach dem PCT-Verfahren bevollmächtigt ist (**R 90.5 a) ii**): In diesem Fall ist dem PCT-Antrag eine Kopie der allgemeinen Vollmacht beizufügen; **R 90.5 c**): Amt kann von Einreichung der Abschrift absehen (**Ausnahme: R 90.5 d**): Zurücknahmeerklärung nach R 90bis.1 bis 90bis.4 - siehe B.445)	421
Spezielle Bestellung vor Behörde	R 90.1 b) + b-bis) + c)	**Bestellung** eines (zugelassenen) **Vertreters speziell** vor **ISA** (R 90.1 b)), **SISA** (R 90.1 b-bis)), bzw. **IPEA** (R 90.1 c)), wenn schon anderer Vertreter bestellt.	422
Berechtigung zur Bestellung		**Als Anwalt bestellt werden kann** • bei einer Anmeldung beim IB: jeder, der vor einem nationalen Amt bestellt werden kann, in dem der (oder einer der) Anmelder seinen Sitz oder Wohnsitz hat oder Staatsangehöriger ist (**Art. 49, R 83.1bis, R 90.1 a**)), • bei einer Anmeldung bei einem anderen AA jeder, der vor dem AA bestellt werden kann (**R 90.1 a**)), • bei einer int. Recherche jeder, der vor der als ISA handelnden Behörde bestellt werden kann (**R 90.1 b**)), • bei einer ivP jeder, der vor der als IPEA handelnden Behörde bestellt werden kann (**R 90.1 c**)), • jeder, der zur Vertretung vor dem AA oder dem IB befugt ist, ist auch zur Vertretung vor dem ISA oder dem IPEA berechtigt (**R 90.1 a**)), • durch Untervollmacht, sofern in Vollmacht nicht ausgeschlossen (**R 90.1 d**)).	423
Mehrere Anmelder/ Gemeinsamer Vertreter	R 90.2 a)	Wurde **kein Anwalt** zur gemeinsamen Vertretung nach **R 90.1 a**) bestellt, so kann **einer der Anmelder** als **gemeinsamer Vertreter** geltender Anmelder **bestellt** werden, sofern dieser nach **Art. 9** zur Anmeldung berechtigt ist.	424
	R 90.2 b)	Erfolgt **keine ausdrückliche Bestellung**, gilt der im Antrag **zuerst genannte Anmelder**, der nach **R 19.1** zur Anmeldung berechtigt ist, als **gemeinsamer Vertreter** aller Anmelder **Ausnahme**: Zurücknahme **R 90bis.5 Satz 2,** Zurücknahmeerklärung nach R 90bis.1 bis 90bis.4 - siehe B445	425
	R 90.3 b)	**Mehrere Vertreter** für einen Anmelder	426
	R 90.3 c)	**Wirkung** der Handlungen des **gem. Vertreters** bzw. dessen Anwalts **wie die aller Anmelder**.	427

417

113

B. Ablauf PCT-Anmeldung

Anwälte und gemeinsame Vertreter (Fortsetzung)

#	Verfahrenshandlung	Rechtsnorm	Details
428	**Vollmacht** (siehe P.92 ff.)	R 90.4	Bestellung des (gemeinsamen) Vertreters/Anwalts durch **Unterzeichnung** des **PCT-Anmeldeformulars**, des **Antrags auf ivP** oder einer **gesonderten Vollmacht**.
429		R 90.5	Bestellung des Anwalts durch Bezug auf **allgemeine Vollmacht** im **PCT-Antragsformular**, im **Antrag auf ivP** oder **gesonderten Mitteilung**.
430		R 90.4 d) R 90.5 c)	AA, ISA, SISA, IPEA, IB kann auf **Vorlage** der (gesonderten oder allgemeinen) **Vollmacht verzichten;** (EPA hat verzichtet: ABl. 2003, 574, 2004, 305, 2010, 335) - siehe B.40, P.94
431		R 90.4 e) R 90.5 d)	Bei Zurücknahmeerklärung gemäß R 90bis.1 bis R 90bis.4, z.B. der gesamten Anmeldung, muss gesonderte oder allgemeine Vollmacht vorgelegt werden; bei Bestellung des Vertreters im Antrag ist Vorlage einer Vollmacht <u>nicht</u> erforderlich.
432	**Wirkung der Bestellung**	Art. 14 (1) a) i)	Erfordernis der Unterschrift des Anmelders im Antrag zur internationalen Anmeldung
433		R 90.3 a)	Eine von einem Anwalt oder ihm gegenüber vorgenommene Handlung hat die gleiche Wirkung wie eine von dem oder den Anmeldern oder ihm/ihnen gegenüber vorgenommener Handlung.
434	**Gemeinsamer Vertreter**	R 90.3 c)	Eine von einem gemeinsamen Vertreter oder dessen Anwalt oder ihm gegenüber vorgenommene Handlung hat die gleiche Wirkung wie eine allen Anmeldern oder ihnen gegenüber vorgenommener Handlung **Ausnahme**: Zurücknahme **R 90bis.5 Satz 2,** Zurücknahmeerklärung nach R 90bis.1 bis 90bis.4 - siehe B.445.
435	**Mehrere Anmelder**	R 4.15 R 26.2bis (a)	Bei mehreren Anmeldern reicht beim Antrag die Unterschrift eines Anmelders
436	**Widerruf und Verzicht Bestellung**	R 90.6 b), c)	Bestellung eines neuen Anwalts/gemeinsamen Vertreters bedeutet Widerruf des alten Vertreters.
437		R 90.6 d)	Anwalt oder gemeinsamer Vertreter kann durch Mitteilung auf Bestellung verzichten.

Ablauf PCT-Anmeldung B.

Übersicht: Zurücknahmen mit Bezug zur internationalen Anmeldung R 90bis – GL A-IV, 2			
Verfahrens- handlung	Rechtsnorm	Details	
Zurücknahme Int. Anmeldung	R 90bis.1 (siehe B.146)	Innerhalb 30 M ab PT (Schriftliche) Zurücknahme der **int. Anmeldung** bei **IB**, **AA** oder **IPEA** möglich (Empfehlung: Formblatt PCT/IB/372), **Art. 21 (5), R 90bis.1c)**: **Keine Veröffentlichung**, wenn IB Zurücknahme **rechtzeitig vorliegt** (15 Tage vor Abschluss der technischen Vorbereitungen zur Veröffentlichung: AG 9.014 und 11.048 ff., hierzu bedingte Zurücknahme möglich)	439
Bestimmungen	R 90bis.2 (siehe B.64 ff.)	Innerhalb 30 M ab PT Zurücknahme eines Bestimmungsstaats möglich, wirksam mit Eingang bei IB, AA oder IPEA Wird sowohl nationales als auch regionales Patent beantragt, gilt **Zurücknahme** nur für **nationale Patentanmeldung**, sofern nichts anderes angegeben ist; Zurücknahme aller Bestimmungen = Zurücknahme der int. Anmeldung	440
Prioanspruch	R 90bis.3 (siehe B.85 ff.)	Innerhalb 30 M ab PT Zurücknahme einer in Anspruch genommenen Priorität möglich, wirksam mit Eingang bei IB, AA oder IPEA Ggf. Neuberechnung von noch nicht abgelaufenen Fristen, aber auch Veröffentlichung, falls Vorbereitungen ausgehend vom ursprünglichem PT noch nicht abgeschlossen sind.	441
Antrag ergänzende Recherche	R 90bis.3bis	Zurücknahme **jederzeit vor** Datum der **Übermittlung** gemäß **R 45bis.8 a)** des SISR oder der Erklärung, dass kein solcher Bericht erstellt wird, an Anmelder und an IB, wirksam mit Eingang bei SISA oder IB	442
Antrag auf ivP/ Auswahl- erklärungen	R 90bis.4	Innerhalb 30 M ab PT Zurücknahme des Antrags auf ivP oder Auswahlerklärung, wirksam mit **Eingang** der Erklärung beim **IB**; reicht Anmelder Zurücknahmeerklärung beim IPEA ein, wird nach **R 90bis.4 c)** Eingangsdatum von IPEA vermerkt und an IB weitergeleitet; Erklärung gilt mit Eingang IB als eingereicht	443
Vollmachts- erfordernis bei Vertretung	R 90.4 e) R 90.5 d)	Bei Zurücknahmeerklärung nach R 90bis1 bis R 90bis.4 ein, muss **gesonderte Vollmacht** (**R 90.4 e)**) oder **allgemeine Vollmacht** (**R 90.5 d)**) **vorgelegt** werden, falls Vertreter **nicht** durch Unterschrift im Antrag bestellt wurde.- siehe B.431 In den Regeln ist aufgeführt, bei welchem Amt Zurücknahme eingereicht werden muss.	444
Unterschrifts- erfordernis	R 90bis.5	Zurücknahmeerklärung nach R 90bis.1 bis R 90bis.4 ist von **allen Anmeldern** zu **unterschreiben**; R 90.3 ermächtigt auch der Anwalt oder gemeinsam bestellter Vertreter zur Zurücknahme, **Unterschrift** des **gemeinsamen Vertreters** geltenden Anmelder nach R 90.2 b) **reicht nicht** aus.	445
		AG 11.006: Anmelder, der als **gemeinsamer Vertreter** gilt, kann alle Handlungen **wirksam** unterzeichnen, **außer Antrag** und **Zurücknahmeerklärung**.	446
Wirkung	R 90bis.6 a)	Falls Bearbeitung oder Prüfung gemäß **Art. 23 (2)** oder **Art. 40 (2)** bereits bei einem Bestimmungsamt oder ausgewähltem Amt begonnen hat, hat die Zurücknahme keine Wirkung, ansonsten wird Bearbeitung der int. Anmeldung eingestellt (**R 90bis.6 b) + c)**).	447

B. Ablauf PCT-Anmeldung

Allgemeine Gebühren im Rahmen der int. Anmeldung
AG 5.184, AG ANNEX C, ANNEX D

	Verfahrens-handlung	Rechtsnorm	Details
448	**Gebühren** AG 5.184, 5.187	Art. 3 (4) iv) Art 14 (3) a) R 27.1 a)	**Art. 3 (4) iv)**: Verpflichtung zur Zahlung vorgeschriebener Gebühren für die int. Anmeldung. **Art. 14 (3) a), R 27.1 a)**: Die in Art. 14 (3) a) genannten Gebühren gemäß Art 3 (4) iv) sind die **Übermittlungsgebühr** (R 14), die **int. Anmeldegebühr** (R 15.1), die **Recherchengebühr** (R 16) und ggf. die **Gebühr** für die **verspätete Zahlung** (R 16bis.2)
449	Int. Anmelde-gebühr	R 15.1	In R 96 - GebVerz der PCT-Ausführungsverordnung festgesetzt: 1330 CHF + 15 CHF (EPA/DE: 1305 € + 15 €) pro Seite über 30 Seiten, zugunsten des IB, an das AA zugunsten IB zu entrichten, Frist 1 M nach R 15.3.
450	Bestimmungs-gebühr	Art. 4 (2) Art. 14 (3) a) + b) R 27.1 b)	**Art. 4 (2)**: Für jede Bestimmung ist innerhalb Frist vorgeschriebene Gebühr zu zahlen. **Art. 14 (3) a)+b), R 27.1 b)**: Die in Art. 14 (3) a) + b) genannten Gebühren gemäß Art 4 (2) sind die **int. Anmeldegebühr** (R 15.1) und ggf. die **Gebühr** für die **verspätete Zahlung** (R 16bis.2)
451	Übermittlungs-gebühr	R 14.1	**Vom AA festgesetzt** (**EPA**: 0 € (online)/140 € (in allen anderen Fällen) nach Art. 2 (1) Nr. 18 GebO – siehe R.168 f., **DE**: 90 €, **IB**: 100 CHF/93 €), zugunsten des AA, an das AA zu entrichten, Frist 1 M nach R 14.1 c). Erhebung durch AA zugunsten AA
452	Recherchen-gebühr	R 16.1	**Von der ISA festgesetzt** (EPA: 1775 €, Art. 2 (1) Nr. 2 GebO), zugunsten der ISA für Durchführung der internationalen Recherche, an das AA zu entrichten, Frist 1 M nach R 16.1 f), R 15.3.
453	**Gebühr für verspätete Zahlung** AG 5.193 ff.	R 16bis.2	Werden Gebühren gemäß **Art. 3 (4) iv)** nach Aufforderung nach **R 16bis.1 a)** durch das AA vom Anmelder innerhalb geforderter Frist mit **Zuschlag** nach **R 16bis.2** (EPA: 50 %) nicht gezahlt, gilt PCT-Anmeldung nach **R 16bis.1 c) i)**, **Art. 14 (3) a)** als zurückgenommen.
454	**Währung** AG 5.186	R 15.2 b)	Für die **Anmeldegebühr** (R 15.1) schreibt das **AA** die **Währung vor**. Sonstige vorgeschriebene **Währung** ist gemäß dem Gebührenverzeichnis der **Schweizer Franken**; jedes AA kann Gegenwert für die Gebühr festlegen (**R 15.2 d) i)**), ggf. ist AA für das Umwechseln der vorgeschriebenen Währung in Schweizer Franken verantwortlich (**R 15.2 d) ii)**)
455	**Zahlungs-arten für IB als AA**	Kreditkarte PCT Newsletter 03/21	Mit Einreichung der int. Anmeldung über ePCT oder über nachfolgenden Link in zugesandter E-Mail vom IB als AA Diners, Discover, Mastercard oder Visa (CHF, USD, EUR) American Express (nur CHF)
456		Lastschrift-einzug	Lastschrifteinzug nur von Konto bei der WIPO möglich (nur CHF)
457		Paypal	PayPal ist Zahlungsmethode (CHF, EUR oder USD) an IB als AA/RO **Auch für SIS-Gebühr möglich** Bestätigung nur durch E-Mail
458		Überweisung	Banküberweisung auf WIPO Account (CHF, USD, EUR)
459			Überweisung auf Postscheckkonto der WIPO (nur CHF)
460		Barzahlung und Scheck	IB akzeptiert keine Barzahlung oder Zahlung mit Scheck
460a	EPA als AA GL A-III, 3	LK beim EPA	Belastung LK beim EPA mit AA, der in elektronisch verarbeitbarem Format (XML) auf zulässigem elektronischem Weg eingereicht wird (EPA-Software für Online-Einreichung, Online-Einreichung 2.0, Online Gebührenzahlung oder ePCT. – siehe R.227 ff)

Ablauf PCT-Anmeldung B.

Akteneinsicht in die internationale Anmeldung sowie damit verbundene Schriftstücke
R 94 (seit 1.7.98), AG 9.025, 9.027 — 461

Verfahrenshandlung	Rechtsnorm	Details	
Akteneinsicht	Art. 30 R 94	**Vor Veröffentlichung** ist auf **Antrag** von **Anmelder** oder **bevollmächtigter Person** und **nach Veröffentlichung** für **jedermann** Einsichtnahme in Akte bei AA (R 94.1bis a), IB (Art. 30 (1) a), R. 94.1 a), ISA (Art. 30 (1) a), R 94.1ter b)), IPEA (R 94.2), Bestimmungsamt (Art. 30 (2) a), R 94.2bis) und/oder ausgewähltem Amt (Art. 30 (2) a), R 94.3) möglich. – siehe B.293 ff. Auch Einsicht in Einwendungen Dritter möglich – siehe B.495 Ausstellung von Kopien gegen Kostenerstattung möglich (durch Akteneinsicht über PATENTSCOPE irrelevant geworden).	462
Veröffentlichung	Art. 21 (2), (3) R 48.2 Section 404, 406 (b) AG 9.015, 9.022	Am **Tag** der **Veröffentlichung** der int. Anmeldung ist **Einsicht in elektronische Akte** über **PATENTSCOPE** möglich; auch Einsicht in WO-ISA sowie Stellungnahme des Anmelders (AG 7.028, 7.030); ebenso ist Einsicht in ISR, in Erklärung nach Art. 17 (2) a) oder Anspruchsänderungen nach Art. 19 möglich;	463
Vorzeitige Veröffentlichung	Art. 21 (2) b) R 48.4	**Vorzeitige Veröffentlichung** und somit **Akteneinsicht** über PATENTSCOPE auf Antrag des Anmelders beim IB möglich, ggf. besondere Veröffentlichungsgebühr (200 CHF, Section 113(a) der Administrative Instructions) gemäß R 48.4 fällig (wenn zu diesem Zeitpunkt kein ISR oder Erklärung nach Art. 17.2 (a) vorliegt).	464
Akteneinsicht AA	Art. 30 (2) a), (3) R 94.1bis a)	Auf **Antrag** des **Anmelders** oder einer von ihm **bevollmächtigten Person** erteilt das AA Einsicht in alle in seiner Akte befindlichen Schriftstücken, **vor Veröffentlichung möglich**.	465
	R 94.1bis b), c)	Vorbehaltlich der ausgeschlossenen Angaben nach R 48.2 (l) erteilt das AA **nach der int. Veröffentlichung jedermann** auf Antrag Einsicht in seiner Akte befindlichen Schriftstücken.	466
IB	Art. 30 (1) a) R 94.1 a)	**Außer** auf **Antrag** des **Anmelders** oder mit seiner **Einwilligung** darf das IB, vorbehaltlich **Art. 30 (1) b)** (Ausnahme: Übermittlungen an ISA und Bestimmungsämter), **keiner Person** oder **Behörde Einsicht** in eine PCT-Anmeldung gewähren, **bevor** die **int. Veröffentlichung** der Anmeldung **erfolgt** ist.	467
	R 94.1 b), d)	Vorbehaltlich **Art. 38** (Vertraulichkeit des schriftlichen Bescheids, des Berichts, der Übersetzung und der Stellungnahme, Frist 30 M) und der ausgeschlossenen Angaben nach R 48.2 (l) erteilt das IB nach der int. Veröffentlichung der int. Anmeldung **jedermann** auf Antrag, gegen Kostenerstattung.	468
ISA	Art. 30 (1) a) R 94.1ter a)	**Außer** auf **Antrag** des **Anmelders** oder mit seiner **Einwilligung** darf die ISA, vorbehaltlich **Art. 30 (1) b)** (Ausnahme: Übermittlungen Bestimmungsämter), **keiner Person** oder **Behörde Einsicht** in eine PCT-Anmeldung gewähren, **bevor** die **int. Veröffentlichung** der Anmeldung **erfolgt** ist.	469
	R 94.1ter b), c)	Vorbehaltlich der ausgeschlossenen Angaben nach R 48.2 (l) erteilt die ISA **nach der int. Veröffentlichung jedermann** auf Antrag Einsicht in seiner Akte befindlichen Schriftstücken.	470
IPEA	Art. 30 (1) a) R 94.2 a)	Auf **Antrag** des **Anmelders** oder einer von ihm **bevollmächtigten Person** erteilt das IPEA Einsicht in alle in seiner Akte befindlichen Schriftstücken, **vor Veröffentlichung möglich**.	471
	R 94.2 b), c)	Vorbehaltlich der ausgeschlossenen Angaben nach R 48.2 (l) erteilt das IPEA **nach der Erstellung** des **ivP** auf **Antrag** eines **ausgewählten Amts** Einsicht in seiner Akte befindlichen Schriftstücken.	472

B. Ablauf PCT-Anmeldung

Akteneinsicht in die internationale Anmeldung (Fortsetzung)

	Verfahrenshandlung	Rechtsnorm	Details
473	Akteneinsicht Bestimmungsamt	R 94.2bis	**Akteneinsicht** beim Bestimmungsamt durch **Dritte** möglich, wenn **nationales Recht** es zulässt; keine Einsicht vor frühestem Zeitpunkt nach Art. 30 (2) a) (siehe B.462): Veröffentlichung der int. Anmeldung, Übermittlung oder Eingang der int. Anmeldung an Bestimmungsamt (EPA als Bestimmungsamt → **Art. 128 (4) EPÜ**, siehe RiLi E-IX, 2.10)
474	Ausgewähltes Amt	R 94.3	**Akteneinsicht** beim ausgewählten Amt durch **Dritte** möglich (auch in die Schriftstücke, die sich auf die ivP beziehen), wenn es **nationales Recht** zulässt; keine Einsicht vor frühestem Zeitpunkt nach Art. 30 (2) a) (siehe B.462): Veröffentlichung der int. Anmeldung, Übermittlung oder Eingang der int. Anmeldung an Bestimmungsamt (EPA als ausgewähltes Amt → **Art. 128 (4) EPÜ**, siehe RiLi E-IX, 2.10 und ABl. 2003, 382)
475	EPA = AA, ISA oder IPEA	BdP vom 20.02.2019 (ABl. 2019, A16, A17)	EPA gewährt über **Europäisches Patentregister** Einsicht in Schriftstücke intern. Anmeldungen, bei denen **EPA = AA, ISA oder IPEA**.
476			Von Einsicht **ausgeschlossene Unterlagen**: a) Angaben, die vom IB nach R 48.2 l) von Veröffentlichung oder gemäß R 94.1 d) bzw. e) von öffentlicher Einsichtnahme ausgeschlossen sind; b) Unterlagen, die gemäß EPÜ von Akteneinsicht ausgeschlossen sind (Art. 150 (2), Art. 128 (4), R 144 EPÜ und BdP vom 12.07.2007 (ABl. 2007, Sonderausgabe Nr. 3, J.3). - siehe A.312 und B.479
477			Akteneinsicht durch Erstellung Papierkopien nur noch in Ausnahmefällen möglich - BdP vom 20.02.2019 (ABl. 2007, Sonderausgabe Nr. 3, J.2, Artikel 1 (2), (3) und (5) sowie Artikel 2, ABl. 2019, A16)
478	Nationales Amt	Art. 30 (2) a)	Kein nationales Amt darf **Dritten ohne Antrag** oder Genehmigung des **Anmelders** Einsicht in int. Anmeldung **vor frühestem** nachfolgendem **Zeitpunkt** geben: • Internationale Veröffentlichung • Eingang der Übermittlung der int. Anmeldung nach Art. 20 • Eingang der int. Anmeldung nach Art. 22
479	Ausgeschlossene Angaben	R 48.2 R 94.1 d) + e)	Keine Einsicht in nach **R 48.2** oder auf Antrag des Anmelders ausgeschlossene Angaben (z.B. Angaben, die persönliche oder wirtschaftliche Interessen des Anmelders beeinträchtigen würden).

Ablauf PCT-Anmeldung B.

Schutzrechtsarten in Verbindung mit einer PCT-Anmeldung			480
Verfahrenshandlung	Rechtsnorm	Details	
Schutzrechts-arten Keine Vorauswahl notwendig AG 5.052 ff.	Art. 43	Nachsuchen um bestimmte Schutzrechtsart Ausgewählter oder bestimmter VS kann Recht auf Erteilung von **Erfinderscheinen**, **Gebrauchszertifikaten**, **Gebrauchsmuster**, **Zusatzpatente**, **Zusatzzertifikate**, **Zusatzerfinderscheine** oder **Zusatzgebrauchszertifikate** vorsehen. Anmelder kann anstelle eines Patents die Erteilung **einer dieser Schutzrechtsarten** auswählen.	481
Zwei Schutzrechtsarten	Art. 44	Nachsuchen um **zwei Schutzrechtsarten** Ausgewählter oder bestimmter VS kann vorsehen, dass zwei Schutzrechtsarten beantragt werden. Anmelder kann die beiden Schutzrechte gemäß AO angeben.	482
Jede Schutzrechtsart	R 4.9 a) ii)	Angabe im Antrag (Art. 4 (1) ii)), dass mit int. Anmeldung für jeden BS, auf den Art. 43 oder Art. 44 Anwendung findet, **jede Art** von **Schutzrecht** beantragt wird, die durch Bestimmung in diesem Staat zugänglich ist.	483
Regionales Patent	Art. 4 (1) ii) R 4.9 a) iii)	Angabe im Antrag (Art. 4 (1) ii)), dass mit int. Anmeldung für jeden BS, auf den Art. 45 (1) Anwendung findet, ein **regionales Patent** und falls **Art. 45 (2)** nicht Anwendung findet, ein nat. Patent beantragt wird.	484
Angabe Schutzrechtsarten bei nat./reg. Phase	R 49bis.1 R 4.11 a)	Bei **Einleitung** nat./reg. Phase (nach Art. 22 oder Art. 39 (1), R 76.5 ii) -> B.331 ff.) hat Anmelder im Antrag die **gewünschte Schutzrechtsart** (Art. 43), die **beiden gewünschten Schutzrechtsarten** (Art. 44), eine Angabe zur Behandlung als **Fortsetzung** oder **Teilfortsetzung** einer **früheren Anmeldung** (z.B. CIP in USA) unter der Angabe der Hauptanmeldung, des Hauptpatents oder des Hautschutzrechts **anzugeben**. Ohne ausdrückliche Angabe zur gewünschten Schutzrechtsart kann Gebührenzahlung impliziten Wunsch des Anmelders ausdrücken.	485
Wechsel Schutzrechtsart	R 49bis.2 b)	Falls nationales Recht es zulässt, kann Anmelder zu einem späteren Zeitpunkt nach Frist des Art. 22 von einer Schutzrechtsart zu einer anderen wechseln.	486
	R 26quater	Angaben nach R4.11 (int. Anmeldung soll im DO als **Zusatzpatent/-zertifikat**, **Zusatzerfinderschein** oder **Zusatzgebrauchszertifikat** oder (Teil-)Fortsetzung einer früheren Anmeldung behandelt werden) können noch innerhalb Frist von 16 M nach PT beim IB als Mitteilung eingereicht werden, Eingang vor Abschluss techn. Vorbereitungen zur int. Veröffentlichung, ansonsten nach R 26quater.2 Verfahren nach Verwaltungsvorschrift. (ab 01.07.2020)	487

B. Ablauf PCT-Anmeldung

	Form der Einreichung		
	Verfahrenshandlung	Rechtsnorm	Details
489	**Form und Übermittlung der Einreichung** AG 11.067 ff.	R 11 R 92.4	**Schriftform** **Internationale Anmeldungen** müssen **schriftlich** auf **Papier** oder in **elektronischer Form** mit dem **Antragsformblatt** PCT/RO/101 per **Post** oder per **Telekommunikation** eingereicht werden. – Euro-PCT Leitfaden 2.2.001 ff., ABl. 2021, A42
490	Telefax AG 11.067 ff.	R 92.4 a)	Unterlagen der **int. Anmeldung** können per **Telegraf, Fernschreiber, Telefax** oder ähnlicher **Einrichtungen** übermittelt werden, die zur Einreichung eines gedruckten oder geschriebenen Schriftstücks führen (außer AA nimmt derartige Schriftstücke nicht an - R 92.4 h)); **abhängig** vom **AA** ist **Original** innerhalb **14** Tagen **nachzureichen**, siehe Annex B; **EPA erlaubt** Einreichung per **Telefax**, allerdings müssen Anmeldeunterlagen und Antrag gleichzeitig per Post eingereicht werden, spätestens 1 M nach Aufforderung, ansonsten gilt Anmeldung als zurückgenommen; Hinweis auf Telefax, dass gesonderte Papiereinreichung (Euro-PCT Leitfaden 2.2.024, ABl. 2010, 642, ABl. 2019, A18).
491	EPA = AA	R 92.4 c)	AA (= EPA) unterrichtet Anmelder unverzüglich per Fax, falls das von ihm übermittelte Fax ganz oder teilweise unleserlich oder unvollständig ist. – Abl. 2019, A19
492	Elektronische Einreichung (ePCT)	R 89bis.1 ABl. 2021, A42, A43 Euro-PCT Leitfaden 2.2.001 ff und 2.2.032 f GL A-II, 1.2.3	**Online-Einreichung** von **int. Anmeldungen** sowie **Unterlagen** (**R 89bis.2**) **beim IB** möglich, z.B. über ePCT private services, PCT-SAFE (seit 01.07.2021 nicht mehr beim IB (PCT Newsletter 02/21) und seit 01.07.20 nicht mehr beim EPA (ABl. 2020, A59), andere durch das AA angebotene Arten der Einreichung (siehe Annex C, EPA: EPO Online Filing; EPO Webform filing service; Online-Einreichung (OLF), neue Online-Einreichung (CMS), Online-Einreichung 2.0); auch vor anderen AAs/ROs (nicht IB), ISA und IPEA möglich, falls diese Ämter einen entsprechenden Datenaustausch mit dem IB vereinbart haben, z.B. AT, SE, FI; EPA (ABl. 2014, A50, A71, A107, ABl. 2016, A78, für besondere Verfahrenshandlungen ggf. über ein gesondertes Plug-in des ePCT möglich. Zugriff auf Dateien von int. Anmeldungen (auch solche, die nach der Veröffentlichung in PATENTSCOPE nicht verfügbar sind, z.B. Kapitel II relevante Dokumente). EPA: • **Priounterlagen** zu ePA und int. Patentanmeldungen in europ. Phase können elektronisch mittels OLF, CMS oder Online-Einreichung eingereicht werden, wenn sie von ausstellender Behörde digital signiert wurden und EPA die Signatur anerkennt. Keine Einreichung über Web_Einreichung.– ABl. 2021, A42, A43 - GL A-II, 1.3 • **Empfang** der Unterlagen wird während des Übertragungsvorgangs **elektronisch bestätigt**. ABl. 2021, A42, ABl. 2019, A19
493	Nichtverfügbarkeit		Ist eine vom EPA nach R 89bis bereitgestellte oder zugelassene Einrichtung zur elektronischen Nachrichtenübermittlung (vorübergehend) aus einem vom EPA vertretenden Grund (z.B. Wartung) nicht verfügbar, gilt **Fristverlängerung** nach R 134 (1) EPÜ iVm Art. 150 (2) EPÜ. – ABl. 2020, A120, Nr. 12

Ablauf PCT-Anmeldung   B.

Form der Einreichung (Fortsetzung)

Verfahrenshandlung	Rechtsnorm	Details

Pilotprojekt Online-Einreichung 2.0
 	
ABl. 2021, A20
ABl. 2020, A44
 	
A.118 f.
		• Pilotprojekt beginnt am 04.05.2020
		• Einreichung mittels **spezieller Software** für die Online-Einreichung 2.0, Zugang über registrierte Smartcard und für Nutzung vom EPA ausgestellte Zertifikate erforderlich;
		• Relevante Funktionalitäten des ePCT-Dienst sind für int. Anmeldungen integriert
		• Ausgenommen für das Pilotprojekt für die Online-Einreihung 2.0 sind die Online-Einreichung des EPA (OLF), über Case-Management-System (**CMS), Web-Einreichung** sowie über **PCT-SAFE**, und **ePCT-Filing**
		• Einreichungsfähige Unterlagen:
		   ○ Eintritt in europäische Phase (Formblatt 1200) mit Unterlagen und ggf. Übersetzungen sowie etwaigen Änderungen (z.B. Art. 19/Art.24 PCT) im PDF-Format
		   ○ Antrag int. Anmeldung (Formblatt PCT/RO/101) mit Anmeldungsunterlagen einer beim EPA = AA, ggf. Übersetzungen im PDF-Format oder XML-Format, andere Unterlagen im PDF-Format
		   ○ Sequenzprotokolle für int., europäische und EURO-PCT-Anmeldungen
		• Nach Bekanntmachung geplante einreichungsfähige Unterlagen
		   ○ alle Unterlagen im Docx-Format
		   ○ Anmeldeunterlagen für EPA = ISA, SISA, IPER, einschließlich Antrag ivP im PDF- oder DOCX-Format
		   ○ Änderungen, Korrekturen, Berichtigungen der Online eingereichten Unterlagen bis zur Erteilung im PDF- oder DOCX-Format
		• DOCX-Format der eingereichten Anmeldungsunterlagen muss festgelegter Formatdefinition des EPA entsprechen -> ABl. 2021, A42

Einwendungen Dritter über PATENTSCOPE oder ePCT	Section 801 ff. Administrative Instructions AG 11.109 ff. GL E-II	• Eingaben nach Veröffentlichung der int. Anmeldung **bis 28 M** nach PT über PATENTSCOPE oder ePCT möglich, solange Anmeldung anhängig ist • auf Wunsch bleibt Dritter anonym, • Anmelder/Vertreter ist nicht zur Einreichung berechtigt • je Person nur eine Einwendung • maximal 10 Eingaben je int. Anmeldung • **Angabe** von max 10 **Zitierungen** mit kurzer (strukturierter) **Begründung** je Eingabe möglich • Eingabe sollte in einer Veröffentlichungssprache sein, zitierter SdT kann in jeder Sprache eingereicht werden **Anmelder** kann auf die Eingabe innerhalb 30 M ab PT **antwortet** Weiteres Verfahren: • **Eingabe**, **Zitierungen** und **Antworten** des Anmelders werden dem Anmelder, der **ISA**/dem **IPEA** (sofern ISR/iVP noch nicht erstellt worden sind) und **Bestimmungsämter übermittelt**. • Eingabe und Antwort des Anmelders (nicht die Kopien der zitierten Dokumente) sind über PATENTSCOPE einsehbar. • Entsprechendes Amt kann über Verwendung der Eingabe selbst entscheiden • Dritter hat kein Recht, am weiteren (Prüfungs-)Verfahren teilzunehmen.

B. Ablauf PCT-Anmeldung

496 — **Protokolle von Nucleotid- und/oder Aminosäuresequenzen:**
R 5.2, 13ter.1 PCT, ABl. 2021, A97, ABl. 2022, A60
AG 5.099 ff., AG 7.005 ff., RiLi E-IX, 2.4.2, GL B-III, 2.11

	Verfahrenshandlung	Rechtsnorm	Details	Unmittelbare Folgen eines Mangels, Mängelbeseitigung, Fristen	Rechtsfolge bei Nichtbeseitigung von Mängeln oder Fristversäumnis
497	**Einreichung als Teil der Beschreibung** B.22	Art. 11 (1) iii) d) Art. 5 R 5.2 Euro-PCT Leitfaden 2.22.001-007	**R 5.2 a)**: Beschreibung muss als gesonderter Teil und Sequenzprotokoll nach in 208 VV (Annex C – WIPO ST.26) vorgeschriebenem Standard enthalten (als einzige XML-Datei – ABl. 2021, A97) **R 5.2 b)**: Freier Text des Sequenzprotokolls muss auch in der Beschreibung in deren Sprache erscheinen.	**R 13ter.1 f)**: Erfüllt Beschreibung nicht **R 5.2 b)** erfolgt Aufforderung zur Berichtigung; R 26.4 (Übertragung der Änderung in den Antrag) ist auf Berichtigung anzuwenden	**R 13ter.1 e)**: Ist Sequenzprotokoll am AT nicht in der int. Anmeldung enthalten, ist es nicht Bestandteil der int. Anmeldung., unabhängig ob Aufforderung nach a) oder b) erfolgt; Änderung nach Art. 34 (2) b) möglich GL H-II, 2.2.3
498			Euro-PCT-Leitfaden 2.21.005: Bei Einreichung der int. Anmeldung in **elektronischer Form** wird für Sequenzprotokoll **keine Seitengebühr** berechnet; keine zweite Kopie für ISR und ivP nötig		**Art. 17 (2) a) ii) und b)**, **R 13ter.1 d)**: ISA führt Recherche aus, soweit sie ohne Sequenzprotokoll möglich ist; Hinweis im int. RB ->Auswirkung auf ivP
499			Euro-PCT-Leitfaden 2.21.006: Bei Einreichung des Sequenzprotokolls in **nicht-elektronischer Form**, z.B. auf Papier oder im Bildformat, wird **Seitengebühr** für jede Seite des Sequenzprotokolls fällig. EPA = ISA, SISA u/o IPEA: Sequenzprotokoll ist in elektronischer Form im Textformat einzureichen		GL B-III, 2.11 und B-VIII, 3.2 AG 7.010, 7.013
499a	EPA = AA	ABl. 2022, A60	Wird Sequenzprotokoll nicht in WIPO Standard ST.26 eingereicht, wird es nicht als Teil der int. Anmeldung angesehen -> EPA konvertiert Datei in Format des Hauptteils der Beschreibung	EPA fordert Anmelder zur Bestätigung auf, Aufforderung zur Zahlung entsprechende Seitengebühr innerhalb 1 M, Zahlung gilt als Bestätigung	Inhalt der konvertierten Datei wird nicht als Teil der int. Anmeldung betrachtet, Datei wird nicht Teil des Priobelegs des EPA als AA gemäß R 17.1 b)
500	Für Recherchezwecke	R 13ter.1 a)	ISA kann Anmelder auffordern, Sequenzprotokoll in elektronischer Form (WIPO Standard ST.26) einzureichen, es sei denn ein solches Protokoll ist in akzeptabler Form und Weise zugänglich	**R 13ter.1 a) und b)**: Aufforderung zur Einreichung innerhalb Frist (1 M – ABl. 2021, 547, II.1, GL C-VII, 2.1) und Zahlung (einmalig für a) und b)) Gebühr (R 13ter.1 c)) von max. 25 % der int. Anmeldegebühr (R 96, Nr. 1 GebVerz), Gebühr für 31. Blatt und jedes weitere Blatt bleibt unberücksichtigt EPA: 245 € – ABl. 2022, A7, A37, Annex D – R.106, R. 181 GL A-III, 5.3 und 7.4	
501		R 13ter.1 b)	ISA kann Anmelder unabhängig von **R 13ter.1 a)** auffordern Sequenzprotokoll auf Papier einzureichen, wenn Beschreibung nicht **R 5.2 a)** entspricht, es sei denn ein solches Protokoll auf Papier ist in akzeptabler Form und Weise zugänglich		

Ablauf PCT-Anmeldung   B.

Übersicht: Zusammenwirken PCT - EPÜ			
Verfahrenshandlung	Rechtsnorm	Details	
Anzuwendendes Recht PCT vs. EPÜ	Art. 150 (2) EPÜ	Vorschriften des **PCT** oder seiner **Ausführungsverordnung** gehen **gegenüber** dem **EPÜ vor**; EPÜ ist ergänzend anzuwenden	503
Wirkung für EP	Art. 153 (2) EPÜ	Eine **PCT-Anmeldung**, für die das EPA **ausgewähltes Amt** oder **Bestimmungsamt** ist und der ein int. AT zuerkannt worden ist, **gilt als ePA**.	504
EPA als PCT Behörde AA	Art. 151 (1) EPÜ R 157 (1) EPÜ	EPA ist **AA** im Sinne des **Art. 2 xii) PCT** iVm **Art. 151 (1) EPÜ**; Voraussetzung: Anmelder ist Staatsangehöriger oder hat Wohnsitz bzw. Sitz in VS des PCT - siehe 🕮 B.11	505
ISA	Art. 152 EPÜ R 158 EPÜ Art. 16 (1) PCT	EPA wird als **ISA** tätig Vereinbarung WIPO-EPA (ABl. 2017, A115; Abl. 2010, 304) - siehe 🕮 B.115	506
SISA	R 45bis PCT	EPA wird als **SISA** tätig, wenn **EPA≠ISA** Vereinbarung WIPO-EPA (ABl. 2017, A115; ABl. 2010, 304 und 316) und RiLi, E-IX 1 v) EPA nimmt nur begrenzte Anzahl (700) SIS-Anträge an – Abl. 2014, A117, 🕮 B.171	507
IPEA	Art. 152 EPÜ R 158 EPÜ Art. 32 (1) PCT	EPA wird als **IPEA** tätig Vereinbarung WIPO-EPA (ABl. 2017, A115; ABl. 2010, 304) - siehe 🕮 B.224	508
Bestimmungsstaat	Art. 153 (1) a) EPÜ R 159 EPÜ RiLi E-IX, 2.7	EPA ist **Bestimmungsamt** sowie **ausgewähltes Amt**; Anmelder hat innerhalb 31 M ab PT Handlungen im Rahmen der nationalen Phase für int. Anmeldung nach Art. 153 (1) a) EPÜ vorzunehmen - siehe 🕮 C.4	509
Widerspruchs- behörde Uneinheitlichkeit	R 158 (3) EPÜ	EPA stellt Dienstleistung für WIPO im Rahmen der Überprüfung der Uneinheitlichkeit als ISA, IPEA und SISA zur Verfügung (BdP vom 09.06.2015, ABl. 2015, A59), **Zahlungseingang** der **Widerspruchsgebühr** wird **beim EPA** erwartet und stellt somit ein **Versäumnis** nach Art. 122 EPÜ dar, welches zur **WE** berechtigt - siehe B.132 ff. (ISA), B.189 f. (SISA) und B.278 f. (IPEA)	510
Einreichung int. Anmeldung bei Behörde EP-VS	Art. 151 EPÜ R 157 (3) EPÜ	VS hat für rechtzeitige Übermittlung einer bei der Zentralbehörde des VS eingereichten int. Anmeldung an das EPA zu sorgen (spätestens zwei Wochen vor Ablauf des 13. Monats nach ihrer Einreichung oder PT)	511
Übermittlungs- gebühr	Art. 151 EPÜ R 157 (4) EPÜ	**Art. 3 (4) iv) PCT** iVm **R 14 PCT**, zahlbar an AA, **Art. 2 (1) Nr. 18 GebO EPA**: 0 € **(online)**/140 € (in allen anderen Fällen) (seit 01.04.2022)	512
AA für int. Anmeldungen	Art. 151 EPÜ R 157 (1) EPÜ	**Int. Anmeldung** ist **direkt** beim **EPA** einreichen (nicht Wien)	513
ISR = europ. RB	Art. 152 EPÜ Art. 153 (6) EPÜ	**Int. RB** nach **Art. 18 PCT** oder Erklärung nach **Art. 17 (2) a) PCT** ersetzt **europäischen RB**.	514
Veröffentlichung	Art. 153 (3) EPÜ	**Int. Veröffentlichung** tritt vorbehaltlich (4) an die Stelle der **Veröffentlichung der ePA**. Ausnahmen zum SdT nach **Art. 54 (3)**, wenn Voraussetzung nach **Art. 153 (4)** nicht erfüllt (gilt erst als älteres Recht, wenn in Amtssprache veröffentlicht)	515
Übersetzung/ Schutzwirkung	Art. 153 (4) EPÜ	**Übersetzung** zum Zweck der **Veröffentlichung erforderlich**, falls Euro-PCT **nicht** in **Amtssprache** veröffentlicht; **Schutz** nach Art. 67 (3) EPÜ erst vom Tag dieser Veröffentlichung an.	516

B. Ablauf PCT-Anmeldung

517 PCT-Vorbehalte, Erklärungen, Mitteilungen und Unvereinbarkeiten
Stand 22.10.2020

518	Art. 22 (1) siehe B.331	**Einleitung nationale Phase**: Staaten haben Frist von 20 M für Übermittlung eines Exemplars der int. Anmeldung ab PT als Bestimmungsamt festgesetzt	LU, TZ
519	Art. 64 (2) a) ii)	Nationale Veröffentlichung möglich, trotz Verarbeitungsverbot nach **Art. 40**	FI, NO, PO, SE
520	Art. 64 (3) a) siehe B.323	Internationale Veröffentlichung einer internationalen Anmeldung nicht erforderlich	US
521	Art. 64 (4) a) siehe B.120, V.8	Einreichung einer int. Anmeldung außerhalb des Staates ist für Bestimmung des SdT nicht gleichgestellt mit tatsächlicher Anmeldung in diesem Staat; Nationales Recht gewährt Patenten einen früheren Zeitpunkt zur Bestimmung des SdT für (nationale) Anmeldungen in diesem Staat	AM, BH, BY, CL, CU, DZ, FR, GE, ID, IN, KG, KZ, LA, LC, MD, MT, MY, MZ, OM, QA, RO, RU, TH, TJ, TN, TM, UA, UN, UZ, VC, ZA
522	Art. 64 (5)	Beilegung von Streitigkeiten bzgl. Regelungen des PCT gemäß Art. 59 vor dem internationalen Gerichtshof	DZ, AM, BH, BY, CL, LA, FR, GE, IN, ID, KZ, QA, KG, KH, CU, MY, MT, MZ, OM, MD, RO, RU, LC, VC, ZA, TJ, TH, TN, TM, UA, HU, UZ
523	R 4.9 (b) siehe B.60	Bestimmung des Staates wird im Antrag nicht vorgenommen, da Einreichung der int. Anmeldung zur Zurücknahme der nationalen (Prio-)Anmeldung führt	DE, JP, KR
524	R 20.1 (d) siehe B.14	Zulassung der Einreichung der Beschreibung und Ansprüche für den **Art. 11 (1) ii)** in einer vom AA nach **R 12.1 a)** zugelassenen Sprache	US
525	R 20.8 (a) siehe B.25 ff.	Fehlende Teile der Anmeldung (teilweise oder ganz fehlende Beschreibung, Ansprüche oder Zeichnungen beim AA)	CU, CZ, DE, ID, KR, MX
526	R 20.8 (a-bis)	Einreichung fälschlicherweise eingereichter Bestandteile nach R 20.5bis (a) ii) und R 20.5bis d)	CL, CU, CZ, DE, EP (bis 30.10.22), ES, FR, ID, KR, MX
527	R 20.8 (b) siehe B.25 ff.	Fehlende Teile der Anmeldung (teilweise oder ganz fehlende Beschreibung, Ansprüche oder Zeichnungen beim Bestimmungsamt)	CN, CU, CZ, DE, ID, KR, MX, TR
528	R 20.8 (b-bis)	Einreichung fälschlicherweise eingereichter Bestandteile nach R 20.5bis (a) ii) und R 20.5bis d)	CL, CN, CU, CZ, DE, EP (bis 30.10.22), ES, ID, KR, MX, TR
529	R 23bis.2 (b) siehe B.145	AA übermittelt keine Ergebnisse einer früheren Recherche für Zwecke der **R 41.2 an ISA** (betrifft **nicht** den Antrag nach R 4.12)	DE, FI, SE
530	R 23bis.2 (e) siehe B.145	Übermittlung Ergebnisse früherer Recherchen von AA an ISA für Zwecke der **R 41.2** steht nationalem Recht entgegen (betrifft **nicht** den Antrag nach R 4.12)	AU, CZ, FI, HU, IL, JP, NO, SE, SG, US
531	R 26.3ter (b) siehe B.45	Zusammenfassung oder Textbestandteile der Zeichnungen sind in anderer Sprache als die Beschreibung und Ansprüche eingereicht worden; Aufforderung zur Einreichung einer Übersetzung	US
532	R 26.3ter (d)	Anmeldung ist nach **R 12.1 c)** beim AA in Veröffentlichungssprache einzureichen, Aufforderung zur Einreichung einer Übersetzung	US
533	R 26bis.3 (j) siehe B.81	Wiederherstellung des Priorechts durch das AA	BR, CO, CU, CZ, DE, DZ, GR, ID, IN, KR, PH

Ablauf PCT-Anmeldung — B.

PCT-Vorbehalte, Erklärungen, Mitteilungen und Unvereinbarkeiten (Fortsetzung)
Stand 05.09.2020

R 49.5 (l)	Fehlende Übersetzung der Ansprüche beim Bestimmungsamt (**R 49.5 (c-bis)**)	BR, US	534
	Übersetzung der Festlegung der Bezeichnung durch ISA (**R 49.5 (k)**)	US	535
R 49.6 (f) siehe B.340 f. und B.329	**Wiedereinsetzung** der Versäumnis der Vornahme der Handlungen nach **Art. 22** oder **Art. 39**	CA, CN, DE, IN, KR, LV, MX, NZ, PH, PL	536
R 49ter.1 (g) siehe B.81	Wirkung der Wiederherstellung des Priorechts durch AA	BR, CA, CN, CO, CU, CZ, DE, DZ, ID, IN, KR, LT, MX, PH	537
R 49ter.2 (h) siehe B.81	Wirkung der Wiederherstellung des Priorechts durch Bestimmungsamt	BR, CA, CN, CO, CU, CZ, DE, DZ, ID, IN, KR, MX, PH	538
R 51bis.3 (c)	Erfüllung nationaler Erfordernisse durch das Bestimmungsamt	SG	539
R 66.1bis (b) siehe B.155	Schriftlicher Bescheid nach **R 43bis.1** gilt nicht für die Zwecke der **R 66.2 a)**, falls das erstellende nationale Amt oder zwischenstaatliche Organisation nicht auch als ISR gehandelt hat	EP	540

B. Ablauf PCT-Anmeldung

541 **Beispiele für Zuständigkeiten im Rahmen des PCT gemäß Annex C**

Anmelder aus VS	AA
DE	DPMA, EPA, IB
FR	INPI, EPA, IB
GB	UKIPO, EPA, IB
IT	IPTO, EPA, IB
CH	IGE, EPA, IB
EP	EPA, IB
US	USPTO, IB
JP	JPO, IB
CN	SIPO, IB
KR	KIPO, IB

542

AA	Akzeptierte Sprachen	Zuständige ISA/IPEA (Annex C)
DE (DPMA)	Deutsch	EPA
FR (INPI)	Französisch	EPA
GB (UKIPO)	Englisch, Walisisch	EPA
IT (IPTO)	Englisch, Deutsch, Französisch, Italienisch	EPA
CH (IGE)	Englisch, Deutsch, Französisch	EPA
EP (EPA)	Englisch, Deutsch, Französisch	EPA
US (USPTO)	Englisch	EPA, USPTO, Rospatent, Israel Patent Office, KIPO, Australian Patent Office, Intellectual Property of Singapore, JPO
JP (JPO)	Japanisch, Englisch	JPO, EPA, Indian Patent Office, Intellectual Property of Singapore
CN (SIPO)	Chinesisch, Englisch	CNIPA, EPA
KR (KIPO)	Englisch, Japanisch, Koreanisch	KIPO, Australien Patent Office, Österreichisches Patentamt, Intellectual Property of Singapore, JPO

543 **Nationale/Regionale Phase**

Ausgewähltes Amt/Bestimmungsamt	Übersetzung	Nationalisierung nur über EP?
DE (DPMA)	Deutsch	nein
FR (INPI)	Englisch, Deutsch, Französisch	ja
GB (UKIPO)	Englisch	nein
IT (IPTO)	Englisch, Deutsch, Französisch	ja
CH (IGE)	Englisch, Deutsch, Französisch	nein
EP (EPA)	Englisch, Deutsch, Französisch	-
US (USPTO)	Englisch	nein
JP (JPO)	Japanisch	nein
CN (SIPO)	Chinesisch	nein
KR (KIPO)	Koreanisch	nein

Inhalt Kapitel C. Euro-PCT

Einleitung der regionalen Phase vor dem EPA als Euro-PCT Anmeldung

Übersicht PCT Kapitel I und II	C.2 ff.
Übersicht Eintritt in EP-Phase	C.5
Frist zu Regionalisierung	C.7
Vorzunehmende Handlungen	C.8 ff.
Übersetzung	C.9
Verfahrenssprache	C.10
Angabe der Anmeldungsunterlagen	C.11
Anmeldegebühr	C.13
Benennungsgebühr + ggf. Erstreckungs-/Validierungsgebühr	C.15
Benennung	C.17
Recherchengebühr für ergänzende europ. Recherche	C.18
Reduktion der Recherchengebühr für ergänzende europ. Recherche	C.19
Prüfungsantrag + Prüfungsgebühr	C.21
Ermäßigung	C.23
Jahresgebühr	C.24
Ausstellungsbescheinigung (optional)	C.26

Einleitung der regionalen Phase vor dem EPA – weitere Erfordernisse

Anspruchsgebühren	C.29 ff.
Erfindernennung	C.33
Prioritätsanspruch erklären	C.36 ff.
Sequenzprotokoll einreichen	C.40
Angaben zum Anmelder	C.41
Vertretung	C.42 ff.
Einreichung einer Kopie der Rechercheergebnisse	C.46
Anspruchsgebühren	C.29

Einleitung der regionalen Phase vor dem EPA – Uneinheitlichkeit

Uneinheitlichkeit bei EPA ≠ (S)ISA	C.48
Uneinheitlichkeit bei EPA = (S)ISA	C.50
Rückzahlung der Recherchengebühr	C.51 ff.

Änderungen beim Eintritt in die Euro-PCT-Phase

Änderungen beim Eintritt in die Euro-PCT-Phase	C.55 ff.

Regionale Phase vor dem EPA wurde nicht eingeleitet

Versäumte Verfahrenshandlungen nachholen	C.61 f.
Übersicht versäumte Verfahrenshandlung Übersetzung	C.64
Übersicht versäumte Verfahrenshandlung Anmeldegebühr	C.64
Übersicht versäumte Verfahrenshandlung Prüfungsantrag	C.66
Übersicht versäumte Verfahrenshandlung Jahresgebühr	C.66
Übersicht versäumte Verfahrenshandlung Benennungsgebühr	C.66
Übersicht versäumte Verfahrenshandlung Recherchegebühr	C.66
Übersicht versäumte Verfahrenshandlung Anspruchsgebühr	C.68
Übersicht versäumte Verfahrenshandlung Sequenzprotokoll	C.66
Übersicht versäumte Verfahrenshandlung beglaubigte Abschrift	C.66

Ablauf Euro-PCT-Anmeldung C.

Einleitung der regionalen Phase vor dem EPA als Euro-PCT Anmeldung
Art. 153, R 159
Euro-PCT-Leitfaden, Kapitel 5.1 ff.

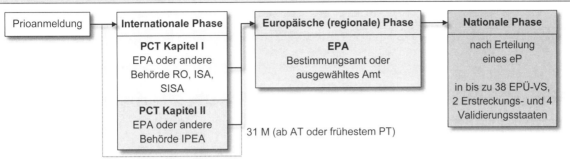

Art. 150 (2), Art. 153 (2): Eine **int. Anmeldung**, für die das **EPA** als **ausgewähltes Amt** oder **Bestimmungsamt** tätig wird, und für die regionale Anmeldegebühr nach **R 159 (1) c)** für nationale Phase bezahlt wurde, gilt als **ePA** (vgl. Art. 11 (3) PCT). Ab diesem Zeitpunkt sind TA möglich.
Art. 153 (3): **Int. Veröffentlichung** wird zur **europäischen Veröffentlichung**, Art. 153 (4):
Ausnahme: Keine Amtssprache, dann erst ab Veröffentlichung der Übersetzung in eine Amtssprache.

Art. 22 PCT (Kapitel I → Bestimmungsamt) (iVm R 76.5 ii) PCT) bzw. Art. 39 PCT (Kapitel II → ausgewähltes Amt):
Für int. Anmeldung nach **Art. 153** iVm **R 159 (1)** hat Anmelder innerhalb von 31 M nach AT/PT beim EPA die nachfolgenden **Handlungen vorzunehmen** (siehe auch Formblatt EPA/EPO/OEB 1200) - RiLi E-IX, 2.1.1:

Mindesterfordernisse: / **Eintritt in EP-Phase**

Zur Einleitung der EP-Phase muss der Anmelder mindestens folgende Handlungen vor Ablauf des 31. M nach dem AT oder, wenn eine Prio in Anspruch genommen wurde, nach dem frühesten PT vornehmen.

- Einreichung der **Übersetzung**, falls die Euro-PCT-Anmeldung nicht in einer der Amtssprachen des EPA veröffentlicht wurden
  Art. 153 (4), R 159 (1) a), 5.5.001 ff., C.9, WB (+), WE (+)

- Angabe der **Anmeldungsunterlagen**, die dem europäischen Erteilungsverfahren zugrunde zu legen sind
  R 159 (1) b), 5.4.001 ff., C.11, WB (+), WE (-)

- **Anmeldegebühr** (+ Zusatzgebühr bei > 35 Seiten)
  R 159 (1) c), 5.7.001 ff., C.13, WB (+), WE (-)
- **Benennungsgebühr** + ggf. Erstreckungs-/Validierungsgebühr
  R 159 (1) d), 5.8.001 ff., C.15 ff., WB (+), WE (-)

- Entrichtung der **Recherchengebühr**, wenn ein ergänzender europäischer Recherchenbericht erstellt werden muss
  Art. 153 (7), R 159 (1) e), 5.9.016 ff., C.18 ff., WB (+), WE (-)

- Stellung des **Prüfungsantrags** und Entrichtung der Prüfungsgebühr, wenn die Frist nach R 70 (1) früher abläuft
  R 159 (1) f), 5.10.001 ff., C.21 ff., WB (+), WE (-)

- Entrichtung der **JGB für das 3. Jahr**, wenn die Frist nach R 51 (1) früher abläuft; 6 M Nachfrist mit 50% Aufschlag
  R 159 (1) g), 5.11.001 ff., C.24, WB (-), WE (+)

- ggf. Einreichung der **Ausstellungsbescheinigung** gemäß Art. 55 (2)
  R 159 (1) h), 5.12.004 f., C.26, WB (+), WE (-)

Neben der Erfüllung der "Mindesterfordernisse" muss der Anmelder unter Umständen innerhalb der 31-Monatsfrist einen oder mehrere der folgenden Schritte vollziehen. Diese zählen nicht zu den "Mindesterfordernissen", weil ihre Nichterfüllung nicht direkt zu einem Rechtsverlust führt.

- Entrichtung etwaiger **Anspruchsgebühren**
  R 162, 5.11.004 ff., C.29 ff., WB (+), WE (-)

- Einreichung der **Erfindernennung**
  R 163 (1), 5.12.001 ff., C.33, WB (+), WE (-)

- Einreichung des Aktenzeichens oder der beglaubigten Abschrift der Anmeldung(en), deren **Prio in Anspruch** genommen wird
  R 163 (2) 5.13.004 ff., C.34 ff., WB (+), WE (-)

- Einreichung eines dem Standard entsprechenden **Sequenzprot.**
  R 163 (3), 5.6.006, C.40, WB (+), WE (-)

- Einreichung der **Angaben zum Anmelder** gemäß R 163 (4) für jeden Anmelder
  R 163 (4), 5.12.001 ff., C.41, WB (+), WE (-)

- Bestellung eines zugelassenen **Vertreters**
  R 163 (5), 5.3.005, C.42 ff., WB (+), WE (-)

- Einreichung einer Kopie der **Ergebnisse der Recherche**, die von der oder im Namen der Behörde durchgeführt wurde, bei der die priobegründende Anmeldung eingereicht worden ist
  R 141 (1), 5.4.005 ff., C.46

- Behandlung **Uneinheitlichkeit**
  R 164 (1), (2), C.48 ff., 5.15.001 ff., WB (-), WE (+)

- **Änderungen** beim Eintritt in regionale Phase
  R 161, 5.4.001 ff., C.55 ff.

C. Ablauf Euro-PCT-Anmeldung

	Verfahrenshandlung	Rechtsnorm	Details	Unmittelbare Folgen eines Mangels, Mängelbeseitigung, Fristen	Rechtsfolge bei Nichtbeseitigung von Mängeln oder Fristversäumnis	Weiterbehandlungs-/ Wiedereinsetzungs-Möglichkeit
6	**Einleitung der regionalen Phase vor dem EPA - Mindesterfordernisse**					
7	**Frist zu Regionalisierung**	R 159 (1)	Innerhalb 31 M ab AT bzw. PT		**R 160 (1):** Anmeldung gilt als zurückgenommen, Mitteilung nach R 160 (2)	Beschwerdefähige Entscheidung kann nach R 112 (2) beantragt werden.
8	**Zur Einleitung der EP-Phase muss der Anmelder mindestens folgende Handlungen vor Ablauf des 31. M nach dem AT oder, wenn eine Prio in Anspruch genommen wurde, nach dem frühesten PT vornehmen.** Gemäß R 159 (2): Für Entscheidungen des EPA nach **Art. 25 (2) a)** PCT sind die Prüfungsabteilung zuständig.					
9	**Übersetzung** der int. Anmeldung in eine EP-Amtssprachen, falls Euro-PCT in anderer Sprache veröffentlich wurde	Art. 153 (4) **R 159 (1) a)** RiLi E-IX, 2.1.3	**R 159 (1) a):** Innerhalb 31 M ab AT bzw. PT		**R 160 (1):** Anmeldung gilt als zurückgenommen, Mitteilung nach R 160 (2) Beschwerdefähige Entscheidung kann nach R 112 (2) beantragt werden.	**WB (+)**, Art. 121 (4), R 135 **WE (+)**, Art. 22, R 49.6 PCT iVm R 76.5 ii) PCT u. Art. 122, R 136 (siehe 📖 S/S Art. 153 Rd 236 ff.)
10	**Verfahrenssprache** Euro-PCT Leitfaden, Kapitel 5.1.014 f., 5.5.002 siehe 📖 K.32 ff.		• Wurde int. Patentanmeldung in einer EPA-Amtssprache veröffentlicht, so ist **Veröffentlichungssprache Verfahrenssprache** (Art. 14 (3) EPÜ) • **Andernfalls** ist die EPA-Amtssprache der **Übersetzung**, die bei Eintritt in die europäische Phase eingereicht wurde, **Verfahrenssprache** (Art. 14 (3) EPÜ) • Die **Verfahrenssprache** kann **nicht geändert** werden (↳ G 4/08). Im **schriftlichen Verfahren** vor dem EPA kann sich der Anmelder **jeder Amtssprache** bedienen, **Änderungen** müssen jedoch immer in der **Verfahrenssprache** eingereicht werden.			
11	**Angabe der Anmeldungsunterlagen**, die dem EP Verfahren zu Grunde zu legen sind • Ursprüngliche Unterlagen (entspr. der PCT-Veröff.) oder • Geänderte Unterlagen	R 159 (1) b)	Grundsätzlich werden die PCT-Veröffentlichungsunterlagen zugrunde gelegt.	**R 161:** Änderung der Anmeldung nach Mitteilung innerhalb 6 M (1 M - bis 30.04.2011) ab Mitteilung möglich (siehe RiLi E-IX, 3)	**R 161 (1), letzter Satz:** Anmeldung gilt als zurückgenommen, Mitteilung nach **R 112 (1)**	**WB (+)**, Art. 121 (4), R 135 **WE (–)**, Art. 122, R 136
12		Erwiderung auf die Mitteilung nach R 161 (1) ist nicht erforderlich, wenn bereits Änderungen oder Bemerkungen eingereicht worden sind, die als wirksame Erwiderung gelten können, beispielsweise wenn Änderungen nach Art. 19 PCT und/oder Art. 34 PCT in der internationalen Phase eingereicht werden und das EPA zwar den WO-ISA bzw. den SISR, aber keinen IPER erstellt hat (RiLi E-IX, 3.3.1, ii)).				
13	**Anmeldegebühr** Art. 2 (1) Nr. 1 GebO 270 €, Online-Einreichung 100 € Zusatzgebühr 16 €/Seite ab 36. Seite (Art. 2 (1) Nr. 1a GebO) ggf. 30 % Ermäßigung bei zugelassener Nichtamtssprache	R 159 (1) c) Art. 78 (2) R 38 RiLi A-III, 13.2 Ermäßigung: R 6 (3) iVm Art. 14 (1) GebO RiLi A-X, 9.2.2	**R 159 (1):** Innerhalb 31 M ab AT bzw. PT		**R 160 (1):** Anmeldung gilt als zurückgenommen, Mitteilung nach R 160 (2)	**WB (+)**, Art. 121 (4), R 135 **WE (+)** R 49.6 PCT iVm R 76.5 ii) PCT u. Art. 122, R 136 (siehe 📖 S/S Art. 153 Rd 268 f.)
13a		RiLi A-III, 13.2	Zusatzgebühr auch für geänderte Seiten, wenn Anmelder nicht spätestens am Tag der Gebührenzahlung eindeutig angibt, welche Seiten der veröffentlichen Anmeldung damit ersetzt werden (siehe auch RiLi E-IX, 2.1.1).			

Ablauf Euro-PCT-Anmeldung C.

Einleitung der regionalen Phase vor dem EPA - Mindesterfordernisse (Fortsetzung)					
Verfahrenshandlung	Rechtsnorm	Details	Unmittelbare Folgen eines Mangels, Mängelbeseitigung, Fristen	Rechtsfolge bei Nichtbeseitigung von Mängeln oder Fristversäumnis	Weiterbehandlungs-/ Wiedereinsetzungs-Möglichkeit
Benennungsgebühr + ggf. Erstreckungs- /Validierungsgebühr ↳ G 4/98 Art. 2 (1) Nr. 3 GebO 630 € siehe R.32 ff.	R 159 (1) d)	R 159 (1) d): Innerhalb 31 M ab AT bzw. PT, wenn Frist nach R 39 (1) (6 M nach VO des europäischen RB) früher abläuft		R 160 (1): Anmeldung gilt als zurückgenommen, Mitteilung nach R 160 (2) (im Fall der Benennungsgebühr)	**WB (+)**, Art. 121 (4), R 135 **WE (–)**, Art. 122, R 136, Aber WE in Frist für WB möglich (siehe S/S Art. 153 Rd 282)
		Weitergehende Infos zu Erstreckung/Validierung: siehe A.190 ff. bzw. A.198 ff., S/S Art. 153 Rd 275 ff.			
Benennung		Art. 79 (1): Benennung ist nur möglich für Staaten, die bereits am Tag der PCT-Anmeldung gleichzeitig VS des EPÜ sind (↳ J 30/90).			
Recherchengebühr für ergänzende europ. Recherche EPA ≠ ISA Art. 2 (1) Nr. 2 GebO 1390 € (1350 € bis 31.03.2022) siehe R.23 EPA = (S)ISA, keine ergänzende Recherche (Art. 153 (7)), außer bei Uneinheitlichkeit (siehe ABl. 2009, 594, 2018, A26, C.48)	Art. 153 (7) R 159 (1) e) wenn ergänzender europ. RB erstellt werden muss Art. 153 (7)	**Art. 153 (7)**: Zu jeder internationalen Recherche wird ein ergänzender europäischer RB erstellt, außer wenn EPA = ISA, dann keine ergänzende Recherche (BdV vom 28.10.2009, ABl. 2009, 594, ABl. 2018, A26; siehe R.139 ff.) **R 159 (1) e)**: Innerhalb 31 M ab AT bzw. PT		R 160 (1): Anmeldung gilt als zurückgenommen, Mitteilung nach R 160 (2) Beschwerdefähige Entscheidung kann nach R 112 (2) beantragt werden.	**WB (+)**, Art. 121 (1), R 135, **WE (–)**, da durch Art. 122 (4), R 136 (3) ausgenommen
Reduktion der Recherchengebühr für ergänzende europ. Recherche		Reduktion **bei Einreichung vom 01.07.2005 bis 31.03.2024** um 1185 € auf 205 € <u>nur</u> für AT, ES, FI, SE, TR, nordisches Patentinstitut oder Visegrad-Patentinstitut als ISA oder SISA (ABl. 2022, A2, A29, (seit 01.04.2018 nicht mehr für AU, BR, CA, CL, CN, EG, IS, IN, JP, KR, PH, RU, SG, UA, US – ABl. 2022, A29), siehe RiLi A-X, 9.3.1, R.24)			

C. Ablauf Euro-PCT-Anmeldung

20 Einleitung der regionalen Phase vor dem EPA - Mindesterfordernisse (Fortsetzung)

	Verfahrenshandlung	Rechtsnorm	Details	Unmittelbare Folgen eines Mangels, Mängelbeseitigung, Fristen	Rechtsfolge bei Nicht-beseitigung von Mängeln oder Fristversäumnis	Weiterbehandlungs-/ Wiedereinsetzungs-Möglichkeit
21	**Prüfungsantrag + Prüfungsgebühr** Art. 2 (1) Nr. 6 GebO 1955 €, wenn kein ergänzender europ. RB erstellt wurde, ansonsten 1750 € (1900 € bzw. 1700 € bis 31.03.2022)	**R 159 (1) f)** Art. 94 (1) R 70 (1)	Prüfungsantrag ist in (nicht obligatorischem) Formblatt 1200 (Einleitung reg. Phase vor dem EPA) integriert **R 159 (1) f)**: **Innerhalb 31 M** nach dem **AT bzw. PT ODER 6 M nach Veröffentlichung des int. RB** (Art. 153 (6), Art. 94 (1), R 70 (1)), sofern diese Frist früher abläuft (ein ergänzender europäischer RB ändert diese Frist nicht)		**R 160 (1), Art. 94 (2)**: Anmeldung gilt als zurückgenommen, Mitteilung nach R 160 (2) Beschwerdefähige Entscheidung kann nach R 112 (2) beantragt werden.	**WB (+)**, Art. 121 (4), R 135 Prüfantrag und Prüfungsgebühr sind gesondert WB fähig **WE (−)**, Art. 122 (4), R 136 (3) ausgenommen
22		**R 159 (1) f)** Frist nach **Art. 94 (2)** läuft nicht vor in **Art. 22** oder **Art. 39** genannten Frist ab.				
23	Ermäßigung	Art. 14 (2) GebO RiLi A-X, 9.3.2	**Ermäßigung** der **Prüfungsgebühr** um 75 % (50 % bis zum 31.03.2018) • Falls das EPA als IPEA den internationalen vorläufigen Prüfungsbericht (IPER) erstellt hat (S/S Art. 94 Rd 48, ABl. 2022, A29; siehe R.121 ff.). • Bei Uneinheitlichkeit gemäß **Art. 34 (3) c) PCT** jedoch nur, wenn die Prüfung für den im int. vorl. Prüfungsbericht behandelten Gegenstand erfolgen soll.			
23a		Art. 14 (1) GebO RiLi A-X, 9.3.2	**Berechtigung** zur Verwendung einer **Nichtamtssprache** (R 6 (3)): **Reduktion** 30% (führt zur Gesamtermäßigung von 82,5 % (65 % bis zum 31.03.2018) - siehe R.121 ff.			

Ablauf Euro-PCT-Anmeldung   C.

Einleitung der regionalen Phase vor dem EPA - Mindesterfordernisse (Fortsetzung)

Ermäßigung (Fortsetzung)						23b

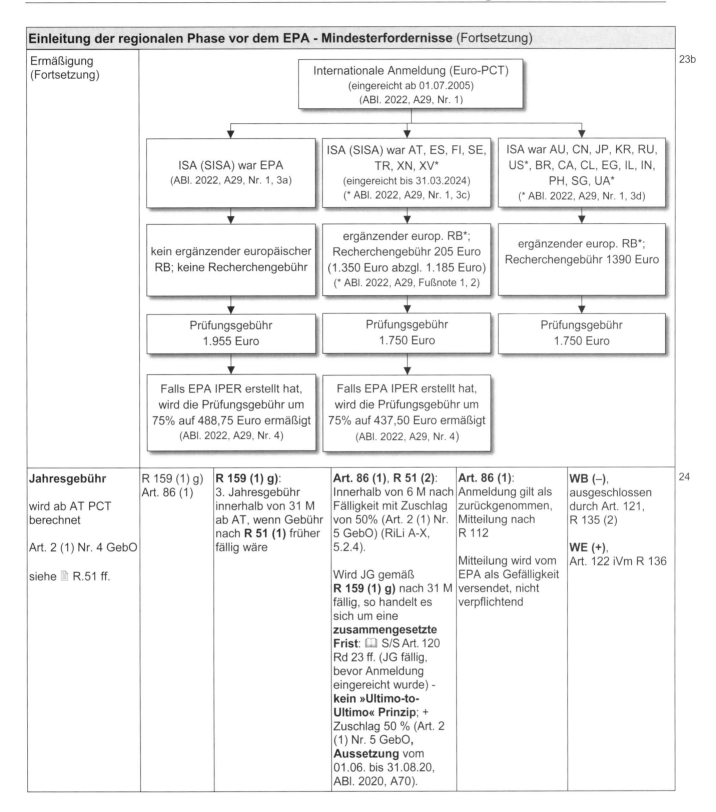

Internationale Anmeldung (Euro-PCT) (eingereicht ab 01.07.2005) (ABl. 2022, A29, Nr. 1)

- **ISA (SISA) war EPA** (ABl. 2022, A29, Nr. 1, 3a) → kein ergänzender europäischer RB; keine Recherchengebühr → Prüfungsgebühr 1.955 Euro → Falls EPA IPER erstellt hat, wird die Prüfungsgebühr um 75% auf 488,75 Euro ermäßigt (ABl. 2022, A29, Nr. 4)
- **ISA (SISA) war AT, ES, FI, SE, TR, XN, XV*** (eingereicht bis 31.03.2024) (* ABl. 2022, A29, Nr. 1, 3c) → ergänzender europ. RB*; Recherchengebühr 205 Euro (1.350 Euro abzgl. 1.185 Euro) (* ABl. 2022, A29, Fußnote 1, 2) → Prüfungsgebühr 1.750 Euro → Falls EPA IPER erstellt hat, wird die Prüfungsgebühr um 75% auf 437,50 Euro ermäßigt (ABl. 2022, A29, Nr. 4)
- **ISA war AU, CN, JP, KR, RU, US*, BR, CA, CL, EG, IL, IN, PH, SG, UA*** (* ABl. 2022, A29, Nr. 1, 3d) → ergänzender europ. RB*; Recherchengebühr 1390 Euro → Prüfungsgebühr 1.750 Euro

| Jahresgebühr

wird ab AT PCT berechnet

Art. 2 (1) Nr. 4 GebO

siehe 📖 R.51 ff. | R 159 (1) g)
Art. 86 (1) | **R 159 (1) g)**: 3. Jahresgebühr innerhalb von 31 M ab AT, wenn Gebühr nach **R 51 (1)** früher fällig wäre | **Art. 86 (1), R 51 (2)**: Innerhalb von 6 M nach Fälligkeit mit Zuschlag von 50% (Art. 2 (1) Nr. 5 GebO) (RiLi A-X, 5.2.4).

Wird JG gemäß **R 159 (1) g)** nach 31 M fällig, so handelt es sich um eine **zusammengesetzte Frist**: 📖 S/S Art. 120 Rd 23 ff. (JG fällig, bevor Anmeldung eingereicht wurde) - **kein »Ultimo-to-Ultimo« Prinzip**; + Zuschlag 50 % (Art. 2 (1) Nr. 5 GebO, **Aussetzung** vom 01.06. bis 31.08.20, ABl. 2020, A70). | **Art. 86 (1)**: Anmeldung gilt als zurückgenommen, Mitteilung nach R 112

Mitteilung wird vom EPA als Gefälligkeit versendet, nicht verpflichtend | **WB (–)**, ausgeschlossen durch Art. 121, R 135 (2)

WE (+), Art. 122 iVm R 136 | 24 |

C. Ablauf Euro-PCT-Anmeldung

25 **Einleitung der regionalen Phase vor dem EPA - Mindesterfordernisse** (Fortsetzung)

Verfahrenshandlung	Rechtsnorm	Details	Unmittelbare Folgen eines Mangels, Mängelbeseitigung, Fristen	Rechtsfolge bei Nichtbeseitigung von Mängeln oder Fristversäumnis	Weiterbehandlungs-/ Wiedereinsetzungs-Möglichkeit
26 **Ausstellungsbescheinigung** (optional)	R 159 (1) h) Art. 55 (2) R 25	**R 159 (1) h):** Innerhalb von **31 M** ab AT bzw. PT Art. 55 (2), RiLi A-IV, 3.1 R 4.17 v) PCT, R 51bis.1 a) v) PCT: Bei Einreichung PCT-Anmeldung im PCT-Antrag: Angabe Zurschaustellung bei Einreichung der Anmeldung im PCT-Antrag	Bei Mängeln in der Bescheinigung, Beseitigung innerhalb von 4 M nach Mitteilung RiLi A-IV, 3.2	Bei nicht behobenen Mängeln, Mitteilung nach R 112 die Offenbarung des Anmelders auf der betreffenden Ausstellung wird bei der Feststellung der Neuheit der Erfindung gemäß Art. 54 berücksichtigt.	**WB (+)**, Mängelbeseitigung der Bescheinigung RiLi A-IV, 3.2 **WE (–)**, keine Amtsfrist

Ablauf Euro-PCT-Anmeldung C.

Einleitung der regionalen Phase vor dem EPA - weitere Erfordernisse						
Verfahrenshandlung	Rechtsnorm	Details	Unmittelbare Folgen eines Mangels, Mängelbeseitigung, Fristen	Rechtsfolge bei Nichtbeseitigung von Mängeln oder Fristversäumnis	Weiterbehandlungs-/ Wiedereinsetzungs-Möglichkeit	
Neben der Erfüllung der "Mindesterfordernisse" muss der Anmelder unter Umständen innerhalb der 31-Monatsfrist einen oder mehrere der folgenden Schritte vollziehen. Diese zählen nicht zu den "Mindesterfordernissen", weil ihre Nichterfüllung nicht direkt zu einem Rechtsverlust führt.						28
Anspruchs-gebühren Art. 2 (1) Nr. 15 GebO 250 € für den 16.-50. Anspruch, 630 € für den 51. und jeden weiteren Anspruch siehe 🕮 R.17	R 162	**R 162 (1), R 159 (1):** Innerhalb **31 M ab AT bzw. PT** **ODER** innerhalb **6 M** nach Mitteilung nach R 161 (1) bzw. (2) **Maßgeblich sind Anmelde- und Erteilungszeitpunkt**	R 162 (2): Innerhalb 6 M nach R 161 Mitteilung; Grundlage ist die Anzahl der Ansprüche nach Ablauf der 6 M (RiLi E-IX, 2.3.8)	R 162 (4): Gilt als Verzicht auf die entsprechenden Ansprüche	**WB (+)**, Art. 121, R 135 nicht ausgeschlossen 📖 S/S Art. 153 Rd 419 ff. **WE (–)**, Art. 122, R 136	29
	R 162 (3)	Anspruchsgebühren, die innerhalb der in **R 162 (1)** genannten Frist entrichtet werden und die nach **R 162 (2) Satz 2** fälligen Gebühren übersteigen, werden zurückerstattet.				30
	RiLi E-IX, 2.3.8	Bei Änderung der Anzahl der Ansprüche als Reaktion auf die Mitteilung nach **R 161** wird die geänderte Anzahl zur Berechnung der Gebühren herangezogen.				31
	ABl. 2019, Zusatzpublikation 4, Anhang A.2, zu Nr. 3 VAA I.4	**Vorsicht**: Bei **Verzicht** auf **Mitteilung** nach R 71 (3) oder* (*ab 01.07.2020 - ABl. 2020, A78) **R 161 (1)** oder **(2)** und **R 162** werden **Anspruchs-** bzw. **Erteilungsgebühr** einschließlich **Veröffentlichungs-/Erteilungs-** und **Druckkostengebühr** nicht mehr durch das automatische Abbuchungsverfahren (VAA) eingezogen. Diese Gebühren sind gesondert auf einem anderen Zahlungsweg zu entrichten (siehe Nr. 9 VAA) - ABl. 2019, Zusatzpublikation 4, Anhang A.2, zu Nr. 3 VAA I.4 und I.7 (Streichung zweiter Absatz zum 30.06.2020), ABl. 2015, A52, V, 16, ABl. 2020, A78. (siehe 🕮 R.17, 🕮 R.315, 🕮 R.322).				32
Erfindernennung	R 163 (1), R 19 (1)	**R 163 (1), R 19 (1), R 159 (1):** Innerhalb von 31 M ab AT bzw. PT	R 163 (1): Frist von 2 M nach Mitteilung	R 163 (6): Anmeldung wird zurückgewiesen	**WB (+)**, Art. 121 (4), R 135 **WE (–)**, Art. 122, R 136	33
Prioritätsanspruch erklären RiLi E-IX, 2.3.5 **Aktenzeichen** der Prioerklärung	Art. 88 (1), R 52 (1), (2)	**R 163 (2), R 159 (1):** Innerhalb 31 M ab AT bzw. PT	R 163 (2): Innerhalb 2 M nach Aufforderung	R 163 (6): Prioanspruch erlischt	**WB (+)**, Art. 121, R 135 (1) (RiLi E-IX, 2.1.2) **WE (–)**, nach Art. 122 (1), R 136	34

C. Ablauf Euro-PCT-Anmeldung

35 Einleitung der regionalen Phase vor dem EPA - weitere Erfordernisse (Fortsetzung)

	Verfahrenshandlung	Rechtsnorm	Details	Unmittelbare Folgen eines Mangels, Mängelbeseitigung, Fristen	Rechtsfolge bei Nichtbeseitigung von Mängeln oder Fristversäumnis	Weiterbehandlungs-/ Wiedereinsetzungs-Möglichkeit
36	**Prioritätsbeleg einreichen** RiLi E-IX, 2.3.5.1	Art. 88 (1), R 53	**R 163 (2), R 159 (1):** Innerhalb von 31 M nach PT	**R 163 (2):** Innerhalb 2 M nach Aufforderung	**R 163 (6):** Prioanspruch erlischt	
37			Beachte auch **R 26bis.3** PCT(AA) und **R 49ter.1+2** PCT (Ausgewähltes Amt/Bestimmungsamt) **Wiederherstellung** einer **Prio** nach abgelaufener 12 M Frist - 📖 I.110 ff., 📖 N.119 ff. EPA überprüft nach Kriterien des Art. 122 (📖 S/S Art. 153 Rd 457 ff.); EPA muss sich nicht an Entscheidung des AA halten (RiLi E-IX, 2.3.5.3).			
38			Keine Aufforderung durch EPA **Prioritätsunterlagen** einzureichen, wenn Erfordernisse nach **R 17.1 a), b)** oder **b-bis)** (Einreichung **Prioritätsunterlagen** beim IB oder AA) erfüllt sind.			
39		R 53 (2) R 163 (2)	**RiLi A-III, 6.7, BdP 31.03.2020, ABl. 2020, A57** Auf Antrag gebührenfreie Übernahme **Prioritätsunterlagen** über digitalen Zugangsservice (DAS) der WIPO; falls kein Antrag gestellt oder Probleme beim Abruf über WIPO wird **Prioritätsunterlagen** gebührenfrei in Akte aufgenommen, wenn Prioanmeldung eine CN-/~~JP-~~*/KR GebM-Anmeldung, CN-, EP-, ~~JP-*,~~ KR-, US-, US-Provisional, oder PCT(EP)-Anmeldung ist (siehe 📖 A.79). * gilt seit dem 01.07.2020 - ABl. 2020, A58			
40	**Sequenzprotokoll einreichen** siehe 📖 A.71	R 163 (3) R 30 (2), (3) R 5.2 PCT in Amtssprache	**R 163 (3) R 159 (1):** Innerhalb von 31 M nach AT bzw. PT	Bei Verspätung, Gebühr für verspätete Einreichung: **Art. 2 (1) Nr. 14a GebO:** 245 € Mängelbeseitigung nach **R 163 (3):** Innerhalb 2 M nach Aufforderung	Anmeldung wird nach **R 163 (3) iVm R 30 (3)** zurückgewiesen	**WB (+),** Art. 121 (4) R 135 (2) **WE (−),** Art. 122 R 136 📖 S/S Art. 153 Rd 486, 489
41	**Angaben zum Anmelder** (Anschrift, Staatsangehörigkeit, Wohnsitz bzw. Sitz)	R 163 (4)	**R 163 (4) R 159 (1):** Innerhalb von 31 M nach AT bzw. PT	**R 163 (4):** Innerhalb 2 M nach Aufforderung RiLi E-IX, 2.3.1	**R 163 (6):** Anmeldung wird zurückgewiesen	
42	**Vertretung**	Art. 133 (1) Art. 134 (1)	Nach **Einleitung** der **regionalen Phase** (Euro-PCT, 31 M) sind nur **Anmelder** oder **zugelassenen Vertreter** beim EPA **handlungsbefugt** (📖 S/S Art. 133 Rd 6, 14)			
43	**Vertretung bei EPÜ-Ausländern**	R 163 (5) Art. 133 (2)	**R 163 (5), Art. 133 (2), R 159 (1):** Innerhalb von 31 M nach PT zugelassenen Vertreter bestellen	**R 163 (5):** Innerhalb 2 M nach Aufforderung	**R 163 (6):** Anmeldung wird zurückgewiesen	**WB (+),** Art. 121 (4), R 135 **WE (−),** Art. 122 R 136
44	Vollmacht	RiLi A-VIII, 1.6 RiLi E-VIX, 2.3.1	Keine Einreichung Vollmacht bei Übergang in reg. Phase erforderlich, wenn in int. Phase beim EPA als AA, ISA, IPEA Vollmacht vorgelegt wurde und eindeutig Erstreckung der Bestellung auf europ. Phase hervorgeht. Gleiches gilt für Vertretung durch Angestellte (siehe Euro-PCT Leitfaden 2.9.018).			
45	Verfahren einleitende Handlungen		**Verfahrenshandlungen** gemäß R 159 für Euro-PCT können innerhalb von 31 M **ohne Vertreter durchgeführt** werden (siehe Euro-PCT-Leitfaden, 5.3.008). Zahlungen können von jedermann geleistet werden - Euro-PCT-Leitfaden 5.3.010			
46	**Einreichung einer Kopie der Recherchenergebnisse** der Behörde, bei der die frühere Anmeldung eingereicht worden ist	R 141 (1)	R 141 (1): Anmelder hat Kopie zusammen mit der ePA bei Eintritt in die EP-Phase, oder unverzüglich, sobald ihm diese Ergebnisse vorliegen, einzureichen.	R 141 (3): EPA fordert Anmelder auf, innerhalb einer Frist von 2 M Auskünfte über den SdT zu erteilen		**WB (+),** Art. 121 (4), R 135 **WE (−),** Art. 122 R 136

Ablauf Euro-PCT-Anmeldung C.

Einleitung der regionalen Phase vor dem EPA - Uneinheitlichkeit					
Verfahrenshandlung	Rechtsnorm	Details	Unmittelbare Folgen eines Mangels, Mängelbeseitigung, Fristen	Rechtsfolge bei Nichtbeseitigung von Mängeln oder Fristversäumnis	Weiterbehandlungs-/ Wiedereinsetzungs-Möglichkeit
Uneinheitlichkeit bei EPA ≠ (S)ISA ABl. 2013, 503 ABl. 2014, A70 RiLi C-III, 3 RiLi F-V, 7.2	R 164 (1) Prüfung der Einheitlichkeit für die ergänzende europ. Recherche	**R 164 (1) a)**: Die erste Erfindung wird recherchiert. Übermittlung mit vorl. Stellungnahme (seit 01.04.2017); siehe A.238 **R 164 (1) b)**: Mitteilung an Anmelder, dass für **jede weitere Erfindung** innerhalb 2 M weitere **R.-Geb.** (1390 € - Art. 2 (1) Nr. 2 GebO) zu zahlen ist. Auswahl der Erfindung die im Erteilungsverfahren weiterverfolgt werden soll. Eine **nicht recherchierte Erfindung** kann im laufenden Erteilungsverfahren **nicht** mehr **beansprucht** werden (siehe RiLi C-III, 3.1 und 3.4, H-II, 7.1).	Nur die **erste Erfindung** wird **recherchiert**, wenn keine weiteren Gebühren bezahlt werden.	RiLi C-III, 3.2: Einreichung einer TA nach Art. 76, R 36 EPÜ nach Eintritt Regionalisierung vor EPA nach Ablauf Frist der R159 (1) möglich (siehe M.5).	**WB (–)**, Art. 121 (4), R 135, **WE (+)**, Art. 122, R 136

C. Ablauf Euro-PCT-Anmeldung

49 Einleitung der regionalen Phase vor dem EPA - Uneinheitlichkeit (Fortsetzung)

	Verfahrenshandlung	Rechtsnorm	Details	Unmittelbare Folgen eines Mangels, Mängelbeseitigung, Fristen	Rechtsfolge bei Nichtbeseitigung von Mängeln oder Fristversäumnis	Weiterbehandlungs-/ Wiedereinsetzungs-Möglichkeit
50	**Uneinheitlichkeit bei EPA = (S)ISA** ABl. 2013, 503 ABl. 2014, A70 RiLi C-III, 2.3 RiLi C-III, 3 RiLi F-V, 7.1	R 164 (2) Bei Verzicht auf ergänzende europ. Recherche	Nach Ablauf der Frist der **R 161** ergeht Mitteilung nach **R 164 (2) a)** durch die Prüfungsabteilung, dass für **jede nicht recherchierte Erfindung** innerhalb 2 M weitere **R.-Geb.** (1390 € - Art. 2 (1) Nr. 2 GebO) zu zahlen ist. **R 164 (2) c), R 137 (5)**: Anmelder hat aus allen recherchierten Erfindungen diejenige auszuwählen, die im Erteilungsverfahren weiterverfolgt werden soll. Eine **nicht recherchierte Erfindung** kann im laufenden Erteilungsverfahren **nicht** mehr **beansprucht** werden (RiLi C-III, 3.1 und 3.4, H-II, 7.1).	Wird zusätzliche Recherchegebühr bezahlt, wird nach R. 164 (2) b) Rechercheergebnis als Anlage zur Mitteilung nach **Art. 94 (3), R 71 (1), (2) oder R 71 (3)** übermittelt.	Aufforderung nach **Art. 94 (3), R 71 (1), (2)** zur Streichung der nicht recherchierten Gegenstände. RiLi C-III, 3.2: Einreichung einer TA nach Art. 76, R 36 EPÜ nach Eintritt Regionalisierung vor EPA nach Ablauf Frist der R159 (1) möglich. (siehe 📖 M.5). 📖 G 2/92: Wird Anmeldung auf nicht recherchierte Erfindung beschränkt, wird Anmeldung nach Art. 82 oder R 64 zurückgewiesen (siehe RiLi H-II, 7.3)	**WB (–)**, Art. 121 (4), R 135, **WE (+)**, Art. 122, R 136 Einreichung einer TA nach Art. 76, R 36 nach Eintritt Regionalisierung vor EPA nach Frist der R 159 (1) möglich RiLi C-III, 3.2
51	**Antrag auf Rückzahlung der Recherchengebühr**	R 164 (5)	Eine nach R 164 (1) oder (2) gezahlte R.-Geb. wird zurückbezahlt, wenn Anmelder dies beantragt und Prüfungsabteilung feststellt, dass **Mitteilung** nach **R 164 (1) b) oder (2) a) nicht berechtigt** war. (RiLi C-III, 2.3, RiLi B-VII, 2.1)			
52		Art. 9 GebO siehe 📖 R.138 ff.	**ABl. 2019, A4, A26, ABl. 2022, A8**: Vollständige oder teilweise Rückerstattung, wenn sich der ergänzende Recherchenbericht auf eine frühere Recherche des EPA stützt. Kriterien (ABl. 2009, 99): Vollständige oder teilweise Verwertbarkeit der früheren Recherche bezogen auf die Ansprüche			
53			Weitergehende Infos zum Rückerstattungsverfahren, insbesondere auf das LK: siehe 📖 R.161 ff., 📖 R.134.			

Ablauf Euro-PCT-Anmeldung — C.

Einleitung der regionalen Phase vor dem EPA - Änderungen beim Eintritt in die Euro-PCT-Phase						
Verfahrenshandlung	Rechtsnorm	Details	Unmittelbare Folgen eines Mangels, Mängelbeseitigung, Fristen	Rechtsfolge bei Nichtbeseitigung von Mängeln oder Fristversäumnis	Weiterbehandlungs-/Wiedereinsetzungs-Möglichkeit	
Änderungen beim Eintritt in die Euro-PCT-Phase	Art. 28 (1) PCT	Vorschreiben der Möglichkeit zur Änderung der Ansprüche, Beschreibung und der Zeichnungen im **Verfahren vor den Bestimmungsämtern** → 6 M nach Regionalisierung gemäß **R 52.1 PCT** iVm **R 161**				55
	Art. 41 (1) PCT	Vorschreiben der Möglichkeit zu Änderungen entsprechend bei Kapitel II im Verfahren **vor den ausgewählten Ämtern** → 6 M nach Regionalisierung gemäß **R 78.1 PCT** iVm **R 161**				56
EPA = ISA, IPEA oder SISA	R 161 (1) ABl. 2010, 634 RiLi E-IX, 3	**R 161 (1)**: Stellungnahme bei Mängeln obligatorisch, sonst freiwillig, innerhalb nicht verlängerbaren Frist von **6 M** nach Mitteilung	**10 Tage-Regel** nach R 126 (2) bei Fristberechnung ist anwendbar	**R 161 (1), letzter Satz**: Anmeldung gilt als zurückgenommen, Mitteilung nach **R 112 (1)**	**WB (+)**, nach Art. 121, R 135 **WE (−)**, durch Art 122, R 136 (3) ausgenommen	57
EPA ≠ ISA oder SISA	Art. 153 (7)	Ergänzende europäische Recherche wird durchgeführt.				58
Änderungsmöglichkeit **vor** der ergänz. europ. Recherche	R 161 (2)	**Vor Erstellung** des **ergänzenden europäischen Recherchenberichts** gibt das EPA dem Anmelder die Gelegenheit, die Anmeldung innerhalb von 6 M **einmal** zu **ändern**. Diese Änderung liegt der ergänzenden europ. Recherche zugrunde.				59
Änderung der **Verfahrenssprache**	↳ G 4/08	PCT-Anmeldung, die in einer EPA-Amtssprache eingereicht wurde, bei Eintritt in Euro-PCT-Phase keine Änderung der Verfahrenssprache möglich.				60

C. Ablauf Euro-PCT-Anmeldung

61 | **Regionale Phase vor dem EPA wurde nicht eingeleitet**

62 | Wird eine Euro-PCT-Anmeldung zurückgewiesen oder gilt sie infolge eines Fristversäumnisses in der EP-Phase als zurückgenommen, kann der Anmelder einen Antrag auf **WB** oder - wenn die WB nicht mehr möglich ist - auf **WE** stellen. Anträge auf WB und auf WE werden gestellt, indem die **versäumte Handlung nachgeholt** und die **entsprechende Gebühr entrichtet wird** (Euro-PCT-Leitfaden 5.19.001 ff.).

Das Versäumnis, innerhalb der 31-Monatsfrist die für den Eintritt in die EP-Phase erforderlichen Schritte durchzuführen, bedeutet, dass mehrere Fristen versäumt wurden. Die WB muss für **jeden** der versäumten Schritte beantragt werden. Der Anmelder wird darüber in einer Mitteilung über einen Rechtsverlust (EPA-Formblatt 1205N) informiert und muss dann innerhalb von **2 M ab Zustellung** dieser Mitteilung **Weiterbehandlungsanträge** stellen und die **Mängel beseitigen**.

63 | Achtung:
- Bei einzelnen **versäumten Verfahrenshandlungen** (z. B. verspätete Einreichung einer Übersetzung) gilt für die Weiterbehandlungsgebühr ein **Pauschalbetrag** (Gebührencode 122). Für **jede versäumte Handlung** einer einheitlichen Verfahrenshandlung ist **jeweils eine separate Weiterbehandlungsgebühr zu entrichten**.
- Bei **verspäteten Zahlungen** beträgt die Weiterbehandlungsgebühr **50 % der verspätet gezahlten Gebühr** (Gebührencode 123).

64

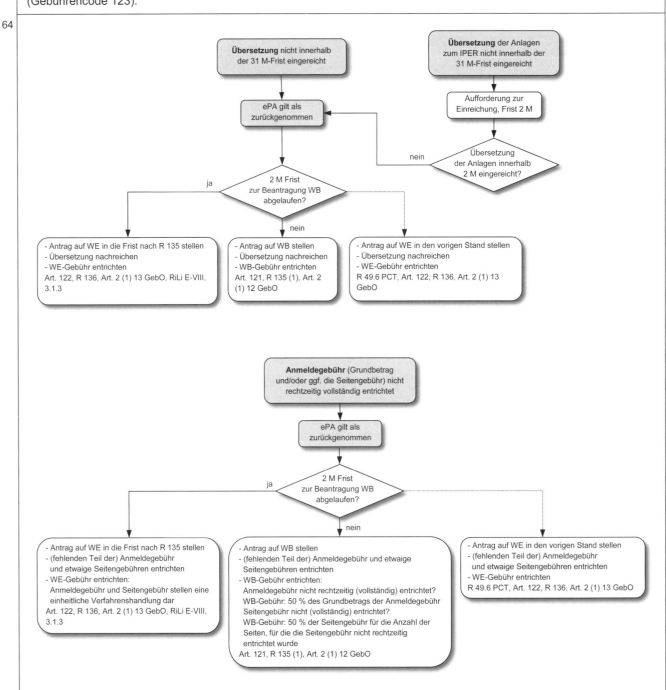

Ablauf Euro-PCT-Anmeldung C.

Regionale Phase vor dem EPA wurde nicht eingeleitet (Fortsetzung)

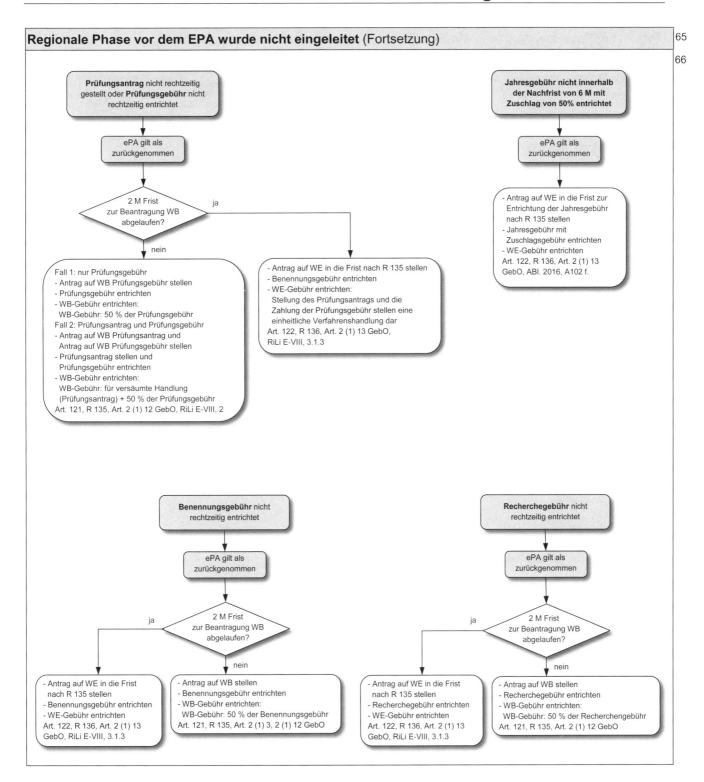

C. Ablauf Euro-PCT-Anmeldung

Regionale Phase vor dem EPA wurde nicht eingeleitet (Fortsetzung)

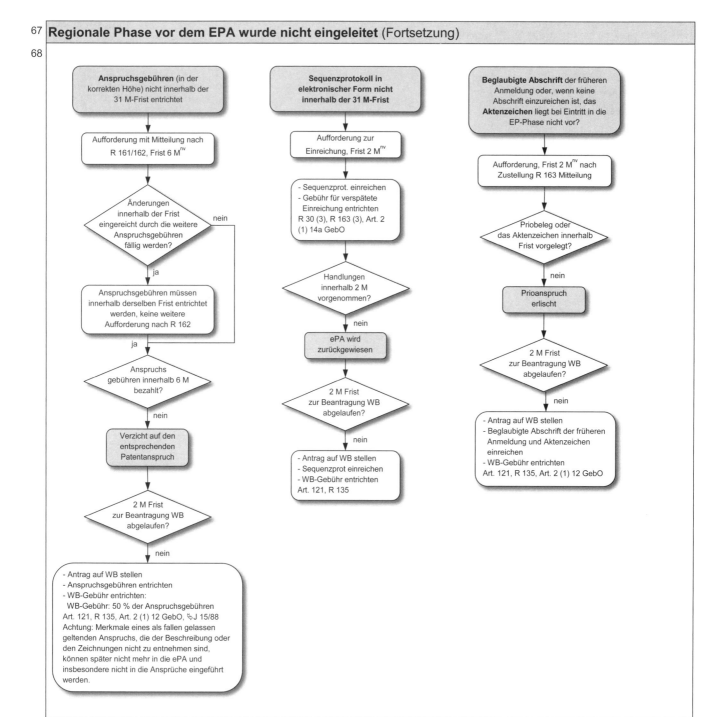

Ablauf Euro-PCT-Anmeldung C.

Einleitung der regionalen Phase vor dem EPA - Berichtigung		
Verfahrenshandlung	Rechtsnorm	Details
Berichtigung fälschlicherweise eingereichter Unterlagen in Verfahren vor dem EPA MdEPA vom 14.06.2020 zur Anwendbarkeit der neuen R 20.5bis PCT	R 20.5bis PCT	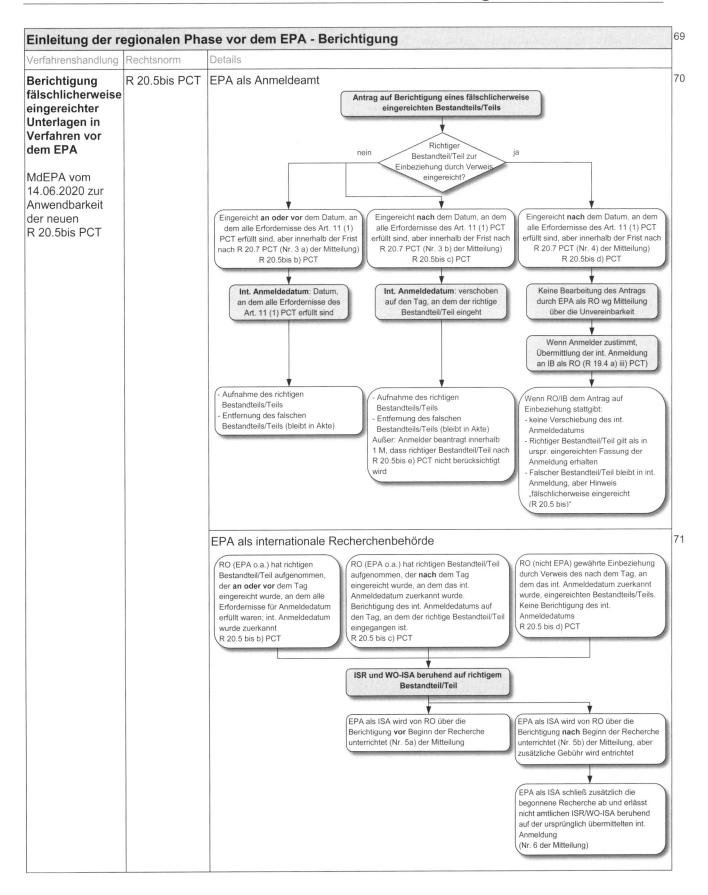

C. Ablauf Euro-PCT-Anmeldung

	Einleitung der regionalen Phase vor dem EPA - Berichtigung (Fortsetzung)		
	Verfahrenshandlung	Rechtsnorm	Details
73	**Berichtigung fälschlicherweise eingereichter Unterlagen in Verfahren vor dem EPA** (Fortsetzung) MdEPA vom 14.06.2020 zur Anwendbarkeit der neuen R 20.5bis PCT	R 20.5bis PCT	EPA als Bestimmungsamt oder ausgewähltes Amt 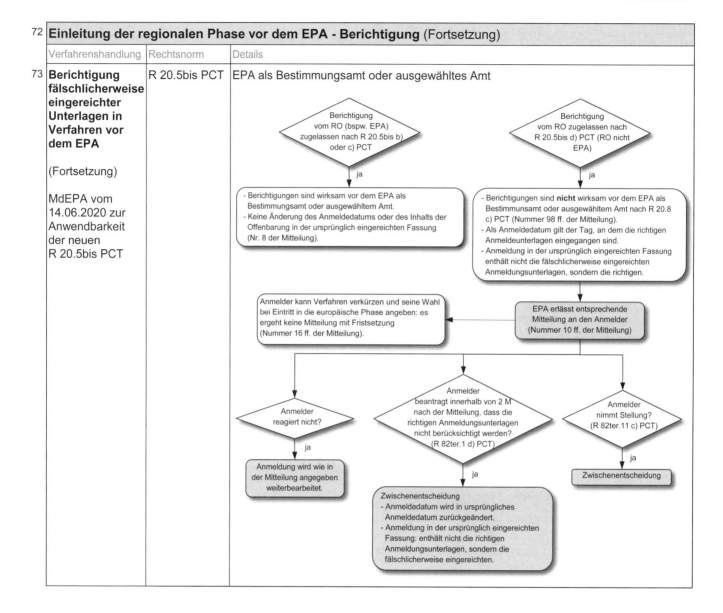

Inhalt Kapitel D. Mündliche Verhandlung

Allgemeines
Recht auf mündliche Verhandlung .... D.2 f.
Antrag eines Beteiligten............................... D.4 ff.
Antrag auf erneute mündliche Verhandlung D.10
Mündliche Verhandlung von Amts wegen............... D.11
Öffentlichkeit .... D.12 f.
Zuständigkeit D.14
Ort der mündlichen Verhandlung.................... D.15 ff.
Rücksprache D.19
Tonaufzeichnung D.20

Mündliche Verhandlungen und COVID-19
Vor den Prüfungs- und Einspruchsabteilungen D.22
Vor den Beschwerdekammern D.23

Sprache
Sprache bei mündlichen Verhandlungen.......... D.24 ff.
Bedienstete.. D.29
Beteiligte, Zeugen, Sachverständiger................ D.30
Kosten Übersetzung D.31
Niederschrift D.32

Vorbereitung
Ziel D.36
Zeitpunkt zur Einreichung Schriftstücke D.37
Hinzuziehen eines Rechtskundiges Mitglied D.38
Hinweis auf entscheidungswesentliche Fragen........ D.39
Einreichung von Beweismitteln D.40

Ladung
Ladung zur mündlichen Verhandlung D.42
Ladungsfrist .... D.43 ff.
Anzahl der Termine................................... D.46
Umfang D.47
Bescheid D.48
Zeitpunkt für Schriftsätze D.49
Bestätigung der Ladung D.50

Verlegung, Absage oder Beibehaltung
Verlegung der mündlichen Verhandlung auf Antrag D.52
Verlegung der mündl. Verhandlung auf Veranlassung
der Abteilung... D.53
Ladungsfrist bei Verlegung D.54
Absage der mündlichen Verhandlung.................. D.55
Teilnahme D.57

Öffentlichkeit des Verfahrens
Öffentlichkeit des Verfahrens....................... D.59

Leitung
Leitung der mündlichen Verhandlung D.62

Eröffnung, Nichterscheinen eines Beteiligten
Überprüfung der Identität der Teilnehmer D.65
Eröffnung der mündlichen Verhandlung D.66
Fehlerhafte Ladung D.67
Verspätetes Eintreffen D.68
Fortsetzung bei Nichterscheinen D.69
Nichterscheinen im Prüfungsverfahren D.70

Einleitung der Verhandlung zur Sache
Einleitung der Verhandlung zur Sache D.72

Vorträge der Beteiligten
Begleitperson als Vortragender .... D.74 f.
Einsatz computergenerierter Präsentationen .... D.76 ff.
Nutzung von Laptops und anderen elektronischen
Geräten... D.79
Einreichung von Schriftsätzen bei einer
Videokonferenz.. D.80

Verspätet vorgebrachte Tatsachen, Beweismittel oder Änderungen
Beweisaufnahme D.82
Vernehmung von Zeugen D.83
Zeitpunkt bis wann Unterlagen berücksichtigt werden
müssen D.84
Anforderungen an den Anmelder....................... D.85 f.
Änderungen in Anmeldeunterlagen D.87
Berichtigung von die Offenbarung betreffenden Teilen
der Anmeldung D.88
Neu vorgebrachte Tatsachen.......................... D.89
Grundsätze bei der Ermessensausübung D.89a
Anspruch auf rechtliches Gehör D.90
Verfahrensökonomie................................... D.91
Verfahrensmissbrauch D.92

Handschriftliche Änderungen
Maschinen geschriebene Änderungen D.93
Verantwortung D.94
Nachgereichte Unterlagen............................. D.95
Technische Hilfsmittel durch das EPA D.96
Prüfungsverfahren .... D.97 ff.
Einspruchsverfahren .... D.100 ff.

Änderungen, die im Prüfungsverfahren eingereicht werden
Besonderheit bei Änderungen, die im
Prüfungsverfahren eingereicht werden D.104

Erörterung der Sach- und Rechtslage
Erörterung der Sach- und Rechtslage................ D.106

Schließung der mündlichen Verhandlung
Bindung an Entscheidung............................. D.108
Hinweis auf erteilbare Änderungen D.109
Antrag auf Vertagung................................. D.110

Verkündung der Entscheidung
Verkündung der Entscheidung D.111

Niederschrift
Formale Erfordernisse D.114
Sprache D.115
Inhalt D.116
Antrag auf Berichtigung D.117

Videokonferenz
Überblick D.119
Mündliche Verhandlung D.120
Beweisaufnahme D.122

Durchführung einer mündlichen Verhandlung vor der Eingangsstelle
Allgemein D.124

Durchführung einer mündlichen Verhandlung vor der Prüfungsabteilung
Allgemein D.126
Einreichung von Unterlagen D.128
E-Mail-Einreichung im Prüfungsverfahren............ D.129

Durchführung einer mündlichen Verhandlung vor der Rechtsabteilung
Allgemein... D.131
Einreichung von Unterlagen (siehe D.128)........... D.132

Durchführung einer mündlichen Verhandlung vor der Einspruchsabteilung
Allgemein... D.134
Einreichung von Unterlagen (siehe D.128).......... D.135

D. Inhaltsübersicht

Durchführung einer mündlichen Verhandlung vor der Beschwerdekammer

Antragspflicht	D.137
Ladungsfrist	D.138
Verlegung	D.139
Fehlender Beteiligter	D.140
Änderung der Zusammensetzung der BK	D.141
Sprache	D.142
Videokonferenz	D.143 f.

Mündliche Verhandlung D.

	Allgemeines zu mündlichen Verhandlungen Art. 116, R 115, RiLi E-III			1
Verfahrenshandlung	Rechtsnormen	Details		
Recht auf mündliche Verhandlung	Art. 113 (1) RiLi E-III, 1	Entscheidungen des Europäischen Patentamts dürfen nur auf Gründe gestützt werden, zu denen die Beteiligten sich äußern konnten.		2
	Art. 116 (1)	**Recht auf mündl. Verhandlung** (↳T 19/87), wenn diese beantragt (↳T 299/86), siehe 📖 S/S Art. 116 Rd 1-9. Ablehnung einer mündlichen Verhandlung stellt wesentlichen Verfahrensverstoß dar (↳T 93/88).		3
Antrag eines Beteiligten	Art. 116 iVm R 115	**Auf Antrag** eines Beteiligten oder von Amts wegen durch die zuständige Abteilung (wenn Amt dies für sachdienlich erachtet, in Ausnahmefällen kann schon im ersten Bescheid geladen werden, RiLi C-III, 5; RiLi C-VII. 2.5).		4
	RiLi E-III, 2	Beantragung ist **jederzeit** möglich, **solange noch keine Entscheidung** ergangen ist. Es muss einem Antrag auf mündliche Verhandlung bis zu dem Zeitpunkt stattgegeben werden, zu dem der Beschluss über die Erteilung oder die Beschränkung des Patents der internen Poststelle übergeben wird (siehe ↳T 556/95 und ↳G 12/91).		5
	Art. 116 (2)	Mündliche Verhandlung **vor Eingangsstelle** (wenn sachdienlich oder bei Zurückweisung, hierfür vorher **R 112 (2)** beantragen) (↳J 16/02, ↳T 209/88, ↳T 93/88)		6
	RiLi E-III, 1	Mündliche Verhandlungen vor Prüfungsabteilungen, der Eingangsstelle und der Rechtsabteilung werden in der Regel auf Antrag des Anmelders oder auf Veranlassung der Prüfungsabteilung als **Videokonferenz** (siehe 📄 D.118 ff.) durchgeführt, sofern nicht ernsthafte Gründe dagegensprechen (ABl. EPA 2020, A134, Art. 1 (2); ABl. 2021, A49, Art 1 (2); ABl. 2021, A50).		7
	RiLi E-III, 2	Bei hilfsweiser Beantragung findet die mündliche Verhandlung nur statt, wenn dem Sachantrag nicht entsprochen wird.		8
Antrag liegt vor	↳T 663/90 ↳T 19/87	Liegt Antrag vor, darf betreffendes Organ ohne mündliche Verhandlung nicht gegen Antrag stellende Partei entscheiden (siehe RiLi E-III, 2) → Nichtbeachtung ist schwerer Verfahrensmangel.		9
Antrag liegt nicht vor	↳T 1050/09 RiLi E-III, 2	Wurde kein Antrag auf mündliche Verhandlung gestellt, so kann die Entscheidung schriftlich ergehen, ohne dass eine mündliche Verhandlung stattfindet.		9a
Antrag auf erneute mündliche Verhandlung	Art. 116 (1)	Ändern sich Sachvortrag und Parteien nicht, keine erneute mündliche Verhandlung, aber bei: **Wechsel der Beteiligten**, auch der Zusammensetzung der Kammer während des Verfahrens, Notwendigkeit der Beweiserhebung (**RiLi E-IV, 1.3, 1.6.1**) oder Einwendungen Dritter nach **Art. 115**. Bei Änderung des Gegenstands des Verfahrens (z.B. durch neue Beweismittel), muss auf Antrag erneute mündliche Verhandlung stattfinden.		10
Von Amts wegen	RiLi E-III, 4	Das zuständige Organ des EPA kann auch ohne Antrag eines Beteiligten eine mündliche Verhandlung anberaumen, wenn es dies für sachdienlich erachtet.		11
Öffentlichkeit	Art. 116 (3)	**Keine Öffentlichkeit** bei der Eingangsstelle, Prüfungs- und Rechtsabteilung.		12
	Art. 116 (4)	**Öffentlichkeit** der mündlichen Verhandlung bei Einspruchsabteilung, BK und GBK (jeweils einschl. der Verkündung), BK und GBK nach VÖ der ePA.		13
Zuständigkeit	RiLi E-III, 1	Die mündliche Verhandlung findet vor dem zuständigen Organ statt.		14
Ort der mündlichen Verhandlung	RiLi E-III, 1	Räumlichkeiten des EPAs oder als Videokonferenz.		15
	RiLi E-III, 2	Anträge auf Abhaltung an bestimmten Dienstort des EPA sind nicht zulässig.		16
	↳T 1012/03	Sitz der jeweiligen verantwortlichen Abteilung, Beteiligter kann sich nicht auf Verlegung an anderen Ort berufen.		17

D. Mündliche Verhandlung

18	**Allgemeines** (Fortsetzung) **Art. 116, R 115, RiLi E-III**		
	Verfahrenshandlung	Rechtsnormen	Details
19	**Rücksprache**	RiLi E-III, 1	**Rücksprache** wie sie im Beschränkungs- bzw. Widerrufsverfahren vorkommt ist zu unterscheiden von der mündlichen Verhandlung. Diese sind auch nicht im Verfahren mit mehreren Beteiligten zulässig, es sei denn, die Rücksprache betrifft Angelegenheiten, die nicht in die Belange der anderen Beteiligten eingreifen.
20	**Tonaufzeichnung**	Art. 116 (3) + (4)	Vor einer Beschwerdekammer dürfen nur Amtsangehörige Tonaufzeichnungsgeräte im Sitzungssaal in Betrieb nehmen (**ABl. 2007, SA 3, 69, 117** und **ABl. 2/2014, A21**).

21	**Regelung der mündlichen Verhandlungen zu Beginn der COVID-19 Pandemie** (teilweise durch neuere Amtsblätter überholt)		
	Verfahrenshandlung	Rechtsnormen	Details
22	**Mündliche Verhandlungen vor den Prüfungs- und Einspruchs-abteilungen** (siehe D.118 ff.)	Art. 113 Art. 116 ABl. 2020, A40	**Mündliche Verhandlungen** vor **Prüfungsabteilungen** sind als **Videokonferenz** (siehe D.118 ff.) durchzuführen (ABl. 2020, A39; ABl. 2020, A40). Alle bis 31.12.2020 anberaumten mündlichen Verhandlungen im Einspruchsverfahren werden bis auf Weiteres zu verschoben, es sei denn, die Durchführung als Videokonferenz wurde bereits bestätigt. Das EPA beabsichtigt, bei mündlichen Verhandlungen im Einspruchsverfahren, die am oder nach dem 04.01.2021 angesetzt sind, an der Durchführung in den Räumlichkeiten des EPA festzuhalten. Pilotprojekt zur Durchführung mündlicher Verhandlungen vor Einspruchsabteilungen als Videokonferenz: ABl. 2020, A41 Zu Videokonferenz: siehe D.118 ff. Zur Einreichung von Unterlagen per E-Mail: siehe D.128
23	**Mündliche Verhandlungen vor den Beschwerde-kammern** (siehe D.136 ff.)	ABl. 2020, A103	Mitteilung des Präsidenten der Beschwerdekammern vom 01.08.2020 betreffend die mündlichen Verhandlungen vor den Beschwerdekammern in den Räumlichkeiten in Haar sowie im Isargebäude in München während der Coronavirus-Pandemie (COVID-19). - Änderung/Verlegung der Räumlichkeit ohne Ankündigung möglich - Max. 2 Personen pro Partei Anzahl der teilnehmenden Mitglieder der Öffentlichkeit ist begrenzt

Mündliche Verhandlung D.

Sprache bei mündlichen Verhandlungen RiLi E-V			24
Verfahrenshandlung	Rechtsnorm	Details	
Sprache bei mündlichen Verhandlungen	R 4 (1)	**Jede Amtssprache des EPA** anstelle der Verfahrenssprache, Mitteilung an das EPA bis spätestens 1 M vor angesetztem Termin; oder **Amtssprache eines VS** bzw. eigene Sprache, wenn Beteiligter für Übersetzung (Dolmetscher) in Verfahrenssprache sorgt; bei **Einverständnis** aller Beteiligten auch jede **andere Amtssprache eines VS** (RiLi E-V, 3) **ohne Übersetzung**.	25
	R 4 (4)	Jede Sprache, wenn alle Beteiligten und EPA zustimmen	26
	⇨ T 34/90	Verwendung anderer Amtssprache als der Verfahrenssprache in der mündlichen Verhandlung setzt eine rechtzeitige entsprechende Mitteilung des Beteiligten gemäß **R 4 (1) Satz 1** voraus, wenn er nicht selbst für die Übersetzung in der Verfahrenssprache sorgt (**ABl. 2007 Sonderausgabe 3, H.3**, **ABl. 1992, 454**).	27
	RiLi A-VII, 4 RiLi E-V	Abweichung von der Verfahrenssprache bei mündlichen Verfahren.	28
Bedienstete	R 4 (2)	Bedienstete des EPA **können sich einer anderen Amtssprache** bedienen, EPA muss ggf. für eine Übersetzung sorgen. Die Beteiligten sind zu informieren (RiLi E-V, 5).	29
Beteiligte, Zeugen, Sachverständiger	R 4 (3)	Beteiligte, Zeugen, Sachverständige: andere Sprache zulässig, wenn Antragsteller für Übersetzung sorgt (außer Beweisaufnahme auf Antrag EPA, dann ist für die Übersetzung das EPA zuständig).	30
Kosten Übersetzung	R 4 (5)	Kosten für Übersetzung in Verfahrens- bzw. andere Amtssprache des EPA, Ausnahmen für R 4 (1) + (3)	31
Niederschrift	R 4 (6)	Niederschrift in einer der Amtssprachen des EPA bzw. Verfahrenssprache bei Änderungen der ePA, Erklärungen in anderen Sprachen sind in eine der Amtssprachen des EPA zu übersetzen.	32

Verfahrenssprache	33
siehe 📄 K. 31	34

D. Mündliche Verhandlung

35	**Vorbereitung der mündlichen Verhandlung** **RiLi E-III, 5**		
	Verfahrenshandlung	Rechtsnormen	Details
36	**Ziel**	RiLi E-III, 5	Ziel einer mündlichen Verhandlung ist es, möglichst alle zur Entscheidungsfindung noch anstehenden offenen Fragen zu klären.
37	**Zeitpunkt zur Einreichung Schriftstücke**	R 116 (1)	Festsetzung **Zeitpunkt zur Einreichung Schriftstücke**, Ausschluss von **R 132** → keine Verlängerung der Frist (**G 6/95** nicht für Beschwerdekammern), Frist üblicherweise bis spätestens **1 M** (RiLi E-III, 5) vor mündlicher Verhandlung; danach vorgebrachte Tatsachen und Beweismittel müssen nicht berücksichtigt werden. Verspätetes Vorbringen (siehe D.81 ff.)
38	**Hinzuziehen eines Rechtskundiges Mitglied**	RiLi E-III, 5	Bei der Vorbereitung einer mündlichen Verhandlung, insbesondere im Einspruchsverfahren, prüft die Einspruchsabteilung sorgfältig, ob mit komplizierten Rechtsfragen zu rechnen ist und es daher geboten erscheint, die Abteilung durch einen rechtskundigen Prüfer zu ergänzen (Art. 18 (2) und 19 (2)).
39	**Hinweis auf entscheidungs-wesentliche Fragen**	RiLi E-III, 5	Soweit bestimmte entscheidungswesentliche Fragen amtsseitig für erörterungsbedürftig gehalten werden, wird, der bzw. die Beteiligten vor der mündl. Verhandlung in einem Bescheid hierauf hingewiesen und gegebenenfalls einen oder mehrere der Beteiligten zu einer schriftlichen Stellungnahme angeregt, sowie gegebenenfalls zur Vorlage von Beweismitteln aufgefordert.
40	**Einreichung von Beweismitteln**	RiLi E-III, 5	Die Beteiligten können zur Stützung ihres Vorbringens von sich aus Beweismittel vorlegen. Wenn die Beweismittel in einer früheren Verfahrensstufe hätten eingereicht werden sollen, im Einspruchsverfahren z.B. gemäß RiLi D-IV, 1.2.2.1 v) und 5.4, hat das zuständige Organ zu entscheiden, ob die verspätet vorgebrachten Beweismittel zugelassen werden sollen (siehe RiLi E-VI, 2).

Mündliche Verhandlung D.

Ladung zur mündlichen Verhandlung
RiLi E-III, 6

Verfahrenshandlung	Rechtsnormen	Details	
Ladung zur mündlichen Verhandlung	Art. 116 R 115 R 116 (1) RiLi D-VI, 3.2	Ist eine mündliche Verhandlung anzuberaumen, so müssen die Beteiligten so rasch wie möglich mit einer angemessenen Frist zur mündlichen Verhandlung geladen werden. **Seit 01.11.2019: Zustellung** mittels eingeschriebenen Briefs mit Empfangsbescheinigung (EPA Form 2936) (**R 126 (1)**, **ABl. 2019, A57**). Mündl. Verhandlung nach Art. 116 (1) auf Antrag, öffentlich (im Gegensatz zum Prüfungsverfahren), falls Einspruchsabteilung nicht anders entscheidet (→ Art. 116 (4))	42
Ladungsfrist	R 115 (1)	Ladung mit Fristsetzung zur Einreichung von Dokumenten von **mindestens 2 M** vor mündlicher Verhandlung (Ausnahme: alle Beteiligten sind mit kürzerer Frist einverstanden), keine Fristverlängerung	43
		RiLi E-III, 6: Vorgehen bei Festsetzung des Termins und der Form der mündlichen Verhandlung; u.a. mit Zustimmung der Beteiligten jede Frist möglich, auch unter 2 M; idR mindestens 4 M vor Termin, zwischen 2 M und 4 M ohne Zustimmung nur unter ganz bestimmten Umständen (z.B. bei vorheriger Verlegung der mündlichen Verhandlung); auch längere Frist möglich, z.B. besondere Umstände des Einzelfalls.	44
	J 14/91	**Verkürzung der Ladungsfrist** ohne Zustimmung eines der Beteiligten in besonderen Konfliktfällen möglich (z.B. Akteneinsicht).	45
Anzahl der Termine	RiLi E-III, 6	Es wird ein einziger Termin anberaumt.	46
Umfang	RiLi E-III, 6	In der Ladung sind der Gegenstand, der Tag und die Uhrzeit sowie die Form der mündlichen Verhandlung anzugeben	47
Bescheid	RiLi E-III, 6	Der Ladung wird ein Bescheid beigefügt, in dem auf erörterungsbedürftige Fragen hingewiesen wird und der in der Regel die vorläufige, unverbindliche Auffassung der Einspruchsabteilung enthält. In der Anlage zur Ladung können neue Dokumente unter Angabe ihrer Bedeutung angeführt werden (T 120/12).	48
Zeitpunkt für Schriftsätze	RiLi E-III, 6	Mit der Ladung wird gleichzeitig der Zeitpunkt bestimmt, bis zu dem Schriftsätze oder Änderungen, die den Erfordernissen des EPÜ genügen, eingereicht werden können (siehe auch RiLi D-VI, 3.2). Da dieser Zeitpunkt keine Frist ist, findet R 132 keine Anwendung und die Beteiligten können nicht beantragen, ihn zu verschieben (siehe auch RiLi D-VI, 3.2).	49
Bestätigung der Ladung	T 1183/02	Fehlende Bestätigung der Ladung zur mündlichen Verhandlung nach Einreichung von Änderungen und Argumenten stellt keinen wesentlichen Verfahrensmangel dar.	50

D. Mündliche Verhandlung

51	Verlegung, Absage oder Beibehaltung einer mündlichen Verhandlung RiLi E-III, 7		
	Verfahrenshandlung	Rechtsnormen	Details
52	**Verlegung der mündlichen Verhandlung auf Antrag**	RiLi E-III, 7.1.1	**Verlegung der mündlichen Verhandlung** bei Vorbringen schwerwiegender Gründe (Siehe RiLi E-III, 7.1.1): ABl. 1/2009, ✏**T 1080/99**, **ABl. 12/2002, 568**, ✏**T 300/04**, ✏**J 4/03** eine hinreichend substantiierte Begründung ist beizufügen, ✏**T 178/03** und ABl. 2007, Sonderausgabe Nr. 3, 115
53	**Verlegung der mündl. Verhandlung auf Veranlassung der Abteilung**	RiLi E-III, 7.1.2	In Ausnahmefällen kann die mündliche Verhandlung verlegt werden. Ähnliche Gründe wie in RiLi E-III, 7.1.1
54	**Ladungsfrist bei Verlegung**	RiLi E-III, 7.1.3	Die festgelegte Ladungsfrist von 2 M gilt auch im Fall einer Verlegung.
55	**Absage der mündlichen Verhandlung**	RiLi E-III, 7.2.1	In Erwiderung auf Eingaben, die ein Beteiligter auf eine Ladung zur mündlichen Verhandlung hin gemacht hat, kann die Abteilung auch beschließen, die mündliche Verhandlung abzusagen und das Verfahren schriftlich fortzusetzen. In diesem Fall werden die Beteiligten entsprechend unterrichtet.
56		RiLi E-III, 7.2.2	Wenn der Antrag auf mündliche Verhandlung ausdrücklich zurückgenommen wird oder ein Beteiligter mitteilt, dass er nicht erscheinen wird (was in der Regel mit einer Rücknahme des Antrags gleichgesetzt wird (siehe ✏T 3/90, ✏T 696/02 und ✏T 1027/03)), kann die Abteilung nach ihrem Ermessen entscheiden, ob die anberaumte mündliche Verhandlung beibehalten oder abgesagt wird. Es gilt der Verfahrensgrundsatz, dass der Verfahrensbeteiligte nicht von der Entscheidung überrascht werden darf (siehe auch RiLi E-III, 8.3.3)
57	**Teilnahme**	✏T 930/92	Jeder Beteiligte hat die Pflicht, EPA unverzüglich über Nichtteilnahme zu informieren, ansonsten evtl. Kostenverteilung zu dessen Ungunsten.

58	Durchführung der mündlichen Verhandlung RiLi E-III, 8	
59	**Öffentlichkeit des Verfahrens** Art. 116 (3) + (4) RiLi E-III, 8.1	
	Rechtsnormen	Details
60	**Öffentlichkeit** Art 116 (3)	Die mündliche Verhandlung vor der Eingangsstelle, den Prüfungsabteilungen und der Rechtsabteilung ist **nicht öffentlich**.
61	Art 116 (4)	Die mündliche Verhandlung, einschließlich der Verkündung der Entscheidung, ist vor den **Beschwerdekammern** und der **Großen Beschwerdekammer** nach Veröffentlichung der europäischen Patentanmeldung sowie vor der Einspruchsabteilung **öffentlich**, sofern das angerufene Organ nicht in Fällen anderweitig entscheidet, in denen insbesondere für einen Verfahrensbeteiligten die Öffentlichkeit des Verfahrens schwerwiegende und ungerechtfertigte Nachteile zur Folge haben könnte.

62	Leitung der mündlichen Verhandlung RiLi E-III, 8.2	
	Verfahrenshandlung	Details
63	**Leitung**	Vor der Eingangsstelle wird die mündliche Verhandlung vom zugewiesenen Sachbearbeiter, vor der Prüfungs- bzw. Einspruchsabteilung vom Vorsitzenden der betreffenden Abteilung geleitet. Vor der Rechtsabteilung wird die mündliche Verhandlung von einem rechtskundigen Mitglied der Rechtsabteilung geleitet. Die Verhandlungsleitung umfasst neben der Aufrechterhaltung der Ordnung die förmliche und sachliche Leitung der Verhandlung.

Mündliche Verhandlung D.

Eröffnung der mündlichen Verhandlung, Nichterscheinen eines Beteiligten | 64
RiLi E-III, 8.3

Verfahrenshandlung	Rechtsnormen	Details	
Überprüfung der Identität der Teilnehmer	RiLi E-III, 8.3.1	Sind die Verfahrensbeteiligten oder ihre Vertreter nicht mindestens einem Mitglied der Abteilung persönlich bekannt, muss vor Beginn der mündlichen Verhandlung ihre Identität überprüft werden. Zugelassene Vertreter müssen nur noch in Ausnahmefällen eine Vollmacht einreichen (siehe BdPEPA, SA Nr. 3, ABl. 2007, L.1). Überprüfung der Vollmacht, nur nötig, wenn bisher nicht aufgetretener zugelassener Vertreter ohne Untervollmacht oder Rechtsanwalt oder Angestellter, der kein zugelassener Vertreter ist. Bei der Identität von Begleitpersonen genügt es, wenn diese vom jeweiligen Vertreter bestätigt wird.	65
		Überprüfung bei einer Videokonferenz In einer Videokonferenz kann der Vertreter aufgefordert werden, seinen EPA-Ausweis oder Personalausweis (nur in nicht öffentl. Konfernzschaltung) in die Kamera zu halten. Kopie des Identitätsnachweises auch spätestens bis 2 Tage vor der Verhandlung per Online Einreichung einreichbar. Kopie des Identitätsnachweises per E-Mail zu Beginn der mündlichen Verhandlung (per E-mail übermittelte Nachweise werden gelöscht).	65a
Eröffnung der mündl. Verhandlung	RiLi E-III, 8.3.2	Personalien der anwesenden Beteiligten werden aufgenommen. Niederschrift siehe RiLi E-III, 10.	66
Fehlerhafte Ladung	RiLi E-III, 8.3.3.1	Wurde Beteiligter nicht ordnungsgemäß geladen, wird die mündliche Verhandlung verschoben.	67
Verspätetes Eintreffen	RiLi E-III, 8.3.3.1	Eintreffen vor Ende: Ein Beteiligter, der noch vor Ende der Verhandlung erscheint bzw. per Fernverbindung teilnimmt, das Recht hat, gehört zu werden Nachdem die Verhandlung geschlossen wurde: Ermessen der Abteilung Voraussetzungen: - es ist keine Entscheidung ergangen, - alle Beteiligten sind einverstanden	68
Fortsetzung bei Nichterscheinen	R 115 (2) RiLi E-III, 8.3.3	**Erscheint ordnungsgemäß geladener Beteiligter nicht oder nimmt an der Videokonferenz nicht teil**, kann das Verfahren ohne ihn fortgesetzt werden (aber ↳G 4/92) - RiLi E-III, 8.3.3.1 und ABl. 2020, A124 2.1 Absatz 3	69
Nichterscheinen im Prüfungsverfahren	ABl. 2020, A124	Bei Nichterscheinen ist Anmelder verpflichtet das EPA umgehend zu unterrichten und der Antrag auf mündl. Verh. sollte zurückgenommen werden. Wobei die Ankündigung der Nichtteilnahme gilt in der Regel als Rücknahme des Antrags. Antrag auf Entscheidung nach Aktenlage gilt als Rücknahme des Antrags auf mündl. Verhandlung (↳T 2704/16). Wenn Abteilung mündl. Verhandlung absagt, kann diese das schrift. Verfahren wiederaufnehmen.	70

Einleitung der Verhandlung zur Sache | 71
RiLi E-III, 8.4

Rechtsnormen	Details	
RiLi E-III, 8.4	Soweit es erforderlich erscheint, legt der Leiter der Verhandlung die Verfahrenslage dar und hebt die nach dem Inhalt der Akten wesentlichen strittigen Fragen hervor. Im Prüfungs- bzw. Einspruchsverfahren kann dies auch das beauftragte Mitglied tun.	72

D. Mündliche Verhandlung

73 Vortrag der Beteiligten
RiLi E-III, 8.5

	Verfahrenshandlung	Rechtsnormen	Details
74	**Begleitperson als Vortragender**	⌫G 2/94 ⌫G 4/95 RiLi E-III, 8.5	**Ausführungen einer Person**, die nicht gemäß Art. 133 und Art. 134 zur Vertretung von Verfahrensbeteiligten vor dem EPA zugelassen ist, dürfen nur mit Zustimmung und im Ermessen der Einspruchsabteilung in einer mündlichen Verhandlung zugelassen werden, wenn diese Person einen zugelassenen Vertreter des Beteiligten begleitet. **Voraussetzungen:** • Beteiligter/Zugelassener Vertreter muss Vortrag der Begleitperson rechtzeitig vor der mündl. Verhandlung beantragen, • Angabe des Namens, des Gegenstands der Ausführung und Qualifikation des Vortragenden, • Ausführungen werden unter ständiger Verantwortung und Aufsicht des zugelassenen Vertreters gemacht, Bei verspäteter Antragstellung müssen außergewöhnliche Umstände vorliegen oder alle Beteiligten einverstanden sein.
75		⌫G 2/94 ⌫G 4/95	**Muss durch zugelassenen Vertreter beantragt werden.**
75a			Vortragen durch Begleitperson (= Verantwortlichkeit zu vorgetragenen Inhalten).
76	**Einsatz computergenerierter Präsentationen**	RiLi E-III, 8.5.1 ⌫T 1556/06	In mündlichen Verhandlungen besteht **kein Rechtsanspruch** auf den Einsatz computergenerierter Präsentationen; dieser bedarf der Zustimmung der Prüfungs- oder Einspruchsabteilung oder der Rechtsabteilung und liegt in deren Ermessen.
77		»Ex-Parte-Verfahren« RiLi E-III, 8.5.1.2	**Prüfungsabteilungen** werden die Zulassung computergenerierter Diavorführungen auch dann in Betracht gezogen, wenn die Präsentation nicht vor der mündlichen Verhandlung übermittelt wurde, sofern a) die Prüfungsabteilung sich in der Lage sieht, sich mit den verspätet vorgebrachten Unterlagen zu befassen, ohne das Verfahren übermäßig zu verlängern. Hierbei gelten dieselben Überlegungen wie für andere verspätet vorgebrachte Tatsachen und Beweismittel b) der Raum, in dem die mündliche Verhandlung stattfindet, über eine geeignete Grundausstattung verfügt (z. B. eine Leinwand), c) das Vorbringen zur Klärung der strittigen Fragen beiträgt. Dasselbe gilt für mündliche Verhandlungen vor der Rechtsabteilung.
78		»Inter-Partes-Verfahren« RiLi E-III, 8.5.1.1	Grundvoraussetzung ist, dass Kopien der präsentierten Unterlagen rechtzeitig vor der mündlichen Verhandlung zur Verfügung gestellt werden (R 116). Die Kopien werden wie andere Schriftsätze behandelt. Computergenerierte Präsentationen werden in mündlichen Verhandlungen dann zugelassen, wenn es ohne dieses visuelle Hilfsmittel viel schwieriger wäre, das Vorbringen des Beteiligten zu verstehen. So könnte die Einspruchsabteilung der Auffassung sein, dass beispielsweise Folien über a) die Struktur oder die Funktionsweise eines komplexen Produkts, b) komplizierte Reaktionsmuster, c) komplexe Formeln oder d) den Betrieb eines komplexen Geräts die Diskussion erleichtern könnten. Dasselbe gilt für mündliche Verhandlungen vor der Rechtsabteilung
79	**Nutzung von Laptops** und anderen elektronischen Geräten	RiLi E-III, 8.2.1	Verwendung von Laptops in mündlichen Verhandlungen in den Räumlichkeiten des EPA (ex parte und inter partes) ist grundsätzlich erlaubt. Tonaufnahmen sind nicht zulässig (ABl. 1986, 63, ABl. 2007, SA3, ABl. 2/2014, A21).
80	**Einreichung von Schriftsätzen bei einer Videokonferenz**	RiLi E-III, 8.5.2	Siehe 📄 D.118 ff. »Videokonferenz«

Mündliche Verhandlung D.

Verspätet vorgebrachte Tatsachen, Beweismittel oder Änderungen RiLi E-III, 8.6; RiLi E-VI, 2; 📖 S/S Art. 114 Rd 45 ff.			81
Verfahrenshandlung	Rechtsnormen	Details	
Beweismittel Würdigung siehe 📄 E.260	RiLi E-IV, 1.2	Die Beteiligten können in **anhängigen Verfahren** jederzeit Beweismittel zur Stützung behaupteter Tatsachen vorlegen, insbesondere folgende Beweismittel.	81a
Amtsermittlung Siehe 📄 E.197	Art. 114 (1)	Amtsermittlung bei prima facie Relevanz (Vorrang vor Art. 114 (2), ↳T 156/84 und RiLi E-VI, 2).	81b
	↳G 9/91 ↳G 10/91	Beschränkungen der Amtsermittlung im Einspruchs- und Beschwerdeverfahren	81c
Tatsachen, Beweismittel, Argumente	Art. 114 (2)	Tatsachen und Beweismittel, die von den Beteiligten verspätet vorgebracht werden, brauchen nicht berücksichtigt zu werden. Argumente können nicht verspätet sein, da gemäß ↳**G 4/92 Nr. 10 der Entscheidungsgründe** Argumente kein neues Vorbringen als solches sind, sondern eine Untermauerung der Tatsachen und Rechtsgründe.	81d
	RiLi D-VI, 1	Im mehrseitigen Verfahren besteht Verpflichtung Tatsachen, Beweismittel, Argumente und Anträge so früh und so vollständig wie möglich vorzulegen. Alle von den Einsprechenden nach Ablauf der Einspruchsfrist eingereichten Gründe, Tatsachen und Beweismittel werden als verspätet eingereicht betrachtet, sofern sie nicht durch eine Änderung des Verfahrensgegenstands bedingt sind.	81e
Zugrundeliegender Sachverhalt	RiLi E-III, 6	Mit Ladung zur mündlichen Verhandlung wird gemäß **R 116** ein Zeitpunkt zur Einreichung von Schriftsätzen bestimmt. Nach diesem Zeitpunkt vorgebrachte neue Tatsachen und Beweismittel brauchen nicht berücksichtigt zu werden, sofern sie nicht wegen einer Änderung des dem Verfahren zugrundeliegenden Sachverhalts zuzulassen sind.	81f
Kosten	RiLi D-IX, 1.4	Die Zulassung von verspätet vorgebrachten Tatsachen und Beweismitteln führt idR nach Art. 104 zu einer Verteilung der Kosten zu Lasten der verspätet einreichenden Partei.	81g
Beweisaufnahme Siehe für Details 📄 E.213	Art. 117 R 117 R 116	Vernehmung von Beteiligten, Zeugen, Einholung von Auskünften, Urkunden, Sachverständige, schriftliche Erklärung; RiLi E-IV, 1.3 Ladung unter Angabe betreffende Beweismittel, rechtserhebliche Tatsachen und Tag, Uhrzeit, Ort der Beweisaufnahme, ggf. als Videokonferenz; Beteiligter hat innerhalb Frist Namen und Anschrift der Zeugen oder Sachverständigen zu nennen.	82
Vernehmung von Zeugen	Art. 117 (1) d)	Die **Beweisaufnahme** durch Vernehmung von Zeugen erfolgt in der Regel im Rahmen einer mündlichen Verhandlung (RiLi E-IV, 1.6).	83

D. Mündliche Verhandlung

Verspätet vorgebrachte Tatsachen, Beweismittel oder Änderungen (Fortsetzung)
RiLi E-III, 8.6; RiLi E-VI, 2; 📖 S/S Art. 114 Rd 45 ff.

	Verfahrenshandlung	Rechtsnormen	Details
84	**Zeitpunkt bis wann Unterlagen berücksichtigt werden müssen**	R 116 (1) RiLi E-VI, 2.2.1	Mit der Ladung weist das Europäische Patentamt auf die Fragen hin, die es für die zu treffende Entscheidung als erörterungsbedürftig ansieht. Gleichzeitig wird ein Zeitpunkt bestimmt, bis zu dem Schriftsätze zur Vorbereitung der mündlichen Verhandlung eingereicht werden können. R 132 ist nicht anzuwenden. Nach diesem Zeitpunkt vorgebrachte neue Tatsachen und Beweismittel brauchen nicht berücksichtigt zu werden, soweit sie nicht wegen einer Änderung des dem Verfahren zugrunde liegenden Sachverhalts zuzulassen sind. Danach liegt es im Ermessen der Abteilung die Tatsachen oder Beweismittel zuzulassen. Stellt die Einspruchsabteilung in ihrer Anlage zur Ladung fest, dass das Patent widerrufen wird. Und bezieht sich ein rechtzeitig gestellter Änderungsantrag nicht auf den Gegenstand der erteilten Ansprüche, so hat sich der Sachverhalt geändert. Folglich sind neue Tatsachen und Beweismittel zuzulassen. Wenn Einspruchsabteilung er Auffassung ist, dass bisherige Tatsachen und Beweismittel einer Aufrechterhaltung nicht entgegenstehen, besteht kein Anspruch neue Tatsachen und Beweismittel einzureichen.
85	**Anforderungen an den Anmelder**	R 116 (2)	Anforderungen an den Anmelder oder PI
86		RiLi E-VI, 2.2.2 ↳T 273/04	Analog hierzu ist dem Patentinhaber immer die Möglichkeit zu geben, Änderungen einzureichen, die geeignet sind, Einwände auszuräumen, die die Abteilung abweichend von einem früher zugestellten Bescheid geltend macht.
87	**Änderungen in Anmeldeunterlagen**	RiLi E-VI, 2.2.2	Änderungen müssen dem **Formerfordernissen** des EPÜ genügen. Ermessen der Einspruchsabteilung Änderungen nicht zu berücksichtigen, wenn sie zu spät eingereicht wurden. Werden, insbesondere prima facie relevante, neue Tatsachen oder Beweismittel zugelassen, muss ein diesbezüglicher Änderungsantrag ebenfalls zugelassen werden. Gilt auch, wenn die Prüfungsabteilung neue Dokumente anführt. Bei Abweichungen während der mündlichen Verhandlung von der vorläufigen Auffassung, werden Änderungen in er Regel zugelassen.
88	**Berichtigung von die Offenbarung betreffenden Teilen der Anmeldung**	↳G 12/91	**Zeitpunkt des Berichtigungsantrags:** Berichtigungen nach **R 139 Satz 2** können im **schriftlichen Verfahren** nur bis zur Abgabe der Entscheidung an die Poststelle und im **mündlichen Verfahren** bis zur Verkündung der Entscheidung in der mündlichen Verhandlung berücksichtigt werden.
89	**Neu vorgebrachte Tatsachen**	↳G 4/92	Entscheidung darf nicht zu Ungunsten eines nicht erschienenen Beteiligten auf neu vorgebrachte Tatsachen gestützt werden.
89a	**Grundsätze bei der Ermessensausübung**	RiLi E-VI, 2.2.3	Bei der Ausübung ihres Ermessens nach Art. 114 (2) und R 116 (1) und (2) muss die Einspruchsabteilung zunächst prüfen, ob die verspätet vorgebrachten Tatsachen oder Beweismittel relevant bzw. zulässig (prima facie) sind. Änderungen erst während der mündlichen Verh. Sind verspätet, wenn bereits in der Anlage zur Ladung auf Wahrscheinlichkeit des Widerufs hingewiesen wurde. Um die Zulässigkeit von verspäteten Dokumenten zu beurteilen, ist in Relation zu den geänderten Ansprüchen zu beurteilen.

Mündliche Verhandlung D.

Verspätet vorgebrachte Tatsachen, Beweismittel oder Änderungen (Fortsetzung) RiLi E-III, 8.6; RiLi E-VI, 2; 📖 S/S Art. 114 Rd 45 ff.			
Verfahrenshandlung	Rechtsnormen	Details	
Anspruch auf rechtliches Gehör	RiLi E-VI, 2.2.4	Im Allgemeinen sind die Verfahrensbeteiligten zu hören, bevor die Abteilung über die Zulassung oder Nichtzulassung von verspäteten Unterlagen entscheidet. Das gilt auch beim Vorbringen eines verspätet geltend gemachten Einspruchsgrund. Wenn möglich müssen Rechtskommentare, Entscheidungen und Berichte über Gerichtsentscheidungen rechtzeitig vor er Verhandlung der Einspruchsabteilung und übrigen Beteiligten zur Kenntnis gebracht werden.	90
Verfahrensökonomie	RiLi E-VI, 2.2.3, Absatz 5	Wenn die verspätet vorgebrachten Tatsachen oder Beweismittel als solche relevant sind, aber eine längere Vertagung der Verhandlung verursachen würden, kann die Einspruchsabteilung entscheiden, sie im Verfahren nicht zuzulassen.	91
Verfahrensmissbrauch	RiLi E-VI, 2.2.3	• PI kurzfristig Vielzahl von Hilfsanträgen • Öffn. Vorbenutzung durch Einsprechende selbst, kurz vorher erwähnt (📖T 534/89) • Der Anmelder bzw. der Patentinhaber eine große Zahl von Anträgen oder unvollständige Varianten von Anträgen vorlegt und die Einspruchsabteilung auffordert, einen davon auszuwählen (📖T 446/00)	92

D. Mündliche Verhandlung

Handschriftliche Änderungen in der mündlichen Verhandlung
RiLi E-III, 8.7

#	Verfahrenshandlung	Rechtsnormen	Details
93	**Maschinen-geschrieben**	R 49 (8) RiLi E-III, 8.7.1	Der Antrag auf Erteilung eines europäischen Patents, die Beschreibung, die Patentansprüche und die Zusammenfassung müssen mit Maschine geschrieben oder gedruckt sein. Nur grafische Symbole und Schriftzeichen, chemische oder mathematische Formeln können, falls notwendig, handgeschrieben oder gezeichnet sein.
94	**Verantwortung**	RiLi E-III, 8.7.1	Verantwortung für die Einreichung von korrekten Unterlagen liegt beim Anmelder/PI.
95	**Nachgereichte Unterlagen**	R 50 (1)	Die R 42, R 43 und R 46 bis R 49 sind auf Schriftstücke, die die Unterlagen der europäischen Patentanmeldung ersetzen, anzuwenden. R 49 Absätze 2 bis 12 ist ferner auf die in R 71 genannten Übersetzungen der Patentansprüche anzuwenden.
96	**Technische Hilfsmittel durch das EPA**	RiLi E-III, 8.7.1, ABl. 2013, 603	EPA stellt technische Mittel zur Verfügung, die die Formerfordernisse (mit Maschine geschrieben Änderungen) in der mündlichen Verhandlung ermöglichen. Anmelder muss eigene Speichermedium (frei von Viren oder anderer bösartiger Software) verwenden.
97	**Prüfungsverfahren**	RiLi E-III, 8.7.1+ 8.7.2	Handschriftliche Änderungen werden in mündliche Verhandlung nur als Grundlage zur Erörterung akzeptiert. Endgültige Entscheidung nur auf Grundlage eines Schriftstücks, das keine Formmängel enthält.
98		RiLi E-III, 8.7.2 und ABl. 2020, A71	Einreichung von formal korrekten Unterlagen per Übergabe oder E-Mail.
99		RiLi E-III, 8.7.2	Wenn formal korrekte Unterlagen in der Verhandlung nicht eingereicht werden können: Aufforderung durch den Formalsachbearbeiter innerhalb von 2M die formal korrekten Unterlagen nachzureichen.
100	**Einspruchsverfahren**	RiLi E-III, 8.7.1+ 8.7.3	Im **Einspruchsverfahren**, wenn Zwischenentscheidung der Einspruchsabteilung in mündlicher Verhandlung auf Unterlagen gestützt wurde, die nicht der R 49 (8) entsprechen, weil sie handschriftliche Änderungen enthalten, fordert Einspruchsabteilung den PI in Mitteilung nach R 82 (2) auf, eine formal korrekte Fassung des geänderten Wortlauts einzureichen. Frist **2 M** (R 82 (3)) (ABl. EPA 2016, A22). Wird innerhalb von zwei Monaten ab Zustellung der Mitteilung nach R 82 (3) keine formal korrekte, wörtliche Reproduktion der aufgeführten geänderten Absätze (und/oder Ansprüche) eingereicht, so wird das Patent widerrufen. Im schriftlichen Einspruchsverfahren dagegen kann eine Zwischenentscheidung über die Aufrechterhaltung des Patents in geänderter Fassung nur auf der Grundlage formal korrekter Unterlagen erlassen werden.
101		ABl. 2015, A82	**Ausnahme im Einspruchsverfahren** Seit 01.05.2016: PI muss keine mit R 49 (3) konforme Unterlagen einreichen, d.h. Handschriftliche Änderungen werden akzeptiert. PI muss aber innerhalb von **3 M** (siehe R 82 (2) S. 3) eine Fassung einreichen, die der R 49 (8) entspricht.
102		☞T 733/99 RiLi E-III, 8.5 ABl. 2020, A71	Im Einspruchsverfahren obliegt es der Einspruchsabteilung dafür zu sorgen, dass die Erfordernisse, z.B. der maschinengeschriebenen Form, Unterschrift erfüllt sind.

Mündliche Verhandlung D.

Anwendung von Regel 137 (4) auf Änderungen, die in der mündlichen Verhandlung im Prüfungsverfahren eingereicht werden
RiLi E-III, 8.8

Verfahrenshandlung	Rechtsnormen	Details
Änderungen, die in der mündlichen Verhandlung im Prüfungsverfahren eingereicht werden	RiLi E-III, 8.8	Zu Änderungen, die in einer mündlichen Verhandlung eingereicht werden, ergeht keine Mitteilung nach Regel 137 (4), weil dadurch das Verfahren unangemessen verzögert würde.

Erörterung der Sach- und Rechtslage
RiLi E-III, 8.9

Verfahrenshandlung	Rechtsnormen	Details
Erörterung der Sach- und Rechtslage	RiLi E-III, 8.9	Mit den Beteiligten werden diejenigen für die Entscheidung wesentlichen Fragen technischer oder rechtlicher Art erörtert, die nach dem Vortrag der Beteiligten als noch nicht ausreichend geklärt, widersprüchlich oder ungenügend behandelt erscheinen. Es wird darauf hingewirkt, dass die Beteiligten sachdienliche Anträge stellen und der Anmelder bzw. Patentinhaber die Patentansprüche sachgemäß formuliert.

Schließung der mündlichen Verhandlung
RiLi E-III, 8.11

Verfahrenshandlung	Rechtsnormen	Details
Bindung an Entscheidung	RiLi E-III, 8.11	Während das Organ an seine Entscheidungen in der Sache (siehe E-III, 9) gebunden ist, steht es ihm frei, als Ergebnis späterer Überlegungen den Beteiligten mitzuteilen, dass es beabsichtigt, von der vorher angekündigten Verfahrensweise abzuweichen.
Hinweis auf erteilbare Änderungen	RiLi E-III, 8.11	Weist im Ausnahmefall die Prüfungs- oder Einspruchsabteilung in der mündlichen Verhandlung darauf hin, dass sie bei Vornahme bestimmter Änderungen bereit wäre, ein europäisches Patent zu erteilen bzw. in geändertem Umfang aufrechtzuerhalten, und waren diese Änderungen aus der Aktenlage vor der mündlichen Verhandlung nicht vorhersehbar, so kann dem Anmelder oder Patentinhaber in der Folge eine Frist von normalerweise 2 bis 4 Monaten eingeräumt werden, um ihm Gelegenheit zur Vorlage solcher Änderungen zu geben.
Antrag auf Vertagung	RiLi E-III, 8.11.1	Mündliche Verhandlungen im Prüfungs-, Beschränkungs- oder Einspruchsverfahren sollen zum Abschluss des Verfahrens führen; Daher meist Ablehnung eines solchen Antrags durch die Abteilung.

Verkündung der Entscheidung
RiLi E-III, 9

Verfahrenshandlung	Rechtsnormen	Details
Verkündung der Entscheidung	R 111 (1)	Später sind Entscheidungen schriftlich zu verfassen und den Beteiligten zuzustellen.

D. Mündliche Verhandlung

113 Niederschrift der mündlichen Verhandlung
R 124, RiLi E-III, 10

	Verfahrenshandlung	Rechtsnormen	Details
114	**Formale Erfordernisse**	R 124 (1), (3), (4) RiLi E-III, 10.1	Über die mündliche Verhandlung wird eine Niederschrift aufgenommen, dies muss vom Leiter der Verhandlung sichergestellt werden. Alle Beteiligten erhalten eine Abschrift.
115	**Sprache**	Art. 14 (3), R 4 (6) RiLi E-III, 10.2	Entspricht der Verfahrenssprache Abweichungen, siehe RiLi E-V, 6
116	**Inhalt**	Art. 113 (1), R 124 (1) RiLi E-III, 10.3	Niederschrift erfüllt Funktion als Beweismittel, dass rechtliches Gehör gewährt wurde (Art. 113 (1)). Sie hat den wesentlichen Gang der mündlichen Verhandlung und die rechtserheblichen Erklärungen der Beteiligten zu enthalten sowie die Ausführungen, die für die Entscheidungsfindung wesentlich sind und die in den Schriftsätzen der Beteiligten nicht enthalten sind.
117	**Antrag auf Berichtigung**	R 124(1) RiLi E-III, 10.4	Ist ein an einer mündlichen Verhandlung Beteiligter der Ansicht, dass die Niederschrift über die Verhandlung den Erfordernissen der R 124 nicht genügt, so kann er in einem entsprechenden Antrag, den er möglichst bald nach Erhalt der betreffenden Niederschrift einreicht, eine Berichtigung vorschlagen.

118 Als Videokonferenz durchgeführte mündliche Verhandlungen - technische Aspekte
RiLi E-III, 11

	Verfahrenshandlung	Rechtsnormen	Details
119	**Überblick**	ABl. 2020, A134 ABl. 2020, A121, A122 RiLi E-III, 11 D.118	Mündliche Verhandlungen vor der **Prüfungsabteilung** sind seit dem 02.04.2020 als Videokonferenz durchzuführen. Nachreichung von Unterlagen kann gemäß **R 50** per E-Mail (D.128) erfolgen (BdP vom 13.05.2020, ABl. 2020, A71 und MdEPA vom 01.04.2020, ABl. 2020, A72). Mündliche Verhandlungen vor der Einspruchsabteilung als Videokonferenz auf Antrag oder Veranlassung der Einspruchsabteilung (Pilotprojekt). ABl. 2021, A30: Trotz Anhängigkeit der G 1/21 („Mündliche Verhandlung per Videokonferenz" - Fehlendes Einverständnis wenigstens eines Beteiligten zur Durchführung als Videokonferenz) werden Videokonferenzen weiterhin gemäß dem geltenden Beschluss des Präsidenten des EPA durchgeführt, d.h. ohne dass das Einverständnis der Beteiligten erforderlich ist.
119a		RiLi E-III, 11.1.1	Videokonferenzräume stehen an allen Dienstorten zur Verfügung. Raumreservierung durch Formsachbearbeiter.
120	**Technische Probleme**	RiLi E-III, 11.3	Bei technischen Problemen, die keine Fortsetzung der mündlichen Verhandlung erlaube, wird in der Regel die erneute mündliche Verhandlung als Videokonferenz durchgeführt, sofern nicht schwerwiegende Gründe dagegen sprechen (ABl. 2020, A122, Nr. 22).

Mündliche Verhandlung D.

Als Videokonferenz durchgeführte mündliche Verhandlungen - technische Aspekte (Fortsetzung)		
Verfahrenshandlung	Rechtsnormen	Details
Beweisaufnahme	R 117 R 118 ABl. 2020, A135	Beweisaufnahme ebenfalls **als Videokonferenz**, insbesondere auch auf Antrag, wenn mündliche Verhandlung in Räumlichkeiten des EPA stattfindet Vernehmung von Beteiligten, Zeugen oder Sachverständigen • Angabe in Entscheidung zur Beweisaufnahme nach R 117 • Beteiligte, Zeugen oder Sachverständige haben **E-Mail-Adresse zum Austausch** von Verbindungsdaten und technischen Informationen vor Beweisaufnahme anzugeben, zusätzlich Tel.-Nr. für Kontaktaufnahme bei technischen Problemen; Angaben werden Beteiligten nicht zur Verfügung gestellt und sind von Akteneinsicht ausgeschlossen. • Von Beteiligten, Zeugen und Sachverständigen wird erwartet, dass sie mit **ausreichend stabiler Internetverbindung** teilnehmen und ungestört oder ohne Unterbrechung aussagen können, Infos zu verwendeten Technologien und Tools beim EPA abrufbar • Beteiligte, Zeugen und Sachverständige haben zur in Ladung angegebenen oder vom Vorsitzenden während der mündl. Verhandlung angegebenen Zeit eine Verbindung herzustellen und verbunden bleiben, bis Abteilung ihn zulässt. • Zeugen und Sachverständige dürfen sich **nicht als Mitglied der Öffentlichkeit verbinden** oder teilnehmen, solange sie nicht entlassen oder informiert werden, dass sie nicht vernommen werden. • Beteiligter, Zeuge oder Sachverständiger darf bzgl. seiner Aussage keine **Unterstützung oder Beeinflussung von einer anderen Person** zulassen; Abteilung kann zuständiges Gericht um Wiederholung der Vernehmung unter Eid oder vergleichbarem ersuchen (R 120 (2)) • Austausch über **E-Mail, Zeichnungen auf Papier per Kamera-Übertragung oder Whiteboard-Funktion** möglich • Zeuge hat Anspruch auf **angemessene Entschädigung** für Verdienstausfall, Sachverständige Anspruch auf Vergütung, nach Erfüllung der Pflicht (R 122 (3)), zusätzlich Erstattung Reise- und Aufenthaltskosten (R 122 (2)) • Beteiligter, Zeuge oder Sachverständiger kann statt der Teilnahme an der Videokonferenz nach R 120 (1) Vernehmung durch zuständiges Gericht am Wohnsitzstaat beantragen • Ein in die Räumlichkeiten des EPA geladener Beteiligter, Zeuge oder Sachverständiger kann beantragen, dass er per Videokonferenz teilnimmt; Entscheidung durch Abteilung Einnahme des Augenscheins (Art. 117 (1) f)) • **Beweisaufnahme durch Augenschein** kann in Bezug auf jeden Gegenstand angeordnet werden, der in den Räumlichkeiten des EPA zugänglich gemacht werden kann; bei einer Beweisaufnahme per Videokonferenz hat Beteiligter, der die Augenscheinseinnahme beantragt hat, Gegenstand in den Räumlichkeiten des EPA zugänglich zu machen • Maßgeblichen Teile, Elemente, Bewegung oder sonstige Merkmale des in Augenschein zu nehmenden Gegenstands sind von einem Mitglied der Abteilung per Kamera den Beteiligten und übrigen Teilnehmern zu zeigen, um visuellen Eindruck zu bekommen Keine Videokonferenz, wenn Beweisaufnahme die Haptik, Textur, Handhabung oder anderes Merkmal betrifft, welches nicht per Video übermittelt werden kann.

D. Mündliche Verhandlung

	Mündliche Verhandlung vor der Eingangsstelle als Videokonferenz		
123			
	Verfahrenshandlung	Rechtsnormen	Details
124	**Durchführung einer mündlichen Verhandlung vor der Eingangsstelle**	Art. 116 (2) ABl. 2021, A49	Mündliche Verhandlungen vor der Eingangsstelle nach Art. 116 (2) sind als Videokonferenz durchzuführen. Einreichung von Unterlagen (D.128) Inkrafttreten 01.07.2021

	Mündliche Verhandlung vor der Prüfungsabteilung als Videokonferenz		
125			
	Verfahrenshandlung	Rechtsnormen	Details
126	**Durchführung einer mündlichen Verhandlung vor der Prüfungsabteilung** ABl. 2020, A134	Art. 10 (2) a) Art 116	BdP vom 17.12.2020, ABl. 2020, A134 und MdEPA vom 10.11.2020, ABl. 2020, A122 Durchführung mündlicher Verhandlung vor der Prüfungsabteilung als Videokonferenz. <ul><li>**Mündliche Verhandlungen** sind als **Videokonferenzen durchzuführen**; seit September 2020 stellt EPA **auf Antrag Verdolmetschung** bereit</li><li>**Mündl. Verhandlung** können in den **Räumlichkeiten** des **EPA nur dann durchgeführt werden**, wenn **ernsthafte Gründe gegen Videokonferenz** sprechen oder **Beweisaufnahme** (Vorführung oder Augenscheinseinnahme eines Objekts, dessen haptische Merkmale essenziell sind) **notwendig** ist; Antrag ist frühestmöglich zu stellen, vorzugsweise mit Antrag auf mündliche Verhandlung; stattgeben des Antrags liegt im Ermessen der betreffenden Abteilung; Antrag nach Ladung wird nicht stattgegeben; Ablehnung des Antrags wird begründet, **Ablehnung** ist **nicht** separat mit **Beschwerde anfechtbar**</li><li>**Gleichwertigkeit** der **mündlichen Verhandlung** und **Videokonferenz**</li><li>EPA informiert auf Webseite über genutzte Technologien, Tools und technische Mindestanforderungen; alle Teilnehmer müssen dafür sorgen, dass ihre Videokonferenzanlagen die spezifizierten technischen Anforderungen erfüllen; Empfehlung: Probelauf</li><li>Videokonferenz findet an Arbeitstag zu Dienstzeiten des EPA statt</li><li>Neben Ladung Bestätigungs-E-Mail mit Datum, Uhrzeit und Kontaktdaten</li><li>Beteiligter und sein Vertreter können von **unterschiedlichen Orten** teilnehmen; Mitglieder der Einspruchsabteilung können von unterschiedlichen Orten per Fernverbindung teilnehmen</li><li>**Außer durch EPA ist keine Aufzeichnung oder Weiterübertragung erlaubt**</li><li>Als Ort der mündlichen Verhandlung gilt der Ort der Prüfungsabteilung</li><li>**Unterlagen** sind anhand von **elektronischen Kommunikationsmitteln (E-Mail) einzureichen** - siehe ABl. 2020, A71, sowie D.128; betreffende Abteilung gibt zu verwendende E-Mail an, von Beteiligtem eingereichte E-Mails und Anhänge werden vom EPA an die anderen Beteiligten weitergeleitet, hierzu Mitteilung einer E-Mail-Adresse an Vorsitzenden und anderen Beteiligten; Beteiligte und Vertreter müssen sicherstellen, dass sie Unterlagen an die angegebene E-Mail-Adresse unverzüglich zur Kenntnis nehmen können.</li><li>Bei technischen Schwierigkeiten ergeht neue Ladung, um Rechte des Anmelders nach Art. 113 (Rechtliches Gehör) und Art. 116 zu sichern</li><li>EPA erhebt **keine Gebühr** für die Durchführung der Videokonferenz</li><li>Bei Nichterscheinen eines Beteiligten aus anderen Gründen als wegen technischer Probleme kann das Verfahren gemäß R 115 (2) fortgesetzt werden.</li></ul>Gilt für mündliche Verhandlungen ab dem 02.04.2020, zu denen ab diesem Datum Ladungen zugestellt werden.

Mündliche Verhandlung D.

Mündliche Verhandlung vor der Prüfungsabteilung als Videokonferenz (Fortsetzung) — 127

Verfahrenshandlung	Rechtsnormen	Details	
Einreichung Unterlagen	R 50	BdP vom 13.05.20, ABl. 2020, A71 - Nachreichung von Unterlagen **bei telefonischen Rücksprachen** und **Videokonferenzen** einschließlich Vollmachten per E-Mail zu erfolgen; Unterschrift kann auch Unterlagen im Anhang oder in der E-Mail gesetzt werden, Name und Stellung muss eindeutig hervorgehen - **Prüfungsabteilung/Einspruchsabteilung/Beschwerdekammer gibt E-Mail-Adresse bekannt,** ggf. auch von den übrigen Verfahrensbeteiligten - Geänderte Unterlagen sind als Anhänge einzureichen, Änderungen müssen im PDF-Format vorliegen und dem WIPO-Standard für elektronische Einreichung und Bearbeitung (Anlage F) entsprechen, genügen Anhänge mit geänderten Unterlagen nicht den Erfordernisse, wird Verfahrensbeteiligter unverzüglich unterrichtet, falls Mängel in telefonischer Rücksprache oder Videokonferenz nicht behoben werden kann, gelten Unterlagen als nicht eingereicht, sonstige Anhänge können in jeder Form übermittelt werden, die vom EPA geöffnet und reproduziert werden kann - Für die gemäß Beschluss per E-Mail eingereichten Unterlagen sind keine Unterlagen auf Papier zur Bestätigung nachzureichen - Per E-Mail eingereichte Unterlagen werden für die Akteneinsicht nach Art. 128 zugänglich gemacht, Vertraulichkeitsvermerk in Emails wird nicht als Antrag betrachtet, Unterlagen von der Akteneinsicht auszuschließen Zustellung per E-Mail - siehe auch 📄 J.94	128
E-Mail-Einreichung im Prüfungsverfahren		~~Keine E-Mail-Einreichung - MdEPA (ABl. 2000, 458),~~ Pilotprojekt siehe 📄 J.94: Werden Rücksprachen oder mündliche Verhandlungen vor einer Prüfungsabteilung als Videokonferenz durchgeführt, so können Unterlagen gemäß R 50 auch per Mail nachgereicht werden, ~~mit Ausnahme von Vollmachten (MdP vom 20.04.2012, ABl. 2012, 348,~~ (ABl. 2020, A89, ABl. 2020, A90 und ABl. 2020, A71, RiLi A-VIII, 2.5).	129

Mündliche Verhandlung vor der Rechtsabteilung als Videokonferenz — 130

Verfahrenshandlung	Rechtsnormen	Details	
Allgemein	Art. 116 (2) ABl. 2021, A49	Mündliche Verhandlungen vor der Rechtsabteilung sind als Videokonferenz durchzuführen. Inkrafttreten 01.07.2021	131
Einreichung Unterlagen		Einreichung von Unterlagen (siehe 📄 D.128).	132

D. Mündliche Verhandlung

	Mündliche Verhandlung vor der Einspruchsabteilung als Videokonferenz		
	Verfahrenshandlung	Rechtsnormen	Details
134	**Durchführung einer mündlicher Verhandlung vor Einspruchsabteilung als Videokonferenz** ABl. 2020, A121	Art. 10 (2) a) Art 116	BdP vom 10.11.2020, ABl. 2020, A121, MdEPA vom 10.11.2020, ABl. 2020, A122 Durchführung mündlicher Verhandlung vor Einspruchsabteilung als Videokonferenz. <ul><li>**Mündliche Verhandlungen** werden i.d.R. als **Videokonferenzen durchgeführt,** seit September 2020 stellt EPA **auf Antrag Verdolmetschung** bereit.</li><li>**Mündl. Verhandlung** können in den **Räumlichkeiten** des **EPA nur dann durchgeführt werden**, wenn **ernsthafte Gründe gegen Videokonferenz** sprechen oder **Beweisaufnahme** (Vorführung oder Augenscheinseinnahme eines Objekts, dessen haptische Merkmale essenziell sind) **notwendig** ist; Antrag ist frühestmöglich zu stellen, vorzugsweise mit Antrag auf mündliche Verhandlung; stattgeben des Antrags liegt im Ermessen der betreffenden Abteilung; Antrag nach Ladung wird nicht stattgegeben; Ablehnung Antrag wird begründet, **Ablehnung** ist **nicht** separat mit **Beschwerde anfechtbar**</li><li>**Gleichwertigkeit** der **mündlichen Verhandlung** und **Videokonferenz**</li><li>EPA informiert auf Webseite über genutzte Technologien, Tools und technische Mindestanforderungen; alle Teilnehmer müssen dafür sorgen, dass ihre Videokonferenzanlagen die spezifizierten technischen Anforderungen erfüllen; Empfehlung: Probelauf</li><li>Videokonferenz findet an Arbeitstag zu Dienstzeiten des EPA statt</li><li>Neben Ladung Bestätigungs-E-Mail mit Datum, Uhrzeit und Kontaktdaten</li><li>Beteiligter und sein Vertreter können von **unterschiedlichen Orten** teilnehmen, Mitteilung erforderlich; Mitglieder der Einspruchsabteilung können von unterschiedlichen Orten per Fernverbindung teilnehmen</li><li>**Außer durch EPA ist keine Aufzeichnung oder Weiterübertragung erlaubt**</li><li>**Unterlagen** sind anhand von **elektronischen Kommunikationsmitteln (E-Mail) einzureichen (**ABl. 2020, A71, D.128**)**; betreffende Abteilung gibt zu verwendende E-Mail an, von Beteiligtem eingereichte E-Mails und Anhänge werden vom EPA an die anderen Beteiligten weitergeleitet, hierzu Mitteilung einer E-Mail-Adresse an Vorsitzenden und anderen Beteiligten; Beteiligte und Vertreter müssen sicherstellen, dass sie Unterlagen an die angegebene E-Mail-Adresse unverzüglich zur Kenntnis nehmen können.</li><li>Bei technischen Schwierigkeiten ergeht neue Ladung, um Rechte des Anmelders nach Art. 113 (Rechtliches Gehör) und Art. 116 zu sichern</li><li>Videokonferenzräume des EPA sind nur für den Gebrauch durch EPA-Bedienstete bestimmt</li><li>EPA erhebt keine Gebühr für die Durchführung der Videokonferenz</li><li>Mitglieder **der Öffentlichkeit** können nach Ankündigung ein Link für die Videokonferenz bereitgestellt werden, alternative Teilnahme in einem besonderen Saal in den Räumlichkeiten des EPA; bei einer nicht öffentlichen Verhandlung wird keine Videokonferenzverbindung für die Öffentlichkeit zur Verfügung gestellt.</li><li>Bei Nichterscheinen eines Beteiligten aus anderen Gründen als wegen technischer Probleme kann die mündliche Verhandlung gemäß R 115 (2) EPÜ fortgesetzt werden; ein ordnungsgemäß zur Vernehmung geladener Beteiligter, Zeuge oder Sachverständiger, der nicht an der Videokonferenz teilnimmt, gilt als nicht vor der Einspruchsabteilung erschienen</li></ul>Pilotprojekt läuft vom 04.05.2020 bis zum 31.12.2022 (ABl. 2022, A43)
135	**Einreichung von Unterlagen im Einspruchsverfahren**	R 50	siehe D.128

Mündliche Verhandlung D.

Mündliche Verhandlung vor der Beschwerdekammer (Besonderheiten)			
Verfahrenshandlung	Rechtsnorm	Details	
Antragspflicht Art. 15 VerfOBK	Art. 116	Mündliche Verhandlung auf Antrag, da nicht obligatorisch, s. Art. 15, VerfOBK ABl. 2020, Zusatzpublikation 2.	137
Ladungsfrist	R 115 (1) Art. 15 (1) VerfOBK	**Ladungsfrist** zu mündlichen Verhandlungen beträgt üblicherweise min 2 M. Die BK bemüht sich, mindestens 4 M vor dem Termin zu laden. Bei zweiseitigen Verfahren bemüht sich die BK nicht früher als zwei Monate nach Erhalt der in Art. 12 (1) c) VerfOBK genannten schriftlichen Erwiderung(en) die Ladung zu versenden. Für die mündliche Verhandlung wird ein einziger Termin festgelegt. Nach Zustellung der Ladung werden Änderungen grundsätzlich nicht mehr berücksichtigt.	138

Verlegung
Art. 15 VerfOBK
	Art. 15 (2) VerfOBK	Einem Antrag eines Beteiligten auf **Verlegung der mündlichen Verhandlung** kann stattgegeben werden, wenn der Beteiligte schwerwiegende Gründe vorbringt, die die Festlegung eines neuen Termins rechtfertigen. Lässt sich der Beteiligte vertreten, müssen die schwerwiegenden Gründe den Vertreter betreffen.
		
		a) Antrag schriftlich, begründet, inkl. gegebenenfalls von schriftlichen Beweisen, und mit Angabe von möglichen Ausweichterminen. Antrag so bald wie möglich nach Zustellung der Ladung zur mündlichen Verhandlung und dem Eintreten der schwerwiegenden Gründe.
		b) Gründe für eine Rechtfertigung der Verlegung der mündlichen Verhandlung sind beispielsweise:
		  i) Ladung zu einer mündlichen Verhandlung in einem anderen Verfahren vor dem EPA oder nat. Gericht, die vor der Zustellung der Ladung zu einer mündlichen Verhandlung vor der BK erfolgt ist;
		  ii) schwere Erkrankung;
		  iii) Todesfall in der Familie;
		  iv) Eheschließung oder Eingehen einer vergleichbaren anerkannten Lebenspartnerschaft;
		  v) Wehrdienst oder sonstige zwingend vorgeschriebene Wahrnehmung staatsbürgerlicher Pflichten;
		  vi) Urlaub oder Geschäftsreisen, die vor Zustellung der Ladung zur mündlichen Verhandlung bereits fest gebucht waren.
		c) Gründe, die eine Verlegung der mündlichen Verhandlung in der Regel nicht rechtfertigen können, sind beispielsweise:
		  i) Einreichung neuer Anträge, Tatsachen, Einwände, Argumente oder Beweismittel;
		  ii) übermäßige Arbeitsbelastung;
		  iii) Verhinderung eines ordnungsgemäß vertretenen Beteiligten;
		  iv) Verhinderung einer Begleitperson;
		  v) Bestellung eines neuen zugelassenen Vertreters.
			139

Fehlender Beteiligter	R 115 (2), Art. 15 (3) VerfOBK	iVm Art. 23 (4), R 12 (3): Keine Terminverschiebung, wenn ordnungsgemäß geladener Beteiligter nicht bei mündlicher Verhandlung anwesend ist. Dieser wird so behandelt, als stütze er sich lediglich auf sein schriftliches Vorbringen.	140
Änderung der Zusammensetzung der BK	Art. 8 (1) VerfOBK	Bei Änderung der Zusammensetzung der BK Antrag auf erneute mündliche Verhandlung möglich.	141
Sprache	↳ T 34/90	Mitteilung zur Benutzung einer bestimmten Amtssprache im Einspruchsverfahren wirkt nicht für das Beschwerdeverfahren fort (siehe auch die Mitteilung des Vizepräsidenten GD 3, ABl. 1995, 489).	142

D. Mündliche Verhandlung

143 Mündliche Verhandlung vor der Beschwerdekammer als Videokonferenz

Verfahrenshandlung	Rechtsnorm	Details
144 **Videokonferenz**	Art. 15a VerfOBK ABl. 2021, A19	Die Kammer kann beschließen, die mündliche Verhandlung gemäß Art. 116 auf Antrag eines Beteiligten oder von Amts wegen als Videokonferenz durchzuführen, wenn sie dies für zweckmäßig erachtet (Art. 15a (1) VerfOBK). Wird die mündliche Verhandlung in den Räumlichkeiten des EPA anberaumt, kann es einem Beteiligten, einem Vertreter oder einer Begleitperson auf Antrag gestattet werden, per Videokonferenz teilzunehmen (Art. 15a (2) VerfOBK). Der Vorsitzende im jeweiligen Beschwerdeverfahren und mit seinem Einverständnis jedes andere Mitglied der Kammer im jeweiligen Beschwerdeverfahren können an der mündlichen Verhandlung per Videokonferenz mitwirken (Art. 15a (3) VerfOBK).

Inhalt Kapitel E. Einspruch

Einspruch
Einlegung des Einspruchs .... E.2 ff.
Einspruchsschrift E.7
Einspruchsgebühr E.9
Sprache des Einspruchs und Übersetzung der
Einspruchsschrift E.10
Einreichen von Unterlagen und Beweismitteln E.11
Formal Anforderungen an eingereichte Unterlagen .... E.12 ff.

Formalprüfung des Einspruchs
Zuständigkeit E.17
Mängel in der Einspruchsschrift nach R 77 (1) .... E.18 f.
Mängel in der Einspruchsschrift nach R 77 (2) .... E.20 ff.
Fehlende Unterschrift E.24
Berichtigung von Fehlern und Bezeichnung des
Einsprechenden E.25
Übersicht zu Mängeln und Rechtsfolge .... E.27 f.

Materiell-rechtliche Prüfung des Einspruchs
Vorbereitung Einspruchsabteilung E.30
Umfang der sachlichen Prüfung des erteilten Patents ... E.31 ff.
Prüfung Einspruchsgründe E.35
Mangelnde Patentierbarkeit E.41
Mangelnde Offenbarung E.42
Klarheitsprüfung .... E.43 f.
Einheitlichkeitsprüfung E.46
Unzulässige Erweiterung E.47

Verfahrensablauf Einspruch
Beschleunigung des Verfahrens E.49
Mitteilung und Aufforderung zur Stellungnahme an
Patentinhaber .... E.50 ff.
Mitteilung und ggf. Aufforderung zur Stellungnahme
an Beteiligte E.55
Zustimmung zu geänderten Ansprüchen E.56
Benachrichtigung der Beteiligten .... E.57 f.
Aufrechterhaltung des eP in geänderter Fassung .... E.59 ff.
Änderung des eP .... E.62 ff.
Zwischenentscheidung .... E.71 ff.
Veröffentlichungsgebühr .... E.74 f.
Veröffentlichung einer neuen Patentschrift .... E.76 ff.

Verfahren bei mangelnder Berechtigung PI
Aussetzung des Einspruchsverfahrens .... E.81.
Fortsetzung des Einspruchsverfahrens E.82

Fortsetzung des Einspruchsverfahrens von Amts wegen
Fortsetzung des Einspruchsverfahrens von Amts
wegen .... E.84 ff.

Beendigung des Einspruchsverfahrens
Widerruf des eP E.89
Aufrechterhaltung des eP in unveränderter Form E.90
Aufrechterhaltung des eP in geändertem Umfang E.91

Widerruf des eP
Gründe .... E.93 ff.
Wirkungen des Widerrufs E.106

Zurückweisung des Einspruchs
Zurückweisung des Einspruchs .... E.107 f.

Einsprechende
Beteiligte E.113
Berechtigter E.114
Mehrere Einsprechende .... E.115 f.
Mehrere Einsprüche E.117
Mehrere Einsprüche durch eine jur. Person E.118
Vertretung E.119
Rechtsnachfolger des bisherigen Patentinhabers E.120
Übergang der Stellung als Einsprechender .... E.121 ff.

Betritt eines Dritten .... E.124 ff.

Rechtsübergang während des Einspruchsverfahrens
Rechtsübergang eP während der Einspruchsfrist/
-verfahren E.141

Form der neuen eP und Einheit des eP bzw. ePA
Form der neuen eP nach dem Einspruchsverfahren E.143
Einheit der ePA und des eP E.144

Einspruchsabteilung
Zuständigkeit E.146
Zusammensetzung E.147
Unabhängigkeit der Einspruchsabteilung .... E.148 f.
Zügiger Abschluss des Einspruchsverfahrens E.150
Ausschluss und Ablehnung eines Mitglieds der
Einspruchsabteilung E.151

Einspruchsgründe
Mangelnde Patentierbarkeit E.153
Mangelnde Offenbarung E.154
Gegenstand geht über Inhalt der ursprünglich
eingereichten Fassung hinaus .... E.155 ff.
Mangelnde Klarheit E.163
Auslegung der Einspruchsgründe E.164
Erfinderische Tätigkeit E.165

Übersicht – Beispiele für keine Einspruchsgründe
Übersicht .... E.166 ff.

Übersicht – Einspruchsgründe und Änderungen im Einspruchsverfahren
Übersicht (Einspruchsgründe und Änderungen) .... E.182 ff.

Neuer Einspruchsgrund
Neuer Einspruchsgrund .... E.190 ff.

Verspätetes Vorbringen
Amtsermittlung E.197
Tatsachen, Beweismittel, Argumente .... E.198 f.
Zugrunde liegender Sachverhalt E.200
Kosten E.201
Ermessensausübung bei Zulassung .... E.202 ff.

Offenkundige Vorbenutzung
Offenkundige Vorbenutzung .... E.207 ff.

Beweismittel und Beweisaufnahme
Beweismittel .... E.216 ff.
Argumente E.223
Schriftliches Beweismittel, Sprache E.224
Beweisbeschluss E.225
Ladung von Beteiligten, Zeugen und Sachverständigen ... E.226
Durchführung einer Beweisaufnahme .... E.227 ff.
Vernehmung vor dem zuständigen nationalen Gericht ... E.232 ff.
Beauftragung von Sachverständigen .... E.235 ff.
Kosten der Beweisaufnahme .... E.239 ff.
Niederschrift der Beweisaufnehme .... E.243 ff.

Beweissicherung
Voraussetzung E.248
Antrag E.249
Gebühr E.250
Zuständigkeit E.251

Beweisaufnahme durch Gerichte oder Behörden der VS
Rechtshilfe E.253
Vernehmung durch das zuständige Gericht E.254
Rechtshilfeersuchen E.255
Verfahren vor dem zuständigen Bericht oder der
zuständigen Behörde E.256
Kosten der Beweisaufnahme E.257
Beweisaufnahme durch eine beauftragte Person E.258
Beweisaufnahme durch Mitglieder E.259

E. Inhaltsübersicht

Würdigung von Beweismitteln
Allgemeines E.261
Prüfung von Beweismitteln E.262
Anforderung von Beweismitteln E.263
Würdigung einer Zeugenaussage/Aussage von
Beteiligten E.264
Würdigung eines Sachverständigengutachtens E.265

Kosten
Kostenverteilung .... E.267 ff.
Kostenfestsetzung E.271
Rechtsbehelf gegen Kostenfestsetzung .... E.272 ff.
Vollstreckbarkeit E.275

Widerrufs- und Beschränkungsverfahren
Zeitpunkt .... E.279 ff.
Einleitung mittels Antrag .... E.282 ff.

Wirkung E.288
Zuständigkeit E.289
Einspruch bei anhängigem Beschränkungsverfahren ...... E.290 f.
Einspruch bei anhängigem Widerrufsverfahren E.292
Mängel .... E.293 ff.
Unzulässigkeit .... E.298 f.
Umfang E.300
Einwendung Dritter E.301

Verhältnis Einspruch, Beschränkung, Widerruf
Verhältnis zwischen Einspruch, Beschränkung,
Widerruf .... E.302 ff.

Übersicht – Beteiligte am Einspruchsverfahren
Übersicht (Beteiligte am Einspruch-,
Beschwerdeverfahren) .... E.309 ff.

Einspruch E.

Einspruch
Art. 99, Art. 100, R 76 ⌬G 4/88, ⌬G 5/88, ⌬G 7/88, ⌬G 8/88, ⌬G 10/91, ⌬G 9/93, ⌬G 1/95,
⌬G 7/95, ⌬G 3/97, ⌬G 4/97, ⌬G 3/99, ⌬G 1/02, ⌬G 2/04, ⌬G 3/04, ⌬G 01/13, ⌬G 3/14
RiLi D, und Mitteilung EPA, ABl. 2016, A42

Verfahrenshandlung	Rechtsnorm	Details und Fälligkeit	Unmittelbare Folgen eines Mangels, Mängelbeseitigung, Fristen	Rechtsfolge bei Nichtbeseitigung von Mängeln oder Fristversäumnis	Weiterbehandlungs-/ Wiedereinsetzungs- möglichkeit	
Einlegung des Einspruchs ⌬G 9/91: Nichtigkeits- ähnliches Partei- streitverfahren ⌬G 10/91: Mehrseitiges Verfahren (alt: ⌬G 1/84 reines Amtsermittlungs- verfahren) Zuständigkeit der Einspruchs- abteilung, jedoch Übertragung auf Formalsach- bearbeiter ABl. 2014, A6; ABl. 2015, A104 RiLi D-II, 7 ⌬G 1/02 Mängel in der Einspruchsschrift siehe E.18	Art. 99 (1) »Frist«	**Art. 99 (1):** Innerhalb von 9 M nach Bekanntmachung des Hinweises auf Erteilung beim EPA (BdP vom 10.05.1989: Einzulegen bei den EPA Dienststellen München, Den Haag oder Berlin, **nicht** Wien, nicht nationale Ämter)	keine Nachfrist	**Art. 99 (1):** Verspätete Einlegung: Einspruch gilt als nicht eingelegt oder unzulässig (siehe E.27 ff.). Einspruchs- gebühr wird ggf. zurückerstattet.	**WB (–)**, da keine Anmeldung **WE (–)**, da **Art. 122** sich auf Anmelder oder Inhaber bezieht	2
	Art. 99 (1) »Jedermann«	Der Einspruch kann von „jedermann" ohne Angabe eines besonderen Interesses eingelegt werden (RiLi D-I, 4). ⌬**G 9/93: »Jedermann«** umfasst **nicht** den PI **Art. 58:** Jede natürliche Person, jede juristische Person (bestimmt sich nach nat. Recht) Ohne Wohnsitz in VS → Zugelassener Vertreter nach **Art. 133 (2)** notwendig				3
	Art. 99(2) „Wirkung"	**Einspruch erfasst eP in alle VS**, in denen es Wirkung hat. Einspruch nur für bestimmte Länder ist nicht möglich, außer es gibt für verschiedene Länder unterschiedliche Anspruchsfassungen (ältere Rechte, R 18 (2) und R 138) (S/S Art. 99 Rd 44 f. → Ursachen für unterschiedliche Anspruchsfassungen) R 75: Einspruch kann auch dann eingelegt werden, wenn in allen benannten VS auf eP verzichtet wurde oder eP in allen diesen VS erloschen ist, da Verzicht »ex nunc« erfolgt. Wirkung des erfolgreichen Einspruchs nach **Art. 101 (2)** ist der Widerruf → **Art. 68**: von Anfang an, d.h. »ex tunc«.				4 5
	R 76 (1)	**Schriftlich** und **begründet** (EPO Form 2300, Abl. 2016, A42, siehe RiLi D-III, 6)				6
	R 76 (2)	**Einspruchsschrift** muss enthalten a) Name, Anschrift, Staat des Wohnsitzes oder Sitz des Einsprechenden nach R 41 (2) c); b) Nummer des eP, gegen das Einspruch eingelegt wird, sowie Namen des PI und Bezeichnung der Erfindung; c) Erklärung über den Umfang des Einspruchs und Einspruchsgründe sowie Tatsachen und Beweismittel zur Stützung (legt rechtlichen und faktischen Rahmen fest, innerhalb dessen die materiell rechtliche Prüfung des Einspruchs grundsätzlich stattzufinden hat - ⌬**G 9/91** und ⌬**G 10/91**); d) ggf. Namen und Adresse des Vertreters nach R 41 (2) d). **Mängel** bei der Einspruchsschrift: siehe E.18.				7
Einspruchs- gründe	Art. 100	siehe E.152 ff.				8

E. Einspruch

	Einspruch (Fortsetzung)					
	Verfahrenshandlung	Rechtsnorm	Details und Fälligkeit	Unmittelbare Folgen eines Mangels, Mängelbeseitigung, Fristen	Rechtsfolge bei Nichtbeseitigung von Mängeln oder Fristversäumnis	Weiterbehandlungs-/ Wiedereinsetzungs-möglichkeit
9	**Einspruchsgebühr** Art. 2 (1) Nr. 10 GebO 840 € (seit 01.04.20) Gemeinsamer Einspruch nur eine Gebühr (RiLi D-III, 2 und ⌇G 3/99)	Art. 99 (1) Art. 105 (2) für Beitritt	**Art. 99 (1)**: Innerhalb von 9 M nach Veröffentlichung des Hinweises auf Erteilung	keine Aufforderung	**Art. 99 (1)**: Einspruch gilt als nicht eingelegt. Einspruchsgebühr wird ggf. zurückerstattet (z.B. bei zu geringen Beträgen). → Art. 8 GebO	**WB (–)**, da keine Anmeldung **WE (–)**, da **Art. 122** sich auf Anmelder oder Inhaber bezieht
10	**Sprache des Einspruchs und Übersetzung der Einspruchsschrift**	Art. 14 (4) R 3 (1)	**Art. 14 (4) iVm R 3 (1)**: Einreichung in einer der Amtssprachen; Verfahrenssprache bleibt erhalten Berechtigte dürfen auch in zugelassener Nichtamtssprache einreichen und müssen eine Übersetzung in eine der Amtssprachen nachreichen Zulassung der Nichtamtssprache hängt ab vom Beteiligten/Einsprechenden, nicht vom Vertreter (⌇T 149/85) **Art. 14 (4) iVm R 6 (2)**: Übersetzung in eine der Amtssprachen (muss nicht Verfahrenssprache sein) **R 6 (2) 1. Satz**: Eine Übersetzung nach Art. 14 (4) ist innerhalb 1 M nach Einreichung des Schriftstücks einzureichen. **R 6 (2) 3. Satz**: Die Übersetzung kann innerhalb der Einspruchsfrist eingereicht werden, wenn die Einspruchsfrist später (als die 1 M-Frist) abläuft (siehe RiLi D-IV, 1.2.1 v)).			
11	**Einreichen von Unterlagen und Beweismittel** (nicht Einspruchsschrift) Sprache von Beweismitteln und Zulässigkeit (Siehe 🗎 E.213 ff.)	R 83	Unterlagen, die Beteiligter nennt, müssen mit Einspruch bzw. mit entsprechenden schriftl. Vorbringen eingereicht werden. Ggf. erfolgt eine Aufforderung.		Werden Unterlagen nach Aufforderung nicht rechtzeitig eingereicht, so braucht das EPA das darauf gestützte Vorbringen nicht zu berücksichtigen. Wird die Übersetzung nicht fristgerecht eingereicht, so braucht das EPA das betreffende Schriftstück nicht zu berücksichtigen.	
		R 3 (3)	Beweismittel können in jeder Sprache eingereicht werden, ggf. Aufforderung, Übersetzung in einer der Amtssprachen einzureichen (Frist > 1 M). Die Beweismittel sowie deren Übersetzung (⌇T 94/84) selbst können auch nach der Einspruchsfrist eingereicht werden.			
		RiLi A-VII, 3.4	Im Einspruchsverfahren gelten dieselben Grundsätze, wobei die Interessen aller Beteiligten berücksichtigt werden. Die Frist für die Einreichung der Übersetzung bestimmt die zuständige Abteilung des EPA von Fall zu Fall, und zwar je nach Sprache und Umfang des Schriftstücks oder maßgeblicher Teile desselben, wobei die Bestimmungen der R 132 zu beachten sind (siehe E-VIII, 1.2 für die Länge der Frist).			

Einspruch E.

Einspruch (Fortsetzung)						
Verfahrenshandlung	Rechtsnorm	Details und Fälligkeit				
Formal Anforderungen an eingereichte Unterlagen	R 86	Verweis auf dritten Teil der Ausführungsordnung: Formale Anforderungen an Unterlagen im Einspruchsverfahren gemäß **R 30 bis R 33**, **R 41 bis 50**, z.B. Unterschrift				12
		R 50 (3) Unterschrift fällig mit Einlegung des Einspruchs	Fehlt Unterschrift: **R 50 (3)**: Aufforderung der Eingangsstelle; Nachreichung der Unterschrift (Amtsfrist meist 2 M; RiLi D-IV, 1.2.1 (ii)) **R 50 (3)**: Einspruch behält Eingangstag	**R 50 (3)**: Schriftstück gilt als nicht eingegangen	**WB (–)**, da keine Anmeldung **WE (–)**, da **Art. 122** sich auf Anmelder oder Inhaber bezieht	13
		Einreichung per unmittelbarer Übergabe, Postdienste, Einrichtungen zur elektronischen Nachrichtenübertragung (Fax (BdP ABl. 2019, A18, S/S Art. 78 Rd 77 ff., RiLi D-III 3.3); Epoline, OLF und Online-Einreichung 2.0- (RiLi D-III 3.2) (siehe J.48 ff.), E-Mail nicht zulässig (ABl. 2006, 610), Bestätigungsschreiben nur auf Anforderung des EPA CMS ist ab 01.01.2022 abgeschaltet ABl. 2021, A43				14
		ABl. 2021, A42: Die **Web-Einreichung** darf **nicht** genutzt werden für **Unterlagen** in Bezug auf **Einspruchs-, Beschränkungs- oder Widerrufsverfahren** (Art. 99 bis 105c), Bei Verstoß gelten die Unterlagen als nicht eingegangen. Der Absender wird, soweit er ermittelt werden kann, unverzüglich benachrichtigt.				15

E. Einspruch

16	**Formalprüfung des Einspruchs,** wenn Einspruch als eingelegt gilt **R 76,** Verfahren bis zur materiell-rechtlichen Prüfung RiLi D-IV, 1					
	Verfahrenshandlung	Rechts-norm	Details und Fälligkeit	Unmittelbare Folgen eines Mangels, Mängelbeseitigung, Fristen	Rechtsfolge bei Nicht-beseitigung von Mängeln oder Fristversäumnis	Weiterbehandlungs-/ Wiedereinsetzungs-möglichkeit
17	Zuständigkeit	Art. 19 (1)	Die Einspruchsabteilung ist für die Prüfung von Einsprüchen zuständig.			
18	**Mängel in der Einspruchs-schrift nach R 77 (1)** RiLi D-IV, 1.2.2.1 siehe 📄 E.28	Art. 99 (1) R 76 (2) c)	• eP, gegen das Einspruch eingelegt wird, nicht hinreichend bezeichnet • Fehlende Erklärung über Umfang • Fehlende Einspruchs-gründe • Fehlende Angabe der Tatsachen, Beweismittel und Argumente bzw. nicht ausreichende Substantiierung* • Mangelnde Identifizierbarkeit des Einsprechenden	**R 77 (1):** Mängelbeseitigung nach Art. 99 (1), R 3 (1) und R 76 (2) c) bis Ende Einspruchsfrist (siehe unten)	**R 77 (1):** Verwerfung des Einspruchs als unzulässig 🔖T925/91: Wird der Einspruch als unzulässig verworfen ist materiellrechtliche Prüfung ausgeschlossen	**WB** (–) und **WE** (–), da nur für Patentinhaber aber **Beschwerde** (+), da Mitteilung der Entscheidung an Patentinhaber und Einsprechenden nach R 77 (3) - siehe RiLi D-IV, 1.4.2 und 1.5
19			* RiLi D-IV, 1.2.2.1 v): Die Begründung ist so abzufassen, dass PI oder Einspruchsabteilung die Behauptungen ohne weitere eigene Ermittlungen nach-vollziehen können, worüber im Einspruch zu entscheiden ist. Reine Nennung von Dokumenten reicht nicht aus. Sofern Dokumente nicht sehr kurz sind, hat Einsprechender Stellen anzuzeigen und Argumente vorzubringen. RiLi D-VI, 1: Im mehrseitigen Verfahren besteht Verpflichtung, Tatsachen, Beweismittel, Argumente und Anträge so früh und so vollständig wie möglich vor-zulegen. Alle von den Einsprechenden nach Ablauf der Einspruchsfrist eingereichten Gründe, Tatsachen und Beweismittel werden als verspätet eingereicht betrachtet, sofern sie nicht durch eine Änderung des Verfahrensgegenstands bedingt sind. (siehe auch 📄 E.195 ff.)			
20	**Mängel in der Einspruchs-schrift nach R 77 (2)**	R 76 (2) a)	Einsprechende identifizierbar, aber Adressenangabe mangelhaft	**R 77 (2):** Behebung der Mängel innerhalb zu bestimmender Amtsfrist nach R 132	**R 77 (2):** Verwerfung des Einspruchs als unzulässig 🔖T925/91: Wird der Einspruch als unzulässig verworfen ist materiell-rechtliche Prüfung ausgeschlossen	**WB** (–) und **WE** (–), da nur für Patentinhaber aber **Beschwerde** (+), da Mitteilung der Entscheidung an Patentinhaber und Einsprechenden nach R 77 (3) – siehe RiLi D-IV, 1.4.2 und 1.5
21	RiLi D-IV, 1.2.2.2 andere Mängel als in R 77 (1)	R 76 (2) b)	Patent identifizierbar, aber Nummer, Inhaber oder Bezeichnung fehlen			
22	siehe 📄 E.27 f.	R 76 (2) d)	Identifizierbarer Vertreter, aber Adressangabe mangelhaft Bei EP-Ausländern fehlende Bestellung Vertreter			
23		R 86	In **R 77 (1)** nicht genannte Vorschriften bezüglich Unterlagen			

Einspruch E.

Formalprüfung des Einspruchs (Fortsetzung)

Verfahrenshandlung	Rechtsnorm	Details und Fälligkeit	
Fehlende Unterschrift	R 76 (3) R 50 (3)	Aufforderung zur Nachreichung innerhalb einer vom Formalsachbearbeiter zu bestimmender Frist (RiLi D-III, 3.4), i.d.R. 2 M (RiLi E-VIII, 1.2 i)). Wenn Unterschrift nicht nachgereicht wird, gilt Einspruch als nicht eingelegt (RiLi D-IV, 1.2.1 ii)). Die Einspruchsgebühr wird zurückerstattet, eingereichte Dokumente werden als Einwendungen Dritter (Art. 115) behandelt und sind über Akteneinsicht (Art. 128 (4)) einsehbar (RiLi D-IV, 1.4.1) (siehe E.23).	24
Berichtigung von Fehler und Bezeichnung des Einsprechenden	R 139	Fehler und Bezeichnung des Einsprechenden können nach **R 139** berichtigt werden, auch nach Ende der Einspruchsfrist (T 215/86). Jedoch darf dies nicht zu einem Wechsel oder nachträglichen Nennung/Identifizierung des Einsprechenden führen (T 25/85).	25
Zulässigkeitsvoraussetzungen	T 522/94	Die Zulässigkeitsvoraussetzungen sind während des gesamten Verfahrens zu prüfen.	26

	Außerhalb der Einspruchsfrist nicht behebbare Mängel	Auch nach der Einspruchsfrist behebbare Mängel	Rechtsfolge	
Einspruch gilt als nicht eingelegt RiLi D-IV, 1.2.1	**Art. 99 (1):** **Einspruchsgebühr** ist nicht, zu spät oder nicht in erforderlicher Höhe entrichtet worden (bis auf geringfügigen Betrag Art. 7+8 (1) GebO) **Art. 14 (4), R 6 (2), R 3 (1):** **Übersetzung** des Einspruchs ist nicht rechtzeitig eingereicht, damit gilt der Einspruch als nicht eingegangen. **R 6 (2), 1. Satz:** Eine Übersetzung nach Art. 14 (4) ist innerhalb 1 M nach Einreichung des Schriftstücks einzureichen. **R 6 (2), 3. Satz:** Die Übersetzung kann innerhalb der Einspruchsfrist eingereicht werden, wenn die Einspruchsfrist später (als die 1 M-Frist) abläuft.	**Art. 99 (1), R 86, R 50, R 76 (3), R 41:** fehlende Unterschrift **Art. 133 (2), R 152 (2), (4):** **Vollmacht** wurde nicht rechtzeitig eingereicht, damit gilt nach **R 152 (4)**, R 77 (2) Einreichung des Einspruchs als nicht erfolgt. **Art. 14 (4), R 3 (1):** Einspruch ist nicht in einer **Amtssprache** jedoch in einer zugelassenen **Nichtamtssprache** eingereicht. **RiLi D-IV, 1.2.1 v):** Frist zur Einreichung der Übersetzung verlängert sich, falls die 1 M-Frist nach R 6 (2) später abläuft und der Einspruch rechtzeitig eingegangen ist. **Art. 99 (1), R 86, R 50:** Von Formalprüfungsstelle angefordertes Bestätigungsschreiben nach Einlegung mittels **Telefax**	**Einspruch gilt als nicht eingelegt** RiLi D-IV, 1.2.1 **Einspruchsgebühr wird zurückerstattet** (RiLi D-IV, 1.4.1), da kein Rechtsgrund (RiLi A-X, 10.1.1) Dokumente werden zu den Akten genommen und stehen gemäß **Art. 128 (4)** zur Akteneinsicht zur Verfügung, wobei die Dokumente als Einwendungen Dritter nach **Art. 115** behandelt werden (RiLi D-IV, 1.4.1). WB (−) und WE (−), da nur für Patentinhaber, aber Beschwerde möglich, da Mitteilung nach R 112	27

E. Einspruch

Formalprüfung des Einspruchs (Fortsetzung)			
	Außerhalb der Einspruchsfrist nicht behebbare Mängel	Auch nach der Einspruchsfrist behebbare Mängel	Rechtsfolge
28 Einspruch gilt als unzulässig RiLi D-IV 1.2.2	**Art. 99 (1)**: Einspruch verspätet, Einspruchsgebühr rechtzeitig eingegangen **R 77 (1)**: Patent, gegen das eingesprochen wird, ist nicht ausreichend bezeichnet. **Art. 99 (1)** iVm **R 76 Absatz 2 c)**: Unzureichende **Substantiierung**, d.h. • fehlende Erklärung über Umfang des Einspruchs, • fehlende Angabe von Einspruchsgründen, • fehlende Angabe der Tatsachen und Beweismittel oder unzureichende technische und/oder rechtliche Würdigung, falls dadurch zu **keinem** der Einspruchsgründe ein hinreichend substantiierter Einspruchsvortrag vorliegt, Beweismittel selbst können nachgereicht werden. (siehe E.11) Bei offenkundiger Vorbenutzung: Fehlende Angaben der Tatsachen und Beweismittel RiLi D-IV, 1.2.2.1 (siehe E.211)	**R 77 (2)** behebbar in zu setzender **Frist** (Mängelbeseitigung innerhalb Einspruchsfrist (idR 2 M) nach Mitteilung des Formalsachbearbeiters möglich) • **R 76 (2) a)**: Einsprechende identifizierbar, aber Adressenangabe mangelhaft • **R 76 (2) b)**: Patent identifizierbar, aber Nummer oder Inhaber fehlen • Vorlage der Beweismittel • **R 76 (2) d)**: Identifizierbarer Vertreter, aber Adressangabe mangelhaft RiLi D-IV, 1.2.2.2 (siehe E.20 ff.)	**Einspruch ist unzulässig** nicht heilbar RiLi D-IV, 1.4.2 RiLi D-IV, 5.5 **Einspruchsgebühr wird nicht zurückerstattet** **Weiterer Verfahrensverlauf bei Nichtbehebung der Mängel** **R 77 (1) bzw. (2)**: Einspruchsabteilung verwirft Einspruch als unzulässig (Mitteilung an Patentinhaber nach **R 77 (3)**). Entscheidung nach **R 112 (2)** → Beschwerdefähig **RiLi D-IV, 3**: Dokumente werden zu den Akten genommen und stehen gemäß **Art. 128 (4)** zur Akteneinsicht zur Verfügung, wobei die Dokumente als Einwendungen Dritter nach **Art. 115** behandelt werden.

Einspruch E.

Materiell-rechtliche Prüfung des Einspruchs			
Verfahrenshandlung	Rechtsnorm, Rechtsprechung	Details und Fälligkeit	
Vorbereitung Einspruchsabteilung	Art. 101 (1) R 79 RiLi D-V, 1	Zulässigkeitsprüfung durch die Einspruchsabteilung und Beginn der Prüfung nach ob die in Art. 100 genannten Einspruchsgründe (siehe D-III, 5) der Aufrechterhaltung des europäischen Patents entgegenstehen.	30
Umfang der Sachlichen Prüfung RiLi D-V, 2 S/S Art. 101 Rd 43 ff.	G 9/91 G 10/91	**Prüfungsbefugnis** der **Einspruchsabteilung** ist bei gegenständlich beschränktem Einspruch auf den **Umfang beschränkt**, in dem der **Einsprechende** das **Patent angegriffen hat. Keine Ausdehnung** auf **andere Gegenstände** gemäß **Art. 114** (Amtsermittlung) möglich. → Nicht angegriffene unabhängige Ansprüche dürfen nicht von der Einspruchsabteilung geprüft werden.	31
	G 9/91	Auf unabhängigen Anspruch **beschränkter Einspruch** kann **auf abhängige Ansprüche ausgedehnt** werden, wenn der unabhängige Anspruch fällt und die Gültigkeit der abhängigen Ansprüche durch das bereits vorliegende Informationsmaterial prima facie in Frage gestellt wird.	32
	T 525/96	Product-by-Process Anspruch ist bei angegriffenem entsprechenden Verfahrensanspruch mit umfasst.	33
	G 10/91	Neue Einspruchsgründe können von der Einspruchsabteilung im Einspruchsverfahren nur dann berücksichtigt werden, wenn diese prima facie relevant sind.	34
Prüfung des Einspruchs	R 81 (1)	Einspruchsabteilung kann von Amts wegen auch gegen nicht nach **R 76 (2) c)** geltend gemachte Einspruchsgründe prüfen.	35
	R 81 (2)	Bescheide nach **Art. 101 (1) Satz 2** und alle hierzu eingehenden Stellungnahmen werden den Beteiligten übersandt. Die Einspruchsabteilung fordert, sofern sachdienlich, die Beteiligten auf, sich innerhalb einer zu bestimmenden Frist hierzu zu äußern.	36
	R 81 (3)	PI wird in Bescheiden nach **Art. 101 (1) Satz 2** ggf. aufgefordert, soweit erforderlich, Änderungen der Beschreibung, der Patentansprüche und der Zeichnungen einzureichen.	37
		Fristsetzung, sofern sachdienlich, nach **Art. 101 (1)** iVm **R 81 (2)**, RiLi D-VI, 3.1.	38
		Aufforderung zur Stellungnahme (→ **Art. 113** rechtliches Gehör), falls nicht, Verletzung Verfahrensbestimmung.	39
	Keine Verpflichtung zur Zusendung von Bescheiden nach **R 81 (2)+(3)**.		40
Mangelnde Patentierbarkeit	Art. 100 a) Art 52 bis 57 RiLi D-V, 3	Im Einspruchsverfahren gelten bzgl. der Patentfähigkeit nach Art. 52 bis 57 die gleichen materiell-rechtlichen Erfordernisse wie im Prüfungsverfahren (RiLi G-I ff.) (siehe E.153).	41
Mangelhafte Offenbarung	Art. 100 b) RiLi D-V, 4	Patent hat Erfindung so deutlich und vollständig zu beschreiben, dass Fachmann sie ausführen kann. Kriterien zur Bewertung eines Art. 83 Verstoßes entsprechen dem Prüfungsverfahren (RiLi F-III, 1 ff.) (siehe E.154).	42
Klarheitsprüfung	Art. 84 G 03/14 RiLi D-V, 5	Klarheit nach Art. 84 ist kein Einspruchsgrund, kann jedoch bei Prüfung der Änderung der Ansprüche nach Art. 101 (3) herangezogen werden und zu einem Verstoß führen. Die Änderung eines Anspruchs oder eines Teils eines Patents kann nicht dazu führen, dass andere, nicht geänderte Teile des Patents erneut geprüft werden.	43
		Klarheitsprüfung nach Art. 84 wird **nicht durchgeführt**, bei i) vollständiger Einfügung eines abhängigen in einen unabhängigen Anspruch; ii) Kombination einer von mehreren alternativen Ausführungsformen des abhängigen Anspruchs mit dem unabhängigen Anspruch in der erteilten Fassung; iii) Streichung von Textteilen aus einem erteilten (unabhängigen oder abhängigen) Anspruch mit Einschränkung des Schutzumfangs jedoch unter Beibehaltung eines bereits vorhandener Verstoß gegen Art. 84 (veranschaulicht in T 301/87); oder iv) Streichung von fakultativen Merkmalen aus einem erteilten (unabhängigen oder abhängigen) Anspruch.	44
		Klarheitsprüfung wird durchgeführt, bei v) Einfügung von Merkmalen aus der Beschreibung in einen erteilten Anspruch; oder vi) Einfügung eines Merkmals aus abhängigem Anspruch in unabhängigen Anspruch in erteilter Fassung, wobei Merkmal zuvor mit anderen Merkmalen dieses abhängigen Anspruchs verbunden war und Änderung zu einem Verstoß gegen Art. 84 führt.	45

E. Einspruch

	Materiell-rechtliche Prüfung des Einspruchs (Fortsetzung)		
	Verfahrens-handlung	Rechtsnorm, Recht-sprechung	Details und Fälligkeit
46	**Einheitlich-keitsprüfung**	⌕G 01/91	Nach Änderungen im Einspruchsverfahren ist Einheitlichkeit nach **Art. 82** nicht mehr zu prüfen (siehe 📄 E.67).
47	**Unzulässige Erweiterung**	Art. 100 c) Art. 123 (2) RiLi D-V, 6	Gegenstand des eP (insbesondere der erteilten Ansprüche) darf nicht über Inhalt der Anmeldung in ursprünglich eingereichter Fassung hinausgehen. Kriterien zur Bewertung eines Art. 123 (2) Verstoßes entsprechen dem Prüfungsverfahren (RiLi H-IV, 2) (siehe 📄 E.155 ff.).

Einspruch E.

Verfahrensablauf Einspruch						
Verfahrenshandlung	Rechtsnorm, Rechtsprechung	Details und Fälligkeit	Unmittelbare Folgen eines Mangels, Mängelbeseitigung, Fristen	Rechtsfolge bei Nicht-beseitigung von Mängeln oder Fristversäumnis	Weiterbehandlungs-/ Wiedereinsetzungs-möglichkeit	
Beschleunigung des Verfahrens siehe O.39 f. »Beschleunigung«	MdEPA vom 17. März 2008, ABl. 2008, 221, siehe auch Durchführungsvorschriften, RiLi E-VIII, 5. Beantragung der Beschleunigung des Einspruchsverfahrens, wenn Verletzungsklage bei einem nationalen Gericht anhängig ist.					49
Mitteilung an den Patentinhaber über Einspruch und Aufforderung zur Stellungnahme und ggf. zur Einreichung von Änderungen seit 01.07.2016 wird PI immer aufgefordert Stellung zu nehmen (ABl. 2016, A42 und A43)	Art. 101 (1) R 79 (1) RiLi D-IV, 5.2	**Art. 101 (1), R 79 (1):** Innerhalb zu bestimmender Frist nach R 132 (2), idR 4 M	R 79 (1): Mitteilung des Einspruchs und Aufforderung zur Stellungnahme, ggf. Änderungen einzureichen R 80: Änderungen können auch auf nicht geltend gemachten Einspruchsgründen basieren oder auf älteren Rechten nach R 138	⮡ G 12/91: Eingaben und Anträge müssen bis zur Abgabe einer Entscheidung an die interne Poststelle des EPA auch nach Ablauf der Frist berücksichtigt werden.	WB (–), da keine ePA WE (–), für PI bei Frist zur Stellungnahme zu Schriftsätzen des Einsprechenden RiLi E-VIII, 3.1.1: Antrag auf WE des PI in Frist des Einspruchsverfahrens: →Einsprechender und Beigetretener werden über Antrag und Entscheidung informiert und am WE-Verfahren beteiligt. (⮡T 552/02, ⮡T 1561/05)	50 51 52 53 54
	⮡ G 10/91	Änderungen müssen allen Erfordernissen gemäß **Art. 101 (3) a)** genügen				
	⮡ G 03/14	Klarheitsprüfung der Änderungen nach **Art. 84**				
	⮡ G 1/91	Ausnahme Einheitlichkeit gemäß **Art. 82**				
	⮡ T 127/85	Das Einspruchsverfahren darf nicht lediglich zur Bereinigung und Verbesserung der Offenbarung in der Patentschrift benutzt werden (ABl. 7/1989, 271).				
Mitteilung an Beteiligte über Stellungnahme des Patentinhabers und ggf. Aufforderung zur Stellungnahme	Art. 101 (1) R 79 (3) RiLi D-IV, 5.4	**Art. 101 (1), R 79 (3):** Innerhalb zu bestimmender Frist nach R 132, i.d.R. 4 M	Bei Nichtbeachtung keine unmittelbare Rechtsfolge, kein Rechtsverlust; jedoch später Gefahr des nicht Gehört werden wegen verspäteten Vorbringens (S/S Art. 101 Rd 81 ff.)			55
Zustimmung zu geänderten Ansprüchen RiLi D-VI, 7.2.1	Art. 101 (3) a) R 82 Antragsprinzip: Art. 113 (2)	**R 82 (1):** Innerhalb 2 M muss jeder Beteiligte mitteilen, falls er mit der geänderten Fassung nicht einverstanden ist. Ständige Praxis: Einspruchsabteilung erlässt unmittelbar Zwischenentscheidung nach Art. 106 (3)		R 82 (2): Reagiert einer der Beteiligten, so kann das Verfahren fortgesetzt werden. Reagiert keiner der Beteiligten → Zwischenentscheid	WB (–), da keine ePA WE (+), nach **Art. 122, R 136** Beschwerde (+), nach Art. 106 und Art. 107	56
Benachrichtigung der Beteiligten	Ein Schriftwechsel zwischen einem Einsprechenden und dem EPA, der in materiell- und/oder verfahrensrechtlicher Hinsicht von Bedeutung für das Einspruchsverfahren ist, ist ebenso wie alle anderen Vorbringen von Beteiligten oder Mitteilungen des EPA im Einspruchsverfahren unverzüglich dem/den anderen Beteiligten bekannt zu machen. Ein derartiger Schriftwechsel mit materiell- und/oder verfahrensrechtlicher Bedeutung für den Fall ist grundsätzlich in den öffentlichen Teil der Akte aufzunehmen (⮡T 1691/15)					57
	ABl. 2020, A107	Elektronische Zustellung der Mitteilungen über Mailbox möglich. Ausnahme: Übersendung der Patenturkunde, wenn Patent in beschränktem Umfang aufrechterhalten wird (R 87 iVm R 73)				58

E. Einspruch

Verfahrensablauf Einspruch (Fortsetzung)

	Verfahrenshandlung	Rechtsnorm, Rechtsprechung	Details und Fälligkeit	Unmittelbare Folgen eines Mangels, Mängelbeseitigung, Fristen	Rechtsfolge bei Nichtbeseitigung von Mängeln oder Fristversäumnis	Weiterbehandlungs-/ Wiedereinsetzungs-möglichkeit
59	**Aufrechterhaltung des eP in geänderter Fassung** Veröffentlichungsgebühr und Übersetzung der Ansprüche	Art. 101 (3) a) R 82 RiLi D-VI, 7.2.3	**R 82 (2):** Nach der Entscheidung der Einspruchsabteilung über die Aufrechterhaltung des eP in geänderter Fassung sind die neuen Ansprüche in die Amtssprachen zu übersetzen und die vorgeschriebene Gebühr für VÖ neuer Patentschrift (80 € - Art. 2 (1) Nr. 8 GebO, siehe R.96; E.73 ff.) innerhalb von 3 M zu entrichten.	**R 82 (3):** Nachfrist bei Nichteinhaltung der Frist nach **R 82 (2):** 2 M + Zusatzgebühr	**R 82 (3):** eP wird widerrufen	**WB (–),** da keine ePA **WE (+),** nach **Art. 122, R 136** **Beschwerde (+),** nach Art. 106 und Art. 107
60		RiLi E-III, 8.7	**Einreichung** von **maschinell** erzeugter **Reproduktion** der **geänderten Textpassagen**, wenn in mündl. Verhandlung Zwischenentscheidung der Einspruchsabteilung nach Art. 101 (3) a) und 106 (2) oder Entscheidung der Beschwerdekammer nach Art. 111 (2) auf nicht der Regel 49 (8) entsprechen Unterlagen basiert hat.			
61		G 3/14	Klarheitsprüfung für geänderte Ansprüche (siehe E.43 ff.)			
62	**Änderung des eP** RiLi D-IV, 5.3 RiLi H-II, 3 siehe L.74 ff.	Art. 101 (1), Satz 2 R 80 R 81 (3)	Im **Einspruchsverfahren** können die Beschreibung, die Patentansprüche und die Zeichnungen geändert werden, sofern die Änderung durch Einspruchsgründe nach **Art. 100** veranlasst ist, auch • wenn sie durch den Einsprechenden nicht geltend gemacht wurden oder • wenn sie durch ältere (nat. oder europ.) Rechte veranlasst wurden (**R 138**). Anm. Es dürfen keine neuen abhängigen Ansprüche eingeführt werden.			
63		RiLi H-II, 3.2	**Änderungen**, die sich nicht auf die Einspruchsgründe beziehen (z. B. Klarstellung nach R 80), oder **Berichtigungen** (RiLi H-VI, 3.1) können **zugelassen** werden, sofern das so geänderte Patent die Erfordernisse des EPÜ (Ausnahme: Einheitlichkeit G 1/91) erfüllt und die Änderungen als erforderlich und **geeignet betrachtet** werden. Nicht zulässig sind: a) Einreichung weiterer Ansprüche (siehe T 829/93), b) umfangreiche Neuformulierung der abhängigen Ansprüche, c) umfangreiche Neuformulierung der Beschreibung.			
64		R 79 (1)	Aufforderung zur Stellungnahme an Patentinhaber nach Einspruch, ggf. Einreichung von Änderungen			
65		Art. 101 (3) a)	Einspruchsabteilung stimmt Änderungen zu, d.h. Änderungen stehen Aufrechterhaltung in geändertem Umfang nicht entgegen.			
66		Art. 101 (3) Art. 14 (2) T 700/05	Fehler in der Übersetzung kann während des Einspruchsverfahrens korrigiert werden.			
67		G 1/91 RiLi D-V, 2.2	Nach Änderungen im Einspruchsverfahren ist Einheitlichkeit nach **Art. 82** nicht mehr zu prüfen.			
68		G 10/91	Änderungen, die auf Einspruchsgrund basieren, auch wenn dieser Einspruchsgrund nicht vorgebracht worden ist (wegen Amtsermittlung **Art. 114 (1)**), Änderungen müssen allen Erfordernissen gemäß **Art. 101 (3) a)** genügen.			
69		G 03/14	Klarheitsprüfung für geänderte Ansprüche (siehe E.43 f.)			
70		G 1/93	**Unentrinnbare Falle** zwischen **Art. 123 (2)** und **Art. 123 (3).** Merkmale die zwar im Prüfungsverfahren aufgenommen wurden, jedoch nicht von der ursprünglichen Offenbarung umfasst waren, dürfen nicht gestrichen werden. Unabhängiger Anspruch darf nach Patenterteilung nicht mehr erweitert werden.			

Einspruch E.

Verfahrensablauf Einspruch (Fortsetzung)

Verfahrenshandlung	Rechtsnorm, Rechtsprechung	Details und Fälligkeit	Unmittelbare Folgen eines Mangels, Mängelbeseitigung, Fristen	Rechtsfolge bei Nicht-beseitigung von Mängeln oder Fristversäumnis	Weiterbehandlungs-/ Wiedereinsetzungs-möglichkeit	
Zwischen-entscheid	Ständige Praxis ↳G 1/88, ↳T 390/86, ↳T 89/90, ↳T 55/90 ↳T 234/86	**Art. 108**: Innerhalb von 2 M nach Zustellung Zwischen-entscheidung gesonderte **Beschwerde** nach **Art. 106 (2) möglich**. (Zwischenentscheidung wird in mündlicher Verhandlung verkündet, Beschwerdefrist beginnt mit Zustellung)			**Beschwerde (+)**, nach Art. 106 und Art. 107 Wenn keine Beschwerde eingelegt wird: Rechtskraft der Zwischen-entscheidung	71
	RiLi D-VI, 7.2.2	Ergeht in allen Fällen der Aufrechterhaltung eines eP im geänderten Umfang Grund: Sparen von Übersetzungskosten infolge einer möglichen Änderung im Beschwerdeverfahren				72
	ABl. 2016, A22	Wenn in der mündlichen Verhandlung die Zwischenentscheidung der Einspruchsabteilung (Art. 101 (3) a) iVm Art. 106 (2)) auf Unterlagen gestützt wurde, die nicht der **R 49 (8)** entsprechen, weil sie **handschriftliche Änderungen** enthalten, fordert die Einspruchsabteilung den Patentinhaber in der Mitteilung nach **R 82 (2)** auf, eine formal korrekte Fassung des geänderten Wortlauts einzureichen. In der Aufforderung werden die formal mangelhaften, geänderten Absätze und/oder Ansprüche aufgeführt, für die Austauschabsätze und/oder -ansprüche einzureichen sind (innerhalb. 3 M gemäß R 82 (2)).				73
Veröffent-lichungsgebühr Art. 2 (1) Nr. 8 GebO: 80 € (seit 01.04.20) siehe 📄 R.96 »Gebühren« Übersetzung der geänderten Ansprüche	Art. 101 (3) a) R 82 (2)	**R 82 (2)**: Falls von keinem der Beteiligten innerhalb Frist von 2 M (R 82 (1)) Bedenken gegen geänderte Fassung vorgebracht werden, fordert Einspruchs-abteilung auf, innerhalb 3 M die Veröffentlichungsgebühr zu entrichten und eine Übersetzung der geänderten Ansprüche einzureichen	**R 82 (3)**: Innerhalb 2 M nach Mitteilung der Frist-versäumnis + Zuschlagsgebühr (Art. 2 (1) Nr. 9 GebO, 130 €)	**R 82**: Patent wird widerrufen	**WB (–)**, da keine Amtsfrist und keine ePA **WE (+)**, nach Art. 122, R 136	74
		Keine Regelung für zusätzliche Anspruchsgebühren				75
Veröffentlichung einer neuen Patentschrift nach Änderung	Art. 103 R 87	Veröffentlichung in Verbindung mit Beschluss zur Aufrechterhaltung in geändertem Umfang durch Einspruchsabteilung nach **Art. 101 (3) a)**.				76
	R 87	**Inhalt und Form**: Verweis auf **R 73 (2)+(3)**, neue Urkunde - Verweis auf **R 74**				77
	Art. 129 a) Art. 127 R 143 (1) r)	Tag und Art der Entscheidung über Einspruch wird veröffentlicht, Veröffentlichungsgebühr und Übersetzung der geänderten Ansprüche in die anderen Amtssprachen innerhalb 3 M nach **R 82 (2)** + 2 M Nachfrist				78

Mündliche Verhandlung 79

Siehe Spezialtabelle 📄 D »Mündliche Verhandlung«

Für Videokonferenz siehe 📄 D. 21 ff. und 133 ff. und 118 ff (technische Aspekte)

E. Einspruch

80 Verfahren bei mangelnder Berechtigung PI

	Verfahrenshandlung	Rechtsnorm, Rechtsprechung	Details und Fälligkeit
81	**Aussetzung des Verfahrens** RiLi D-VII, 4.1 siehe D.91 ff.	R 78	Aussetzung bei Nachweis, dass Verfahren wegen mangelnder Berechtigung (**Art. 61 (1)**) eingeleitet wurde; Aussetzung erst möglich, wenn Einspruch für zulässig erachtet wird.
		R 14 (3)	Fortsetzung des Verfahrens auch ohne rechtskräftige Entscheidung (z.B. wenn Eindruck entsteht, dass Kläger das gerichtliche Verfahren verzögert).
		R 14 (4)	Hemmung der Fristen.
		J 7/00	Verfahren wird an dem Tag ausgesetzt, an dem das EPA den Nachweis erhält, dass ein Verfahren gegen den PI eingeleitet wurde. Die Anforderungen richten sich nach nationalem Recht.
		RiLi D-VII, 4.1	Die Rechtsabteilung setzt das Verfahren aus.
82	**Fortsetzung des Einspruchsverfahrens** RiLi D-VII, 4.2	R 14 (2)	Fortsetzung des Verfahrens nach rechtskräftiger Entscheidung. EPA teilt Anmelder und Beteiligten den Tag der Fortsetzung mit. Wenn Entscheidung zugunsten Dritten, dann Fortsetzung frühestens 3 Monate nach Eintritt Rechtskraft der Entscheidung oder auf Antrag Dritten früher.

83 Fortsetzung des Einspruchsverfahrens von Amts wegen

	Verfahrenshandlung	Rechtsnorm, Rechtsprechung	Details und Fälligkeit
84	**Fortsetzung des Einspruchsverfahrens von Amts wegen** **R 84** **RiLi D-VII 5**	R 84 (1) RiLi D-VII, 5.1	Fortsetzung des Einspruchsverfahrens **auf Antrag** des Einsprechenden nach Verzicht oder Erlöschen des Patents (Frist 2 M). Grund: Patent erlischt in diesen Fällen nicht rückwirkend, Rechte für die Vergangenheit bleiben bestehen.
85		R 84 (2) RiLi D-VII, 5.2 + 5.3	Einspruchsverfahren kann **von Amts wegen** fortgesetzt werden: • bei Tod des Einsprechenden (auch ohne Beteiligung der Erben) • bei Verlust der Geschäftsfähigkeit des Einsprechenden (auch ohne gesetzlichen Vertreter) • Bei Zurücknahme des Einspruchs (ABl. 2016, A42)
86		G 01/13	Fortführung des Einspruchs/Beschwerde bei zwischenzeitlichem Erlöschen des Einsprechenden
87		G 8/91 G 8/93	Betrifft Beschwerdeverfahren

88 Beendigung des Einspruchsverfahrens

	Verfahrenshandlung	Rechtsnorm	Details
89	**Widerruf des eP**	Art. 101 (2)	Widerruf des Patents, **Wirkung »ex tunc« (Art. 68)** (S/S Art. 101 Rd 188)
90	**Aufrechterhaltung des eP in unveränderter Form**	Art. 101 (2)	Aufrechterhaltung des Patents in unveränderter Form, Einspruch wird zurückgewiesen (S/S Art. 101 Rd 147 f.)
91	**Aufrechterhaltung des eP in geändertem Umfang**	Art. 101 (3) a) R 82 (1) bis (4)	Aufrechterhaltung des Patents in geändertem Umfang (S/S Art. 101 Rd 149 ff).

Einspruch E.

Widerruf des eP
Art. 101 (2), RiLi D-VIII, 1.2

Verfahrenshandlung	Rechtsnorm	Details	
Gründe 📖 S/S Art. 101 Rd 43 ff.		Widerruf aus sachlichen Gründen RiLi D-VIII, 1.2.1	93
	Art. 101 (1)	Die in **Art. 100** genannten Einspruchsgründe stehen der Aufrechterhaltung des eP in unveränderter Form entgegen (sachliche Einspruchsgründe).	94
	Art. 101 (3) b)	Widerruf des Patents, wenn keiner der vom Patentinhaber vorgelegten Anträge den Erfordernissen des EPÜ genügt (d.h., wenn der Patentinhaber mit der Fassung, in der die Einspruchsabteilung das Patent aufrechtzuerhalten beabsichtigt, nicht einverstanden ist).	95
		Widerruf aus formellen Gründen	96
		Ein eP, das in **geändertem Umfang** aufrechterhalten werden kann, wird widerrufen, wenn folgende formelle Voraussetzungen nicht erfüllt sind:	97
	R 82 RiLi D-VIII, 1.2.2	**Widerruf des Patents** gemäß R 82 (3), wenn die **Druckkostengebühr**, die **Übersetzung der geänderten Ansprüche** oder **eine formal korrekte, wörtliche Reproduktion der geänderten Textpassagen** nicht innerhalb der Frist (3 M) oder spätestens innerhalb der Nachfrist (2 M nach Mitteilung der Fristversäumnis) mit Zuschlagsgebühr entrichtet wurde.	98
		Widerruf nach **R 82 (2)** ist in Form einer Entscheidung auszusprechen (↦ G 1/90).	99
	Art. 133 (2) iVm R 142 (3) a)	**Fehlende Bestellung eines neuen Vertreters** gemäß Art. 133 (2) iVm **R 142 (3) a)** nach Unterbrechung des Einspruchsverfahrens gemäß **R 142 (1) c)** innerhalb der Frist (2 M) (siehe RiLi D-VIII, 1.2.3).	100
	RiLi D-VI, 2.2	**Antrag des Patentinhabers auf Widerruf** des europäischen Patents. Da keine vom Patentinhaber gebilligte Fassung vorliegt, ist das Patent gemäß aufgehobener RAusk Nr. 11/82 zu widerrufen.	101
		Ein Verzicht wird als Antrag auf Widerruf des Patents angesehen (↦ T 186/84).	102
	RiLi D-VIII 1.2.5	**Fehlende Zustimmung des PI zur Aufrechterhaltung des Patents** in erteilter Fassung und keine Vorlage einer geänderten Fassung führt zum Widerruf.	103
		Erklärung des PI auf Verzicht des eP wird als Widerruf verstanden (↦ T 237/86).	104
		Widerruf, wenn SdT gemäß **Art. 54 (3)** lediglich für bestimmte benannte VS zu berücksichtigen ist und nicht für alle VS erteilungsfähige Ansprüche vorliegen. Kein Teilwiderruf möglich - Einspruchsabteilung ist an Antrag des Patentinhabers gebunden.	105
Wirkungen des Widerrufs	Art. 68	Siehe auch aufgehobene RAusk Nr. 11/82: Der Widerruf des Patents hat stets zur Folge, dass die Wirkungen der **Art. 64** und **67** als von Anfang an nicht eingetreten gelten. Auch wenn der Widerruf aus anderen als vom Einsprechenden entsprechend den in **Art. 100** genannten Gründen erfolgt (z.B. Ermittlung von Amts wegen), wirkt die Entscheidung zurück.	106

Zurückweisung des Einspruchs
RiLi D-VIII, 1.3

Verfahrenshandlung	Rechtsnorm	Details	
Zurückweisung des Einspruchs	Art. 101 (2)	Wenn Einspruchsabteilung zur Überzeugung gelangt, dass die Einspruchsgründe der Aufrechterhaltung des eP nicht entgegenstehen, weist sie den Einspruch zurück.	108
	↦ T 501/92	Zurückweisung erfolgt auch ohne Antrag des Patentinhabers.	109

Einspruchsbeschwerde
Art. 106, Art. 107

siehe Spezialtabelle „Beschwerde" 📖 F.1 ff., 📖 F.104 ff.	111

181

E. Einspruch

Einsprechende

	Verfahrenshandlung	Rechtsnorm, Rechtsprechung	Details
113	**Beteiligte**	Art. 99 (3)	Einsprechende und PI und ggf. Beigetretene. Spätestens am Ende der Einspruchsfrist müssen für Amt und PI die Beteiligten identifizierbar sein: ↳G 3/97, ↳G 4/97, ↳G 2/04, 📖 S/S Art. 99 Rd 8
114	**Berechtigter** RiLi D-I, 4	↳G 9/93	**Jedermann** gemäß **Art. 99 (1)**, außer dem Patentinhaber
		↳T 3/06	**Erfinder**, auch wenn dieser Anteile an der PI hält, jedoch keinen maßgeblichen Einfluss auf geschäftliche oder rechtliche Entscheidungen hat.
		↳G 3/97 ↳G 4/97	Der Einsprechende muss bei Ablauf der Einspruchsfrist **identifizierbar** sein (nicht heilbar, da eine Aufforderung nach **R 77 (2)** zur Beseitigung eines Mangels nach **R 76 (2) a)** iVm **R 41 (2) c)** nicht ergehen kann).
		↳G 3/97 ↳G 4/97	Einspruch durch **Strohmann** (z. B. Anwalt) ist nur dann unzulässig, wenn missbräuchlich, z. B. • Strohmann vertritt Patentinhaber (Umgehung von ↳**G 9/93**) oder • nicht vor dem EPA zugelassener Anwalt (EPÜ-Inländer) legt in Namen eines Dritten Einspruch ein (Umgehung von **Art. 133 (2)**, **Art. 134**).
115	**Mehrere Einsprechende** RiLi D-I, 4, 6	↳G 3/99	Mehrere Einsprechende können gemeinsam einen Einspruch unter Zahlung nur einer Einspruchsgebühr einlegen. Zieht sich einer der Einsprechenden (oder Beschwerdeführer oder Vertreter) aus dem Verfahren zurück, muss das EPA durch den gemeinsamen Vertreter oder einen nach **R 151 (1)** bestimmten neuen gemeinsamen Vertreter unterrichtet werden.
		↳G 3/99	Bei einem gemeinsamen Einspruch muss es in jedem Fall einen gemeinsamen Vertreter gemäß **Art. 133 (4)** iVm **R 151** geben. Nur dieser gemeinsame Vertreter ist befugt, im Einspruchsverfahren für die Gesamtheit aller gemeinsam Einsprechenden aufzutreten.
116		↳T 774/05	Einsprüche verschiedener Einsprechender führen zu einem Einspruchsverfahren.
117	**Mehrere Einsprüche**	R 79 (2)	Sind mehrere Einsprüche eingelegt worden, so teilt die Einspruchsabteilung die Einsprüche den übrigen Einsprechenden mit, eine Stellungnahme ist nicht erforderlich.
118	**Mehrere Einsprüche durch eine jur. Person**	RiLi D-I, 6 ↳T 9/00	Legt eine Person durch zwei verschiedene Schriftsätze Einspruch gegen ein eP ein, so erlangt sie nur einmal die Rechtsstellung als Einspruchspartei (↳T 9/00) • Gilt auch für juristische Personen, z.B. unterschiedliche Geschäftsbereiche • Rechtlicher Rahmen wird durch den weitesten Einspruch abgesteckt, ggf. ist später gestellter Einspruch unzulässig, wenn er keine Änderung des rechtlichen Rahmens im Einspruchsverfahren darstellt • Übergang der Einsprechendenstellung bei Einspruch aus verschiedenen Geschäftsbereichen nur durch Übertragung beider Geschäftsbereiche oder des gesamten Unternehmens. Zwei Einsprüche desselben Einsprechenden innerhalb der Einspruchsfrist, die für sich genommen nicht zulässig sind, zusammen aber Art. 99 (1) und R 76 genügen, gelten als ein zulässiger Einspruch (↳T 774/05; gemeinsamer Einspruch siehe RiLi D-I, 4)
119	**Vertretung**	Art. 133 (2)	EPÜ-Ausländer müssen einen Vertreter bestellen, der den Einspruch einlegt. Siehe RiLi D-I, 7 und RiLi A-VIII, 1.1.
		RiLi D-III, 3.4	Unterschrift kann nach **R 50 (3)** nachgeholt werden (EPA gibt Frist vor).
120	**Rechtsnachfolge des bisherigen Patentinhabers**	Art. 99 (4)	Tritt aufgrund rechtskräftiger Entscheidung jemand an die Stelle des PI in einem Staat, so sind abweichend von **Art. 118** getrennte Einspruchsverfahren möglich (siehe 📖 S/S Art. 99 Rd 59 ff.).
			Übergang der Inhaberschaft auf Antrag nach rechtskräftiger Entscheidung, Eintragung des Rechtsübergangs nach **R 22 (3)** iVm **R 85**.
			Auf Antrag tritt neuer PI an Stelle des bisherigen PI.
		R 78 (1) Art. 61	Aussetzung wegen Anmeldung durch Nichtberechtigte; Voraussetzung: Einspruch ist zulässig.
		RiLi D-VII, 3.2	Getrennte Verfahren bei (Gesamt-)Rechtsnachfolge in einzelnen Ländern möglich.

Einspruch E.

Einsprechende (Fortsetzung)			
Verfahrenshandlung	Rechtsnorm, Rechtsprechung	Details	
Übergang der Stellung als Einsprechender	↳G 3/97 ↳T 659/92 ↳T 670/95	Stellung des Einsprechenden ist nicht rechtsgeschäftlich übertragbar, jedoch Gesamtrechtsnachfolge möglich (↳G 4/88, RiLi D-I, 4, siehe 📖 S/S Art. 99 Rd 65 ff.).	121
	↳G 2/04 ↳T 9/00	Bei Einspruch von zwei Geschäftsbereichen kann Einsprechendenstellung nur durch Übertragung beider Geschäftsbereiche oder des gesamten Unternehmens auf einen Dritten übergehen.	122
	R 84 (2)	Übergang auf Erben, Fortführung ohne Beteiligung des Erben möglich	123
Beitritt eines Dritten RiLi D-IV, 5.6	Art. 105 (1) R 89 (1)	**Nach Ablauf Einspruchsfrist und innerhalb von 3 M nach Klageerhebung** kann Dritter Einspruchsverfahren (oder Einspruchsbeschwerdeverfahren) durch Erklärung beitreten, wenn er nachweist, dass gegen ihn **Klage wegen Patentverletzung** erhoben worden ist oder er in Reaktion auf eine Unterlassungsaufforderung eine **negative Feststellungsklage** gegen Patentinhaber erhoben hat. Läuft 3 M-Frist vor 9 M-Frist ab, so kann Dritter nur Einspruch erklären.	124
	Art. 105 (1) R 89 (2)	Beitritt ist **schriftlich** zu erklären und zu **begründen**, erst wirksam bei **Zahlung** der **Einspruchsgebühr** (Art. 2 (1) Nr. 10 GebO: 840 € - siehe 📄 R.84) (Keine Rechtsgrundlage Beschwerdegebühr, bei Zahlung wird diese zurückerstattet)	125
	↳G 4/91	**Einspruchsverfahren** muss **anhängig** sein.	126
	↳T195/93	Berechtigungsanfrage oder Abmahnung/Unterlassungsaufforderung alleine genügt nicht als Voraussetzung für Beitritt.	127
	Art. 99 (1)	Beim EPA (**BdP vom 10.05.1989, ABl. 1989, 218**: München, Zweigstelle Den Haag, Dienststelle Berlin), nicht bei nationalen Behörden	128
	Art. 105 (2)	**Beitritt** ist **als Einspruch zu behandeln.** (Siehe ↳G 3/04 in 📄 E.129) Beitretender erlangt die Stellung eines Einsprechenden, egal ob Beitritt während Einspruchsverfahren oder Beschwerdeverfahren. Im Einspruchsverfahren kann er Verfahren alleine fortsetzen und ggf. Beschwerde einlegen, wenn alle anderen Einsprechenden ihren Einspruch zurückziehen	129
	↳G 9/91 ↳G 10/91	Der Dritte ist an den Umfang des Einspruchs gebunden. Einspruchsabteilung kann jedoch neuen Einspruchsgrund prüfen, wenn prima facie relevant (↳G 10/91)	130
	↳G 1/94	**Beitritt während anhängiger Beschwerde** mit **neuen Gründen** nach Art. 100 möglich.	131
	↳G 3/04	Nach Rücknahme der Beschwerde des einzigen Beschwerdeführers kann Verfahren nicht mit einem während des Beschwerdeverfahrens Beigetretenen fortgesetzt werden. Der Beitretende hat Stellung eines Einsprechenden (jedoch keine Beschwerdegebühr), aber keine selbständige Verfahrensbeteiligung (auch ↳G 7/91 und ↳G 8/91).	132
	R 79 (4)	Im Fall eines Beitritts nach Art. 105 kann die Einspruchsabteilung von der Anwendung der Vorschriften über eine wechselseitige Unterrichtung gemäß RiLi D-IV, 5.2 und 5.4 absehen.- RiLi D-IV, 5.6 (Aber Grundsatz des rechtlichen Gehörs, siehe ↳T 27/92, 📖 S/S Art. 105 Rd 28 f.)	133
	RiLi D-IV, 5.6	Beitretender erhält Mitteilung über bisherigen Verfahrensgang; ggf. auch Schriftstücke der Beteiligten nach R 79 (1) bis (3) und die Bescheide der Einspruchsabteilung sowie die Stellungnahmen der Beteiligten nach R 81 (2) für die zurückliegende Zeit.	134
	↳G 9/93	Der PI kann nicht Einspruch gegen sein eigenes Patent einlegen, hierfür ist Beschränkungsverfahren vorgesehen.	135
	↳T 296/93 ↳T 694/01	Beitritt, 3 M ab Klageerhebung, Zustellung oder Kenntnis der Klageschrift	136
	↳T 631/94	Beitritt zwischen den Instanzen, Ende Einspruchs- und vor Beschwerdeverfahren, bleibt wirkungslos, wenn keiner der ursprünglichen Beteiligten Beschwerde einlegt.	137
	↳T 517/97	Bei tagggleicher Zurücknahme der Beschwerde und des Beitritts ist zeitliche Reihenfolge des Eingangs der Erklärungen entscheidend, Zeitpunkt kann ggf. exakt festgestellt werden.	138
	↳T 202/89	Beitritt kann auch nach Entscheidung der Einspruchsabteilung vor deren Rechtskraft erklärt werden, dann jedoch kein selbständiges Beschwerderecht.	139

E. Einspruch

140 Rechtsübergang während des Einspruchsverfahrens

Verfahrenshandlung	Rechtsnorm	Details
141 **Rechtsübergang**	R 85 R 22	Rechtsübergang des europäischen Patents während der Einspruchsfrist und des Einspruchsverfahrens wird auf Antrag im europäischen Patentregister eingetragen.

142 Form der neuen eP und Einheit des eP bzw. ePA

Verfahrenshandlung	Rechtsnorm	Details
143 **Form der neuen eP nach dem Einspruchsverfahren**	R 87	Form der neuen europäischen Patentschrift nach Einspruchsverfahren → **R 73 (2), (3)** und **R 74** sind anzuwenden
144 **Einheit der ePA und des eP**	Art. 118	Einheit der ePa und des eP: Für einen Einspruch wird die Einheit des eP bzgl. verschiedener Inhaber für verschiedene VS nicht beeinträchtigt - **RiLi D-VII, 3.1**

145 Einspruchsabteilung
Art. 19

Verfahrenshandlung	Rechtsnormen	Details
146 **Zuständigkeit**	Art. 19 (1)	Die Einspruchsabteilungen sind für die Prüfung von Einsprüchen gegen eP zuständig.
147 **Zusammensetzung**	Art. 19 (2) S.1	Eine Einspruchsabteilung setzt sich aus drei technisch vorgebildeten Prüfern zusammen,
148 **Unabhängigkeit der Einspruchsabteilung**	Art. 19 (2) S.2	von denen mindestens zwei nicht in dem Verfahren zur Erteilung des europäischen Patents mitgewirkt haben dürfen, gegen das sich der Einspruch richtet.
149	Art. 19 (2) S.3	Ein Prüfer, der in dem Verfahren zur Erteilung des europäischen Patents mitgewirkt hat, kann nicht den Vorsitz führen.
150 **Zügiger Abschluss des Einspruchsverfahrens**	Art. 19 (2) S.4	Bis zum Erlass der Entscheidung über den Einspruch kann die Einspruchsabteilung eines ihrer Mitglieder mit der Bearbeitung des Einspruchs beauftragen.
151 **Ausschluss und Ablehnung eines Mitglieds der Einspruchsabteilung**	Art. 24 ↳ G 5/91	Auch auf Prüfungsabteilung und Einspruchsabteilung anwendbar.

Einspruch E.

Einspruchsgründe
Art. 100, RiLi D-III, 5

Verfahrenshandlung	Rechtsnorm	Details	
Mangelnde Patentierbarkeit	Art. 100 a)	Mangelnde Patentierbarkeit nach **Art. 52** bis **57** (d.h. mehrere Einspruchsgründe). - **Art. 52**: Patentierbare Erfindungen (neu, erfinderisch und gewerblich anwendbar) - **Art. 53, Art. 52 c)**: Ausnahmen von der Patentierbarkeit - **Art. 54**: Neuheit - **Art. 55**: Unschädliche Offenbarung (Missbrauch oder Ausstellung) - **Art. 56**: Erfinderische Tätigkeit - **Art. 57**: Gewerbliche Anwendbarkeit	153
Mangelhafte Offenbarung	Art. 100 b)	Mangelhafte Offenbarung zur Ausführung durch Fachmann am AT → **Art. 83**	154
Gegenstand geht über den Inhalt in der ursprünglich eingereichten Fassung hinaus Unzulässige Erweiterung	Art. 100 c)	Erweiterung des Gegenstands des eP über den Inhalt der ursprünglichen Anmeldung oder bei TA oder Anmeldungen nach **Art. 61** über den Inhalt der früheren Anmeldung hinaus → **Art. 123 (2), Art. 76 (1)**.	155
		Bei Einreichung in Nichtamtssprache nach **Art. 14 (2)** ist **ursprünglicher Text** für Feststellung maßgeblich. → **Art. 70 (2)**; unrichtige Übersetzung kann nach **Art. 14 (2) Satz 2 letzter Halbsatz** jederzeit berichtigt werden.	156
		Ebenso ist für **Art. 54 (3)** der ursprüngliche Text als SdT maßgeblich. Einspruchsabteilung geht nach **R 7** davon aus, dass Übersetzung = ursprünglicher Text → Gegenbeweis liegt beim Einsprechenden.	157
	↳T 1149/97	Die Patenterteilung stellt eine Zäsur bezüglich Änderungsmöglichkeiten dar. Folglich kann im Einspruchsverfahren die Beschreibung eines Patents nicht durch Wiederaufnahme von vor der Erteilung gestrichener Passagen geändert werden, wenn daraus über Art. 69 (1) eine breitere Auslegung eines Patentanspruchs folgt, Verstoß gegen Art. 123 (3): ABl. 2000, 259. Die Entscheidung ↳T 1149/97 war Veranlassung zur engeren Fassung von EPÜ 2000 Art. 123 (3): EPÜ 1973 Art. 123 (3): »dürfen die Patentansprüche des europäischen Patents nicht...« EPÜ 2000 Art. 123 (3): »Das europäische Patent darf nicht ...«	158

E. Einspruch

Einspruchsgründe (Fortsetzung)

	Verfahrenshandlung	Rechtsnorm, Rechtsprechung	Details
159	**Gegenstand geht über den Inhalt in der ursprünglich eingereichten Fassung hinaus** (Fortsetzung)	RiLi H-V, 3.1	**Wesentlichkeitstest**
160			Das Ersetzen oder Streichen eines Merkmals aus einem Anspruch verstößt nicht gegen Art. 123 (2), wenn i) das Merkmal in der Offenbarung nicht als wesentlich hingestellt worden ist, ii) das Merkmal als solches für die Funktion der Erfindung unter Berücksichtigung der technischen Aufgabe, die sie lösen soll, nicht unerlässlich ist und iii) das Ersetzen oder Streichen keine wesentliche Angleichung anderer Merkmale erfordert. siehe „unentrinnbare Falle" E.70
161		⤷T 331/87	Wird ein Merkmal durch ein anderes ersetzt, so muss das Ersatzmerkmal selbstverständlich durch die ursprünglichen Anmeldungsunterlagen gestützt sein, damit kein Verstoß gegen Art. 123 (2) vorliegt.
162		RiLi H-V, 3.2.1	**Zwischenverallgemeinerung**
			Es ist nur dann zulässig, ein isoliertes Merkmal aus einer ursprünglich offenbarten Merkmalskombination herauszugreifen und zur Abgrenzung des Anspruchsgegenstands zu verwenden, wenn zwischen den Merkmalen kein struktureller und funktioneller Zusammenhang besteht. Wenn ein Merkmal aus einer bestimmten Ausführungsform herausgegriffen und in den Anspruch aufgenommen wird, muss sichergestellt sein, dass - das Merkmal nicht mit den anderen Merkmalen dieser Ausführungsform in Zusammenhang steht oder untrennbar verknüpft ist und - die Gesamtoffenbarung die verallgemeinernde Isolierung des Merkmals und seine Aufnahme in den Anspruch rechtfertigt.
163	**Mangelnde Klarheit**		Klarheit ist kein Einspruchsgrund, allerdings könnte mangelnde Klarheit in Form des Einwands gegen die Ausführbarkeit (Art. 100 b)) oder Neuheit/erfinderische Tätigkeit geführt werden.
164	**Auslegung der Einspruchs-begründung**	⤷T 925/91	Sinngemäße Auslegung der Einspruchsbegründung.
165	**Erfinderische Tätigkeit**	⤷T 134/88	Die erfinderische Tätigkeit muss immer den ganzen Anspruch angreifen, nicht nur ein Merkmal (bspw. bei einem Kombinationsanspruch).

Einspruch E.

Übersicht - Keine Einspruchsgründe S/S Art. 100 Rd 14 ff.		166
Details	Rechtsnorm und Rechtsprechung	
Widerrechtliche Entnahme	Art. 60 (1)	167
Mangelnde Neuheit wegen eines älteren nationalen Rechts	Art. 139 (2), T 550/88, G 1/91, G 10/91 (RiLi D-III, 5, aber RiLi H-III, 4.4)	168
Patentansprüche sind nicht deutlich und knapp gefasst und von der Beschreibung gestützt	Art. 83, Art. 84, T 23/86, T 406/86, T 127/85, T 428/95	169
Klarheit	T 336/96	170
Bsp. oder Zeichnung liegt außerhalb Schutzumfangs	T 127/85, T 126/91	171
Widerspruch Anspruch und Ausführungsbeispiel	T 428/95	172
Ansprüche sind nicht durch die Beschreibung gestützt	T 296/87, T 301/87	173
Im Anspruch fehlen wesentliche Merkmale	T 156/91, RiLi D-V, 4: Fehlt ein für die Ausführung der Erfindung wesentliches Merkmal im Anspruch, das jedoch in der Beschreibung und/oder in der Zeichnung offenbart ist, so liegt kein Mangel vor.	174
Falsche Prioritätsbeanspruchung	RiLi D-III, 5	175
Grundsätze der Einheitlichkeit sind nicht eingehalten worden	Art. 82, T 162/85, T 689/94 - G 1/91 (Verweis auf Art. 102 (3)), RiLi D-V, 2.2	176
Formelle Mängel und Fehler im Erteilungsverfahren	J 22/86 → mit Erteilung gelten Mängel als geheilt	177
Form und Inhalt der Patentansprüche sind nicht beachtet worden	R 43 (1)	178
Hinterlegung biologischen Materials wurde nicht beachtet	R 31, T 99/85	179
SdT ist unzutreffend oder mangelhaft gewürdigt	T 504/90, T 185/85	180
Beschreibung ist nicht korrekt an die Ansprüche angepasst	T 138/91	181

Übersicht - Einspruchsgründe und Änderungen im Einspruchsverfahren			182
Mangel	Relevante Norm	Anforderung für Änderungen Änderungen nur zulässig, wenn durch Einspruchsgrund veranlasst: R 80	
Neuheit	Art. 100 a), Art. 52, Art. 54 (2), Art. 54 (3)	Art. 101 (3), Art. 52, Art. 54 (2), Art. 54 (3)	183
Erfinderische Tätigkeit	Art. 100 a), Art. 52, Art. 56	Art. 101 (3), Art. 52, Art. 56	184
Einheitlichkeit	kein Einspruchsgrund	keine Anforderung (G 1/91, RiLi D-V, 2.2)	185
Ausreichende Offenbarung	Art. 100 b)	Art. 101 (3), Art. 83	186
Klarheit	kein Einspruchsgrund	Art. 101 (3), Art. 84 nach G 03/14	187
Unzulässige Erweiterung	Art. 100 c)	Art. 101 (3), Art. 123 (2), (3) nach G 01/93	188

Anregung zu dieser Übersicht von Dr. Markus Thieme

E. Einspruch

189	**Neuer Einspruchsgrund** 📖 S/S Art. 101 Rd 48 ff.		
	Verfahrenshandlung	Rechtsnorm, Rechtsprechung	Details
190	**Neuer Einspruchsgrund** Einspruchsgründe siehe 📄 E.152 ff.	Art. 114	Ermittlung von Amts wegen.
191		↳ G 10/91	1. Eine Einspruchsabteilung oder eine Beschwerdekammer ist nicht verpflichtet, über die in der Erklärung gemäß **R 76 (2) c)** EPÜ angegebenen Einspruchsgründe hinaus alle in **Art. 100** EPÜ genannten möglichen Einspruchsgründe zu überprüfen (R 81 (1): Einspruchsabteilung kann von Amts wegen weitere Einspruchsgründe prüfen (siehe 📄 E.35). 2. **Grundsätzlich prüft die Einspruchsabteilung nur diejenigen Einspruchsgründe, die gemäß Art. 99 (1) in Verbindung mit R 76 (2) c) EPÜ ordnungsgemäß vorgebracht und begründet worden sind. Ausnahmsweise** kann die Einspruchsabteilung in Anwendung des Art. 114 (1) EPÜ **auch andere Einspruchsgründe** prüfen, die **prima facie** der Aufrechterhaltung des europäischen Patents ganz oder teilweise entgegenzustehen scheinen. 3. **Im Beschwerdeverfahren dürfen neue Einspruchsgründe nur mit dem Einverständnis des Patentinhabers geprüft werden**.
192		↳ T 131/01	Mangelnde Substantiierung: Bei Begründung der fehlenden Neuheit ist erfinderische Tätigkeit **kein neuer Einspruchsgrund** und kann somit ohne Einverständnis des Patentinhabers geprüft werden (wenn das Dokument bereits im Verfahren ist und Einwand bereits geltend gemacht wurde), ansonsten würde Argumentation hinsichtlich der mangelnden Neuheit und der erfinderischen Tätigkeit sich widersprechen (was nicht neu ist, kann auch nicht erfinderisch sein).
193		↳ G 1/95 ↳ G 7/95	Mangelnde Neuheit bei substantiierter mangelnder erfinderischer Tätigkeit ist **neuer Einspruchsgrund** und darf nicht ohne das Einverständnis des Patentinhabers in das Beschwerdeverfahren eingeführt werden. Die Behauptung, dass die nächstliegende Entgegenhaltung für die Patentansprüche neuheitsschädlich ist, kann jedoch bei der Entscheidung über den Einspruchsgrund der mangelnden erfinderischen Tätigkeit geprüft werden.
194		↳ T 736/95	Abteilung ist verpflichtet zu untersuchen, ob neuer Einspruchsgrund prima facie relevant ist. → R 81 (1)

Einspruch E.

Verspätetes Vorbringen RiLi E-III, 8.6; RiLi E-VI, 2; S/S Art. 114 Rd 45 ff. (siehe D.81 ff. verspätet vorgebrachte Tatsachen)			195
Verfahrenshandlung	Rechtsnorm, Rechtsprechung	Details	196
Amtsermittlung	Art. 114 (1)	Amtsermittlung bei prima facie Relevanz (Vorrang vor Art. 114 (2), T 156/84 und RiLi E-VI, 2).	197
	G 9/91 G 10/91	Beschränkungen der Amtsermittlung im Einspruchs- und Beschwerdeverfahren	
Tatsachen, Beweismittel, Argumente	Art. 114 (2)	Tatsachen und Beweismittel, die von den Beteiligten verspätet vorgebracht werden, brauchen nicht berücksichtigt zu werden. Argumente können nicht verspätet sein, da gemäß **G 4/92 Nr. 10 der Entscheidungsgründe** Argumente kein neues Vorbringen als solches sind, sondern eine Untermauerung der Tatsachen und Rechtsgründe.	198
	RiLi D-VI, 1	Im mehrseitigen Verfahren besteht Verpflichtung Tatsachen, Beweismittel, Argumente und Anträge so früh und so vollständig wie möglich vorzulegen. Alle von den Einsprechenden nach Ablauf der Einspruchsfrist eingereichten Gründe, Tatsachen und Beweismittel werden als verspätet eingereicht betrachtet, sofern sie nicht durch eine Änderung des Verfahrensgegenstands bedingt sind.	199
Zugrundeliegender Sachverhalt	RiLi E-III, 6	Mit Ladung zur mündlichen Verhandlung wird gemäß **R 116** ein Zeitpunkt zur Einreichung von Schriftsätzen bestimmt. Nach diesem Zeitpunkt vorgebrachte neue Tatsachen und Beweismittel brauchen nicht berücksichtigt zu werden, sofern sie nicht wegen einer Änderung des dem Verfahren zugrundeliegenden Sachverhalts zuzulassen sind.	200
Kosten	RiLi D-IX, 1.4	Die Zulassung von verspätet vorgebrachten Tatsachen und Beweismitteln führt idR nach Art. 104 zu einer Verteilung der Kosten zu Lasten der verspätet einreichenden Partei.	201
Ermessensausübung bei der Zulassung Siehe D.89a	RiLi E-VI, 2	Bei der Entscheidung über die Zulassung verspätet vorgebrachter Tatsachen, Beweismittel oder Einspruchsgründe sind ihre Bedeutung für die Entscheidung, der Verfahrensstand und die Gründe für die verspätete Vorlage zu berücksichtigen. Zeigt sich bei der Prüfung, dass die verspätet vorgebrachten Einspruchsgründe, Tatsachen oder Beweismittel prima facie relevant sind, dann müssen sie berücksichtigt werden. Amtsermittlungsgrundsatz nach Art. 114 (1) hat Vorrang vor Ermessensspielraum Art. 114 (2) verspätete vorgebrachte Tatsachen und Beweismittel unberücksichtigt zu lassen (T 156/84). Bei mangelnder Relevanz keine Zulassung.	202
	T 1002/92	Verspätet vorgebrachte Tatsachen und Beweismittel, die über die Angaben in der Einspruchsschrift hinausgehen, werden nur dann zugelassen, wenn prima facie gute Gründe dafür bestehen, dass sie die Aufrechterhaltung des Patents in Frage stellen. Dokumente, die prima facie relevant sind, aber erst nach der Einspruchsfrist vorgelegt werden, können nur berücksichtigt werden, wenn ein Einspruch anhängig ist.	203
SdT aus Recherche und Prüfungsverfahren ist automatisch im Verfahren, wenn **prima facie** relevant. (S/S Art. 114 Rd 33 f., RiLi D-V, 2.2)			205

E. Einspruch

206 Offenkundige Vorbenutzung
S/S Art. 54 Rd 77, 165 ff., RiLi G-IV, 7.1 + 7.2

	Verfahrens-handlung	Rechtsnorm, Rechtsprechung	Details
207	**Offenkundige Vorbenutzung**	T 952/92	Es wird das zugänglich, was der Fachmann einer Analyse des vorbenutzten Erzeugnisses mit Analyseverfahren, die zum SdT gehören, entnehmen kann. Dabei genügt es, wenn sich eine unter den Patentanspruch fallende Ausführungsform erschließt.
208		G 1/92	Die chemische Zusammensetzung eines Erzeugnisses gehört zum SdT, wenn das Erzeugnis selbst der Öffentlichkeit zugänglich ist und vom Fachmann analysiert und reproduziert werden kann (auch innere Struktur).
209		RiLi G-IV, 7.1	Zugänglichmachung
210		RiLi G-IV, 7.2	Geltendmachung der Benutzung: i) Wann fand Benutzung statt? ii) Was wurde benutzt? iii) Alle die Benutzung betreffenden Umstände sind darzulegen, z.B. Ort und Art.
211		T 328/87 T 28/93	Beweise für offenkundige Vorbenutzung können nachgereicht werden, müssen jedoch in der Einspruchsschrift aufgeführt sein.
212		T 1833/14	Ein im Handel erhältliches Erzeugnis gilt nicht zwangsläufig der Öffentlichkeit zugänglich gemacht, wenn der Fachmann es nicht ohne unzumutbaren Aufwand nacharbeiten konnte, d.h. die angebliche öffentliche Vorbenutzung ist dann keine ausreichende Offenbarung.

Einspruch E.

Beweisaufnahme
RiLi E-IV, 1

Das EPÜ enthält keine Vorschriften, wie das Ergebnis einer Beweisaufnahme zu bewerten ist. → Bei der Prüfung von Beweismitteln gilt der Grundsatz der freien Beweiswürdigung, d.h. wann ein Beweismittel ausreichend ist, ist im Einzelfall zu entscheiden (siehe RiLi E-IV, 4.3, 📄 E.260).

Verfahrenshandlung	Rechtsnormen Rechtsprechung	Details
Beweisaufnahme RiLi E-IV 1.2	Art. 117 (1) a)	**Vernehmung der Beteiligten** zur Erhärtung einer Tatsachenbehauptung z.B. zum Nachweis einer Vorbenutzung (siehe RiLi E-IV, 1.6).
	Art. 117 (1) b)	**Einholung von Auskünften** von Behörden im Wege der Amtshilfe nach Art. 131, aber auch z. B. bei einem Verlag über den Veröffentlichungstag eines Buchs,
	Art. 117 (1) c)	**Vorlegung von Urkunden/Unterlagen** Alle schriftlichen Unterlagen, die einen gedanklichen Inhalt umfassen (siehe 📖 S/S Art. 117 Rd 41 ff.).
	Art. 117 (1) d)	**Vernehmung von Zeugen** zur Erhärtung einer Tatsachenbehauptung, z.B. zum Nachweis einer Vorbenutzung (siehe RiLi E-IV, 1.6).
	Art. 117 (1) e)	**Begutachtung durch Sachverständige** Person mit Sachkunde (siehe RiLi E-IV, 1.8.1).
	Art. 117 (1) f)	**Einnahme des Augenscheins** Dient der unmittelbaren Sinneswahrnehmung von der betreffenden Sache oder dem betreffenden Vorgang (z.B. Vorführung eines Erzeugnisses oder Verfahrens), die ein Anmelder oder PI zum Beweis beantragt hat.
	Art. 117 (1) g)	**Abgabe einer schriftlichen Erklärung unter Eid** Wenn dies im nat. Rechtssystemen nicht existiert, dann tritt das entsprechende Instrument in dem jeweiligen nat. System an ihre Stelle (siehe ⚖T 558/95).
Argumente	⚖T 642/92	Reine Argumente sind keine Beweismittel.
Schriftliches Beweismittel, Sprache	R 3 (3)	Schriftliches Beweismittel kann in jeder Sprache eingereicht werden, das EPA kann eine Übersetzung in eine der Amtssprachen innerhalb einer Amtsfrist (nicht kürzer als 1 M) verlangen
Beweisbeschluss RiLi E-IV, 1.4	R 117	Wenn Vernehmung von Beteiligten/ Zeugen/ Sachverständigen oder Augenscheinseinnahme erforderlich, erlässt EPA eine Entscheidung (Beweisbeschluss) mit Angabe über - Betreffende Beweismittel - Rechtserheblichen Tatsachen - Tag, Uhrzeit und Ort der Beweisaufnahme, ggfls. als Videokonferenz Ggfls. Frist zur Mitteilung von Name und Anschrift des Zeugen/Sachverständigen, wenn deren Vernehmung von Beteiligen beantragt Siehe auch (⚖G 4/95); (Frist nach R. 132 (2) 2-4M)

E.   Einspruch

Beweisaufnahme (Fortsetzung)

	Verfahrenshandlung	Rechtsnormen	Details
226	**Ladung von Beteiligten, Zeugen und Sachverständigen** RiLi E-IV, 1.5	R. 118 (1)	Ladung der zu vernehmenden Beteiligten, Zeugen, Sachverständigen zum Beweistermin. Ladungsfrist mind. 2 M, sofern Person nicht mit kürzerer Frist einverstanden (siehe 📖 S/S Art. 117 Rd 85 ff.).
		R. 118 (2)	Ladung muss enthalten: a) Auszug aus Beweisbeschluss mit Angabe: Tag, Uhrzeit und Ort der Beweisaufnahme, ggfls. als Videokonferenz, und die Tatsachen, zu den die Beteiligten/ Zeugen/ Sachverständigen aussagen sollen, b) Namen der Verfahrensbeteiligten sowie die den Zeugen/Sachverständigen zustehenden Rechte (siehe auch 📄 E.235 ff.) c) Hinweis, dass Vernehmung der Beteiligten/ Zeugen/ Sachverständigen auf Antrag per Videokonferenz möglich. d) Hinweis, dass der Beteiligte/ Zeuge/ Sachverständige die Vernehmung vom zuständigen Gericht seines Wohnsitzstaats verlangen kann, sowie eine vom EPA gesetzte Frist zur Mitteilung, ob er vorm EPA erscheinen will.
227	**Durchführung einer Beweisaufnahme** RiLi E-IV, 1.3, 1.6	R 119 (1)	Durchführung von beauftragtem Mitglied des betreffenden Organs. Stützung auf die entsprechende Niederschrift nach R 124 (siehe 📖 S/S Art. 117 Rd 88 ff.).
228		R 119 (2)	Wahrheitsgemäße Aussage: EPA kann zuständiges Gericht um Wiederholung der Vernehmung unter Eid oder gleichermaßen verbindlicher Form ersuchen.
229		R 119 (3)	Auch die Verfahrensbeteiligten können an der Beweisaufnahme teilnehmen und sachdienliche Fragen stellen.
230		RiLi E-IV, 1.3	Bei Beweisaufnahme durch Prüfungs- oder Einspruchsabteilung wird die Abteilung um rechtskundigen Prüfer normalerweise ergänzt.
231		RiLi E-IV, 1.6	Beweisaufnahme durch Vernehmung von Zeugen erfolgt im Rahmen einer mündlichen Verhandlung entweder beim EPA oder als Videokonferenz. Vernehmung eines Sachverständigen setzt einen Beweisbeschluss voraus.
232	**Vernehmung vor dem zuständigen nationalen Gericht** 📄 E.252 ff.	R 120 (1)	Vernehmung durch Gerichte auf Antrag des Beteiligten, Zeugen oder Sachverständigen
233		R 120 (2)	Vernehmung durch ein Gericht unter Eid oder gleichermaßen verbindlicher Form, wenn EPA es für zweckmäßig erachtet
234		R 120 (3)	Ersuchen des EPA an ein Gericht um Vernehmung unter Eid oder gleichermaßen verbindlicher Form und Teilnahme sowie Fragerecht eines Mitglieds des betreffenden Organs
235	**Beauftragung von Sachverständigen** RiLi E-IV, 1.8	R 121 (1)	EPA entscheidet über Form (nur schriftlich oder schriftlich und mündlicher Vortrag) des Sachverständigen-Gutachtens
236		R 121 (2)	Auftrag enthält: - Genaue Aufgabenumschreibung - Frist für Gutachten - Name Verfahrensbeteiligten - Hinweis auf die Rechte nach R 122 (2)-(4)
237		R 121 (3)	Beteiligte erhalten Abschrift des Gutachtens
238		R 121 (4)	Beteiligte können Sachverständigen ablehnen. Zuständiges Organ entscheidet über Ablehnung

Einspruch E.

Beweisaufnahme (Fortsetzung)			
Verfahrenshandlung	Rechtsnormen	Details	
Kosten der Beweisaufnahme RiLi E-IV, 1.9	R 122 (1)	Beweisaufnahme kann von einer Hinterlegung eines Vorschusses abhängig gemacht werden (siehe 📖 S/S Art. 117 Rd 103 ff.).	239
	R 122 (2)	Vom EPA geladene und erschiene Zeugen/Sachverständigen haben Anspruch auf Erstattung angemessener Reise- und Aufenthaltskosten. Ein Vorschuss ist möglich (siehe auch RiLi E-IV, 1.10.1)	240
	R 122 (3)	Zeugen mit Anspruch gemäß R 122 (2) haben auch Anspruch auf Verdienstausfall (RiLi E-IV, 1.10.2)	241
	R 122 (4)	Verwaltungsrat legt Einzelheiten der Anwendung Absatz 2 und 3 fest (siehe auch ABl. EPA 1983, 100); EPA zahlt die Beträge aus	242
Niederschrift der Beweisaufnahme RiLi E-IV, 1.7	R 124 (1)	Niederschrift über Beweisaufnahme/ mündliche Verhandlung mit wesentlichen Gang, rechtserheblichen Erklärungen, Aussage der Beteiligenden/ Zeugen/ Sachverständigen und Ergebnis des Augenscheins (siehe 📖 S/S Art. 117 Rd 94 ff.).	243
	R 124 (2)	Niederschrift über Aussage Beteiligter/ Zeuge/ Sachverständigen wird diesem bekannt gegeben und von diesem genehmigt	244
	R 124 (3)	Niederschrift wird vom für die Aufnahme zuständigen Bediensteten sowie vom die Beweisaufnahme leitenden Bediensteten bestätigt.	245
	R 124 (4)	Beteiligte erhalten eine Abschrift	246

Beweissicherung RiLi E-IV, 2			247
Verfahrenshandlung	Rechtsnormen	Details	
Voraussetzung	R 123 (1)	Auf Antrag kann EPA zur Beweissicherung unverzügliche eine Beweisaufnahme vornehmen, wenn zu befürchten ist, dass die Beweisaufnahme zu einem späteren Zeitpunkt erschwert oder unmöglich ist (siehe 📖 S/S Art. 117 Rd 112 ff.). Zeitpunkt der Beweisaufnahme ist Anmelder und PI rechtzeitig mitzuteilen, so dass er teilnehmen und sachdienliche Fragen stellen kann.	248
Antrag	R. 123 (2)	Antrag muss enthalten: a) Angabe zur Antrag stellende Person nach R 41 (2) c) b) Ausreichende Bezeichnung ePA/eP c) Angabe über zu beweisende Tatsache d) Angabe Beweismittel Darlegung und Glaubhaftmachung des Grunds der Besorgnis (Eilbedürftigkeit)	249
Beweissicherungsgebühr	R 123 (3)	Antrag gilt erst als gestellt, wenn Gebühr bezahlt	250
Zuständigkeit	R 123 (4)	Für die Beweisaufnahme zuständige Organ entscheidet über den Antrag	251

E. Einspruch

	Beweisaufnahme durch Gerichte oder Behörden der Vertragsstaaten, RiLi E-IV, 3		
252	Verfahrenshandlung	Rechtsnormen	Details
253	Rechtshilfe	Art. 131 (2)	Die Gerichte oder andere zuständige Behörden der Vertragsstaaten nehmen auf Rechtshilfe-Ersuchen des EPAs Beweisaufnahmen innerhalb ihrer Zuständigkeit vor.
254	Vernehmung durch das zuständige Gericht	R 120 (1) - (3)	Rechtshilfeersuchen um Vernehmung von Beteiligten, Zeugen oder Sachverständigen erfolgen, ggfls. Unter Eid oder in gleichermaßen verbindlicher Form: i) Wenn die Vernehmung vor dem Organ mit unverhältnismäßig hohen Reisekosten verbunden ist oder eine Vernehmung vor dem zuständigen Gericht aus anderen Gründen zweckmäßig erscheint. ii) Wenn eine erneute Vernehmung eines vom zuständigen Organ vernommenen Beteiligten, Zeugen oder Sachverständigen unter Eid oder in gleichermaßen verbindlicher Form zweckmäßig ist iii) Wenn innerhalb in der Ladung festgesetzten Frist keine Äußerung auf die Ladung erfolgt ist, oder iv) Wenn der geladene Beteiligter, Zeuge oder Sachverständiger dies beantragt hat.
		R 150 (3)	Lehnt der Geladene die Vernehmung durch das zuständige Gericht ab, verfügt das zuständige nationale Gericht über die nationalen rechtlichen Möglichkeiten den Geladenen zum Erscheinen und zu einer Aussage zu zwingen.
255	Rechtshilfeersuchen	R 150 (2)	Das Rechtshilfeersuch ist in der Sprache des zuständigen Gerichts oder der zuständigen Behörde oder enthält eine Übersetzung in diese Sprache
		R 150 (1)	Rechtshilfeersuche sind an die vom Vertragsstaat bestimmt zentrale Behörde zu richten.
256	Verfahren vor dem zuständigen Gericht oder der zuständigen Behörde	R 150 (5)	Das EPA wird von Zeit und Ort der Beweisaufnahme benachrichtigt und informiert seinerseits die betreffenden Beteiligten, Zeugen und Sachverständigen.
		R 120 (3) R 150 (6)	Auf Antrag des EPA beim zuständigen Gericht/Behörde ist die Teilnahme von Mitgliedern des Organs möglich. Die Mitglieder des Organs können nach Maßgabe des nationalen Rechts auch die Möglichkeit haben Fragen über das zuständige Gericht/Behörde oder direkt zu stellen.
257	Kosten der Beweisaufnahme	R 150 (7)	Das zuständige Gericht/Behörde erhebt keine Gebühren oder Auslagen für die Erledigung des Rechtshilfeersuch Der ersuchte Staat kann von EPO die Erstattung der an Sachverständigen und Dolmetscher gezahlten Entschädigung sowie die entstandene Auslage für die Teilnahme der Mitglieder des zuständigen Organs bei der Beweisaufnahme verlangen.
258	Beweisaufnahme durch eine beauftragte Person	R. 150 (8)	Wenn Erledigung Rechtshilfeersuch durch zuständiges Gericht/Behörde selbst nicht möglich (z.B. gesetzliche Vorschrift), dann wird in Absprache mit EPA eine geeignete Person mit Erledigung beauftragt.
259	Beweisaufnahme durch Mitglieder	R 119 (1)	Insbesondere bei Einnahme des Augenscheins.

Einspruch E.

Würdigung von Beweismitteln RiLi E-IV, 4

Verfahrenshandlung	Rechtsnormen	Details	
Allgemeines	RiLi E-IV, 4.1	Das zuständige Organ prüft die Richtigkeit der aus den Beweismitteln/ Tatsachen gezogenen Schlüsse der Beteiligten und begründet seine Schlüsse in seiner Entscheidung	261
Prüfung von Beweismitteln	RiLi E-IV, 4.2	Bei Beweismittel ist zu prüfen: welche Tatsache behauptet wird und ob diese relevant für die Entscheidung ist. Nur wenn Tatsache relevant ist -> Untersuchung, ob die Tatsache durch das Beweismittel bewiesen ist oder nicht. Es gilt der Grundsatz der freien Beweiswürdigung, d.h. Inhalt und Bedeutung sind in jedem einzelnen Fall unter Berücksichtigung der speziellen Umstände zu beurteilen Je schwerwiegender eine Tatfrage ist, desto **stichhaltiger** muss das zugrunde liegende Beweismaterial sein (✋ T 750/94) Insbesondere bei einer angeblichen Vorbenutzung ist ein strengeres Kriterium anzulegen (d.h. die Vorbenutzung muss zweifelsfrei stattgefunden haben), weil der PI praktisch keine Möglichkeiten hat, das Gegenteil zu beweisen (✋ T 97/94) Bei einander widersprüchlichen Behauptungen muss die Abteilung entscheiden, welche Beweismittel am überzeugendsten sind. Ist dies nicht möglich, so ist nach Beweislast zu entscheiden.	262

Anforderung von Beweismitteln	RiLi E-IV, 4.4	Die Abteilung muss ihren Hinweis, dass eine bestimmte Tatsache nicht ausreichend bewiesen ist, so neutral und objektiv wie möglich formulieren.
		
		   a) Es darf weder ein bestimmtes Beweismittel verlangt werden (✋ T 474/04),
		   b) Noch darf der Inhalt des Beweismittels, z.B. Wortlaut einer Erklärung unter Eid, vorgeschrieben werden (✋ T 804/92)
		
		Die Beweisaufnahme liegt im Ermessen der zuständigen Instanz und wird nur angeordnet, wenn dies für notwendig erachtet wird, z.B. wen eine entscheidungsrelevante Tatsache zu beweisen ist.
			263

Würdigung einer Zeugenaussage/ Aussage von Beteiligten	RiLi E-IV, 4.5
	RiLi E-IV, 4.6
		Nach Abschluss der Zeugen-/Beteiligtenvernehmung erhalten die Beteiligten Gelegenheit zur Stellungnahme, dies kann bei einer mündlichen Verhandlung nach der Beweisaufnahme oder schriftlich nach Übersendung der Niederschrift erfolgt. Erst danach erfolgt die Würdigung.
		
		Dabei ist zu beachten:
		
		   i) Was sagt der Zeuge/Beteiligte aus eigenem Wissen /Anschauung über den strittigen Tatbestand aus? Hat er praktische Erfahrung auf dem betreffenden Gebiet? War er selbst am Ereignis beteiligt oder hat er als Zuschauer/Zuhörer Kenntnis erlangt?
		   ii) Geringes Erinnerungsvermögen der meisten Menschen bei größerem zeitlichen Abstand (mehrere Jahre) zum Tatbestand, (insbesondere ohne unterstützende schriftliche Unterlagen)
		   iii) Bei anscheinend widersprüchlichen Aussagen wird der Wortlaut genau gegeneinander abgewogen.
		   iv) Angestellter eines Verfahrensbeteiligten kann als Zeuge gehört werden (✋T 482/89). Mögliche Befangenheit des Zeugen/Beteiligten ist keine Zulässigkeitsfrage, sondern eine Frage der Beweiswürdigung (✋T 443/93)
		
		Mündliche oder schriftliche Aussage von Beteiligten oder deren Aussageverweigerung ist unter Berücksichtigung der besonderen Interessenlage der Beteiligten zu würdigen.
			264

Würdigung eines Sachverständigengutachtens	RiLi E-IV, 4.7	Das zuständige Organ prüft, ob die Begründung eines Gutachtens überzeugt. Ohne genügende eigene Sachkenntnis oder die eines anderen Sachverständigen und einer Begründung kann das zuständige Organ sich nicht über das Gutachten hinwegsetzen	265

E. Einspruch

	Kosten Art. 104, R 88, RiLi D-IX					
266						
	Verfahrens- handlung	Rechtsnorm, Rechtsprechung	Details			
			Details und Fälligkeit	Unmittelbare Folgen eines Mangels, Mängelbeseitigung, Fristen	Rechtsfolge bei Nichtbeseitigung von Mängeln oder Fristversäumnis	Weiterbehandlungs-/ Wiedereinsetzungs-möglichkeit
267	Kosten- verteilung	Art. 104 (1)	**Jeder** am Einspruchsverfahren **Beteiligte trägt** die ihm erwachsenen **Kosten selbst**.			
268			Entscheidung über abweichende Kostenverteilung im Einspruchsverfahren durch die Einspruchsabteilung, (z.B. bei Kosten durch Beweisaufnahme), wenn dies der Billigkeit entspricht. Wenn Kosten hauptsächlich schuldhaft durch leichtfertiges oder böswilliges Handeln verursacht werden (z.B. andere Partei sagt böswillig ab). Keine Kosten-entscheidung für überflüssige oder unerhebliche Beweismittel (RiLi D-IX, 1.1-1.4).			
269		↳ T 212/88	Antrag auf Kostenverteilung vor Verkündung der Entscheidung in der mündlichen Verhandlung			
270		Art. 104 (1) R 88 (1)	Kostenverteilung wird in der Entscheidung über den Einspruch angeordnet. Berücksichtigt werden nur die Kosten, die zur zweckentsprechenden Wahrung der Rechte notwendig waren → auch die Vergütung für die Vertreter der Beteiligten.			
271	Kostenfest- setzung	Art. 104 (2) R 88 (2)	Antrag auf Kostenfestsetzung **Art. 104 (2) Satz 1** ist erst nach Rechtskraft der zugrunde liegenden Entscheidung zulässig (R 88 (2) z.B. nach Ablauf der 2 M-Beschwerdefrist). Antrag mit Kostenrechnung und Belegen			
272	Rechtsbehelf gegen die Kostenfest- setzung	R 88 (3)	Antrag auf Entscheidung + Begründung + Kosten-festsetzungsgebühr (Art. 2 (1) Nr. 16 GebO: 80 €) innerhalb **1 M** nach Zustellung der Kostenfestsetzung		Antrag gilt als nicht gestellt	WB (–) WE (+)
273		R 88 (4)	Über den Antrag auf Kostenfestsetzung entscheidet Einspruchsabteilung ohne mündliche Verhandlung. Jeder durch die abschließende Entscheidung der Einspruchsabteilung beschwerte Beteiligte kann dagegen Beschwerde einlegen. Die Beschwerde ist nur zulässig, wenn die festgesetzten Kosten höher sind als die Beschwerdegebühr (R 97 (2)).			
274		↳ T 668/99	Umfasst die Beschwerde nicht die Entscheidung zur Kostenverteilung, kann die Einspruchsabteilung die Höhe der Kosten festsetzen, da diese Entscheidung rechtskräftig geworden ist. Das Verbot der »reformatio-in-peius« hat auch für den Antrag gemäß Art. 104 (2) Satz 2 zu gelten.			
275	Vollstreck- barkeit	Art. 104 (3)	Jede unanfechtbare Entscheidung (auch die unanfechtbare Kostenfestsetzung der Einspruchsabteilung) des EPA über die Festsetzung der Kosten ist in jedem VS in Bezug auf die Vollstreckung wie ein rechtskräftiges Urteil eines Zivilgerichts des Staats zu behandeln, in dessen Hoheitsgebiet die Vollstreckung stattfindet. Eine Überprüfung dieser Entscheidung darf sich lediglich auf ihre Echtheit beziehen.			

276	**Einwendungen Dritter** Art. 115 iVm R 114 (gebührenfrei), RiLi D-X, 4.5, RiLi E-VI, 3
277	siehe Haupttabelle A. 457 ff.

Einspruch E.

Widerrufs- und Beschränkungsverfahren (gilt nur für eP)
Art. 105a, Art. 105b, R 90-96, RiLi D-X (nur für PI)

278

Verfahrenshandlung	Rechtsnorm, Rechtsprechung	Details	
Zeitpunkt		ePA können bis Hinweis auf Erteilung zurückgenommen werden, nach Erteilung ist Widerrufs- und Beschränkungsverfahren möglich.	279
	RiLi D-X,1	Keine zeitliche Begrenzung, kann sogar nach Erlöschung des Patents durchgeführt werden, aber: Vorrang des Einspruch R 93 (1), RiLi D-X, 7.1.	280
	Art. 105a (2) R 93 (1)	Der **Antrag** kann **nicht gestellt** werden, solange ein **Einspruchsverfahren** in Bezug auf das europäische Patent **anhängig** ist.	281
Antrag (Einleitung)	Art. 105a (1) R 92	**Antrag** zum Widerrufs- und Beschränkungsverfahren ist **beim EPA** zu stellen, gilt erst als **gestellt**, wenn die **Beschränkungs-** oder **Widerrufsgebühr** und ggf. eine Zuschlagsgebühr **entrichtet** worden ist.	282
	R 92 (1)	Antrag schriftlich in Amtssprache des EPA oder in Amtssprache eines VS (→ Übersetzung nach **Art. 14 (4)** iVm **R 6 (2)** innerhalb 1 M)	283
	R 92 (2)	Antrag muss enthalten: a) Angaben zum PI (Antragsteller) nach **R 41 (2) c)**, sowie Angabe der VS, für die der Antragsteller PI ist; b) Patentnummer und VS, in denen das eP wirksam geworden ist; c) ggf. Namen und Anschrift der PI für die VS, in denen der Antragsteller nicht PI ist + Nachweis, dass der Antragsteller befugt ist, im Verfahren für alle PI zu handeln; d) bei Beschränkung: eine vollständige Fassung der geänderten Patentansprüche und gegebenenfalls der Beschreibung und Zeichnungen in der geänderten Fassung; e) falls Vertreter bestellt, Angaben zur Person nach **R 41 (2) d)**.	284
Gebühr	Art. 2 (1) Nr. 10a GebO	Beschränkungsgebühr: 1245 € Widerrufsgebühr: 560 €	285
Veröffentlichung	R 95 (3) R 82 (3) Art. 2 (1) Nr. 8 GebO	**R 95 (3), R 82 (3)**: Aufforderung zur Zahlung Veröffentlichungsgebühr (80 €) und ggf. Einreichung Übersetzung in Verfahrenssprache innerhalb 3 M, ansonsten wird nach R 95 (4) Antrag zurückgewiesen	286
	R 95 (3) R 82 (3) Art. 2 (1) Nr. 9 GebO	Innerhalb von 2 M nach Mitteilung Fristversäumnis Zuschlagsgebühr für **verspätete Vornahme** von **Handlungen** des eP in geändertem Umfang – 130 €	287
Wirkung	Art. 105b (3)	Die Entscheidung über die Beschränkung oder den Widerruf erfasst das europäische Patent mit Wirkung für alle Vertragsstaaten, für die es erteilt worden ist. Sie wird an dem Tag wirksam, an dem der Hinweis auf die Entscheidung im Europäischen Patentblatt bekannt gemacht wird.	288
Zuständigkeit	R 91	Prüfungsabteilungen sind zuständig.	289
Einspruch bei anhängigem Beschränkungsverfahren	R 93 (2)	Ist im Zeitpunkt der Einlegung eines Einspruchs gegen ein eP ein Beschränkungsverfahren in Bezug auf dieses Patent anhängig, so stellt die Prüfungsabteilung das Beschränkungsverfahren ein und ordnet die Rückzahlung der Beschränkungsgebühr an. Hat der Antragsteller die in R 95 (3) Satz 1 genannte Gebühr bereits entrichtet, so wird deren Rückzahlung ebenfalls angeordnet.	290
	RiLi D-X, 7.1	R 93 (2) gilt ausschließlich für das Beschränkungsverfahren.	291
Einspruch bei anhängigem Widerrufsverfahren	RiLi D-X, 7.1	Der Einspruch genießt keinen Vorrang gegenüber einem Widerrufsverfahren. Ein Widerrufsverfahren wird nach Einlegen eines Einspruchs fortgesetzt, und es kommt nur dann zum Einspruchsverfahren, wenn der Antrag auf Widerruf als nicht gestellt gilt oder als unzulässig verworfen bzw. zurückgenommen wird. Andernfalls werden, wenn das Patent widerrufen wird, die Einsprechenden hierüber informiert, und das Einspruchsverfahren wird eingestellt.	292

E. Einspruch

Widerrufs- und Beschränkungsverfahren (Fortsetzung)

	Verfahrenshandlung	Rechtsnorm	Details
293	**Mängel**	R 94 Satz 1	Werden Erfordernisse nach R 92 nicht erfüllt, Amtsfrist zur Behebung, idR 2 M
294	RiLi D-X, 2.1 RiLi D-X, 2.2	Art. 105a (2) R 93 (1)	Der Antrag auf Beschränkung oder Widerruf gilt als nicht eingereicht, wenn im Zeitpunkt der Antragstellung ein Einspruchsverfahren in Bezug auf das eP anhängig ist. Rückzahlung der Beschränkungsgebühr (und ggf. der bereits entrichteten Gebühr nach R 95 (3) (Veröffentlichungsgebühr und ggf. Zuschlagsgebühr nach Art. 2 (1) Nr. 8 und 9 GebO).
295		Art. 105a (1) Art. 2 (1) Nr. 10a GebO	Nicht rechtzeitige oder fehlende Entrichtung der **Beschränkungs-** oder **Widerrufsgebühr**
296		Art. 14 (4) R 6 (2)	Nicht rechtzeitige oder fehlende Einreichung einer erforderlichen Übersetzung
297		Art. 133 (2) R 152	Nicht rechtzeitige oder fehlende Bestellung eines erforderlichen Vertreters
298	**Unzulässigkeit**	RiLi D-X, 2.2	Unbehebbare Mängel → Antrag gilt als nicht gestellt RiLi D-X, 2.1
299		R 94 Satz 1 RiLi D-X, 2.2	Bei Nichterfüllung der Erfordernisse nach R 92 innerhalb Nachfrist wird Antrag als unzulässig verworfen.
300	**Umfang**	R 95	Im Beschränkungsverfahren findet nur eine formale Prüfung statt, ob die geänderten Ansprüche keine unzulässige Änderung nach **Art. 123** darstellen und ob sie dem Klarheitserfordernis genügen (**Art. 84**). Keine Prüfung auf Neuheit, erfinderische Tätigkeit, Einheitlichkeit (↳G 1/91).
301	**Einwendungen Dritter**	Art. 115 RiLi D-X, 4.5	Erstreckt sich ausdrücklich auf alle Verfahren vor dem EPA, also auch Einwendungen Dritter grundsätzlich auch während Widerrufs- und Beschränkungsverfahren möglich. Einspruch gegen ein im Beschränkungsverfahren geändertes Patent ist nicht zulässig.

302	**Verhältnis zwischen Einspruch, Beschränkung und Widerruf**		
303	**Verfahren**	**Antrag**	**Folge**
304	Einspruchsverfahren	Antrag auf Beschränkung	Antrag gilt als nicht gestellt **Art. 105a (2)** iVm **R 93 (1)**
305		Antrag auf Widerruf	
306		Antrag auf Widerruf im Rahmen des Einspruchsverfahrens	Ohne Sachprüfung ist das Patent zu widerrufen ↳**T 84/186**
307	Beschränkungsverfahren	Einlegen eines Einspruchs	Einstellung Beschränkungsverfahren Art **105a** iVm **R 93 (2)** → Rückerstattung der Gebühr für das Beschränkungsverfahren
308	Widerrufsverfahren	Einlegen eines Einspruchs	Einspruch hat keinen Vorrang

Anregung zu dieser Übersicht von Dr. Simon Voigt

Einspruch E.

	Neue Einspruchs- gründe	Verspätet vorgebrachte Dokumente/ Beweismittel	Neue Argumente	Umfang	Folgen bei Zurücknahme des Einspruchs/ Erlöschen des Patents	Än- derungen
Übersicht: Beteiligte am Einspruchsverfahren und im Verfahren zugelassene Handlungen						
Einspruch						
Einsprechender	wenn prima facie relevant E.190 ff.	wenn prima facie relevant E.202 ff. E.130	immer möglich E.198 f., aber: RiLi D-VI, 1: so früh und vollständig wie möglich	auf in Einspruchs- begründung angegriffenen Umfang beschränkt E.31 ff., E. 130 f.	Amtsermittlung auf Antrag E.83 ff.	–
Beigetretener	wenn prima facie relevant E.130 G 10/91				kann Verfahren alleine fortsetzen E.129 f.	
Patentinhaber	–	–		–	Amtsermittlung E.83 ff.	E.50 ff. E.59 f.
Einspruchs- abteilung	wenn prima facie relevant E.190 ff.	–		– G 9/91		–
Einspruchsbeschwerde						
Einsprechender	nur mit Zustimmung des PI E.190 ff., F.121	wenn prima facie hochrelevant F.121	Ermessen (Art. 13 (1) VOBK)	s.o., aber »reformatio in peius« Verbot F.138	bei Rücknahme der einzigen Beschwerde/des Einspruchs endet das Verfahren F.97 ff.	–
Beigetretener	jeder Einspruchs- grund E.124 ff. G 1/94.	–			kann nicht alleine fortsetzen E.132, F.128	
Patentinhaber	–	–		–	F.97 ff.	E.50 ff. E.59 f.
Beschwerde- kammer	kein Amtsermittlungsgrundsatz F.97					

Anregung zu dieser Übersicht von Dr. Axel Grzesik und Dr. Martin Heinebrodt

Inhalt Kapitel F. Beschwerde

Beschwerde
Zweck der Beschwerde F.2
Beschwerdefähige Entscheidungen .... F.3 ff.
Anfechtbare Zwischenentscheidungen........................... F.9
Beschwerdeberechtigte und Verfahrensbeteiligte .... F.11 ff.
Erhebung der Beschwerde... F.24 f.
Inhalt der Beschwerde F.27
Beschwerdegebühr.. F.31
Zuständigkeit F.33
Beschwerdebegründung.. F.34
Form und Sprache der Beschwerdebegründung............. F.35 ff.
Folge eines Mangels .... F.42 ff.
Wirkung der Beschwerde .... F.47 ff.
Grenzen der Beschwerde (Reformatio in peius) F.50
Beweismittel .... F.51 ff.
Änderungen im Beschwerdeverfahren .... F.57 f.

Antrag auf Entscheidung über Rechtsverlust
Antrag auf beschwerdefähige Entscheidung nach
R 112 (2).. F.60 f.
Ablehnung Fristverlängerung F.62

Verfahrensverlauf
Prüfung durch Beschwerdekammer................................ F.64 ff.
Grundlage des Beschwerdeverfahrens F.72
Ermittlung von Amts wegen F.73
Weitere Verfahrensdetails .... F.75 ff.
Änderung der Patentansprüche im
Beschwerdeverfahren.. F.80 ff.

Beendigung des Beschwerdeverfahrens
Entscheidung.. F.86 ff.
Zurückweisung an erstinstanzliches Organ.................... F.90 ff.
Entscheidung durch Große Beschwerdekammer............ F.94 f.
Zurücknahme des zugrunde liegenden Einspruchs .... F.97 ff.
Zurücknahme der Beschwerde...................................... F.99 ff.

Abhilfe nach Beschwerde
Verfahrensablauf Abhilfe.. F.100a ff.
Abhilfe nicht möglich... F.101 ff.
Rückzahlung der Beschwerdegebühr............................. F.107 ff.

Besonderheiten der Einspruchsbeschwerde
Beschwerde nach gemeinsamem Einspruch F.120
Umfang der sachlichen Prüfung des eP im
Einspruchsbeschwerdeverfahren .... F.121 f.

Beschleunigung des Beschwerdeverfahrens
Beschleunigung des Beschwerdeverfahrens .... F.124 f.

Betritt während des Beschwerdeverfahrens
Betritt während des Beschwerdeverfahrens.................... F.127 ff.

Beschwerde (Verschlechterungsverbot – Reformatio in peius)
Beschwerde (Reformatio in peius) .... F.138 ff.

Ausschluss/Ablehnung von Mitgliedern der Beschwerdekammer
Ausschluss/Ablehnung von Mitgliedern der
Beschwerdekammer.. F.145 ff.
Unabhängigkeit der Mitglieder der Kammern.................. F.149 ff.

Große Beschwerdekammer
Zielsetzung des Verfahrens... F.155 f.
Berechtigte .... F.157 f.
Voraussetzungen zur Einleitung Verfahren .... F.159 ff.
Frist F.166
Gebühr F.167
Antrag .... F.169 ff.
Rechtsfolge.. F.173 f.
Beteiligte am Verfahren vor der GBK F.175
Entscheidung... F.176 f.
Bindungswirkung .... F.178 ff.

Übersicht Begriffserläuterungen
Begriffserläuterungen in Verbindung mit der
Beschwerde.. F.182 ff.

Beschwerde F.

Beschwerde Art. 106-112a, R 97-103, RiLi E-XII				
Zweck der Beschwerde ist Überprüfung der erstinstanzlichen Entscheidung in einem gerichtlichen Verfahren (**Art. 23 (3)** richterliche Unabhängigkeit) - Anträge aus erster Instanz müssen neu gestellt werden (↳**T 534/89**); Beschwerde hat aufschiebende Wirkung (u.a. Hinweis auf Erteilung) (↳**J 28/94**). Siehe auch die VerfOBK - Verfahrensordnung der Beschwerdekammern (ABl. 2019, A63; ABl. 2020, Zusatzpublikation 2; ABl. EPA 2021, A19)				
Verfahrenshandlung	Rechtsnorm, Rechtsprechung	Details und Fristen	Unmittelbare Folgen eines Mangels, Mängelbeseitigung, Fristen	
Beschwerdefähige Entscheidungen	Art. 106	**Art. 106 (1)**: Beschwerde ist möglich gegen **Entscheidungen** (die das Verfahren abschließen, z.B. Antrag auf Entscheidung nach R 112 (2) als Reaktion auf Mitteilung eines Rechtsverlusts nach R 112 (1)) der • Eingangsstelle • Prüfungsabteilung • Einspruchsabteilung • Rechtsabteilung Nach Einverständnis des Anmelders mit der für die Erteilung vorgesehene Fassung (R 71 (3)) ist der Anmelder nicht mehr beschwert.	**R 101 (1)**: Verwerfung als unzulässig **WB** (−), durch Art. 121 (4) ausgeschlossen **WE** (+) für Anmelder oder Patentinhaber (↳**T 13/82**), **WE** (−) für Einsprechenden (↳**T 210/89**)	
	R 98	Einspruchsbeschwerde ist auch möglich, wenn für alle benannten VS auf das eP verzichtet wurde oder das eP in allen diesen Staaten erloschen ist.		
	Art. 106 (2)	Entscheidung (z.B. Zwischenentscheidungen) nur zusammen mit Endentscheidung (= Abschluss des Verfahrens) anfechtbar, solange Beschwerde nicht gesondert zugelassen.		
	Art. 106 (3)	Ausführungsordnung kann das Recht auf Beschwerde gegen Entscheidungen über die Kostenverteilung oder Kostenfestsetzung einschränken.		
	R 111 (2)	Beschwerdefähige Entscheidungen sind zu begründen und müssen Belehrung über Beschwerdemöglichkeit aufweisen. Aus Unterlassung können keine Ansprüche abgeleitet werden.		
	R 97 (1) R 97 (2) Art. 13 GebO	Kostenverteilung kann nicht der einzige Gegenstand einer Beschwerde sein; Kostenfestsetzung nur beschwerdefähig, wenn Kosten die Beschwerdegebühr übersteigen. (📖 S/S Art. 104, Rd 17, 94 und 📖 S/S Art. 106, Rd 28 ff.).		
	Anfechtbare Zwischenentscheidungen (Zulassung der gesonderten Beschwerde ist Ermessenslage der zuständigen Abteilung) (siehe 📖 S/S Art. 106 Rd 19 ff.), beschwerdefähige Zwischenentscheidungen sind z.B. Anerkennung Prioecht, **Aufrechterhaltung des eP in geändertem Umfang** (RiLi D-VI, 7.2.2)**, Zulässigkeit eines Einspruchs			

F. Beschwerde

Beschwerde (Fortsetzung)

	Verfahrenshandlung	Rechtsnorm, Rechtsprechung	Details und Fristen	Weiterbehandlungs-/ Wiedereinsetzungs-Möglichkeit
11	**Beschwerdeberechtigte und Verfahrensbeteiligte**	Art. 107	Beschwerde steht jedem beschwerten Verfahrensbeteiligtem zu (Beschwer: siehe nächste Zeile F.12 oder F.183). Die übrigen Beteiligten sind am B.-Verfahren beteiligt (Patentinhaber, Einsprechender, Beitretender).	**R 101 (1)**: wird als unzulässig verworfen **WB (–)**, durch Art. 121 (4) ausgeschlossen **WE (+)** für Anmelder oder Patentinhaber (T 13/82), **WE (–)** für Einsprechenden (T 210/89)
12		T 244/85 T 114/82 T 115/82	Eine Beschwer liegt vor, wenn die Entscheidung hinter dem Begehren eines Verfahrensbeteiligten zurückbleibt (T 244/85) und nicht seinem Antrag entspricht (T 114/82, T 115/82).	
13		J 1/92	Eine Beschwerde ist unzulässig, wenn sie nur im Namen des Vertreters des Beteiligten eingelegt wird (offensichtlicher Irrtum: Heilung nach R 101 (2) Heilung) (G 9/92; G 4/93; G 2/91; G 1/88).	
14		T 656/98	Nach Übertragung des eP ist neuer PI beschwerdeberechtigt, wenn beim EPA notwendiger Nachweis des Rechtsübergangs **R 22 (3)**, Eintragungsantrag und Verwaltungsgebühr nach **R 22 (2) vor Ablauf der Beschwerdefrist** nach **Art. 108** eingehen. Wird Rechtsübergang später eingetragen **R 22 (1)**, kann Beschwerde rückwirkend nicht zulässig werden.	
15		Art. 105 (1) R 89	Beitritt eines vermeintlichen Patentverletzers innerhalb 3 M nach Klageerhebung oder negativer Feststellungsklage (siehe F.127, E.124 f.), **G 4/91**: Einspruchsverfahren bzw. Einspruchsbeschwerdeverfahren muss anhängig sein, Beitritt zwischen den Instanzen ist nicht möglich, siehe S/S Art. 107, Rd 49.	
16		G 4/88	**Übertragung** der **Beteiligtenstellung** (und damit Beschwerderecht nach Art. 107) nur zusammen mit Übertragung des **Geschäftsbetriebs**.	
17		G 2/91	Beschwerdeberechtigter, der keine Beschwerde eingelegt hat (=Beteiligter) hat kein selbständiges Recht, das Verfahren fortzusetzen.	
18		G 3/04	Wenn selbständig Beteiligter Beschwerde zurücknimmt, kann das Verfahren mit den unselbständigen Beteiligten/beigetretenen **nicht** fortgesetzt werden. (siehe ABl. 2006, 188). Ein erst während des Beschwerdeverfahrens Beitretender kann nicht durch Zahlung einer Beschwerdegebühr und Einlegung einer Beschwerde die Stellung eines selbstständigen Beschwerdeführers erwerben.	
19		T 358/08	Gleiche Voraussetzungen für die Zulässigkeit der Beschwerde nach EPÜ 1973 und EPÜ 2000.	
20		Art. 60 (3)	Im Verfahren vor dem EPA gilt der Anmelder als berechtigt, das Recht auf das eP geltend zu machen. Rechtsnachfolger ist erst dann Beteiligter und beschwerdeberechtigt, wenn Urkunden und Nachweis zum Eintrag des Rechtsübergangs in das Patentregister vorliegen → dies gilt nicht für Gesamtrechtsnachfolge (hier: Verschmelzung T 15/01).	
21		T 97/98	**Berichtigung** des **Namens** des **Beschwerdeführers** nach **R 99 (1) a)** iVm **R 101 (2)** zulässig, wenn die wirkliche Absicht bestand, die Beschwerde im Namen dieser Person einzulegen und den Angaben in der Beschwerdeschrift mit hinreichender Wahrscheinlichkeit entnommen werden konnte, dass die Beschwerde im Namen dieser Person hätte eingelegt werden sollen.	
22		T 824/00	Grenzen der Berichtigung nach R 139. Beteiligter ist nicht beschwert im Sinne des Art. 107, wenn seinem Schlussantrag stattgegeben wird.	

Beschwerde F.

Beschwerde (Fortsetzung)					
Verfahrenshandlung	Rechtsnorm, Rechtsprechung	Details und Fristen	Unmittelbare Folgen eines Mangels, Mängelbeseitigung, Fristen	Rechtsfolge bei Nichtbeseitigung von Mängeln oder Fristversäumnis	Weiterbehandlungs-/ Wiedereinsetzungs-Möglichkeit
Erhebung der Beschwerde durch Einreichung der Beschwerdeschrift	Art. 108 Frist und Form RiLi E-XII, 6	**Art. 108**: Innerhalb von 2 M nach Zustellung der Entscheidung beim EPA (gilt erst als eingelegt, wenn die Gebühr entrichtet - 📄 F.31)	**R 101 (2)**: Behebung der Mängel nach **R 99 (1) a)** innerhalb zu bestimmender Frist **R 101 (1)**: Sonstige Mängel (**Art. 106 bis 108, R 3 (1) und R 99 (1) b), c)**) innerhalb Frist nach Art. 108	**R 101 (1)**: Beschwerde gilt als nicht eingelegt (Beschwerdegebühr wird von Amts wegen zurückgezahlt) ↪G 01/18 (📄 S.88)	**WB (–)**, durch Art. 121 (4) ausgeschlossen **WE (+)** für Anmelder oder Patentinhaber (↪**T 13/82**), **WE (–)** für Einsprechenden (↪**T 210/89**)
	↪**J 16/94** ↪**T 460/95**	Hilfsweise eingereichte Beschwerde ist unzulässig.			
Inhalt der Beschwerdeschrift	R 99 (1)	Inhalt der Beschwerdeschrift: a) Name und Anschrift des Beschwerdeführers nach **R 41 (2) c)** → Nichtbefolgen **R 101 (2)** b) Angabe der angefochtenen Entscheidung → Nichtbefolgen **R 101 (1)** c) Antrag mit Festlegung Beschwerdegegenstand → Nichtbefolgen **R 101 (1)**			
	R 99 (3) R 50 (3)	Die Beschwerde muss unterschrieben sein (R 50 (3)). Die Vorschriften der R 99 (3) sind entsprechend anzuwenden.			
	Art. 108 R 99	Art. 108 Satz 1 iVm. R 50 (3): **Schriftlich**			
	R 3 (1)	In jeder Amtssprache des EPA möglich.			
Beschwerdegebühr Art. 2 (1) Nr. 11 GebO • 2015 € für natürliche Person oder nach R 6 (4)+(5) genannte Einheit (KMU, Hochschulen, öffentliche Forschungseinrichtung, NPO) RiLi E-XII, 6 • 2785 € für sonstige Einheit seit 01.04.2022 siehe 📄 R.87, **Rückzahlung** siehe 📄 F.107	Art. 108	**Art. 108**: Innerhalb von 2 M nach Zustellung der Entscheidung ↪**G 2/97**: Kammer muss nicht auf Fehlen aufmerksam machen		**Art. 108** iVm **R 101 (1)**: Beschwerde gilt als nicht eingelegt (verspätet gezahlte Beschwerdegebühr wird zurückerstattet) und wird daher als unzulässig verworfen	**WB (–)**, durch Art. 121 (4) ausgeschlossen **WE (+)** für Anmelder oder Patentinhaber, **WE (–)** für Einsprechenden (↪**T 210/89**)

Zeitlinie:
- Zustellung der Entscheidung
- 2M → Beschwerdeschrift + Beschwerdegebühr (📄 F.24, 📄 F.31)
- max. 4M → Beschwerdebegründung (📄 F.34)

F. Beschwerde

32 Beschwerde (Fortsetzung)

Verfahrenshandlung	Rechtsnorm, Rechtsprechung	Details und Fristen	Unmittelbare Folgen eines Mangels, Mängelbeseitigung, Fristen	Rechtsfolge bei Nichtbeseitigung von Mängeln oder Fristversäumnis	Weiterbehandlungs-/ Wiedereinsetzungs-Möglichkeit
33 Zuständigkeit (siehe auch Beschwerdekammer 📄 F.144 ff.)	Art. 21 (1)	Beschwerdekammern sind für Beschwerden gegen Entscheidungen der Eingangsstelle, Prüfungsabteilung, Einspruchsabteilung und der Rechtsabteilung zuständig.			
34 Beschwerdebegründung	Art. 108 R 99 (3)	**Art. 108:** Substantiierte Begründung innerhalb von 4 M nach Zustellung der Entscheidung bei Einreichung in Nichtamtssprache 1 M zur Übersetzung		**R 101 (1):** Beschwerde wird als unzulässig verworfen	**WB (–)**, durch Art. 121 (4) ausgeschlossen **WE (+)** für Anmelder oder Patentinhaber, **WE (+)** für Einsprechenden (↪**G 1/86**)
35 Form und Sprache der Beschwerdebegründung 📖 S/S Art. 108 Rd 9 ff.	Art. 108 R 99	**Art. 108 Satz 1 iVm R 50 (3): Schriftlich.**			
36		R 99 (2)	Darlegung der Gründe für Aufhebung der angefochtenen Entscheidung oder in welchem Umfang sie abzuändern ist; Angabe Tatsachen und Beweismittel für Stützung der Beschwerde			
37		R 3 (1)	In jeder Amtssprache des EPA möglich.			
38		Art. 14 (4)	Beschwerde kann in zugelassener Nichtamtssprache eingereicht werden. Übersetzung muss innerhalb 1 M (**R 6 (2)**) bzw. bis zum Ablauf der Beschwerdefrist nachgereicht werden, wenn diese später abläuft. Geschieht dies nicht, gilt Beschwerde gemäß **Art. 14 (4)** als nicht eingelegt und die Beschwerdegebühr wird zurückerstattet (↪**T 323/87**).			
39			Beschwerde ist beim EPA einzureichen: München, Den Haag oder Berlin; nicht in Wien. Eine Beschwerde kann per Fax bzw. elektronisch, z.B. über das Case-Management-System (CMS) eingereicht werden (BdP 12.07.2007, ABl. 2007, SA 3, 7 bzw. BdP 26.02.2009, ABl. 2018, A45). Die **Web-Einreichung** darf **nicht** genutzt werden für Unterlagen in Bezug auf **Beschwerdeverfahren** (Art. 106 bis 112) oder Unterlagen in Bezug auf Verfahren zur **Überprüfung** von **Entscheidungen** der Beschwerdekammern durch die **Große Beschwerdekammer** (Art. 112a). Bei Verstoß gelten die Unterlagen als nicht eingegangen. Der Absender wird, soweit er ermittelt werden kann, unverzüglich benachrichtigt. (ABl. 2018, A45)			
40			Im Beschwerdeverfahren kann die Unterzeichnung der eingereichten Unterlagen mittels Faksimile-Signatur, alphanumerischer Signatur oder unter Verwendung einer fortgeschrittenen elektronischen Signatur erfolgen. (ABl. 2016, A21)			

Beschwerde F.

Beschwerde (Fortsetzung)			41
Verfahrenshandlung	Rechtsnorm, Rechtsprechung	Details und Fristen	
Folge eines Mangels	R 101	Verwerfung der Beschwerde als unzulässig.	42
	R 101 (1)	Verwerfung der Beschwerde, wenn Erfordernisse nach Art. 106 bis 108 sowie R 97, R 99 (1) b), c), R 99 (2) nicht erfüllt, Mängelbeseitigung innerhalb Frist nach Art. 108.	43
	R 101 (2)	Aufforderung zur Mängelbeseitigung nach R 99 (1) a) -> Nichtbefolgen R 101 (2) R 100 (1): Verfahrensvorschriften für Beschwerde wie vorheriges Verfahren	44
	↳G 1/12 S.79	Fehlerhafte Angabe der Identität (Namen und Anschrift) des Beschwerdeführers kann nach R 101 (2) auf Antrag korrigiert werden, sofern die Erfordernisse der R 101 (1) erfüllt sind. Allgemeines Verfahren zur Berichtigung von Mängeln nach R 139 Satz 1 ist anzuwenden.	45
	↳J 28/03	**Teilanmeldung:** Aufgrund einer unzulässigen Beschwerde kann keine TA eingereicht werden.	46
Wirkung der Beschwerde	↳J 28/94	Beschwerde hat aufschiebende Wirkung (u.a. Hinweis auf Erteilung)	47
	Art. 106 (1) Satz 2	Wird für verspätet eingelegte Beschwerde WE gewährt, tritt aufschiebende Wirkung mit Gewährung der WE ein. →TA kann bis Ende der Beschwerdefrist eingereicht werden, da ePA gemäß R 36 (1) anhängig ist (↳G 01/09).	48
	↳J 28/03	Beschwerde gegen Erteilung hat keine aufschiebende Wirkung.	49
Grenzen der Beschwerde	↳G 9/92 ↳G 4/93	»Reformatio in peius« für den Beschwerdeführer (↳G 1/99) → siehe F.138	50
Beweismittel	Art. 12 (3) VerfOBK	Die Beschwerdebegründung und die Erwiderung müssen das vollständige Beschwerdevorbringen eines Beteiligten enthalten Sie sollen ausdrücklich alle geltend gemachten Anträge, Tatsachen, Einwände, Argumente und Beweismittel im Einzelnen anführen. Alle Unterlagen, auf die Bezug genommen wird, sind a. als Anlagen beizufügen, soweit sie nicht schon im Erteilungs-, Einspruchs- oder Beschwerdeverfahren eingereicht oder vom Amt in diesen Verfahren erstellt oder eingeführt worden sind; b. auf jeden Fall einzureichen, soweit die Kammer dazu im Einzelfall auffordert.	51
		zu Beweismittel siehe außerdem E.213 ff.	52
Verspätet eingereichte Beweismittel	↳T 611/90	Verspätet eingereichte Beweismittel, Unterlagen, etc. können wegen mangelnder Relevanz zurückgewiesen werden, wenn sie nicht über bereits vorliegendes Material hinausgehen (↳**T 237/03**).	53
Verspätetes Vorbringen	↳T 1002/92	Verspätetes Vorbringen: Neue Dokumente im (Beschwerde-) Verfahren nur, wenn prima facie relevant, im Beschwerdeverfahren enger auszulegen.	54
Zuvor nicht Zugelassenes Beweismittel	Art. 12 (6) VerfOBK	Anträge, Tatsachen, Einwände oder Beweismittel, die in dem Verfahren, das zur angefochtenen Entscheidung geführt hat, nicht zugelassen wurden, lässt die Kammer nicht zu, es sei denn, die Entscheidung über die Nichtzulassung war ermessensfehlerhaft oder die Umstände der Beschwerdesache rechtfertigen eine Zulassung. Auch Anträge, Tatsachen, Einwände oder Beweismittel, die in dem Verfahren, das zur angefochtenen Entscheidung geführt hat, vorzubringen gewesen wären, lässt die Kammer nicht zu, es sei denn, die Umstände der Beschwerdesache rechtfertigen eine Zulassung.	55

F. Beschwerde

56	Beschwerde - Änderungen im Beschwerdeverfahren			
	Verfahrenshandlung	Rechtsnorm, Rechtsprechung	Details und Fristen
57	**Änderungen im Beschwerdeverfahren**	Art. 12 (4) VerfOBK	Die Kammer kann auch Vorbringen eines Beteiligten unberücksichtigt lassen, das in erster Instanz als verspätet nicht zugelassen worden ist. Neues Vorbringen hat kaum Aussicht auf Berücksichtigung, wenn schon in erster Instanz veranlasst gewesen wäre.
58		Art. 13 (1) VerfOBK	Neu eingereichte Änderungen sind nur nach Ermessen der Kammer zuzulassen. Gemäß Neufassung der VerfOBK ABl. 2020, Zusatzpublikation 2 gilt Konvergenzsatz: Ein Beteiligter muss eine Änderung klar kennzeichnen und rechtfertigen. Wird eine ePA oder ein eP geändert, etwa in Form einer Anspruchsänderung, so muss der Anmelder bzw. PI erklären, warum der geänderte Anspruch die Einwände ausräumt, die in der angefochtenen Entscheidung bzw. in der Beschwerdebegründung des Einsprechenden erhoben wurden. Der Beteiligte muss die Gründe dafür angeben, weshalb er die Änderung erst in dieser Phase des Beschwerdeverfahrens einreicht. Änderungen dürfen keinen Grund für weitere Einwände bieten. Änderungen müssen prima facie geeignet sein, die aufgeworfenen Fragen oder Einwände auszuräumen. Als Änderung gilt jegliche Abweichung von Anträgen, Tatsachen, Einwänden (u.a. Angriffen), Argumenten und Beweismitteln gegenüber der 1. Instanz.

59	Antrag auf Entscheidung über Rechtsverlust					
	Verfahrenshandlung	Rechtsnorm	Details und Fristen	Unmittelbare Folgen eines Mangels, Mängelbeseitigung, Fristen	Rechtsfolge bei Nichtbeseitigung von Mängeln oder Fristversäumnis	Weiterbehandlungs-/ Wiedereinsetzungs-Möglichkeit
60	**Antrag auf Entscheidung gemäß R 112 (2) auf Mitteilung über Rechtsverlust gemäß R 112 (1)** (führt zu beschwerdefähigen Entscheidungen Art. 106 (1))	R 112 (2)	**R 112 (2):** Antrag (schriftlich) auf Entscheidung des EPA innerhalb 2 M nach Zustellung der Mitteilung über einen Rechtsverlust		Rechtsverlust wird endgültig (selbst wenn Feststellung unrichtig gewesen sein sollte)	**WB** (–) durch Art. 121 (4), R 135 (2) ausgenommen **WE** (+) in Frist nach R 112 (2)
61		Empfohlenes Vorgehen: Antrag auf Entscheidung nach **R 112 (2)** und hilfsweise Antrag auf WB nach **Art. 121** oder WE nach **Art. 122** (Gebühren für WB oder WE werden zurückerstattet, wenn Mitteilung nach **R 112 (1)** zu Unrecht ergangen ist).				
62	**Ablehnung einer Fristverlängerung mit Mitteilung nach R 112 (1)**	Eine Beschwerde allein gegen die Ablehnung der Fristverlängerung ist nicht zulässig, weil keine das Verfahren abschließende Entscheidung vorliegt (**Art. 106 (2)**). Gegen die Ablehnung einer Fristverlängerung kann daher keine beschwerdefähige Entscheidung nach **R 112 (2)** herbeigeführt werden (↳ **J 37/89**).				

Beschwerde F.

Verfahrensverlauf			
ABl. 2020, Zusatzpublikation 2			63
Verfahrenshandlung	Rechtsnorm	Details	
Prüfung durch Beschwerde-kammer	Art. 110 (1)	**Prüfung durch die Beschwerdekammer, ob Beschwerde begründet ist**	64
	R 101 (1)	Zulässigkeitsprüfung → Art. 106 bis 108, R 3 (1) und R 99 (2), Mängelbeseitigung bis Beschwerde-Fristende	65
	R 101 (2)	Gesonderte Frist bei Mängel nach R 99 (1) a) (Name und Anschrift, Beschwerdegegenstand)	66
	R 100	Prüfung der Beschwerde	67
	R 100 (1)	Es gelten die Vorschriften wie im erstinstanzlichen Verfahren.	68
	R 102	Form der Entscheidung, Inhalt	69
	R 100 (2)	Aufforderung der Beteiligten, innerhalb einer von der Beschwerdekammer zu bestimmenden Frist eine Stellungnahme zu den Bescheiden oder zu den Schriftsätzen anderer Beteiligter einzureichen. Nach Ablauf der Frist gemäß einer Mitteilung nach R. 100 (2) werden Änderungen grundsätzlich nicht mehr zugelassen	70
	R 100 (3)	Unterlässt es der **Anmelder** auf eine Aufforderung nach **(2)** rechtzeitig zu antworten, so gilt die ePA als zurückgenommen, auch wenn angefochtene Entscheidung nicht die Zurückweisung betrifft (↳ **J 29/94**), Ausnahme: Beschwerde betrifft Rechtsabteilung.	71
Grundlage des Beschwerde-verfahrens	Art. 12 (1), (2) VerfOBK	Dem Beschwerdeverfahren liegen die angefochtene Entscheidung, die Niederschriften über mündliche Verhandlungen vor dem Organ, das die Entscheidung erlassen hat, die Beschwerde, die Beschwerdebegründung zugrunden. Bei Verfahren mit mehreren Beteiligten alle schriftlichen Erwiderungen des/der anderen Beteiligten, die innerhalb von 4 M nach Zustellung der Beschwerdebegründung einzureichen sind, Mitteilungen der Kammer und Antworten darauf, Niederschriften über Video-/Telefonkonferenz mit dem/den Beteiligten. Das Beschwerdevorbringen ist auf die Anträge, Tatsachen, Einwände, Argumente und Beweismittel zu richten, die der angefochtenen Entscheidung zugrunde liegen zu richten. »Einwand« umfasst hierbei nicht nur den Einspruchsgrund, sondern auch den im Rahmen eines Einspruchsgrundes formulierten Angriff	72
Ermittlung von Amts wegen	↳ G 9/91	Art. 114 (1) ist im Beschwerdeverfahren restriktiver als im Einspruchsverfahren zu handhaben, da es ein verwaltungsgerichtliches Verfahren ist.	73

F. Beschwerde

	Verfahrensverlauf (Fortsetzung)		
74	Verfahrens-handlung	Rechtsnorm, Rechtsprechung	Details
75	**Weitere Verfahrens-details**	Art. 11 VerfOBK	Zurückweisung an erste Instanz nur bei Vorliegen besonderer Gründe: Wesentliche Verfahrensmängel in erster Instanz.
76		Art. 10 (1) VerfOBK	Mehrere Beschwerden gegen eine Entscheidung werden im selben Verfahren behandelt.
77		Art. 10 (2) VerfOBK	Eindeutig miteinander zusammenhängende Beschwerden (z.B. bei Teilanmeldungen, Stammanmeldungen, Anmeldungen mit derselben Priorität) sollen von der BK möglichst unmittelbar nacheinander behandelt werden. Die BK kann solche Beschwerdeverfahren auch gemeinsam behandeln.
78		Art. 12 (5) VerfOBK	Fristverlängerung nach schriftlich begründetem Antrag in Ausnahmefällen möglich.
79		Allg.: Verfahrensordnung der Beschwerdekammern (VerfOBK): ABl. 2020, Zusatzpublikation 2	
80	**Änderung der Patent-ansprüche im Beschwerde-verfahren**	Analog zu Art. 101 (3), R 79 (1), R 81 (3) und R 80	Änderung der Ansprüche im Einspruchsverfahren
81		↳ T 153/85	Neue Ansprüche müssen idR zusammen mit der Beschwerdebegründung eingereicht/unverzüglich nachgereicht werden.
82		↳ G 03/14	Klarheitsprüfung der Änderungen nach **Art. 84**.

	Mündliche Verhandlung und Videokonferenz
83	
84	Siehe Spezialtabelle D »Mündliche Verhandlung« (speziell Beschwerdekammer D.23 (Reglungen zu Beginn der COVID-19 Pandemie) und D.136 ff)
	Siehe D.144 für Art. 15a VerfOBK (Als Videokonferenz durchgeführte mündliche Verhandlungen)

Beschwerde F.

Beendigung des Beschwerdeverfahrens			85
Verfahrenshandlung	Rechtsnorm, Rechtsprechung	Details	
Entscheidung	Art. 111 (1) Satz 1	**Entscheidung im Rahmen der Zuständigkeit** oder Zurückverweisung	86
	⇨ T 167/93	Eine Entscheidung einer Beschwerdekammer über eine Beschwerde gegen eine Entscheidung der Prüfungsabteilung hat für das nachfolgende Einspruchs- oder Einspruchsbeschwerdeverfahren keine Bindungswirkung; ABl. 1997,229.	87
	⇨ T 1099/06	Bestätigt ⇨ **T 167/93** auch für den Fall, dass das Einspruchsverfahren die gleichen Ansprüche und Beschreibung betrifft wie die Entscheidung der Beschwerdekammer im Prüfungsverfahren	88
	⇨ T 367/91	Nach Ergehen der Entscheidung kann die Beschwerdekammer nicht weiter tätig werden und nichts mehr berücksichtigen.	89
Zurückverweisung an erstinstanzliches Organ	Art. 111 (1) Satz 2	Entscheidung im Rahmen der Zuständigkeit	90
	Art. 111 (2)	Organ, an das zurückverwiesen wurde, ist an rechtliche Beurteilung durch Beschwerdekammer gebunden.	91
	⇨ T 167/93 ⇨ T 1099/06	Bindung gilt nur für das direkte Organ, an das zurückverwiesen wurde.	92
	⇨ J 27/94	Die Bindungswirkung der Entscheidung einer Beschwerdekammer ist beschränkt auf den individuellen Fall, wie er an die erste Instanz zurückverwiesen wurde.	93
Entscheidung durch GBK	Art. 112	Entscheidung oder Stellungnahme der großen Beschwerdekammer	94
	Art. 112a	Antrag auf Überprüfung durch die Große Beschwerdekammer (seit 13.12.2008)	95
		Keine Rechtskraft für spätere nationale Nichtigkeitsverfahren, da **Art. 138 (1)** die nachträgliche Vernichtung des eP ausdrücklich zulässt.	96
Zurücknahme des zugrunde liegenden Einspruchs	⇨ G 8/93	Mit dem Eingang der Erklärung der **Rücknahme des Einspruchs des Einsprechenden**, der gleichzeitig einziger Beschwerdeführer ist, wird das Beschwerdeverfahren unmittelbar beendet, unabhängig davon, ob der Patentinhaber der Beendigung des Beschwerdeverfahrens zustimmt, und zwar auch dann, wenn die Beschwerdekammer der Auffassung sein sollte, dass die Voraussetzungen für eine Aufrechterhaltung des Patents nach dem EPÜ nicht erfüllt sind. (Keine Amtsermittlung nach **Art. 114**). Das Beschwerdeverfahren ist hinsichtlich der Sachfragen beendet. Ist der Einsprechende dagegen Beschwerdegegner hat die Rücknahme des Einspruchs keinen Einfluss auf das Beschwerdeverfahren (⇨**T 629/90**).	97
	⇨ T 629/90 ⇨ T 789/89	Rücknahme des Einspruchs des Einsprechenden hat keine Auswirkungen auf die Beschwerde, wenn die Beschwerde vom Patentinhaber eingereicht wurde.	98

F. Beschwerde

Beendigung des Beschwerdeverfahrens (Fortsetzung)		
Verfahrenshandlung	Rechtsnorm, Rechtsprechung	Details
99 **Zurücknahme der Beschwerde** 99a (Rückzahlung der Beschwerdegebühr siehe 📄 F.107) 99b	🔖 G 7/91 🔖 G 8/91	Rücknahme der Beschwerde des Beschwerdeführers führt zur Beendigung des Beschwerdeverfahrens hinsichtlich der Sachfragen. Gilt für einseitige und zweiseitige Verfahren.
		Liegt neuheitsschädliches Dokument vor: **Art. 114** nicht anwendbar, da Verfahren nicht mehr anhängig; ggf. in nationalen Verfahren anwendbar.
	🔖 G 2/91	Wenn noch mind. ein weiterer Beteiligter vorhanden ist, der eine (zulässige) Beschwerde eingelegt hat und die Beschwerdegebühr bezahlt hat, wird das Beschwerdeverfahren auch nach der Rücknahme der Beschwerde durch den anderen Beschwerdeführer fortgesetzt. Lediglich am Verfahren Beteiligte (z.B. durch Beitritt während Einspruch – siehe 📄 E.124 f.) können nach Rücknahme aller Beschwerden das Beschwerdeverfahren gemäß 🔖 **G 2/91** und 🔖 **G 8/91** selbst dann nicht fortsetzen, wenn diese Beschwerde einlegen hätten können.
99c	🔖 J 12/86 🔖 T 117/86	Über Anträge über Nebenfragen, wie Rückzahlung der Beschwerdegebühr (🔖 **J 12/86**) oder Anträge auf Kostenverteilung (z.B. 🔖 **T 117/86**) kann noch entschieden werden.
99d	🔖 J 12/82	Teilrücknahme möglich

100 **Abhilfe nach Beschwerde als Reaktion auf eine Entscheidung nach R 112 (2)** Art. 109, RiLi E-XII, 7		
Verfahrenshandlung	Rechtsnorm	Details
100a **Verfahrensablauf Abhilfe** Nur bei einseitigen Verfahren 🔖 J 18/08	Art. 109 (1)	Erachtet das Organ, dessen Entscheidung angefochten wird, die Beschwerde für zulässig und begründet, so hat es ihr abzuhelfen. Dies gilt nicht, wenn dem Beschwerdeführer ein anderer an dem Verfahren Beteiligter gegenübersteht (also nur für Anmelderbeschwerde bzw. einseitigem Verfahren). In diesem Fall ist Beschwerde sofort an BK weiterzuleiten.
100b	RiLi E-XII, 7.1 + 7.4	**Beispiele für Abhilfe** (📖 S/S Art. 109 Rd 10 f.) - Im Verfahren befindliches Material wurde nicht gebührend berücksichtigt. - Rechtzeitig eingereichte Unterlagen sind durch ein Versehen nicht in den Besitz des zuständigen Organs gekommen. - Die Entscheidung erscheint zwar richtig, der Anmelder reicht mit Beschwerde neue Angabe oder Beweismittel ein bzw. Änderungen der Anmeldung ein, die die in der angefochtenen Entscheidung erhobenen Einwände ausräumen (🔖 **T 139/87**).
100c	Art. 109 (2)	Wird der Beschwerde nicht innerhalb von **3 M** nach Eingang der Beschwerdebegründung abgeholfen, so wird sie unverzüglich ohne sachliche Stellungnahme der Beschwerdekammer vorgelegt.
101 **Abhilfe nicht möglich bzw. unzulässig**		Entscheidungen über Anträge Dritter
	R 21	zur **Erfindernennung**
102	R 14	**Aussetzung** des Verfahrens
103	R 22	**Eintragung** im europäischen Patentregister
104	R 23 R 24	**Zweiseitiges Verfahren**, z.B. Einspruchsverfahren (aber: Abhilfe zulässig, wenn Beschwerde des PI nach Rücknahme aller Einsprüche)
105	RiLi E-XII, 7.4.3	**Hilfsanträge**, prinzipiell keine Abhilfe möglich – selbst dann nicht, wenn die Hilfsanträge den Zurückweisungsgrund entkräften würden (🔖 **T 919/95**).

Beschwerde F.

Abhilfe nach Beschwerde als Reaktion auf eine Entscheidung nach R 112 (2) (Fortsetzung)			106
Verfahrenshandlung	Rechtsnorm, Rechtsprechung	Details	
Rückzahlung der Beschwerdegebühr seit 01.04.2014 Neufassung der R 103 (ABl. 2014, A3) siehe R.153 ff.	Art. 109 R 103 (1)	**100% Rückzahlung** der Beschwerdegebühr a) bei Abhilfe oder Stattgebens der Beschwerde und Rückzahlung entspricht wegen wesentlichem Verfahrensmangel der Billigkeit entspricht oder b) bei Rücknahme der Beschwerde vor Einreichung der Beschwerdebegründung und vor Ablauf der Beschwerdebegründungsfrist.	107
	Art. 109 R 103 (2)	**75 % Rückzahlung** bei Rücknahme der Beschwerde vor Ablauf von 2 M ab Zustellung der Mitteilung der BK über Aufnahme der inhaltlichen Prüfung.	108
	Art. 109 R 103 (3)	**50% Rückzahlung** der Beschwerdegebühr bei Rücknahme der Beschwerde nach Ablauf der Beschwerdebegründungsfrist, vorausgesetzt die Rücknahme erfolgt: a) falls mündl. Verhandlung anberaumt innerhalb 1 M ab Zustellung zur Vorbereitung erlassenen Mitteilung; oder b) vor Ablauf einer Frist zur schriftlichen Stellungnahme, falls ergangen; **oder** c) in allen anderen Fällen vor Erlass der Entscheidung.	109
	Art. 109 R 103 (4)	**25 % Rückzahlung** bei Zurücknahme a) der Beschwerde nach Ablauf der Frist nach **R 103 (3) a)**, aber vor Verkündung Entscheidung in mündl. Verhandlung; oder b) der Beschwerde nach Ablauf der Frist nach **R 103 (3) b)**, aber vor Erlass der Entscheidung; oder c) des Antrags auf mündl. Verhandlung innerhalb 1 M ab Zustellung einer Mitteilung der BK zur Vorbereitung mündl. Verhandlung und keine mündl. Verhandlung stattfindet.	110
	Art. 109 R 103 (5)	Rückzahlung nur nach einer der vorstehenden Vorschriften; bei Anwendbarkeit mehrerer Rückzahlungssätze erfolgt die Rückzahlung nach dem höheren Satz.	111
	Art. 109 R 103 (6)	Anordnung **Rückzahlung durch Organ**, dessen Entscheidung **angefochten** wurde, wenn abgeholfen wird und Verfahrensmangel vorliegt, in allen **anderen Fällen** entscheidet **zuständige Beschwerdekammer** (Zuständigkeit bei Rückzahlung, **G 3/03**, Rückzahlung von Amts wegen **G 1/18**).	112
	J 7/82 T 484/90	Antrag ist nicht erforderlich. Falls Abhilfe von dem entsprechenden Organ angeordnet, ansonsten von der Beschwerdekammer.	113
	J 18/84	Auch beschränktes Stattgeben ermöglicht Rückzahlung.	114
	RiLi E-XII, 7.3 G 3/03	Die Beschwerdegebühr ist nach R 103 (1) a) zurückzuzahlen, auch wenn der Beschwerdeführer dies nicht ausdrücklich beantragt hat.	115
	RiLi E-XII, 7.3 J 32/95	Falls Organ abhilft, aber Beschwerdegebühr nicht zurückbezahlen will, Vorlage an die Beschwerdekammer **J 32/95, R 103 (3)**.	116
	RiLi E-XII, 7.3 G 3/03 und T 21/02 siehe S.62	Der **Antrag auf Rückzahlung** der Beschwerdegebühr wird der Beschwerdekammer nur vorgelegt, wenn er **zusammen mit der Beschwerde** eingereicht wurde. Gilt Beschwerde als nicht eingelegt, wird Beschwerdegebühr aufgrund von fehlendem Rechtsgrund zurückgezahlt.	117
	G 1/18 siehe S.88	Rückzahlung der Beschwerdegebühr bei Beschwerde, die als nicht eingelegt gilt. Beschwerde gilt als nicht eingelegt, wenn Beschwerdeschrift und/oder Beschwerdegebühr nach Ablauf der 2 M gemäß Art. 108 (1) eingereicht bzw. entrichtet wird	118

F. Beschwerde

119	Besonderheiten der Einspruchsbeschwerde		
	Verfahrenshandlung	Rechtsnorm, Rechtsprechung	Details
120	Beschwerde nach gemeinsamem Einspruch	⮱G 3/99	• Besteht die Partei der Einsprechenden aus mehreren Personen, so muss eine Beschwerde von dem gemeinsamen Vertreter gemäß **R 151** eingelegt werden. Wird die Beschwerde von einer hierzu nicht berechtigten Person eingelegt, so betrachtet die Beschwerdekammer sie als nicht ordnungsgemäß unterzeichnet und fordert den gemeinsamen Vertreter auf, sie innerhalb einer bestimmten Frist zu unterzeichnen. Die nichtberechtigte Person, die die Beschwerde eingelegt hat, wird von dieser Aufforderung in Kenntnis gesetzt. Scheidet der bisherige gemeinsame Vertreter aus dem Verfahren aus, so ist gemäß **R 151** ein neuer gemeinsamer Vertreter zu bestimmen. • Zur Wahrung der Rechte des Patentinhabers und im Interesse der Verfahrenseffizienz muss während des gesamten Verfahrens klar sein, wer der Gruppe der gemeinsamen Einsprechenden bzw. der gemeinsamen Beschwerdeführer angehört. Beabsichtigt einer der gemeinsamen Einsprechenden oder der gemeinsamen Beschwerdeführer (oder der gemeinsame Vertreter), sich aus dem Verfahren zurückzuziehen, so muss das EPA durch den gemeinsamen Vertreter bzw. durch einen nach **R 151 (1)** bestimmten neuen gemeinsamen Vertreter entsprechend unterrichtet werden, damit der Rückzug aus dem Verfahren wirksam wird. Eine gemeinsame Beschwerde ist - aus denselben Gründen, die für einen gemeinsamen Einspruch gelten - von der Beschwerdekammer als eine einzige Beschwerde einer einzigen Partei zu behandeln, was bedeutet, dass nur eine einzige Beschwerdegebühr anfällt.
121	Umfang der sachlichen Prüfung des eP im Einspruchsbeschwerde-verfahren	⮱G 10/91 iVm ⮱G 9/91	Prüfungsbefugnis der Beschwerdekammer ist auf Teile des Patents beschränkt, gegen die ein zulässiger (und ausreichend substantiierter) Einspruch eingelegt wurde. Ein neuer Einspruchsgrund wird nur dann zugelassen (vorgebracht von der Kammer oder dem Einsprechenden), wenn er prima facie hochrelevant ist und der Patentinhaber einverstanden ist (siehe 📖 S/S Art. 101 Rd 55 ff., 📖 S/S Art. 110 Rd 44 ff.).
122		⮱G 1/95 ⮱G 7/95	Ist zwar gemäß **Art. 100 a)** Einspruch eingelegt worden, jedoch nur für einen Teil der möglichen Einspruchsgründe eine Begründung eingereicht worden, so gilt ein Einwand gestützt auf die **Art. 52 (1)** und **(2)** als neuer Einspruchsgrund und darf nur mit Zustimmung des PI geprüft werden; z.B. bei einer Begründung der fehlenden erfinderischen Tätigkeit im Einspruch ist der Einwand mangelnder Neuheit nach **Art. 52 (1)** und **54** als neuer Einspruchsgrund (siehe ⮱**G 7/95**).
123		⮱G 9/92 und ⮱G 4/93	Gegenstand des Beschwerdeverfahrens wird durch den verfahrenseinleitenden Antrag des Beschwerdeführers (bzw. durch die Beschwerdeanträge bei mehreren Beschwerden) bestimmt. Nur innerhalb dieses Rahmens kann die erstinstanzliche Entscheidung abgeändert werden.

Beschwerde F.

Beschleunigung des Beschwerdeverfahrens
RiLi E-VIII, 6

Beteiligte, die ein berechtigtes Interesse an der raschen Behandlung ihrer Beschwerde haben, können einen entsprechenden Antrag (»schriftlich« und »begründet«) bei der Beschwerdekammer stellen.

Von dieser Möglichkeit können auch die Gerichte und die zuständigen Behörden eines Vertragsstaats Gebrauch machen (siehe Art. 10 Verfahrensordnung der Beschwerdekammern, ABl. 2019, A63; geänderte Fassung in ABl. 2021, A19)

Dringlichkeit muss sich objektiv aus der Art des Falles ergeben und nicht lediglich aus dem bloßen Wunsch des Beteiligten (siehe auch Durchführungsvorschriften ABl. 2010, SA 1, 178).

Antrag auf Beschleunigung von Verfahrensbeteiligten oder EPA von dem nationalen Gericht oder der zuständigen Behörde eines VS darüber informiert wird, dass Verletzungsverfahren anhängig sind (MdVP GD3, ABl. 1998, 362, MdEPA ABl. EPA 2008, 221; ab 01.01.2020 geregelt in der Neufassung der VerfOBK, ABl. 2019, A63, Art. 10 (3) - (6) VerfOBK, ABl. 2019, A112, ABl. 2020, Zusatzpublikation 2).

Beitritt während des Beschwerdeverfahrens (RiLi D-VII, 6), siehe E.124 ff.

Verfahrenshandlung	Rechtsnorm, Rechtsprechung	Details und Fristen	Unmittelbare Folgen eines Mangels, Mängelbeseitigung, Fristen	Rechtsfolge bei Nichtbeseitigung von Mängeln oder Fristversäumnis	Weiterbehandlungs-/ Wiedereinsetzungs- Möglichkeit
Beitritt E. 124 ff.	Art. 105 R 89	Jederzeit, wenn **Beschwerde anhängig** ist (G 4/91) und Dritter nachweist, dass - **Verletzungsklage** gegen ihn erhoben worden ist (Art. 105 (1) a)), oder - er eine **negative Feststellungsklage** erhoben hat (Art. 105 (1) b)).	Keine, Beitritt jederzeit möglich, solange Beschwerde anhängig.	Beitritt nicht möglich.	**G 3/04**: Nach Rücknahme der Beschwerde der einzigen Beschwerdeführerin kann das Verfahren nicht mit einem während des Beschwerdeverfahrens Beigetretenen fortgesetzt werden.
		Beitritt **schriftlich** zu erklären und zu **begründen** (R 89).			
		Zahlung der **Einspruchsgebühr** (Art. 105) (nicht Beschwerdegebühr)			
	T 144/95	Beitretender wird durch Zahlung der Beschwerdegebühr nicht Beschwerdeführer, wenn er nicht am erstinstanzlichen Verfahren Beteiligter war.			
	T 694/01	Beitritt ist vom Umfang der Anhängigkeit eines Einspruchsverfahrens abhängig. → Spezialfall			
	T 202/89	Kein eigenständiges Beschwerderecht.			
	T 517/97	Rücknahme der Beschwerde durch die einzige Beschwerdeführerin per Telefax und am selben Tag Beitrittserklärung der Beitretenden ebenfalls per Telefax → chronologischen Reihenfolge dieser beiden Ereignisse Rechnung zu tragen.			
	G 12/91	Beendigung des erstinstanzlichen Verfahrens, wenn Entscheidung zur Post gegeben wurde.			
	G 1/94 T 144/95	Beitritt während anhängiger Beschwerde mit neuen Einspruchsgründen nach **Art. 100** möglich.			
	G 3/04	Beitritt während Beschwerdeverfahren. Nach Rücknahme der einzigen Beschwerde kann das Verfahren nicht mit einem während des Beschwerdeverfahrens Beigetretenen fortgesetzt werden. Der Beitretende hat die Stellung eines Einsprechenden (jedoch keine Beschwerdegebühr), aber keine selbständige Verfahrensbeteiligung (auch G 7/91 und G 8/91).			

F. Beschwerde

138	**Beschwerde** - Verschlechterungsverbot
139	✥**G 9/92** und ✥**G 4/93**: **Verbot** der »reformatio in peius« (Verschlechterungsverbot):
140	1. Ist der **Patentinhaber der alleinige Beschwerdeführer** gegen eine Zwischenentscheidung über die Aufrechterhaltung des Patents in geändertem Umfang, so kann weder die Beschwerdekammer noch der nicht beschwerdeführende Einsprechende als Beteiligter nach **Art. 107 Satz 2** die Fassung des Patents gemäß der Zwischenentscheidung in Frage stellen.
	2. Ist der Einsprechende der alleinige Beschwerdeführer gegen eine Zwischenentscheidung über die Aufrechterhaltung des Patents in geändertem Umfang, so ist der Patentinhaber primär darauf beschränkt, das Patent in der Fassung zu verteidigen, die die Einspruchsabteilung ihrer Zwischenentscheidung zugrunde gelegt hat. Änderungen, die der Patentinhaber als Beteiligter nach Art. 107 Satz 2 vorschlägt, können von der Beschwerdekammer abgelehnt werden, wenn sie weder sachdienlich noch erforderlich sind.
141	✥**T 1843/09** Verbot der »reformatio in peius« gilt nicht nur im Beschwerdeverfahren, sondern für alle nachfolgenden Verfahren nach der Zurückweisung bis zum Abschluss des Einspruchsverfahrens – somit auch für ein weiteres Beschwerdeverfahren.
	✥**T 44/07**: **Verzichtet** Beschwerdeführer auf »reformatio in peius« von sich aus, muss dies nicht weiter beachtet werden.
142	✥**G 1/99**: **Ausnahmen vom Verbot** der »reformatio in peius«:
143	Obiger Grundsatz ist eingeschränkt, falls ein Einsprechender der alleinige Beschwerdeführer ist. (keine Symmetrie zwischen Patentinhaber und Einsprechender wegen Unbilligkeit gegenüber Patentinhaber):
	Grundsätzlich muss ein geänderter Anspruch, durch den der Einsprechende und alleinige Beschwerdeführer schlechter gestellt würde als ohne die Beschwerde, zurückgewiesen werden. Von diesem Grundsatz kann jedoch ausnahmsweise abgewichen werden, um einen im Beschwerdeverfahren vom Einsprechenden/Beschwerdeführer oder von der Kammer erhobenen Einwand auszuräumen, wenn andernfalls das in geändertem Umfang aufrechterhaltene Patent als unmittelbare Folge einer **unzulässigen Änderung, die die Einspruchsabteilung für gewährbar erachtet hatte**, widerrufen werden müsste.
	Unter diesen Umständen kann dem Patentinhaber/Beschwerdegegner zur Beseitigung des Mangels gestattet werden, folgendes zu beantragen:
	– In erster Linie eine Änderung, durch die ein oder mehrere Merkmale aufgenommen werden, die den Schutzbereich des Patents in der aufrechterhaltenen Fassung einschränken;
	– Falls eine solche Beschränkung nicht möglich ist, eine Änderung, durch die ein oder mehrere ursprünglich offenbarte Merkmale aufgenommen werden, die den Schutzbereich des Patents in der aufrechterhaltenen Fassung erweitern, ohne jedoch gegen Art. 123 (3) zu verstoßen;
	– Erst wenn solche Änderungen nicht möglich sind, die Streichung der unzulässigen Änderung, sofern nicht gegen Art. 123 (3) verstoßen wird;
	– Neu eingeführter Stand der Technik der die Priorität der im Einspruch als gewährbar erachteten geänderten Ansprüche in Frage stellte, führte in der Einspruchsbeschwerde zu einem verbreiterten Schutzbereich. Ausnahme vom Verschlechterungsverbot bestätigt (✥**T 1843/09**);
	– Im Einspruch als gewährbar erachtete Ansprüche wurden in der Einspruchsbeschwerde als nicht ausführbar (**Art. 83**) erachtet. Behebung des Mangels durch Streichung eines Merkmals führte zu einem verbreiterten Schutzbereich. Ausnahme vom Verschlechterungsverbot bestätigt (✥**T 1979/11**);
	– kausale Verbindung zwischen dem zu streichenden einschränkenden Merkmal und der in der Beschwerde diskutierten neuen Sachverhalt ist Voraussetzung dafür, dass eine Ausnahme vom Verschlechterungsverbot zu rechtfertigen ist (✥**T 61/10**);
	– Bei Prüfung der Änderungen **Art. 101 (3)** ist auch Klarheit nach **Art. 84** zu prüfen (✥**G 03/14**).

Beschwerde F.

Beschwerdekammer			
Verfahrenshandlung	Rechtsnorm, Rechtsprechung	Details	
Ausschluss und Ablehnung	Art. 24 (1)	Mitglieder der Beschwerdekammer dürfen nicht vorher Vertreter eines Beteiligten gewesen sein, persönliches Interesse haben oder an der Entscheidung der Vorinstanz beteiligt gewesen sein.	145
	Art. 24 (2)	Glaubt ein Mitglied einer Beschwerdekammer oder der Großen Beschwerdekammer aus einem der in Art. 24 (1) genannten Gründe oder aus einem sonstigen Grund an einem Verfahren nicht mitwirken zu können, so teilt es dies der Kammer mit.	146
	Art. 24 (3)	Jeder Beteiligte kann Mitglieder nach Art. 24 (1) oder aufgrund Besorgnis der Befangenheit ablehnen. Ablehnung ist nicht zulässig, wenn Beteiligter bereits Kenntnisse von dem Ablehnungsgrund hatte und trotzdem Anträge gestellt oder Stellungnahmen abgegeben hat.	147
	Art. 24 (4)	Entscheidung nach (2) oder (3) ohne betroffenes Mitglied; Ersatz durch Vertreter des Mitglieds.	148
Unabhängigkeit der Mitglieder der Kammern	Art. 23	Unabhängigkeit der Beschwerdekammern	149
	↳T 1028/96	Zuerst wird Zulässigkeit des Antrags auf Ausschluss eines Mitglieds geprüft, dann folgt Art. 24 (4).	150
	↳T 843/91	Sobald als möglich sollte Antrag gestellt werden und ausreichende Beweise für Befangenheit/persönliches Interesse beigefügt werden.	151
	↳G 5/91	Gebot der Unparteilichkeit ist nicht nur bei der Beschwerdekammerzusammensetzung zu prüfen, jedoch keine gesonderte Beschwerde aufgrund Zusammensetzung möglich, nur zusammen mit Endentscheidung.	152
Weisungsbindung der Mitglieder	Art. 23 (3)	Die Mitglieder der Kammer sind für ihre Entscheidungen nicht an Weisungen gebunden und nur dem EPÜ unterworfen. (Hinweise für Parteien im Beschwerdeverfahren, ABl. 2003, 419, VerfOBK, ABl. 2020, Zusatzpublikation 2)	153

144

F. Beschwerde

Große Beschwerdekammer
Art. 22, Art. 112, Art. 112a, R 104-110

	Verfahrenshandlung	Rechtsnorm, Rechtsprechung	Details	Fristen	Rechtsfolge bei Nichtbeseitigung von Mängeln oder Fristversäumnis
155	**Zielsetzung des Verfahrens**	Art. 112 (1) a) und b)	Große Beschwerdekammer sichert einheitliche Rechtsanwendung und klärt Rechtsfrage bei voneinander abweichenden Entscheidungen (Rechtsfrage von grundsätzlicher Bedeutung), auf Antrag der Beschwerdekammer, eines Beteiligten oder des Präsidenten des EPA		
156		Art. 106 (1) Art. 22 (1)	Keine zweite Instanz		
157	**Berechtigte**	Art. 112 (1) a)+b)	Die Beschwerdekammer, ein Beteiligter sowie der Präsident des EPA		R 108 (1): Antrag wird als unzulässig verworfen.
158		Art. 112a (1) a)	Beteiligter, der durch Entscheidung einer Beschwerdekammer beschwert ist, kann Überprüfung durch GBK beantragen.		
159	**Voraussetzung zur Einleitung Verfahren**	Art. 112a (2)	1.) **Entscheidung der BK** 2.) Antrag auf Überprüfung durch die GBK (VGBK ABl. 2018, Zusatzpublikation 1) nach Art. 112a iVm R 104-110, **kann gestützt werden auf**: a) Verstoß gegen Art. 24 (1) (Befangenheit), Art. 24 (4); b) Beschwerdekammer gehörte Person an, die nicht zum Beschwerdekammermitglied ernannt wurde; c) schwerwiegender Verstoß gegen Art. 113 (rechtliches Gehör); ↳R 1/08, ↳R 22/10: Rechtliches Gehör, keine Bestimmung, dass eine Beschwerdekammer einen Antragsteller vor Entscheidung über alle möglichen vorhersehbaren Argumente für oder wider seines Antrags informiert ↳R 2/08, ↳R 7/09: Verstoß gegen Art. 113 (rechtliches Gehör) d) schwerwiegender Verfahrensmangel (R 104) e) Entscheidung wurde durch Straftat beeinflusst (R 105)		
160		↳R 5/08	**Substantiierung Überprüfungsantrag**		
161		↳R 9/08	Antrag auf Überprüfung wurde bereits von den GBK in der »Dreierbesetzung«-Verfahren gemäß R 109 (2) a) abgelehnt		
162		↳R 4/09	**Vertrauensschutz** (↳G 1/99)		
163		↳R 12/09	**Antrag auf Ablehnung** sämtlicher Mitglieder		
164		Art. 112a (3)	**Keine aufschiebende Wirkung**.		
165		R 106	**Rügepflicht** für Überprüfungsgrund gemäß Art. 112a a) bis d) ↳R 4/08, ↳R 9/09: Rügepflicht	siehe F.166 »Frist«	R 108 (1): Antrag wird als unzulässig verworfen.
166	**Frist**	Art. 112a (4)	a) bis d) 2 M nach Zustellung der Beschwerdekammerentscheidung e) 2 M nach Feststellung der Straftat, spätestens 5 Jahre nach Zustellung der Beschwerdekammerentscheidung		
167	**Gebühr**	Art. 112a (4)	Art. 2 (1), Nr. 11a GebO: 3115 €	siehe F.166 »Frist«	

Beschwerde F.

Große Beschwerdekammer (Fortsetzung)						
Verfahrenshandlung	Rechtsnorm	Details	Fristen	Mängel-beseitigung, Fristen	Rechtsfolge bei Nicht-beseitigung von Mängeln oder Fristversäumnis	168
Antrag	R 107 (1)	Der Antrag muss enthalten: a) den Namen und die Anschrift des Antragstellers (R 41 (2) c);	siehe F.166 »Frist«	R 108 (2): Aufforderung innerhalb zu bestimmender Frist.	R 108 (2): Antrag wird als unzulässig verworfen.	169
		b) die Angabe der zu überprüfenden Entscheidung.	siehe F.166 »Frist«		R 108 (1): Antrag wird als unzulässig verworfen.	170
	R 107 (2)	Darzulegen, aus welchen Gründen die Entscheidung der BK aufzuheben ist und auf welche Tatsachen und Beweismittel der Antrag gestützt wird.				171
	R 107 (3)	Vorschriften der Ausführungsordnung sind auf Antrag auf Überprüfung und die im Verfahren eingereichten Unterlagen entsprechend anzuwenden.				172
Rechtsfolge	Art. 17 VOGBK (ABl. 2018, Zusatz-publikation 1, III.1)	Kommt die Kammer nach Beratung nicht einstimmig zu dem Ergebnis, dass der Antrag auf Überprüfung als offensichtlich unzulässig oder unbegründet zu verwerfen ist, so legt sie den Antrag unverzüglich ohne sachliche Stellungnahme der Kammer zur Entscheidung vor.				173
	R 109 (2) a)	Verwerfung des Antrags, wenn offensichtlich unzulässig oder unbegründet; eine solche Entscheidung bedarf der Einstimmigkeit.				174
Beteiligte am Verfahren vor der GBK	Art. 112 (2)	Die im Beschwerdeverfahren Beteiligten sind auch am Verfahren vor der GBK beteiligt.				175
Entscheidung	R 108 (3)	Ist der Antrag begründet hebt die GBK die Entscheidung der BK (Rückerstattung der Antragsgebühr gemäß R 110) auf und ordnet die Wiedereröffnung des Verfahrens vor der nach R 12 (4) zuständigen BK an; ggf. Anordnung Besetzungsänderung der BK. Sonst Verwerfung des Antrags.				176
		Unentgeltliche Benutzung bei Aufnahme der gutgläubigen Nutzung zwischen Erlass BK und Bekanntmachung Hinweis auf die Entscheidung der GBK.				177
Bindungs-wirkung	Art. 112 (3)	Eine Entscheidung der GBK ist bindend für die BK.				178
	Art. 22 (1) b) iVm Art. 112	Nur »opinion« → nicht bindend für die GBK in zukünftigen Fällen.				179
		Unentgeltliche Benutzung bei Aufnahme der gutgläubigen Nutzung zwischen Erlass Beschwerdekammer und Bekanntmachung Hinweis auf die Entscheidung der GBK.				180

F. Beschwerde

182	**Begriffserläuterung**	
	Begriff/Formulierung	Details
183	**Beschwer**	Benachteiligung durch eine Entscheidung, indem einem Antrag nicht (vollständig) stattgegeben wurde. Die Beschwer ist Voraussetzung für die Zulässigkeit eines eingesetzten Rechtsmittels: im EPÜ: Beschwerde.
184	**»reformatio in peius«** ↳G 9/92 bzw. ↳G 4/93, Art. 110	= Verschlechterung, Verböserung einer angegriffenen Entscheidung i) ex-parte: Kein Verbot »reformatio in peius«, ↳G 10/93. ii) inter-partes: Verbot »reformatio in peius« für PI allein oder Einsprechenden allein, aus ↳G 9/92; Aufweichung gemäß ↳G 1/99.
185	**»reformatio in melius«**	= Verbessern einer Entscheidung
186	**ex parte**	Einseitiges (Beschwerde-) Verfahren
187	**inter partes**	Zweiseitiges (streitiges) Verfahren; Einspruch, Beschwerde
188	**»Zwischenentscheidung«**	Entscheidung, die ein Verfahren gegenüber einem Beteiligten nicht abschließt, aus Art. 106 (2). Im EPÜ gibt es keine Vorschrift, wann eine Zwischenentscheidung erlassen werden kann oder soll.
189	**Devolutiveffekt**	Die Zuständigkeit über den zu entscheidenden Sachverhalt geht an eine andere Instanz.
190	**Suspensiveffekt**	Durch den Suspensiveffekt wird die Entscheidung nicht wirksam, bevor über das Rechtsmittel abschließend entschieden wird. Der Suspensiveffekt bezieht sich nur auf die betreffende Entscheidung, dadurch wird nicht notwendigerweise die zugrundeliegende Anmeldung wieder anhängig (↳**J 28/03**).

Inhalt Kapitel G. EU-Patent

Europäisches Patent mit einheitlicher Wirkung
EU-Patent G.2
Gesetzliche Voraussetzungen .... G.3 ff.

EU-Patent – rechtliche Grundlagen
Erteilungsvoraussetzungen G.16
Einheitlicher Charakter und einheitliche Wirkung ... G.17
Doppelschutzverbot .... G.18 ff.
Einheitlicher Schutz G.24
Erschöpfung G.25
Anwendbares Recht G.26
Lizenzbereitschaft G.27
Zwangsvollstreckung G.28
Übertragung der Aufgaben an das EPA G.29

EU-Patent – Eintragung der einheitlichen Wirkung
Eintragung der einheitlichen Wirkung G.32

EU-Patent – Verfahrensschritte
Erteilungsverfahren .... G.36 f.
Antrag .... G.39 f.
Antrag auf Verschiebung .... G.44 f.
Wirkung G.46
Vertretung .... G.49 f.
Großvaterregelung .... G.56 f.
Patentunterlagen .... G.66 f.
Jahresgebühren .... G.69 f.

EU-Patent – einheitliche Wirkung
Einheitlich G.73
Bündelreste G.74
Möglichkeit zur Erlangung von Schutzrechten in Europa G.75

EU-Patent – Praxisbeispiele
Praxisbeispiele .... G.76 ff.

Europäisches Patentgericht – Einheitliche Patentgerichtsbarkeit
EPGÜ G.88
Einheitliche Regelungen G.89
Unterschiedliche Regelungen G.90

Hauptmerkmale Europäisches Patentgericht
Gerichtliche Zuständigkeit .... G.92 ff.
Instanzen des EPG .... G.99 ff.
Zuständigkeit der Zentralkammer .... G.117 ff.
Zuständigkeit der Lokal- und Regionalkammern ..... G.120 ff.
Erstinstanzliches Verfahren .... G.126a ff.
Verfahrensabschnitt – Schriftliches Verfahren .... G.126i ff.
Verfahrensabschnitt – Zwischenverfahren .... G.126p ff.
Verfahrensabschnitt – Mündliches Verfahren .... G.126r ff.
Sachentscheidung – Urteil .... G.126s ff.
Anschlussverfahren G.126t
Gerichtsgebühren und Kosten .... G.127 ff.
Gebührenerstattung .... G.195 ff.
Streitwertbestimmung .... G.223 ff.
Klagebefugnis .... G.230 f.
Nichtigkeit G.233
Beweissicherung, vorläufige Maßnahmen .... G.235 ff.
Weiterbehandlung, Wiedereinsetzung .... G.241 f.

Ratifizierungsprozess
Ratifizierungsprozess – aktueller Stand .... G.244 ff.
Brexit .... G.246 f.
Geographische Abdeckung .... G.248 ff.
Ratifizierungsprozess – DE .... G.253 ff.
Historie .... G.259 ff.

EU-Patent G.

Europäisches Patent mit einheitlicher Wirkung (EU-Patent)

Grundlage für die Schaffung eines Europäischen Patents mit einheitlicher Wirkung sind der **Art. 142 EPÜ** und der politische Mechanismus der **verstärkten Zusammenarbeit**, wodurch eine Gruppe von Mitgliedsstaaten gemeinsame Regelungen einführen können, ohne dass sich die anderen Staaten daran beteiligen müssen.

Art. 142 (1) EPÜ: Einheitliche Patente
Eine Gruppe von Vertragsstaaten, die in einem besonderen Übereinkommen bestimmt hat, dass die für diese Staaten erteilten europäischen Patente für die Gesamtheit ihrer Hoheitsgebiete einheitlich sind, kann vorsehen, dass europäische Patente nur für alle diese Staaten gemeinsam erteilt werden können.

Ein EU-Patent kann nach der Erteilung (mit gleichen Ansprüchen für alle »teilnehmenden Mitgliedsstaaten« (Definition in Art. 2 a) EPVO)) eines klassischen Europäischen Patents (eP) beim EPA beantragt werden und entfaltet mit Eintragung in das Register für den einheitlichen Patentschutz seine einheitliche Wirkung in diesen Mitgliedsstaaten.

Da das EU-Patent somit gemäß des Art. 142 (1) EPÜ ein besonderes Übereinkommen darstellt, welches nach der Erteilung eines Europäischen Patents beantragt werden kann, sind die materiellen Prüfungsvoraussetzungen des EPÜ anzuwenden.

Gesetzliche Voraussetzungen

EU-Patent (VO 1257/2012, VO 1260/2012)

Die Verordnung über die Umsetzung der verstärkten Zusammenarbeit im Bereich der Schaffung eines einheitlichen Patentschutzes **VO 1257/2012 (EPVO)** und die Verordnung über die Umsetzung der verstärkten Zusammenarbeit im Bereich der Schaffung eines **einheitlichen Patentschutzes** im Hinblick auf die anzuwendenden **Übersetzungsregelungen VO 1260/2012 (ÜbVO)** sind am 20.01.2013 in Kraft getreten, Anwendung ab dem 01.01.2014 bzw. ab dem Tag des Inkrafttretens des Übereinkommens über ein einheitliches Patentgericht, je nachdem, **welcher Zeitpunkt der spätere** ist.

Einheitliche Patentgerichtsbarkeit (EPGÜ, 16351/12)
Quelle: https://eur-lex.europa.eu/legal-content/DE/TXT/?uri=CELEX:42013A0620(01)

Das internationale Übereinkommen zur Schaffung eines Einheitlichen Patentgerichts **16351/12 (EPGÜ)** tritt in Kraft, sobald 13 EU-Mitgliedsstaaten, darunter Italien, Frankreich und Deutschland, es ratifiziert haben. Voraussetzung war die seit 10.01.2015 gültige Verordnung über die gerichtliche Zuständigkeit und die Anerkennung und Vollstreckung von Entscheidungen in Zivil- und Handelssachen **VO 1215/2012 (EuGGVO)** (Implementierung durch VO 542/2014).

Das EPGÜ ist ein völkerrechtliches Abkommen zwischen den EU-Mitgliedsstaaten und kein Rechtsakt der EU.

Aktivisten gegen Softwarepatente reichten am 08.04.2015 Klage beim BE Verfassungsgerichtshof gegen die Ratifizierung ein (Begründung: Missachtung der Gleichheit der Belgier vor dem Gesetz, Verstoß gegen den Grundsatz der Gewaltenteilung, fehlende Berücksichtigung der Rechte der drei Sprachengemeinschaften in BE)

Sieben Mitgliedsstaaten (u.a. Deutschland und Frankreich) haben ein Protokoll zur EPG-Vereinbarung verabschiedet. Bevor das neue Gerichtssystem in Kraft tritt, ist es dadurch möglich das IT-System einzurichten und Richter zu ernennen.

Durchführungsordnung zum einheitlichen Patentschutz (DOEPS)
Quelle: https://www.epo.org/law-practice/legal-texts/official-journal/2022/04/a41_de.html

Durchführungsordnung zur
- Verordnung (EU) Nr. 1257/2012 des Europäischen Parlaments und des Rates vom 17.12.2012 über die Umsetzung der Verstärkten Zusammenarbeit im Bereich der Schaffung eines einheitlichen Patentschutzes (siehe G.5) und
- Verordnung (EU) Nr. 1260/2012 des Rates vom 17.12.2012 über die Umsetzung der Verstärkten Zusammenarbeit im Bereich der Schaffung eines einheitlichen Patentschutzes im Hinblick auf die anzuwendenden Übersetzungsregelungen (siehe G.5).

Die teilnehmenden MS übertragen dem EPA die in Art. 9 Absatz 1 der VO (EU) Nr. 1257/2012 genannten Aufgaben. Bei der Durchführung dieser Aufgaben wendet das EPA diese Durchführungsordnung an und ist im Falle von Klagen nach Art. 32 Absatz 1 i) des Übereinkommens über ein Einheitliches Patentgericht an die Entscheidungen des Einheitlichen Patentgerichts gebunden (ABl. 4/2022, A41).

G. EU-Patent

15	**EU-Patent - rechtliche Grundlagen (Auszüge)**		
16	Erteilungsvoraus-setzungen, Anmeldeverfahren	Art. 142 EPÜ Art. 1 (2) EPVO Art. 3 (2) EPVO	Das EPVO stellt ein besonderes Übereinkommen im Sinne des Art. 142 EPÜ dar. Das EU-Patent ist ein nach den Regeln des EPÜ erteiltes Europäisches Patent. Die Entfaltung der einheitlichen Wirkung des EU-Patents in den teilnehmenden Mitgliedsstaaten tritt nach der Erteilung des Europäischen Patents mit gleichen Ansprüchen in den zum Zeitpunkt der Erteilung teilnehmenden Mitgliedsstaaten und der Eintragung in das Register für den einheitlichen Patentschutz ein.
17	Einheitlicher Charakter und einheitliche Wirkung	Art. 3 EPVO	Einheitlicher Schutz und Wirkung in allen zu dem Zeitpunkt der Erteilung teilnehmenden Mitgliedsstaaten. Das EU-Patent kann nur für alle teilnehmenden Mitgliedsstaaten einheitlich beschränkt, übertragen, für nichtig erklärt werden oder erlöschen. Das EU-Patent kann für alle oder auch nur für einen Teil der Mitgliedsstaaten lizenziert werden.
18	Doppelschutzverbot eP vs. EU-Patent Änderungen am IntPatÜbkG werden mit dem Inkrafttreten des EPGÜ wirksam BGBl. 2021 Teil I Nr. 59, S. 3914)	Art. 4 EPVO	Mit dem Hinweis auf die Erteilung eines EU-Patents nach Art. 4 (1) EPVO ergreifen die teilnehmenden Mitgliedsstaaten notwendige Maßnahmen, um sicherzustellen, dass die Wirkung des EU-Patents als nationales Patent auf ihrem Hoheitsgebiet als nicht eingetreten gilt. Dies hat zur Folge, dass ein EU-Patent und ein eP gleichzeitig in unterschiedlichen EU-Staaten vorliegen können, **nicht** jedoch im gleichen EU-Staat.
		Art. II § 8 IntPatÜbkG	Ratifikationsgesetz in Deutschland: Doppelschutzverbot gilt zukünftig nur noch für eP, für die wirksam (!) ein Opt-Out gemäß Art. 83 (3) EPGÜ erklärt wurde (§ 18 IntPatÜbkG). Ein paralleles national erteiltes DE Patent verliert seine Wirkung an dem Tag, an dem das Opt-Out wirksam geworden ist. Für den Fall, dass das Opt-Out nachträglich zurückgenommen wird, verbleibt es dabei, dass das national erteilte DE Patent keine Wirkung mehr entfaltet. **Kein Doppelschutzverbot** mit Blick auf EU-Patente. EU-Patente können ebenfalls mit einem national erteiltem DE Patent unterstützt werden, ohne dass dieses seine Wirkung verlieren würde. Vorrang von Klagen vor dem EPG aus eP oder EU-Patent gegenüber einer Klage vor einem deutschen Gericht aus dem deutschen Patent.
19		Art. II § 18 IntPatÜbkG	Ausgeschlossen ist es allerdings, wegen ein und desselben Verletzungssachverhalts aus einem eP und einem inhaltsgleichen nationalen DE Patent vor dem Einheitlichen Patentgericht und gleichzeitig vor einem nationalen Gericht vorzugehen („Einrede der doppelten Inanspruchnahme"). Bei einer den gleichen Gegenstand betreffenden Verletzungsklage aus einem eP bzw. EU-Patente und einem nationalen DE Patent hat eine Verletzungsklage vor dem Einheitlichen Patentgericht (UPC) Vorrang gegenüber einer Verletzungsklage vor den nationalen DE Gerichten. Nach Einrede des Beklagten kann das Verfahren als unzulässig abgewiesen werden (wenn eine rechtskräftige Entscheidung des UPC vorliegt) oder ausgesetzt werden (wenn das Verfahren vor dem UPC noch anhängig ist).
20		Art. XI § 5 IntPatÜbkG	Das Gesetz stellt durch den neu eingefügten Abschnitt klar, dass die Aufhebung des Doppelschutzverbots nicht retroaktiv erfolgt.
21			Nur nationale DE Patente, bei denen der Veröffentlichungstag der Erteilung nach dem Inkrafttreten des Gesetzes (=Inkrafttreten des Einheitspatentsystems) liegen, kommen in den Genuss.
22			Vor diesem Tag erteilte nationale DE Patente unterliegen einem Doppelschutzverbot bei gleichzeitig vorliegendem erteiltem eP.

EU-Patent G.

EU-Patent – rechtliche Grundlagen (Auszüge) (Fortsetzung)		
Einheitlicher Schutz	Art. 5 EPVO	(1) PI hat das Recht, Dritte daran zu hindern, Handlungen zu begehen, gegen die dieses Patent innerhalb der teilnehmenden Mitgliedsstaaten Schutz bietet; (2) Einheitliche Wirkung der Rechte und Beschränkungen aus dem Patent in allen teilnehmenden Mitgliedsstaaten; (3) Umfang des Rechts sowie Beschränkungen sind in Art. 7 EPVO näher bestimmt. Rechte und Beschränkungen leiten sich dabei aus dem EPÜ ab.
Erschöpfung	Art. 6 EPVO	Wird vom PI oder mit seiner Zustimmung ein Erzeugnis, auf das sich das EU-Patent bezieht, in der Union in Verkehr gebracht, so können die Rechte aus dem EU-Patent nicht durchgesetzt werden. Der Binnenmarkt innerhalb EU bzw. EWR gilt als einheitlicher Markt; daher ist eine europaweite Erschöpfung für EU-Patent (und eP) anzurechnen.
Anwendbares Recht im Rechtsverkehr bzgl. Vermögensfragen	Art. 7 EPVO Art. 25-30 EPGÜ	Abhängig vom Sitz des Patentinhabers oder dem Ort seiner hauptsächlichen geschäftlichen Tätigkeit; bei mehreren Anmeldern abhängig vom erstgenannten Anmelder. → Wenn keiner der Anmelder seinen Wohnsitz, den Sitz seiner (Haupt-) Niederlassung in einem teilnehmenden Mitgliedstaat hat, in dem dieses Patent einheitliche Wirkung hat, dann gilt nach Art. 7 (3) EPVO iVm Art. 6 EPÜ deutsches Recht (subsidiär: Sitz der EPO = Deutschland).
Lizenzbereitschaft	Art. 8 (1) EPVO	Möglichkeit zur Erklärung der Bereitschaft zur Vergabe einer Lizenz durch den PI ggü. dem EPA (Art. 3 (2) EPVO: Lizenz kann für alle oder einen Teil der teilnehmenden Mitgliedsstaaten vergeben werden).
Zwangsvoll-streckung		Für Unterlassungsanspruch, Auskunftsanspruch, Rückruf und Vernichtung ist das Gericht am Sitz des Beklagten zuständig. Bei ausländischen Beklagten dort, wo vollstreckt werden soll. Die nationale Vollstreckung tritt neben die Möglichkeit die Zwangsvollstreckung direkt beim EPG zu betreiben.
Übertragung der Aufgaben an das EPA	Art. 9 (1) EPVO	Die teilnehmenden Mitgliedsstaaten übertragen dem EPA im Sinne des Art. 143 EPÜ u.a. die Aufgaben, - die Anträge auf EU-Patente zu verwalten; - Erstellung und Verwaltung eines Registers für den einheitlichen Patentschutz (mit Einträgen zu Rechtsübergängen, Lizenzierung, Beschränkung, Widerruf); Registrierung der einheitlichen Wirkung; - Lizenzbereitschaften entgegenzunehmen und einzutragen; - JG für EU-Patente zu erheben und zu verwalten; Verteilung eines Teils der JG an die teilnehmenden Mitgliedsstaaten.
Quelle und weitere Infos: EPA (https://www.epo.org/law-practice/unitary/unitary-patent/faq_de.html)		
Leitfaden zum Einheitspatent (http://www.epo.org/law-practice/unitary/unitary-patent/unitary-patent-guide_de.html)		

G. EU-Patent

32 | **EU-Patent – Eintragung der einheitlichen Wirkung**

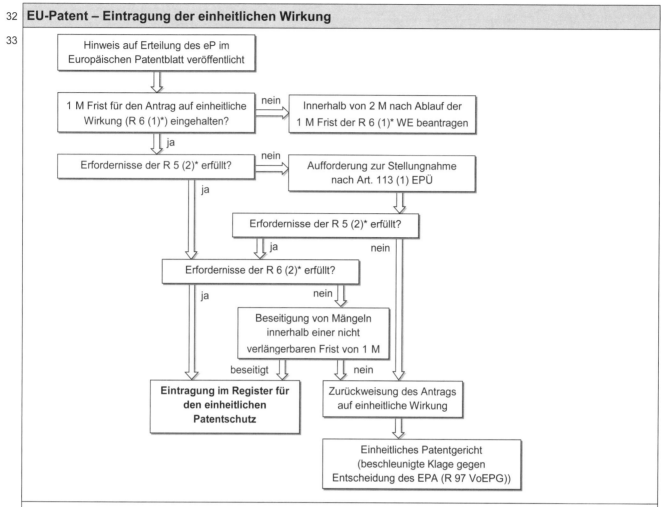

34 | * Durchführungsordnung zum einheitlichen Patentschutz = Durchführungsordnung zur Verordnung (EU) Nr. 1257/2012 des Europäischen Parlaments und des Rates vom 17.12.2012 über die Umsetzung der Verstärkten Zusammenarbeit im Bereich der Schaffung eines einheitlichen Patentschutzes und zur Verordnung (EU) Nr. 1260/2012 des Rates vom 17.12.2012 über die Umsetzung der Verstärkten Zusammenarbeit im Bereich der Schaffung eines einheitlichen Patentschutzes im Hinblick auf die anzuwendenden Übersetzungsregelungen

EU-Patent   G.

EU-Patent – Verfahrensschritte			
Bündelpatent	**Erteilungsverfahren**		Einheitspatent
Antrag auf Erteilung eines europäischen Patents beim EPA in EN, FR oder DE (Art. 78 EPÜ) (Übersetzung von Anmeldungen in Nichtamtssprache innerhalb von 2 Monaten)			
EPÜ 2000, Ausführungsordnung, Richtlinien, nat. Recht zum EPÜ, etc.	Regelungen basieren auf den »bewährten« EPÜ-Vorschriften und EPÜ-Verfahren Erstellung und Verwaltung des »Registers für den einheitlichen Patentschutz« (Art. 9 (1) b) EPVO)		
Bündelpatent	**Antrag**		Einheitspatent
Übergangsregelungen beim EPA: Wenn der Tag der Veröffentlichung des Hinweises auf Erteilung nach Inkrafttreten des EPGÜ liegt, kann der Anmelder beim EPA die einheitliche Wirkung für alle teilnehmen Mitgliedsstaaten (unabhängig vom Anmeldetag) beantragen.	Der Antrag auf ein EU-Patent muss **innerhalb eines Monats nach Veröffentlichung des Hinweises auf Erteilung** (Art. 9 g) EPVO) eingereicht werden (in Verfahrenssprache gemäß Art. 3 (2) ÜbVO). Ein Europäisches Patent, das mit unterschiedlichen Ansprüchen für verschiedene teilnehmende Mitgliedsstaaten erteilt wurde, hat keine einheitliche Wirkung (Art. 3 (1) EPVO)		
	EPA nimmt Anträge auf einheitliche Wirkung an, die vor dem Tag des Geltungsbeginns der Verordnungen (EU) Nr. 1257/2012 und (EU) Nr. 1260/2012 eingereicht werden ("frühe Anträge auf einheitliche Wirkung"). Solche frühen Anträge auf einheitliche Wirkung können ab dem Tag gestellt werden, an dem DE die Ratifikationsurkunde zum EPGÜ hinterlegt. Frühe Anträge auf einheitliche Wirkung können nur für europäische Patentanmeldungen gestellt werden, zu denen eine Mitteilung nach Regel 71 (3) EPÜ ergangen ist (ABl. 1/2022, A6).		

G. EU-Patent

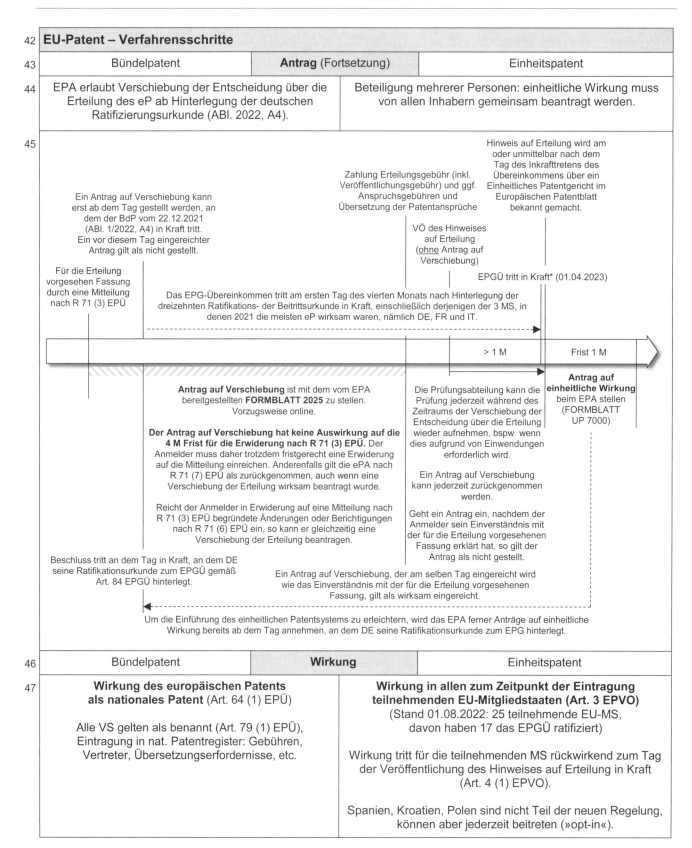

EU-Patent G.

EU-Patent – Verfahrensschritte (Fortsetzung)			48
Bündelpatent	**Vertretung**	Einheitspatent	49
- während Erteilungsverfahren -			50
vor dem EPA (bei Vertretungszwang): zugelassener Vertreter, Rechtsanwalt (Art. 133 EPÜ)			51
- Verletzungsfall -			52
Beispiel DE: ZPO, PatG, Rechtsanwalt ggf. mit Patentanwalt (Vertretungszwang)	**Vor dem Einheitlichen Patentgericht:** (Art. 48 EPGÜ) Rechtsanwalt und zugelassener Vertreter vor dem EPA, der eine „erforderliche Qualifikation" hat		53
	Nach Art. 48 (2) EPGÜ muss ein Vertreter nach Art. 134 EPÜ eine erforderliche Qualifikation zur Führung europäischer Patentstreitverfahren haben.		54
	Eine derartige Qualifikation kann nach R 12 des European Patent Litigation Certificate (EPLC) aus den dort aufgeführten Kursen bzw. den erteilten Zertifikaten bestehen.		55

Andere geeignete Qualifikationen zur Eintragung in das Verzeichnis berechtigter Vertreter vor dem **Einheitlichen Patentgericht** während einer Übergangszeit von 1 Jahr nach Inkrafttreten des Abkommens über ein einheitliches Patentgericht.		56
Jede der folgenden Qualifikationen gilt auch als geeignete Qualifikation für einen European Patent Attorney gemäß Art. 48 (2) des Abkommens über ein einheitliches Patentgericht (R 12 EPLC):	Zugelassene Vertreter, die Parteien vor dem einheitlichen Patentgericht vertreten möchten, müssen eine Bescheinigung beim Kanzler einreichen (R 13 EPLC). In einer Amtssprache des EPA (R 14 Abs. 1 EPLC).	57
(a) Der erfolgreiche Abschluss eines der folgenden Kurse oder die Erteilung eines der folgenden Zertifikate: (ii) Fern Universität in Hagen, Studiengang „Recht für Patentanwälte" und dessen Vorläufer, der Studiengang „Kandidatenkurs Fischbachau"; **oder**	Dem Antrag muss eine Kopie des betreffenden Diploms, Zeugnisses oder eines anderen entsprechenden Nachweises beigefügt werden (R 14 Abs. 2 EPLC).	58
(b) alleinige Vertretung einer Partei ohne Beistand eines bei dem zuständigen Gericht zugelassenen Anwalts oder richterliche Tätigkeit in mindestens drei Patentverletzungsverfahren, die vor einem nationalen Gericht eines Vertragsmitgliedstaats innerhalb der letzten 5 J vor dem Antrag auf Eintragung anhängig gemacht wurden.	Der Antrag muss alle Einzelheiten enthalten, die zur Identifizierung der Verletzungsklagen erforderlich sind, auf die sich der Antragsteller zu stützen beabsichtigt (R 14 Abs. 3 EPLC).	59
Die Eintragung in das Verzeichnis berechtigter Vertreter ist grundsätzlich dauerhaft (R 16 Abs. 1 EPLC).		60
Kein Hinweis auf kontinuierliche Weiterbildung gegeben. Dies schließt jedoch die Einführung solcher Verpflichtungen zu einem späteren Zeitpunkt nicht aus.		61
Die Registrierung verliert ihre Wirkung, wenn der European Patent Attorney nicht mehr in der vom EPA geführten Liste der zugelassenen Vertreter eingetragen ist, bei Betrug oder auf Antrag.		62
Rules on the European Patent Litigation Certificate (insbesondere R 12 ff.) Quelle: https://www.unified-patent-court.org/sites/default/files/draft-eplc-2015-07-01-rev-2016-12-01.pdf		63
Explanatory memorandum zum EPLC Quelle: https://www.unified-patent-court.org/sites/default/files/Explanatory-memorandum-EPLC-2015-07-01-final-clear.pdf		64

G. EU-Patent

65	**EU-Patent – Verfahrensschritte** (Fortsetzung)		
66	Bündelpatent	**Patentunterlagen**	Einheitspatent
67	Übersetzungserfordernisse (Art. 65 EPÜ) durch Londoner Übereinkommen bzw. national geregelt (siehe »NatR zum EPÜ«)		Vollständige Übersetzung der Patentschrift während Übergangsregelung (zunächst 6 Jahre, aber nicht länger als 12 Jahre) abhängig von der Verfahrenssprache (Art. 6 ÜbVO) Beispiel: - Verfahrenssprache DE oder FR → EN - Verfahrenssprache EN → in eine andere der 23 Amtssprachen der EU-MS zur Wahl **Ziel**: keine Übersetzungserfordernisse → vollständig manuell erstellte Übersetzung nur auf Antrag eines Gerichts bzw. mutmaßlichen Patentverletzers
68	**Patent Translate** (EPA und Google) seit Ende 2014: maschinelle Übersetzung für Patente aller Amtssprachen der 38 EPÜ-VS		
69	Bündelpatent	**Jahresgebühren** siehe Spezialtabelle 📄 R »Gebühren«	Einheitspatent
70	An das EPA zu entrichten (bis einschließlich dem Jahr, in dem Hinweis auf Erteilung veröffentlicht, Art. 86 EPÜ)), daran anschließende Jahre: »national« (Art. 141 EPÜ)		An das EPA zu entrichten, keine nationalen Gebühren (Art. 11 EPVO) Der engere Ausschuss des Verwaltungsrats des EPA hat am 24.06.2015 die Höhe der Beträge festgelegt, die sich am »True Top 4« orientieren, d.h. die Gebühren entsprechen der Gesamtsumme der JG für die vier Länder, in denen eP derzeit am häufigsten validiert werden (DE, FR, GB, NL).
71	Ermäßigung, bspw. Prüfungsgebühr, bei Verwendung einer zugelassenen Nichtamtssprache oder Online-Einreichung (Art. 14 iVm Regel 6 EPÜ, Art. 14 GebO)		Übersetzungskosten von KMU, gemeinnützige Organisationen, Universitäten und öffentliche Forschungseinrichtungen in den EU-Mitgliedsstaaten werden mit einem Pauschalbetrag von 500 € erstattet (R 11 DOE, ABl. 2022, A42, Artikel 4; siehe 📄 R.151a ff.) (Voraussetzung: (Haupt-)Sitz in einem EU-Mitgliedstaat und Patentanmeldung in Amtssprache EU-Mitgliedsstaat (nicht Deutschland, England, Frankreich))

72	**EU-Patent – »einheitliche Wirkung«**
73	**Einheitlich** (für alle teilnehmenden EU-MS verbindlich) (Art. 3 EPVO): - Schutzbereich des EU-Patents - Widerruf, Erlöschen des EU-Patents - Einheitliche Wirkung der EPG-Urteile (Art. 16 EPGÜ <-> Art. 98 GMVO)
74	**»Bündelreste«** (keine einheitliche Regelung): - Lizenzverträge: nationales Recht, territoriale Beschränkung möglich (Art. 3 (2) EPVO) - Vorbenutzungsrecht (Art. 28 EPGÜ) - Zwangslizenzen (Erwägungsgrund 10 der Verordnung (EU) Nr. 1257/2012) - alle EPÜ-VS, die nicht teilnehmende Mitgliedsstaaten am EU-Patent sind (Art. 2 a) EPVO)

75	**Möglichkeit zur Erlangung von Schutzrechten in Europa**:
	- Nationale auf nationaler Ebene erteilte Patente
	- Klassische Europäische Patente die unter EPGÜ fallen
	- Klassische Europäische Patente die nicht unter EPGÜ fallen (Übergangsregelungen)
	- EU-Patente die unter EPGÜ fallen (nach erfolgter Ratifizierung)
	    → ein europäisches Patent kann gleichzeitig ein Bündelpatent und ein EU-Patent sein, Vermerk im Register
	    → einheitliches EPG-Urteil für beide möglich
	    → aber Doppelschutzverbot (gemäß Art. 4 (2) EPVO-VO 1257/2012)
	- Kein Hinweis auf ergänzende Schutzzertifikate → müssen weiterhin einzeln beantragt werden

EU-Patent G.

EU-Patent – Praxisbeispiele (Stand 01.07.2022)

	EU-Mitgliedsstaat	Teilnahme EPVO	Unterzeichnung EPGÜ	EPÜ-VS	London A.	Erteilung eines Klassischen Europäischen Patents	Erteilung eines Europäischen Patents mit einheitlicher Wirkung	Kommentar
Deutschland	Ja	Ja	Ja[1]	Ja	Ja	Ja	Ja	[1] EPGÜ unterzeichnet, Ratifizierung noch nicht hinterlegt
Spanien	Ja	Nein	Nein	Ja	Nein	Ja	Nein	komplette Übersetzung der Patentschrift notwendig (siehe NatR zum EPÜ)
Montenegro	Nein[2]	-	-	Nein[2]	Nein	Ja	Nein	Übersetzung der Ansprüche notwendig (siehe NatR zum EPÜ) [2] Beitrittskandidat der EU und Erstreckungsstaat des EPÜ
Schweiz	Nein	-	-	Ja	Ja	Ja	Nein	aktuell keine Erweiterung auf weitere Nicht-EU Mitgliedsstaaten geplant (»Brexit«)
Türkei	Nein	-	-	Ja	Nein	Ja	Nein	komplette Übersetzung der Patentschrift notwendig (siehe NatR zum EPÜ)

Malta hat das Übereinkommen 2017 ratifiziert, ist aber erst seit 01.03.2007 Mitglied der Europäischen Patentorganisation. Benennung nur für Europäische Patentanmeldungen möglich, die an diesem oder einem späteren Tag angemeldet wurden.

Kroatien ist seit 01.01.2008 Mitglied der Europäischen Patentorganisation, sofern es dem EPGÜ beitritt, sind Einheitspatente für Europäische Patentanmeldungen mit Anmeldetag ab dem 01.01.2008 möglich.

G. EU-Patent

87	**Europäisches Patentgericht - »Einheitliche« Patentgerichtsbarkeit«**
88	**EPGÜ regelt**: - Ausschließliche Zuständigkeit des EPG für EU-Patente - Mögliche Zuständigkeit für eP (Bündelpatent) bei Vorlage der Voraussetzungen - Ablauf des Verfahrens - Verfahrenssprache und Verfahrensablauf - Anordnungen und Befugnisse des Gerichts - Rechtsmittel - Vollstreckung der Entscheidungen - Rechtskraftwirkung
89	**Einheitliche Regelungen** (Bündelpatent und Einheitspatent): - Erteilungsverfahren - Einspruchsverfahren - Verletzungsverfahren - Nichtigkeitsverfahren - Vollstreckung

90	**Unterschiedliche Regelungen**:
	- Übersetzungsregelungen nach Erteilung
	- Jahresgebühren
	- Territoriale Reichweite des Urteilsspruchs
	  → keine Kompetenz des EPG für EPÜ-Vertragsstaaten, die nicht am EPGÜ teilnehmen
	    (z.B. Schweiz, Türkei, Norwegen, Island, Spanien, Kroatien, Polen)
	- Territoriale Reichweite des Schutzrechts
	- Übergangsrecht

EU-Patent G.

Hauptmerkmale Europäisches Patentgericht		
Art. 1 EPGÜ	**Gerichtliche Zuständigkeit** sowohl für klassische europäische Patente als auch für EU-Patente	
Art. 24 EPGÜ	Vorläufiger Entwurf einer Verfahrensordnung des Einheitlichen Patentgerichts ist in Vorbereitung → EPÜ wird zur materiellen Prüfung herangezogen	
Art. 32 EPGÜ	**Ausschließliche Zuständigkeit** u. a. für - Patentverletzungsklagen (eP und EU-Patente) und Klagen wegen Verletzung ergänzender Schutzzertifikate (Art. 3 b) iVm Art. 1 EPGÜ) - Negative Feststellungsklagen - Klagen und Widerklagen auf Nichtigerklärung - einstweilige Maßnahmen und Sicherheitsmaßnahmen einschließlich einstweiliger Verfügungen - Unterlassungs-, Schadensersatz- und Entschädigungsansprüche - Auskunft, Rechnungslegung, Abhilfemaßnahmen - Nichtigkeitsklagen - Klagen auf Schadenersatz - Klagen gegen das einheitliche Patent betreffende Entscheidungen des EPA	
	Keine Zuständigkeit für Vindikationsklagen, Klagen von Ansprüchen aus Lizenzverträgen und unberechtigter Schutzrechtsverwarnung.	
Art. 83 EPGÜ	**Alle eP fallen mit Inkrafttreten unter das EPGÜ (ausschließliche Zuständigkeit).** Weitere Kompetenz der nationalen Gerichte nur nach Maßgabe des Überhangsrechts. Aus Art. 83 (1) EPGÜ und Art. 3 c) und d) ist entnehmbar, dass Klagen aus eP auch für die Vergangenheit in die Zuständigkeit des EPG fallen. **Ausnahmeregelung (»opt-out«)** Art. 83 EPGÜ: Während einer Übergangszeit von 7 Jahren können Inhaber oder Anmelder von eP (»Bündelpatenten«) die ausschließliche Zuständigkeit des Einheitlichen Patentgerichts für sämtliche Klagen in Bezug auf das eP ausschließen (keine Verwaltungsgebühr). → die nationalen Gerichte sind weiterhin für das eP zuständig → ohne opt-out: Risiko einer Nichtigkeitsklage mit Wirkung für alle teilnehmenden EU-MS für klassisches Europäisches Patent - Der opt-out ist nur möglich, solange noch keine Klage vor dem EPG erhoben wurde. - Der opt-out kann bis spätestens 1 M vor Ablauf der Übergangszeit in Anspruch genommen werden. - Der opt-out kann bereits im Anmeldestadium in Anspruch genommen werden. - Der opt-out bleibt nach Ablauf der Übergangszeit in Kraft. - Eine Rücknahme des opt-out ist jederzeit möglich, sofern noch keine Klage vor einem nationalen Gericht erhoben wurde, auch nach dem Ablauf der Übergangszeit. - Ein Patentinhaber kann nicht die alleinige Zuständigkeit des EPG mit einem »opt-in« **bestimmen, sondern lediglich die parallele Zuständigkeit des EPG ausschließen** → nationale Gerichte sind zuständig. Die Übergangszeit kann (um bis zu 7 Jahre) verlängert werden.	
	Rangfolge der Rechtsquellen und anwendbares Recht: EU-Recht, EPGÜ, EPÜ, internationale Übereinkommen (z.B. PVÜ, TRIPS), nationales Recht inkl. nationales Prozessrecht (z.B. Zeugnisverweigerungsrecht)	
	Weitere Infos: http://www.unified-patent-court.org/	

G. EU-Patent

99	Instanzen des EPG			
100	Art. 7 EPGÜ	1. Instanz		
101		Zentralkammer	Art. 7 (2) EPGÜ	Paris mit Außenstellen in München (BPatG)
102		Lokalkammer	über Art. 7 (3) EPGÜ	z.B. Deutschland (München), Frankreich (Paris), Belgien (Brüssel), Niederlande (Den Haag), Dänemark (Kopenhagen), Italien (Mailand), Irland, Finnland (Helsinki), Österreich (Wien)
103		Zusätzliche Lokalkammer	über Art. 7 (4) EPGÜ	z.B. Deutschland (Mannheim (Schubertstraße), Düsseldorf (OLG), Hamburg (Sievekingplatz)
104		Regionalkammer	über Art. 7 (5) EPGÜ	z.B. Zusammenschluss von Schweden, Estland, Lettland, Litauen (Sitz: Stockholm), evtl. Slowakei, Tschechien, Bulgarien, Zypern, Griechenland und Rumänien
105	Art. 8, 9 EPGÜ	Internationale Zusammensetzung der Spruchkörper (Ziel: einheitliche Rechtsprechung)		
		Lokalkammer	in EU-MS, in denen **weniger** als 50 Patentverletzungsverfahren im Durchschnitt pro Jahr begonnen werden: 3 rechtlich qualifizierte Richter (1 nationaler Richter, 2 ausländische Richter)	
106			in EU-MS, in denen **mehr** als 50 Patentverletzungsverfahren im Durchschnitt pro Jahr begonnen werden: 3 rechtlich qualifizierte Richter (2 nationale Richter, 1 ausländischer Richter)	
107		Regionalkammer	3 rechtlich qualifizierte Richter (2 nationale Richter, 1 ausländischer Richter)**	
108		Zentralkammer	3 Richtern (2 rechtlich qualifizierte Richter, 1 technisch qualifizierter Richter)***	
109		Berufungsgericht	5 Richter (3 rechtlich qualifizierte Richter, 2 technisch qualifizierte Richter)*** für »schwierige Fragen«: Einrichtung eines Großen Senats (Regel 238A VerfO zum EPGÜ (18. Entwurf))	
110	Art. 18 EPGÜ	Richterpool	Einrichtung eines Richterpools, dem alle rechtlich und technisch qualifizierten Richter des Gerichts 1. Instanz angehören; für jedes Gebiet der Technik mindestens ein technisch qualifizierter Richter, die auch dem Berufungsgericht zur Verfügung stehen; Zuweisung zur betreffenden Kammer durch den Präsidenten des Gerichts erster Instanz.	
111	Art. 9 EPGÜ	2. Instanz		
112		Berufungsgericht	Art. 9 (5) EPGÜ	Luxemburg
113	EuGH	Vorlageberechtigung (1. Instanz, Art. 267 II AEUV) bzw. Vorlagepflicht (2. Instanz, Art. 267 II AEUV)		

** auf Antrag einen zusätzlichen technisch qualifizierten Richter (Art. 8 (5) EPGÜ)

EU-Patent G.

Instanzen des EPG (Fortsetzung)

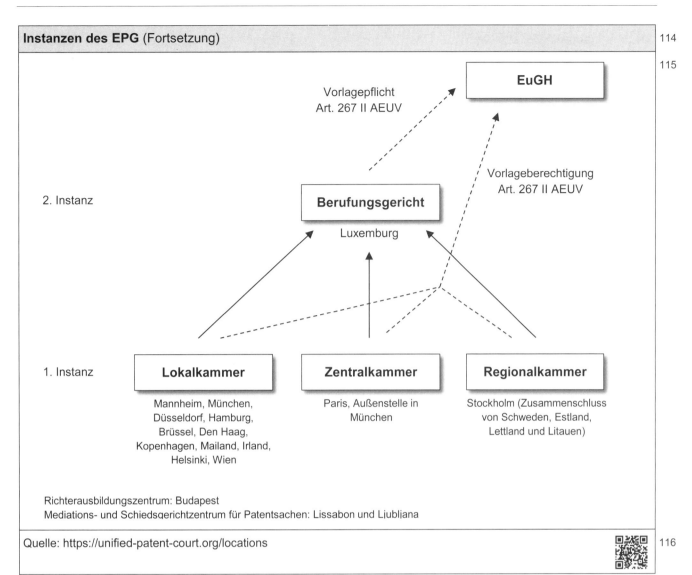

Quelle: https://unified-patent-court.org/locations

G. EU-Patent

117	**Zuständigkeit der Zentralkammer**	
118	**Art. 33 EPGÜ**	**Sachliche Zuständigkeit**: - Patentverletzungsklagen, wenn Verletzung im Gebiet von 3 oder mehr Regionalkammern auf Antrag des Beklagten - Negative Feststellungsklagen - Isolierte Nichtigkeitsklagen - Klagen mit Blick auf einheitliche Wirkung und deren Eintragung beim EPA Keine Lokal- oder Regionalkammer im Verletzungs- oder Sitzstaat → Parteienvereinbarung
119	**Anlage II**	**Örtliche Zuständigkeit**: (Haupt IP Klassifikation zählt) - **Paris**: Hauptsitz mit Schwerpunkt auf allen technischen Bereichen außer Maschinenbau, Chemie, Arzneimittel und täglicher Lebensbedarf - **München**: Außenstelle mit Schwerpunkt auf dem Bereich Maschinenbau, Beleuchtung, Heizung, Waffen, Sprengen (IP Klassifikation F) - bisher **London**, Aufteilung auf Paris und München: Außenstelle mit Schwerpunkt auf den Bereichen Chemie, Arzneimittel (IP Klassifikation C) und täglicher Lebensbedarf (IP Klassifikation A)

120	**Zuständigkeit der Lokal- und Regionalkammern**	
121	**Art. 33 EPGÜ**	**Sachliche Zuständigkeit**: - Verletzungsverfahren - Schadenersatzklage (inkl. Entschädigung, Kosten) - Nichtigkeitswiderklage - Einstweilige Maßnahmen wie Verfügungsverfahren, Beweis- und Vermögenssicherungsmaßnahmen - Rechtsanhängigkeitssperre
122	**Anlage II**	**Örtliche Zuständigkeit**: - Gerichtsstand der (drohenden) Verletzungshandlung - Gerichtsstand am Sitz/Geschäftssitz/Niederlassungsort des Beklagten Mehrere Beklagte in einer »geschäftlichen Beziehung« können gemeinsam am Sitzgericht eines Beklagten gemeinsam verklagt werden. - Voraussetzung: derselbe Verletzungsvorwurf (entspricht nicht dem gleichen Patent)
123		Trotz anhängiger Nichtigkeitsklage kann innerhalb von 3 M Verletzungsklage bei Lokal- oder Regionalkammer anhängig gemacht werden (Art. 33 (5) EPGÜ). Aber bei anhängiger Verletzungsklage kann Nichtigkeitsklage **nicht** bei Zentralkammer verhandelt werden (Art. 33 (4) 2 EPGÜ).
124	**Art. 49 EPGÜ**	**Verfahrenssprache** (1. Instanz): Amtssprache des EPA, Amtssprache des Mitgliedsstaats, Erteilungssprache Grundsatz: - Lokal- oder Regionalkammer: eine offizielle Amtssprache am Sitz - Zentralkammer: Erteilungssprache des Patents
125		Mitgliedsstaaten können nach Art. 49 (2) EPGÜ eine oder mehrere EPA-Amtssprachen zu Verfahrenssprache ihrer Lokal- oder Regionalkammer machen.
126	**Art. 50 EPGÜ**	**Verfahrenssprache** (Berufungsverfahren): (1) Grundsatz: Sprache der 1. Instanz (2) Parteien können sich auf Sprache der Erteilung einigen. (3) In Ausnahmefällen kann Berufungsgericht mit Zustimmung der Parteien eine andere Amtssprache eines Vertragsmitgliedsstaates für das gesamte oder einen Teil des Verfahrens bestimmen.

EU-Patent G.

Erstinstanzliches Verfahren		126a
Verfahrensabschnitte		126b
Art. 52 EPGÜ R 10 RoP	- Schriftliches Verfahren (R 10 (a) RoP, ca. 5 M) - Zwischenverfahren (R 10 (b) RoP, ca. 3 M) - Mündliches Verfahren und Sachentscheidung (R 10 (c) RoP, ca. 2 M) - Verfahren zum Schadenersatz und Kostenverteilung (R 10 (d), (e) RoP, ca. 6 W) - Kostenfestsetzungsverfahren Verfahrensdauer: ca. 1 Jahr	
Verfahrensgrundsätze		126c
Art. 42, 43, 44, 45, 52, 56, 76 EPGÜ R 262, 264 RoP	- Verhältnismäßigkeit - Fairness - Rechtliches Gehör - Öffentlichkeit - Bestmöglicher Gebrauch von elektronischen Verfahren (beispielsweise Einreichung von Parteivorbringen und Videokonferenzen) - Billigkeit - Flexibilität - Höchste Qualität - Antragsprinzip	
Verfahrensleitung Art. 43 EPGÜ - Aktive Leitung durch das Gericht		126d
R 332 RoP	Grundsätze der Verfahrensleitung - Parteien zur Kooperation anhalten, - Streitthemen frühzeitig identifizieren, Schwerpunkte setzen, Reihenfolge festlegen, - Parteien ermuntern, die Schiedsstelle (R 11 RoP) zu nutzen, - Vergleiche fördern, - Zeitpläne festlegen, - Kosten und Nutzen eines konkreten Schrittes abwägen, - so viele Aspekte wie möglich gleichzeitig behandeln, - Klage bearbeiten, ohne dass die Parteien persönlich erscheinen müssen, - Technische Hilfsmittel nutzen (beispielsweise elektronische Einreichungen (Art. 44 EPGÜ)) - Hinweise frühzeitig vor der mündlichen Verhandlung erteilen, um diese effizient führen zu können	

G. EU-Patent

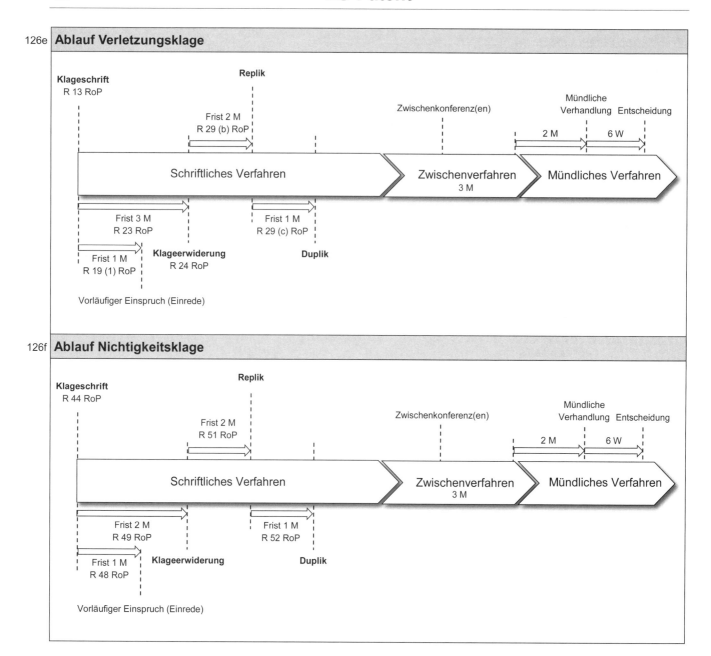

EU-Patent G.

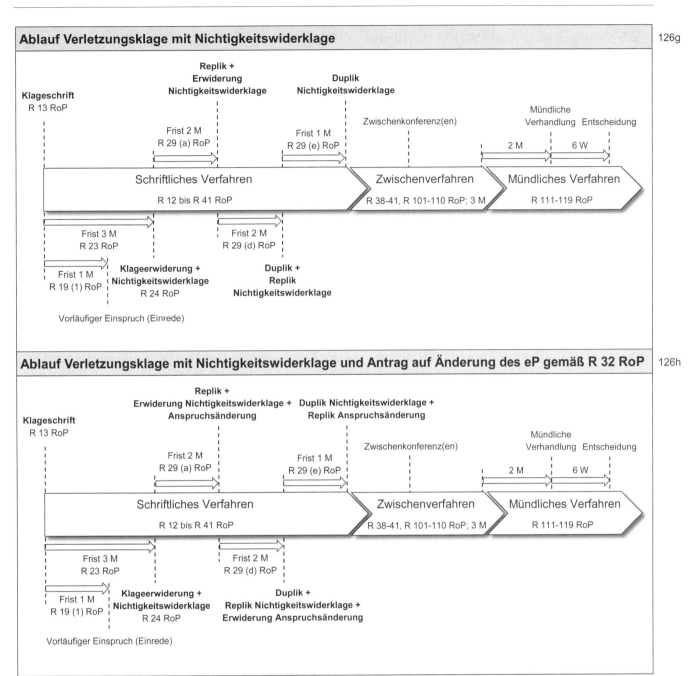

G. EU-Patent

126i	**Verfahrensabschnitt - Schriftliches Verfahren** R 12 bis R 41 RoP	
126j	**Klageschrift**	
	Art. 44 EPGÜ R 4 (1) RoP	Schriftsatz und Dokumente sind in elektronischer Form einzureichen. - Formblätter online verfügbar - Papierform bei technischen Problemen zulässig (R 4.2 RoP) Klageschrift über öffentliche Akteneinsicht einsehbar (R 262 RoP)
	Art. 70, 71 EPGÜ R 15 (2), R 371 RoP	Zahlung der Gerichtsgebühr (Art. 36 (3) EPGÜ, R 371 RoP) auf Bankkonto des Gerichts (siehe G.127 ff.), Angabe der zahlenden Partei, Patentnummer und ggf. Aktenzeichen. Zahlungsnachweis ist der Klageschrift beizufügen. Erst nach der Zahlung der Gebühr gilt die Klage als eingereicht. Prozesskostenhilfe möglich.
	R 13 RoP	Inhalt der Klageschrift: - Angabe der des Klägers und Beklagten bzw. Vertreter - Post- und elektronische Adressen für Zustellungen an Kläger, Beklagten (sofern bekannt), PI (bei Klage durch Lizenznehmer) - Nachweis Aktivlegitimation (insbesondere Lizenznehmer) (Art. 47 (2), (3) EPGÜ) - Details des Klagepatents einschließlich Patentnummer - Ggf. Informationen über bisherige oder anhängige Verfahren betreffend das Klagepatent vor dem EPG, dem EPA oder einem anderen Gericht - Klageanträge bzw. Ansprüche, die vom Gericht entschieden werden sollen (Art. 76 EPGÜ) - Angaben zur Zuständigkeit (Art. 33 (1) bis (6) EPGÜ), ggf. Angabe, dass Verfahren vor einem Einzelrichter verhandelt werden soll (Art. 8 (7) EPGÜ) - Angabe des Verletzungssachverhalts und des betreffenden Patentanspruchs - Nachweise der Verletzung, Beweisangebote - Rechtliche Ausführungen zur Patentverletzung - Ankündigung etwaiger Anträge auf Anordnungen (Zwischenverfahren) - Angabe der Kammer, die die Klage verhandeln soll mit Begründung (Art. 33 (1) bis (6) EPGÜ) - Angaben zur Verhandlung durch einen Einzelrichter - Angaben zum Streitwert, wenn er nach Ansicht des Klägers über 500 T€ liegt - Liste der Anlagen - Mitteilung, welche Dokumente nicht übersetzt werden sollen - Ggf. Schutzantrag gemäß R 262 (1) RoP

EU-Patent G.

Verfahrensabschnitt - Schriftliches Verfahren (Fortsetzung)	
Vorläufiger Einspruch (Einrede) des Beklagten	
R 19 RoP	Gründe: - Zuständigkeit des EPG (beispielsweise, wenn ein Opt-out gemäß R 5 RoP für das Patent wirksam beantragt wurde) - Zuständigkeit der vom Kläger angerufenen Kammer (einschließlich Drei-Regionalkammern-Verletzung) (R 13 (1) (i) RoP) - Gewählte Sprache der Klageschrift (=Verfahrenssprache) (R 14 RoP)
R 19 (1) RoP	Frist von 1 M nach Zustellung der Klage. Aber: keine aufschiebende Wirkung für Stellungnahme des Beklagten (R 19 (6), R 23 RoP). Erwiderung des Klägers (R 19 (5) RoP): Frist 14 T nach Aufforderung durch Kanzlei, ggf. Verweis an andere Kammer.
R 19 (2) RoP	Notwendige Angaben: - Angaben zum Beklagten (Art. 24 (a) bis(c) EPGÜ) - Antrag - Begründung, ggf. Beweismittel
R 19 (7) RoP	Nichterhebung gilt als Einlassen auf die Zuständigkeit des Gerichts bzw. der Kammer (R 19 (7) RoP).
Art. 43 EPGÜ R 20 RoP	Entscheidung des Berichterstatters umgehend (R 20 (1) RoP) oder im Hauptsacheverfahren (R 20 (2) RoP). Gelegenheit zur Stellungnahme. Zustellung an Parteien (R 276 RoP).
R 21 (1) RoP	Berufung gegen die Entscheidung des Berichterstatters, wenn: - der vorläufige Einspruch (Einrede) stattgegeben wird (R 220 (1) a) RoP (Endentscheidung)), oder - der vorläufige Einspruch (Einrede) zurückgewiesen wird (R 220 (2) RoP (Zulassung notwendig)). Aussetzung des erstinstanzlichen Verfahrens möglich (R 295 c) ii) RoP))

126k

G. EU-Patent

Verfahrensabschnitt - Schriftliches Verfahren (Fortsetzung)	
Klageerwiderung	
R 23 RoP	Frist 3 M, Verlängerung auf begründeten Antrag möglich.
R 24 RoP	Inhalt der Klageerwiderung: - Angabe der Parteien bzw. Vertreter - Post- und elektronische Adressen für Zustellungen an Beklagten - Verfahrensnummer - Angabe, ob der Beklagte einen vorläufigen Anspruch gemäß R 19 RoP eingelegt hat - Begründung, warum Klage abzuweisen ist, inklusive möglicher Vorbenutzungsrechte nach Art. 28 EPGÜ - Angabe und Vorlage sämtlicher Beweismittel - Vortrag zum fehlenden Rechtsbestand (R 24 (1) (g) RoP) - Anträge, die im Zwischenverfahren gestellt werden - Erklärung, ob Streitwert bestritten wird und wieso - Liste der Anlagen - Mitteilung, welche Dokumente nicht übersetzt werden sollen - Ggf. Schutzantrag gemäß R 262 (1) RoP Klageerwiderung über öffentliche Akteneinsicht einsehbar (R 262 RoP)
R 25 RoP	Die Klageerwiderung muss die Widerklage enthalten, sofern Beklagter behauptet, dass Klagepatent nicht rechtsbeständig ist.
	Inhalt der Widerklage: - Angabe des PI, wenn dieser nicht Kläger ist (R 43 RoP) - Umfang der beantragten Nichtigkeitsklage - Nichtigkeitsgründe - Ggf. Antrag zur Zuständigkeit (Art. 33 (3) EPGÜ) - Beweismittel - Anordnungen, die getroffen werden sollen - Streitwert der Widerklage (sofern höher als Streitwert der Verletzungsklage) Widerklage über öffentliche Akteneinsicht einsehbar (R 262 RoP)
R 26 RoP R 15 (2), 371 (1) RoP	Zahlung der Gerichtsgebühr auf Bankkonto des Gerichts (siehe G.127 ff.).

EU-Patent G.

Verfahrensabschnitt - Schriftliches Verfahren (Fortsetzung)		
Replik Erwiderung des Klägers		126m
R 29A RoP	- Stellungnahme des Patentinhabers zur Klageerwiderung auf Nichtigkeit - bei Nichtigkeitswiderklage: ggf. Antrag auf Änderung des Patents (R 30 (1) RoP), einschließlich Hilfsanträge - Erklärung warum die Änderungen die Anforderungen der Art. 84 und Art 123 (2), (3) EPÜ erfüllen	
Duplik Erwiderung des Beklagten		126n
R 29 (e) RoP	- Beschränkt auf die in der Replik aufgeworfenen Themen	
Abschluss des schriftlichen Verfahrens		126o
R 35 (1) RoP R 35 (2) RoP	Nach Austausch der Schriftsätze ergeht Mitteilung, wann schriftliches Verfahren abgeschlossen werden soll, mit Bestätigung eines Termins für eine Zwischenanhörung (R 28, R101 (1) RoP) oder Mitteilung, dass keine stattfindet.	
Zuständigkeit des Gerichts: Im Fall einer Verletzungsklage im Sinne des Art. 32 (1) (a) EPGÜ kann eine Widerklage auf Nichtigerklärung im Sinne des Art. 32 (1) (e) EPGÜ erhoben werden. Die betreffende Lokal- oder Regionalkammer kann nach Anhörung der Parteien nach eigenem Ermessen beschließen:		
Art. 33 (3) a) EPGÜ	- sowohl die Verletzungsklage als auch die Nichtigkeitswiderklage zu verhandeln; Berichterstatter beantragt beim Präsidenten des Gerichts der 1. Instanz die Zuweisung eines technischen Richters aus dem Richterpool (Art. 18 (3) EPGÜ, R 37 (3) RoP)	
Art. 33 (3) b) EPGÜ	- die Widerklage auf Nichtigerklärung zur Entscheidung an die Zentralkammer zu verweisen und das Verletzungsverfahren (bei hoher Erfolgswahrscheinlichkeit) auszusetzen oder fortzuführen (R 37 (4), R 295 RoP); sofern keine Aussetzung des Verletzungsverfahren, teilt der Berichterstatter der Zentralkammer die anberaumten Termine mit (R 37 (5) RoP);	
Art. 33 (3) c) EPGÜ	- den Fall mit Zustimmung der Parteien zur Entscheidung an die Zentralkammer zu verweisen (R 38 RoP).	

G. EU-Patent

126p	**Verfahrensabschnitt - Zwischenverfahren** R 37 bis 41, R 101 bis 110 RoP	
	R 101 (3) RoP	- Dauer üblicherweise 3 M nach Abschluss des schriftlichen Verfahrens - Wahrung der Verhältnismäßigkeit
	Art. 52 (2) EPGÜ R 18, R 101, R 331 RoP	Leitung durch den Berichterstatter
	R 22 RoP	Bestimmung des Streitwerts zur Ableitung der variablen Gerichtsgebühren, die oberhalb von 500 T€ fällig werden
	R 101 (1) RoP	Ziel des Zwischenverfahrens ist die Vorbereitung der mündlichen Verhandlung.
	R 103 RoP	Unabhängig davon, ob der Berichterstatter beschließt eine Zwischenkonferenz abzuhalten, kann er die Parteien auffordern bspw. Klarstellungen, Beweismittel, Aufstellungen der Anträge für Zwischenanhörungen innerhalb einer Frist einzureichen. Wenn die Partei nicht der Anordnung innerhalb der gesetzten Frist nachkommt, kann eine Versäumnisentscheidung gemäß R 355 RoP erlassen werden (R 103 (2) RoP).
	R 102 (1), (2) R 333 RoP	Spruchkörper kann von Amts wegen jede Entscheidung, Anordnung oder Durchführung des Zwischenverfahrens prüfen. Auch auf Antrag der Parteien gegen Gebühr (Dauer 15 T ab Zustellung). Umgehende Entscheidung (R 220 (2) RoP) und ggf. geänderte Anordnung (R 335 RoP).
126q	**Abschluss des Zwischenverfahrens**	
	R 108 RoP	Bestimmung des Termins zur mündlichen Verhandlung nebst Ladung.
	R 110 (1) RoP	Wenn mündlichen Verhandlung nach Ansicht des Berichterstatters ausreichend vorbereitet ist.

EU-Patent G.

Verfahrensabschnitt - Mündliches Verfahren R 111 bis 119 RoP	
R 110 (3) RoP	Unmittelbar nach Abschluss des Zwischenverfahrens soll die mündliche Verhandlung beginnen
R 110 (3), R 111 RoP	Wechsel der Verfahrensleitung auf Vorsitzenden. Vorsitzender muss die Ansicht, die Maßnahmen des Berichterstatters nicht teilen oder übernehmen.
R 108 RoP R 28 RoP	Festlegung Tag der mündlichen Verhandlung, Ladungsfrist mindestens 2 M nach Abschluss des Zwischenverfahrens, es sei denn die Parteien stimmen einer kürzeren Ladungsfrist zu.
Art. 52 (3), 52 (1) EPGÜ R 112 (1) RoP	Mündliche Verhandlung vor dem Spruchkörper unter Leitung des Vorsitzenden. Parteien erhalten Gelegenheit zur Anhörung, üblicherweise nicht länger als 1 T (R 113 (1) RoP).
Art. 45 EPGÜ R 115 RoP	Mündliche Verhandlung ist öffentlich. Gericht kann Ausschluss der Öffentlichkeit beschließen, sofern es im Interesse einer Partei oder im allg. Interesse der Justiz ist.
R 116 (5) RoP	Versäumnisurteil gemäß R 355 (1) b) RoP bei Abwesenheit einer Partei möglich.
R 117 RoP	Entscheidung nach Aktenlage, wenn Parteien das Gericht informiert haben, nicht in der mündlichen Verhandlung zu erscheinen.
Art. 52 (3) EPGÜ	Mit Zustimmung der Parteien Entscheidung ohne mündliche Anhörung.

G. EU-Patent

126s	**Sachentscheidung - Urteil**	
	Sachent-scheidung	- Antragsprinzip, Unterlassung, Auskunft, Rechnungslegung (Art. 56 (1), Art. 76 EPGÜ, R 118 (1) RoP) - ganz oder teilweise Nichtigerklärung des Patents (Art. 65 EPGÜ) - Entscheidung zur Verletzung kann unter die Bedingung gestellt werden, dass das eP im anhängigen Rechtsbestandsverfahren nicht ganz oder teilweise für nichtig erklärt wird (Art. 56 (1) EPGÜ, R 118 (2) (a) RoP) - ggf. vorläufiger Schadenersatz (R 119 RoP)
	Art. 77 (1) EPGÜ R 118 (6), (7) RoP	Sachentscheidung umgehend nach Abschluss der mündlichen Verhandlung, falls möglich innerhalb 6 Wochen nach der mündlichen Verhandlung. Urteil ist schriftlich zu begründen. Verkündung in öffentlicher Sitzung (Art. 35 (5) Satzung EPG).
	Art. 78 (1) EPGÜ	Mehrheitsentscheidung (Art. 35 Satzung EPG); bei Stimmengleichheit ist die Stimme des Vorsitzenden entscheidend.
	Art. 77 (1) EPGÜ	Urteil ist schriftlich zu begründen. Urteilsbegründung üblicherweise 6 W nach mündlicher Verhandlung (R 118 (6) RoP)).
	Art. 77 (2) EPGÜ	Urteilsbegründung in der Verfahrenssprache.
	R 350 (1), R 350 (4) RoP	Inhalt der Urteilsbegründung: - Angabe, dass es eine Entscheidung des Gerichts ist - Verkündungsdatum - Rubrum - Anträge - Zusammenfassung der Tatsachen - Entscheidungsgründe - Unterschriften der Richter Die aus der Entscheidung folgende Anordnung ist beizufügen (R 350 (2) RoP).
	Art. 78 (2) EPGÜ	In Ausnahmefällen kann jeder Richter eine abweichende Meinung, schriftlich begründet (Art. 36 Satzung EPG) getrennt von der Entscheidung des Gerichts zum Ausdruck bringen.
126t	**Anschlussverfahren**	
	- Schadenersatzhöheverfahren (R 125 bis 144 RoP) - Kostenersatzverfahren (Art. 60 EPGÜ, R 150 bis 159 RoP)	

EU-Patent — G.

Gerichtsgebühren und Kosten

R 370 RoP (Inkrafttreten 01.09.2022)
https://www.unified-patent-court.org/sites/default/files/consolidated_rop_de_updated_cover_page_0.pdf

Gerichtsgebührentabelle (08.07.2022)
https://www.unified-patent-court.org/sites/default/files/ac_05_08072022_tabelle_gerichtsgebuhren_de_publication_clean.pdf)

Bei mehreren Klägern werden nur einmal Gerichtskosten fällig		G.148
Gebührentabelle		G.149 ff.
Reduzierung bei Einzelrichterverfahren (um 25%)		G.196
Gestaffelte Reduzierungen bei Klagerücknahme (zwischen 20% und 60%)		G.197 ff.
Härtefallregelung		G.201
Obergrenze für erstattungsfähige Kosten		G.207 ff.
Reduzierung für KMU (auf 60%)		G.222

Gerichtsgebühren	Art. 70 EPGÜ R 370 RoP	Gerichtsgebühren sind idR **im Voraus zu entrichten** und umfassen eine **Festgebühr** in Kombination mit einer **streitwertabhängigen Gebühr** oberhalb einer vorab festgesetzten Schwelle.	
	R 15.1 RoP	Zahlung der festen und ggf. der wertabhängigen Gebühr bei Einreichung der Verletzungsklage.	
	R 15.2 RoP	Bis zur Zahlung gilt die Klage als nicht erhoben.	
	Art. 36 (3) EPGÜ	Die Gerichtsgebühren werden vom Verwaltungsausschuss festgesetzt und sollen ein angemessenes Gleichgewicht sicherstellen zwischen dem Grundsatz eines freien Zugangs zum Recht und einer angemessenen Beteiligung der Parteien an den Kosten des Gerichts unter Berücksichtigung des wirtschaftlichen Nutzens der Parteien und des Ziels der Eigenfinanzierung.	
Kosten des Rechtsstreits	Art. 69 (1) EPGÜ	Die Kosten des Rechtsstreits und sonstige Kosten der obsiegenden Partei werden, soweit zumutbar und angemessen, bis zu einer gemäß der Verfahrensordnung festgelegten Obergrenze, idR von der unterlegenen Partei getragen, sofern Billigkeitsgründe dem nicht entgegenstehen.	
	Art. 69 (2) EPGÜ	Im Falle eines nur teilweise Obsiegens einer Partei oder des Vorliegens außergewöhnlicher Umstände kann das Gericht anordnen, dass die Kosten nach Billigkeit verteilt werden oder die Parteien ihre Kosten selbst tragen.	
	Art. 69 (3) EPGÜ	Eine Partei, die dem Gericht oder einer anderen Partei unnötige Kosten verursacht, soll diese tragen.	
	Art. 69 (4) EPGÜ	Auf Antrag des Beklagten kann Gericht anordnen, dass Antragsteller (Kläger) für die entstehenden Kosten Sicherheiten zu leisten hat (insbesondere für R 52 bis R 62 RoP)	
Kostenentscheidung	R 118.5 RoP	Das Gericht soll mit der Entscheidung in der Sache auch grundsätzlich über die Kosten entscheiden. Vorab kann das Gericht anordnen, dass die Parteien eine vorläufige Schätzung ihrer Kosten, deren Erstattung sie beantragen werden vorlegen.	
Kostenverteilung	R 118.6 RoP	Entscheidung über die grundsätzliche Verteilung der Kosten ist Teil des Endurteils.	

G. EU-Patent

139	**Gerichtsgebühren und Kosten** (Fortsetzung)		
140	Kostenfestsetzung		Gegenstand eines gesonderten Verfahrens, das der Sachentscheidung und ggf. der Festsetzung von Schadenersatz (Art. 68 (3) RoP) nachfolgt.
141		R 150.1 RoP	Die Kostenentscheidung umfasst entrichtete Gerichtsgebühren, Kosten der Vertretung und übrige im Verfahren entstandene Kosten (bspw. Auslagenerstattung für Gerichts- und Parteisachverständige und Zeugen, Durchführung von Versuchen, usw.).
142		R 151 RoP	Von der erfolgreichen Partei innerhalb 1 M nach Zustellung des Urteils schriftlich zu beantragen und begründen, insbesondere ist Höhe der zu ersetzenden Kosten anzugeben
143		R 152-155 RoP	Erstattung von Kosten für Vertretung, Sachverständige, Zeugen, Dolmetscher und Übersetzer.
144		R 156 RoP	Berichterstattender Richter kann Nachweise für alle nach R 151 (d) genannten Kosten verlangen. Unterlegene Partei erhält Gelegenheit zur Stellungnahme. Schriftliche Entscheidung durch den berichterstattenden Richter unter Berücksichtigung Art. 69 (1) bis (3) EPGÜ. Erstattung der Kosten innerhalb einer vom berichterstattenden Richter festzulegenden Frist
145		R 157 RoP	Gegen die Entscheidung kann Berufung eingelegt werden.

EU-Patent G.

		Gerichtsgebühren und Kosten (Fortsetzung)		146
Festgebühr/ streitwertabhängige Gebühr	R 370.2 RoP R 370.3 RoP	Gerichtskosten für Verletzungsverfahren, Widerklagen wegen Verletzung und negative Feststellungsklage bestehen aus einer - **Festgebühr** und - **streitwertabhängigen Gebühr** (wenn Streitwert größer 500.000 €): → 2. Instanz: gleiche Kosten		147
	R 370.7 RoP	Bei mehreren Klägern oder Beklagten oder mehreren Patenten soll nur eine Festgebühr und ggf. eine streitwertabhängige Gebühr festgesetzt werden.		148
	R 302 f. RoP	Das Gericht kann ein gegen mehrere Kläger oder Beklagte gerichtetes oder mehrere Patente betreffendes Verfahren auftrennen.		
	Gebührentabelle **Festgebühren**			149
	R 15 RoP	Verletzungsklage	11.000 €	150
	R 53 RoP	Verletzungswiederklage	11.000 €	151
	R 70 RoP	Negative Feststellungsklage	11.000 €	152
	R 80.2 RoP	Klage auf Vergütung für eine Lizenzvereinbarung	11.000 €	153
	R 132 RoP	Antrag auf Festsetzung von Schadensersatz	3.000 €	154
	R 228 RoP	Berufung nach R 220.1 (a), (b) betreffend eine Verletzungsklage (R 15)	11.000 €	155
	R 228 RoP	Berufung nach R 220.1 (a), (b) betreffend eine Verletzungswiederklage (R 53)	11.000 €	156
	R 228 RoP	Berufung nach R 220.1 (a), (b) betreffend eine negative Feststellungsklage (R 70)	11.000 €	157
	R 228 RoP	Berufung nach R 220.1 (a), (b) betreffend eine Klage auf Vergütung für eine Lizenzvereinbarung (R 80.2)	11.000 €	158
	R 228 RoP	Berufung betreffend einen Antrag auf Festsetzung von Schadensersatz (R 132)	3.000 €	159

Gebührentabelle **streitwertabhängige Gebühren** — 160

Klagestreitwert (bis zu einschließlich)	Zusätzliche Gebühr	Klagestreitwert (bis zu einschließlich)	Zusätzliche Gebühr	
500.000 €	0 €	750.000 €	2.500 €	162
1.000.000 €	4.000 €	1.500.000 €	8.000 €	163
2.000.000 €	13.000 €	3.000.000 €	20.000 €	164
4.000.000 €	26.000 €	5.000.000 €	32.000 €	165
6.000.000 €	39.000 €	7.000.000 €	46.000 €	166
8.000.000 €	52.000 €	9.000.000 €	58.000 €	167
10.000.000 €	65.000 €	15.000.000 €	75.000 €	168
20.000.000 €	100.000 €	25.000.000 €	125.000 €	169
30.000.000 €	150.000 €	50.000.000 €	250.000 €	170
		mehr als 50.000.000 €	325.000 €	171

G. EU-Patent

172	Gerichtsgebühren und Kosten (Fortsetzung)			
173	Festgebühr	R 370.4	Gebührentabelle nur **Festgebühr**:	
174		R 46 RoP	Nichtigkeitsklage	20.000 €
175		R 26 RoP	Nichtigkeitswiderklage (gleiche Gebühr wie die Verletzungsklage bis zu einer Höchstgebühr)	20.000 €
176		R 206.5 RoP	Antrag auf vorläufige Maßnahmen (zur Verhinderung einer Patentverletzung)	11.000 €
177		R 88.3 RoP R 97.2 RoP	Klage gegen eine Entscheidung des EPA nach Art. 9 VO (EU) 1257/2012	1.000 €
178		R 192.5 RoP	Antrag auf Beweissicherung	350 €
179		R 199.2 RoP	Antrag auf Inspektion	350 €
180		R 200.2 RoP	Antrag auf Einfrieren von Vermögenswerten	1.000 €
181		R 207.4 RoP	Einreichung einer Schutzschrift	200 €
182		R 207.9 RoP	Antrag auf Verlängerung der Frist für den Verbleib der Schutzschrift im Register	100 €
183		R 333.3 RoP	Antrag auf Überprüfung einer verfahrensleitenden Anordnung	300 €
184		R 220.1 (a), (b) RoP R 228 RoP	Berufung gegen Entscheid des EPA	1.000 €
185		R 220.1 (a), (b) RoP R 228 RoP	Berufung gegen vorläufige Maßnahmen (R 206.5 RoP)	11.000 €
186		R 220.1 (a), (b) RoP R 228 RoP	Berufung gegen Nichtigkeitserklärung (R 46 RoP)	20.000 €
187		R 220.1 (a), (b) RoP R 228 RoP	Berufung gegen Widerklage der Nichtigkeitserklärung	Gebühr bereits in erster Instanz entrichtet
188		R 220.1 (c) RoP R 228 RoP	Berufung gegen Zwischenentscheid	3.000 €
189		R 221 RoP R 228 RoP	Berufung gegen Kostenentscheidung	1.500 €
190		R 220.2 RoP R 228 RoP	Antrag auf Ermessensüberprüfung	1.500 €
191		R 250 RoP	Antrag auf Wiederaufnahme des Verfahrens	2.500 €
192		R 320.2 RoP	Antrag auf Wiedereinsetzung in den vorigen Stand	350 €
193		R 220.3 RoP R 228 RoP	Antrag auf Ermessensüberprüfung zum Berufungsgericht (Gebühr fällt nicht an, wenn Berufung zugelassen wurde)	350 €
194		R 356.2 RoP	Widerspruch gegen eine Versäumnisentscheidung	1.000 €

EU-Patent G.

Gebührenerstattung R 370.9 RoP			
Erstattung der Gerichtsgebühren	R 370.9 (a) RoP R 345.6 RoP	Verfahren vor dem Einzelrichter	25%
	R 370.9 (b), (c) RoP R 265 RoP	Klagerücknahme oder Vergleich:	
		- vor Ende des schriftlichen Verfahrens	60%
		- vor Ende des Zwischenverfahrens	40%
		- vor Ender der mündlichen Verhandlung	20%
	R 370.10 RoP	Bei Bedrohung der wirtschaftlichen Existenz einer Unternehmung kann die fixe und flexible Gerichtsgebühr auf Antrag teilweise oder ganz erstattet werden. Gegnerische Partei kann Stellung nehmen. Beschwerdefähige Entscheidung nach R 220 RoP.	
Begrenzung der Kostenerstattung (von der unterlegenen Partei)			
Bestimmung der erstattungsfähigen Kosten	Art. 69 (1) EPGÜ	Von VO festgelegte Obergrenze für die erstattungsfähigen Kosten der obsiegenden Partei unter Berücksichtigung der zumutbaren und angemessenen Kosten (Vertretungskosten, Gerichtskosten und sonstigen Kosten).	
Abweichung von der Kostenauferlegung	Art. 69 (2) EPGÜ	Bei teilweisem Obsiegen der Parteien kann eine Verteilung oder gegenseitige Aufhebung der Kosten in Betracht kommen.	
	R 150.2 RoP	Das Gericht kann in einer Zwischenentscheidung die Erstattung von Kosten vorab zusprechen.	
Streitwert- abhängige Obergrenze für erstattungsfähige Vertretungskosten	Begrenzung durch eine streitwertabhängige vom Verwaltungsausschuss nach Art. 69 EPGÜ zu bestimmende Obergrenze. Die Obergrenze betrifft nur die erstattungsfähigen Vertretungskosten und gilt jeweils für eine Instanz und unabhängig von der Zahl der Parteien, Ansprüche oder Patente. Bei teilweisem Obsiegen gilt die Höchstgrenze entsprechend dem Erfolgsanteil.		
	Obergrenzen erstattungsfähiger Vertretungskosten:		

Streitwert (bis zu einschließlich)	Höchstgrenze (bis zu)	Streitwert (bis zu einschließlich)	Höchstgrenze (bis zu)
250.000 €	38.000 €	500.000 €	56.000 €
1.000.000 €	112.000 €	2.000.000 €	200.000 €
4.000.000 €	400.000 €	8.000.000 €	600.000 €
16.000.000 €	800.000 €	30.000.000 €	1.200.000 €
50.000.000 €	1.500.000 €	über 50.000.000 €	2.000.000 €

G. EU-Patent

214	**Gebührenerstattung** (Fortsetzung)			
215	Auf Antrag Anpassung der Obergrenze	**Anhebung der Obergrenze** in besonderen Situationen, beispielsweise Komplexität, verschiedene Sprachen, unter Berücksichtigung der finanziellen Leistungsfähigkeit aller Parteien.		
216			Streitwert unterhalb 1.000.000 €	bis zu 50%
217			Streitwert unterhalb 50.000.000 €	bis zu 25%
218			Streitwert oberhalb 50.000.000 €	bis zu 5.000.000 €
219		**Ermäßigung** der Obergrenze bei einer Gefährdung der ökonomischen Existenz der unterlegenen Partei, vor allem wenn diese ein Micro-Unternehmen, ein KMU, eine nicht gewinnorientierte Organisation, eine Universität oder eine natürliche Person ist.		
220		Für die Entscheidung zur Ermäßigung der Obergrenze hat das Gericht alle verfügbaren Informationen zu berücksichtigen, z.B. das Prozessverhalten der Parteien, das Verhältnis der anwendbaren Obergrenze zu den jährlichen Gewinnen beider Parteien, die Art der wirtschaftlichen Aktivität beider Parteien sowie die mit einer Ermäßigung verbundene Auswirkungen auf die andere Partei.		
221		Anträge auf Änderung der Obergrenze müssen sobald wie möglich gestellt werden (idealerweise bereits in der Klageschrift oder Klageerwiderung). Über den Antrag soll das Gericht ohne Verzögerung spätestens vor dem Ende des Zwischenverfahrens entscheiden.		
222	Kleine Unternehmen	R 370.8 RoP Titel I, Anhang zu den Empfehlungen 2003/361 der Kommission vom 06.05.2003 Definition in RiLi A-X, 9.2.1	Weniger als 50 Beschäftigte und nicht mehr als einen Jahresumsatz bzw. eine Jahresbilanz von 10 Millionen € sind berechtigt nur 60% der Gerichtsgebühren zu bezahlen. Voraussetzungen: Elektronische Einreichung einer Bestätigung in der Verfahrenssprache mit Einreichung Klage bzw. Widerklage.	

EU-Patent G.

Streitwertbestimmung				223
Streitwert-bestimmung	Generell		Die Festsetzung des Streitwerts für die Klage soll das objektive Interesse der klagenden Partei zum Zeitpunkt der Klageeinreichung widerspiegeln. Das Gericht soll die Richtlinien des Verwaltungsausschusses berücksichtigen. Einigkeit der Parteien → das Gericht soll sich prinzipiell daran halten. Der Streitwert soll vorzugsweise nach der Lizenzanalogie, sonst nach dem entgangenen Gewinn oder dem Verletzergewinn bestimmt werden. Die Festsetzung soll den Wert der Hauptforderungen (Unterlassung und Schadensersatz) berücksichtigen, ggf. auch Nebenforderungen.	224
	R 13.1 (p) RoP R 24 (i) RoP		Angabe in der Klageschrift bzw. Klageerwiderung	225
	R 22.1 RoP R 370.6 RoP		Festsetzung durch den berichterstattenden Richter im Zwischenverfahren	226
	Verletzungsverfahren		- Umsatz mit dem angegriffenen Produkt in der Vergangenheit und der Zukunft bis zum Ablauf des Patents (hilfsweise dem Marktanteil); - Lizenzrate entsprechend erteilter Lizenzen (in der Industrie akzeptierte Raten oder durch das Gericht bestimmte Rate); - Antrag auf Verpflichtung zur Zahlung von Schadensersatz (Art. 68 EPGÜ): Reduzierung des Streitwerts um 50%; - Höheklage und Forderung, die Bücher offen zu legen: geforderte Summe; - Bei Klagen mit mehreren Patenten oder mehreren Beklagten sind die Werte ggf. zu addieren.	227
	Nichtigkeits(wider)klage		- Wert des Streitpatents maßgebend; - Falls keine relevanten Informationen vorliegen: Wert einer Umsatzlizenz für die verbleibende Schutzdauer; Wert der Verletzungsklage zzgl. Bis zu 50%; - Der Wert der Verletzungsklage und der Nichtigkeitswiderklage vor der gleichen Kammer sind hinsichtlich der erstattbaren Kosten zu addieren.	228
	Verfahren einer einstweiligen Verfügung ohne nachfolgendes Hauptsacheverfahren beträgt der Streitwert 66 % des für das Hauptsacheverfahren zu kalkulierenden Streitwerts.			229

G. EU-Patent

230	**Klagebefugnis EPG**	
231	eP ohne einheitliche Wirkung	- Der wahre Berechtigte am eP, unabhängig von der Registerlage. - Nichtigkeits- und neg. Feststellungsklagen sind gegen den eingetragenen Patentinhaber (der in den nationalen Registern Eingetragene) zu richten. - Der »opt-out« ist von allen Patentinhabern aller nationalen Teile, für die eP erteilt wurde zu erklären.
232	eP mit einheitlicher Wirkung	- Der im Einheitspatentregister eingetragene Inhaber, auf die tatsächliche Inhaberschaft kommt es nicht an. - Die Beantragung der einheitlichen Wirkung ist vom Patentinhaber vorzunehmen.

233	**Nichtigkeit** - Verweis in Art. 65 auf Art. 138 und 139 EPÜ	
234	Nichtigkeits-gründe	- mangelnde Neuheit - mangelnde erfinderische Tätigkeit - unzulässige Änderung, auch unzulässige Schutzbereichserweiterung - gegenüber dem erteilten Patent in einem Einspruchsverfahren - mangelnde Ausführbarkeit - mangelnde Anmeldeberechtigung (nationale Gerichte sind weiterhin für Vindikationsklagen zuständig)

235	**Beweissicherung, Vorläufige Maßnahmen**	
236	Art. 59 EPGÜ, R 190, 191 RoP	Beweisvorlage und Übermittlung von Informationen
237	Art. 60 EPGÜ, R 199 RoP	Inspektion von Räumlichkeiten
238	Art. 61 EPGÜ, R 200 RoP	Arrest
239	Art. 60 EPGÜ, R 192-198 RoP	Beweissicherung, Beschlagnahme von z.B. verletzenden Vorrichtungen
240	Art. 62 EPGÜ, R 205-213 RoP	Vorläufige Maßnahmen vor dem EPG ex-parte oder inter-partes: Unterlassung, Beschlagnahme, vorläufige Sicherung von Vermögensgegenständen, vorläufige Anordnung der Kostenerstattung

241	**Weiterbehandlung, Wiedereinsetzung**	
242	Eine Weiterbehandlung ist nicht vorgesehen, aber Wiedereinsetzung gemäß R 320 RoP möglich. Antrag auf WE: Innerhalb von 1 M nach Wegfall des Grundes für Fristversäumnis, spätestens innerhalb 3 M ab versäumter Frist. Antrag muss Gründe und Tatsachen und Beweismittel umfassen, auf die sich der Antrag stützt, die versäumte Handlung ist nachzuholen, Gebührenzahlung in Höhe von 350 €.	
243	WE	nicht möglich in: - die Berufungsfristen nach Art. 73 EPGÜ - die Frist zum »opt-out« (Art. 83 (4) EPGÜ) - die 3M Frist, innerhalb derer eine Patentverletzungsklage auf eine neg. Feststellungsklage eingereicht werden muss (Art. 33 (6) EPGÜ) - die Verjährungsfrist von 5 Jahren für Entschädigungsklagen (Art. 72 EPGÜ) - die Frist von 10 Jahren für Wiederaufnahmeverfahren

EU-Patent G.

Ratifizierungsprozess - aktueller Stand (am 31.08.2022)
Quelle: https://www.consilium.europa.eu/de/documents-publications/agreements-conventions/agreement/?aid=2013001

Österreich hat am 06.08.2013 als erster EU-Mitgliedsstaat das EPGÜ **ratifiziert**, gefolgt von Frankreich (14.03.2014), Schweden (05.06.2014), Belgien (06.06.2014), Dänemark (20.06.2014), Malta (09.12.2014), Luxemburg (22.05.2015), Portugal (28.08.2015), Finnland (19.01.2016), Bulgarien (03.06.2016), Niederlande (14.09.2016), Italien (10.02.2017), Estland (01.08.2017), Litauen (24.08.2017), Lettland (11.01.2018), ~~Großbritannien (26.04.2018)~~, Slowenien (15.10.2021).

Brexit

Am 23.06.2016 fand das Referendum zu einem möglichen Austritt Großbritanniens aus der Europäischen Union statt. Die Briten stimmten mit knapper Mehrheit für einen Austritt. Ankündigung der Ratifizierung trotz Brexit am 28.11.2016, Unterzeichnung des Immunitätenprotokolls (15.12.2016) und Einleitung des parlamentarischen Verfahrens (20.01.2017) für die Ratifizierung am 26.04.2018. Großbritannien hat am 20.07.2020 die letzten Vorbereitungen getroffen, um vom Einheitlichen Patentgericht zurückzutreten, eine Rücktrittserklärung wurde beim Sekretariat des Europäischen Rats hinterlegt.

Folgen des Austritts für Großbritannien:
- kein Patentschutz durch das EU-Patent und keine gerichtliche Zuständigkeit des einheitlichen Patentgerichts in Großbritannien, da kein Mitgliedsstaat der Europäischen Union mehr;
- Art. 56 (2) Wiener Übereinkommen: 12 M Kündigungsfrist iVm Art. 25 (2) sofortige Beendigung bei vorläufiger Anwendbarkeit
- Folge: Italien (Platz 4 der Anmeldestatistik) ersetzt Großbritannien und gehört damit neben Deutschland und Frankreich zu den Mitgliedstaaten, die das EPGÜ zwingend ratifizieren müssen;
- die Zentralkammer (bisher in London geplant) kann beispielsweise nach Italien (Mailand) verlegt werden (derzeit Aufteilung auf Paris und München).

EU-Patent - geographische Abdeckung (Stand 31.08.2022)

17 EU-MS haben das EPGÜ ratifiziert: Österreich, Frankreich, Schweden, Belgien, Dänemark, Malta, Luxemburg, Portugal, Finnland, Bulgarien, Niederlande, Italien, Estland, Litauen, Lettland, ~~Großbritannien~~, Slowenien, Deutschland

7 EU-MS haben das EPGÜ noch nicht ratifiziert: Griechenland*, Irland, Rumänien*, Slowakei, Tschechische Republik, Ungarn, Zypern

3 EU-MS haben das EPGÜ nicht unterzeichnet: Spanien, Kroatien (nimmt bisher nicht an der verstärkten Zusammenarbeit teil), Polen

Nicht teilnehmende nicht-EU EPÜ-Mitgliedsstaaten: Albanien, Großbritannien, Island, Liechtenstein, Mazedonien, Monaco, Norwegen, San Marino, Schweiz, Serbien, Türkei

* parlamentarischer Prozess eingeleitet

G. EU-Patent

253	**Ratifizierungsprozess** - Historie Deutschland
254	Die Bundesregierung hat am 25.05.2016 den »Entwurf des Gesetzes zum Übereinkommen vom 19.02.2013 über ein Einheitliches Patentgericht« zusammen mit einem Gesetz zur Anpassung nationaler Vorschriften zur Umsetzung der europäischen Patentreform beschlossen. Zustimmung des Bundestags zum EPGÜ und zu den Änderungen am IntPatÜG am 09.03.2017 und des Bundesrats am 31.03.2017. Damit wurden die Voraussetzungen für eine Ratifizierung geschaffen. Die deutsche Ratifizierung ist vorerst gestoppt, da eine Verfassungsbeschwerde gegen das EPGÜ am 03.04.2017 eingereicht wurde.
255	Zu der Verfassungsbeschwerde wurden Stellungnahmen u.a. von der Deutschen Bundesregierung, dem Europäischen Patentamt, vom Deutschen Anwaltsverein (DAV), der Bundesrechtsanwaltskammer (BRAK), der deutschen Vereinigung für den gewerblichen Rechtsschutz und Urheberrecht e.V. (GRUR) sowie der European Patent Litigators Association (EPLIT) eingereicht.
256	Das Bundesverfassungsgericht hat am 13.02.2020 entschieden, dass das Zustimmungsgesetz zum Übereinkommen über ein Einheitliches Patentgericht aus dem Jahr 2013 nicht verfassungsgemäß (keine Zweidrittelmehrheit; Art. 23 (1) 3 iVm Art. 79 (2) GG) und daher nichtig ist (Entscheidung im Verfahren 2 BvR 739/17). Neue Gesetzesvorlage von der Bundesregierung angekündigt, vom EPA und der EU-Kommission begrüßt und am 26.11.2020 mit Zweidrittelmehrheit vom Bundestag verabschiedet. Verabschiedung im Bundesrat am 18.12.2020 erfolgt. Die deutsche Ratifizierung wurde kurz darauf wieder gestoppt, da zwei weitere Verfassungsbeschwerden gegen das EPGÜ Ende 2020 eingereicht wurden (Az. 2 BvR 2216/20 und 2 BvR 2217/20).
257	Das Bundesverfassungsgericht hat die zwei Anträge auf Erlass einer einstweiligen Anordnung gegen das vom Bundestag verabschiedete Gesetz abgelehnt. In dem Beschluss vom 23.06.2021 begründet der Zweite Senat des Bundesverfassungsgerichts den Schritt damit, dass die Verfassungsbeschwerden in der Hauptsache unzulässig seien. Die Beschwerdeführer hätten nicht hinreichend dargelegt, ob und wie das Gesetz ihre Grundrechte einschränkt. Bundespräsident Frank-Walter Steinmeier hat das 2020 von Bundestag und Bundesrat beschlossene Gesetz am 07.08.2021 unterzeichnet. Deutschland hat am 27.09.2021 das Protokoll über die vorläufige Anwendbarkeit des EPGÜ ratifiziert. **Geplanter Start des Europäischen Patentgerichts ist der 01.04.2023.**
258	Ratifizierungsprozess 

EU-Patent G.

Historie		259
1957-1999	EPÜ1973, Harmonisierung und europäische Schutzrechte per Konvention	260
2000-2008	EPÜ2000, neue Anläufe für ein Gemeinschaftspatent (seit Vertrag von Lissabon: Einheitspatent, EU-Patent)	261
2012	Beschluss EP-Rat und Parlament, Ratifizierungsprozess eingeleitet	262
2013	Der EuGH hat die Klagen von IT und ES gegen das Vorgehen im Rahmen der verstärkten Zusammenarbeit im Bereich der Schaffung eines einheitlichen Patentschutzes am 16.04.2013 zurückgewiesen. Unterzeichnung in diplomatischer Konferenz.	263
2015	Vorschlag »True Top 4« für Jahresgebühren durch den engeren Ausschuss des Verwaltungsrats angenommen. EuGH weist weitere Klage Spaniens gegen die VO am 05.05.2015 ab. 18. Entwurf der Verfahrensordnung veröffentlicht.	264
2016	Gerichtskosten und erstattungsfähige Rechts- und Patentanwaltskosten festgelegt, Auswahlprozess der Richter des EPG	265
2017	IT System umgesetzt, geplanter schrittweiser Start des Systems Anfang 2019 mit 18 Ländern geplant; Verfassungsbeschwerde DE	266
2020	Brexit; Bundestag verabschiedet das Zustimmungsgesetz mit der nötigen Zweidrittelmehrheit, Bundesrat folgt einstimmig; 2 neue Verfassungsbeschwerden in DE	267
2021	BVerG: Anträge auf Erlass einer einstweiligen Anordnung abgelehnt; Unterschrift durch Bundespräsidenten.	268
2022	Hinterlegung der DE Ratifizierungsurkunde im Herbst/Winter erwartet	269
2023	Am 1. Tag des vierten Monats nach der Hinterlegung der letzten notwendigen Ratifizierungsurkunde tritt sowohl das EPG-Übereinkommen als auch das Übereinkommen zum Einheitlichen Patentgericht in Kraft. Aktuell wird mit dem 01.04.2023 gerechnet (siehe »Implementation Roadmap«).	270

G. EU-Patent

271	Die wichtigsten Rechtstexte zum EU-Patent
272	EU-Verordnung 1257/2012 vom 17.12.2012 Quelle: https://eur-lex.europa.eu/legal-content/DE/TXT/PDF/?uri=CELEX:32012R1257&from=LT
273	Übereinkommen über ein Einheitliches Patentgericht 2013/C 175/01 (Satzung des Einheitlichen Patentgerichts in Anlage 1) Quelle: https://eur-lex.europa.eu/legal-content/DE/TXT/?uri=CELEX:42013A0620(01)
274	Verfahrensordnung des Einheitlichen Patentgerichts (Rules of Procedure of the Unified Patent Court (ROP)) Quelle: https://www.unified-patent-court.org/sites/default/files/consolidated_rop_de_updated_cover_page_0.pdf
275	Protokoll zum Übereinkommen über ein einheitliches Patentgericht betreffend die vorläufige Anwendung (PVA) Quelle: https://www.parlament.gv.at/PAKT/VHG/XXVII/I/I_01027/imfname_987852.pdf
276	Durchführungsordnung zum einheitlichen Patentschutz (DOEPS) Quelle: https://www.epo.org/law-practice/legal-texts/official-journal/2022/04/a41_de.html
277	Gebührenordnung zum einheitlichen Patentschutz (GebOEPS) Quelle: https://www.epo.org/law-practice/legal-texts/official-journal/2016/05/a40_de.html
278	Gerichtsgebührentabelle (Rules on Court fees and recoverable costs) Quelle: https://www.unified-patent-court.org/sites/default/files/ac_05_08072022_tabelle_gerichtsgebuhren_de_publication_clean.pdf
279	Rules on the European Patent Litigation Certificate (insbesondere R 12 ff.) Quelle: https://www.unified-patent-court.org/sites/default/files/draft-eplc-2015-07-01-rev-2016-12-01.pdf
280	Explanatory memorandum zum EPLC Quelle: https://www.unified-patent-court.org/sites/default/files/Explanatory-memorandum-EPLC-2015-07-01-final-clear.pdf
281	Gesetzentwurf zu dem Übereinkommen vom 19.02.2013 über ein Einheitliches Patentgericht vom 25.09.2020 Quelle: https://dserver.bundestag.de/btd/19/228/1922847.pdf
282	Ratifizierungsprozess Quelle: http://www.consilium.europa.eu/de/documents-publications/agreements-conventions/agreement/?aid=2013001
283	Implementation Roadmap Quelle: https://www.unified-patent-court.org/sites/default/files/upc_-_exco_-_upc_external_roadmap-v0.9_edit.pdf

Inhalt Kapitel H. Materielles Patentrecht

Materiellrechtliche Voraussetzungen für die Patentanmeldung
Patentierbarkeit Art. 52 – 57 .... H.2 ff.
Ausnahmen von der Patentierbarkeit Art. 52 .... H.7 ff.
Entdeckungen, wissenschaftliche Theorien und mathematische Methoden H.9
Ästhetische Formschöpfungen H.10
Pläne, Regeln und Verfahren für gedankliche Tätigkeiten etc. H.11
Wiedergabe von Informationen H.12
Weitere Ausnahmen von der Patentierbarkeit Art. 53 .... H.13 ff.
Sittenwidrige Erfindungen .... H.14 ff.
Pflanzensorten und Tierrassen .... H.17 ff.
Chirurgische Verfahren, therapeutische Verfahren, Diagnostizierverfahren .... H.21 ff.
Biotechnologische Erfindungen .... H.25 ff.
Patentierbare Biotechnologische Erfindungen .... H.26 f.
Ausschlüsse und Ausnahmen in Bezug auf biotechnologische Erfindungen H.28
Analyse der Patentierbarkeit .... H.30 ff.
Anspruchskategorien H.37
Gleiche Anspruchskategorie .... H.38 f.

Computerprogramme, Computerimplementierte Erfindungen, Softwareerfindungen
Computerprogramme, Softwareerfindungen .... H.41 ff.
COMVIK Ansatz H.46
Simulationen technischer Systeme H.47
Weitere technische Wirkung H.48
Künstliche Intelligenz (AI) und maschinelles Lernen (ML) .... H.56 ff.
Blockchain .... H.61 f.
Computergestützte Simulation, Konstruktion und Modellierung H.63
Daten und Datenbanken .... H.63b ff.
Rechtsprechung zu verschiedenen Aspekten Computerimplementierter Erfindungen H.63d

Neuheit
Neuheit .... H.65 ff.
Maßgeblicher Stand der Technik für Neuheit .... H.68 ff.
Auswahlerfindungen .... H.104 ff.
Neuheit von Teilbereichen .... H.104 f.
»Zwei-Listen-Prinzip« .... H.106 f.
Überschneidende Bereiche .... H.108 f.
Internetoffenbarung .... H.113 ff.
Versteinerungsprinzip .... H.116 f.
Nicht offenbarter Disclaimer .... H.118 f.
Offenbarter Disclaimer .... H.120 f.

Zugänglichkeit des SdT
Zugänglichkeit durch Benutzung oder in sonstiger Weise ... H.122 ff.
Vorbenutzung H.134

Erfinderische Tätigkeit
Erfinderische Tätigkeit .... H.135 ff.
Stand der Technik H.139
Fachmann H.140
Naheliegen H.141
Aufgabe-Lösungs-Ansatz .... H.143 f.
Teilproblem H.145
Sekundäre Indizien für /gegen das Vorliegen erfinderischer Tätigkeit H.146
Äquivalente H.147

Überarbeitung der technischen Aufgabe im Prüfungsverfahren
Überarbeitung der technischen Aufgabe im Prüfungsverfahren .... H.148 ff.

Gewerbliche Anwendbarkeit
Gewerbliche Anwendbarkeit .... H.155 ff.

Ausreichende Offenbarung und Ausführbarkeit
Offenbarung H.161
Ausführungsbeispiel H.162
Funktionale Merkmale H.163
Fachmann, Fachwissen H.164
Klarheit H.165
Ansprüche .... H.166 f.
Offenbarung bei Bezugnahme .... H.168 ff.

Einheitlichkeit
einzige allgemeine erfinderische Idee H.175
Technischer Zusammenhang / »Markush Claims« H.176
einzige erfinderische Idee bei unterschiedlichen Anspruchskategorien H.177
Teilweise Erstellung des europäischen RB bei mangelnder Einheitlichkeit .... H.178 f.
Euro-PCT H.180
Kein Einspruchsgrund H.181
Änderungen H.181

Patentansprüche
Unabhängige und abhängige Ansprüche H.184
Technische Merkmale .... H.185 ff.
Product-by-Process Anspruch .... H.191 ff.
Medizinische Indikation .... H.198a f.

Doppelpatentierung
Ausschließung H.200
Rechtsprechung .... H.201 ff.

Zur Einreichung der ePA berechtigte Personen
Zur Einreichung berechtigte Personen – Anmelder .... H.205 ff.
Einheit der ePA H.210
Zwei unabhängige Erfindungen H.211

Wirkung von ePA und eP
Wirkung H.213
Laufzeit H.214
Schutzwirkung H.215
Erzeugnis; Product-by-Process H.216
Verletzung H.217
Übersetzung H.218

Wirkung der europäischen Patentanmeldung
Wirkung H.219
Schutzwirkung .... H.220 ff.
Schutzbereich .... H.223 f.

Die ePA als Gegenstand des Vermögens – Übertragung/Lizenzen
Übertragung und Bestellung von Rechten H.226
Rechtsgeschäftliche Übertragung H.227
Vertragliche Lizenzen H.228
Anwendbares Recht H.229
Europäisches Patent H.230
Eintragung von Rechtsübergängen .... H.231 ff.
Eintragung von Lizenzen und anderen Rechten .... H.234 f.
Besondere Angaben bei der Eintragung von Lizenzen H.236
Sammelantrag H.237
Rechtsübergang des europäischen Patents H.238
Eintragung nach Abschluss des Einspruch-/Beschwerdeverfahrens H.239
Reine Namensänderungen H.240
Eintragung eines Rechtsübergangs während der Beschwerde H.241
Europäisches Patentregister H.242
Zuständigkeit der Rechtsabteilung H.243

Materielles Patentrecht H.

Materiellrechtliche Voraussetzungen für die Patentanmeldung	
Patentierbarkeit Art. 52 - 57 **RiLi G**	

Rechtsnormen	Details
Art. 52 (1)	**Erfindung muss neu sein, auf einer erfinderischen Tätigkeit basieren und gewerblich anwendbar sein.**
Art. 83	Die Erfindung muss so beschaffen sein, dass ein Fachmann sie (nach entsprechender Anleitung durch die Anmeldung) ausführen kann.
RiLi F-II, 4.2 RiLi F-II, 4.5 RiLi F-IV, 2.1	Die Erfindung muss insoweit technischen Charakter haben, als sie sich auf ein technisches Gebiet (R 42 (1) a)) bezieht, ihr eine technische Aufgabe zugrunde liegt (R 42 (1) c) und sie technische Merkmale aufweist, durch deren Angabe der Gegenstand des Schutzbegehrens in den Patentansprüchen definiert werden kann (R 43 (1)).
Ausnahmen von der Patentierbarkeit - Art. 52, RiLi G-II, 3	
Art. 52 (2)	**Keine patentierbaren Erfindungen als solche sind:**
Art. 52 (2) a) RiLi G-II, 3.1f	Entdeckungen, wissenschaftliche Theorien und mathematische Methoden
Art. 52 (2) b) RiLi G-II, 3.4	Ästhetische Formschöpfungen
Art. 52 (2) c) RiLi G-II, 3.5 RiLi G-II, 3.6	Pläne, Regeln und Verfahren für gedankliche Tätigkeiten, für Spiele oder für geschäftliche Tätigkeiten sowie Programme für Datenverarbeitungsanlagen (G 3/08), z.B. **Computerprogramme als solche**. **Patentierbarkeit von computerimplementierten Erfindungen, siehe** H.41 ff.
Art. 52 (2) d) RiLi G-II, 3.7	Die Wiedergabe von Informationen: Weitergabe von Informationen an einen Nutzer, betrifft sowohl den kognitiven Inhalt der wiedergegebenen Informationen als auch die Art der Darstellung (T 1143/06, T 1741/08). Nicht auf visuelle Informationen begrenzt, umfasst auch andere Wiedergabearten wie z. B. Audio- oder haptische Informationen. Erstreckt sich nicht auf die **technischen Mittel**, die zur Erzeugung der Informationswiedergabe verwendet werden. Zu unterscheiden von der auf ein technisches System gerichteten technischen Informationswiedergabe, wobei die Informationen verarbeitet, gespeichert oder weitergegeben werden. Merkmale von Datenkodierungsschemen, Datenstrukturen und elektronischen Kommunikationsprotokollen, die keine kognitiven, sondern funktionelle Daten wiedergeben, gelten nicht als Wiedergabe von Informationen im Sinne von Art. 52 (2) d) (T 1194/97).

H. Materielles Patentrecht

13	**Weitere Ausnahmen von der Patentierbarkeit** Art. 53 iVm R 26, R 27, R 28, R 29	
	Rechtsnormen	Details
14	Art. 53 a) RiLi G-II, 4.1	**Sittenwidrige Erfindungen**
15		⮕ **G 2/06** ABl. 2009, 306, BGH GRUR 2010, 212
16		**R 28 (1)** Biotechnologische Erfindungen (RiLi G-II, 5.3) a) Klonen von menschlichen Lebewesen b) Veränderung der genetischen Identität der Keimbahn des menschlichen Lebens. c) Verwendung menschlicher Embryonen zu industriellen oder kommerziellen Zwecken d) Veränderung der genetischen Identität von Tieren
17	Art. 53 b) RiLi G-II, 5.4.2	**Pflanzensorten und Tierrassen**
18		**R 28 (2)**: Nach Art. 53 b) werden europäische Patente nicht erteilt für ausschließlich durch ein im Wesentlichen biologisches Verfahren gewonnene Pflanzen oder Tiere (gültig seit 01.07.2017, ABl. 2017, A56).
19		⮕ **G 1/98**, ⮕ **T 1054/96**: Im Wesentlichen (= vollständig) biologische Verfahren (EU-Biotechnologierichtlinie 2 (2) = R 26 (5) EPÜ), Pflanzensorten UPOV (2,6), EG-Sortenschutz (1,5,6), VO 2100/94), keine Verletzung bei zweckgebundenem Stoffschutz (ABl. 2010, 428: Art. 9 Biotechnologie-Richtlinie), ⮕ **G 2/07**, ⮕ **G 1/08**
20		ABl. 2017, A56, A62: MdEPA vom 03.07.2017 über die Wiederaufnahme von Verfahren nach dem Beschluss des Verwaltungsrats vom 29.06.2017 zur Änderung der **R 27** und **R 28**, um ausschließlich durch im Wesentlichen biologische Verfahren gewonnene Pflanzen und Tiere nach **Art. 53 b)** von der Patentierbarkeit auszuschließen
21	Art. 53 c) RiLi G-II, 4.2	**Chirurgische Verfahren** (RiLi G-II, 4.2.1.1) und **therapeutische Verfahren** (RiLi G-II, 4.2.1.2), **Diagnostizierverfahren** (RiLi G-II, 4.2.1.3)
22		RiLi G-II, 4.2.1.3 Definition Diagnostizierverfahren Anspruch muss alle Verfahrensschritte enthalten: • **Untersuchungsphase** mit der Sammlung von Daten • **Vergleich** dieser Daten mit den Normwerten • **Feststellung einer signifikanten Abweichung** • Zuordnung der Abweichung zu bestimmtem Krankheitsbild, d.h. deduktive human- oder veterinärmedizinische **Entscheidungsphase** (Diagnose zu Heilzwecken im strengen Sinne)
23		⮕ **G 1/83**, ⮕ **G 1/04** (**Definition Diagnose** → Unerheblich, wer die behandelnde Person ist), ⮕ **G 1/07**, ⮕ **G 2/08**, RiLi G-II, 4.2, **aber**: - Zweckgebundener Stoffschutz ist erlaubt **Art. 53 c) S. 2:** Erzeugnisse/Stoffe, die einem chirurgischen Verfahren oder zur Therapie dienen, sind patentierbar. - Chirurgische Verfahren ⮕ **T 35/99** - jedoch: Ausnahme, wenn der Eingriff nicht geeignet ist, die Gesundheit zu erhalten oder wiederherzustellen, z.B. kosmetisches Verfahren - ⮕ **T 383/03**, 2. medizinische Indikation ist patentierbar, Art. 54 (5) → ⮕ **G 2/08** (Schweizer Anspruch (⮕ **G 1/83**, ⮕ **G 5/83**) nicht mehr zulässig für Anspruch auf 2. medizinische Indikation/Dosierung: Nicht mehr nötig, Art. 54 (4), Art. 54 (5), ABl. 2010, 456). Siehe auch H.198a f. - ⮕ **T 36/83**: Rein kosmetische Anwendung ist patentierbar. ⮕ **T 58/87**: Verhinderung von Unfällen ist keine Therapie.
24		⮕ **G 1/07**: Patentierungsverbot gilt für physische Eingriffe am menschlichen Körper, deren Durchführung medizinisches Fachwissen erfordert und die mit einem erheblichen Gesundheitsrisiko verbunden sind (RiLi G-II, 4.2.1.1). Nicht ausgeschlossen sind z.B. Verfahren zum Tätowieren, Piercen.

Materielles Patentrecht H.

Biotechnologische Erfindungen und damit verbundene Ausnahmen von der Patentierbarkeit Art. 52, Art. 53 b) iVm R 26, R 27, R 28, R 29	
Rechtsnormen	Details
Art. 52 R 27	**Patentierbare biotechnologische Erfindungen** (RiLi G-II, 5.2)
	Die Richtlinie 98/44/EG der Europäischen Union vom 6. Juli 1998 über den rechtlichen Schutz biotechnologischer Erfindungen (ABl. 1999, 101) ist hierfür ergänzend heranzuziehen. Dabei sind insbesondere auch die Erwägungsgründe zu berücksichtigen, die den Bestimmungen der Richtlinie vorangestellt sind. Urteile des Gerichtshofs der Europäischen Union zur Auslegung der EU-Richtlinie 98/44/EG sind für das EPA nicht bindend, können aber dennoch als überzeugend angesehen werden (↳T 2221/10 und ↳T 1441/13). Biotechnologische Erfindungen sind auch dann patentierbar, wenn sie zum Gegenstand haben: a) Biologisches Material, das mithilfe eines technischen Verfahrens aus seiner natürlichen Umgebung isoliert oder hergestellt wird, auch wenn es in der Natur schon vorhanden war; b) unbeschadet der R 28 (2) Pflanzen oder Tiere, wenn die Ausführung der Erfindung technisch nicht auf eine bestimmte Pflanzensorte oder Tierrasse beschränkt ist (↳**G 2/12**; ↳**G 2/13** Anhang I, ABl. 2017, A56); c) ein mikrobiologisches oder sonstiges technisches Verfahren oder ein durch diese Verfahren gewonnenes Erzeugnis, sofern es sich dabei nicht um eine Pflanzensorte oder Tierrasse handelt (↳**G 2/07**; ↳**G 1/08**; ↳**G 2/12**; ↳**G 2/13** Anhang I).
Art. 53 b) R 28 (2) R 26	**Ausschlüsse und Ausnahmen in Bezug auf biotechnologische Erfindungen** (RiLi G-II, 5.3 und 5.4)
	Ausgenommen von der Patentierbarkeit sind nach Art. 53 b) auch »Pflanzensorten oder Tierrassen sowie im Wesentlichen biologische Verfahren zur Züchtung von Pflanzen oder Tieren«. R 26 (4): Pflanzensorte: ganzes Genom oder Kombi; fallen mehrere Sorten unter den Anspruch, dann handelt es sich nicht um eine bestimmte Sorte, auch wenn mehrere als Startmaterial in Betracht kommen. R 26 (5): Im Wesentlichen biologisches Verfahren: vollständige natürliche Prozesse wie Kreuzung und Selektion. Am AT ausschließlich nur durch Verfahren am humanen Embryo gewinnbar →nicht patentierbar (↳G 02/06); ein anderer möglicher Weg zur Umgehung muss aus der ePA selbst hervorgehen (z.B. adulte Stammzellen) Nach R 28 (2) sind Pflanzen oder Tiere, die ausschließlich durch ein im Wesentlichen biologisches Verfahren gewonnen werden, vom Patentschutz ausgeschlossen. Dieses Patentierungsverbot von Pflanzen und Tieren, die ausschließlich durch ein im Wesentlichen biologisches Verfahren gewonnen werden, gilt für PA mit einem AT und/oder PT nach dem 01.07.2017. Es gilt nicht für Patente, die vor diesem Datum erteilt wurden, oder für anhängige PA mit einem AT und/oder einem PT vor dem 01.07.2017 (↳G 3/19, ABl. EPA 2020, A119).

H. Materielles Patentrecht

	Patentierbarkeit gemäß Art. 52 - 57 (Fortsetzung)		
29	Gegenstand oder Handlung	Rechtsnormen	Details
30	**Analyse der Patentierbarkeit**		Die gängige Praxis des EPA sieht folgende Reihenfolge für die Analyse der Patentierbarkeit eines Gegenstands vor:
31		Art. 52	Ausschluss von Patentierbarkeit
32		Art. 123 (2)	Zulässigkeit der Änderungen
33		Art. 84	Klarheit des beanspruchten Gegenstands (H.165)
34		Art. 82	Einheitlichkeit der beanspruchten Gegenstände (H.174 ff.)
35		Art. 54	Neuheit (H.64 ff.)
36		Art. 56	Erfinderische Tätigkeit (H.136 ff.)
37	**Anspruchs-kategorien**	RiLi F-IV 3.1	Im Wesentlichen nur zwei Anspruchskategorien: 1. **Körperliche Gegenstände** (Vorrichtungen, Erzeugnisse, Gegenstände, Waren, Maschinen und Anordnungen) und **Stoffe bzw. Stoffgemische** (chemische Verbindungen, Gemisch von Verbindungen) und 2. **Tätigkeiten** (Verfahren, Verwendung) zur Verwendung von etwas Gegenständlichem zur Durchführung eines Verfahrens.
38	**Gleiche Anspruchs-kategorie**	R 43 (2) RiLi F-IV, 3.2 RiLi F-V, 2	**Mehrere unabhängige Ansprüche** sind nur zulässig, wenn sich der Gegenstand der Anmeldung auf a) mehrere miteinander in Beziehung stehende **Erzeugnisse** (z.B. Stecker/Steckdose, Zwischenprodukt/chemisches Endprodukt), b) verschiedene **Verwendungen** eines Erzeugnisses oder einer Vorrichtung (zweite oder weitere medizinische Verwendung) oder c) **Alternativlösungen** für bestimmte Aufgaben (eine Gruppe chemische Verbindungen, zwei Herstellungsverfahren der Verbindung) bezieht. Erfordernis der Einheitlichkeit nach Art. 82 muss erfüllt sein, H.174 ff.
39		RiLi F-IV, 3.9.3	Verschiedene Ansprüche der gleichen Kategorie werden auch zugelassen, wenn diese sich auf Systeme für verteilte Rechneranwendungen wie Cloud Computing zielen (z.B. Ansprüche für Client- und Serverseite).

Materielles Patentrecht H.

Patentierbarkeit gemäß Art. 52 - 57 (Fortsetzung)			40
Computerprogramme, Computerimplementierte Erfindungen, Softwareerfindungen RiLi G-II, 3.6, RiLi F-IV 3.9, ✆G 3/08, ✆G 1/19			41
Gegenstand	Rechtsnormen	Details	
Computer-programme, Software-erfindungen	Art. 52 (2) c)	Schließt Computerprogramme **als solche** als Erfindung im Sinne des **Art. 52 (1)** aus.	42
Schützbarkeit Computer-implementierter Erfindungen		**Aber**: Der Ausschluss findet keine Anwendung auf Computerprogramme mit technischem Charakter. Um technischen Charakter aufzuweisen und damit nicht von der Patentierbarkeit ausgeschlossen zu sein, muss ein Computerprogramm beim Ablauf auf einem Computer eine **"weitere technische Wirkung"** erzeugen. **Technizität** der Erfindung wird **als Ganzes beurteilt** (✆G 3/08).	43
		Ein Anspruch auf einen **technischen Prozess**, der durch ein Computerprogramm oder mathematische Methoden/Algorithmen gesteuert wird, ist **schützbar** (✆T 208/84) (📖 S/S Art. 52 Rd 37 ff.).	44
		Ein **Computerprogramm** ist patentierbar, wenn es einen techn. Charakter besitzt, d.h. wenn es einen **zusätzlichen technischen Effekt** liefert (**RiLi G-II, 3.6**) (✆T 1173/97, ✆T 935/97).	45
COMVIK Ansatz	✆T 641/00 RiLi G-VII, 5.4	Der »**COMVIK Ansatz**« bezieht sich **Voraussetzung für die Patentierbarkeit von Software**, wonach der Anspruch technische Mittel beinhalten muss. Bei der Beurteilung der erfinderischen Tätigkeit werden **nur diejenigen Merkmale im Patentanspruch berücksichtigt, die zur Lösung eines technischen Problems beitragen**, während die nichttechnischen Merkmale ignoriert werden. Eine computerimplementierte Erfindung ist patentierbar, wenn sie 1. sich technischer Mittel bedient (Technizität); 2. ein technisches Problem löst oder einen technischen Vorteil verwirklicht; neu und erfinderisch gegenüber dem SdT ist, wobei nur technische Merkmale die erfinderische Tätigkeit begründen können.- RiLi G-VII, 5.4 Bei der Prüfung **der erfinderischen Tätigkeit** einer solchen Mischerfindung werden alle Merkmale berücksichtigt, die zum technischen Charakter der Erfindung beitragen. Dazu gehören auch Merkmale, die isoliert betrachtet nichttechnisch sind, aber im Kontext der Erfindung einen Beitrag zur Erzeugung einer technischen Wirkung leisten, die einem technischen Zweck dient und damit zum technischen Charakter der Erfindung beiträgt. Merkmale, die nicht zum technischen Charakter der Erfindung beitragen, können das Vorliegen einer erfinderischen Tätigkeit nicht stützen Formulierung der technischen Aufgabe gemäß „COMVIK": RiLi G-VII, 5.4.1 Beispiele zur Anwendung des COMVIK-Ansatzes: RiLi G-VII, 5.4.2	46
Simulationen technischer Systeme	✆G 1/19	Eine computerimplementierte **Simulation eines technischen Systems** oder Verfahrens, die als solche beansprucht wird, kann für die Beurteilung der erfinderischen Tätigkeit ein technisches Problem lösen, indem sie eine technische Wirkung erzeugt, die über die Implementierung der Simulation auf einem Computer hinausgeht.	47

H. Materielles Patentrecht

Patentierbarkeit gemäß Art. 52 - 57 (Fortsetzung)				
Computerprogramme, Computerimplementierte Erfindungen, Softwareerfindungen (Fortsetzung)				
	Gegenstand	Rechtsnormen	Details	
48	**Weitere technische Wirkung**	G 3/08	RiLi G-II, 3.6.1, RiLi G-II, 3.3 Eine "weitere technische Wirkung" ist eine technische Wirkung, die über die "normale" physikalische Wechselwirkung zwischen dem Programm (Software) und dem Computer (Hardware), auf dem es läuft, hinausgeht. Die normalen physikalischen Wirkungen der Ausführung eines Programms, z. B. das Fließen elektrischer Ströme im Computer, reichen allein noch nicht aus, um einem Computerprogramm technischen Charakter zu verleihen (T 1173/97 und G 3/08). Beispiele für eine weitere technische Wirkung, die einem Computerprogramm technischen Charakter verleiht, sind die Steuerung eines technischen Verfahrens oder der internen Funktionsweise des Computers selbst oder seiner Schnittstellen (siehe RiLi G-II, 3.6.1).	
56	Künstliche Intelligenz (AI) und maschinelles Lernen (ML)	Art. 52 (2) a), c)	AI und ML Erfindungen fallen in der Regel unter die Definition von computerimplementierten Erfindungen (H.41 ff.). Diese sind grundsätzlich patentierbar, soweit sie eine technische Wirkung haben und die weiteren Patentierungsvoraussetzungen (Art. 52 (1), Art. 52 (2), (3), Art. 54, Art. 56) erfüllen und die Patentanmeldung muss die AI und ML Erfindung so deutlich und vollständig offenbaren, dass ein Fachmann sie ausführen kann (Art. 83, R 42).	
57			AI-bezogene Erfindungen können Erfindungen sein, die sich mit der Technologie als solche beschäftigen, die mit Unterstützung von AI erschaffen oder ausschließlich von AI erschaffen wurden.	
58		RiLi G-II, 3.3.1	Künstliche Intelligenz und maschinelles Lernen basieren auf Rechenmodellen und Algorithmen zur Klassifizierung, Bündelung, Regression und Dimensionalitätsreduktion wie zum Beispiel neuronalen Netzen, genetischen Algorithmen, Support Vector Machines, k-Means, Kernel-Regression und Diskriminanzanalyse. Solche Rechenmodelle und Algorithmen sind per se von abstrakter mathematischer Natur, unabhängig davon, ob sie anhand von Trainingsdaten »trainiert« werden können. Wenn eine Klassifizierungsmethode einem technischen Zweck dient, können die Schritte »Erzeugung des Trainings-Datensatzes« und »Training des Klassifikators« auch zum technischen Charakter der Erfindung beitragen, wenn sie das Erreichen dieses technischen Zwecks unterstützen.	
59			Künstliche Intelligenz: Algorithmen für Maschinenlernen dürfen zum technischen Charakter einer Erfindung beitragen, wenn sie Zwecken wie der Klassifizierung digitaler Bilder auf Basis niedrigschwelliger Charakteristika wie deren Ecken dienen (T 1358/09, T 1784/06).	
60			Wenn eine Klassifizierungsmethode einem technischen Zweck dient, können die Schritte "Erzeugung des Trainings-Datensatzes" und "Training des Klassifikators" auch zum technischen Charakter der Erfindung beitragen, wenn sie das Erreichen dieses technischen Zwecks unterstützen.	
60a			Für die Klassifizierung von Textdokumenten ausschließlich nach ihrem Textinhalt gilt per se nicht als technischer, sondern als linguistischer Zweck (T 1358/09). Die Klassifizierung von abstrakten Datensätzen oder sogar "Telekommunikationsnetzwerk-Datensätzen" ohne Angabe einer technischen Verwendung der resultierenden Klassifikation stellt per se ebenfalls keinen technischen Zweck dar, auch wenn dem Klassifikationsalgorithmus wertvolle mathematische Eigenschaften wie Robustheit zugeschrieben werden können (T 1784/06).	

Materielles Patentrecht H.

Patentierbarkeit gemäß Art. 52 - 57 (Fortsetzung)

Computerprogramme, Computerimplementierte Erfindungen, Softwareerfindungen (Fortsetzung)

Gegenstand	Rechtsnormen	Details	
Blockchain		Unter Blockchain wird eine fälschungssichere, verteilte Datenbank verstanden, in der Daten oder Transaktionen in zeitlich und kryptographisch verketteten Blöcken gespeichert werden.	61
	Art. 52 (2) a), c)	Blockchain Erfindungen fallen in der Regel unter die Definition von computerimplementierten Erfindungen (H.41 ff.). Diese sind grundsätzlich patentierbar, soweit sie Kryptographie, Computer und Netzwerke betreffen, eine technische Wirkung haben und die weiteren Patentierungsvoraussetzungen (Art. 52 (1), Art. 52 (2), (3), Art. 54, Art. 56) erfüllen.	62
Computergestützte Simulation, Konstruktion und Modellierung	RiLi G-II, 3.3.2 G 1/19	Simulation, Design, Modellierung (T 1227/05, T 471/05, T 625/11) (H.47).	63
Informationsmodellierung, Programmiertätigkeit und Programmiersprachen	RiLi G-II, 3.6.2	Wird ein Informationsmodell zielgerichtet dazu genutzt, eine spezifische technische Aufgabe zu lösen, indem eine technische Wirkung erzeugt wird, so kann es zum technischen Charakter der Erfindung beitragen (siehe auch RiLi G-II, 3.3.2 und RiLi G-II, 3.5.1). Die Tätigkeit des Programmierens ist eine gedankliche, nichttechnische Tätigkeit, soweit sie nicht im Kontext einer konkreten Anwendung oder Umgebung dazu verwendet wird, einen kausalen Beitrag zur Erzeugung einer technischen Wirkung zu leisten (G 3/08, T 1539/09).	63a
Datenabruf, Datenformate und Datenstrukturen	RiLi G-II, 3.6.3	Eine computerimplementierte Datenstruktur oder ein Datenformat, das in einem Speichermedium enthalten ist oder ein elektromagnetisches Trägersignal verkörpert, hat als Ganzes technischen Charakter und ist damit eine Erfindung im Sinne des Art. 52 (1).	63b
Datenbankverwaltungssysteme und Informationsabfrage	RiLi G-II, 3.6.4	Technische Überlegungen sind beispielsweise beteiligt bei der Verbesserung des Systemdurchsatzes und der Antwortzeiten bei Abfragen durch die automatische Datenverwaltung mithilfe verschiedener Datenspeicher mit unterschiedlichen technischen Eigenschaften wie z. B. unterschiedlichen Konsistenz- oder Leistungsniveaus (T 1924/17, T 697/17).	63c
Rechtsprechung zu verschiedenen Aspekten computerimplementierter Erfindungen		Anspruchskategorien: Anspruch kann auf ein Verfahren oder eine Vorrichtung gerichtet sein. Siehe RiLi F-IV, 3.9.1 (T 424/03, T 258/03). Programmieren eines Computers fällt unter Patentierungsverbot nach Art. 52 (T 833/9, T 769/92, T 204/93). Technischer Effekt innerhalb eines Computers kann patentiert werden (T 928/03). Technischer Charakter ist notwendig, bloße Möglichkeit reicht nicht aus (T 471/05, T 306/04). Technische Überlegungen und Wirkung (T 769/92, T 914/02). »Amazon One-Click«, nur technische Merkmale können die erfinderische Tätigkeit begründen (T 1841/06, T 1359/08, T 123/08, T 1244/07).	63d

H. Materielles Patentrecht

64	Patentierbarkeit (Neuheit)	
65	**Neuheit Art. 54** RiLi, G-VI	
	Rechtsnormen	Details
66	Art. 54 (1)	Eine Erfindung gilt als neu, wenn sie nicht zum **Stand der Technik** gehört.
67		Verfolgt den Zweck, den SdT von der erneuten Patentierung auszuschließen (RiLi G-IV, ⌥T 12/81, ⌥T 198/84).
68	**Maßgeblicher Stand der Technik für Neuheit** RiLi G-IV	
69	Übergangsregelung EPÜ 1973 → EPÜ 2000 für Art. 54 (3): ABl. 2007, 504 Revisionsakte	
70	Art. 54 (2)	**Stand der Technik** ist alles, was **vor** dem AT der Öffentlichkeit durch schriftliche oder mündliche Beschreibung, durch Benutzung oder in sonstiger Weise zugänglich gemacht worden ist.
71		Gleicher Tag steht nicht entgegen, Ausnahme älteres Recht Art. 54 (3). Gebrauchsmuster sind ab Eintragungstag zugänglich, somit zählen sie ab diesem Tag zum SdT (RiLi G-IV, 1), Internetoffenbarungen gelten auch (Voraussetzungen siehe RiLi G-IV 7.5). Offenbarungen am AT der ePA gelten nicht als SdT nach Art. 54 (2) (⌥T 123/82).
72	Art. 54 (3)	Als SdT gilt auch der Inhalt der ePA in der ursprünglich eingereichten Fassung, deren wirksamer AT vor dem in **Art. 54 (2)** genannten Tag liegt und die erst an oder nach diesem Tag nach **Art. 93 veröffentlicht** worden sind.
73		Art. 85	»Inhalt« schließt jedoch weder irgendwelche Priounterlagen **noch die Zusammenfassung** ein. RiLi G-IV, 5.1
74		RiLi G-IV, 5.1.1	Kollidierende Anmeldung für **Art. 54 (3)** muss am Tag der Veröffentlichung noch anhängig gewesen sein. Ansonsten nur **Art. 54 (2)** Dokument ab Veröffentlichung (⌥J 5/81).
75		Art. 89	Wirkung des Priorechts (als AT) für Anwendung des **Art. 54 (2)+(3)** und **Art. 60 (2)**; ggf. ist **für jeden Anspruch bzw. jeden Anspruchsgegenstand eigene Prio (→ Zeitrang) zu beachten** (⌥G 3/93, ⌥G 1/15, RiLi G-IV, 3).
76		Art. 153 (5) R 165	Eine Euro-PCT-Anmeldung gilt als Stand der Technik nach Art. 54 (3), wenn die in Art. 153 (3) oder (4) festgelegten Voraussetzungen erfüllt sind (Einreichung in Amtssprache des EPA oder Übersetzung) und die Anmeldegebühr nach R 159 Absatz 1 c) entrichtet worden ist. (RiLi G-IV 5.2) Eintrag ins Europäische Patentblatt Abschnitt I.2 (ABl. 2021, A51)

Materielles Patentrecht H.

Maßgeblicher Stand der Technik für Neuheit (Fortsetzung)		79
Rechtsnormen, Rechtsprechung	Details	
Art. 139 R 138	Ältere nationale Rechte bilden keinen SdT, der vor dem EPA bei der Prüfung auf Patentierbarkeit zu berücksichtigen ist.	80
Art. 128 (4) R 144	Beschränkungen der Akteneinsicht in veröffentlichte ePA.	81
RiLi G-IV, 5.1.1; RiLi F-VI, 3.4	Änderungen, die nach Veröffentlichung wirksam werden (z.B. Verlust Priorität), berühren die Anwendung des Art. 54 (3) nicht (siehe I.2, I.42 ff.).	82
T 205/91 T 965/92, T 590/94	Für die Ermittlung des **Offenbarungsgehalts** einer im Sinne von Art. 54 (2) zum SdT gehörenden Druckschrift ist ihr Veröffentlichungsdatum maßgebend.	83
T 315/02	Eine in ihrem Ursprungsland noch **unveröffentlichte Patentanmeldung ist SdT** nach Art. 54 (2), wenn sie der Öffentlichkeit als Priounterlage einer veröffentlichten ePA zugänglich war (Art. 128 (4)).	84
T 953/90	Unter Art. 54 (2) fallender SdT muss Fachmann **nicht direkt offenbart** sein.	85
T 1212/97	Vortrag/Vorlesung (**mündliche Offenbarung**) ist dann SdT, wenn die Information in den Notizen von mind. zwei Zuhörern enthalten ist (siehe auch H.131).	86
T 160/92	Auch **Zusammenfassungen** (von Patenten, wissenschaftlichen Beiträgen u.ä.) gehören zum SdT, soweit der Inhalt des Originaldokuments richtig wiedergegeben ist.	87
T 77/87	Ist **Zusammenfassung** von Patenten, von wissenschaftlichen Beiträgen usw. falsch, gehört sie nicht zum SdT.	88
T 381/87	**Theoretische Verfügbarkeit eines Schriftstücks für die Öffentlichkeit** ist ausreichend für schriftliche Offenbarung.	89
T 2/09	Eine **nicht verschlüsselte E-Mail** gilt nicht als öffentlich zugänglich.	90
T 482/89	Eine **Bibliothek** gilt als öffentlich zugänglich, wenn mindestens eine Person die entsprechende Information erhalten und verstehen konnte; theoretische Möglichkeit genügt.	91
T 327/92	**Product-by-Process Anspruch**: Wenn das Produkt als Zwischenprodukt in einem aus dem SdT bekannten Prozess für eine kurze, aber messbare Zeit existiert hat, ist der Anspruch nicht mehr neu.	92
T 206/83	Eine Offenbarung im SdT ist nur dann neuheitsschädlich, wenn der beanspruchte Gegenstand unmittelbar und eindeutig aus einer darin enthaltenen **ausführbaren** Offenbarung abgeleitet werden kann. (Siehe auch RiLi G-IV, 2.)	93
T 123/82	**Anmeldung mit gleichem AT oder PT** wie die zu prüfende Anmeldung scheidet als SdT aus.	94
J 5/81	Anmeldungen, die **trotz Aufgabe dennoch veröffentlicht** wurden, gelten nicht als SdT nach Art. 54 (3). Wirkung nur nach Art. 54 (2), da ePA am Tag der VÖ noch anhängig sein muss.	95
T 355/07	**Gebrauchsmuster** ist ab Eintragungstag für die Öffentlichkeit zugänglich.	96
RiLi G-IV, 8	Wird für ein Merkmal **ausdrücklich auf ein anderes Dokument verwiesen**, ist die Lehre dieses Dokuments als Bestandteil des Hauptdokuments anzusehen (gilt nach RiLi G-IV, 5.1 auch für **Art. 54 (3)**) **T 153/85**).	97

H. Materielles Patentrecht

98	**Maßgeblicher SdT für Neuheit** (Fortsetzung)	
	Rechtsnormen	Details
100	Art. 153 (3), (4), (5), R 165	Ältere Euro-PCT-Anmeldung entfaltet ihre Wirkung als **Art. 54 (3)** Dokument ab AT/PT, sofern die **Übersetzung in Amtssprache** vorliegt und veröffentlicht ist und die **Anmeldegebühr** nach **R 159 1 c)** bezahlt ist.
101	RiLi G-IV, 1	**Schriftliche Zusammenfassung eines Vortrags** → es wird angenommen, dass Zusammenfassung korrekt ist bis zum Zeitpunkt, dass triftige Gründe dagegensprechen.
102	RiLi G-VI, 5	Beispiele zu **allg. Begriff/Bereich vs. spezieller Begriff/Bereich** → Disclaimer L.102 ff. in Spezialtabelle L »Änderung/Berichtigung«.
103	RiLi G-VI, 1	Für Art. 54 (2) ist es unzulässig verschiedene Teile des SdT miteinander zu verbinden, ebenso Bestandteile unterschiedlicher Ausführungsformen, die in ein und demselben Dokument beschrieben sind, sofern nicht im Dokument selbst eine solche Verbindung nahegelegt ist (T 305/87; ABl. 8/1991, 429).
104	**Auswahlerfindungen**	Neuheit von Teilbereichen
105	RiLi G-VI, 8	Auswahlerfindungen aus einem größeren Bereich: T 261/15 und T 279/89
		Aus Intervall kann Wert für Begründung der Neuheit verwendet werden, wenn:
		a) der ausgewählte Bereich **eng** im Vergleich zum bekannten ist (T 17/85),
		b) der ausgewählte Bereich **genügend Abstand zum bekannten** Bereich und zu den Eckwerten des bekannten Bereichs **aufweist**,
		c) ~~der ausgewählte Bereich einen **eigenen** (bisher nicht beschriebenen) **Effekt** aufweist → zu einer Erfindung führt.~~ (siehe T 261/15)
		Die Bedeutung der Begriffe "eng" und "genügend Abstand" ist von Fall zu Fall zu entscheiden.
106		»Zwei-Listen-Prinzip«
107		Eine Auswahl aus einer einzelnen Liste konkret offenbarter Elemente verleiht noch keine Neuheit. Muss jedoch eine **Auswahl aus mindestens zwei Listen** einer gewissen Länge getroffen werden, um eine spezifische Kombination von Merkmalen zu erhalten, so verleiht die daraus resultierende Merkmalskombination, die im SdT nicht eigens offenbart ist, Neuheit. Beispiele: RiLi G-VI, 8 i) Fehlergrenzen sind zu berücksichtigen (RiLi G-VI, 8.1; T 175/97).
108		Überschneidende Bereiche
109		Dieselben Grundsätze für die Neuheitsprüfung wie in den anderen Fällen (T 17/85). Es gilt nicht nur Beispiele, sondern den gesamten Inhalt der Vorveröffentlichung zu berücksichtigen. Sachverhalte, die in einem Dokument des SdT in nicht erkennbarer Weise umfasst sind, sind der Öffentlichkeit nicht zugänglich gemacht worden (T 666/89). Keine mangelnde Neuheit, wenn Zusammensetzung einer Legierung im überlappenden Bereich liegt, aber der Fachmann diese nicht anwenden würde, da im SdT einen Hinweis auf einen anderen Abschnitt enthält (T 1571/15). Bei sich überschneidenden Bereichen oder Zahlenbereichen physikalischer Parameter sind ausdrücklich erwähnte **Eckwerte** des bekannten Bereichs, ausdrücklich erwähnte **Zwischenwerte** oder ein **konkretes Beispiel** des SdT im Überschneidungsbereich **neuheitsschädlich**.

Materielles Patentrecht H.

Maßgeblicher SdT für Neuheit (Fortsetzung)			110
Rechtsnormen	Details		
↳T 990/96	Reinheitsgrad: Ist ein Reinheitsgrad bekannt, sind alle Reinheitsgrade SdT (Ausnahme: Reinheitsgrad konnte bisher nicht erreicht werden).		111
RiLi F-VI, 3.4	Übersetzung eines Priodokuments, zur Überprüfung der Wirksamkeit des Prioanspruchs → **R 53 (3)**.		112
RiLi G-IV, 7.5	Internet-Offenbarungen		113
	Rili G-IV 7.5.1	Ermittlung des Veröffentlichungstags Zu Prüfen ist: 1. Ist das vorliegende Datum korrekt angegeben? 2. Ist der betreffende Inhalt tatsächlich an diesem Tag der Öffentlichkeit zugänglich gemacht worden?	113a
	Rili G-IV 7.5.2	Maßstab bei der Beweiswürdigung Wird ein Internet-Dokument entgegengehalten, müssen dieselben Sachverhalte geklärt werden wie bei jedem anderen Beweismittel einschließlich traditioneller Papierveröffentlichungen (siehe RiLi G-IV, 1). Diese Bewertung erfolgt gemäß dem Grundsatz der "freien Beweiswürdigung" (siehe ↳T 482/89 und ↳T 750/94)	113b
	Rili G-IV 7.5.3	Beweislast RiLi G-IV 7.5.3.3 (Neuartige Veröffentlichungsformen)	113c
	Rili G-IV 7.5.4	Offenbarungen, die nicht oder nicht verlässlich datiert sind RiLi G-IV 7.5.4. c) (Rechnergenerierte Zeitstempel)	113d
	Rili G-IV 7.5.5	Problemfälle	113e
	Rili G-IV 7.5.6	Technische Hinweise und allgemeine Anmerkungen	113f
RiLi G-IV, 7.5.1	Eine Webseite ist auch dann SdT, wenn sie (z.B. durch ein Passwort) nur einem begrenzten Personenkreis zugänglich ist, oder für den Zugang eine Gebühr entrichtet werden muss (entspricht dem Kauf eines Buchs oder dem Abonnieren einer Zeitschrift). Es reicht aus, wenn die Webseite grundsätzlich ohne eine Verpflichtung zur Vertraulichkeit genutzt werden kann.		113g
Art. 128	Vergleichsversuche, die mit der Veröffentlichung einer ePA zugänglich gemacht wurden → Zugang durch Akteneinsicht.		114
Art. 116	Aussagen während öffentlicher mündlicher Verhandlungen siehe Spezialtabelle D »Mündliche Verhandlung«.		115

Versteinerungsprinzip (siehe I.2)	116
Die Inanspruchnahme der Prio kann auch nach der Veröffentlichung der ePA zurückgenommen werden (RiLi E-VIII, 1.5). Keine Auswirkung auf Wirkung als potentielles **Art. 54 (3)** Dokument (RiLi G-IV, 5.1.1). Wirkung ex tunc hinsichtlich der betreffenden ePA (Stichtag 13.12.2007).	117

H. Materielles Patentrecht

118	**Nicht offenbarter Disclaimer** (siehe L.103)
119	↳**G 1/03**, ↳**G 2/03**: Nicht offenbarter Disclaimer kann zulässig sein, wenn er dazu dient: • Die Neuheit wiederherzustellen, indem er einen Anspruch gegenüber einem SdT nach Art. 54 (3) und (4) EPÜ abgrenzt; oder • die Neuheit wiederherzustellen, indem er einen Anspruch gegenüber einer **zufälligen Vorwegnahme nach Art. 54 (2)** abgrenzt. Eine Vorwegnahme ist zufällig, wenn sie so unerheblich für die beanspruchte Erfindung ist und so weitab von ihr liegt, dass der Fachmann sie bei der Erfindung nicht berücksichtigt hätte. Bestätigt durch ↳**G 1/16.** ↳**G 1/16**: Nicht offenbarter Disclaimer darf keinen technischen Beitrag leisten.
120	**Offenbarter Disclaimer** (siehe L.106)
121	↳**G 2/10**: Offenbarter Disclaimer muss Erfordernisse des Art. 123 (2) genügen. Technische Umstände des Einzelfalls sind zu berücksichtigen.

Materielles Patentrecht H.

Zugänglichkeit des SdT			122
Rechtsnormen, Rechtsprechung	Details		
RiLi G-IV, 7	Zugänglichkeit durch Benutzung oder in sonstiger Weise.		124
	RiLi G-IV, 7.1	Benutzung und Fälle von Zugänglichmachung in sonstiger Weise	125
	RiLi G-IV, 7.2	Feststellungen der Abteilung über die Vorbenutzung	126
	RiLi G-IV, 7.3	SdT, der durch mündliche Beschreibung zugänglich wird	127
	RiLi G-IV, 7.4	SdT, der der Öffentlichkeit auf schriftlichem und anderem Weg zugänglich wird	128
	RiLi G-IV, 7.5	Internet-Offenbarungen	129
	RiLi G-IV, 7.6	Standards, Normen und entsprechende vorbereitende Dokumente	130
T 877/90 T 809/95	Vortrag vor unkundigem Publikum gilt nicht als veröffentlicht.		131
T 953/90	Bei unter Art. 54 (2) fallendem SdT ist es unerheblich, ob dieser dem Fachmann tatsächlich offenbart wurde.		132
T 381/87	**Theoretische Verfügbarkeit** eines Schriftstücks ist ausreichend für schriftliche Offenbarung.		133
Vor-benutzung	Damit Vorbenutzung besteht muss insbesondere geklärt werden: **Wer, wann, was, wo**: siehe E.207 in Spezialtabelle E »Einspruch« und S/S Art. 54 Rd 14, Rd 165, RiLi G-IV, 7.2		134

H. Materielles Patentrecht

135	**Patentierbarkeit** (Erfinderische Tätigkeit)	
136	**Erfinderische Tätigkeit Art. 56** RiLi G-VII	
137	Erfindung darf sich für Fachmann **nicht in naheliegender Weise** aus dem SdT ergeben.	
	Unterlagen im Sinne Art. 54 (3) werden bei Beurteilung der erfinderischen Tätigkeit **nicht in Betracht gezogen**.	
	Rechtsnormen	Details
139	**Stand der Technik** RiLi G-VII, 2 ↳T 939/92	Für die Prüfung der erfinderischen Tätigkeit gilt als Stand der Technik die in Art. 54 (2) hierfür festgelegte Definition (RiLi G-IV, 1). Als Stand der Technik gelten Informationen, die für ein bestimmtes Gebiet der Technik relevant sind. Der Stand der Technik umfasst dabei nicht die in Art. 54 (3) genannten später veröffentlichten ePA. Der »Anmeldetag« im Sinne des Art. 54 (2) gegebenenfalls der Prioritätstag (siehe RiLi F-VI). Der Stand der Technik kann auch nur im einschlägigen allgemeinen Fachwissen bestehen, das nicht unbedingt schriftlich fixiert sein muss und nur dann der Substantiierung bedarf, wenn es angefochten wird.
140	**Fachmann** RiLi G-VII, 3	Der Fachmann ist eine erfahrene Person auf dem jeweiligen Gebiet der Technik, die über durchschnittliche Kenntnisse und Fähigkeiten verfügt (Durchschnittsfachmann) und weiß, was zu einem bestimmten Zeitpunkt zum allgemein üblichen Wissensstand auf dem betreffenden Gebiet gehört (↳T 4/98, ↳T 143/94 und ↳T 426/88). Der Fachmann hat zu allem Zugang, was zum »Stand der Technik« gehört, und verfügt über die auf dem betreffenden Gebiet der Technik üblichen Mittel und Fähigkeiten für routinemäßige Arbeiten und Versuche. Veranlasst die Aufgabe den Fachmann, die Lösung auf einem anderen technischen Gebiet zu suchen, so ist der Fachmann auf diesem Gebiet der zur Aufgabenlösung berufene Fachmann. Er befasst sich mit der ständig fortschreitenden Entwicklung auf seinem technischen Gebiet (↳T 774/89 und ↳T 817/95). Vom Fachmann wird erwartet, dass er auch auf Nachbargebieten und allgemeinen technischen Gebieten nach Anregungen sucht (↳T 176/84 und ↳T 195/84) oder auf weit entfernt liegenden Gebieten der Technik, wenn es dazu eine Veranlassung gibt (↳T 560/89). **Das Wissen und Können dieses Fachmanns ist bei der Beurteilung, ob die Lösung auf einer erfinderischen Tätigkeit beruht, zugrunde zu legen** (↳T 32/81). **Es kann auch Fälle geben, in denen es zweckmäßig ist, eher an Personengruppen, beispielsweise ein Forschungs- oder Produktionsteam, zu denken als an eine Einzelperson** (↳T 164/92 und ↳T 986/96). Der Fachmann hat bei der Beurteilung der erfinderischen Tätigkeit und der ausreichenden Offenbarung den gleichen Wissensstand (↳ T 60/89, ↳T 694/92 und ↳T 373/94).
141	**Naheliegen** RiLi G-VII, 4	Bei jedem Patentanspruch, mit dem die Erfindung festgelegt wird, wird geprüft, ob sich für einen Fachmann vor dem wirksamen Anmelde- oder Prioritätstag des betreffenden Patentanspruchs in naheliegender Weise etwas aus dem zu diesem Zeitpunkt bekannten Stand der Technik ergeben hätte, was unter den Patentanspruch fällt. Ist dies der Fall, so ist der betreffende Patentanspruch wegen mangelnder erfinderischer Tätigkeit nicht gewährbar. »in naheliegender Weise«: etwas, das nicht über die normale technologische Weiterentwicklung hinausgeht, sondern sich lediglich ohne Weiteres oder folgerichtig aus dem bisherigen Stand der Technik ergib.

Materielles Patentrecht H.

	Erfinderische Tätigkeit (Fortsetzung)
Rechtsnormen	Details
Aufgabe-Lösungs-Ansatz RiLi G-VII, 5	Vorgehen zur objektiven und nachvollziehbaren Beurteilung der erfinderischen Tätigkeit. 1. **Bestimmung des nächstliegenden Stands der Technik**: die in einer einzigen Quelle offenbarte Kombination von Merkmalen zu verstehen, die den erfolgversprechendsten Ausgangspunkt für eine Entwicklung darstellt, die zur beanspruchten Erfindung führt. 2. **Formulierung der zu lösenden technischen Aufgabe**: Die zwischen der beanspruchten Erfindung und dem nächstliegenden Stand der Technik bestehenden Unterschiede in Bezug auf die (strukturellen oder funktionellen) Merkmale werden untersucht (Unterscheidungsmerkmal(e)), und die aus diesen Unterscheidungsmerkmalen resultierende technische Wirkung bestimmt und daraus die technische Aufgabe formuliert. 3. **»Could/Would Approach«**: Es wird geprüft, ob sich im Stand der Technik insgesamt eine Lehre findet, die den mit der objektiven technischen Aufgabe befassten Fachmann veranlassen **würde** (nicht nur könnte, sondern würde), den nächstliegenden Stand der Technik unter Berücksichtigung dieser Lehre zu ändern oder anzupassen und somit zu etwas zu gelangen, was unter den Patentanspruch fällt.
RiLi G-VII, 5.4	Ansprüche, die technische und nichttechnische Merkmale aufweisen: grundsätzlich zulässig, das Vorliegen einer erfinderischen Tätigkeit nach **Art. 56** erfordert jedoch eine **nicht naheliegende technische Lösung einer technischen Aufgabe** (↳T 641/00, ↳T 1784/06). Merkmale, die nicht zum technischen Charakter der Erfindung beitragen, können das Vorliegen einer erfinderischen Tätigkeit nicht stützen ("COMVIK-Ansatz", ↳T 641/00, ↳G 1/19), H.46 ff
Teilproblem	**Aneinanderreihung von Merkmalen ohne Zusammenwirkung** ggü. Kombination von Merkmalen im Anspruch RiLi G-VII, 6; RiLi G-VII, 7
Sekundäre Indizien für oder gegen das Vorliegen erfinderischer Tätigkeit RiLi G-VII, 10	Contra: • Vorhersehbarer Nachteil; • nicht funktionelle Veränderung; • willkürliche Auswahl Pro: • Unerwartete technische Wirkung; • Extra- oder Bonuseffekt • Seit Langem bestehendes Bedürfnis; • kommerzieller Erfolg
Äquivalente	RiLi G-VII Anlage, 1.1; RiLi G-VI, 2 Werden bei erfinderischer Tätigkeit (s.o.), nicht bei Neuheit, geprüft.

	Überarbeitung der angegebenen technischen Aufgabe im Prüfungsverfahren:
Rechtsnormen, Rechtsprechung	Details
↳T 13/84 RiLi H-V, 2.4	Die neue Formulierung der technischen Aufgabe muss sich aus den ursprünglich eingereichten Unterlagen im Licht des nächstliegenden SdT ergeben, sonst unzulässig nach Art. 123 (2).
↳T 2/83	Erfindung kann auch im Erkennen einer neuartigen **Aufgabe** liegen.
RiLi G-VII, 5.2	Es können auch neue Wirkungen herangezogen werden, über die der Anmelder erst im Verfahren berichtet, sofern für den Fachmann erkennbar ist, dass diese Wirkungen in der ursprünglich gestellten Aufgabe impliziert sind oder mit ihr im Zusammenhang stehen (siehe RiLi G-VII, 11 und ↳T 184/82).
RiLi G-VII, 5.2	Grundsätzlich kann jede Wirkung der Erfindung als Grundlage für die Neuformulierung der technischen Aufgabe verwendet werden, sofern die entsprechende Wirkung aus der Anmeldung in der ursprünglich eingereichten Fassung ableitbar ist (siehe ↳T 386/89)
↳T 641/00 RiLi G-VII, 5.4.1	Formulierung der objektiven technischen Aufgabe für Ansprüche, die technische und nichttechnische Merkmale umfassen (COMVIK).

H. Materielles Patentrecht

154	**Patentierbarkeit** (Gewerbliche Anwendbarkeit)	
155	**Gewerbliche Anwendbarkeit Art. 57** RiLi G-III	

	Rechtsnormen	Details
157	Art. 57, R 42 (1) f), RiLi G-III, 1-4	Wenn es sich aus der Beschreibung oder der Art der Erfindung nicht offensichtlich ergibt, ist ausdrücklich anzugeben, in welcher Weise der Gegenstand der Erfindung gewerblich anwendbar ist.
158	R 29 (3)	Gewerbliche Anwendbarkeit einer Sequenz oder Teilsequenz eines Gens muss in der Patentanmeldung konkret beschrieben werden (RiLi G-III, 4).
159	RiLi G-III, 3	Vorhandene Gewerbliche Anwendbarkeit kann nicht die Patentierbarkeit von nach Art. 52 (2) c) ausgeschlossenen Erfindungen wiederherstellen.

Materielles Patentrecht H.

Patentierbarkeit (Ausreichende Offenbarung/ Ausführbarkeit) — 160

Ausreichende Offenbarung und Ausführbarkeit Art. 83, Art. 84
RiLi F-III

Rechtsnormen	Details	
Art. 83 R 42	(Gesamte) Anmeldung muss Merkmale, die für die Ausführung der Erfindung wesentlich sind, so offenbaren, dass für den Fachmann ersichtlich ist, wie die Erfindung ausgeführt werden kann (S/S Art. 83 Rd 12 ff.).	161
R 42 (1) e)	Wenigstens ein Ausführungsbeispiel. Falls kein Ausführungsbeispiel vorhanden, kann Anmeldung nach **Art. 97 (2)** und **Art. 83** zurückgewiesen werden. Allerdings ist Fehlen unschädlich, wenn Erfindung ohne ein solches nachgearbeitet werden kann. (**RiLi F-III, 1**, T 990/07, T 389/87, S/S Art. 83 Rd 51 f.).	162
Art. 83 Art. 84 R 43	Funktionale Merkmale zur Beschreibung eines technischen Effekts sind erteilbar, wenn diese Merkmale nicht anders dargestellt werden können, ohne den Schutzbereich zu verringern, und wenn die Merkmale klar und nachvollziehbar beschrieben sind (RiLi F-IV, 2.1, RiLi F-IV, 4, RiLi F-III, 1, RiLi G-IV, 2).	163
RiLi F-II, 4.1	**Fachmann, Fachwissen**: explizit, implizit, nacharbeitbar	164
RiLi F-IV, 4.1	Erfordernis der **Klarheit**	165
RiLi F-IV, 4.10	Ansprüche, in denen versucht wird, **die Erfindung durch das zu erreichende Ergebnis anzugeben**, sind nicht zulässig, insb. wenn sie nur die technische Aufgabe angeben. Sie sind jedoch statthaft, wenn die Erfindung nur so beschrieben oder sonst nicht genauer definiert werden kann, ohne dass der Schutzbereich über Gebühr eingeschränkt wird und das Ergebnis durch Versuche oder Maßnahmen tatsächlich unmittelbar nachgewiesen werden kann, die in der Beschreibung angemessen dargelegt oder dem Fachmann bekannt sind und keine unzumutbaren Experimente erfordern (T 68/85).	166
	Zulässigkeit eines Disclaimers, dessen Gegenstand als Ausführungsbeispiel ursprünglich offenbart ist: Technische Umstände des Einzelfalls sind maßgebend. Erfordernisse gemäß Art. 123 (2) gelten (G 2/10, T 1068/07, T 68/85).	167
Art. 83 Art. 84 T 737/90 RiLi H-IV, 2.2.1	Offenbarung bei Merkmalen, die in einem Dokument beschrieben sind, auf das in der Beschreibung Bezug genommen wird: Kein Verstoß gegen Art. 123 (2) bei Merkmalen, die nur in einem Dokument beschrieben sind, auf das in der Beschreibung Bezug genommen wird, wenn für Fachmann zweifelsfrei erkennbar, dass - für dieses Merkmal Schutz begehrt wird, **und** - Merkmale zur Lösung der Aufgabe beiträgt, **und** - Merkmal implizit zur Beschreibung somit zum Offenbarungsgehalt gehört, **und** - Merkmale in Offenbarung des Bezugsdokuments genau definiert und identifizierbar sind. Ein Dokument, das der Öffentlichkeit am AT der ePA nicht zugänglich war, kann zudem nur berücksichtigt werden, wenn - dem EPA bzw. dem AA (bei Euro-PCT-Anmeldung, die nicht beim EPA als AA eingereicht wurde), vor dem oder am AT eine Abschrift des Dokuments vorlag und - das Dokument der Öffentlichkeit spätestens am Tag der Veröffentlichung der ePA gemäß Art. 93 zugänglich gemacht wurde (z.B. durch Aufnahme in die Akte nach Art. 128 (4)).	168
	Unzumutbarer Aufwand/Klarheit	169
	Ausführung Forschungsprogramm (T 1743/06)	170
	Mangelnde Ausführbarkeit ist kein Klarheitsmangel (T 594/08)	171
	Mehrdeutigkeit (T 608/07)	172
	Gesamtheit ursprüngliche technische Offenbarung (T 2619/11)	173

H. Materielles Patentrecht

174 **Patentierbarkeit** (Einheitlichkeit)

Einheitlichkeit Art. 82
RiLi F-V

	Rechtsnormen	Details
175	Art. 82 R 43 (2) R 13.1 PCT	Einzige Erfindung oder Gruppe von Erfindungen, die untereinander in der Art verbunden sind, dass sie eine **einzige allgemeine erfinderische Idee** verwirklichen (Technische Wechselbeziehung untereinander muss sich auf die kennzeichnenden Merkmale beziehen). → R 43 (2) siehe H.38
176	R 44 (1) R 13.2. PCT	Einheitlichkeit nach Art. 82 erfüllt, wenn zwischen den Erfindungen ein technischer Zusammenhang besteht, der in **einem oder mehreren gleichen oder besonderen Merkmalen** zum Ausdruck kommt (S/S Art. 82 Rd 10: Alternativen und chemische Verbindungen: sog. »Markush-claims« werden anerkannt, wenn sie von ähnlicher Beschaffenheit sind).
177	RiLi F-V, 2	Hinsichtlich der Einheitlichkeit muss eine einzige allgemeine erfinderische Idee die Patentansprüche verschiedener Kategorien miteinander verbinden.
178	R 64 (1)	**Teilweise Erstellung des europäischen RB** bei mangelnder Einheitlichkeit mit der ersten Erfindung (A.241), Aufforderung zur Zahlung weiterer Recherchengebühr (A.32) → **R 36**: TA möglich. → **RiLi C-III, 3.2**: Einreichung von TA auf nicht einheitlichen Gegenstand.
179	R 64 (2)	Ggf. **Zurückzahlung der weiteren Recherchengebühr** auf Antrag bei nachträglicher Feststellung der Einheitlichkeit.
180	Euro-PCT B.128 f., C.51	EPA kann »a priori« aber auch »a posteriori« als ISA entscheiden, dass Einheitlichkeit nach Art. 17 (3) a) PCT nicht erfüllt ist und zusätzliche Recherchengebühr verlangen (G 1/89 und G 2/89). Aufforderung nach **R 164** zur Zahlung zusätzlicher Recherchengebühren durch die Prüfungsabteilung, **RiLi C-III, 2.3**
181	G 1/91	**Kein Einspruchsgrund** nach Art. 100, **kein Nichtigkeitsgrund**, da in Art. 138 nicht aufgeführt
182	G 2/92	**Änderungen dürfen sich nicht auf nicht recherchierte Gegenstände beziehen** (siehe L.47 f.).

Materielles Patentrecht H.

Patentansprüche		
Rechtsnormen/ Rechtsprechung	Details	
Unabhängige und abhängige Ansprüche R 43 (4) RiLi F-IV, 3.4	Ein abhängiger Anspruch enthält alle Merkmale eines übergeordneten Anspruchs.	184
Allgemein (Technische Merkmale)		185
↳ T 553/02	Erzeugnis als Ganzes muss geprüft werden, bei technischen und nicht-technischen Merkmalen können die nicht-technischen Merkmale nicht die Neuheit begründen.	186
↳ T 641/00 »COMVIK«	Merkmale, die von der Patentierbarkeit ausgeschlossen sind, können nicht die erfinderische Tätigkeit begründen.	187
↳ T 26/86	Mischung von technischen/nichttechnischen Merkmalen im Anspruch ist erlaubt.	188
↳ T 154/04 (ABl. 2008, 46)	Neuheit und erfinderische Tätigkeit können nur auf technische Merkmale gestützt werden, die im Anspruch deutlich definiert sein müssen.	189
↳ G 2/88	Eine beanspruchte Erfindung ist nur dann neu, wenn sie mindestens ein wesentliches technisches Merkmal enthält, durch das sie sich vom Stand der Technik unterscheidet.	190
Product-by-Process Anspruch (RiLi F-IV 4.12)		191
Anmerkung: Nicht zu verwechseln mit Schutz nach Art. 64 (2), gemäß dem sich der Schutz auf das **unmittelbar** mit dem Verfahren hergestellte Erzeugnis erstreckt.		192
Ansprüche für Erzeugnisse, die durch ihr Herstellungsverfahren gekennzeichnet sind, sind nur zulässig,		193
↳ T 150/82	wenn die Erzeugnisse als solche die Voraussetzungen für die Patentierbarkeit erfüllen und	194
↳ T 956/04	die Anmeldung keine anderen Angaben enthält, die es dem Anmelder ermöglichen würden, das Erzeugnis durch seine Zusammensetzung, seine Struktur oder sonstige nachprüfbare Parameter hinreichend zu kennzeichnen.	195
↳ T 20/94	**Wechsel** von Verfahrensanspruch auf Product-by-Process Anspruch ist unzulässig, da Schutzbereich erweitert würde.	196
↳ T 327/92	Product-by-Process Anspruch: Wenn das Produkt als **Zwischenprodukt** in einem aus dem SdT bekannten Prozess für eine kurze, aber messbare Zeit existiert hat, ist der Anspruch nicht mehr neu.	197
↳ G 3/19, ABl. EPA 2020, A119).	Ansprüche, die Pflanzen oder Tiere definieren, die durch ein Verfahren mit einem technischen Schritt gewonnen werden, der einem Erzeugnis ein technisches Merkmal verleiht, stellen eine Ausnahme dar, soweit die Erfordernisse des Art. 53 b) iVm R 28 (2) betroffen sind. Der Ausschluss von ausschließlich durch im Wesentlichen biologische Verfahren zur Züchtung gewonnenen Pflanzen und Tieren in R 28 (2) gilt nicht für vor dem 01.07.2017 erteilte eP und für anhängige ePA, deren AT und/oder PT vor diesem Tag liegt.	198

H. Materielles Patentrecht

Patentansprüche (Fortsetzung)		
Medizinische Indikation (Beispiele in RiLi G-VI, 7.1)		
	Rechtsnormen/ Rechtsprechung	Details
198a	Art. 54 (4), (5)	- **Erste Medizinische Indikation (Art. 54 (4))**: Anwendung bekannter **Stoffe** zur chirurgischen oder therapeutischen Behandlung des menschlichen oder tierischen Körpers und Diagnostizierverfahren, die am menschlichen oder tierischen Körper vorgenommen werden (vergl. Art. 53 c)) (Beispiel: Stoff X ist bekannt, Stoff X als Arzneimittel wäre möglich) - **Zweite Medizinische Indikation** zweckgebundene Erzeugnisansprüche - **Art. 54 (5))**: Anwendung bekannter Stoffe zu einer nicht zum SdT gehörigen chirurgischen oder therapeutischen Behandlung des menschlichen oder tierischen Körpers und Diagnostizierverfahren, die am menschlichen oder tierischen Körper vorgenommen werden (Beispiel: Stoff X zur Behandlung von Kopfweh ist bekannt, Stoff X zur Behandlung von Bauchweh wäre möglich) **Formulierungsbeispiel:** Erste med. Indikation: Stoff X zur Verwendung als Medikament Zweite med. Indikation: Stoff X zur Verwendung bei der Behandlung von Asthma Schweizer Anspruchsfassung: Verwendung eines Stoffes X für die Herstellung eines Medikaments (zur Behandlung von Krebs)
198b	G 2/08	Patentierbarkeit auch dann möglich, wenn Neuheit nur durch Dosierungsanleitung begründet wird. **Zweckgebundener Verfahrensanspruch** (Schweizer Anspruch) ist seit G 2/08 **nicht** mehr erlaubt. (Beispiel: Verwendung von Stoff X **zur** Herstellung eines Arzneimittels **zur** Behandlung von Y); gilt für AT/PT ab 29.01.2011 (G 2/08, ABl. 2010, 514).

199	**Doppelpatentierung (Art. 139 (3) EPÜ; Rili G-IV, 5.4)** siehe A.505	
200	Ausgeschlossen durch T 118/91, T 80/98, T 587/98 (für denselben Anmelder). T 1423/07 zweifelt diese Sicht jedoch an und verneint das Doppelpatentierungsverbot. RiLi G-IV, 5.4: Es ist ein in den Vertragsstaaten allgemein anerkannter Grundsatz des Verfahrensrechts, dass ein und demselben Anmelder für denselben Gegenstand nicht zwei Patente erteilt werden können.	
	Rechtsnormen/ Rechtsprechung	Details
201	T 1423/07	Doppelpatentierung möglich bei Vorteil für Anmelder, wie zum Beispiel längerer Laufzeit
	T 2461/10	Ein Anmelder kann zwei Anmeldungen mit derselben Beschreibung prüfen lassen, die nicht denselben Gegenstand beanspruchen.
202	T 877/06 RiLi G-IV, 5.4	Bei teilweiser Überschneidung der Ansprüche der Anmeldung des gleichen Anmelders sollte kein Einwand hinsichtlich des Doppelpatentierungsverbots erhoben werden. Bei verschiedenen Anmeldern, die am selben Tag dieselbe Erfindung einreichen: Koexistenz der Anmeldungen.
203	G 1/05 G 1/06	Die GBK hat für alle nachfolgenden Verfahren anerkannt, dass der Grundsatz des Doppelschutzverbots darauf basiert, dass der Anmelder kein legitimes Interesse an einem Verfahren hat, das zur Erteilung eines zweiten Patents für denselben Gegenstand führt, für den er bereits ein Patent besitzt.
	G 4/19	Eine ePA kann nach Art. 97 (2) und Art. 125 zurückgewiesen werden, wenn sie denselben Gegenstand beansprucht wie ein eP, das demselben Anmelder erteilt wurde, und nicht zum Stand der Technik gemäß Art 54 (2), (3) gehört, unabhängig davon, ob sie a) am selben Tag eingereicht wurde wie, oder b) eine frühere Anmeldung oder eine TA (Art. 76 (1)) ist, für die oder c) dieselbe Priorität (Art. 88) beansprucht wie die PA, die zu dem bereits erteilten eP führt.

Materielles Patentrecht H.

Zur Einreichung der ePA berechtigte Personen Art. 58 - 62, RiLi A-II, 2		
Vorgang	Rechtsnormen	Details
Zur Einreichung berechtigte Personen - Anmelder	Art. 58	**Jede natürliche oder juristische Person.** (Anmerkung: Im Gegensatz zum PCT keine Beschränkung wie beispielsweise Sitz oder Staatsangehörigkeit)
	Art. 59 1. Halbsatz	Anmeldung kann von gemeinsamen Anmeldern eingereicht werden.
	Art. 59 2. Halbsatz	Anmeldung kann von mehreren Anmeldern eingereicht werden, die verschiedene VS benennen. Diese gelten im Verfahren vor dem EPA als gemeinsame Anmelder (**Art. 118**). Mehrere Anmelder können auch durch Übertragung oder Rechtsnachfolge zustande kommen (**Art. 71** iVm **R 22**, **R 23**).
	Art. 118	Verschiedene Anmelder/Inhaber eines eP für verschieden benannte VS gelten im Verfahren vor dem EPA als gemeinsame Anmelder/Patentinhaber. Fassung der Anmeldung oder des Patents ist für alle benannten VS einheitlich.
	Art. 60 (3)	Anmelder gilt als berechtigt, das Recht auf das eP geltend zu machen. Gerichtsstand geregelt durch das Anerkennungsprotokoll. https://www.epo.org/law-practice/legal-texts/html/epc/2016/d/ma4.html
Einheit der ePA	Art. 118	**Art. 139 (2)**: Ältere nationale Rechte → **R 138** Ausnahmen der Einheit: • **Art. 54 (3)** Dokument → **R 138**: Unterschiedliche Ansprüche • **Art. 61 (1) a): Weiterführung durch den tatsächlichen Berechtigten**
Zwei unabhängige Erfindungen	Art. 60 (2)	Recht auf eP steht demjenigen zu, dessen ePA den früheren AT (**Art. 89**) hat, sofern diese Anmeldung nach **Art. 93** veröffentlicht worden ist, und zwar nur mit Wirkung für die benannten VS. RiLi F-VI, 1.1

H. Materielles Patentrecht

	Wirkung von ePA und eP Art. 63 - Art. 70		
212			
	Europäisches Patent (eP) - Schutzbereich bestimmt sich aus verbindlicher Fassung (siehe 📄 K.78 ff)		
	Vorgang	Rechtsnormen	Details
213	Wirkung	Art. 2 (2)	Das eP hat in jedem VS dieselbe Wirkung wie ein nat. Patent.
214	Laufzeit	Art. 63 (1)	Die Laufzeit beträgt 20 Jahre ab AT (Ausnahme Pharma und Pflanzenschutz)
		Art. 63 (2) – 63 (4)	Erlaubt VS die Verlängerung der Laufzeit in bestimmten Situationen
215	Schutzwirkung	Art. 64 (1)	Schutz besteht vom Tag des Hinweises im europäischen Patentblatt an. Erst nach Hinweis und Gewährung der (nat.) Rechte ist (nat.) Verletzungsklage möglich. Klage gegen Verletzer ist nat. geregelt, ggf. erst nach Erteilung möglich.
216	Erzeugnis; Product-by-Process	Art. 64 (2) RiLi F-IV, 4.12	Gegenstand des eP ist ein Verfahren → unmittelbares Erzeugnis ebenfalls geschützt, Schutz nur auf unmittelbares Erzeugnis aus diesem Verfahren gerichtet, aber Ausnahmen nach R 28 (2) für ab dem 01.07.2017 erteilte eP.
217	Verletzung	Art. 64 (3)	Verletzung wird nach nationalem Recht behandelt.
218	Übersetzung	Art. 65	Wirkung der Übersetzung in VS, siehe Londoner Übereinkommen 📄 K.96 ff.
	Europäische Patentanmeldung (ePA)		
	Vorgang	Rechtsnormen	Details
219	Wirkung	Art. 66	Wirkung als nationale Anmeldung
220	Schutzwirkung	Art. 67 (1)	Die ePA gewährt dem Anmelder vom Tag ihrer Veröffentlichung nach **Art. 93**, in den in der Veröffentlichung benannten VS einstweilen den Schutz nach **Art. 64** (Recht aus dem eP).
221		Art. 67 (2)	Einschränkung des Schutzes nach Veröffentlichung in VS.
222		Art. 67 (3)	Um den einstweiligen Schutz auch in einem VS zu erlangen, der nicht die Amtssprache der Veröffentlichung verwendet oder für die die Veröffentlichung der ePA in der Amtssprache nicht ausreicht, müssen Übersetzungen in die Amtssprache dieses Staats: a) der Öffentlichkeit zugänglich gemacht werden oder b) dem Benutzer in diesem VS übermittelt werden.
223	Schutzbereich siehe 📄 A.423	Art. 69 (1)	Schutzbereich der ePA und des eP wird durch Inhalt der Ansprüche bestimmt. Beschreibung und Zeichnungen sind zur Auslegung heranzuziehen.
224		Art. 69 (2)	Bis zur Erteilung wird Schutzbereich der ePA durch die zuletzt eingereichten Ansprüche, die in Veröffentlichung nach **Art. 93** enthalten sind, bestimmt.

Materielles Patentrecht H.

Die ePA als Gegenstand des Vermögens - Übertragung/Lizenzen **Art. 71-74**, **R 20-22** und **R 61**, RiLi E-XIV			225
Vorgang	Rechtsnormen	Details	
Übertragung und Bestellung von Rechten	Art. 71	Die **ePA** kann für einen oder mehrere benannte VS übertragen werden oder Gegenstand von Rechten sein.	226
Rechtsgeschäftliche Übertragung	Art. 72	Rechtsgeschäftliche Übertragung der **ePA** schriftlich und mit Unterschriften der Vertragsparteien.	227
Vertragliche Lizenzen	Art. 73	Eine **ePA** kann ganz oder teilweise Gegenstand von Lizenzen für alle oder **einen Teil** der benannten VS sein.	228
Anwendbares Recht	Art. 74	ePA als Gegenstand des Vermögens unterliegt dem nationalen Recht	229
Europäisches Patent	Art. 2 (2)	Nach **Erteilung** → Übergang auf nationale Ämter	230
Eintragung von Rechtsübergängen	R 22 (1)	**Eintragung eines Rechtsübergangs** der **ePA** in das europäische Patentregister durch Nachweis und Vorlage von Urkunden (von beiden Parteien unterzeichnete Übertragungserklärung reicht aus - RiLi E-XIV, 3), ansonsten Original-Urkunde oder beglaubigte Abschrift, wirksam an dem Tag, an dem alle Erfordernisse erfüllt sind. Bezieht sich ein Antrag auf mehrere ePA, ist für jede eine gesonderte Gebühr zu entrichten.	231
		MdEPA v. 22.10.2021 (ABl. 2021, A86) Bei elektronischer Einreichung (nach ABl. 2021 A20, A42) werden auch digitale Unterschriften anerkannt: Voraussetzung: qualifizierte elektronische Signatur die der Definition der Verordnung (EU) Nr. 910/2014 entspricht. RiLi E-XIV, 3 (Siehe P.120a).	231a
	R 22 (2)	Eintragungsantrag gilt erst als gestellt, wenn eine Verwaltungsgebühr (105 €) entrichtet worden ist (**Art. 3 (1) GebO** → ABl. 2020, A6).	232
	R 22 (3)	**Rechtsübergang** gegenüber EPA wird erst **wirksam**, wenn er durch Vorlage von Urkunden nachgewiesen wird.	233
Eintragung von Lizenzen und anderen Rechten	R 23 (1)	**R 22 (1) + (2)** ist auf Lizenzen sowie **eines dinglichen Rechts** (z.B. Zwangsvollstreckung) bei einer **ePA** anzuwenden	234
	R 23 (2)	Löschung der Eintragung von Lizenzen auf Antrag + Verwaltungsgebühr, Nachweis oder Zustimmung des Rechteinhabers, jedoch nicht mehr nach Erteilung bzw. Ablauf Einspruch-/Beschwerdefrist	235
Besondere Angaben bei der Eintragung von Lizenzen	R 24	Ausschließliche Lizenz/Unterlizenz	236

H. Materielles Patentrecht

	Übertragung/Lizenzen (Fortsetzung)		
	Vorgang	Rechtsnormen	Details
237	**Sammelantrag**	ABl. 2019, A79, II, Nr. 18	Antrag auf Namens- oder Adressänderung des Anmelders/Patentinhabers einer Reihe von Anmeldungen als Sammelantrag möglich, indem Antrag sich auf „alle unsere Anmeldungen und Patente" bezieht. Bei einem Rechtsübergang ist zu prüfen, ob damit auch ein Vertreterwechsel einhergeht (siehe P.66).
238	**Rechtsübergang des europäischen Patents**	R 85	R 22 ist auf einen Rechtsübergang des europäischen Patents während der Einspruchsfrist oder der Dauer des Einspruchsverfahrens entsprechend anzuwenden (um Parteien identifizieren zu können), Einsicht über **Art. 128 (4)** iVm **R 94** z.B. Online (ABl. 2003, 69).
239	**Eintragung in Patentregister nach Abschluss des Einspruchs- bzw. Beschwerdeverfahren**	J 17/91	Das europäische Patent ist nach Abschluss des Einspruchs- bzw. Beschwerdeverfahrens dem europäischen Verfahren entzogen, dann ist keine Eintragung ins europäische Patentregister mehr zulässig, betrifft auch Lizenzen (R 85 bezieht sich **nicht** auf R 23).
240	**Reine Namens-änderungen**	RiLi E-XIV, 5	**Änderungen des Namens** des Anmelders werden unter Vorlage von Beweismitteln gebührenfrei in das Register eingetragen, solange die ePA anhängig (siehe A.449) ist. Für Übertragung des erteilten Patents gilt das nationale Recht.
241	**Eintragung eines Rechtsübergangs während der Beschwerde**	R 100 (1)	Verweis auf Vorschriften für das Organ, dessen Entscheidung mit Beschwerde angefochten wird; daraus folgt, dass **Eintragung eines Rechtsübergangs** auch während der Beschwerde möglich ist.
242	**Europäisches Patentregister**	Art. 127	Eintragung ins europäische Patentregister ist **erst nach der Veröffentlichung** möglich.
243	**Zuständigkeit der Rechtsabteilung**	Art. 20 (1)	**Rechtsabteilung** ist zuständig für Eintragungen und Löschungen im europäischen Patentregister und in der Liste der Vertreter.

Inhalt Kapitel I. Priorität

Priorität EPÜ
Wirkung des Prioritätsrechts.. I.1 f.
Prioritätsbegründende Anmeldungen .... I.3 ff.
Prioritätsanspruch .... I.9 ff.
Prioritätsfrist.. I.15
Berechtigung zur Inanspruchnahme einer Priorität .... I.16 ff.
Beanspruchte Priorität für »dieselbe Erfindung« .... I.20 ff.
Prioritätsanmeldung ist »erste Anmeldung der Erfindung« .... I.24 ff.

Besonderheiten und Rechtsprechung bei der Priobeanspruchung vor dem EPA
Veröffentlichte Dokumente im Prioritätsintervall als Stand der Technik I.27

Inanspruchnahme der Priorität
Zeitstrahl... I.28
Prioritätsfrist.. I.29
Prioritätserklärung... I.30
Berichtigung der Prioritätserklärung................................. I.31
Prioritätsunterlage... I.32 ff.
Elektronische Einreichung... I.35 f.
Fax.. I.37
Recherchenergebnisse zur Prioanmeldung .... I.38 ff.

Prüfung des Prioritätsanspruchs
Vorveröffentlichter Stand der Technik.............................. I.42

Übersetzung der Prioritätsunterlagen
Übersetzung des Priodokuments .... I.43 ff.

Berichtigung oder Hinzufügen einer Priorität
Berichtigung oder Hinzufügen der Priorität...................... I.47 ff.
Verzicht auf Priorität, Erlöschen einer Priorität................ I.57 f.

Mehrfachprioritäten
Teil- oder Mehrfachprioritäten... I.60 ff.
Mehrfache Ausübung des Prioritätsrechts....................... I.63
Fristbeginn bei mehreren Prioritäten I.64

Erlöschen Prioritätsanspruch
Erlöschungsgründe... I.65 ff.

Priorität im Rahmen einer PCT-Anmeldung
Definition Prioritätsdatum I.77
Inanspruchnahme von Prioritäten.................................... I.79 ff.
Prioritätsbeleg... I.93
Angaben zum Prioritätsanspruch im Antrage .... I.94 f.
Priofrist .... I.96 f.
Prioritätsbeleg... I.98 ff.
Berichtigung oder Hinzufügen eines Prioanspruchs......... I.101 ff.
Zurücknahme der Priorität... I.104 ff.
Wirkung der Zurücknahme .... I.107 ff.
Wiederherstellung Prioritätsrecht .... I.110 ff.

Vergleichende Übersicht PVÜ / PCT / EPÜ
Berechtigte I.117
Staat der Voranmeldung I.118
Vorschriftsmäßige Einreichung der Voranmeldung I.119
Frist... I.120
Erste Anmeldung I.121
Mehrere Prioritäten I.122
Gegenstände für die ein Prioritätsrecht entsteht I.123
Offenbarung in der Voranmeldung I.124
Staat der Nachanmeldung I.125
Inanspruchnahme I.126
Prioritätsbeleg... I.127

Priorität I.

Priorität EPÜ
RiLi A-III, 6 und F-VI (siehe auch A.75 ff.)

Verfahrenshandlung	Rechtsnorm	Details und Fälligkeit	
Wirkung des Prioritätsrechts	Art. 89	Das Priorecht hat die **Wirkung**, dass der **PT als AT der ePA** für die Anwendung der **Art. 54 (2) + (3)** (Neuheit) und **Art. 60 (2)** (Recht auf eP) gilt.	1
		Versteinerungstheorie (RiLi G-IV, 5.1.1): Änderungen, die nach dem Veröffentlichungstag wirksam werden, beispielsweise • die Zurücknahme einer Benennung, • die Zurücknahme einer Priorität, • der Verlust des Priorechts (z.B. kein Priobeleg eingereicht) berühren die Anwendung des Art. 54 (3) nicht.	2
Prioritätsbegründende Anmeldungen	Art. 87 (1) Art. 4 A (1) PVÜ RiLi A-III, 6.2	Priobegründend sind: - **Patentanmeldungen,** - **Gebrauchsmuster,** - **Gebrauchszertifikate**, **nicht** Geschmacksmuster, Designs o.ä. (**J 15/80**, ABl. 7/1981, 213 u. 546, S/S Art. 87, Rd 36 ff.).	3
		MdP vom 26.01.1996, ABl. 1996, 81: Eine US »**provisional application** for patent« ist **prioritätsbegründend** (S/S Art. 87 Rd 41).	4
		Gebrauchsmuster (z.B. DE, GR, IT, ES, BR, JP), **Gebrauchszertifikat** (z.B. FR).	5
	Art. 87 (2) Art. 4 A (2) PVÜ	Prioritätsbegründend ist **jede Anmeldung**, die nach nationalem Recht die Bedeutung einer **vorschriftsmäßigen nationalen Anmeldung** hat (S/S Art. 87 Rd 66).	6
	Art. 11 (3) PCT Art. 11 (4) PCT	Eine PCT-Anmeldung hat vorbehaltlich des Art. 64 (4) PCT (Nationale Vorbehalte - siehe B.521) in jedem Bestimmungsamt die Wirkung einer vorschriftsmäßigen nationalen Anmeldung mit int. Anmeldedatum.	7
		Eine PCT-Anmeldung steht einer vorschriftsmäßigen nationalen Anmeldung im Sinne des PVÜ gleich.	8
Prioritätsanspruch	Art. 87 (1) Art. 4 A (1) PVÜ	**Prioanspruch für anerkannten AT** »in einem oder mit Wirkung für einen VS der PVÜ oder Mitglied der WTO (seit EPÜ 2000)«: - frühere nationale Anmeldung, - frühere europäische Anmeldung (EP-Anmeldung hat die Wirkung einer vorschriftsmäßigen nationalen Hinterlegung (**Art. 66**)) oder - frühere PCT-Anmeldung. Für nicht PVÜ-Staaten oder Nicht-WTO Mitglieder: siehe **Art. 87 (5)**	9
	Art. 87 (3)	**Späteres Schicksal** der früheren Anmeldung ist **ohne Bedeutung** (z.B. fallen gelassen, zurückgewiesen) (siehe RiLi A-III, 6.1).	10
		Der Anmelder kann für eine ePA **mehrere Prioritäten** in Anspruch nehmen, die auf früheren Anmeldungen im gleichen oder in verschiedenen Staaten und/oder Mitgliedern der WTO beruhen (Fristen laufen vom frühesten PT an) (**Art. 88 (2)**).	11
		Wenn der AT der prioritätsbegründenden Anmeldung nachträglich verschoben wird, hat dies keinen Einfluss auf die Beanspruchung der Prio der EP-Anmeldung (**T 132/90**). Selbstbenennung möglich, d.h. DE-EP mit Prio in DE, Art. 79 (1) alle VS; Art. 66 Wirkung ePA	12
		Mitglieder der WTO: Nicht unbedingt Staaten, auch zwischenstaatliche Organisationen oder Regionen mit besonderem Status, wie das separate Zollgebiet Taiwan, Penghu, Kinmen und Matsu.	13
		Bisher wurde nach Art. 87 (5) noch nie eine Bekanntmachung des Präsidenten des EPA erlassen, dass die Prio eines nicht-PVÜ und nicht-WTO Staates anerkannt wird (siehe RiLi A-III, 6.2).	14

I. Priorität

Priorität EPÜ (Fortsetzung)

	Verfahrenshandlung	Rechtsnorm	Details und Fälligkeit
15	**Prioritätsfrist**	Art. 87 (1) Art. 4 C (1) PVÜ	Priofrist zur Inanspruchnahme der Priorität von **12 M ab AT** der Prioanmeldung (Feiertagsregelung nach R 134 (1) gilt, siehe J.136 ff.)
16	**Berechtigung zur Inanspruchnahme einer Priorität**	Art. 87 (1)	**Anmelder der früheren Anmeldung** oder sein **Rechtsnachfolger** kann die **Priorität beanspruchen.**
17		RiLi A-III, 6 RiLi F-VI T 5/05	Der **Rechtsübergang** der Anmeldung (oder des Priorechts als solchem) muss **vor** dem **AT** der späteren **europäischen Anmeldung** erfolgt sein und nach den einschlägigen nationalen Rechtsvorschriften **wirksam** sein. Nachweis über Rechtsübergang kann nachgereicht werden, siehe RiLi A-III, 6.1 (J 19/87).
18			Wird eine **spätere ePA (Nachanmeldung) von mehreren Anmeldern** eingereicht, so genügt es, wenn es sich bei einem von ihnen um den Anmelder oder den Rechtsnachfolger des Anmelders der früheren Anmeldung handelt. Ein besonderer Übergang des Prioritätsrechts an die übrigen Anmelder ist nicht erforderlich, da die spätere europäische Anmeldung gemeinsam eingereicht worden ist. Dies gilt auch, wenn **die frühere Anmeldung** bereits von gemeinsamen Anmeldern eingereicht wurde, sofern alle Anmelder bzw. deren Rechtsnachfolger auch zu den gemeinsamen Anmeldern der späteren europäischen Patentanmeldung gehören. (siehe RiLi A-III, 6.1).
19			Reicht die **Nachanmeldung** nur noch ein **Teil der Anmelder** ein, so muss eine **Übertragung** des Priorechts auf diesen Teil der Anmelder nachgewiesen werden, aber nicht erforderlich, wenn Anmelder hinzukommen (T 382/07).
20	**Beanspruchte Priorität**	Art. 88 (4) RiLi F-VI, 2.2 G 2/98	**Priorität wird nur für „dieselbe Erfindung" gewährt. Beanspruchte Priorität muss unmittelbar und eindeutig aus Offenbarung der Priounterlage herleitbar sein – identisch mit Prüfung auf** Erfordernis des Art. 123 (2) (siehe RiLi F-VI, 2.2).
21			**Beanspruchte Gegenstände/Merkmalskombination müssen nicht in den Ansprüchen der Prioanmeldung enthalten sein**, es reicht aus, dass der Fachmann den Gegenstand unmittelbar und eindeutig unter Einbeziehung seines allg. Fachwissens aus der früheren Anmeldung als Ganzes entnehmen kann (S/S Art. 87 Rd 5 ff.).
22			Disclaimer ändert Prio nicht, da er kein technischer Gegenstand ist (=ein Disclaimer, der keinen technischen Beitrag leistet und bei der Bearbeitung einer ePA zugelassen wird, ändert nicht die Identität der Erfindung im Hinblick auf Art. 87 (1) EPÜ) (G 1/03, G 2/03 (ABl. 2004, 413 und 448), T 175/03).
23			Das Priodokument muss die in der Nachanmeldung beanspruchte Erfindung derart offenbaren, dass ein Fachmann sie ausführen kann (T 193/95).
24	**Prioanmeldung ist »erste Anmeldung der Erfindung«** Art. 4 A (2) PVÜ Art. 4 C (4) PVÜ	Art. 87 (4)	Hat der Anmelder außer der Anmeldung, deren Prio er beansprucht (=jüngere Anmeldung), bereits eine frühere Anmeldung gleichen Inhalts (=ältere Anmeldung) vor dem Priointervall eingereicht, so ist der Prioanspruch unwirksam. **Ausnahme Art. 87 (4)**: Ältere Anmeldung, die bis zur Einreichung der jüngeren Anmeldung zurückgenommen, fallen gelassen oder zurückgewiesen worden ist und zwar bevor sie öffentlich ausgelegt worden ist (veröffentlicht, über Akteneinsicht einsehbar, etc.) und ohne dass Rechte bestehen geblieben sind, und wenn sie nicht Grundlage für die Inanspruchnahme einer Prio war (T 255/91, ABl. 1993, 318). Ältere Anmeldung bezieht sich auf die Anmeldung **in demselben oder für denselben VS**.
25			»Continuation«-Anmeldung oder »Continuation-in-part«-Anmeldungen, sofern der betreffende Gegenstand schon in der ursprünglichen US-Anmeldung offenbart war, können nicht als priobegründend verwendet werden (S/S Art. 87 Rd 43 ff.) (RiLi F-VI, 1.4.1).
26			**Anmelderidentität, nicht Erfinderidentität** (RiLi F-VI, 1.3 ii, T 5/05)

Priorität   I.

Priorität EPÜ - Besonderheiten und Rechtsprechung

↪**G 3/93** sowie vgl. ↪T 441/91, ↪T 594/90, ↪T 961/90, ↪T 643/96:

Auch die Pariser Verbandsübereinkunft enthält Rechtsvorschriften zur Priorität. Sie ist für das EPA zwar nicht formell verbindlich. Da jedoch das EPÜ gemäß seiner Präambel ein Sonderabkommen im Sinn des Art. 19 der Pariser Verbandsübereinkunft darstellt, liegt es auf der Hand, dass es den in der Pariser Verbandsübereinkunft festgelegten Priogrundsätzen nicht entgegenstehen soll (vgl. Entscheidung ↪T 301/87, ABl. 1990, 335, Entscheidungsgründe Nr. 7.5).

1. Ein **im Priointervall veröffentlichtes Dokument**, dessen technischer Inhalt demjenigen des Priodokuments entspricht, kann einer ePA, in der diese Prio in Anspruch genommen wird, insoweit als **SdT gemäß Art. 54 (2) EPÜ** entgegengehalten werden, als **der Prioanspruch unwirksam** ist.

2. Dies gilt auch dann, wenn der Prioanspruch deshalb unwirksam ist, weil das Priodokument und die spätere europäische Anmeldung nicht dieselbe Erfindung betreffen, da in der europäischen Anmeldung Gegenstände beansprucht werden, die im Priodokument nicht offenbart waren.
Beispiele für Festlegung von Prioritätstagen (siehe RiLi F-VI, 2.4).

Selbstkollision möglich, wenn Prio nicht gültig, nicht wirksam in Anspruch genommen oder zurückgenommen ist (↪T 1443/05).

27

I. Priorität

Inanspruchnahme der Priorität
Art. 88 (1)

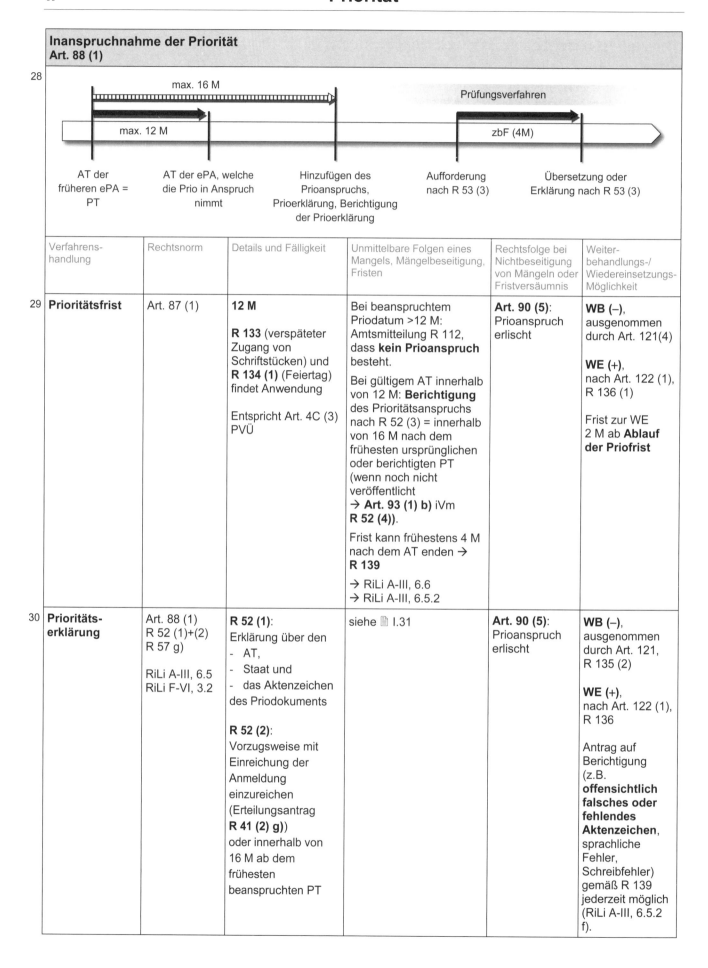

Verfahrens-handlung	Rechtsnorm	Details und Fälligkeit	Unmittelbare Folgen eines Mangels, Mängelbeseitigung, Fristen	Rechtsfolge bei Nichtbeseitigung von Mängeln oder Fristversäumnis	Weiter-behandlungs-/ Wiedereinsetzungs-Möglichkeit
Prioritätsfrist	Art. 87 (1)	**12 M** R 133 (verspäteter Zugang von Schriftstücken) und R 134 (1) (Feiertag) findet Anwendung Entspricht Art. 4C (3) PVÜ	Bei beanspruchtem Priodatum >12 M: Amtsmitteilung R 112, dass **kein Prioanspruch** besteht. Bei gültigem AT innerhalb von 12 M: **Berichtigung** des Prioritätsanspruchs nach R 52 (3) = innerhalb von 16 M nach dem frühesten ursprünglichen oder berichtigten PT (wenn noch nicht veröffentlicht → **Art. 93 (1) b)** iVm R 52 (4)). Frist kann frühestens 4 M nach dem AT enden → R 139 → RiLi A-III, 6.6 → RiLi A-III, 6.5.2	**Art. 90 (5)**: Prioanspruch erlischt	WB (–), ausgenommen durch Art. 121(4) WE (+), nach Art. 122 (1), R 136 (1) Frist zur WE 2 M ab **Ablauf der Priofrist**
Prioritäts-erklärung	Art. 88 (1) R 52 (1)+(2) R 57 g) RiLi A-III, 6.5 RiLi F-VI, 3.2	**R 52 (1)**: Erklärung über den - AT, - Staat und - das Aktenzeichen des Priodokuments **R 52 (2)**: Vorzugsweise mit Einreichung der Anmeldung einzureichen (Erteilungsantrag **R 41 (2) g)**) oder innerhalb von 16 M ab dem frühesten beanspruchten PT	siehe 📄 I.31	**Art. 90 (5)**: Prioanspruch erlischt	WB (–), ausgenommen durch Art. 121, R 135 (2) WE (+), nach Art. 122 (1), R 136 Antrag auf Berichtigung (z.B. **offensichtlich falsches oder fehlendes Aktenzeichen**, sprachliche Fehler, Schreibfehler) gemäß R 139 jederzeit möglich (RiLi A-III, 6.5.2 f).

Priorität I.

Inanspruchnahme der Priorität (Fortsetzung)

Verfahrens-handlung	Rechtsnorm	Details und Fälligkeit	Unmittelbare Folgen eines Mangels, Mängelbeseitigung, Fristen	Rechtsfolge bei Nichtbeseitigung von Mängeln oder Fristversäumnis	Weiter-behandlungs-/ Wiedereinsetzungs-Möglichkeit
Berichtigung der Prioritäts-erklärung	Art. 88 (1) R 52 (3)+(4) RiLi A-III, 6.5.2	**R 52 (3)**: **Berichtigung** der Prioerklärung möglich, wenn AT oder Staat falsch oder fehlt innerhalb **16 M ab frühstem** (berichtigtem) **PT**, jedoch min. bis **4 M nach AT** **R 52 (1)**: Bei fehlendem oder falschem Aktenzeichen ergeht Aufforderung nach R 59, zbF$^{+10\,T}$ (min. 2 M, verlängerbar nach R 132 (2)) Berichtigungen nach R 139 (falsches Aktenzeichen) können auch nach der Frist nach R 52 (3) aber rechtzeitig vor VÖ eingereicht werden ↳J 3/91, ↳J 6/91 (siehe 📄 L.162 RiLi A-III, 6.5.3 und RiLi A-V, 3).	**R 52 (4)**: Nach **Antrag auf Veröffentlichung** der ePA (Art. 93 (1) b)) ist **Abgabe** oder Berichtigung Prioerklärung **nicht** mehr möglich ↳**J 9/91**, ↳**J 6/91**, ↳**J 2/92**, ↳**J 11/92** und RiLi A-III, 6.5.2 Ausnahme: Berichtigungen nach R 139 (RiLi A-V, 3) Keine Aufforderung zu berichtigtem Erteilungs-antrag nach R 58, wenn Prioanspruch nach Ein-reichung des Formblatts für Erteilungsantrag hinzugefügt/berichtigt wurde.	**Art. 90 (5)**: Prioanspruch erlischt	WB (–), ausgenommen durch Art. 121, R 135 (2) WE (+), nach Art. 122 (1), R 136 Antrag auf Berichtigung (z.B. **offensichtlich falsches Aktenzeichen**, sprachliche Fehler, Schreibfehler) gemäß R 139 jederzeit möglich (RiLi A-III, 6.5.3; Siehe auch Berichtigung von Mängeln: RiLi A-V, 3).

I. Priorität

Inanspruchnahme der Priorität (Fortsetzung)

	Verfahrens-handlung	Rechtsnorm	Details und Fälligkeit	Unmittelbare Folgen eines Mangels, Mängelbeseitigung, Fristen	Rechtsfolge bei Nichtbeseitigung von Mängeln oder Fristversäumnis	Weiter-behandlungs-/ Wiedereinsetzungs-Möglichkeit
32	**Prioritäts-unterlage** (auch »Priodokument«, »Priounterlage«, »Priobeleg«)	Art. 88 (1) R 53 (1) - (3) RiLi A-III, 6 RiLi F-VI, 3.3	**R 53 (1):** **Beglaubigte Abschrift** der früheren Anmeldung, deren Prio in Anspruch genommen wird innerhalb von **16 M nach frühestem PT** (in einer **Amtssprache** des EPA oder **mit Erklärung nach R 53 (3)** (siehe 🖱 I.43 ff.).	**Art. 90 (4), R 59:** Aufforderung, die **Abschrift** (R 53 (1)) innerhalb einer Frist[+10 T] von 2 M ab R 59 Mitteilung nachzureichen, die Frist ist nach R 132 (2) verlängerbar (siehe auch 🖱 J 1/80). RiLi A-III, 6.7 Ggf. Übersetzung der Prioritätsunterlagen notwendig - siehe 🖱 I.43 Antrag auf Berichtigung (z.B. falsches Aktenzeichen, sprachliche Fehler, Schreibfehler) gemäß R 139 jederzeit möglich (RiLi A-III, 6.5.3, A-V, 3).	**Art. 90 (5):** Prioanspruch erlischt	**WB (–),** ausgenommen durch Art. 121, R 135 (2) **WE (+),** nach Art. 122 (1), R 136
33			**R 53 (2), R 163 (2), RiLi A-III, 6.7** Die Abschrift der früheren Anmeldung gilt als ordnungsgemäß eingereicht, wenn eine dem EPA zugängliche Abschrift dieser Anmeldung unter den vom Präsidenten des EPA festgelegten Bedingungen in die Akte der ePA aufzunehmen ist. BdP vom 12.07.2007 SA Nr. 3, ABl. 2007, B.2 BdP vom 31.03.2020, ABl. 2020, A57 (gültig bis 31.12.2021), ABl. 2019, A27 Seit 01.01.2022: BdP vom 13.11.2021, ABl. 2021, A83 und A84			
34			Auf Antrag gebührenfreie Übernahme der Abschrift über den digitalen Zugangsservice (DAS) der WIPO ABl. 2021, A84; Falls kein Antrag gestellt oder Probleme beim Abruf über WIPO wird Abschrift gebührenfrei in Akte aufgenommen, wenn Prioanmeldung eine CN-, ~~JP-~~*, KR GebM-Anmeldung, ~~CN-~~**, EP-, JP-*, ~~KR~~**, ~~US-~~, ~~US-Provisional~~** PCT(EP)- Anm. ist. * seit dem 01.07.2020 siehe ABl. 2020, A58 ** seit dem 01.01.2022, siehe ABl. 2021, A83 und A84 Antrag nicht erforderlich, sobald Abschrift in Akte aufgenommen wurde erfolgt Mitteilung an Anmelder (BdP vom 9.3.2000, ABl. 2000, 227)			

Priorität I.

Einreichung der Prioritätsunterlage

Verfahrenshandlung	Details	
Elektronische Einreichung RiLi A-III, 6.7	**BdP 03.03.2021, ABl. 2021, A20; BdP 14.05.2021, ABl. 2021, A42:** Die elektronische Einreichung von **Prioritätsunterlagen** ist mittels **OLF, ~~CMS~~ oder Online-Einreichung 2.0** möglich. **Voraussetzung:** Betreffenden Unterlagen **von ausstellender Behörde digital signiert** und **Signatur** vom **EPA anerkannt** (A.109 ff.). (CMS wurde zum 01.01.2022 abgeschafft, **BdP 14.05.2021, ABl. 2021, A43**) Bei der elektronischen Einreichung müssen die Unterlagen in einem akzeptierten Format und von der ausstellenden Behörde mit einer vom EPA anerkannten Signatur digital signiert sein. Solche elektronischen Prioritätsunterlagen werden derzeit von den Patentämtern in US, BR, FR, PT, IT, AT und PL ausgestellt; weitere Ämter folgen. Elektronische Einreichung von Prioritätsunterlagen darf **nicht mittels Web-Einreichung** erfolgen. Prioritätsunterlagen, die unter Verstoß gegen diese Vorgaben eingereicht werden, gelten als nicht eingegangen. Der Absender wird, soweit er ermittelt werden kann, unverzüglich benachrichtigt.	35
	RiLi A-III, 6.7: Prioritätsbeleg kann **außer** auf **Papier** auch auf **Datenträgern**, z. B. auf CD-ROM, **eingereicht werden**, vorausgesetzt, dass a) der Datenträger, der den Prioritätsbeleg enthält, von der Behörde erstellt wird, bei der die frühere Anmeldung eingegangen war, damit gewährleistet ist, dass der Inhalt nicht nachträglich unbemerkt verändert werden kann, b) der Inhalt des Datenträgers von der Behörde als mit der früheren Anmeldung oder einem Teil davon übereinstimmend bescheinigt ist und c) auch der AT der früheren Anmeldung von dieser Behörde bescheinigt wird. Die Bescheinigungen können separat in Papierform vorgelegt werden. Der eingereichte Datenträger muss lesbar sein und darf keine Computerviren oder andere Arten bösartiger Software enthalten.	36
Fax	**Prioritätsunterlagen** können **nicht** per **Fax** oder **Web-Einreichung eingereicht** werden - RiLi A-III, 6.7, (BdP 20.02.2019, ABl. EPA 2019, A18; ABl. EPA 2018, A93; ABl. EPA 2018, A94)	37

Verfahrenshandlung	Rechtsnorm	Details und Fälligkeit	Unmittelbare Folgen eines Mangels, Mängelbeseitigung, Fristen	Rechtsfolge bei Nichtbeseitigung von Mängeln oder Fristversäumnis	Weiterbehandlungs-/ Wiedereinsetzungs-Möglichkeit	
Recherchenergebnisse zur Prioanmeldung (seit 01.01.2011) Kopie der Recherchenberichte des zust. AA ist dem EPA zu übermitteln	Art. 124 R 141 (1), (2) R 79b RiLi A-III 6.12	**R 141 (1):** Bei Inanspruchnahme einer Prio, unverzüglich oder sobald bekannt	**R 70b (1):** Aufforderung der Prüfungsabteilung, Frist von 2 M	**Art. 124 (2) iVm R 70b (2):** ePA gilt als zurückgenommen	**WB (+)**, nach Art. 121 (1), R 135 (1) **WE (–)**, nach Art. 122 (4), R 136 (3)	38
	R 141 (1)	Wird die Priorität einer Erstanmeldung aus CN (ab 01.07.2021), SE (ab 01.07.2021), JP, GB, US, AT, KR, ES, DK, CH, CZ (ab 03.10.2022) in Anspruch genommen, muss **keine Kopie** der **Rechercheergebnisse** nach **R 141 (1)** eingereicht werden (ABl. 2016, A19, ABl. 2019, A56, ABl. 2021, A38-40, ABl. 2021 A39, ABl. 2021, A83, ABl. 2022 A79, A80; RiLi A-III, 6.12). Das EPA nimmt selbst eine Kopie in die Akte. Bei einer **Erstanmeldung** aus **DE** muss eine **Kopie** der **Recherche eingereicht** werden.				39
	R 141 (2)	Die Kopie nach R 141 (1) **gilt als ordnungsgemäß eingereicht**, wenn sie dem EPA zugänglich ist und unter den vom Präsidenten des Europäischen Patentamts festgelegten Bedingungen in die Akte der europäischen Patentanmeldung aufzunehmen ist (ABl. 2010, 600, RiLi A-III, 6.12): • Prioanmeldung ist ePA → europäischer Recherchebericht (Art. 92), • EPA hat den internationalen Recherchebericht erstellt (Art. 15 (1) PCT), • EPA hat einen Bericht über die Recherche intern. Art (Art. 15 (5) PCT) erstellt, • EPA hat Bericht über eine Recherche, die für ein nationales Amt zu einer nationalen Anmeldung durchgeführt wurde (AL, BE, FR, GR, IT, HR, LT, LV, LU, MC, MT, NL, SM, CY (Stand: Oktober 2021) erstellt.				40
	ABl. 2010, 410	Einreichung von Kopien der im Rechercheergebnis aufgeführten Schriften oder Übersetzungen ist nicht erforderlich - RiLi A-III, 6.12				41

I. Priorität

Prüfung des Prioritätsanspruchs

	Verfahrenshandlung	Details
42	Vor-veröffentlichter Stand der Technik	**RiLi F-VI, 2.1**: Überprüfung der wirksamen Prioinanspruchnahme, wenn ein SdT in Erwägung zu ziehen ist, der im Sinne des Art. 54 (2) der Öffentlichkeit am oder nach dem beanspruchten PT und vor dem AT zugänglich gemacht worden ist, oder wenn der Inhalt der ePA ganz oder teilweise mit dem Inhalt einer anderen ePA im Sinne des Art. 54 (3) über-einstimmt, wobei für diese andere Anmeldung ein PT beansprucht wird, der innerhalb des vorgenannten Zeitraums liegt.

Übersetzung der Prioritätsunterlagen
Art. 88 (1), R 53 (3)

	Verfahrenshandlung	Rechtsnorm	Details und Fälligkeit	Unmittelbare Folgen eines Mangels, Mängelbeseitigung, Fristen	Rechtsfolge bei Nichtbeseitigung von Mängeln oder Fristversäumnis	Weiterbehandlungs-/ Wiedereinsetzungs-Möglichkeit
43	**Übersetzung des Priodokuments** MdEPA vom 28.01.2013, ABl. 03/2013, 150 RiLi A-III, 6.8	Art. 88 (1) R 53 (3)	Übersetzung in eine Amtssprache ist notwendig, wenn Wirksamkeit des Prioritätsanspruchs für die Beurteilung der Patentierbarkeit der Erfindung relevant ist, z.B. wenn bei der Recherche oder im Prüfungsverfahren Zwischenliteratur aufkommt (**RiLi F-VI, 3.4 und 2.1**). Statt der Übersetzung kann eine Erklärung vorgelegt werden, dass die europäische Patentanmeldung eine vollständige Übersetzung der früheren Anmeldung ist. Es ergeht eine Aufforderung, eine Übersetzung der Anmeldung in einer der Amtssprachen einzureichen. Die Länge der Frist hängt davon ab, in welchem Verfahrensstadium diese Aufforderung ergeht:			
44			Im Rechercheverfahren	Frist wird ggf. der Frist nach **R 70 (1)** oder **R 70 (2)** angepasst. RiLi A-III, 6.8.1	**Art. 90 (5)** iVm **R 53 (3): Prioanspruch erlischt** **RiLi F-VI, 3.4**: Zwischendokument wird als SdT betrachtet. **Achtung:** Priorecht bleibt für **Art. 54 (3)** bzgl. allen anderen ePA aus Gründen der Rechtssicherheit bestehen, auch wenn Übersetzung oder Abschrift nicht oder verspätet eingereicht wird. **RiLi F-VI, 2.1 und 3.5**	**WB (+)**, nach Art. 121 (1), R 135 (1) **WE (–)**, nach Art. 122 (4), R 136 (3) RiLi A-III, 6.8.3
			Im Prüfungsverfahren	Festlegung der Frist nach **R 132 (2)** (4M) durch Prüfungs- oder Einspruchsabteilung, Aufforderung nach R 53 (3) ergeht entweder gesondert oder als Anlage zu einer Mitteilung nach **Art. 94 (3)** übermittelt. RiLi A-III, 6.8.2		
45				Bei **Euro-PCT-Anmeldungen**, für die das EPA als ISA oder als für die ergänzende internationale Recherche bestimmte Behörde (SISA, **R 45bis PCT**) tätig war, kann die Prüfungsabteilung erst nach Ablauf der Frist nach **R 161 (1)** eine Aufforderung nach R 53 (3) senden (RiLi E-IX, 3.2).		
46			Im Einspruchsverfahren	Ist Patentinhaber zuvor (im Prüfungsverfahren oder früher, siehe RiLi A-III, 6.8.1) noch nicht aufgefordert worden, eine Übersetzung einzureichen, kann das EPA die Aufforderung nach R 53 (3) im Einspruchsverfahren versenden, wenn sich in diesem Verfahren herausstellt, dass die Wirksamkeit des Prioritätsanspruchs für die Beurteilung der Patentierbarkeit der Erfindung relevant ist. - RiLi A-III, 6.8.2		

Priorität I.

Berichtigung oder Hinzufügen einer Priorität

Verfahrenshandlung	Rechtsnorm	Details	
Berichtigung oder Hinzufügen der Priorität Sprachliche Fehler, Schreibfehler und Unrichtigkeiten in eingereichten Unterlagen auf Antrag RiLi A-III, 6.5.1 RiLi A-III, 6.5.2 RiLi A-V, 3 ↳J 14/82 → R 52 (3)	Art. 88 R 52 (3)	**Grundsatz**: Änderungen der Prio innerhalb von 16 Monaten nach dem frühesten PT möglich, unter der Bedingung, dass die Vorbereitungen für die VÖ noch nicht abgeschlossen wurden. Berichtigung der Prio dann möglich, wenn Berichtigung veröffentlicht wird. Reicht der Anmelder einen Berichtigungsantrag später ein, so kann ihm ausnahmsweise stattgegeben werden, wenn aus der veröffentlichten Anmeldung unmittelbar ersichtlich ist, dass ein Fehler vorliegt (siehe 📖 S/S Art. 88 Rd 14 ff.).	47
	R 52 (4)	Nach Einreichung eines **Antrags auf frühzeitige Veröffentlichung** nach Art. 93 (1) b) ist die Abgabe oder Berichtigung einer Prioerklärung nicht mehr möglich.	48
		Anmelder muss nachweisen, dass eine Unrichtigkeit vorliegt. Eine **Unrichtigkeit** liegt dann vor, wenn eine beim EPA eingereichte Unterlage nicht die wirkliche Absicht desjenigen wiedergibt, für den sie eingereicht worden ist (↳J 6/91).	49
		Der **Berichtigungsantrag** muss unverzüglich und sofern keine besonderen Umstände vorliegen, so rechtzeitig gestellt werden, dass in der Veröffentlichung der Anmeldung ein entsprechender Hinweis aufgenommen werden kann) (↳J 3/82, ↳J 4/82, ↳J 14/82).	50
		Ohne Hinweis in der Veröffentlichung ist eine Berichtigung in Ausnahmefällen zulässig (↳J 12/80): - EPA war teilweise dafür verantwortlich, dass Veröffentlichung des Hinweises unterblieb. Kein Verstoß gegen die Interessen der Öffentlichkeit, weil: - Unrichtigkeit offensichtlich war (↳J 8/80) bzw. offensichtliche Unstimmigkeit vorlag (↳J 3/91, ↳J 6/91, ↳J 2/92), z.B. da AT/und PT sehr nahe beieinander lagen (↳J 3/91) - nur eine zweite oder weitere Prio hinzugefügt wurde (↳J 4/82, ↳J 14/82, ↳J 11/89). - die Öffentlichkeit anderweitig über den vollen Umfang des Schutzbegehrens unterrichtet wurde (↳J 14/82).	51
		Eine **versäumte Prioerklärung** stellt fast immer einen Fehler dar → keine hohen Anforderungen für Nachweis bei Antrag auf Berichtigung (↳J 9/91).	52
		Die zu einer **Prioerklärung gehörenden Angaben** können auch noch nach Veröffentlichung der internationalen Anmeldung ohne einen entsprechenden Hinweis berichtigt werden, sofern die Interessen Dritter nicht verletzt werden. D.h. wenn die Unrichtigkeit der Angaben aus der veröffentlichten Anmeldung ohne weiteres ersichtlich ist (offensichtliche Unstimmigkeit) (↳J 2/92).	53
		Berichtigung eines Prioanspruchs durch Hinzufügung einer ersten Prio auch ohne Hinweis in der Veröffentlichung der Anmeldung möglich, wenn aus der veröffentlichten Anmeldung ohne weiteres ersichtlich ist, dass die erste oder die einzige Prio möglicherweise fehlt, falsch ist (hier US-CIP-Anmeldung) oder mit falschem AT angegeben ist. Gleiche Anforderungen gelten auch für die Hinzufügung einer Prio mit einem späteren Tag als demjenigen der irrtümlich beanspruchten Prio, da jede weitere Prio für die Beurteilung für den Rechtsbestand wichtig ist. Die Tatsache, dass eine vorhandene Prio nicht in Anspruch genommen wurde, rechtfertigt allein noch keine Berichtigung (↳J 6/91).	54
		Auslassung oder versäumte Handlung bei Inanspruchnahme korrigierbar, wenn Irrtum dargelegt wird (↳J 7/94, ↳J 11/92).	55
		Nach Ablauf der Frist gemäß R 52 (3) (16 M) ist eine Berichtigung der Prioritätserklärung nach R 139 möglich (wenn offensichtlicher Mangel vorliegt) (siehe RiLi A-V, 3).	56
Verzicht auf Priorität, Erlöschen einer Priorität (z.B. wg. Art. 90 (5))	RiLi F-VI, 3.5	Der Anmelder kann jederzeit auf eine beanspruchte **Prio verzichten**. Falls dies vor Abschluss der Vorbereitungen für die Veröffentlichung geschieht, wird die VÖ auf den dann verschobenen AT oder PT verschoben.	57
	RiLi E-VIII, 1.5 R 90bis.3 d) PCT	Wird auf eine Prio verzichtet oder erlischt sie, so verschieben sich die vom PT (bzw. AT) an zu laufenden Fristen entsprechend. Der Anmelder wird gemäß RiLi A-III, 6.11 über Mitteilung nach R 112 (1) unterrichtet. Ist die ursprüngliche Frist jedoch schon abgelaufen, also ein Rechtsverlust eingetreten, so kann der Rechtsverlust durch eine nachträgliche Verschiebung des PT nicht behoben werden. (RiLi A-III, 6.9)	58

295

I. Priorität

Mehrfachprioritäten

	Verfahrenshandlung	Rechtsnorm	Details	
60	Teil- und Mehrfach- prioritäten	Art. 88 (2) PVÜ Art. 4 F	Mehrfachprioritäten, Teilpriorität (ABl. 2001, 413) in einem Anspruch, siehe auch ↳T 828/93, ↳T 620/94. Merkmalskombinationen haben den Zeitrang, zu welchem diese Merkmalskombination das erste Mal offenbart wurde (↳G 2/98).	
61			Die prioritätsbegründende Anmeldung oder eine TA kann nicht neuheitsschädlich für eine ePA oder ein eP sein, d.h. entweder liegt Neuheit vor oder die Prio ist wirksam (↳G 1/15).	
62		Art. 88 (3)	Priorecht umfasst nur diejenigen Merkmale, die in der Prioanmeldung enthalten sind (↳G 2/98).	
63	Mehrfache Ausübung des Prioritätsrechts	Art. 87 (1)	Das Priorecht kann mehrfach ausgeübt werden (↳T 15/01). → Keine Erschöpfung, aber keine Kettenprioritäten (↳T 5/05).	
64	Fristbeginn bei mehreren Prioritäten	Art. 88 (2) Art. 2 xi) PCT	Bei mehreren Prioritäten bestimmt frühester PT den Fristbeginn (entsprechend **Art. 2 xi) PCT**) für Fristen, die vom PT an zu laufen beginnen.	

Prioritätsanspruch erlischt
RiLi A-III, 6; F-VI

	Der **Prioritätsanspruch erlischt**, wenn:		Details
66			
67	R 52 (2)	die Prioritätserklärung nicht rechtzeitig eingereicht worden ist,	I.30
68	R 52 (3)	die Prioritätserklärung nicht rechtzeitig berichtigt worden ist,	I.31
69	R 52 (4)	die Prioritätserklärung nach Antrag auf Veröffentlichung der ePA eingereicht oder berichtigt (R 139) wurde,	I.31
70	R 53 (1), (2)	die beglaubigte Abschrift der früheren Anmeldung nicht rechtzeitig eingereicht worden ist,	I.32
71	R 53 (3)	nach einer Aufforderung die Übersetzung der früheren Anmeldung bzw. die Erklärung (RiLi A-III, 6.8.6) nicht rechtzeitig eingereicht worden ist,	I.43 f.
72	Art. 87 (1)	die frühere Anmeldung keine Anmeldung in einem oder mit Wirkung für einen VS der PVÜ oder Mitglied der WTO ist,	I.9
73		die frühere Anmeldung keine Patentanmeldung, kein Gebrauchsmuster, Gebrauchszertifikat ist (z.B. Design),	I.3
74		die Anmeldung nach Ablauf der Prioritätsfrist von 12 M eingereicht wird (R 133 findet Anwendung),	I.15
75		der beanspruchte Gegenstand für den Fachmann unter Heranziehung des allgemeinen Fachwissens nicht unmittelbar und eindeutig der früheren Anmeldung als Ganzes entnehmbar ist (↳**G 2/98**),	I.20 f.
76	Art. 87(1), (4)	die frühere Anmeldung nicht die »erste Anmeldung« ist.	I.24

Priorität I.

Priorität PCT AG 5.057-5.071, 6.038-6.044, 📄 B.71 ff.			
Verfahrenshandlung	Rechtsnorm	Details	
Definition Prioritätsdatum	Art. 2 xi) PCT	Begriffsbestimmung „Prioritätsdatum": • bei **Beanspruchung** einer (oder mehrerer) **Priorität**(en) nach Art. 8 PCT der (älteste) **AT** der **früheren Anmeldung**(en) • **ohne Beanspruchung** einer Priorität nach Art. 8 PCT der **AT** der **int. Anmeldung**	78
Inanspruchnahme von Prioritäten	Art. 8 (1) PCT R 4.10 PCT	Erklärung/Angabe („**Prioritätsanspruch**") **in Antrag** der int. Anmeldung zur Beanspruchung einer oder mehrerer Priorität(en) in einem PVÜ Mitgliedsstaat oder einem Mitglied der WTO, welches nicht PVÜ Mitgliedsstaat ist; auch Prioritäten regionalen oder int. Anmeldungen können beansprucht werden	79
	Art. 8 (2) a) PCT	**Voraussetzung** und **Wirkung** einer Prioritätserklärung (=Prioritätsbeanspruchung) richten sich nach **Art. 4 PVÜ**	80
	Art. 4A (1) PVÜ	**Gegenstand: Erfindungspatent, Gebrauchsmuster, Gewerbliche Muster** (**Geschmacksmuster**; im **EPÜ** nach **Art. 87 (1) nicht akzeptiert**), **Modell** oder **Marke**	81
	Art. 4A (2), (3) PVÜ	**Vorschriftsmäßige nationale Hinterlegung**, ausreichend für Festlegung AT, späteres Schicksal unbedeutsam	82
	Art. 4C (1) + (2) PVÜ	**Priofristen: 12 M (Patent/Gebrauchsmuster)** bzw. **6 M (Muster + Marken)** ab erster Hinterlegung, Tag zählt nicht mit. (vgl. R 2.4 a) PCT)	83
	Art. 4C (3) PVÜ	**Feiertagsregelung**: Bei geschlossenem Nachanmeldeamt Verschiebung der Priofrist auf nächsten Werktag, (vgl. R 2.4 b) und R 80.5 PCT)	84
	Art. 4C (4) PVÜ	**Jüngere Anmeldung kann „erste Anmeldung" sein,** wenn ältere Anmeldung im demselben Verbandsland **vor Zeitpunkt der Hinterlegung** der jüngeren Anmeldung **zurückgenommen/fallengelassen/zurückgewiesen** wurde, und **Veröffentlichung unterblieben** ist; weiterhin dürfen **keine Rechte** der älteren Anmeldung **bestehen geblieben** sind.	85
	Art. 4E (2) PVÜ	**Gebrauchsmuster: Prioritätsbegründend** für Patent und umgekehrt	86
	Art. 4F PVÜ	Beanspruchung **mehrerer Prioritäten** möglich, auch aus verschiedenen Ländern	87
	Art. 4G	**Teilanmeldungen** möglich, TA erhält PT der ursprünglichen Anmeldung	88
	Art. 8 (2) b) PCT	VS der früheren Anmeldung kann Bestimmungsstaat (BS) sein.	89
		Wird nur ein Staat als BS benannt, richten sich Voraussetzungen und Wirkung des Prioanspruchs in diesem Staat nach dessen nationalem Recht.	90
	Art. 11 (3) PCT	Eine PCT-Anmeldung hat vorbehaltlich des Art. 64 (4) PCT (Nationale Vorbehalte - siehe 📄 B.521) in jedem BS die Wirkung einer vorschriftsmäßigen nationalen Anmeldung mit int. Anmeldedatum	91
	Art. 11 (4) PCT	Int. Anmeldung (=PCT-Anmeldung) steht vorschriftsmäßiger PVÜ Anmeldung gleich	92
Prioritätsbeleg	R 17 PCT	Verpflichtung zur Einreichung einer Abschrift der früheren Anmeldung	93

I. Priorität

	Verfahrenshandlung	Rechtsnorm	Details und Fälligkeit	Unmittelbare Folgen eines Mangels, Mängelbeseitigung, Fristen	Rechtsfolge bei Nichtbeseitigung von Mängeln oder Fristversäumnis
	Priorität PCT (Fortsetzung)				
94	**Angaben zum Prioritätsanspruch im Antrage** siehe auch 📄 B.71	Art. 8 (1), Art. 8 (2) a) PCT Art. 4 PVÜ R 4.1 b), R 4.10 PCT	**Art. 8 (1) PCT R 4.1 b) PCT**: Prioritätsanspruch im Antrag **R 4.10 a) PCT**: Angaben zur früheren Anmeldung i) Datum ii) AZ iii) Verbandsland/WTO-Staat iv) Behörde bei regionaler Anmeldung v) AA bei int. Anmeldung **Art. 2 (xi) b) PCT**: Bei mehreren Prioritäten wird **älteste** als **PT** verwendet	**R 26bis.1 a) PCT**: Priorität **berichtigen** oder **hinzufügen**: 16 M ab PT oder geändertem PT, je nachdem, welche Frist früher abläuft; mind. bis 4 M nach dem int. AT **R 26bis.1 b) PCT**: Bei Antrag auf vorzeitige Veröff. (**Art. 21.2 b) PCT**) möglich, wenn Berichtigung vor Ablauf der technischen Vorbereitungen zur Veröffentlichung noch nicht abgeschlossen (15 Tage, AG 9.014) **R 26bis.2 PCT**: Bei bestimmten Mängeln: Aufforderung durch AA, Frist wie bei **R 26bis.1 a)**; gilt als rechtzeitig, wenn Eingabe vor Erklärung des IB nach **R 26bis.2 b)**, spätestens 1 M vor Ablauf Frist **R 91.1 a), b) i), g)**: Korrektur offensichtlicher Fehler im Antrag beim AA, wenn sich Berichtigung zu Änderung des Prioritätsdatums führen würde	**R 26bis.2 b) PCT**: Prioanspruch gilt für das Verfahren nach dem PCT als nicht erhoben. **R 26 bis.2 d) PCT**: Auf Antrag (vor Abschluss der Veröffentlichung) wird der als nicht erhoben geltende Prioanspruch in der Veröffentlichung aufgeführt. **R 26bis.2 e) PCT**: Auf Antrag wird der als nicht erhoben geltende Prioanspruch in einer zusätzlichen VÖ aufgeführt (+ Gebühr 50 CHF + 12 CHF für jede weitere Seite, AG 6.044, Section 113(c) der Administrative Instructions). **Wiederherstellung Priorecht** siehe 📄 I.110 ff. **R 26bis.3 e) PCT**: Bei Antrag **vorzeitige Veröffentlichung** nach Art. 21 (2) b) PCT gilt Antrag nach R26bis.3 a) PCT oder Gebühren nach R26bis.3 d) PCT nach Abschluss der technischen Vorbereitungen für die intern. Veröffentlichung nicht als rechtzeitig eingereicht oder entrichtet
95	EPA= ausgewähltes Amt/ Bestimmungsamt	Art. 153 R 163 (2)	Spätere Frist (31 M) für Mitteilung Aktenzeichen der Prioanmeldung		

Priorität I.

Priorität PCT (Fortsetzung)					
Verfahrenshandlung	Rechtsnorm	Details und Fälligkeit	Unmittelbare Folgen eines Mangels, Mängelbeseitigung, Fristen	Rechtsfolge bei Nichtbeseitigung von Mängeln oder Fristversäumnis	
Priofrist AG 5.059 ff. (siehe B.81) (Wiederherstellung siehe N.119 ff., I.110 ff., AG 5.069) GL A-VI, 1.2	Art. 8 (2) a) PCT Art. 4C (1), (2) PVÜ R 2.4 PCT R 2.4 b) PCT R 80.5 PCT	**Art. 8 (2) a)** **R. 2.4,** **Art. 4C (1), (2) PVÜ**: Priofrist: 12 M ab AT der »frühesten Anmeldung« Art. 8 (2) a) iVm Art. 4C (1) PVÜ Priofrist abhängig von Art des SR **R 2.4 b), R 80.5**: (Feiertagsregelung)	**Wiederherstellung durch AA:** **R 26bis.3 PCT:** Bei abgelaufener Priofrist Wiederherstellung auf Antrag möglich innerhalb von **2 M** ab Ende Priofrist wenn Versäumnis »unabsichtlich« (»unintentional«) oder »trotz Beachtung der nach den gegebenen Umständen gebotenen Sorgfalt« (»due care«) GL A-VI, 1.5, GL F-VI, 3.7 Für Wiederherstellung: Antrag stellen, Gebühren zu Gunsten des AA bezahlen (AG 5.062 ff.) GL A-III, 4.6 **R49ter.1 PCT**: Wirkung Wiederherstellung (AA) **Wiederherstellung durch Bestimmungsamt:** Anwendung unterschiedlicher Kriterien möglich: **R 49ter.1 und R 49ter.2 PCT:** Antrag innerhalb 1 M nach Frist **Art. 22 PCT** (30 M, EPA: 31 M) oder 1 M ab Eingang Antrag nach **Art. 23 (2) PCT**, GL F-VI, 3.7 (siehe I.110 ff., N.119 ff.) Vorbehalte zur Wiederherstellung siehe B.533 und B.537 f.	siehe I.94	96
EPA= ausgewähltes Amt/ Bestimmungsamt	Art. 153 EPÜ GL F-VI, 3.7	WE (+) in Priofrist bei Nachweis Beachtung der nach den gegebenen Umständen gebotenen Sorgfalt (nicht unabsichtlich) - S/S Art. 153 Rd 462 ff. Gebühr für Wiederherstellung mittels Wiedereinsetzungsgebühr 665 € Art. 2 (1) Nr. 13 GebO			97

I. Priorität

	Priorität PCT (Fortsetzung)				
	Verfahrenshandlung	Rechtsnorm	Details und Fälligkeit	Unmittelbare Folgen eines Mangels, Mängelbeseitigung, Fristen	Rechtsfolge bei Nichtbeseitigung von Mängeln oder Fristversäumnis
98	**Prioritätsbeleg** AG 5.070 (siehe 📖 B.91)	Art. 8 (1) PCT R 17.1 PCT	**R 17.1 a) PCT**: Innerhalb 16 M ab frühestem PT (oder vor Antrag beschleunigte Bearbeitung nach **Art. 23 PCT**) an IB oder AA. Geht Abschrift später beim IB ein, aber vor int. Veröffentlichung nach **Art. 21 (2) a) PCT**, gilt sie am letzten Tag als rechtzeitig eingegangen **R 17.1 b) PCT**: Innerhalb 16 M ab PT Antrag auf Übermittlung ans IB (**R 4.1 c) ii) PCT**), falls Priobeleg vom AA ausgestellt wird (Feld Nr. VI in Antrag), Gebühr an AA - EPA: 105 € (seit 01.04.2020, ABl. 2020, A6); DE: 20 € **R 17.1 b-bis) PCT**: Abruf Priobeleg aus digitaler Bibliothek (DAS), Antrag beim IB vor int. Veröffentlichung ggf. Gebührenzahlung	**R 17.1 c) PCT**: Bestimmungsamt muss Nachfrist einräumen. → **R 111 (2) EPÜ**	**R 17.1 c) PCT**: Bestimmungsamt darf den Prioanspruch unberücksichtigt lassen muss jedoch Anmelder Gelegenheit zur Einreichung innerhalb Frist geben. EPA: Hat Anmelder **R 17.1 a),b) oder b-bis) PCT** erfüllt, darf EPA ihn nicht vor Ablauf der Frist nach **Art. 22 PCT** zur Nachreichung auffordern (**RiLi E-IX, 2.3.5.1**: Prüfung kann dennoch beginnen)
99			**DAS**: »Digital Access Service« Digitale Bibliothek des IB, in der der Anmelder das Priodokument/die **Prioritätsunterlagen** bei einem Depositing Office bzw. Office of First Filing (OFF) registrieren lassen kann; anschließend kann der Anmelder beantragen, dass das Accessing Office bzw. Office of Second Filing (OSF) die **Prioritätsunterlagen** über dieses System bezieht - AG 5.070A ff. **Depositing Office**: AU, AT, BR, CL, CN, CO, DK, EAPO, EP (seit 01.11.2018 für ePA, seit 01.04.2019 für PCT-Anmeldungen, ABl. 2019, A27), ES, FI, FR, GE, GB, IB, IN, IL, IT, JP, KR, LT (ab 01.07.21), MA, MX, NL, NO, SE, US **Accessing Offices**: AU, CN, EP (seit 01.11.2018 für ePA, seit 01.04.2019 für PCT-Anmeldungen, ABl. 2019, A27), ES, FI, GB, IB, JP, KR, SE, US		
100	EPA= ausgewähltes Amt/ Bestimmungsamt	Art. 153 R 159 (1) R 51 (1) R 53 R 163 (2)	Einreichung des AZ und der Abschrift der früheren Anmeldung innerhalb von 31 M	**R 163 (2)**: Nachfrist von 2 M zur Einreichung des Aktenzeichens und/oder Abschrift	**Art. 153, Art. 90 (5), R 163 (6), 2 Satz**: Prioanspruch geht für die Anmeldung verloren **WB** (+), da in R 135 (2) nicht ausgenommen 📖 S/S Art. 121 Rd 11 und Art. 153 Rd 426 **WE** (+) R 112 beantragen

Priorität I.

Rechtsnorm	Rechtsnormen	Details	
Priorität PCT (Fortsetzung)			
Berichtigung oder Hinzufügen eines Prioanspruchs	R 26bis.1 a) PCT B.71	Berichtigung oder Hinzufügen eines Prioanspruchs **innerhalb** von **16 M nach PT** bzw. geändertem PT, je nachdem welche Frist früher abläuft, außerdem auch noch **4 M nach Einreichung** der int. Anmeldung (nicht später). Berichtigung kann die Hinzufügung jeglicher in R 4.10 PCT genannter Angaben einschließen; fehlender Prioanspruch kann hinzugefügt werden.	101
	R 26bis.1 b) PCT B.71	Bei Antrag auf **vorzeitige Veröffentlichung** (an IB oder AA) gemäß **Art. 21 (2) b) PCT** gilt jede **Berichtigung** als **nicht eingereicht**, es sei denn der Antrag wird vor **Abschluss** der **technischen Vorbereitung** zurückgenommen.	102
	R 26bis.1 c) PCT B.88	Bei **Änderung** eines **Priodatums** durch Berichtigung wird jede **Frist**, die noch nicht abgelaufen ist, **nach** dem **geänderten Priodatum berechnet**. Falsche oder fehlende Prio (S/S Art. 88 Rd 20) muss anhand der veröffentlichten Anmeldung ohne weiteres ersichtlich sein (J 3/91). Interesse der Öffentlichkeit darf nicht ernsthaft verletzt werden (J 6/91). Unter besonderen Umständen auch Berichtigung nach Veröffentlichung möglich (J 6/91 und J 7/94).	103
Zurücknahme der Priorität AG 11.056 f. GL A-IV, 2.4 B.85 f.	R 90bis.3 a) + b) PCT	Zurücknahme **einer** oder **mehrerer** in der int. Anmeldung nach **Art. 8 (1) PCT** beanspruchten Prioritäten **vor** Ablauf von **30 M** ab **PT**.	104
	R 90bis.3 c) PCT	Zurücknahme **wirksam** bei **Eingang** beim **IB**, **AA** oder ggf. **IPEA** (wenn **Art. 39 (1) PCT** anwendbar).	105
Mehrere Anmelder	R 90bis.5 PCT	**Zurücknahmeerklärung** nach R 90bis.1 bis R 90bis.4 PCT muss von • **allen Anmeldern** oder • einem **bestellten Anwalt** gemäß **R 90.1 PCT** oder • einem bestellten **gemeinsamen Vertreter** gemäß **R 90.2 a) PCT**, aber **nicht** ein »als gemeinsamer Vertreter« geltender Anmelder gemäß **R 90.2 b) PCT** (Vollmacht siehe B.444 und B.428) unterzeichnet werden.	106
Wirkung der Zurücknahme	R 90bis.3 d) PCT R 26bis.1 c) PCT	Führt die Zurücknahme zu einer **Änderung** des **Priodatums**, so wird eine aufgrund des ursprünglichen Priodatums berechnete und noch **nicht abgelaufene Frist** nach dem geändertem Priodatum **berechnet**.	107
	R 90bis.3 e) PCT	Falls Zurücknahmeerklärung beim IB nach Abschluss der technischen Vorbereitungen für die int. Veröffentlichung (15 Tage, AG 9.014) eingeht, kann das IB die Veröffentlichung nach dem ursprünglichen Priodatum berechneten Frist vornehmen.	108
	R 90bis.6 a) PCT	Falls **Bearbeitung** oder **Prüfung** gemäß **Art. 23 (2) PCT** oder **Art. 40 (2) PCT** bereits bei einem Bestimmungsamt oder ausgewähltem Amt **begonnen** hat, hat die Zurücknahme **keine Wirkung**.	109

I. Priorität

	Priorität PCT (Fortsetzung)		
	Rechtsnorm	Rechtsnormen	Details
110	**Wieder-herstellung Priorecht** RiLi E-IX, 2.3.5.3 (siehe B.81, N.119 ff.) GL A-VI, 1.2	R 26bis.3 PCT	**Wiederherstellung des Priorechts durch das AA** Wiederherstellung Priorecht durch AA möglich **auf Antrag** (inkl. Gründe und ggf. Erklärung/Nachweis für Versäumnis) möglich innerhalb von **2 M** ab Ablauf Priofrist von **12 M** wenn ein Wiederherstellungskriterium erfüllt ist: • Versäumnis trotz Beachtung der nach den gegebenen Umständen gebotenen Sorgfalt (**R 26bis.3 a) i) PCT**) oder • Versäumnis unabsichtlich (**R 26bis.3 a) ii) PCT**) AA hat wenigstens ein Wiederherstellungskriterium anzuwenden (doppelte Anwendung **R 80.5 PCT** möglich).
111		R 26bis.3 d) PCT	Ggf. Gebührenzahlung, abhängig vom AA (EPA: 665 € Art. 2 (1) Nr. 13 GebO), innerhalb **2 M** ab Ablauf Priofrist von 12 M, ggf. um 2 M durch AA verlängerbar (AG 5.062 ff.)
112		R 26bis.3 e) PCT	Bei Antrag auf **vorzeitige Veröffentlichung** nach Art. 21 (2) b) PCT gilt Antrag nach **R26bis.3 a) PCT** oder Gebühren nach **R26bis.3 d) PCT** nach Abschluss der technischen Vorbereitungen für die intern. Veröffentlichung nicht als rechtzeitig eingereicht oder entrichtet.
113		R 49ter.1 a) PCT	**Wirkung Wiederherstellung der Prio durch das AA** nach **R 26bis.3 PCT** hat vorbehaltlich **R 26bis.3 c) PCT** in jedem Bestimmungsamt → **Achtung**: R 49ter.1 g) PCT: Nicht gültig für BR, CA, CN, CO, CZ, DE, DZ, ID, IN, KR, LT, MX, NO, PH - siehe B.537
114		R 49ter.2 a) PCT	**Wiederherstellung des Priorechts durch das Bestimmungsamt** auf Antrag nach Absatz b) möglich, falls Priorität innerhalb von **2 M ab Ablauf der Priofrist von 12 M** beantragt wurde, notwendiges Wiederherstellungskriterium: i) Versäumnis trotz Beachtung der nach den gegebenen Umständen gebotenen Sorgfalt oder ii) Versäumnis unbeabsichtigt. Jedes Bestimmungsamt hat mindestens eines dieser Kriterien anzuwenden und kann beide anwenden. → **Achtung**: R 49ter.2 h) PCT: Nicht vereinbar mit nationalem Recht für BR, CA, CN, CO, CU CZ, DE, DZ, ID, IN, KR, MX, NO, PH - siehe B.538
115		R 49ter.2 b) PCT	Antrag nach Absatz a) muss innerhalb von **1 M** ab der nach Art. 22 PCT anwendbaren Frist beim Bestimmungsamt oder bei vorzeitiger Bearbeitung nach Art. 23 (2) PCT ab Eingang des betreffenden Antrags eingereicht werden und Gründe für Versäumnis enthalten; ggf. Gebührenzahlen an das Bestimmungsamt.

Priorität I.

Vergleichende Übersicht PVÜ/PCT/EPÜ (Quelle: Exner, DII-Buch, Carl Heymanns Verlag 2009) — 116

Voraussetzung	PVÜ Art. 4	PCT Art. 8	EPÜ Art. 87-89	
Berechtigte	Anmelder der Voranmeldung oder sein Rechtsnachfolger			117
	Art. 4A (1)	Art. 8 (1) (2) a)*	Art. 87 (1)	
Staat der Voranmeldung	PVÜ Staat	PVÜ- oder WTO-Staat		118
	Art. 4A (1)	Art. 8 (1) (2) a), R 4.10 (a)	Art. 87 (1)	
Vorschriftsmäßige Einreichung der Voranmeldung	Anmeldung, die zur Festlegung des Zeitpunkts ausreicht, an dem die Anmeldung in dem betreffenden Land hinterlegt worden ist, wobei das spätere Schicksal der ersten Anmeldung ohne Bedeutung ist.			119
	Art. 4A (2) (3)	Art. 8 (1) (2) a)*	Art. 87 (2) (3)	
Frist	12 M nach dem AT der ersten Anmeldung plus Feiertagsregelung			120
	Art. 4C (1) (2) (3)	Art. 8 (1) (2) a)*, 47 (1), R 80.5	Art. 87 (1), 120, R 134 (1)	
Erste Anmeldung	Eine jüngere Anmeldung, die denselben Gegenstand betrifft wie eine erste ältere in demselben oder für denselben Staat eingereichte Anmeldung gilt als erste Anmeldung, sofern diese ältere Anmeldung bis zur Einreichung der jüngeren Anmeldung zurückgenommen, fallen gelassen oder zurückgewiesen worden ist, und zwar bevor sie öffentlich ausgelegt worden ist und ohne dass Rechte bestehen geblieben sind (z.B. Teilfortsetzung RiLi F-VI, 2.4.4, Prio); ebenso wenig darf diese ältere Anmeldung schon Grundlage für die Inanspruchnahme der Prioritätsrechts gewesen sein. Die ältere Anmeldung kann in vorstehendem Fall (keine Veröffentlichung) nicht mehr als Grundlage für die Inanspruchnahme des Priorechts dienen.			121
	Art. 4C (4)	Art. 8 (1) (2) a)*	Art. 87 (4)	
Mehrere Prioritäten	Mehrere Prioritäten können in Anspruch genommen werden, selbst wenn sie aus verschiedenen Ländern stammen.			122
	Art. 4F	Art. 8 (1), R 4.10 (a)	Art. 88 (2)	
Gegenstände für die ein Prioritätsrecht entsteht	»Dieselbe Erfindung« bzw. Merkmalskombinationen, die in der Voranmeldung enthalten sind			123
	Art. 4F	Art. 8 (1) (2) a)*	Art. 88 (3)	
Offenbarung in der Voranmeldung	Es reicht, dass die Gesamtheit der Anmeldungsunterlagen der früheren Anmeldung die Merkmale der Erfindung, für die die Prio in Anspruch genommen wird, deutlich offenbart.			124
	Art. 4H	Art. 8 (1) (2) a)*	Art. 88 (4)	
Staat der Nachanmeldung		auch jener der Voranmeldung möglich***		125
		Art. 8 (2) (b)	Art. 87 (2)	
Inanspruchnahme	Erklärung über Zeitpunkt, Land und Aktenzeichen der Voranmeldung			126
	Art. 4D (1) (5)	Art. 8 (1) R 4.10 (a)	Art. 88 (1), R 52 (1)	
Prioritätsbeleg	Art. 4D (3)	Art. 8 (1), R 17.1	Art. 88, R 53	127

* i.V.m. der entsprechenden Regelung des PVÜ
** für europäische oder EURO-PCT-Anmeldungen nur bei AT ab dem 13.12.07 (Art. 87 (1) EPÜ 1973, ᗡG 2/02, ᗡG 3/02)
*** »innere Priorität«, bei PCT-Anmeldungen je nach nationalem Recht dieses Staates

Inhalt Kapitel J. Fristen

Fristenarten
Gesetzliche Fristen J.2
Amtsfristen J.3

Fristenberechnung
Fristberechnung J.5
Fristbeginn J.6
Fristberechnung für Wochen-/Monats-/Jahres-Fristen .... J.7 ff.
Dauer der Frist J.10
Fristauslösung J.11
Aufeinander folgende Fristen J.12
Zusammengesetze Fristen J.14
Nachfrist Jahresgebühr .... J.16 ff.

Verlängerung einer Frist
Fristverlängerung (auf Antrag) .... J.20 ff.
Fristverlängerung (automatisch) .... J.28 ff.

Einreichungsarten
Einreichung – Postweg oder direkt .... J.40 ff.
Einreichung – Elektronisch .... J.38 ff.
Einreichung – Online J.51
Einreichung – Telefax .... J.55 ff.

Gebührenzahlung
Gebührenzahlung .... J.66 ff.

Zustellung durch das EPA
Allgemeine Vorschriften .... J.75 f.
Übersicht Zustellungsarten .... J.77 ff.
Zustellung durch Postdienst .... J.85 ff.
Zustellung durch Einrichtungen zur elektronischen Nachrichtenübermittlung .... J.91 ff.
Zustellung durch EPA-Mailbox .... J.95 ff.
Zustellung durch Übergabe J.96
Zustellung durch öffentliche Bekanntgabe J.97
Zustellung an Vertreter .... J.98 f.
Heilung von Zustellungsmängel J.100
MyEPA Portfolio .... J.101 ff.

Aussetzen
Aussetzen des Verfahrens .... J.102 ff.

Unterbrechen
Unterbrechen des Verfahrens .... J.114 ff.

Fristenübersicht
Fristen ab Einreichung der ursp. Unterlagen ..... J.124 ff.
Fristen ab AT .... J.131 ff.
Priorität (Art. 87) .... J.136 ff.
Gebühren .... J.144 ff.
Teilanmeldung .... J.156 ff.
Weitere Fristen .... J.162 ff.
Fristen aus Mitteilungen, Mängel und Nachfristen .... J.175 ff.
Einspruchsverfahren .... J.180 ff.
Beschwerdeverfahren .... J.192 ff.

PCT Fristen
Fristberechnung J.201
Zeitzone J.202
Feiertagsregelung J.203
Fristbeginn .... J.204 f.
Fristende J.206
Fristverlängerung aufgrund Einreichungsproblemen (EPA als PCT-Behörde) J.207
Fristüberschreitung .... J.208 f.
Störungen im Postdienst .... J.211 ff.

Übersicht COVID-19
Verlängerung von Fristen bei allg. Unterbrechungen J.221
Verlängerung von Fristen zur Gebührenzahlung J.224
Aussetzung Zusatzgebühr für verspätet gezahlte JG J.226
Gebührenerhöhung J.227
Mündliche Verhandlungen vor den Prüfungs- und Einspruchsabteilungen J.228
Mündliche Verhandlungen vor den Beschwerdekammern J.229
Europäische Eignungsprüfung J.230

Fristen J.

Fristenarten
Art. 120, RiLi E-VIII, 1

Verfahrenshandlung	Rechtsnorm	Details
Gesetzliche Fristen	Art. 120 (1)	Im EPÜ festgelegte Fristen.
Amtsfristen	R 132 (1)	Vom EPA bestimmte Fristen.

Fristenberechnung
Art. 120, RiLi E-VIII, 1

Verfahrenshandlung	Rechtsnorm	Details
Fristberechnung	R 131 (1)	Die Fristen werden nach vollen Tagen, Wochen, Monaten oder Jahren berechnet.
Fristbeginn	R 131 (2)	**Fristbeginn** ist der Tag **nach** dem maßgeblichen fristauslösenden Ereignis, z. B. der Zugang eines Schriftstücks (↯**G 6/91**, »Empfangstheorie«).
Fristberechnung für Wochen-, Monats- und Jahresfrist	R 131 (3) - (5) RiLi E-VIII, 1.4 ↯J 14/86	Monate ohne entsprechenden Tag → Festsetzung der Frist auf Monatsende (31 Okt. → 1 M → 30 Nov.)
		Ausnahme nach ↯**J 4/91** bei der Nachfrist für Jahresgebühren nach R 51 (2), die immer am Monatsletzten abläuft. (»Ultimo-to-Ultimo« Prinzip für JG)
		Sonderfälle: siehe R 134 (J.28)
Dauer der Frist	R 132 (2) RiLi E-VIII, 1.2	**Amtsfristen**: - mindestens 2 M (geringfügige Mängel, Mitteilung der Rechtsabteilung: siehe RiLi E-VIII 1.2), - höchstens 4 M (sachliche Einwände RiLi E-VIII 1.2), - 6 M in Ausnahmefälle
Fristauslösung RiLi E-II, 2.2		Zustellung nach **R 125 (2), (3)** und **R 37** lösen Frist aus, Nachweis der Zustellung R 125 (4) ↯**G 12/91**: Verfahren ist abgeschlossen, wenn Entscheidung an die Poststelle des EPA zum Zwecke der Zustellung abgegeben ist.
Aufeinander folgende Fristen		Siehe aufgehobene **RAusk 5/93 rev., ABl. 1993, 229**

J. Fristen

13	**Fristenberechnung** (Fortsetzung) **Art. 120**, RiLi E-VIII, 1		
	Verfahrenshandlung	Rechtsnorm	Details
14	**Zusammen- gesetzte Fristen**		Bei einer zusammengesetzten Frist ist das fristauslösende Ereignis der Nachfrist das Fristende der Grundfrist. Für dieses Fristende gilt die Feiertagsregelung. **Beispiele**: 📖 S/S Art. 120 Rd 23 ff., einzige relevante Frist nach EPÜ 2000: **Art. 39 (1) PCT** iVm **R 51 (2) EPÜ** Nachfrist für JG für 3. Jahr bei Euro-PCT-Anmeldungen, wenn fällig, bevor 31 M Frist abgelaufen ist (**R 159 (1) g**). **Berechnung**: Grundfrist: 31 M, Nachfrist 6 M. Ende der Grundfrist feststellen, von diesem Datum aus Ende der Nachfrist bestimmen. (Feiertagsregelung für jeweiliges Frist**ende** beachten)
15			*[Diagramm: Zeitstrahl mit Fristauslösendes Ereignis → Fristdauer → Fristende der Grundfrist (R 134) = Fristauslösendes Ereignis der Nachfrist → Fristverlängerung → Verlängertes Fristende (R 134) → Letzter Tag zur Vornahme einer Handlung]*
16	**Nachfrist für Jahresgebühren**	Art. 86 R 51 (2)	Zahlung innerhalb von 6 M mit Zuschlag (50 % **Art. 2 (1) Nr. 5 GebO**)
17			Keine zusammengesetzte Frist, Fälligkeitstag ist immer der Monatsletzte (👉J 4/91).
18			**Sonderfall TA**: kein »Ultimo-to-Ultimo« Prinzip für bereits fällige JG, Fristauslösung ist Einreichung TA

Fristen J.

Verlängerung einer Frist RiLi E-VIII, 1.6			19
Verfahrenshandlung	Rechtsnorm, Rechtsprechung	Details	
Fristverlängerung auf Antrag	R 132 (2) S2	In besonderen Fällen kann die **Frist vor Ablauf** auf **Antrag verlängert** werden. Auf ursprüngliche Frist anzurechnen (siehe aufgehobene RAusk Nr. 5/93, rev. Nr. III, ABl. 4/93, 229)	20
	✺J 47/92	Keine Fristverlängerung bei Fristen, die im EPÜ oder der AO festgelegt sind.	21
	RiLi E-VIII, 1.6	• Bei Prüfungsbescheiden nach Art. 94 (3) sollte Anträgen auf Fristverlängerung auf insgesamt höchstens 6 M in der Regel stattgegeben werden - auch bei unbegründetem Antrag. • Die verlängerte Frist ist ab dem Beginn der ursprünglichen Frist zu berechnen. → Keine zusammengesetzte Frist, da die bisherige Frist durch eine neue Frist ersetzt wird. • Fristverlängerung muss **schriftlich** beantragt werden, ehe die festgesetzte Frist abgelaufen ist. • In Einspruchsverfahren sind Fristverlängerungen über 4 M nur in begründeten Ausnahmefällen vorgesehen. • Eine Anmeldung wird aus dem PACE Programm genommen, wenn der Anmelder eine Fristverlängerung beantragt (ABl. 2015, A93, A.4).	22
	✺J 37/89	**Ablehnung eines** rechtzeitigen **Fristverlängerungsgesuches** und des damit verbundenen eintretenden Rechtsverlustes kann nur durch einen Antrag auf WB behoben werden. Dabei kann der Anmelder die Rückzahlung der WB-Gebühr beantragen. Die Entscheidung über die Ablehnung des Rückzahlungsantrags kann je nach Fall entweder zusammen mit der Endentscheidung oder gesondert mit der Beschwerde angefochten werden.	23
	MdEPA, ABl. 2009, 533 RiLi E-VIII, 1,6	**Antrag** auf **längere Frist**, **nochmalige Fristverlängerung** oder Fristverlängerung von Fristen die standardmäßig 6 M betragen wird nur **ausnahmsweise** bei **überzeugender Begründung** stattgegeben (✺T 79/99, ✺J 12/07: Arbeitsüberlastung wird nicht anerkannt).	24
	RiLi C-V, 1.1	Frist von 4 M in **R 71 (3) ist nicht verlängerbar**. **Beschwerdeverfahren:** Fristverlängerung nach Ermessen der Kammer nach schriftlichem und begründetem Antrag ausnahmsweise möglich (Art. 12 (5) VerfOBK).	25
			26

309

J. Fristen

27	**Verlängerung einer Frist** (Fortsetzung)		
	Verfahrenshandlung	Rechtsnorm, Rechtsprechung	Details
28	**Automatische Fristverlängerung bei allgemeiner Unterbrechung** (kein Einzelfall) R 134 BdV vom 15.10.2014 (ABl. 2015, A17)	R 134 (1) RiLi E-VIII, 1.6.2.1	**Feiertagsregelung,** auch Priofrist nach **Art. 87** Läuft die Frist an einem Tag ab: - an dem eine Annahmestelle (München, Den Haag, Berlin) des EPAs nicht geöffnet ist, oder - an dem Post aus anderen Gründen als in R 134 (2) genannten Gründen nicht zugestellt wird, so erstreckt sich die Frist auf den nächstfolgenden Tag, an dem alle Annahmestellen zur Entgegennahme wieder geöffnet sind und an dem Post zugestellt wird.
28a		RiLi E-VIII, 1.6.2.3	**Anwendungsbereich der R 134** insbesondere: • Fristen für die Einreichung von Unterlagen • Frist nach R 37 (2) – Weiterleitung von Unterlagen • Priofrist nach Art. 87 (1) • Einspruchsfrist • Frist für den Eintritt in die Europäische Phase nach R 159 (1) • Fristen für die Zahlung von Gebühren, inkl. JG mit Zuschlag
29		RiLi A-X, 6.1	Feiertagsverlängerung wird auch bei Fristen für Zahlungen angewandt (↳J 1/81).
30		R 134 (1), S2 ABl. 2020, A120	R 134 (1) gilt auch, wenn vom EPA nach R 2 (1) bereitgestellte oder zugelassene **Einrichtung zur elektronischen Nachrichtenübermittlung** - für 4 Stunden oder länger wegen geplanter Wartung nicht verfügbar ist - bei ungeplanter Nichtverfügbarkeit → Kontaktieren der EPA Kundenbetreuung, zusätzlich kann Erklärung des EPA beantragt werden - bei Zahlung, wenn zul. Zahlungsweg nicht zur Verfügung steht → Verlängerung auf nächstfolgenden Tag, an dem Zahlungsweg wieder zur Verfügung steht (außer weniger als 4h und EPA hat sie mindestens 2 Werktage im Voraus angekündigt)
31		R 134 (2) RiLi E-VIII, 1.6.2.2	**Störung der Postzustellung,** auch bei **Art. 77 iVm R 37 (2)**, gilt für EPA in München, Berlin, Den Haag (nicht Wien oder Brüssel). Verlängerung nach R 134 (2) gilt für alle im EPÜ und PCT vorgesehenen Frist, einschließlich der vom Amt nach R 132 bestimmten, gilt nicht für Verfahrenshandlungen, die an eine bestimmte Bedingung (TA nach Art. 76) oder zu bestimmten Zeitpunkt (Einreichung vor mündl. Verhandlung nach R 116) vorzunehmen sind, wird automatisch ohne Antrag berücksichtigt.
32		COVID-19 ABl. 2020, A60, A74, A123	Störungen aufgrund des Ausbruchs von **COVID-19** Fristen, die am 15.03.2020 oder danach ablaufen, werden bis zum 02.06.2020 verlängert (nicht auf R 116 anwendbar, da keine Frist, sondern festgesetztes Datum). Gemäß Art. 150 (2) gilt dies auch für internationale Anmeldungen nach PCT.
33		R 134 (3)	R 134 (1) und (2) sind auch auf an Behörden eines VS nach Art. 75 (1) b) (Zentralbehörde für den gewerblichen Rechtsschutz oder bei anderen zuständigen Behörden eines VS, wenn das Recht dieses Staats es gestattet) oder Art. 75 (2) b) übersandte Schriftstücke zu übertragen.
34		R 134 (4)	**Naturkatastrophe** etc., durch die der Dienstbetrieb des EPA gestört und dadurch amtliche Benachrichtigungen über Fristabläufe verzögert werden. EPA teilt Wiederaufnahme des Betriebs im ABl. mit.

Fristen J.

Verlängerung einer Frist (Fortsetzung)		
Verfahrenshandlung	Rechtsnorm, Rechtsprechung	Details
Automatische Fristverlängerung bei allgemeiner Unterbrechung (Fortsetzung)	R 134 (5) RiLi E-VIII, 1.6.2.2	**Naturkatastrophe, Krieg, Störung der öffentlichen Ordnung, allgemeiner Ausfall einer nach R 2 (1) zugelassenen Einrichtung zur elektronischen Nachrichtenübermittelung**, etc. Schriftstücke gelten als rechtzeitig eingegangen, sofern - Störung den Ort des Sitzes oder Wohnsitzes Beteiligten oder seines Vertreters betrifft, - Störung an einem der letzten 10 Tage vor Fristablauf aufgetreten ist, - Die Übermittlung oder Zahlung innerhalb von 5 Tagen nach dem Ende der Störung vorgenommen wird (BdV vom 15.10.2014 (ABl. 2015, A17)), und - Betroffene Partei einen formalen Antrag nach R 134 (5) und Nachweise einreicht. Bisherige Störungen: - ABl. 2022, A26: Militärischen Aggression gegen die Ukraine - ABl. 2016, A31: Erdbeben in Japan und Ecuador, April 2016 - ABl. 2015, A62: DHL- und Poststreik in Deutschland, April bis Juli 2015 - ABl. 2015, A61 und ABl. 2019, A88: Bankenschließung und Verbot grenzüberschreitender Zahlungen in GR vom 28.06.2015 bis 15.10.2019, auch auf R 82quater.1 PCT anwendbar, jedoch nicht auf R 26bis.3 PCT (Wiederherstellung Priorecht) Gilt **analog für Fristen beim EPA**, die **intern. Anmeldungen betreffen** (R 82 PCT). **Ausnahme**: **Priofrist** → Wiederherstellung des Priorechts möglich (R 26bis.3 PCT).
	COVID-19	Störungen aufgrund des Ausbruchs von COVID-19 Auf nicht abgedeckte Fälle der Störung durch COVID-19 gemäß R 134 (2) bietet R 134 (5) eine Absicherung bei Fristversäumnissen. Verspätet eingegangenes Schriftstück gilt als rechtzeitig eingegangen, wenn Nachweis erbracht, dass an einem der letzten 10 Tage vor Ablauf der Frist es aufgrund des außerordentlichen Ereignisses nicht möglich war, die Frist einzuhalten und Versand spätestens am 5. Tag nach Ende der Störung vorgenommen wurde (ABl. 2020, A29, A60, A74, A123).
	℅ J 11/88	Ob eine Unterbrechung der Postzustellung oder eine daran anschließende Störung eine »allgemeine Unterbrechung« ist, wird vom EPA festgestellt. Alle Fristen, die während der Dauer einer »allgemeinen Unterbrechung« und einer daran anschließenden Störung der Postzustellung ablaufen, werden von Rechts wegen verlängert.

J. Fristen

39	🗐 Einreichungsarten		

40 Einreichung - Postweg oder direkt

	Verfahrenshandlung	Rechtsnorm, Rechtsprechung	Details
41	Verspäteter Zugang von Schriftstücken beim EPA	R 133 (1) RiLi E-VIII, 1.7 BdP vom 11.03.2015 (ABl. 2015, A29) BdV vom 15.10.2014 (ABl. 2015, A17)	Ein beim EPA verspätet eingehendes Schriftstück gilt als nach R 133 rechtzeitig eingegangen, wenn 1) es mind. 5 Tage vor Ablauf der maßgeblichen Frist bei einem anerkannten Postdiensteanbieter aufgegeben wurde (anerkannte Postbetreiber (»designated operators«) im Sinne des Art. 1 Weltpostvertrags, Chronopost, DHL, Federal Express, flexpress, TNT, SkyNet, UPS oder Transworld) und 2) es nicht später als 3 M nach Ablauf der Frist beim EPA eingeht und 3) es per Einschreiben oder in gleichwertiger Form versandt worden ist und 4) falls es außerhalb Europas aufgegeben wurde, per Luftpost versandt worden ist.
42			Nicht anwendbar bei Gebührenzahlung (Art. 7 GebO - 10-Tage Regel zur Zahlung, gilt auch für übermittelten Abbuchungsauftrag).
43			Rechtzeitige Aufgabe des Schriftstücks ist auf Verlangen des EPA durch Vorlage des Einschreibebelegs oder der Bestätigung des Übermittelungsdienstes nachzuweisen.
44		R 133 (2)	Dies gilt auch für an nationale Behörden eines VS nach Art. 75 (1) b) oder Art. 75 (2) b) übersandte Schriftstücke.
45			**R 133** anwendbar auf **Art. 87 (1)** (Prioritätsfrist) (RiLi E-VIII, 1.7).
46		↳T 517/97	Zeitpunkt der Zustellung kann ggf. (per Fax) exakt festgestellt werden, siehe Beschwerderücknahme iVm Beitritt am selben Tag: Beitritt am selben Tag; chronologische Reihenfolge nach Uhrzeit ausschlaggebend.
47	Einreichung bei nationalen Behörden	**MdEPA vom 02.07.1992, ABl. 1992, 306**: RiLi A-II, 3.2 Nach Einreichung einer Anmeldung bei einer nationalen Behörde muss diese das EPA gemäß R 35 (3) unverzüglich über den Eingang informieren (Tag des Eingangs, Nummer der Anmeldung, etc.); in der Praxis leitet die zuständige nationale Behörde die Anmeldung ans EPA weiter. Ab der Mitteilung nach **R 35 (4)** können weitere Schriftstücke, die ePA betreffen, ausschließlich beim EPA eingereicht werden.	

48 Einreichung - Elektronisch
RiLi A-II, 1.2.2, ABl. 2021, A42 - siehe 📄 A.107 ff.

	Verfahrenshandlung	Details
49	Anmeldungen	Elektronische Einreichung von Anmeldungen (ePA und PCT), ~~BdP v. 09.05.2018, ABl. 2018, A45~~; BdP v. 14.05.2021, ABl. 2021, A42.
50	Datenträger	Datenträger CD-R gemäß dem Standard ISO 9660, DVD-R oder DVD+R sind zugelassen (ABl. 2021, A42).
51	Online Einreichung	Elektronische Einreichung über • Online Einreichung (OLF) mittel vom EPA zur Verfügung gestellter Software (ABl. 2022, A70) • Online Einreichung 2.0 des EPAs • EPA Dienstes zur Web Einreichung BdP 09.05.2018, ABl. 2018, A45, siehe 📄 **A.109 ff.** • MyEPO Portfolio (siehe 📄 **J.101 ff.**, ABl. 2022, A51, A52)
52	E-Mail-Einreichung	RiLi A-II, 1.3: E-Mail-Einreichung ist zurzeit nicht zulässig. RiLi A-VIII, 2.5: Werden Rücksprachen oder mündliche Verhandlungen vor einer Prüfungsabteilung als Videokonferenz durchgeführt, so können Unterlagen gemäß R 50 auch per Mail nachgereicht werden
53	Diskette	Seit 01.01.2003 keine Einreichung mehr auf Diskette möglich (ABl. 2000, 458).

Fristen J.

📄 **Einreichungsarten** (Fortsetzung)		54

Einreichung - Telefax 📖 S/S Art. 78 Rd 12 ff. (Einreichung der Anmeldung) und Rd 77 ff. (Schriftstücke)		55
Verfahrens- handlung	Details	
BdP bzw. MdEPA vom 20.02.2019 (ABl. 2019, A18) Art. 78 R 2 R 35 R 50	**Europäische und PCT-Anmeldungen** können beim EPA und bei den nationalen Behörden, die es gestatten (siehe »NatR zum EPÜ« Tabelle II, Spalte 5 und RiLi A-II, 1.2; gegenwärtig sind dies AT, BG, CH, CZ, DE, DK, ES, FI, FR, GR, IE, IS, LI, LU, MC, NO, PL, PT, SM, SE, SI, SK, GB), mit Telefax eingereicht werden (nicht per Mail, MdEPA, ABl. 2000, 458), **siehe RiLi A-II, 1.2,** RiLi A-II, 1.2.1[19]	56
	Andere Schriftstücke mit Ausnahme von Urkunden, die im Original einzureichen sind, von Vollmachten und von Priounterlagen können ebenfalls per Fax eingereicht werden.	57
	Der Antrag auf Erteilung (nicht Anmeldungsunterlagen) ist zu unterzeichnen (R 41 (2) h); die bildliche Wiedergabe der Unterschrift gilt als Unterzeichnung.	58
	Bei **mitternachtsüberschreitendem Telefax** gilt nur der vor Mitternacht eingegangene Teil als am vorigen Tag eingegangen. Bei Anmeldungen kann der Anmelder wählen, ob er den früheren AT erhält und die nach Mitternacht eingegangenen Seiten nicht berücksichtigt werden, oder ob er für die vollständige Anmeldung den späteren AT erhält.	59
	BdP des EPA vom 20.02.2019 über die **Einreichung von Patentanmeldungen und anderen Unterlagen durch Telefax;** ABl. 2019, A18 (seit 01.04.2019): 1. Im EP-Verfahren Nachreichung von Unterlagen bei vorheriger Übermittlung per FAX nur auf Aufforderung (Art. 7 des obigen Beschlusses). Dann Frist von 2 M, sonst Zurückweisung (Art. 90 (5) iVm R 2 (1), WB (+), WE (−)). 2. Ist ein durch Telefax eingereichtes Schriftstück unleserlich oder unvollständig bzw. ist der Versuch, ein Schriftstück durch Telefax einzureichen, fehlgeschlagen, so gilt das Telefax als nicht eingegangen. Der Absender wird, soweit er ermittelt werden kann, unverzüglich benachrichtigt (Art. 6 des obigen Beschlusses) → »unverzüglich« bedeutet jedoch nicht »am gleichen Tag«. 3. Der ordnungsgemäße Empfang wird auf den dafür vorgesehenen Formblättern bestätigt. Auf Antrag bestätigt das EPA den Empfang der Unterlagen durch Telefax. Hierfür ist eine Verwaltungsgebühr (Art. 3 (1) GebO) zu entrichten. Wurde sofortige Bescheinigung des Empfangs durch Telefax beantragt, ist diese nur sichergestellt, wenn der Antrag und der Nachweis über die Entrichtung der Verwaltungsgebühr oder ein Abbuchungsauftrag beiliegt oder gleichzeitig eingereicht wird und die Telefaxnummer angegeben ist, an die die Empfangsbescheinigung gerichtet werden soll (Art. 8 des obigen Beschlusses). 4. Selbst bei »OK«-Vermerk im Sendebericht von Telefaxübermittlungen sind Übertragungsfehler technisch möglich → Art. 119, ↯T 580/06.	60
	Per **Fax** eingereichte Anmeldungen erhalten **AT** nach Art. 80 iVm R 40 EPÜ bzw. Art. 11 PCT.	61
	Telegramm, Fernschreiben, Telex erhalten nach 01.02.2005 keinen AT (Art. 80 EPÜ oder Art. 11 PCT)	62
R 92.4 PCT (ABl. 2007, SA 3, A.3)	PCT-Anmeldungen können per Telefax beim EPA eingereicht werden. Die formgerechten Anmeldungsunterlagen und der Antrag (Form PCT/RO/101) sind gleichzeitig per Post einzureichen. Auf dem Telefax sollte angegeben werden, dass die Anmeldungsunterlagen auf Papier gesondert eingereicht wurden.	63
	Andere Unterlagen: Nach Einreichung der ePA oder PCT-Anmeldung können Schriftstücke im Sinne von R 50 EPÜ oder R 92.4 PCT mit Ausnahme von Vollmachten und Priobelegen bei den Annahmestellen des EPA durch Telefax eingereicht werden.	64

J. Fristen

65 Gebührenzahlung
(R 133 ist **nicht** anwendbar) RiLi A-X

	Verfahrenshandlung	Rechtsnorm	Details
66	Gebühren-zahlung	Art. 7 (1) GebO	Als Tag des Eingangs der Zahlung beim Amt gilt der Tag, an dem der Betrag auf dem Konto des Amts tatsächlich gutgeschrieben wird.
67		Art. 7 (3) a) GebO	Eine Gebührenzahlung, die nach Art. 7 (1) oder (2) GebO nach Ablauf der Zahlungsfrist eingegangen ist, gilt als rechtzeitig entrichtet, wenn der Einzahler nachweist, dass er innerhalb der Zahlungsfrist in einem VS i) die Zahlung bei einer Bank oder einem Postinstitut (Wegfall der Zahlung per Überweisung auf Postscheckkonten des Amts oder per Scheck, s. ABl. 2007, S.489, 534) veranlasst hat oder ii) einen Überweisungsauftrag einem Bankinstitut formgerecht erteilt hat (siehe RiLi A-X, 6.2.1)
68			~~Die 10-Tage-Sicherheitsregel findet auf Zahlungen zur Auffüllung des laufenden Kontos entsprechende Anwendung. Hierbei gilt keine Feiertagsregelung, da keine Frist, sondern Fiktion der Rechtzeitigkeit.~~ Die Bedingungen, unter denen eine Zahlungsfrist als eingehalten gilt, selbst wenn der gezahlte Betrag nach Ablauf dieser Frist beim EPA eingeht, finden auf Zahlungen zur Auffüllung des **laufenden Kontos** entsprechende Anwendung. Für die Zwecke der Wahrung einer Frist zur Zahlung einer Gebühr gilt das Konto als rechtzeitig aufgefüllt, wenn der Einzahler nachweist, dass die unter RiLi A-X, 6.2.1 i) oder ii) (J.67) genannten Handlungen zur Auffüllung des laufenden Kontos vor Ablauf der betreffenden Zahlungsfrist vorgenommen wurden (siehe RiLi A-X, 6.2.2).
69		~~Art. 7 (3) b) GebO~~ Abl. 2020, A3	~~Eine **Zuschlagsgebühr** in Höhe von 10 % der Gebühr, höchstens jedoch 150 €, wird fällig, es sei denn, die Handlung nach **Art. 7 (3) a) i)** bis **ii) GebO** ist **spätestens 10 Tage** vor Ablauf der Zahlungsfrist vorgenommen worden.~~ ~~Hierbei gilt **keine Feiertagsregelung**, da keine Frist, sondern Fiktion der Rechtzeitigkeit.~~ Mit Gebührenänderung zum 01.04.2020 gestrichen (ABl. 2020, A3).
70		~~J 18/85~~	~~Die 10-Tagesregel gilt nicht im Vorfeld einer Umstellung der Gebühren (siehe **Art. 7 (4) GebO**).~~
71		Art. 7 (4) GebO	Falls erforderlich, setzt das Amt eine Frist zur Entrichtung der Zuschlagsgebühr oder zum Nachweis über die Vornahme einer Handlung nach Art. 7 (3) GebO. Bei Fristversäumnis gilt die Zahlungsfrist als versäumt.
72		Nr. 5.4.1 VLK Nr. 5.6.3 VLK	Ist ein Abbuchungsauftrag vom laufenden Konto beigefügt, so ist insbesondere bei einer Gebührenerhöhung der Tag des Eingangs bei der zuständigen nationalen Behörde maßgebend. Voraussetzung: Konto ist gedeckt (siehe R.282, R.288).
73		Nr. 5.2.2 VLK Nr. 5.2.3 VLK	Bei fehlender Deckung, Mitteilung per Fax/E-Mail. Zahlung gilt als erfolgt, sobald das Konto aufgefüllt worden ist. Art. 7 (3) und Art. 7 (4) GebO finden Anwendung – H.273 f

Fristen J.

Zustellung durch das EPA (z.B. iVm mündlicher Verhandlung R 111 (1), Mitteilung über Rechtsverlust ohne Entscheidung R 112 (1)) **Art. 119**, **R 125-130, R 2**, RiLi E-II, 2				74
Verfahrenshandlung	Rechtsnorm	Details		
Allgemeine Vorschriften	Art. 119	EPA stellt von Amts wegen alle Entscheidungen und Ladungen sowie die Bescheide und Mitteilungen zu (S/S Art. 119 Rd 5 ff.); z.B. Mitteilung über die Feststellung eines Rechtsverlusts R 112		75
	RiLi E-II, 2.2	**Zustellung bewirkt nach R 125 (2), (3)**		76
	Übersicht Zustellungsarten: Zustellung durch…			77
	R 125 (2) a) iVm R 126	Postdienste	J.85 ff.	78
	R 125 (2) b) iVm R 127	elektronische Nachrichtenübermittlung	J.91 ff.	79
	R 125 (2) c) iVm R 128	unmittelbare Übergabe	J.96	80
	R 125 (2) d) iVm R 129	öffentliche Bekanntmachung	J.97	81
	R 125 (3)	Zustellung durch Vermittlung einer Zentralbehörde		82
	R 130 (1)	an Vertreter	J.98	83
	Zustellungsarten			84
Zustellung durch Postdienst R 125 (2) a) RiLi E-II, 2.3	R 126 (1)	Seit 01.11.2019 (ABl. 2019, A31, A57): Alle Zustellungen durch Postdienste erfolgen mittels eingeschriebenen Briefs. Bis 31.10.2019 Entscheidungen, die eine Beschwerdefrist in Gang setzen und Ladungen werden mit eingeschriebenem Brief mit Rückschein zugestellt. Alle anderen Zustellungen per Postdienste mittels eingeschriebenen Briefs.		85
	R 126 (2)	**Zugangsfiktion** (S/S Art. 119 Rd 14 ff.) Ein Schriftstück gilt mit dem **10. Tag** (»10-Tages-Regel«) nach Abgabe an den Postdiensteanbieter als zugestellt. Ist das Schriftstück später zugegangen, so ist der Tag des tatsächlichen Zugangs fristauslösendes Ereignis. (R 126 (2), letzter Halbsatz: Nachweispflicht liegt beim EPA) (S/S Art. 119 Rd 15)		86
	R 126 (3)	**Annahmeverweigerung** eines eingeschriebenen Briefs zählt als Zustellung.		87
	R 126 (4)	Soweit die Zustellung durch Postdienste nicht geregelt ist, ist das Recht des Staats anzuwenden, in dem die Zustellung erfolgt.		88
		Diagramm: Zustellungsfiktion 10 Tage – Datum der Mitteilung → Gilt als zugestellt → Fristdauer → Fristende (R 134) → Letzter Tag zur Vornahme einer Handlung		89

315

J. Fristen

	Verfahrenshandlung	Rechtsnorm	Details
90			🗂 **Zustellungsarten** (Fortsetzung)
91	**Zustellung durch Einrichtungen zur elektr. Nachrichtenübermittlung** R 125 (2) b) RiLi E-II, 2.4 gültig seit 01.04.2015 (ABl. 2015 A28, A36) 📖 S/S Art. 119 Rd 21 ff.	R 127 (1)	Die Zustellung kann durch Einrichtungen zur elektronischen Nachrichtenübermittlung bewirkt werden, die der Präsident des Europäischen Patentamts unter Festlegung der Bedingungen für ihre Benutzung bestimmt. BdP vom 12.07.2007 (ABl. 2007, SA 3, A.3) BdV vom 15.10.2014 (ABl. 2015, A17) BdP vom 11.03.2015 (ABl. 2015, A28)
92		R 127 (2)	Ein elektronisches Dokument gilt mit dem **10. Tag** nach seiner Übermittlung als zugestellt. Ist das Schriftstück nicht oder später zugegangen, so ist der Tag des tatsächlichen Zugangs fristauslösendes Ereignis. Nachweispflicht liegt beim EPA 📖 S/S Art. 119 Rd 24
93			BdP vom 11.03.2015 (ABl. 2015, A28): Tag der Übermittlung, die die 10-Tages-Frist in Lauf setzt, entspricht dem Tag, auf den das Dokument datiert ist (auch wenn der Adressat vorher darauf Zugriff hat). Beispiele: ABl. 2015, A36, Nr. 3.2, 3.3
94	Zustellung per E-Mail bei mündlicher Verhandlung im Prüfungsverfahren (**Pilotprojekt endete am 31.8.2021, ABl. 2021, A67**) Nachfolge EPA-Mailbox 📄 J. 95		BdVP Generaldirektion Rechtsfragen, ABl. 2020, A89 und MdEPA vom 23.07.2020, ABl. 2020, A90 - Zustellung von Bescheiden und Mitteilungen in Bezug auf mündliche Verhandlungen der Prüfungsabteilung können **per E-Mail** zugestellt werden. - Nur für Bescheide und Mitteilungen, durch die keine Frist in Lauf gesetzt wird und die zwischen dem Zeitpunkt, bis zu der nach R 116 (1) Schriftsätze eingereicht werden und dem anberaumten Termin der mündlichen Verhandlung. - Beschränkt auf Bescheide und Mitteilungen, die gemäß Art 93 veröffentlicht wurden. - Anmelder können ihrerseits **Schriftsätze in Erwiderung per E-Mail einreichen**, um Rechtwirksamkeit der Eingabe zu erlangen ist nur die im Beschluss genannte zentrale E-Mail-Adresse zu verwenden, EPA bestätigt unverzüglich Empfang, es sind keine Papierunterlagen zur Bestätigung einzureichen. - Zunächst begrenzt auf den Zeitraum **01.09.2020 bis 31.08.2021**; gilt auch für Ladung zur mündlichen Verhandlung vor dem 01.09.2020, wenn Schriftsätze nach R 116 (1) bis 01.10.2020 oder später eingereicht werden können. - Zur Teilnahme ersucht Prüfungsabteilung den Anmelder zur Einwilligung; Einwilligung gilt als erteilt, wenn der Anmelder bis zum nach R 116 (1) festgelegten Tag eine E-Mail-Adresse für die Zustellung mitteilt, Angabe zweiter E-Mail-Adresse möglich für Kopie, z.B. zuständiger Mitarbeiter oder dessen Vertreter - Erfordernis für die Unterzeichnung und Format der vom Anmelder eingereichten Unterlagen sind in ABl. 2020, A71 festgelegt und gelten entsprechend: Unterschrift auf Unterlagen im Anhang oder in E-Mail, Name und Stellung muss eindeutig hervorgehen, PDF-Format als Anhang (WIPO-Standard für elektronische Einreichung), bei Mängeln der eingereichten Unterlagen telefonische Rücksprache, bei Nichtbehebung gelten Unterlagen als nicht eingereicht - Die Übermittlung der Bescheide/Mitteilungen gilt im Sinne der R 127 (2) als am Tag der Absendung erfolgt, es werden keine Papierexemplare parallel zugestellt, Anmelder ist aufgefordert, Empfang unverzüglich zu bestätigen, ohne Empfangsbetätigung innerhalb 24 h kontaktiert EPA Anmelder und stellt Bescheid/Mitteilung erneut zu. - Alle im Rahmen des Pilotprojekts per E-Mail zugestellten Bescheid/Mitteilungen sowie per E-Mail eingegangenen Schriftsätze werden der Akteneinsicht nach Art. 128 zugänglich gemacht, Vertraulichkeitsvermerk in E-Mails wird nicht als Antrag betrachtet, Unterlagen von der Akteneinsicht auszuschließen. Siehe auch 📄 D.128 ff

Fristen J.

📄 Zustellungsarten (Fortsetzung)

Verfahrenshandlung	Rechtsnorm	Details	
Zustellung durch EPA-Mailbox	ABl. 2020, A89	Das EPA startet zum 01.09.2020 ein Pilotprojekt zur Zustellung von allen von einer Prüfungsabteilung erlassenen Bescheiden sowie Mitteilungen in Bezug auf anberaumte mündliche Verhandlungen per E-Mail. Diese Möglichkeit besteht für solche Bescheide und Mitteilungen, durch die keine Frist in Lauf gesetzt wird. Übermittlung im Sine der R 127 (2) gilt als am Tag der Absendung der E-Mail erfolgt. Einwilligung zur Teilnahme notwendig. Laufzeit des Projekts bis 31.08.2021.	95
	ABl. 2020, A107	Mit Wirkung vom 01.12.2020 hat das EPA den Mailbox-Nutzern des Pilotprojekts die elektronische Zustellung einer Reihe von weiteren Mitteilungen erweitert. Den Nutzern wurden sämtliche Mitteilungen im Einspruchsverfahren elektronisch zugestellt; die einzige Ausnahme bildet die Übersendung der Patenturkunde, wenn das Patent in geändertem Umfang aufrechterhalten wird (R 87 in Verbindung mit R. 74).	95a
	ABl. 2021, A5	Ausweitung des Mailbox-Dienstes ab 01.02.2021 auf Rechtsanwälte und Anmelder mit Wohnsitz oder Sitz in einem EPÜ-VS. Anmeldung erforderlich. Ein elektronisches Dokument gilt, wie bei der postalischen Zustellung (R 126 (2)), mit dem zehnten Tag nach seiner Übermittlung an die Mailbox des Empfängers als zugestellt (R 127 (2)).	95b
	ABl. 2021, A37	Ab 01.06.2021 werden die BK beginnen, Unterlagen im Beschwerdeverfahren elektronisch über die EPA-Mailbox zuzustellen. Somit werden alle Mitteilungen, Ladungen und Entscheidungen zu Beschwerdeverfahren vor den Technischen Beschwerdekammern und der Juristischen Beschwerdekammer elektronisch über die Mailbox zugestellt, sofern der Empfänger diesen Dienst aktiviert hat.	95c
	ABl. 2021, A67	Das EPA nutzt die EPA-Mailbox für die Zustellung von fast allen Mitteilungen im Prüfungsverfahren, Einspruchsverfahren und Verfahren vor der Beschwerdekammer. Die Liste der Mitteilungen, die derzeit über die Mailbox zugänglich gemacht werden, kann auf der EPA-Website eingesehen werden: (www.epo.org/applying/online-services/mailbox/updates_de.html.). Neues Pilotprojekt für verschiedene Dienste angekündigt.	95d
Zustellung durch unmittelbare Übergabe R 125 (2) c)	R 128	Die Zustellung kann in den Dienstgebäuden des EPA durch unmittelbare Übergabe des Schriftstücks an den Empfänger bewirkt werden, der dabei den Empfang zu bescheinigen hat (siehe 📖 S/S Art. 119 Rd 26 ff.). Verweigerung zählt als Annahme (R 128, 2. Satz).	96
Zustellung durch öffentliche Bekanntmachung im Patentblatt R 125 (2) d)	R 129	Voraussetzung: keine Adresse bekannt oder zweimaliger erfolgloser Versuch der Zustellung (siehe 📖 S/S Art. 119 Rd 31-33). Einzelheiten zu R 129 (2): MdP vom 11.1.1980 (ABl. 1980, 36) BdP vom 12.7.2007 (ABl. 2007, SA 3, K.1): Dokument gilt 1 M nach VÖ im Patentblatt als zugestellt. BdV vom 15.10.2014 (ABl. 2015, A17)	97
Zustellung an Vertreter RiLi E-II, 2.5	R 130 (1)	Ist ein (zugelassener) Vertreter bestellt, so werden die Zustellungen an den Vertreter gerichtet. Eine an den Beteiligten gerichtete Zustellung ist unwirksam. (📖 S/S Art. 119 Rd 37: nicht erforderlich, dass Vollmacht beim Amt vorliegt).	98
	R 130 (2)	Bei mehreren Vertretern reicht Zustellung an einen Vertreter aus.	99

J. Fristen

	🗐 **Zustellungsarten** (Fortsetzung)		
	Verfahrenshandlung	Rechtsnorm	Details
100	**Heilung von Zustellungsmängeln** RiLi E-II, 2.6	R 125 (4)	Heilung von Zustellungsmängeln, beispielsweise durch Weitergabe an den Vertreter Heilung von Zustellungsmängeln, falls das Amt die formgerechte Zustellung eines Schriftstücks nicht nachweisen kann oder wenn Schriftstück unter Verletzung von Zustellungsvorschriften zugegangen ist. Schriftstück **gilt** an dem **Tag zugestellt**, an dem das **EPA** den **Zugang nachweist** (z.B. aufgrund Nachweises oder Datum im Antwortschreiben) (siehe 📖 S/S Art. 119 Rd 41 ff.). Maßgeblicher Zeitpunkt für Fristbeginn ist Tag, an dem bestellter Vertreter über das vollständige Schriftstück verfügen kann, Zustellung an Anmelder ist in diesem Fall unwirksam (↪T 703/92).
101	**MyEPO Portfolio**, Inkraft seit 1. Juni 2022 BdP vom 11. Mai 2022, ABl. 2022, A51 (Auszüge), siehe auch: MdEPA vom 11. Mai 2022, ABl. 2022, A52		
	Verfahrenshandlung		Details
101a	**Umfang** von MyEPO Portfolio Artikel 1, 3		MyEPO Portfolio bietet Zugang zu folgende Dienste: • Elektronische Zustellung über die Mailbox • Elektronische Einreichung • Akteneinsicht • Weitere Funktionen nach entsprechender Bekanntmachung
101b	**Nutzer und Verfügbarkeit für bestimmte Nutzerkategorien** Artikel 1, 2. + 4.		Für die Nutzung von MyEPO Portfolio ist Smartcard mit EPA ausgestellten Zertifikaten erforderlich. Die Verfügbarkeit der Funktionen kann auf bestimmte Nutzerkategorien beschränkt sein: • Elektronische Zustellung: Zugelassene Vertreter, nach Artikel 134 (8), vertretungsberechtigte Rechtsanwälte und Parteien mit Wohnsitz oder Sitz in einem EPÜ-Vertragsstaat • Elektronische Einreichung: europäische zugelassene Vertreter und Rechtsanwälte • Bei mehreren bestellte zugelassenen Vertreter hat nur der auf dem EPA-Formblatt 1001 bzw. 1200 zuerst genannte Vertreter Es ist für 2022 geplant die Mailbox für weitere Nutzergruppen, wie z.B. internationale Vertreter und außereuropäische Beteiligte, zur Verfügung zu stellen. (ABl. 2022, A52)
101c	**Elektronische Zustellung** Artikel 2		1. Die elektronische Zustellung nach Regel 127 EPÜ wird durch Übermittlung einer elektronischen Benachrichtigung an die Mailbox bewirkt. 2. Der Zugriff auf die Mailbox kann über MyEPO Portfolio oder über den bestehenden Mailbox-Dienst erfolgen. 3. BdP vom 11. März 2015 über das Pilotprojekt zur Einführung neuer Einrichtungen zur elektronischen Nachrichtenübermittlung für Verfahren vor dem EPA (ABl. EPA 2015, A28), insbesondere Artikel 5 und 9, ist auf die elektronische Zustellung über die Mailbox bei Zugriff über MyEPO Portfolio entsprechend anzuwenden. Eine Liste der elektronisch zugestellten Mitteilungen kann auf der EPA-Webseite eingesehen werden. (ABl. 2022, A52)
101d	**Elektronische Einreichung** Artikel 3		1. Nutzer können fristgerecht Verfahrenshandlungen in Erwiderung auf eine Mitteilung des EPA vornehmen (»Aufgaben«), Verfahrensanträge stellen (»Aktionen«) und Begleitunterlagen einreichen. Die Liste der anhängigen Aufgaben wird im Aufgabenmenü angezeigt und umfasst auch das jeweils letztmögliche Datum für deren Erledigung. 2. Begleitunterlagen sind im PDF- oder TIFF-Format einzureichen. Unterlagen im PDF- oder TIFF-Format müssen der Definition dieser Formate in den Verwaltungsvorschriften zum PCT, Teil 7 und Anlage F entsprechen. Die vorgenommene Verfahrenshandlung bzw. der gestellte Antrag wird in einem elektronischen Dokument festgehalten, das während des Übertragungsvorgangs automatisch generiert wird.

Fristen J.

MyEPO Portfolio (Fortsetzung)		
Verfahrenshandlung	Details	
Elektronische Einreichung (Fortsetzung) Artikel 3	3. Das in Absatz 3 genannte Dokument und alle Begleitunterlagen werden authentifiziert, wenn der angemeldete Nutzer die entsprechende Schaltfläche für die Authentifizierung und Übermittlung wählt. Die auf diese Weise authentifizierten Unterlagen erfüllen die rechtlichen Erfordernisse der Unterschrift. 4. Das in Absatz 3 genannte Dokument und alle Begleitunterlagen werden in die Akte aufgenommen und der Öffentlichkeit für die Akteneinsicht gemäß Artikel 128 zugänglich gemacht. 5. Nutzer von MyEPO Portfolio können folgende Handlungen vornehmen und Anträge stellen: • Erwiderung auf eine Mitteilung nach Regel 71 (3), einschließlich etwaiger Anträge auf Berichtigung bibliografischer Daten zu diesem Zeitpunkt • Antrag auf WB vor oder nach Erlass einer Mitteilung über den Rechtsverlust nach Ablauf der Frist für die Erwiderung auf eine Mitteilung nach Regel 71 (3) • Erwiderung auf Mitteilungen der Prüfungsabteilung in Bezug auf Anträge auf Berichtigung oder Änderung der in der Mitteilung nach Regel 71 (3) genannten bibliografischen Daten oder in Bezug auf mögliche Unstimmigkeiten in der auf die Mitteilung nach Regel 71 (3) hin eingereichten Übersetzung der Ansprüche 6. Weitere Aufgaben und Aktionen werden nach entsprechender Bekanntmachung auf der EPA-Website oder im Amtsblatt hinzugefügt. 7. Es können nur Unterlagen, Verfahrenshandlungen und Anträge eingereicht werden, die sich auf die Verfahren nach Absatz 6 beziehen bzw. nach Absatz 7 bekannt gemacht wurden. Andere Unterlagen, Verfahrenshandlungen oder Anträge gelten als nicht eingegangen. 8. Der Eingang von über MyEPO Portfolio eingereichten Unterlagen wird vom EPA nach erfolgreicher Übermittlung elektronisch bestätigt. Die Empfangsbescheinigung wird vom EPA während des Übertragungsvorgangs digital signiert bereitgestellt. 9. Die Vorschriften bezüglich der elektronischen Einreichung von Unterlagen gelten entsprechend für alle Einreichungen nach Absatz 1.	101e
Akteneinsicht in Anmeldungen und Patente Artikel 4	1. Die Unterlagen der elektronischen Akte europäischer Patentanmeldungen und erteilter Patente sowie internationaler Anmeldungen nach dem PCT, für die das Europäische Patentamt als Bestimmungsamt oder ausgewähltes Amt tätig wird, können über MyEPO Portfolio gemäß Artikel 128 (4) EPÜ eingesehen werden. 2. Die Akteneinsicht in unveröffentlichte europäische Patentanmeldungen ist gemäß Artikel 128 (1) auf den bestellten europäischen zugelassenen Vertreter bzw. Rechtsanwalt beschränkt.	101f

E-Mail-Benachrichtigungen Artikel 5	1. Nutzer können E-Mail-Benachrichtigungen aktivieren, um eine Benachrichtigung an eine von ihnen angegebene E-Mail-Adresse zu erhalten, wenn ein definiertes Ereignis eintritt.
	2. Die Benachrichtigung kann für die folgenden Ereignisse aktiviert werden:
	  a. Eingang eines neuen Dokuments in der Mailbox des Nutzers
	  b. Erstellung einer neuen Aufgabe für den Nutzer
	  c. Ablauf der Frist für die Ausführung einer Aufgabe in zwei Wochen
	3. E-Mail-Benachrichtigungen werden nur zur Information bereitgestellt und gelten nicht als elektronische Nachrichtenübermittlung nach Regel 127. Das Unterbleiben einer Benachrichtigung hat unabhängig vom Grund dafür keinerlei Auswirkung auf die relevante Zustellung oder Fristen. Nutzer können aus der Unterlassung einer Benachrichtigung keine Ansprüche herleiten.
		101g

Bestehende Verfahren Artikel 7	Die Bereitstellung von MyEPO Portfolio lässt die bestehenden Verfahren für die Einreichung von Unterlagen, elektronische Zustellung und Akteneinsicht unberührt. In MyEPO werden Links zu anderen Online-Diensten des EPA wie Online-Einreichung 2.0, Zentrale Gebührenzahlung und Web-Einreichung bereitgestellt. (ABl. 2022, A52)	101h

J. Fristen

	Aussetzung des Verfahrens RiLi E-VII, 2 und 3, S/S Art. 61 Rd 28 ff. (Siehe E. 81 für Einspruch)		
102	Verfahrenshandlung	Rechtsnorm	Details
103	**Aussetzung des Verfahrens**	R 14 (1)	Aussetzung von Amts wegen, wenn Dritter Verfahren gegen Anmelder wegen **Nichtberechtigung** (Art. 61, siehe M.84 ff.) nachweist, in dem ihm der Anspruch auf Erteilung zugesprochen werden soll, es sei denn, der Dritte stimmt der Fortsetzung (schriftlich) zu. Zustimmung ist unwiderruflich. Erteilungsverfahren kann **nicht vor der Veröffentlichung** ausgesetzt werden. Aussetzungsregeln sind für den Zweck auszulegen, die Rechtsposition Dritter zu sichern, d.h. »Verfahren« ist weit auszulegen. Aussetzung des Verfahrens erfolgt am Tag des Nachweises beim EPA.
104		R 14 (2)	Wird **EPA rechtskräftige Entscheidung** in dem Verfahren nachgewiesen, teilt EPA dem Anmelder und ggf. den Beteiligten mit, dass das Erteilungsverfahren von einem in der Mitteilung genannten Tag an fortgesetzt wird. Ausnahme: Neue ePA nach Art. 61 (1) b). Ist Entscheidung zugunsten des Dritten ergangen, wird das Verfahren erst 3 M nach Eintritt der Rechtskraft dieser Entscheidung fortgesetzt, es sei denn, der Dritte beantragt Fortsetzung des Erteilungsverfahrens.
105		R 14 (3)	EPA kann **Zeitpunkt** unabhängig vom Ausgang des Verfahrens festsetzen, an der das anhängige Verfahren fortgesetzt wird. Darüber erfolgt Mitteilung an Anmelder, Dritten und Beteiligte. Am festgesetzten Zeitpunkt kann Nachweis, dass noch keine rechtskräftige Entscheidung ergangen ist, die Fortsetzung des Verfahrens hemmen. Hier keine »Frist«, denn der Berechtigte ist nicht Verfahrensbeteiligter, sondern Dritter und kann deshalb schon keine Verfahrenshandlung (in einer Frist) vornehmen. Außerdem kann der Berechtigte auch nicht die Entscheidung des nationalen Gerichts selbst herbeiführen, d.h. die Verfahrenshandlung selbst auch nicht durchführen (Fristen Art. 120, Def. J 24/03; S/S Art. 61 Rd 40 ff.).
106		R 78	Für **Einspruchsverfahren** und während der Einspruchsfrist entsprechend R 14 (1). Die Aussetzung darf erst angeordnet werden, wenn Einspruchsabteilung Einspruch als zulässig erkannt hat.
107		R 14 (4)	Die **am Tag der Aussetzung laufenden Fristen** mit Ausnahme der Fristen zur Zahlung der JG werden durch die Aussetzung gehemmt (→ Dritter muss sich darüber informieren und sie selbst zahlen). Frist läuft bei Fortsetzung des Verfahrens weiter, mind. jedoch noch 2 M (einen Tag weniger, weil Frist am Tag nach Aussetzung weiterläuft).
108		R 15	Während der Aussetzung darf weder die **ePA noch die Benennung eines VS zurückgenommen** werden (Sicherung des zentralen Verfahrens, J 7/96).
109		Art. 61 R 16 R 17	**Neue Anmeldung** nach Art. 61 (1) b) iVm R 16: siehe M.92 ff.
110		Art. 97	**Zwischen Erteilungsbeschluss** nach **Art. 97 (1)** und Bekanntmachung des Hinweises auf Erteilung nach **Art. 97 (3)** ist ePA noch anhängig → **R 14** (Aussetzung) und Behebung von Fehlern möglich (**J 7/96**). Verfahren vor einem Gericht, das nicht einem VS des EPÜ angehört, sollten nach J 6/03 nicht anerkennungsfähig sein, J 36/97, J 10/02, Art. 9 (2) Anerkennungsprotokoll.
111		R 18	**Teilweiser Rechtsübergang** (Verweis auf **Art. 61**) und unterschiedliche Ansprüche für die VS (→ RiLi C-IX, 2.3).

Fristen J.

Aussetzung des Verfahrens (Fortsetzung)

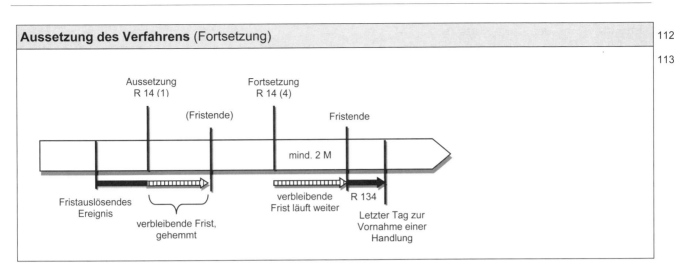

J. Fristen

114 Unterbrechung des Verfahrens
RiLi E-VII, 1; S/S Art. 120 Rd 65 ff. - betrifft nur Anmelder/Patentinhaber

	Verfahrenshandlung	Rechtsnorm	Details
115	**Unterbrechung des Verfahrens** RiLi E-VII, 1	R 142 (1)	Unterbrechung (auch Rückdatierung) des Verfahrens bei a) **Tod oder fehlende Geschäftsfähigkeit** des Anmelders/Patentinhabers oder einer Person, die Anmelder/Patentinhaber vertritt → Unterbrechung erfolgt automatisch von Amts wegen (rückwirkend), solange Vertretungsbefugnis eines nach Art. 134 bestellten Vertreters nicht betroffen ist, tritt Unterbrechung nur auf Antrag des Vertreters ein. b) **Konkurs, Zahlungsunfähigkeit, Vergleichsverfahren** (↳J 7/83) oder ähnliches Verfahren, das die Handlungsbefugnis des Anmelders/des Patentinhabers einschränkt c) **Tod des Vertreters bzw. Verlust dessen Geschäftsfähigkeit** oder Verfahren nach b) gegen Vertreter
116			Bei Geschäftsunfähigkeit Hemmung der Ausschlussfrist von einem Jahr nach Art. 122 iVm R 136 (1) (↳J 902/87).
117		R 142 (2)	Wird EPA bekannt, wer im Fall **R 142 (1) a) + b)** berechtigt ist, Verfahren fortzusetzen, erfolgt Mitteilung an diese Person bzw. übrige Beteiligten, dass nach zu bestimmender Frist Verfahren wiederaufgenommen wird. Ist EPA 3 Jahre nach Bekanntmachung der Unterbrechung im Europäischen Patentblatt berechtigte Person nicht bekannt geworden, kann Zeitpunkt festgesetzt werden, an dem Verfahren von Amts wegen wiederaufgenommen wird. Siehe zur Umsetzung auch MdEPA vom 29.05.2020, ABl. 2020, A76
118		R 142 (3)	Im Fall **R 142 (1) c)** wird Verfahren wiederaufgenommen, wenn dem EPA neuer Vertreter angezeigt wird. Hat EPA 3 M nach Beginn der Unterbrechung noch keine Anzeige über die Bestellung eines neuen Vertreters erhalten, erfolgt Mitteilung an Anmelder/Patentinhaber, a) dass im Fall des **Art. 133 (2)** die ePA als zurückgenommen gilt oder als widerrufen gilt, wenn Anzeige nicht innerhalb 2 M nach Zustellung der Mitteilung erfolgt (siehe hierzu Haupttabelle »Ablauf EP-Anmeldung/Patent«: Formalprüfung A.33 ff.), b) wenn **Art. 133 (2)** nicht vorliegt, dass das Verfahren am Tag der Zustellung der Mitteilung wieder aufgenommen wird.
119		R 142 (4) RiLi E-VII, 1.5	Die am Tag der Unterbrechung laufenden Fristen beginnen am Tag der Wiederaufnahme **von Neuem zu laufen** (einen Tag weniger, weil Frist am Tag nach Unterbrechung beginnt). **Ausnahmen**: - Frist zur Stellung **Prüfungsantrags** und **Zahlung JG** laufen mit Ende der Unterbrechung weiter (Frist für Prüfantrag mind. noch 2 M nach Tag der Wiederaufnahme - ↳J 7/83). - Fällt **Fälligkeitszeitpunkt für JG in Unterbrechungszeitraum**, sind JG rechtzeitig **zum Tag der Wiederaufnahme** zu zahlen (J 902/87, Nr. 3.6, RiLi E-VII, 1.5) – **zuschlagsfrei**. - Läuft bei Unterbrechung Frist zur Zahlung der JG mit Zuschlagsgebühr gemäß R 51 (2), wird diese ausgesetzt und beginnt mit Wiederaufnahme des Verfahrens für die verbleibende Zeit wieder zu laufen.
120		RiLi E-VII, 1.4	Mitteilungen und Entscheidungen des EPA, die während der Unterbrechungszeit zugegangen sind, sind als gegenstandslos zu betrachten und werden durch das jeweils zuständige Organ nach der Wiederaufnahme des Verfahrens erneut zugestellt.
121			Nicht von **R 142** abgedeckte Fälle: Höhere Gewalt (Brand etc.) → WB, WE Hilfsweise in jedem Fall WB oder WE beantragen. Rechtsabteilung ist zuständig für Entscheidungen über die Unterbrechung des Verfahrens (BdP vom 21.11.2013, ABl. 2013, 600, RiLi E-VII, 1.2)

Fristen J.

Unterbrechung des Verfahrens (Fortsetzung)

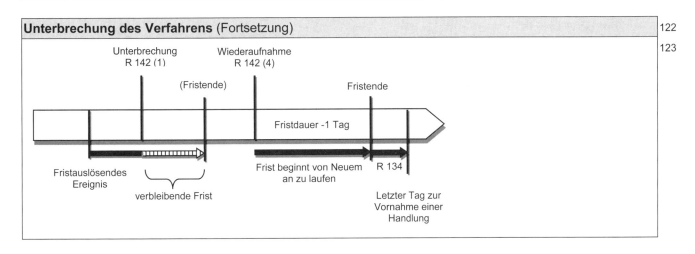

J. Fristen

124	**Fristenübersicht EPÜ**								
	Fristen ab Einreichung der ursprünglichen Unterlagen								
	Frist	Auslösendes Ereignis	Fristdauer	Nachfrist	Rechtsfolge	WB	WE	Rechtsnorm	RiLi	Details
125	**Einreichung Ansprüche**	Einreichung	unmittelbar	2 M$^{nv,+10\,T}$, Mitteilung R 58	Zurückweisung Art. 90 (5) S1 Beschwerde möglich Art. 106	(−)	(+)	R 57 c)	A-III, 15	A.59
126	**Identität des Anmelders**	Einreichung	unmittelbar	2 M^{nv}, keine Mitteilung	Kein AT Art. 90 (2)	(−)	(+)	R 40 (1) b)	A-II, 4.1.4	A.4
127	**Beglaubigte Abschrift Bezugnahme**	Einreichung	2 M^{nv}	2 M$^{nv,+10\,T}$, Mitteilung R 55	Kein AT Art. 90 (2)	(−)	(−)	R 40 (3) S1	A-II 4.1.4	A.20
128	**Übersetzung Abschrift Bezugnahme**	Einreichung	2 M^{nv}	2 M$^{nv,+10\,T}$, Mitteilung R 58	Zurückweisung Art. 90 (5) S1 Beschwerde möglich Art. 106	(−)	(+)	R 40 (3) S2	A-II 4.1.4	A.22
129	**Ausstellungsbescheinigung**	Einreichung (optional)	4 M^{nv}		Nicht unschädlich	(+)	(−)	R 25	A-IV, 3	A.221
130	**Hinterlegung biologisches Material**	Einreichung	unmittelbar	16 M ab AT/PT R 31 (1) c), d), ab Mitteilung Art. 128 1 M^{nv} oder mit Antrag nach Art. 93 (1), je nachdem welche Frist früher abläuft	Verstoß gegen Art. 83	(−)	(−)	R 31 (1)	A-IV, 4	A.210

131	**Fristenübersicht EPÜ**								
	Fristen ab AT								
132	**Übersetzung der Anmeldung**	AT	2 M^{nv}	2 M$^{nv,+10\,T}$, Mitteilung R 58	Gilt als zurückgenommen Art. 14 (2) S3	(−)	(+)	R 6 (1)	A-III, 14	A.47
133	**Einreichung fehlender Unterlagen**	AT	2 M^{nv}	2 M$^{nv,+10\,T,opt}$, Mitteilung R 56 (1)	Streichungsfiktion R 56 (1)	(−)	(+)	R 56 (2)	A-II, 5	A.8
134	**Erfindernennung**	AT oder frühester PT	2 M^{nv}	Spätestens bis AtVfVÖ ePA	Zurückweisung Art. 90 (5) S1 Beschwerde möglich Art. 106	(+)	(−)	R 60 (1)	A-III, 5	A.89 ff.
135	**Sequenzprotokoll**	AT Mitteilung R 30 (3) S1	2 M$^{nv,+10\,T}$		Zurückweisung R 30 (3) S2 Beschwerde möglich Art. 106	(+)	(−)	R 30 (3) 2	A-IV, 5	A.71 ff.

Fristen J.

Fristenübersicht EPÜ — Priorität (Art. 87)

Frist	Auslösendes Ereignis	Fristdauer	Nachfrist	Rechtsfolge	WB	WE	Rechtsnorm	RiLi	Details	
Prio-Frist	AT der früheren Anmeldung (PT)	12 M ^{nv}		Prio unwirksam	(−)	(+)	Art. 87 (1)	A-III, 6.1	I.29	137
Prio-Erklärung	frühester PT	16 M ^{nv}		Prioanspruch erlischt Art. 90 (5) S2	(−)	(+)	R 52 (2)	A-III, 6.5	I.30	138
Berichtigung Prio-Erklärung: AT oder Staat	nach frühestem beanspruchten PT	16 M ^{nv}, aber mindestens bis 4 M nach AT möglich		Prioanspruch erlischt Art. 90 (5) S2	(−)	(+)	R 52 (3)	A-III, 6.5.3	I.31	139
Berichtigung Prio-Erklärung: Aktenzeichen oder Abschrift fehlt	nach frühestem beanspruchten PT	16 M ^{nv}, aber mindestens bis 4 M nach AT möglich	zbF $^{v,+10\,T}$ Mitteilung R 59	Prioanspruch erlischt Art. 90 (5) S2	(−)	(+)	R 52 (3)	A-III, 6.5.3	I.31	140
Übersetzung Prio-Dokument	auf Aufforderung Mitteilung R 53 (3)	zbF, idR 4 M $^{v,+10\,T}$		Prioanspruch erlischt R 53 (3) S4	(+)	(−)	R 53 (3)	A-III, 6.8	I.43	141
Übersetzung Prio-Dokument im Einspruchsverfahren	auf Aufforderung Mitteilung R 53 (3)	zbF, idR 4 M $^{v,+10\,T}$		Prioanspruch erlischt R 53 (3) S4	(−)	(+)	R 53 (3)	A-III, 6.8.3	I.46	142
Kopie Rechercheergebnisse Prio-Anmeldung	unverzüglich mit Einreichung der Nachanmeldung oder sobald die Recherche vorliegt	unmittelbar	2 M $^{nv,+10\,T}$ Mitteilung R 70b (1)	Gilt als zurückgenommen R 70b (2)	(+)	(−)	R 141 (1)	A-III, 6.12 C-II, 5	A.87	143

325

J. Fristen

	Fristenübersicht EPÜ								
144					Gebühren				
	Frist	Auslösendes Ereignis	Fristdauer	Nachfrist	Rechtsfolge	WB	WE	Rechtsnorm	RiLi	Details
145	**Anmeldegebühr**	AT	1 M^{nv}		Gilt als zurückgenommen R 78 (2)	(+)	(−)	R 38 (1)	A-III, 13	📄 R.4
146	**Zusatzgebühr** (ab 36. Seite)	AT oder Einreichung des ersten Anspruchssatzes oder der Abschrift nach R 40 (3), je nachdem, welche Frist zuletzt abläuft	1 M^{nv}		Gilt als zurückgenommen R 78 (2)	(+)	(−)	R 38 (2), (3)	A-III, 13.2	📄 R.5 f.
147	**Anspruchsgebühr** (ab 16. Anspruch)	Einreichung des ersten Anspruchssatzes	1 M^{nv}	1 M$^{nv,+10\,T}$ Mitteilung R 45 (2)	Gilt als Verzicht auf Patentansp. R 45 (3)	(+)	(−)	R 45 (2) S1	A-III, 9	📄 R.10
148	**Recherchegebühr**	AT	1 M^{nv}		Gilt als zurückgenommen R 78 (2)	(+)	(−)	R 38 (1)	A-III, 13	📄 R.19
149	**Prüfungsgebühr**	Hinweis auf VÖ RB	6 M^{nv}		Gilt als zurückgenommen Art. 94 (2)	(+)	(−)	R 70 (1)	C-II, 1.2	📄 R.26
150	**Benennungsgebühr**	Hinweis auf VÖ RB	6 M^{nv}		Gilt als zurückgenommen R 39 (2)	(+)	(−)	R 39 (1)	A-III, 11.2	📄 R.32 ff.
151, 152	**Erstreckungs-/Validierungsgebühr** (optional)	Hinweis auf VÖ RB	6 M^{nv}	2 M^{nv,R134} nach Ablauf Grundfrist (oder zusammen mit Antrag auf WB wg nicht bezahlter Benennungsgebühr; 2 M$^{nv,+10\,T}$ nach Zugang Mitteilung R 112 (1))	Gilt als nicht benannt	(+) tlw mgl	(−)	Nationale Vorschriften	A-III, 12	📄 R.36 📄 R.37
153	**Gebühren nach R 71 (3)** (Erteilungs-, VÖ-, Anspruchsgeb.)	Mitteilung R 71 (3)	4 M$^{nv,+10\,T}$		Gilt als zurückgenommen R 71 (7)	(+)	(−)	R 71 (3)	C-V, 1	📄 R.45
154	**Jahresgebühren**	Frühestens zahlbar ab: 3. JGB: 6 M vor Fälligkeit alle weiteren JGB 3 M vor Fälligkeit	Ab 3. Jahr fällig: immer letzter Tag^{nv} des Monats des AT	6 M^{nv,R134} ab Fälligkeit JGB (»ultimo-to-ultimo«: letzter Tag des 6. Monats nach Fälligkeit)	Gilt als zurückgenommen Art. 86 (1)	(−)	(+)	R 51 (1)	A-X, 5.2.4	📄 R.49 ff.
155	**Nachzahlung Differenz** (Gebührenerhöhung)		2 M							

Fristen J.

Fristenübersicht EPÜ										156
Teilanmeldung										
Frist	Auslösendes Ereignis	Fristdauer	Nachfrist	Rechtsfolge	WB	WE	Rechtsnorm	RiLi	Details	
Übersetzung TA in Sprache der SA	Einreichung TA	2 M ^{nv}	2 M $^{nv,+10\,T}$ Mitteilung R 58	Gilt als zurückgenommen Art. 14 (2) S3	(−)	(+)	R 36 (2)	A-III, 14	📄 M.50	157
Anmelde- und Recherchegebühren	Einreichung TA	1 M ^{nv}		Gilt als zurückgenommen R 36 (3) S2	(+)	(−)	R 36 (3) 1	A-III, 13	📄 M.66	158
Benennungsgebühr	Hinweis auf VÖ des RB zur TA	6 M ^{nv}		Gilt als zurückgenommen R 36 (4) S2 iVm R 39 (2)	(+)	(−)	R 36 (4) 1	A-III, 11.2	📄 M.72	159
Erfindernennung	Mitteilung R 60 (2)	zbF, idR 4 M $^{v,+10\,T}$	Spätestens bis AtVfVÖ ePA	Zurückweisung Art. 90 (5) S1 Beschwerde möglich Art. 106	(+)	(−)	R 60 (2)	A-III 5	📄 A.89ff	160
Jahresgebühren JG fällig a) bis zur Einreichung der TA b) innerhalb 4 M nach Einreichung	Einreichung TA (keine automatische Fristverlängerung für AT der TA, kein ultimo-to-ultimo)	a) 4 M $^{nv,R\,134}$ b) 4 M $^{nv,R\,134}$	a) 6 M $^{nv,R\,134}$ ab Einreichung TA (kein ultimo-to-ultimo) b) gemäß R 51 (ultimo-to-ultimo)	Gilt als zurückgenommen Art. 86 (1)	(−)	(+)	R 51 (3)	A-IV, 1.4.3	📄 M.74ff	161

327

J. Fristen

162 Fristenübersicht EPÜ

Weitere Fristen

	Frist	Auslösendes Ereignis	Fristdauer	Nachfrist	Rechtsfolge	WB	WE	Rechtsnorm	RiLi	Details
163	**Weiterbehandlung**	Mitteilung über Fristversäumnis, Rechtsverlust R 112 (1)	2 M $^{nv,+10\,T}$		Rechtsfolge versäumte Frist	(−)	(+)	R 135 (1)	E-VIII, 2	📄 N.1 ff.
164	**Wiedereinsetzung**	a) Wegfall Hindernis b) Ablauf versäumte Frist	a) 2 M ^{nv}, b) spätestens 1 J (außer bei Prio-Frist)		Rechtsfolge versäumte Frist	(−)	(−)	R 136 (1)	E-VIII, 3	📄 N.43 ff.
165	**Antrag auf Entscheidung R 112 (2)**	Mitteilung R 112 (1)	2 M $^{nv,+10\,T}$		Gilt als nicht gestellt	(−)	(+)	R 112 (2)	E-VIII, 1.9.3	📄 F.60
166	**Handlungen nach R 71 (3)**	Mitteilung R 71 (3)	4 M $^{nv,+10\,T}$		Gilt als zurückgenommen R 71 (7)	(+)	(−)	R 71 (3)	C-V, 1	📄 A.377
167	**Ausstellung der Erfindung Art. 55 (opt.)**	vor AT (nicht PT)	4 M $^{nv,\cancel{R136}}$		Nicht unschädlich	(−)	(−)	Art. 55 (1)	G-V, 4	📄 A.220
168	**Übersetzung fristgebundenes Schriftstück**	Einreichung Schriftstück	1 M $^{nv,+10\,T}$		Gilt als nicht eingereicht Art. 14 (4) S3	(+)	(−)	R 6 (2)	A-VII, 3.2	📄 K.59
169	**Beantwortung EESR**	Hinweis auf VÖ RB	6 M ^{nv,}		Gilt als zurückgenommen R 70a (3)	(+)	(−)	R 70a (1), (2)	C-II, 1.1; 3.3	📄 A.259
170	**Beantwortung Prüfungsbescheid**	Zustellung Prüfungsbescheid	zbF $^{v,+10\,T}$		Gilt als zurückgenommen Art. 94 (4)	(+)	(−)	R 71 (1)	C-III, 4	📄 A.341 ff.
171	**Angabe Recherchegegenstand (R 62a)**	Mitteilung R 62a (1) S1	2 M $^{nv,+10\,T}$		Recherche für 1. Anspruch je Kategorie R 62a (1) S2	(−)	(+)	R 62a (1) S1	B-VIII, 4	📄 A.231
172	**Angabe Recherchegegenstand (R 63)**	Mitteilung R 63 (1)	2 M $^{nv,+10\,T}$		Teil-RB bzw. Erklärung R 63 (2) S1	(−)	(+)	R 63 (1)	B-VIII, 3.2	📄 A.235
173	**Zusatzgebühr mang. Einheitlichkeit**	Mitteilung R 64 (1) S2 und Teil-RB	2 M $^{nv,+10\,T}$		Keine Recherche	(−)	(+)	R 64 (1) S2	B-VII, 1.2	📄 A.241 ff.
174	**Unterschrift auf nachgereichtem Schriftstück**	Einreichung d. Schriftstücks	direkt	zbF, idR 2 M $^{v,+10\,T}$	Gilt als nicht eingereicht Art. 50 (3) S3	(+)	(−)	R 50 (3)	A-VIII, 3	📄 A.70

Fristen J.

Fristenübersicht EPÜ									
Fristen aus Mitteilungen, Mängel und Nachfristen									
Frist	Auslösendes Ereignis	Fristdauer	Nachfrist	Rechtsfolge	WB	WE	Rechts-norm	RiLi	Details
Mängel Eingangs-prüfung R 40	Mitteilung R 55	2 M $^{nv,+10\,T}$		Kein AT Art. 90 (2)	(−)	(+)	R 55 S1	A-II, 4.1.4	A.3, A.13
Mängel Formal-prüfung R 57	Mitteilung R 58	2 M $^{nv,+10\,T}$		Zurückweisung Art. 90 (5) S1 Beschwerde möglich Art. 106	(−)	(+)	R 58 S1	A-III, 16.2	A.33 ff.
Mängel Inanspruch-nahme Prio (Prio-Dokument oder AZ)	Mitteilung R 59	zbF, idR 2 M $^{v,+10\,T}$		Prioanspruch erlischt Art. 90 (5) S2	(−)	(+)	R 59	A-III, 6.5.2	A.81
Nachfrist Anspruchs-gebühr	Mitteilung R 45 (2)	1 M $^{nv,+10\,T}$		Gilt als Verzicht auf Patent-anspruch R 45 (3)	(+)	(−)	R 45 (2) S2	A-III, 9	A.29

175
176
177
178
179

329

J. Fristen

180 Fristenübersicht EPÜ

Einspruchsverfahren

	Frist	Auslösendes Ereignis	Fristdauer (Fristverlängerung, R 134)	Nachfrist	Rechtsfolge	WB	WE	Rechtsnorm	RiLi	Details
181	Einlegung Einspruch	Hinweis auf Patenterteilung	9 M ^{nv,}		Gilt als nicht eingereicht	(−)	(−)	Art. 99 (1) S1	D-III	📄 E.1 ff.
182	Einspruchsgebühr, Vollmacht (opt.), Bestätigungsschreiben Fax (opt.)	Hinweis auf Patenterteilung	9 M ^{nv,}		Gilt als nicht eingereicht	(−)	(−)	Art. 99 (1) S2	D-IV, 1.2.1 i), iii), iv)	📄 E.9
183	Übersetzung Einspruchsschrift (in eine Amtssprache)	a) Hinweis auf Patenterteilung b) Einreichung des Einspruchs	a) 9 M ^{nv,} b) 1 M ^{nv,}		Gilt als nicht eingereicht	(−)	(−)	R 6 (2) S3	D-IV, 1.2.1 ii)	📄 E.10 ff.
184	Unterschrift Einspruchsschrift	Hinweis auf Patenterteilung	9 M ^{nv,}	zbF, idR 2 M $^{v**,+10\,T}$ Mitteilung R 50 (3) S2	Gilt als nicht eingereicht	(−)	(−)	R 76 (3) iVm R 50 (3) S2	D-III, 3.4 D-IV, 1.2.1 ii)	📄 E.13
185	Mängel Einspruchsschrift R 77 (1)	Hinweis auf Patenterteilung	9 M ^{nv,}		Unzulässig R 77 (1)	(−)	(−)	R 77 (1)	D-IV, 1.2.1	📄 E.17 f.
186	Mängel Einspruchsschrift R 77 (2)	Hinweis auf Patenterteilung	9 M ^{nv,}	zbF, idR 2 M $^{v**,+10\,T}$ Mitteilung R 77 (2) S1	Unzulässig R 77 (2) S2	(−)	(−)	R 77 (2)	D-IV, 1.2.2	📄 E.20 ff.
187	Stellungnahme PI	Mitteilung R 79 (1)	4 M $^{v**,+10\,T}$	🔖 G 12/91*	Nicht berücksichtigt	(−)	(−)	R 79 (1)	D-IV, 5.2	📄 E.50
188	Stellungnahme Beteiligte	Mitteilung R 79 (1)	4 M $^{v**,+10\,T}$	🔖 G 12/91*	Nicht berücksichtigt	(−)	(−)	R 79 (1), R 81 (2)	D-IV, 5.2 D-VI, 3	📄 E.50
189	Ablehnung geänderte Fassung nach Mitteilung R 82 (1)	Mitteilung R 82 (1)	2 M $^{nv,+10\,T}$		Zwischenbescheid Beschwerde möglich	(−)	(+)	R 82 (1)	D-VI, 7.2.1	📄 E.56
190	VÖ Gebühr und Übersetzung geänderte Ansprüche	Mitteilung R 82 (2) S2	3 M $^{nv,+10\,T}$	2 M $^{nv,+10\,T}$ Mitteilung R 82 (3) S2	Zurückweisung Beschwerde möglich Art. 106	(−)	(+)	R 82 (2) S2	D-VI, 7.2.3	📄 L.59 📄 L.74 ff.

191 * 🔖 G 12/91: Eingaben und Anträge müssen bis Abgabe der Entscheidung an interne Poststelle berücksichtigt werden
→ Praxis: 3 T vor Datum auf Entscheidung

** Verlängerung nur in begründeten Ausnahmefällen möglich

Fristen J.

Fristenübersicht EPÜ — Beschwerdeverfahren

Frist	Auslösendes Ereignis	Fristdauer	Nachfrist	Rechtsfolge	WB	WE	Rechtsnorm	RiLi	Details	
Einlegung Beschwerde	Zustellung Entscheidung	2 M $^{nv,+10\,T}$		Unzulässig R 101 (1)	(−)	(+) PI (−) Einsprechende	Art. 108 S1		F.24	193
Beschwerdegebühr	Zustellung Entscheidung	2 M $^{nv,+10\,T}$		Unzulässig R 101 (1)	(−)	(+) PI (−) Einsprechende	Art. 108 S2		F.31	194
Beschwerdebegründung	Zustellung Entscheidung	4 M $^{nv,+10\,T}$		Unzulässig R 101 (1)	(−)	(+)	Art. 108 S3		F.34	195
Übersetzung Beschwerdeschrift (in Amtssprache)	a) Zustellung Entscheidung b) Einreichung der Beschwerde	a) 2 M $^{nv,+10\,T}$ b) 1 M ^{nv} je nachdem, welche Frist später abläuft		Unzulässig R 101 (1)	(−)	(+) PI (−) Einsprechende	R 6 (2) S3		F.30	196
Übersetzung Beschwerdebegründung (in Amtssprache)	a) Zustellung Entscheidung b) Einreichung der Beschwerdebegründung	a) 4 M $^{nv,+10\,T}$ b) 1 M ^{nv} je nachdem, welche Frist später abläuft		Unzulässig R 101 (1)	(−)	(+)	R 6 (2) S3		F.38	197
Mängel R 101 (1)	Zustellung Entscheidung	2 M ^{nv} bzw. 4 M ^{nv} (Art. 108)		Gilt als nicht eingereicht R 101 (1)	(−)	(+) PI (−) Einsprechende	R 101 (1)		F.24 ff.	198
Mängel R 101 (1) (R 99 (1) a))	Zustellung Entscheidung	2 M ^{nv} bzw. 4 M ^{nv} (Art. 108)	zbF, idR 2 M $^{v,+10\,T}$ Mitteilung R 101 (2) S1	Unzulässig R 101 (2) S2	(−)	(+) PI (−) Einsprechende	R 101 (2)		F.24 ff.	199

331

J. Fristen

200	**PCT-Fristen** Art. 47 (1) PCT, **R 80 PCT**, AG 11.062		
	Verfahrenshandlung	Rechtsnorm	Details
201	Fristberechnung	R 80.1 - R 80.3 PCT	In Jahren, Monaten und Tagen bestimmte Fristen.
202	Zeitzone	R 80.4 PCT	a) Das Anfangsdatum für die Berechnung einer Frist, ist das Datum, welches zur Zeit des Eintritts des maßgeblichen Ereignisses an diesem Ort galt. b) Das Datum, an dem eine Frist abläuft, ist das Datum, das an dem Ort gilt, an dem das angeforderte Schriftstück eingereicht oder die verlangte Gebühr eingezahlt werden muss.
203	Feiertagsregelung	R 80.5 PCT	Feiertagsregelung (gemäß → R 2.4 b) PCT auch auf Priofrist anwendbar.
204	Fristbeginn	R 80.6 PCT	• **Fristbeginn** grundsätzlich am (Absende-)Datum des fristauslösenden Schriftstücks, nicht am Tag des Eingangs. • Weist der Beteiligte nach, dass Schriftstück zu einem **späteren Datum** als angegeben **abgesandt** wurde, ist späteres Datum für Fristbeginn maßgeblich. • Geht Schriftstück später als **7 Tage nach Absendedatum** beim Beteiligten ein, verlängert sich die Frist um die Anzahl von Tagen, die diese 7 Tage überschreiten (sofern der Nachweis erbracht wird). (»Absendetheorie« beim PCT vs. »Empfangstheorie« beim EPA)
205	E-Mail-Empfang		Bei Zustellung per E-Mail ändert sich Fristbeginn nicht, es gelten weiterhin die Bestimmungen nach R. 80.6 PCT, Zustellung per E-Mail ist nur zusätzliche Serviceleistung, beantragt der Anmelder, Mitteilungen exklusiv nur per E-Mail zu erhalten, stellt das Datum des Versands der E-Mail den Fristbeginn dar, in diesem Fall obliegt die Verantwortung des E-Mail-Empfangs beim Anmelder (AG 5.029)
206	Fristende	R 80.7 PCT	Fristende mit Dienstschluss, bei WIPO 18.00 Uhr, wegen Nachbriefkasten bei EPA und DPMA nach R 80.7 b) PCT Fristende 24.00 Uhr
207	Fristverlängerung	R 89bis PCT	Das EPA stellt als AA, ISA, SISA und IPEA Einrichtungen zur elektronischen Einreichung von Schriftstücken in der internationalen Phase zur Verfügung. Ist eine dieser Einrichtungen nicht verfügbar (z.B. Wartung), so gilt **Fristverlängerung** nach R 134 (1) iVm Art. 150 (2), d.h. Frist verschiebt sich auf den nächsten Tag. - ABl. 2018, A25, Nr. 6
208	Fristüberschreitung	Art. 48 (2) PCT	Fristüberschreitung ist entschuldigt, wenn nach nat. Recht zugelassen, z.B. Störungen im Postdienst. (Art. 2 x) PCT: EPÜ entspricht nat. Recht)
209		Art. 48 (2) b) PCT R 82bis.2 PCT	WE/WB sowie Fristverlängerungen oder Entschuldigungen der Fristüberschreitung beim EPA

Fristen J.

Fristen im PCT (Fortsetzung)			
Verfahrenshandlung	Rechtsnorm	Details	210
Störungen im Postdienst	R 82.1 a), b) PCT	**Rechtzeitige Aufgabe** eines **Schriftstücks** Ist ein Schriftstück nachweislich **5 Tage vor Ablauf** der Frist <ul><li>durch Luftpost oder</li><li>durch Post per Einschreiben, sofern die normale Beförderungszeit idR höchstens 2 Tage beträgt oder wenn kein Luftpostdienst besteht,</li></ul> abgesandt worden, so ist <ul><li>eine Verzögerung der Zustellung entschuldigt, beziehungsweise</li><li>ein Ersatz zu gestatten, sofern der Nachweis erbracht wird, dass der Ersatz dem ursprünglichen Schreiben entspricht.</li></ul>	211
	R 82.1 c) PCT	Regelung verweist auf a)+b): **Absendung Schriftstück 5 Tage vor Ablauf Frist** Der **Nachweis** der **rechtzeitigen Absendung** und ggf. der Übereinstimmung des Ersatzes mit dem ursprünglichen Schreiben (sowie die Übersendung des Ersatzes) hat innerhalb **1 M** nachdem der Beteiligte die Verzögerung oder den Verlust bemerkt hat oder hätte bemerken müssen, zu erfolgen, **spätestens** jedoch **6 M nach Ablauf** der jeweiligen **Frist**.	212
	R 82.1 d) PCT	Nationales Recht für andere Übermittlungsdienste (z. B. EPÜ-Regelungen: allg. anerkannte Postdiensteanbieter (Post, DHL, Federal Express, etc.) → R 133 (1) EPÜ, BdP vom 31.03.2003, ABl.2003, 283 zur Anwendung von R 133 (1) EPÜ über den verspäteten Zugang von Schriftstücken, s. Euro-PCT- Leitfaden, Kapitel 2.2.020)	213
Höhere Gewalt (Force Majeure)	R 82 quater.1 PCT	a) **Unterbrechung** des **Postdienstes** wegen Epidemien, **Katastrophen** oder ähnlichem (auch **Ausfall elektr. Kommunikationsdienst**, wenn Ausfall größere geogr. Gebiete oder viele Personen betrifft), Anbieten Beweis; betrifft nur Fristen, die in AO gegenüber AA, (S)ISA, IPEA, IB festgesetzt sind, d.h. nicht Prio oder Art. 22 bzw. Art. 39 (siehe auch R 82quater.1 c)) b) **Nachweis spätestens 6 M** nach **Ablauf** der **Frist** an das Amt, Behörde oder IB (siehe a)); Antrag und Beweis nötig, bei Erfolg Anerkennung durch alle Bestimmungsämter und ausgewählte Ämter z.B.: April bis Mai 2015 POST, DHL ABl. 2015, A62	214
	COVID-19	Auf nicht abgedeckte Fälle der Störung durch COVID-19 gemäß R 134 (2) bietet R 82quater.1 PCT eine Entschuldigung der Fristüberschreitung. Fristüberschreitung entschuldigt, wenn glaubhaft nachgewiesen wird, dass Überschreitung auf Naturkatastrophe/etc. am Sitz/Ort zurückzuführen ist und dass maßgebliche Handlung spätestens 6 M nach Ablauf der Frist vorgenommen worden ist. Anwendbar bei anhängigen int. Anm. in der int. Phase. Nicht jedoch auf die Priofrist (siehe J.217). - ABl. 2020, A29, A60, A74, A123	215
Nichtverfügbarkeit elektronischem Kommunikationsmittel im Amt	R 82 quater.2 PCT	a) Nationales Amt oder zwischenstaatliche Organisation kann eine Überschreitung einer in der AO festgesetzten Frist zur Vornahme einer Handlung aufgrund der Nichtverfügbarkeit eines der dort zugelassenen elektronischen Kommunikationsmittel entschuldigen, wenn betreffende Handlung am darauffolgenden Werktag vorgenommen werde, an dem diese elektronischer Kommunikationsmittel wieder zur Verfügung stehe. Amt/Organisation veröffentlichen Nichtverfügbarkeit und Zeitraum. b) Entschuldigung der Fristüberschreitung nach a) muss vom Bestimmungsamt oder ausgewähltem Amt nicht berücksichtigt werden, wenn Handlungen nach Art. 22 oder 39 vor diesem Amt bereits vorgenommen worden sind.	216
Allgemeine Störung	R 82 quater.3 PCT	AA, (S)ISA und IB können Verlängerungszeitraum für Fristen festlegen, innerhalb Beteiligter Handlungen vornehmen kann, falls am Sitzstaat eine allg. Störung nach R 82quater.1 a) PCT auftritt. Verlängerungszeitraum darf nicht länger als 2 M betragen (ab 01.07.2022)	216a
Priofrist		**R 82** und **R 82quater** PCT sind **nicht** auf **Priofristen anwendbar**, da nur in Bezug auf im PCT festgelegten Fristen anwendbar – Euro-PCT-Leitfaden 2.2.021, ABl. 2010, 351 Stattdessen Widerherstellung beim AA über R 26bis.3	217
	R 26bis.1 c) PCT	Bei **Änderung** des **Priodatums** berechnen sich alle nicht **abgelaufenen Fristen** nach dem **neuen Priodatum**.	218
Regelung zu Zahlungstag		Keine Regelung zu Zahlungstag, GebO des EPÜ ist anzuwenden.	219

J. Fristen

	Verfahrenshandlung	Rechtsnorm	Details
220	**Übersicht - Auswirkung des COVID-19 Ausbruchs** https://www.epo.org/news-events/covid-19_de.html		
221	**Verlängerung von Fristen bei allg. Unterbrechung** **Störungen im Postdienst**	R 134 (2) J.32	MdEPA v. 01.05.2020, ABl. 2020, A60 und MdEPA vom 27.05.2020, ABl. 2020, A74, MdEPA v. 10.11.2020, ABl. 2020, A123 COVID-19 bedingte Störungen gelten als allgemeine Störung im Sinne des R 134 (2). Fristen, die am 15.03.2020 oder danach ablaufen, werden für alle Verfahrensbeteiligten (Grund: Einschränkung in DE als Sitzstaat des EPA) bis zum 02.06.2020 verlängert (nicht auf R 116 anwendbar, da keine Frist, sondern festgesetztes Datum). Gemäß Art. 150 (2) gilt dies auch für internationale Anmeldungen nach PCT. ABl. 2020, A29, A60, A74
222		R 134 (5) J.37	MdEPA v. 01.05.2020, ABl. 2020, A60 und MdEPA vom 27.05.2020, ABl. 2020, A74, MdEPA v. 10.11.2020, ABl. 2020, A123 R 134 (5) bietet eine Absicherung bei Fristversäumnissen infolge einer durch ein außerordentliches Ereignis verursachten Störung der Zustellung oder Übermittlung der Post mit Wirkung für den Sitz oder Wohnsitz oder den Ort der Geschäftstätigkeit eines Anmelders oder Beteiligten oder seines Vertreters. Auf Fälle anwendbar, in denen die Fristversäumnis auf außerordentliche Umstände zurückzuführen ist, die der Anmelder nicht zu vertreten hat; kann daher von allen Anmeldern, Verfahrensbeteiligten oder deren Vertretern geltend gemacht werden, die durch die Störung in den vom Ausbruch betroffenen Gebieten beeinträchtigt sind. Verspätet eingegangenes Schriftstück gilt als rechtzeitig eingegangen, wenn Nachweis erbracht, dass an einem der letzten 10 Tage vor Ablauf der Frist es aufgrund des außerordentlichen Ereignisses nicht möglich war, die Frist einzuhalten und Versand spätestens am 5. Tag nach Ende der Störung vorgenommen wurde.
223		R 82 quater.1 PCT J.214	Auf nicht abgedeckte Fälle der Störung durch COVID-19 gemäß R 134 (2) bietet R 82quater.1 PCT eine Entschuldigung der Fristüberschreitung. Fristüberschreitung entschuldigt, wenn glaubhaft nachgewiesen wird, dass Überschreitung auf Naturkatastrophe/etc. am Sitz/Ort zurückzuführen ist und dass maßgebliche Handlung spätestens 6 M nach Ablauf der Frist vorgenommen worden ist. Anwendbar bei anhängigen int. Anm. in der int. Phase, nicht jedoch auf die Priofrist (siehe J.217). ABl. 2020, A60, A74, A.123
224	**Verlängerung von Fristen zur Gebührenzahlung**	ABl. 2020, A38, A60, A74 R 134 (1) R.62 ff.	Die Absicherungen nach R 134 EPÜ und R 82quater.1 PCT gelten uneingeschränkt für Zahlungen per Banküberweisung und Kreditkarte (siehe Nr. 14 der MdEPA v. 22.08.2017 über die Zahlung von Gebühren per Kreditkarte, ABl. 2020, A63). Für Zahlungen per Abbuchungsauftrag enthält Nummer 5.5 der VLK (siehe ABl. 2019, Zusatzpublikation 4) Bestimmungen zu bestimmten Sonderfällen ähnlich wie in R 134 vorgesehen (R.243 f.). R 134 (2) ist entsprechend anzuwenden. R 134 ist auf den Fälligkeitstag einer Gebührenzahlung nach R 51 anzuwenden, auch wenn ein Fälligkeitstag keine Frist ist, die sich verlängern kann (J 4/91, ABl. 1992, 402). Infolgedessen verschiebt sich der Fälligkeitstag für am 31.03.2020 fällige JGB auf den 02.06.2020 (R 134 (1)).

Fristen J.

Auswirkung des COVID-19 Ausbruchs (Fortsetzung)			225
Verfahrenshandlung	Rechtsnorm	Details	
Aussetzung Zusatzgebühr für verspätet gezahlte JG	Art. 2 (1) Nr. 5 GebO R 51 (2) ABl. 2020, A70, A75 📄 R.62 f. 📄 R.71	BdV v. 28.05.2020 (ABl. EPA 2020, A70): Anwendung von Regel 51 (2) betreffend die Zuschlagsgebühr nach Art. 2 (1) Nr. 5 GebO für die verspätete Zahlung von JGB wird vom 01.06.2020 bis zum 31.08.2020 ausgesetzt. Gilt auch für JGB für eine TA, die am oder nach dem 15.03.2020 eingereicht wurde, da nach R 51 (3) Satz 1 der Tag der Einreichung auch der Fälligkeitstag für die Zahlung von JGB ist. Für diese TA können JGB bis zum 31.08.2020 ohne Zuschlagsgebühr gezahlt werden, auch wenn sie nicht innerhalb von 4M ab dem AT gezahlt werden. Endet die ab dem AT berechnete 6 M-Frist nach R 51 (2) nach dem 31.08.2020 und wird die Zahlung nicht spätestens bis zu diesem Tag vorgenommen, so kann die JGB unter Entrichtung einer Zuschlagsgebühr noch bis zum Ablauf der Frist nach R 51 (2) wirksam gezahlt werden.	226
Gebührenerhöhung	ABl. 2020, A38 Nr. 7 📄 R.221	Für am oder nach dem 01.04.2020 veranlasste Zahlungen, die am oder vor dem 31.03.20 fällig werden oder deren Zahlungsfrist an diesem Tag abläuft gelten die mit Beschluss vom 12.12.2019 neu festgesetzten Gebührenbeträge nicht.	227
Mündliche Verhandlungen vor den Prüfungs- und Einspruchsabteilungen	Art. 113 Art. 116 ABl. 2020, A40	**Mündliche Verhandlungen** vor **Prüfungsabteilungen** sind als **Videokonferenz** durchzuführen (ABl. 2020, A39; ABl. 2020, A40). **Alle bis 31.12.2020 anberaumten mündlichen Verhandlungen** im **Einspruchsverfahren** werden **bis auf Weiteres verschoben**, es sei denn, die Durchführung als Videokonferenz wurde bereits bestätigt. Das EPA beabsichtigt, bei mündlichen Verhandlungen im Einspruchsverfahren, die am oder nach dem 04.01.2021 angesetzt sind, an der Durchführung in den Räumlichkeiten des EPA festzuhalten. **Pilotprojekt** zur Durchführung **mündlicher Verhandlungen** vor Einspruchsabteilungen als **Videokonferenz**: ABl. 2020, A41 Zu Videokonferenz siehe 📄 D.118 Zur Einreichung von Unterlagen per E-Mail siehe 📄 D.131, 📄 D.126	228
Mündliche Verhandlungen vor den Beschwerdekammern	ABl. 2020, A103	Mitteilung des Präsidenten der Beschwerdekammern vom 01.08.2020 betreffend die mündlichen Verhandlungen vor den Beschwerdekammern in den Räumlichkeiten in Haar sowie im Isargebäude in München während der Coronavirus-Pandemie (COVID-19). - Änderung/Verlegung der Räumlichkeit ohne Ankündigung möglich - Max. 2 Personen pro Partei Anzahl der teilnehmenden Mitglieder der Öffentlichkeit ist begrenzt	229
Europäische Eignungsprüfung	Mitteilung des Aufsichtsrats der EQE vom 20.04.2020 siehe 📄 S.18 f.	Artikel 1: **2020** findet **keine europäische Eignungsprüfung** statt (weder **Vorprüfung** noch **Hauptprüfung** bestehend aus den Aufgaben A, B, C und D). Artikel 2: In Anbetracht der derzeitigen außergewöhnlichen Umstände kann sich auf Wunsch jeder zur Hauptprüfung 2021 anmelden, sofern die in Art. 11 VEP genannten Bedingungen erfüllt sind. Artikel 3: **Bewerber**, die sich für die **Hauptprüfungsaufgaben 2020 angemeldet** hatten, **gelten** als für **dieselben Aufgaben 2021 angemeldet**. Die entsprechenden **Gebühren werden** auf 2021 **übertragen**. Die Bewerber können sich für **zusätzliche Prüfungsaufgaben anmelden**, sofern sie die entsprechenden Gebühren entrichten. Den Bewerbern wird eine **Frist** eingeräumt, innerhalb derer sie von der Prüfung oder von bestimmten Aufgaben **zurücktreten** können; in diesem Fall werden die entsprechenden Gebühren erstattet. Artikel 4: Nur für die **Hauptprüfung 2021** werden die **Antworten** der Bewerber entweder auf der **Grundlage** der **Rechtstexte** und **Dokumentenfassungen** benotet, die am **31.10.2019** in Kraft waren, **oder** auf der Grundlage derjenigen, die am **31.10.2020** in Kraft sein werden, **je nachdem**, bei **welcher** der beiden **Fassungen** der Bewerber die **höhere Punktezahl** erreicht.	230

Inhalt Kapitel K. Sprachen

Sprache
Sprachen des EPA, der ePA und anderer Schriftstücke... K.2 ff.
Sprache der TA oder einer neuen Anmeldung gemäß
Art. 61 (1) b) .... K.7 ff.
Unterschiedliche Sprache der Beschreibung und des
wenigstens einen Anspruchs K.10

Einreichung von Übersetzungen
Anmeldung K.12
Anmeldung mit Bezugnahme nach R 40 .... K.13
Teilanmeldung nach Art. 76 .... K.14
Neue Anmeldung nach Art. 61 (1) b) K.15

Beglaubigung von Übersetzungen
Amtsseitige Zweifel zum Inhalt K.17

Gebührenermäßigung
Voraussetzungen zur Gebührenermäßigung .... K.21 ff.

Verfahrenssprache
Verfahrenssprache .... K.32 ff.
Verfahrenssprache PCT Anmeldung K.37
Wahl der Verfahrenssprache .... K.38 ff.

Sprache im schriftlichen Verfahren
Vorgeschriebene Sprache im schriftlichen Verfahren ...... K.45 ff.
Abweichungen von Verfahrenssprache .... K.51 ff.

Sprache im mündlichen Verfahren
Sprache im mündlichen Verfahren (siehe D
»Mündliche Verhandlung«) K.56

Übersetzung des Priodokuments
Sprache des Priodokuments (wenn keine
EP-Amtssprache) K.58

Einreichung von Übersetzungen
Übersetzung fristgebundener Schriftstücke K.60
Übersetzungen von Beweismittel .... K.61 ff.

Beispiele für Amtssprachen
Beispiele für Amtssprachen .... K.65 ff.

Veröffentlichungssprache
Veröffentlichungssprache ePA K.74
Veröffentlichungssprache eP K.75

Rechtliche Bedeutung von Übersetzungen
Rechtliche Bedeutung der Übersetzung der
Anmeldung K.77
Verbindliche Fassung einer ePA oder eines eP .... K.78 ff.

Zulässigkeit der Änderungen der Übersetzung
Änderung der Übersetzung K.83

Sprache bei PCT-Anmeldungen mit Bezug zum EPA
EPA als AA K.85
EPA als Bestimmungsamt oder ausgewähltes
Amt (Euro-PCT) .... K.86 f.

Übersetzung der Ansprüche bei Erteilung, im Einspruchs- oder Beschränkungsverfahren
Übersetzung der Ansprüche in die beiden weiteren
Amtssprachen .... K.89 f.
Übersetzung der Ansprüche nach Änderung im
Einspruchsverfahren .... K.91 f.
Übersetzung der Ansprüche nach Änderung im
Beschränkungsverfahren K.93

Nationale Phase
Übersetzung der Patentschrift K.95
Londoner Übereinkommen K.96

Übersetzungserfordernisse gemäß Londoner Übereinkommen
Übersetzungserfordernisse gemäß Londoner
Übereinkommen K.97

Übersetzungserfordernisse für VS
Übersetzungserfordernisse für VS K.98

Sprachen K.

Sprachen						
Art. 14, **R 1-7**, **Art. 70**, RiLi A-VII, Art. 177 (Sprache des Übereinkommens)						1
Verfahrenshandlung	Rechtsnorm	Details und Fälligkeit	Unmittelbare Folgen eines Mangels, Mängelbeseitigung, Fristen	Rechtsfolge bei Nichtbeseitigung von Mängeln oder Fristversäumnis	Weiterbehandlungs-/Wiedereinsetzungs-möglichkeit	
Sprachen des EPA, der ePA und anderer Schriftstücke	Art. 14 (1) RiLi A-VII, 1.1	**Amtssprachen** des EPA sind DE, FR, EN »**zugelassene Nichtamtssprachen**« sind Amtssprachen von VS, deren Amtssprache nicht DE, FR, EN sind: siehe »NatR zum EPÜ«, Tabelle II Es gelten mögliche Einschränkungen der Zentralbehörde für den gewerblichen Rechtsschutz oder einer anderen Behörde aufgrund des anwendbaren nationalen Rechts.				2
	Art. 14 (2) R 6 (1)	**ePA** ist **in** einer **Amtssprache** einzureichen **oder** falls in einer **anderen Sprache** eingereicht worden ist, innerhalb von 2 M in Amtssprache zu übersetzen (z.B. Einreichung in Japanisch möglich) (siehe RiLi A-VII, 5; RiLi A-X, 9.2.1)				3
	Art. 14 (2) R 40 (3) RiLi A-VII, 1.2	**Einreichung durch Bezugnahme nach R 40**: ePa kann sich auf frühere Anmeldungen beziehen, die nicht in einer Amtssprache sind; Einreichung Übersetzung innerhalb von 2 M notwendig.				4
	Art. 14 (3) RiLi A-VII, 2 siehe K. 32 für Details	**Die Sprache der eingereichten ePA oder die Übersetzung bestimmt die Verfahrenssprache.** Wenn nicht in einer Amtssprache eingereicht bzw. nicht auf eine frühere Anmeldung in Amtssprache bezogen, ist Übersetzung in eine Amtssprache notwendig; fehlerhafte Übersetzung aus der ursprünglichen Sprache der Anmeldung darf jederzeit während des gesamten Verfahrens (auch des Einspruchsverfahrens) mit der ursprünglichen Sprache in Einklang gebracht werden (siehe L.178).				5
	Art. 88 (1) R 53 (3) RiLi A-III, 6.8	Die **Sprache** der **Prioritätsanmeldung** ist **unerheblich** für die **Wahl** der **Amtssprache** der Anmeldung. Liegt Prioritätsdokument in Nichtamtssprache vor und ist Wirksamkeit des Prioanspruchs für Beurteilung des Patentierbarkeit relevant, kann EPA innerhalb zu bestimmender Frist Übersetzung in Amtssprache oder Erklärung der vollständigen Übersetzung der früheren Anmeldung anfordern.				6
Sprache der Teilanmeldung oder einer neuen Anmeldung gemäß Art. 61 (1) b) RiLi A-VII, 1.3	R 36 (2)	Einreichung nur in der Verfahrenssprache der SA bzw. der Sprache der vorherigen Anmeldung oder falls die SA oder die vorherige Anmeldung nach **Art. 14 (2)** in einer anderen Sprache als Amtssprache eingereicht wurde, ist Einreichung nur in dieser anderen Sprache unter Nachreichung der Übersetzung in die Verfahrenssprache möglich.		TA gilt als nicht eingelegt		7
	R 36 (2), Satz 2	Frist für Übersetzung 2 M ab Einreichung der TA (RiLi A-VII, 1.3) bzw. der neuen Anmeldung				8
	J 13/14	Einreichung der TA in einer Amtssprache ungleich der Verfahrenssprache der SA ist nicht erlaubt,				9
Unterschiedliche Sprache der Beschreibung und des wenigstens eines Anspruchs	Art. 14 (2) R 6 (1) R 57 a)	AT wird zuerkannt, da Ansprüche keine Voraussetzung Übersetzung der ePA in eine (einzige) Amtssprache innerhalb 2 M ab AT **Art. 14 (2)** iVm **R 6 (1)**, RiLi A-III, 14 und 16	**Art. 90 (3)**, **R 58** und **R 57 a)**: Aufforderung zu Mängelbeseitigung, Frist 2 M	ePA gilt als zurückgenommen nach **Art. 90 (3)**, **(5)** iVm **Art. 14 (2)**	**WB** (−), da durch Art. 121, R 135 ausgenommen **WE** (+), Art. 122	10

339

K. Sprachen

11 Einreichung von Übersetzungen
Art. 14 (2), Art. 90 (3)

Verfahrenshandlung	Rechtsnorm	Details und Fälligkeit	Unmittelbare Folgen eines Mangels, Mängelbeseitigung, Fristen	Rechtsfolge bei Nichtbeseitigung von Mängeln oder Fristversäumnis	Weiterbehandlungs-/Wiedereinsetzungmöglichkeit
12 **Anmeldung** RiLi A-VII, 1.1	Art. 14 (2) Art. 90 (3) RiLi A-VII, 1.4	**Art. 14 (2). R 6 (1) und R 57 a)** 2 M nach Einreichung der Anmeldung	Mitteilung nach R 58, 2 M Frist	Keine oder zu spät eingereichte Übersetzung: **Art. 90 (3)**, **Art. 14 (2)**: Anmeldung gilt als zurückgenommen, aber AT wird zuerkannt	**WB (–)**, da durch Art. 121, R 135 ausgenommen **WE (+)**, Art. 122
13 **Anmeldung mit Bezugnahme nach R 40** RiLi A-VII, 1.2					
14 **Teilanmeldung nach Art. 76** RiLi A-VII, 1.3		**Art. 14 (2), R 36 (2):** 2 M nach Einreichung der TA bzw. einer neuen Anmeldung nach R 61 (1) b) → Übersetzung in Verfahrenssprache der SA bzw. vorherigen Anmeldung		Mitteilung nach R 112 (1) (Rechtsfolge auch in RiLi A-III, 14; RiLi A-IV, 1.3.3) (Neue Anmeldung in Analogie zur TA)	
15 **Neue Anmeldung nach Art. 61 (1) b)** RiLi A-VII, 1.3					

16 Beglaubigung von Übersetzungen

	Verfahrenshandlung	Rechtsnorm	Details
17	**Amtsseitige Zweifel zum Inhalt**	R 5, Satz 1	Bei **amtsseitigem Zweifel** (RiLi A-VII, 7) Einforderung in einer zu bestimmenden Frist; möglich bei Beglaubigungen von Übersetzungen einer Anmeldung in Nichtamtssprache, Anmeldung mit Bezug auf frühere Anmeldung, TA, neue Anmeldung entsprechend Art. 61 (1) b).
18		R 5, Satz 2	**Beglaubigung nicht fristgerecht eingereicht**: Schriftstück gilt als nicht eingegangen.
19			**RiLi A-VII, 7**: Für die in R 71 (3) vorgesehene Übersetzung der Ansprüche in die beiden anderen Amtssprachen ist grundsätzlich keine Beglaubigung erforderlich.

Sprachen K.

Gebührenermäßigung			
Verfahrenshandlung	Rechtsnorm	Details	
Voraussetzungen zur Ermäßigung nach Art. 14 (4), R 6 (3) Art. 14 GebO RiLi A-X, 9 Siehe R.111	⌾G 6/91	Gilt, wenn zumindest wesentliches Schriftstück der ersten Verfahrenshandlung im Anmelde- oder Prüfungsverfahren, ~~Einspruchs- oder Beschwerdeverfahren~~ (geänderte R 6 seit 01.04.2014, ABl. 2014, A23) in zugelassener Nichtamtssprache, Übersetzung frühestens zum AT bzw. innerhalb geltender Fristen 1 M (R 6 (2)). Ist auch auf EURO-PCT anzuwenden, bei zugelassener EP Nichtamtssprache.	21
	R 36 (2) R 6 (3) RiLi A-X, 9.2.2	Anmeldegebühr wird auch für TA ermäßigt, wenn SA in Nichtamtssprache eingereicht worden ist und TA in derselben Nichtamtssprache eingereicht wurde und wenn die übrigen Erfordernisse für die Ermäßigung erfüllt sind und rechtzeitig eine Übersetzung eingereicht wird. Findet auch auf Zusatzgebühr der TA für > 35 Seiten Anwendung.	22
	R 6 (4)	**Gebührenermäßigung** nur für a) kleine und mittlere Unternehmen (KMU), b) natürliche Personen oder c) Organisationen ohne Gewinnerzielungsabsicht, Hochschulen oder öffentliche Forschungseinrichtungen mit Wohnsitz oder Sitz in einem VS des EPÜ, in dem eine andere Sprache als Deutsch, Englisch oder Französisch Amtssprache ist sowie die Angehörigen dieses Staats mit Wohnsitz im Ausland (RiLi A-X, 9.2.1).	23
	R 6 (5) RiLi A-X, 9.2.1	**Definition** für Kleinstunternehmen sowie kleinere und mittlere Unternehmen sowie „Organisationen ohne Gewinnerzielungsabsicht", „Hochschulen" und „Öffentliche Forschungseinrichtungen".	24
	⌾T 149/85	Ermäßigung hängt vom Anmelder/Berechtigten ab, nicht vom Vertreter → R 6 (3) iVm Art. 14 (4). Der Einspruch eines deutschen Einsprechenden in holländischer Sprache ist auch dann unzulässig, wenn der deutsche Einsprechende durch einen holländischen Anwalt vertreten ist.	25
	R 6 (7) RiLi A-X, 9.2.1	Falls es **mehrere Anmelder** gibt, wird die Ermäßigung nur gewährt, wenn jeder Anmelder eine natürliche oder juristische Person im Sinne von R 6 (4) ist; es ist jedoch ausreichend, wenn nur einer von ihnen berechtigt ist, eine zulässige Nichtamtssprache zu verwenden (Art. 14 (4), R 6 (3)).	26
	Art. 14 (2)+(4) R 6 (3)	Ermäßigung der • Anmeldegebühr (RiLi A-II, 4.1.3.1 bzw. A-III, 13.2 bzw. A-X, 9.2.2: Beschreibungstext), • Prüfungsgebühr (RiLi A-VI, 2.6 bzw. A-X, 9.2.3: Prüfungsantrag), → **Art. 14 (1) GebO - 30 %**	27
	RiLi A-X, 9.2.2	Da die Zusatzgebühren, die fällig werden, wenn die Anmeldung mehr als 35 Seiten umfasst oder wenn es sich um eine Teilanmeldung der zweiten oder einer weiteren Generation handelt, Teil der Anmeldegebühr sind, findet die Ermäßigung auch auf diese Gebühren Anwendung.	28
	R 6 (6)	Für Gebührenermäßigung ist **Erklärung** nötig, dass Anmelder eine Einheit oder eine natürliche Person im Sinne von R 6 (4) ist. Bei begründetem Zweifel an Erklärung kann Amt Nachweise verlangen.	29
	⌾J 21/98	Auch wenn im Formblatt zur Anmeldung der Prüfantrag bereits angekreuzt ist, kann der Berechtigte nach Art. 14 (2) Ermäßigung nach R 6 (3) erhalten, wenn er vor der Zahlung einen entsprechenden Prüfantrag stellt.	30

K. Sprachen

	Verfahrenshandlung	Rechtsnorm	Details
31	**Verfahrenssprache**		
32	**Verfahrenssprache** RiLi A-VII, 2	Art. 14 (3)	Verfahrenssprache ist in allen Verfahren vor dem EPA zu verwenden, soweit die Ausführungsordnung nichts anderes bestimmt, siehe schriftliches/mündliches Verfahren; EPA verwendet Verfahrenssprache im schriftlichen Verfahren.
33		R 3 (2)	Änderungen der ePA oder des eP müssen in der Verfahrenssprache eingereicht werden.
34		Art. 70 (1) Art. 14 (6)	Eintragungen im europäischen Patentregister in den drei Amtssprachen, **maßgebend bei Zweifelsfällen ist die Verfahrenssprache**.
35		R 4 (6) Satz 1	Änderungen des Patents und Erklärungen werden gemäß **R 4 (6)** in der Verfahrenssprache in der Niederschrift im mündlichen Verfahren aufgenommen.
36		RiLi A-VII, 2	Die Verfahrenssprache ist die einzige Sprache, die die Organe des EPA im schriftlichen Verfahren verwenden (siehe ↳G 4/08).
37	**Verfahrenssprache bei PCT-Anmeldung**	R 12.2 PCT	Änderungen in Einreichungssprache, es sei, denn int. Anmeldung ist in anderer Sprache veröffentlicht worden, dann in Veröffentlichungssprache (**Art. 19**, **R 46.3** bzw. **Art. 34**, **R 55.3 a) PCT** – siehe B.385 f.)
38	**Wahl der Verfahrenssprache**	Art. 14 (3)	**Amtssprache** der ePA bzw. wird **Verfahrenssprache** • durch die Wahl der Amtssprache in der Anmeldung nach **Art. 14 (1)** oder • durch die Übersetzung in eine der Amtssprachen nach **Art. 14 (2)**
39			Für die Wahl der Verfahrenssprache maßgebende Teile der Anmeldung sind die Beschreibung und mind. ein Patentanspruch (Zeichnungen gehören nicht dazu) (↳**J 7/80**, ↳**J 18/96**, ↳**T 382/94**).
40			**AT** wird jedoch **nicht anerkannt**, wenn **Beschreibung** in **verschiedenen Sprachen** eingereicht ist; anderssprachige Textbestandteile in Zeichnungen unerheblich (↳J 22/03; S/S Art. 14 Rd 23, Art. 80 Rd 13).
41		Euro-PCT	• Wurde die PCT-Anmeldung in einer EPA-Amtssprache veröffentlicht, so ist die Veröffentlichungssprache Verfahrenssprache (Euro-PCT Leitfaden, Kapitel E, Rd 418). • Andernfalls ist die EPA-Amtssprache, in der die Übersetzung bei Eintritt in die europäische Phase eingereicht wurde, Verfahrenssprache (Art. 14 (3)).
42			PCT-Anmeldung, die in einer EPA-Amtssprache eingereicht wurde, keine Änderung der Verfahrenssprache bei Eintritt in nat. Phase möglich (↳**G 4/08**).
43	Erlaubte Abweichungen von der Verfahrenssprache → Schriftliches Verfahren (siehe K.51 ff.; mündliches Verfahren (siehe D.24 ff.)		

Sprachen K.

Sprache im schriftlichen Verfahren				44
Verfahrenshandlung	Rechtsnorm	Details		
Vorgeschriebene Sprache im schriftlichen Verfahren RiLi A-VII, 2; 3 📖 S/S Art. 14, Rd 8, 27 ff.	Art. 14 (1) R 3 (1) RiLi A-VII 3.1	Verfahrensbeteiligter kann eine der drei Amtssprache verwenden. Ausnahme: Siehe 📄 K.49 für Berechtigte nach Art. 14 (4)		45
	R 3 (2)	**Änderungen ePA oder eP** müssen in Verfahrenssprache eingereicht werden (siehe auch Euro-PCT Leitfaden, Kapitel E, Rd 512).		46
	Art. 14 (3) R 3 (1)	Verfahrenssprache, d.h. die im Verfahren zu verwendende Amtssprache, ist jede Amtssprache des EPA, in der die ePA eingereicht oder übersetzt wurde.		47
		Die Organe des EPA können im schriftlichen Verfahren **keine** andere Amtssprache verwenden als die Verfahrenssprache der Anmeldung (✋**G 4/08**).		48
	Art. 14 (4) R 3 (1)	Berechtigte nach **Art. 14 (4)** können fristgebundene Schriftstücke in einer Nichtamtssprache des EPA einreichen, sofern Übersetzung innerhalb von 1 M (R 6 (2) Satz 1 - siehe auch 📄 K.59) in einer Amtssprache des EPA vorgelegt wird. Berechtigte sind: - natürliche und juristische Personen mit **Wohnsitz oder Sitz in einem VS**, in dem eine andere bzw. weitere Sprache als DE, EN, FR Amtssprache ist; - **natürliche Personen von VS**, die eine oder mehrere zugelassene Nichtamtssprachen haben, aber Wohnsitz (VS oder kein VS → Vertreterzwang) im Ausland haben. Siehe 📖 NatR.: z.B.: Amtssprachen in der Schweiz: DE, FR, IT		49
	R 92.2 a) PCT	**Schriftverkehr:** – mit ISA in Sprache der Anmeldung oder in der Sprache der Übersetzung in eine für die int. Recherche vorgeschriebenen Sprache (R 12.3, R 23.1 b) PCT), – mit IPEA in Sprache der Anmeldung bzw. in von IPEA zugelassener Veröffentlichungssprache (R 92.2 b), R 12.3, R 55.2 a) PCT), – mit IB in EN oder FR oder in einer vom IB zugelassenen Veröffentlichungssprache (**R 92.2 d) PCT**). Ist Übersetzung nach R 12.3 PCT (für int. Recherche) oder R 55.2 PCT (für ivP) eingereicht worden, ist die Sprache der Übersetzung zu verwenden.		50
Abweichungen von der Verfahrens- sprache im schriftlichen Verfahren RiLi A-VII, 3	RiLi A-VII, 3.1	**Schriftliches Vorbringen**: Außer Änderungen der ePA oder eP kann sich ein beteiligter im schrift. Verfahren vor dem EPA jeder Amtssprache bedienen.		51
	RiLi A-VII, 3.2	**Zugelassene Nichtamtssprachen**: Bei Sitz oder Wohnsitz wobei Angehörige im Ausland von einem EPÜ Vertragsstaat mit einer vom EPA abweichenden Amtssprache können fristgebundene Schriftstücke in einer Amtssprache dieses Vertragsstaates einreichen. Es muss innerhalb von 1 M nach R 6 (2) eine Übersetzung eingereicht werden.		52
	RiLi A-VII, 3.3	**Priodokumente**: siehe 📄 K.58		53
	RiLi A-VII, 3.4	**Beweismittel** können in jeder Sprache eingereicht werden (siehe 📄 K.62).		54
	RiLi A-VII, 3.5	**Einwendungen Dritter** sind schriftlich und in einer der Amtssprachen des EPA einzureichen		55

K. Sprachen

56	Sprache bei mündlichen Verhandlungen RiLi E-V
	siehe Spezialtabelle D »Mündliche Verhandlung«

57	Übersetzung des Priodokuments					
	Verfahrenshandlung	Rechtsnorm	Details und Fälligkeit	Unmittelbare Folgen eines Mangels, Mängelbeseitigung, Fristen	Rechtsfolge bei Nichtbeseitigung von Mängeln oder Fristversäumnis	Weiterbehandlungs-/ Wiedereinsetzungsmöglichkeit
58	**Sprache des Priodokuments keine EP-Amtssprache** MdEPA vom 28.01.2013, ABl. 03/2013, 150	Art. 88 (1) R 53 (3) RiLi A-III, 6.8	**R 53 (3): Übersetzung oder Erklärung**, dass die ePA eine vollständige (identische) Übersetzung ist (RiLi A-III, 6.8; RiLi F-VI, 3.4, 2.1) S/S Art. 88, Rd 36	**R 53 (3), Art. 90 (3)** iVm **R 57 g), R 57 a)**: Frist von 2 M bis 4 M (**R 132**) nach Aufforderung (wenn Wirksamkeit Prioanspruch für Beurteilung der Patentierbarkeit relevant ist); RiLi F-VI, 3.4 gemäß **R 57 a)** zur Mängelbeseitigung (**J 1/80**)	**Art. 90 (5) Satz 2, R 53 (3) Prioanspruch erlischt** **RiLi F-VI, 3.4**: Zwischendokument wird als SdT betrachtet **Achtung RiLi F-VI, 3.4**: Priotag bleibt für Art. 54 (3) aus Gründen der Rechtssicherheit bestehen. auch wenn nachträglich Prio fällt	**WB (+)**, Art. 121 (1), R 135 (1) **WE (−)**, Art. 122 (4), R 136 (3) RiLi A-III, 6.8

59	Einreichung der Übersetzung fristgebundener Schriftstücke					
	Verfahrenshandlung	Rechtsnorm	Details und Fälligkeit	Unmittelbare Folgen eines Mangels, Mängelbeseitigung, Fristen	Rechtsfolge bei Nichtbeseitigung von Mängeln oder Fristversäumnis	Weiterbehandlungs-/ Wiedereinsetzungsmöglichkeit
60	**Einreichung der Übersetzung fristgebundener Schriftstücke**	Art. 14 (4)	**Art. 14 (4) iVm R 6 (2)**: Angehörige von VS könnten in deren Amtssprache fristgebundenen Schriftstücke einreichen, diese sind Innerhalb von 1 M nach Einreichung zu übersetzen. Bei Einspruchs- oder Beschwerdeschriftsatz, auch noch innerhalb der Einspruchs- oder Beschwerdefrist (E.27).	keine	**Art. 14 (4)**: Schriftstück gilt als nicht eingereicht (dann Rechtsfolge der jeweiligen Frist) z.B. **T 323/87** Einspruchsgebühr ist zurückzuzahlen	**WB (+)**, da nur R 6 (1) ausgenommen in R 135 **WE (−)**

Sprachen K.

Einreichung von Übersetzungen von Beweismittel					61
Verfahrenshandlung	Rechtsnorm	Details und Fälligkeit		Rechtsfolge bei Nichtbeseitigung von Mängeln oder Fristversäumnis	
Schriftliches Beweismittel	R 3 (3) RiLi A-VII, 3.4	Schriftliches Beweismittel (z.B. Stand der Technik) kann in **jeder Sprache** eingereicht werden. Das EPA kann eine Übersetzung in eine der Amtssprachen innerhalb einer zu bestimmenden Frist[+10 T] (nicht kürzer als 1 M) verlangen (siehe E.11).		Bei verspäteter Einreichung verlangter Übersetzungen braucht das EPA das betreffende Schriftstück nicht beachten. RiLi A-VII, 5. Absatz 2	62
Zulässige Beweismittel	Art. 117	a) Vernehmung der Beteiligten; b) Einholung von Auskünften; c) Vorlegung von Urkunden; d) Vernehmung von Zeugen; e) Begutachtung durch Sachverständige; f) Einnahme des Augenscheins; g) Abgabe einer schriftlichen Erklärung unter Eid.			63
Schriftliche Beweismittel im Einspruchs-verfahren	R 3 (3) RiLi A-VII, 3.4	Die **Frist** für die Einreichung der Übersetzung bestimmt die zuständige Abteilung des EPA von Fall zu Fall, je nach Sprache und Umfang des Schriftstücks oder maßgeblicher Teile desselben, wobei die Bestimmungen der R 132 zu beachten sind (siehe RiLi E-VIII, 1.2 für die Dauer der Frist).		Wird die Übersetzung nicht fristgerecht eingereicht, so braucht das EPA das betreffende Schriftstück nicht zu berücksichtigen.	64

Beispiele für Amtssprachen verschiedener VS (Art. 14 (4))		65
Vertragsstaat	Zugelassene Sprachen	
Belgien	Französisch, Niederländisch, Deutsch	66
Finnland	Finnisch, Schwedisch	67
Irland	Irisch, Englisch	68
Lichtenstein	Deutsch	69
Schweiz	Deutsch, Französisch, Italienisch	70
Luxemburg	Französisch, Deutsch, Luxemburgisch	71
Malta	Maltesisch, Englisch	72

Veröffentlichungssprache Art. 14 (5), (6)			73
Verfahrenshandlung	Rechtsnorm	Details	
Veröffentlichungs-sprache ePA	Art. 14 (5)	ePA wird in **Verfahrenssprache** veröffentlicht.	74
Veröffentlichungs-sprache eP	Art. 14 (6)	eP wird in Verfahrenssprache veröffentlicht und enthält eine **Übersetzung der Ansprüche** in die beiden anderen Amtssprachen (K.89).	75

K. Sprachen

76	Rechtliche Bedeutung der Übersetzung einer ePA und Verbindliche Fassung einer ePA oder eines eP		
	Verfahrenshandlung	Rechtsnorm	Details
77	Rechtliche Bedeutung der Übersetzung der Anmeldung	R 7	Für die Frage des **Art. 123 (2)** kann das EPA von der Übereinstimmung der Anmeldung in der ursprünglich eingereichten Fassung mit der Übersetzung nach **Art. 14 (2)** ausgehen.
78	**Verbindliche Fassung einer ePA oder eines eP** RiLi A-VII, 8.	Art. 70 (1)	Wortlaut in der **Verfahrenssprache stellt verbindliche Fassung** einer ePA oder eines eP im Verfahren vor dem EPA sowie in jedem VS dar. → Vorgeschriebene Übersetzung der Ansprüche (🗎 K.34) gemäß Art. 14 (6) dient nur zur Unterrichtung (RiLi A-VII, 8) und ist nicht Teil des eP (Einschränkung der Wirksamkeit der Übersetzung, auch in EN und FR, nach Art. 70 (3) möglich).
79		Art. 70 (2)	Für Art. 14 (2) Berechtigte (siehe 🗎 K.3) ist der ursprünglich eingereichte Text maßgebend für die Prüfung nach Art. 123 (2).
80		Art. 70 (3)	Jeder VS kann Übersetzung in eine seiner Amtssprachen als maßgebend vorsehen, beispielsweise für den Fall, dass Schutzbereich der ePA oder des eP in der Übersetzung enger ist als der Schutzbereich in der Verfahrenssprache. Dies gilt nicht für Nichtigkeitsverfahren. (Siehe »NatR zum EPÜ«, Tabelle V: nur DE und BE verlangen keine Übersetzungserfordernisse nach Art. 67 (3) und Art. 65 (1), 📖 S/S Art. 14 Rd 7 f.).
81		Art. 70 (4)	Jeder VS, der eine Vorschrift nach Art. 70 (3) erlassen hat: a) muss berichtigte Übersetzung zulassen (Verweis auf Art. 65 (2) und Art. 67 (3)) b) kann Benutzungsregelung zulassen für gutgläubige Benutzer aufgrund ursprünglicher Übersetzung.

82	Zulässigkeit der Änderung der Übersetzung der ePa und der eP		
	Verfahrenshandlung	Rechtsnorm	Details
83	**Änderung der Übersetzung** (siehe 🗎 L.159 für Grenzen der Berichtigung)	Art. 14 (2) RiLi A-VII, 7	Gemäß **Art. 70 (2)** ist der ursprüngliche Text (und nicht die Übersetzung) für die Feststellung maßgebend, ob der Gegenstand der ePA oder des eP über den Inhalt der Anmeldung in der eingereichten Fassung gemäß Art. 123 (2) hinausgeht, wobei gemäß R 7 das EPA, soweit kein Gegenbeweis erbracht wird, davon ausgeht, dass ursprünglicher Text und Übersetzung übereinstimmen. Eine **fehlerhafte Übersetzung** aus einer unter Art. 14 (2) fallenden Sprache darf gemäß Art. 14 (2) Satz 2 letzter Halbsatz, **jederzeit** während des Verfahrens vor dem EPA (z.B. Erteilungsverfahren oder Einspruchsverfahren) **mit der ursprünglichen Sprache in Einklang gebracht werden**. Änderungen während des Einspruchsverfahrens zur Anpassung der Übersetzung an den ursprünglichen Text dürfen aber nicht zugelassen werden, wenn sie gegen Art. 123 (3) verstoßen.

Sprachen K.

Sprache bei PCT-Anmeldung mit Bezug zum EPA

Verfahrenshandlung	Rechtsnorm	Details
EPA als AA Siehe auch B.15	Art. 3 (4) i) PCT Art. 11 (1) ii) PCT Art. 151 R 157 (2)	PCT-Anmeldung ist in DE, FR oder EN einzureichen. In anderen als Amtssprachen beim EPA eingereichte PCT-Anmeldungen werden an das IB weitergeleitet, das dann anstelle des EPA als AA tätig wird. Der AT beim EPA bleibt wegen R 20.4 PCT erhalten.
EPA als Bestimmungsamt oder ausgewähltes Amt **"Euro-PCT"** Siehe auch C.10	Art. 153 (2) - (4) Art. 14 (1), (3)	Wegen Art. 153 (2) gilt Art. 14 (1) auch für Euro-PCT Anmeldungen mit EPA als Bestimmungsamt oder Ausgewähltes Amt. Nach Art. 153 (3) tritt PCT-Veröffentlichung an Stelle der Veröffentlichung der ePA und bestimmt so die Verfahrenssprache Eine Übersetzung in eine der EPA-Amtssprachen ist nach R 159 (1) a) innerhalb der 31-Monatsfrist einzureichen.
		Wenn eine int. Anmeldung in einer EPA-Verfahrenssprache eingereicht wurde, ist eine Änderung der Verfahrenssprache bei Eintritt in die EP-Phase nicht möglich. Auch nicht durch eine Übersetzung der Anmeldung (G 4/08).

Übersetzung der Ansprüche bei Erteilung, im Einspruchs- oder Beschränkungsverfahren

Verfahrenshandlung	Rechtsnorm	Details
Übersetzung der Ansprüche in die beiden Amtssprachen, die nicht die Verfahrenssprache sind	Art. 97 (1) R 71 (3)	Übersetzungen aller Ansprüche, auch wenn verschiedene Anspruchssätze für verschiede VS vorliegen, sind innerhalb von 4 M (**R 71 (3)**) einzureichen. Frist ist nicht verlängerbar. WB ist möglich. Die Übersetzungen müssen Voraussetzungen nach R 50 (1), R 49 (2)-(12) genügen. S/S Art. 97, Rd 24 ff.
	RiLi C-V, 1.3	Erteilungs- und Veröffentlichungsgebühr innerhalb 4 M.
Übersetzung der Ansprüche nach Änderung im Einspruchsverfahren	Art. 101 (3) a) R 82	**R 82 (2)**: Nach der Entscheidung der Einspruchsabteilung über die Aufrechterhaltung des eP in geänderter Fassung fordert die Einspruchsabteilung den Patentinhaber nach Ablauf der Frist nach **R 82 (1)** (2 M) auf, innerhalb einer weiteren Frist von 3 M die vorgeschriebene Gebühr zu entrichten und eine Übersetzung der geänderten Patentansprüche in den Amtssprachen einzureichen, die nicht die Verfahrenssprache sind.
		R 82 (3): Nachfrist bei Nichteinhaltung der Frist nach **R 82 (2)**: 2 M + Zusatzgebühr.
Übersetzung der Ansprüche nach Änderung im Beschränkungsverfahren	Art. 105b R 95	**R 95 (3)**: Prüfungsabteilung teilt dem Antragsteller beschränkte Anspruchsfassung mit und fordert ihn auf, innerhalb von 3 M die vorgeschriebene Gebühr zu entrichten und eine Übersetzung der geänderten Patentansprüche in den Amtssprachen, die nicht die Verfahrenssprache sind vorzulegen; Nachfrist entsprechend **R 82 (3) Satz 1**.

K. Sprachen

94	Nationale Phase					
	Verfahrenshandlung	Rechtsnorm	Details und Fälligkeit	Unmittelbare Folgen eines Mangels, Mängelbeseitigung, Fristen	Rechtsfolge bei Nichtbeseitigung von Mängeln oder Fristversäumnis	Weiterbehandlungs-/ Wiedereinsetzungsmöglichkeit
95	**Übersetzung der Patentschrift**	Art. 65 »NatR zum EPÜ«, Tabelle IV Wird in einer Sprache erteilt, die nicht Amtssprache des VS ist, kann dieser eine Übersetzung verlangen	**Art. 65 (1):** Frist für Einreichung der Übersetzung mindestens 3 M nach Hinweis auf Erteilung, falls VS nicht längere Frist vorschreibt (z.B. IS 4 M) Erfordernis eines Inlandsvertreters, weitere Gebühren usw. entsprechend dem jeweiligen nationalen Recht zum EPÜ für die VS (siehe »NatR zum EPÜ«, Tabelle IV) beachten	Vertreterzwang; Fristverlängerung, Zuschlagsgebühr teilweise möglich siehe »NatR zum EPÜ«, Tabelle IV, Mitglieder des Übereinkommens	**Art. 65 (3):** Wird Übersetzung nicht rechtzeitig eingereicht oder Gebühr nicht entrichtet, wird das nationale Patent ex tunc unwirksam (gilt für alle VS, die Übersetzung verlangen)	**WE** iVm Art. 122 (6) teilweise möglich, Regelung nach nationalem Recht des VS (siehe »NatR zum EPÜ«, Tabelle IV)

96 **Londoner Übereinkommen**, am 17.10.2000 abgeschlossen, am 01.05.2008 in Kraft getreten:

- Ziel ist die Reduzierung der Übersetzungskosten erteilter europäischer Patente in den VS und die damit verbundene allgemeine Kostensenkung im Patentverfahren.
- Beitritt ist freiwillig, 22 Staaten haben das Abkommen ratifiziert oder sind ihm beigetreten (Stand 01.09.2019): (AL, BE, CH, DE, DK, FI, FR, GB, HR, HU, IE, IS, LI, LT, LU, LV, MC, MK, NL, NO, SE, SI) (Quelle: https://www.epo.org/law-practice/legal-texts/london-agreement_de.html)
- Gilt nicht für Patentstreitverfahren
  - in solchen Streitverfahren können vermeintliche Verletzer und die Gerichte der VS eine vollständige Übersetzung des betroffenen Patents verlangen
- Staaten, die eine Amtssprache mit einer der Amtssprachen des EPA (DE, EN, FR) gemein haben (CH, FR, DE, GB, IE, LI, LU, MC), verzichten auf die in Art. 65 (1) EPÜ vorgesehenen Übersetzungserfordernisse (Art. 1 (1) des Londoner Übereinkommens).
- Staaten, die keine Amtssprache mit einer der Amtssprachen des EPA gemein haben, können verlangen, dass eine Übersetzung der Patentansprüche in einer ihrer Amtssprachen eingereicht wird (Art. 1 (3) des Londoner Übereinkommens). (Quelle: https://www.epo.org/law-practice/legal-texts/html/natlaw/de/iv/index.htm)
- In DK, FR, IS, LV, LU, MC, NL, SE, CH/LI, SI und GB gelten diese Regeln auch für in einem Einspruchs-, Beschwerde- oder Beschränkungsverfahren geänderte eP, die vor dem 01.05.2008 erteilt und an oder nach diesem Datum geändert worden sind (Bekanntmachung des entsprechenden Hinweises im Europäischen Patentblatt). Dies gilt auch für HU falls ein eP vor dem 01.01.2011 erteilt und an oder nach diesem Datum in einem Einspruchs-, Beschwerde- oder Beschränkungsverfahren geändert worden ist.
- BE verzichtet auf Übersetzungserfordernisse nach Art. 65 für eP, die ab dem 01.01.2017 in englischer Sprache erteilt werden (eP die auf Deutsch oder Französisch erteilt werden, mussten bisher schon nicht übersetzt werden). BE ist dem Londoner Übereinkommen zum 01.09.2019 beigetreten.
- Der Status von GB als Vertragsstaat des Londoner Übereinkommen bleibt vom Austritt aus der EU („Brexit") unberührt. Folglich müssen Patentinhaber bei eP, die für GB erteilt werden, auch nach dessen Austritt aus der EU keine Übersetzungen einreichen. (ABl. 2020, A19)

Sprachen K.

Übersetzungserfordernisse gemäß Londoner Übereinkommen in den VS
ABl. 2011, 472; ABl. 2014, A18; »NatR zum EPÜ«, Tabelle IV

Vertrags-staat	Übersetzung der Ansprüche	Übersetzung der Beschreibung	Frist* zur Einreichung der Übersetzung nach Art. 65 (1) (+FV)	Inkrafttreten**
AL	Albanisch	Englisch	3 M (+1 M)	01.09.2013
BE***	Keine Übersetzung nach Art. 65 (1) erforderlich.		-	01.09.2019
CH	Verzicht nach Art. 1 (1) des Londoner Übereinkommens		-	01.05.2008
DE	Verzicht nach Art. 1 (1) des Londoner Übereinkommens		-	01.05.2008
DK	Dänisch	Dänisch / Englisch	3 M	01.05.2008
FI	Finnisch	Finnisch / Englisch / Schwedisch (bei schwedischem Anmelder)	3 M	01.11.2011
FR	Verzicht nach Art. 1 (1) des Londoner Übereinkommens		-	01.05.2008
GB	Verzicht nach Art. 1 (1) des Londoner Übereinkommens		-	01.05.2008
HR	Kroatisch	Englisch	3 M	01.05.2008
HU	Ungarisch	Ungarisch / Englisch	3 M (+3 M)	01.01.2011
IE	Verzicht nach Art. 1 (1) des Londoner Übereinkommens		-	01.03.2014
IS	Isländisch	Isländisch / Englisch	4 M	01.05.2008
LI	Verzicht nach Art. 1 (1) des Londoner Übereinkommens		-	01.05.2008
LT	Litauisch	keine Sprache vorgeschrieben	3 M	01.05.2009
LU	Verzicht nach Art. 1 (1) des Londoner Übereinkommens		-	01.05.2008
LV	Lettisch	keine Sprache vorgeschrieben	3 M	01.05.2008
MC	Verzicht nach Art. 1 (1) des Londoner Übereinkommens		-	01.05.2008
MK	Mazedonisch	keine Sprache vorgeschrieben	3 M	01.02.2012
NL	Niederländisch	Niederländisch / Englisch	3 M	01.05.2008
NO	Norwegisch	Norwegisch / Englisch	3 M	01.01.2015
SE	Schwedisch	Schwedisch / Englisch	3 M	01.05.2008
SI	Slowenisch	keine Sprache vorgeschrieben	3 M	01.05.2008

Übersetzungserfordernisse für VS, die nicht dem Londoner Übereinkommen beigetreten sind gemäß »NatR zum EPÜ«, Tabelle IV

AT	Deutsch	3 M	
BG	Bulgarisch	3 M	
CY	Griechisch	3 M	
CZ	Tschechisch	3 M	
EE	Estnisch	3 M (+2 M)	
ES	Spanisch	3 M	
GR	Griechisch	3 M	
IT	Italienisch	3 M	
MT	Englisch	3 M	
PL	Polnisch	3 M	
PT	Portugiesisch	3 M (+1 M)	
RO	Rumänisch	3 M (+3 M)	
SM	Italienisch	6 M	
RS	Serbisch	3 M	
SK	Slowakisch	3 M (+3 M)	
TR	Türkisch	3 M (+3 M)	

* Frist nach Erteilung berechnet sich ausgehend von dem Tag der Bekanntmachung des Hinweises auf die Patenterteilung im Europäischen Patentblatt. Bei Aufrechterhaltung in geänderter Fassung oder Beschränkung, siehe gemäß »NatR zum EPÜ«, Tabelle IV, Spalte 4
** Quelle: http://www.epo.org/law-practice/legal-texts/london-agreement_de.html
*** Für in englischer Sprache erteilte eP, für die der Hinweis auf die Erteilung bzw. die Aufrechterhaltung in geänderter oder beschränkter Fassung vor dem 01.01.2017 im Europäischen Patentblatt veröffentlicht wurde, ist weiter nach Maßgabe des Art. 65 (1) eine Übersetzung des eP in Französisch, Niederländisch oder Deutsch einzureichen.

Inhalt Kapitel L. Änderung / Berichtigungen

Änderung einer Anmeldung/eines Patents
Recht auf Änderung L.1
Zulässigkeit von Änderungen .... L.3 ff.
Beschwerdeverfahren .... L.11 ff.
Beschränkungsverfahren L.14

Änderungen der Ansprüche
Anspruchsänderungen .... L.28 ff.
Anspruchsänderungen Euro-PCT .... L.38 ff.
Ältere Rechte .... L.42 f.
Disclaimer L.44
Äquivalente .... L.45 f.
Einheitlichkeit .... L.47 f.
Änderung der Anspruchskategorie .... L.49 ff.

Änderung der Beschreibung, Zeichnungen und Zusammenfassung
Aufgabe/Lösung .... L.58 f.
Stand der Technik L.60
Zeichnungen L.61
Folge der Änderung .... L.62 f.
Änderungs-/Berichtigungsantrag nach Mitteilung R 71 (3) .... L.63 ff.

Änderung im Einspruchs-/Beschwerdeverfahren
Änderungen im Einspruchsverfahren .... L.71 ff.
Änderungen im Beschwerdeverfahren .... L.81 ff.

Beschränkung
Beschränkung aufgrund Teilrecherche L.83
Beschränkungsverfahren .... L.84 ff.
Nationales Nichtigkeitsverfahren L.94

Verfahren bei Änderungen der Unterlagen
Sprache der Änderungen L.95
Kennzeichnung und Angabe Grundlage L.96
Einreichen fehlender Unterlagen oder Ersatzseiten L.97
Handschriftliche Änderung L.98

Disclaimer
Definition L.102
Nicht ursprünglich offenbarte Disclaimer L.103
Ursprünglich offenbarte Disclaimer L.106
Formulierungsbeispiel L.107
Rechtsprechung .... L.108 ff.

PCT: Änderungen der Ansprüche, Beschreibung und Zeichnungen
Vor Erhalt int. RB L.113
Nach Zugang int. RB .... L.114 ff.
Vor Erstellung ivP (Kapitel II) L.126
Änderungen bei Nationalisierung/Regionalisierung .... L.142 ff.

Berichtigung
Berichtigung in beim EPA eingereichten Unterlagen ...... L.147 ff.
Berichtigung in der Offenbarung .... L.152 ff.
Grenzen der Berichtigung .... L.155 ff.
Prioritätserklärung .... L.162 ff.
Berichtigung des Namens des Anmelders L.165
Berichtigung der Erfindernennung .... L.166 ff.
Berichtigung von Fehlern in Entscheidungen des EPA .... L.171 ff.
Übersetzungsfehler in übersetzten Ansprüchen nach Erteilung .... L.174 ff.

Berichtigung von Fehlern bezogen auf die Patentschrift
Veröffentlichungsfehler L.183

Berichtigungsmöglichkeiten im PCT
Berichtigung von Mängeln .... L.186 ff.
Berichtigung offensichtlicher Fehler .... L.191 ff.
Änderungen L.200

Übertragung / Lizenzen
Übertragung und Bestellung von Rechten L.206
Rechtsgeschäftliche Übertragung L.207
Vertragliche Lizenzen L.208
Eintragung von Rechtsübergängen .... L.210 ff.
Besondere Angaben bei der Eintragung von Lizenzen .... L.218 ff.
Rechtsübergang eP L.221
Änderung im Register – Sammelantrag L.223
Rechtsübergang während Beschwerde .... L.224 f.
Zuständigkeit L.227
Europäisches Patentregister .... L.228 f.

Änderung, Berichtigung L.

Änderung einer Anmeldung/ eines Patents
Art. 123, RiLi H, S/S Art. 123, R 137

Verfahrenshandlung	Rechtsnorm	Details	
Recht auf Änderung	Art. 123 (1) Satz 2	Anmelder muss wenigstens einmal die Gelegenheit erhalten, von sich aus die Beschreibung, die Ansprüche und die Zeichnung zu ändern. Spätere Wiedereinführung von Ansprüchen durch Änderung nach **Art. 123 (1)** im Prüfungsverfahren möglich (T 708/00).	1
	RiLi H-I	ePA oder eP kann im Prüfungs-, Einspruchs- und Beschränkungsverfahren geändert werden.	2
Zulässigkeit von Änderungen	RiLi H-II, 1	Bewertung der Zulässigkeit hängt vom Verfahren (Prüfungs-, Einspruchs- und Beschränkungsverfahren) und von der Phase des Verfahrens ab.	3
Formale Zulässigkeit	R 137 (1) R 71 (6) R 116 (2) RiLi H-II, 2	**Änderung** der Beschreibung, der Ansprüche oder der Zeichnungen **vor Erhalt** des europäischen **Recherchenberichts nicht möglich**	4
Zeitpunkt der Änderung	R 137 (2) R 70a (1), (2) R 161	Zusammen mit Stellungnahmen, Berichtigungen oder Änderungen, die in Erwiderung auf Mitteilungen des Europäischen Patentamts nach **R 70a (1), (2)** oder **R 161 (1)** vorgenommen werden, kann der Anmelder von sich aus Beschreibung, Patentansprüche und Zeichnungen ändern. RiLi B-XI, 8	5
		Änderungen im **Prüfungsverfahren** sind möglich • R 137 (2): Nach Erhalt des europ. Recherchenberichts • R 137 (3): Nach Erhalt des ersten Bescheids • R 137 (3): Mit Zustimmung der Prüfungsabteilung in einem fortgeschrittenen Verfahrensstadium, z.B. Folgebescheid • R 71 (6): Nach Erhalt einer Mitteilung nach R 71 (3) falls Prüfungsabteilung nach R 137 (3) zustimmt (siehe L.63 f.) • R 137 (3): Unter bestimmten Voraussetzungen nach Erklärung Einverständnis nach R 71 (5) **R 116 (2):** Unter bestimmten Voraussetzungen nach Ablauf Frist zur Einreichung Unterlagen zur **mündlichen Verhandlung**	6
Weitere Änderungen	R 137 (3)	**Weitere Änderungen** nach Mitteilung gemäß **R 70a** bzw. **R 161** nur mit **Zustimmung** der **Prüfungsabteilung**	7
Mitteilung der beabsichtigten Erteilungsfassung	R 71 (6)	Nach Erhalt einer Mitteilung nach R 71 (3) falls Prüfungsabteilung nach R 137 (3) zustimmt (siehe L.63 f.)	8
Euro-PCT	R 161 (2) RiLi H-II, 2.1	Bei erforderlicher ergänzender Recherche (EPA≠ISA) geänderte Ansprüche, Beschreibung und/oder Zeichnungen nach Art. 19 PCT und/oder Art. 34 (2) b) PCT aufrechterhalten oder nach R 161 (2) Einreichung Änderung innerhalb von 6 M nach Mitteilung. –> Geänderte Anmeldung wird ergänzender europäischen Recherche zugrunde gelegt.	9
Einspruchs-verfahren	R 80	**R 80**: Änderungen im **Einspruchsverfahren** sind möglich -> L.74	10

L. Änderung, Berichtigung

Änderung einer Anmeldung/eines Patents (Fortsetzung)

	Verfahrenshandlung	Rechtsnorm, Rechtsprechung	Details
11	Beschwerdeverfahren	Art. 110	Änderungen im **Beschwerdeverfahren** sind nach **R 79 (1)** und **R 81 (2), (3)** analog zu R 137 zu beurteilen - L.81
12		R 137 (4) RiLi H-III	Änderungen sind nach R 137 (4) zu kennzeichnen und Grundlage anzugeben • Einreichung von Kopien der zu ändernden Unterlagen möglich • Hilfsanträge sind möglich • Unterschiedliche Fassungen für verschiedene Vertragsstaaten möglich
13		RiLi H-III, 3	**Hilfsanträge** werden von der Abteilung in der vom Antragsteller gewählten Reihenfolge geprüft, wenn der Hauptantrag nicht stattgegeben wird. Kann einem Hilfsantrag stattgegeben werden, lässt die Abteilung alle nachfolgenden Anträge außer Acht.
14	Beschränkungsverfahren	R 90 RiLi D-X, 4	Änderungen im **Beschränkungsverfahren** (siehe L.83 ff.) sind möglich R 95 (2): Prüfungsabteilung prüft Änderungen hinsichtlich Art. 84 und Art. 123 (2), (3)
15	Materielle Zulässigkeit	Art. 123 (2) RiLi H-IV	Eine **ePA** darf **nicht** in der Weise **geändert** werden, dass ihr **Gegenstand über** den **Inhalt** der **Anmeldung** in der **ursprünglich eingereichten Fassung hinausgeht** (→ Verbindliche Fassung nach Art. 70 (1), (2))
16		Art. 123 (3) R 69 (1) RiLi H-IV 3.2 G 1/93	Im **Einspruchsverfahren** sind **Änderungen** in der **Beschreibung** und den **Zeichnungen** eines eP **nicht zulässig**, da sie die **Auslegung** der Patentansprüche nach Art 69 (1) und damit den **Schutzbereich verändern können**. (→ Verbindliche Fassung nach Art. 70 (1), (2))
17		Art. 85	**Keine Änderung aus Zusammenfassung möglich**, da diese lediglich zur technischen Information dient. T 246/86
18	Beispiele für zulässige Änderungen und unzulässige Erweiterung RiLi H-V	G 1/93	**Ausnahmen** (Erweiterungsverbot → **Art. 100 c**), **Art. 123 (2)+(3)** → Nichtigkeitsgrund nach **Art. 138**)
19		G 3/89	Eine **Berichtigung** der die Offenbarung betreffenden Teile einer ePA oder eines eP (der Beschreibung, der Patentansprüche und der Zeichnungen) nach **R 139, Satz 2** (R 88, Satz 2 EPÜ 1973) darf nur im Rahmen dessen erfolgen, was der Fachmann der Gesamtheit dieser Unterlagen in ihrer ursprünglich eingereichten Fassung unter Heranziehung des allgemeinen Fachwissens - objektiv und bezogen auf den AT - unmittelbar und eindeutig entnehmen kann (siehe S.11).
20		T 260/85	Priodokumente sind nicht Teil der urspr. eingereichten Unterlagen.
21		T 667/08 RiLi H-IV, 2.2	Für eine **ausreichende Offenbarung** nach Art. 123 (2) ist eine wörtliche Stützung nicht erforderlich, solange der entsprechende Gegenstand vom Fachmann unter Heranziehung des allgemeinen Fachwissens unmittelbar und eindeutig aus der Offenbarung der Erfindung in der eingereichten Fassung hergeleitet werden kann, wobei auch Merkmale in Betracht zu ziehen sind, die in der Unterlage zwar nicht ausdrücklich genannt, aber für den Fachmann vom Inhalt mit erfasst sind.
22		T 99/13 RiLi H-IV, 2.2	Beurteilung der Anforderungen von Art. 123 (2) sollte vom Standpunkt des Fachmanns auf einer technischen und vernünftigen Grundlage gemacht werden, um künstliche und semantische Konstruktionen zu vermeiden.
23		RdBK II E 1.2.4	Wesentlichkeitstest
24		RdBK II E 1.2.5	Neuheitstest (RiLi G-VI, 2)

Änderung, Berichtigung L.

Änderung einer Anmeldung/eines Patents (Fortsetzung)			
Verfahrenshandlung	Rechtsnorm, Rechtsprechung	Details	
Beispiele für zulässige Änderungen und unzulässige Erweiterung (Fortsetzung)		Aufnahme von Merkmalen, die in Dokument beschrieben sind, auf das in der Beschreibung Bezug genommen wird.	25
	⮩T 737/90 RiLi H-IV, 2.2.1	Berücksichtigung eines Dokuments, das der Öffentlichkeit am AT der ePA nicht zugänglich war, wenn (a) EPA (bzw. AA, sofern Euro-PCT) vor oder an AT die Abschrift vorliegt und (b) das Dokument spätestens am Tag der VÖ gemäß Art. 93 zugänglich gemacht wurde (z.B. Aufnahme in die Anmeldungsakte und damit nach Art. 128 (4) veröffentlicht).	26
	⮩T 689/90 RiLi H-IV, 2.2.1	Aufnahme möglich, wenn aus der Beschreibung zweifelsfrei für den Fachmann erkennbar ist, dass (i) für diese Merkmale Schutz begehrt wird oder werden kann, (ii) diese Merkmale zur Lösung der der Erfindung zugrunde liegenden technischen Aufgabe beitragen, (iii) diese Merkmale zumindest implizit eindeutig zur Beschreibung der in der eingereichten Anmeldung enthaltenen Erfindung (Art. 78 (1) b)) und damit zum Offenbarungsgehalt dieser Anmeldung (Art. 123 (2)) gehören und (iv) diese Merkmale in der Offenbarung des Bezugsdokuments genau definiert und identifizierbar sind.	27

L. Änderung, Berichtigung

Änderungen der Ansprüche

	Verfahrenshandlung	Rechtsnorm, Rechtsprechung	Details
28	**Anspruchs-änderung** RiLi H-V, 3	Art. 123 (2) ↳ T 331/87 RiLi H-V, 3.1	Erfordernisse des **Art. 123 (2)** sind erfüllt, wenn **Ersetzen/Streichen** eines Merkmals im Rahmen dessen erfolgt, was **Fachmann** der **Gesamtheit** der **Anmeldungs-unterlagen** unmittelbar und eindeutig **entnehmen** kann (↳ G 03/89, ↳ G 02/10 – „Goldstandard") **Streichen eines Merkmals** aus Anspruch ist zulässig, wenn • das Merkmal als nicht wesentlich hingestellt wurde und • das Merkmal für den Fachmann für die Funktion der Erfindung unter Berücksichtigung der tech. Aufgabe, die sie lösen soll, nicht unerlässlich ist und • das Ersetzen oder das Streichen keine Angleichung eines oder mehrere Merkmale erfordert, d.h. das Merkmal nicht als solches die Erfindung ändert Beispiele: siehe RiLi F-IV, Anlage
29		R 68 (4)	Neue/Geänderte Ansprüche werden in der Veröffentlichung aufgeführt, wenn diese spätestens vor Abschluss der technischen Vorbereitungen für die Veröffentlichung der Anmeldung geändert wurden (5 W vor Ablauf der 18 M nach AT/PT, siehe BdP 12.07.2007, ABl. 2007 SA 3, 94).
30		RiLi H-V, 3.2	Beschränkung des **Anspruchs** durch Aufnahme **zusätzlicher Merkmale** aus abhängigen Ansprüchen, aus Beschreibung, aus Zeichnungen und/oder durch Umwandlung eines unabhängigen Anspruchs in einen abhängigen Anspruch.
30a		RiLi H-V, 3.2.1	**Zwischenverallgemeinerung** Isoliertes Merkmal aus Merkmalskombination darf nur dann herausgegriffen werden, wenn zwischen den Merkmalen **kein** (untrennbarer) **struktureller** oder **funktionaler Zusammenhang** besteht.
30b		RiLi H-V, 3.3	**Streichung** von **Teilen** des **Anspruchs** zulässig, wenn entsprechende Ausführungsform ursprünglich explizit offenbart, z.B. als Alternativen **Streichung** von **Alternativen** aus **Liste** (z.B. .. enthält Cu, Au oder Ag) ist nur dann zulässig, wenn daraus keine neue Information entsteht, die nicht unmittelbar und eindeutig aus ursprünglich eingereichten Unterlagen ableitbar ist.
31		RiLi H-V, 6	**Anspruchsänderung** aus **Zeichnungen** möglich, wenn Fachmann aus den Zeichnungen im Kontext der gesamten Beschreibung klar und unmissverständlich das hinzugefügte Merkmal erkennt.
32		↳ T 382/94	**Änderungen aus Zeichnungen heraus** möglich, auch wenn Zeichnungen wenigstens teilweise nicht in Verfahrenssprache eingereicht wurden (keine notw. Bedingung).
33		↳ T 16/86 RdBK II E 2.5	Solange sich eine **Merkmalsverschiebung innerhalb eines Anspruchs** nicht auf dessen Bedeutung auswirke, bleibt der Schutzbereich unverändert und die Änderung verstoße nicht gegen Art. 123 (2).
34		↳ T 160/83 RdBK II E 2.5	Möglichkeit, **kennzeichnenden Teil** so zu ändern, dass dieser ein zuvor **im Oberbegriff** enthaltenes Merkmal aufweist, das aber in der Entgegenhaltung, die den nächstliegenden Stand der Technik bildete, nicht enthalten ist.
35		↳ G 11/91 ↳ T 443/89	Patentansprüche, **Beschreibung** und **Zeichnungen** stehen bezüglich des Offenbarungsgehalts gleichwertig nebeneinander.
36		↳ T 49/89 RdBK II E 2.5	Beschränkung des erteilten unabhängigen Anspruchs auf eine **besondere Ausführungsform gemäß einem abhängigen Anspruch**. Der Schutzbereich eines europäischen Patents werde durch den Inhalt aller Patentansprüche bestimmt und nicht durch den Inhalt eines oder mehrerer unabhängiger Ansprüche.
37		Art. 85	**Keine Aufnahme** von **Merkmalen** aus **Zusammenfassung möglich**, da diese lediglich zur technischen Information dient. (siehe auch ↳ T 246/86).

Änderung, Berichtigung L.

Änderungen der Ansprüche (Fortsetzung)			
Verfahrenshandlung	Rechtsnorm	Details	
Euro-PCT 📄 L.143	RiLi E-IX, 3.3.1	**Geänderte Ansprüche nach Art. 19 PCT u/o Art. 34 PCT** sowie bei der Einleitung der regionalen Phase werden als Änderung der ursprünglichen Unterlagen gewertet. Anmelder muss in diesen Fällen (bei Art. 19 PCT u/o. Art. 34 PCT Änderungen nur, wenn EPA kein IPER erstellt hat) nicht auf R 161 (1) reagieren; empfohlen wird jedoch Erwiderung, um Mitteilung nach R 137 (4) zu vermeiden; siehe ABl.2009, 533.	38
	R 161 (1) EPA = (S)ISA oder IPEA	Anmelder hat innerhalb von 6 M (nicht verlängerbar) nach Mitteilung Mängel zu beseitigen oder eine Stellungnahme abzugeben, ansonsten gilt die Anmeldung als zurückgenommen.	39
		Wurden keine Mängel festgestellt **kann** Anmelder die Anmeldung freiwillig einmalig ändern.	40
	R 161 (2)	Bei erforderlicher ergänzender Recherche (EPA≠ISA) geänderte Ansprüche, Beschreibung und/oder Zeichnungen nach Art. 19 PCT und/oder Art. 34 (2) b) PCT aufrechterhalten oder nach R 161 (2) Einreichung Änderung innerhalb von 6 M nach Mitteilung. –> Geänderte Anmeldung wird ergänzender europäischen Recherche zugrunde gelegt.	41
Ältere Rechte	Art. 139 (2) R 138	Unterschiedliche Ansprüche, Beschreibung, Zeichnungen aufgrund **älterer nationaler Rechte** und **Art. 139 (2)** – (RiLi B-VI, 4.2: keine gezielte Recherche) möglich in verschiedenen VS → auch nach R 71 (3)	42
	RiLi H-III, 4.4	Einreichung gesonderter Ansprüche kann nicht verlangt werden.	43
Disclaimer	RiLi H-V, 4	Beschränkung des Schutzumfangs eines Anspruchs mit dem Ziel, ein in der Anmeldung in der ursprünglichen Fassung nicht offenbartes technisches Mittel auszuklammern (siehe 📄 L.102 ff.).	44
Äquivalente	Art. 123 (2)	Äquivalente dürfen nicht nachträglich in die ePA aufgenommen werden → Art. 123 (2) (✏T 118/89, ✏T 673/89, ✏T 685/90)	45
	Art. 56 RiLi G-VI, 2	Äquivalente sind bei Prüfung auf erfinderische Tätigkeit, nicht auf Neuheit zu berücksichtigen (siehe 📖 S/S Art. 56 Rd 14, 45, 138, 📖 S/S Art. 54 Rd 68).	46
Einheitlichkeit	R 137 (5)	Geänderte Ansprüche dürfen sich **nicht** auf **nicht recherchierte Gegenstände** beziehen.	47
	RiLi H-II 6.2	R 137 (5), Satz 1 sollte im Rahmen von Art. 123 (2) und Art. 82 so ausgelegt werden, dass sie jede Beschränkung des recherchierten Gegenstands zulässt, bei der die Einheitlichkeit mit dem ursprünglich beanspruchten Gegenstand gewahrt bleibt, unabhängig davon, ob die für die Beschränkung herangezogenen technischen Merkmale recherchiert wurden.	48

L. Änderung, Berichtigung

Änderungen der Ansprüche (Fortsetzung)

	Verfahrenshandlung	Rechtsnorm	Details				
49	Änderung der Anspruchskategorie	Art. 123 (2) R 71 (6) R 137 (2), (3)	**Wechsel** der **Anspruchskategorie** im **Prüfungsverfahren** möglich, falls Änderung aus ursprünglichen Anmeldungsunterlagen ableitbar und keine unzulässige Verallgemeinerung vorliegt. (siehe auch (📖 S/S Art. 123 Rd 105 ff.)) Änderungen bedürfen der Zustimmung der Prüfungsabteilung.				
50		Art. 123 (2), (3) RiLi H-V, 7	**Wechsel der Anspruchskategorie** im **Einspruchsverfahren** aufgrund Einspruchsgrund - Voraussetzung: Schutzbereich (**Art. 69, Art. 123 (3)**) wird nicht erweitert Beispiele: Gegenstand → Verwendung, Erzeugnis →Verfahren, Verfahren → Erzeugnis, Verfahren → Verwendung (siehe RiLi H-V, 7.1 bis 7.4 für Zulässigkeit) (📖 S/S Art. 123 Rd 105 ff.)				
51		RdBK II-E, 2.6	Einzelfallentscheidungen: Kategoriewechsel zu				
				Vorrichtung	Erzeugnis	Product-by-Process	Verfahren	Verwendung
52			Vorrichtung	-				Ja ↳T 134/95
53			Erzeugnis	Nein ↳T 352/04	-	Ja (bedingt) ↳T 119/82	Ja ↳T 54/90 ↳T 1206/01	Ja ↳G 2/88
54			Erzeugnis, durch ihr Herstellungsverfahren gekennzeichnet (Product-by-Process)			-	Ja ↳T 423/89 ↳T 402/89	
55			Verfahren, bei dem eine Vorrichtung verwendet wird	Nein ↳T 82/93 ↳T 86/90	Ja (bedingt) ↳T 378/86 ↳T 426/89 ↳T 12/81	Nein ↳T 20/94	-	Ja (Verwendung des Erzeugnisses bei Durchführung des Verfahrens) ↳G 5/83, ↳T 276/96, ↳T 332/94
56			Verfahren zum Herstellen eines Erzeugnisses				-	Nein (Verwendung des Erzeugnisses) ↳T 98/85 ↳T 194/85
57			Verwendung		Nein ↳T 1635/09		Ja ↳T 279/93	-

Änderung, Berichtigung L.

Änderung der Beschreibung, Zeichnungen und Zusammenfassung			
Verfahrenshandlung	Rechtsnorm	Details	
Aufgabe/ Lösung	RiLi H-V, 2.4	Überarbeitung der angegebenen technischen Aufgabe muss Art. 123 (2) genügen (zur Angabe der objektiven technischen Aufgabe siehe RiLi G-VII, 5.2).	58
	↳T 13/84	Neuformulierung der Aufgabe wird durch Art. 123 (2) EPÜ nicht ausgeschlossen, wenn Aufgabe vom Fachmann unter Berücksichtigung des der Erfindung nächstliegenden SdT aus der Anmeldung in der eingereichten Fassung abgeleitet werden kann.	59
Stand der Technik	Art. 123 (2) R 50 (1) R 42 (1) b)	Ergänzen von Stand der Technik in **Zusammenfassung** oder **Beschreibung** ist zulässig und steht Art. 123 (2) nicht entgegen (↳**T 11/82**).	60
Zeichnungen	RiLi H-V, 5	Nachreichung von Zeichnungen dürfen keine neuen technischen Informationen enthalten, Prüfung auf Art. 123 (2) und ggf. Aufforderung zur Einreichung vorschriftsmäßiger Zeichnungen.	61
Änderungen des Anmeldtags	RiLi A-II, 5.3 R 56 (2) 📄 A.8 ff.	Bei gänzlich fehlenden Zeichnungen kommt es bei einer Nachreichung zu einer Verschiebung des AT.	62
	Ab 01.11.2022: R 56a	Bei offensichtlich falschen Teilen der Beschreibung, Ansprüche oder Zeichnungen, können Austauschunterlagen nachgereicht werden. Führt zu Verschiebung des AT. (ABl. 2022, A3; BdV vom 14.12.2021 + Abl. 2022, A71; MdEPA vom 23.06.2022)	62a

L. Änderung, Berichtigung

Änderung-/Berichtigung nach Mitteilung Erteilungsabsicht

	Verfahrenshandlung	Rechtsnorm	Details
63	Änderungs-/Berichtigungs-antrag nach Mittelung R 71 (3) seit 01.04.2012 RiLi C-V,4 📖 S/S Art. 97, Rd 9 ff.	R 71 (6)	Einreichung begründeter **Änderung/Berichtigung** durch **Anmelder innerhalb 4 M Frist der R 71 (3)** • falls Zustimmung der Prüfungsabteilung nach R 137 (3) neue Mitteilung nach R 71 (3) (📄 L.68) **oder** • Wiederaufnahme des Prüfungsverfahrens.
64		R 137 (3) Zulässige Änderungen	**R 137 (3), RiLi H-II, 2.5** **Mögliche Änderungen mit Zustimmung Prüfungsabteilung nach R 137 (3):** **Aufnahme SdT Dokumente:** • Nur Background SdT kann aufgenommen werden→ R 42 (1) b) • Relevanter/wichtiger SdT → Wiedereröffnung des Verfahrens **Aufnahme abhängiger Ansprüche:** → Wiedereröffnung des Verfahrens • Änderungen markieren nach R 137 (4), um Verzögerungen zu verhindern • Art. 82 Einheitlichkeit beachten • Gegenstand muss gemäß R 137 (5) recherchiert sein • Zusätzliche Anspruchsgebühr • Argumentation **Aufnahme unabhängiger Ansprüche:** Siehe abhängiger Anspruch, jedoch wahrscheinlich nicht möglich.
65		RiLi H-II, 2.5.1 ♦ G7/93	Prüfer muss abwägen zwischen: • Schnellem Abschluss des Prüfungsverfahren und • Sinnvollem Schutz für Anmelder.
66		Gebühren RiLi C-V, 4.1 RiLi C-V, 4.2	Auf diese weitere Mitteilung nach R 71 (3) müssen keine Gebühren entrichtet (bei freiwilliger Entrichtung ggf. spätere Anrechnung, R 71a (5)) oder die Patentansprüche übersetzt werden.
67		RiLi C-V, 4.3	Änderungen oder Berichtigungen sollten begründen: - Anforderungen an die Patentierbarkeit (Art. 123 (2), Art. 84) - Offensichtlichkeit der Fehler und Berichtigung (R 139)
68		R 71 (6)	Verfahren nach **RiLi C-V, 4.1 bis 4.10** sind entsprechend anzuwenden, wenn eine zweite Mitteilung nach R 71 (3) ergeht und Anmelder innerhalb dieser zweiten Frist nach R 71 (3) i) weitere Änderungen oder Berichtigungen einreicht, ii) die Änderungen ablehnt, die die Prüfungsabteilung in der Mitteilung nach R 71 (3) vorgeschlagen hat, oder iii) einen höherrangigen Antrag wieder aufgreift (wenn der zweiten Mitteilung nach R 71 (3) ein Hilfsantrag zugrunde liegt).
69		RiLi C-V, 6.1	Wiederaufnahme der Prüfung durch die Prüfungsabteilung nachdem Anmelder sein Einverständnis erklärt hat, ist vor Abgabe an die interne Poststelle jederzeit möglich (G 12/91), z.B. aufgrund Einwendungen Dritter, Anmelder reicht Änderungen oder Berichtigungen ein oder wenn Gegenstand nicht mit EPÜ vereinbar ist.
70		RiLi H-II, 2.6 ♦ G 12/91 📄 S.25	Für die Prüfungsabteilung ist das Verfahren für den Erlass einer Entscheidung mit dem Tag der Abgabe an die interne Poststelle des EPA abgeschlossen.

Änderung, Berichtigung L.

Änderung im Einspruchs-/Beschwerdeverfahren			
Verfahrenshandlung	Rechtsnorm	Details	
Änderungen im Einspruchs-verfahren RiLi H-II, 3 RiLi D-IV, 5.3 siehe E.62 ff.	Art. 101 (1) R 79 (1) R 81 (3)	**R 79 (1)**: Mitteilung des Einspruchs an PI, Gelegenheit zur Stellungnahme	71
		Art. 101 (1): Prüfung des Einspruchs durch Einspruchsabteilung, Aufforderung an Beteiligte zur Stellungnahme zu Bescheiden oder zu Schriftsätzen der anderen Beteiligten	72
		R 81 (3): Patentinhaber wird nach Art. 101 (1) Gelegenheit gegeben, falls erforderlich, Beschreibung, Ansprüche und Zeichnungen in geänderter Form einzureichen.	73
	R 80 R 138 RiLi H-II, 3	Im **Einspruchsverfahren** kann das eP geändert werden, sofern die Änderung durch Einspruchsgründe nach **Art. 100** veranlasst ist, auch • wenn diese Gründe durch den Einsprechenden nicht geltend gemacht wurden, oder • wenn sie durch ältere (nat. oder europ.) Rechte veranlasst wurden (**R 138**). Weitere Anpassung oder Klarstellung der in Reaktion auf Einspruchsgründe gemachten Änderungen möglich	74
	RiLi H-IV, 4.3	PI hat anzugeben, aus welchen Stellen der ursprünglichen Anmeldungsunterlagen die Änderungen hergeleitet werden. Darüber hinaus hat er zu der Patentfähigkeit der geänderten Ansprüche sowie der vorgebrachten Einwendungen der Einsprechenden Stellung zu nehmen.	75
	Art. 14 (2)	Änderungen können auf ursprünglich eingereichter Fassung basieren, d.h. auch auf Unterlagen in eingereichter Nichtamtssprache des EPA	76
	G 1/91	Nach Änderungen im Einspruchsverfahren ist Einheitlichkeit nach **Art. 82** nicht mehr zu prüfen.	77
	G 3/14	Bei der Prüfung nach **Art. 101 (3)**, ob das Patent in der geänderten Fassung den Erfordernissen des EPÜ genügt, können die Ansprüche des Patents nur auf die Erfordernisse des **Art. 84** geprüft werden, sofern und nur soweit diese Änderung einen Verstoß gegen **Art. 84** herbeiführt.	78
	G 1/93	Achtung: **Unentrinnbare Falle** zwischen **Art. 123 (2)** und **Art. 123 (3)** durch **Aufnahme Gegenstände** in der **erteilten Fassung**, die **nicht Inhalt** der **ursprünglichen Anmeldung** waren.	79
Änderungen im Beschwerde-verfahren	Art. 110	Änderung im Beschwerdeverfahren siehe S/S Art. 110 Rd 83 ff. Zulässigkeit der Änderungen werden nach **R 79 (1) und R 81** analog zu R 137 beurteilt.	80
	VerfOBK Art. 13 (1), (2) (ABl. 2020, Zusatz-publikation 2)	Als Änderung gilt jegliche Abweichung von Anträgen, Tatsachen, Einwänden (u.a. Angriffen), Argumenten und Beweismitteln gegenüber der 1. Instanz. – Die Beschwerdekammer lässt Änderungen nur nach Ermessen zu. – Änderungen dürfen keinen Grund für weitere Einwände bieten. – Änderungen müssen prima facie geeignet sein, die aufgeworfenen Fragen oder Einwände auszuräumen. Nach Ablauf der Frist gemäß einer Mitteilung nach R 100 (2) oder nach Zustellung einer Ladung zu einer mündl. Verhandlung werden Änderungen grundsätzlich nicht mehr zugelassen.	81
	T 97/98	Berichtigung des Namens des Beschwerdeführers nach **R 99 (1) a), R 101 (2)** zulässig, wenn die wirkliche Absicht bestand, die Beschwerde im Namen dieser Person einzulegen und den Angaben in der Beschwerdeschrift mit hinreichender Wahrscheinlichkeit entnommen werden konnte, dass die Beschwerde im Namen dieser Person hätte eingelegt werden sollen.	82

L. Änderung, Berichtigung

	Beschränkung		
	Verfahrenshandlung	Rechtsnorm	Details
83	Beschränkung aufgrund Teilrecherche	R 62a (2) R 63 (3) RiLi H-II, 5	Wurde Recherche nach R 63 (Unvollständige Recherche) auf einen bestimmten Gegenstand oder nach R 62a (Mehr als ein unabhängiger Anspruch pro Anspruchskategorie) auf bestimmte Ansprüche beschränkt, so sind die nicht recherchierten Gegenstände oder Ansprüche zu streichen und die Beschreibung anzupassen.
84	Beschränkungsverfahren	Art. 105a	**Art. 105a (1)**: Auf **Antrag PI** kann **eP widerrufen** oder durch **Änderung** der **Patentansprüche** geändert werden.
85		RiLi D-X, 4 RiLi D-X, 7	**Art. 105a (2), R 93 (1)**: **Antrag** kann im **anhängigen Einspruchsverfahren nicht gestellt** werden; **R 93 (2)**: Anhängiges Beschränkungsverfahren bei Einspruch wird eingestellt, Rückzahlung Beschränkungsgebühr (Art. 2, Nr. 10a GebO), ggf. inkl. Gebühr nach R 95 (3) S1 (Veröffentlichungsgebühr - Art. 2 (1) Nr. 8 GebO)
86		R 90 RiLi D-X, 4.2	**Gegenstand** des Beschränkungs- und Widerrufsverfahren nach Art. 105a ist das **eP** in **erteilter** oder im Einspruchs- oder Beschränkungsverfahren vor dem EPA **geänderten Fassung**
87		R 92	**Antrag** ist schriftlich in einer Amtssprache des EPA einzureichen. Auch möglich, in Amtssprache eines VS einzureichen, wenn nach R 6 (2) innerhalb 1 M Übersetzung eingeht. Antrag hat Angaben zu PI (Antragsteller), Nummer des eP, ggf. Name/Anschrift PI (wenn Antragsteller ≠ PI), für Beschränkung vollständige Fassung geänderter Patentansprüche und ggf. Beschreibung/Zeichnungen, ggf. Angaben zum Vertreter RiLi D-X, 4.2: Antragsteller hat keinen Grund anzugeben.
88		Art. 105b R 92 R 94 R 95	**Art. 105b**: EPA (**R 91: Prüfungsabteilung – RiLi D-X, 4.1**) prüft **Antragserfordernisse** der R 92 für Beschränkung oder Widerruf; bei zulässigem Antrag Widerruf nach R 95 (1), Prüfung der geänderten Patentansprüche nach R 95 (2)-(4) gemäß Art. 84 und Art. 123 (2), (3) oder Verwerfung des Antrags nach R 94 als unzulässig
89		Art. 105b (1) R 95 (2)-(4) RiLi D-X, 4.3 RiLi D-X, 4.4	**Art. 105b (1), R 95 (2)**: Entspricht Antrag nicht Art. 84 und Art. 123 (2), (3) gibt Prüfungsabteilung Antragsteller einmal Gelegenheit, Mängel in Ansprüchen, Beschreibung u/o Zeichnungen innerhalb Frist (idR 2 M – R 132 (2)) zu ändern.
89a			RiLi D-X, 4.4: Wegen Anspruch auf rechtlichem Gehör auch zweite Mitteilung bei neuerlichen Mängeln möglich. Antrag nach Art. 116 auf mündl. Verhandlung möglich. Nichtbefolgung führt nach **R 95 (4)** zur Zurückweisung des Antrags.
89b		RiLi D-X, 4.5	Anmelder kann im Beschränkungsverfahren auch auf **Einwendungen Dritter** reagieren.
90		Art. 105b (2), (3) R 95 (3) RiLi D-X, 5	**Art. 105b (2), R 95 (3)**: Wird Antrag stattgegeben, fordert Prüfungsabteilung Antragsteller auf, innerhalb 3 M Veröffentlichungsgebühr (Art. 2 (1) Nr. 8 GebO) zu entrichten und Übersetzung in die beiden anderen Amtssprachen einzureichen. Nichtbefolgung führt nach **R 95 (4)** zur Zurückweisung des Antrags.
91		Art. 105b (3) Art. 105c R 95 (3) RiLi D-X, 5	Werden Handlungen nach R 95 (3) S1 vorgenommen, beschließt Prüfungsabteilung Beschränkung nach R 95 (3) S3 **Art. 105b (3) S 2**: Beschränkung/Widerruf gültig ab Hinweis Entscheidung im Europäischen Patentblatt mit Veröffentlichung nach **Art 105c, R 96**

Änderung, Berichtigung L.

Beschränkung (Fortsetzung)			
Verfahrens-handlung	Rechtsnorm	Details	
Beschränkungs-verfahren (Fortsetzung)	RiLi D-X, 9	Antragsteller kann Antrag auf Beschränkung oder Widerruf jederzeit während er anhängig ist zurückziehen, Beschränkungs- bzw. Widerrufsgebühr wird nicht zurückerstattet.	92
	RiLi D-X, 10	Trotz Art. 105b (3) (Beschränkung hat Wirkung für alle Vertragsstaaten) Beschränkung mit unterschiedlichen Anspruchssätzen für verschiedene Vertragsstaaten möglich, z.B. aufgrund älterer Rechte nach R 138 (Angabe im Antrag notwendig)	93
Nationales Nichtigkeits-verfahren	Art. 138 (3)	PI ist befugt, im Verfahren vor dem zuständigen Gericht oder der zuständigen Behörde das eP durch Änderung der Patentansprüche zu beschränken; die so beschränkte Fassung des Patents ist dem Verfahren zugrunde zu legen. (📖 S/S Art. 123, Rd 33 ff.)	94

L. Änderung, Berichtigung

	Verfahren bei Änderungen der Unterlagen RiLi H-III, 2				
	Verfahrenshandlung	Rechtsnorm	Details		
95	**Sprache der Änderungen**	R 3 (2) RiLi A-VII, 2	Änderungen der ePA oder des EP müssen in der Verfahrenssprache eingereicht werden (siehe K.46).		
96	**Kennzeichnung und Angabe Grundlage**	R 137 (4) RiLi H-III, 2.1 + 2.2	R 137 (4), Satz 1: **Änderungen** müssen **gekennzeichnet** werden. **Grundlage** der **Änderungen** (vorherige Fassung oder ursprüngliche Fassung) muss zur Prüfung des Art. 123 (2) **angegeben** werden.	R 137 (4) Satz 2: 1 M Frist zur Mängelbehebung. Bei Nichtbehebung gilt Anmeldung als zurückgenommen.	WB (+)
96a		RiL H-III, 2.1	Anmelder kann mit Änderungen Argumente für Ableitung der Änderungen einreichen, kann zur Beurteilung nach Art. 123 (2) herangezogen werden, wenn keine wortwörtlich Stützung der Änderung in ursprünglicher Fassung vorliegt.		
			Bei nicht in Amtssprache eingereichte Anmeldung geht EPA von korrekter Übersetzung aus. Angabe der Grundlage der Änderung in Übersetzung ausreichend.		
96b		RiLi H-III, 2.1.2	Nimmt Anmelder Änderungen nach Mitteilung zur Mängelbeseitigung nach R 137 (4), Satz 2 zurück oder reicht neue Änderungen ein, tritt kein Rechtsverlust ein. Wird durch die Zurücknahme ein bereits beanstandeter Gegenstand wieder eingeführt, kann diese Änderung nach R 137 (3) als unzulässig erklärt werden.		
96c		RiLi H-III, 2.1.3	Auch in **mündlicher Verhandlung** ist Erfordernis der R 137 (4) zu beachten, es ergeht jedoch keine Frist zur Mängelbehebung. Stattdessen kann Prüfungsabteilung Änderungen nach Anhörung (Art. 113 (1)) des Anmelder nach R 137 (3) als unzulässig zurückweisen. Nach Aufforderung R 116 (2) eingereichte Änderungen werden in mündlicher Verhandlung behandelt.		
97	**Einreichen fehlender Unterlagen oder Ersatzseiten**	RiLi H-III, 2.2	Nachreichung von fehlenden Unterlagen oder Einreichung von Ersatzseiten innerhalb der Grenzen der Art. 123 (2) und (3) möglich. Bei **Ersatzseiten** sind im Interesse der Verfahrensökonomie die **Änderungen** klar zu **kennzeichnen** und **anzugeben**, **auf welche Passagen** der ursprünglichen Anmeldung **sie beruhen**.		
98	**Handschriftliche Änderung**	R 50 (1) R 49 (8) RiLi E-III, 8.7	EPA stellt technische Mittel zur Verfügung, die die Formerfordernisse (mit Maschine geschriebenen Änderungen) in der mündlichen Verhandlung ermöglichen. Anmelder muss eigenes Speichermedium (frei von Viren oder anderer bösartiger Software) verwenden. Handschriftliche Änderungen werden in mündlicher Verhandlung nur als Grundlage zur Erörterung akzeptiert. Endgültige Entscheidung nur auf Grundlage eines Schriftstücks, das keine Formmängel enthält (RiLi E-III, 8.7.1-8.8.3 ABl. 2013, 603).		
99			Im **Prüfungsverfahren** müssen formal korrekte Änderungen innerhalb von 2 M eingereicht werden, wenn Einvernehmen über einen patentierbaren Gegenstand vorliegt (RiLi E-III, 8.7.2).		
100			Im **Einspruchsverfahren**, wenn Zwischenentscheidung der Einspruchsabteilung in mündlicher Verhandlung auf Unterlagen gestützt wurde, die nicht der R 49 (8) entsprechen, weil sie handschriftliche Änderungen enthalten, fordert Einspruchsabteilung den PI in Mitteilung nach R 82 (2) auf, eine formal korrekte Fassung des geänderten Wortlauts einzureichen (RiLi E-III, 8.7.3). Frist 2 M (R 82 (3)).		
101			Rechtsbehelf: Beschwerde, wobei Änderungen maschinenschriftlich eingereicht werden müssen → Art. 109 (1) Abhilfe		

Änderung, Berichtigung L.

Disclaimer		
↳G 1/03, ↳G 2/03, ↳G 1/16 und ↳G 2/10		
RiLi F-IV, 4.20, 📖 S/S Art. 84 Rd 24 ff., 📖 S/S Art. 123 Rd 57 ff. und RiLi H-V, 4		
Verfahrenshandlung	Rechtsnorm	Details
Definition	RiLi H-V, 4	<ul><li>Negative Merkmale, die die in Form einer strukturellen oder funktionellen Beschränkung die zu schützende Erfindung definieren</li><li>Können Neuheit verleihen</li><li>Werden wie positive Merkmale auf Relevanz für die erfinderische Tätigkeit hin geprüft</li><li>Müssen nach Art. 84 **Erfordernisse** der **Deutlichkeit**, **Knappheit** und **Stützung** erfüllen.</li><li>Dürfen bei nachträglicher Aufnahme nicht gegen Art. 123 (2) verstoßen</li></ul>	102
Nicht ursprünglich offenbarter Disclaimer	RiLi H-V, 4.2.1 ↳G 1/03, ↳G 2/03 und ↳G 1/16	**Zulässigkeit** eines nicht ursprünglich offenbarten Disclaimers: i) **Wiederherstellung** der **Neuheit**, indem er einen Anspruch gegenüber einem SdT nach Art. 54 (3) EPÜ **abgrenzt**; ii) **Wiederherstellung** der **Neuheit**, indem er einen Anspruch gegenüber einer **zufälligen Vorwegnahme** nach Art. 54 (2) EPÜ **abgrenzt**; eine **Vorwegnahme** ist **zufällig**, wenn sie so unerheblich für die beanspruchte Erfindung ist und so weitab von ihr liegt, dass der Fachmann sie bei der Erfindung nicht berücksichtigt hätte; iii) **Ausklammern** eines **Gegenstands**, der nach den Art. 52 bis 57 EPÜ aus **nichttechnischen Gründen** vom Patentschutz ausgeschlossen ist. Der Goldstandard-Test nach G 2/10 ist bei nicht offenbarten Disclaimern nicht anwendbar. (RiLi H-V, 4.2.1-4.2.2).	103
		Unzulässig ist ein nicht ursprünglich offenbarter Disclaimer, der i) Nicht funktionsfähige Ausführungsformen ausklammert oder unzureichende Offenbarung behebt; ii) Einen technischen Beitrag leistet und so für Beurteilung der erfinderischen Tätigkeit relevant wird; iii) Für die Beurteilung der erfinderischen Tätigkeit relevant ist; iv) Eigentlich eine Abgrenzung zu einer kollidierenden Anmeldung nach Art. 54 (3) herstellen würde, jedoch gegenüber einem anderen SdT nach Art. 54 (2) zur Neuheit und erfinderischen Tätigkeit verhelfen würde; v) aufgrund einer kollidierenden Anmeldung einen weiteren Zweck dient, z.B. Behebung eines Mangels nach Art. 83	104
	↳G 1/16	**Nicht offenbarter Disclaimer** darf **keinen technischen Beitrag** leisten und darf nicht für die Beurteilung der erfinderischen Tätigkeit oder der ausreichenden Offenbarung relevant sein oder werden.	105
Ursprünglich offenbarter Disclaimer	RiLi H-V, 4.2.2 ↳G 2/10	Keine Anwendung der Kriterien aus ↳**G 1/03** auf ursprünglich als Ausführungsform **offenbarte** Disclaimer. Aufnahme eines **Disclaimers nicht zulässig**, wenn der Fachmann unter Heranziehung des allgemeinen Fachwissens den **verbleibenden beanspruchten Gegenstand nicht** als unmittelbar und eindeutig (explizit oder implizit) **in der ursprünglichen Fassung** der **Anmeldung offenbart** ansehen würde. → Muss den Erfordernissen nach Art. 123 (2) genügen (Goldstandard-Test).	106

365

L. Änderung, Berichtigung

	Disclaimer (Fortsetzung)		
	Verfahrenshandlung	Rechtsnorm	Details
107	**Formulierungs-beispiel**		Molded articles manufactured from blends comprising from 5 to 95 weight percent of a biphenyl containing poly(aryl ether suphone) and from 95 to 5 weight percent of a poly(aryl ether ketone) containing no ortho hydroxyl groups and having a reduced viscosity of 0.3 to 5.0 dl/g; films and sheets manufactured from a blend of (a) a poly(aryl ether ketone) containing therein at least 50 weight percent of a repeating unit of formula: XXX alone or in combination with one or more different repeating units, and (b) up to 50 weight percent of poly(aryl ethersulfone) having repeating units of the following formulae: YYYY XYXY being excluded«
108	**Disclaimer - Rechtsprechung**		
109	Veröffentlichungs-nummer	T 11/89	Die Veröffentlichungsnummer einer Patentschrift ist offensichtlich kein technisches Merkmal; sie ist daher nicht geeignet, den Umfang eines Disclaimers zu bestimmen.
110	Anpassung der Beschreibung	T 857/91 T 710/92 T 597/92	Beschreibung kann nachträglich an Disclaimer angepasst werden.
111	Erfinderische Tätigkeit	T 653/92	Disclaimer kann nicht die erfinderische Tätigkeit begründen.
112	Verwendung von negativen Einschränkungen	T 4/80 T 1050/93 T 286/06	Negative Einschränkungen wie etwa Disclaimer dürfen nur dann verwendet werden, wenn sich der verbleibende Schutzgegenstand durch die Aufnahme positiver Merkmale in den Anspruch nicht klarer und knapper definieren lässt (T 4/80) oder wenn dadurch der Schutzumfang des Anspruchs unverhältnismäßig eingeschränkt würde (T 1050/93, nicht im ABl. veröffentlicht). Es muss klar erkennbar sein, was mithilfe des Disclaimers ausgeschlossen wird (T 286/06).

Änderung, Berichtigung L.

PCT: Änderungen der Ansprüche, Beschreibung und Zeichnungen
AG 11.045-11.047

Verfahrenshandlung	Rechtsnorm	Details	
Vor Erhalt int. RB (ISR)	GL H-I, 2	**Keine Änderung möglich**	113
Nach Zugang int. RB (ISR) **Kapitel I** AG 11.046, 9.004- 9.011 GL H-I, 3	Art. 19 (1) PCT	Einmalige Änderung nur der **Ansprüche** (erst **nach** Erhalt des **ISR**, ggf. mit Stellungnahme möglich); Erklärung (**R 46.4 PCT**) zu den Änderungen kann beigefügt werden (wird ebenfalls veröffentlicht)	114
Inhalt	Art. 19 (2) PCT	Änderungen dürfen **nicht über Offenbarungsgehalt** der ursprünglichen Anmeldung hinausgehen (Mitteilung nach **R 66.2 a) iv) PCT**).	115
	R 70.2 c) PCT	Keine Berücksichtigung bei ivP, wenn Änderungen über Offenbarungsgehalt hinausgehen.	116
Einreichungsort	R 46.2 PCT	**Einreichung** der Änderung unmittelbar **beim IB**	117
Frist	R 46.1 PCT	**Frist 2 M** nach Übermittlung des vollständigen **ISR** (Absendedatum) oder **16 M** nach **PT** (spätere Frist zählt); spätestens vor Abschluss der techn. Vorbereitung zur Veröffentlichung (15 Tage vor Veröffentlichung - AG 9.014)	118
	R 62.2 PCT	Ist bereits Antrag auf ivP gestellt, sollen Änderungen, Erklärungen und Begleitschreiben (**R 46.5 b) PCT**) gleichzeitig bei mit ivP beauftragten Behörde eingereicht werden; IB leitet Kopien weiter.	119
Form	R 46.5 a) PCT	Änderungen nach Art. 19 PCT durch Ersatzblätter mit vollständigem Satz von Ansprüchen	120
	R 46.5 b) PCT	Ersatzblättern ist **Begleitschreiben** beizufügen, Hinweis auf Änderungen, Wegfall von Ansprüchen, **Grundlage** der **Änderungen**	121
	R 70.2 c-bis) PCT	Änderungen werden bei ivP nicht berücksichtigt, wenn Unterlagen (Begleitschreiben nach **R 46.5 b) PCT**) fehlen. – AG 11.047A	122
Sprache	R 46.3 PCT R 46.4 PCT	**Änderungen** und **Erklärung** (der Änderung) sind in **Sprache** der **Veröffentlichung** einzureichen	123
	R 55.3 PCT	Wird **Begleitschreiben nicht** in **erforderlicher Sprache** übersetzt, braucht Änderung für **ivP nicht berücksichtigt** werden.	124
Veröffentlichung	Art. 21 PCT R 48.2 a) iii), vi) PCT	Veröffentlichung ursprünglich angemeldete Ansprüche, eingereichte Anspruchsänderungen nach Art. 19 PCT und Erklärung der Änderungen nach Art. 19 (1) PCT	125

L.   Änderung, Berichtigung

	PCT: Änderungen der Ansprüche, Beschreibung und Zeichnungen (Fortsetzung)		
	Verfahrenshandlung	Rechtsnorm	Details
126	**Vor Erstellung ivP** **Kapitel II** AG 11.045-11.047, 10.024 ff., 10.067 ff GL H-I, 3	Art. 34 (2) b) PCT	Änderungen der **Ansprüche**, **Beschreibung** und der **Zeichnungen vor** Erstellung des **ivP beim IPEA** möglich, im Rahmen der ursprünglichen Offenbarung am AT, sonst gemäß **R 70.2 c) PCT** Prüfung ohne Änderungen
127	Frist zur Einreichung	R 66.1 b) PCT	Einreichung Änderungen nach Art. 34 **bei Antragstellung** oder vorbehaltlich **R 66.4bis PCT bis** zu **Beginn** der **Erstellung** des **ivP**
128	Form	Art. 34 (2) a) PCT	Anmelder hat das Recht, mündlich und schriftlich mit der IPEA zu verkehren.
129	Änderung bei negativem ivP	R 66.2 c), d) PCT	Auf negativen schriftlichen Bescheid der IPEA Aufforderung zur schriftlichen Stellungnahme, Anmelder kann Stellung nehmen, Frist von **mind. 1 M**, normalerweise 2 M, (wenigstens 2 M, wenn int. RB gleichzeitig mit Mitteilung zugeschickt wird), max. 3 M, aber verlängerbar (**R 66.2 e) PCT**) bei **Nichtbeantwortung** drohen **KEINE Rechtsverluste**
130	Stellungahme Anmelder	R 66.3 PCT	Anmelder kann mit Änderungen und/oder Gegenvorstellungen antworten, Antwort ist unmittelbar an IPEA zu richten
131	Zusätzlicher Bescheid des IPEA	R 66.4 a) PCT	IPEA kann einen oder mehrere zusätzliche schriftliche Bescheide erlassen (-> R 66.2 PCT und R 66.3 PCT)
132	EPA	MdEPA, ABl. 2010, 406	Liegt kein schriftlicher Bescheid des EPA als ISA vor, erstellt das EPA (als IPEA) einen ersten schriftlichen Bescheid, wenn es Einwände sieht, d.h. die ivP negativ ausfallen würde und teilt dies dem Anmelder mit (**R 66.1bis c) PCT** und **66.2 PCT**).
133	Änderungsmöglichkeit	R 66.4 b) PCT	Auf Antrag des Anmelders mit Zustimmung der IPEA mehrere Möglichkeiten zur Änderung
134	Nicht Berücksichtigung Änderung	R 66.4bis PCT	**Keine Berücksichtigung** der **Änderungen**, wenn bereits mit **Erstellung** des **Bescheids** oder Berichts **begonnen** wurde (evtl. telefonische Ankündigung der Änderung).
135	Kontakt Prüfer IPEA	R 66.6 PCT	Formlose Erörterung mit dem Anmelder vor Erstellung ivP/IPER → auch telefonisch (ABl. 2005, 493 und MdEPA, ABl. 2010, 406)
136	Begleitschreiben	R 66.8 PCT	Ersatzblättern ist **Begleitschreiben** beizufügen, Hinweis auf Änderungen, Wegfall von Ansprüchen, **Grundlage** der **Änderungen**
137	Berücksichtigung Änderung beim ivP	R 70.2 a) PCT	Änderungen der Ansprüche werden der ivP zugrunde gelegt
138		R 70.2 c) PCT	Ist IPEA der Auffassung, dass Änderungen über Offenbarungsgehalt hinausgehen, wird ivP/IPER ohne Berücksichtigung der Änderungen erstellt und im Bericht darauf hingewiesen. IPEA gibt Gründe an.
139		R 70.2 c-bis) PCT	Änderungen werden bei ivP nicht berücksichtigt, wenn Unterlagen (Begleitschreiben mit Grundlagen für die Änderungen nach **R 66.8 PCT**) fehlen.
140	Sprache	R 55.3 a) PCT	**Änderungen** sowie **Begleitschreiben** sind in **Veröffentlichungssprache** einzureichen, **verlängerbare Frist** von min. **1 M**, solange keine Entscheidung getroffen (**R 55.3 c) PCT**); Nichtberücksichtigung Änderungen bei der ivP, wenn Übersetzung nicht eingereicht wird (**R 55.3 d) PCT**).
141		R 55.3 b) PCT	**Falls Übersetzung** nach R 55.2 PCT **erforderlich** ist, sind Änderungen nach R 55.3 a) PCT sowie Art. 19 PCT und Begleitschreiben nach R 46.5 b) PCT in Sprache der Übersetzung abzufassen.

Änderung, Berichtigung L.

PCT: Änderungen der Ansprüche, Beschreibung und Zeichnungen (Fortsetzung)			
Verfahrenshandlung	Rechtsnorm	Details	
Änderungen bei Nationalisierung/ Regionalisierung Bestimmungsämter	Art. 28 (1) PCT R 52.1 PCT	**Möglichkeit** zur **Änderung Ansprüche, Beschreibung** und **Zeichnungen** bei **Bestimmungsämtern**; wenigstens 1 M nach Erfüllung Erfordernisse des Art. 22 PCT (Regionalisierung)	142
EPA als vorherige ISA/IPEA	RiLi E-IX, 3.3.1	Geänderte Ansprüche nach **Art. 19** u/o Art. **34 PCT** sowie bei der Einleitung der regionalen Phase werden als **Änderung** der **ursprünglichen Unterlagen gewertet**. Anmelder hat in diesen Fällen (bei Art. 19/Art. 34 PCT Änderungen nur, wenn EPA kein IPER erstellt hat) nicht auf R 161 (1) zu reagieren; empfohlen wird jedoch Erwiderung, um Mitteilung nach R 137 (4) zu vermeiden. - ABl.2009, 533	143
EPA als BS	R 161 (1) EPA=(S)ISA	**Bei Mängeln** in ISR, ivP oder SIS Stellungnahme/Änderung innerhalb **nicht verlängerbare Frist** 6 M **obligatorisch**, sonst freiwillige Änderung möglich	144
	R 161 (2) EPA ≠ (S)ISA oder IPEA	EPA erstellt **ergänzende europäische Recherche** Anmelder kann **innerhalb 6 M** ab Mitteilung **Änderung** einreichen, die der ergänzenden europäischen Recherche zugrunde gelegt wird.	145
Ausgewählte Ämter	Art. 41 (1) PCT R 78.1 PCT	**Möglichkeit** zur **Änderung** vor **ausgewählten Ämtern** (Kapitel II), wenigstens 1 M nach Erfüllung der Erfordernisse nach Art. 39 PCT (Übermittlung eines Exemplars der int. Anmeldung und Übersetzung sowie Gebührenzahlung an das ausgewählte Amt).	146

L. Änderung, Berichtigung

Berichtigung
R 139 EPÜ, RiLi A-V, 3; RiLi A-III, 6.5.2; RiLi H-VI; 📖 S/S Art. 123 Rd 159 ff.
Berichtigungsmöglichkeit nur für schriftliche Unterlagen

	Verfahrenshandlung	Rechtsnorm	Details
147	Berichtigung in beim EPA eingereichten Unterlagen	R 139 Satz 1 RiLi H-VI 2.1 RiLi A-V, 3	**Sprachliche Fehler, Schreibfehler und Unrichtigkeiten** in den beim EPA eingereichten Unterlagen können auf Antrag berichtigt werden. Solche Änderungen können jederzeit beantragt werden, sofern ein Verfahren vor dem EPA anhängig ist (↳ J 42/92).
148			Ob die Berichtigung zulässig ist, wird anhand der ursprünglich eingereichten Anmeldungsunterlagen einschließlich etwaiger nach R 56 nachgereichter fehlender Teile der Beschreibung oder fehlender Zeichnungen geprüft. Ob sich durch die Nachreichung der Anmeldetag geändert hat, ist dabei unerheblich. Patentansprüche, die nach dem Anmeldetag auf eine Mitteilung nach R 58 hin eingereicht werden, können bei der Überprüfung, ob der Berichtigungsantrag zulässig ist, allerdings nicht berücksichtigt werden.
149			Die Berichtigung muss dem entsprechen, was ursprünglich beabsichtigt war. Ist nicht unmittelbar ersichtlich, was beabsichtigt war, trägt der Antragsteller die Beweislast. Die Berichtigung kann eine unrichtige Angabe oder auch eine Auslassung betreffen (↳ J 8/80).
150			**Zeitliche Einschränkung der Berichtigung**: Wenn die Berichtigung Unrichtigkeiten betrifft, auf die sich Dritte verlassen durften (z. B. **Priorität**), so muss der Berichtigungsantrag unverzüglich, zumindest aber so rechtzeitig gestellt werden, dass er bei der Veröffentlichung der ePA berücksichtigt werden kann (↳ G 12/91: Rechtzeitig).
151			Im Falle einer **fehlerhaften Angabe des Namens des Beschwerdeführers** greift nach den in der Rechtsprechung der Beschwerdekammern aufgestellten Bedingungen das allgemeine Verfahren für die Berichtigung von Mängeln nach **R 139 S.1** (↳ G 1/12).
152	Berichtigung in der Offenbarung	R 139 Satz 2 RiLi H-VI 2.2.1	Betrifft der Antrag auf **Berichtigung** jedoch die **Beschreibung**, die **Patentansprüche** oder die **Zeichnungen**, so muss die Berichtigung derart offensichtlich sein, dass sofort erkennbar ist, dass nichts anderes beabsichtigt sein konnte als das, was als Berichtigung vorgeschlagen wird.
153			Eine Berichtigung nach **R 139 Satz 2** darf nur im Rahmen dessen erfolgen, was der **Fachmann** der **Gesamtheit** der **Unterlagen** in ihrer **ursprünglich eingereichten Fassung** unter **Hinzuziehung** des allgemeinen **Fachwissens** am AT unmittelbar und **eindeutig entnehmen** kann. Eine solche Berichtigung hat **rein feststellenden Charakter** und verstößt daher nicht gegen **Art. 123 (2)** (↳ G 3/89, ↳ G 11/91).
154			Der Austausch ganzer Teile der Offenbarung (Beschreibung, Ansprüche, Zeichnung) nach **R 139** ist nicht zulässig. Eine Berichtigung nach R 139 ist an Art. 123 (2) gebunden (RiLi A-V, 3, ↳ G 2/95).

Änderung, Berichtigung L.

Berichtigung (Fortsetzung)			
Verfahrenshandlung	Rechtsnormen	Details	
Grenzen der Berichtigung	R 139 Satz 2 RiLi H-VI 2	**Zeitpunkt des Berichtigungsantrags:** Berichtigungen nach **R 139 Satz 2** können im **schriftlichen Verfahren** nur bis zur Abgabe der Entscheidung an die Poststelle und im **mündlichen Verfahren** bis zur Verkündung der Entscheidung in der mündlichen Verhandlung berücksichtigt werden (↳G 12/91).	155
		Ein Antrag nach R 139 kann nicht zur Wiedereinsetzung in frühere Verfahrensphase genutzt werden (RiLi H-VI, 2.1).	156
		Die **Priounterlagen** können für Änderungen nach R 139 nicht herangezogen werden (RiLi H-VI, 2.2.1).	157
		Einem Antrag auf Berichtigung einer beim EPA eingereichten Unterlage gemäß R 139 sollte in der Regel nicht stattgegeben werden, wenn die Berichtigung eine materielle Verletzung von Grundsätzen zur Folge hätte, die das grundlegende Rechtsgut der Rechtssicherheit im Verfahren verkörpern (↳T 824/00).	158
		R 139 ist **nach Erteilung nicht** anwendbar, nach R 17/90 keine Rechtsfolgen (↳J 42/92).	159
		Das Einlegen einer Beschwerde kann nicht nach R 139 rückgängig gemacht werden (↳T 309/03).	160
		R 139 ist nicht anwendbar bei Art. 123 (2) Problemen (↳T 97/07).	161
Prioritätserklärung	Art. 88 R 52 (3)	Ein Antrag auf Berichtigung einer Prioerklärung nach R 139 muss so rechtzeitig gestellt sein, dass in die Veröffentlichung der Anmeldung ein entsprechender Hinweis aufgenommen werden kann. Ansonsten ist Berichtigung möglich, wenn aus der Veröffentlichung unmittelbar ersichtlich, dass Fehler vorliegt (↳J 6/91 (ABl. 1994, 349, RiLi H-VI, 2.1, RiLi A-V,3).	162
		Korrekturen sind möglich, wenn Interesse der Öffentlichkeit nicht ernsthaft verletzt wird, z.B. PT bleibt, AZ ändert sich.	163
		Wenn Priodokument in eingereichten Unterlagen enthalten ist, kann Aktenzeichen auch nach Veröffentlichung berichtigt werden (↳J 3/91).	164
Name des Anmelders	R 139	Name des Anmelders kann berichtigt werden (↳J 18/93).	165
Erfindernennung 📖 S/S Art. 81, Rd 10 ff. gebührenfrei	R 21 (1)	Berichtigung unrichtiger Erfindernennung durch **Antrag** und nur mit **Zustimmung** des zu **Unrecht genannten Erfinders**, wenn Antrag von Drittem eingereicht, Zustimmung des Anmelders oder Patentinhabers notwendig, Änderung nach R 19	166
	R 21 (2)	Ist eine unrichtige Erfindernennung in das Europäische Patentregister eingetragen oder im Europäischen Patentblatt bekannt gemacht worden, so wird auch deren Berichtigung oder Löschung darin eingetragen oder bekannt gemacht.	167
	R 19 (3)	Der Erfinder bekommt Berichtigung mitgeteilt.	168
	RiLi A-III, 5.5	Bei Nachnennung ist Zustimmung der bisherigen Erfinder nicht notwendig (↳J 8/82).	169
		Falsche Nennung auf Veröffentlichung → **R 21 (2)** Antrag auf Berichtigung	170
Fehler in Entscheidungen	R 140 RiLi H-VI, 3	In Entscheidungen des EPA können nur sprachliche Fehler, Schreibfehler und offenbare Unrichtigkeiten berichtigt werden. Berichtigung ist nicht an Frist gebunden	171
		R 140 **bezieht sich auf Entscheidungen der 1. und 2. Instanz** und kann nicht zur Berichtigung von sachlichen Fehlern, beispielsweise in vom Patentanmelder oder -inhaber eingereichten Unterlagen, herangezogen werden (→ Beschwerde nach Art. 106) (↳G 1/10, RiLi H-VI, 3.1).	172
		Berichtigung hat **rückwirkenden Effekt**. Berichtigung bewirkt, dass korrigiertes Dokument so behandelt wird, als wäre es schon am AT in der korrigierten Fassung eingereicht worden (↳T 212/88).	173

L. Änderung, Berichtigung

Berichtigung (Fortsetzung)		
Verfahrenshandlung	Rechtsnormen	Details
174 Übersetzungsfehler der erteilten Ansprüche	Art. 70 RiLi H-VI, 5	Art. 70 (1): **Wortlaut** eines eP in der **Verfahrenssprache** stellt vor EPA sowie jedem VS **verbindliche Fassung** dar.
175		Art. 70 (2): Ist ePA in Nichtamtssprache eingereicht worden (für Berechtigte nach **Art. 14 (2)**) ist dieser Text ursprünglich eingereichte Fassung der Anmeldung.
176		Art. 70 (3): Jeder **VS** kann vorgeschriebene **Übersetzung in** einer seiner **Amtssprache** als maßgebend vorsehen, wenn Schutzbereich in Übersetzung enger ist; gilt nicht für Nichtigkeitsverfahren
177		Art. 70 (4): VS, der Vorschrift nach Art. 70 (3) erlässt, muss Möglichkeit zur **Berichtigung** der **Übersetzung** in **VS** ermöglich; Berichtigung hat dann rechtliche Wirkung, wenn Voraussetzungen der Art. 65 (2) und Art. 67 (3) erfüllt sind Fortführung der Benutzung durch Dritte, wenn keine Verletzung der ursprünglichen Übersetzung vorliegt.
178	Art. 14 (2)	Übersetzung kann jederzeit mit ursprünglich eingereichten Unterlagen in Einklang gebracht werden, sofern nicht ggf. im Einspruch Art. 123 (3) dagegen steht.
179	R 71 (3) RiLi C-V, 1.3	Die vom EPA zur Einreichung und zur Veröffentlichung nach Art. 14 (6) geforderten **Übersetzungen werden nicht geprüft.**
180	RiLi A-VII, 7	Fehler in Übersetzung kann mit Bezug auf ursprünglich eingereichte Unterlagen behoben werden
181	RiLi H-VI, 2.2.1	Die **Priounterlagen** können für Änderungen nach R 139 nicht herangezogen werden.
182 **Berichtigung** von Fehlern bezogen auf die Patentschrift		
Verfahrenshandlung	Rechtsnormen	Details
183 Veröffentlichungsfehler	Art. 97 (1) RiLi H-VI, 6	Dem Erteilungsbeschluss zugrunde liegende Fassung des eP ist maßgebend für die Wirkung des Patents. Inhalt der gedruckten Patentschrift weicht von Unterlagen (Druckexemplar) ab, die dem Beschluss über Erteilung zugrunde lag und Anmelder gemäß R 71 (3) übermittelt worden sind. Derartige **Veröffentlichungsfehler können jederzeit berichtigt werden**. Zuständig ist Stelle, vor der Verfahren zuletzt anhängig war. 📖 S/S Art. 123 Rd 205 (»maßgebliche Fassung«) und 📖 S/S Art. 98 Rd 11
184	RiLi C-V, 10	**Fehler** in der europäischen Patentschrift, die **bei** deren **Herstellung** entstanden sind, haben **keinen Einfluss** auf den **Inhalt** des erteilten Patents.
185	R 140 ↳G 1/10	Eine Berichtigung nach R 140 (Fehlern in Entscheidungen) kann nicht zur Berichtigung des Wortlauts eines Patents herangezogen werden (📖 L.171 ff.).

Änderung, Berichtigung L.

PCT: Berichtigungen in Anmeldung oder anderen vom Anmelder eingereichten Schriftstücken

Verfahrenshandlung	Rechtsnorm	Details	Rechtsfolge bei Nichtbeseitigung von Mängeln oder Fristversäumnis	
Berichtigung von Mängeln	Art. 11 (2) PCT R 20.3 PCT AG 6.024-6.028 B.9, B.18 ff., B.34 ff. GL A-II, 5 GL B-III, 2.3.3 GL H-IV	Mängel nach **Art 11 (1) PCT** (**Anmeldeberechtigung/AA, Antrag, Bestimmung, Name/Anschrift, Beschreibung, Anspruch**) Frist 2 M (R 20.7 PCT) nach Aufforderung R 20.3 PCT); **Nachreichen fehlender Beschreibungsseiten** nach Art. 11 (2) a), R 20.5 PCT, **fälschlicherweise eingereichter Bestandteile** nach Art. 11 (1) iii) d), R 20.5bis PCT führen zum **Verschieben des AT**)	**R 20.4 PCT**: Anmeldung gilt nicht als int. Anmeldung (kein AT) (Rückzahlung der Gebühren, **R 15.4, 16.2 PCT**) → **R 29.1 PCT**: Feststellung durch AA und Maßnahmen nach Zurückweisung **Art. 25 PCT**: Nachprüfung durch Bestimmungsämtern auf Antrag (**Art. 25 (1) c) PCT**: Frist 2 M nach **R 51.1 PCT** ab Mitteilung nach R 20.4 PCT) **Art. 25 (2) a) PCT**: Nat. Gebühr möglich, Heilung, wenn Fehler des AA oder IB	186
	Art. 14 (1) b) PCT (Bestimmte Mängel) Art. 14 (2) PCT (Zeichnungen) R 26 PCT AG 6.032 B.39 ff.	Mängel nach **Art. 14 (1) a) PCT** (**Unterschrift, Angaben Anmelder, Formerfordernis**): Verlängerbare Frist 2 M (R 26.2 PCT) zur Mängelbeseitigung nach Aufforderung (R 26.1 PCT)	**Art. 14 (1) b), R 26.5 PCT**: Int. Anmeldung gilt als zurückgenommen; → **R 29.1 PCT**: Feststellung durch AA und Maßnahmen nach Zurückweisung **Art. 25 PCT**: Nachprüfung durch Bestimmungsämter auf Antrag (**Art. 25 (1) c) PCT**: Frist 2 M nach **R 51.1 PCT** ab Mitteilung nach R 20.4 PCT) **Art. 25 (2) a) PCT**: Nat. Gebühr möglich, Heilung, wenn Fehler des AA oder IB	187
	Art. 14 (2) PCT (Zeichnungen) R 26 PCT B.31 ff. GL A-II, 5	**Teilweise** oder **gänzlich fehlende Zeichnungen** nach **Art. 14 (2) PCT**: Nachreichen Zeichnungen nach Art.14 (2) PCT und R 26.2 PCT führen zum **Verschieben des AT**	**Art. 14 (2) 2. Satz PCT**: Bezugnahme auf Zeichnung gilt als gestrichen	188
		Beispiele: • Art. 11 (2), R 20.7 PCT: (Frist 2 M ab Aufforderung): **AT** • Art. 14 (1) b), R 26 PCT: **Bestimmte Mängel** der int. Anmeldung • R 26bis.1 a) PCT: **Prioansprüche** 16 M ab frühster (berichtigter) Prio, Mitteilung muss bis Ablauf von 4 M nach AT int. Anmeldung beim AA oder IB eingereicht werden • R 92bis.1 a)+b) PCT: **Erfindernennung**, Anmelder bis 30 M ab Prio, beim IB einreichen • R 26ter PCT: Erklärung nach R 4.17 PCT (**Erklärungen** im **Hinblick** auf **nat. Erfordernisse**), 16 M ab Prio		189
Sprache	R 12.1bis PCT	Eingereichte **Änderungen** in **nachgereichten Teilen** der Beschreibung, der Ansprüche oder Zeichnungen sind sowohl in **Sprache** abzufassen, in der **int. Anmeldung** eingereicht worden ist, als auch in der Sprache der evtl. erforderlichen **Übersetzung**.		190

373

L. Änderung, Berichtigung

PCT: Berichtigungen (Fortsetzung)

	Verfahrenshandlung	Rechtsnorm	Details
191	**Berichtigung offensichtlicher Fehler** AG 11.033 -11.044	R 91.1 a) PCT GL B-III, 2.3.2 GL H-I, 2 B.302	**Antrag** Berichtigung von **offensichtlichen Fehlern** in **int. Anmeldung** oder **eingereichten Schriftstücken** Auch Aufforderung zur Stellung des Antrags zur Berichtigung durch AA, ISA, IPER oder IB möglich, falls Fehler von dieser Behörde erkannt wird (**R 91.1 h) PCT**)
192	Zustimmung zuständige Behörde	R 91.1 b) PCT	Berichtigung bedarf der **Zustimmung** der **zuständigen Behörde**, bei einem Fehler i) **im Antrag** - das **AA** ii) in der **Beschreibung**, den **Ansprüchen**, den **Zeichnungen**, in einer Berichtigung derselben - die **ISA**, sofern die IPEA nicht zuständig ist iii) in der **Beschreibung**, den **Ansprüchen**, den **Zeichnungen** oder einer Berichtigung derselben oder **Änderungen** nach **Art. 19 PCT** oder **Art. 34 PCT**, wenn Antrag auf ivP wirksam gestellt und Datum zur Erstellung ivP nach R 69.1 PCT abgelaufen ist - die **IPEA** iv) der nicht in i) bis iii) ausgeführt und beim AA, ISA, IPEA oder IB eingereicht wurde, unter Ausschluss eines Fehlers in der Zusammenfassung oder in einer Änderung nach Art. 19 PCT, welches - dieses **Amt**, die **Behörde** bzw. das **Büro**, in dem das **Schriftstück eingereicht** wurde.
193	Nicht berichtigungsfähige Fehler	R 91.1 g) PCT	**Nicht berichtigungsfähige Fehler**: • eine oder mehrere ganze in **Art. 3 (2) PCT** genannten Bestandteile (Antrag, Beschreibung, Ansprüche, Zeichnung, Zusammenfassung) oder eine oder mehrere Blätter der int. Anmeldung fehlen, • Fehler in der Zusammenfassung • Fehler in Änderung nach **Art. 19 PCT**, es sei denn die IPER ist für Zustimmung eines solchen Fehler zuständig Fehler im Prioanspruch oder in Mitteilung über Berichtigung/Hinzufügung eines Prioanspruchs nach **R 26bis.1 (a) PCT** und Berichtigung würde zu Änderung des Priodatums führen.
194	Frist	R 91.2 PCT GL H-IV, 2.2	**Antrag** zur **Berichtigung** nach **R 91.1 PCT** ist **innerhalb** Frist von **26 M seit PT** bei zuständiger Behörde zu stellen, Antrag muss Fehler und vorgeschlagene Berichtigung enthalten, ggf. kurze Erläuterung
195	Sprache	R 12.2 b) PCT	Berichtigung ist in Sprache der int. Anmeldung einzureichen.
			Ausnahmen: • Berichtigungen nach R 91.1 b) ii) und iii) PCT (Beschreibung, Ansprüche, Zeichnungen - L.192) zusätzlich in Sprache der Übersetzung, wenn nach R 12.3 a), 12.4 a) oder R 55.2 a) PCT Übersetzung der int. Anmeldung erforderlich ist. • Berichtigung nach R 91.1 b) i) PCT (Antrag - L.192) nur in Sprache der Übersetzung, wenn nach R 26.3ter c) PCT erforderlich ist.
196	Zustimmung und Wirkung Berichtigung	R 91.3 a), b), c) PCT	Zuständige Behörde entscheidet unverzüglich über Zustimmung oder Verweigerung Wirkung bei Berichtigung in int. Anmeldung ab int. AT, bei anderen Schriftstücken ab Einreichungsdatum dieses Schriftstücks
197	Verweigerung der Berichtigung durch Behörde	R 91.3 d) PCT	**Verweigerung Berichtigung durch Behörde** → Anmelder kann innerhalb von 2 M ab Datum der Verweigerung der Zustimmung der Berichtigung beim IB beantragen, dass Berichtigungsantrag, Gründe für die Verweigerung durch die Behörde sowie ggf. kurze Stellungnahme des Anmelders mit der int. Anmeldung veröffentlicht wird, sofern möglich (+Gebühr: 50 CHF + 12 CHF für jede weitere Seite, Section 113(c) der Administrative Instructions), wenn int. Anmeldung nicht veröffentlicht wird, wird Kopie des Antrags, Begründung und ggf. Stellungnahme in Übermittlung nach Art. 20 PCT aufgenommen.

Änderung, Berichtigung L.

PCT: **Berichtigungen** (Fortsetzung)				
Verfahrenshandlung	Rechtsnorm	Details		
Berücksichtigung bei ISR/ivP	R 66.4bis PCT	IPEA muss Änderungen/Gegenvorstellungen nicht berücksichtigen, wenn die Behörde bereits mit der Erstellung des Bescheids oder Berichts begonnen hat.		198
	R 66.6 PCT	Möglichkeit zum Kontakt (telefonisch, schriftlich oder per Anhörung), evtl. vor Prüfung (ivP) ankündigen		199
Änderung Angabe Anmelder, Vertreter und Erfinder AG 11.018 ff. B.306	R 92bis.1 a) ii) PCT	Antrag auf Eintragungen von Änderungen von Angaben zu Anmelder, Vertreter oder Erfinder durch IB vor Ablauf von 30 M ab PT (R 92bis.1 b) PCT). Kann **bei AA** eingereicht werden. Kurz vor Ablauf der Frist direkt **beim IB** einreichen, nicht über AA	Rechtswirkung ist in den einzelnen Ländern unterschiedlich **Art. 4 (1) v) PCT**: Nach nat. Recht auch später möglich	200
Änderungen beim Eintritt in die nationale Phase	Art. 28 (1) PCT	Vorschreiben der Möglichkeit zur Änderung der Ansprüche, Beschreibung und der Zeichnungen im **Verfahren vor den Bestimmungsämtern** → 6 M nach Regionalisierung gemäß **R 52.1 PCT** iVm **R 161**		201
	Art. 41 (1) PCT	Vorschreiben der Möglichkeit zu Änderungen entsprechend bei Kapitel II im Verfahren **vor den ausgewählten Ämtern** → 6 M nach Regionalisierung gemäß **R 78.1 PCT** iVm **R 161**		202
EPA = Bestimmungsamt oder ausgewähltes Amt	R 161 (1)	War **EPA = ISA, IPEA oder SISA**, fordert es den Anmelder mit entsprechender Mitteilung auf, innerhalb von 6 M die festgestellten Mängel zu beheben und Beschreibung, Patentansprüche und Zeichnungen zu ändern. Stellungnahme bei Mängeln obligatorisch, sonst freiwillig, nicht verlängerbare Frist 6 M.		203
	R 161 (2)	**EPA≠ISA** oder **SISA**, ergänzende europäische Recherche wird durchgeführt (**Art. 153 (7)**), Anmelder hat Gelegenheit, die Anmeldung innerhalb von 6 M einmal freiwillig zu ändern, Änderung liegt der erforderlichen ergänzenden Recherche zugrunde.		204
	G 4/08	PCT-Anmeldung, die in einer EPA-Amtssprache eingereicht wurde, bei Eintritt in nat./reg. Phase keine Änderung der Verfahrenssprache möglich.		205

L. Änderung, Berichtigung

Übertragung/Lizenzen
Art. 71-74, R 22-24 und R 85, RiLi E-XIV

#	Verfahrenshandlung	Rechtsnorm	Details
206	Übertragung und Bestellung von Rechten	Art. 71	Die ePA kann für einen oder mehrere benannte(n) VS übertragen werden oder Gegenstand von Rechten sein. - RiLi E-XIV, 3
207	Rechtsgeschäftliche Übertragung	Art. 72	Rechtsgeschäftliche **Übertragung der ePA** schriftlich und mit Unterschriften der Vertragsparteien - RiLi E-XIV, 3
208	Vertragliche Lizenzen	Art. 73	Eine ePA kann ganz oder teilweise Gegenstand von Lizenzen für alle oder **einen Teil** der benannten VS sein.
209	eP	Art. 2 (2)	Nach Erteilung → Übergang auf nat. Ämter
210	Eintragung von Rechtsübergängen	R 22	**Eintragung von Rechtsübergängen**
211		R 22 (1) / RiLi E-E-XIV, 3	Eintragung eines Rechtsübergangs der **ePA** in das europäische Patentregister durch Nachweis und Vorlage von Urkunden (von beiden Parteien unterzeichnete Übertragungserklärung reicht aus - RiLi E-XIV, 3), ansonsten Original-Urkunde oder beglaubigte Abschrift, wirksam an dem Tag, an dem alle Erfordernisse erfüllt sind.
212		R 22 (2)	Eintragungsantrag gilt erst als gestellt, wenn eine Verwaltungsgebühr entrichtet worden ist (Art. 3 (1) GebO → ABl. 5/99, Nr. 2.1.1)
213		R 22 (3)	Rechtsübergang gegenüber EPA wird erst wirksam, wenn er durch Vorlage von Urkunden nachgewiesen wird.
214			Rechtsübergang nur für bestimmte Staaten: Art. 118 (Einheit der ePA oder des eP) ist anzuwenden
215		R 23	**Eintragung von Lizenzen und anderen Rechten**
216		R 23 (1)	**R 20 (1)+(2)** ist auf Lizenzen sowie auf **ein dingliches Recht** (z.B. Zwangsvollstreckung) bei einer ePA anzuwenden. – RiLi E-XIV, 6.1
217		R 23 (2)	Löschung der Eintragung von Lizenzen auf Antrag + Verwaltungsgebühr, Nachweis oder Zustimmung des Rechteinhabers. RiLi E-XIV, 6.2
218	Besondere Angaben bei der Eintragung von Lizenzen	R 24	Eine Lizenz an einer europäischen Patentanmeldung wird eingetragen:
219		R 24 a)	- als ausschließliche Lizenz, wenn der Anmelder und der Lizenznehmer dies beantragen;
220		R 24 b)	- als Unterlizenz, wenn sie von einem Lizenznehmer erteilt wird, dessen Lizenz im Europäischen Patentregister eingetragen ist.
221	Rechtsübergang eP	R 85	**R 22** ist auf einen **Rechtsübergang** des eP während der Einspruchsfrist oder der Dauer des Einspruchsverfahrens entsprechend anzuwenden (um Parteien identifizieren zu können). - RiLi E-XIV, 4
222			Akteneinsicht über **Art. 128 (4)** iVm **R 145** z.B. Online (ABl. 2003, 69) (dies wird nicht unbedingt von jedem VS anerkannt, siehe »NatR zum EPÜ«, Tabelle IX, Spalte 6).
223	Änderung im Register - Sammelantrag	ABl. 2019, A79, II, Nr. 18	Antrag auf Namens- oder Adressänderung des Anmelders/Patentinhabers oder Vertreters für einer Reihe von Anmeldungen als Sammelantrag möglich, indem Antrag sich auf „alle unsere Anmeldungen und Patente" bezieht. Bei einem Rechtsübergang ist zu prüfen, ob damit auch ein Vertreterwechsel einhergeht (P.66).

Änderung, Berichtigung L.

Übertragung/Lizenzen (Fortsetzung)			
Verfahrenshandlung	Rechtsnorm	Details	
Rechtsübergang während Beschwerde	R 100 (1)	Eintragung eines Rechtsübergangs ist auch während der Beschwerde **möglich**.	224
		Änderung des Namens des PI werden unter Vorlage von Beweismitteln in das Register eingetragen (RiLi E-XIV, 5).	225
		Für Übertragung des erteilten Patents gilt das nat. Recht.	226
Zuständigkeit	Art. 20 (1)	Rechtsabteilung ist **zuständig für Eintragungen und Löschungen** im europäischen Patentregister und in der Liste der Vertreter. - RiLi E-XIV, 2	227
Europäisches Patentregister	Art. 127	**Eintragungen** ins **Patentregister** sind erst **nach der Veröffentlichung** der **ePA** möglich, jedoch **nicht** mehr **nach Patenterteilung** bzw. **Ablauf** der **Einspruchs-/Beschwerdefrist**. Änderung erfolgt nach nat. Recht (Art. 74, Art. 2 (2))	228
		Europäisches Patent ist **nach Abschluss** des **Einspruchs-** bzw. **Beschwerdeverfahrens** dem **europäischen Verfahren entzogen**, dann **Eintragung** ins **europäische Patentregister nicht mehr zulässig**, betrifft **auch Lizenzen** (↳ J 17/91).	229

Inhalt Kapitel M. Teilanmeldung / Neue Anmeldung

Teilanmeldung
Voraussetzung für die Einreichung einer TA .... M.2 ff.
Berechtigung zur Einreichung .... M.7 ff.
Wirkung der TA .... M.12 f.
Mehrfachteilung/ Ketten-TA .... M.15 ff.

Anhängigkeit der Stammanmeldung
Definition M.21
Erteilung der ePA M.22
Zurückweisung der ePA M.23
Beschwerdeverfahren .... M.24 ff.
Zurücknahme ePA M.27
ePA gilt als zurückgenommen M.28
Nichtzahlung einer Jahresgebühr M.29
Euro-PCT-Anmeldungen M.30
Beispiele: Einreichung einer TA nicht möglich .... M.31 ff.

Prioritätsregelung der Teilanmeldung
AT und Prioritätsanspruch einer TA .... M.37 ff.
Veröffentlichung M.41

Vorzunehmende Handlungen bei und nach Einreichung der TA
Einreichungsamt .... M.43 ff.
TA unter Bezugnahme M.46
Form der Einreichung M.47
Einreichung mittels Erteilungsantrag M.48
Sprachliche Erfordernisse M.49
Übersetzung M.50
Benennung von VS M.51
Erstreckungs- und Validierungsstaaten M.52
Erfindernennung M.53

Inhalt der Teilanmeldung
Inhalt und Gegenstand der Teilanmeldung .... M.54 ff.
Doppelpatentierungsverbot .... M.64 f.

Gebührenzahlung als Teil der vorzunehmenden Handlungen bei Einreichung der TA
Anmeldegebühr, Recherchegebühr M.66
Rückerstattung Recherchegebühr M.67

Zusatzgebühr zur Anmeldegebühr bei Einreichung TA ..... M.68 f.
Anspruchsgebühren .... M.70 f.
Benennungsgebühr .... M.72 f.
Jahresgebühren .... M.74 ff.

Teilanmeldung (Allgemein)
Umwandlung M.77
Akteneinsicht in die Stammanmeldung .... M.78 f.
Teilanmeldung bei Uneinheitlichkeit .... M.80 f.
Übergangsregelung zum EPÜ 2000 bzgl. SdT im Prüfungsverfahren M.82

Anmeldung durch Nichtberechtigte nach Art. 61 (1)
Verfahrensmöglichkeiten für Berechtigten M.84
Voraussetzungen .... M.85 ff.
Anhängigkeit .... M.88 ff.
Aussetzung des Verfahrens M.91

Neue Anmeldung nach Art. 61 (1) b)
Wann kann eine neue Anmeldung eingereicht werden? .... M.93 ff.
Wer kann eine neue Anmeldung einreichen? M.97
Wo ist eine neue Anmeldung einzureichen? .... M.98 f.
Schicksal der früheren Anmeldung? M.100
In welcher Sprache ist eine neue Anmeldung einzureichen? .... M.101 ff.
Wie ist eine neue Anmeldung einzureichen? .... M.104 ff.
Welche Vertragsstaaten können benannt werden? M.107
Inhalt der neuen Anmeldung .... M.108 ff.
Gebühren .... M.111 ff.
Aussetzung des Verfahrens M.114
Akteneinsicht in Stammanmeldung .... M.115 f.
Vorzunehmende Handlungen nach Einreichung M.117
Jahresgebühren M.118

Teilanmeldung, Neue Anmeldung M.

Teilanmeldung
Art. 76, R 36, RiLi A-IV, 1 und RiLi C-IX, 1
ABl. 2013, 501 und ABl. 2014, A22

Verfahrenshandlung	Rechtsnorm	Details	
Voraussetzungen für die Einreichung einer TA (seit 01.04.2014 in Kraft, gilt für alle TA, die seit diesem Datum eingereicht werden) RiLi A-IV, 1.1	Art. 76 R 36 (1)	Nach **R 36 (1)** kann eine **Teilanmeldung (TA)** zu **jeder anhängigen** früheren ePA (=Stammanmeldung (SA)) eingereicht werden **(Anhängigkeit siehe M.20 ff.)**.	2
		SA kann selbst eine TA sein (RiLi A-IV, 1.1.2) (Ketten siehe M.14 ff.).	3
		Nach RiLi A-IV, 1.1 ist unter einer „frühere Anmeldung" auf die die TA beruht („Stammanmeldung") eine mindestens einen Tag vor der TA eingereichte Anmeldung zu verstehen.	4
		Bei **Euro-PCT-Anmeldungen: TA möglich** ab Einleitung reg. Phase Art. 153 (2), d.h. nicht vor Ablauf der Frist nach R 159 (1), oder ab Antrag auf vorzeitige Bearbeitung nach Art. 23 (2) PCT (RiLi A-IV, 1.2, RiLi E-IX, 2.4.1, J 18/09).	5
	R 135 (2)	**WB/WE nicht möglich**, da Anhängigkeit der SA nach R 36 (1) eine materiellrechtliche Bedingung (RiLi A-IV, 1.1.1, letzter Absatz), keine verfahrensrechtliche Frist darstellt (siehe RdBK 2013, II.F.2.4.2, J 10/01, J 19/10, **S/S Art. 76 Rd 32**). **ABER**: WB/WE kann ggf. dazu genutzt werden, den Rechtsverlust abzuwenden, der nach R 112 (1) mitgeteilt wurde und nach dem die Anmeldung als zurückgenommen oder zurückgewiesen gilt.	6
Berechtigung zur Einreichung einer TA RiLi A-IV, 1.1.3	R 36 (1) Art. 60 (3)	Berechtigt ist der **registrierte Anmelder** der SA. Bei mehreren Anmeldern sind alle Anmelder nur gemeinsam berechtigt.	7
		Rechtsübergang der/des neuen Anmelders muss ordnungsgemäß nach R 22 (3) eingetragen und am Tag der Einreichung der TA wirksam sein, um legitimiert zu sein.	8
		Vertreter mit Einzelvollmacht bzgl. SA kann **nur** dann TA einreichen, wenn er in der Einzelvollmacht **explizit dazu bevollmächtigt** wurde (RiLi A-IV, 1.6).	9
	Art. 118	**Einheit der ePA**, daher TA nur von **allen** Anmeldern gemeinsam möglich, sonst Behandlung als ePA	10
		Ausnahmen, wenn Art. 61 oder R 22 (3) (Legitimierung Rechtsübergang) erfüllt ist (RiLi A-IV 1.1.3, J 2/01, ABl. 2005, 88).	11
Wirkungen der TA RiLi A-IV, 1.2.1 RiLi A-IV, 1.2.2	Art. 76 (1)	TA gilt an dem AT der früheren Anmeldung eingereicht und genießt deren **Priorecht** Art. 76 (1), auch Art. 4 G PVÜ (Prioerklärung muss nicht wiederholt werden, wenn bereits für SA erfolgt, Priobeleg muss nicht noch einmal vorgelegt werden - RiLi A-IV, 1.2.2). VÖ richtet sich ab **AT/PT** der **SA** (Art. 93 (1) iVm Art. 76 (1) Satz 2; RiLi A-IV, 1.8). Wenn 18 M bereits abgelaufen, erfolgt die VÖ nach Abschluss er technischen Vorbereitungen. Der Anmelder wird über den Tag der VÖ informiert.	12
		Eine ePa kann zu mehr als einer TA führen.	13

M. Teilanmeldung, Neue Anmeldung

14 Teilanmeldung – Mehrfachteil und Teilanmeldungs-Ketten

	Verfahrenshandlung	Rechtsnorm	Details
15	**Mehrfachteilungen/ Ketten-TA**		Auch eine TA kann eine frühere Anmeldung im Sinne von Art. 76 (1) für eine oder mehrere weitere TA sein (**Sequenz von Teilungen**, ↳G 1/05, ↳T 1158/01).
16		RiLi A-IV, 1.1.2	Bei **Kette von TA**, von denen jede aus der jeweiligen Vorgängerin ausgeschieden wurde, muss jede TA der Kette Art. 76 (1) Satz 2 genügen. Die **gesamte Offenbarung** jeder TA muss unmittelbar und eindeutig aus dem Offenbarungsgehalt jeder vorangehenden Anmeldung in der ursprünglich eingereichten Fassung ableiten lassen (↳**G 1/06 »impeccable pedigree«**) (RiLi C-IX, 1.4).
17			**Konkrete Merkmalskombination** muss **in der SA offenbart** sein (↳G 2/98).
18			EP 1 anhängig → EP1; offenbart A, B, C; EP 2 anhängig → EP2; offenbart nur A, B; → EP3; Einführung von C nicht möglich
19		R 38 (4)	Die Gebührenordnung kann im Fall einer TA, die zu einer früheren Anmeldung eingereicht wird, die ihrerseits eine TA ist, als **Teil der Anmeldegebühr** eine **Zusatzgebühr** vorsehen. Seit 01.04.2014 wird nach **R 38 (4)** eine Zusatzgebühr für Ketten-TA ab 2. Generation erhoben (siehe Art. 2 (1) Nr. 1b GebO, RiLi A-IV, 1.4.1.1) (siehe 📄 M.68 f.)

Teilanmeldung, Neue Anmeldung M.

Anhängigkeit der Stammanmeldung (RiLi A-IV, 1.1.1)		20
Verfahrenshandlung	Details	
Definition	Nach RiLi A-IV, 1.1.1 gilt die SA als anhängig, solange • im Europäischen Patentblatt noch nicht auf deren Patenterteilung hingewiesen wurde, • sie noch nicht zurückgenommen worden ist, • sie nicht als zurückgenommen gilt oder • endgültig zurückgewiesen wurde. Anhängigkeit stellt dabei eine Bedingung dar, keine Frist.	21
Erteilung der ePA	Bis zu (aber **nicht** mehr an) dem Tag, an dem der **Hinweis auf Erteilung** (Art. 97 (3)) veröffentlicht wird (↳J 7/96, ↳J 7/04, ABl. 2/2002, 112). R 134 ist in diesem Fall nicht anwendbar, Feiertag ist irrelevant (↳J 18/04).	22
Zurückweisung der ePA	Eine SA ist bis zum **Ablauf der Beschwerdefrist** nach Art. 108 (2 $M^{+10\ Tage}$) gegen Entscheidung der Prüfungsabteilung anhängig (↳**G 1/09**). Gilt analog für alle beschwerdefähigen Entscheidung gemäß Art. 106 (1)	23
Beschwerde-verfahren Art. 106 (1)	Wird Beschwerde eingereicht, kann TA während Beschwerdeverfahren (**nicht Einspruchs-Beschwerdeverfahren**) eingereicht werden (solange Beschwerde läuft, ist Anmeldung anhängig) (siehe F.24 ff.).	24
	Wirksame **Anmelderbeschwerde** eingelegt (Art. 106 (1) letzter Satz) - Schriftliche Begründung versäumt: Anhängig bis Fristablauf zur Einreichung der Beschwerdebegründung (↳J 23/13 Grund 8.3) - Schriftliche Begründung eingereicht: Zurückweisungsbeschluss wird erst mit Abschluss des Beschwerdeverfahrenswirksam.	25
	Wirksamkeit der während Beschwerde gegen Stammanmeldung eingereichten TA hängt vom Ausgang der Beschwerde ab (↳**J 28/03**).	26
Zurücknahme ePA	Bis zum Zeitpunkt (einschließlich) der **Zurücknahme** (↳J 20/12). **Achtung**: Gilt SA als zurückgenommen liegt **keine Anhängigkeit** mehr vor (WB (+)).	27
ePA gilt als zurückgenommen	ePA ist **anhängig bis zum Ablauf der versäumten Frist** (↳J 4/11). WB nach Art. 121 (1) verlängert Zeitraum, in der ePA anhängig ist. **Achtung**: Anmeldung gilt aufgrund **Fristversäumnis** als zurückgenommen, z.B. versäumte Zahlung der Jahresgebühr (Art 86 (1)), Anmeldegebühr (Art. 78 (2)), Erteilungs- oder Veröffentlichungsgebühr.	28
Nichtzahlung einer Jahresgebühr	Anhängig **bis zum letzten Tag der 6 M Nachfrist** zur Zahlung der JG (R 51 (2), RiLi A-IV, 1.1.1). **Achtung**: Eine Anmeldung, die wegen **Nichtzahlung einer JG** als zurückgenommen galt, ist während der Frist für die Stellung eines WE-Antrags nach Art. 122 in Bezug auf diese Nichtzahlung und im Zeitraum nach Stellung des - letztlich zurückgewiesen - Antrags nicht iSd R 36 (1) anhängig (↳**J 4/11**). Ebenfalls, nachdem ein solcher Antrag eingereicht wurde falls dieser Antrag abgelehnt wird (ABl. 2012, 516).	29
Euro-PCT-Anmeldungen	Bei Euro-PCT-Anmeldungen sind **TA möglich ab Einleitung** der **regionalen Phase** Art. 153 (2), d.h. nicht vor Ablauf der Frist nach R 159 (1), oder ab Antrag auf vorzeitige Bearbeitung nach Art. 23 (2) PCT (↳J 18/09) (RiLi E-IX, 2.4.1). **Achtung**: Eine int. Anmeldung, die nicht die Voraussetzungen nach Art. 22 PCT für den Eintritt in die europäische Phase erfüllt, ist nicht vor dem EPA anhängig und kann daher nicht als anhängige frühere ePA nach R 36 (SA) angesehen werden (↳**J 18/09**).	30

M. Teilanmeldung, Neue Anmeldung

	Anhängigkeit der Stammanmeldung (Fortsetzung)	
31	**Beispiele: Einreichung einer TA nicht möglich**	
	Verfahrenshandlung	Details
32	**Antrag auf Entscheidung** nach R 112 (2)	Beantragung der Entscheidung nach R 112 (1) reicht nicht aus, um Anmeldung anhängig werden zu lassen. Erst wenn die **Anmeldung in den früheren Stand zurückgesetzt** wird (↳J 1/05, ↳J 18/08, ↳J 4/11).
33	**Aussetzung** nach R 14 (1)	TA kann **nicht** eingereicht werden (↳J 20/05, ↳G 01/09).
34	**Einspruchs- bzw. Einspruchsbeschwerdeverfahren**	Im **Einspruchs- bzw. im Einspruchsbeschwerdeverfahren** kann nicht mehr geteilt werden (da Patent erteilt und daher nicht mehr anhängig).
35	**Stellung des Prüfantrags**	SA gilt mit Ablauf der Grundfrist zur **Stellung des Prüfantrags** als zurückgenommen, wenn Prüfungsgebühr nicht bezahlt (↳J 4/86). (Nicht auf JG anwendbar: SA gilt erst mit Ablauf der Nachfrist zur JG-Zahlung als zurückgenommen.)
36	**Benennung von VS**	Benennung gilt mit Ablauf der nach Art. 79 (2) bzw. in R 15 (2), 25 (2) oder 107 (1) EPÜ 1973 genannten Frist als zurückgenommen und nicht mit Ablauf der Nachfrist gemäß R 85a EPÜ 1973. Bis zu diesem Zeitpunkt war TA einreichbar, da die Benennung bei Ablauf der Grundfrist wirkungslos wurde (↳G 4/98). Bis zum Ablauf der Grundfrist zur Zahlung der Benennungsgebühr der SA können TA für die benannten VS vorgenommen werden, Zahlung der Benennungsgebühr für die SA nicht notwendig.

	Prioritätsregelung der Teilanmeldung		
	Verfahrenshandlung	Rechtsnorm	Details
37	**AT und Prioritätsanspruch einer TA**	Art. 76 (1)	TA gilt an dem AT der früheren Anmeldung eingereicht und genießt deren **Priorecht** (Art. 76 (1), auch Art. 4 G PVÜ).
38	RiLi A-IV, 1.2.1 RiLi A-IV, 1.2.2		**Einreichung der Prioerklärung muss nicht wiederholt werden**, wenn bereits für SA erfolgt. Prioerklärung muss nicht noch einmal vorgelegt werden. (siehe BdP des EPA vom 12.07.2007, Sonderausgabe Nr. 3, ABl. 2007, B.2) (RiLi A-IV, 1.2.2).
39			Der Prioanspruch kann zu jedem Zeitpunkt für die TA zurückgenommen werden (**RiLi F-VI, 3.5, RiLi E-VII, 8.2 und 8.3**). Eine solche Zurücknahme hat keine Auswirkung auf den Prioanspruch der SA. Ebenso wenig hat die Zurücknahme des Prioanspruchs der SA nach Einreichung der TA Einfluss auf den Prioanspruch der TA (RiLi A-IV, 1.2.2).
40			Für die TA können weniger Prioritäten in Anspruch genommen werden, als für SA beansprucht worden sind (Art. 88 (2)). In diesem Fall klare und eindeutige Erklärung über die Zurücknahme des betreffenden Prioanspruchs bzw. der betreffenden Prioansprüche für die TA notwendig (siehe MdEPA vom 12.11.2004, Nr. 4, ABl. EPA 2004, 591). Andernfalls sind alle für die SA beanspruchten Prios, die bei Einreichung der TA nicht erloschen sind, auch für die TA wirksam. Auch bleiben ohne eine solche Zurücknahme alle Priorechte für die TA weiterhin gültig, wenn der Anmelder bei Einreichung der TA einen falschen oder unvollständigen Prioanspruch angibt.
41	**Veröffentlichung**	Art. 93 (1) Art. 76 (1)	VÖ richtet sich ab **AT/PT der SA** (RiLi A-IV, 1.8). Wenn 18 M bereits abgelaufen, erfolgt die VÖ nach Abschluss er technischen Vorbereitungen. Der Anmelder wird über den Tag der VÖ informiert.

Teilanmeldung, Neue Anmeldung M.

Vorzunehmende Handlungen bei und nach Einreichung der Teilanmeldung						
Verfahrenshandlung	Rechtsnorm	Details und Fälligkeit	Unmittelbare Folgen eines Mangels, Mängelbeseitigung, Fristen	Rechtsfolge bei Nichtbeseitigung von Mängeln oder Fristversäumnis	Weiterbehandlungs-/ Wiedereinsetzungs-Möglichkeit	
Einreichungsamt RiLi A-IV, 1.3.1	Art. 76 (1)	Ausschließlich bei einer Annahmestelle des EPA (München, Den Haag, auch Berlin) (siehe **Art. 75 (1) a)**, R 36 (2))				43
		Einreichung bei nationalen Behörden hat keine rechtliche Wirkung. Bei freiwilliger Weiterleitung an das EPA gilt TA erst mit Tag des Eingangs beim EPA als eingegangen.				44
		Online-Einreichung: EPO Online Filing Software (BdP vom 05.02.2015, **ABl. 2020, A105**), Case-Management-System CMS (BdP vom 11.03.2015, **ABl. 2015, A27**), Web-Form Filing Service (BdP vom 10.09.2015, **ABl. 2014, A98**) (RiLi A-II, 1.2.2).				45
TA unter Bezugnahme		Die Teilanmeldung kann durch Bezugnahme auf eine früher eingereichte Anmeldung eingereicht werden. In diesem Fall wird wie in R 40 (1) c), (2) und (3) vorgesehen verfahren (RiLi A-II, 4.1.3.1).				46
Form der Einreichung		Einreichung der TA für AT formlos oder gemäß **R 41 (1)** schriftlich auf **Formblatt**. **R 41 (2)**: Ersuchen auf Erteilung, Bezeichnung der Erfindung, Anmelder, Benennung, Unterschrift Anmelder, Liste über Anlagen, Erfindernennung, ggf. Vertreter, Prio				47
Einreichung mittels Erteilungsantrag RiLi A-IV, 1.3.2	Art 76 R 41 (2) e) Art. 90 (1)	Durch Einreichung einer Anmeldung mit einer Erklärung, dass 1.) es sich um eine TA handelt, und 2.) unter Angabe des Aktenzeichens der SA. Für Gebührenzwecke sollte Generation der TA genannt werden (R 38 (4), Art. 2 (1) Nr. 1b GebO).	**Art. 90 (4)**, **R 58**: Frist von 2 M^{nv} (bis 4 M iVm R 59 und R 132 (2)) nach Aufforderung gemäß R 58 zur Mängelbeseitigung Berichtigung von Mängeln nach RiLi A-III, 16.2	**Art. 90 (5)**: Anmeldung wird zurückgewiesen	**WB (−)**, da durch Art. 121 (4), R 135 (2) ausgenommen **WE (+)**, Art. 122, R 136	48
Sprachliche Erfordernisse		TA ist in der Verfahrenssprache der SA oder falls SA nach Art. 14 (2) nicht in einer Amtssprache des EPA eingereicht wurde in der Sprache der SA einzureichen; eine Übersetzung in die Verfahrenssprache der SA ist nachzureichen				49
Übersetzung gemäß Art. 14 (2) in Verfahrenssprache der SA RiLi A-IV, 1.3.3 S/S Art. 76 Rd 21	Art. 14 (2) R 36 (2) R 6 (1)	**R 36 (2)**: Innerhalb 2 M nach Einreichung der TA RiLi A-III 14, 16	**R 58**: Aufforderung zur Mängelbeseitigung, Frist 2 M^{nv}	**Art. 90 (3), (5)**, **Art. 14 (2)**: Anmeldung gilt als zurückgenommen, Mitteilung nach R 112 (1) Art. 9 (1) GebO: R.-Gebühr wird zurückerstattet	**WB (−)**, da durch Art. 121 (4), R 135 (2) ausgenommen **WE (+)**, Art. 122, R 136	50
Benennung von VS RiLi A-IV, 1.3.4		Alle zum Zeitpunkt der Einreichung der europäischen TA in der früheren Anmeldung benannten VS gelten als in der TA benannt (G 4/98, ABl. 3/2001, 131), vorausgesetzt einzelne VS werden nicht in SA zurückgenommen.				51
Erstreckungs- und Validierungsstaaten RiLi A-IV, 1.3.5		In der TA gelten alle Erstreckungs- und Validierungsstaaten als benannt, die bei Einreichung der TA auch in der früheren Anmeldung benannt sind (siehe RiLi A-III, 12.1).				52

M. Teilanmeldung, Neue Anmeldung

	Vorzunehmende Handlungen bei und nach Einreichung der Teilanmeldung (Fortsetzung)					
	Verfahrenshandlung	Rechtsnorm	Details und Fälligkeit	Unmittelbare Folgen eines Mangels, Mängelbeseitigung, Fristen	Rechtsfolge bei Nichtbeseitigung von Mängeln oder Fristversäumnis	Weiterbehandlungs-/ Wiedereinsetzungs-Möglichkeit
53	**Erfindernennung** RiLi A-IV, 1.5 RiLi A-III, 5	Art. 81 R 19 - R 21 R 60 (Anspruch auf Erfindernennung)	**Art. 81, R 19 (1)**: Mit Einreichung der TA **R 19 (2)**: Angaben werden nicht geprüft Art. 81, 2. Satz: hat Erklärung über Rechtsübergang zu enthalten	R 60 (2) innerhalb einer zu bestimmenden Frist (mind. 2 M) nach R 132 (2) nachzureichen bzw. zu berichtigen RiLi A-IV, 1.5	**Art. 90 (5), R 60 (1)**: Anmeldung wird zurückgewiesen	**WB (+)**, nach Art. 121 (1), R 135 (1), keine Frist nach R 58 **WE (–)**, durch Art. 122 (4), R 136 (3) ausgenommen
	Inhalt		Für die TA ist eine **separate Erfindernennung** erforderlich; **R 60 (2)**: Nachholung der Erfindernennung spätestens innerhalb 2 M nach Mitteilung gemäß **Art. 90 (3), (5)** iVm **R 60 (2)**.				
			RiLi A-III, 5.3: Einreichung der Erfindernennung in gesondertem Schriftstück: Vorname, Zuname, Land, Wohnort des Erfinders (ständiger Wohnsitz) mit Postleitzahl; Erklärung über Erlangung des Rechts durch Anmelder, Unterzeichnet vom Anmelder oder Vertreter				
	Berichtigung		RiLi A-III, 5.5: Berichtigung unrichtiger Erfindernennung auf Antrag, muss Zustimmungserklärung des zu Unrecht genannten Person enthalten, wenn nicht von dieser Person eingereicht wurde.				

	Inhalt der Teilanmeldung		
	Verfahrenshandlung	Rechtsnorm	Details
54	**Inhalt und Gegenstand der Teilanmeldung**	Art. 76 (1) Satz 2	**Gegenstand darf nicht** über den Inhalt der früheren Anmeldung in der **ursprünglich eingereichten Fassung** hinaus **gehen** (entspricht Prüfung nach Art. 123 (2)) (↪G 1/05, ↪T 873/94, RiLi C-IX, 1.4).
			In **TA** dürfen **keine Gegenstände** sein, auf die **vorbehaltlos in der SA verzichtet** worden ist. Im Prüfungsverfahren gelten beschränkte Ansprüche gelten als Formulierungsversuch und nicht als Verzicht (RiLi C-IX, 1.3, ↪J 15/85).
55			**Grundsätzliches**
56			**TA kann geändert** werden, auch wenn SA nicht mehr anhängig ist (↪G 1/06).
57			Ob sich die TA auf die in der SA enthaltenen Sachverhalte beschränkt, wird erst im Prüfungsverfahren geprüft (RiLi A-IV, 1.2.1, RiLi C-IX, 1.4).
58			Prioanmeldung gehört nicht zum **Offenbarungsgehalt** der SA (siehe ABl. 1992, 570, ABl. 1997, 456; ↪T 1008/99, ↪T 561/00).
59			Streicht Anmelder nicht die zusätzlichen Gegenstände, wird TA gemäß Art. 97 (1) wegen Verstoß gegen Art. 76 (1) zurückgewiesen (RiLi C-IX, 1.4).
60			TA, die zum Zeitpunkt ihrer Einreichung Gegenstand enthält, der über Inhalt der früheren Anmeldung in der ursprünglich eingereichten Fassung hinausgeht, kann zur Erfüllung von Art. 76 (1) später geändert werden, damit Gegenstand nicht mehr über diese Fassung hinausgeht, auch dann noch, wenn die frühere Anmeldung nicht mehr anhängig ist (↪G 1/05, RiLi C-IX, 1.4).
61			Die **Ansprüche einer TA** müssen nicht auf bereits in den Ansprüchen der SA beanspruchte Gegenstände beschränkt sein (RiLi C-IX, 1.4, ↪T 422/07).
62			**Ansprüche** sind bei der Einreichung nicht erforderlich (RiLi A-IV, 1.2.1).
63			**Beschreibungen** von SA und TA dürfen identisch sein (↪T 441/92).

Teilanmeldung, Neue Anmeldung M.

Inhalt der Teilanmeldung (Fortsetzung)

Verfahrenshandlung	Rechtsnorm	Details		
Inhalt und Gegenstand der Teilanmeldung (Fortsetzung)		**Doppelpatentierungsverbot** (bezieht sich auf Ansprüche) ↳G 4/19		64
		TA und **SA** dürfen **nicht denselben Gegenstand beanspruchen**, da Rechtsschutzinteresse fehlt. Gilt auch für in SA fallengelassene Ansprüche (↳T 307/03, ABl. 2009, 422) (RiLi C-IX, 1.6, RiLi G-IV, 5.4, RiLi C-IX, 1.3). TA könnte aber eine in der SA offenbarte allgemeinere Lehre enthalten (↳T 2461/10, 📖 S/S Art. 76, Rd 17)		65

Gebührenzahlung als Teil der vorzunehmenden Handlungen bei Einreichung der TA

Verfahrenshandlung	Rechtsnorm	Details und Fälligkeit	Unmittelbare Folgen eines Mangels, Mängelbeseitigung, Fristen	Rechtsfolge bei Nichtbeseitigung von Mängeln oder Fristversäumnis	Weiterbehandlungs-/ Wiedereinsetzungs-Möglichkeit	
Anmeldegebühr, Recherchegebühr siehe 📄 A.28, 📄 A.31 ggf. Ermäßigung nach Art. 14 (2) + (4) RiLi A-IV, 1.4.1	Art. 78 (2) R 36 (3)	**R 36 (3)**: Innerhalb 1 M nach Einreichung der TA Analog zur normalen Anmeldung **R 38 (2), (3)**: Zusatzgebühr (Art. 2 (1) Nr. 1a GebO) ab 36. Seite		**Art. 90 (3), R 36 (3)**: Anmeldung gilt als zurückgenommen, evtl. neue TA einreichen Mitteilung nach **R 112 (1)**	**WB (+)**, nach Art. 121 (1), R 135 (1) **WE (–)**, durch Art. 122 (4), R 136 (3) ausgenommen	66
Rückerstattung Recherchegebühr		Rückerstattung der Recherchegebühr teilweise oder ganz nach **Art. 9 (1), (2) GebO**, wenn RB der TA auf RB der SA basiert, jedoch muss Recherchengebühr zunächst bezahlt werden (**RiLi A-IV, 1.4**, siehe 📄 R.138 ff.).				67
Zusatzgebühr zur Anmeldegebühr bei Einreichung TA seit 01.04.2014 in Kraft RiLi A-IV, 1.4.1.1	R 38 (4)	Die Gebührenordnung kann im Fall einer TA, die zu einer früheren Anmeldung eingereicht wird, die ihrerseits eine TA ist, als Teil der Anmeldegebühr eine **Zusatzgebühr** vorsehen.				68
		Zusatzgebühr (BdV CA/D 15/13, 16.10.2013 ABl. 2013, 501 und MdEPA ABl. 2014, A22, RiLi A-IV, 1.4.1.1) **Art. 2 (1) Nr. 1b GebO**: - für eine Teilanmeldung der 2. Generation: 225 € - für eine Teilanmeldung der 3. Generation: 455 € - für eine Teilanmeldung der 4. Generation: 680 € - für eine Teilanmeldung der 5. oder jeder weiteren Generation: 910 €				69

Stammanmeldung eingereicht — Ende der Anhängigkeit → EP1

TA der 1. Generation (keine Zusatzgebühr) → EP2 → EP3

TA der 2. Generation (Zusatzgebühr: 225 €) → EP4

TA der 3. Generation (Zusatzgebühr: 455 €) → EP5

M. Teilanmeldung, Neue Anmeldung

Gebührenzahlung als Teil der vorzunehmenden Handlungen bei Einreichung (Fortsetzung)							
	Verfahrenshandlung	Rechtsnorm	Details und Fälligkeit	Unmittelbare Folgen eines Mangels, Mängelbeseitigung, Fristen	Rechtsfolge bei Nichtbeseitigung von Mängeln oder Fristversäumnis	Weiterbehandlungs-/ Wiedereinsetzungs-Möglichkeit
70	**Anspruchsgebühren** Enthält die TA >15 Patentansprüche, so ist für jeden weiteren Patentanspruch eine **Anspruchsgebühr** zu entrichten. siehe A.29	R 45 Art. 78 Art. 2 (1) Nr.15 GebO RiLi A-X, 5.2.5, RiLi A-III, 9	**R 45 (2)**: **Innerhalb 1 M** ab Einreichung **des ersten Anspruchssatzes** Analog zu normaler Anmeldung	**R 45 (2)**, 2. **Satz**: Innerhalb 1 M nach Mitteilung, zuschlagsfrei	**R 45 (3)**: Gilt als Verzicht auf Patentanspruch Mitteilung nach **R 112 (1)**	**WB (+)**, Art. 121 (1), R 135 (1) **WE (–)**, durch Art. 122 (4), R 136 (3) ausgenommen
71	RiLi A-IV, 1.4.2		Die Anspruchsgebühren sind auch dann zu entrichten, wenn sie bereits in der SA für Patentansprüche des Erfindungsgegenstandes entrichtet worden sind, der nun in der TA beansprucht wird				
72	**Benennungsgebühr** 630 € pauschale Benennungsgebühr entsprechend Art. 2 (1) Nr. 3 GebO	R 36 (4) R 39 RiLi A-IV, 1.3.4	**R 36 (4)** und **R 39**: innerhalb 6 M nach Veröffentlichung des europäischen RB zur TA RiLi A-IV, 1.3.4: bei der Einreichung der TA gelten höchstens die für die SA benannten Staaten als benannt		seit 01.04.2009: es wurde **keine Benennungsgebühr entrichtet**: **R 36 (4)** iVm **R 39 (2)**: Anmeldung gilt als zurückgenommen (ex nunc, G 4/98, AT bleibt erhalten), Mitteilung nach R 112 (1)	**WB (+)**, nach Art. 121, R 135 **WE (–)**, da durch Art. 122, R 136 ausgenommen
73			Zusätzlich für Anmeldungen vor dem 01.04.2009: Ist **eine Benennungsgebühr nicht entrichtet**: alte R 36 (4) iVm R 39 (2): Die Benennung dieses Staates gilt als zurückgenommen (ex nunc, G 4/98).				

Teilanmeldung, Neue Anmeldung   M.

Gebührenzahlung als Teil der vorzunehmenden Handlungen bei Einreichung (Fortsetzung)					
Verfahrenshandlung	Rechtsnorm	Details und Fälligkeit	Unmittelbare Folgen eines Mangels, Mängelbeseitigung, Fristen	Rechtsfolge bei Nichtbeseitigung von Mängeln oder Fristversäumnis	Weiterbehandlungs-/ Wiedereinsetzungs-Möglichkeit
Jahresgebühren JG-Zahlung ab AT der SA fällig, nach Art. 86 (1) für 3. und jedes folgende Jahr siehe 📄 R.68 f. RiLi A-IV, 1.4.3	Art. 86 (1) R 51	**R 51 (3) Satz 1+2:** Innerhalb 4 M nach Einreichung der TA sind zuschlagsfrei zahlbar: - JG, die bis zur Einreichung der TA für die SA fällig geworden sind (Art. 86 (1), Art. 76 (1)), und - eine JG, die innerhalb 4 M ab Einreichung der TA fällig wird. Anmerkung: - Für 4 M-Frist der **aufgelaufenen** JG gilt kein »Ultimo-to-Ultimo« Prinzip (bei SA letzter Tag des Monats der Einreichung R 51 (1), bei TA der Tag der Einreichung R 51 (3)) - Für 4 M-Fristende gilt Feiertagsregelung R 134 (1)	**Für dritte JG** (wenn für SA zum AT der TA JG bereits fällig): Art. 86 (2) iVm R 51 (2), (3) Satz 3: 2 M Nachfrist, d.h. insgesamt 6 M nach Fälligkeit (= Einreichung der TA), + Zuschlagsgebühr (50%) nach Art. 86 (2) (**Aussetzung** vom 01.06. bis 31.08.20 – Abl. 2020, A70) **Kein »Ultimo-to-Ultimo« Prinzip** für 1. JG der TA (✋J 4/91) **Für vierte und folgende JG oder noch keine JG für SA fällig:** Art. 86 (2) iVm R 51 (1) und ✋J 4/91: Innerhalb von 6 M nach Fälligkeit (gemäß R 51 (2)) für das kommende Jahr am Monatsende des Monats in den der AT der SA fällt + Zuschlagsgebühr nach Art. 86 (2) iVm Art. 2 (1) Nr. 5 GebO (**Aussetzung** vom 01.06. bis 31.08.20 – Abl. 2020, A70) ✋J 4/91: Fälligkeitstag ist Monatsletzter	**Art. 86 (1):** Anmeldung gilt als zurückgenommen	**WB (−),** da ausgenommen durch Art. 122, R 135 **WE (+),** 12 M Frist beginnt erst nach Ablauf der 6 M-Nachfrist zu laufen, siehe RiLi A-IV, 1.4.3

Zeitachsen-Diagramme: oben mit "2 Jahre / < 2 Jahre", "Feiertagsregelung gilt", "Ende des Monats", "+6 M", "+ZS", "1 Jahr", Marken SA, TA, 3. JG SA TA, 4. JG SA TA.

Unten: "2 Jahre", "Feiertagsregelung gilt (aber nicht für AT der TA)", "Ende des Monats", "+4 M zuschlagsfrei", "+2 M +ZS", "1 Jahr", Marken SA, 3. JG SA, 3. JG TA (kein »Ultimo-to-Ultimo« Prinzip), 4. JG SA TA.

389

M. Teilanmeldung, Neue Anmeldung

	Teilanmeldung (Allgemein)		
	Verfahrenshandlung	Rechtsnorm	Details
77	Umwandlung	RiLi C-IX, 1.4, ↳ G 1/05	Ein TA kann nicht in eine unabhängige ePA mit eigenem AT umgewandelt werden.
78	Akteneinsicht in SA	Art. 128 (3)	Akteneinsicht in SA **nach Veröffentlichung** der **TA** für Dritte möglich, unabhängig von Veröffentlichung der SA und von Zustimmung des Anmelders.
79		R 147 (5)	Akte der SA wird genauso lange aufbewahrt wie Akte der TA.
80	TA bei Uneinheitlichkeit	RiLi C-IX, 1.2	Anmelder kann von sich aus eine TA einreichen (**freiwillige Teilung**). Häufig wird jedoch eine TA auf einen Einwand wegen mangelnder Einheitlichkeit (Art. 82) eingereicht (**obligatorische Teilung**).
81		Art. 9 (2) GebO	Basiert TA auf einer SA, für die bereits Recherche durchgeführt wurde, wird Recherchegebühr ganz oder teilweise zurückgezahlt (RiLi A-IV, 1.8); Recherchegebühr muss jedoch zuerst gezahlt werden (RiLi F-V, 5.1).
82	Übergangsregelung: Stand der Technik im Prüfungsverfahren		SdT der vor einer SA nach EPÜ 1973 nicht neuheitsschädlich war (da andere VS benannt als in der SA, Art. 54 EPÜ 1973), kann neuheitsschädlich für eine TA nach EPÜ 2000 sein: Älteres Recht nach Art. 54 (3) EPÜ 2000.
83	**Weiterverfolgung** bei **Uneinheitlichkeit ohne** Zahlung **zusätzlicher Recherche-Gebühren**. ↳ **G 2/92**: Ein Anmelder, der es bei einer uneinheitlichen Anmeldung unterlässt, auf eine Aufforderung der Rechercheabteilung nach R 46 (1) EPÜ 1973 (R 64) weitere R.-Gebühr zu entrichten, kann diese Anmeldung nicht für einen Gegenstand weiterverfolgen, für den keine R.-Gebühr entrichtet wurden. Der Anmelder muss vielmehr eine TA für diesen Gegenstand einreichen, wenn er dafür weiterhin Schutz begehrt.		

Teilanmeldung, Neue Anmeldung M.

Anmeldung durch Nichtberechtigte
Art. 61 iVm R 14-18 **(RiLi A-IV, 2; RiLi C-IX, 2), Anerkennungsprotokoll**

Verfahrenshandlung	Rechtsnorm	Details	
Möglichkeit für Berechtigten	Art. 61 (1)	Bietet dem Berechtigten drei Möglichkeiten: a) **ePA an Stelle** des **Anmelders weiterverfolgen**, b) **Neue ePA** für dieselbe Erfindung einreichen (nach Art. 61 (2) ist Art. 76 (1) für neue ePA entsprechend anzuwenden). (siehe M.93 ff.) → R 17, c) **Zurückweisung beantragen**	84
Voraussetzungen	R 16 (1)	Voraussetzung für den Rechtsbehelf nach Art. 61 (1): a) Innerhalb von **3 M nach Eintreten der Rechtskraft der Entscheidung**, mit der ihr Anspruch anerkannt wird, (nationales Gericht, Zuständigkeit siehe Anerkennungsprotokoll Art. 1 bis 8) und b) das **europäische Patent** wurde **noch nicht erteilt**.	85
	R 16 (2)	Rechtsbehelfe nach Art. 61 (1) gelten nur in Bezug auf in der ePA benannte Vertragsstaaten, in denen die Entscheidung ergangen oder anerkannt worden ist oder aufgrund des Anerkennungsprotokolls anzuerkennen ist. Voraussetzung ist rechtskräftige und anzuerkennende Entscheidung, die der Berechtigte vorzulegen hat und die vom EPA zu prüfen ist (S/S Art. 61 Rd 12).	86
		Anerkennungsprotokoll: Zuständigkeit der nationalen Gerichte (Art. 61 (1)).	87
Anhängigkeit	RiLi A-IV, 2.1 G 3/92	Die **ePA muss nicht** mehr **anhängig sein** (bspw. zurückgewiesen oder zurückgenommen), wenn nationales Gericht den Anspruch auf Erteilung einer anderen Person zuspricht (→ Art. 61 (1) b)).	88
		Dieser Spezialfall ist ein besonderes Konstrukt zum Schutz des Berechtigten. Es stellt sicher, dass der Nichtberechtigte nicht durch Zurücknahme der ePA den Berechtigten um »seine« Patentanmeldung bringt. Es ist auch allgemein eine Neuanmeldung möglich. Dies erschließt sich aus Art. 61 (2) - Art. 76 (1) ist anzuwenden, d.h. die neue Anmeldung ist wie eine TA einzureichen. TA sind aber für anhängige Anmeldungen einzureichen (S/S Art. 61 Rd 24).	89
		Keine Verjährung für Feststellung der Berechtigung.	90
Aussetzung des Verfahrens	siehe J.103 ff.		91

391

M.   Teilanmeldung, Neue Anmeldung

	Neue Anmeldung nach Art. 61 (1) b), R 16 (Anmeldung durch Nichtberechtigte) RiLi A-IV, 2; RiLi C-IX, 2		
	Verfahrenshandlung	Rechtsnorm	Details
93	Wann kann eine neue Anmeldung eingereicht werden?	Art. 61 (1) R 16 (1) RiLi A-IV, 2.1	**Bis** zur **Veröffentlichung** des **Hinweises** auf **Erteilung** (solange noch nicht erteilt) und innerhalb von 3 M nach Eintritt der Rechtskraft der Entscheidung gemäß **Art. 61 (1)**. Nach Erteilung ist ggf. Nichtigkeitsklage oder Vindikationsklage nach nationalem Recht möglich. (zur Aussetzung des Verfahrens vor Entfaltung Rechtskraft siehe unten).
94			**Im Beschwerdeverfahren** ↳**G 3/92** und **RiLi C-IX, 2.2**: Anhängigkeit der früheren Anmeldung ist **nicht** Voraussetzung für die Einreichung der neuen Anmeldung → Einreichung neuer ePA nach Art. 61 (1) b)
95			Folge bei **Vindikation für eP** Art. 99 (4) - Eintragung des neuen Inhabers in Bezug auf diesen Staat; i.d.R. fällt dabei auch die Einheit des Patents (Art. 118). Ist das eP erteilt, so zerfällt es in ein Bündel nationaler Patente. Vindikationsklage vor jedem nationalen Gericht zur Übertragung des Patents.
96			Vor Erteilung → **R 14 (1)** Aussetzung und Sicherung des zentralen Verfahrens nach R 15 und Art. 61 (1)
97	Wer kann eine neue Anmeldung einreichen?	Art. 61	Die nach **Art. 61** Berechtigten sind die in **Art. 60 (1)** genannten Personen (Erfinder, Rechtsnachfolger, nicht der Anmelder). Nationales ArbnErfR des jeweiligen Staats ist anzuwenden.
98	Wo ist eine neue Anmeldung einzureichen?	Art. 61 (2) Art. 76 (1)	Auf **Papier oder elektronisch beim EPA in Den Haag, München oder Berlin** einzureichen. Es ist nicht möglich, eine Anmeldung nach Art. 61 (1) b) und Art. 76 bei den zuständigen Behörden eines VS einzureichen (RiLi A-IV, 2.5).
99		Wie TA nur beim EPA	Einreichung bei nationalen Behörden hat keine rechtliche Wirkung. Bei freiwilliger Weiterleitung an das EPA gilt TA erst mit Tag des Eingangs beim EPA als eingegangen (RiLi A-IV, 1.3.1).
100	Schicksal der früheren Anmeldung?	R 17 (1) RiLi A-IV, 2.5	Die **frühere Anmeldung** gilt mit Einreichung der neuen Anmeldung als **zurückgenommen**, und zwar: – für die VS, in denen die Entscheidung der Nichtberechtigung (zuständiges Gericht im Land des Anmelders) ergangen ist oder – anerkannt worden ist oder – aufgrund des Anerkennungsprotokolls anzuerkennen ist.
101	In welcher Sprache ist eine neue Anmeldung einzureichen?	R 36 (2)	Neue Anmeldung ist in Sprache der **SA** einzureichen, analog zur TA (RiLi A-IV, 1.3.3).
102		R 4	In der **Verfahrenssprache**, oder falls die **frühere Anmeldung** nach **Art. 14 (2)** in einer Sondersprache eingereicht wurde, in dieser **Sondersprache** unter **Nachreichung** der **Übersetzung** in die **Verfahrenssprache**.
103		R 6 (1)	Frist 2 M nach Einreichung der neuen ePA für Übersetzungen (RiLi A-III, 14).

Teilanmeldung, Neue Anmeldung — M.

Neue Anmeldung nach Art. 61 (1) b), R 16 (Fortsetzung)			
Verfahrenshandlung	Rechtsnorm	Details	
Wie ist eine neue Anmeldung einzureichen?	R 14	**Antrag** des **Berechtigten** unter **Vorlage** der **rechtskräftigen Entscheidung** (RiLi A-IV, 2.5), analog zum Verfahren bei TA.	104
	R 18 (1) RiLi C-IX, 2.3	**Teilweise Anspruchsberechtigung** Wenn Dritten nur für einen Teil des in der ePA offenbarten Gegenstands ein Anspruch zugesprochen wurde, muss die frühere Anmeldung auf den verbleibenden Gegenstand beschränkt werden (frühere und neue Anmeldung verhalten sich wie zwei TA).	105
	R 18 (2), RiLi C-IX, 2.4	**Anspruchsberechtigung nur für bestimmte benannte Staaten** Frühere und neue Anmeldung verhalten sich wie zwei Anmeldungen (Doppelschutzverbot beachten), wobei neue Anmeldung auch andere Ansprüche aufweisen kann.	106
Welche VS können benannt werden?	Art. 61 (1) b) R 16 (2)	Nur die **Staaten**, die in der **früheren Anmeldung** benannt worden sind.	107
Inhalt der neuen Anmeldung	Art. 61 (2)	Neue Anmeldung ist wie TA gemäß **Art. 76 (1)** zu behandeln (AT bzw. PT wie ursprüngliche Anmeldung, keine unzulässige Erweiterung Art. 76 (1)) (siehe RiLi A-IV, 2.5).	108
		Art. 123 (2) ist zu beachten (RiLi C-IX, 2.1, S/S Art. 123 Rd 39 ff.)	109
		Wichtigste Abweichung: JG sind für das Jahr, in dem diese Anmeldung eingereicht worden ist, und für vorhergehende Jahre nicht zu entrichten R 51 (6).	110
Gebühren	R 17 (2)	Anmelde- und Recherche-Gebühr, Frist 1 M, bei Nichtzahlung gilt neue Anmeldung als zurückgenommen.	111
	R 17 (3)	Benennungsgebühr, Frist 6 M ab Tag des Hinweises auf europäischen RB zur neuen ePA	112
	R 51 (6)	Keine nachträglichen JG-Zahlungen für neue ePA nach **Art. 61 (1) b)** durch den wahren Berechtigten (siehe M.118).	113
Aussetzung des Verfahrens	siehe J.103 ff.		114
Akteneinsicht in Stammanmeldung	Art. 128 (1)	Akteneinsicht in SA für Dritte möglich, unabhängig von Veröffentlichung der SA und abhängig von Zustimmung des (früheren und neuen) Anmelders.	115
	Art. 128 (3)	Akteneinsicht in die SA nach Veröffentlichung der neuen Anmeldung ohne Einverständnis des Anmelders möglich, unabhängig davon, ob SA veröffentlicht wurde.	116
Vorzunehmende Handlungen nach Einreichung der neuen Anmeldung	siehe Ablauf M.48 ff. außer Jahresgebühren		117
Jahresgebühren	Art. 86 R 51 (6)	**Jahresgebühren** erst fällig **ab** dem Jahr, das auf das **Jahr** folgt, in dem die **neue Anmeldung eingereicht** wurde.	118

Inhalt Kapitel N. Weiterbehandlung / Wiedereinsetzung

Weiterbehandlung
Voraussetzungen für die Weiterbehandlung.................... N.1 ff.
Frist zur Stellung Weiterbehandlung N.3
Kumulierung Nachfrist + Weiterbehandlung.................... N.8
Durchzuführende Handlungen... N.9 ff.
Entscheidung über die Weiterbehandlung....................... N.14 ff.
Ausschluss der Weiterbehandlung .... N.17 ff.
Weiterbenutzungsrecht bei Weiterbehandlung................ N.40
Feststellung Rechtsverlust .... N.41 f.

Wiedereinsetzung
Voraussetzungen für die Wiedereinsetzung.................... N.44 ff.
Frist und Endzeitpunkt zur Beantragung .... N.48 ff.
Durchzuführende Handlungen... N.55 ff.
Entscheidung über Wiedereinsetzung............................. N.63 ff.
Jahresgebühren nach Wiedereinsetzung........................ N.66 f.
Vorgänge zur Wiedereinsetzung .... N.68 ff.
Ausschluss der Wiedereinsetzung (Beispiele) .... N.79 ff.

Weiterbenutzungsrecht bei Wiedereinsetzung................ N.85
Feststellung Rechtsverlust N.86
Anforderung an die gebotene Sorgfaltspflicht .... N.87 ff.

Euro-PCT
Weiterbehandlung und Wiedereinsetzung (Regelung PCT).. N.113 f.
Weiterbehandlung (Regelung Euro-PCT)........................ N.115
Wiedereinsetzung (Regelung EuroPCT) .... N.116 f.

PCT-Anmeldung: Wiederherstellung
Wiederherstellung Prioritätsrecht .... N.118 ff.
EPA als ausgewähltes Amt/Bestimmungsamt (Priorecht).. N.126 f.
Wiedereinsetzung beim EPA als Widerspruchsbehörde Uneinheitlichkeit N.128
EPA als ausgewähltes Amt/Bestimmungsamt (Versäumnis Frist Eintritt in nat./reg. Phase)................... N.129 f.

Weiterbehandlung, Wiedereinsetzung N.

Weiterbehandlung
Art. 121, **R 135**, RiLi E-VIII, 2

Verfahrenshandlung	Rechtsnorm	Details und Fälligkeit	
Voraussetzungen	Art. 121 (1) RiLi E-VIII, 2	Der **Anmelder** hat eine ggü. dem EPA einzuhaltende **Frist** (Amtsfrist oder vom EPA zu bestimmende Frist nach **R 132 (1)**) **versäumt,** die zur **Zurückverweisung, Zurückweisung** oder zur **Zurücknahmefiktion führt** (auch Teilrechtsverlust). (Amtsfrist oder vom EPA zu bestimmende Frist nach **R 132 (1)**)	1
Berechtigung		WB steht **nur** dem **Anmelder** offen (bei Rechtsübergang erst bei Vorliegen der Unterlagen nach R 22 (3) (📖 S/S Art. 121 Rd 15).	2
Frist	Art. 121 (2) R 135 (1)	Mitteilung über Fristversäumnis (z.B. nach R 112 (1)) oder Entscheidung über Zurückweisung setzt 2 M Frist zur Beantragung der WB in Gang (Tag der Zustellung ist relevant).	3
	R 126 (2)	Fristbeginn mit 10. Tag nach Abgabe der Mitteilung an den Postdienstanbieter.	4
		WB kann auch zwischen Ablauf versäumter Frist und Zustellung Mitteilung über Fristversäumnis oder Rechtsverlust beantragt werden	5
	Art. 122 (4) R 136 (3) Art 121 (4)	WE in die Frist der WB möglich, insbesondere in die Frist zur Beantwortung eines Bescheids der Prüfungsabteilung nach Art. 94 (3).	6
	RiLi E-VIII, 2	Mehrere Handlungen mit derselben Rechtsgrundlage bilden eine einheitliche Verfahrenshandlung und unterliegen einer einheitlichen Frist → nur eine WB-Gebühr.	7
Kumulierung Nachfrist + WB		Grundsatz der Kumulierung von Heilungsmöglichkeiten (Nachfrist UND WB) nicht durchgängig eingehalten, da nicht alle Fristen nach R 135 (2) ausgeschlossen sind. Beispiele für Ausnahmen sind: • Nachfrist mit Zuschlagsgebühr der R 83 (3) für die Gebührenzahlung, • die Einreichung geänderter Patentansprüche beim Abschluss des Einspruchsverfahrens, • Nachfrist der R 45 (2) Satz 2 für die Entrichtung zusätzlicher Anspruchsgebühren sowie • Nachfristen für Euro-PCT-Anmeldungen der 2 M-Fristen in den R 163 (1) - (5) (siehe 📖 S/S Art. 121 Rd 9 f.)	8

N. Weiterbehandlung, Wiedereinsetzung

	Weiterbehandlung (Fortsetzung)			
	Verfahrenshandlung	Rechtsnorm	Details und Fälligkeit	Rechtsfolge, WE
9	Durchzuführende Handlungen	Art. 121 (2) R 135 (1)	**1. Antrag auf WB** Antrag gilt durch Zahlung der WB-Gebühr als gestellt. (Art. 2 (1) Nr. 12 GebO, bei verspäteter Gebührenzahlung 50% der verspäteten Gebühr oder 275 € in allen anderen Fällen, insbesondere im Fall der R 71 (3) als gestellt. ABl. 2020 Zusatzpublikation 3, Code 121, 122, 123)	
10			**2. Zahlung der WB Gebühr** WB-Gebühr für ePA, eP und Euro-PCT Anmeldungen zum automatischen Abbuchungsverfahren zugelassen. Maßgeblicher Zahlungstag hängt von versäumter Handlung oder Zeitpunkt Erteilung des automatischen Abbuchungsauftrags ab, (ABl. 2019, Zusatzpublikation 4, A.1, Nummer 5.2 VAA und A.2, Zu Nummer 3 VAA, I.8).	**WE (+)**, Art. 122, siehe 📄 N.71 (🔖 **J 29/94**)
11			**3. Nachholung versäumter Handlung** **Versäumte Handlung** ist innerhalb Antragsfrist (2 M Frist nach R 135 (1)) **nachzuholen**.	**WE (+)**, da WB in **Art. 122 (4), R 136** nicht ausgeschlossen ist (🔖 **J 12/92**)
12			Antrag kann ohne Begründung eingereicht werden.	
13		RiLi E-VIII, 2	Wenn **Gebühr bezahlt** aber **versäumte Handlung nicht nachgeholt** so gilt Antrag als nicht zulässig.	
14	Entscheidung	Art. 121 R 135 (3)	Über Antrag entscheidet das Organ, das über die versäumte Handlung zu entscheiden hat.	
15	Stattgeben	Art. 121 (2), S1, (3)	Wird dem Antrag auf WB **stattgegeben**, so gelten die Rechtsfolgen der Fristversäumung als nicht eingetreten.	
16	Ablehnung	Art. 121 (2) S2	Wird einer WB **nicht stattgegeben**, so ist gegen die Entscheidung nach **Art. 106 (1)** die Beschwerde zulässig, soweit nicht eine Beschwerdekammer entschieden hat.	

Weiterbehandlung, Wiedereinsetzung N.

Weiterbehandlung - Fristen, bei denen keine WB möglich ist					
Verfahrenshandlung	Rechtsnorm	Details	Frist	Fristdauer	17
Keine WB möglich	Art. 121 (4)	Art. 87 (1)	**Prioritätsfrist**	12 M	18
		Art. 108	**Beschwerde- und Beschwerdebegründungsfrist**	2 M, 4 M	19
		Art. 112a (4)	Antrag auf **Überprüfung** durch die Große BK		20
		Art. 121	Antrag auf **Weiterbehandlung** (WB)	2 M	21
		Art. 122	Antrag auf **Wiedereinsetzung** (WE)	2 M	22
	R 135 (2)	R 6 (1)	**Einreichung der Übersetzung** der ePA in eine Amtssprache	2 M	23
		R 16 (1) a)	Verfahren nach Art. 61 Absatz 1, nach Rechtskraft der Entscheidung	3 M	24
		R 31 (2)	**Hinterlegung von biol. Material**, Angabe Hinterlegungsstelle, Hinterlegers	16 M ab AT/PT	25
		R 36 (1)	Die WB einer TA nach R 36 (1) ist ausgeschlossen (siehe auch RiLi A-IV, 1.1.1 bzw. ↳J 10/01).	~~TA 24 M~~	26
		R 36 (2)	**Nachreichung Übersetzung TA**	2 M	27
		R 40 (3)	ePA mit Bezugnahme auf frühere Anmeldung (Frist zum Einreichen einer **Abschrift** bzw. Übersetzung der Abschrift)	2 M	28
		R 51 (2)-(5)	**JG** + Nachfrist	6 M	29
		R 52 (2), (3)	Einreichung der **Prioerklärung**	16 M	30
		R 55	**Mängelbeseitigung** nach **Eingangsprüfung** (Art. 90, R 40)	2 M	31
		R 56	Nachreichung von **fehlenden Teilen** der ePA	2 M	32
		R 56a (1), (3)-7 (ab 01.11.2022)	Nachreichung von **fälschlicherweise eingereichten Teilen** der ePA (ABl. 2022, A3; BdV vom 14.12.2021)	2M	32a
		R 58	**Mängelbeseitigung** nach R 57 a)-d), (Übersetzung, Erteilungsantrag (R 41), Ansprüche, Zusammenfassung, Vollmacht, Zeichnungen)	2 M	33
		R 59	Mängel bei der **Inanspruchnahme** der Prio	idR 2 M	34
		R 62a	Angabe der Patentansprüche, auf deren Basis die **Recherche** durchgeführt werden soll.	2 M	35
		R 63	**Grundlage der Recherche**	2 M	36
		R 64	Zusätzliche R.-Gebühr bei **mangelnder Einheitlichkeit**	2 M	37
		R 112 (2)	**Antrag auf Entscheidung**	2 M	38
		R 164 (1) und (2)	Zahlung zusätzlicher Recherchengebühren einer Euro-PCT-Anmeldung bei festgestellter **Uneinheitlichkeit** während der PCT-Recherche.		39
Weiterbenutzungsrecht	Kein unentgeltliches Weiterbenutzungsrecht zugunsten des gutgläubigen Benutzers der Erfindung bei WB (S/S Art. 121 Rd 39 f.).				40
Feststellung Rechtsverlust	R 112 (1)	Stellt EPA fest, dass **Rechtsverlust** eingetreten ist, **ohne** dass eine **Entscheidung** über die Zurückweisung der europäischen Patentanmeldung, die Erteilung, den Widerruf oder die Aufrechterhaltung des europäischen Patents oder über die Beweisaufnahme ergangen ist, so teilt es dies dem betroffenen Beteiligten mit.			41
	R 112 (2)	Ist der Beteiligte der Auffassung, dass die Feststellung des EPA nicht zutrifft, so kann er innerhalb von 2 M nach der Mitteilung nach Absatz 1 eine Entscheidung beantragen. Das Europäische Patentamt trifft eine solche Entscheidung nur dann, wenn es die Auffassung des Beteiligten nicht teilt; andernfalls unterrichtet es ihn und setzt das Verfahren fort.			42

N. Weiterbehandlung, Wiedereinsetzung

43	**Wiedereinsetzung** Art. **122**, **R 136**, RiLi E-VIII, 3		
	Verfahrenshandlung	Rechtsnorm	Details
44	**Voraussetzung für WE**	Art. 122 (1) RiLi E-VIII, 3.1.1	Der **Anmelder** oder **Patentinhaber**, der trotz **Beachtung aller nach** den **gegebenen Umständen gebotenen Sorgfalt** (siehe N.87 ff.) verhindert worden ist, hat eine ggü. dem EPA einzuhaltende **Frist versäumt**, die zur **Folge** hat, dass • die **ePA** oder ein **Antrag zurückgewiesen** wird, • die **ePA** als **zurückgenommen** gilt, • das **eP widerrufen** wird oder • der **Verlust** eines **sonstigen Rechts** oder eines **Rechtsmittels** eintritt.
45		RiLi E-VIII, 3.2	Sorgfaltspflicht obliegt in erster Linie dem Anmelder geht durch Übertragung der Zuständigkeit auf Vertreter über; tatsächlicher Umfang des Mandats und etwaige ausdrückliche Anweisungen an den Vertreter sind zu berücksichtigen. (ABl. 2007, 491)
46	Berechtigung		WE steht **Anmelder** oder **Patentinhaber** offen (bei Rechtsübergang erst bei Vorliegen der Unterlagen nach R 22 (3)) (S/S Art. 122 Rd 29).
47	Nationale Voraussetzungen	Art 122 (6)	**VS** können (**zusätzliche**) **Wiedereinsetzungen** in Fristen nach dem EPÜ gewähren, die den Behörden dieses Staates gegenüber einzuhalten sind. (Siehe »NatR zum EPÜ«, Tabelle VI)
48	**Frist und Endzeitpunkt zur Beantragung**	R 136 (1) RiLi E-VIII, 3.1.3	Der Antrag auf Wiedereinsetzung nach Artikel 122 Absatz 1 ist innerhalb von **zwei Monaten nach Wegfall** des **Hindernisses** (z.B. mit Mitteilung über Rechtsverlust), spätestens jedoch innerhalb **eines Jahres** nach Ablauf der versäumten Frist schriftlich zu stellen (keine 10-Tage-Regel).
49			Wegfall des Hindernisses
50			T 840/94, J 27/88, J 27/01 — Wegfall des Hindernisses an dem Tag, an dem der Anmelder bei ordnungsgemäßen Verhalten Kenntnis erlangt hätte (siehe S/S Art. 122, Rd 77).
51			T 191/82 — Hindernis ist nicht allein durch Kenntnis einer Hilfskraft des Vertreters des Anmelders weggefallen, sondern erst mit **Kenntnis** des **Vertreters** selbst.
52			J 7/82, J 27/90 — Der **Wegfall** des **Hindernisses** ist eine Tatsachenfrage, die in den **jeweiligen individuellen Umständen ermittelt** werden **müssen**.
53			T 629/15, T 1588/15 — Der Zugang der Mitteilung nach R 112 (1) setzt die Pflicht zum Handeln ein, auch wenn es um die Versäumnis einer Jahresgebühr geht und diese von einem externen Dienstleister zu entrichten war.
54	Ausnahme	RiLi E-VIII, 3.1.3	Bei **Prioritätsfrist** (**Art. 87 (1)**) und Frist zur Einreichung eines **Antrags** auf **Überprüfung** durch die **Große Beschwerdekammer** nach **Art. 112a (4)** ist Antrag auf WE innerhalb 2 M nach Ablauf der betreffenden Frist zu beantragen.

Weiterbehandlung, Wiedereinsetzung N.

Wiedereinsetzung - Durchzuführende Handlungen				55
Verfahrenshandlung	Rechtsnorm	Details	Rechtsfolge	
Durchzuführende Handlungen	Art. 122 (1) R 136 (1) RiLi E-VIII, 3.1.3	**1. Antrag auf WE** **Antrag** gemäß Art. 122 (1) ist innerhalb von **2 M** nach **Wegfall** des **Hindernisses schriftlich** (auch per Fax: **R 2 (1)** iVm BdP, Sonderausgabe 3, ABl. 2007, A.3. Art. 7) einzureichen (idR innerhalb Frist der Mitteilung nach **R 112 (1)** über Rechtsverlust, WE jedoch auch ohne Mitteilung möglich); Bestätigungsschreiben nur auf Aufforderung des zuständigen Organs.	Antrag gilt als nicht gestellt. WE (–), Art. 122	56 57
		2. Zahlung WE Gebühr Antrag gilt erst als gestellt, wenn **WE-Gebühr** (**Art. 2 (1) Nr. 13 GebO**, 685 €) bezahlt ist (für **jede** WE bei mehreren unabhängigen Fristversäumnissen, ↳**J 18/03**, ↳**J 26/95**).		58
		WE-Gebühr ist per automatischen Abbuchungsverfahren abbuchbar (auch für WE nach R 49.6 d) i) PCT und Wiederherstellung des Prioritätsrechts nach R 49ter.2 d) PCT), nicht jedoch andere Gebühren, deren Nichtentrichtung Gegenstand der versäumten Handlung waren. (ABl. 2019, Zusatzpublikation 4, A.1, Nummer 5.1 c)+f) VAA und A.2, Zu Nummer 3 VAA, I.9).		59
	R 136 (2) RiLi E-VIII, 3.1.4 und 3.2	**3. Antrag ist zu begründen** Die zur **Begründung dienenden Tatsachen** sind **glaubhaft** zu **machen**. Nach Ablauf der 2 M-Frist können vorgebrachte Tatsachen klargestellt, ergänzt oder hierfür Nachweise vorgelegt werden. Neue Tatsachen sind nicht zulässig. **Begründung** muss enthalten: • **Tatsache** der **Fristversäumnis** (wann, Umstände), • **Hinderungsgrund**, • **Zeitpunkt** seines **Wegfalls** (auch Umstände des Wegfalls) und alle **Umstände**, die eine Beachtung der gebotenen Sorgfalt belegen, vortragen und glaubhaft machen.	WB (–), Art. 121 (4) WE (–), Art. 122 (4) **Beschwerde** (+) ↳G 1/86	60
		4. Nachholung versäumter Handlung Versäumte Handlung ist innerhalb Antragsfrist (2 M-Frist, R 136 (1)) nachzuholen.		60a
		Allg. Behauptung oder Erklärung ohne Angaben konkreter Tatsachen oder Ereignisse, die zur Fristversäumnis geführt haben, genügt nicht den Anforderungen der Begründung nach R 136 (2). (auch ↳J 19/05)		61
		Ausführung, inwieweit bei außerordentlichen Umständen oder durch einmaliges Versehen bei ansonsten gut funktionierendem Fristenüberwachungssystem Frist versäumt wurde. Darlegung des gut funktionierenden Fristüberwachungssystems oder der Sorgfaltspflicht bei Übertragung von Aufgaben an Mitarbeiter der Kanzlei erforderlich.		62

N. Weiterbehandlung, Wiedereinsetzung

Wiedereinsetzung (Fortsetzung)

	Verfahrenshandlung	Rechtsnorm	Details
63	**Entscheidung**	Art. 122 R 136 (4) RiLi E-VIII, 3.3	Über Antrag ist Organ zuständig, das über die versäumte Handlung zu entscheiden hat
64	Stattgeben	Art. 122 (2) S1, (3)	Wird dem Antrag auf WE **stattgegeben**, so gelten die Rechtsfolgen der Fristversäumung als nicht eingetreten.
65	Ablehnung	Art. 122 (2) S2	Wird einer WE **nicht stattgegeben**, so wird der Antrag zurückgewiesen.
66	**Jahresgebühren nach WE**	Art. 122 (3) R 51 (4) a)	Eine JG, die regulär nach Tag des Eintritts des Rechtsverlust bis zur Zustellung der WE-Entscheidung fällig geworden wäre, wird erst mit Zustellung der WE-Entscheidung fällig. JG kann zusammen mit weiterer JG, die innerhalb von 4 M nach der Zustellung der WE-Entscheidung fällig wird, innerhalb dieser Frist ohne Zuschlagsgebühr entrichtet werden.
67	Nachfrist	R 51 (4) b)	JG, die bei Eintritt des Rechtsverlusts bereits fällig war, ohne dass die Nachfrist nach R 51 (2) bereits abgelaufen war, kann noch innerhalb von 6 M inkl. Zuschlagsgebühr nach dem Tag der Zustellung der Entscheidung über die WE entrichtet werden.
68	**WE möglich**	Art. 87 (1)	**Prioritätsfrist** (siehe RiLi A-III, 6.6)
69		Art. 108	Frist für **Beschwerde** von Anmeldern oder Patentinhabern (Beschwerdebegründung siehe N.77 f.).
70		Art. 112a (4)	Frist für **Antrag auf Überprüfung** durch die Große Beschwerdekammer.
71		Art. 122 (4) R 136 (3) Art 121 (4) N.11	**WE in die Frist zur WB** 1. Begründung, warum WB-Antrag nicht gestellt wurde **und** 2. Nachholung der versäumten Handlung → 2-stufiges Verfahren der vorzunehmenden Handlungen (S/S Art. 121 Rd 30)
72		R 82 (2), (3)	Frist zur Zahlung der **Veröffentlichungsgebühr** (Art. 2 (1) Nr. 8 GebO: 80 €) für die neue europäische Patentschrift.
73		R 82 (2)	Frist zur Einreichung der **Übersetzung** der geänderten Patentansprüche im **Einspruchsverfahren**.
74		R 88 (3)	Frist zur Stellung des **Antrags auf Entscheidung** der Einspruchsabteilung über die Kostenfestsetzung.
75		R 136 (3)	Alle weiteren **von der WB ausgeschlossene Fristen**. (siehe N.18 ff.)
76		Art. 25 PCT R 51 PCT	**Nachprüfung** durch die Bestimmungsämter.
77		G 1/86 RiLi E-VIII, 3.1.2	**Ausnahme** bei **Beschwerdebegründung** für **Einsprechenden**: Einsprechender, der Beschwerde eingelegt hat, kann Wiedereinsetzung in die Frist zur Einreichung der Beschwerdebegründung beantragen
78		T 315/87	Wird WE in Beschwerdefrist und in die Beschwerdebegründungsfrist beantragt, so ist nur eine Wiedereinsetzungsgebühr zu zahlen, weil die Beschwerde ein einheitlicher Vorgang ist. Liegt kein wirksamer Antrag vor (bspw. durch verspätete Zahlung), ist gezahlte Gebühr zurückzuerstatten.

Weiterbehandlung, Wiedereinsetzung N.

Wiedereinsetzung (Fortsetzung)			
Verfahrenshandlung	Rechtsnorm	Details	
Keine WE möglich	Art. 122 (4) R 136 (3)	Fristen, die der WE verschlossen sind: - alle Fristen, für die WB nach **Art. 121** beantragt werden kann; - die Frist für den **Antrag auf WE** in den vorigen Stand; - **R 36 (1)**: Anhängigkeit der SA für TA (S/S Art. 122 Rd 9); Zeitgrenze für Berichtigung nach **R 139** Satz 1 (J 7/90).	79
	R 131 (1) RiLi E-VIII, 3.1.1	Keine Einsetzung in Termine oder Zeitpunkte (z.B. Termin für Verhandlung)	80
		Frist von Dritten (z.B. nach Art. 77 und R 37 (2) von Zentralbehörden einzuhaltenden Frist von 14 M zur Weiterleitung der eingereichten ePA)	81
		Rechtsverlust ist nur mittelbare Folge der Fristversäumung (S/S Art. 122 Rd 34) → dann WE in Frist nicht unmittelbar möglich	82
		Fehlende Zuerkennung AT nach **Art. 90 (2)**: Anmeldung wird nicht als ePA behandelt	83
	J 31/89	Rechtsirrtümer rechtfertigen keine WE	84
Weiterbenutzungsrecht	Art. 122 (5)	Kostenloses Weiterbenutzungsrecht des gutgläubigen Benutzers der Erfindung bei WE (S/S Art. 122 Rd 115 ff.).	85
Feststellung Rechtsverlust	R 112 (1), (2)	Entspricht Feststellung Rechtsverlust in N.41 f	86

N. Weiterbehandlung, Wiedereinsetzung

87	Wiedereinsetzung - Sorgfaltspflicht		
	Verfahrenshandlung	Rechtsnorm	Details
88	**Anforderungen an die gebotene Sorgfalt**	**Grundlegendes**	
89		RiLi E-VIII 3.2	Das Sorgfaltsgebot muss ausgehend von der Situation beurteilt werden, wie sie vor Ablauf der versäumten Frist bestand.
90	📖 S/S Art. 122 Rdn 40-71 RdBK III, E.5	RiLi E-VIII 3.2	"Alle gebotene Sorgfalt" ist das angemessene Maß an Sorgfalt, das der normale, hinreichend kompetente Anmelder, Patentinhaber oder Vertreter unter den gegebenen Umständen aufwenden würde.
91		✎T 287/84	**Verhalten des Vertreters** im weiteren Verfahren kann herangezogen werden, um zu ermitteln, ob es sich bei seiner Fristversäumnis um ein einzelnes Versehen gehandelt hat.
92		✎J 7/12	Gebot besonderer Maßnahmen, wenn Frist bis ultimo ausgenutzt werden soll.
93		✎T 1095/06	Überlegungen zur **Verhältnismäßigkeit** sind nicht auf Bedeutsamkeit des Schutzrechts für den Anmelder abzustellen.
94		✎J 5/83 ✎J 40/89	Anmelder darf sich nicht auf **unverbindliche Mitteilungen oder Hinweise des EPA** verlassen, insbesondere nicht auf deren Zustellung.
95		✎T 1465/07	Umstände des Einzelfalls müssen betrachtet werden. Anzahl der Tage, um die die Frist überschritten wurde, spielt keine Rolle.
96		**Ordnungsgemäße Organisation der Fristenwahrung**	
97		✎T 14/89	Innerbetriebliche Fehlleitung aufgrund von Umorganisation/Umzug.
98		~~✎J 9/86~~	~~Wirkungsvolles System zur Fristenüberwachung ist darzulegen.~~
99		~~✎T 473/07~~	~~Plausibilitätskontrolle computergenerierter Fristberechnungen notwendig → Sorgfaltspflicht des Vertreters.~~
100		RiLi E-VIII, 3.2	Der Vertreter kann Routinearbeiten an Hilfspersonen übertragen. Der Vertreter muss belegen, dass die Hilfspersonen sorgfältig ausgewählt und ordnungsgemäß instruiert und regelmäßig kontrolliert wurde (✎J 5/80 und T 439/06)
101		**Kontrollmechanismus**	
102		✎T 283/01	Erfordernis eines Kontrollmechanismus bei Auslagerung einzelner Tätigkeiten.
		✎T 486/99	Unabhängiger Überprüfungsmechanismus im System erforderlich.
103		✎T 1149/11	Zulässigkeit einer Übertragung der Tätigkeit an eine Hilfsperson durch den Anmelder, Patentinhaber oder Vertreter. Dies gilt auch für die Auswahl der Hilfsperson, als auch deren Ausbildung und Überwachung.
104		**Vertretung von Angestellten**	
105		✎T 1041/05	Unerwartete Krankheit des verantwortlichen Angestellten kann in kleiner Firma WE rechtfertigen.
106		✎T 525/91	Plötzlich auftretende schwere Krankheit.
107		**Folgefehler**	
108		✎T 309/88	Nicht auf bestimmten Sachverhalt eines einmaligen Versehens nur einer Person beschränkt, WE kann Folgefehler umfassen.
109		✎T 1663/12	Sorgfalt ist bei allen Bearbeitungsschritten geboten.
110		**Vertreterwechsel**	
111		✎T 338/98	Genaue Abstimmung der **Aktenübergabe** notwendig.

Weiterbehandlung, Wiedereinsetzung N.

Euro-PCT: Weiterbehandlung und Wiedereinsetzung von Fristüberschreitungen				112
Verfahrenshandlung	Rechtsnorm	Details		
Weiterbehandlung und Wiedereinsetzung	R 82bis.2 PCT	VS kann **WE** oder **WB** trotz **Fristversäumung** vorsehen, sowie alle anderen Vorschriften, die Fristverlängerung vorsehen oder Entschuldigung von Fristüberschreitungen gestatten.		113
	Art. 48 (2) PCT	Jeder VS kann **Fristüberschreitung entschuldigen**, wenn Gründe vorliegen, die auch nach **nationalem Recht zugelassen** sind oder aus **anderen Gründen**. Sonderregel in R 82 PCT: Störung im Postdienst – siehe J.211		114
Weiterbehandlung Fristenüberschreitung	Art. 48 (2) PCT R 82bis.2 PCT	WB findet auf **Euro-PCT-Anmeldung** nach **Art. 48 (2) PCT** iVm **R 82bis.2 PCT** Anwendung (Sonderregelung in **R 82 PCT** (Störung im Postdienst)). Auch wegen Fiktion in **Art. 153 (2) EPÜ** (Euro-PCT=ePA) (S/S Art. 121 Rd 10 ff.).		115
Wiedereinsetzung	Art. 153 (2) Art. 122	Fiktion Euro-PCT=ePA (siehe S/S Art. 122 Rd 13 ff.). Wiedereinsetzung nach Art. 122 in Fristen der Euro-PCT Anmeldung möglich.		116
Gebührenzahlung		Die WE-Gebühr ist für WE nach Art. 122, aber auch für WE nach R 49.6 d) i) PCT und Wiederherstellung des Prioritätsrechts nach R 49ter.2 d) PCT zum automatischen Abbuchungsverfahren zugelassen		117

N. Weiterbehandlung, Wiedereinsetzung

118 PCT-Anmeldung: Wiederherstellung

	Rechtsnorm	Rechtsnormen	Details
119	**Wieder-herstellung Priorecht** siehe 📖 B.81 und 📖 I.110 ff.	R 26bis.3 a) PCT	**Wiederherstellung des Prioritätsrechts durch das AA** auf Antrag möglich (inkl. Gründe und ggf. Erklärung/Nachweis für Versäumnis) innerhalb von **2 M ab Ablauf Prioritätsfrist von 12 M** wenn ein Wiederherstellungskriterium erfüllt ist: • Versäumnis trotz Beachtung der nach den gegebenen Umständen gebotenen Sorgfalt (**R 26bis.3 a) i) PCT**) oder • Versäumnis unabsichtlich (R 26bis.3 a) ii) PCT) AA hat wenigstens ein Wiederherstellungskriterium anzuwenden (doppelte Anwendung R 80.5 PCT möglich).
120		R 26bis.3 b) PCT	Antrag nach R 26bis.3 a) PCT muss enthalten: i) innerhalb der nach Absatz e anwendbaren Frist beim AA eingereicht werden, ii) die Gründe für das Versäumnis, die internationale Anmeldung innerhalb der Prioritätsfrist einzureichen, darlegen und iii) vorzugsweise eine Erklärung oder andere in Absatz f) genannte Nachweise
121		R 26bis.3 d) PCT	Ggf. Gebührenzahlung, abhängig vom AA (EPA:685 € - Art. 2 (1) Nr. 13 GebO - 📖 N.127), innerhalb **2 M** ab Ablauf Prioritätsfrist von 12 M, ggf. um 2 M durch AA verlängerbar (AG 5.062 ff.)
122		R 26bis.3 e) PCT	Bei Antrag auf **vorzeitige Veröffentlichung** nach Art. 21 (2) b) PCT gilt Antrag nach a) oder Gebühren nach d) nach Abschluss der technischen Vorbereitungen für die intern. Veröffentlichung nicht als rechtzeitig eingereicht oder entrichtet.
123		R 49ter.1 a) PCT	**Wirkung Wiederherstellung der Prio durch das AA** nach **R 26bis.3 PCT** hat vorbehaltlich **R 26bis.3 c) PCT** in jedem Bestimmungsamt → **Achtung Vorbehalte**: R 49ter.1 g) PCT: Nicht gültig für BR, CA, CN, CO, CZ, DE, DZ, ID, IN, KR, LT, MX, NO, PH - siehe 📖 B.537
124		R 49ter.2 a) PCT	**Wiederherstellung des Prioritätsrechts durch das Bestimmungsamt** auf Antrag nach Absatz b) möglich, falls Priorität innerhalb von **2 M ab Ablauf der Prioritätsfrist von 12 M** beantragt wurde, notwendiges Wiederherstellungskriterium: i) Versäumnis trotz Beachtung der nach den gegebenen Umständen gebotenen Sorgfalt oder ii) Versäumnis unbeabsichtigt. → **Achtung Vorbehalte**: R 49ter.2 h) PCT: Nicht vereinbar mit nationalem Recht für BR, CA, CN, CO, CU CZ, DE, DZ, ID, IN, KR, MX, NO, PH - siehe 📖 B.538
125		R 49ter.2 b) PCT	Antrag nach Absatz a) muss innerhalb von **1 M** ab der nach Art. 22 PCT anwendbaren Frist beim Bestimmungsamt oder bei vorzeitiger Bearbeitung nach Art. 23 (2) PCT ab Eingang betreffenden Antrags eingereicht werden und Gründe für Versäumnis enthalten; ggf. Gebührenzahlen an das Bestimmungsamt.
126	**EPA als ausgewähltes Amt/ Bestimmungs-amt**	Art. 153	WE in Prioritätsfrist bei Nachweis Beachtung der nach den gegebenen Umständen gebotenen Sorgfalt (nicht unabsichtlich) (📖 S/S Art. 153 Rd 457 ff.).
127		Art. 2 (1) Nr. 13 GebO	Gebühr für Wiederherstellung: 685 €
128	**EPA als Widerspruchs-behörde Uneinheitlichkeit**	R 158 (3) EPÜ R 40.2 c), e) PCT R 45bis.6 c), d) PCT R 68.3 c), e) PCT	EPA stellt **Dienstleistung für WIPO** im Rahmen der Überprüfung der Uneinheitlichkeit als ISA, IPEA und SISA zur Verfügung (BdP vom 09.06.2015, ABl. 2015, A59), Zahlungseingang der Widerspruchsgebühr (935 € - Art. 2, Nr. 21 GebO) wird beim EPA erwartet und stellt somit ein Versäumnis nach Art. 122 EPÜ dar, welches zur WE berechtigt - siehe B.69 (ISA), B.87a (SISA) und B.142 (IPEA)
129	**EPA als ausgewähltes Amt/ Bestimmungs-amt** 📖 B.373, 📖 B.536	Art. 22 PCT R 49.6 PCT R 76.5 ii) PCT Art. 39 (1) PCT R 49.6 R 76.5 ii) PCT	Maßnahmen zur **Einleitung** der **nationalen/regionalen Phase** (insbesondere Übermittlung Exemplar der int. Anmeldung) wurden nicht nach Art. 22 (1) PCT oder Art. 39 (1) a) PCT nicht innerhalb 30 M (EPA: 31 M) durchgeführt; **R 49.1 a-bis**: EPA hat IB mitgeteilt, dass es vom Anmelder keine Übermittlung eines Exemplars verlangt. - RiLi E-IX, 2.7 Folge: Wirkung der int. Anmeldung nach Art. 11 (3) PCT endet (**Art. 24 (1) iii)**) - siehe 📖 B.373 Möglichkeit zur WE durch das jeweilige Bestimmungsamt
130		Art. 24 (2) PCT	DPMA hat Vorbehalt erklärt, siehe zu weiteren Vorbehalten auch 📖 N.123 f.

Inhalt Kapitel O. Beschleunigung

Beschleunigung
Antrag »PACE«-Programm O.2
Recherche ECfS... O.4
Recherche PACE.. O.6 ff.
Prüfung PACE (ePa und Euro-PCT)................................. O.11 ff.
Frühzeitiger Prüfungsantrag – Verzicht auf Mitteilung
nach R 70 (2).. O.24
Frühzeitiger Prüfungsantrag Euro- PCT- Verzicht auf
Mitteilung nach
R 161 (1)/R161 (2)/R162 .... O.25 ff.
~~Änderung oder Berichtung von erteilungsfähiger~~
~~Fassung (Verzicht auf weitere Mitteilungen nach~~
~~R 71 (3))~~ .... O.29 f.
~~Gebührenzahlung nach Verzicht~~ .... O.31 f.
Reaktion auf Recherchenbericht O.34
Veröffentlichung ePA mit Erteilung eP O.35
Ausschluss Beschleunigungsanträge von Akteneinsicht.... O.36
Beendigung bzw. Aussetzung des PACE-Programms O.37

Beschleunigtes Einspruchsverfahren
Beschleunigung des Einspruchsverfahrens O.38

Beschleunigung des Beschwerdeverfahrens
Beschleunigung des Beschwerdeverfahrens O.41

Patent Prosecution Highway (PPH)
PPH .... O.42 ff.
IP5-PPH... O.49 ff.
IP5-Pilotprojekt zur Zusammenarbeit bei PCT-Recherche
und -Prüfung... O.55 ff.
Global PPH.. O.62 f.
Länderübersicht PPH .... O.66 ff.

407

Beschleunigung O.

Beschleunigung RiLi E-VIII, 4		

Anmelder, denen an einer **raschen Recherche oder Prüfung** gelegen ist, können eine Bearbeitung ihrer Anmeldungen nach dem **»PACE«-Programm** (Programm zur beschleunigten Bearbeitung ePA) beantragen. Ein **Antrag** auf Teilnahme am PACE-Programm (PACE-Antrag) ist online mittels Antragsformulars (EPA Form 1005) einzureichen und kann nur **einmal in jeder Verfahrensphase** (Recherche und Prüfung) und jeweils **nur für eine einzelne Anmeldung** gestellt werden. Ein während der Recherche eingereichter PACE-Antrag löst nicht automatisch eine beschleunigte Prüfung aus. Hierfür muss der Anmelder einen Antrag auf beschleunigte Prüfung stellen, nachdem die Anmeldung in die Prüfungsphase eingetreten ist.

PACE Antrag zu beschleunigte Recherche und beschleunigte Prüfung ist von Akteneinsicht ausgenommen (R 144 d), ABl. 2007, SA Nr. 3, 125, siehe A.305).

MdEPA vom 04.05.2010, ABl. 2010, 352; MdEPA vom 21.02.2013, ABl. 2013, 156; MdEPA ABl. 2015, A93, A94
Überarbeitetes PACE-Programm seit 01.01.2016 in Kraft und gilt für alle ab diesem Tag eingereichten Anträge.

Verfahrenshandlung	Details	
Recherche **»ECfS«** RiLi E-VIII, 4.1	**ePA** (einschließlich PCT-Anmeldungen, die in die europäische Phase eintreten und für die das EPA nicht als (S)ISA tätig war), die **keine Prio** beanspruchen (=seit 01.07.2014 eingereichte **EP-Erstanmeldungen**)	Amt im Rahmen des Programms **»Early Certainty from Search«** (ECfS) bestrebt, den erweiterten bzw. teilweisen europäischen RB innerhalb von **6 M ab dem AT** oder dem Ablauf der Frist nach R 161 (2) zu erstellen (S/S Art. 92 Rd 37 ff.). Somit ist **kein PACE-Antrag erforderlich.** In Fällen, in denen eine Mitteilung nach **R 62a**, **R 63** oder **R 64** erforderlich ist, kann der RB erst nach Eingang der Erwiderung des Anmelders oder nach Ablauf der entsprechenden Frist erstellt werden.

O. Beschleunigung

Beschleunigung (Fortsetzung)		
Verfahrenshandlung	Details	
Recherche »**PACE**« RiLi E-VIII, 4.1 ABl. 2015, A93 Online mit Formblatt 1005	ePA (einschließlich PCT-Anmeldungen, die in die europäische Phase eintreten und für die das EPA nicht als (S)ISA tätig war), die eine **Prio in Anspruch** nehmen. Das PACE-Programm steht nicht für internationale PCT-Anmeldungen zur Verfügung.	**PACE-Antrag** auf beschleunigte Recherche kann jederzeit **online** mit dem **EPA Formblatt 1005** (seit 01.06.2016, ABl. 2015, A93) formlos, ohne Begründung und gebührenfrei gestellt werden. (Hinweis: Wenn Antrag auf Papier und/oder nicht mit Formblatt gestellt wird, so wird der Antrag nicht bearbeitet.) Amt setzt nach Eingang eines **PACE-Antrags** alles daran, den erweiterten bzw. teilweisen europäischen Recherchenbericht innerhalb von **6 M nach Eingang des Antrags z**u erstellen (S/S Art. 92 Rd 33 ff.). Eine **Bearbeitung** unter PACE kann **nicht** erfolgen, wenn von der Möglichkeit, auf eine früher eingereichte Anmeldung Bezug zu nehmen, Gebrauch gemacht wird (**R 40 (1) c)** iVm **R 40 (2)**) oder Teile der Beschreibung oder Zeichnungen nach **R 56** nachgereicht oder die Ansprüche nachträglich eingereicht werden (ABl. 2010, 342).
		Eine beschleunigte Recherche kann nur unter folgenden **Voraussetzungen** beginnen: i) Nach Eingang der Erwiderung des Anmelders auf eine Mitteilung nach R 62a oder R 63 oder nach Ablauf der entsprechenden Frist; ii) In allen Fällen, wenn die in der Akte enthaltenen Anmeldeunterlagen (Ansprüche, Beschreibung, erforderlichen Übersetzungen, ggf. die Zeichnungen, vorschriftsgemäßes Sequenzprotokoll von Nucleotid- und Aminosäuresequenzen) so vollständig sind, dass der erweiterte RB erstellt werden kann; iii) Bei PCT-Anmeldungen, die in die europäische Phase eintreten und für die das EPA≠(S)ISA tätig war, nach Ablauf der Frist von 6 M nach R 161 (2), auch wenn ein Antrag auf beschleunigte Bearbeitung im Rahmen des PACE-Programms gestellt wurde. Soll sofort mit der ergänzenden europäischen Recherche begonnen werden, so muss bei Eintritt in die europäische Phase ausdrücklich auf die Mitteilungen nach R 161 (2) und R 162 (2) verzichtet und etwaige Anspruchsgebühren entrichtet werden (siehe I.24).
		Falls Aufforderung zur Entrichtung weiterer Recherchengebühren nach R 64 (1) S2 oder R 164 (1) b), kann der endgültige RB nach R 64 (1) letzter Satz oder R 164 (1) c) erst erstellt werden, wenn die Erwiderung auf die Aufforderung zur Zahlung weiterer Recherchengebühren eingegangen ist oder die gesetzte Frist (idR 2 M) abgelaufen ist.
		Der PACE-Antrag auf beschleunigte Recherche löst **keine** beschleunigte Prüfung aus. Hierzu muss der Anmelder einen PACE-Antrag auf beschleunigte Prüfung stellen nachdem Anmeldung in Prüfungsphase eingetreten ist (RiLi E-VIII, 4, siehe I.11).

Beschleunigung O.

Beschleunigung (Fortsetzung)

Verfahrenshandlung	Details		
Prüfung »**PACE**« ABl. 2015, A93 RiLi E-VIII, 4.2 Online mit Formblatt 1005	anhängige **ePA**	**PACE-Antrag** auf beschleunigte Prüfung kann jederzeit online mit dem EPA Formblatt 1005 (seit 01.06.2016, ABl. 2015, A93), ohne Begründung und gebührenfrei gestellt werden, sobald die Zuständigkeit für die ePA auf die Prüfungsabteilung übergegangen ist (Stellung Prüfungsantrag nach R 10 (2), (3)). (Hinweis: Wenn Antrag auf Papier und/oder nicht mit Formblatt gestellt wird, so wird Antrag wird nicht bearbeitet). Sofern die ePA noch im Rahmen des PACE-Programms bearbeitet wird, ist das Amt bestrebt, weitere **Prüfungsbescheide** innerhalb von **3 M nach Eingang der Erwiderung** des Anmelders zu erstellen (S/S Art. 94 Rdn 27 ff.). Empfehlung für Zeitpunkt: - Bei Einreichung der ePA, wenn der Prüfungsantrag zu diesem Zeitpunkt verbindlich gestellt (siehe unten), oder - Nach Erhalt des EESR und zusammen mit der Erwiderung auf die Stellungnahme zur Recherche nach R 62 (R 70a).	
Euro-PCT	Vorgezogener Eintritt in die europäische Phase **Bearbeitungsverbot** einer PCT-Anmeldung durch Bestimmungsamt (DO) nach Art. 23 (1) PCT (Kap. II) bzw. ausgewähltem Amt (EO) nach Art. 40 (1) PCT (Kap. I) **vor Ablauf von 30 M** (Art. 22 PCT bzw. Art. 39 PCT; **EPA: 31 M** nach R 159 (1), Art. 22 (3) PCT bzw. Art. 39 (1) b PCT).	Das EPA als Bestimmungsamt (DO)/ausgewähltes Amt (EO) beginnt mit der Bearbeitung einer internationalen Anmeldung erst nach Ablauf der 31-Monatsfrist ab dem AT oder PT. Der **Antrag auf vorzeitige Bearbeitung** für PCT-Anmeldungen, die in die europäische Phase eintreten und für die das EPA=(S)ISA war, kann beim EPA **schriftlich jederzeit** vor Ablauf der **31 M** gestellt werden (beispielsweise bei Eintritt in die europäische Phase vor dem EPA oder zusammen mit der nach R 161 (1) erforderlichen Erwiderung auf den WO-ISA, IPER oder SISR) (siehe I.20). Damit der Antrag wirksam ist, muss der Anmelder die Erfordernisse der R 159 (1) EPÜ erfüllen, als liefe die 31-Monatsfrist an dem Tag ab, an dem er die vorzeitige Bearbeitung beantragt (Zahlung der Gebühren, Einreichung von Übersetzungen usw.).	
		Der Anmelder kann beantragen, dass mit der Bearbeitung vor Ablauf dieser Frist begonnen wird, indem er einen ausdrücklichen Antrag auf vorzeitige Bearbeitung stellt. Keine konkrete Formulierung vorgeschrieben, daher muss Anmelder deutlich **zum Ausdruck bringen**, dass die **vorzeitige Bearbeitung** der Anmeldung vor dem EPA als Bestimmungsamt (DO)/ausgewähltem Amt (EO) **gewünscht** ist, zur Klarheit sollte ausdrücklich auf Art. 23 (2) PCT bzw. ggf. Art. 40 (2) PCT verwiesen werden.	
		Ein PACE-Antrag hat keine Auswirkung auf den Beginn der Bearbeitung. Umgekehrt ist ein Antrag auf vorzeitige Bearbeitung kein PACE-Antrag. Beide Anträge müssen separat gestellt werden.	

O. Beschleunigung

15	**Beschleunigung** (Fortsetzung)	
	Verfahrenshandlung	Details
16	**Prüfung »PACE«** (Fortsetzung) RiLi E-VIII, 4.2 Formblatt 1005	**»Notwendige Erfordernisse«**: Der Anmelder muss für die Wirksamkeit des Antrags auf vorzeitige Bearbeitung beim EPA die Erfordernisse nach R 159 (1) erfüllen: a) ggf. Einreichung Übersetzung b) Angabe Anmeldungsunterlagen c) Entrichtung Anmeldegebühr e) ggf. Recherchegebühr für ergänzenden europäischen RB Welche **weiteren** in R 159 (1) genannten **Erfordernisse** zu erfüllen sind, hängt von dem Tag ab, an dem die vorzeitige Bearbeitung beantragt wird. Am Tag der Antragstellung sind (Grund-)Fristen für die Entrichtung der Benennungsgebühr (R 39 (1)), der Jahresgebühr (R 51 (1)), ggf. Zusatzgebühr für >35 Seiten (R 38 (2)) sowie für die Stellung des Prüfungsantrags und die Entrichtung der Prüfungsgebühr (R 70 (1)) möglicherweise noch nicht abgelaufen, d.h. der Antrag ist wirksam, ohne dass die entsprechenden Erfordernisse erfüllt sind (Art. 153 (2), Art. 11 (3) PCT).
17		Für die **Wirksamkeit notwendige Gebührenzahlung** nach R 159 (1) **nicht mit Abbuchungsauftrag** bezahlen, da ansonsten erst am letzten Tag der 31 M-Frist abgebucht wird (ABl. 2013, 156-163).
18		Durch **Nichteinreichung** einer ggf. nach R 159 (1) h) einzureichenden **Ausstellungsbescheinigung** wird der Antrag auf vorzeitige Bearbeitung **nicht unwirksam** (allerdings hat dies Auswirkung auf den Stand der Technik, den das EPA im Verfahren in der europäischen Phase berücksichtigt).
19		**Kein Erfordernis** für die Wirksamkeit des Antrags auf vorzeitige Bearbeitung sind die Anspruchsgebühren für den 16. und jeden weiteren Anspruch, diese müssen erst mit Ablauf der Frist nach R 162 (2) entrichtet werden.
20		**Empfehlung für Zeitpunkt für PACE-Antrag:** Bei Eintritt in die europäische Phase vor dem EPA, oder zusammen mit der Erwiderung nach R 70a (1) auf den EESR, oder zusammen mit der Erwiderung nach R 161 (1) auf den WO-ISA, IPER oder SISR. Da bei Euro-PCT-Anmeldungen eine Mitteilung nach R 161 (1) oder (2) ergeht, wird mit der Bearbeitung der Anmeldung erst nach Ablauf der 6 M-Frist begonnen (selbst wenn ein Antrag auf beschleunigte Bearbeitung im Rahmen des PACE-Programms gestellt wurde). Soll **direkt** mit der ergänzenden europäischen Recherche oder Prüfung begonnen werden, so muss bei **Eintritt in die europäische Phase**: - ausdrücklich auf die Mitteilung nach R 161 (1) oder (2) und R 162 verzichtet werden, - etwaige Anspruchsgebühren entrichtet werden und - ggf. Stellungnahme zu Mängeln aus WO-ISA, IPER oder SISR (analog zu Erwiderung nach R 161 (1)) MdEPA vom 5. April 2011, ABl. EPA 2011, 354
21		Das Amt ist bemüht, den **ersten Prüfungsbescheid innerhalb von 3 M nach Eingang** • **der Anmeldung**, • der Erwiderung nach R 70a oder R 161 (1) oder • des Antrags auf beschleunigte Prüfung zu erstellen (je nachdem, welcher Zeitpunkt der spätere ist). Das Amt ist bestrebt, **weitere Prüfungsbescheide innerhalb von 3 M nach der Erwiderung** zu erstellen, sofern fristgerecht erfolgt und auf alle Mängel eingegangen wurde.
22		Ist ein notwendiges Erfordernis am Tag der Stellung des Antrags auf vorzeitige Bearbeitung nicht erfüllt, so wird der Antrag erst an dem Tag wirksam, an dem alle notwendigen Erfordernisse erfüllt sind, d.h. erst an diesem Tag tritt die Anmeldung in die europäische Phase ein und wird so bearbeitet wie eine Euro-PCT-Anmeldung, die in die europäische Phase eingetreten ist.

Beschleunigung O.

Beschleunigung (Fortsetzung)

Verfahrenshandlung	Details	
Frühzeitiger Prüfungsantrag - **Verzicht auf Mitteilung nach R 70 (2)** Frühzeitiger bzw. verbindlicher Prüfungsantrag	R 70 (2) RiLi A-VI, 3 RiLi B-XI, 7 RiLi B-XI, 8	**Frühzeitiger Prüfungsantrag** (vor Erhalt des RB, Prüfungsgebühr bezahlt), und gleichzeitiger Verzicht auf die Aufforderung zur Erklärung über die Aufrechterhaltung der Anmeldung (**Mitteilung nach R 70 (2)**). In diesem Fall ergeht zusammen mit dem RB statt der Stellungnahme zur Patentierbarkeit nach R 62 gleich ein erster Prüfungsbescheid nach Art. 94 (3) und R 71 (1) (ähnlich bei Euro-PCT-Anmeldung, bei der ergänzender RB notwendig ist). Dann ergeht auch keine Aufforderung nach R 70a (2) (S/S Art. 94 Rd 21 ff.). Wird Uneinheitlichkeit festgestellt, ergeht seit 01.04.2017 eine vorläufige Stellungnahme zu den in den Ansprüchen zuerst genannten Erfindung. Eine Erwiderung ist nicht erforderlich und wird bei der Erstellung des EESR nicht berücksichtigt (ABl. 2017, A20).
Frühzeitiger Prüfantrag Euro-PCT - **Verzicht auf Mitteilung nach R 161 (1)** (EPA=ISA) bzw. **R 161 (2)** (EPA≠ISA) und **R 162** Euro-PCT	ABl. 2015, A94 RiLi E-VIII, 4	**Ausdrückliche Verzichtserklärung** in Formblatt 1200, Feld 6.4 markieren. Bei Einleitung reg. Phase erlässt EPA dann keine Mitteilung nach R 161 (1) bzw. R 161 (2), wenn alle **Erfordernisse für reg. Phase** (ggf. Anspruchsgebühren) erfüllt sind und beginnt direkt mit der Prüfung (EPA=ISA) bzw. der erg. europäischen Recherche (EPA≠ISA). **Wenn nicht alle Erfo**rdernisse erfüllt sind, erlässt EPA die Mitteilungen und die Anmeldung wird erst nach Ablauf der in diesen Regeln vorgesehenen Frist von 6 M bearbeitet, selbst wenn ein PACE-Antrag gestellt wurde.
		Ist eine Mitteilung nach R 161 (1) bzw. R 161 (2) und R 162 ergangen, steht die volle Frist von 6 M für die Einreichung von Änderungen zu. Die ergänzende europäische Recherche oder die Prüfung wird auf der Grundlage der Anmeldungsunterlagen in der bei Ablauf der Frist vorliegenden letzten geänderten Fassung durchgeführt.
		Anmelder kann sofortigen Beginn der Bearbeitung beantragen und auf das Recht verzichten die volle Frist von 6 M zu nutzen. Der Antrag (formlos) kann zusammen mit Änderungen eingereicht werden und ist nur wirksam, wenn alle Erfordernisse der R 161 und R 162 EPÜ erfüllt sind. Zwischen Verzichtserklärungen und PACE-Anträgen ist zu unterscheiden und dass sie separat eingereicht werden müssen.

O. Beschleunigung

28	**Beschleunigung** (Fortsetzung)		
	Verfahrenshandlung	Details	
29	**Verzicht auf weitere Mitteilung nach R 71 (3)** MdEPA vom 26.05.2020 ABl. 2020, A73 Abschaffung der Möglichkeit auf weitere Mitteilung nach R 71 (3) zu verzichten	R 71 (3) ABl. 2017, Zusatzpublikation 5, VAA Nr. 11 und A.2, II. d) ABl. 2019, Zusatzpublikation 4, A.2, I.4	Der **Anmelder** kann ausdrücklich auf das Recht **verzichten**, eine **weitere Mitteilung nach R 71 (3) zu erhalten**, wenn Änderungen oder Berichtigungen der von der Prüfungsabteilung in einer **früheren Mitteilung nach R 71 (3)** vorgeschlagenen Fassung beantragt werden (ABl. EPA 2015, A52). Achtung: Bei einem Verzicht »erlischt« der automatische Abbuchungsauftrag hinsichtlich der Entrichtung der Anspruchsgebühren (siehe 📄 I.16, 📄 H.109).
30			Sofern folgende **Formerfordernisse erfüllt** sind und die Prüfungsabteilung **keine Einwände** gegen die vom Anmelder beantragten Änderungen oder Berichtigungen hat, erlässt das Amt dann keine weitere Mitteilung nach R 71 (3) EPÜ, sondern eine Entscheidung über die Erteilung des eP. Voraussetzungen, die innerhalb **4 M ab Erhalt der Mitteilung** erfüllt sein müssen: — in seiner Erwiderung auf die Mitteilung nach R 71 (3) ausdrücklich angeben, dass er **auf das Recht verzichtet**, eine weitere Mitteilung zu erhalten; dies kann **formlos** erfolgen, — **Übersetzung der Ansprüche** in den beiden Amtssprachen des EPA einreichen, die nicht die Verfahrenssprache sind, — **Erteilungs-** und **Veröffentlichungsgebühr** entrichten, — **Anspruchsgebühren** für den sechzehnten und jeden weiteren Anspruch entrichten, soweit diese nicht bereits nach R 45 oder R 162 entrichtet worden sind, — **Änderungen oder Berichtigungen kennzeichnen** und gegebenenfalls ihre Grundlage in der ursprünglich eingereichten Fassung der Anmeldung angeben (R 137 (4)) sowie die betreffenden Seiten der die Mitteilung nach R 71 (3) bildenden Unterlagen (Druckexemplar) mit den Änderungen oder Berichtigungen einreichen.
31	**Gebührenzahlung nach Verzicht** MdEPA vom 26.05.2020 ABl. 2020, A73 Abschaffung der Möglichkeit auf weitere Mitteilung nach R 71 (3) zu verzichten	Art. 2 (2) GebO VAA Nr. 11, Anhang A.2 zu VLK ABl. EPA 2015, A52 ABl. 2017, Zusatzpublikation 5, VAA Nr. 11 und A.2, II. g)	Bei Zahlungen mithilfe des **automatischen Abbuchungsverfahrens**: **Erteilungsgebühr** einschließlich der **Veröffentlichungs-/Druckkostengebühr** sowie etwaige nach R 71 (4) zu entrichtende **Anspruchsgebühren** gesondert mittels einer anderen in der Gebührenordnung zugelassenen Zahlungsart zu entrichten. **Diese Gebühren werden nicht automatisch abgebucht.**
32			**Benennungsgebühren**, die nach R 71a (3) fällig werden, und/oder eine **Jahresgebühr**, die nach R 71a (4) fällig wird, sollten ebenfalls separat durch eine andere zulässige Zahlungsart entrichtet werden, um die Bekanntmachung des Hinweises auf die Erteilung nicht zu verzögern. Dasselbe gilt für die Entrichtung von **Erstreckungsgebühren**.

Beschleunigung O.

Beschleunigung (Fortsetzung)

Verfahrenshandlung	Details
Reaktion auf Recherchenbericht	Der Anmelder muss bereits zu dem RB (bei Euro-PCT-Anmeldungen: dem int. vorl. Prüfungsbericht) Stellung nehmen und sich beispielsweise einschränken (R 70a bzw. R 161 (1)), ohne den ersten Prüfungsbescheid abzuwarten.
Veröffentlichung	Wird das eP vor Ablauf der 18 M-Frist erteilt, so wird die ePA gleichzeitig mit dem eP veröffentlicht (RiLi A-VI, 1.1 und S/S Art. 93 Rd 37).
Sonstiges	Anträge auf beschleunigte Recherche oder Prüfung (**PACE-Anträge**) sind von **der Akteneinsicht ausgeschlossen** (Art. 128 (4) iVm R 144 d)). BdP vom 12.07.2007, ABl. 2007, SA 3, J.3 und MdEPA vom 04.05.2010, ABl. 2010, 352
Beendigung bzw. Aussetzung des PACE-Programms RiLi E-VIII, 4 ABl. 2015, A93	Eine **Anmeldung** wird aus dem PACE-Programm **entfernt** (ungeachtet der zur Verfügung stehenden Rechtsmittel), wenn: − der PACE-Antrag zurückgenommen wurde; − der Anmelder eine Fristverlängerung beantragt hat; − die Anmeldung zurückgewiesen wurde; − die Anmeldung zurückgenommen wurde; − die Anmeldung als zurückgenommen gilt. Eine **erneute Aufnahme** der aus dem PACE-Programm entfernten Anmeldung ist **nicht möglich**. Die **beschleunigte Bearbeitung** wird **ausgesetzt**, wenn: − eine Jahresgebühr nicht bis zum Fälligkeitstag (R 51 (1)) entrichtet wurde. Die beschleunigte Bearbeitung im Rahmen des PACE-Programms erfolgt nur, soweit dies praktisch möglich ist und es das Arbeitsaufkommen in den Recherchen- und Prüfungsabteilungen erlaubt. Anmelder, die eine beschleunigte Bearbeitung für die Gesamtheit oder die Mehrzahl ihrer Anmeldungen beantragen, werden in der Regel aufgefordert, eine Auswahl zu treffen und die Zahl ihrer PACE-Anträge zu begrenzen.

Beschleunigtes Einspruchsverfahren
RiLi E-VIII, 5

Bei **anhängiger Verletzungsklage** in einem VS und auf **Antrag eines Beteiligten**; Antrag **jederzeit** möglich, **schriftlich** einzureichen und zu **begründen**. Einspruchsverfahren wird auch beschleunigt, wenn nat. Gericht oder zuständige Behörde eines VS EPA über anhängige Verletzungsverfahren informiert.

MdP vom 19.05.1998, ABl. 7/1998, 361 und MdEPA vom 17.03.2008, ABl. 2008, 221

O. Beschleunigung

| 40 | **Beschleunigung des Beschwerdeverfahrens**
 RiLi E-VIII, 6 | |

41 **Beteiligte**, die ein **berechtigtes Interesse** an der raschen Behandlung ihrer Beschwerde haben, können einen entsprechenden **Antrag** bei der Beschwerdekammer stellen (ein beschleunigtes Einspruchsverfahren führt nicht zwangsläufig zu einem beschleunigten Beschwerdeverfahren). Beantragung Beschleunigung auch durch Gerichte und zuständige Behörden eines VS möglich.

Mitteilung des Präsidenten der Beschwerdekammern vom 28.11.2019 (ABl. 2019, A112)

Seit 01.01.2020: Geregelt in der Neufassung der Verfahrensordnung der Beschwerdekammern, Art. 10 (ABl. 2019, A63, mit geänderter Fassung in ABl. 2021, A19)

Art. 10 der Verfahrensordnung der Beschwerdekammern

(3) Auf Antrag eines Beteiligten kann die Kammer das Beschwerdeverfahren beschleunigen. Der Antrag muss Gründe benennen, die eine Beschleunigung rechtfertigen, und gegebenenfalls durch schriftliche Beweismittel gestützt werden. Die Kammer teilt den Beteiligten mit, ob dem Antrag stattgegeben wurde.

(4) Beantragt ein Gericht oder eine andere zuständige Behörde in einem Vertragsstaat eine Beschleunigung des Beschwerdeverfahrens, so teilt die Kammer dem Gericht oder der Behörde und den Beteiligten mit, ob dem Antrag stattgegeben wurde und wann voraussichtlich eine mündliche Verhandlung, falls vorgesehen, stattfinden wird.

(5) Die Kammer kann das Beschwerdeverfahren von Amts wegen beschleunigen.

(6) Beschleunigt die Kammer das Beschwerdeverfahren, so räumt sie der Beschwerde Vorrang gegenüber anderen Beschwerden ein. Die Kammer kann einen straffen Rahmen für die Verfahrensführung setzen.

Beispielsweise:
- wenn eine Verletzungsklage erhoben wurde oder erhoben werden soll;
- wenn potenzielle Lizenznehmer ihre Entscheidung, eine Lizenz bezüglich des Patents, das Gegenstand einer Beschwerde ist, zu nehmen, vom Ausgang des Beschwerdeverfahrens abhängig machen;
- wenn ein Einspruch, der rasch behandelt werden muss, Gegenstand einer Beschwerde ist.

42	**Patent Prosecution Highway (PPH) – Beschleunigung des Patentprüfungsverfahrens** MdEPA vom 18.12.2013, ABl. 2014, A8	
43	**PPH**	Beschleunigte Bearbeitung der Patentanmeldung durch ausgewählte Patentämter mittels Nutzung von Arbeitsergebnissen des Anmeldeamts (auch bilaterale Abkommen möglich).
44	**PPH (MOTTAINAI)**	Beschleunigte Bearbeitung der Patentanmeldung durch ausgewählte Patentämter mittels eines Austauschs und einer Nutzung von Arbeitsergebnissen. Im Gegensatz zu den ursprünglichen PPH Abkommen ist es egal, welches Patentamt das Arbeitsergebnis erstellt hat (»Prio-Entkopplung«).
45	**PPH 2.0**	Auf dem PPH (MOTTAINAI) basierendes Abkommen des USPTO mit vereinfachten Anforderungen (z.B. Maschinenübersetzungen).
46	**PCT-PPH**	Beschleunigte Bearbeitung der Patentanmeldung auf Antrag des Anmelders auf der Grundlage eines positiven WO einer ISA **oder** eines positiven IPER des IPEA.
47	**Global PPH**	Auf dem PPH (MOTTAINAI) basierendes Abkommen zwischen ursprünglich 17 Patentämtern zur Vereinfachung und Integration der bisherigen PPH Systeme MOTTAINAI, PCT-PPH und PPH 2.0 (nationale Erstanmeldungen und PCT-Anmeldungen) durch einheitliche Standards, Formblätter und Regelungen.
48	**IP5-PPH**	Pilotprogramm zwischen den fünf größten Patentämtern »IP5« (EPA, JPO, KIPO, SIPO, USPTO) zur beschleunigten Bearbeitung der Patentanmeldung durch Nutzung von PCT- und nationalen Arbeitsergebnissen. Integration der bestehenden PPH-Vereinbarungen.

Beschleunigung O.

Patent Prosecution Highway (PPH) (Fortsetzung) **IP5-PPH**, ABl. 2019, A106 - siehe B.114		49
Teilnehmende Patentämter	EPA, JPO, KIPO, CNIPA, USPTO	50
Versuchszeitraum	Beginn am 06.01.2014; Ende am 05.01.2023; bei Bedarf Verlängerung; vorzeitige Beendigung möglich Definition: OEE - Office of Earlier Examination; OLE - Office of Later Examination	51
Voraussetzung	(1) EP-Anmeldung und korrespondierende Anmeldung müssen **denselben frühesten PT/AT** haben; unabhängig davon, ob PT/AT bei anderem IP5-Amt oder einer PCT-Anmeldung, für die eines der IP5-Ämter ISA und/oder IPEA war; (2) Korrespondierende Anmeldung muss mindestens **einen Patentanspruch** enthalten, der von **einem der IP5-Ämter** als nationales/regionales, ISA und/oder IPEA für **patentierbar/gewährbar** befunden wurde; (3) Ansprüche bei EP-Anmeldung müssen den patentierbaren/gewährbaren Ansprüchen der OEE-Anmeldung in ausreichendem Maße entsprechen; d.h. **derselbe oder ähnlicher Schutzumfang oder** wenn Ansprüche **einen engeren Schutzumfang** haben als in OEE-Anmeldung, z.B. Beschränkung durch zusätzliche Merkmale aus Patentschrift (Beschreibung und/oder Ansprüche); als nicht ausreichend korrespondierend gilt eine neue/andere Anspruchskategorie; Anmelder hat zu erklären, dass Ansprüche der EP-Anmeldung denen der OEE-Anmeldung in ausreichendem Maße entsprechen; (4) **Sachprüfung** der EP-Anmeldung, die im Rahmen des PPH-Pilotprogramms bearbeitet werden soll, darf **noch nicht begonnen** haben.	52
Erforderliche Unterlagen Formblatt 1009	Anmelder hat zur Teilnahme am PPH-Pilotprogramm Unterlagen wie folgt einzureichen: (1) Antrag auf Teilnahme am PPH-Pilotprogramm (Antragsformular EP/EPO/OEB 1009 PCT (Teilnahme auf Grundlage von PCT-Arbeitsergebnissen) bzw. EP/EPO/OEB 1009 PR (Teilnahme auf Grundlage von nationalen Arbeitsergebnissen)); (2) Anspruchskorrespondenzerklärung; (3) Alle amtlichen Bescheide zu jeder korrespondierenden OEE-Anmeldung, in der die dem PPH zugrundeliegenden patentierbaren/gewährbaren Ansprüche enthalten sind **ODER** das letzte Arbeitsergebnis in der internationalen Phase einer PCT-Anmeldung, d.h. WO-ISA bzw. WO-IPEA oder IPER; (4) Die patentierbaren/gewährbaren Ansprüche der OEE-Anmeldung in Kopie und Übersetzung in einer der Amtssprachen des EPA; (5) Alle in den Bescheiden des OEE aufgeführten Veröffentlichungen. (6) Kopie der in den OEE-Arbeitsergebnissen angeführten Nichtpatentliteratur (Liste ist ausreichend) oder Angabe, dass keine derartigen Dokumente angeführt sind.	53
Sind nicht alle Voraussetzungen erfüllt, wird Anmelder auf Mängel hingewiesen und ihm wird einmal die Gelegenheit gegeben, die formalen Mängel im Antrag zu berichtigen. Wird Antrag nicht berichtigt, wird Anmeldung aus PPH-Pilotprogramm genommen und Anmelder informiert. Sind alle Voraussetzungen erfüllt, wird Antrag auf Teilnahme am PPH-Pilotprogramm stattgegeben und EP- Anmeldung beschleunigt bearbeitet. Die Bedingungen für die Teilnahme am PACE-Programm gelten entsprechend für die Bearbeitung von EP-Anmeldungen im Rahmen des IP5-PPH-Pilotprogramms.		54

O. Beschleunigung

55	**IP5-Pilotprojekt** zur Zusammenarbeit bei PCT-Recherche und -Prüfung - ABl. 2019, A106 - siehe 📄 B.114	
56	**Gegenstand**	Zuständige ISA eines IP5-Amts übernimmt Recherche/Prüfung, schickt vorl. int. RB an andere teilnehmenden ISAs der IP5-Ämter, dort erstellen Prüfer unter Berücksichtigung des vorläufigen int. RB ihre Beiträge und senden diese an den Hauptprüfer, der unter Berücksichtigung dieser Beiträge dem endgültigen int. RB und SB erstellt.
57	**Versuchszeitraum**	Seit 01.07.2018; Ende am 01.06.2021; bei Bedarf Verlängerung; vorzeitige Beendigung möglich **Status**: Obergrenze am 06.04.2020 erreicht, EPA nimmt keine Anträge mehr entgegen (ABl. 2020, A46)
58	**Voraussetzung** ABl. 2019, A65	Sprache: EN, zuständiges Haupt-ISA kann Anm. in anderer Sprache akzeptieren.
59		Seit 01.07.2019 **akzeptiert** das **EPA** internationale Anmeldungen, die in **einer seiner Amtssprachen** (Deutsch, Englisch oder Französisch) abgefasst sind, bis die **Gesamtzahl** von **100** internationalen Anmeldungen beim **EPA als ISA erreicht** ist. Eine sprachenabhängige Beschränkung ist nicht vorgesehen, es sei denn, die Gesamtzahl von 10 in deutscher oder französischer Sprache abgefassten Anmeldungen wurde erreicht. In diesem Fall wird auf der Website des EPA eine Aktualisierung veröffentlicht, wonach das Pilotprojekt erneut auf internationale Anmeldungen in englischer Sprache beschränkt wird.
60	**Kosten**	In Pilotphase bleiben Kosten unverändert, d.h. Standardgebühr nach Kapitel I PCT, nach Abschluss vermutlich spezielle CS&E-Gebühr (Höchstbetrag voraussichtlich Summe der R.-Gebühren der teilnehmenden ISAs zzgl. Verwaltungsgebühr).
61	**Akteneinsicht**	Die Beiträge der anderen ISAs sind unabhängig von der Verfahrenssprache vor dem EPA nur in englischer Sprache verfügbar und dürfen vor der Veröffentlichung der internationalen Anmeldung Dritten nicht zugänglich gemacht werden. Anmelder, die die Dienste des EPA als ISA im Rahmen des Pilotprojekts in Anspruch nehmen, können vor der Veröffentlichung der internationalen Anmeldung nur dann auf die Beiträge der anderen ISAs zugreifen, wenn sie Inhaber eines ePCT-Kontos sind; in diesem Fall haben sie von dem Tag an Zugriff, an dem der internationale Recherchenbericht verfügbar ist.

Beschleunigung O.

Patent Prosecution Highway (PPH) (Fortsetzung) **Global PPH**		
Voraussetzungen	(1) Sowohl die OEE-Anmeldungen, als auch die OLE-Anmeldung (für die ein PPH-Antrag gestellt wird), müssen dasselbe früheste Datum bzw. denselben Zeitrang haben (PT oder AT). (2) Mindestens eine entsprechende OEE-Anmeldung enthält einen oder mehrere Ansprüche, die vom OEE für patentfähig befunden wurden. (3) Alle Ansprüche in OLE-Anmeldung, in ursprünglich eingereichter/geänderter Fassung, deren Prüfung im Rahmen des PPH vorgenommen werden soll, müssen hinreichend mit einem oder mehreren Ansprüchen übereinstimmen, die vom OEE als gewährbar/patentfähig bezeichnet wurden. (4) Das OLE hat mit Sachprüfung der Anmeldung noch nicht begonnen (z.B. hat Amt dem Anmelder nach Stellung des Prüfungsantrags noch keinen Erstbescheid übermittelt); aber OLE kann Stellung des PPH-Antrags nach Beginn der Sachprüfung in Ausnahmefällen zulassen (z.B. KIPO). (5) Ein Prüfungsantrag zu der Anmeldung beim OLE muss entweder vor oder mit dem PPH-Antrag gestellt werden.	
	Weitere mögliche Voraussetzungen: - Teilnehmende Ämter können Vorschriften für eine Veröffentlichung der Anmeldung vorschreiben. - Teilnehmende Ämter können eine Gebühr für die beschleunigte Bearbeitung erheben. - Eine inhaltliche Prüfung auf zumindest Neuheit und erfinderische Tätigkeit der Anmeldung durch das OEE ist Voraussetzung für eine gültige OEE-Anmeldung.	

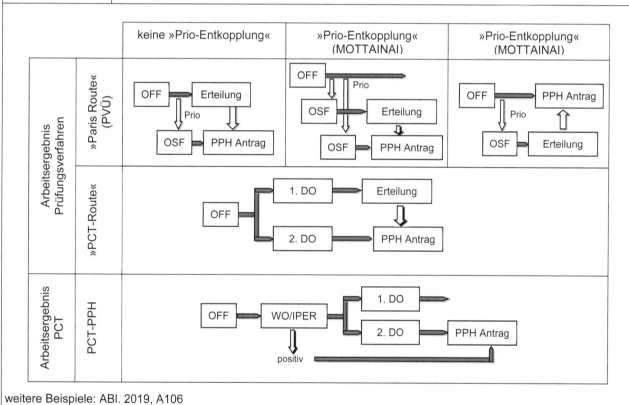

weitere Beispiele: ABl. 2019, A106

O. Beschleunigung

Länderübersicht - Patent Prosecution Highway (PPH)

		OFF/OEE/ISA or IPEA												
		AT	CA	CN	SV	ID	PA	PY	TH	DK	UY	DE	EA	EG	EE	EP
APO (Österreich, AT)*			P	N M P	N	P					N M		N M			N M	
CIPO (Kanada, CA)*		N M P		P	N M P					N M		N M			N M	N M P
CNIPA (China, CN)		N	P	N	P					N		N	N	N		N M P
CNR (El Salvador, SV)						N	N			N						
DGIP (Indonesien, ID)																
DIGERPI (Panama, PA)				N			N			N						
DINAPI (Paraguay, PY)											N M					
DIP (Thailand, TH)																
DKPTO (Dänemark, DK)		N M P	N M P	N	P							N M			N M	
DNPI (Uruguay, UY)					N		N	N M								
DPMA (Deutschland, DE)		N M P	N M P	N						N M					N M	
EAPO (Eurasia, EA)				N												N M P
EGPO (Ägypten, EG)				N												
EPA (Estland, EE)		N M P	N M P							N M		N M				
EPO (Europe, EP)			N M P	N M P												
HIPO (Ungarn, HU)		N M P	N M P	N	P					N M		N M			N M	
ILPO (Israel, IL)*		N M P	N M P	N	P					N M		N M			N M	N M P
IMPI (Mexico, MX)		N M P	N M P	N	P											N M P
INAPI (Chile, CL)		N M P	N M P	N	P	N		N	N M	N M	N M	N M			N M	
INDECOPI (Peru, PE)		N M P	N M P		N		N	N M		N M	N M	N M			N M	N M P
INPI (Argentinien, AR)				N	N		N	N M		N M	N M					
INPI (Brasilien, BR)		N M P		N M P						N M P						N M P
INPI (Frankreich, FR)			N M													
INPI (Portugal, PT)		N M P	N M P	N	P					N M		N M			N M	
IP Australia (Australien, AU)*		N M P	N M P							N M		N M			N M	N M P
IPO (Indien, IN)																
IPO CZ (Tschechien, CZ)				N	P											
IPONZ (Neuseeland, NZ)		N M P	N M P							N M		N M			N M	
IPOPHL (Philippinen, PN)																N M P
IPOS (Singapur, SG)		N M P	N M P	N M P						N M		N M			N M	N M P
IPVN (Vietnam, VN)																
ISIPO (Island, IS)		N M P	N M P	N	P					N M		N M			N M	
JPO (Japan, JP)*		N M P	N M P	N M P		N M			N	N M		N M		N M P	N M	N M P
KIPO (Südkorea, KR)*		N M P	N M P	N M P						N M		N M	N M		N M	N M P
MYIPO (Malaysia, MY)				N	P											N M P
NIPO (Norwegen, NO)		N M P	N M P	N	P					N M					N M	
NRIP (Nicaragua, NI)					N		N	N			N					
OMPIC (Marokko, MA)																
ONAPI (Dom. Rep., DO)					N		N	N			N					
OSIM (Rumänien, EO)																
PPO (Polen, PL)		N M P	N M P	N	P					N M		N M			N M	
PRH (Finnland, FI)*		N M P	N M P	N	P					N M		N M	N M		N M	
PRV (Schweden, SE)*		N M P	N M P	N	P					N M		N M			N M	
RN (Costa Rica, CR)					N		N	N			N					
ROSPATENT (Russland, RU)*		N M P	N M P	N	P					N M		N M			N M	N M P
SAIP (Saudi-Arabien, SA)				N M P												
SENADI (Ecuador, EC)																
SIC (Kolumbien, CO)		N M P	N M P		N		N	N M		N M	N M	N M			N M	N M P
SPTO (Spanien, ES)*		N M P	N M P							N M		N M			N M	
TIPO (Taiwan, TW)			N M													
TPI (Türkei, TR)																
UKIPO (UK, GB)		N M P	N M P	N	P					N M		N M			N M	
USPTO (USA, US)*		N M P	N M P	N M P						N M		N M			N M	N M P

Row label column prefix: OSF/OLE/DO

* Amt handelt als ISA und IPEA
M = »PPH MOTTAINAI«
N = »PPH using the national work products«
P = »PPH using the PCT international work products (PCT-PPH)«
IP5: JP, US, KR, EP, CN
Global PPH (GPPGH): AT, AU, CA, CL, CO, DE, DK, EE, ES, FI, GB, HU, IL, IS, JP, KR, NO, NZ, PE, PL, PT, RU, SE, SG, US, XN (NPI (Nordisches Patentinstitut)), XV (VPI (Visegrad))

Beschleunigung O.

Länderübersicht - Patent Prosecution Highway (PPH) (Fortsetzung)

OSF/OLE/DO		HU	IL	MX	CL	PE	AR	BR	FR	PT	AU	IN	CZ	NZ	PN	SG
	APO (Österreich, AT)*	N M	N M P		N M P	N M		N M		N M	N M P			N M		N M P
	CIPO (Kanada, CA)*	N M	N M P	N M	N M P	N M			N M	N M	N M P			N M		N M P
	CNIPA (China, CN)	N	N	P N	N	P		N M		N			N			N P
	CNR (El Salvador, SV)				N	N	N	N								
	DGIP (Indonesien, ID)															
	DIGERPI (Panama, PA)				N	N	N	N								
	DINAPI (Paraguay, PY)				N M P	N M	N M	N M P								
	DIP (Thailand, TH)															
	DKPTO (Dänemark, DK)	N M	N M P		N M P	N M	N M	N M		N M	N M P			N M		N M P
	DNPI (Uruguay, UY)				N M P	N M	N M	N M								
	DPMA (Deutschland, DE)	N M	N M P		N M P	N M				N M	N M P			N M		N M P
	EAPO (Eurasia, EA)															
	EGPO (Ägypten, EG)															
	EPA (Estland, EE)	N M	N M P		N M P	N M				N M	N M P			N M		N M P
	EPO (Europe, EP)		N M P	N M		N M		N M			N M P				N M	N M P
	HIPO (Ungarn, HU)		N M P		N M P	N M				N M	N M P			N M		N M P
	ILPO (Israel, IL)*	N M		P	N M P	N M				N M	N M P			N M		N M P
	IMPI (Mexico, MX)				N M P	N M										N M P
	INAPI (Chile, CL)	N M	N M P	N M		P N M	N M	N M		N M	N M P			N M		N M P
	INDECOPI (Peru, PE)	N M	N M P	N M	N M P		N M	N M		N M	N M P			N M		N M P
	INPI (Argentinien, AR)				N M P	N M		N M								
	INPI (Brasilien, BR)															N M P
	INPI (Frankreich, FR)															
	INPI (Portugal, PT)	N M	N M P	N	N M P	N M					N M P			N M		N M P
	IP Australia (Australien, AU)*	N M	N M P		N M P	N M				N M	P			N M		N M P
	IPO (Indien, IN)															
	IPO CZ (Tschechien, CZ)															
	IPONZ (Neuseeland, NZ)	N M	N M P		N M P					N M	N M P					N M P
	IPOPHL (Philippinen, PN)															
	IPOS (Singapur, SG)	N M	N M P	N M	N M P	N M		N M P		N M	N M P			N M		
	IPVN (Vietnam, VN)															
	ISIPO (Island, IS)	N M	N M P		N M P	N M				N M	N M P			N M		N M P
	JPO (Japan, JP)*	N M	N M P	N M	N M P	N M		N M P	N	N M	N M P	N M	N M	N M	N M P	N M P
	KIPO (Südkorea, KR)*	N M	N M P	N M	N M P	N M			N M	N M	N M P			N M	N M	N M P
	MYIPO (Malaysia, MY)															
	NIPO (Norwegen, NO)	N M	N M P		N M P					N M	N M P			N M		N M P
	NRIP (Nicaragua, NI)				N	N	N	N								
	OMPIC (Marokko, MA)															
	ONAPI (Dom. Rep., DO)				N	N	N	N								
	OSIM (Rumänien, EO)															
	PPO (Polen, PL)	N M	N M P		N M P	N M				N M	N M P			N M		N M P
	PRH (Finnland, FI)*	N M	N M P		N M P	N M				N M	N M P		N	N M		N M P
	PRV (Schweden, SE)*	N M	N M P		N M P	N M		N M		N M	N M P			N M		N M P
	RN (Costa Rica, CR)				N	N	N	N								
	ROSPATENT (Russland, RU)*	N M	N M P		N M P	N M				N M	N M P			N M		N M P
	SAIP (Saudi-Arabien, SA)															
	SENADI (Ecuador, EC)							N M								
	SIC (Kolumbien, CO)	N M	N M P	N M	N M P	N M	N M	N M		N M	N M P			N M		N M P
	SPTO (Spanien, ES)*	N M	N M P	N M	N M P	N M				N M	N M P			N M		N M P
	TIPO (Taiwan, TW)															
	TPI (Türkei, TR)															
	UKIPO (UK, GB)	N M	N M P		N M P	N M		N M		N M	N M P			N M		N M P
	USPTO (USA, US)*	N M	N M P	N M	N M P	N M		N M	N M	N M P	N M P		N	N M P	N M	N M P

* Amt handelt als ISA und IPEA
M = »PPH MOTTAINAI«
N = »PPH using the national work products«
P = »PPH using the PCT international work products (PCT-PPH)«
IP5: JP, US, KR, EP, CN
Global PPH (GPPGH): AT, AU, CA, CL, CO, DE, DK, EE, ES, FI, GB, HU, IL, IS, JP, KR, NO, NZ, PE, PL, PT, RU, SE, SG, US, XN (NPI (Nordisches Patentinstitut)), XV (VPI (Visegrad))

O. Beschleunigung

Länderübersicht - Patent Prosecution Highway (PPH) (Fortsetzung)

	OFF/OEE/ISA or IPEA													
	VN	IS	JP	KR	MY	NO	XN	NI	MA	DO	EO	PL	FI	SE	CR
APO (Österreich, AT)*		N M	N M P	N M P		N M	P					N M	N M P	N M P	
CIPO (Kanada, CA)*		N M	N M P	N M P		N M	P					N M	N M P	N M P	
CNIPA (China, CN)		N	N M P	N M P	N	N						N	N P	N P	
CNR (El Salvador, SV)								N		N					N
DGIP (Indonesien, ID)			N M P												
DIGERPI (Panama, PA)								N		N					N
DINAPI (Paraguay, PY)															
DIP (Thailand, TH)			N												
DKPTO (Dänemark, DK)		N M	N M P	N M P		N M	P					N M	N M P	N M P	
DNPI (Uruguay, UY)								N		N					N
DPMA (Deutschland, DE)		N M	N M P	N M P		N M	P					N M	N M P	N M P	
EAPO (Eurasia, EA)			N M P	N M P								N M P			
EGPO (Ägypten, EG)			N M P												
EPA (Estland, EE)		N M	N M P	N M P		N M	P					N M	N M P	N M P	
EPO (Europe, EP)			N M P	N M P	N M										
HIPO (Ungarn, HU)		N M	N M P	N M P		N M	P					N M	N M P	N M P	
ILPO (Israel, IL)*		N M	N M P	N M P		N M	P					N M	N M P	N M P	
IMPI (Mexico, MX)			N M P	N M											
INAPI (Chile, CL)		N M	N M P	N M P		N M	P	N		N		N M	N M P	N M P	N
INDECOPI (Peru, PE)		N M	N M P	N M P		N M	P	N		N		N M	N M P	N M P	N
INPI (Argentinien, AR)								N		N					N
INPI (Brasilien, BR)			N M P	N M P										N M P	
INPI (Frankreich, FR)			N												
INPI (Portugal, PT)		N M	N M P	N M P		N M	P					N M	N M P	N M P	
IP Australia (Australien, AU)*		N M	N M P	N M P		N M	P					N M	N M P	N M P	
IPO (Indien, IN)			N M												
IPO CZ (Tschechien, CZ)			N M P										N		
IPONZ (Neuseeland, NZ)		N M	N M P	N M P		N M	P					N M	N M P	N M P	
IPOPHL (Philippinen, PN)			N M P	N M P											
IPOS (Singapur, SG)		N M	N M P	N M P		N M	P					N M	N M P	N M P	
IPVN (Vietnam, VN)			N	N											
ISIPO (Island, IS)			N M P	N M P		N M	P					N M	N M P	N M P	
JPO (Japan, JP)*	N	N M		P N M P	N M	N M	P		N M		N M	N M	N M P	N M P	
KIPO (Südkorea, KR)*	N	N M	N M P		P N M	N M	P					N M	N M P	N M P	
MYIPO (Malaysia, MY)			N M P	N M P											
NIPO (Norwegen, NO)		N M	N M P	N M P			P					N M	N M P	N M P	
NRIP (Nicaragua, NI)									N						N
OMPIC (Marokko, MA)			N M												
ONAPI (Dom. Rep., DO)								N							N
OSIM (Rumänien, RO)			N M P												
PPO (Polen, PL)		N M	N M P	N M P		N M	P						N M P	N M P	
PRH (Finnland, FI)*		N M	N M P	N M P		N M	P					N M	P	N M P	
PRV (Schweden, SE)*		N M	N M P	N M P		N M	P					N M	N M P	P	
RN (Costa Rica, CR)								N		N					
ROSPATENT (Russland, RU)*		N M	N M P	N M P		N M	P					N M	N M P	N M P	
SAIP (Saudi-Arabien, SA)			N M P	N M											
SENADI (Ecuador, EC)															
SIC (Kolumbien, CO)		N M	N M P	N M P		N M	P	N		N		N M	N M P	N M P	N
SPTO (Spanien, ES)*		N M	N M P	N M P		N M	P		N M			N M	N M P	N M P	
TIPO (Taiwan, TW)			N M	N M								N M			
TPI (Türkei, TR)			N M P												
UKIPO (UK, GB)		N M	N M P	N M P		N M	P					N M	N M P	N M P	
USPTO (USA, US)*		N M	N M P	N M P		N M	P	N M			N M	N M	N M P	N M P	

* Amt handelt als ISA und IPEA
M = »PPH MOTTAINAI«
N = »PPH using the national work products«
P = »PPH using the PCT international work products (PCT-PPH)«
IP5: JP, US, KR, EP, CN
Global PPH (GPPGH): AT, AU, CA, CL, CO, DE, DK, EE, ES, FI, GB, HU, IL, IS, JP, KR, NO, NZ, PE, PL, PT, RU, SE, SG, US, XN (NPI (Nordisches Patentinstitut)), XV (VPI (Visegrad))

Beschleunigung O.

Länderübersicht - Patent Prosecution Highway (PPH) (Fortsetzung)

		OFF/OEE/ISA or IPEA								
		RU	SA	EC	CO	ES	TW	TR	GB	US	XV
	APO (Österreich, AT)*	N M P			N M	N M P			N M	N M P	P
	CIPO (Kanada, CA)*				N M	N M P	N M		N M	N M P	P
	CNIPA (China, CN)	N	P	N					N	N M P	
	CNR (El Salvador, SV)			N	N						
	DGIP (Indonesien, ID)										
	DIGERPI (Panama, PA)			N	N						
	DINAPI (Paraguay, PY)			N M	N M						
	DIP (Thailand, TH)										
	DKPTO (Dänemark, DK)	N M P			N M	N M P			N M	N M P	P
	DNPI (Uruguay, UY)			N	N M						
	DPMA (Deutschland, DE)	N M P			N M	N M P			N M	N M P	P
	EAPO (Eurasia, EA)										
	EGPO (Ägypten, EG)										
	EPA (Estland, EE)	N M P			N M	N M P			N M	N M P	P
	EPO (Europe, EP)				N M					N M P	
	HIPO (Ungarn, HU)	N M P			N M	N M P			N M	N M P	P
	ILPO (Israel, IL)*	N M P			N M	N M P			N M	N M P	P
	IMPI (Mexico, MX)				N M	N M P				N M P	
	INAPI (Chile, CL)	N M P		N	N M	N M P			N M	N M P	P
	INDECOPI (Peru, PE)	N M P		N	N M	N M P			N M	N M P	P
	INPI (Argentinien, AR)			N	N M						
	INPI (Brasilien, BR)								N M P	N M P	
	INPI (Frankreich, FR)									N M P	
	INPI (Portugal, PT)	N M P			N M	N M P			N M	N M P	P
OSF/OLE/DO	IP Australia (Australien, AU)*	N M P			N M	N M P			N M	N M P	P
	IPO (Indien, IN)										
	IPO CZ (Tschechien, CZ)									N	P
	IPONZ (Neuseeland, NZ)	N M P			N M	N M P			N M	N M P	P
	IPOPHL (Philippinen, PN)									N M P	
	IPOS (Singapur, SG)	N M P			N M	N M P			N M	N M P	P
	IPVN (Vietnam, VN)										
	ISIPO (Island, IS)	N M P			N M	N M P			N M	N M P	P
	JPO (Japan, JP)*		N M		N M	N M P	N M	N M P	N M	N M P	P
	KIPO (Südkorea, KR)*	N M P	N M		N M	N M P	N M		N M	N M P	P
	MYIPO (Malaysia, MY)										
	NIPO (Norwegen, NO)	N M P			N M	N M P			N M	N M P	P
	NRIP (Nicaragua, NI)			N	N					N M	
	OMPIC (Marokko, MA)					N					
	ONAPI (Dom. Rep., DO)			N	N						
	OSIM (Rumänien, EO)									N M	
	PPO (Polen, PL)	N M P			N M	N M P	N M		N M	N M P	P
	PRH (Finnland, FI)*	N M P			N M	N M P			N M	N M P	P
	PRV (Schweden, SE)*	N M P			N M	N M P			N M	N M P	P
	RN (Costa Rica, CR)			N	N						
	ROSPATENT (Russland, RU)*				N M	N M P		N M P	N M	N M P	P
	SAIP (Saudi-Arabien, SA)									N M P	
	SENADI (Ecuador, EC)										
	SIC (Kolumbien, CO)	N M P		N		N M P			N M	N M P	P
	SPTO (Spanien, ES)*	N M P			N M		N M	N M	N M	N M P	P
	TIPO (Taiwan, TW)					N M			N		
	TPI (Türkei, TR)	N M P			N M	N M P					
	UKIPO (UK, GB)	N M P			N M	N M P				N M P	P
	USPTO (USA, US)*		N M		N M	N M P	N		N M	P	P

* Amt handelt als ISA und IPEA
M = »PPH MOTTAINAI«
N = »PPH using the national work products«
P = »PPH using the PCT international work products (PCT-PPH)«
IP5: JP, US, KR, EP, CN
Global PPH (GPPGH): AT, AU, CA, CL, CO, DE, DK, EE, ES, FI, GB, HU, IL, IS, JP, KR, NO, NZ, PE, PL, PT, RU, SE, SG, US, XN (NPI (Nordisches Patentinstitut)), XV (VPI (Visegrad))

Inhalt Kapitel P. Vertretung / Unterschrift

Vertretung
Allgemeine Grundsätze .... P.2 ff.
Ausnahmeregelungen .... P.7 ff.
Handeln trotz bestelltem Vertreter P.11
Vertretung durch zugelassenen Vertreter .... P.13 ff.
Zustellung an Vertreter .... P.18 f.
Fehlende Bestellung nach Unterbrechung P.21
Fristbeginn und Zustellung an Vertreter P.22
Vertretung durch einen Angestellten P.24
Vertretung durch einen gemeinsamen Vertreter .... P.26 ff.
Zustellung bei gemeinsamen Vertreter P.31
Rückzug der Vertretung während Einspruchsverfahren P.32
Vertretung durch einen Zusammenschluss von
zugelassenen Vertretern P.33
Vertretung durch einen Rechtsanwalt P.35

Vollmacht
Unterzeichnete Vollmacht .... P.39 ff.
Allgemeine Vollmacht P.54
Einreichung der Vollmacht P.57
Angestelltenvollmacht P.58
Vollmacht bei mehreren Beteiligten mit einem
gemeinsamen Vertreter P.60
Gültigkeit einer Vollmacht P.61
Rechtsfolgen bei Nichteinhaltung P.63
Elektronische Einreichung Vollmacht .... P.64 f.
Namens- oder Adressänderung im Register –
Sammelantrag P.66
Handlungen, die eine ausdrückliche Bevollmächtigung
erfordern P.67

Brexit
Auswirkungen des Austritts des Vereinigten
Königreichs aus der EU .... P.68 f.

Zeugnisverweigerungsrecht
Offenlegung P.71
Umfang P.72
Verschwiegenheitspflicht P.73

Änderungen in der Liste der zugelassenen Vertreter
Löschung der Eintragung aus Liste der zugelassenen
Vertreter .... P.75 f.
Wiedereintragung P.77
Disziplinarmaßnahmen P.78
Zuständigkeit für Eintragung und Löschung P.79

Vertretungsregelung PCT
Vertretung .... P.81 ff.
Bestellung Vertreter/Anwalt P.84
Spezielle Bestellung vor Behörde P.85
Berechtigung zur Bestellung P.86
Mehrere Anmelder/Gemeinsamer Vertreter .... P.87 ff.
Vollmacht .... P.92 ff.
Wirkung der Bestellung .... P.96 f.
Gemeinsamer Vertreter P.98
Mehrere Anmelder P.99
Widerruf und Verzicht Bestellung .... P.100 f.

Euro-PCT
Allgemein P.103

Unterschriftserfordernis
Einreichung ePA .... P.105 f.
Erfindernennung P.107
Nach einer ePA eingereichte Schriftstücke (nach AT) ...... P.108 f.
Form der Unterschrift .... P.111 ff.
Gemeinsame Anmelder (Anmeldung mit mehreren
Anmeldern) .... P.114 f.
Unterschrift durch Nichtberechtigten .... P.116 f.
Rücknahme Anmeldung .... P.118 f.
Rechtsübergang ePA P.120

Unterschrift bei elektronischer Einreichung
Unterschrift bei elektronischer Einreichung von
Unterlagen .... P.123 ff.
Fax P.127

Vertretung, Unterschrift   P.

Vertretung			
RiLi A-VIII, 1; RiLi A-III, 2; S/S Art. 133 ff.			1
Verfahrenshandlung	Rechtsnorm	Details	
Allgemeine Grundsätze **RiLi A-VIII, 1.1** Vollmacht R 152 siehe P.38 ff. Formblatt 1003	Art. 58	**Einreichung** der ePA von **jedermann** möglich, **kein Vertretungszwang**. Jede natürliche oder juristische Person kann Erteilung eines eP beantragen.	2
	Art. 133	Allgemeine Grundsätze der Vertretung	3
	Art. 133 (1)	**Vorbehaltlich Art. 133 (2) (EPÜ-Ausländer) kein Vertretungszwang**	4
	Art. 133 (2)	**Vertretungszwang für EPÜ-Ausländer**, also für Personen, die weder Sitz noch Wohnsitz in einem VS haben (unabhängig von Staatsangehörigkeit). Diese Personen müssen zugelassenen Vertreter oder Anwalt bestellen, der sie vor dem EPA vertritt.	5
	Art. 90 (3) R 41 (2) d)	Prüfung auf Vertretungszwang nach Art. 133 (2) erfolgt nach Zuerkennung AT (RiLi A-III, 2.1, siehe A.55).	6
		Ausnahmeregelungen, bei denen kein Vertreterzwang für EPÜ-Ausländer besteht:	7
		Einreichung der ePA und der zusammen mit der Einreichung eingereichten Schriftstücke, **einschließlich aller Handlungen**, die zur Zuerkennung eines AT führen (z. B. Erfindernennung, Erteilung eines Abbuchungsauftrags, Prioritätsunterlagen).	8
		Einleitung der europäischen regionalen Phase bei einer PCT Anmeldung Aufgehobene **RAusk 18/92**: Entsprechend gilt für **Euro-PCT-Anmeldungen** Vertreterzwang für EPÜ-Ausländer mit Ausnahme der Einleitung der reg. Phase (R 159: Verfahrenshandlungen können innerhalb von 31 M ab PT ohne Vertreter durchgeführt werden (Euro-PCT-Leitfaden, Kapitel 5.3.006, siehe C.45).	9
	RiLi A-X, 1	Kein Vertreterzwang für **Gebührenzahlungen**, Rückzahlung jedoch nicht an Einzahler, sondern an ermächtigten Vertreter.	10
Handeln trotz Vertreter	RiLi A-VIII, 1.1	Trotz Bevollmächtigung eines Vertreters (RiLi A-VIII, 1.2), eines Angestellten (RiLi A-VIII, 1.3) oder eines Rechtanwalts (RiLi A-VIII, 1.5), kann ein Beteiligter mit Wohnsitz oder Sitz in einem VS unmittelbar gegenüber dem EPA handeln.	11

P. Vertretung, Unterschrift

	Vertretung (Fortsetzung) (RiLi A-VIII, 1; RiLi A-III, 2)		
	Verfahrenshandlung	Rechtsnorm	Details
13	**Vertretung durch zugelassenen Vertreter** Zulassung und Eignungsprüfung, siehe Spezialtabelle Q »Anforderungen zur Zulassung« RiLi A-VIII, 1.2	Art. 134 (1)	Vertretung natürlicher oder juristischer Personen vor dem EPA kann nur durch zugelassene Vertreter erfolgen.
14		Art. 134 (1)	Zugelassene Vertreter müssen in **einer beim EPA geführten Liste** eingetragen sein. Gemäß Art. 134 (4) mittels eines Antrags, dem alle notwendigen Bescheinigungen beigelegt sind.
15		Art. 134 (2)	Voraussetzungen um sich in die Liste eintragen zu lassen: • Natürliche Person • Staatsangehörigkeit eines Vertragsstaats • Geschäftssitz oder Arbeitsplatz einem VS • Europäische Eignungsprüfung bestanden Es gibt gemäß Art. 134 (3) Sonderregeln für ein Jahr, wenn ein Staat dem Übereinkommen betritt.
16		Art. 134a (2)	Jede Person, die in der in Art. 134 (1) genannten Liste eingetragen ist, ist Mitglied des Instituts der beim EPA zugelassenen Vertreter (»Standes- und Disziplinarregeln«, siehe ABl. 2013, S1)
17		Art. 134 (7)	Regelung für Befreiungen durch den Präsidenten des EPA.
18	**Zustellung an Vertreter** RiLi E-II, 2.5	R 130 (1)	Ist ein Vertreter bestellt worden, so werden die Zustellungen an den Vertreter gerichtet. Eine an den Anmelder gerichtete Zustellung ist unwirksam (S/S Art. 119 Rd 36 ff.).
19	Wirksamkeit der Zustellung bei Vertreterbestellung	R 130 (2)	Sind mehrere Vertreter für einen Beteiligten bestellt, so genügt die Zustellung an einen von ihnen.
20		R 130 (3)	Bei Bestellung eines Vertreters durch mehrere Beteiligte genügt die Zustellung an den gemeinsamen Vertreter.
21	**Fehlende Bestellung nach Unterbrechung**	R 142	**Fehlende Bestellung** eines **neuen Vertreters** gemäß **R 142 (3) a)** innerhalb von 2 M nach **Unterbrechung des Verfahrens** gemäß **R 142 (1) c)** iVm Art. 133 (2) (Vertreterzwang) → ePA gilt als zurückgenommen → im Einspruch gilt eP als widerrufen
22	**Fristenbeginn und Zustellung an Vertreter**		**Maßgeblicher Zeitpunkt für Fristbeginn** ist Tag, an dem bestellter Vertreter über das vollständige Schriftstück verfügen kann, Zustellung an Anmelder ist in diesem Fall unwirksam (**T 703/92**). Das **Schriftstück gilt als an dem Tag zugestellt**, den das EPA als Tag des Zugangs nachweist (**R 125 (4)**), Heilung des Mangels durch Weitergabe an den Vertreter.

Vertretung, Unterschrift   P.

Vertretung (Fortsetzung)			23
Verfahrenshandlung	Rechtsnorm	Details	
Vertretung durch einen Angestellten RiLi A-VIII, 1.3	Art. 133 (3)	In einem VS **ansässige** Firmen etc. können durch ihre **Angestellten** handeln, die keine zugelassenen Vertreter entsprechend Art. 134 sein müssen. **Art. 133 (3)**, Abl. 2007, SA 3, L.1, Art. 3: Für Angestellte, die keine zugelassenen Vertreter sind, ist eine unterzeichnete Vollmacht einzureichen → auch möglich: allgemeine Vollmacht entsprechend R 152 (4), welche die Vertretung in allen Patentangelegenheiten bevollmächtigt.	24
		Art. 133 (3) Satz 2 räumt VB Möglichkeit in der AO ein, dass ein **Angestellter** einer juristischen Person auch für **andere juristische Personen** handeln kann, die mit ihr **wirtschaftlich verbunden** sind. Bisher hat VB keinen Gebrauch davon gemacht. **EPA akzeptiert** dies aber in engen Grenzen. **Doppelanstellungsverhältnisse.** (📖 S/S Art. 133, Rd 20)	25
Vertretung durch einen gemeinsamen Vertreter RiLi A-VIII, 1.4 Art. 133 (4) R 151	RiLi A-VIII, 1.4	Voraussetzung für die Vertretung durch einen gemeinsamen Vertreter: • Gemeinsame Anmelder • Gemeinsame Patentinhaber • Mehrere Personen, die gemeinsam einen Einspruch oder einen Antrag auf Beitritt einreichen	26
	R 41 (3)	Im Fall **mehrerer Anmelder** (**Art. 59**) soll der Antrag die Bezeichnung eines Anmelders oder Vertreters als gemeinsamen Vertreter enthalten.	27
	R 151 (1) RiLi A-VIII, 1.4	**Regeln** für **gemeinsamen Vertreter** Ist kein gemeinsamer Vertreter bezeichnet, so gilt die im Erteilungsantrag zuerst genannte Person als gemeinsamer Vertreter. Ist jedoch eine der Personen zur Bestellung eines zugelassenen Vertreters verpflichtet, so gilt dieser bestellte Vertreter als gemeinsamer Vertreter.	28
		Beispiel: Mehrere Anmelder mit Vertretungszwang, der erste Anmelder ist - **gebietsfremd** → Anmelder muss Vertreter bestellen (gleichgültig, ob weiterer Anmelder aus EPÜ VS einen Vertreter bestellt hat - **aus EPÜ VS** → Freiwillig bestellter Vertreter ist gemeinsamer Vertreter (gleichgültig, ob weitere Vertreter freiwillig oder zwingend bestellt sind)	29
	R 151 (2)	**Rechtsübergang** auf **mehrere Personen**; im Laufe des Verfahrens ist gemeinsamer Vertreter zu bestellen, entweder nach R 151 (1) oder innerhalb einer zu bestimmenden Frist (RiLi A-VIII, 1.4: 2M). Falls nicht erfüllt, bestimmt Amt gemeinsamen Vertreter.	30
Zustellung bei einem gemeinsamen Vertreter	R 130 (3)	Haben mehrere Beteiligte einen gemeinsamen Vertreter, so genügt die Zustellung an den gemeinsamen Vertreter.	31
Rückzug der Vertretung während Einspruchsverfahren	Art. 99	RiLi D-I, 4: Beabsichtigt einer der gemeinsamen Einsprechenden (oder der gemeinsame Vertreter), sich aus dem Verfahren zurückzuziehen, so muss das EPA durch den gemeinsamen Vertreter bzw. durch einen nach R 151 (1) bestimmten neuen gemeinsamen Vertreter unterrichtet werden, damit der Rückzug aus dem Verfahren wirksam wird (s.a. ⌕G 3/99, ABl. 7/2002, 347).	32
Vertretung durch einen Zusammenschluss von zugelassenen Vertretern (Kanzlei) RiLi A-VIII, 1.2	R 130	Eine beim EPA als Zusammenschluss registrierte Gruppe zugelassener Vertreter kann gemeinsam bevollmächtigt werden, einen Beteiligten unter dem Namen des Zusammenschlusses zu vertreten (siehe ABl. 2013, 535). In diesem Fall kann jedes Mitglied des Zusammenschlusses Verfahrenshandlungen für den Beteiligten vornehmen, während Mitteilungen des EPA gemäß R 130 an den Zusammenschluss und nicht an ein bestimmtes Mitglied gerichtet werden.	33

P. Vertretung, Unterschrift

34	**Vertretung** (Fortsetzung)		
	Verfahrenshandlung	Rechtsnorm	Details
35	**Vertretung durch einen Rechtsanwalt** RiLi A-VIII, 1.5	Art. 134 (8)	Vertretung auch durch **Rechtsanwälte**, die in einem VS zugelassen und in diesem Staat die Vertretung auf dem Gebiet des Patentwesens in diesem Umfang ausführen können; Rechtsanwälte müssen immer Vollmacht einreichen (BdP vom 12.7.2007, ABl. 2007, SA 3, L.1x, Art. 2).
36			Nationaler Patentanwalt ist kein Rechtsanwalt (✋J 19/89, 📖 S/S Art. 134, Rd 4).
37			RA müssen nicht Staatsangehörigkeit eines VS besitzen (nur in einem VS zugelassen sein, auf dem Gebiet des Patentwesens tätig werden dürfen und ihren Geschäftssitz in diesem Staat haben. ✋J 27/95). 📖 S/S Art. 134, Rd 3 f.

Vertretung, Unterschrift P.

Vollmacht			38
Verfahrenshandlung	Rechtsnorm	Details	
Unterzeichnete Vollmacht R 152 RiLi A-VIII, 1.6	R 152 (1), (2), (3)	**Einzelvollmacht**: Bevollmächtigung zur Vertretung einer Partei im Verfahren einer **konkreten Anmeldung** **Allgemeine Vollmacht**: Autorisierung zur Vertretung des Vollmachtgebers in **allen** seinen patentamtlichen **Verfahren**	39
		Die unterzeichnete Vollmacht ist auf **Aufforderung** des EPA innerhalb einer vom EPA zu bestimmender Frist (gemäß RiLi A-VIII 1.6: 2 M); Unterschrift einzureichen (BdP vom 19.07.1991)	40
		Die Frist nach R 152 (2) oder (3) kann auf Antrag des Vertreters bzw. des Beteiligten gemäß R 132 verlängert werden (RiLi E-VIII, 1.6).	41
		BdP vom 12.07.2007, ABl. 2007, Sonderausgabe Nr. 3, L.1: • **Zugelassene Vertreter** müssen nur bei besonderen Einzelfällen (begründeter Zweifel des Amts) oder bei bestimmten **Vertreterwechseln** (Wechsel Sozietät) unterzeichnete Vollmacht einreichen. (Vertreter muss keine Vollmacht vorlegen, wenn EPA vom Anmelder das Erlöschen der Vertretungsvollmacht des bisherigen Vertreters mitgeteilt wird.) Beim Vertreterwechsel fällt keine Verwaltungsgebühr an. • **Rechtsanwälte**, die nach **Art. 134 (8)** zur Vertretung berechtigt sind, sowie **Angestellte**, die für den Anmelder gemäß **Art. 133 (3) Satz 1** handeln und keine zugelassenen Vertreter sind, müssen eine unterzeichnete Vollmacht oder einen Hinweis auf eine registrierte allgemeine Vollmacht einreichen.	42
	RiLi A-VIII 1.6	Die Vollmacht kann auch vom Anmelder eingereicht werden. Dies gilt auch dann, wenn der Anmelder vertreten sein muss.	43
	R 152 (5)	Präsident des EPA bestimmt **Form und Inhalt** einer (allgemeinen) Vollmacht.	44
	R 152 (7)	Bei **Widerruf** der Vollmacht sind R 152 (2) und (4) anzuwenden	45
	R 152 (8), (9)	Die Vollmacht erlischt erst mit Anzeige gegenüber dem EPA, insbesondere nicht mit dem Tod des Vollmachtgebers.	46
	R 152 (10)	**Sind mehrere Vertreter bestellt,** können diese gemeinschaftlich als auch einzeln handeln, ungeachtet einer abweichenden Bestimmung in der Anzeige über ihre Bestellung oder in der Vollmacht. ABl. 2013, 535, Abschnitt II.	47
	R 152 (11)	Bevollmächtigung eines **Zusammenschlusses** von Vertretern gilt als Bevollmächtigung für jeden Vertreter, der den Nachweis erbringt, dass er in diesem Zusammenschluss tätig ist. Vertreter müssen nicht freiberuflich tätig sein (ABl. 2013, 500). **Unterscheidung**, ob **Vollmacht** auf **Zusammenschluss** (→Zusammenschluss bleibt bevollmächtigt, auch wenn bisheriger Vertreter Zusammenschluss verlässt) **oder Vertreter** (→ der Vertreter bleibt bevollmächtigt, auch wenn er einen Zusammenschluss verlässt) lautet (MdEPA vom 28.08.13, ABl 2013, 535).	48
	⌕T 227/92	**Untervollmacht an Dritten**, der selbst nicht zur Vertretung vor dem EPA berechtigt ist, ist unzulässig.	49
	⌕T 314/99	**Untervollmacht** erlischt nicht automatisch mit dem Widerruf der Hauptvollmacht (nur durch Widerruf oder Niederlegung der Untervollmacht).	50
		Vollmacht im Patenterteilungsverfahren kann nicht per Telefax eingereicht werden **BdP vom 12.07.2007, ABl. 2007, Sonderausgabe Nr. 3, A.1, Art. 1 (4))**.	51
		Rechtsabteilung kann Vertretungsbefugnis einer allg. Vollmacht prüfen und ablehnen (⌕J 9/99).	52

P. Vertretung, Unterschrift

	Vollmacht (Fortsetzung)					
53	Verfahrenshandlung	Rechtsnorm	Details und Fälligkeit	Unmittelbare Folgen eines Mangels, Mängelbeseitigung, Fristen	Rechtsfolge bei Nichtbeseitigung von Mängeln oder Fristversäumnis	Weiterbehandlungs-/ Wiedereinsetzungs- Möglichkeit
54	**Allgemeine Vollmacht** RiLi A-VIII, 1.7	RiLi A-VIII, 1.7	Eine Vollmacht kann sich auf mehr als eine Anmeldung bzw. auf mehr als ein Patent erstrecken. Es kann auch eine allgemeine Vollmacht eingereicht werden, die einen Vertreter zur Vertretung in allen Patentangelegenheiten des Beteiligten bevollmächtigt.			
55			Vollmacht kann sich auf eine oder mehrere ePA oder eP erstrecken und ist in der entsprechenden Stückzahl einzureichen.			
56		R 152 (4)	**Allgemeine Vollmacht** für Vertreter (auch für Angestellte oder Anwälte) = welche die Vertretung in allen Patentangelegenheiten bevollmächtigt (Formblatt 1004).			
57	**Einreichung der Vollmacht** RiLi A-VIII, 1.8 (bei Vertretungszwang)	Art. 133 (2), (3) Art. 134 (6), (8) ABl. 2007, SA Nr. 3, L.1	**R 152 (1)**: Die Vertreter vor dem EPA haben auf Verlangen innerhalb einer vom EPA zu bestimmender Frist (idR 2 M - RiLi A-VIII, 1.8) eine unterzeichnete Vollmacht einzureichen.	**R 152 (2)**: Aufforderung zur Mängelbeseitigung (Nachreichung der Vollmacht) innerhalb zu bestimmender Frist (R 132)	**R 152 (6)**: die vom Vertreter vorgenommenen Handlungen mit Ausnahme der Einreichung der Anmeldung gelten als nicht erfolgt.	WB (+), Art. 121, R 135 WE (−)
58	**Angestelltenvollmacht** Beteiligte ohne Vertretungszwang können auch von Angestellten vertreten werden.	Art. 133 (3) RiLi A-VIII, 1.3				

Vertretung, Unterschrift — P.

Vollmacht (Fortsetzung)						
Verfahrenshandlung	Rechtsnorm	Details und Fälligkeit	Unmittelbare Folgen eines Mangels, Mängel-beseitigung, Fristen	Rechtsfolge bei Nicht-beseitigung von Mängeln oder Fristversäumnis	Weiterbehandlungs-/ Wiedereinsetzungs-Möglichkeit	
Vollmacht bei mehreren Beteiligten mit einem gemeinsamen Vertreter	R 41 (2) d) R 152 (1) RiLi A-VIII, 1.4	**Art. 133 (2), (3)** und **Art. 134 (8)**: ab Handlung durch einen Vertreter Vollmacht muss von allen Anmeldern unter-zeichnet werden.	**R 152 (2)**: Nach Aufforderung durch EPA, innerhalb einer vom Amt zu bestimmender Frist vorzulegen (R 132)	**R 152 (6)**: Die vom Vertreter vorgenommenen Handlungen mit Ausnahme der Einreichung der Anmeldung gelten als nicht erfolgt.	In Abhängigkeit von der als nicht erfolgt geltenden Handlung und damit verbundenen Frist WE oder WB.	60
Gültigkeit einer Vollmacht BdP vom 26.04.12, ABl. 2012, 352	R 152 RiLi A-VIII, 1.6	Eine Vollmacht bleibt gültig, bis ihr Erlöschen dem EPA angezeigt wird.				61
		Unter bestimmten Bedingungen können Vertreter die Übertragung oder das Erlöschen einer Vertretung elektronisch über den MyFiles-Dienst mitteilen (ABl. 2012, 352).				62
Rechtsfolgen bei Nichteinhaltung RiLi A-VIII, 1.8	R 152 (6)	**Rechtsfolge** bei **nicht rechtzeitig eingereichter Vollmacht**: alle vom Vertreter vorgenommenen Handlungen mit Ausnahme der Einreichung der (Euro-PCT-) Anmeldung gelten als nicht erfolgt. In Abhängigkeit von der als nicht erfolgt geltenden Handlung und damit verbundenen Frist WE oder WB.				63
Elektronische Einreichung Vollmacht	ABl. 2018, A45	**Elektronische Einreichung der Vollmacht** per OLF und CMS möglich. Die **Web-Einreichung** darf **nicht** genutzt werden für **Vollmachten**.				64
		Bei Verstoß gelten die Unterlagen als nicht eingegangen. Der Absender wird, soweit er ermittelt werden kann, unverzüglich benachrichtigt.				65
Änderung im Register - Sammelantrag	ABl. 2019, A79, II, Nr. 18	Antrag auf **Namens- oder Adressänderung des Vertreters** für einer Reihe von Anmeldungen als Sammelantrag möglich, indem Antrag sich auf »alle unsere Anmeldungen und Patente« bezieht.				66
Handlungen, die eine ausdrückliche Bevollmächtigung erfordern	R 152	Folgende Handlungen benötigen eine Vollmacht (Einzelvollmacht oder allgemeine Vollmacht) oder müssen in der Vollmacht (ausdrücklich erwähnt sein: • Vertreterwechsel außerhalb einer Sozietät (ABl. 2017, SA 3, L.1) • Einreichung einer TA (siehe RiLi A-IV, 1.6): Vertreter kann sich auf eine in der SA eingereichte Einzelvollmacht nur berufen, wenn diese ausdrückliche Ermächtigung enthält, TA einzureichen) • Vertretung in einer internationalen Anmeldung vor dem EPA (RiLi E-IX, 2.3.1) • ~~Rücknahme~~				67

P. Vertretung, Unterschrift

68 Auswirkungen des Austritts des Vereinigten Königreichs aus der EU (»Brexit«)

69 MdEPA v. 29.01.2020, ABl. 2020, A19:

Die Grundsätze für die Vertretung vor dem EPA bleiben vom Austritt des Vereinigten Königreichs aus der EU unberührt.

Europäische Patentvertreter aus UK, die gemäß Art. 134 (2) in der Liste der beim EPA zugelassenen Vertreter eingetragen sind, sind weiterhin in vollem Umfang berechtigt, ihre Mandanten in Verfahren vor dem EPA wie auch in mündl. Verhandlungen zu vertreten, ohne eine Arbeitserlaubnis für die Staaten zu benötigen, in denen durch das EPÜ geschaffene Verfahren durchgeführt werden, d. h. in DE und NL. Austritt des Vereinigten Königreichs wirkt sich auch nicht auf künftige Anträge auf Eintragung von UK-Kandidaten in die Liste der beim EPA zugelassenen Vertreter aus.

Rechtsanwälte mit Zulassung und Geschäftssitz im Vereinigten Königreich, die dort als zugelassene Vertreter auf dem Gebiet des Patentwesens auftreten können, wie etwa Barristers oder Solicitors, werden auch künftig befugt sein, Parteien in den Verfahren vor dem EPA zu vertreten (Art. 134 (8)).

Zugelassene Vertreter aus dem Vereinigten Königreich werden gemäß Art. 134 (6) weiterhin berechtigt sein, einen Geschäftssitz in jedem EPÜ-Vertragsstaat zu begründen, in dem durch das EPÜ geschaffene Verfahren durchgeführt werden. Sie sollten jedoch berücksichtigen, dass alle Einreise- und Aufenthaltsbestimmungen des jeweiligen EU-Mitgliedstaats, wie etwa Visabestimmungen, Anwendung finden (siehe A.181).

70 Zeugnisverweigerungsrecht
R 153

Verfahrenshandlung	Rechtsnorm	Details
71 **Offenlegung**	R 153 (1)	In Verfahren vor dem EPA sind alle Mitteilungen zwischen Vertreter und Mandanten oder Dritte von der Offenlegung befreit, sofern Mandant darauf nicht ausdrücklich verzichtet.
72 **Umfang**	R 153 (2)	Von der Offenlegung befreit sind insb., Mitteilungen und Unterlagen in Bezug auf: a) die Beurteilung der Patentierbarkeit einer Erfindung; b) die Erstellung oder Bearbeitung einer ePA; c) Stellungnahmen zu Gültigkeit, Schutzbereich oder Verletzung eines eP oder einer ePA.
73 **Verschwiegenheitspflicht**	Art. 134a (1) d) und Vorschriften in Disziplinarangelegenheiten von zugelassenen Vertretern ABl. 1978, 91, ABl. 2008, 14	Verschwiegenheitspflicht und das Recht des zugelassenen Vertreters, die Offenlegung von Mitteilungen zwischen ihm und seinem Mandanten oder Dritten in Verfahren vor dem EPA zu verweigern. Ergibt sich aus den Richtlinien des EPI, ABl. 2003, 523, erlassen vom EPI-Rat infolge von Art. 9 (3) und Art. 4 c) der vom Verwaltungsrat erlassenen EPI-Vorschrift (ABl. 1997, 350, ABl. 2002, 429, ABl. 2004, 361 und ABl. 2007, 12). Die Verschwiegenheitspflicht bspw. ergibt sich aus Art. 2 der EPI Vorschriften in Disziplinarangelegenheiten. **Hinweis:** Vor anderen Patentämtern bzw. in anderen Ländern können andere Regelungen gelten, z.B. USPTO, Discovery-Verfahren.

Vertretung, Unterschrift P.

Änderung in der Liste der zugelassenen Vertreter
Art. 134, Art. 134a, R 154

Verfahrenshandlung	Rechtsnorm	Details
Löschung der Eintragung aus Liste der zugelassenen Vertreter	R 154 (1)	- Auf Antrag des zugelassenen Vertreters - Bei Zahlungsverzug des Jahresbeitrags trotz wiederholter Mahnung Ab 01.01.2019: Bei Mahnung und Zahlungsverzug von fünf Monaten ab a) dem 1. Januar für Mitglieder, die an diesem Tag eingetragen sind, oder b) dem Tag der Eintragung für Mitglieder, die nach dem 1. Januar für das der Beitrag fällig ist, eingetragen ist.
	R 154 (2)	Unbeschadet der nach Art. 134a (1) c) getroffenen Disziplinarmaßnahmen wird Eintragung des zugelassenen Vertreters von Amts wegen gelöscht - Im Falle seines Todes oder bei fehlender Geschäftsfähigkeit - weggefallene Staatsangehörigkeit eines VS (Befreiung nach Art. 134 (7) a) möglich) - fehlender/weggefallener Geschäftssitz/Arbeitsplatz in einem VS
Wiedereintragung	R 154 (3)	Eine nach Art. 134 (2) oder (3) gelöschte Eintragung kann auf Antrag wieder eingetragen werden, wenn Voraussetzungen für die Löschung entfallen sind.
Disziplinarmaßnahmen (seit 01.01.2019)	R 154 (4)	Disziplinarmaßnahmen gegen zugelassenen Vertreter aufgrund Verletzung beruflicher Regeln a) Warnung b) Verweis c) Geldbuße bis zu 10.000 € d) Löschung in der Liste der zugelassenen Vertreter, bis max. 6 M e) Löschung in der Liste der zugelassenen Vertreter für unbefristete Dauer
Zuständigkeit für Eintragung und Löschung	RiLi A-VIII, 1.2	Für Eintragungen und Löschungen in der Liste der zugelassenen Vertreter ist nur die Rechtsabteilung zuständig (siehe BdP EPA vom 21.11.2013, ABl. 2013, 600)

P. Vertretung, Unterschrift

80. Vertretungsregelung im PCT
Art. 49 PCT, R 90 PCT, AG 5.041-5.051, 11.004-11.014

	Verfahrenshandlung	Rechtsnorm	Details
81	**Vertretung** AG 5.041-5.051, 11.004-11.014	Art. 49 PCT R 90.1 PCT	Rechtsanwälte, Patentanwälte oder andere Personen, die beim **AA vertretungsbefugt** sind, können **vom Anmelder** vor **AA, IB, (S)ISA** und **IPEA** als **Vertreter bestellt werden**.
82		Art. 27 (7) PCT R 51bis.1 b) i) PCT	AA und Bestimmungsamt (→ nationale Phase) kann verlangen, dass Vertreter bestimmt wird, der vor Amt befugt ist
83	Euro-PCT	Art. 133 (1) Art. 134 (1)	Nach **Einleitung** der **regionalen Phase** (Euro-PCT, 31 M) sind nur **Anmelder** oder **zugelassenen Vertreter** beim EPA **handlungsbefugt** (S/S Art. 133 EPÜ Rd 6, 14)
84	**Bestellung Vertreter/Anwalt**	R 90.1 PCT	Anmelder hat Vertreter/Anwalt zu **bestellen** • durch **Unterzeichnung** des **PCT-Anmeldeformulars** (Antrag – **R 90.4 a) PCT**), wenn in dem Formblatt der Anwalt eingetragen ist (**Art. 4 (1) iii) iVm R 4.7** bzw. **R 4.1 a) iii) PCT**) • durch die **Unterzeichnung** einer **gesonderten Vollmacht** (**R 90.4 a)** und **d) PCT**: Einreichung von Kopie nicht nötig (**Ausnahme: R 90.4 e) PCT**: Zurücknahmeerklärung nach R 90bis.1 bis 90bis.4 PCT - siehe B.445) • durch die **Unterzeichnung** des **Antrags** auf **ivP (R 90.4 a) PCT**) • falls eine **allgemeine Vollmacht** vorliegt, in der der Anwalt zu Handlungen nach dem PCT-Verfahren bevollmächtigt ist (**R 90.5 a) ii) PCT**): In diesem Fall ist dem PCT-Antrag eine Kopie der allgemeinen Vollmacht beizufügen; **R 90.5 c) PCT**: Amt kann von Einreichung der Abschrift absehen (**Ausnahme: R 90.5 d) PCT**: Zurücknahmeerklärung nach R 90bis.1 bis 90bis.4 PCT - siehe B.445)
85	**Spezielle Bestellung vor Behörde**	R 90.1 b) +b-bis)+c) PCT	**Bestellung** eines (zugelassenen) **Vertreters** speziell vor ISA (R 90.1 b) PCT), **SISA** (R 90.1 b-bis) PCT), bzw. **IPEA** (R 90.1 c) PCT), wenn schon anderer Vertreter bestellt.
86	**Berechtigung zur Bestellung**		Als Vertreter/Anwalt bestellt werden kann • bei einer Anmeldung beim IB: jeder, der vor einem nationalen Amt bestellt werden kann, in dem der (oder einer der) Anmelder seinen Sitz oder Wohnsitz hat oder Staatsangehöriger ist (**Art. 49, R 83.1bis, R 90.1 a) PCT**), • bei einer Anmeldung bei einem anderen AA jeder, der vor dem AA bestellt werden kann (**R 90.1 a) PCT**), • bei einer int. Recherche jeder, der vor der als ISA handelnden Behörde bestellt werden kann (**R 90.1 b) PCT**), • bei einer ivP jeder, der vor der als IPEA handelnden Behörde bestellt werden kann (**R 90.1 c) PCT**), • jeder, der zur Vertretung vor dem AA oder dem IB befugt ist, ist auch zur Vertretung vor dem ISA oder dem IPEA berechtigt (**R 90.1 a) PCT**), • durch Untervollmacht, sofern in Vollmacht nicht ausgeschlossen (**R 90.1 d) PCT**).
87	**Mehrere Anmelder/ Gemeinsamer Vertreter**	R 90.2 a) PCT	Wurde **kein Anwalt** zur gemeinsamen Vertretung nach **R 90.1 a) PCT** bestellt, so kann **einer der Anmelder** als **gemeinsamer Vertreter** geltender Anmelder **bestellt** werden, sofern dieser nach **Art. 9 PCT** zur Anmeldung berechtigt ist.
88	**Mehrere Vertreter Wirkung**	R 90.2 b) PCT	Erfolgt **keine ausdrückliche Bestellung**, gilt der im Antrag **zuerst genannte Anmelder**, der nach **R 19.1 PCT** zur Anmeldung beim AA berechtigt ist, als **gemeinsamer Vertreter** aller Anmelder **Ausnahme**: Zurücknahme **R 90bis.5 Satz 2 PCT**, Zurücknahmeerklärung nach R 90bis.1 bis 90bis.4 PCT (siehe B.445).
89		R 90.3 b) PCT	**Mehrere Vertreter** für einen Anmelder
90		R 90.3 c) PCT	**Wirkung** der Handlungen des **gem. Vertreters** bzw. dessen Anwalts **wie** die **aller Anmelder**.

Vertretung, Unterschrift — P.

Vertretungsregelung im PCT (Fortsetzung)

Verfahrenshandlung	Rechtsnorm	Details
Vollmacht	R 90.4 PCT	Bestellung des (gemeinsamen) Vertreters/Anwalts durch **Unterzeichnung** des PCT-**Anmeldeformulars**, des **Antrags auf ivP** oder einer **gesonderten Vollmacht**.
	R 90.5 PCT	Bestellung des Anwalts durch Bezug auf **allgemeine Vollmacht** im **PCT-Antragsformular**, im **Antrag auf ivP** oder **gesonderten Mitteilung**.
	R 90.4 d) PCT R 90.5 c) PCT	AA, ISA, SISA, IPEA, IB kann auf **Vorlage** der (gesonderten oder allgemeinen) **Vollmacht verzichten**; (EPA hat verzichtet: ABl. 2003, 574, 2004, 305, 2010, 335) (siehe B.40).
	R 90.4 e) PCT R 90.5 d) PCT	Bei Zurücknahmeerklärung gemäß R 90bis.1 bis R 90bis.4 PCT, z.B. der gesamten Anmeldung, muss gesonderte oder allgemeine Vollmacht vorgelegt werden; bei Bestellung des Vertreters im Antrag ist Vorlage einer Vollmacht **nicht** erforderlich.
Wirkung der Bestellung	Art. 14 (1) a) i) PCT	Erfordernis der Unterschrift des Anmelders im Antrag zur internationalen Anmeldung
	R 90.3 a) PCT	Eine von einem Anwalt oder ihm gegenüber vorgenommene Handlung hat die gleiche Wirkung wie eine von dem oder den Anmeldern oder ihm/ihnen gegenüber vorgenommener Handlung.
Gemeinsamer Vertreter	R 90.3 c) PCT	Eine von einem gemeinsamen Vertreter oder dessen Anwalt oder ihm gegenüber vorgenommene Handlung hat die gleiche Wirkung wie eine allen Anmeldern oder ihnen gegenüber vorgenommener Handlung. **Ausnahme**: Zurücknahme **R 90bis.5 Satz 2 PCT**, Zurücknahmeerklärung nach R 90bis.1 bis R 90bis.4 PCT (siehe B.445).
Mehrere Anmelder	R 4.15 PCT R 26.2bis (a) PCT	Bei mehreren Anmeldern reicht beim Antrag die Unterschrift eines Anmelders.
Widerruf und Verzicht Bestellung	R 90.6 b), c) PCT	Bestellung eines neuen Anwalts/gemeinsamen Vertreters bedeutet Widerruf des alten Vertreters.
	R 90.6 d) PCT	Anwalt oder gemeinsamer Vertreter kann durch Mitteilung auf Bestellung verzichten.

Euro- PCT

RiLi E-IX, 2.3.1: Keine Einreichung Vollmacht bei Übergang in reg. Phase erforderlich, wenn in int. Phase beim EPA als AA, ISA, IPEA Vollmacht vorgelegt wurde und eindeutig Erstreckung der Bestellung auf europ. Phase hervorgeht. Gleiches gilt für Vertretung durch Angestellte. – Euro-PCT Leitfaden 2.9.018

Verzicht auf Vollmacht (ABl. 2003, 574 und 2004, 305):

Außer im Fall der Zurücknahmeerklärung (**R 90.4 e)** und **R 90.5 d) PCT** - siehe B.444) verzichtet EPA als AA, ISA, SISA oder IPEA gemäß **R 90.4 d)** und **R 90.5 c) PCT** auf gesonderte Vollmacht bzw. Abschrift der allgemeinen Vollmacht (→ **ABl. 5/2010, 336**, AG 5.035, 5.036)

J 18/08: Bei Zurückweisung wegen fehlender Vertreterbestellung ist Nachholen der versäumten Handlungen durch Vertreter während des Beschwerdeverfahrens möglich.

P. Vertretung, Unterschrift

104 Unterschriftserfordernis
Die bei oder nach Einreichung der Anmeldung einzureichenden Schriftstücke sind vom Anmelder oder seinem Vertreter zu unterzeichnen, soweit es sich nicht um Anlagen handelt, RiLi A-VIII, 3

	Verfahrenshandlung	Rechtsnorm	Details und Fälligkeit	Unmittelbare Folgen eines Mangels, Mängelbeseitigung, Fristen	Rechtsfolge bei Nichtbeseitigung von Mängeln oder Fristversäumnis	Weiterbehandlungs-/ Wiedereinsetzungs-Möglichkeit
105	**Einreichung ePA** RiLi A-VIII, 3.2	R 41 (2) h	R 41 (2) h): Mit Einreichung der Anmeldung ist Unterschrift von Anmelder oder Vertreter zu leisten	R 58, R 57 b): Nachholen innerhalb von 2 M nach Aufforderung	**Art. 90 (5):** Anmeldung wird zurückgewiesen	**WB (–),** Ausschluss nach Art. 121, R 135 (2) **WE (+),** nach Art. 122, R 136
106		RiLi A-VIII, 3.2	Neben den in RiLi A-VIII, 3.1 genannten Schriftstücken müssen bestimmte Teile der ePA unterzeichnet werden: • Antrag auf Patenterteilung • Erfindernennung • Vollmacht für einen Vertreter			
107	**Erfindernennung** RiLi A-III, 5.3-5.6 ordnungsgemäß erklärt und unterzeichnet	Art. 90 (3) Art. 81 R 41 (2) j) R 19 (1) R 60 (1)	Mit Einreichung der Anmeldung	**Mitteilung nach R 60 (1):** Nachholen innerhalb von 16 M nach dem AT oder PT; gilt als eingehalten, wenn die Information vor Abschluss der technischen Vorbereitungen für die Veröffentlichung mitgeteilt wird **RiLi A-III, 5.5:** Auch bei Antrag auf vorzeitiger Veröffentlichung und Abschluss technischer Vorbereitungen (↪ J 1/10)	**Art. 90 (5):** Anmeldung wird zurückgewiesen	**WB (+),** nach Art. 121, R 135 (2) **WE (–),** Ausschluss nach Art. 122, R 136
108	**Nach einer ePA eingereichte Schriftstücke (nach AT)** RiLi A-VIII, 3.1 Auch Einspruch RiLi D-IV, 1.2.1 ii)	R 50 (3)	R 50 (3): Auf Aufforderung des Amtes innerhalb einer zu bestimmenden Frist **RiLi E-VIII, 1.2 i):** Nachreichung der Unterschrift; vom Anmelder oder seinem Vertreter zu unterzeichnen; Frist idR 2 M		**R 50 (3):** Schriftstück gilt als nicht eingegangen Mitteilung R 112 (1)	In Abhängigkeit von der als nicht erfolgt geltenden Handlung und damit verbundenen Frist WE oder WB
109			Schriftstücke, die nach Einreichung der ePA eingereicht werden, können nur vom Anmelder bzw. dessen Vertreter wirksam unterzeichnet werden. Dokumente müssen mit einem gesonderten Begleitschreiben (z.B. Formblatt 1038, MdEPA, ABl. 1991, 64) oder zumindest mit einem Vermerk auf dem Dokument selbst, dass es an das EPA gerichtet ist, jeweils mit der ordnungsgemäßen Unterschrift einer zum Handeln vor dem EPA berechtigten Person eingereicht werden. Gilt z.B. für: • Prioritätsbeleg oder dessen Übersetzung • Erfindernennung			

Vertretung, Unterschrift — P.

Unterschriftserfordernis (Fortsetzung)			
Verfahrenshandlung	Rechtsnorm	Details	
Form der Unterschrift	RiLi A-VIII, 3.3	Namensstempel nur zusammen mit Unterschrift	111
		Initialen oder sonstige Abkürzungen werden nicht als Unterschrift akzeptiert.	112
		Ist der Beteiligte eine juristische Person, so kann das Schriftstück im Allgemeinen von jeder Person unterschrieben werden, die angibt, dass sie für diese juristische Person unterschreibt.	113
		Bei elektronischer Einreichung mit Online-Einreichung 2.0 oder EPA-Dienst zur Web-Einreichung (siehe P.123) kann Unterschrift mittels Faksimile-Signatur erfolgen. – siehe auch P.125	113a
Gemeinsame Anmelder (Anmeldung mit mehreren Anmeldern)	RiLi A-VIII, 3.4	Bei mehreren Anmeldern (RiLi A-VIII, 1.3) muss jeder Anmelder oder sein Vertreter den Erteilungsantrag und gegebenenfalls die Bestellung des gemeinsamen Vertreters unterzeichnen.	114
	R 50 (3)	Bei mehreren Anmeldern muss jeder Anmelder unterschreiben, und zwar entweder den Erteilungsantrag oder eine Vollmacht für einen Vertreter, der dann auf dem Erteilungsantrag unterschreibt (RiLi A-VIII, 3.4).	115
Unterschrift durch Nichtberechtigten	R 50 (3)	Unterschreibt ein Nichtberechtigter, ist das so zu werten, als fehle die Unterschrift (T 665/89).	116
		EPA fordert innerhalb Amtsfrist auf, die Unterschrift nachzureichen, auch dann, wenn Unterschrift vorliegt, diese aber nicht von einer zum Handeln vor dem EPA berechtigten Person stammt (beispielsweise der Sekretärin eines bevollmächtigten Vertreters) (RiLi A-VIII, 3.1).	117
Rücknahme Anmeldung	RiLi C-V, 11	ePA kann durch eine **unterzeichnete Erklärung** zurückgenommen werden. Die Erklärung darf grundsätzlich keinerlei Vorbehalte enthalten und muss eindeutig sein (J 11/80, ABl. 5/1981, 141).	118
		An eine wirksame Zurücknahmeerklärung ist der Anmelder gebunden (J 25/03, J 4/97 und J 10/87) (→ aufgehobene RAusk Nr. 8/80, ABl. 1/1981, 6).	119
Rechtsübergang ePA	Art. 72 R 22	Die rechtsgeschäftliche Übertragung der europäischen Patentanmeldung muss schriftlich erfolgen und bedarf der Unterschrift der Vertragsparteien.	120
	ABl. 2021, A86	MdEPA v. 22.10.2021: Zur Erleichterung der elektronischen Kommunikation akzeptiert die Rechtsabteilung 22.10.21 neben handschriftlichen Unterschriften auch qualifizierte elektronische Signaturen auf Nachweisen, die zur Stützung von Anträgen auf Eintragung von Rechtsübergängen und von Lizenzen oder anderen Rechten eingereicht werden. Als qualifizierte elektronische Signatur gelten Signaturen, die der Definition der Verordnung (EU) Nr. 910/2014 entsprechen. Elektronische Einreichung nach ABl. 2021, A20 bzw. nach ABl. 2021, A42	120a
Nachweis	RiLi E-XIV, 3	Zum Nachweis des Rechtsübergangs sind geeignete schriftliche Beweismittel jeder Art zulässig. • Eine von **beiden** Beteiligten unterzeichnete Erklärung reicht aus, aber • **ebenso eine vom bisherigen Rechtsinhaber** unterzeichnete Übertragungserklärung.	121

P. Vertretung, Unterschrift

122	**Unterschrift bei elektronischer Einreichung von Unterlagen**		
	Verfahrenshandlung	Rechtsnorm	Details
123	**Unterschrift bei elektronischer Einreichung von Unterlagen**	R 50 (3) ABl. 2021, A42 RiLi A-II, 1.2.2 📄 A.109	Elektronischen Einreichung über - Elektronische Datenträger: CD-R, DVD-R, DVD+R; Diskette nebst Papierausdruck seit 01.01.2003 nicht mehr (Mitteilung vom 01.10.2002, ABl. 2002, 515) → gilt für EPA, nat. Ämter in BE, CH, FI, FR, SE und GB. - **elektronische Einreichung (Online-Einreichung OLF**, ABl. 2019, A65, ABl. 2018, A45, ABl. 2015, A91), **Online-Einreichung 2.0 (Integration der Funktion des ePCT)**, Web-Einreichung des EPA, ~~PCT-SAFE (EPA 2016, A78, EP: Keine int. Anmeldungen ab 01.07.20 – ABl. 2020, A59)~~ - **Abschaffung von CMS ab 01.01.2022. Wird ersetzt durch Online-Einreichung 2.0 (ABl. 2021, A42, A43)**. Andere Verfahren/Software sind nicht zulässig (siehe 📄 A.116) (Pilotprojekt Online-Einreichung 2.0, siehe 📄 A.118).
124	Vollmachten		**Keine Web-Einreichung** für **Vollmachten** Bei Verstoß gelten die Unterlagen als nicht eingegangen. Der Absender wird, soweit er ermittelt werden kann, unverzüglich benachrichtigt.
125	Abbildung Unterschrift	RiLi A-VIII, 3.2 und 3.3	Bei der elektronischen Einreichung einer europäischen Patentanmeldung kann für die Unterzeichnung der genannten Unterlagen eine **Faksimileabbildung/Faksimile-Signatur der Unterschrift** des Unterzeichnenden, eine **alphanumerische Signatur** oder eine **fortgeschrittene elektronische Signatur** verwendet werden (Art. 10 des Beschlusses des Präsidenten des EPA vom 14. Mai 2021, ABl. 2021, A42). Mit Ausnahme der Vollmacht für den Vertreter können die Unterlagen statt durch den Anmelder durch einen bevollmächtigten Vertreter unterzeichnet werden.
126	Form der Unterschrift	RiLi A-VIII, 3.3	Bei Verwendung von **Namensstempel** ist außerdem **persönliche Unterschrift erforderlich**. Initialen oder sonstige Abkürzungen werden nicht akzeptiert. Bei **juristischen Personen** reicht Angabe aus, dass sie für juristische Person unterschreibt. Überprüfung nur bei Annahme die Nicht.-Berechtigung, dann Nachweis erforderlich.
127	Einreichung per Fax	RiLi A-VIII, 3.3	Bei Einreichung eines Dokuments per Fax wird die bildliche Wiedergabe der Unterschrift der einreichenden Person auf dem Fax als ausreichend erachtet. Aus der Unterzeichnung muss der Name und die Stellung dieser Person eindeutig hervorgehen (siehe Beschluss des Präsidenten des EPA vom 20. Februar 2019, ABl. 2019, A18).

Inhalt Kapitel Q. Anforderungen zur Zulassung

Voraussetzungen für zugelassene Vertreter
Allgemeine Voraussetzungen Q.2
Anforderungen an die Person Q.3
Übergangsregelung für neu beigetretene VS Q.4
Berechtigung zugelassener Vertreter Q.5
Vertretung durch Rechtsanwälte Q.6
Brexit Q.7

Europäische Eignungsprüfung
Zweck und Ablauf der Prüfung Q.9
Prüfungsstoff Q.10
Prüfungssprachen Q.11
Erlaubte Unterlagen während der Prüfung Q.12
Bestehen der Prüfung Q.13
Wiederholung der Prüfung Q.14
Beschwerde Q.16

Auswirkungen Covid-19
EQE 2020 – Mitteilung des Aufsichtsrats der EQE Q.18
EQE 2021 – Mitteilung des Aufsichtsrats der EQE Q.19
EQE 2022 – Bekanntmachung der EQE 2022 .... Q.20
EQE 2023 – Bekanntmachung der EQE 2023 .... Q.20a

Anmeldung zur EQE
Voraussetzungen Q.22
Registrierung Q.23
Registrierungsbedingungen Q.24
Zulassungsbedingungen Q.25
Prüfungsgebühren .... Q.27 f.
Gebührsubventionierung Q.29

Termine und Anmeldefristen Q.30
Prüfungsteile Q.31
Anmeldung Q.33
Adressat und Form Q.34

Vorprüfung
Prüfungsaufgabe Q.36
Bestehen Q.37

Hauptprüfung
Prüfungsaufgaben Q.39
Bestehen einer Prüfungsaufgabe Q.40
Bestehen der Hauptprüfung insgesamt Q.41

e-EQE
EQE 2021 .... Q.43
Durchführungsplattform Q.44
Anweisung für Ablauf EQE 2022 .... Q.45
EQE 2023 .... Q.46
Aktuelle Informationen zur e-EQE Q.47

Eintragung in die Liste der zugelassenen Vertreter
Eintragung in die Liste der zugelassenen Vertreter Q.49
Institut der beim Europäischen Patentamt
zugelassenen Vertreter Q.50

441

Anforderungen zur Zulassung Q.

Voraussetzungen für zugelassene Vertreter		
Verfahrenshandlung	Details	
Allgemeine Voraussetzungen für Vertretung Art. 134 (1) EPÜ	Die Vertretung natürlicher oder juristischer Personen in den durch das EPÜ geschaffenen Verfahren kann nur durch **zugelassene Vertreter** wahrgenommen werden, die in einer beim EPA zu diesem Zweck geführten Liste eingetragen sind.	2
Anforderungen an die Person Art. 134 (2) EPÜ ABl. 2009, 9 und Beilage zum ABl. 12/2011	Jede natürliche Person kann in die Liste der zugelassenen Vertreter eingetragen werden, die a) die Staatsangehörigkeit eines Vertragsstaats besitzt, b) ihren Geschäftssitz oder Arbeitsplatz in einem Vertragsstaat hat und c) die europäische Eignungsprüfung bestanden hat.	3
Übergangsregelung für neu beigetretene VS Art. 134 (3) EPÜ S/S Art. 134, Rd 16.	Während eines Zeitraums von einem Jahr ab dem Zeitpunkt, zu dem der Beitritt eines Staats zu diesem Übereinkommen wirksam wird, kann die Eintragung in diese Liste auch von jeder natürlichen Person beantragt werden, die a) die Staatsangehörigkeit eines Vertragsstaats besitzt, b) ihren Geschäftssitz oder Arbeitsplatz in dem Staat hat, der dem Übereinkommen beigetreten ist, und c) befugt ist, natürliche oder juristische Personen auf dem Gebiet des Patentwesens vor der Zentralbehörde für den gewerblichen Rechtsschutz dieses Staats zu vertreten. Unterliegt diese Befugnis nicht dem Erfordernis einer besonderen beruflichen Befähigung, so muss die Person diese Vertretung in diesem Staat mindestens fünf Jahre lang regelmäßig ausgeübt haben.	4
Berechtigungen zugelassener Vertreter Art. 134 (5), (6) EPÜ	Die Personen, die in der Liste der zugelassenen Vertreter eingetragen sind, sind berechtigt, in allen gemäß EPÜ vorgesehenen Verfahren aufzutreten (Anmeldeverfahren, Prüfungsverfahren, Einspruchsverfahren, Beschwerdeverfahren). Jede Person, die in der Liste der zugelassenen Vertreter eingetragen ist, ist berechtigt, zur Ausübung ihrer Tätigkeit als zugelassener Vertreter einen Geschäftssitz in jedem VS zu begründen, in dem die Verfahren durchgeführt werden.	5
Vertretung durch Rechtsanwälte Art. 134 (8) EPÜ	Die Vertretung in den durch das EPÜ geschaffenen Verfahren kann auch von jedem Rechtsanwalt, der in einem VS zugelassen ist und seinen Geschäftssitz in diesem Staat hat, in dem Umfang wahrgenommen werden, in dem er in diesem Staat die Vertretung auf dem Gebiet des Patentwesens ausüben kann (siehe A.56, B.418, P 35 ff., P.81).	6
Brexit ABl. 2020, A19	Die Grundsätze für die Vertretung vor dem EPA bleiben vom Austritt des Vereinigten Königreichs aus der EU unberührt. So werden europäische Patentvertreter aus dem UK, die gemäß Art. 134 (2) in der Liste der beim EPA zugelassenen Vertreter eingetragen sind, weiterhin in vollem Umfang berechtigt sein, ihre Mandanten in Verfahren vor dem EPA wie auch in mündlichen Verhandlungen zu vertreten, ohne eine Arbeitserlaubnis für die Staaten zu benötigen, in denen durch das EPÜ geschaffene Verfahren durchgeführt werden. Der Austritt des Vereinigten Königreichs wirkt sich nicht auf künftige Anträge auf Eintragung von UK-Kandidaten in die Liste der beim EPA zugelassenen Vertreter aus. Zugelassene Vertreter aus dem Vereinigten Königreich werden gemäß Art. 134 (6) weiterhin berechtigt sein, einen Geschäftssitz in jedem EPÜ-Vertragsstaat zu begründen, in dem durch das EPÜ geschaffene Verfahren durchgeführt werden. Sie sollten jedoch berücksichtigen, dass alle Einreise- und Aufenthaltsbestimmungen des jeweiligen EU-Mitgliedstaats, wie etwa Visabestimmungen, Anwendung finden.	7

Q. Anforderungen zur Zulassung

8 Europäische Eignungsprüfung (EQE)
Zusatzpublikation 2 - ABl. EPA 2019
https://www.epo.org/law-practice/legal-texts/official-journal/2019/etc/se2/2019-se2.pdf
Vorschriften über die europäische Eignungsprüfung für zugelassene Vertreter (VEP)
Ausführungsbestimmungen zu den Vorschriften über die europäische Eignungsprüfung (ABVEP)
Quelle: https://www.epo.org/learning-events/eqe_de.html

	Verfahrenshandlung	Details
9	**Zweck und Ablauf der Prüfung** Art. 1 VEP R 23 bis R 26 ABVEP	(1) Mit der europäischen Eignungsprüfung soll festgestellt werden, ob ein Bewerber geeignet ist, als zugelassener Vertreter vor EPA aufzutreten. (2) Die Prüfung findet idR jährlich statt (Ausnahme EQE 2020, siehe Q. 18 ff.). (3) Die Prüfung erfolgt schriftlich.
10	**Prüfungsstoff** Art. 13 VEP R 2 ABVEP	Europäisches Patentrecht (EPÜ), Vertrag über die internationale Zusammenarbeit auf dem Gebiet des Patentwesens (PCT), Pariser Verbandsübereinkunft (PVÜ), Rechtsprechung der Beschwerdekammern des EPA sowie nationales Recht, soweit es auf europäische Patentanmeldungen und Patente Anwendung findet. Der Inhalt der Prüfung bezieht sich nur auf Rechtstexte, die am 31. Oktober des Vorjahres der Prüfung in Kraft waren (Ausnahme EQE 2021, siehe Q.19 ff.)
11	**Prüfungssprachen** Art. 12 VEP	Die Prüfungsaufgaben werden in den drei Amtssprachen des EPA (Deutsch, Englisch und Französisch) gestellt. Den Bewerbern kann auf Antrag gestattet werden, ihre Arbeiten auch in einer anderen Amtssprache eines Vertragsstaats anzufertigen (Art. 12 (3) VEP, R 5 (1) ABVEP).
12	**Erlaubte Unterlagen während der Prüfung**	Bewerber können zur Prüfung jegliche Bücher und Unterlagen mitbringen, die sie für die Beantwortung der Prüfungsaufgaben als nützlich erachten. Elektronische Geräte sind nicht gestattet (Anweisungen an die Bewerber für den Ablauf der europäischen Eignungsprüfung, Zusatzpublikation 2 - ABl. EPA 2019).
13	**Bestehen der Prüfung** Art. 14 VEP R 6 ABVEP	Die Vorprüfung ist bestanden, wenn 70 oder mehr (von 100) Punkten erzielt wurden. Ein Bewerber hat die Prüfung nur bestanden, wenn er für alle Prüfungsaufgaben eine ausreichende Bewertung (50%) erzielt hat. Bewerber dürfen sich für die Hauptprüfung (Aufgaben A, B, C und D) erst dann anmelden, wenn Sie die Vorprüfung bestanden haben. Bei der Hauptprüfung können unter bestimmten Umständen ungenügende Noten (45%-49%) durch gute Noten in anderen Arbeiten ausgeglichen werden.
14	**Wiederholung der Prüfung** Art. 16 VEP	Ein Bewerber, der die Prüfung nicht besteht, darf nur die ungenügende Arbeit bzw. die ungenügenden Arbeiten wiederholen.

Anforderungen zur Zulassung Q.

Europäische Eignungsprüfung (EQE) - Fortsetzung		15
Beschwerde Art. 24 VEP Art. 17 VEP R 9 ABVEP	(1) Kann gegen Entscheidungen der Prüfungskommission und des Sekretariats eingelegt werden; (2) Frist: 1 M nach Zustellung der angefochtenen Entscheidung (Beschwerde + Begründung); Beschwerdegebühr nach Art. 17 VEP muss innerhalb der Frist entrichtet werden: 600% der Grundgebühr (R 9 ABVEP) (3) Ist die Beschwerde zulässig und begründet, so wird abgeholfen und die Gebühr zurückbezahlt. Wird nicht innerhalb 2 M abgeholfen, wird sie der Beschwerdekammer in Disziplinarangelegenheiten des EPA vorgelegt. (4) Auf das Verfahren vor der Beschwerdekammer in Disziplinarangelegenheiten ist Teil IV der Vorschriften in Disziplinarangelegenheiten von zugelassenen Vertretern entsprechend anzuwenden. Ist die Beschwerde zulässig und begründet, so hebt die Beschwerdekammer die angefochtene Entscheidung auf. Gibt die Beschwerdekammer der Beschwerde statt oder wird die Beschwerde zurückgenommen, so ordnet sie an, dass die Beschwerdegebühr ganz oder teilweise zurückgezahlt wird, wenn dies der Billigkeit entspricht. (5) Durch das Einlegen der Beschwerde wird die angefochtene Entscheidung nicht ausgesetzt.	16

Auswirkungen von COVID-19			17
Vorgang	Details		
EQE 2020 Mitteilung des Aufsichtsrats der EQE vom 20.04.2020 Zusatzpublikation 2, ABl. EPA 2019	Beschluss des Aufsichtsrats der EQE vom 20.04.2020: Artikel 1 2020 findet keine europäische Eignungsprüfung statt (weder Vorprüfung noch Hauptprüfung bestehend aus den Aufgaben A, B, C und D). Artikel 2 In Anbetracht der derzeitigen außergewöhnlichen Umstände kann sich auf Wunsch jeder zur Hauptprüfung 2021 anmelden, sofern die in Art. 11 VEP genannten Bedingungen erfüllt sind. Artikel 3 Bewerber, die sich für die Hauptprüfungsaufgaben 2020 angemeldet hatten, gelten als für dieselben Aufgaben 2021 angemeldet. Die entsprechenden Gebühren werden auf 2021 übertragen. Die Bewerber können sich für zusätzliche Prüfungsaufgaben anmelden, sofern sie die entsprechenden Gebühren entrichten. Den Bewerbern wird eine Frist eingeräumt, innerhalb derer sie von der Prüfung oder von bestimmten Aufgaben zurücktreten können; in diesem Fall werden die entsprechenden Gebühren erstattet. Artikel 4 Nur für die Hauptprüfung 2021 werden die Antworten der Bewerber entweder auf der Grundlage der Rechtstexte und Dokumentenfassungen benotet, die am 31.10.2019 in Kraft waren, oder auf der Grundlage derjenigen, die am 31.10.2020 in Kraft sein werden, je nachdem, bei welcher der beiden Fassungen der Bewerber die höhere Punktezahl erreicht.		18
EQE 2021 Mitteilung des Aufsichtsrats der EQE vom 23.07.2020 ABl. 2021, A13	Die europäische Eignungsprüfung 2021 fand vom 02.-05.03.2021 online statt (»e-EEP«) (siehe Q.42 ff.).		19
EQE 2022 ABl. 2021, A44	Bekanntmachung der europäischen Eignungsprüfung 2022 Die EQE 2022 wird online durchgeführt (»e-EEP«) (siehe Q.42 ff.). Ablauf 2022 geregelt in ABl. 2022, A20, A21		20
EQE 2023 ABl. 2022, A12	Bekanntmachung der europäischen Eignungsprüfung 2023 Die EQE 2023 wird online durchgeführt (»e-EEP«) (siehe Q.42 ff.). ABl. 2022, A53, Art. 9 (2) b) VEP: sämtliche Korrespondenz seitens des Prüfungssekretariats wird seit 01.01.2021 ausschließlich elektronisch auf myEQE übermittelt. Dies gilt auch für alle beschwerdefähigen Entscheidungen gemäß Artikel 24 VEP. Der postalische Versand per Einschreiben entfällt.		20a

Q. Anforderungen zur Zulassung

21	**Anmeldung zur EQE** Quelle: https://www.epo.org/learning-events/eqe/enrolment_de.html 📖 S/S Art. 134a, Rd 19 ff.	
	Verfahrenshandlung	Details
22	**Voraussetzungen** Art. 11 VEP	Art. 11 (1) VEP Bewerber werden auf Antrag für die Prüfung registriert, sofern sie <ul><li>ein natur- oder ingenieurwissenschaftliches Hochschuldiplom erworben haben oder dem Sekretariat nachweisen können, dass sie gleichwertige natur- oder ingenieurwissenschaftliche Kenntnisse nach Maßgabe der ABVEP besitzen,</li></ul> und zum Zeitpunkt der Hauptprüfung <ul><li>ein mindestens 3-jähriges Praktikum bei einem zugelassenen Vertreter absolviert haben, und eine Vielzahl von Tätigkeiten im Zusammenhang mit europäischen Patentanmeldungen und europäischen Patenten beteiligt waren oder</li><li>mindestens 3 Jahre als Angestellte einer natürlichen oder juristischen Person mit Wohnsitz oder Sitz in eine VS beschäftigt waren und für ihren Arbeitgeber vor dem EPA gemäß Art. 133 (3) gehandelt haben, wobei sie an einer Vielzahl von Tätigkeiten im Zusammenhang mit europäischen Patentanmeldungen und europäischen Patenten beteiligt waren, oder</li><li>nachweisen können, dass sie zum Zeitpunkt der Prüfung mindestens vier Jahre auf Vollzeitbasis als Prüfer beim EPA tätig waren.</li></ul>
23	**Registrierung** R 28 ABVEP ABl. 2017 A24	Es ist erforderlich für Bewerber ihre Beschäftigung oder Ausbildung registrieren zu lassen. Webportal myEQE zur Registrierung: https://www.eqe.org/EQEASy/candidate/auth/login
24	**Registrierungs-bedingungen** Art. 11 (2) VEP	Alle Bewerber, die gemäß <ul><li>eine Ausbildung unter der Leitung eines zugelassenen Vertreters begonnen haben oder</li><li>die Ihren Arbeitgeber vor dem EPA vertreten oder</li><li>die als Prüfer beim EPA tätig sind</li></ul> und die <ul><li>planen sich zum ersten Mal zur EQE anzumelden oder</li><li>die sich in der Vergangenheit bereits zur EQE angemeldet haben, jedoch nicht zugelassen wurden.</li></ul>
25	**Zulassungs-bedingungen** Art. 11 (1) a) VEP und R 11 bis R 14 ABVEP https://www.epo.org/learning-events/eqe/conditions-registration-enrolment_de.html	a) Qualifikation: Die Bewerber müssen sich auf einem naturwissenschaftlichen oder technischen Fachgebiet qualifiziert haben, zum Beispiel auf dem Gebiet der Biologie, der Biochemie, der Chemie, der Elektronik, der Pharmakologie oder der Physik. b) Berufserfahrung: Zum Zeitpunkt der Prüfung müssen die Bewerber ein 3-jähriges Praktikum (2-jährig für die Vorprüfung) unter Leitung eines zugelassenen Vertreters vor dem EPA abgeleistet haben oder als Angestellter in einem Unternehmen mit Sitz in einem Vertragsstaat mit Patentangelegenheiten befasst gewesen sein. Berufserfahrungszeiten werden nur anerkannt, wenn sie nach Abschluss der vorgeschriebenen Qualifikation erworben wurden. Die praktische Ausbildung muss vor dem Prüfungstermin abgeschlossen sein. Prüfer des EPA können sich zur Prüfung anmelden, wenn sie mindestens 4 Jahre als Prüfer tätig waren (3 Jahre für die Vorprüfung).

Anforderungen zur Zulassung Q.

Anmeldung zur EQE (Fortsetzung)		
Verfahrenshandlung	Details	
Prüfungsgebühren Art. 11 (6) Art. 16, Art. 17 VEP R 7 bis R 9 ABVEP Art. 3 (1) GebO ABl. 2012, 210 ABl. 2021 A44	Die Höhe der Prüfungsgebühr richtet sich nach der Zahl der Aufgaben, für die sich der Bewerber anmeldet. Die Grundgebühr beträgt **200 EUR**. Registrierungs- und Anmeldegebühr: entspricht 100% der Grundgebühr. Prüfungsgebühren: • Die Gebühr für das Ablegen der Vorprüfungsaufgabe und jeder der Prüfungsaufgaben entsprechen jeweils 100% der Grundgebühr. • Für die erste Wiederholung einer Prüfungsaufgabe: 100% der Grundgebühr. • Für die zweite Wiederholung einer Prüfungsaufgabe: 150% der Grundgebühr. • Für die dritte Wiederholung einer Prüfungsaufgabe: 200% der Grundgebühr. • Für die vierte und jede weitere Wiederholung einer Prüfungsaufgabe: jeweils 400 % der Grundgebühr.	27
	Gebühren im Zusammenhang mit der EEP können nur per Kreditkarte oder Banküberweisung entrichtet werden. Den Bewerbern wird ausdrücklich empfohlen, per Kreditkarte zu bezahlen, da dies eine sofortige Durchführung der Zahlung ermöglicht. Ohne gültige Zahlung der vorgeschriebenen Gebühren gilt die Anmeldung als nicht eingegangen. Bewerber werden auf die strikte Einhaltung der Anmeldefristen hingewiesen. Die Art. 21 und Art. 122 EPÜ finden keine Anwendung. Da Banküberweisungen unter Umständen verzögert dem Empfängerkonto gutgeschrieben werden, sind sie nicht als Zahlungsmethode kurz vor der relevanten Anmeldefrist zu empfehlen. Gebühren können nicht über ein laufendes Konto beim EPA entrichtet werden.	28
Gebührensubventionierung ABl. 2021 A44	Eine Gebührensubvention kann ein Bewerber beantragen, der für mindestens sechs Monate vor der Anmeldung seinen ständigen Wohnsitz und Arbeitsplatz in einem der nachfolgenden EPO-Mitgliedstaaten hat: AL, BG, HR, CY, CZ, EE, MK, GR, HU, LV, LT, MT, PL, PT, RO, RS, SK, SI und TR. Die Subvention gilt für die Anmelde- und Prüfungsgebühren für die Vor- und Hauptprüfung und deckt 75 % der Gebühren ab. Eine Gebührensubvention kann bis einschließlich der dritten Wiederholung (vierte Prüfungsteilnahme (R 8 ABVEP)) einer Prüfungsaufgabe beantragt werden. Antrag über myEQE, siehe Q.33	29
Termine und Anmeldefristen	Die Prüfung wird einmal im Jahr abgehalten, in der Regel Ende Februar/Anfang März. Ein Hinweis auf die Prüfungstermine einschließlich der Fristen für die Anmeldung wird im Amtsblatt veröffentlicht (für 2022 siehe ABl. 2021, A108)	30
Prüfungsteile Art. 15 VEP	Bei der Anmeldung müssen die Bewerber angeben, welche Prüfungsaufgabe oder -aufgaben sie ablegen möchten.	31

Q. Anforderungen zur Zulassung

32	**Anmeldung zur EQE** (Fortsetzung)	
	Verfahrenshandlung	Details
33	**Anmeldung** R 1 ABVEP Art. 11 VEP ABl.2020, A140 ABl. 2021 A44	Registrierung und Anmeldung zur Prüfung erfolgt über das Webportal myEQE https://www.eqe.org/EQEASy/candidate/auth/login (1) Für die Registrierung und Anmeldung zur Prüfung sind die vom Prüfungssekretariat veröffentlichten Registrierungs- und Anmeldeformulare zu verwenden. (2) Auf den Formularen sind Name, Vorname(n), Anschrift, Geburtsdatum, Geburtsort und Staatsangehörigkeit des Bewerbers anzugeben. Gegebenenfalls sind den Formularen folgende Unterlagen im Original oder in beglaubigter Abschrift beizufügen: a) Identitätsnachweise, b) Nachweise, dass der Bewerber über die gemäß Art. 11 (1) a) VEP erforderliche Befähigung oder über gleichwertige natur- oder ingenieurwissenschaftliche Kenntnisse verfügt, und c) Bescheinigungen über die Ableistung des Praktikums oder die Beschäftigungszeit gemäß Art. 11 (2) a) VEP oder Art. 11 (7) VEP, die von einem zugelassenen Vertreter oder dem Arbeitgeber des Bewerbers ausgestellt sein müssen und Art und Zeitraum der von dem Bewerber ausgeübten Tätigkeit beschreiben, oder d) eine Bescheinigung des EPA, dass der Bewerber mindestens vier Jahre auf Vollzeitbasis beim EPA als Prüfer tätig war, e) Nachweise über Umstände, die Grund für eine Verkürzung der Beschäftigungszeit (Art. 11 (5) VEP) sein könnten. (3) Abschriften erforderlichen Unterlagen können von einer zuständigen nationalen Behörde eines Vertragsstaats oder einem beim EPA zugelassenen Vertreter beglaubigt werden. (4) Gegebenenfalls gibt der Bewerber in der Anmeldung zur Prüfung die Sprache an, in der er seine Arbeiten gemäß R 5 (1) anzufertigen wünscht. (5) Das Sekretariat kann ergänzende Angaben anfordern.
34	**Adressat und Form** Art. 19 VEP ABl.2020, A140	Die Anmeldung ist an das Sekretariat zu richten. Für die Anmeldung und die Bescheinigung des Ausbilders oder Arbeitgebers sind die hierfür herausgegebenen Formblätter zu verwenden. Aktualisierte Anmeldeformulare sind unter http://eqe.european-patent-office.org online abrufbar. Sämtliche Korrespondenz wird ausschließlich elektronisch auf myEQE übermittelt (siehe Mitteilung des Prüfungssekretariats ABl.2020, A140).

Anforderungen zur Zulassung Q.

Vorprüfung
Regel 10 ABVEP
Quelle: https://www.epo.org/learning-events/eqe/about_de.html

Verfahrenshandlung	Details
Prüfungsaufgabe R 10 ABVEP	Beantwortung rechtlicher Fragen und Fragen betreffend die Ausarbeitung von Ansprüchen. Von den Bewerbern wird erwartet, dass sie Fragen dazu beantworten, ob der Anspruch/die Ansprüche nach dem EPÜ gewährbar ist/sind und den größtmöglichen Schutzumfang gemäß dem EPÜ bietet/bieten. Bei der Beantwortung der Fragen sind die Erfordernisse des EPÜ – insbesondere im Hinblick auf Neuheit und erfinderische Tätigkeit – sowie die Empfehlungen in den RiLi zu berücksichtigen.
Bestehen Art. 14 VEP R 6 (2) ABVEP	Für eine Arbeit, die mit 70 oder mehr Punkten von 100 zu erreichenden Punkten bewertet wurde, ist die Note BESTANDEN zu vergeben.

Hauptprüfung
Quelle: https://www.epo.org/learning-events/eqe/about_de.html

Verfahrenshandlung	Details
Prüfungsaufgaben R 21 ABVEP R 23 bis R 26 ABVEP ABl. 2019, A66	• Die Ausarbeitung der Ansprüche und der Einleitung einer europäischen Patentanmeldung auf der Grundlage von Angaben, wie sie normalerweise einem zugelassenen Vertreter bei dieser Tätigkeit vorliegen (A-Teil); • Die Ausarbeitung einer Erwiderung auf einen Bescheid, in dem der Stand der Technik entgegengehalten wird (B-Teil); • Die Ausarbeitung einer Einspruchsschrift gegen ein europäisches Patent (C-Teil); • Die Beantwortung rechtlicher Fragen und die Ausarbeitung rechtlicher Beurteilungen von spezifischen Sachverhalten (D-Teil).
Bestehen einer Prüfungsaufgabe Art. 14 VEP R 21 ABVEP R 6 (3) ABVEP	a) Für eine Arbeit, die mit 50 oder mehr Punkten von 100 zu erreichenden Punkten bewertet wurde, ist die Note BESTANDEN zu vergeben. b) Für eine Arbeit, die mit weniger als 45 Punkten bewertet wurde, ist die Note NICHT BESTANDEN zu vergeben. c) Für eine Arbeit, die mit mindestens 45 Punkten, aber weniger als 50 Punkten bewertet wurde, ist die Note NICHT BESTANDEN MIT AUSGLEICHSMÖGLICHKEIT zu vergeben.
Bestehen der Hauptprüfung insgesamt Art. 14 VEP R 6 (4) ABVEP	Die Prüfung ist bestanden, wenn a) keine der Prüfungsaufgaben als NICHT BESTANDEN gewertet wurde, b) mindestens zwei Prüfungsaufgaben bestanden wurden und c) für die vier Prüfungsaufgaben zusammen mindestens 200 Punkte erzielt wurden

Q. Anforderungen zur Zulassung

	e-EQE	
42	**e-EQE** Anweisungen an die Bewerber für den Ablauf der europäischen Eignungsprüfung 2022, ABl. 2022, A20 als Online-Prüfung, ABl. 2021 A44 Betrifft Vor- und Hauptprüfung	
	Verfahrenshandlung	Details
43	**EQE 2021**	Art. 9 (2) b) VEP, ABl. 2021, A13
44	**Durchführungsplattform der Prüfung**	Die Prüfung wird online durchgeführt und kann an einem vom Bewerber frei wählbaren, geeigneten Ort abgelegt werden. Für die Online-Prüfung wird die Prüfungsplattform WISEflow verwendet (https://europe.wiseflow.net/)
45	**Anweisungen an die Bewerber für den Ablauf der europäischen Eignungsprüfung EQE 2022**	ABl 2022, A20 regelt u.a. • Verwendung von WISEflow • Prüfungsumgebung • Ablauf der Prüfung • Technische Voraussetzungen • Aufsicht • Fehlverhalten • Rücknahme der Anmeldung http://epo-wiseflow.ladesk.com/772936-Lockdown-computer-recommendations
46	**e-EQE 2023**	Durchführung der EQE als Online-Prüfung, ABl. 2022 A12
47	**Aktuelle Informationen zur e-EQE**	https://www.epo.org/learning/eqe/e-eqe_de.html

	Eintragung in die Liste der zugelassenen Vertreter	
48		
	Verfahrenshandlung	Details
49	**Eintragung in die Liste der zugelassenen Vertreter** nach Art. 134 (1), (2) EPÜ MdEPA vom 12.05.2015 (ABl. 2015, A55)	Entsprechende Anträge auf Eintragung in die Liste der zugelassenen Vertreter, Änderung oder Löschung der Eintragung sowie Wiedereintragung sind schriftlich an die Rechtsabteilung des EPA (Direktion 5.2.3) zu richten. Dabei sind die Anträge auf Neu- oder Wiedereintragung im Original einzureichen; alle Übrigen können auch per Fax oder Online-Einreichung gestellt werden. Eine bloße Benachrichtigung per E-Mail ist nicht zulässig.
50	**Institut der beim Europäischen Patentamt zugelassenen Vertreter (epi)** Art. 134a EPÜ	Art. 134a (2): Jede Person, die in der in Art. 134 Absatz 1 genannten Liste der zugelassenen Vertreter eingetragen ist, ist Mitglied des Instituts. ABl. 2022, A61 epi-Richtlinien für die Berufsausübung

Inhalt Kapitel R. Gebühren

Gebühren
Gültigkeit	R.1
Elektronische Zahlung	R.2
Zahlungsberechtigung	R.3
Anmeldegebühr für ePA (ggf. mit Zusatzgebühr)	R.4 f.
Teilanmeldung Zusatzgebühr	R.7
Anmeldegebühr Euro -PCT (ggf. mit Zusatzgebühr)	R.8 f.
Anspruchsgebühren ePA	R.10 f.
Anspruchsgebühren Euro-PCT	R.17 f.
Recherchengebühr (ePA)	R.19
Zusätzliche Recherchengebühr bei Uneinheitlichkeit (ePA)	R.20 f.
Zusätzliche Recherchengebühr bei fälschlicher Einreichung	R.21a
Recherche internationaler Art	R.22
Recherchengebühr für ergänzende Recherche (Euro-PCT, Reduktion)	R.23 ff.

Nach Hinweis auf Veröffentlichung des Recherchenberichts fällige Gebühren
Prüfungsgebühr (ePA)	R.26
Prüfungsgebühr (EURO-PCT)	R.27
Ermäßigung Prüfungsgebühr (EURO-PCT)	R.28
Ermäßigung Prüfungsgebühr Nichtamtssprache (ePA)	R.29 ff.
Benennungsgebühr (ePa und Euro-PCT)	R.32 ff.
Erstreckungsgebühr u. Validierungsgebühr	R.36 ff.

Übergangsbestimmungen neuer Gebührenordnung
Übergangsbestimmungen zur Änderung Gebührenordnung zum 01.04.2020	R.44

Bei Erteilung fällig Gebühren
Erteilungsgebühr (inkl. Veröffentlichungsgebühr)	R.45
Jahresgebühren (Spezialfall)	R.46
Benennungsgebühr (Spezialfall)	R.47
Anspruchsgebühr (Spezialfall)	R.48

Jahresgebühren
Jahresgebühren für ePA	R.49 ff.
Jahresgebühr fällig nach Mitteilung R 71 (3)	R.55
Mitteilung EPA über versäumte JG-Zahlung	R.56 f.
Wiedereinsetzung	R.58
Vorauszahlung	R.59
Ende der Zahlung der Jahresgebühren für ePA an EPA	R.60
Störungen aufgrund Ausbruch COVID-19	R.62 ff.
Teilanmeldung	R.68 ff.
Neue Anmeldung bei Anmeldung durch Nichtberechtigten	R.72
Spezialfall: 3. Jahresgebühr für EURO-PCT-Anmeldung	R.73 f.
Spezialfälle für ePA	R.75 ff.

Jahresgebühren für das EU-Patent
Jahresgebühren für das EU-Patent	R.79 ff.
Ermäßigung	R.79a

Weitere Gebühren
Einspruchsgebühr	R.82 f.
Beitrittsgebühr	R.84
Beschränkungsgebühr	R.85
Widerrufsgebühr	R.86
Beschwerdegebühr	R.87
Gebühr für Überprüfungsantrag	R.88
Weiterbehandlungsgebühr	R.89
Wiedereinsetzungsgebühr	R.90
Umwandlungsgebühr	R.91
Verspätete Einreichung von Sequenzprotokollen	R.92
Kostenfestsetzungsgebühr	R.93
Beweissicherungsgebühr	R.94
Gebühr für technisches Gutachten	R.95
VÖ-Gebühr eines eP in geändertem Umfang nach Einspruch oder Beschränkung	R.96 f.
Eintrag von Rechtsübergängen	R.98

Gebühren und Auslagen nach Art. 3 (1) GebO (Verwaltungsgebühren)
Eintragung von Rechtsübergängen	R.99
Eintragung und Löschung von Lizenzen und anderen Rechten	R.100
Beglaubigte Abschrift der Urkunde	R.101
Online-Akteneinsicht in ePA und eP	R.102
Auskunftserteilung aus den Akten einer ePA	R.103
Zusätzliche Kopie der im europ. RB aufgeführten Schriften	R.104
Gebühr für Recherche internationaler Art	R.105
Gebühr für verspätete Einreichung Sequenzprotokoll	R.106
Grundgebühr für die europ. Eignungsprüfung	R.107
Auslagen für Kopien (Art. 11 (3) ii) PCT)	R.108

Ermäßigung
Ermäßigung bei Online-Einreichung	R.109
Ermäßigung bei Verwendung einer zugelassenen Nichtamtssprache	R.111
Berechtigung zur Ermäßigung	R.112 ff.
Gebührenermäßigung nach Art. 14 GebO	R.121 ff.
Gebührenermäßigung Anmeldegebühr	R.126 f.
Gebührenermäßigung Prüfungsgebühr	R.128 f.
Ermäßigung Zusatzgebühr Seitenzahl	R.130
Ermäßigung Zusatzgebühr Teilanmeldung	R.131

Rückzahlung/Rückerstattung von Gebühren
Allgemeines (Bagatellbeträge, Empfänger)	R.132 ff.
Keine rechtzeitige Weiterleitung durch Zentralbehörde	R.135.
Zahlung ohne Rechtsgrund	R.136
Vorfällige Zahlung	R.137
Recherchengebühr	R.138 ff.
Prüfungsgebühr	R.145 ff.
Benennungsgebühr	R.150 f.
Kompensation Übersetzungskosten EU-Patent	R.151a ff.
Einspruchsgebühr	R.152

Rückerstattungsverfahren
Rückerstattungsverfahren auf laufendes Konto und Bankkonto	R.150a ff.
Recherchengebühr	R.151 ff.
Prüfungsgebühr	R.161 ff.
Benennungsgebühr	R.165 f.
Bagatellbeträge	R.167
Beschwerdegebühr	R.153 ff.

Rückerstattungsverfahren auf das Laufende Konto (LK)
Erstattungsempfänger	R.161
Erteilung und Aktualisierung Rückerstattungsanweisung	R.162
Gültigkeit Rückerstattungsanweisung	R.163
Rückerstattung auf Bankkonto	R.164

Gebühren im Rahmen von PCT-Anmeldungen
Gebührendefinition	R.165
Int. Anmeldegebühr	R.168 f.
Übermittlungsgebühr	R.168 f.
Bestimmungsgebühr	R.170 f.
Recherchengebühr	R.172 f.
Uneinheitlichkeit – Zusätzliche Recherchengebühr	R.174 f.
Widerspruchsgebühr gegen Uneinheitlichkeit	R.176 ff.
Zusätzliche Gebühr verspätete Einreichung fehlender Bestandteile	R.179 f.
Verspätete Einreichung Sequenzprotokoll	R.181
Ergänzende internationale Recherche (SIS)	R.182 f.
Bearbeitungsgebühr SIS	R.184
Uneinheitlichkeit im Rahmen SIS – Überprüfungsgebühr	R.185 f.
Gebühr für internationale vorläufige Prüfung (ivP)	R.188 f.
Bearbeitungsgebühr ivP	R.190
Uneinheitlichkeit im Rahmen ivP	R.191 f.

R. Inhaltsübersicht

Widerspruchsgebühr gegen Uneinheitlichkeit im Rahmen ivP	R.194 f.
Währung	R.197 f.
Gebührenermäßigung	R.200 ff.
Rückerstattung (Anmeldegebühr, Recherchegebühr, Gebühr für ivP)	R.203 f.

Entrichtung der Gebühren im PCT-Verfahren

Gebührenzahlung im PCT	R.212
Zahlungsarten für IB als AA	R.213 ff.

Übersicht: Zuständigkeit der Ämter bei Gebührenzahlen im Rahmen PCT-Anmeldungen

Zuständigkeiten der Ämter bei Gebührenzahlen im Rahmen PCT-Anmeldungen	R.219

Entrichtung der Gebühren, Vorschriften über das laufende Konto (VLK)

Hohe, Art, Weise der Zahlungen	R.220
Höhe des Zahlungsbetrages	R.221 ff.
Gebührenerhöhung	R.222
Zahlungsart	R.224a ff.
Zahlung per Überweisung	R.225 f.
Andere Zahlungsarten (z.B. Kreditkarte, Banküberweisung, Online Dienste)	R.227 ff.
Zulässige Abbuchungsaufträge des laufenden Kontos	R.230
Sammelantrag	R.231
Maßgebender Zahlungstag	R.232 f.
Fehlbetrag	R.244 ff.

Vorschriften über das laufende Konto (VLK)

Allgemeine Bestimmungen	R.247 ff.
Eröffnung	R.249
Auflösung	R.251 f.
Auffüllung, Rückzahlung und Überweisung	R.255 ff.
Rückzahlungen vom laufenden Konto	R.257a f.
Überweisungen zwischen laufenden Konten	R.259a ff.
Funktionieren des laufenden Kontos	R.262 ff.
Belastung des laufenden Kontos	R.266 f.
Reihenfolge der Bearbeitung von Abbuchungsaufträgen	R.271 ff.
Annullierung von Abbuchungsaufträgen von Amts wegen	R.276 ff.
Validierung und Zurückweisung Zahlungen	R.277 ff.
Zahlungstag	R.281 ff.
Nichtverfügbarkeit der zulässigen Einreichungswege für Abbuchungsaufträge	R.284 f.
Einreichung Abbuchungsauftrag bei nationalen Behörden	R.286 ff.
Widerruf Abbuchungsauftrag	R.290 ff.
Rückerstattung von Gebühren	R.295 ff.
Jahresbeiträge epi	R.300 ff.

Vorschriften über das automatische Abbuchungsverfahren (VAA)

Automatische Abbuchungsverfahren	R.305 ff.
Erteilung Abbuchungsauftrag	R.307 f.
Zugelassene Verfahrensarten	R.309 ff.
Zugelassene Gebührenarten	R.314 ff.
Automatische Abbuchung von Gebühren	R.317 ff.
Eingangstag	R.318 ff.
Maßgeblicher Zahlungstag	R.321 ff.
Fehlbetrag	R.325 f.
Auffüllung des laufenden Kontos nach Mitteilung Fehlbetrag	R.327 ff.
Änderungs-/Berichtigungsbuchung	R.328 ff.
Entrichtung einer Gebühr mittels anderer/gesonderter Zahlungsart	R.331 f.
Widerruf	R.333 ff.
Beendigung	R.337 ff.

Gebühren R.

Gebühren
Art. 51, siehe Gebührenordnung, RiLi A-X
Übersicht: https://www.epo.org/law-practice/legal-texts/html/epc/2020/d/ma6.html

Gebührenbeträge gültig seit 01.04.2022 siehe ABl. 2022, A2, A8 sowie Zusatzpublikation 2

Gebühren, die an **Verwendung** einer **elektronischen Nachrichtenübermittlung** oder eines **Format nach Art. 2 (1), (2) GebO** gebunden sind, finden erst Anwendung ab von einem vom Präsidenten festzulegenden Datum. Hierzu zählen die (Online-)Anmeldegebühr (R.4, R.8), die Übermittlungsgebühr (R.168) sowie die Erteilungsgebühr, Ausnahme hierzu ist die Anmeldegebühr für nicht online eingereichte Anmeldeunterlagen (ABl. 2019, A3, A6).

RiLi A-X, 1: Gebühren - können von **jedermann wirksam** bezahlt werden.

Verfahrenshandlung	Rechtsnorm	Details und Fälligkeit	Unmittelbare Folgen eines Mangels, Mängelbeseitigung, Fristen	Rechtsfolge bei Nichtbeseitigung von Mängeln oder Fristversäumnis	Weiterbehandlungs-/ Wiedereinsetzungs- Möglichkeit
Anmeldegebühr ePA - 100 €/130 € (Online Einreichung vollständig/teilweise in zeichencodiertem Format) - bei nicht online eingereichten Anmeldungen 270 € (260 € bis 31.03.2022)	Art. 78 (2) R 38 (1) Art. 2 (1) Nr. 1 GebO RiLi A-III, 13.1	**Art. 78 (2)** Fällig bei Einreichung RiLi A-X, 5.2.1 **R 38 (1)** Frist 1 M ab AT (=Tag der Einreichung), **RiLi A-III, 13.1**		**Art. 78 (2) R 38 (1)** Anmeldung gilt als zurückgenommen	**WB (+)**, nach Art. 121 (4), R 135 (2) **WE (–)**, da durch Art. 122, R 136 (3) ausgenommen
Zusatzgebühr Seitenzahl 16 € für 36. und jede folgende Seite Relevant für Beschreibung, Ansprüche. Zeichnungen und eine Seite für Zusammenfassung Bei Bezug auf frühere Anmeldung wird Abschrift zugrunde gelegt	R 38 (2), (3) Art. 2 (1) Nr. 1a GebO RiLi A-III, 13.2	**R 38 (3)** Innerhalb **1 M** nach Einreichung zu entrichten • ePA, • erster Anspruchssatz, oder • beglaubigter Abschrift n. **R 40 (3)**, spätere Frist ist relevant Ermäßigung nach R 6 (3) möglich			
	R 46 (1), (2) c) R 49 (4), (5), (8)	Formale Mängel können Auswirkungen auf Seitenzahl haben: **R 46 (1), R 49 (5) Mindestränder** **R 49 (4)** Jeder **Bestandteil** der Anmeldung **neue Seite** **R 49 (8) Zeilenabstand** und **Mindesthöhe Buchstaben** **R 46 (2) c) Maßstab** Zeichnungen	**R 58, R 57 i):** Zusatzgebühr für höhere Seitenzahl ist innerhalb 2 M ab Aufforderung nach R 58 zu entrichten. RiLi A-III, 13.2		

R. Gebühren

	Gebühren (Fortsetzung)					
	Verfahrenshandlung	Rechtsnorm	Details und Fälligkeit	Unmittelbare Folgen eines Mangels, Mängel-beseitigung, Fristen	Rechtsfolge bei Nichtbeseitigung von Mängeln oder Fristversäumnis	Weiterbehandlungs-/ Wiedereinsetzungs-Möglichkeit
7	**Zusatzgebühr Teilanmeldung** Gebühr abhängig von TA-Generation • 225 € (zweiter) • 455 € (dritter) • 680 € (vierter) • 910 € (ab fünfter) seit 01.04.2022	R 38 (4) Art. 2 (1) Nr. 1b GebO RiLi A-III, 13.3	**R 38 (4)** Fällig mit Anmeldegebühr		**Art. 78 (2) R 38 (1)** Teilanmeldung gilt als zurückgenommen	**WB (+)**, nach Art. 121 (4), R 135 (2) **WE (−)**, da durch Art. 122, R 136 (3) ausgenommen
8	**Anmeldegebühr Euro-PCT** 100/130 € (Online, vollständig/teilweise in zeichencodiertem Format) 270 € (nicht Online)	Art. 153 (2) R 159 Art. 78 (2) R 38 Art. 2 (1) Nr. 1 GebO	**R 159 (1) c)** Fällig bei Eintritt in die reg. Phase **R 159 (1)**: Frist: innerhalb 31 M ab AT bzw. PT		**R 160 (1)**: Anmeldung gilt als zurückgenommen **R 160 (2)**: Mitteilung nach R 112 (1) ergeht	**WB (+)**, nach Art. 121 (4), R 135 (2) **WE (−)**, da durch Art. 122, R 136 (3) ausgenommen
9	**Zusatzgebühr Seitenzahl Euro-PCT** 16 € für 36. und jede folgende Seite	Art. 153 (2) R 159 Art. 78 (2) R 38 Art. 2 (1) Nr. 1a GebO RiLi A-III, 13.2	Zusatzgebühr ist Teil der Anmeldegebühr, fällig innerhalb 31 M ab AT bzw. PT RiLi A-III, 13.2: Grundlage ist veröffentlichte Fassung der int. Anm. (auch wenn diese nicht in EPA-Amtssprache veröffentlicht wurde), inkl. Änderungen gemäß Art. 19 PCT und zzgl. einer Seite für Zusammenfassung Gilt auch für Einbezug von mit Verweis n. R 20.6 PCT iVm R 20.5bis d) PCT, es sei denn, Anmelder verzichtet auf einbezogenen Anmeldeunterlagen. (siehe C.13).			

Gebühren R.

Gebühren (Fortsetzung)						
Verfahrenshandlung	Rechtsnorm	Details und Fälligkeit	Unmittelbare Folgen eines Mangels, Mängelbeseitigung, Fristen	Rechtsfolge bei Nichtbeseitigung von Mängeln oder Fristversäumnis	Weiterbehandlungs-/ Wiedereinsetzungs-Möglichkeit	
Anspruchs-gebühren - 250 € für den 16. bis 50. Anspruch, - 630 € für den 51. und jeden weiteren Anspruch anzuwenden auf den Satz mit den meisten Ansprüchen (ABl. 11/1985, 347) (seit 01.04.2022) siehe 📄 A.59	Art. 78 (2) R 45 (1) Art. 84 Art. 2 (1) Nr. 15 GebO	**R 45 (2)** **Innerhalb 1 M** ab Einreichung **des ersten Anspruchs-satzes** zu entrichten	R 45 (2) Innerhalb 1 M nach Mitteilung, zuschlagsfrei	R 45 (3) Gilt als Verzicht auf Patentanspruch Mitteilung nach R 112 (1) Rückzahlung bei verspäteter Weiterleitung durch Zentralbehörde (Art. 77 (1), R 37 (2))	WB (+), nach Art. 121 (4), R 135 (2) WE (–), da durch Art. 122, R 136 (3) ausgenommen Alternative: TA	10
	R 71 (4) Art. 2 (1) Nr. 15 GebO	R 71 (4) Sind bei Erteilungsabsicht (Mitteilung R 71 (3)) mehr Ansprüche ggü Anmeldung vorhanden, ist Nachzahlung erforderlich. Bei weniger Ansprüchen keine Rückerstattung (RiLi C-V, 1.4). Rückerstattung, falls sich bei Erteilungsabsicht durch Änderungen nach R 71 (5) die Anzahl der Ansprüche vermindert. 📖 S/S Anh. 5, Art. 2, Rd 60 ff.	R 71 (4) Innerhalb 4 M nach Mitteilung nach R 71 (3) zuschlagsfrei	R 71 (7) Anmeldung gilt als zurückgenommen	WB (+), nach Art. 121 (4), R 135 (2) WE (–), da durch Art. 122, R 136 (3) ausgenommen	11
Mehrere Anspruchssätze	⌕ J 8/84	Bei mehreren Anspruchssätzen für verschiedene VS (**R 138**) ist der Anspruchssatz mit den meisten Ansprüchen maßgebend.				12
	⌕ J 9/84	Ein Verzicht auf einen der ersten zehn Ansprüche hat keine Auswirkung auf die Gebühren für den elften und jeden weiteren Anspruch.				13
Automatischer Abbuchungs-auftrag ABl. 2022, Zusatzpublikation 3, A.2, I.4	R 45	Will der Anmelder **keine** oder **nicht alle Anspruchsgebühren** für die gebührenpflichtigen Ansprüche entrichten, so muss er dies dem EPA vor Ablauf der Frist nach R 45 (2) Satz 1 mitteilen.				14
	~~R 71 (4), (3)~~	~~Kontoinhaber, der auf Recht **verzichtet** hat, weitere **Mitteilung** nach R 71 (3) zu erhalten, hat Anspruchsgebühren gesondert mittels einer anderen zugelassenen Zahlungsart entrichten (RiLi C-V, 4.11, ABl. 2019, Zusatzpublikation 4, Anhang A.2, zu Nr. 3 VAA I.4, ABl. 2015, A52, V, 16).~~ Gemäß ABl. 2020, A73 aufgehoben.				15
	~~R 162 R 161 (1) oder (2)~~	~~Kontoinhaber, der auf Recht **verzichtet** haben, **Mitteilung** nach R 161 (1) der (2) zu erhalten, müssen beim Eintritt in die europäische Phase fällige Anspruchsgebühren mittels einer anderen zugelassenen Zahlungsart entrichten (ABl. 2019, Zusatzpublikation 4, Anhang A.2, zu Nr. 3 VAA I.4, ABl. 2015, A52, V, 16)~~ Gemäß ABl. 2020, A73 für sinngemäße R 71 (3) aufgehoben.				16

R. Gebühren

Gebühren (Fortsetzung)					
Verfahrenshandlung	Rechtsnorm	Details und Fälligkeit	Unmittelbare Folgen eines Mangels, Mängelbeseitigung, Fristen	Rechtsfolge bei Nichtbeseitigung von Mängeln oder Fristversäumnis	Weiterbehandlungs-/ Wiedereinsetzungs-Möglichkeit
17 **Anspruchsgebühren Euro-PCT** entsprechen den Gebühren bei einer ePA siehe 📖 C.29 ff.	R 48 (2) PCT Art. 153 R 162 (1) R 159 (1) b) Art. 2 (1) Nr. 15 GebO	**R 162 (1)**: Ab dem 16. Anspruch sind für jeden weiteren Anspruch Gebühren zu zahlen. **R 159 (1)**: Zu entrichten bei Eintritt in die reg. Phase innerhalb 31 M Frist **R 162 (3)**: Überzählige Anspruchsgebühren werden zurückerstattet	**R 162 (2)** Anspruchsgebühren können noch innerhalb Frist von 6 M nach Aufforderung nach R 161 (1) oder (2) entrichtet werden **Achtung**: Bei Verzicht auf Mitt. nach R 161 (1) oder (2) und R 162 werden Gebühren nicht durch das autom. Abbuchungsverfahren (VAA) eingezogen - ABl. 2015, A52, V, 16 (siehe auch 📖 R.315, 📖 R.331 f.)	**R 162 (4)** Gilt als Verzicht auf Patentanspruch	**WB (+)**, nach Art. 121 (4), R 135 (2) **WE (–)**, da durch Art. 122, R 136 (3) ausgenommen **WE Euro-PCT (–)**, da durch Art. 122, R 136 (3) ausgenommen 📖 S/S Art. 153 Rd 422 ff.
18 Geänderte Ansprüche auf Aufforderung nach R 161	R 162 (2), (3) RiLi E-IX, 2.3.8	Bei Änderung der Anzahl der Ansprüche als Reaktion auf Aufforderung nach **R 161 EPÜ** wird die geänderte Anzahl zur Berechnung der Gebühren herangezogen. Zuviel erstattete Gebühren werden zurückerstattet			

Gebühren R.

Gebühren (Fortsetzung)						
Verfahrenshandlung	Rechtsnorm	Details und Fälligkeit	Unmittelbare Folgen eines Mangels, Mängelbeseitigung, Fristen	Rechtsfolge bei Nichtbeseitigung von Mängeln oder Fristversäumnis	Weiterbehandlungs-/ Wiedereinsetzungs-Möglichkeit	
Recherchengebühr ePA »reguläre« Recherche 1390 € (1350 € bis 31.03.2022)	Art. 78 (2) R 38 (1) Art. 2 (1) Nr. 2 GebO	**Art. 78 (2):** Fällig ab Einreichung RiLi A-X, 5.2.1 **R 38 (1):** Frist: 1 M ab Einreichung (= Tag, für den ein AT zuerkannt wird)		**Art. 78 (2), R 38 (1):** Anmeldung gilt als zurückgenommen	**WB (+),** nach Art. 121 (4), R 135 (2) **WE (–),** da durch Art. 122, R 136 (3) ausgenommen	19
Zusätzliche Recherchegebühren bei Uneinheitlichkeit RiLi B-XI, 5 1390 € seit 01.04.2022 ABl. 2022, A29	Art. 82 R 64 (1) Euro-PCT: R 164 R 158 (1)	**R 64 (1):** Erste Erfindung wird recherchiert, zusätzliche R.-gebühr für weitere Erfindungen innerhalb 2 M ab Mitteilung (ggf. Rückzahlung im Prüfungsverfahren auf Antrag **R 64 (2)**) Euro-PCT: **R 164, R 158 (1) EPÜ, Art. 17 (3) b) PCT** Aufforderung zur Zahlung bei nicht ausreichender Zahlung nach **Art. 17 (3) a) PCT**	Euro-PCT: seit 01.11.2014: Zahlung weiterer R.-gebühren im Prüfungsverfahren vor dem EPA möglich. R 164 (2), RiLi C-III, 2.3	**R 164 (2) c):** Aufforderung, ePA auf Erfindung zu beschränken, die recherchiert wurde Erfindungen, für die keine Recherchengebühr bezahlt wurde, können im Prüfungsverfahren nicht beansprucht (R 137 (5)) werden; → TA	**WB (–),** nach Art. 121 (4), R 135 (2) ausgeschlossen **WE (+),** da durch Art. 122, R 136 nicht ausgenommen	20
	Die Recherchegebühr für jede weitere Erfindung wird am letzten Tag der von der Rechercheabteilung festgelegten Zahlungsfrist bei erteiltem Abbuchungsauftrag automatisch abgebucht; falls der Anmelder dies nicht wünscht oder nur eine ganz bestimmte Zahlung von fälligen Gebühren wünscht, muss er dies dem EPA vor Ablauf der Frist mitteilen. (ABl. 2022, Zusatzpublikation 3, A.2 VLK, zu Nr. 3 VAA I.2) Anmelder können jedoch nicht beantragen, dass bestimmte Gebühren vom automatischen Abbuchungsverfahren ausgenommen werden. (ABl. 2022, Zusatzpublikation 3, A.2 VLK, I.)					21
Zusätzliche Recherchegebühren bei fälschlicherweise eingereichten Unterlagen (ab. 01.11.2022) ABl. 2022, A3 BdV vom 14.12.2021 1390 €	R 56a (3), (4), (8) Art. 2 (1) Nr. 2 GebO	**R 56a (8) (ab 01.11.):** 1M nach Aufforderung, falls richtige Anmeldungsunterlagen R 56a (3) oder (4) eingereicht werden, nachdem das EPA mit der Erstellung des Recherchenberichts begonnen hat. AA steht für Gebühr nicht zur Verfügung (Nr. 3.2 VAA)		**R 56a (8):** Wird die Recherchengebühr nicht rechtzeitig entrichtet, so gilt die Anmeldung als zurückgenommen.	**WB (+),** nach Art. 121 (4), R 135 (2) **WE (–),** da durch Art. 122, R 136 (3) ausgenommen	21a
Recherche internationaler Art 1295 € für Erstanmeldungen; 2025 € in allen anderen Fällen ABl. 2022, A7	Art. 10 Art. 3 (1) GebO Art. 8 Vereinbarung EPA/WIPO (ABl. EPA 2007, 617) Art. 15 (5) a), c) PCT Art. 16 PCT	Recherche für nat. Anmeldung, ähnlich zu einem ISR, durchgeführt von EPA als zuständige ISA				22

457

R. Gebühren

Gebühren (Fortsetzung)

	Verfahrenshandlung	Rechtsnorm	Details und Fälligkeit	Unmittelbare Folgen eines Mangels, Mängelbeseitigung, Fristen	Rechtsfolge bei Nichtbeseitigung von Mängeln oder Fristversäumnis	Weiterbehandlungs-/Wiedereinsetzungs-Möglichkeit
23	**Recherchengebühr für ergänzende europäische Recherche zur int. Anmeldung** (Euro-PCT, EPA ≠ ISA) 1390 € (1350 € bis 31.03.2022)	Art. 153 (6), (7) Art. 2 (1) Nr. 2 GebO RiLi A-X, 5.2.1	**R 159 (1) e):** Zu entrichten bei Eintritt in die reg. Phase Frist: innerhalb 31 M ab AT bzw. PT		**R 160 (1):** Anmeldung gilt als zurückgenommen	WB (+), nach Art. 121 (4), R 135 (2) WE (–), da durch Art. 122, R 136 (3) ausgenommen
24	Reduktion der Recherchengebühr für ergänzende europ. Recherche		**Reduktion** bei Einreichung vom 01.07.2005 bis 31.03.2024 um 1185 € (bis 31.03.2022: 1150 €) auf 205 € (bis 31.03.2020: 190 €) für AT, ES, FI, SE, TR, nordisches Patentinstitut oder Visegrad-Patentinstitut als ISA oder SISA – ABl. 2022, A2, A29 (Seit 1.4.2018 nicht mehr für AU, BR, CA, CL, CN, EG, IS, IN, JP, KR, PH, RU, SG, UA, US) – ABl. 2022, A29, RiLi A-X, 9.3.1			
25	Euro-PCT, EPA=(S)ISA		Es wird kein ergänzender europäischer Recherchenbericht erstellt. – BdV vom 28.10.2009, ABl. 2009, 594, ABl. 2018, A26			

Nach Hinweis auf Veröffentlichung des RB fällige Gebühr

	Verfahrenshandlung	Rechtsnorm	Details und Fälligkeit	Unmittelbare Folgen eines Mangels, Mängelbeseitigung, Fristen	Rechtsfolge bei Nichtbeseitigung von Mängeln oder Fristversäumnis	Weiterbehandlungs-/Wiedereinsetzungs-Möglichkeit
26	**Prüfungsgebühr ePA** 1750 € für ab 01.07.2005 eingereichte ePA	Art. 94 (1) R 70 Art. 2 (1) Nr. 6 GebO	Fällig mit Stellung des Prüfungsantrags **R 70 (1), Art. 4 (1), 2 HS GebO** Zu entrichten innerhalb von 6 M nach Hinweis auf Veröffentlichung des RB.		**Art. 94 (2):** Anmeldung gilt als zurückgenommen	WB (+), nach Art. 121 (4), R 135 (2) WE (–), da durch Art. 122, R 136 (3) ausgenommen
27	**Prüfungsgebühr Euro-PCT** 1955 €, wenn kein ergänzender europ. RB erstellt wurde, ansonsten 1750 € (1900 € bzw. 1700 € bis 31.03.2022)	Art. 94 (1) R 159 (1) Art. 150 (2) Art. 2 (1) Nr. 6 GebO	**R 159 (1) f), Art. 94 (1):** Fällig mit Stellung des Prüfungsantrags **R 70 (1), Art. 4 (1), 2 HS GebO** Frist: Innerhalb 31 M nach dem AT bzw. PT, spätestens jedoch 6 M nach Veröffentlichung des int. RB (Art. 150 (2) iVm Art. 94 (1))		**R 160 (1):** Anmeldung gilt als zurückgenommen	WB (+), nach Art. 121 (4), R 135 (2) WE (–), da durch Art. 122, R 136 (3) ausgenommen

Gebühren R.

Nach Hinweis auf Veröffentlichung des RB fällige Gebühr (Fortsetzung)

Verfahrenshandlung	Rechtsnorm	Details und Fälligkeit	Unmittelbare Folgen eines Mangels, Mängelbeseitigung, Fristen	Rechtsfolge bei Nichtbeseitigung von Mängeln oder Fristversäumnis	Weiterbehandlungs-/ Wiedereinsetzungs-Möglichkeit	
Ermäßigung Prüfungsgebühr bei Euro-PCT-Anmeldungen EPA=(S)ISA 425 € EPA=IPEA 488,75 €	Art. 2 (1) Nr. 6 GebO Art. 14 (2) GebO ABl. 2022, A29	**Art. 14 (2) GebO**: 75 % Ermäßigung 📖 S/S Art. 94 Rd 48 siehe 📄 C.23, 📄 R.122	**Art. 14 (2) GebO, RiLi A-X 9.3.2, ABl. 2020, A30:** Voraussetzung: EPA war IPEA und hat int. Prüfungsbericht (IPER) erstellt (siehe Kapitel II PCT), jedoch keine Ermäßigung, wenn sich Prüfung auf nicht in IPER behandelten Gegenstand bezieht. Ermäßigung ist nicht anwendbar auf Teilanmeldungen, wenn das EPA für die Stammanmeldung den IPER erstellt hat.			28
Ermäßigung Prüfungsgebühr bei Nichtamtssprachenberechtigten	Art. 14 (4) R 6 (2), (3), (4) Art. 14 (1) GebO	**R 6 (2), (3) iVm R 3 (1):** 30 % Ermäßigung, innerhalb 1 M ist Übersetzung nachzureichen siehe 📄 C.23, 📄 R.122 f.	Übersetzung des Prüfantrags muss bis zum Tag der Entrichtung der Prüfungsgebühr eingereicht werden, vorausgesetzt, die Übersetzung wird frühestens zum gleichen Zeitpunkt wie der Antrag eingereicht (↳J 21/98, ↳G 6/91, RiLi A-X, 9.2.3). Prüfantrag in der zugelassenen Nichtamtssprache kann noch bis zur Zahlung der Prüfungsgebühr gestellt werden (Art. 94 (1), R 70).			29
Euro-PCT	Art. 14 (1) GebO RiLi A-X 9.3.2		Einreichung in Nichtamtssprache führt zu weiterer 30 % Ermäßigung (→ Gesamtermäßigung 82,5 %			30
Berechtigung	↳T 149/85	Berechtigung zur Ermäßigung (aufgrund Verwendung Nichtamtssprache) hängt vom Anmelder/Beteiligten ab, nicht vom Vertreter (siehe 📄 K.21 ff.).				31
Benennungsgebühr	Benennungsgebühr: Seit 01.04.2009: Pauschale Benennungsgebühr **Art. 97 (1), R 71a (3):** Falls die B.-Gebühr nach Zustellung der Erteilungsmitteilung (**R 71 (3)**) fällig wird, erfolgt Mitteilung durch EPA; Hinweis auf Erteilung wird erst veröffentlicht, wenn B.-Gebühren entrichtet sind.					32
EP-Anmeldung 630 €	Art. 79 (2) R 39 Art. 2 (1) Nr. 3 GebO	**Art. 79 (2), R 39 (1):** Zu entrichten innerhalb von 6 M nach Hinweis auf Veröffentlichung des RB (frühester Zeitpunkt ist 24 M ab AT/PT (= 18 M (Art. 93 (1)) + 6 M)).		**Art. 79 (2), R 39 (2):** Anmeldung gilt als zurückgenommen	**WB (+)**, nach Art. 121 (4), R 135 (2) **WE (–)**, da durch Art. 122, R 136 (3) ausgenommen	34
Euro-PCT-Anmeldung, Eintritt in reg. Phase 630 €	R 159 (1) d) Art. 153 (5) iVm Art. 22 (1) Satz 1 PCT und Art. 39 (1) a) PCT Art. 2 (1) Nr. 3 GebO	**R 159 (1) d):** Zu entrichten bei Eintritt in reg. Phase Frist: innerhalb von 31 M ab AT bzw. PT, wenn die Frist nach **R 39 (1)** früher abläuft		Keine B.-Gebühr entrichtet: **R 160 (1):** Anmeldung gilt als zurückgenommen ↳**G 4/98** gilt entsprechend	**WB (+)**, nach Art. 121 (4), R 135 (2) **WE (–)**, da durch Art. 122, R 136 (3) ausgenommen	35

459

R. Gebühren

Nach Hinweis auf Veröffentlichung des RB fällige Gebühr (Fortsetzung)

#	Verfahrenshandlung	Rechtsnorm	Details und Fälligkeit	Unmittelbare Folgen eines Mangels, Mängelbeseitigung, Fristen	Rechtsfolge bei Nichtbeseitigung von Mängeln oder Fristversäumnis	Weiterbehandlungs-/ Wiedereinsetzungs-Möglichkeit
36	**Erstreckungsgebühr** (102 € je Staat) siehe 📖 A.190 ff. Spezialtabelle 📖 T »Vertragsstaaten«	Durchführungsvorschriften zu Art. 79 ABl. 2020 Zusatzpubl. 3 ABl. 2009, 603 RiLi A-III, 12 (📖 S/S Art. 79 Rd 41)	Für eine ePA zu entrichten innerhalb von 6 M nach Hinweis auf Veröffentlichung des RB. Für Euro-PCT Anm. innerhalb 31 M nach AT bzw. PT, **oder** innerhalb von 6 M nach dem Tag der Veröffentlichung des internationalen RB zu entrichten, je nachdem, welcher Zeitpunkt der spätere ist.	Nachfrist von 2 M nach Ablauf der Grundfrist, inkl. Zuschlagsgebühr (50 % des Gebührenbetrags) keine Feiertagsregelung)	Erstreckung gilt als zurückgenommen. Es ergeht keine Rechtsverlustmitteilung. Ggf. Mitteilung nach R 112 (1) Siehe zu besonderen nationalen Besonderheiten der Erstreckung auch 📖 A.194 ff. und der Validierung auch 📖 A.198 ff.	WB (+) nach Art. 121 (4), R 135 (2) innerhalb von 2M nach Zustellung der Mitteilung nach R 112 (1) wegen Nichtzahlung Benennungsgebühr (RiLi A-III 12.2 b), ABl. 2009, 603, ABl. 2015, A19). WE (−), nach Art. 122 und R136 nicht möglich
37	**Validierungsgebühr** (abhängig von Validierungsstaat) siehe 📖 A.198 ff.	RiLi A-III, 12 ABl. 2022, Zusatzpublikation 2				
38	Marokko	ABl. 2015, A18, A20	240 €			
39	Republik Moldau	ABl. 2015, A85	200 €			
40	Tunesien	ABl. 2017, A84, A85	180 €			
41	Kambodscha	ABl. 2018, A15, A16	180 €			
42	**Zurücknahme/ Erlöschung**	RiLi A-III, 12.3	Zurücknahme des Erstreckungs- oder Validierungsantrags jederzeit möglich; bei Zurückweisung der ePa oder der Euro-PCT-Anmeldung gilt Antrag als zurückgenommen, keine gesonderte Mitteilung an Anmeldung; keine Rückzahlung Erstreckungsgebühr			
43	**Automatische Vormerkung Erstreckung**	RiLi A-III, 12.1	Durch vorgedruckten Text im Erteilungsantrags (Formular 1001), Voraussetzung: Erstreckungsstaat muss zum Zeitpunkt der Anmeldung (PCT oder EP) bereits Erstreckungsstaat gewesen sein. Erstreckung nach nat. Recht hat europäisches Patent die Wirkung eines nat. Patents.			

Übergangsbestimmungen neuer Gebührenordnung, gültig seit 01.04.2022 (ABl. 2022, A2)

44 BdV vom 15.12.2021 zur Änderung der Art. 2 der GebO (Auszug):
Art. 4 (Nr. 3) BdV: Wird eine Gebühr innerhalb von 6 M nach dem 01.04.2022 fristgerecht entrichtet, jedoch in der vorher gültigen Höhe, so gilt Gebühr als wirksam bezahlt, wenn die Differenz innerhalb von 2 M ab Aufforderung beglichen wird.

Gebühren R.

Bei Erteilung fällige Gebühren

Verfahrenshandlung	Rechtsnorm	Details und Fälligkeit	Unmittelbare Folgen eines Mangels, Mängelbeseitigung, Fristen	Rechtsfolge bei Nichtbeseitigung von Mängeln oder Fristversäumnis	Weiterbehandlungs-/ Wiedereinsetzungs-Möglichkeit	
Erteilungsgebühr Online Einreichung in zeichencodiertem Format (DOCX): 885 € * (siehe 📖 R.2) In allen anderen Fällen 990 € ** * für ab dem 01.04.2009 eingereichte ePA **bis noch festzulegendem Datum ABl. 2022, A2	Art. 97 (1) R 71 (3) Art. 2 (1) Nr. 7 GebO	**Art. 97 (1), R 71 (3):** Innerhalb 4 M ab Zustellung der Mitteilung nach R 71 (3) zu entrichten		**Art. 97 (1), R 71 (7):** Anmeldung gilt als zurückgenommen	**WB (+),** nach Art. 121 (4), R 135 (2) **WE (–),** da durch Art. 122, R 136 (3) ausgenommen	45
Ggf. Jahresgebühren siehe 📖 R.54	Art. 97 (1) R 71a (4) Art. 2 (1) Nr. 4 GebO	**R 71a (4):** Falls JG nach Mitteilung **R 71 (3)** und vor frühestmöglichem Termin der Erteilungsbekanntmachung fällig wird. Mitteilung durch EPA		**R 71a (4):** Hinweis auf Erteilung wird erst veröffentlicht, wenn JG entrichtet ist.	**WB (–),** Art. 121 (4) ausgenommen durch R 135 (2) **WE (+),** Art. 122 (1)	46
Ggf. Benennungsgebühr 630 € siehe 📖 R.32 ff.	Art. 97 (1) R 71a (3) Art. 2 (1) Nr. 3 GebO	Falls die B.-Gebühr nach Zustellung der Erteilungsmitteilung (**R 71 (3)**) fällig wird, erfolgt Mitteilung durch EPA		**R 71a (3):** Hinweis auf Erteilung wird erst veröffentlicht, wenn B.-Gebühren entrichtet sind.	**WB (+),** nach Art. 121 (4), R 135 (2) **WE (–),** da durch Art. 122, R 136 (3) ausgenommen	47
Ggf. Anspruchsgebühren - für den 16. bis 50. Anspruch 250 €, - für den 51. und jeden weiteren 630 € (sofern noch nicht bereits bei Einreichung nach R 45 oder R 162 entrichtet) siehe 📖 A.387, 📖 R.10	Art. 97 (1) R 71 (4) Art. 2 (1) Nr. 15 GebO	**R 71 (4):** Innerhalb 4 M (Frist R 71 (3)) Nachzahlung erforderlich, wenn bei Erteilungsabsicht mehr, Ansprüche ggü. Anmeldung vorhanden sind. Bei weniger Ansprüchen keine Rückerstattung (RiLi C-V, 1.4) Rückerstattung, falls sich während Erteilungsabsicht durch Änderungen nach R 71 (5) die Anzahl der Ansprüche vermindert. 📖 S/S Anh. 5, Art. 2, Rd 60 ff.	**R 71 (4):** Innerhalb 4 M nach Mitteilung nach R 71 (3) zuschlagsfrei	**R 71 (7):** Anmeldung gilt als zurückgenommen	**WB (+),** nach Art. 121 (4), R 135 (2) **WE (–),** da durch Art. 122, R 136 (3) ausgenommen	48

R. Gebühren

Jahresgebühren für ePA
RiLi A-X, 5.2.4

	Verfahrenshandlung	Rechtsnorm	Details und Fälligkeit	Unmittelbare Folgen eines Mangels, Mängelbeseitigung, Fristen	Rechtsfolge bei Nichtbeseitigung von Mängeln oder Fristversäumnis	Weiterbehandlungs-/ Wiedereinsetzungs-Möglichkeit
49	Jahresgebühren	R 131 (2)	**Erstes Patentjahr** beginnt am Tag nach der Anmeldung als fristauslösendes Ereignis und endet am Jahrestag der Anmeldung (**R 131 (2)**)			
50		Art. 86 (1) R 131 (2)	Beanspruchte **Prio** spielt für Berechnung der JG **keine Rolle**			
51	Jahresgebühren Für ePA an das EPA RiLi A-X, 5.2.4 3. Jahr: 505 € 4. Jahr: 630 € 5. Jahr: 880 € 6. Jahr: 1125 € 7. Jahr: 1245 € 8. Jahr: 1370 € 9. Jahr: 1495 € 10. Jahr und jedes folgende 1690 € seit 01.04.2022	Art. 86 (1) R 51 Art. 2 (1) Nr. 4 GebO	**Art. 86 (1):** Fällig ab 3. Jahr ab AT (unabhängig von PT) im Voraus **R 51 (1):** Fällig für das kommende Jahr am Monatsende des Monats, in den AT fällt. **Frühestens 3 M vor Fälligkeit** zahlbar ↯J 4/91: Kein Zuschlag, wenn Fälligkeitstag Feiertag ist, und Gebühr am nächsten Werktag entrichtet wird. (Fälligkeitstag verschiebt sich nicht, jedoch Möglichkeit der Zahlung ohne Zuschlagsgebühr)	**R 51 (2):** Innerhalb von 6 M nach Fälligkeit, + Zuschlagsgebühr (50 % der JG **Art. 2 (1) Nr. 5 GebO, Aussetzung** vom 01.06. bis 31.08.20 – Abl. 2020, A70) (**R 51 (2):** Zuschlagsgebühr innerhalb der Nachfrist) ↯J 4/91: Fälligkeitstag der Zuschlagsgebühr ist immer der Monatsletzte (»Ultimo-to-Ultimo« Prinzip) MdEPA 16.12.2016 (ABl. EPA 2016, A103) Neufassung der R 51 (2) mit klargestellter Formulierung, gültig seit 01.01.2017.	**Art. 86 (1):** Anmeldung gilt als zurückgenommen ↯J 4/86: ePA ist anhängig bis Ende der 6 M-Nachfrist	**WB (–),** Art. 121 (4) ausgenommen durch R 135 (2) **WE (+),** Art. 122 (1) Aus Hinweis des EPA bzgl. Nachfrist nach R 51 (2) sind keine Rechte herleitbar → kein Grund für die WE
52	Sonderfall: JG für 3. Jahr	R 51 (1)	Für das 3. Jahr kann JG bereits 6 M vor Fälligkeit wirksam entrichtet werden			
53		↯J 1/81	Zahlt ein Anmelder JG im Einklang mit einem missverständlichen Hinweis über deren Fälligkeit, so ist er so zu behandeln, als ob er diese rechtzeitig entrichtet hätte.			
54	Gebührenänderung	BdV vom 5.12.1986	Maßgeblich ist Tag der Zahlung.			
55	Fälligkeit nach Mitteilung R 71 (3)	Art. 97 (1), (3) R 71 (3) R 71a (4)	**R 71a (4):** JG wird nach Mitt. nach **R 71 (3)** und vor Hinweis auf Erteilung gemäß Art. 97 (3) fällig → Hinweis wird erst bekannt gegeben, wenn JG bezahlt wurde → Um Verzögerungen der Veröffentlichung des Hinweises auf Erteilung bei erteiltem automatischen Abbuchungsauftrag zu verhindern, ist Zahlung der JG mittels anderer zugelassener Zahlungsart möglich, z.B. bei Zahlung vor dem Fälligkeitstag (ABl. 2019, Zusatzpublikation 4, A.2, I.5)			
56	Mitteilung bei Versäumter JG-Zahlung	↯J 12/84	EPA versendet **Mitteilung bei Fristversäumnis** von Jahresgebühren. Hierzu besteht jedoch keine Verpflichtung, so dass aus einer Unterlassung der Benachrichtigung keine Rechte hergeleitet werden können (📖 S/S Art. 86 Rd 24).			
57	Zahlungserinnerungen	↯J 25/12	**Zahlungserinnerungen** durch das EPA implizieren nicht, dass eine fristgerechte Bezahlung früherer JG erfolgte.			
58	WE	Art. 122	**WE** ist bei Versäumung der Nachfrist, nicht schon bei Versäumung der Grundfrist möglich. **Art. 122 (2):** Die Ausschlussfrist von einem Jahr für die WE läuft ab Ablauf der 6 M Nachfrist (ABl. 2007, Sonderausgabe 5, S. 220) → 📖 S/S Art. 86 Rd 23, 33			

Gebühren R.

Jahresgebühren für ePA (Fortsetzung)			
Verfahrenshandlung	Rechtsnorm	Details	
Vorauszahlung	R 51 (1)	Eine **Vorauszahlung** der JG kann frühestens 3 M vor ihrer Fälligkeit erfolgen. Geht die Anmeldung vor dem Fälligkeitstag unter, ist die JG zurückzuerstatten. **Ausnahme**: Für das 3. Jahr kann JG bereits 6 M vor Fälligkeit wirksam entrichtet werden.	59
Ende der JG-Zahlung für die ePA an EPA	Art. 86 (2)	**Art. 86 (2)**: Letzte Gebühr ans EPA für das Jahr, in dem Hinweis auf Erteilung nach **Art. 97 (3)** veröffentlicht wird, danach Zahlung nach **Art. 141** (JG an Nationale Ämter)	60
JG für eP nach Erteilung	Art. 86 (2)	**Art. 141 (1)**: JG für die an das in **Art. 86 (2)** genannte Jahr anschließende Jahre **Art. 141 (2)**: Werden JG innerhalb 2 M nach Hinweis fällig (nach **Art. 97 (1)**, **R 71 (3)**→ 2 M Zahlungsfrist vor nat. Ämtern ohne Zuschlag (→ nat. Recht zum EPÜ); keine WE, da keine Frist gegenüber EPA	61
Störungen aufgrund des Ausbruchs von COVID-19	COVID-19	Fristen, die am 15.03.2020 oder danach ablaufen, werden bis zum 02.06.2020 verlängert. Gemäß EPA ist R 134 auch auf Fälligkeitstag nach R 51 anzuwenden, auch wenn Fälligkeitstag keine Frist ist, die verlängert werden kann. Nach R 134 (1) Verschiebung des Fälligkeitstags für am 31.03.2020 fällige JG auf den 02.06.2020 - ABl. 2020, A38, A60, A74	62
		BdV v. 28.05.2020 (ABl. EPA 2020, A70): Anwendung von Regel 51 (2) betreffend die Zuschlagsgebühr nach Art. 2 (1) Nr. 5 GebO für die verspätete Zahlung von JGB wird vom 01.06.2020 bis zum 31.08.2020 ausgesetzt.	63
		Endet die ab AT berechnete 6 M-Frist nach R 51 (2) nach dem 31.08.2020 und wird die Zahlung nicht spätestens bis zu diesem Tag vorgenommen, so kann die JG unter Entrichtung einer Zuschlagsgebühr noch bis zum Ablauf der Frist nach R 51 (2) wirksam gezahlt werden (ABl. 2020, A70).	64
Rückerstattung von JG		Nur, wenn kein Rechtsgrund vorlag, z.B. wenn Anmeldung zum Zahlungszeitpunkt nicht mehr bestand.	65
Aussetzung	R 14 (4)	Bei **Aussetzung** des Verfahrens (mangelnde Berechtigung des Anmelders) läuft Frist zur Zahlung der JG weiter. Jeder darf JG bezahlen (s.o.).	66
Unterbrechung	R 142 (4) RiLi E-VII, 1.5	Bei Wiederaufnahme sind JG am Tag der Aufnahme fällig, wenn die Jahresgebühren während der Unterbrechung fällig waren (↳J 902/87). Danach können sie mit Zuschlagsgebühr innerhalb von 6 Monate entrichtet werden (R 52 (2)). Läuft bei Unterbrechung die Frist zur Zahlung der JG mit Zuschlagsgebühr, beginnt diese am Tag der Aufnahme für die verbleibende Zeit wieder zu laufen.	67

R. Gebühren

Jahresgebühren für ePA (Fortsetzung)

	Verfahrenshandlung	Rechtsnorm	Details und Fälligkeit	Unmittelbare Folgen eines Mangels, Mängel-beseitigung, Fristen	Rechtsfolge bei Nicht-beseitigung von Mängeln oder Fristversäumnis	Weiterbehandlungs-/ Wiedereinsetzungs-Möglichkeit
68	**Teilanmeldung**	Art. 86 (1) R 51 (3)	**R 51 (3) Satz 1 + 2:** Innerhalb 4 M nach Einreichung der TA sind zuschlagsfrei zahlbar: - JG der SA, die bis zur Einreichung der TA fällig geworden sind (Art. 86 (1) iVm Art 76 (1)), und - JG, die innerhalb 4 M ab Einreichung der TA fällig wird. Anmerkung: • Für 4 M-Frist **der aufgelaufenen JG** gilt kein »Ultimo-to-Ultimo« Prinzip (bei SA letzter Tag des Monats der Einreichung R 51 (1), bei TA der Tag der Einreichung R 51 (3)). • Für 4 M-Fristende gilt Feiertags-regelung R 134 (1) **(RiLi A-IV, 1.4.3)**	**Art. 86 (1)** iVm **R 51 (3) Satz 3:** 2 M Nachfrist, d.h. 6 M nach Fälligkeit (also Einreichung der TA), + Zuschlagsgebühr nach **R 51 (2)** (**Aussetzung** vom 01.06. bis 31.08.20 – Abl. 2020, A70) **Art. 86 (1)** iVm **R 51 (1)** und ✎J 4/91: Innerhalb von 6 M nach Fälligkeit (gemäß **R 51 (1)**) für das kommende Jahr am Monatsende des Monats, in den der AT der SA fällt + Zuschlagsgebühr nach **R 51 (2)** iVm **Art. 2 (1) Nr. 5 GebO** ✎J 4/91: Fälligkeitstag ist Monatsletzter (RiLi A-X, 5.2.4) MdEPA 16.12.2016 (ABl. EPA 2016, A103)	**Art. 86 (1):** Anmeldung gilt als zurückgenommen	**WB (–),** Art. 121 (4) ausgenommen durch R 135 (2) **WE (+),** Art. 122 (1) RiLi A-IV, 1.4.3: Ausschlussfrist R 136 (12 M) beginnt erst nach Ablauf der 6 M nach R 51 (2) zu laufen.
69						
70			RiLi A-IV, 1.4.3: Bei einer **Kette von TA** werden die JG vom AT der SA an geschuldet.			
71			COVID-19	BdV v. 28.05.2020 (ABl. EPA 2020, A70): Anwendung von Regel 51 (2) betreffend die Zuschlagsgebühr nach Art. 2 (1) Nr. 5 GebO für die verspätete Zahlung von JGB wird vom 01.06.2020 bis zum 31.08.2020 ausgesetzt. Gilt **auch für JGB** für eine **TA**, die am oder nach dem 15.03.2020 eingereicht wurde, da nach R 51 (3) Satz 1 der Tag der Einreichung auch der Fälligkeitstag für die Zahlung von JGB ist. Für diese TA können JGB bis zum 31.08.2020 ohne Zuschlagsgebühr gezahlt werden, auch wenn sie nicht innerhalb von 4M ab dem AT gezahlt werden. Endet die ab dem AT berechnete 6 M-Frist nach R 51 (2) nach dem 31.08.2020 und wird die Zahlung nicht spätestens bis zu diesem Tag vorgenommen, so kann die JGB unter Entrichtung einer Zuschlagsgebühr noch bis zum Ablauf der Frist nach R 51 (2) wirksam gezahlt werden.		
72	**Neue Anmeldung durch Nicht-berechtigten**	Art. 61 (1) R 51 (6)	Keine JG für das Jahr, in dem neue Anmeldung gemäß Art. 61 (1) b) eingereicht wurde, auch nicht für vorhergehende Jahre			

Gebühren R.

Jahresgebühren für ePA (Fortsetzung)

Verfahrenshandlung	Rechtsnorm	Details und Fälligkeit	Unmittelbare Folgen eines Mangels, Mängelbeseitigung, Fristen	Rechtsfolge bei Nichtbeseitigung von Mängeln oder Fristversäumnis	Weiterbehandlungs-/ Wiedereinsetzungs-Möglichkeit	
Spezialfall: **3. Jahresgebühr für Euro-PCT-Anmeldung**	Art. 39 (1) PCT Art. 153 iVm Art. 86 EPÜ RiLi A-X, 5.2.4	**R 159 (1) g):** 3. JG innerhalb von **31 M** ab AT oder PT, wenn die Frist nach **R 51 (1)** früher abläuft **Vorsicht: R 51 (1) bezieht sich auf AT** (nicht Prio-Tag) Kein »Ultimo-to-Ultimo« Prinzip	**R 51 (2):** Innerhalb von 6 M nach Fälligkeit + 50 % Zuschlag **(Art. 2 (1) Nr. 5 GebO, Aussetzung** vom 01.06. bis 31.08.20 – Abl. 2020, A70). Berechnet sich die Fälligkeit nach **R 159 (1) g)** nach 31 M, so handelt es sich hier um eine **zusammengesetzte Frist - kein »Ultimo-to-Ultimo« Prinzip** (siehe aufgehobene **RAusk 5/93**)	**Art. 86 (1):** Anmeldung gilt als zurückgenommen	WB (–), Art. 121 (4) ausgenommen durch R 135 (2) WE (+), Art. 122 (1)	73
		Beispiel für JG: AT: 15.01.2000 3. Patentjahr vom 16.01.2002 bis 15.01.2003 3. JG fällig am 31.01.2002 Nachfrist endet am 31.07.2002 (↳**J 4/91**: keine zusammengesetzte Frist, Fälligkeitstag ist immer der Monatsletzte)				74

Jahresgebühren für ePA (Spezialfälle)

Spezialfälle der JG	Fälligkeitstag	JG innerhalb Frist zahlbar	Ablauf der Nachfrist (+ 50% Zuschlagsgebühr)	Vorauszahlung der JG	
JG, die ab dem Tag an dem ein Rechtsverlust eintrat fällig geworden ist R 51 (4) a)	am Tag der Zustellung der Entscheidung über die WE	innerhalb von 4 M nach Zustellung der Entscheidung	6 M nach Zustellung der Entscheidung über WE	nein	75
JG, an dem Tag an dem der Rechtsverlust eintrat bereits fällig, aber noch innerhalb der 6 M-Nachfrist war R 51 (4) b)	vor dem Tag an dem der Rechtsverlust eintrat	n.a.	6 M nach Zustellung der Entscheidung über WE	n.a.	76
JG, die nach Wiederaufnahme vor BK fällig geworden ist R 51 (5) a)	am Tag der Zustellung der Entscheidung über Wiederaufnahme	innerhalb von 4 M nach Zustellung der Entscheidung	6 M nach Zustellung der Entscheidung	nein	77
JG, die an dem Tag der Zustellung der Entscheidung der BK fällig, aber noch innerhalb der 6 M-Nachfrist war R 51 (5) b)	vor dem Tag, an dem die Entscheidung der BK erging	n.a.	6 M nach Zustellung der Entscheidung der GBK	n.a.	78

R. Gebühren

Jahresgebühren für das EU-Patent (Übersicht)

	Verfahrenshandlung	Rechtsnorm	Details und Fälligkeit	Unmittelbare Folgen eines Mangels, Mängelbeseitigung, Fristen	Rechtsfolge bei Nichtbeseitigung von Mängeln oder Fristversäumnis	Weiterbehandlungs-/ Wiedereinsetzungs-Möglichkeit
79	**Jahresgebühren** Art. 11 EPVO 2. Jahr: 35 € 3. Jahr: 105 € 4. Jahr: 145 € 5. Jahr: 315 € 6. Jahr: 475 € 7. Jahr: 630 € 8. Jahr: 815 € 9. Jahr: 990 € 10. Jahr: 1175 € 11. Jahr: 1460 € 12. Jahr: 1775 € 13. Jahr: 2105 € 14. Jahr: 2455 € 15. Jahr: 2830 € 16. Jahr: 3240 € 17. Jahr: 3640 € 18. Jahr: 4055 € 19. Jahr: 4455 € 20. Jahr: 4855 €	Art. 9 (1) e) EPVO R 13 DOEPS	An das EPA zu entrichten, keine nationalen Gebühren. Gemäß R 13 DOEPS gelten die gleichen Zahlungsfristen wie für ePA. ABl. 2022, A42: Spätestens nach 5 Jahren nach Geltungsbeginn der VO Nr. 1257/2012 werden Gebühren überprüft und ggf. verbesserten Zugang für KMU geschaffen	Innerhalb von 6 M$^{+10\,T}$ nach Fälligkeit, + Zuschlagsgebühr (50 % der JG) (R 13 (3) DOEPS, Art. 2 (1) Nr. 2 GebOEPS).	Folge der Nichtentrichtung der JG (ggf. + Zuschlagsgebühr) erlischt das Einheitspatent gemäß R 14 (1) b) DOEPS. Das Erlöschen gilt am Fälligkeitstag der JG als eingetreten (R 14 (2) DOEPS).	**WE (+)**, R 22 (2) DOEPS, Höhe: Art. 2 (1) Nr. 13 GebO Antrag auf Entscheidung entsprechend R 112 (2) EPÜ (siehe R 20 (2) d) DOEPS). Diese Entscheidung ist mit einer Klage vor dem EPG anfechtbar.
79a	Ermäßigung von JG	**R 12 DOEPS** Art. 3 GebOESP	PI eines eP mit einheitlicher Wirkung kann ggü. EPA Bereitschaft zur Lizenzvergabe gegen angemessene Vergütung abgeben. JG wird um 15 % reduziert. Erklärung kann jederzeit zurückgenommen werden, sofern die ermäßigten JG an das EPA entrichtet worden sind. Eintrag ist nicht möglich, wenn bereits Lizenz eingetragen wurde oder Antrag zur Eintragung der Lizenz anhängig ist.			
80	**Dreimonatige Sicherheitsfrist (R 13 (4) DOEPS)**					

Zeitlicher Ablauf:
- Hinweis auf Erteilung
- Mitteilung nach R 7 (1) DOEPS
- Fälligkeitstag der JG (R 13 (2) DOEPS)
- Sicherheitsfrist 3 M (R 13 (5) DOEPS)
- Frist 6 M (R 13 (3) DOEPS)

Gebühren R.

Jahresgebühren für das EU-Patent (Fortsetzung)			
Verfahrenshandlung	Rechtsnorm	Details und Fälligkeit	
Spezialfall: Fälligkeit JG des eP vor Eintragung einheitliche Wirkung	**R 13 (5) DOEPS**	Wäre JG nach Hinweis auf Erteilung eP nach Art. 97 (3) aber vor Mitteilung der Eintragung der einheitlichen Wirkung nach R 7 (1) DOEPS nach R 51 (1) fällig geworden, wird JG erst am letzten Tag fällig. JG kann noch innerhalb von 3 M nach dem letzten Tag ohne Zuschlagsgebühr entrichtet werden.	81

Fälligkeit von JG zwischen der Erteilung des eP und der Eintragung der einheitlichen Wirkung (R 13 (5) DOEPS) — 81a

- Fälligkeitstag der JG (R 13 (2) DOEPS)
- Verschobener Fälligkeitstag
- Sicherheitsfrist 3 M (R 13 (5) DOEPS)
- Hinweis auf Erteilung
- Mitteilung nach R 7 (1) DOEPS
- Frist 6 M (R 13 (3) DOEPS)

467

R. Gebühren

Weitere Gebühren

	Verfahrenshandlung	Rechtsnorm	Details und Fälligkeit	Rechtsfolge bei Nichtbeseitigung von Mängeln oder Fristversäumnis	Weiterbehandlungs-/ Wiedereinsetzungs-Möglichkeit
82	**Einspruchsgebühr** 840 € (siehe E.9)	Art. 99 (1) Art. 105 (2) (für Beitritt) Art. 2 (1) Nr. 10 GebO	**Art. 99 (1):** Innerhalb von 9 M nach Veröffentlichung des Hinweises auf Erteilung	**Art. 99 (1):** Einspruch gilt als nicht eingelegt (verspätet gezahlte Einspruchsgebühr wird zurückerstattet)	**WB (–), WE (–)**, da Art. 122 sich auf Anmelder oder Inhaber bezieht
83		RiLi D-III, 2 und G 3/99	Bei gemeinsamem Einspruch ist nur eine Gebühr fällig siehe E.9		
84	**Beitrittsgebühr** (=Einspruchsgebühr) 840 €	Art. 105 (1) R 89 (2) Art. 2 (1) Nr. 10 GebO	**Art. 105:** Dritter kann Beitritt nach Ablauf Einspruchsfrist und eingelegtem Einspruch erklären - siehe E.124 ff.	**R 89 (2), S. 2** Beitritt gilt als nicht zulässig Aber: kann während Einspruchsverfahren erneut erklärt werden	**WB (–), WE (–)**, da Art. 122 sich auf Anmelder oder Inhaber bezieht
85	**Beschränkungsgebühr** 1245 €	Art. 105a (1) 3. Satz Art. 2 (1) Nr. 10aGebO	Mit Stellung des Antrags auf Beschränkung	**Art. 105a:** Antrag gilt als nicht gestellt	**WB (–), WE (–)**, da keine Frist
86	**Widerrufsgebühr** 560 €	Art. 105a (1) 3. Satz Art. 2 (1) Nr. 10a GebO	Mit Stellung des Antrags auf Widerruf	**Art. 105a:** Antrag gilt als nicht gestellt	**WB (–), WE (–)**, da keine Frist
87	**Beschwerdegebühr** • 2015 € für natürliche Person oder in R 6 (4)+(5) genannte Einheit (KMU (Def. In RiLi A-X, 9.2.1), NPO, Universität, öffentliche Forschungseinrichtung) • 2785 € für sonstige Einheit seit 01.04.2022 (siehe F.31, Rückzahlung F. 107 ff.)	Art. 108 Art. 2 (1) Nr. 11 GebO	**Art. 108:** Innerhalb von 2 M nach Zustellung der Entscheidung **G 2/97:** Beschwerdekammer muss nicht das Fehlen aufmerksam machen	**Art. 108:** Beschwerde gilt als nicht eingelegt (verspätet gezahlte Beschwerdegebühr wird zurückgezahlt)	**WB (–)**, Art. 121 (4) **WE (+)**, Art. 122 für Anmelder **WE (–)**, für Einsprechenden (T 210/89, → S/S Art. 108 Rn 1 ff.) aber: WE (+) für Anmelder/PI bzgl. Beschwerdebegründung G 1/86
88	**Gebühr für Überprüfungsantrag** (Entscheidung von BK durch GBK) 3115 €	Art. 112a (4) Art. 2 (1) Nr. 11a GebO	**Art. 112a (4):** Wenn basierend auf Art. 112a a) -d), innerhalb von 2 M nach Zustellung der BK-Entscheidung; wenn basierend auf Art. 112a e) innerhalb von 2 M nach Feststellung der Straftat, spätestens aber 5 Jahre nach Zustellung	**Art. 112a (4):** Antrag gilt als nicht gestellt	**WB (–)**, Art. 121 (4) **WE (+)**, Art. 122
89	**Weiterbehandlungsgebühr** 275 € bzw. 50 % der entsprechenden Gebühr	Art. 121 (2) Art. 2 (1) Nr. 12 GebO	**Art. 121 (2):** Innerhalb 2 M nach Zustellung der Entscheidung über die Zurückweisung	**Art. 121 (2):** Antrag gilt als nicht gestellt	**WB (–)**, Art. 121 (4) **WE (+)**, Art. 122, R 136
90	**Wiedereinsetzungsgebühr** 685 €	Art. 122 (3) Art. 2 (1) Nr. 13 GebO	**Art. 122 (2), (3):** Innerhalb von 2 M nach Wegfall des Hindernisses **Art. 122 (3):** Spätestens innerhalb 1 J nach Fristablauf	**Art. 122 (3):** Antrag gilt als nicht gestellt	**WB (–)**, Art. 121 (4) **WE (–)**, da in Art. 122, R 136 (3) ausgeschlossen

Gebühren R.

Weitere Gebühren (Fortsetzung)

Verfahrenshandlung	Rechtsnorm	Details und Fälligkeit	Rechtsfolge bei Nichtbeseitigung von Mängeln oder Fristversäumnis	Weiterbehandlungs-/ Wiedereinsetzungs-Möglichkeit	
Umwandlungsgebühr 80 € falls ePA zurückgenommen oder zurückgewiesen wurde	Art. 135 (1) b), (3) Art. 140 Art. 2 (1) Nr. 14 GebO	**Art. 135 (1) b), (3)**: Innerhalb von 3 M, nachdem die Anmeldung als zurückgenommen gilt	**Art. 135 (4)**: Wirkung nach **Art. 66** (nationale Hinterlegung) erlischt	**WB (+)**, nach Art. 121 (4), R 135 (2) **WE (−)**, da durch Art. 122, R 136 (3) ausgenommen	91
Verspätete Einreichung des Sequenzprotokolls 245 €	R 30 (3) Art. 2 (1) Nr. 14a GebO	**R 30 (3)**: 2 M ab AT siehe A.71	**R 30 (3)**: Anmeldung wird zurückgewiesen	**WB (+)**, nach Art. 121 (4), R 135 (2) **WE (−)**, da durch Art. 122, R 136 (3) ausgenommen	92
Kostenfestsetzungsgebühr 80 €	Art. 104 Art. 106 R 88 (3) Art. 2 (1) Nr. 16 GebO	**R 88 (3)**: Innerhalb 1 M nach Zustellung der Kostenfestsetzung	**R 88 (3)**: Antrag auf Kostenfestsetzung gilt als nicht gestellt	Beschwerde nur möglich, wenn Kosten höher als Beschwerdegebühr sind (R 97 (2), S/S Art. 104 Rn 86) **WB (−), WE (−)**	93
Beweissicherungsgebühr 80 €	Art. 117 R 123 (3) Art. 2 (1) Nr. 17 GebO	keine	**R 123 (3)**: Antrag gilt als nicht gestellt	Keine Frist	94
Gebühr für technisches Gutachten 4175 €	Art. 25 Art. 2 (1) Nr. 20 GebO	**Art. 25**: EPA kann auf Ersuchen eines nationalen Gerichts im Rahmen einer Verletzungs- oder Nichtigkeitsklage ein technisches Gutachten über das eP erstellen, das Gegenstand des Rechtsstreits ist. Gutachten betrifft jedoch nicht die Rechtsbeständigkeit.			95

R. Gebühren

Weitere Gebühren (Fortsetzung)

	Verfahrenshandlung	Rechtsnorm	Details und Fälligkeit	Unmittelbare Folgen eines Mangels, Mängelbeseitigung, Fristen	Rechtsfolge bei Nichtbeseitigung von Mängeln oder Fristversäumnis	Weiterbehandlungs-/Wiedereinsetzungs-Möglichkeit
96	**Veröffentlichungsgebühr eines eP in geändertem Umfang** nach Einspruch 80 €	Art. 101 (3) a) R 82 (2) Art. 2 (1) Nr. 8 GebO	**R 82 (2)**: Falls von keinem der Beteiligten innerhalb Frist von 2 M (R 82 (1)) Bedenken gegen geänderte Fassung vorgebracht werden, fordert Einspruchsabteilung auf, innerhalb 3 M die Veröffentlichungsgebühr zu entrichten und eine Übersetzung der geänderten Ansprüche einzureichen	**R 82 (3)**: Innerhalb 2 M nach Mitteilung Fristversäumnis + Zuschlagsgebühr (Art. 2 (1) Nr. 9 GebO, 130 €)	**R 82 (3)**: Patent wird widerrufen	**WB (-)**, da keine Amtsfrist und keine ePA **WE (+)**, Art. 122, R 136 (3)
97	nach Beschränkung 80 €	R 95 (3) Art. 2 (1) Nr. 8 GebO	**R 95 (3)**: Aufforderung zur Zahlung Gebühr und Einreichung Übersetzung innerhalb 3 M	**R 95 (3)**: R 82 (3) ist entsprechend anzuwenden Innerhalb 2 M nach Mitteilung Fristversäumnis + Zuschlagsgebühr (Art. 2 (1) Nr. 9 GebO, 130 €)	**R 95 (4)**: Antrag auf Beschränkung wird zurückgewiesen	Bei Beschränkung neuer Antrag sinnvoller
98	**Eintragung von Rechtsübergangen** 110 €	R 22 (2) Art. 3 (1) GebO ABl. 2022, A7	Eintragungsantrag gilt erst als gestellt, wenn eine Verwaltungsgebühr entrichtet worden ist			

Gebühren R.

Gebühren und Auslagen nach Art. 3 (1) GebO (Verwaltungsgebühren) (siehe ABl. 2022, A7, gültig seit 01.04.2022)					
Verfahrenshandlung	Rechtsnorm	Code	Details	Verweis	
Eintragung von **Rechtsübergängen**	R 22 (2) EPÜ	022	110 €	A.314	99
Eintragung und Löschung von **Lizenzen und anderen Rechten**	R 23 EPÜ	023	110 €		100
Beglaubigte Abschrift • einer **ePA**, einer **int. Anmeldung** und Bescheinigung des Anmeldezeitpunkts (**Priobeleg**) • der **Urkunde** über eP mit beigefügter Patentschrift • **sonstiger Unterlagen**	R 54 EPÜ R 17.1 b) PCT R 21.2 PCT R 74 EPÜ	029	110 €	B.91 A.402	101
Online-Akteneinsicht in ePA und eP	Art. 128 (4) EPÜ		Online: Kostenlos	A.286	102
Auskunftserteilung aus den Akten einer ePA	R 145 (2) EPÜ R 146 EPÜ	030	110 €	A.289	103
Zusätzliche Kopie der im europ. **RB** aufgeführten Schriften		055	110 €		104
Gebühr für eine **Recherche intern**. **Art** • für Erstanmeldungen • für alle anderen Fälle	Art. 15 (5) PCT	004	1295 € 2025 €	A.256, R.22	105
Gebühr für die **verspätete Einreichung** eines **Sequenzprotokolls**	R 13ter.1 c) PCT R 13ter.2 PCT	066	245 €	B.500 f., R.181, R.315	106
Grundgebühr für die europäische Eignungsprüfung für zugelassene Vertreter (ABl. 2012, 210)	Art. 17 VEP R 7-9 ABVEP		200* € *Subvention möglich (siehe ABl. 2019, A98, 4.2)		107
Verwaltungsgebühr gemäß Art. 11 (3) ii) PCT zwischen EPA und WIPO					
Auslagen für Kopien	R 44.3 b) PCT R 71.b) PCT R 94.2) PCT		0,80 € pro Seite		108

R. Gebühren

109 Ermäßigung von Gebühren
RiLi A-X, 9

	Verfahrenshandlung	Rechtsnorm, Rechtsprechung	Details
110	**Ermäßigung bei Online-Einreichung**	Art. 2 (1) Nr. 1 GebO	Anmeldegebühr 100 € statt 130 € bzw. 270 €, je nachdem wieviele Teile der Anmeldung nicht in einem zeichencodierten Format eingereicht wurden – siehe R.4
111	**Ermäßigung bei Verwendung einer zugelassenen Nichtamtssprache**	Art. 14 (2), (4) R 6 (3)-(7) Art. 14 (1) GebO	Ermäßigung der Anmelde- und der Prüfungsgebühr um 30 % (ABl. 2014, A23) S/S Art. 14 Rd 46 ff. **RiLi A-X, 9.2.1** Auch mit Anmeldegebühr verbundene **Zusatzgebühren** für Seiten >35 (R.5) sowie Teilanmeldungen (R.7) sind **ermäßigungsfähig** – RiLi A-X, 9.2.2 »**zugelassene Nichtamtssprachen**« siehe K.2
112	**Allgemein/ Berechtigte**	Art. 14 (2), (4) R 6 (3), (4)-(7) Art. 14 (1) GebO RiLi A-X, 9.2.1	**ABl. 2014, A23** sowie **2014, A4**: Für ab 01.04.2014 eingereichte ePA sowie internationale Anmeldungen, die ab diesem Tag in die europäische Phase eingetreten sind, gelten für den Anmelder Gebührenermäßigung nach **Art. 14 (4)** iVm **R 6 (3)**, insbesondere nach **R 6 (4)** für a) kleine und mittlere Unternehmen (KMU – Definition nach R 6 (5), RiLi A-X, 9.2.1), b) natürliche Personen oder c) Organisationen ohne Gewinnerzielungsabsicht, Hochschulen oder öffentliche Forschungseinrichtungen.
113		G 6/91	**Anspruch auf Gebührenermäßigung** (30% - Art. 14 (1) GebO), wenn das wesentliche Schriftstück (Beschreibung – RiLi A-X, 9.2.2) der ersten Verfahrenshandlung (im **Anmelde-**, **Prüfungs-**, ~~Einspruchs- und Beschwerde~~verfahren) in einer zugelassenen Nichtamtssprache eingereicht wird (Für Einspruchs- und Beschwerdeverfahren nicht mehr gültig seit 01.04.2014, ABl. EPA 2014, A23). Die Übersetzung in eine Amtssprache darf gleichzeitig, aber nicht früher eingereicht werden.
114		T 905/90	Es kommt nicht darauf an, ob dieses **Schriftstück sprachlich** besonders **anspruchsvoll** ist.
116		J 21/98	Antrag kann in **Nichtamtssprache** eingereicht werden, erst durch Zahlung der Prüfungsgebühr nach **Art. 94 (2)** wird Prüfantrag wirksam.
117		T 149/85	Privilegiert sind nur Verfahrensbeteiligte (**nicht** Vertreter) ~~Es reicht, wenn einer von mehreren Anmeldern berechtigt ist.~~
118		RiLi A-X, 9.2.2	Wesentliches Schriftstück ist Beschreibung, da Zuerkennung eines AT nicht von Einreichung Anspruch abhängt.
119		R 6 (6)	**Antrag** auf Gebührenermäßigung muss entsprechende **Erklärung enthalten.**
120		R 6 (7) RiLi A-X, 9.2.1	Bei **mehreren Anmeldern** muss R 6 (4) für jeden Anmelder erfüllt sein. Änderung des Status nach R 6 (4) nach Abgabe der Erklärung hat keine Rückwirkung auf gewährte Gebührenermäßigungen.

Gebühren R.

Ermäßigung (Fortsetzung)			
Verfahrenshandlung	Rechtsnorm, Rechtsprechung	Details	
Gebühren-ermäßigung nach Art. 14 GebO RiLi A-X, 9	Art. 14 (1) GebO	Die Ermäßigung der **Anmelde- und Prüfungsgebühr** nach **Art. 14 (4)** iVm **R 6 (3)** beträgt **30 %**. Ermäßigung nach R 6 (3) nur für Berechtigte nach R 6 (4), R 6 (7)	121
	Art. 14 (2) GebO	**Ermäßigung für Prüfungsgebühr** um 75 %, wenn das EPA als IPEA nach Art. 34.3 c) PCT, **R 159 (1) e)** tätig war, und Prüfung Gegenstand des IPER betrifft - ABl. 2020, A30 (siehe C.23 f.)	122
	Euro-PCT EPA=IPEA	Zusätzlich zur Ermäßigung von 30 % erhalten die nach **Art. 14 (4)** iVm **Art. 14 (2) + R 6 (3)** (Nichtamtssprachen-) Berechtigte vorab 75 % Ermäßigung, wenn IPER durch EPA als IPEA erstellt wurde (50 % bis zum 31.03.2018) (→ Gesamtermäßigung 82,5 % (65 % bis zum 31.03.2018)) (RiLi A-X, 9.3.2) - ABl. 2018, A4 (siehe R.28 oder C.23 f.)	123
	℅ G 6/91	**Anspruch auf Gebührenermäßigung** (30% - Art. 14 (1) GebO), wenn das **wesentliche Schriftstück** (**Beschreibung** – RiLi A-X, 9.2.2, **Prüfantrag** – RiLi A-X, 9.2.3) der ersten Verfahrenshandlung (im **Anmelde-**, **Prüfungs-**, ~~Einspruchs- und Beschwerde~~verfahren) in einer zugelassenen Nichtamtssprache eingereicht wird (Für Einspruchs- und Beschwerdeverfahren nicht mehr gültig seit 01.04.2014, ABl. EPA 2014, A23). Übersetzung in Amtssprache darf gleichzeitig, aber nicht früher eingereicht werden.	124
	℅ T 149/85	Verwendung der Nichtamtssprache hängt vom Beteiligten/Anmelder/Einsprechenden ab, nicht vom Vertreter.	125
Anmeldegebühr	RiLi A-X, 9.2.2	Wesentlichen Teile (**Beschreibung** ~~und Ansprüche~~) sind in zugelassener Nichtamtssprache einzureichen.	126
Frist	R 6 (1)	Übersetzung nach Art. 14 (2) ist innerhalb von 2 M einzureichen.	127
Prüfungsgebühr	RiLi A-X, 9.2.3	**Prüfungsantrag** ist in der zugelassenen Nichtamtssprache einzureichen, z.B. durch Verwendung des dreisprachigen Formblatts 1001 für den Erteilungsantrag und gleichzeitiges Einfügen des Prüfungsantrags in der zugelassenen Nichtamtssprache, S/S Art. 94 Rd 42 ff. - **Art. 94 (2)**	128
Frist	Art. 94 (1) R 70 (1) RiLi A-X, 9.2.3	Spätestens innerhalb 6 M nach Hinweis auf Veröffentlichung des europäischen RB.	129
Zusatzgebühr Seitenanzahl >35 Seiten	RiLi A-X, 9.2.2	Ermäßigung möglich, da Zusatzgebühr Teil der Anmeldegebühr ist	130
Zusatzgebühr Teilanmeldung	RiLi A-X, 9.2.2	Ermäßigung möglich, da Zusatzgebühr Teil der Anmeldegebühr ist	131

R. Gebühren

Rückzahlung/Rückerstattung von Gebühren
RiLi A-X, 10

	Verfahrenshandlung	Rechtsnorm	Details
132	**Allgemeines**	RiLi A-X, 10.1	Nicht wirksam entrichtete Gebühren werden zurückbezahlt. • Ohne Rechtsgrund gezahlte Gebühren • Verspätet gezahlte Gebühren
133	Bagatellbeträge	Art. 12 GebO RiLi A-X, 10.1.3	Bagatellbeträge (< 16 €) werden nur auf ausdrücklichem Antrag der Verfahrensbeteiligten zurückgezahlt. – BdP vom 14.02.2020, ABl. 2020, A17 (von 1.7.2018 bis 31.03.2020 15 €, davor 10 €)
134	Empfänger	RiLi A-X, 10.3	Rückzahlung können auf LK beim EPA oder einem Bankkonto gutgeschrieben werden (ABl. 2019, A26), nicht jedoch auf Kreditkartenkonto (ABl. 2021, A73) Verfahrensbeteiligter kann auch LK eines Dritten angeben. Falls EPA Rückzahlung nicht auf LK vornehmen kann, Rückerstattung mittels Rückerstattungscodes über Website möglich. Zum Rückerstattungsverfahren siehe R.161.
135	**Keine rechtzeitige Weiterleitung durch Zentralbehörde**	Art. 77 (3) R 37 (2)	**ePA**, die bei **Zentralbehörde** eines VS eingereicht wurde und nicht bis nach Ablauf des 14. Monats ab AT/PT dem EPA zugeleitet wurde, **gilt als zurückgenommen**. Die Anmeldegebühr, die R.-Gebühr und die B.-Gebühr werden zurückgezahlt, ggf. auch Prüfungsgebühr und Anspruchsgebühren. - RiLi A-X, 10.2.4)

136	**Zahlung ohne Rechtsgrund**	RiLi A-X, 10.1.1
		↳T 193/87
			Rückerstattung mangels Rechtsgrunds, wenn sich **Zahlung** auf eine **nicht anhängige ePA bezieht** (Rücknahme vor Fälligkeitstag oder fehlende Zuerkennung AT); der eingezahlte Betrag ist zurückzuzahlen.
			Gebührenzahlung ist **wirksam**, wenn
			  i) sich die Zahlung auf ein **anhängiges Verfahren** bezieht und
			  ii) der **Zahlungstag am** oder **nach** dem **Fälligkeitstag** liegt.

137	**Vorfällige Zahlung**	RiLi A-X, 5.1.1	Vor dem Fälligkeitstag kann eine Zahlung nicht wirksam entrichtet werden. Ausnahme JG (R 51 (1), siehe R.51) → Gebühren werden zurückbezahlt, außer Zahlung liegt nur kurz vor Fälligkeit, dann kann Zahlung wirksam werden.

Gebühren R.

Rückzahlung/Rückerstattung von Gebühren (Fortsetzung)			
Verfahrenshandlung	Rechtsnorm	Details	
Recherchengebühr ePA	Art. 9 (1) GebO	Die für eine europäische oder ergänzende europäische Recherche entrichtete **Recherchengebühr** wird **zurückerstattet**, wenn die Anmeldung **vor Beginn** der Erstellung des RB **zurückgenommen** oder **zurückgewiesen** wird oder als **zurückgenommen** gilt.	138
	Art. 9 (2) GebO	Hat das **EPA** bereits einen **RB** für den Gegenstand der Anmeldung **erstellt** (Prio einer EP-Anmeldung, TA, Anmeldung des Berechtigten nach Art. 61, R 17), und kann den RB **ganz** oder **teilweise verwerten**, wird **die R.-Gebühr zurückerstattet**.	139
	BdP vom 17.11.2017 (ABl. 2022, A8) MdP vom 09.01.2009 (ABl. 2009, 99) RiLi A-X, 10.2.1 bei mangelnder Einheitlichkeit: RiLi B-VII, 2.1 RiLi C-III, 3.3	**Rückerstattung** der Gebühr für die **europäische Recherche** oder die **ergänzende europäische Recherche** durch das EPA bei **Vorlage einer früheren verwertbaren Recherche**, bei teilweiser Verwertung nur teilweise Rückerstattung (ABl. 2019, A4 (seit 01.12.2017 gültig)): ○ Zu **100 %** bzw. **25 %** bei Verwendung einer früheren Recherche **mit schriftlichem Bescheid** bei • einer europäischen Recherche (**Art. 92**) für ab 01.07.2005 eingereichte ePA,	140

		○ Zu **84 %** bzw. **21 %** bei Verwendung einer früheren Recherche **mit schriftlichem Bescheid** bei
		   • einer internationalen Recherche mit schriftl. Bescheid (**Art. 15 (1) PCT**) für ab 01.01.2004 eingereichte PCT-Anmeldung oder ergänzender internationalen Recherche (**R 45bis PCT**), oder
		   • einer Recherche für ein nationales Amt (AL, BE, CY, FR, GB, GR, HR, IT, LT, LV, LU, MC, MT, NL, SM, TR).
			141

		○ Zu **70 %** bzw. **17,5 %** bei Verwendung einer früheren Recherche **ohne schriftlichen Bescheid** bei
		   • einer europäischen Recherche (**Art. 92**) für ab 01.07.2005 eingereichte ePA,
		   • einer internationalen Recherche (**Art. 15 (1) PCT**) für eine vor dem 01.01.2004 eingereichten PCT-Anmeldung,
		   • einer Recherche internationaler Art (**Art. 15 (5) PCT**),
		   • einer Standardrecherche,
		   • einer Recherche für nationales Amt (BE, CY, FR, GR, LU, NL, TR).
			142

TA	RiLi A-IV, 1.8	Ganz oder teilweise Rückerstattung der Recherchengebühr bei TA z.B. bei Uneinheitlichkeit entrichteter zusätzlicher Recherchengebühr; Recherchengebühr muss jedoch entrichtet worden sein (siehe R.139 f., M.81).	143
Nicht-Einverständnis Höhe Rückerstattung	RiLi A-X, 10.2.1	Falls **Anmelder nicht einverstanden** mit von der Rechercheabteilung festgelegten **Höhe** der **Rückerstattung**, Beantragung einer **beschwerdefähigen Entscheidung** (**Art. 106 (2)**), Zuständig ist Eingangsstelle, solange noch nicht an Prüfungsabteilung übergegangen (R 10).	144

R. Gebühren

Rückzahlung/Rückerstattung von Gebühren (Fortsetzung)

	Verfahrenshandlung	Rechtsnorm	Details
145	**Prüfungsgebühr** RiLi A-VI, 2.5 ABl. 2016, A48, A49 In Kraft seit 01.07.2016 S/S Art. 94 Rd 49 ff.	Art. 11 a) GebO	a) Rückerstattung **zu 100 %,** wenn die ePA zurückgenommen oder zurückgewiesen wird oder als zurückgenommen gilt, bevor die Sachprüfung begonnen hat (Mitteilung Prüfungsbeginn anhand Form 2095 oder Tag der ersten von Prüfungsabteilung erlassenen Mitteilung). Dies sollte der Fall sein, solange der Prüfungsantrag noch nicht wirksam gestellt bzw. die Aufrechterhaltungserklärung nicht erfolgt ist. (seit 01.07.2016) (siehe A.329, A.432). • J 8/83: Anmelder nimmt ePA nach Aufforderung nach R 70 (2) zurück oder reagiert nicht darauf • Art. 77 iVm R 37 (2): ePA geht nicht innerhalb von 14 M ab AT/PT dem EPA zu → Rücknahme der ePA • R 70 (2): Anmelder wird aufgefordert zu erklären, ob er Anmeldung aufrechterhält • Art. 94 (3): Zurückweisung n. R 70 (2) - Erklärung über Aufrechterhaltung liegt nicht vor • Art. 90 (4): Formale Fehler/Mängel
146		Art. 11 b) GebO	b) Rückerstattung **zu 50 %,** wenn die ePA zurückgenommen wird, nachdem die Sachprüfung (nach dem 01.11.2016) begonnen hat und • bevor die Frist für die Erwiderung auf die erste von der Prüfungsabteilung selbst erlassene Aufforderung nach Art. 94 (3) abgelaufen ist oder, • falls die Prüfungsabteilung keine solche Aufforderung erlassen hat, vor dem Datum der Mitteilung nach R 71 (3).
147			Für bestimmte Akten und soweit betrieblich machbar, wird der beabsichtigte Beginn der Sachprüfung mindestens 2 M im Voraus vom EPA mitgeteilt. Eine solche Mitteilung verpflichtet das EPA, nicht vor dem genannten Datum mit der Sachprüfung zu beginnen; ein späterer Beginn ist selbstverständlich möglich. (ABl. 2016, A49) Mitteilung ist in My Files für Anmelder und nach Veröffentlichung in Akteneinsicht einsehbar (ABl. 2019, A104)
148			Für vor dem 01.07.2016 zurückgenommene, zurückgewiesene oder als zurückgenommen geltende ePA und für Akten deren Sachprüfung vor dem 01.11.2016 begonnen hat gilt die alte Regelung: • Vollständige Rückerstattung, bevor in Zuständigkeit der Prüfungsabteilung • Rückerstattung zu 75 %, wenn ePA in Zuständigkeit der Prüfabteilung gelangt, jedoch noch nicht mit Prüfung begonnen wurde
149		RiLi A-VI, 2.5	Bedingte Rücknahme im Fall einer 100% Rückerstattung vor Beginn Sachprüfung möglich. Datum Prüfungsbeginn wird anhand von Form 2095 im öffentlichen Teil der Akte gespeichert; ist nach Veröffentlichung ePA durch Akteneinsicht zugänglich. Befindet sich Form 2095 nicht in Akte, gilt die Sachprüfung als an dem Tag begonnen, an dem die erste "von der Prüfungsabteilung selbst erlassene" Mitteilung ergangen ist (z. B. Mitteilung nach Art. 94 (3), R 71 (3) oder irgendeiner anderen der oben genannten Rechtsgrundlagen) (siehe auch A.329).
150	**Benennungs- gebühr**	RiLi A-X, 5.2.2 RiLi A-X, 10.1.1 siehe R.136	Rückerstattung möglich, falls vor Fälligkeit entrichtet, z.B. zusammen mit Prüfungs- gebühr, und Anmeldung spätestens am Fälligkeitstag zurückgenommen wird/ zurück- gewiesen wird bzw. als zurückgenommen gilt, Grund Zahlung ohne Rechtsgrund.
151			Wenn Benennungsgebühr nach Fälligkeit (innerhalb von 6 M nach VÖ), z.B. zusammen mit Prüfungsgebühr, gezahlt, keine Rückerstattung, da Rechtsgrund vorlag.

Gebühren R.

Rückzahlung/Rückerstattung von Gebühren (Fortsetzung)

Verfahrenshandlung	Rechtsnorm	Details	
Kompensation von Übersetzungs-kosten EU-Patent	Regel 8 DOEPS	PI von eP mit einheitlicher Wirkung, bei der die ePA nicht in DE, EN oder FR eingereicht wurde, kann Antrag auf Kompensation der Übersetzungskosten beantragen, wenn alle PI eine der folgenden Kategorien angehören a) KMU b) Natürliche Personen c) NPO, Hochschulen oder öffentliche Forschungseinrichtungen Kompensationssystem gilt auch für EURO-PCT.	151a
	Regel 9 DOEPS	Antrag zur Kompensation muss mit Antrag auf einheitlicher Wirkung gemäß Regel 6 Antrag stellen, Antrag hat Erklärung nach Regel 8 zu enthalten.	151b
	Regel 10 DOEPS	Regel 10 (1): Gewährte Kompensation wird nicht rückgängig gemacht, auch wenn Bedingung nach Regel 8 nicht mehr vorliegt.	151c
		Regel 10 (3): Bei Zweifeln der Erfüllung der Erfordernisse nach Regel 8 kann Amt Nachweise anfordern.	151d
		Regel 10 (4): Bei unrichtiger Beantragung der Kompensation Aufforderung, mit nächster J.-Gebühr Zuschlagsgebühr in Höhe von gezahlter Kompensation und Verwaltungsgebühr (250 € - 50 % des in Artikel 4 (1) GebOESP genannten Pauschbetrags); wird Zuschlagsgebühr nicht rechtzeitig entrichtet, erlischt EU-Patent gemäß Regel 14.	151e
	Regel 11 DOEPS Art. 4 (1) GebOESP	**Erstattung Übersetzungskosten** bis Höchstbetrag (**Pauschbetrag** 500 €); Grundlage durchschnittliche Länge eP und Übersetzungskosten/Seite, inkl. durchschnittliche Ermäßigung nach R 6 - ABl. 2022, A42	151f
Einspruchsgebühr	RiLi D-IV, 1.4.1	**Rückzahlung der Einspruchsgebühr** bei **nicht** mehr **behebbaren Mängeln**, aufgrund deren der **Einspruch** als **nicht eingelegt** gilt.	152
Beschwerdegebühr ABl. 2014, A3, BdV vom 13.12.2013 siehe F.107 ff.	Art. 109 R 103 (1)	**100 % Rückzahlung** der **Beschwerdegebühr** a) bei Abhilfe oder Stattgebens der Beschwerde und Rückzahlung entspricht wegen wesentlichem Verfahrensmangel der Billigkeit oder b) bei Rücknahme der Beschwerde vor Einreichung der Beschwerdebegründung und vor Ablauf der Beschwerdebegründungsfrist.	153
	Art. 109 R 103 (2)	75 % Rückzahlung bei Rücknahme der Beschwerde vor Ablauf von 2 M ab Zustellung der Mitteilung der BK über Aufnahme der inhaltlichen Prüfung.	154
	Art. 109 R 103 (3)	**50 % Rückzahlung** bei Rücknahme der Beschwerde nach Ablauf der Beschwerdebegründungsfrist, vorausgesetzt die Rücknahme erfolgt a) falls mündl. Verhandlung anberaumt innerhalb 1 M ab Zustellung zur Vorbereitung erlassenen Mitteilung; oder b) vor Ablauf einer Frist zur schriftlichen Stellungnahme, falls ergangen; oder c) in allen anderen Fällen vor Erlass der Entscheidung.	155
	Art. 109 R 103 (4)	**25 % Rückzahlung** bei Zurücknahme a) der Beschwerde nach Ablauf der Frist nach **R 103 (3) a)**, aber vor Verkündung Entscheidung in mündl. Verhandlung; oder b) der Beschwerde nach Ablauf der Frist nach **R 103 (3) b)**, aber vor Erlass der Entscheidung; oder c) des Antrags auf mündl. Verhandlung innerhalb 1 M ab Zustellung einer Mitteilung der BK zur Vorbereitung mündl. Verhandlung und keine mündl. Verhandlung stattfindet.	156
	Art. 109 R 103 (5)	Rückzahlung nur nach einer der vorstehenden Vorschriften; bei Anwendbarkeit mehrerer Rückzahlungssätze erfolgt die Rückzahlung nach dem höheren Satz.	157
	Art. 109 R 103 (6)	Anordnung Rückzahlung durch Organ, dessen Entscheidung angefochten wurde, wenn abgeholfen wird, in allen anderen Fällen entscheidet zuständige Beschwerdekammer (Zuständigkeit bei Rückzahlung, **G 3/03).**	158
	G 01/18	Rückzahlung erfolgt, falls Beschwerde als nicht eingelegt gilt.	159
Keine Rückzahlung		Wird Beschwerde als unzulässig verworfen, wird B.-Gebühr nicht zurückgezahlt	160

477

R. Gebühren

Rückerstattungsverfahren auf das Laufende Konto (LK)
Seit dem 01.04.2019 - R.294 ff., ABl. 2019, A26, RiLi A-X, 10.3

	Verfahrenshandlung	Details
161	**Erstattungs-empfänger**	• Gebührenerstattung auf das vom Verfahrensbeteiligten im Rückerstattungsanweisung genannte LK; Angabe eines LK eines Dritten möglich • Bei Diskrepanz zwischen Namen des Kontoinhabers und angegebener Kontonummer hat Kontonummer Vorrang • Anweisung wird in Akte aufgenommen und bis sie aktualisiert wird als Grundlage verwendet • Bei zugelassenen Vertretern wird Bevollmächtigung zur Entgegennahme von Zahlungen auf deren LK angenommen • EPA erlässt Rückzahlungsmitteilung an Verfahrensbeteiligten mit Info über LK gemäß Akte, auf das Rückerstattung erfolgen soll

162	**Erteilung und Aktualisierung Rückerstattungs-anweisungen**	• Anweisung sollte frühzeitig in elektronisch verarbeitbarem Format (XML) erteilt werden. Dieses Format wird bald obligatorisch sein.
		• Aktualisierung jederzeit möglich.
		• Erteilung für
		    – ePA/eP über Online-Einreichung des EPA oder über Online-Einreichung (CMS) mittels EPA Form 1001E, 1200E oder 1038E;
		    – int. Anmeldungen mittels Formblatt PCT/RO/101 über die Online-Einreichung des EPA, die neue Online-Einreichung (CMS) oder über ePCT.

163	**Gültigkeit der Rückerstattungs-anweisung**	• Rückerstattungsanweisungen für int. Anmeldungen vor dem EPA als AA, (S)ISA oder IPEA sind beim EPA einzureichen und gelten nur für Rückerstattungen in der int. Phase. Für Rückerstattungen in der europäischen Phase ist neue Anweisung notwendig, vorzugsweise mittels EPA Form 1200E • Wirksamkeit der Anweisung erst bei Bearbeitung durch EPA • Empfehlung zur Aktualisierung der Rückerstattungsanweisung bei Vertreterwechsel. • EPA löscht von Amtswegen alle Anweisungen eines aus dem Verfahren ausgeschiedenen Anmelders oder Vertreters
164	**Rückerstattung auf Bankkonto** RiLi A-X, 10.3.2	Falls EPA nicht auf LK zurückerstatten kann, fordert es den Beteiligten auf, die Rückerstattung über seine Webseite einzulösen: fee-payment.epo.org/refund Hierzu wird eine gesonderte Mitteilung mit einem Rückerstattungscode versandt, die nicht in den öffentlichen Teil der Akte aufgenommen wird. Registrierung des Beteiligten auf spezieller Seite des EPA zur Eingabe der Kontoverbindung erforderlich. Diese Kontoverbindung kann für zukünftige Rückerstattungen gespeichert werden. Für künftige Rückerstattungen auf LK ist Erteilung entsprechender Anweisung möglich.

Gebühren R.

Gebühren im Rahmen von PCT-Anmeldungen					
Verfahrenshandlung	Rechtsnorm	Details und Fälligkeit	Unmittelbare Folgen eines Mangels, Mängelbeseitigung, Fristen	Rechtsfolge bei Nichtbeseitigung von Mängeln oder Fristversäumnis	
Gebühren AG 5.184, 5.187 GL A-III, 4	Art. 3 (4) iv) PCT Art 14 (3) a) PCT R 27.1 a) PCT	**Art. 3 (4) iv) PCT**: Verpflichtung zur Zahlung vorgeschriebener Gebühren für die int. Anmeldung. **Art. 14 (3) a), R 27.1 a) PCT**: Die in Art. 14 (3) a) PCT genannten Gebühren gemäß Art 3 (4) iv) PCT sind die • **Übermittlungsgebühr** (R 14 PCT), • **int. Anmeldegebühr** (R 15.1 PCT), • **Recherchengebühr** (R 16 PCT) und • **ggf Gebühr** für die **verspätete Zahlung** (R 16bis.2 PCT)			165
Internationale Anmeldegebühr siehe 📄 B.96, 📄 A.449, 📄 R.166	Art. 3 (4) iv) PCT R 15.1 PCT R 15.2 PCT (Höhe) R 96 PCT AG 5.184 ABl. 2018, Zusatzpublikation 2	**R 15.1 PCT**: Zugunsten des IB **R 15.2 b), d) PCT**: 1330 CHF + 15 CHF ab der 31. Seite (R 96, Nr. 1, GebVerz) **R 15.3 PCT**: Frist 1 M ab Eingang der Anmeldung, an AA zu entrichten	1 M ab Aufforderung nach **R 16bis.1 a) PCT**, (nach **R 16bis.1 e) PCT** spätestens bis Abgabe Erklärung nach **Art. 14 (3) PCT**) + **Zuschlag** nach **R 16bis.2 PCT** von 50 % der Gebühr, • mind. aber in Höhe der Übermittlungsgebühr **R 16bis.2 a) PCT** • höchstens in Höhe von 50 % der Anmeldegebühr **R 16bis.2 b) PCT** **R 16bis.1 (d) PCT**: Zuschlagsfrei, falls Zahlung bis Aufforderung nach **R 16bis.1 (a)** und **R 16bis.2 PCT** versandt AG 5.193 ff. GL A-III, 4.5	Anmeldung gilt nach **Art. 14 (3) a) PCT, R 16bis.1 c) i) PCT** und **R 27.1 PCT** als zurückgenommen siehe 📄 B.453 **R 29 PCT**: Maßnahmen des AA nach Zurückweisung **Art. 25 PCT**: Nachprüfung durch (einzelne) Bestimmungsämter siehe 📄 B.366 ff.	166
EPA=AA	R 15.2 c) PCT: EPA ist AA	1305 € + 15 € je Seite ab 31. Seite + 196 € Bearbeitungsgebühr (seit 01.07.2022)			167
Übermittlungsgebühr (vom AA festgesetzt) siehe 📄 B.94 f.	Art. 3 (4) iv) PCT R 14.1 PCT R 27.1 PCT R 157 (4) Art. 2 (1) Nr. 18 GebO	**Vom AA festgesetzt** (DE: 90 €, IB: 100 CHF/93 €), **zugunsten des AA** **R 14.1 c) PCT**: Frist 1 M ab Eingang der Anmeldung, an AA zu entrichten (ebenso **Art. 151 iVm R 157 (4), (3) EPÜ**)			168
EPA=AA		0 € (online)/140 € (in allen anderen Fällen) Seit 01.04.2022 - siehe 📄 R.2			169
Bestimmungsgebühr	Art. 4 (2) PCT Art. 14 (3) a)+b) PCT R 27.1 b) PCT	**Art. 4 (2) PCT**: Für jede Bestimmung ist innerhalb Frist vorgeschriebene Gebühr zu zahlen. **Art. 14 (3) a)+b), R 27.1 b) PCT**: Die in Art. 14 (3) a)+b) PCT gemäß Art 4 (2)) vorgeschriebenen Gebühren für die Bestimmungsstaaten • die **int. Anmeldegebühr** (R 15.1 PCT - 📄 R.166) und • ggf. die **Gebühr** für die **verspätete Zahlung** (R 16bis.2 PCT - 📄 R.165) siehe 📄 B.57			170
EPA=AA		siehe 📄 R.167			171

R. Gebühren

	Gebühren im Rahmen von PCT-Anmeldungen (Fortsetzung)				
	Verfahrens-handlung	Rechtsnorm	Details und Fälligkeit	Unmittelbare Folgen eines Mangels, Mängelbeseitigung, Fristen	Rechtsfolge bei Nichtbeseitigung von Mängeln oder Fristversäumnis
172	**Internationale Recherchen-gebühr** siehe 📄 B.100, 📄 R.172	Art. 3 (4) iv) PCT R 16.1 PCT R 27.1 PCT	**R 16.1 (f), R 15.3 PCT**: 1 M ab Eingang der Anmeldung, Von ISA festgesetzt, zugunsten ISA	1 M ab Aufforderung nach **R 16bis.1 a) PCT**, (nach **R 16bis.1 e) PCT** spätestens bis Erklärung nach **Art. 14 (3) PCT**) + Zuschlag nach **R 16bis.2 PCT** von 50 % der Gebühr, • mind. aber in Höhe der Übermittlungsgebühr **R 16bis.2 a) PCT** • höchstens in Höhe von 50 % der Anmeldegebühr **R 16bis.2 b) PCT** **R 16bis.1 (d) PCT**: Ohne Zuschlag, falls Zahlung bis Aufforderung nach **R 16bis.1 (a)** und **R 16bis.2 PCT** versandt	Anmeldung gilt nach **Art. 14 (3) a) iVm R 16bis.1 c)** und **R 27.1 PCT** als zurückgenommen **R 29 PCT**: Maßnahmen des AA nach Zurückweisung **Art. 25 PCT**: Nachprüfung durch Bestimmungsämter
173	EPA=ISA	Art. 152, R 158 (1) Art. 5 EPO/WIPO-Vereinbarung Art. 2 (1) Nr. 2 GebO	1775 € (1875 € bis 31.03.2018)		
174	**Uneinheit-lichkeit Zusätzliche Recherchen-gebühr** (Feststellung durch ISA) siehe 📄 B.128 ABl. 2017, A115, ABl. 2018, A35	Art. 17 (3) a) PCT R 13 PCT (Einheitlichkeit) R 40.1 PCT R 40.2 PCT (zusätzliche Gebühr, Höhe durch zuständige ISA festgelegt)	**Art. 17 (3) a) PCT**: Aufforderung zur Zahlung zusätzl. Geb. **R 40.1 ii) PCT**: **1 M** ab **Aufforderung**, nach **R 40.2 b) PCT an ISA** zu zahlen, ggf. nach **R 40.2 c) PCT, R 158 (3)** unter Widerspruch mit Begründung und Widerspruchsgebühr Überprüfung durch Gremium (**EPA**: seit EPÜ 2000) **R 40.2 e) PCT**: Prüfung des Widerspruchs ist ggf. von Zahlung der Widerspruchsgebühr abhängig	Keine Recherche der zusätzlichen uneinheitlichen Ansprüche R 66.1 e) PCT R 158 EPÜ Keine ivP für Ansprüche für die kein ISR erstellt	**Art. 17 (3) a) PCT**: ISR wird nur für recherchierte Teile (Haupterfindung und ggf. für alle weiteren Erfindungen, für die zusätzliche R.-Gebühr entrichtet wurden) erstellt, gleiches gilt für ivP (**R 66.1 e) PCT**) **Art. 17 (3) b) PCT**: Nat. Recht steht Rücknahmefiktion für die nicht recherchierten Teile zu; ggf. beson-dere Gebühr zu zahlen **R 43.7 PCT**: ISR gibt an, ob zusätzliche Gebühren bezahlt wurden + welche Teile recherchiert wurden
175	EPA=ISA	Art. 2 (1) Nr. 2 GebO	Wie R.-Gebühr 1775 € (seit 01.04.2018) (1875 € bis 31.03.2018)		

Gebühren R.

Gebühren im Rahmen von PCT-Anmeldungen (Fortsetzung)

Verfahrens-handlung	Rechtsnorm	Details und Fälligkeit	Unmittelbare Folgen eines Mangels, Mängelbeseitigung, Fristen	Rechtsfolge bei Nichtbeseitigung von Mängeln oder Fristversäumnis	
Widerspruchs-gebühr gegen Uneinheitlichkeit AG 7.016 ff. Siehe 📄 B.131 ff. ABl. 2017, A115, ABl. 2018, A35	R 40.2 c), e) PCT Festlegung Gebühr EPA: R 40.2 e) PCT iVm R 158 (3)	**R 40.1 iii) PCT**: **1 M nach Aufforderung**, an ISA zu zahlen			176
EPA=ISA	R 158 (3)	**R 158 (3)**: EPA nimmt **Dienstleistung** zur Überprüfung Uneinheitlichkeit für WIPO wahr, Zahlung an **EPA** BdP vom 09.06.2015, ABl. 2015, A59 siehe 📄 B.278 f.		**R 40.2 e) PCT**: Widerspruch gilt als nicht erhoben WB (–), nach Art. 121 (4), R 135 (2) WE (+), da durch Art. 122, R 136 (3) nicht ausgenommen Zahlung wird beim EPA erwartet, daher WE möglich	177
	Art. 2 (1) Nr. 21 GebO	935 € (seit 01.04.2022)			178
Zusätzliche Gebühr bei verspäteter Einreichung fehlender Bestandteile 📄 B.104 f. ABl. 2020, A36	R 40bis.1 PCT	**R 40bis.1 PCT**: Aufforderung **durch ISA** zur Zahlung zusätzlicher Gebühr innerhalb 2 M, wenn fehlender Bestandteil nach R 20.5 c) bzw. R 20bis c) oder nach R 20.5 d) bzw. R 20.5bis d) PCT erst nach Beginn Erstellung ISR mitgeteilt worden ist. Festlegung der Gebühr **durch ISA an ISA**	ISR wird nicht für die nachgereichten Bestandteile erstellt.		179
EPA=ISA	Art. 2 (1) Nr. 2 GebO GL A-III, 5.1	1775 € (seit 01.07.2020)			180
Verspätete Einreichung des Sequenz-protokolls	R 13ter.1 c) PCT R 13ter.2 PCT 📄 B.500 f., 📄 R.106	An ISA/IPEA in der int. Phase 245 € (ABl. 2022, A7, A37)			181
Ergänzende internationale Recherche (SIS) (von SISA bestimmt) siehe 📄 B.168 ff.	R 45bis.3 PCT	Durchführung einer ergänzenden Recherche, um weiteren Prüfstoff in einer weiteren Sprache einfließen zu lassen. Zahlung an IB, innerhalb 1 M ab Antragstellung	Recherche wird nicht durchgeführt, kann vor Ablauf von 22 M ab PT jedoch neu gestellt werden.		182
EPA=SISA	Art. 2 (1) Nr. 2 GebO	1775 € (seit 01.04.2018)			183

R. Gebühren

Gebühren im Rahmen von PCT-Anmeldungen (Fortsetzung)

	Verfahrenshandlung	Rechtsnorm	Details und Fälligkeit	Unmittelbare Folgen eines Mangels, Mängelbeseitigung, Fristen	Rechtsfolge bei Nichtbeseitigung von Mängeln oder Fristversäumnis
184	**Bearbeitungsgebühr** 200 CHF (GebVerz Nr. 2) siehe 📄 B.174	R 45bis.2 PCT	Zahlung an IB, innerhalb 1 M ab Antragstellung Ermäßigung möglich - siehe 📄 R.201		
185	**Uneinheitlichkeit** durch SISA **Überprüfungsgebühr** siehe 📄 B.189	R 45bis.6 c), d) PCT	**R 45bis.6 a) ii) PCT:** **1 M nach Aufforderung**, an SISA zu zahlen siehe 📄 B.190, 📄 B.278		
186	EPA=SISA	R 158 (3)	**R 158 (3):** EPA nimmt **Dienstleistung** zur Überprüfung Uneinheitlichkeit für WIPO wahr, Zahlung an **EPA,** (seit 01.07.2010 - ABl. 2020, A3) BdP vom 09.06.2015, ABl. 2015, A59		**WB (–),** nach Art. 121 (4), R 135 (2) **WE (+),** da durch Art. 122, R 136 (3) nicht ausgenommen Zahlung wird beim EPA erwartet, daher WE möglich
187		Art 2 (1) Nr. 22 GebO	935 € (seit 01.04.2022)		
188	**Gebühr für internationale vorläufige Prüfung (ivP)** (von IPEA festgesetzt) AG 10.035 siehe 📄 B.212, 📄 B.239	Art. 31 (5) PCT R 58.1 a) PCT Prüfungsgebühr R 58.1 c) PCT an IPEA	**R 58.1 b), R 57.3 PCT:** 1 M nach Antrag auf vorl. Prüfung bzw. 22 M nach PT (jeweils späteres Fristende maßgeblich) bzw. 1 M wenn IPEA Recherche + Prüfung gleichzeitig durchführt (nach **R 69.1 b) PCT**)	**R 58bis.1 a) PCT:** 1 M ab Aufforderung, mit Zuschlag nach **R 58bis.2 i)**, mind. 50 % der nicht gezahlten Gebühr aber mind. Bearbeitungsgebühr, max. doppelte Bearbeitungsgebühr (Zuschlag: ABl. 2018, Zusatzpublikation 2) **R 58bis.1 c) PCT:** Rechtzeitige Zahlung ohne Zuschlag bei Eingang vor Absendung der Aufforderung nach **R 58bis.1 a) PCT** durch IPEA **R 58bis.1 d) PCT:** Rechtzeitig auch vor Absendung Erklärung nach **R 58bis.1 b)** (keine Reaktion nach Aufforderung gemäß R 58bis.1 a) und Zahlung der Gebühr nach R 58bis.2 PCT innerhalb 1 M)	Prüfungsantrag gilt nach R 58bis.1 b) PCT **als nicht gestellt.** Wenn Zuschlagsgebühr nicht gezahlt, wird Gebühr zurückbezahlt - R 58.3 PCT (ABl. 2001, 601)
189	EPA=IPEA	Festlegung Gebühr EPA: R 58.1 b) PCT iVm R 158 (2) Art. 2 (1) Nr. 19 GebO	1830 € (seit 01.04.2018)		
190	**Bearbeitungsgebühr** (zugunsten IB) 196 € (PCT Fee Table, Table II, Stand 01.07.2022) siehe 📄 B.242	Art. 31 (5) PCT R 57.1 PCT Festlegung Gebühr IB: R 57.2 a) PCT Nr. 3 GebVerz 200 CHF R 57.1 PCT an IPEA	**R 57.3 a) bis c) PCT:** 1 M nach Antrag auf ivP bzw. 22 M nach PT (jeweils späteres Fristende maßgeblich) bzw. 1 M nach Aufforderung, wenn IPEA Recherche + Prüfung gleichzeitig durchführt Ermäßigung siehe 📄 R.201		**R 57.4 PCT:** Rückerstattung

Gebühren R.

Gebühren im Rahmen von PCT-Anmeldungen (Fortsetzung)

Verfahrens-handlung	Rechtsnorm	Details und Fälligkeit	Unmittelbare Folgen eines Mangels, Mängelbeseitigung, Fristen	Rechtsfolge bei Nichtbeseitigung von Mängeln oder Fristversäumnis	
Uneinheitlichkeit Zusätzliche R.-Gebühr im Rahmen der ivP (Feststellung IPEA) siehe 📄 B.273	Art. 34 (3) a) PCT R 68.3 a), b) PCT Gebühr wie für ivP	**R 68.2 iv) PCT: Zusätzliche Gebühr** innerhalb 1 M für ivP wird **durch IPEA** festgelegt und **an IPEA** zu zahlen	**R 70.13 PCT:** Bei Zahlung oder Einschränkung Angabe in Bericht; Angabe nach R 68.1	**R 68.5 PCT: Haupterfindung wird recherchiert** **R 66.1 e) PCT:** Nur recherchierte + bezahlte Ansprüche werden geprüft **Art. 34 (3) b), c) PCT:** Nat. Recht steht Rücknahmefiktion für nicht geprüfte Teile zu, falls der Anmelder keine besondere Gebühr zahlt	191
EPA=IPEA	Festlegung Gebühr EPA: R 68.3 a) PCT iVm R 158 (2)				192
	Art. 2 (1) Nr. 19 GebO	1830 € (seit 01.04.2018)			193
Widerspruchs-gebühr siehe 📄 B.131 ff., 📄 B.276	R 68.3 c), e) PCT	**R 68.2 v) PCT:** Innerhalb 1 M nach Aufforderung (also gleichzeitig mit zusätzlicher R.-Gebühr)		**R 68.3 e):** Widerspruch gilt als nicht erhoben	194
EPA=IPEA	Festlegung Gebühr EPA: R 68.3 e) PCT iVm R 158 (3)	**R 158 (3):** EPA nimmt Dienstleistung zur Überprüfung Uneinheitlichkeit für WIPO wahr, **Zahlung an EPA** EPA: BdP vom 09.06.2015, ABl. 2015, A59 siehe 📄 B.278 f.		**WB (–)**, nach Art. 121 (4), R 135 (2) **WE (+)**, da durch Art. 122, R 136 (3) nicht ausgenommen Zahlung wird beim EPA erwartet, daher WE möglich	195
	Art. 2 (1) Nr. 21 GebO	935 € (seit 01.04.2022)			196
Währung AG 5.186	R 15.2 b) PCT	Für die **Anmeldegebühr** (**R 15.1**) schreibt das **AA** die **Währung** vor. Sonstige vorgeschriebene **Währung** ist gemäß dem Gebührenverzeichnis der **Schweizer Franken**; jedes AA kann Gegenwert für Gebühr festlegen (**R 15.2 d) i)**), ggf. ist AA für das Umwechseln der vorgeschriebenen Währung in Schweizer Franken verantwortlich (**R 15.2 d) ii)**) - siehe 📄 B.454			197
EPA=AA	Annex C	Euro			198

R. Gebühren

Gebühren im Rahmen von PCT-Anmeldungen (Fortsetzung)			
	Verfahrens-handlung	Rechtsnorm	Details
199	**Gebühren-änderung** AG 5.192	R 15.3 PCT R 16.1 f) PCT	Bei Gebührenänderung ist der beim Zeitpunkt des Eingangs geltende Betrag maßgeblich.
200	**Gebühren-ermäßigung** AG 5.188	R 96, Nr. 4 GebVerz	**Ermäßigung** der internationalen Anmeldegebühr bei **elektronischer Einreichung** • nicht zeichenkodierter Antrag: 98 €, • zeichenkodierter Antrag: 196 €, • zeichenkodierter Antrag, Beschreibung, Ansprüche und Zusammenfassung: 294 €
201	ABl. 2018, Zusatz-publikation 2 ABl. 2022, A65	R 96, Nr. 5 GebVerz	90 % **Reduktion** der **internationalen Anmeldegebühr** nach Nr. 1 (zusätzlich zur Reduktion nach Nr. 4), der **Bearbeitungsgebühr** für die ergänzende Recherche nach Nr. 2 und Bearbeitungsgebühr nach R 96 Nr. 3 GebVerz, falls **alle Anmelder** aus einem **Land** mit einem **festgelegten Pro-Kopf BIP** oder einem von der UN als **Entwicklungsland** eingestuften Land stammen
202	siehe B.102, B.178, B.241	Art. 33 (2) d) EPÜ ABl. 2020, A4 ABl. 2022, A72 GL A-III, 8.2	Beschluss des Verwaltungsbeirats gemäß Art. 33 (2) d) EPÜ (Recherchegebühren sind von ISA/IPEA/SISA festzulegen): Ermäßigung Gebühren um 75 % für int. Recherche, ergänzende int. Recherche (jeweils Art. 2 (1) Nr. 2 GebO) und int. vorläufige Prüfung (Art. 2 (1) Nr. 19 GebO), wenn • (alle) Anmelder (natürliche Personen) Staatsangehörigkeit und Wohnsitz in einem von der Weltbank als Staat mit niedrigem Einkommen oder mittlerem Einkommen im unteren Bereich eingestuft besitzen (nicht EP-VS, fett=PCT: **AF**, AO, BD, **BF**, BI, **BJ**, BO, BT, CD, **CF**, **CG**, **CI**, **CM**, CV, **DJ**, **DZ**, **EG**, ER, ET, FM, **GH**, **GM**, **GN**, **GW**, HN, HAT, **IN**, **KE**, **KG**, **KH**, KI, **KM**, **KP**, **LA**, **LB**, **LK**, **LR**, **LS**, **MA**, **MD**, **MG**, MM, **ML**, **MN**, **MR**, **MW**, **MZ**, **NE**, **NG**, NI, NP, **PG**, **PH**, PK, **RW**, SB, **SD**, **SL**, **SN**, SO, SS, **ST**, **SV**, **SY**, **SZ**, **TD**, **TG**, **TJ**, TL, **TN**, **TZ**, **UA**, **UG**, **UZ**, **VN**, VU, YE, **ZM**, **ZW** – ABl. 2022, A72), oder • (alle) Anmelder (natürliche oder juristische Person) Staatsangehörigkeit und Wohnsitz oder Sitz im Sinne der R 18 PCT in einem Staat besitzen, in dem ein Validierungsabkommen mit dem EPA in Kraft ist (MA, MD, TN, KH– ABl. 2022, A72) Vereinbarung WIPO-EPA (ABl. 2017, A115, Anhang D), BdV vom 12.12.2019 (ABl. 2020, A4) und MdEPA vom 06.07.2022 (ABl. 2022, A72) – Gültig ab 01.07.2020 Übersicht der Staaten, die in den Verzeichnissen der Weltbank als Staaten mit niedrigem Einkommen oder mit mittlerem Einkommen im unteren Bereich geführt werden (Stand: 01.07.2022).

Gebühren R.

Gebühren im Rahmen von PCT-Anmeldungen (Fortsetzung)

Verfahrens-handlung	Rechtsnorm	Details	
Rückerstattung AG 5.073, 5.197	R 14.1 PCT	**Übermittlungsgebühr**: Keine Regelung	203
	R 15.4 PCT	**Anmeldegebühr, R.-Gebühr** Rückerstattung **Anmeldegebühr vom AA**, wenn i) für die int. Anmeldung nach Art. 11 (1) PCT kein AT zuerkannt wird oder ii) int. Anmeldung zurückgenommen wird, bevor das Aktenexemplar an das IB übermittelt wird oder iii) die int. Anmeldung wegen nat. Sicherheitsvorschriften nicht als solche behandelt wird	204
	R 16.2 PCT	Rückerstattung **R.-Gebühr** vom AA, wenn i) für die int. Anmeldung nach Art. 11 (1) PCT kein AT zuerkannt wird oder ii) die int. Anmeldung zurückgenommen wird, bevor das Recherchenexemplar an die ISA übermittelt wird oder iii) die int. Anmeldung wegen nat. Sicherheitsvorschriften nicht als solche behandelt wird	205
	R 58.3	Wird die int. Anm. oder Antrag auf ivP innerhalb von 30M ab PT vor Beginn der Prüfung zurückgenommen, werden 100% der R.-Gebühr zurückerstattet. Rückerstattung auch, wenn Antrag auf ivP nicht gestellt oder irrtümlich gezahlt wurde. (EPA=ISA - ABl. 2017, A115)	206
	R 16.3 PCT R 41.1 PCT	**Teilweise Rückerstattung** der **R.-Gebühr**, wenn die internationale Recherche ganz oder teilweise auf eine **frühere Recherche** dieser Behörde gestützt werden kann (EPA=ISA: ABl. 2019, A5, 📖 S/S Art. 152 Rd 114 ff.).	207

	Art. 5 (2) i) + Anhang C, Teil II (3) Vereinbarung zwischen EPA und IB
	
	ABl. 2022, A9
		Rückerstattung der **internationalen Recherchengebühr** durch das EPA als ISA bei Vorlage einer früheren verwertbaren Recherche, bei teilweiser Verwertung nur teilweise Rückerstattung (ABl. 2022, A9 (seit 01.12.2017 gültig)):
		○ Zu **100 %** bzw. **25 %** bei Verwendung einer früheren Recherche **mit schriftl. Bescheid** bei
		  • einer europäischen Recherche (Art. 92 EPÜ),
		  • einer internationalen Recherche (**Art. 15 (1) PCT**) oder
		  • einer ergänzenden internationalen Recherche (**R 45bis PCT**),
		  • einer Recherche für ein nationales Amt (AL, BE, CY, FR, GB, GR, HR, IT, LT, LV, LU, MC, MT, NL, SM, TR).
			208

		○ Zu **70 %** bzw. **17,5 %** bei Verwendung einer früheren Recherche **ohne schriftl. Bescheid** bei • einer Recherche internationaler Art (**Art. 15 (5) PCT**).	209
	R 57.4 PCT	Rückerstattung **Bearbeitungsgebühr** für die **ivP**/IPER, wenn Antrag zurückgenommen wird, vor Weiterleitung an IB	210
	R 58.3 PCT	Rückerstattung, wenn **Antrag** zur **ivP/IPER** als **nicht gestellt** gilt.	211

485

R. Gebühren

Entrichtung der Gebühren im PCT Verfahren			
	Verfahrenshandlung	Vorgangs	Details
212	Gebührenzahlung im PCT		Üblicherweise an das AA (z.B. EPA). Es gelten die bei diesem AA herrschenden Bestimmungen (siehe für EPA R.165 ff. und R.220 ff.).
213	Zahlungsarten für IB als AA	Kreditkarte PCT Newsletter 03/21	Mit Einreichung der int. Anmeldung über ePCT oder über nachfolgenden Link in zugesandter E-Mail vom IB als AA Diners, Discover, Mastercard oder Visa (CHF, USD, EUR) American Express (nur CHF)
214		Lastschrifteinzug	Lastschrifteinzug nur von Konto bei der WIPO möglich (nur CHF)
215		Paypal	PayPal ist Zahlungsmethode (CHF, EUR oder USD) an IB als AA/RO **Auch für SIS-Gebühr möglich** Bestätigung nur durch E-Mail
216		Überweisung	Banküberweisung auf WIPO Account (CHF, USD, EUR)
217			Überweisung auf Postscheckkonto der WIPO (nur CHF)
218		Barzahlung und Scheck	IB akzeptiert keine Barzahlung oder Zahlung mit Scheck
218a	EPA als AA GL A-III, 3	LK beim EPA	Belastung LK beim EPA mit AA, der in elektronisch verarbeitbarem Format (XML) auf zulässigem elektronischem Weg eingereicht wird (EPA-Software für Online-Einreichung, Online-Einreichung 2.0, Online Gebührenzahlung oder ePCT. – siehe R.227 ff.

Übersicht: Zuständigkeit der Ämter bei Gebührenzahlung im Rahmen PCT-Anmeldungen					
219	Gebührenart	Festsetzung durch	Zahlung an	Zahlung zugunsten	Bezug
	Übermittlungsgebühr	AA	AA	AA	B.94, R.168
	Anmeldegebühr	Geb.-Verz.	AA	IB	B.96, R.166
	Recherchegebühr (Kap. I)	ISA	AA	ISA	B.100, R.172
	Zusätzliche Gebühr Uneinheitlichkeit (Kap. I)	ISA	ISA	ISA	B.66 f, R.174
	Widerspruch Uneinheitlichkeit (Kap. I)	ISA	ISA	ISA	B.68 f, R.176
	Zusätzliche Gebühr bei verspäteter Einreichung fehlender Bestandteile	ISA	ISA	ISA	B.104 f., R.179
	Ergänzende int. Recherche (SIS)	SISA	SISA	SISA	B.177, R.182
	Bearbeitungsgebühr (SIS)	Geb. Verz.	IB	IB	B.174, R.184
	Zusätzliche Gebühr Uneinheitlichkeit (SIS)	SISA	SISA	SISA	B.189, R.185
	Gebühr für int. Vorläufige Prüfung (ivP – Kap II)	IPEA	IPEA	IPEA	B.123, R.188
	Bearbeitungsgebühr (ivP – Kap. II)	Geb.-Verz.	IPEA	IB	B.242, R.190
	Zusätzliche Gebühr Uneinheitlichkeit (ivP – Kap. II)	IPEA	IPEA	IPEA	B.271 ff., R.191
	Widerspruch Uneinheitlichkeit (ivP – Kap. II)	IPEA	IPEA	IPEA	B.276 ff., R.194

Gebühren R.

Entrichtung der Gebühren
Art. 5 GebO, RiLi A-X, VLK und VAA ABl. 2022, Zusatzpublikation 3, gültig seit 10.09.2022)

Art. 51: Gebührenordnung bestimmt Höhe, Art und Weise der Zahlung — 220
RiLi A-X, 1: Gebühren - können von **jedermann** bezahlt werden.

Verfahrenshandlung	Rechtsnorm	Details	
Höhe des Zahlungsbetrages	Art. 51 (4)	Bei Gebührenänderungen ist die am **Zahltag gültige Gebühr maßgeblich**. Zu beachten: außer für JG und freiwillige Gebühren im Rahmen der R 71 (3) Mitteilung ist keine vorfällige wirksame Zahlung möglich – RiLi A-X, 5.1.2, BdV vom 05.06.1992, ABl. 1992, 334, ABl. 2020, A38	221
Gebührenerhöhung		Eine vor dem Fälligkeitstag, aber nach dem Zahltag eingetretene Gebührenerhöhung ist unbeachtlich (nur bei Jahresgebühren, da ansonsten nicht vor Fälligkeitstag gezahlt werden kann) (↳ J 18/85(JG)).	222
		Wird eine Gebühr innerhalb von 6 M nach dem Tag der Gebührenerhöhung fristgerecht entrichtet, jedoch nur in der vor dem Tag der Gebührenerhöhung maßgeblichen Höhe, so gilt die Gebühr als wirksam entrichtet, wenn die Differenz innerhalb von 2 M nach Aufforderung entrichtet wird (ABl. 2018, A4, Art. 3 (5)).	223
	COVID-19	Sonderregelung gemäß ABl. 2020, A38: Für am oder nach dem 01.04.2020 veranlasste Zahlungen, die am oder vor dem 31.03.2020 fällig werden oder deren Zahlungsfrist an diesem Tag abläuft gelten die mit Beschluss vom 12.12.2019 neu festgesetzten Gebührenbeträge nicht. Automatisches Abbuchungsverfahren: Enthält LK keine ausreichende Deckung für fällige Zahlungen, so gelten diese als fristgerecht gezahlt, wenn Konto spätestens bis 20.04.2020 (verlängert bis 05.06.2020) aufgefüllt wird.	224
Zahlungsart	Art. 5 Geb	Die zu zahlenden Gebühren sind durch Einzahlung oder Überweisung auf ein Bankkonto des Amts in EURO zu entrichten. Präsident des Amts kann andere Art der Zahlung zulassen.	224a
	RiLi A-X, 2	Zugelassene Zahlungsarten i) Einzahlung oder Überweisung auf Bankkonto des EPA ii) Abbuchung von einem LK beim EPA (siehe ▯ R.230 und ▯ R.247 ff.) iii) Kreditkarte iv) Beantragung der Umbuchung einer Rückzahlung	224b
Zahlung per Überweisung	Art. 5 (1) GebO Art. 7 Nr. 1 a) GebO	Zahlungstag bei **Überweisung oder Einzahlung** auf Bankkonto des EPA (**Art. 5 (1)**) ist der Tag der Gutschrift. (↳ **T 45/94**: Überweisung auf ein Konto des DPMA wirkt nicht fristwahrend)	225
		Schecks sind seit 01.04.2008 nicht mehr möglich (BdP 25.02.2007) und keine postal giro account.	226
Andere Zahlungsarten	Art. 5 (2) GebO Art. 7 (2) GebO RiLi A-X 4.4	**Andere Zahlungsarten können vom Präsidenten vorgesehen werden.** Automatisches Abbuchungsverfahren von laufendem Konto (VAA ABl. 2022, Zusatzpublikation 3, Nr. 9 VAA - ▯ R.331 f.).	227
Kreditkarte		Seit 01.12.2017: Zahlung per **Kreditkarte** über Online-Dienst möglich, ABl. 2022, A18 • als Online Dienst auf Webseite des EPA verfügbar • nutzbar für Gebühren des PCT, EPÜ und UP • Anmeldung ohne Smartcard möglich • American Express (seit 01.06.2020), Mastercard und Visa • Tageslimit bei 10 T€ pro Zahler; Verwendung mehrerer Kreditkarten möglich sofern Tageslimit nicht überschritten wird, alle Nutzerkonten eines Unternehmens werden bei Berechnung Tageslimit zusammen berücksichtigt, Sperrung Kreditkarte oder Ausschluss Zahler möglich bei wiederholter Überschreibung Tageslimit • sämtliche mit der Transaktion verbundene Kosten trägt das EPA, es sei denn, die Verwendung entspricht nicht den geltenden Vorschriften • Zahler hat Gebührenermäßigung anzugeben • Maßgeblicher Zahlungstag ist Dienstort München geltende Zeitzone • Genehmigte Kreditkartentransaktion kann nicht rückgängig gemacht werden. • Rückerstattung nicht auf Kreditkartenkonto möglich • Absicherung bei Verzögerung aufgrund Nichtverfügbarkeit/Ausfall zugelassener Einrichtungen zur elektronischer Nachrichtenübermittlung nach R 134 (1), (5) EPÜ, R 82quater.1 a) PCT	228

R. Gebühren

	Entrichtung der Gebühren (Fortsetzung)		
	Verfahrenshandlung	Rechtsnorm	Details
229	Online Dienst für Kreditkarte und Banküberweisung		**Funktionen** des zentralen **Online-Dienstes** für Gebührenzahlung per **Kreditkarte** und **Banküberweisung** - ABl. 2021, A61, ABl. 2022, A25 • Einloggen in die Zentrale Gebührenzahlung mit EPA-Smartcard • Wahl des Verfahrens (EP, PCT, zukünftig UP) und Eingabe AZ der Anmeldung/Patents-> Anzeige der fälligen Gebühren mit Fälligkeitstag • Sammelzahlung für mehrere Anmeldungen im XML-Format (ab 01.04.22 im Format batch-payment-v2-00.dtd) oder als CSV- Datei möglich, Gebührenbeträge sind nach hochladen bearbeitbar • Keine FÄLLIGEN GEBÜHREN sind u.a. Einspruchsgebühr, Beschwerdegebühr, Eintragung Rechtsübergang, etc. -> Auswahl über jeweilige Gebührengruppe • Angezeigter Betrag wird auf Grundlage der Akte berechnet, kann vom Nutzer geändert werden (z.B. Einschränkung Zahlung zusätzlicher R.-Gebühr). • Validierungsfunktion für die ausgewählten Gebühren vor endgültiger Zahlung • Übersichten zu Kontodaten, Kontostand, Gesamtzahl offener Abbuchungsaufträge und Kontobewegungen der letzten 40 Tage/letzten 2 Jahre, offene Abbuchungsaufträge werden für die nächsten 40 Tage angezeigt • Auszüge in PDF- oder CSF-Format herunterladbar • Veraltung der Nutzerrechte für das LK Zahlung für mehrere Vorgänge per einzelner Banküberweisung durch Zuordnung der Zahlung (durch Online-Dienst erzeugte individuelle Zahlungsreferenz) zu den ausgewählten und gebündelten Gebühren möglich; Zahlungsreferenz ist 2 M gültig; bei unzureichendem Zahlungseingang werden Gebühren in aufsteigender Reihenfolge (PCT vor EP) und in aufsteigender Reihenfolge der Gebührencodes verbucht.

Gebühren R.

Entrichtung der Gebühren (Fortsetzung)

Verfahrenshandlung	Rechtsnorm	Details	
Zulässige Abbuchungs-aufträge des laufenden Kontos	VLK 7.1	Seit 01.12.2017: EPA akzeptiert nur noch Abbuchungsaufträge in elektronisch verarbeitbarem Format (XML) über eines der Tools für Online-Gebührenzahlung (Online-Einreichung, Zentrale Gebührenzahlung, PCT-SAFE und ePCT) eingereicht werden. Abbuchungsaufträge, die auf anderem Wege, z.B. Papier, per Fax oder über die Web-Einreichung eingereicht werden, sind nicht mehr gültig.	230
Sammelantrag	ABl. 2019, A79, II, Nr. 18	Antrag auf Anweisung von Zahlungen in einer Reihe von Anmeldungen ist möglich. Siehe auch Nr. 7.1.1 VLK (R.268) und Nr. 9.1 VLK (R.278)	231
Maßgebender Zahlungstag S/S Anhang 5, Art. 7 GebO RiLi A-X, 6.1	Art. 7 (1) GebO	Als Tag des Eingangs der Zahlung beim Amt gilt der Tag, an dem der Betrag auf dem Konto des Amts tatsächlich gutgeschrieben wird.	232
	Art. 5 (1) GebO	Die an das Amt zu zahlenden Gebühren sind in Euro zu entrichten durch Einzahlung oder Überweisung auf ein Bankkonto des Amts.	233
	Art. 7 (3) GebO	Eine **Gebührenzahlung**, die nach Art. 7 (1) oder (2) GebO nach Ablauf der Zahlungsfrist eingegangen ist, **gilt als rechtzeitig entrichtet**, wenn der Einzahler nachweist, dass er innerhalb der Zahlungsfrist **in einem VS** i. die Zahlung bei einem Bankinstitut veranlasst hat oder ii. einen Überweisungsauftrag einem Bankinstitut formgerecht erteilt hat. Hierbei gilt **keine Feiertagsregelung**, da keine Frist, sondern Fiktion der Rechtzeitigkeit.	234
	~~Art. 7 (3) b) GebO~~	~~Eine **Zuschlagsgebühr** in Höhe von 10 % der Gebühr, höchstens jedoch 150 €, wird fällig, es sei denn, die Handlung nach **Art. 7 (3) a) i) oder ii) ist spätestens 10 Tage vor Ablauf der Zahlungsfrist vorgenommen worden.**~~ Mit Gebührenänderung zum 01.04.2020 gestrichen – ABl. 2020, A3	235
	Nr. 5.1 a) VAA	Bei Erteilung eines automatischen Abbuchungsauftrags nach Fristablauf wird Zuschlagsgebühr automatisch zusätzlich abgebucht (siehe R.322).	236
	Art. 7 (4) GebO	Falls erforderlich, setzt das Amt eine **Frist** zur Entrichtung der Zuschlagsgebühr oder zum Nachweis über die Vornahme einer Handlung nach **Art. 7 (3)**. Bei Fristversäumnis gilt die Zahlungsfrist als versäumt.	237
	RiLi A-X, 5.1.1	Gebühren können **vor Fälligkeit nicht wirksam entrichtet** werden (Ausnahmen: JG, die für einen bestimmten Zeitraum vor dem Fälligkeitstag wirksam entrichtet werden können und Gebühren, die freiwillig nach R 71 (3) entrichtet werden.)	238
	Nr. 10.1 VLK	Ist ein Abbuchungsauftrag vom laufenden Konto beigefügt, so ist der Tag des Eingangs bei nat. Behörde maßgebend, Voraussetzung: Konto ist gedeckt (R.282).	239
	Nr. 7.4.2 VLK Nr. 7.4.3 VLK	Bei fehlender Deckung, Mitteilung per Fax/E-Mail, Zahlung gilt als erfolgt, sobald das Konto aufgefüllt worden ist. Art. 7 (3) und Art. 7 (4) GebO finden Anwendung (siehe R.273 f.).	240
	Nr. 9 VLK	In der Zentralen Gebührenzahlung über das LK werden Zahlungen validiert, Abbuchungsaufträge für Gebühren die nicht wirksam entrichtet werden können, werden zurückgewiesen	241
	Nr. 11 VLK	Nichtverfügbarkeit der zulässigen Einreichungswege für Abbuchungsaufträge Absicherung nach R 134 und R 82quater.1 PCT gelten uneingeschränkt für Zahlungen per Banküberweisung und Kreditkarte. Zahlungsfristen verlängern sich. R 134 (2) ist entsprechend anzuwenden (siehe R.284, ABl. 2020, A38, A60, A74, ABl. 2022, A18).	242
	Nr. 11 VLK	Störungen aufgrund des Ausbruchs von COVID-19 Fristen, die am 15.03.2020 oder danach ablaufen, werden bis zum 02.06.2020 verlängert. Gemäß Art. 150 (2) gilt dies auch für internationale Anmeldungen nach PCT. - ABl. 2020, A60, A74	243

R. Gebühren

Entrichtung der Gebühren (Fortsetzung)

	Verfahrenshandlung	Rechtsnorm	Details
244	**Fehlbetrag**	Art. 8 GebO	Grundsätzlich gilt eine Zahlungsfrist nur dann als eingehalten, wenn die volle Gebühr entrichtet ist. Rückzahlung des nicht ausreichenden Gebührenbetrags nach Fristablauf. Gelegenheit zur Nachzahlung, muss aber gegeben werden. Geringe Fehlbeträge (↳**J 11/85** und ↳**T 109/86**: etwa 10 %)) können unberücksichtigt bleiben (↳**T 905/90**: 20 % ist kein geringfügiger Betrag). EPA gibt Anmelder Gelegenheit, fehlenden Betrag nachzuzahlen, wenn laufende Frist das erlaubt.
245		↳T 152/82, RiLi A-X, 4.2.3	Bei falscher Betragsangabe im Abbuchungsauftrag wird trotzdem der korrekte Betrag abgebucht, wenn die Absicht klar erkennbar ist; Anmelder wird informiert und kann innerhalb Frist von 2 M Einwand erheben; keine Abbuchung nicht angegebener Gebühr
246		RiLi A-X, 4.2.4 7.4.2 VLK ABl. 2022, Zusatzpublikation 2	Unzureichende Deckung des laufenden Kontos: Gebühren werden in einer bestimmten, nämlich aufsteigenden Reihenfolge der Gebührencodes abgebucht, solange das Guthaben ausreicht. Keine weitere Ausführung eines Abbuchungsauftrags, Kontoinhaber wird per E-Mail oder Post unterrichtet (R.273 f.). Gebührencodes: siehe ABl. 2022, Zusatzpublikation 2, Seite 26-30

Gebühren R.

Vorschriften über das laufende Konto (VLK)
Art. 5 (2), Art. 7 (2) GebO, RiLi A-X, 4.2
ABl. 2022, Zusatzpublikation 3, BdP vom 19.07.2022, gültig seit 10.09.2022

Nr.	Details	
1.	Allgemeine Bestimmungen	247
	EPA stellt für **natürlichen oder juristischen Personen** sowie **Gesellschaften**, die nach dem für sie maßgebenden Recht einer **juristischen Person gleichgestellt** sind, nach Art. 5 (2) und 7 (2) GebO **laufende Konten (LK)** für die Entrichtung der an das EPA zu zahlenden Gebühren zur Verfügung. Die laufenden Konten werden am Sitz des EPA in München **ausschließlich in Euro** geführt.	248
2.	Formvorschriften für Eröffnung und Auflösung eines laufenden Kontos	249
2.1	**Eröffnung** mittels **Online-Antragsformular** auf EPA-Webseite; Angabe aller zweckdienlichen Angaben zur Person, Beruf und Anschrift; Änderungen der Kontaktdaten sind mittels Online-Antragsformblatt mitzuteilen.	250
2.2	**Auflösung** durch **Kontoinhaber** oder **Rechtsnachfolger** mittels schriftlich unterzeichnetem **Antrags** als E-Mail-Anhang an support@epo.org oder als Anhang des EPA Online-Formblatts. Rechtsnachfolger als Antragssteller muss Anspruch mittels Urkunde nachweisen.	251
2.3	**Auflösung** von **Amts** wegen, insbesondere aufgrund 4.1.	252
2.4	Überweisung Guthabensaldo bei Auflösung an Kontoinhaber/Rechtsnachfolger sobald Kontodaten schriftlich mitgeteilt worden sind.	253
2.5	LK kann auf Antrag (Online-Antragsformblatt) des ursprünglichen Kontoinhabers nach 2.1 wiedereröffnet werden.	254
3.	Auffüllung, Rückzahlung und Überweisung zwischen laufenden Konten	255
3.1	Nach Eröffnung LK wird Kontoinhaber Nummer des Kontos mitgeteilt; erste Zahlung nach entsprechenden Bedürfnissen zur Sicherstellung ausreichender Deckung.	256
3.2	Zahlungen in Euro auf das LK auf Bankkonto des EPA, Angabe Verwendungszweck „Auffüllung", „Auff" oder „Deposit" gefolgt von achtstelliger Nummer (beginnend mit 28) des Kontos.	257
3.3	Einzahlung wird mit Tag der Gutschrift auf Bankkonto des EPA wirksam.	257a
4.	Rückzahlungen vom laufenden Konto	257b
4.1	Rückzahlungen vom LK z.B. bei Auflösung/Beendigung der Tätigkeit des zugelassenen Vertreters vor EPA möglich.	258
3.4	Rückzahlungen vom LK nur an Kontoinhaber möglich; unterzeichneter begründeter Antrag mit erforderlichen Angaben zur Bankverbindung erforderlich. EPA kann Nachweise zur Bestätigung der Identität des Kontoinhabers und der Bankverbindung verlangen.	259
5.	Überweisungen zwischen laufenden Konten	259a
5.1	Überweisungen zwischen LK beim EPA nur zwischen denselben juristischen oder natürlichen Personen möglich, unterzeichneter Antrag notwendig, EPA kann nachweise zur Bestätigung der Identität des Kontoinhabers verlangen.	260
5.2	Anträge nach 4.2 und 5.1 als E-Mail-Anhang an support@epo.org oder durch Ausfüllen/Absenden des Online-Kontaktformulars unter https://new.epo.org/de/contact-us.	261
6.	Funktionieren des laufenden Kontos	262
6.1	Kontoinhaber hat stets für ausreichende Deckung zu sorgen.	263
6.2	Einsicht/Überwachung der Abbuchungsaufträge, des Zahlungsplans und der Kontobewegungen über die Zentrale Gebührenzahlung. *Kontoinhaber erhält nach Abschluss Geschäftsjahr per Post Saldenbestätigung mit Abschlusssaldo über LK. Fehler sind vom Kontoinhaber dem EPA unverzüglich mitzuteilen. EPA prüft Angaben und nimmt Korrekturen rückwirkend zum ursprünglich maßgebenden Zahlungstag vor.	264
6.3	Ein LK, dessen **Saldo Null** ist und für das in den vergangenen **4 Jahren keine Kontobewegung** verzeichnet wurde, wird **von Amts wegen gelöscht**. Ein LK, dessen **Saldo positiv** ist und für das in den vergangenen **4 Jahren keine Kontobewegung** verzeichnet wurde, wird vom Amt in den **Status „inaktiv"** versetzt. (zur Wiedereröffnung siehe 2.5 VLK) EPA setzt jeweils Kontoinhaber einen Monat im Voraus in Kenntnis - ABl. 2019, A21	265

R. Gebühren

Vorschriften über das laufende Konto (VLK) (Fortsetzung)		
	Nr.	Details
266	7.	Belastung des laufenden Kontos
		Das Laufende Konto kann vorbehaltlich der Nr. 16 nur mit Beträgen belastet werden, die in Verbindung mit europäischen und PCT-Verfahren an das EPA zu entrichten sind.
267	7.1	Art von Abbuchungsaufträgen und zulässige Wege der Einreichung
268	7.1.1	**Belastung** des LK erfolgt ausschließlich auf Grundlage eines vom Kontoinhaber oder vom bevollmächtigten Vertreter unterzeichneten elektronischen Abbuchungsauftrags. Die Unterschrift kann mittels alphanumerischer Signatur, Faksimile-Signatur, einer fortgeschrittenen Signatur (siehe ABl. 2021, A42) oder bei Zahlung über Zentrale Gebührenzahlung durch Authentifizierung per Smartcard erfolgen. Bei einem Abbuchungsauftrag kann es sich handeln um: • einen **Einzel**- oder einen **Sammelabbuchungsauftrag**, d.h. ein Abbuchungsauftrag für **einzelne Gebühren** für eine oder mehrere Anmeldungen • einen **automatischen Abbuchungsauftrag** für eine **oder mehrere ePA** zur automatischen Abbuchung **anfallender Verfahrensgebühren**.
269	7.1.2	Abbuchungsauftrag ist in elektronisch verarbeitbarem Format (XML) auf einem der folgenden Wege einzureichen: • über Online-Einreichung des EPA mit den Formblättern EPA 1001E, 1200E, 2300E oder 1038E oder die Online-Einreichung 2.0 mit den Formblättern EPA 1001E, 1200E oder 1038E • über die Online-Einreichung des EPA oder ePCT unter Nutzung der Funktion der PCT-Gebührenberechnung und -zahlung, oder Online Einreichung 2.0 unter Nutzung der Funktion der PCT-Gebührenberechnung und -zahlung mit den Formblättern PCT/RO/101 und PCT/IPEA/401; • über die zentrale Gebührenzahlung.
270	7.1.3	Eingereichte Abbuchungsaufträge auf anderen Wegen (z.B. auf Papier, per Fax, über Web-Einreichung) oder in einem anderen Format (z.B. als PDF-Anhang oder über Anmerkungsfeld der Online-Formblätter) sind ungültig und werden nicht ausgeführt. Rechtsfolge eines ungültigen Abbuchungsauftrags unter 10.3.
270a	7.2	Bearbeitung von Abbuchungsaufträgen
270b	7.2.1	EPA **bearbeitet** Abbuchungsauftrag i.d.R. **sofort nach Eingang**, sofern **ausreichend Deckung** vorliegt. Nach Nr. 4.4 VAA werden **automatischen Abbuchungsaufträge am Ende des Tages** bearbeitet, der den maßgebenden Zahlungstag darstellt.
270c	7.2.2	Inhaber der LK sollten stets für ausreichende Deckung sämtlicher eigereichter Abbuchungsaufträge sorgen.
271	7.3	Reihenfolge der Bearbeitung von Abbuchungsaufträgen
		Abbuchungsaufträge werden in aufsteigender Reihenfolge der Anmeldenummer verbucht („PCT" vor „EP"). Bei Euro-PCT-Anmeldungen ist EP-Nummer ausschlaggebend. Einzelne Gebühren werden in folgender Reihenfolge abgebucht, falls ausreichende Deckung a) Beschwerdegebühr b) Einspruchsgebühr c) alle andere Gebühren in aufsteigender Reihenfolge ihrer Gebührencodes.
272	7.4	Fehlbetrag
273	7.4.1	Reicht Guthaben des LK am Eingangstag des Abbuchungsauftrags bzw. an dem gemäß Nr. 10.2 angegebenen Tag nicht für alle Gebühren der angegebenen Anmeldung aus (**Fehlbetrag - siehe** R.244), so wird kein weiterer Abbuchungsauftrag bearbeitet, bis Konto aufgefüllt ist. Kontoinhaber wird per E-Mail oder Post unterrichtet.
274	7.4.2	Nach Auffüllung werden ausstehende Abbuchungsaufträge in Reihenfolge des maßgebenden Zahlungstags, des Eingangs oder des unter Nr. 10.2 angegebenen späteren Ausführungstermins und in der Reihenfolge **automatische Abbuchungsaufträge vor allen weiteren Abbuchungsaufträge** bearbeitet. Abbuchungsaufträge werden in Einklang mit Nr. 7.3 verbucht.
275	7.4.3	Ausstehende Zahlungen gelten am Auffüllungstag des LK als erfolgt.

Gebühren R.

	Vorschriften über das laufende Konto (VLK) (Fortsetzung)	
Nr.	Details	
7.5	Sicherheitsmechanismus für Auffüllung von laufenden Konten	275a
7.5.1	Gilt Zahlung gemäß Nr. 7.4.3 erst nach Ablauf der erforderlichen Frist als erfolgt, so geht EPA von Einhaltung der Frist aus, wenn innerhalb vom EPA festgelegten Frist nachgewiesen wird, dass zur entsp. Auffüllung des LK a) eine (SEPA-)Überweisung **mindestens einen Tag vor Ablauf der Frist zur Entrichtung der Gebühr**; oder b) eine SEPA-Echtzeitüberweisung **spätestens am letzten Tag der Frist zur Entrichtung der Gebühr**; oder; c) eine andere Art der Überweisung bei einem Bankinstitut in einem EPÜ-VS, der nicht am SEPA-Verfahren teilnimmt (z.Z. AL, RS, TR), **min. 3 Tage vor Ablauf der Frist zur Entrichtung der Gebühr** veranlasst wurde.	275b
7.5.2	Bei fehlendem oder ungenügendem Nachweis gilt Frist zur Entrichtung als versäumt. Rechtsmittel nach EPÜ oder PCT zugelassen.	275c
8.	Annullierung von Abbuchungsaufträgen von Amts wegen	276
8.1	Abbuchungsaufträge, die 2 M nach Tag des Eingangs oder dem gemäß Nr. 10.2 angegebenen Tag noch anhängig sind, werden vom EPA nicht ausgeführt, wenn bei Ablauf dieser Frist a) die im Abbuchungsauftrag angegebene Gebühr über anderen Zahlungsweg entrichtet wurde b) die Patentanmeldung, für die der betreffende Abbuchungsauftrag erteilt wurde, als endgültig im Sinne von Nr. 9.2 abgeschlossen gilt.	276a
8.2	Diese Abbuchungsaufträge werden in der Zentralen Gebührenzahlung aus der Liste der offenen Abbuchungsaufträge gelöscht.	276b
9.	Validierung und Zurückweisung von Zahlungen bei der Zentralen Gebührenzahlung	277
9.1	In einem Sammelabbuchungsauftrag enthaltene Aufträge, die a) die Zahlung von **Jahresgebühren** für **"endgültig abgeschlossene" ePA** oder **erteilte eP**, b) die **Zahlung von Jahresgebühren vor** dem **frühestmöglich** wirksamen **Zahlungstag** nach R 51 (1), c) die **doppelte Zahlung** von Gebühren (**Ausnahme**: die in Anhang A3 zu den VLK genannten Gebühren können doppelt bezahlt werden, z.B. Recherchen-, Einspruchs-, Anspruchs-, Zuschlagsgebühr) oder d) die Zahlungen von **Gebühren** für einen **Rechtsübergang** in Bezug auf „endgültig abgeschlossene" ePA betreffen, werden **automatisch zurückgewiesen**.	278
9.2	Für die oben genannten Zwecke **gilt eine ePA als endgültig abgeschlossen**, wenn der Rechtsverlust oder die Zurückweisung der Anmeldung rechtskräftig geworden ist, d. h. insbesondere, wenn a) die Anmeldung zurückgenommen wird, als zurückgenommen gilt oder zurückgewiesen wird und kein Rechtsmittel eingelegt wurde, mit **Ausnahme** eines **Antrags** auf **WE** in den vorigen Stand, b) die Entscheidung über das Rechtsmittel negativ ist und keine Beschwerde eingelegt wurde oder c) die Entscheidung über die Beschwerde negativ ist oder die Beschwerde zurückgenommen wird.	279
9.3	Nach der Validierung wird vom System eine Mitteilung generiert, dass der Abbuchungsauftrag nicht ausgeführt werden konnte; diese Mitteilung wird im Kontoverlauf gespeichert. Bestätigung der Zurückweisung [des Abbuchungsauftrags] wird in öffentlichen Teil der Akte aufgenommen.	280
10.	Zahlungstag	281
10.1	Bei ausreichender Deckung gilt Zahlung am Eingangstag des Abbuchungsauftrags als erfolgt.	282
10.2	Angabe im Abbuchungsauftrag zur **Ausführung** des Zahlungsauftrags **zu einem späteren Termin möglich**. Zahlung gilt als am angegebenen Ausführungstermin erfolgt. Zahlungsaufträge können **bis 40** Tage nach Eingangstag ausgeführt werden.	282a
10.3	Wird Abbuchungsauftrag nicht auf zulässigem Einreichungsweg oder in einem ungültigen Format eingereicht, gilt Eingangstag nicht als Zahlungstag. Verfahrensbeteiligtem steht Rechtsmittel des EPÜ oder PCT für Fristversäumnis offen.	283
11.	Nichtverfügbarkeit der zulässigen Einreichungswege für Abbuchungsaufträge	284
	Ist einer der zulässige Einreichungsweg für Abbuchungsaufträge gemäß Nr. 7.1.2 beim EPA nicht verfügbar, verlängert sich Zahlungsfrist bis zum nächstfolgenden Tag, an dem alle für die betreffende Anmeldungsart vorgesehenen Wege wieder zur Verfügung stehen. Bei allgemeiner Nichtverfügbarkeit elektronischer Kommunikationsdienste oder ähnlicher Ursachen i.S.v. R 134 (5) EPÜ oder R 82quater.1 PCT verlängern sich die Zahlungsfristen gemäß diesen Bestimmungen. -> COVID-19 (ABl. 2020, A38, A60, A74)	285

R. Gebühren

	Vorschriften über das laufende Konto (VLK) (Fortsetzung)	
	Nr.	Details
286	12	Einreichung nach Art. 75 (1) b) bei einer zuständigen nationalen Behörde
287	12.1	Abbuchungsauftrag für fällige Gebühren einer ePa bei der Einreichung, die nach Art. 75 (1) b) bei zuständiger nationaler Behörde eingereicht worden ist, kann auf zulässigem Weg gemäß Nr. 7.1.2, eingereicht werden. Abbuchungsauftrag muss spätestens bei Ablauf der einschlägigen Frist nach dem EPÜ bzw. PCT eingereicht werden. Sofern die Anmeldung bei der zuständigen nationalen Behörde auf Papier eingereicht wird, kann Abbuchungsauftrag zusammen mit Rückerstattungsanweisung mit obligatorischem Formblatt 1020 der Anmeldung beigefügt werden.
288	12.2	Ein nach Nr. 12.1 erteilter nach Ablauf der vorgesehenen Frist eingehender Abbuchungsauftrag (Formblatt EP 1020) gilt als fristwahrend, wenn Nachweis vorliegt oder dem EPA erbracht wird, dass Abbuchungsauftrag gleichzeitig mit der Anmeldung bei der zuständigen Behörde des VS eingereicht worden ist. Voraussetzung ist ausreichende Deckung.
289	12.3	Bei **Gebührenerhöhungen** ist der Eingang eines gemäß Nr. 12.1 erteilten Abbuchungsauftrags (Formblatt 1020) bei der zuständigen nationalen Behörde maßgeblich. Zahlung gilt mit Tag des Eingangs des Auftrags bei der zuständigen Behörde als eingegangen ein, sofern eine ausreichende Deckung des Kontos vorhanden ist.
289a	12.4	Für internationale Anmeldungen, die gemäß Art. 151 Satz 2 und Art. 75 (2) b) über ein nationales Amt eines EPÜ-Vertragsstaats beim EPA als Anmeldeamt eingereicht werden, finden die Nummern 12.1 und 12.2 Anwendung
290	13.	Widerruf des Abbuchungsauftrags
290a	13.1	Ganz oder teilweiser Widerruf des Abbuchungsauftrags durch unterzeichnete schriftliche Mitteilung des Einzahlers als E-Mail-Anhang an support@epo.org oder durch Ausfüllen/Absenden des Online-Kontaktformulars. Neben Nummer des LK ist AZ der ePA sowie bei Teilwiderruf die betreffenden Gebühren und Auslagen zu nennen.
291	13.2	Abbuchungsauftrag mit späterem Ausführungstermin gemäß Nr. 10.2 kann in Zentraler Gebührenzahlung bis spätestens einen Tag vor angegebenen Ausführungstag ganz oder teilweise widerrufen werden. Widerruf am Tag des Ausführungstermin möglich, wenn Verfahren nach N. 13.1 befolgt wird.
292	13.3	Ein Widerruf oder Teilwiderruf ist unwirksam, wenn er nach Eingangstag des Abbuchungsauftrags oder nach dem gemäß Nr. 13.2 angegebenen Tag beim EPA eingeht oder er auf einem als in Nr. 13.1 angegebenen Weg eingereicht wird.
293	14.	Automatisches Abbuchungsverfahren
294		Die Bedingungen für das automatische Abbuchungsverfahren, insbesondere zulässige Verfahren- und Gebührenarten, sind in den Vorschriften für das automatische Abbuchungsverfahren (VAA) festgelegt.
295	15.	Rückerstattung von Gebühren
296	15.1	Rückerstattungen grundsätzlich auf vom Anmelder, Patentinhaber oder Beschwerdeführer (falls Anmelder oder Patentinhaber) in Rückerstattungsanweisung genannten LK, gilt entsprechend für den Vertreter.
297	15.2	Rückerstattungsanweisung sind in elektronisch verarbeitbarem Format (XML) auf einem der folgenden zulässigen Einreichungswege einzureichen: über Online-Einreichung des EPA, die Online-Einreichung 2.0 mit den Formblättern EPA Form 1001E, 1200E oder 1038E oder ePCT mit den Formblättern PCT/RO/101 oder über PCT-SFD (eOLF) oder PCT/IPEA/401 (eOLF und Online-Einreichung 2.0)
298	15.3	Rückerstattungen auf anderem Weg, z.B. auf Papier, per Fax oder Web-Einreichung oder in einem anderen Format, z.B. als PDF-Anhang oder im Anmerkungsfeld der Online-Formblätter, sind ungültig und werden nicht ausgeführt. Solange keine gültigen Anweisungen vorliegen, wird Verfahrensbeteiligter aufgefordert, etwaige Rückerstattungen online einzulösen.
299	15.4	Ist eine nicht vom Anmelder, Patentinhaber oder Beschwerdeführer zu entrichtender Gebühr zurückzuerstatten (z.B. Einspruchsgebühr), prüft EPA Rückerstattung auf LK. Andernfalls fordert es die Person auf, die Rückerstattung online einzulösen.
300	16.	Abbuchung von Jahresbeiträgen von Mitgliedern des epi – siehe auch ABl. 2022, Zusatzpublikation 3, Anhang B.1 und B.2
301	16.1	Abbuchung von **epi-Mitgliedsbeiträgen vom laufenden Konto** möglich. Hierzu ist dem epi eine Einzugsermächtigung des Kontoinhabers zu erteilen.
302	16.2	Abbuchungsaufträge nach Nr. 16.1 werden jährlich zum 25. Februar/25. Juni abgebucht; Verlängerung nach R 134 (1) nicht möglich; Übermittlung mittels durch EPA festgelegten Datenträger.
303	16.3	Reicht Guthaben an den festen Abbuchungstagen vorrangig der Zahlungen für Veröffentlichungen und Dienstleistungen nicht aus, wird der Abbuchungsauftrag nicht ausgeführt und an das epi zurückgegeben.
304	16.4	Die Nr. 7.1 bis 7.4.3, 9 bis 11 und 13 finden auf Abbuchungsaufträge nach Nr. 16.1 keine Anwendung.

Gebühren R.

	Vorschriften über das automatische Abbuchungsverfahren (VAA) ABl. 2019, Zusatzpublikation 4, Anhang A.1 und A.2 zum VLK, gültig seit 01.10.2019	
Nr.	Details	
1.	Automatisches Abbuchungsverfahren	305
1.1	Das LK kann für **bestimmte ePA**, **Euro**-**PCT** oder **PCT-Anmeldung** belastet werden; **Vorlage** eines vom **Kontoinhaber** oder in **seinem Namen** unterzeichneten **automatischen Abbuchungsauftrags** notwendig; Ermächtigung des EPAs zur automatischen Abbuchung von im Verfahren anfallenden Gebühren.	306
1.2	Automatischer Abbuchungsauftrag ist in **elektronisch verarbeitbarem Format** (XML) einzureichen • für ePA und eP und für Euro-PCT-Anmeldungen vor dem EPA als Bestimmungsamt oder ausgewähltem Amt: über die Online-Einreichung des EPA, oder die Online-Einreichung 2.0 mit den Formblättern EPA 1001E, 1200E oder 1038E oder über die Zentrale Gebührenzahlung im Rahmen der Online-Dienste; • für PCT-Anmeldungen vor dem EPA als AA, ISA oder IPEA: über Online-Einreichung des EPA oder PCT-SAFE, die Zentrale Gebührenzahlung oder das ePCT unter Nutzung der Funktion der PCT-Gebührenberechnung und -zahlung oder Online-Einreichung 2.0 unter Nutzung der Funktion der PCT-Gebührenberechnung und -zahlung mit den Formblättern PCT/RO/101 und PCT/IPEA/401. Die Nummern 7.1.3 und 10.3 der VLK gelten entsprechend.	307
1.3	**Erteilung** Abbuchungsauftrag **im Namen** des **Anmelders/Patentinhabers** oder dessen **Vertreters (Anwalts)** möglich; **Einschränkung** auf bestimmte **Gebührenarten** oder **bestimmten Zeitraum** ist **nicht möglich**. Die in Nummer 7.1.1 VLK festgelegten Erfordernisse für die Unterzeichnung des Abbuchungsauftrags gelten entsprechend.	308
2.	Zugelassene Verfahrensarten	309
2.1	Das **automatische Abbuchungsverfahren** ist für **alle europäischen** und **PCT-Verfahren** vor dem **EPA** zugelassen, soweit sie nicht gemäß Nummer 2.4 ausdrücklich ausgenommen sind.	310
2.2	Ein in der **internationalen Phase** erteilter automatischer Abbuchungsauftrag hat im **Verfahren** von dem **EPA** als **Bestimmungsamt** oder **ausgewähltem** Amt **keine Wirkung**. Für eine Euro-PCT-Anmeldung ist eine **neuer automatischer Abbuchungsauftrag** zu erteilen. - siehe auch Nummer 11.2 VAA	311
2.3	Für eP im **Beschränkungs- oder Widerrufsverfahren** und daran anschließenden Beschwerde- oder Überprüfungsverfahren ist neuer automatischer Abbuchungsauftrag einzureichen	312
2.4	Für PCT-Anmeldungen vor dem **EPA als SISA** steht automatisches Abbuchungsverfahren **nicht zur Verfügung**.	313
3.	Zugelassen Gebührenarten	314
3.1	Vorbehaltlich Nummer 3.2 ist für alle im europäischen und im PCT-Verfahren anfallend Gebühren sowie für folgende vom Präsidenten des EPA gemäß Artikel 3 GebO festgesetzten Gebühren **zugelassen**: a) **Verwaltungsgebühr** für eine **zusätzliche** Kopie der im europäischen RB oder im ivP genannten Unterlagen (Art. 20 (3) PCT, R 44.3 b) und R 71.2 b) PCT), b) **Verwaltungsgebühr** für **beglaubigte Abschrift** einer **ePA** oder **PCT-Anmeldung** (Prioritätsbeleg) (R 17.1 PCT, R 54, Art. 3 GebO), allerdings **nur** für die beglaubigte Anschrift einer Anmeldung, **deren Priorität** in einer PCT-Anmeldung beansprucht wird, für die das **EPA als AA** tätig ist, c) **Verwaltungsgebühr** für die **verspätete Einreichung** von Sequenzprotokollen (R 13ter.1 c) und R 13ter.2 PCT)	315

R. Gebühren

	Nr.	Details
	Vorschriften über das automatische Abbuchungsverfahren (VAA) (Fortsetzung)	
316	3.2	Für folgende Gebührenarten steht das **automatische Abbuchungsverfahren nicht zur Verfügung**: a) Alle vom Präsidenten des Amts gemäß Art. 3 GebO festgesetzten Gebühren, Auslagen und Verkaufspreise, soweit sie nicht in Nummer 3.1 ausdrücklich genannt sind, b) Alle **nicht vom Anmelder** oder **Patentinhaber zu entrichtenden Gebühren**, insbesondere die **Einspruchsgebühr**, c) die **Umwandlungsgebühr** (**Art. 135 (3)** und **Art. 140**), d) die **Kostenfestsetzungsgebühr** (**R 88 (3)**), e) die **Beweissicherungsgebühr** (**R 123 (3)**), f) die Gebühr für ein **technisches Gutachten** (**Art. 25**), g) die Gebühr für die **ergänzende intern. Recherche** SIS (**R 45bis.3 a) PCT**), h) die **Überprüfungsgebühr** für die **ergänzende intern. Recherche** SIS (**R 45bis.6 c) PCT**) i) die **Bearbeitungsgebühr** für die **ergänzende intern. Recherche** SIS (**R 45bis.2 PCT**) j) die **Gebühr** für **verspätete Zahlung** in Bezug auf die **ergänzende intern. Recherche** SIS (**R 45bis.4 c) PCT**). k) Die **zusätzliche Recherchengebühr bei Berichtigung** fälschlicherweise eingereichter **Unterlagen** (**R 40bis PCT** iVm **R 20.bis PCT**) l) Die weitere Recherchengebühr für eine europäische Recherche gemäß Regel 56a (8) und bei deren verspäteter Entrichtung die WB-Gebühr (ab 01.11.2022).
317	4.	Automatische Abbuchung von Gebühren
318	4.1	Mit **Tag des Eingangs** des automatischen Abbuchungsauftrags bucht EPA entsprechend jeweiligem Verfahrensstand alle mit diesem Abbuchungsauftrag ab diesem Tag erfassbaren und zu entrichtenden Gebührenarten unter **Zuerkennung** eines **rechtzeitigen Zahlungstags** vom LK des Kontoinhabers ab, sofern LK ausreichend Deckung aufweist. Anzeige der geplanten abzubuchenden Gebühren der nächsten 40 Tagen, werden über den "Zahlungsplan" in der Zentralen Gebührenzahlung angezeigt.
319	4.2	Als **Grundlage** für Abbuchung gelten die **Unterlagen** der Anmeldung zum **Zeitpunkt** der **Abbuchung**; EPA berücksichtigt zugunsten und zulasten des Kontoinhabers alle dem EPA zu diesem Zeitpunkt bekannten gebührenrechtlich relevanten Faktoren.
320	4.3	Abbuchung erfolgt in Euro in Höhe des am **maßgebenden Zahlungstag** der jeweiligen Gebühr **gültigen Betrags**.
320a	4.4	**Automatische Abbuchungsaufträge** werden **am Ende** des maßgebenden **Zahlungstags** im Sinne Nr. 5 bearbeitet. **Andere Abbuchungsaufträge** werden **unmittelbar mit Eingang** bearbeitet (siehe Nr. 7.2.1 VLK). Inhaber LK hat dafür zu sorgen, dass am Ende des maßgebenden Zahlungstags eine **ausreichende Deckung** zur Ausführung der automatischen Abbuchungsaufträge vorliegt.
320b	4.5	**Abbuchungsreihenfolge** bei automatischen Abbuchungsaufträgen in aufsteigender Reihenfolge der Anmeldenummern („PCT" vor „EPA"). Bei EURO-PCT-Anmeldung ist EP-Nummer ausschlaggebend. Reihenfolge einzelner Gebühren: **Beschwerdegebühr** (011) **vor allen anderen Gebühren** in aufsteigender Reihenfolge der Gebührencodes.

Gebühren R.

Vorschriften über das automatische Abbuchungsverfahren (VAA) (Fortsetzung)	
Nr.	Details
5.	Maßgeblicher Zahlungstag
5.1	Für die Zwecke des Art. 7 (2) GebO gelten im automatischen Abbuchungsverfahren Zahlungen in europäischen und PCT-Verfahren als eingegangen: a) am letzten Tag der für die Entrichtung der jeweiligen Gebühr geltenden Frist (außer den unter b) bis f) und in Nummer 5.2 genannten Fällen); b) am letzten Tag der Nachfrist für die Zahlung einer Gebühr und einer etwaigen zusätzlichen gebühr, Zuschlagsgebühr oder Gebühr für verspätete Zahlung (außer in den unter f) zweiter und dritter Spiegelstrich genannten Fällen), bei <ul><li>Gebühren, für die im Falle ihrer verspäteten Entrichtung die Entrichtung mit einer zusätzlichen Gebühr, Zuschlagsgebühr oder Gebühr für verspätete Zahlung möglich ist;</li></ul> c) am Tag des Eingangs des jeweiligen (Verfahrens-)Antrag bei <ul><li>**Gebühren** für eine **PCT-Anmeldung**, die am Tag des Antrags auf **vorzeitige Bearbeitung** nach Art. 23 (2) PCT oder Art. 40 (2) PCT fällig werden, vorausgesetzt, die in Art. 20 PCT genannten Unterlagen stehen dem EPA zur Verfügung (siehe ABl. 2013, 156),</li><li>der **Prüfungsgebühr**, wenn der Anmelder auf das **Recht** auf eine **Aufforderung** nach **R 70 (2) EPÜ verzichtet** oder eine **beschleunigte Prüfung** nach dem **PACE-Programm beantragt** hat (siehe ABl. 2015, A93 und A94)</li><li>der **Wiedereinsetzungs-**, **Beschränkungs-** oder **Widerrufgebühr**, **Beschwerdegebühr** und **Gebühr** für den **Antrag** auf **Überprüfung** (siehe auch ABl. 2019, Zusatzpublikation 4, A.2, Zu Nummer 3 VAA, I.9),</li><li>der Gebühr für die **Widerherstellung** des **Prioritätsrechts** (R26bis.3 d) PCT),</li><li>der Gebühr für die **vorläufige Prüfung** (R 58 PCT, R 158 (2) EPÜ) und der **Bearbeitungsgebühr** (R 57 PCT),</li><li>der **Verwaltungsgebühren** gemäß Nr. 3.1 a) und b);</li></ul> d) am Tag des Eingangs der Übersetzung der Ansprüche bei <ul><li>der **Erteilungs-** und **Veröffentlichungsgebühr** für die **europäische Patentschrift** (R 71 (3) EPÜ);</li><li>der **Anspruchsgebühr** (R 71 (4) EPÜ),</li><li>der **Veröffentlichungsgebühr** für eine **neue europäische Patentschrift** [nach Einspruch oder Beschränkung] (R 82 (2) bzw. R 95 (3) EPÜ),</li></ul> e) am Tag der Fälligkeit bei <ul><li>den Jahresgebühren (R 51 (1) EPÜ ggf. in Verbindung mit R 159 (1) g) EPÜ);</li></ul> f) am Tag des Eingangs des automatischen Abbuchungsauftrags bei <ul><li>der **Wiedereinsetzungs-**, **Beschränkungs-** oder **Widerrufgebühr**, **Beschwerdegebühr** und **Gebühr** für den **Antrag** auf **Überprüfung**, wenn Abbuchungsauftrag **nach Stellung Antrags** auf Wiedereinsetzung, Beschränkung oder Widerruf eingeht (siehe ABl. 2019, Zusatzpublikation 4, A.2, Zu Nummer 3 VAA, I.9),</li><li>den nach den **R 14.1 c)**, **R 15.3** und **R 16.1 f) PCT** fälligen Gebühren, wenn der Abbuchungsauftrag nach Ablauf der Frist zur Zahlung dieser Gebühren eingeht, aber vor Versand der Aufforderung nach R 16bis.1 a) PCT zur Entrichtung dieser Gebühren mit einer Gebühr für verspätete Zahlung (R 16bis.2 PCT),</li><li>den nach den **R 57.3** und **R 58 b) PCT** fälligen Gebühren, wenn der Abbuchungsauftrag nach Ablauf der Frist zur Zahlung dieser Gebühren eingeht, aber vor Versand der Aufforderung nach R 58bis.1 a) PCT zur Entrichtung dieser Gebühren mit einer Gebühr für verspätete Zahlung (R 26bis.3 d) PCT),</li><li>der Gebühr für die **Wiederherstellung** des **Prioritätsrechts** (R26bis.3 d) PCT), wenn der **Abbuchungsauftrag nach Einreichung** des **Antrags** eingeht.</li></ul>

R. Gebühren

	Vorschriften über das automatische Abbuchungsverfahren (VAA) (Fortsetzung)	
	Nr.	Details

323	5.2	Für die Zwecke des Art. 7 (2) GebO gilt die Weiterbehandlungsgebühr als eingegangen:
		a) am letzten Tag der Frist für den Antrag auf Weiterbehandlung,
		   • wenn es sich bei der versäumten Handlung um eine Nichtentrichtung einer Gebühr handelt,
		   • wenn bis zum Ablauf der maßgebenden Frist mehr als eine Handlung versäumt wurde, wobei mindestens eine die Nichtentrichtung einer Gebühr und eine die Nichtvornahme einer Verfahrenshandlung ist und vorbehaltlich der Vornahme dieser Verfahrenshandlung; die Gebühr deren Nichtentrichtung die versäumte Handlung war, gilt am selben Tag wie die entsprechende Weiterbehandlungsgebühr eingegangen;
		b) am Tag der Vornahme der versäumten Handlung,
		   • wenn es sich bei der versäumten Handlung um die Nichtvornahme einer anderen Verfahrenshandlung als der Entrichtung einer Gebühr handelt;
		c) am Tag des Eingangs des automatischen Abbuchungsauftrags,
		   • wenn der automatische Abbuchungsauftrag nach dem Tag der Vornahme der versäumten Handlung eingeht;
		d) am Tag des Eingangs des automaischen Abbuchungsauftrags bzw. der Übersetzung der Ansprüche,
		   • wenn es sich bei der versäumten Handlung um eine Nichtvornahme der Verfahrenshandlungen nach R 71 (3) oder (4) EPÜ handelt.

324	5.3	Gebühren, die zur Vornahme einer versäumten Handlung im Rahmen eines Antrags auf WE zu entrichten sind, werden vom automatischen Abbuchungsauftrag nicht erfasst und sind vom Anmelder, Patentinhaber oder dessen Vertreter in eigener Verantwortung über einen anderen in der GebO zugelassenen Zahlungsweg zu entrichten.
325	6.	Fehlbeträge
326		Reicht Guthaben des LK am maßgebenden Zahlungstag nicht zur Zahlung aller automatisch abzubuchender Gebühren wie unter Nr. 4.5 beschrieben aus (Fehlbetrag), wird kein weiterer Abbuchungsauftrag bearbeitet bis Konto entsprechend aufgefüllt ist. Der Kontoinhaber wir per E-Mail oder Pst unterrichtet. Nummer 8 VLK gilt für automatisch abzubuchende Gebühren entsprechend, wenn sie 2 M nach dem maßgebenden Zahlungstag noch anhängig sind.
327	7.	**Auffüllung** des **laufenden Kontos** nach **Mitteilung** des **Fehlbetrags**
327a	7.1	Wird das LK so aufgefüllt, dass alle Gebühren entrichtet werden können, führt das EPA alle ausstehenden Abbuchungsaufträge gemäß Nr. 7.4.2 VLK aus und fährt dann mit der automatischen Abbuchung der Gebühren in der unter Nr. 4.5 angegebenen Reihenfolge fort.
327b	7.2	Die ausstehende Zahlung gilt als an dem Tag erfolgt, an dem das LK entsprechend aufgefüllt worden ist.
328	8.	**Änderungsbuchung; Berichtigungsbuchung**
329	8.1	Werden dem EPA nach der tatsächlichen Ausführung der Abbuchung Änderungen der gebührenrechtlich relevanten Grundlagen für die Abbuchung bekannt, die dem EPA oder gegebenenfalls der zuständigen nationalen Behörde (vgl. Nr. 5.6 der VLK) vor dem maßgebenden Zahlungstag zugegangen sind, so führt das EPA gegebenenfalls eine Änderungsbuchung mit Wirkung für den ursprünglichen maßgebenden Zahlungstag durch.
330	8.2	Stellt das EPA **Unrichtigkeiten** bei der Ausführung des automatischen Abbuchungsauftrags fest, so führt es eine entsprechende Berichtigungsbuchung mit Wirkung für den ursprünglichen maßgebenden Zahlungstag durch.
331	9.	Entrichtung einer Gebühr mittels einer anderen/gesonderte Zahlungsart
332		Abbuchungsauftrag wird nicht ausgeführt, wenn Zahlung wirksam mit **anderer Zahlungsart/gesonderten Zahlung** mindestens zwei Tage vor dem maßgebenden Zahlungstag eingeht.

Gebühren R.

Vorschriften über das automatische Abbuchungsverfahren (VAA) (Fortsetzung)		
Nr.	Details	
10.	Widerruf des automatischen Abbuchungsauftrags	333
10.1	**Widerruf** des automatischen Abbuchungsauftrags über die Zentrale Gebührenzahlung; nur für das gesamte Verfahren widerrufbar; kein Widerruf von Gebühren möglich, deren maßgebender Zahlungstag vor dem Tag des Eingangs des Widerrufs liegt.	334
10.2	Widerruf eines automatischen Abbuchungsauftrags in jeder anderen Form ist unwirksam. Gebühren werden so lange automatisch abgebucht, bis automatischer Abbuchungsauftrag in der Zentralen Gebührenzahlung widerrufen wird.	334a
10.3	Ein aus dem Verfahren für bestimmte Anmeldung **ausscheidender Beteiligter** oder **Vertreter** muss den automatischen **Abbuchungsauftrag ausdrücklich wie in Nummer 10.1 beschrieben widerrufen**. Andernfalls bucht das EPA weiterhin automatisch Gebühren von dem jeweiligen Konto ab.	335
10.4	Bei **Auflösung** des **LK** nach Nr. 2.2 VLK (**Antrag** zur Auflösung durch **Kontoinhaber** oder **Rechtsnachfolger**) oder 2.3 VLK (**Nichteinhalten** der **VLK**, insbesondere Nr. 4.1 – ausreichende Deckung) **widerruft** das EPA von Amts wegen **alle offenen automatischen Abbuchungsaufträge**. Das EPA behält sich das Recht vor, einen automatischen Abbuchungsauftrag **von Amts** wegen zu **widerrufen**, wenn das Verfahren auf unzulässige Weise eingesetzt wird, und insbesondere, wenn die Bedingungen für das Funktionieren des LK unter Nr. 4.1 der VLK nicht erfüllt werden.	336
11.	Beendigung des automatischen Abbuchungsverfahrens	337
11.1	Automatischer Abbuchungsauftrag verliert seine Wirkung an dem Tag, an dem a) die **Erteilung des eP** wirksam wird, sofern kein Einspruch eingelegt wird; bei Einlegung eines Einspruchs erlangt automatischer Abbuchungsauftrag des PI erneut Wirkung bis rechtskräftige Erledigung des Einspruchs-, Einspruchsbeschwerde- oder Überprüfungsverfahrens; b) die **ePA oder die PCT-Anmeldung zurückgenommen** worden ist oder rechtskräftig als zurückgewiesen gilt oder die ePA rechtskräftig zurückgewiesen worden ist; c) die **Aussetzung** nach R 14 wirksam wird; d) die **Unterbrechung** des Verfahrens nach R 142 wirksam wird; e) das **Beschränkungs-** oder **Widerrufsverfahren** in Bezug auf das eP, für das der automatische Abbuchungsauftrag erteilt worden war, **endgültig abgeschlossen** worden ist; f) Der Antrag auf ivP zurückgenommen wird (R90bis.4 PCT) oder als zurückgenommen gilt.	338
11.2	In anderen als in den unter Nr. 11.1 genannten Fällen **verliert** automatisches **Abbuchungsauftrag Wirkung** an dem Tag an dem das **PCT-Verfahren vor** dem **EPA beendet ist**.	339

G-Entscheidungen

Chronologische Auflistung der G-Entscheidungen der großen Beschwerdekammer des EPA	
Entscheidung	**Leitsätze**
G 01/83 G 05/83 G 06/83	**Stoffgemisch für Verwendung zur therapeutischen Behandlung und Herstellung eines Arzneimittels** 1. Ein europäisches Patent kann nicht mit Patentansprüchen erteilt werden, die auf die **Verwendung** eines **Stoffes** oder **Stoffgemisches zur therapeutischen Behandlung** des menschlichen oder tierischen Körpers gerichtet sind. 2. Ein europäisches Patent kann mit Patentansprüchen erteilt werden, die auf die **Verwendung** eines **Stoffes** oder **Stoffgemisches** zur **Herstellung** eines **Arzneimittels** für eine bestimmte neue und erfinderische therapeutische Anwendung gerichtet sind.
G 01/84	Wurde durch spätere **G 09/93** aufgehoben. <s>Ein Einspruch gegen ein europäisches Patent ist nicht allein deshalb unzulässig, weil er vom Inhaber des Patents eingelegt worden ist.</s>
G 01/86	**Wiedereinsetzung für Beschwerdeführer (Einsprechender)** **Regel 136 EPÜ** (Artikel 122 EPÜ 1973) ist nicht so auszulegen, dass er nur auf den Patentanmelder und den Patentinhaber anzuwenden ist. Ein Beschwerdeführer, der Einsprechender ist, kann nach **Regel 136 EPÜ** (Artikel 122 EPÜ 1973) wieder in den **vorigen Stand eingesetzt** werden, wenn der die Frist der Einreichung der Beschwerdebegründung versäumt hat.
G 01/88	**Beschwerdemöglichkeit des Einsprechenden** Die **Beschwerde** eines Einsprechenden ist nicht deswegen unzulässig, weil dieser es unterlassen hat, fristgerecht auf eine **Aufforderung nach Regel 82 (1) EPÜ** (Regel 58 (4) EPÜ 1973) zu der Fassung, in der das europäische Patent aufrechterhalten werden soll, Stellung zu nehmen.
G 02/88	**Änderung der Anspruchskategorie während es Einspruchs** 1. Eine **Änderung der Anspruchskategorie im Einspruchsverfahren** ist nicht nach **Artikel 123 (3) EPÜ** zu beanstanden, wenn sie bei einer Auslegung der Ansprüche nach **Artikel 69 EPÜ** und dem dazu ergangenen Protokoll nicht zu einer Erweiterung des Schutzbereichs der Ansprüche insgesamt führt. In diesem Zusammenhang kann das nationale Verletzungsrecht der Vertragsstaaten außer Betracht bleiben. 2. Werden erteilte Ansprüche, die auf »einen Stoff« und »ein diesen Stoff enthaltendes Stoffgemisch« gerichtet sind, so geändert, dass die geänderten Ansprüche auf die »Verwendung dieses Stoffes in einem Stoffgemisch« für einen bestimmten Zweck gerichtet sind, so ist dies nach **Artikel 123 (3) EPÜ** nicht zu beanstanden. 3. Ein Anspruch, der auf die Verwendung eines bekannten Stoffes für einen bestimmten Zweck gerichtet ist, der auf einer in dem Patent beschriebenen technischen Wirkung beruht, ist dahingehend auszulegen, dass er diese technische Wirkung als funktionelles technisches Merkmal enthält; ein solcher Anspruch ist nach Artikel 54 (1) EPÜ dann nicht zu beanstanden, wenn dieses technische Merkmal nicht bereits früher der Öffentlichkeit zugänglich gemacht worden ist.
G 04/88	**Übertragung der Stellung des Einsprechenden** Ist beim Europäischen Patentamt ein **Einspruch** anhängig, so kann er als zum Geschäftsbetrieb des Einsprechenden gehörend zusammen mit jenem Bereich dieses Geschäftsbetriebes an einen **Dritten übertragen** oder abgetreten werden, auf den sich der Einspruch bezieht. -> siehe T 711/99 und auch G 2/04
G 05/88 G 07/88 G 08/88	**Vertretungsbefugnis des Präsidenten des EPA** 1. Die **Fähigkeit des Präsidenten** des Europäischen Patentamts, die Europäische Patentorganisation (**EPA**) aufgrund von Artikel 5 (3) EPÜ zu **vertreten**, definiert seine Aufgaben, verleiht jedoch **keine Befugnis**. Der Umfang der Vollmacht des Präsidenten wird zwar durch das EPÜ geregelt, aber nicht durch dessen Artikel 5 (3) EPÜ. 2. Soweit die Verwaltungsvereinbarung vom 29. Juni 1981 zwischen dem Präsidenten des EPA und dem Präsidenten des Deutschen Patentamts Bestimmungen über die Behandlung von an das EPA gerichteten und dem Deutschen Patentamt in Berlin zugegangenen Schriftstücken betrifft, war der Präsident des EPA zu keinem Zeitpunkt vor Eröffnung der Annahmestelle des EPA in Berlin am 1. Juli 1989 befugt, eine solche Vereinbarung für das EPA zu schließen. 3. In Anwendung des Grundsatzes des Vertrauensschutzes für die Benutzer des EPA war das EPA verpflichtet, Schriftstücke, die im Zeitraum zwischen der Veröffentlichung der Vereinbarung im Amtsblatt und dem 1. Juli 1989 beim Deutschen Patentamt Berlin (auf andere Weise als durch Überbringer) eingereicht wurden, aber an das EPA gerichtet waren, so zu behandeln, als seien sie am Tag ihres Eingangs beim Deutschen Patentamt Berlin beim Amt eingegangen.

S. G-Entscheidungen

	Entscheidung	Leitsätze
8	G 06/88	**Verwendung als Anspruchskategorie** Ein Anspruch, der auf die **Verwendung** eines **bekannten Stoffes** für einen bestimmten Zweck gerichtet ist, der auf einer in dem Patent beschriebenen technischen Wirkung beruht, ist dahingehend auszulegen, dass er diese technische Wirkung als funktionelles technisches Merkmal enthält; ein solcher **Anspruch** ist nach **Artikel 54 (1) EPÜ** dann **nicht zu beanstanden**, wenn dieses technische Merkmal **nicht** bereits **früher** der Öffentlichkeit **zugänglich** gemacht worden ist.
9	G 01/89	**Feststellung der Uneinheitlichkeit durch das EPA als ISA** Die Vereinbarung zwischen der Europäischen Patentorganisation und der WIPO vom 7. Oktober 1987, die in Artikel 2 das EPA dazu verpflichtet, nach den PCT-Richtlinien für die internationale Recherche vorzugehen, ist für das EPA als Internationale Recherchenbehörde (ISA) und für die Beschwerdekammern des EPA bei der Entscheidung über Widersprüche gegen nach Artikel 17 (3) a) PCT angeforderte zusätzliche Recherchengebühren bindend. Daher kann, wie in diesen Richtlinien vorgesehen, die Feststellung nach **Artikel 17 (3) a) PCT**, dass eine **internationale Anmeldung** das **Erfordernis der Einheitlichkeit** der Erfindung nicht erfüllt, nicht nur »a priori«, sondern auch »a posteriori«, also nach Berücksichtigung des Stands der Technik, getroffen werden. Diese Feststellung hat jedoch nur die verfahrensrechtliche Wirkung, dass das in Artikel 17 und Regel 40 PCT festgelegte besondere Verfahren in Gang gesetzt wird, und ist deshalb keine »materiellrechtliche Prüfung« im üblichen Sinne.
10	G 02/89	**Erhebung einer zusätzlichen Recherchengebühr durch das EPA als ISA** Das **EPA** kann als **ISA** nach **Artikel 17 (3) a) PCT** eine **zusätzliche Recherchengebühr** verlangen, wenn es der Auffassung ist, dass die internationale Anmeldung »a posteriori« keine Einheitlichkeit der Erfindung aufweist.
11	G 03/89 G 11/91	**Berichtigung von Mängeln in den eingereichten Unterlagen** 1. Eine **Berichtigung** der die Offenbarung betreffenden Teile einer europäischen Patentanmeldung oder eines europäischen Patents (der Beschreibung, der Patentansprüche und der Zeichnungen) nach **Regel 139, Satz 2 EPÜ** (Regel 88, Satz 2 EPÜ 1973) darf nur im Rahmen dessen erfolgen, was der Fachmann der Gesamtheit dieser Unterlagen in ihrer ursprünglich eingereichten Fassung unter Heranziehung des allgemeinen Fachwissens - objektiv und bezogen auf den Anmeldetag - unmittelbar und eindeutig entnehmen kann. Eine solche Berichtigung hat rein feststellenden Charakter und verstößt daher nicht gegen das **Erweiterungsverbot** nach **Artikel 123 (2) EPÜ**. 2. Der Nachweis dessen, was am Anmeldetag allgemeines Fachwissen des Fachmanns war, kann im Rahmen eines zulässigen Berichtigungsantrags mit jedem geeigneten Beweismittel erbracht werden.
12	G 01/90	**Form des Widerrufs eines Patents** Der **Widerruf eines Patents** nach **Artikel 102 (4) und (5) EPÜ** ist in Form einer Entscheidung auszusprechen.
13	G 02/90 (siehe auch G 08/95)	**Zuständigkeit der juristischen Beschwerdekammer** 1. Die **Juristische Beschwerdekammer** ist gemäß **Artikel 21 (3) (c) EPÜ** nur für Beschwerden gegen Entscheidungen zuständig, die von einer aus weniger als vier Mitgliedern bestehenden Prüfungsabteilung gefasst worden sind, sofern die Entscheidung nicht die Zurückweisung einer europäischen Patentanmeldung oder die Erteilung eines europäischen Patents betrifft. In allen anderen Fällen, nämlich denen des **Artikels 21 (3) a)** sowie **(3) b)** und **(4) EPÜ** ist die Technische Beschwerdekammer zuständig. 2. Die Zuständigkeitsregelung in **Artikel 21 (3) und (4) EPÜ** wird durch **Regel 11 (3) EPÜ** (Regel 9 (3) EPÜ 1973) nicht beeinflusst.
14	G 01/91	**Erfordernis der Einheitlichkeit bei Aufrechterhaltung in geändertem Umfang** Die **Einheitlichkeit der Erfindung (Artikel 82 EPÜ)** gehört nicht zu den Erfordernissen, denen ein europäisches Patent und die Erfindung, die es zum Gegenstand hat, bei Aufrechterhaltung in geändertem Umfang nach Artikel 101 Absatz 3 a) EPÜ (Artikel 102 Absatz 3 EPÜ 1973) zu genügen hat. Dementsprechend ist es **im Einspruchsverfahren** unbeachtlich, wenn das europäische Patent in der erteilten Fassung oder nach Änderung dem Erfordernis der Einheitlichkeit nicht entspricht.

G-Entscheidungen

Entscheidung	Leitsätze	
G 02/91	**Beteiligung am Beschwerdeverfahren**	15
	1. Ein **Beschwerdeberechtigter**, der keine Beschwerde einlegt, sondern sich auf eine **Beteiligung** am **Beschwerdeverfahren** gemäß **Artikel 107, Satz 2 EPÜ** beschränkt, hat kein selbständiges Recht, das Verfahren fortzusetzen, wenn der Beschwerdeführer die Beschwerde zurückzieht 2. Haben mehrere Beteiligte an einem Verfahren vor dem EPA gegen dieselbe Entscheidung wirksam Beschwerde eingelegt, so können nicht deshalb Beschwerdegebühren zurückgezahlt werden.	
G 03/91	**Anwendung der Wiedereinsetzung**	16
	Regel 136 EPÜ (Artikel 122 (5) EPÜ 1973) ist sowohl auf die Fristen nach den **Regel 38 (1)** und **39 EPÜ** (Artikeln 78 (2) und 79 (2) EPÜ 1973) als auch auf diejenigen nach **Regeln 157** und **158 EPÜ** (Regel 104b (1) b) und c) EPÜ 1973) ~~in Verbindung mit den Artikel 157(2)b) und 158(2) EPÜ~~ anzuwenden.	
G 04/91	**Beitritt eines vermeintlichen Patentverletzers**	17
	1. Der **Beitritt** des **vermeintlichen Patentverletzers** gemäß **Artikel 105 EPÜ** zum Einspruchsverfahren setzt voraus, dass ein **Einspruchsverfahren** zum Zeitpunkt der Einreichung der Beitrittserklärung **anhängig** ist. 2. Eine Entscheidung der Einspruchsabteilung über das Einspruchsbegehren ist als endgültige Entscheidung in dem Sinn anzusehen, dass danach die Einspruchsabteilung nicht mehr befugt ist, ihre Entscheidung zu ändern. 3. Das Verfahren vor einer Einspruchsabteilung wird mit dem Erlass einer solchen endgültigen Entscheidung abgeschlossen, und zwar unabhängig davon, wann diese Entscheidung rechtskräftig wird. 4. Wird nach Erlass einer abschließenden Entscheidung durch eine Einspruchsabteilung von keinem der Beteiligten am Einspruchsverfahren Beschwerde eingelegt, so ist eine während der zweimonatigen Beschwerdefrist nach Artikel 108 EPÜ eingereichte Beitrittserklärung wirkungslos.	
G 05/91	**Unparteilichkeit der Organe des EPA**	18
	1. Obwohl sich **Artikel 24 EPÜ** nur auf die Mitglieder der Beschwerdekammern und der Großen Beschwerdekammer bezieht, gilt das **Gebot der Unparteilichkeit** grundsätzlich auch für Bedienstete der erstinstanzlichen Organe des EPA, die an Entscheidungen mitwirken, die die Rechte eines Beteiligten berühren. 2. Im EPÜ gibt es keine Rechtsgrundlage für eine gesonderte Beschwerde gegen die Entscheidung eines Direktors eines erstinstanzlichen Organs wie z. B. einer Einspruchsabteilung, mit der die Ablehnung eines Mitglieds dieses Organs wegen Besorgnis der Befangenheit zurückgewiesen wird. Die Zusammensetzung der Einspruchsabteilung kann jedoch mit dieser Begründung im Wege einer Beschwerde gegen deren Endentscheidung oder gegen eine Zwischenentscheidung, in der nach **Artikel 106 (2) EPÜ** die gesonderte Beschwerde zugelassen ist, angefochten werden.	
G 06/91	**Gebührenermäßigung bei Verwendung einer Nicht-Amtssprache**	19
	1. Die in **Artikel 14 (4) EPÜ** (Artikel 14 (2) EPÜ 1973) genannten Personen erwerben den Anspruch auf **Gebührenermäßigung** nach **Regel 6 (3) EPÜ**, wenn sie das **wesentliche Schriftstück** der ersten Verfahrenshandlung im Anmelde- und Prüfungsverfahren (~~Einspruchs- oder Beschwerdeverfahren~~)* in einer Amtssprache des betreffenden Staats, die nicht Deutsch, Englisch oder Französisch ist, einreichen und die **erforderliche Übersetzung** frühestens zum selben Zeitpunkt liefern. ~~2. Für den Anspruch auf Ermäßigung der Beschwerdegebühr genügt es, wenn die Beschwerdeschrift als das wesentliche Schriftstück der ersten Handlung im Beschwerdeverfahren in einer Amtssprache eines Vertragsstaats eingereicht wird, die nicht Amtssprache des EPA ist, und in eine solche übersetzt wird, auch wenn spätere Schriftstücke, etwa die Beschwerdebegründung, nur in einer Amtssprache des Europäischen Patentamts eingereicht werden.*~~ *geändert seit 01.04.2014, ABl. 2014, A23	
G 07/91	**Keine Fortführung der Einspruchsbeschwerde bei Rücknahme der einzigen Beschwerde**	20
	Eine Beschwerdekammer kann, soweit es die durch die angefochtene Entscheidung der ersten Instanz entschiedenen Sachfragen angeht, das Einspruchsbeschwerdeverfahren nicht fortsetzen, nachdem der **einzige Beschwerdeführer**, der in erster Instanz Einsprechender war, seine **Beschwerde zurückgenommen** hat.	
G 08/91	**Keine Fortführung der Einspruchsbeschwerde bei Rücknahme der einzigen Beschwerde**	21
	Durch die **Rücknahme** der **Beschwerde** eines **einzigen Beschwerdeführers**, sei es im einseitigen oder zweiseitigen Verfahren, wird das Beschwerdeverfahren beendet, soweit es die durch die angefochtene Entscheidung der ersten Instanz entschiedenen Sachfragen angeht.	

S. G-Entscheidungen

	Entscheidung	Leitsätze
22	G 09/91	**Umfang der Prüfung durch das EPA im Einspruchs- und Beschwerdeverfahren**
		Die **Befugnis einer Einspruchsabteilung** oder einer **Beschwerdekammer**, gemäß **Artikel 101** (Artikel 101 und 102 EPÜ 1973 in **Artikel 101** überführt) **zu prüfen** und zu entscheiden, ob ein europäisches Patent aufrechterhalten werden soll, hängt von dem Umfang ab, in dem gemäß **Regel 76 (2) c) EPÜ** (Regel 55 c) EPÜ 1973) in der Einspruchsschrift gegen das Patent Einspruch eingelegt wird. Allerdings können Ansprüche, die von einem im Einspruchs- oder Beschwerdeverfahren vernichteten unabhängigen Anspruch abhängig sind, auch dann auf die Patentierbarkeit ihres Gegenstands geprüft werden, wenn dieser nicht ausdrücklich angefochten worden ist, sofern ihre Gültigkeit durch das bereits vorliegende Informationsmaterial prima facie in Frage gestellt wird.
23	G 10/91 mit G 09/91 verbunden	**Umfang der Prüfung durch das EPA im Einspruchs- und Beschwerdeverfahren**
		1. Eine **Einspruchsabteilung** oder eine **Beschwerdekammer** ist **nicht verpflichtet**, über die in der Erklärung gemäß **Regel 76 (2) c) EPÜ** (Regel 55 c) EPÜ 1973) angegebenen Einspruchsgründe hinaus **alle in Artikel 100 EPÜ** genannten Einspruchsgründe zu überprüfen.
2. Grundsätzlich **prüft** die Einspruchsabteilung nur diejenigen **Einspruchsgründe**, die gemäß **Artikel 99 (1)** in Verbindung mit **Regel 76 (2) c) EPÜ** (Regel 55 c) EPÜ 1973) **ordnungsgemäß vorgebracht und begründet worden** sind. **Ausnahmsweise** kann die Einspruchsabteilung in Anwendung des **Artikels 114 (1) EPÜ** auch andere Einspruchsgründe prüfen, die **prima facie** der Aufrechterhaltung des europäischen Patents ganz oder teilweise entgegenzustehen scheinen.
3. Im **Beschwerdeverfahren** dürfen **neue Einspruchsgründe** nur mit dem **Einverständnis** des **Patentinhabers** geprüft werden.
24	G 11/91	siehe G 3/89
25	G 12/91	**Abschluss des Verfahrens bei Abgabe an interne Poststelle des EPA**
		Das **Verfahren** für den Erlass einer Entscheidung im schriftlichen Verfahren ist mit dem **Tag** der **Abgabe der Entscheidung** durch die Formalprüfungsstelle der Abteilung an die interne **Poststelle** des EPA zum Zwecke der Zustellung **abgeschlossen**.
26	G 01/92	**Chemische Zusammensetzung eines Erzeugnisses gehört zum Stand der Technik**
		1. Die **chemische Zusammensetzung eines Erzeugnisses** gehört zum Stand der Technik, wenn das Erzeugnis selbst der **Öffentlichkeit zugänglich** ist und **vom Fachmann analysiert** und reproduziert werden kann, und zwar unabhängig davon, ob es besondere Gründe gibt, die Zusammensetzung zu analysieren.
2. Derselbe Grundsatz gilt entsprechend auch für alle anderen Erzeugnisse.
27	G 02/92	**Fortführung einer uneinheitlichen Anmeldung ohne Zahlung zusätzlicher Recherchengebühren**
		Ein Anmelder, der es bei einer **uneinheitlichen Anmeldung** unterlässt, auf eine Aufforderung der Rechenabteilung nach **R 64 (1) EPÜ** (Regel 46 (1) EPÜ 1973) **weitere Recherchengebühren zu entrichten**, kann diese Anmeldung **nicht** für einen Gegenstand **weiterverfolgen**, für den keine Recherchengebühren entrichtet wurden. Der Anmelder muss vielmehr eine **TA für diesen Gegenstand** einreichen, wenn er dafür weiterhin Schutz begehrt.
28	G 03/92	**Anhängigkeit der älteren Anmeldung bei Neueinreichung durch den Berechtigten**
		Wenn durch rechtskräftige Entscheidung eines nationalen Gerichts der Anspruch auf Erteilung eines europäischen Patents einer anderen Person als dem Anmelder zugesprochen worden ist und diese andere Person unter Einhaltung der ausdrücklichen Erfordernisse des **Artikels 61 (1) EPÜ** gemäß **Artikel 61 (1) b) EPÜ** eine **neue europäische Patentanmeldung** für dieselbe Erfindung einreicht, ist die Zulassung dieser neuen Anmeldung nicht daran gebunden, dass zum Zeitpunkt ihrer Einreichung die ältere, widerrechtliche Anmeldung noch vor dem EPA anhängig ist.
29	G 04/92	**Entscheidung aufgrund neuer Tatsachen und Beweismittel in mündlicher Verhandlung**
		1. Eine **Entscheidung zuungunsten** eines **Beteiligten**, der trotz ordnungsgemäßer Ladung der mündlichen Verhandlung **ferngeblieben** ist, darf **nicht** auf **erstmals** in dieser mündlichen Verhandlung **vorgebrachte Tatsachen** gestützt werden.
2. Unter den gleichen Umständen können neue Beweismittel nur berücksichtigt werden, wenn sie vorher angekündigt waren und lediglich die Behauptungen des Beteiligten bestätigen, der sich auf sie beruft, während neue Argumente grundsätzlich in der Begründung der Entscheidung aufgegriffen werden können.
30	G 05/92 G 06/92	**Ausschluss der Wiedereinsetzung**
		Durch **Artikel 122 (2)**, **Regel 136 (3)** (Artikel 122 Absatz 5 EPÜ 1973) wird die **Wiedereinsetzung** in die Frist nach **Artikel 94 Absatz 2 EPÜ** ausgeschlossen.

G-Entscheidungen S.

Entscheidung	Leitsätze	
G 09/92 G 04/93	**Umfang der Fortführung nach einer Zwischenentscheidung (reformatio in peius)** 1. Ist der **Patentinhaber** der **alleinige Beschwerdeführer** gegen eine Zwischenentscheidung über die Aufrechterhaltung des Patents in geändertem Umfang, so kann weder die Beschwerdekammer noch der nicht beschwerdeführende Einsprechende als Beteiligter nach **Art. 107 Satz 2 EPÜ** die Fassung des Patents gemäß der Zwischenentscheidung in Frage stellen. 2. Ist der **Einsprechende** der **alleinige Beschwerdeführer** gegen eine Zwischenentscheidung über die Aufrechterhaltung des Patents in geändertem Umfang, so ist der Patentinhaber primär darauf beschränkt, das Patent in der Fassung zu verteidigen, die die Einspruchsabteilung ihrer Zwischenentscheidung zugrunde gelegt hat. Änderungen, die der Patentinhaber als Beteiligter nach **Art. 107 Satz 2 EPÜ** vorschlägt, können von der Beschwerdekammer abgelehnt werden, wenn sie weder sachdienlich noch erforderlich sind.	31
G 10/92	Nach Änderung der R 25 EPÜ 1973 bzw. **R 36 (1) EPÜ** liegen nun andere Regelung zur Einreichung einer TA vor; die G 10/92 ist daher nicht mehr relevant. <s>Ein Anmelder kann gemäß Regel 25 EPÜ in der ab 1. Oktober 1988 geltenden Fassung eine **Teilanmeldung** zu der anhängigen früheren europäischen Patentanmeldung nur bis zu seiner Zustimmung gemäß Regel 51 (4) EPÜ einreichen.</s>	32
G 01/93	**Änderung der erteilten Ansprüche im Einspruchsverfahren, die über die Offenbarung hinaus gehen (»unentrinnbare Falle«)** 1. Enthält ein europäisches Patent in der **erteilten Fassung** Gegenstände, die im Sinne des **Artikels 123 (2) EPÜ** über den **Inhalt** der **Anmeldung** in der **ursprünglich eingereichten Fassung** hinausgehen und auch seinen Schutzbereich einschränken, so kann es im Einspruchsverfahren **nicht unverändert aufrechterhalten** werden, weil der Einspruchsgrund nach **Artikel 100 c) EPÜ** seiner Aufrechterhaltung entgegensteht. Das **Patent kann** auch **nicht** durch Streichung dieser beschränkenden Gegenstände aus den Ansprüchen **geändert werden**, weil eine solche **Änderung** den **Schutzbereich erweitern würde**, was nach **Artikel 123 (3) EPÜ** unzulässig ist. Es kann deshalb nur aufrechterhalten werden, wenn die Anmeldung in der ursprünglich eingereichten Fassung eine Grundlage dafür bietet, dass diese Gegenstände ohne Verstoß gegen **Artikel 123 (3) EPÜ** durch andere ersetzt werden können. 2. Ein Merkmal, das in der Anmeldung ursprünglich nicht offenbart war, ihr aber während der Prüfung hinzugefügt wurde und - ohne einen technischen Beitrag zum Gegenstand der beanspruchten Erfindung zu leisten - lediglich den Schutzbereich des Patents in der erteilten Fassung einschränkt, indem es den Schutz für einen Teil des Gegenstands der in der ursprünglichen Anmeldung beanspruchten Erfindung ausschließt, ist nicht als Gegenstand zu betrachten, der im Sinne des **Artikels 123 (2) EPÜ** über den Inhalt der Anmeldung in der ursprünglich eingereichten Fassung hinausgeht. Der Einspruchsgrund nach **Artikel 100 c) EPÜ** steht deshalb der Aufrechterhaltung eines europäischen Patents, das ein solches Merkmal enthält, nicht entgegen.	33
G 02/93	**Frist zur Hinterlegung einer biologischen Probe** Die in **R 31 (1) c) EPÜ** (Regel 28 (1) c) EPÜ 1973) vorgeschriebene Angabe des **Aktenzeichens einer hinterlegten Kultur** kann nach Ablauf der Frist gemäß **R 31 (2) a) EPÜ** (Regel 28 (2) a) EPÜ 1973) nicht mehr vorgenommen werden.	34
G 03/93	**Wirksamkeit des Prioritätsanspruchs für den Stand der Technik** 1. Ein **im Prioritätsintervall veröffentlichtes Dokument**, dessen technischer Inhalt demjenigen des Prioritätsdokuments entspricht, kann einer europäischen Patentanmeldung, in der diese Priorität in Anspruch genommen wird, insoweit als **Stand der Technik** gemäß **Artikel 54 (2) EPÜ** entgegengehalten werden, als der **Prioritätsanspruch unwirksam** ist. 2. Dies gilt auch dann, wenn der Prioritätsanspruch deshalb unwirksam ist, weil das Prioritätsdokument und die spätere europäische Anmeldung nicht dieselbe Erfindung betreffen, da in der europäischen Anmeldung Gegenstände beansprucht werden, die im Prioritätsdokument nicht offenbart waren.	35
G 05/93	**Wiedereinsetzung bei Euro-PCT-Anmeldungen** Die Bestimmungen des **Artikels 122 (1) EPÜ** (Artikels 122 (5) EPÜ 1973) gelten für die **Fristen** gemäß **Regel 136 (1) EPÜ** (Regel 104b (1) b) i) und ii) bzw. geänderte Regel 106 EPÜ 1973) in Verbindung mit den **Regeln 159 (1) c), d) und e) EPÜ** (Artikeln 157 (2) b) und 158 (2) EPÜ 1973). Dessen ungeachtet können Euro-PCT-Anmelder noch in die Frist zur Zahlung der in **Artikel 153 (5), Regel 159 (1) c), d) und e) EPÜ** (Regel 104b bzw. Regel 106 EPÜ 1973) vorgesehenen nationalen Gebühr wiedereingesetzt werden, wenn die Wiedereinsetzung beantragt worden ist, bevor die Entscheidung G 3/91 der Öffentlichkeit zugänglich gemacht wurde.	36

S. G-Entscheidungen

	Entscheidung	Leitsätze
37	G 07/93	**Änderungen gegenüber der von der Prüfungsabteilung beabsichtigten erteilungsfähigen Ansprüche** 1. Eine vom Anmelder nach **Regel 71 (5) EPÜ** (Regel 51 (4) EPÜ 1973) abgegebene **Einverständniserklärung** mit der ihm mitgeteilten Fassung des Patents **wird nicht bindend**, sobald eine Mitteilung gemäß **Regel 71a (2) EPÜ** (Regel 51 (6) EPÜ 1973) erlassen wurde. Nach einer solchen Mitteilung gemäß **Regel 72 (2) EPÜ** (Regel 51 (6) EPÜ 1973) hat die Prüfungsabteilung noch bis zum Erlass eines Erteilungsbeschlusses ein **Ermessen** nach **Regel 137 (3) EPÜ** (Regel 86 (3) Satz 2 EPÜ 1973), eine Änderung der Anmeldung zuzulassen. 2. Bei der Ausübung dieses Ermessens nach Erlass einer Mitteilung gemäß **Regel 71a (2)** (Regel 51 (6) EPÜ 1973) muss die Prüfungsabteilung allen rechtserheblichen Faktoren Rechnung tragen. Sie muss insbesondere das Interesse des Anmelders an einem in allen benannten Staaten rechtsbeständigen Patent und das seitens des EPA bestehende Interesse, das Prüfungsverfahren durch Erlass eines Erteilungsbeschlusses zum Abschluss zu bringen, berücksichtigen und gegeneinander abwägen. Da der Erlass der Mitteilung nach **Regel 71a (2) EPÜ** (Regel 51 (6) EPÜ 1973) dem Zweck dient, das Erteilungsverfahren auf der Grundlage der zuvor gebilligten Fassung der Anmeldung abzuschließen, wird die Zulassung eines Änderungsantrags in diesem späten Stadium des Erteilungsverfahrens eher die Ausnahme als die Regel sein. (**Anmerkung**: Durch die **Regel 71a (2) EPÜ** besteht nun die Möglichkeit für die Prüfungsabteilung in das Prüfungsverfahren zurückzukehren, falls Änderungen formal u/o materiell unzulässig sind – siehe RiLi C-V, 4.7) 3. ~~Vorbehalte nach Artikel 167 (2) EPÜ sind keine Erfordernisse des EPÜ, die gemäß Artikel 96 (2) EPÜ erfüllt werden müssen.~~ (Artikel 167 EPÜ 1973 wurde ersatzlos gestrichen)
38	G 08/93	**Beendigung des Verfahrens durch Rücknahme des Einspruchs des einzigen Einsprechenden** Mit dem Eingang der Erklärung der **Rücknahme** des **Einspruchs** des **Einsprechenden**, der **einziger Beschwerdeführer** ist, wird das Beschwerdeverfahren unmittelbar beendet, und zwar unabhängig davon, ob der Patentinhaber der Beendigung des Beschwerdeverfahrens zustimmt, und zwar auch dann, wenn die Beschwerdekammer der Auffassung sein sollte, dass die Voraussetzungen für eine Aufrechterhaltung des Patents nach dem EPÜ nicht erfüllt sind.
39	G 09/93	**Kein Einspruch des Patentinhabers gegen das eigene europäische Patent** Der **Einspruch** des **Patentinhabers** gegen sein **eigenes** europäisches **Patent** ist **nicht zulässig** (in Abkehr von der durch die Entscheidung G 1/84 begründeten Rechtsprechung).
40	G 10/93	**Umfang der Prüfung der Beschwerdekammer bei Zurückweisung der Patentanmeldung** In einem Verfahren über die **Beschwerde** gegen eine **Entscheidung** einer **Prüfungsabteilung**, mit der eine europäische Patentanmeldung zurückgewiesen worden ist, hat die Beschwerdekammer die Befugnis zu überprüfen, ob die Anmeldung und die Erfindung, die sie zum Gegenstand hat, den Erfordernissen des EPÜ genügen. Dies gilt auch für Erfordernisse, die die Prüfungsabteilung im Prüfungsverfahren nicht in Betracht gezogen oder als erfüllt angesehen hat. Besteht Anlass zur Annahme, dass ein solches Patentierungserfordernis nicht erfüllt sein könnte, so bezieht die Beschwerdekammer diesen Grund in das Verfahren ein.
41	G 01/94	**Zeitraum und Umfang des Beitritts eines vermeintlichen Patentverletzers** Ein **Beitritt** des **vermeintlichen Patentverletzers** nach **Artikel 105 EPÜ** ist während eines **anhängigen Beschwerdeverfahrens** zulässig und kann auf jeden der in **Artikel 100 EPÜ** genannten Einspruchsgründe gestützt werden.

G-Entscheidungen

Entscheidung	Leitsätze	
G 02/94 Siehe auch G 04/95	**Zulässigkeit der Ausführungen einer Begleitperson** 1. Es steht im Ermessen einer Beschwerdekammer, einer **Begleitperson** (die nicht nach **Artikel 134 (1)** und **(7) EPÜ** berechtigt ist, Beteiligte im Verfahren vor dem EPA zu vertreten) in einer mündlichen Verhandlung in Ex-parte-Verfahren **in Ergänzung** des vollständigen Sachvortrags des zugelassenen Vertreters **Ausführungen zu gestatten**. 2. a) In Ex-parte-Verfahren muss ein zugelassener Vertreter die Zulassung solcher mündlicher Ausführungen vor dem Termin der mündlichen Verhandlung beantragen. In diesem Antrag sind Name und Qualifikation des Vortragenden sowie das Thema der gewünschten mündlichen Ausführungen anzugeben. Die Beschwerdekammer übt ihr Ermessen je nach den Umständen im Einzelfall aus. Dabei ist ausschlaggebend, dass die Kammer vor ihrer Entscheidung in der Sache über alle einschlägigen Sachverhalte umfassend unterrichtet wird. Die Kammer muss sicherstellen, dass die Begleitperson ihre mündlichen Ausführungen unter der fortgesetzten Verantwortung und Aufsicht des zugelassenen Vertreters vorbringt. 2. b) Eine Beschwerdekammer soll ihre Zustimmung versagen zu mündlichen Ausführungen eines ehemaligen Kammermitglieds in einer vor ihr stattfindenden mündlichen Verhandlung sowohl in Inter-partes- als auch in Ex-parte-Verfahren, es sei denn, sie wäre völlig davon überzeugt, dass das Ausscheiden des ehemaligen Mitglieds aus der Beschwerdekammer so lang zurückliegt, dass eine Befangenheit der Beschwerdekammer in dieser Sache vernünftigerweise nicht zu besorgen ist, wenn sie ein solches mündliches Vorbringen gestattet. Eine Beschwerdekammer soll in der Regel die Zustimmung zu mündlichen Ausführungen eines ehemaligen Kammermitglieds in einer vor ihr stattfindenden mündlichen Verhandlung versagen, wenn nach dessen Ausscheiden nicht mindestens drei Jahre vergangen sind. Nach Ablauf von drei Jahren soll die Zustimmung erteilt werden, sofern keine außergewöhnlichen Umstände	42
G 01/95	**Neuer Einspruchsgrund im Beschwerdeverfahren** Ist der Einspruch gegen ein Patent aufgrund der in **Artikel 100 a) EPÜ** genannten Einspruchsgründe eingelegt, aber nur mit mangelnder Neuheit und erfinderischer Tätigkeit substantiiert worden, so gilt der Einwand, dass der Gegenstand nach **Artikel 52 (1)** und **(2) EPÜ** nicht patentfähig ist, als **neuer Einspruchsgrund** und darf nicht ohne das Einverständnis des Patentinhabers in das Beschwerdeverfahren eingeführt werden.	43
G 02/95	**Beschränkung der Berichtigung von Mängeln in den eingereichten Unterlagen** Die vollständigen Unterlagen einer europäischen Patentanmeldung, also Beschreibung, Patentansprüche und Zeichnungen, können nicht im Wege der **Berichtigung** nach **Regel 139 EPÜ** (Regel 88 EPÜ 1973) durch **andere Unterlagen ersetzt** werden, die der Anmelder mit seinem Erteilungsantrag hatte einreichen wollen.	44
G 03/95	**Unzulässigkeit der Vorlage der großen Beschwerdekammer, da keine widersprechende Entscheidungen vorliegen** 1. In der Entscheidung T 356/93 (ABl. 1995, 545) wurde festgestellt, dass ein auf **genetisch veränderte Pflanzen** mit einem unterscheidbaren, beständigen, herbizidresistenten genetischen Merkmal gerichteter Anspruch nach **Artikel 53 b) EPÜ nicht gewährbar** ist, weil die beanspruchte genetische Veränderung selbst aus der veränderten oder transformierten Pflanze eine »Pflanzensorte« im Sinne des **Artikels 53 b) EPÜ** macht. 2. Diese Feststellung steht nicht in Widerspruch zu den Feststellungen in den Entscheidungen T 49/83 (ABl. 1984, 112) und T 19/90 (ABl. 1990, 476). 3. Demzufolge ist die Vorlage der Frage: Verstößt ein Patentanspruch, der auf Pflanzen oder Tiere gerichtet ist, ohne dass dabei bestimmte Pflanzensorten oder Tierarten in ihrer Individualität beansprucht werden, gegen das Patentierungsverbot des **Artikels 53 b) EPÜ**, wenn er Pflanzensorten oder Tierarten umfasst? an die Große Beschwerdekammer durch den Präsidenten des EPA nach **Artikel 112 (1) b) EPÜ** unzulässig.	45

S. G-Entscheidungen

	Entscheidung	Leitsätze
46	**G 04/95** Siehe auch G 02/94	**Zulässigkeit der Ausführungen einer Begleitperson** 1. In der mündlichen Verhandlung nach **Artikel 116 EPÜ** im Rahmen des Einspruchs- oder Einspruchsbeschwerdeverfahrens kann es einer **Person**, die den zugelassenen Vertreter eines Beteiligten **begleitet**, gestattet werden, außerhalb des Rahmens von **Artikel 117 EPÜ** und über den umfassenden Vortrag des Falls des Beteiligten durch den zugelassenen Vertreter hinaus für diesen Beteiligten **mündliche Ausführungen** zu konkreten rechtlichen oder technischen Fragen zu machen. 2. a) Ein Rechtsanspruch auf solche mündlichen Ausführungen besteht nicht; sie dürfen nur mit Zustimmung des EPA und nach seinem Ermessen gemacht werden. 2. b) Das EPA hat bei der Ausübung seines Ermessens, mündliche Ausführungen durch eine Begleitperson im Einspruchs- oder Einspruchsbeschwerdeverfahren zuzulassen, hauptsächlich die folgenden Kriterien zu berücksichtigen: i) Der zugelassene Vertreter muss beantragen, dass diese mündlichen Ausführungen gemacht werden dürfen. Im Antrag sind der Name und die Qualifikation der Begleitperson anzugeben und der Gegenstand der beabsichtigten mündlichen Ausführungen zu nennen. ii) Der Antrag ist so rechtzeitig vor der mündlichen Verhandlung zu stellen, dass sich alle Gegenparteien auf die beabsichtigten mündlichen Ausführungen angemessen vorbereiten können. iii) Ein Antrag, der erst kurz vor oder während der mündlichen Verhandlung gestellt wird, ist zurückzuweisen, sofern nicht außergewöhnliche Umstände vorliegen, es sei denn, alle Gegenparteien sind damit einverstanden, dass die beantragten mündlichen Ausführungen gemacht werden. iv) Das EPA muss davon überzeugt sein, dass die Begleitperson die mündlichen Ausführungen unter der ständigen Verantwortung und Aufsicht des zugelassenen Vertreters macht. 2. c) Für mündliche Ausführungen durch zugelassene Patentvertreter aus Ländern, die nicht Vertragsstaaten des EPÜ sind, gelten keine besonderen Kriterien.
47	**G 06/95**	**Ladungsfrist gilt nicht für Beschwerdekammern** Die **Regel 116 EPÜ** (Regel 71a (1) EPÜ 1973) (**Ladungsfrist**) gilt nicht für die Beschwerdekammern.
48	**G 07/95**	**Neuer Einspruchsgrund im Beschwerdeverfahren** Ist gegen ein Patent gemäß **Artikel 100 a) EPÜ** mit der Begründung **Einspruch** eingelegt worden, dass die Patentansprüche gegenüber den in der Einspruchsschrift angeführten Entgegenhaltungen keine erfinderische Tätigkeit aufweisen, so gilt ein auf die **Artikel 52 (1)** und **54 EPÜ** gestützter Einwand wegen mangelnder Neuheit als **neuer Einspruchsgrund** und darf daher nicht ohne das Einverständnis des Patentinhabers in das Beschwerdeverfahren eingeführt werden. Die Behauptung, dass die nächstliegende Entgegenhaltung für die Patentansprüche neuheitsschädlich ist, kann jedoch bei der Entscheidung über den Einspruchsgrund der mangelnden erfinderischen Tätigkeit geprüft werden.
49	**G 08/95**	**Zuständigkeit für die Beschwerde bzgl. des Antrags auf Berichtigung von Fehlern im Erteilungsbeschlusses** Für eine **Beschwerde** gegen die Entscheidung einer Prüfungsabteilung, einen Antrag nach **Regel 140 EPÜ** (Regel 89 EPÜ 1973) auf Berichtigung des Erteilungsbeschlusses zurückzuweisen, ist eine Technische Beschwerdekammer zuständig.
50	**G 01/97**	**Zuständigkeit der Fragen über die Zulässigkeit von Verletzungen wesentlicher Verfahrensgrundsätze vor dem EPA** I. Im Rahmen des Europäischen Patentübereinkommens ist es einem gerichtlichen Verfahren vorbehalten, Anträge, die sich auf die angebliche Verletzung eines **wesentlichen Verfahrensgrundsatzes** stützen und auf die Überprüfung einer rechtskräftigen Entscheidung einer Beschwerdekammer des EPA abzielen, als unzulässig zu verwerfen. II. Die Entscheidung über die Unzulässigkeit obliegt der Beschwerdekammer, die die Entscheidung erlassen hat, deren Überprüfung beantragt wird. Sie kann unverzüglich und ohne prozessuale Formalitäten ergehen. III. Diese gerichtliche Behandlung ist denjenigen gegen eine Beschwerdekammerentscheidung gerichteten Anträgen vorbehalten, die nach dem Tag des Erlasses der vorliegenden Entscheidung gestellt werden. IV. Hat die Rechtsabteilung des EPA über die Eintragung eines gegen eine Beschwerdekammerentscheidung gerichteten Antrags in das europäische Patentregister zu entscheiden, so darf sie diese Eintragung nicht veranlassen, wenn sich herausstellt, dass sich dieser Antrag ungeachtet seiner Form auf die angebliche Verletzung eines wesentlichen Verfahrensgrundsatzes stützt und auf die Überprüfung einer rechtskräftigen Entscheidung einer Beschwerdekammer abzielt.

G-Entscheidungen

Entscheidung	Leitsätze	
G 02/97	**Keine weitergehende Informationspflicht der Beschwerdekammer** Der Grundsatz von **Treu und Glauben** verpflichtet die Beschwerdekammern nicht dazu, einen Beschwerdeführer auch dann darauf aufmerksam zu machen, dass eine Beschwerdegebühr noch aussteht, wenn er die Beschwerde so frühzeitig eingereicht hat, dass er die Gebühr noch rechtzeitig entrichten könnte, und weder der Beschwerdeschrift noch irgendeinem anderen auf die Beschwerde bezüglichen Dokument zu entnehmen ist, dass er die Frist für die Entrichtung der Gebühr ohne eine solche Mitteilung versehentlich versäumen würde.	51
G 03/97 G 04/97	**Zulässigkeit von Einsprüchen Dritter (»Strohmann-Entscheidung«)** 1a: Ein Einspruch ist nicht schon deswegen unzulässig, weil der als Einsprechender **gemäß Regel 76 (2) a)** iVm **Regel 41 (2) c) EPÜ** (Regel 55 a) EPÜ 1973) Genannte im Auftrag eines Dritten handelt. 1b: Ein solcher Einspruch ist aber dann unzulässig, wenn das Auftreten des Einsprechenden als missbräuchliche Gesetzesumgehung anzusehen ist. 1c: Eine solche Gesetzesumgehung liegt insbesondere vor, wenn – der Einsprechende im Auftrag des Patentinhabers handelt; – der Einsprechende im Rahmen einer typischerweise zugelassenen Vertretern zugeordneten Gesamttätigkeit im Auftrag eines Mandanten handelt, ohne hierfür die nach **Artikel 134 EPÜ** erforderliche Qualifikation zu besitzen. 1d: Eine missbräuchliche Gesetzesumgehung liegt dagegen nicht schon deswegen vor, weil – ein zugelassener Vertreter in eigenem Namen für einen Mandanten handelt; – ein Einsprechender mit Sitz oder Wohnsitz in einem der Vertragsstaaten des EPÜ im Auftrag eines Dritten handelt, auf den diese Voraussetzung nicht zutrifft. 2: Ob eine missbräuchliche Gesetzesumgehung vorliegt, ist unter Anwendung des Prinzips der freien Beweiswürdigung zu prüfen. Die Beweislast trägt, wer die Unzulässigkeit des Einspruchs geltend macht. Das Vorliegen einer missbräuchlichen Gesetzesumgehung muss auf der Grundlage eines klaren und eindeutigen Beweises zur Überzeugung des entscheidenden Organs feststehen. 3: Die Zulässigkeit eines Einspruchs kann im Beschwerdeverfahren mit Gründen angefochten werden, die die Identität eines Einsprechenden betreffen, auch wenn vor der Einspruchsabteilung kein solcher Einwand erhoben worden war.	52
G 01/98	**Grenzen des Patentierungsverbots für Pflanzensorten** I. Ein Anspruch, in dem bestimmte **Pflanzensorten** nicht individuell beansprucht werden, ist nicht nach **Artikel 53 b) EPÜ** vom Patentschutz ausgeschlossen, auch wenn er möglicherweise Pflanzensorten umfasst. II. Bei der Prüfung eines Anspruchs für ein Verfahren zur Züchtung einer Pflanzensorte ist **Artikel 64 (2) EPÜ** nicht zu berücksichtigen. III. Das Patentierungsverbot des **Artikels 53 b) erster Halbsatz EPÜ** gilt für Pflanzensorten unabhängig davon, auf welche Weise sie erzeugt wurden. Daher sind Pflanzensorten, in denen Gene vorhanden sind, die mittels der rekombinanten Gentechnik in eine Elternpflanze eingebracht wurden, vom Patentschutz ausgeschlossen.	53
G 02/98	**Inanspruchnahme einer Priorität aus einer früheren Anmeldung** Das in **Artikel 87 (1) EPÜ** für die Inanspruchnahme einer Priorität genannte Erfordernis »derselben Erfindung« bedeutet, dass die Priorität einer früheren Anmeldung für einen Anspruch in einer europäischen Patentanmeldung gemäß **Artikel 88 EPÜ** nur dann anzuerkennen ist, wenn der Fachmann den Gegenstand des Anspruchs unter Heranziehung des allgemeinen Fachwissens unmittelbar und eindeutig der früheren Anmeldung als Ganzes entnehmen kann.	54
G 03/98 G 02/99	**Berechnung der Frist für die unschädliche Offenbarung** Für die Berechnung der **Frist** von sechs Monaten nach **Artikel 55 (1) EPÜ** ist der **Tag** der **tatsächlichen Patentanmeldung** maßgebend; der Prioritätstag ist für die Berechnung dieser Frist nicht heranzuziehen.	55
G 04/98	**Wirkung der Nichtzahlung von Benennungsgebühren,** I. Unbeschadet des **Artikels 67 (4) EPÜ** wird die Benennung eines Vertragsstaats des EPÜ in einer europäischen Patentanmeldung nicht rückwirkend wirkungslos und gilt nicht als nie erfolgt, wenn die entsprechende Benennungsgebühr nicht fristgerecht entrichtet worden ist. II. ~~Die Benennung eines Vertragsstaats gilt gemäß Artikel 91 (4) EPÜ (gestrichen im EPÜ 2000) mit Ablauf der in Artikel 79 (2) bzw. in Regel 15 (2), 25 (2) oder 107 (1) EPÜ genannten Frist als zurückgenommen und nicht mit Ablauf der Nachfrist gemäß Regel 85a EPÜ.~~ (Aufgrund Änderung zur Zahlung gemeinsamer Benennungsgebühr für alle VS keine Entsprechung im EPÜ 2000.)	56

S. G-Entscheidungen

	Entscheidung	Leitsätze
57	G 01/99	**Änderung der Ansprüche im Beschwerdeverfahren** Grundsätzlich muss ein geänderter Anspruch, durch den der Einsprechende und alleinige Beschwerdeführer schlechter gestellt würde als ohne die Beschwerde, zurückgewiesen werden. Von diesem Grundsatz kann jedoch ausnahmsweise abgewichen werden, um einen im Beschwerdeverfahren vom Einsprechenden/Beschwerdeführer oder von der Kammer erhobenen Einwand auszuräumen, wenn andernfalls das in geändertem Umfang aufrechterhaltene Patent als unmittelbare Folge einer **unzulässigen Änderung**, die die **Einspruchsabteilung** für gewährbar erachtet hatte, widerrufen werden müsste. Unter diesen Umständen kann dem Patentinhaber/Beschwerdegegner zur Beseitigung des Mangels gestattet werden, folgendes zu beantragen: - in erster Linie eine Änderung, durch die ein oder mehrere Merkmale aufgenommen werden, die den Schutzbereich des Patents in der aufrechterhaltenen Fassung einschränken; - falls eine solche Beschränkung nicht möglich ist, eine Änderung, durch die ein oder mehrere ursprünglich offenbarte Merkmale aufgenommen werden, die den Schutzbereich des Patents in der aufrechterhaltenen Fassung erweitern, ohne jedoch gegen **Artikel 123 (3) EPÜ** zu verstoßen; - erst wenn solche Änderungen nicht möglich sind, die Streichung der unzulässigen Änderung, sofern nicht gegen **Artikel 123 (3) EPÜ** verstoßen wird.
58	G 03/99	**Gemeinsamer Einspruch mehrerer Personen** I. Ein **Einspruch**, der von **mehreren Personen gemeinsam** eingelegt wird und ansonsten den Erfordernissen des **Artikels 99 EPÜ** sowie der **Regeln 3** und **76 EPÜ** (Regeln 1 und 55 EPÜ 1973) genügt, ist **zulässig**, wenn **nur eine Einspruchsgebühr** entrichtet wird. II. Besteht die Partei der Einsprechenden aus mehreren Personen, so muss eine **Beschwerde** von dem **gemeinsamen Vertreter** gemäß **Regel 151 EPÜ** (Regel 100 EPÜ 1973) eingelegt werden. Wird die Beschwerde von einer hierzu nicht berechtigten Person eingelegt, so betrachtet die Beschwerdekammer sie als nicht ordnungsgemäß unterzeichnet und fordert den gemeinsamen Vertreter auf, sie innerhalb einer bestimmten Frist zu unterzeichnen. Die nicht-berechtigte Person, die die Beschwerde eingelegt hat, wird von dieser Aufforderung in Kenntnis gesetzt. Scheidet der bisherige gemeinsame Vertreter aus dem Verfahren aus, so ist gemäß **Regel 151 EPÜ** (Regel 100 EPÜ 1973) ein neuer gemeinsamer Vertreter zu bestimmen. III. Zur Wahrung der Rechte des Patentinhabers und im Interesse der Verfahrenseffizienz muss während des gesamten Verfahrens klar sein, wer der Gruppe der gemeinsamen Einsprechenden bzw. der gemeinsamen Beschwerdeführer angehört. Beabsichtigt einer der gemeinsamen Einsprechenden oder der gemeinsamen Beschwerdeführer (oder der gemeinsamen Vertreter), sich aus dem Verfahren zurückzuziehen, so muss das EPA durch den gemeinsamen Vertreter bzw. durch einen nach **Regel 151 (1) EPÜ** (Regel 100 (1) EPÜ 1973) bestimmten neuen gemeinsamen Vertreter entsprechend unterrichtet werden, damit der Rückzug aus dem Verfahren wirksam wird.
59	G 01/02	**Kompetenz des Formalsachbearbeiters** Die Bestimmungen unter den Nummern 4 und 6 der Mitteilung des Vizepräsidenten der Generaldirektion 2 vom 28. April 1999 (ABl. EPA 1999, 506) verstoßen nicht gegen übergeordnete Vorschriften. *Bemerkung:* *In Nummer 4 der Mitteilung vom 28. April 1999 wird den Formalsachbearbeitern die Zuständigkeit für die Wahrnehmung folgender Geschäfte zugewiesen: »Mitteilungen nach Regel 112 (1) EPÜ (Regel 69 (1) EPÜ 1973) und Entscheidungen und Unterrichtungen nach Regel 112 (2) EPÜ (Regel 69 (2) EPÜ 1973)«. Aus Nummer 6 ergibt sich ihre Zuständigkeit für Entscheidungen »im einseitigen Verfahren über die Unzulässigkeit des Einspruchs und des Beitritts des vermeintlichen Patentverletzers mit Ausnahme der Fälle nach Regel 76 c) EPÜ (Regel 55 c) EPÜ 1973)«. Nummer 4 überträgt einzelne Geschäfte im Vorfeld der eigentlichen Entscheidungen sowie die Befugnis zum Erlass von Entscheidungen im Rahmen der Regel 112 (2) EPÜ (Regel 69 (2) EPÜ 1973). Nummer 6 betrifft ausschließlich die Übertragung der Befugnis zum Erlass von Entscheidungen innerhalb der vorgegebenen Grenzen. In der Entscheidung G 1/02 gilt es daher festzustellen, ob Regel 11 (3) EPÜ (Regel 9 (3) EPÜ 1973) die Möglichkeit eröffnet, den Formalsachbearbeitern nicht nur Geschäfte zu übertragen, die dem Erlass von Entscheidungen vorausgehen, sondern auch die Befugnis, unter bestimmten Voraussetzungen Entscheidungen zu erlassen, die den Einspruchsabteilungen obliegen.*
60	G 02/02 G 03/02	**Beanspruchung einer Priorität vom dem EPA aus PVÜ-Staaten** ~~Das TRIPS-Übereinkommen berechtigt den Anmelder einer europäischen Patentanmeldung nicht, die Priorität einer ersten Anmeldung in einem Staat zu beanspruchen, der zu den maßgeblichen Zeitpunkten zwar Mitglied des WTO/TRIPS-Übereinkommens war, aber nicht Mitglied der Pariser Verbands Übereinkunft.~~ Ist mit EPÜ 2000 nicht mehr relevant, da kein Vorbehalt gegen WTO-Regelung mehr besteht.

G-Entscheidungen

Entscheidung	Leitsätze	
G 01/03	**Disclaimer**	61
G 02/03 (siehe auch G 01/16)	I. Die **Änderung** eines **Anspruchs** durch die **Aufnahme** eines **Disclaimers** kann nicht schon deshalb nach **Artikel 123 (2) EPÜ** zurückgewiesen werden, weil weder der Disclaimer noch der durch ihn aus dem beanspruchten Bereich ausgeschlossene Gegenstand aus der Anmeldung in der ursprünglich eingereichten Fassung herleitbar ist. II. Die **Zulässigkeit** eines in der Anmeldung in der ursprünglich eingereichten Fassung **nicht offenbarten Disclaimers** ist nach **folgenden Kriterien** zu beurteilen: II.1 Ein Disclaimer kann zulässig sein, wenn er dazu dient: - die Neuheit wiederherzustellen, indem er einen Anspruch gegenüber einem Stand der Technik nach **Artikel 54 (3)** und **(4) EPÜ** abgrenzt; - die Neuheit wiederherzustellen, indem er einen Anspruch gegenüber einer zufälligen Vorwegnahme nach **Artikel 54 (2) EPÜ** abgrenzt; eine Vorwegnahme ist zufällig, wenn sie so unerheblich für die beanspruchte Erfindung ist und so weitab von ihr liegt, dass der Fachmann sie bei der Erfindung nicht berücksichtigt hätte; und - einen Gegenstand auszuklammern, der nach den **Artikeln 52** bis **57 EPÜ** aus nichttechnischen Gründen vom Patentschutz ausgeschlossen ist. II.2 Ein Disclaimer sollte nicht mehr ausschließen, als nötig ist, um die Neuheit wiederherzustellen oder einen Gegenstand auszuklammern, der aus nichttechnischen Gründen vom Patentschutz ausgeschlossen ist. II.3 Ein **Disclaimer**, der für die **Beurteilung** der **erfinderischen Tätigkeit** oder der ausreichenden **Offenbarung** relevant ist oder wird, stellt eine nach **Artikel 123 (2) EPÜ unzulässige Erweiterung** dar. II.4 Ein Anspruch, der einen Disclaimer enthält, muss die Erfordernisse der Klarheit und Knappheit nach **Artikel 84 EPÜ** erfüllen.	
G 03/03	**Zuständigkeit bei Rückzahlung Beschwerdegebühr** I. Wird einer **Beschwerde** gemäß **Artikel 109 (1) EPÜ** abgeholfen, so ist das erstinstanzliche Organ, dessen Entscheidung mit der Beschwerde angefochten wurde, nicht dafür zuständig, einen Antrag des Beschwerdeführers auf **Rückzahlung** der **Beschwerdegebühr** zurückzuweisen. II. Die **Zuständigkeit** für die Entscheidung über den Antrag liegt bei der **Beschwerdekammer**, die nach **Artikel 21 EPÜ** in der Sache für die Beschwerde zuständig gewesen wäre, wenn ihr nicht abgeholfen worden wäre.	62
G 01/04	**Diagnostizierverfahren** I. Damit der Gegenstand eines **Anspruchs** für ein am menschlichen oder tierischen **Körper** vorgenommenes **Diagnostizierverfahren** unter das Patentierungsverbot des **Artikels 53 c) EPÜ** (Regel 52 (4) EPÜ 1973) fällt, **muss der Anspruch die Merkmale umfassen**, die sich auf Folgendes beziehen: i) die Diagnose zu Heilzwecken im strengen Sinne, also die deduktive human- oder veterinär-medizinische Entscheidungsphase als rein geistige Tätigkeit, ii) die vorausgehenden Schritte, die für das Stellen dieser Diagnose konstitutiv sind, und iii) die spezifischen Wechselwirkungen mit dem menschlichen oder tierischen Körper, die bei der Durchführung derjenigen vorausgehenden Schritte auftreten, die technischer Natur sind. II. Ob ein Verfahren ein Diagnostizierverfahren im Sinne des **Artikels 53 c) EPÜ** (Regel 52 (4) EPÜ 1973) ist, kann weder von der Beteiligung eines Human- oder Veterinärmediziners, der persönlich anwesend ist oder die Verantwortung trägt, abhängig sein noch davon, dass alle Verfahrensschritte auch oder nur von medizinischem oder technischem Hilfspersonal, dem Patienten selbst oder einem automatisierten System vorgenommen werden können. Ebenso wenig darf in diesem Zusammenhang zwischen wesentlichen Verfahrensschritten mit diagnostischem Charakter und unwesentlichen Verfahrensschritten ohne diagnostischen Charakter unterschieden werden. III. Bei einem Diagnostizierverfahren gemäß **Artikel 53 c) EPÜ** (Regel 52 (4) EPÜ 1973) müssen die technischen Verfahrensschritte, die für das Stellen der Diagnose zu Heilzwecken im strengen Sinne konstitutiv sind und ihr vorausgehen, das Kriterium »am menschlichen oder tierischen Körper vorgenommen« erfüllen. IV. **Artikel 53 c) EPÜ** (Regel 52 (4) EPÜ 1973) verlangt keine bestimmte Art oder Intensität der Wechselwirkung mit dem menschlichen oder tierischen Körper; ein vorausgehender technischer Verfahrensschritt erfüllt somit das Kriterium »am menschlichen oder tierischen Körper vorgenommen«, wenn seine Ausführung irgendeine Wechselwirkung mit dem menschlichen oder tierischen Körper einschließt, die zwangsläufig dessen Präsenz voraussetzt.	63

S. G-Entscheidungen

	Entscheidung	Leitsätze
64	G 02/04	**Übertragung Einsprechendenstellung, richtige Verfahrensbeteiligte** I.a) Die **Einsprechendenstellung** ist **nicht frei übertragbar**. b) Eine juristische Person, die bei Einlegung des Einspruchs eine Tochter der Einsprechenden war und die den Geschäftsbetrieb weiterführt, auf den sich das angefochtene Patent bezieht, kann nicht die Einsprechendenstellung erwerben, wenn ihre gesamten Aktien an eine andere Firma übertragen werden. II. Wenn bei Einlegung einer Beschwerde aus berechtigtem Grund Rechtsunsicherheit darüber besteht, wie das Recht hinsichtlich der Frage des richtigen Verfahrensbeteiligten auszulegen ist, ist es legitim, dass die Beschwerde im Namen der Person eingelegt wird, die die handelnde Person nach ihrer Auslegung als richtigen Beteiligten betrachtet, und zugleich hilfsweise im Namen einer anderen Person, die nach einer anderen möglichen Auslegung ebenfalls als der richtige Verfahrensbeteiligte betrachtet werden könnte.
65	G 03/04	**Beitritt während Beschwerdeverfahren** Nach Rücknahme der einzigen Beschwerde kann das Verfahren nicht mit einem während des Beschwerdeverfahrens Beigetretenen fortgesetzt werden.
	Nach Inkrafttreten des EPÜ 2000 entschieden:	
66	G 01/05	**Voreingenommenheit eines Mitglieds der Beschwerdekammer** I. Gibt ein **Beschwerdekammermitglied** in einer Selbstablehnung einen Grund an, der seiner Natur nach ein möglicher Grund für eine Ablehnung wegen **Befangenheit** sein könnte, so sollte dieser Grund in der Regel in der Entscheidung über die Ersetzung dieses Kammermitglieds berücksichtigt werden (Nr. 7 der Entscheidungsgründe). II. Sofern nicht konkrete Umstände an der Fähigkeit eines Kammermitglieds zweifeln lassen, die Vorbringen der Beteiligten zu einem späteren Zeitpunkt unvoreingenommen zu bewerten, kann im Verfahren vor der Großen Beschwerdekammer keine bei objektiver Betrachtung gerechtfertigte, d. h. keine begründete, Besorgnis der Befangenheit eines Mitglieds der Großen Beschwerdekammer im Sinne des **Artikels 24 (3) Satz 1 EPÜ** vorliegen, die darauf gestützt ist, dass in einer früheren Entscheidung einer Beschwerdekammer, an der das betreffende Kammermitglied mitgewirkt hatte, zu dieser Thematik Stellung genommen wurde (Nr. 27 der Entscheidungsgründe).
67	G 01/05	**Änderung des Inhalts einer Teilanmeldung** Was **Artikel 76 (1) EPÜ** angeht, so kann eine Teilanmeldung, die zum Zeitpunkt ihrer Einreichung einen Gegenstand enthält, der über den Inhalt der früheren Anmeldung in der ursprünglich eingereichten Fassung hinausgeht, später geändert werden, damit der Gegenstand nicht mehr über diese Fassung hinausgeht, und zwar auch dann noch, wenn die frühere Anmeldung nicht mehr anhängig ist. Im Übrigen gelten für solche Änderungen dieselben Einschränkungen wie für Änderungen in anderen Anmeldungen (die keine Teilanmeldungen sind).
68	G 01/06 mit G 01/05 verbunden	**Ketten-Teilanmeldungen** Bei einer Kette von Anmeldungen bestehend aus einer (ursprünglichen) Stammanmeldung und darauf folgenden Teilanmeldungen, von denen jede Einzelne aus der jeweiligen Vorgängerin ausgeschieden wurde, ist es eine notwendige und hinreichende Bedingung dafür, dass eine Teilanmeldung dieser Kette den Erfordernissen des **Artikels 76 (1) Satz 2 EPÜ** genügt, dass sich die **gesamte Offenbarung** dieser Teilanmeldung unmittelbar und eindeutig aus dem **Offenbarungsgehalt** jeder **vorangehenden Anmeldung** in der ursprünglich eingereichten Fassung ableiten lässt.
69	G 02/06	**Fragen zur Patentierbarkeit der Verwendung von menschlichen Embryonen** 1. Der Antrag, dem Europäischen Gerichtshof die angegebenen Fragen zur Vorabentscheidung vorzulegen, wird als unzulässig zurückgewiesen. 2. Die der Großen Beschwerdekammer vorgelegten Fragen werden wie folgt beantwortet: Frage 1: **Regel 28 c) EPÜ** (früher Regel 23d c) EPÜ) ist auf alle anhängigen Anmeldungen anzuwenden, auch auf solche, die vor dem Inkrafttreten der Regel eingereicht wurden. Frage 2: **Regel 28 c) EPÜ** (früher Regel 23d c) EPÜ) verbietet die Patentierung von Ansprüchen auf Erzeugnisse, die – wie in der Anmeldung beschrieben – zum Anmeldezeitpunkt ausschließlich durch ein Verfahren hergestellt werden konnten, das zwangsläufig mit der Zerstörung der menschlichen Embryonen einhergeht, aus denen die Erzeugnisse gewonnen werden, selbst wenn dieses Verfahren nicht Teil der Ansprüche ist. Frage 3: Diese Frage bedarf keiner Antwort, da die Fragen 1 und 2 bejaht wurden. Frage 4: Im Rahmen der Beantwortung von Frage 2 ist es nicht relevant, dass nach dem Anmeldetag dieselben Erzeugnisse auch ohne Rückgriff auf ein Verfahren hergestellt werden konnten, das zwangsläufig mit der Zerstörung menschlicher Embryonen einhergeht.

G-Entscheidungen

Entscheidung	Leitsätze	
G 01/07	**Chirurgische Behandlung** 1. Ein beanspruchtes **bildgebendes Verfahren** ist als ein Verfahren zur **chirurgischen Behandlung** des menschlichen oder tierischen **Körpers** nach **Artikel 53 c) EPÜ** vom **Patentschutz ausgeschlossen**, wenn bei seiner Durchführung die Erhaltung des Lebens und der Gesundheit des Körpers von Bedeutung ist und wenn es einen invasiven Schritt aufweist oder umfasst, der einen erheblichen physischen Eingriff am Körper darstellt, dessen Durchführung medizinische Fachkenntnisse erfordert und der, selbst wenn er mit der erforderlichen professionellen Sorgfalt und Kompetenz ausgeführt wird, mit einem erheblichen Gesundheitsrisiko verbunden ist. 2a. Ein Anspruch, der einen Schritt mit einer Ausführungsform umfasst, die ein »Verfahren zur chirurgischen Behandlung des menschlichen oder tierischen Körpers« im Sinne des **Artikels 53 c) EPÜ** ist, kann nicht so belassen werden, dass er diese Ausführungsform weiter umfasst. 2b. Der **Ausschluss** von der **Patentierbarkeit** nach **Artikel 53 c) EPÜ** kann **vermieden** werden, indem die Ausführungsform durch einen **Disclaimer** ausgeklammert wird, wobei davon auszugehen ist, dass der Anspruch, der den Disclaimer enthält, natürlich nur dann gewährbar ist, wenn er alle Erfordernisse des EPÜ und, wo anwendbar, auch die Erfordernisse für die Zulässigkeit von Disclaimern erfüllt, wie sie in den Entscheidungen G 1/03 und G 2/03 der Großen Beschwerdekammer festgelegt wurden. 2c. Ob der Wortlaut eines Anspruchs so geändert werden kann, dass der chirurgische Verfahrensschritt ohne Verstoß gegen das EPÜ weggelassen wird, ist anhand der Gesamtumstände des jeweiligen Einzelfalls zu beurteilen. 3. Ein beanspruchtes bildgebendes Verfahren kann nicht allein schon deshalb als eine »chirurgische Behandlung des menschlichen oder tierischen Körpers« im Sinne des Artikels 53 c) EPÜ betrachtet werden, weil ein Chirurg anhand der mit diesem Verfahren gewonnenen Daten während eines chirurgischen Eingriffs unmittelbar über das weitere Vorgehen entscheiden kann.	70
G 02/07 mit G 01/08 verbunden	**Patentierbarkeit von mikrobiologischen Verfahren – Broccoli I; Tomate I** 1. Ein nicht mikrobiologisches **Verfahren** zur **Züchtung** von **Pflanzen**, das die Schritte der geschlechtlichen Kreuzung ganzer Pflanzengenome und der anschließenden Selektion von Pflanzen umfasst oder aus diesen Schritten besteht, ist grundsätzlich von der Patentierbarkeit ausgeschlossen, weil es im Sinne des **Artikels 53 b) EPÜ** »im Wesentlichen biologisch« ist. 2. Ein solches Verfahren entgeht dem Patentierungsverbot des **Artikels 53 b) EPÜ** nicht allein schon deshalb, weil es als weiteren Schritt oder als Teil eines der Schritte der Kreuzung und Selektion einen technischen Verfahrensschritt enthält, der dazu dient, die Ausführung der Schritte der geschlechtlichen Kreuzung ganzer Pflanzengenome oder der anschließenden Selektion von Pflanzen zu ermöglichen oder zu unterstützen. 3. Enthält ein solches Verfahren jedoch innerhalb der Schritte der geschlechtlichen Kreuzung und Selektion einen zusätzlichen technischen Verfahrensschritt, der selbst ein Merkmal in das Genom der gezüchteten Pflanze einführt oder ein Merkmal in deren Genom modifiziert, sodass die Einführung oder Modifizierung dieses Merkmals nicht durch das Mischen der Gene der zur geschlechtlichen Kreuzung ausgewählten Pflanzen zustande kommt, so ist das Verfahren nicht nach **Artikel 53 b) EPÜ** von der Patentierbarkeit ausgeschlossen. 4. Bei der Prüfung der Frage, ob ein solches Verfahren als »im Wesentlichen biologisch« im Sinne des **Artikels 53 b) EPÜ** von der Patentierbarkeit ausgeschlossen ist, ist nicht maßgebend, ob ein technischer Schritt eine neue oder eine bekannte Maßnahme ist, ob er unwesentlich ist oder eine grundlegende Änderung eines bekannten Verfahrens darstellt, ob er in der Natur vorkommt oder vorkommen könnte oder ob darin das Wesen der Erfindung liegt.	71
G 02/08	**Verwendung eines bekannten Arzneimittels** Frage 1: Wenn die **Verwendung** eines **Arzneimittels** bei der Behandlung einer Krankheit **bereits bekannt** ist, schließt **Artikel 54 (5) EPÜ** nicht aus, dass dieses Arzneimittel zur **Verwendung** bei einer anderen **therapeutischen Behandlung** derselben Krankheit patentiert wird. Frage 2: Die Patentierbarkeit ist auch dann nicht ausgeschlossen, wenn das einzige nicht im Stand der Technik enthaltene Anspruchsmerkmal eine Dosierungsanleitung ist. Frage 3: Wird dem Gegenstand eines Anspruchs nur durch eine neue therapeutische Verwendung eines Arzneimittels Neuheit verliehen, so darf der Anspruch nicht mehr in der sogenannten schweizerischen Anspruchsform abgefasst werden, wie sie mit der Entscheidung G 1/83 geschaffen wurde. Es wird eine Frist von drei Monaten nach der Veröffentlichung dieser Entscheidung im Amtsblatt des Europäischen Patentamts festgesetzt, damit künftige Anmelder dieser neuen Situation gerecht werden können.	72

S. G-Entscheidungen

Entscheidung	Leitsätze
73 G 03/08	**Recht des Präsidenten zur Vorlage einer Entscheidung durch die GBK** I. Bei der Ausübung des Vorlagerechts kann sich der Präsident des EPA auf das ihm mit **Artikel 112 (1) b) EPÜ** eingeräumte Ermessen berufen, auch wenn sich seine Einschätzung der Notwendigkeit einer Vorlage nach relativ kurzer Zeit gewandelt hat. II. Abweichende Entscheidungen, die ein und dieselbe Technische Beschwerdekammer in wechselnder Besetzung erlassen hat, können Anlass für eine zulässige Vorlage des Präsidenten des EPA sein, der die Große Beschwerdekammer nach **Artikel 112 (1) b) EPÜ** mit einer Rechtsfrage befasst. III. Da der Wortlaut des **Artikel 112 (1) b) EPÜ** hinsichtlich der Bedeutung von »different decisions/voneinander abweichende Entscheidungen/décisions divergentes« nicht eindeutig ist, muss er nach Art. 31 des Wiener Übereinkommens über das Recht der Verträge (WÜRV) im Lichte seines Zieles und Zweckes ausgelegt werden. Zweck des Vorlagerechts nach **Artikel 112 (1) b) EPÜ** ist es, innerhalb des europäischen Patentsystems Rechtseinheit herzustellen. In Anbetracht dieses Zwecks der Vorlagebefugnis des Präsidenten ist der englische Begriff »different decisions« restriktiv im Sinne von »divergierende Entscheidungen« zu verstehen. IV. Der Begriff der Rechtsfortbildung ist ein weiterer Aspekt, den es bei der Auslegung des Begriffs der »voneinander abweichenden Entscheidungen« in **Artikel 112 (1) b) EPÜ** sorgfältig zu prüfen gilt. Rechtsfortbildung ist eine unverzichtbare Aufgabe der Rechtsanwendung, gleich, welcher Auslegungsmethode man sich bedient, und deshalb jeder richterlichen Tätigkeit immanent. Rechtsfortbildung als solche darf deshalb noch nicht zum Anlass einer Vorlage genommen werden, eben weil auf juristischem u/o technischem Neuland die Entwicklung der Rechtsprechung nicht immer geradlinig verläuft und frühere Ansätze verworfen oder modifiziert werden. V. Rechtsprechung wird nicht vom Ergebnis, sondern von der Begründung geprägt. Die Große Beschwerdekammer kann daher bei der Prüfung, ob zwei Entscheidungen die Erfordernisse des **Artikels 112 (1) b) EPÜ** erfüllen, auch obiter dicta berücksichtigen. VI. T 424/03, Microsoft weicht in der Frage, ob ein Anspruch für ein Programm auf einem computerlesbaren Medium zwingend unter das Patentierungsverbot nach Artikel 52 (2) EPÜ fällt, von einer in T 1173/97, IBM zum Ausdruck gebrachten Auffassung ab. Dies beruht jedoch auf einer legitimen Weiterentwicklung der Rechtsprechung und begründet keine Abweichung, die eine präsidiale Vorlage an die Große Beschwerdekammer rechtfertigen würde. VII. Die Große Beschwerdekammer kann in den Gründen der Entscheidungen, die nach der präsidialen Vorlage voneinander abweichen sollen, keine anderen Abweichungen erkennen. Die Vorlage ist daher nach **Artikel 112 (1) b) EPÜ** unzulässig.
74 G 04/08	**Verfahrenssprache** Frage 1: Wenn eine **internationale Patentanmeldung** nach dem PCT in einer **Amtssprache** des EPA **eingereicht** und veröffentlicht wurde, ist es **nicht möglich**, beim **Eintritt** in die europäische Phase eine **Übersetzung** der Anmeldung in **eine der beiden anderen Amtssprachen einzureichen**. Frage 2: Die **Organe des EPA** können im schriftlichen Verfahren zu einer ePA oder zu einer internationalen Anmeldung in der regionalen Phase **keine andere Amtssprache** des EPA verwenden als die **Verfahrenssprache** der Anmeldung gemäß **Artikel 14 (3) EPÜ**. Frage 3: Diese Frage ist gegenstandslos.
75 G 01/09	**Beschwerdefrist - Anhängigkeit der europäischen Patentanmeldung** Eine **europäische Patentanmeldung**, die durch eine Entscheidung der Prüfungsabteilung zurückgewiesen wurde, ist, wenn keine Beschwerde eingelegt worden ist, noch bis zum **Ablauf der Beschwerdefrist anhängig** im Sinne der **Regel 36 (1) EPÜ** (Regel 25 EPÜ 1973).
76 G 01/10	**Berichtigung von Fehlern in der Entscheidung** 1. Da **Regel 140 EPÜ nicht** zur **Berichtigung** des Wortlauts eines **Patents** herangezogen werden kann, ist ein Antrag des Patentinhabers auf eine solche Berichtigung zu jedem Zeitpunkt unzulässig, also auch nach Einleitung des Einspruchsverfahrens. 2. In Anbetracht der Antwort auf die erste Vorlagefrage erübrigt sich eine Beantwortung der zweiten Vorlagefrage.
77 G 02/10	**Aufnahme eines Disclaimers („Goldstandard"-Test)** 1a. Die **Änderung** eines **Anspruchs** durch Aufnahme eines **Disclaimers**, der einen in der ursprünglich eingereichten Fassung der Anmeldung offenbarten Gegenstand ausklammert, verstößt gegen **Artikel 123 (2) EPÜ**, wenn der nach Aufnahme des Disclaimers im Patentanspruch **verbleibende Gegenstand** dem Fachmann, der allgemeines Fachwissen heranzieht, **nicht** in der ursprünglich eingereichten Fassung der Anmeldung unmittelbar und eindeutig **offenbart** wird, sei es implizit oder explizit. 1b. Ob dies der Fall ist, muss anhand einer technischen Beurteilung aller technischen Umstände des jeweiligen Einzelfalls bestimmt werden, bei der es Art und Umfang der Offenbarung in der ursprünglich eingereichten Fassung der Anmeldung, Art und Umfang des ausgeklammerten Gegenstands sowie dessen Verhältnis zu dem nach der Änderung im Anspruch verbleibenden Gegenstand zu berücksichtigen gilt.

G-Entscheidungen

Entscheidung	Leitsätze	
G 01/11	**Prüfung der Zuständigkeit der richtigen Beschwerdekammer**	78
	Für die Behandlung einer **Beschwerde** gegen eine Entscheidung der Prüfungsabteilung über die **Nichtrückzahlung** von **Recherchengebühren** gemäß **Regel 64 (2) EPÜ**, die nicht zusammen mit einer Entscheidung über die Erteilung eines europäischen Patents oder die Zurückweisung einer europäischen Patentanmeldung erlassen worden ist, ist eine **Technische Beschwerdekammer** zuständig.	
G 01/12	**Fehlerhafte Angabe des Beschwerdeführers, Änderung als Mangel**	79
	(1) Die umformulierte Frage 1 - nämlich ob es in dem Fall, dass eine **Beschwerdeschrift** entsprechend der **Regel 99 (1) a) EPÜ** den Namen und die Anschrift des Beschwerdeführers nach Maßgabe der **Regel 41 (2) c) EPÜ** enthält und behauptet wird, es sei aus Versehen die **falsche Identität** angegeben worden und die wirkliche Absicht sei es gewesen, die Beschwerde im Namen der juristischen Person einzulegen, die sie hätte einlegen sollen, möglich ist, diesen Fehler nach **Regel 101 (2) EPÜ** auf einen **Antrag** hin zu **korrigieren**, den Namen durch den des wahren Beschwerdeführers zu ersetzen - wird bejaht, sofern die **Erfordernisse** der **Regel 101 (1) EPÜ** erfüllt sind. (2) Im Verfahren vor dem EPA findet der Grundsatz der freien Beweiswürdigung Anwendung. Dies gilt auch für den Problemkreis in dieser Vorlagesache. (3) Im Falle einer fehlerhaften Angabe des Namens des Beschwerdeführers greift nach den in der Rechtsprechung der Beschwerdekammern aufgestellten Bedingungen das allgemeine Verfahren für die Berichtigung von Mängeln nach **Regel 139 Satz 1 EPÜ**. (4) In Anbetracht der Antworten auf die Fragen 1 und 3 muss die Frage 4 nicht beantwortet werden.	
G 02/12 mit G 02/13 verbunden	**Patentierungsverbot von im Wesentlichen biologischen Verfahren zur Züchtung von Pflanzen/Tomatoes II**	80
	Siehe zur Entscheidung die damit verbundene G 02/13 Ansicht des EPA ist durch die Neuformulierung der R 28 (2) EPÜ zum 01.07.2017 (ABl. 2017, A56) geändert worden.	
G 01/13	**Fortführung Einspruch/Beschwerde bei zwischenzeitlichem Erlöschen des Einsprechenden**	81
	1. Wird ein **Einspruch** von einem **Unternehmen** eingelegt, das später gemäß dem maßgeblichen nationalen Recht in jeder Hinsicht **aufhört zu existieren**, anschließend aber nach einer Vorschrift dieses Rechts **wiederauflebt** und als fortgeführt gilt, als hätte es nie aufgehört zu existieren, und treten all diese Ereignisse ein, bevor die Entscheidung der Einspruchsabteilung über die Aufrechterhaltung des angefochtenen Patents in geänderter Fassung rechtskräftig wird, so muss das Europäische Patentamt die Rückwirkung dieser Vorschrift des nationalen Rechts anerkennen und die **Fortsetzung** des **Einspruchsverfahrens** durch das **wiederaufgelebte Unternehmen** zulassen. 2. Wird bei einer Sachlage gemäß Frage 1 im Namen des nicht mehr existierenden einsprechenden Unternehmens fristgerecht eine wirksame Beschwerde gegen die Entscheidung über die Aufrechterhaltung des europäischen Patents in geänderter Fassung eingelegt und erfolgt das – in Frage 1 beschriebene – rückwirkende Wiederaufleben dieses Unternehmens nach Einlegung der Beschwerde und nach Ablauf der Beschwerdefrist gemäß **Artikel 108 EPÜ**, so muss die Beschwerdekammer die Beschwerde als zulässig behandeln. 3. Nicht zutreffend.	
G 02/13 mit G 02/12 verbunden	**Patentierungsverbot von im Wesentlichen biologischen Verfahren zur Züchtung von Pflanzen/Broccoli II**	82
	1. Der ~~Ausschluss~~ von ~~im Wesentlichen biologischen Verfahren~~ zur ~~Züchtung~~ von ~~Pflanzen~~ in ~~Artikel 53 b) EPÜ wirkt sich nicht negativ auf die~~ **Gewährbarkeit** ~~eines~~ **Erzeugnisanspruchs** ~~aus, der auf~~ **Pflanzen** ~~oder~~ **Pflanzenmaterial** ~~wie~~ **Pflanzenteile** ~~gerichtet ist.~~ ~~2. a) Die Tatsache, dass die Verfahrensmerkmale eines Product-by-process-Anspruchs, der auf Pflanzen oder Pflanzenmaterial gerichtet ist, bei denen es sich nicht um eine Pflanzensorte handelt, ein im Wesentlichen biologisches Verfahren zur Züchtung von Pflanzen definieren, steht der Gewährbarkeit des Anspruchs nicht entgegen.~~ ~~2. b) Die Tatsache, dass das einzige am Anmeldetag verfügbare Verfahren zur Erzeugung des beanspruchten Gegenstands ein in der Patentanmeldung offenbartes im Wesentlichen biologisches Verfahren zur Züchtung von Pflanzen ist, steht der Gewährbarkeit eines Anspruchs nicht entgegen, der auf Pflanzen oder Pflanzenmaterial gerichtet ist, bei denen es sich nicht um eine Pflanzensorte handelt.~~ ~~3. Unter diesen Umständen ist es nicht relevant, dass sich der durch den Erzeugnisanspruch verliehene Schutz auf die Erzeugung des beanspruchten Erzeugnisses durch ein im Wesentlichen biologisches Verfahren für die Züchtung von Pflanzen erstreckt, das nach Artikel 53 b) EPÜ als solches nicht patentierbar ist.~~ Ansicht des EPA ist durch die Neuformulierung der R 28 (2) EPÜ zum 01.07.2017 (ABl. 2017, A56) geändert worden.	

S. G-Entscheidungen

	Entscheidung	Leitsätze
83	**G 01/14** mit G 02/14 verbunden	**Folgen der Nichtzahlung der Beschwerdegebühr** ~~Ist eine Beschwerde unzulässig oder gilt sie als nicht eingelegt, wenn die Einlegung der Beschwerde und die Zahlung der Beschwerdegebühr nach Ablauf der Beschwerdefrist des Artikels 108 Satz 1 EPÜ erfolgen?~~ Keine Entscheidung, da zugrunde liegendes Verfahren zur G 02/14 durch Rücknahmefiktion der zugrunde liegenden Patentanmeldung eingestellt wurde. Somit ist Vorlage an die GBK unzulässig geworden.
84	**G 02/14** mit G 01/14 verbunden	**Folgen der Nichtzahlung der Beschwerdegebühr** ~~Wenn Beschwerde eingelegt, aber die Beschwerdegebühr erst nach Ablauf der in Artikel 108 Satz 1 EPÜ festgelegten Zahlungsfrist entrichtet wird, ist die Beschwerde dann unzulässig oder gilt sie als nicht eingelegt?~~ Keine Entscheidung, da zugrunde liegendes Verfahren zur G 02/14 durch Rücknahmefiktion der zugrunde liegenden Patentanmeldung eingestellt wurde.
85	**G 03/14**	**Umfang der Prüfung durch das EPA im Einspruchs- und Beschwerdeverfahren/Klarheit** Bei der Prüfung nach **Artikel 101 (3) EPÜ**, ob das Patent in der geänderten Fassung den Erfordernissen des EPÜ genügt, können die Ansprüche des Patents nur auf die Erfordernisse des **Artikels 84 EPÜ** geprüft werden, sofern – und dann auch nur soweit – diese Änderung einen Verstoß gegen **Artikel 84 EPÜ** herbeiführt.
86	**G 01/15**	**Unterschiedlicher Prioanspruch bei alternativen Merkmalsbeanspruchungen ("Oder"-Verknüpfung)** Das Recht auf **Teilpriorität** für einen Anspruch, der aufgrund eines oder mehrerer **generischer Ausdrücke** oder anderweitig **alternative Gegenstände** umfasst (generischer "ODER"-Anspruch), kann nach dem EPÜ **nicht verweigert** werden, sofern diese alternativen Gegenstände im **Prioritätsdokument** erstmals, **direkt** – oder zumindest implizit –, **eindeutig** und **ausführbar offenbart** sind. Andere materiellrechtlichen Bedingungen oder Einschränkungen finden in diesem Zusammenhang keine Anwendung.
87	**G 01/16** (Siehe auch G 02/10 und G 01/03)	**Nicht offenbarte Disclaimer** Bei der Klärung der Frage, ob ein durch die Aufnahme eines nicht offenbarten Disclaimers geänderter Anspruch nach Artikel 123 (2) EPÜ zulässig ist, kommt es darauf an, dass der Disclaimer eines der in Nummer 2.1 der Entscheidungsformel von G 1/03 genannten Kriterien erfüllt. Die Aufnahme eines solchen Disclaimers darf keinen technischen Beitrag zu dem in der ursprünglichen Fassung der Anmeldung offenbarten Gegenstand leisten. Insbesondere darf der Disclaimer nicht für die Beurteilung der erfinderischen Tätigkeit oder der ausreichenden Offenbarung relevant sein oder werden. Der Disclaimer darf nicht mehr ausschließen, als nötig ist, um die Neuheit wiederherzustellen oder einen Gegenstand auszuklammern, der aus nichttechnischen Gründen vom Patentschutz ausgeschlossen ist.
88	**G 01/18** (Siehe auch G 01/14 und G 02/14)	**Unzulässige Beschwerde oder nicht eingelegte Beschwerde - Rückzahlung der Beschwerdegebühr** 1. In folgenden Fällen gilt die **Beschwerde** als **nicht eingelegt**: a) wenn die Beschwerdeschrift innerhalb der in Artikel 108 Satz 1 EPÜ vorgesehenen Frist von zwei Monaten eingereicht UND die **Beschwerdegebühr** nach Ablauf der **Frist** von **zwei Monaten entrichtet** wurde; b) wenn die **Beschwerdeschrift nach Ablauf** der in Artikel 108 Satz 1 EPÜ vorgesehenen **Frist** von **zwei Monaten** eingereicht UND die **Beschwerdegebühr nach Ablauf** der **Frist** von **zwei Monaten** entrichtet wurde; c) wenn die Beschwerdegebühr innerhalb der in Artikel 108 Satz 1 EPÜ für die Einlegung der Beschwerde vorgesehenen Frist von zwei Monaten entrichtet UND die **Beschwerdeschrift nach Ablauf** der **Frist** von **zwei Monaten** eingereicht wurde. 2. Für die Antworten 1 a) bis 1 c) wird die **Rückzahlung** der **Beschwerdegebühr von Amts** wegen angeordnet. 3. Wenn die Beschwerdegebühr innerhalb oder nach Ablauf der in Artikel 108 Satz 1 EPÜ für die Einlegung der Beschwerde vorgesehenen Frist von zwei Monaten entrichtet UND **keine Beschwerdeschrift eingereicht** wurde, wird die **Beschwerdegebühr zurückgezahlt**.

G-Entscheidungen

Entscheidung	Leitsätze	S.
G 01/19	**Patentierbarkeit von computerimplementierten Simulationen** 1. Für die Zwecke der Beurteilung der erfinderischen Tätigkeit kann eine computerimplementierte Simulation eines technischen Systems oder Verfahrens, die als solche beansprucht wird, durch Erzeugung einer technischen Wirkung, die über die Implementierung der Simulation auf einem Computer hinausgeht, eine technische Aufgabe lösen. 2. Für diese Beurteilung ist es keine hinreichende Bedingung, dass die Simulation ganz oder teilweise auf technischen Prinzipien beruht, die dem simulierten System oder Prozess zugrunde liegen. 3. Die erste und zweite Frage sind auch dann nicht anders zu beantworten, wenn die computerimplementierte Simulation als Teil eines Entwurfsprozesses beansprucht wird, insbesondere für die Überprüfung eines Entwurfs.	89
G 02/19	**Recht auf mündliche Verhandlung bei ersichtlich unzulässiger Beschwerde eines Dritten im Erteilungsverfahren und rechtliches Gehör am richtigen Ort** 1. Ein **Dritter** im Sinne von Artikel 115 EPÜ, der gegen die Entscheidung über die Erteilung eines europäischen Patents **Beschwerde** eingelegt hat, hat **keinen Anspruch** darauf, dass vor einer Beschwerdekammer des Europäischen Patentamtes **mündlich** über sein Begehren **verhandelt** wird, zur Beseitigung **vermeintlich undeutlicher Patentansprüche (Artikel 84 EPÜ)** des europäischen Patents den **erneuten Eintritt** in das **Prüfungsverfahren** anzuordnen. Eine solchermaßen eingelegte **Beschwerde** entfaltet **keine aufschiebende Wirkung**. 2. **Mündliche Verhandlungen** der Beschwerdekammern an deren **Standort** in **Haar** verstoßen nicht gegen die Artikel 113 (1) und 116 (1) EPÜ.	90
G 03/19	**Patentierungsverbot für ausschließlich durch ein im Wesentlich biologisches Verfahren gewonnene Pflanzen und Tiere** – Widerspruch zwischen Art. 53 (b) EPÜ und R 28 (2) EPÜ? Unter Berücksichtigung der Entwicklungen nach den Entscheidungen G 2/12 und G 2/13 der Großen Beschwerdekammer wirkt sich der Patentierbarkeitsausschluss von im Wesentlichen biologischen Verfahren zur Züchtung von Pflanzen oder Tieren in Artikel 53 b) EPÜ negativ auf die Gewährbarkeit von auf Pflanzen, Pflanzenmaterial oder Tiere gerichteten Erzeugnisansprüchen und Product-by-Process-Ansprüchen aus, wenn das beanspruchte Erzeugnis ausschließlich durch ein im Wesentlichen biologisches Verfahren gewonnen wird oder die beanspruchten Verfahrensmerkmale ein im Wesentlichen biologisches Verfahren definieren. Diese negative Auswirkung gilt nicht für vor dem 1. Juli 2017 erteilte europäische Patente und anhängige europäische Patentanmeldungen, die vor diesem Tag eingereicht wurden und noch anhängig sind.	91
G 04/19	**Doppelpatentierung** 1. Eine europäische Patentanmeldung kann nach den Artikeln 97 (2) und 125 EPÜ zurückgewiesen werden, wenn sie denselben Gegenstand beansprucht wie ein demselben Anmelder erteiltes europäisches Patent, das nicht zum Stand der Technik nach Artikel 54 (2) und (3) EPÜ gehört. 2. Die Anmeldung kann auf dieser Rechtsgrundlage zurückgewiesen werden, unabhängig davon, ob sie a) am Anmeldetag oder b) als frühere Anmeldung oder Teilanmeldung (Artikel 76 (1) EPÜ) zu oder c) unter Inanspruchnahme der Priorität (Artikel 88 EPÜ) der europäischen Patentanmeldung eingereicht worden ist, die zu dem bereits erteilten europäischen Patent geführt hat.	92

S. G-Entscheidungen

	Entscheidung	Leitsätze
93	G 01/21	**Mündliche Verhandlung per Videokonferenz** In einem allgemeinen Notfall, der die Möglichkeit der Beteiligten einschränkt, persönlich an einer mündlichen Verhandlung in den Räumlichkeiten des EPA teilzunehmen, ist die Durchführung der mündlichen Verhandlung vor einer Beschwerdekammer in Form einer Videokonferenz mit dem EPÜ vereinbar, auch wenn nicht alle Beteiligten ihr Einverständnis mit der Durchführung der mündlichen Verhandlung in dieser Form erklärt haben.
94	G 02/21 (Vorlage in EN)	**Nachgereichte Beweismittel für technische Wirkung zur Anerkennung erfinderischer Tätigkeit** Wenn sich der Patentinhaber für die Anerkennung erfinderischer Tätigkeit auf eine technische Wirkung beruft und Beweismittel, z. B. Versuchsdaten, zum Nachweis dieser Wirkung vorgelegt hat, die vor dem Anmeldetag des Streitpatents nicht öffentlich zugänglich waren und erst nach diesem Tag eingereicht wurden (nachveröffentlichte Beweismittel): 1. Ist dann eine Ausnahme vom Grundsatz der freien Beweiswürdigung (siehe z. B. G 3/97, Nr. 5 der Entscheidungsgründe und G 1/12, Nr. 31 der Entscheidungsgründe) dahin gehend zuzulassen, dass nachveröffentlichte Beweismittel unberücksichtigt bleiben müssen, weil der Nachweis für die Wirkung ausschließlich auf diesen beruht? 2. Falls diese Frage bejaht wird (und die nachveröffentlichten Beweismittel unberücksichtigt bleiben müssen, wenn der Nachweis für die Wirkung ausschließlich auf diesen beruht), können die nachveröffentlichten Beweismittel dann berücksichtigt werden, wenn der Fachmann am Anmeldetag der strittigen Patentanmeldung ausgehend von den darin enthaltenen Angaben oder vom allgemeinen Fachwissen die Wirkung für plausibel erachtet hätte (Ab-initio-Plausibilität)? 3. Falls die erste Frage bejaht wird (und die nachveröffentlichten Beweismittel unberücksichtigt bleiben müssen, wenn der Nachweis für die Wirkung ausschließlich auf diesen beruht), können die nachveröffentlichten Beweismittel dann berücksichtigt werden, wenn der Fachmann am Anmeldetag der strittigen Patentanmeldung ausgehend von den darin enthaltenen Angaben oder vom allgemeinen Fachwissen keinen Grund gesehen hätte, die Wirkung für unplausibel zu erachten (Ab-initio-Unplausibilität)?
95	G 01/22 und G 2/22 (Vorlage)	Inanspruchnahme Priorität durch Rechtsnachfolger/Mitanmelder der PCT Nachanmeldung I. Verleiht das EPÜ dem EPA die Zuständigkeit für die Feststellung, ob ein Beteiligter wirksam beansprucht, ein Rechtsnachfolger gemäß Artikel 87 (1) b) EPÜ zu sein? II. Falls die Frage I bejaht wird: Kann sich ein Beteiligter B wirksam auf das in einer PCT-Anmeldung beanspruchte Prioritätsrecht berufen, um Prioritätsrechte nach Artikel 87 (1) EPÜ in Anspruch zu nehmen, wenn (1) in einer PCT-Anmeldung der Beteiligte A als Anmelder nur für die Vereinigten Staaten und der Beteiligte B als Anmelder für andere Bestimmungsstaaten genannt ist, die den regionalen europäischen Patentschutz einschließen, und (2) die PCT-Anmeldung die Priorität einer früheren Patentanmeldung beansprucht, in der der Beteiligte A als Anmelder genannt ist, und (3) die in der PCT-Anmeldung beanspruchte Priorität Artikel 4 der Pariser Verbandsübereinkunft entspricht?

Inhalt Kapitel T. Vertragsstaaten

Vertrags-, Erstreckungs- und Validierungsstaaten EPÜ
Vertragsstaaten T.1
Erstreckungsstaaten... T.2
Validierungsstaaten T.3

Geltungsbereich internationaler Verträge auf dem Gebiet des Patentwesens
EPÜ, PCT, WTO, Londoner Übereinkommen, PVÜ .... T.4 ff.
Folgende Nicht-EPÜ-Vertragsstaaten gehören der CEPT an T.11
Patentrechtsvertrag (PLT), Budapester Vertrag .... T.12 ff.

Überregionale Organisationen in Afrika
African Regional Intellectual Property Organization (ARIPO), Mitgliedsstaaten.. T.18
Organisation Africaine de la Propriété Intellectuelle (OAPI), Mitgliedsstaaten.. T.19

Ausgewählte Vorschriften und Erfordernisse des nat. Rechts relevanter EPÜ-VS
Überblick DE, FR, IT, GB, PL T.20

Vertragsstaaten T.

Vertragsstaaten EPÜ

Art. 79 (1): Im Antrag auf Erteilung eines eP gelten alle VS als benannt, die diesem Übereinkommen bei Einreichung der ePA angehören. Am 31.08.2022 war das EPÜ in insgesamt 38 Staaten in Kraft

Kürzel	Land	Beitritt EPÜ	Amtssprachen	London A.	EPGÜ** (Unterzeichnung)/ Ratifizierung	Hinweise
AL	Albanien	01.05.2010	AL	01.09.2013		
BE	Belgien*	07.10.1977	FR, NL, DE	01.09.2019	(19.02.2013) 06.06.2014	
BG	Bulgarien	01.07.2002	BG		(05.03.2013) 03.06.2016	
DK	Dänemark	01.01.1990	DK	01.05.2008	(19.02.2013) 20.06.2014	Auf Grönland und die Färöer ist das EPÜ nicht anwendbar.
DE	Deutschland	07.10.1977	DE	01.05.2008	19.02.2013	
EE	Estland	01.07.2002	EE		(19.02.2013) 01.08.2017	
FI	Finnland	01.03.1996	FI, SE	01.11.2011	(19.02.2013) 19.01.2016	
FR	Frankreich*	07.10.1977	FR	01.05.2008	(19.02.2013) 14.03.2014	Das EPÜ findet Anwendung auf das Gebiet der Französischen Republik einschließlich der Überseeterritorien.
GR	Griechenland*	01.10.1986	GR		(19.02.2013)	
IE	Irland*	01.08.1992	IE, EN	01.03.2014	(19.02.2013)	
IS	Island	01.11.2004	IS	01.05.2008		
IT	Italien*	01.12.1978	IT		(19.02.2013) 10.02.2017	
HR	Kroatien	01.01.2008	HR	01.05.2008		
LV	Lettland*	01.07.2005	LV	01.05.2008	(19.02.2013) 11.01.2018	
LI	Liechtenstein	01.04.1980	DE	01.05.2008		Ein eP kann für CH und LI nur durch gemeinsame Benennung erlangt werden (Art. 149 iVm ABl. EPA 1980, 407).
LT	Litauen*	01.12.2004	LT	01.05.2009	(19.02.2013) 24.08.2017	
LU	Luxemburg	07.10.1977	DE, FR, LU	01.05.2008	(19.02.2013) 22.05.2015	
MT	Malta*	01.03.2007	MT, EN		(19.02.2013) 09.12.2014	
MC	Monaco*	01.12.1991	FR	01.05.2008		
NL	Niederlande*	07.10.1977	NL	01.05.2008	(19.02.2013) 14.09.2016	Das EPÜ findet auch Anwendung auf Saint Maarten, Curaçao, Bonaire, St. Eustatius und Saba, jedoch nicht auf Aruba.
MK	Nord-mazedonien	01.01.2009	MK	01.02.2012		
NO	Norwegen	01.01.2008	NO	01.01.2015		
AT	Österreich	01.05.1979	DE		(19.02.2013) 06.08.2013	
PL	Polen	01.03.2004	PL			
PT	Portugal	01.01.1992	PT		(19.02.2013) 28.08.2015	
RO	Rumänien	01.03.2003	RO		(19.02.2013)	
SM	San Marino*	01.07.2009	IT			
SE	Schweden	01.05.1978	SE	01.05.2008	(19.02.2013) 05.06.2014	
CH	Schweiz	07.10.1977	DE, FR, IT	01.05.2008		Ein eP kann für CH und LI nur durch gemeinsame Benennung erlangt werden (Art. 149 iVm ABl. EPA 1980, 407).
RS	Serbien	01.10.2010	RS			
SI	Slowenien*	01.12.2002	SI	01.05.2008	(19.02.2013) 15.10.2021	
SK	Slowakei	01.07.2002	SK		(19.02.2013)	

T. Vertragsstaaten

Vertragsstaaten EPÜ (Fortsetzung)

Kürzel	Land	Beitritt EPÜ	Amtssprachen	London A.	EPGÜ** (Unterzeichnung/ Ratifizierung)	Hinweise
ES	Spanien	01.10.1986	ES			
CZ	Tschechische Republik	01.07.2002	CZ		(19.02.2013)	
TR	Türkei	01.11.2000	TK			
HU	Ungarn	01.01.2003	HU	01.01.2011	(19.02.2013)	
GB	Vereinigtes Königreich	07.10.1977	EN	01.05.2008	(19.02.2013) 26.04.2018	Das EPÜ findet auch Anwendung auf die Insel Man. (Überseegebieten und Commonwealth-Staaten, siehe ABl. EPA 2018, A97). Austritt aus der EU hat keinen Einfluss auf dessen Status innerhalb der EPO (siehe ABl. 2020, A19)
CY	Zypern*	01.04.1998	GR		(19.02.2013)	

* aus PCT-Verfahren nur über EURO-PCT erreichbar (WIPO Annex B)
** Unterzeichnerstaaten des Übereinkommens über ein Einheitliches Patentgericht vom 19.02.2013

2
Erstreckungsstaaten**
Über ein Erstreckungssystem können eP auch in anderen Staaten in Kraft treten

Kürzel	Land	Beitritt EPÜ	Amtssprachen	London A.	Hinweise
BA	Bosnien und Herzegowina	01.12.2004	BA, RS, HR		
ME	Montenegro	01.03.2010	ME		ab 01.10.2022 EPÜ-VS

3
Validierungsstaaten**
Über ein Validierungssystem können eP auch in anderen Staaten in Kraft treten

Kürzel	Land	Beitritt EPÜ	Amtssprachen	London A.	Hinweise
KH	Kambodscha	01.03.2018	KM		
MA	Marokko	01.03.2015	AR		
MD	Republik Moldau	01.11.2015	RO		
TN	Tunesien	01.12.2017	AR		

** Die Erstreckungs-bzw. Validierungsverfahren beruhen nicht auf der unmittelbaren Anwendung des EPÜ, sondern ausschließlich auf dem maßgeblichen nationalen, dem EPÜ nachgebildeten Recht. Maßgebend sind daher die jeweiligen nationalen Erstreckungs- bzw. Validierungsvorschriften (siehe RiLi A-III, 12).

Vertragsstaaten T.

Übersicht über den Geltungsbereich internationaler Verträge auf dem Gebiet des Patentwesens
Teil 1: EPÜ, PCT, WTO, Londoner Übereinkommen, PVÜ (ABl. EPA 2022, A50)

Kürzel	Land	EPÜ	PCT	WTO	ISA, SISA, IPEA	Frist nach Art. 22 PCT	Frist nach Art. 39 (1) PCT	London Agreement	PVÜ
AD	Andorra			Beobachterstatus					ja
AE	Vereinigte Arabische Emirate		10.03.1999	ja	AT, AU, IB, KR	30 M	30 M		ja
AF	Afghanistan			ja					ja
AG	Antigua und Barbuda		17.03.2000	ja		30 M	30 M		ja
AL	Albanien	01.05.2010	04.10.1995	ja	EP	31 M	31 M	01.09.2013	ja
AM	Armenien		25.12.1991	ja	EP[1], RU	31 M	31 M		ja
AO	Angola		27.12.2007	ja	IB	30 M	30 M		ja
AR	Argentinien			ja					ja
AT	Österreich	01.05.1979	23.04.1979	ja	EP	30 M	30 M		ja
AU	Australien		31.03.1980	ja	AU, KR	31 M	31 M		ja
AZ	Aserbaidschan		25.12.1995	Beobachterstatus	EP[1], RU	30 M	31 M		ja
BA	Bosnien und Herzegowina	Erstreckungsstaat 01.12.2004	07.09.1996	Beobachterstatus	EP	34 M	34 M		ja
BB	Barbados		12.03.1985	ja	IB	30 M	30 M		ja
BD	Bangladesch			ja					ja
BE	Belgien	07.10.1977	14.12.1981	ja	EP			01.09.2019	ja
BF	Burkina Faso		21.03.1989	ja	AT, EP[2], RU, SE				ja
BG	Bulgarien	01.07.2002	21.05.1984	ja	EP, RU	31 M	31 M		ja
BH	Bahrain		18.03.2007	ja	AT, EP[3], US[1]	30 M	30 M		ja
BI	Burundi			ja					ja
BJ	Benin		26.02.1987	ja	AT; EP[2], RU, SE				ja
BN	Brunei Darussalam		24.07.2012	ja	AU, EP[1], JP[1]	30 M	30 M		ja
BO	Bolivien			ja					ja
BR	Brasilien		09.04.1978	ja	AT, EP[2], BR, SE, US[1]	30 M	30 M		ja
BS	Bahamas			Beobachterstatus					ja
BT	Bhutan			Beobachterstatus					ja
BW	Botsuana		30.10.2003	ja	EP	31 M	31 M		ja
BY	Weißrussland		25.12.1991	Beobachterstatus	EP, RU	31 M	31 M		ja
BZ	Belize		17.06.2000	ja	CA, EP	30 M	30 M		ja
CA	Kanada		02.01.1990	ja	CA	30 M (42[Z])	30 M (42[Z])		ja
CD	Kongo, Demokratische Republik			ja					ja
CF	Zentralafrikanische Republik		24.01.1978	ja	AT, EP[2], RU, SE				ja
CG	Kongo, Republik		24.01.1978	ja	AT, EP[2], RU, SE				ja

T. Vertragsstaaten

Internationale Verträge, Teil 1 (Fortsetzung)

Kürzel	Land	EPÜ	PCT	WTO	ISA, SISA, IPEA	Frist nach Art. 22 PCT	Frist nach Art. 39 (1) PCT	London Agreement	PVÜ
CH	Schweiz	07.10.1977	24.01.1978	ja	EP	30 M	30 M	01.05.2008	ja
CI	Elfenbeinküste		30.04.1991	ja	AT, EP[2], RU, SE				ja
CK	Cookinseln								
CL	Chile		02.06.2009	ja	EP[4], KR, CL, ES, US	30 M	30 M		ja
CM	Kamerun		24.01.1978	ja	AT, EP[2], RU, SE				ja
CN	Volksrepublik China		01.01.1994	ja	CN	30 M (32 Z)	30 M (32[Z])		ja
CO	Kolumbien		28.02.2001	ja	AT, EP[5], RU, BR, CL[1], ES	31 M	31 M		ja
CR	Costa Rica		03.08.1999	ja	EP[4], CL[1], ES	31 M	31 M		ja
CU	Kuba		16.07.1996	ja	AT, EP[5], RU, BR, CL[1], ES	30 M	30 M		ja
CV	Kap Verde		06.04.2022	ja					
CY	Zypern	01.04.1998	01.04.1998	ja	EP				ja
CZ	Tschechien	01.07.2002	01.01.1993	ja	EP, XV	31 M	31 M		ja
DE	Deutschland	07.10.1977	24.01.1978	ja	EP	31 M	31 M	01.05.2008	ja
DJ	Dschibuti		23.09.2016	ja	AT, EG, EP[3]	30 M	30 M		ja
DK	Dänemark	01.01.1990	01.12.1978	ja	EP, XN, SE	31 M	31 M	01.05.2008	ja
DM	Dominica		07.08.1999	ja		30 M	30 M		ja
DO	Dominikanische Republik		28.05.2007	ja	EP[5], CL[1], ES, US[1]	30 M	30 M		ja
DZ	Algerien		08.03.2000	Beobachter-status	AT, EP	31 M	31 M		ja
EC	Ecuador		07.05.2001	ja	EP[5], CL, ES	31 M	31 M		ja
EE	Estland	01.07.2002	24.08.1994	ja	EP	31 M	31 M		ja
EG	Ägypten		06.09.2003	ja	AT, EG, EP[3], US[1]	30 M	30 M		ja
EH	Westsahara								
ER	Eritrea								
ES	Spanien	01.10.1986	16.11.1989	ja	EP, ES	30 M	30 M		ja
ET	Äthiopien			Beobachter-status					
FI	Finnland	01.03.1996	01.10.1980	ja	EP, FI, SE	31 M	31 M	01.11.2011	ja
FJ	Fidschi			ja					
FM	Mikronesien								
FR	Frankreich	07.10.1977	25.02.1978	ja	EP			01.05.2008	ja
GA	Gabun		24.01.1978	ja	AT, EP[2], RU SE				ja
GB	Vereinigtes Königreich	07.10.1977	24.01.1978	ja	EP	31 M	31 M	01.05.2008	ja
GD	Grenada		22.09.1998	ja		30 M	30 M		ja
GE	Georgien		25.12.1991	ja	AT, EP[3], RU, IL[1], US[1]	31 M	31 M		ja

Vertragsstaaten T.

Internationale Verträge, Teil 1 (Fortsetzung)

Kürzel	Land	EPÜ	PCT	WTO	ISA, SISA, IPEA	Frist nach Art. 22 PCT	Frist nach Art. 39 (1) PCT	London Agreement	PVÜ
GH	Ghana		26.02.1997	ja	AU, AT, EP[1], CN, SE	30 M	30 M		ja
GM	Gambia		09.12.1997	ja	AT, EP, SE	30 M	31 M		ja
GN	Guinea		27.05.1991	ja	AT, EP[2], RU, SE				ja
GQ	Äquatorial-guinea		17.07.2001	Beobachter-status	AT, EP[2], RU, SE				ja
GR	Griechenland	01.10.1986	09.10.1990	ja	EP				ja
GT	Guatemala		14.10.2006	ja	AT, EP[5], BR, CL[1], ES, US	30 M	30 M		ja
GW	Guinea-Bissau		12.12.1997	ja	AT, EP[2], RU, SE				ja
GY	Guyana			ja					ja
HK	Hongkong			ja					
HN	Honduras		20.06.2006	ja	EP, ES	30 M	30 M		ja
HR	Kroatien	01.01.2008	01.07.1998	ja	EP	31 M	31 M	01.05.2008	ja
HT	Haiti			ja					ja
HU	Ungarn	01.01.2003	27.06.1980	ja	EP, XV	31 M	31 M	01.01.2011	ja
ID	Indonesien		05.09.1997	ja	AU, EP[1], RU, SG[1], JP, KR	31 M	31 M		ja
IE	Irland	01.08.1992	01.08.1992	ja	EP			01.03.2014	ja
IL	Israel		01.06.1996	ja	EP[1], IL[1], US[1]	30 M	30 M		ja
IN	Indien		07.12.1998	ja	AU. AT, EP[2], IN, CN, SE, US[1]	31 M	31 M		ja
IQ	Irak		30.04.2022	Beobachter-status					ja
IR	Iran		04.10.2013	Beobachter-status	EP[1], RU, IN, CN	30 M	30 M		ja
IS	Island	01.11.2004	23.03.1995	ja	EP, SE, XN	31 M	31 M	01.05.2008	ja
IT	Italien	01.12.1978	28.03.1985	ja	EP	30 M	30 M		ja
JM	Jamaika		10.02.2022	ja					ja
JO	Jordanien		09.06.2017	ja	AU, AT, EP[3], US	30 M	30 M		ja
JP	Japan		01.10.1978	ja	EP[1], JP[1], SG[1]	30 M	30 M		ja
KE	Kenia		08.06.1994	ja	AU, AT, EP[2], CN, SE	30 M	30 M		ja
KG	Kirgisistan		25.12.1991	ja	EP, RU	31 M	31 M		ja
KH	Kambodscha	Validierungs-staat 01.03.2018	08.12.2016	ja	EP[1], JP[1], SG[1]	30 M	30 M		ja
KI	Kiribati								
KM	Komoren		03.04.2005	Beobachter-status	AT, EP[2], RU, SE				ja
KN	St. Kitts und Nevis		27.10.2005	ja	EP, US	30 M	30 M		ja
KP	Korea, Nord		08.07.1980		AU, RU, CN	30 M	30 M		ja

T. Vertragsstaaten

Internationale Verträge, Teil 1 (Fortsetzung)

Kürzel	Land	EPÜ	PCT	WTO	ISA, SISA, IPEA	Frist nach Art. 22 PCT	Frist nach Art. 39 (1) PCT	London Agreement	PVÜ
KR	Korea, Süd		10.08.1984	ja	AU, AT, JP[1], KR	31 M	31 M		ja
KW	Kuwait		09.09.2016	ja	IB	30 M	30 M		ja
KZ	Kasachstan		25.12.1991	11.2015	EP[1], RU	31 M	31 M		ja
LA	Laos		14.06.2006	ja	IB	30 M	30 M		ja
LB	Libanon			Beobachterstatus					ja
LC	St. Lucia		30.08.1996	ja	IB	30 M	30 M		ja
LI	Liechtenstein	01.04.1980	19.03.1980	ja	EP			01.05.2008	ja
LK	Sri Lanka		26.02.1982	ja	IB	30 M	30 M		ja
LR	Liberia		27.08.1994	ja	AU, AT, EP[2], CN, SE	30 M	31 M		ja
LS	Lesotho		21.10.1995	ja	AT, EP	30 M	31 M		ja
LT	Litauen	01.12.2004	05.07.1994	ja	EP, RU, XV			01.05.2009	ja
LU	Luxemburg	07.10.1977	30.04.1978	ja	EP	20 M	30 M	01.05.2008	ja
LV	Lettland	01.07.2005	07.09.1993	ja	EP[1], RU			01.05.2008	ja
LY	Libyen		15.09.2005	Beobachterstatus	AT, EP	30 M	30 M		ja
MA	Marokko	Validierungsstaat 01.03.2015	08.10.1999	ja	AT, EP, RU, SE	31 M	31 M		ja
MC	Monaco	01.12.1991	22.06.1979		EP			01.05.2008	ja
MD	Republik Moldau	Validierungsstaat 01.11.2015	25.12.1991	ja	EP[1], RU	31 M	31 M		ja
ME	Montenegro	(Erstreckungsstaat seit 01.03.2010) ab 01.10.2022	03.06.2006	ja	EP	30 M	30 M		ja
MG	Madagaskar		24.01.1978	ja	IB	30 M	30 M		ja
MH	Marshallinseln								
MK	Nordmazedonien	01.01.2009	10.08.1995	ja	EP	31 M	31 M	01.02.2012	ja
ML	Mali		19.10.1984	ja	AT, EP[2], RU, SE				ja
MM	Myanmar			ja					
MN	Mongolei		27.05.1991	ja	EP[1], RU, KR	31 M	31 M		ja
MO	Macao			ja					
MR	Mauretanien		13.04.1983	ja	AT, EP[2], RU, SE				ja
MT	Malta	01.03.2007	01.03.2007	ja	EP				ja
MU	Mauritius			ja					ja
MV	Malediven			ja					
MW	Malawi		24.01.1978	ja	EP	30 M	30 M		ja
MX	Mexiko		01.01.1995	ja	AT, EP, SG[1], KR, CL[1], ES, SE, US[1]	30 M	30 M		ja
MY	Malaysia		16.08.2006	ja	AU, EP[1], JP[1], KR	30 M	30 M		ja

Vertragsstaaten T.

Internationale Verträge, Teil 1 (Fortsetzung)

Kürzel	Land	EPÜ	PCT	WTO	ISA, SISA, IPEA	Frist nach Art. 22 PCT	Frist nach Art. 39 (1) PCT	London Agreement	PVÜ
MZ	Mosambik		18.05.2000	ja	AU, AT, EP[2], CN, SE	31 M	31 M		ja
NA	Namibia		01.01.2004	ja	AU, AT, EP[2], CN, SE	31 M	31 M		ja
NE	Niger		21.03.1993	ja	AT, EP[2], RU, SE				ja
NG	Nigeria		08.05.2005	ja	IB	30 M	30 M		ja
NI	Nicaragua		06.03.2003	ja	EP, ES	30 M	30 M		ja
NL	Niederlande	07.10.1977	10.07.1979	ja	EP			01.05.2008	ja
NO	Norwegen	01.01.2008	01.01.1980	ja	EP, SE, XN	31 M	31 M	01.01.2015	ja
NP	Nepal			ja					ja
NR	Nauru								
NU	Niue								
NZ	Neuseeland		01.12.1992	ja	AU, EP, KR, US	31 M	31 M		ja
OM	Oman		26.10.2001	ja	AU, AT, EG, EP[3], US[1]	30 M	30 M		ja
PA	Panama		07.09.2012	ja	EP[4], BR, CL[1], ES, US[1]	30 M	30 M		ja
PE	Peru		06.06.2009	ja	AT, EP[5], KR, BR, CL[1], ES, US[1]	30 M	30 M		ja
PG	Papua-Neuguinea		14.06.2003	ja	AU	31 M	31 M		ja
PH	Philippinen		17.08.2001	ja	AU, EP[1], JP[1], KR, US[1]	30 M (31 M[2])	30 M (31 M[2])		ja
PK	Pakistan			ja					ja
PL	Polen	01.03.2004	25.12.1990	ja	EP, XV	30 M	30 M		ja
PS	Palästina								
PT	Portugal	01.01.1992	24.11.1992	ja	EP	30 M	30 M		ja
PW	Palau								
PY	Paraguay			ja					ja
QA	Katar		03.08.2011	ja	EG, EP[1], US	30 M	30 M		ja
RO	Rumänien	01.03.2003	23.07.1979	ja	EP[1], RU	30 M	30 M		ja
RS	Serbien	01.10.2010	01.02.1997	Beobachterstatus	EP	30 M	30 M		ja
RU	Russische Förderation		29.03.1978	ja	EP[1], RU	31 M	31 M		ja
RW	Ruanda		31.08.2011	ja		30 M	30 M		ja
SA	Saudi-Arabien		03.08.2013	ja	CA[1], EG, EP[1], RU, KR	30 M	30 M		ja
SB	Salomonen			ja					
SC	Seychellen		07.11.2002	26.04.2015	EP	31 M	31 M		ja
SD	Sudan		16.04.1984	Beobachterstatus	EG, EP[1]	30 M	30 M		ja
SE	Schweden	01.05.1978	17.05.1978	ja	EP, SE, XN	31 M	31 M	01.05.2008	ja

T. Vertragsstaaten

Internationale Verträge, Teil 1 (Fortsetzung)

Kürzel	Land	EPÜ	PCT	WTO	ISA, SISA, IPEA	Frist nach Art. 22 PCT	Frist nach Art. 39 (1) PCT	London Agreement	PVÜ
SG	Singapur		23.02.1995	ja	AU, AT, EP[2], SG[1], JP[1], KR	30 M	30 M		ja
SI	Slowenien	01.12.2002	01.03.1994	ja	EP			01.05.2008	ja
SK	Slowakei	01.07.2002	01.01.1993	ja	EP, XV	31 M	31 M		ja
SL	Sierra Leone		17.06.1997	ja	AU, AT, EP[2], CN, SE	31 M	31 M		ja
SM	San Marino	01.07.2009	14.12.2004		EP	31 M	31 M		ja
SN	Senegal		24.01.1978	ja	AT, EP[2], RU, SE				ja
SO	Somalia								
SR	Suriname			ja					ja
SS	Südsudan								
ST	São Tomé und Príncipe		03.07.2008	Beobachter-status	AU, AT, EP[2], CN, SE	30 M	30 M		ja
SV	El Salvador		17.08.2006	ja	EP[5], CL[1], ES	30 M	30 M		ja
SY	Syrien		26.06.2003	Beobachter-status	AT, EG, EP[3], RU	31 M	31 M		ja
SZ	Swasiland		20.09.1994	ja	AU, AT, EP[2], CN, SE				ja
TD	Tschad		24.01.1978	ja	AT, EP[2], RU, SE				ja
TG	Togo		24.01.1978	ja	AT, EP[2], RU, SE				ja
TH	Thailand		24.12.2009	ja	AU, EP[1], SG, JP[1], KR, CN, US[1]	30 M	30 M		ja
TJ	Tadschikistan		25.12.1991	ja	EP[1], RU	30 M	31 M		ja
TL (TP)	Osttimor / Timor-Leste								
TM	Turkmenistan		25.12.1991		EP[1], RU	30 M	31 M		ja
TN	Tunesien	Validierungs-staat 01.12.2017	10.12.2001	ja	EP	30 M	30 M		ja
TO	Tonga			ja					ja
TR	Türkei	01.11.2000	01.01.1996	ja	EP, TR	30 M (33)	30 M (33)		ja
TT	Trinidad und Tobago		10.03.1994	ja	AT, EP[2], SE, US	30 M	31 M		ja
TV	Tuvalu								
TW	Republik China (Taiwan)			ja					
TZ	Tansania (Vereinigte Republik)		14.09.1999	ja	AU, AT, EP[2], CN, SE	21	31 M		ja
UA	Ukraine		25.12.1991	ja	EP[1], RU, UA	31 M	31 M		ja
UG	Uganda		09.02.1995	ja	AU, AT, EP[2], CN, SE	21	31 M		ja

Vertragsstaaten T.

Internationale Verträge, Teil 1 (Fortsetzung)

Kürzel	Land	EPÜ	PCT	WTO	ISA, SISA, IPEA	Frist nach Art. 22 PCT	Frist nach Art. 39 (1) PCT	London Agreement	PVÜ
US	Vereinigte Staaten von Amerika		24.01.1978	ja	AU[1], EP[1], RU, SG[1], IL[1], JP[1], KR, US	30 M	30 M		ja
UY	Uruguay			ja					ja
UZ	Usbekistan		25.12.1991	Beobachter-status	EP[1], RU	31 M	31 M		ja
VA	Vatikanstadt			Beobachter-status					ja
VC	St. Vincent und die Grenadinen		06.08.2002	ja	IB	31 M	31 M		ja
VE	Venezuela			ja					ja
VN	Vietnam		10.03.1999	ja	AT, EP[2], RU, SG[1], JP[1], KR, SE	31 M	31 M		ja
VU	Vanuatu			ja					
WS	Samoa		02.01.2020	ja					ja
YE	Jemen			ja					ja
ZA	Südafrika		16.03.1999	ja	AU, AT, EP[3], US	31 M	31 M		ja
ZM	Sambia		15.11.2001	ja	AT, SE	30 M	30 M		ja
ZW	Simbabwe		11.06.1997	ja	AU, AT, EP[3], RU, CN				ja

Vorbehalte zur Änderung des Art. 22 (1) PCT
EP: Luxemburg
ARIPO*: Uganda, Tansania

*African Regional Intellectual Property Organization

ISA; IPEA: AT, AU, BR, CA, CL, CN, EG, EP, ES, FI, IL, IN, JP, KR, RU, SE, SG, TR, UA, US, XN, XV
SISA: AT, EP, FI, RU, SE, SG, TR, XN, XV (Stand: 01.09.2018)

nur IPEA: wenn der ISR
1) von diesem Amt
2) vom EPA, AT oder SE
3) vom EPA oder AT
4) vom EPA oder ES
5) vom EPA, AT oder ES
6) vom EPA; AT, ES oder SE
7) vom EPA oder XV erstellt wurde

Z) Zusatzgebühr für späteren Eintritt

T. Vertragsstaaten

Folgende Nicht-EPÜ-Vertragsstaaten gehören der CEPT an, Stand 01.07.2021
http://www.cept.org/cept/membership-and-observers

Land
Andorra
Aserbaidschan
Belarus (Weißrussland)
Bosnien und Herzegowina
Georgien
Moldawien
Montenegro (bis 30.09.2022)
Russische Föderation
Ukraine
Vatikanstadt

Übersicht über den Geltungsbereich internationaler Verträge auf dem Gebiet des Patentwesens,
Teil 2: Patentrechtsvertrag (PLT), Budapester Vertrag
(ABl. EPA 2020, A55)

Kürzel	Land	PLT	Budapester Vertrag	Hinweise
AD	Andorra			
AE	Vereinigte Arabische Emirate		17.05.2021	
AF	Afghanistan			
AG	Antigua und Barbuda	25.06.2019	25.06.2019	
AL	Albanien	17.05.2010	19.09.2003	
AM	Armenien	17.09.2013	06.03.2005	
AO	Angola			
AR	Argentinien			
AT	Österreich		26.04.1984	
AU	Australien	16.03.2009	07.07.1987	
AZ	Aserbaidschan		14.10.2003	
BA	Bosnien und Herzegowina	09.05.2012	27.01.2009	
BB	Barbados			
BD	Bangladesch			
BE	Belgien		15.12.1983	
BF	Burkina Faso			
BG	Bulgarien		19.08.1980	
BH	Bahrain	15.12.2005	20.11.2012	
BI	Burundi			
BJ	Benin			
BN	Brunei		24.07.2012	
BO	Bolivien			
BR	Brasilien			
BS	Bahamas			
BT	Bhutan			
BW	Botswana			
BY	Belarus (Weißrussland)	21.10.2016	19.10.2001	
BZ	Belize			
CA	Kanada	30.10.2019	21.09.1996	
CD	Kongo, Demokr. Republik			

Vertragsstaaten

Internationale Verträge, Teil 2 (Fortsetzung)

Kürzel	Land	PLT	Budapester Vertrag	Hinweise
CF	Zentralafrikanische Republik			
CG	Kongo, Republik			
CH	Schweiz	01.07.2008	19.08.1981	
CI	Elfenbeinküste			
CK	Cookinseln			
CL	Chile		05.08.2011	
CM	Kamerun			
CN	Volksrepublik China		01.07.1995	
CO	Kolumbien		26.07.2016	
CR	Costa Rica		30.09.2008	
CU	Kuba		19.02.1994	
CV	Kap Verde			
CY	Zypern			
CZ	Tschechien		01.01.1993	
DE	Deutschland		20.01.1981	
DJ	Dschibuti			
DK	Dänemark	28.04.2005	01.07.1985	
DM	Dominica			
DO	Dominikanische Republik		03.07.2007	
DZ	Algerien			
EC	Ecuador			
EE	Estland	28.04.2005	14.09.1996	
EG	Ägypten			
EH	Westsahara			
ER	Eritrea			
ES	Spanien	06.11.2013	19.03.1981	
ET	Äthiopien			
FI	Finnland	06.03.2006	01.09.1985	
FJ	Fidschi			
FM	Mikronesien			
FR	Frankreich	05.01.2010	19.08.1980	
GA	Gabun			
GB	Vereinigtes Königreich	22.03.2006	29.12.1980	
GD	Grenada			
GE	Georgien		30.09.1995	
GH	Ghana			
GM	Gambia			
GN	Guinea			
GQ	Äquatorialguinea			
GR	Griechenland		30.10.1993	
GT	Guatemala		14.10.2006	
GW	Guinea-Bissau			
GY	Guyana			
HN	Honduras		20.06.2006	
HR	Kroatien	28.04.2005	25.02.2000	
HT	Haiti			
HU	Ungarn	12.03.2008	19.08.1980	
ID	Indonesien		13.10.2022	

T. Vertragsstaaten

Internationale Verträge, Teil 2 (Fortsetzung)

Kürzel	Land	PLT	Budapester Vertrag	Hinweise
IE	Irland	27.05.2012	15.12.1999	
IL	Israel		26.04.1996	
IN	Indien		17.12.2001	
IQ	Irak			
IR	Iran			
IS	Island		23.03.1995	
IT	Italien		23.03.1986	
JM	Jamaika			
JO	Jordanien		14.11.2008	
JP	Japan	11.06.2016	19.08.1980	
KE	Kenia			
KG	Kirgisistan	28.04.2005	17.05.2003	
KH	Kambodscha			
KI	Kiribati			
KM	Komoren			
KN	St. Kitts und Nevis			
KP	Korea, Nord		21.02.2002	
KR	Korea, Süd	22.08.2018	28.03.1988	
KW	Kuwait			
KZ	Kasachstan	19.10.2011	24.04.2002	
LA	Laos			
LB	Libanon			
LC	St. Lucia			
LI	Liechtenstein	18.12.2009	19.08.1981	
LK	Sri Lanka			
LR	Liberia	04.01.2017		
LS	Lesotho			
LT	Litauen	03.02.2012	09.05.1998	
LU	Luxemburg		29.07.2010	
LV	Lettland	12.06.2010	29.12.1994	
LY	Libyen			
MA	Marokko		20.07.2011	
MC	Monaco		23.01.1999	
MD	Republik Moldau	28.04.2005	25.12.1991	
ME	Montenegro	09.03.2012	03.06.2006	
MG	Madagaskar			
MH	Marshallinseln			
MK	Nordmazedonien	22.04.2010	30.08.2002	
ML	Mali			
MM	Myanmar			
MN	Mongolei			
MR	Mauretanien			
MT	Malta			
MU	Mauritius			
MV	Malediven			
MW	Malawi			

Vertragsstaaten T.

Internationale Verträge, Teil 2 (Fortsetzung)

Kürzel	Land	PLT	Budapester Vertrag	Hinweise
MX	Mexiko		21.03.2001	
MY	Malaysia		30.06.2022	
MZ	Mosambik			
NA	Namibia			
NE	Niger			
NG	Nigeria	28.04.2005		
NI	Nicaragua		10.08.2006	
NL	Niederlande	27.12.2010	02.07.1987	
NO	Norwegen		01.01.1986	
NP	Nepal			
NR	Nauru			
NU	Niue			
NZ	Neuseeland		17.12.2018	
OM	Oman	16.10.2007	16.10.2007	
PA	Panama		07.09.2012	
PE	Peru		20.01.2009	
PG	Papua-Neuguinea			
PH	Philippinen		21.10.1981	
PK	Pakistan			
PL	Polen		22.09.1993	
PS	Palästina			
PT	Portugal		16.10.1997	
PW	Palau			
PY	Paraguay			
QA	Katar		06.03.2014	
RO	Rumänien	28.04.2005	25.09.1999	
RS	Serbien	20.08.2010	25.02.1994	
RU	Russische Förderation	12.08.2009	22.04.1981	
RW	Ruanda			
SA	Saudi-Arabien	03.08.2013	16.01.2021	
SB	Salomonen			
SC	Seychellen			
SD	Sudan			
SE	Schweden	27.12.2007	01.10.1983	
SG	Singapur		23.02.1995	
SI	Slowenien	28.04.2005	12.03.1998	
SK	Slowakei	28.04.2005	01.01.1993	
SL	Sierra Leone			
SM	San Marino			
SN	Senegal			
SO	Somalia			
SR	Suriname			
SS	Südsudan			
ST	São Tomé und Príncipe			
SV	El Salvador		17.08.2006	
SY	Syrien			

T. Vertragsstaaten

Internationale Verträge, Teil 2 (Fortsetzung)

Kürzel	Land	PLT	Budapester Vertrag	Hinweise
SZ	Swasiland			
TD	Tschad			
TG	Togo			
TH	Thailand			
TJ	Tadschikistan		25.12.1991	
TL (TP)	Osttimor / Timor-Leste			
TM	Turkmenistan	19.07.2021		
TN	Tunesien		23.05.2004	
TO	Tonga			
TR	Türkei		30.11.1998	
TT	Trinidad und Tobago		10.03.1994	
TV	Tuvalu			
TW	Republik China			
TZ	Tansania			
UA	Ukraine	28.04.2005	02.07.1997	
UG	Uganda			
US	Vereinigte Staaten von Amerika	18.12.2013	19.08.1980	
UY	Uruguay			
UZ	Usbekistan	19.07.2006	12.01.2002	
VA	Vatikanstadt			
VC	St. Vincent und die Grenadinen			
VE	Venezuela			
VN	Vietnam		01.06.2021	
VU	Vanuatu			
WS	Samoa			
YE	Jemen			
ZA	Südafrika		14.07.1997	
ZM	Sambia			
ZW	Simbabwe			

Vertragsstaaten T.

Überregionale Organisationen in Afrika

African Regional Intellectual Property Organization (ARIPO), Mitgliedsstaaten, Stand 31.08.2022
Quelle: http://www.aripo.org

Verfahrenshandlung	Details	
Sprache	Englisch	
Sitz	Harare (Simbabwe)	
Schutzgegenstand	Harmonisierung IP Systeme	Lusaka Agreement=
	Patente und Industrial Designs	Harare Protokoll*
	Marken	Banjul Protokoll+
	Pflanzen	Arusha Protokoll#
	»Traditional Knowledge and Expression of Folklore«	Swakopmund Protokoll°
Teilnehmerstaaten	Mitgliedsstaaten (22)	Botswana*+°, Kap Verde=*+#, Königreich Eswatini*+, Gambia*+#°, Ghana*#, Kenia*, Lesotho*+, Malawi*+°, Mauritius, Mosambik=*+#, Namibia=*+°, Sierra Leone*, Liberia*+°, Ruanda=*°#, São Tomé und Príncipe=*+#, Seychellen*, Somalia, Sudan*, Swaziland*+, Tansania*+#, Uganda*+, Zambia=*°, Simbabwe*+°
	Beobachter (11)	Angola, Algerien, Burundi, Ägypten, Eritrea, Äthiopien, Lybien, Nigeria, Südafrika, Tunesien
Anmeldeverfahren (Patente und Designs)	• Zentrale Einreichung bei der ARIPO oder bei einer Zentralbehörde für den gewerblichen Rechtsschutz in einem Mitgliedsstaat • Benennung wenigstens eines Mitgliedsstaats des Harare-Protokolls*; Bestimmung ARIPO aus PCT benennt automatisch alle Mitgliedsstaaten des Harare-Protokolls* • Durchführung einer Recherche durch die ARIPO und Kommunikation mit Anmelder bei festgestellten Bedenken gegen eine Erteilung • Nach Feststellung erteilungsfähiger Unterlagen Mitteilung an benannte Mitgliedsstaaten zur Klärung, ob Patent im Mitgliedsstaat erteilt werden soll Ca. 800 Patent-Anmeldungen, ca. 85 Design-Anmeldungen und 500 Markenanmeldungen pro Jahr (2021)	
Einspruchs-/Nichtigkeitsmöglichkeit	Kein zentrales Einspruchsverfahren möglich. Nichtigkeitsverfahren vor nationalen Ämtern.	

Organisation Africaine de la Propriété Intellectuelle (OAPI), Mitgliedsstaaten, Stand 30.09.2020
Quelle: http://www.oapi.int

Verfahrenshandlung	Details	
Sprache	Französisch	
Sitz	Yaoundé (Kamerun)	
Schutzgegenstand (Auswahl)	Patente + Gebrauchsmuster, Designs, Marken, Geographische Bezeichnungen	
Teilnehmerstaaten	Mitgliedsstaaten (17)	Benin, Burkina Faso, Kamerun, Zentralafrikanische Republik, Komoren, Kongo, Elfenbeinküste, Gabun, Guinea, Guinea-Bissau, Äquatorialguinea, Mali, Mauritanien, Niger, Senegal, Tschad, Togo
Anmeldeverfahren (Patente und Gebrauchsmuster)	• Zentrale Einreichung bei der OAPI oder bei einer Zentralbehörde für den gewerblichen Rechtsschutz in einem Mitgliedsstaat, falls Mitgliedstaat das vorsieht. • Bestimmung der OAPI-Mitgliedsstaaten gemeinsam oder einzeln über PCT möglich. • Alle Mitgliedsstaaten sind bei Einreichung einer OAPI-Anmeldung automatisch benannt. • Durchführung eines zentralen Erteilungsverfahrens. Ca. 500-600 Anmeldungen pro Jahr	
Einspruchs-/Nichtigkeitsmöglichkeit	Kein zentrales Einspruchsverfahren möglich. Nichtigkeitsverfahren in einem Mitgliedsstaat kann jedoch von einem anderen Mitgliedsstaat übernommen werden.	

T. Vertragsstaaten

20 Überblick über ausgewählte Vorschriften und Erfordernisse des nat. Rechts relevanter EPÜ-VS
Quelle: http://www.epo.org/law-practice/legal-texts/national-law_de.html (Stand: 01.03.2022)

Einreichung ePA (Kapitel II NatR)

EPÜ-VS		DE	FR	IT	GB	PL
1	Anmelder kann zwischen EPA und nat. Behörden wählen	Ja	Ja	Ja (mit Einschränkungen)	Ja	Ja
2	Anmeldungen, für die Einreichung bei nat. Behörde vorgeschrieben	Anmeldungen, die ein Staatsgeheimnis enthalten können	Wenn keine Prio früherer FR Anmeldung beansprucht und Wohnsitz FR	Europäische Erstanmeldungen und Wohnsitz IT	Anmeldungen, die ein Staatsgeheimnis enthalten können und Wohnsitz GB	ePA keine PL Prioanmeldung und Wohnsitz PL
3	Sprache, in denen ePA bei nat. Behörden eingereicht werden können	Alle Sprachen nach Art. 14 (2) EPÜ				
4	Amtssprachen	Deutsch	Französisch	Italienisch	Englisch	Polnisch

Rechte aus der ePA, Übersetzung zur Erlangung vorläufigen Schutzes (Kapitel IIIA, IIIB NatR)

EPÜ-VS		DE	FR	IT	GB	PL
IIIA.1	Einstweiliger Schutz nach Art. 67 EPÜ	Ja				
IIIA.3	Übersetzung der Patentansprüche nach Art. 67 (3) erforderlich	Ja				
IIIB.1	Bestellung eines zugelassenen Inlandsvertreters erforderlich	Nein	Nein, Zustellanschrift sollte angegeben werden	Nein, Zustellanschrift ist anzugeben	Nein	Ja, wenn Wohnsitz nicht in PL

Übersetzungserfordernisse nach Erteilung (Kapitel IV NatR)

EPÜ-VS		DE	FR	IT	GB	PL
1	VS des Londoner Übereinkommens, Anwendung Art. 65 EPÜ	Ja	Ja	Nein	Ja	Nein
2	Übersetzungserfordernisse, Art. 65 (1) EPÜ	Keine Übersetzung erforderlich	Keine Übersetzung erforderlich	Übersetzung erforderlich	Keine Übersetzung erforderlich	Übersetzung erforderlich

Verbindliche Fassung einer ePA oder eines eP (Kapitel V NatR)

EPÜ-VS		DE	FR	IT	GB	PL
1	Verbindliche Fassung ePA oder eP	Keine Vorschriften nach Art. 70 (3) EPÜ, Wortlaut in der Verfahrenssprache maßgebend	Wortlaut in der Verfahrenssprache maßgebend, im Streitfall französische Übersetzung	Übersetzung, falls Schutzbereich enger als in der Verfahrenssprache	Wortlaut in der Verfahrenssprache maßgebend, Übersetzung, falls Schutzbereich enger als in der Verfahrenssprache	Übersetzung, falls Schutzbereich enger als in der Verfahrenssprache
2	Wurden Vorschriften nach Art. 70 (4) b) EPÜ erlassen?	Nein	Ja	Ja	Ja	Ja

Verschiedenes (Kapitel X NatR)

EPÜ-VS	DE	FR	IT	GB	PL
Doppelschutz zugelassen, Art. 139 (3) und 140 EPÜ	Nein	Nein	Nein	Nein	Nicht ausgeschlossen

EPÜ-Zeitstrahl U.

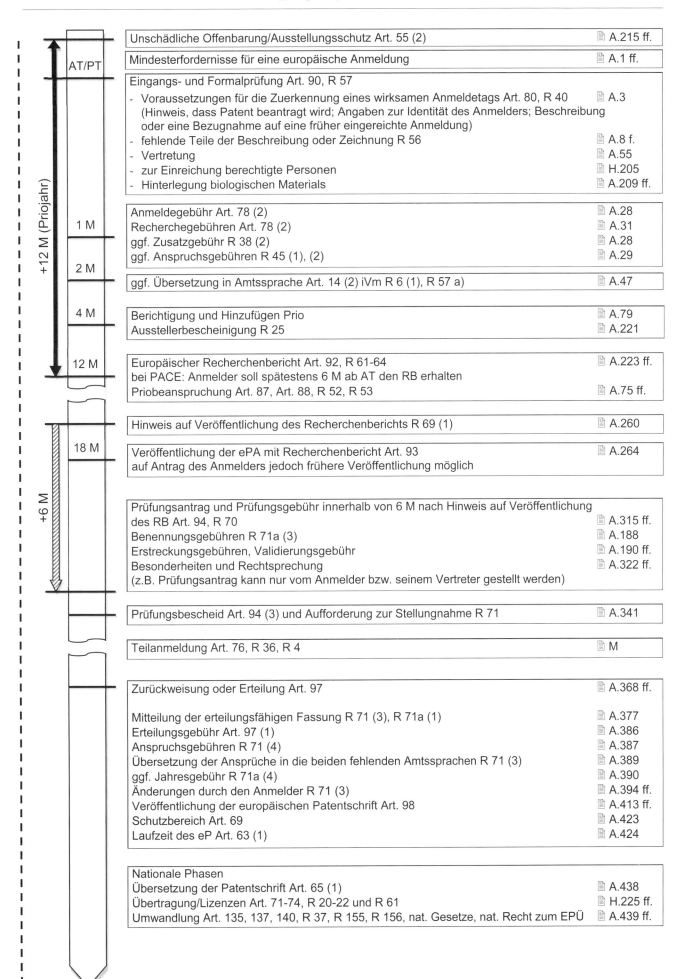

537

PCT-Zeitstrahl U.

AT/PT

Mindestvoraussetzungen für Zuerkennung eines wirksamen AT — B.1
- Anmeldeberechtigung (Art. 11 (1) i), Art. 9) — B.9 f.
- Zuständiges AA (Art. 11 (1) i), Art. 10, R 19.1) — B.11 f.
- Sprache (Art. 11 (1) ii), Art. 3 (4) i), R 12.1 a)) — B.14 ff.
- Gesuch auf int. Anmeldung (Art. 11 (1) iii) a), Art. 4 (1) i), R 3, R 4), Beschreibung (Art. 11 (1) iii) d), Art. 5, R 5), mind. ein Anspruch (Art. 11 (1) iii) e), Art. 6, R 6) — B.18 ff.
- Bestimmung mind. eines VS (Art. 11 (1) iii) b), Art. 4 (1) ii), R 4.9) — B.52 ff.
- Name des Anmelders (Art. 11 (1) iii) c), Art. 4 (1) iii), R 4.1 a) iii)), R 4.4, R 4.5) — B.20
- Einreichung: Schriftform (R 11, R 92.4), Telefax (R 92.4 a)), elektronisch (R 89bis.1) — B.488 ff.

Formalprüfung
- Unterschrift, Angaben über Anmelder, Bezeichnung, Zusammenfassung, Formerfordernisse (Art. 14 (1) a)) — B.40 ff.
- Erklärung über Einbeziehung früherer Anmeldung bzgl. Beschreibung + Ansprüche (R 4.18, R 20.3) — B.21 ff.
- Bezeichnung (Art 4 (1) iv), R 4.1 a) ii)), Zusammenfassung (Art. 3 (2) + (3), R 8) — B.42.
- Zeichnungen (Art. 7, R 7) — B.24, B.12

1 M
- Gebührenzahlung (Art. 3 (4) iv), Übermittlungsgebühr R 14.1 c), Int. Anmeldegebühr R 15.3, Int. Recherchengebühr R 16.1 (f), R 15.3) — B.94 ff.
- Übersetzung für int. Recherche, falls erforderlich (R 12.3 a)) — B.43

6 M
- Priofrist für Muster (auch GeschM/Designs) + Marken, Art. 4C (1) PVÜ — B.81

12 M Priojahr
- Priobeanspruchung unter Angabe des Datums, Aktenzeichen und Land/Amt (Art. 8 (1), R 1 b), R 4.10) — B.71 ff.
- Wirkung der Prioritätserklärung (Art. 8 (2) a), Art 4C (1) PVÜ) — B.71 ff.
- Bei mehreren beanspruchten Prioritäten wird älteste als PT verwendet (Art. 2 (xi) b)) — B.71 ff.

14 M
- Übersetzung für Veröffentlichung, falls erforderlich (Art. 21 (4), R 12.4 a)) — B.47, B.165
- Wiederherstellung Priorecht durch AA möglich (R 26bis.3) — B.81

16 M
- Einreichung Priobeleg (Art. 8, R 17.1) — B.91
- Mängelbeseitigung Priobeanspruchung (R 26bis.1 a)) — B.71 ff.
- Nachfrist Übersetzung für Veröffentlichung mit Zuschlagsgeb. (R12.4 c) + d)) — B.47, B.165

- Veröffentlichung unterbleibt bei Rücknahme beim IB bis 15 Tage vor Veröffentlichung (Art. 21 (5), R 90bis.1 c)) — B.322, B.439

18 M
- Veröffentlichung der int. Anmeldung (Art. 21 (2) a), R 48) — B.293 ff.
- Vorzeitige Veröffentlichung auf Antrag (Art. 21 (2) b), R 48.4) — B.306
- Anspruchsänderung sowie Erklärung nach Art. 19 werden veröffentlicht (R 48 (2) f)) — B.295, B.312
- Veröffentlichung unterbleibt, wenn Rücknahme vor Abschluss der technischen Vorbereitungen beim IB (R 90bis.1 c)) — B.322, B.439

22 M
- Antrag auf ergänzende intern. Recherche SIS (Kapitel I) (R 45bis.1, Gebührenzahlung innerhalb 1 M R 45bis.2+3) — B.168 ff.
- Antrag auf ivP/IPER (Kapitel II) (Art. 31 (1), R 54bis.1a) ii), Gebührenzahlung Art. 31 (5)), Möglichkeit der Einreichung von Änderungen (Art. 19, Art. 34) — B.201 ff.

28 M
- Erstellung ergänzender internationaler RB (SISR) durch SISA (R 45bis.7 a)) — B.192
- Erstellung ivP/IPER (R 69.2) — B.246

30 M
- Nationalisierung, Übermittlung Anmeldung, ggf. Übersetzung sowie Gebührenzahlung (Art. 22 (1) bzw. Art. 39 (1) a)) für EPA — B.331 ff.
- Rücknahmemöglichkeiten (Priobeanspruchung R 90bis.3, Bestimmung R 90bis.2) — B.64, B.85, B.440 f.
- Wiederherstellung Priorecht durch Bestimmungsamt möglich (R 26bis.3) — B.81 f.

31 M
- Längere Frist zur Nationalisierung vor EPA (Art. 22, Art. 39 (1) b) iVm Art. 153 (3), (4), R 159 (1) EPÜ), auch RU, Australien, GB (nat.) — B.331, B.340 f.

539

Inhalt Kapitel V. US Patentrecht

Einführung in das US Patentrechts
Grundlegende Begriffe zur Anmeldung einer
Erfindung gemäß USPTO... V.1
Maßgebliche US Rechtstexte mit Links im Form
QR-Codes.. V.2
Begriffsklärung... V.3

Materielles Recht
Patentierbarkeit V.4
Neuheit V.5
Neuheitsschonfrist (»grace period«)............................... V.6
Maßgeblicher Stand der Technik (für Neuheit und
erfinderische Tätigkeit) V.7
Erfinderische Tätigkeit V.8

Verfahrensrecht
Anmeldeberechtigung... V.10
Interference/priority contest.. V.11
Derivation Proceedings V.12
Provisional Application... V.13
Priorität V.14
Duty of disclosure (IDS).. V.15
Restriction requirements... V.16
Request for continued examination (RCE)..................... V.17
Continuation Application V.19
Divisional Application... V.20
Continuation-in-part Application (CIP) V.21
After Final Consideration Pilot 2.0 (AFCP 2.0) V.22
Pre-Appeal Brief Conference Pilot Programm (PABC)... V.23
Post-Prosecution Pilot (P3) V.24
Appeal /Beschwerde... V.25

Nach Erteilung durchführbare Verfahren (»post-grant procedure«)
Quick Path Information Disclosure Statement (QPIDS).... V.26
Reissue... V.27
Supplemental Examination... V.28
Post grant review (PGR)... V.29
Inter Partes Review (IPR)... V.30
Ex Parte Reexamination... V.31

Sonstiges
Anmeldetag... V.32
Einwendungen Dritter... V.33
Best mode V.34
Anspruchsgebühren V.35
Fristverlängerung.. V.36
Jahresgebühren.. V.37
Gebühren abhängig von der Unternehmensgröße......... V.38
Prosecution history estoppel/file-wrapper estoppel........ V.39
Business method patents V.40
Leahy-Smith America Invents Act (AIA) –
Änderungen V.41
Duty of Candor and Good Faith..................................... V.42

Übersichten
Continuing patent applications V.43
Vergleich Neuheitsschonfrist US Patentrecht vs EPÜ...... V.44 ff.
Übersicht: Handlungsmöglichkeiten nach einer »Final
Office Action« V.48

US-Patentrecht V.

Grundlegende Begriffe zur Anmeldung einer Erfindung gemäß dem US Patent Law

Das US Patentrecht wurde mit dem Leahy-Smith America Invents Act (AIA) in Grundzügen überarbeitet. Die hierbei wesentlichen Änderungen traten am 16.09.2012 bzw. am 16.03.2013 in Kraft. Die nachstehenden Rechtsnormen betreffen dabei das US Patent Law AIA, sofern keine entgegenstehenden Vermerke vorhanden sind. Gebühren sind oftmals abhängig von der Unternehmensgröße. Falls nicht anders vermerkt, beziehen sich die aufgeführten Gebühren auf große Unternehmen (siehe hierzu V.38). Gebührenstand 01.07.2022

Maßgebliche Rechtstexte

Title 35 United Stades Code (U.S.C)	Title 37 Code of Federal Regulations Patent, Trademarks and Copyrights (CFR)	Manual of Patent Examination Procedure, Patent Procedure & related Guides (MPEP)	US Patent Fees
Stand: Juli 2022 Quelle: https://www.uspto.gov/web/offices/pac/mpep/consolidated_laws.pdf	Stand: Juli 2022 Quelle: https://www.uspto.gov/web/offices/pac/mpep/consolidated_rules.pdf	Stand: Juni 2020 Quelle: https://www.uspto.gov/web/offices/pac/mpep/index.html	Stand: Juli 2022 Quelle: https://www.uspto.gov/learning-and-resources/fees-and-payment/uspto-fee-schedule

Begriffsklärung

First-to-file (FTF): Ein **Patent** (vorausgesetzt die eingereichten Ansprüche sind neu und erfinderisch) wird **demjenigen erteilt**, der es als **erstes** beim **Patentamt anmeldet**. Dieses weltweit verbreitete Anmeldeprinzip wird in den USA nicht verwendet.

First-to-invent (FTI): Ein **Patent** wird **demjenigen erteilt**, der als **erstes** die **erfinderische Idee hatte**. Dieses grundlegende Anmeldeverständnis wurde durch den Leahy-Smith America Invents Act (AIA) zu First-inventor-to-file geändert. Somit nur noch anwendbar auf Anmeldungen, die vor dem 16.03.2013 eingereicht wurden.

First-inventor-to-file (FITF) (**35 U.S.C. § 100** (note)): Ein **Patent** wird **demjenigen erteilt**, der die **Erfindung** als **erstes** beim Patentamt **angemeldet** hat. Ein anderer Erfinder, der die gleiche Erfindung bereits früher gemacht hat, kann ein Derivation Verfahren anstrengen, bei dem festgestellt werden kann, ob der erste Anmelder die Erfindung vom früheren Erfinder »abgeleitet« (derived) hat. Das Derivation Verfahren ist spätestens innerhalb eines Jahres ab der ersten Veröffentlichung eines Anspruchs auf die besagte Erfindung einzuleiten. Es kann für **alle Anmeldungen** durchgeführt werden, die **seit dem 16.03.2013** eingereicht wurden (siehe V.12).

Materielles Recht

Rechtsnormen	Details
Patentierbarkeit 35 U.S.C. § 101	Patentierbar sind **Prozesse, Maschinen, Herstellungsverfahren** oder **Materialkombination** sowie deren **Weiterentwicklungen**, wenn sie neu und nützlich sind. Es werden aber teilweise gerichtlich anerkannte Ausnahme akzeptiert,
Neuheit 35 U.S.C. § 102 (a)	Eine Erfindung eines Erfinders gilt **nicht** als **neu**, wenn sie **vor** dem **PT/AT** (1) **patentiert** wurde, in einer **gedruckten Veröffentlichung beschrieben, öffentlich genutzt, angeboten** (»on sale«) oder **anderweitig** der Öffentlichkeit **zugänglich** war; oder (2) in einem **Patent** nach Section 151 **beschrieben** wurde, in einer **Patentanmeldung veröffentlicht** wurde oder **für eine US-(Anmelde-)Veröffentlichung** nach Section 122 (b) **vorgesehen** ist, falls dieses Patent oder diese Patentanmeldung **nicht** den **gleichen Erfinder** aufweist.
Neuheits-schonfrist (»grace period«) 35 U.S.C. § 102 (b)	**Ausnahmen für die Berücksichtigung der Neuheit:** (1) Eine Offenbarung gilt **nicht** als SdT, wenn sie **innerhalb** von **1 Jahr** oder weniger **vor** dem **PT/AT** der Erfindung, (A) **durch** den **Erfinder** gemacht wurde oder direkt oder indirekt **auf ihn zurückgeführt** werden kann, oder (B) [**durch** einen **Dritten**] **nach** einer **öffentlichen Offenbarung** des **Erfinders** nach (A) erfolgt ist. (2) Eine Offenbarung in Patentanmeldungen und Patenten gilt ebenfalls nicht als SdT, wenn (A) der **offenbarte Gegenstand** direkt oder indirekt **auf** den **Erfinder zurückgeführt** werden kann; (B) der **offenbarte Gegenstand** vor dem PT/AT **durch** den **Erfinder** oder einem **Dritten**, der den offenbarten Gegenstand vom Erfinder erhalten hat, **veröffentlicht** worden ist; oder (C) der **offenbarte Gegenstand** und der **beanspruchte Gegenstand** spätestens **zum Einreichungszeitpunkt** der **gleichen Person gehört** oder Gegenstand eines Übertragungsanspruchs an die gleiche Person ist.

V. US-Patentrecht

	Materielles Recht (Fortsetzung)	
	Verfahrenshandlung und Rechtsnormen	Details
7	**Maßgeblicher SdT für Neuheit** 35 U.S.C. § 102 (d)	Für die Beurteilung, inwieweit ein Patent oder eine Patentanmeldung für eine beanspruchte Erfindung **neuheitsschädlich** ist, ist auf den **AT** oder bei der Beanspruchung wenigstens einer Priorität, auf die **früheste Priorität** abzuzielen.
8	**Erfinderische Tätigkeit** 35 U.S.C. § 103	Ein Patent wird nicht erteilt, wenn der Unterschied zwischen der beanspruchten Erfindung und dem SdT für einen (Durchschnitts-) Fachmann auf dem Gebiet der Erfindung naheliegend ist. Als maßgeblicher SdT wird auf 35 U.S.C. § 102 verwiesen, d.h. auch am AT **noch nicht veröffentlichte US-Anmeldungen** werden für die **erfinderische Tätigkeit berücksichtigt**.

	Verfahrensrecht	
	Verfahrenshandlung und Rechtsnormen	Details
10	**Anmeldeberechtigung** 35 U.S.C. § 111 35 U.S.C. § 118	Als anmeldeberechtigt gilt **der Erfinder (35 U.S.C. § 111)** oder ein **Dritter**, auf den das **Anmelderecht übergegangen** ist (**35 U.S.C. § 118**). Durch das AIA wird es für Anmeldungen ab dem 16.09.2012 für einen **Dritten**, z.B. den Arbeitgeber erleichtert, die Anmeldung für den Erfinder vorzunehmen, bspw. bei **Rechtsübergang** oder **Bevollmächtigung**. Für Anmeldungen vor dem 16.09.2012 kann ein Dritter nur in Ausnahmefällen als Vertreter des Erfinders anmelden, z.B. falls der Erfinder nicht auffindbar ist oder eine Anmeldung für den Berechtigten (Arbeitgeber) verweigert.
11	**Interference/ priority contest** 35 U.S.C. § 135 (pre-AIA)	Nur anwendbar für Anmeldungen, die **vor dem 16.03.2013** eingereicht worden sind. Bei der Anmeldung der gleichen Idee durch verschiedene Anmelder/Erfinder kommt es zu einem **Interference Verfahren**, bei dem der Zeitpunkt der Erfindung durch Beweise belegt werden muss. Der frühere AT der ersten Anmeldung gilt lediglich als prima facie Beweis der früheren Erfindung. Das Interference Verfahren kann zwischen zwei Patentanmeldungen oder einer Patentanmeldung und einem Patent durchgeführt werden. Bei zwei Patentanmeldungen muss das Interference Verfahren innerhalb eines Jahres nach Veröffentlichung der früheren Patentanmeldung durchgeführt werden. **Ersatz: Derivation Verfahren**
12	**Derivation Proceedings** 35 U.S.C. § 135	• Nachträgliche **Infragestellung der Erfinderschaft** einer eingereichten älteren Anmeldung für Anmeldungen, **die am oder nach dem 16.03.2013 eingereicht** wurden. • Antrag muss innerhalb eines Jahres ab Erteilung oder **Veröffentlichung der älteren Anmeldung** beantragt werden, je nachdem welcher Zeitraum früher abläuft. • **Antrag** muss **detailliert Gründe** und **Beweise** beinhalten, aus denen hervorgeht, dass (früherer) Anmelder die Erfindung vom Antragsteller abgeleitet hat. Falls erfolgreich, kann ältere Anmeldung (oder Patent) zurückgewiesen werden oder eine Berechtigung des Erfinders eingetragen werden. Antrag ist beim Patent Trials and Appeal Board (PTAB) einzureichen. USPTO kann Einleitung des Verfahrens aufschieben, bis (i) 3 M nach Patenterteilung oder (ii) bis zum Abschluss des post grant reviews, inter partes review oder ex parte reexamination.
13	**Provisional Application** 35 U.S.C. § 111 (b) Gültig seit 16.09.2012	• Provisorische Patentanmeldung zur Sicherung eines frühen Anmeldetags • Dient als **Grundlage für eine reguläre Patentanmeldung (35 U.S.C. § 111 (a))**, kann aber **selbst nicht erteilt** werden • Vorteilhaft, wenn weitere Entwicklungen in die Patentanmeldung einfließen sollen • Ist maximal ein Jahr gültig • Wird **nicht veröffentlicht** • Vereinfachte Regelungen bei der Anmeldung (z.B. geringere Kosten, keine Ansprüche nötig) • **Kein Erfordernis**, in **Englisch** einzureichen (**37 CFR 1.52 (d) (2)**); beim Übergang zu einer regulären Patentanmeldung ist Übersetzung und Erklärung über Übereinstimmung mit ursprünglichem Anmeldetext notwendig; kann auch nach Übergang nachgereicht werden (**37 CFR 1.78 (a) (5)**).
14	**Priorität** 35 U.S.C. § 119 35 U.S.C. § 365	Beim USPTO sind zur **Priobeanspruchung** das **AZ**, das **Amt/ Land** sowie der **PT** der ausländischen Prio-Anmeldung anzugeben; auch für Erfinderzertifikate; Feiertagsregelung gilt. Seit dem 18.12.2013 ist für AIA-Anmeldungen möglich, die 12 M-Frist zur Beantragung der Priorität um 2 M zu verlängern (z.B. bei unbeabsichtigter Verzögerung bei Einreichung Prioanspruch in USA).

US-Patentrecht V.

Verfahrensrecht (Fortsetzung)		
Verfahrenshandlung und Rechtsnormen	Details	
Duty of disclosure (IDS) 37 CFR 1.56 37 CFR 1.97 f.	Der Anmelder hat innerhalb von drei Monaten ab der **Kenntnis von Entgegenhaltungen** (z.B. aus parallelen Verfahren) gegen diese Patentanmeldung ein »**Information Disclosure Statement**« (IDS) einzureichen, in welchem die **Entgegenhaltungen** genannt werden. Wird diese Offenbarungspflicht nicht eingehalten, kann ein daraus entstehendes Patent nicht durchsetzbar sein (siehe V.42). Die Einreichung ist mit einer Gebühr (65-260 $* - **37 CFR 1.17 (p)**) verbunden. * in Abhängigkeit der Unternehmensgröße (siehe V.38)	15
Restriction Requirements MPEP § 806.04 37 CFR 1.141 ff.	Anforderung an die **Einheitlichkeit** der Ansprüche (**37 CFR 1.141**). • Werden in der Anmeldung zwei oder mehr unterschiedliche und unabhängige Erfindungen beansprucht, fordert der Prüfer zu einer **Beschränkung** auf; Beschränkung kann ggf. in weiterem Prüfungsverfahren rückgängig gemacht werden (**37 CFR 1.142**). • In der Antwort auf die Beschränkungsanforderung kann der Anmelder Argumente gegen diese Anforderung vorbringen, muss jedoch gleichzeitig eine provisorische Auswahl der Ansprüche für die Weiterverfolgung treffen (**37 CFR 1.143**). • Beschränkungsanforderung des Prüfers nach der Einreichung von geänderten Ansprüchen durch den Anmelder aufgrund eines Bescheids, die eine andere Erfindung als die bisher im Verfahren beanspruchte Erfindung beanspruchen (**37 CFR 1.145**). • Ist in den Ansprüchen mehr als eine Gattung (species) enthalten, fordert der Prüfer den Anmelder vor dem ersten Bescheid (first office action) auf, eine Gattung für die Weiterverfolgung der Anmeldung auszuwählen, falls keine übergeordnete Formulierung gefunden werden kann (**election of species** - 37 CFR 1.146). • Die nicht ausgewählten Ansprüche können in einer **Continuing Application** (Continuation Application, Divisional Application oder Continuation-in-part Application) weiterverfolgt werden (siehe V.18 ff.).	16
Request for continued examination (RCE) 37 CFR 1.114	• **Nach** einer »**final rejection**« durch das USPTO kann der Erfinder das Erteilungsverfahren erneut eröffnen und fortführen. • Erteilungsverfahren wird in **gleicher Instanz** und mit **gleichem Prüfer** fortgeführt. • **Ansprüche** können bei Einreichung des RCE **geändert** werden. • Weitere RCEs können eingereicht werden. • Gebühr für den ersten RCE 340-1360 $*, für jede weitere 500-2.000 $* (**37 CFR 1.17 (e) (1), (2)**). * in Abhängigkeit der Unternehmensgröße (siehe V.38)	17
Continuing Application	Eine **neue Patentanmeldung**, die sich auf eine bereits existierende Patentanmeldung (SA) beruft und die **gleiche Priorität** beansprucht. Je nach Inhalt der neuen Patentanmeldung ist zwischen einer **continuation**, **divisional** oder **continuation-in-part** application zu unterscheiden.	18
Continuation Application 35 U.S.C. § 119 37 CFR 1.53 (b)	• Die neue Patentanmeldung weist die **gleiche Offenbarung** und die **gleiche Priorität** wie die SA auf. • Wird üblicherweise eingereicht, wenn der Prüfer in der Stammanmeldung nicht alle Ansprüche erteilen möchte, z.B. bei einer **Gattungswahl** oder wenn der Anmelder **neue Teile** zur Beanspruchung in der Anmeldung sieht. • Muss wenigstens einen der Erfinder der Stammanmeldung haben. • Neue Gegenstände können nicht eingeführt werden. • Die Anmeldung kann erfolgen, solange die Stammanmeldung noch anhängig ist (lebt, nicht erteilt).	19
Divisional Application 35 U.S.C. § 121	• Die neue Patentanmeldung weist die **gleiche Offenbarung** und die **gleiche Priorität** wie die Stammanmeldung auf. • Beansprucht einen bei einer **Beschränkungsanforderung** (restriction requirement - siehe V.16 ff.) nicht in der Stammanmeldung weiterverfolgten Gegenstand, z.B. bei einer Uneinheitlichkeit der Ansprüche • Muss wenigstens einen der Erfinder der Stammanmeldung haben. • Neue Gegenstände können nicht eingeführt werden. • Die Anmeldung kann erfolgen, solange die Stammanmeldung noch anhängig ist (lebt, nicht erteilt).	20
Continuation-in-part Application (CIP) 35 U.S.C. § 119 37 CFR 1.53 (b)	• Die neue Patentanmeldung beansprucht die **gleiche Priorität** wie die Stammanmeldung. • Gegenüber der Stammanmeldung kann ein **neuer Erfindungsgegenstand** hinzugefügt werden, wobei wesentliche Teile der Stammanmeldung übernommen werden. Für diesen neuen Erfindungsgegenstand entsteht ein neues Prioritätsrecht. • Muss wenigstens einen der Erfinder der Stammanmeldung haben. • Die Anmeldung kann erfolgen, solange die Stammanmeldung noch anhängig ist (lebt, nicht erteilt).	21

V. US-Patentrecht

Verfahrensrecht (Fortsetzung)

	Verfahrenshandlung und Rechtsnormen	Details
22	**After Final Consideration Pilot 2.0 AFCP 2.0**	Weitere Eingabe nach »final action« über **37 CFR 1.116** möglich, vorher muss wenigstens ein **unabhängiger Anspruch geändert** (eingeschränkt) worden sein; keine Gebühr (Vorteil ggü Beschwerde/RCE/CP), nur eine AFCP möglich, Anmelder muss für Interview mit Prüfer zur Verfügung stehen. Seit 2012, Pilotprogramm verlängert bis 30.09.2022, weitere Verlängerung möglich.
23	**Pre-Appeal Brief Conference Pilot Program (PABC)**	Liegen die Bedingungen für eine Beschwerde vor (siehe V.25) kann der Anmelder bei **Einreichung der Beschwerde**, aber noch vor der Erstellung der Beschwerdebegründung eine **Kommission anrufen**, um die **Überprüfung** der **Zurückweisungsgründe** zu beantragen; nur für rechtliche oder faktische Mängel verwendbar, nicht für Interpretationsfragen; **keine Änderung** der **Ansprüche** möglich; Frist zur Einreichung der Beschwerdebegründung verschiebt sich.
24	**Post-Prosecution Pilot (P3)**	Kombiniertes Nachfolgeprogramm zum AFCP 2.0 und Pre-Appeal Brief Conference Pilot Programm; **Durchführung** einer **zeitlich limitierten Konferenz** (max. 20 min) mit **Prüfern**; Amt nimmt Kontakt mit Anmelder auf und führt innerhalb von 10 Kalendertagen Konferenz durch; Entscheidung schriftlich Antrag ist innerhalb von 2 M ab »final rejection« und vor Beschwerde zu stellen; Einreichung von max. 5 Seiten Argumentation nach **37 CFR 1.116** und ggf. geänderte, nicht erweiterte Ansprüche Vorher darf keine Eingabe nach AFCP 2.0 oder Pre-Appeal vorgenommen worden sein; zunächst gültiger P3 Antrag und anschließend AFCP 2.0 oder Pre-Appeal ist jedoch möglich; keine Gebühr, von 11.07.2016 bis 12.01.2017 befristet.
25	**Appeal /Beschwerde** **35 U.S.C. § 134** **37 CFR 41.31 ff.**	• Ein Anmelder kann bei einer **zweifachen Zurückweisung** von Ansprüchen bzw. ein Patentinhaber bei einer **Zurückweisung der Ansprüche** in einer »Reexamination« nach Zahlung einer Gebühr (210-840 $* - **37 CFR 41.20 (b) (1)**) eine Beschwerde beim Patent Trials and Appeal Board (PTAB) einreichen. * in Abhängigkeit der Unternehmensgröße (siehe V.38) • Die **Ansprüche** können nur noch im Rahmen der eingereichten Fassung geändert werden, z.B. durch Streichung, falls die Streichung keine Änderung eines anderen anhängigen Anspruchs bewirkt, sowie die Änderung eines abhängigen in einen unabhängigen Anspruch. • Der Patentprüfer hat noch einmal im Rahmen einer **Abhilfe** die Möglichkeit, seine Begründung der Zurückweisung zu überdenken und ggf. das Patent doch noch zu erteilen.

Nach der Erteilung durchführbare Verfahren (Post-grant prosecution)

	Verfahrenshandlung und Rechtsnormen	Details
26	**Quick Path Information Disclosure Statement (QPIDS)**	Möglichkeit für Patentanmelder **nach** der »**notice of allowance**«, aber noch **vor** der **Veröffentlichung** der Patentschrift **weiteren** bekannten **Stand der Technik** im Rahmen der IDS einzureichen, ohne eine zusätzliche RCE zur Einreichung einer neuen IDS durchzuführen. RCE-Gebühr (340-2.000 $* - **37 CFR 1.17 (e) (1), (2)**) sowie IDS Gebühr (65-260 $* - **37 CFR 1.17 (p)**) sind zunächst zu zahlen (abhängig von Größe des Unternehmens - siehe V.38), RCE-Gebühr wird erstattet, wenn eingereichter SdT für Erteilungsfähigkeit nicht relevant ist. Seit 2012, Befristung wurde aufgehoben, so dass das Verfahren permanent zur Verfügung steht. * in Abhängigkeit der Unternehmensgröße (siehe V.38)
27	**Reissue** **35 U.S.C. § 251**	• **Neueinreichung** einer **Patentanmeldung basierend** auf einem **bereits erteilten Patent** durch den Erfinder/Anmelder zur Abänderung und Korrektur der Ansprüche • Innerhalb von 2 Jahren ab der Erteilung kann der Erfinder das Reissue Verfahren nutzen, um die Ansprüche in einem neuen Erteilungsverfahren breiter erteilt zu bekommen. • Erfinder/Anmelder ist auf den Offenbarungsgehalt des erteilten Patents beschränkt. • Gebühren für Einreichung (80-320 $*) - **37 CFR 1.16 (e)**), Recherche (175-700 $* - **37 CFR 1.16 (n)**), Prüfung (580-2.320 $* - **37 CFR 1.16 (r)**) und Veröffentlichung (300 - 1.200 $ - **37 CFR 1.18 (a) (1)**) der Reissue-Anmeldung erforderlich; ggf. auch Gebühren für zusätzliche Seiten und Ansprüche möglich. * in Abhängigkeit der Unternehmensgröße (siehe V.38)

US-Patentrecht V.

Nach der Erteilung durchführbare Verfahren (Post-grant prosecution) (Fortsetzung)

Verfahrenshandlung und Rechtsnormen	Details	
Supplemental Examination 35 U.S.C. § 257	• Wird vom Patentinhaber initiiert, um **wesentliche Fragen** bzgl. der **Patentfähigkeit** im ursprünglichen Erteilungsverfahren zu **berücksichtigen**. Eine **Änderung** der **Ansprüche** ist nicht möglich. Soll dem Patentinhaber die Möglichkeit geben, das Erteilungsverfahren auf **unlauteres Verhalten** (»inequitable conduct«) während des Erteilungsverfahrens zu überprüfen (z.B. Nachreichung einer IDS oder anderer Entgegenhaltungen). Innerhalb von 3 M überprüft das USPTO die eingereichten Unterlagen und stellt ein Zertifikat aus, inwieweit substantiellen Gründe gegen die ursprüngliche Patentierung vorliegen. Falls substantielle Gründe (»*a substantial new question of patentability*« = SNQ) gegen eine Patentierung vorliegen, wird vom Amt eine Ex Parte Reexamination (nicht mehr aufhaltbaren) eingeleitet (siehe V.31). Die Folge ist eine quasi »Limited Amnesty« (**35 U.S.C. § 257 (c) (1)**). Als SdT gilt jede verfügbare Information, die der Öffentlichkeit zugänglich gemacht wurde. • Eine »Supplemental Examination« ist nicht mehr möglich, wenn unlauteres Verhalten bereits festgestellt wurde oder Verletzungsverfahren basierend auf dem Schutzrecht eingeleitet worden ist. • Gebühren: Antrag auf »Supplemental Examination« 1155-4.620 $*- (**37 CFR 1.20 (k) (1)**) * in Abhängigkeit der Unternehmensgröße (siehe V.38)	28
Post grant review (PGR) 35 U.S.C. § 321 ff. 37 CFR 42.200 ff.	• **Überprüfung** der **Rechtsbeständigkeit** durch **Dritten** (**nicht Patentinhaber**); • Antrag ist innerhalb von 9 M ab Patenterteilung (auch nach Reissue-Verfahren) zu beantragen; darin muss gezeigt werden, dass die überwiegende Wahrscheinlichkeit besteht, dass einer der angegriffenen Ansprüche als nicht patentfähig befunden wird. Alternativ ist Antrag möglich, wenn neue oder nicht entschiedene Rechtsfrage mit Bedeutung für die Allgemeinheit aufgeworfen wird. • Jeder Nichtigkeitsgrund möglich, d.h. keine Beschränkung auf schriftliche Veröffentlichungen • Ansprüche können durch den Patentinhaber geändert werden. • »*Estoppel*« Regelungen (siehe V.39) sind auf nachfolgende Verletzungsprozesse sowie Widerrufsverfahren anzuwenden. • Nur gültig für Anmeldungen, die nach dem Inkrafttreten des AIA am 16.09.2012 eingereicht wurden.	29
Inter Partes Review (IPR) 35 U.S.C. § 311 ff. 37 CFR 42.100 ff.	• Jeder **Dritte**, d.h. **nicht Patentinhaber**, kann IPR Nachprüfung frühestens 9 M nach Erteilung eines Patents oder Abschluss eines »post grant review« Verfahrens einleiten. Für pre-AIA Patente kann IPR jederzeit eingeleitet werden. Für eine IPR Nachprüfung muss vernünftige Wahrscheinlichkeit vorliegen, dass Antrag für mindestens einen angegriffenen Anspruch erfolgreich ist. • In Reaktion auf eine Verletzungsklage muss IPR innerhalb eines Jahres eingereicht werden. • IPR darf nicht eingereicht werden, wenn gleichzeitig eine »declaratory judgment (DJ) action« bzgl. der Gültigkeit des Patents eingereicht wurde. • Darf sich nur auf Patente oder andere schriftliche Veröffentlichungen stützen. • Ansprüche können durch den Patentinhaber geändert werden. • »*Estoppel*« Regelungen (siehe V.39) sind auf nachfolgende Verletzungsprozesse sowie Widerrufsverfahren anzuwenden. • Gebühren: 1 bis 20 Ansprüche: ab 19.000 $* + ab 475 $* für jeden weiteren Anspruch (**37 CFR 42.15 (a) (1), (3)**), ggf. Kosten für Discovery-Verfahren * in Abhängigkeit der Unternehmensgröße (siehe V.38) • Kosten können in Extremfällen mehrere 100 T$ betragen	30
Ex Parte Reexamination 35 U.S.C. § 302	• Nicht mehr aufhaltbare **Neuüberprüfung** eines erteilten (und noch lebenden) **Patents** • Kann sowohl vom **Patentinhaber** als auch von jedem **Dritten** jederzeit **nach Erteilung** initiiert werden; Antrag kann auch anonym gestellt werden; ein Dritter, der den Antrag gestellt hat, ist jedoch nicht am Verfahren beteiligt. • Zunächst Prüfung durch das USPTO, ob die vorgebrachten Gründe die Patentierbarkeit substantiell in Frage stellen, Richtlinien der Überprüfung entsprechen dem Erteilungsverfahren; als SdT gelten alle schriftlich veröffentlichten Dokumente • Gebühren: Antrag ab 1.575-6.300/12.600 $*, Für jeden Anspruch >20 + 25-100 $*, für jeden unabhängigen Anspruch >3 + 120-480 $* (**37 CFR 1.20 (c) (1), (2), (4), (3)**) * in Abhängigkeit der Unternehmensgröße (siehe V.38)	31

V. US-Patentrecht

Sonstiges		
	Verfahrenshandlung und Rechtsnormen	Details
32	**Anmeldetag** 35 U.S.C. § 111	Änderung zum 18.12.2013: • Eine Anmeldung sollte eine Beschreibung (**35 U.S.C. § 112**), eine Zeichnung (**35 U.S.C. § 113**) sowie eine Erfindererklärung (**35 U.S.C. § 115**) enthalten. Nach **35 U.S.C. § 111 (a) (4)** ist für den Erhalt eines AT lediglich die Beschreibung, jedoch kein Anspruch oder Zeichnung notwendig. • Nach **35 U.S.C. § 111 (c)** kann eine Beschreibung durch eine Referenz auf eine frühere Anmeldung (US, PCT oder nationale Anmeldung) ersetzt werden; hierzu ist Angabe des AZ und des Landes bzw. der Patentbehörde notwendig; Kopie ist innerhalb von 3 M nach AT einzureichen.
33	**Einwendungen Dritter** 35 U.S.C. § 122 (e)	Ein Dritter kann dem USPTO vor Erteilung eines Patents schriftliche Unterlagen mitteilen. Die Relevanz dieser Unterlagen muss erläutert werden.
34	**Best mode** 35 U.S.C. § 112 (pre-AIA)	Der Erfinder/Anmelder hat die bestmöglichste, (z.B. die genaueste Beschreibung zur Verwendung der Erfindung) zu offenbaren. Nach dem AIA ist dieses Erfordernis zwar noch vorhanden, jedoch kann das Fehlen nicht mehr als Einwand gegen die Durchsetzung des Patents im Rahmen eines Verletzungsverfahrens genutzt werden.
35	**Anspruchsgebühren** 35 U.S.C. § 41 (a) (2)	Unabhängig vom Verfahrensstand werden fällig*: • für mehr als 3 unabhängige Ansprüche: 120-480 $* (**37 CFR 1.16 (h)**) • für jeden Anspruch, ab dem 21. Anspruch: 25- 100 $* (**37 CFR 1.16 (i)**) • für jede Anmeldung die einen »multiple dependent claim« (Anspruch mit mehrfacher Abhängigkeit) enthält: 215-860 $* (**37 CFR 1.16 (j)**) * in Abhängigkeit der Unternehmensgröße (siehe V.38)
36	**Fristverlängerung** 35 U.S.C. § 41 (a) (8)	Fristverlängerungen sind im Prüfungsverfahren gegen Zahlung einer Gebühr* jeweils um 1 M möglich, maximal jedoch um 3 M; die Gebühren* erhöhen sich bei jeder Verlängerung von 55-220 $* über 160-640 $* auf 370-1.480 $* (**37 CFR 1.17 (a)**); je nach Verfahren sind auch Verlängerungen bis 5 M möglich, die Gebühren steigen dann auf 790-3.160 $* (**37 CFR 1.17 (a) (5)**) * in Abhängigkeit der Unternehmensgröße (siehe V.38)
37	**Jahresgebühren** 35 U.S.C. § 41 (b)	Die Jahresgebühren sind jeweils nach 3 1/2 Jahren (500-2.000 $*), 7 1/2 Jahren (940-3.760 $) und 11 1/2 Jahren (1.925-7.700 $*) nach der Erteilung für mehrere Jahre fällig (**37 CFR 1.20 (e), (f), (g)**); Nachfrist von 6 M mit Zuschlag (125-500 $*) ist möglich. (**37 CFR 1.20 (h)**) * in Abhängigkeit der Unternehmensgröße (siehe V.38)
38	**Gebühren abhängig von der Unternehmensgröße***	Für die meisten Gebühren im Anmeldeverfahren, u.a. die Anmelde-, Aufrechterhaltungs- und Recherchegebühren ist eine Reduktion für kleine und micro Unternehmen möglich (**35 U.S.C. § 41 (h), § 123, 37 CFR 1.27 (a)** (Def. »small entity«), **1.29** (Def. »micro entity«)), bei elektronischer Einreichung ist weitere Reduzierung der Anmeldegebühr möglich.
39	**Prosecution history estoppel/file-wrapper estoppel**	Nach Einschränkung des Schutzbereichs der Ansprüche im Erteilungsverfahren durch den Erfinder ist es ihm in einer **Verletzungsklage untersagt**, **Äquivalenzbetrachtungen** zu verwenden, um den **Schutzbereich** wieder **auszudehnen**. Zur Einschränkung des Schutzbereichs können auch Äußerungen/Argumente des Erfinders/Anmelders herangezogen werden, die im Erteilungsverfahren gegenüber dem USPTO gemacht wurden. (Festo Corp. v. Shoketsu Kinzoku Kogyo Kabushiki Co. 535 U.S. 722 (2002))
40	**Business method patents**	Lt. aktueller US Rechtsprechung ist Erteilung eines »Business method patent« möglich. Hierzu ist ein Test zur Patentfähigkeit notwendig, z.B. der »machine-or-transformation« Test. Hierbei wird überprüft, ob eine Verknüpfung mit einer speziellen Vorrichtung (z.B. einem Computer) oder einer Materieveränderung notwendig ist, um die beanspruchte Idee zu realisieren. Dabei ist wichtig, dass weder die Vorrichtung noch die Materieveränderung für sich genommen die patentrechtlichen Voraussetzungen erfüllen. Siehe auch Bilski v. Kappos, 561 U.S. 593 (2010) **Art. 51 (2) c) EPÜ** schließt derartige Geschäftsmodelle in EP vom Patentschutz aus.

US-Patentrecht V.

Sonstiges (Fortsetzung)		
Verfahrenshandlung und Rechtsnormen	Details	
Leahy-Smith America Invents Act (AIA) **Änderungen**	• **Vorbenutzungsrecht** durch frühere gewerblich Benutzung der Erfindung (**35 U.S.C. § 102 (a) (1)**); **keine Beschränkung** auf Vorbenutzung **in US**; Voraussetzungen: gutgläubige und kommerzielle bzw. vergleichbare Benutzung mindestens ein Jahr vor dem effektiven AT; nicht anwendbar, wenn Benutzung zwischenzeitlich aufgegeben wurde, anwendbar auf alle nach 16.03.2013 eingereichten und erteilten Patente • Es gibt nun die Möglichkeit, einen Gegenstand virtuell, d.h. über das Internet mit einer Patentnummer zu versehen (»virtual marking«), z.B. über das Internet (**35 U.S.C. § 287**). • Existenz einer Patentnummer auf einem Gegenstand ist nicht mehr strafbar, wenn das zugehörige Patent ausgelaufen ist (**35 U.S.C. § 292 (c)**); Unberechtigte Verwendung einer Patentberührung auf Produkten oder in Werbung ist weiterhin strafbar. • Für den Fall, dass **Erfinder verstorben**, **unzurechnungsfähig** oder anderweitig **verhindert** ist, wurden **Erleichterungen** für die **Anmeldung** durch einen **Vertreter/Anmelder** vorgenommen (**35 U.S.C. § 117** und **§ 118** - siehe V.10). • **Ansprüche**, die auf einen **menschlichen Organismus** gerichtet sind oder diesen umfassen, dürfen **nicht** mehr **gewährt** werden (AIA § 33 (a) (Verweis auf **35 U.S.C. § 101**)).	41
Duty of Candor and Good Faith **37 CFR 1.56**	Grundlegendes Prinzip des US-Rechts ist unabdingbare Pflicht zum **redlichen** und **ehrlichen Verhalten** in rechtlichen Angelegenheiten; Anmelder hat ggü. USPTO die **Pflicht**, alle **Informationen mitzuteilen**, die ihm zur **Beurteilung** der **Patentfähigkeit** bekannt sind. **Verstoß** (»inequitable conduct«) im US Patent Law kann unter Abwägung des Vorsatzes und der Angemessenheit dazu führen, dass **Patent nicht durchsetzbar** ist; Pflichten sind u.a. • Patentanmelder hat USPTO Prüfungsergebnisse anderer Ämter (IDS - V.15), eigenen bekannten SdT und Umstände mitzuteilen, die für Patentfähigkeit Bedeutung haben; • korrekte Angaben (z.B. über Erfinder oder bei Gebührenzahlung Unternehmensgröße)	42

Übersicht über die Continuing patent applications			
Typ	Offenbarung in Stammanmeldung	Ansprüche in Stammanmeldung	43
Continuation	Ja	Ja	
Divisional	Ja	Ja	
Continuation-in-part	Teilweise	Nicht zwangsläufig notwendig	

Vergleich der Neuheitsschonfristen im US Patentrecht mit EPÜ-Regelungen				
Neuheitsschonfrist für	US-Anmeldungen	EP-Anmeldungen nach missbräuchlicher Offenbarung	EP-Anmeldungen nach Offenbarung auf anerkannter Ausstellung	44
Rechtsnorm	35 U.S.C. § 102 (b)	Art. 55 (1) a) EPÜ	Art. 55 (1) b) EPÜ	45
Woher kommt die Information der Offenbarung?	Schriftliche Veröffentlichung oder Benutzung/Verkauf, die auf den Erfinder zurück geht	Zurückgehend auf offensichtlichen Missbrauch zum Nachteil des Anmelders oder seines Rechtsnachfolgers	Zurschaustellung auf einer anerkannten Ausstellung durch den Anmelder oder seinen Rechtsvorgänger	46
Zeitraum der Neuheitsschonfrist	12 Monate vor Anmeldedatum US	6 Monate vor Anmeldedatum	6 Monate vor Anmeldedatum	47

V. US-Patentrecht

Übersicht der Handlungsmöglichkeiten nach einer »Final Office Action«

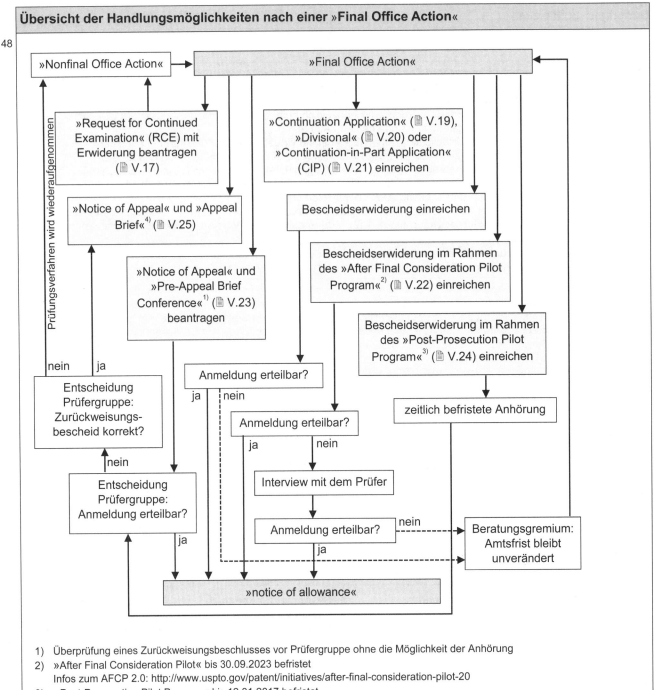

1) Überprüfung eines Zurückweisungsbeschlusses vor Prüfergruppe ohne die Möglichkeit der Anhörung
2) »After Final Consideration Pilot« bis 30.09.2023 befristet
   Infos zum AFCP 2.0: http://www.uspto.gov/patent/initiatives/after-final-consideration-pilot-20
3) »Post-Prosecution Pilot Program« bis 12.01.2017 befristet
   Infos zum P3 Programm: https://www.uspto.gov/patent/initiatives/post-prosecution-pilot
4) während der Beschwerde sind »Continuation Applications« oder ein RCE Antrag möglich

Kalender

Kalender 2021

Januar 2021

Mo	Di	Mi	Do	Fr	Sa	So
				1	2	3
4	5	6	7	8	9	10
11	12	13	14	15	16	17
18	19	20	21	22	23	24
25	26	27	28	29	30	31

Februar 2021

Mo	Di	Mi	Do	Fr	Sa	So
1	2	3	4	5	6	7
8	9	10	11	12	13	14
15	16	17	18	19	20	21
22	23	24	25	26	27	28

März 2021

Mo	Di	Mi	Do	Fr	Sa	So
1	2	3	4	5	6	7
8	9	10	11	12	13	14
15	16	17	18	19	20	21
22	23	24	25	26	27	28
29	30	31				

April 2021

Mo	Di	Mi	Do	Fr	Sa	So
			1	2	3	4
5	6	7	8	9	10	11
12	13	14	15	16	17	18
19	20	21	22	23	24	25
26	27	28	29	30	31	

Mai 2021

Mo	Di	Mi	Do	Fr	Sa	So
					1	2
3	4	5	6	7	8	9
10	11	12	13	14	15	16
17	18	19	20	21	22	23
24	25	26	27	28	29	30
31						

Juni 2021

Mo	Di	Mi	Do	Fr	Sa	So
	1	2	3	4	5	6
7	8	9	10	11	12	13
14	15	16	17	18	19	20
21	22	23	24	25	26	27
28	29	30				

Juli 2021

Mo	Di	Mi	Do	Fr	Sa	So
			1	2	3	4
5	6	7	8	9	10	11
12	13	14	15	16	17	18
19	20	21	22	23	24	25
26	27	28	29	30	31	

August 2021

Mo	Di	Mi	Do	Fr	Sa	So
						1
2	3	4	5	6	7	8
9	10	11	12	13	14	15
16	17	18	19	20	21	22
23	24	25	26	27	28	29
30	31					

September 2021

Mo	Di	Mi	Do	Fr	Sa	So
		1	2	3	4	5
6	7	8	9	10	11	12
13	14	15	16	17	18	19
20	21	22	23	24	25	26
27	28	29	30			

Oktober 2021

Mo	Di	Mi	Do	Fr	Sa	So
				1	2	3
4	5	6	7	8	9	10
11	12	13	14	15	16	17
18	19	20	21	22	23	24
25	26	27	28	29	30	31

November 2021

Mo	Di	Mi	Do	Fr	Sa	So
1	2	3	4	5	6	7
8	9	10	11	12	13	14
15	16	17	18	19	20	21
22	23	24	25	26	27	28
29	30					

Dezember 2021

Mo	Di	Mi	Do	Fr	Sa	So
		1	2	3	4	5
6	7	8	9	10	11	12
13	14	15	16	17	18	19
20	21	22	23	24	25	26
27	28	29	30	31		

Tag, an dem mind. eine EPA Annahmestelle geschlossen ist (R 134 (1) EPÜ)
zusätzliche Tage können hinzukommen! Vergleiche ABl. EPA 2020, A115, A139 und 2021, A4

| Art. 120 EPÜ: Fristen (werden in der Ausführungsordnung bestimmt)
(a) wenn nicht bereits im EPÜ festgelegt
(b) Art der Berechnung, Verlängerung
(c) Mindest- und Höchstdauer von Amtsfristen
R 126: Zustellung per Post
(1) Was wird wie zugestellt
(2) Einschreiben gilt mit dem 10. Tag nach der Abgabe zur Post als zugestellt (kein R 134 (1))
R 130 (1): Zustellung an den bestellten Vertreter
R 131: Berechnung der Fristen
(1) generelle Punkte
(2) Fristbeginn am Tag nach Ereignis
(3) Jahre   (4) Monate   (5) Wochen
R 132: Dauer der Fristen
(1) zu bestimmende Frist
(2) Amtsfrist 2 M - 4 M (max. 6 M) (+ Verlängerung vor Ablauf auf Antrag) | R 133: Verspäteter Zugang (Sonderausgabe Nr. 3, ABl. 2007, I.1)
- Einschreiben aufgegeben 5 Tage vor Fristablauf
- zugelassener Übermittlungsdienst
- außerhalb Europas → Luftpost
R 134: Verlängerung von Fristen
(1) mind. eine EPA Annahmestelle geschlossen
→ Fristerstreckung auf den nächsten offenen Tag
(2) gestörte Postzustellung
(3) nationale Ämter geschlossen
(4) verzögerte Benachrichtigung infolge von Störung
(5) verspätetes Schriftstück infolge von Störung
R 51: JG
(1) Fälligkeit: letzter Tag des Anmeldemonats
(2) 6 M Nachfrist mit Zuschlagsgebühr
(3) TA | Art. 47 PCT: Fristen
R 79 PCT: Zeitrechnung
R 80 PCT: Berechnung von Fristen
R 80.1 PCT: Jahr, R 80.2 PCT: Monat,
R 80.3 PCT: Tag
R 80.5 PCT: Ablauf an Feiertag
R 80.6 PCT: Start mit Datum und 7-Tage-Vorbehalt (d.h. falls länger als 7 Tage unterwegs, gibt es Fristverlängerung)
Art. 48 PCT: Überschreitung von Fristen
R 82 PCT: Störungen im Postdienst
R 82.1 PCT: Einschreiben und Luftpost 5 Tage vor Fristablauf
R 82.2 PCT: Postunterbrechung
R 82bis.1 PCT: Vom Bestimmungs- oder Anmelde-Amt zu entschuldigende Fristüberschreitungen
R 82bis.2 PCT: WE |

Kalender

Kalender 2022

Januar 2022

Mo	Di	Mi	Do	Fr	Sa	So
					1	2
3	4	5	6	7	8	9
10	11	12	13	14	15	16
17	18	19	20	21	22	23
24	25	26	27	28	29	30
31						

Februar 2022

Mo	Di	Mi	Do	Fr	Sa	So
	1	2	3	4	5	6
7	8	9	10	11	12	13
14	15	16	17	18	19	20
21	22	23	24	25	26	27
28						

März 2022

Mo	Di	Mi	Do	Fr	Sa	So
	1	2	3	4	5	6
7	8	9	10	11	12	13
14	15	16	17	18	19	20
21	22	23	24	25	26	27
28	29	30	31			

April 2022

Mo	Di	Mi	Do	Fr	Sa	So
				1	2	3
4	5	6	7	8	9	10
11	12	13	14	15	16	17
18	19	20	21	22	23	24
25	26	27	28	29	30	

Mai 2022

Mo	Di	Mi	Do	Fr	Sa	So
						1
2	3	4	5	6	7	8
9	10	11	12	13	14	15
16	17	18	19	20	21	22
23	24	25	26	27	28	29
30	31					

Juni 2022

Mo	Di	Mi	Do	Fr	Sa	So
		1	2	3	4	5
6	7	8	9	10	11	12
13	14	15	16	17	18	19
20	21	22	23	24	25	26
27	28	29	30			

Juli 2022

Mo	Di	Mi	Do	Fr	Sa	So
				1	2	3
4	5	6	7	8	9	10
11	12	13	14	15	16	17
18	19	20	21	22	23	24
25	26	27	28	29	30	31

August 2022

Mo	Di	Mi	Do	Fr	Sa	So
1	2	3	4	5	6	7
8	9	10	11	12	13	14
15	16	17	18	19	20	21
22	23	24	25	26	27	28
29	30	31				

September 2022

Mo	Di	Mi	Do	Fr	Sa	So
			1	2	3	4
5	6	7	8	9	10	11
12	13	14	15	16	17	18
19	20	21	22	23	24	25
26	27	28	29	30		

Oktober 2022

Mo	Di	Mi	Do	Fr	Sa	So
					1	2
3	4	5	6	7	8	9
10	11	12	13	14	15	16
17	18	19	20	21	22	23
24	25	26	27	28	29	30
31						

November 2022

Mo	Di	Mi	Do	Fr	Sa	So
	1	2	3	4	5	6
7	8	9	10	11	12	13
14	15	16	17	18	19	20
21	22	23	24	25	26	27
28	29	30				

Dezember 2022

Mo	Di	Mi	Do	Fr	Sa	So
			1	2	3	4
5	6	7	8	9	10	11
12	13	14	15	16	17	18
19	20	21	22	23	24	25
26	27	28	29	30	31	

Tag, an dem mind. eine EPA Annahmestelle geschlossen ist (R 134 (1) EPÜ)
zusätzliche Tage können hinzukommen! Vergleiche ABl. EPA, 2021, A85

| Art. 120 EPÜ: Fristen (werden in der Ausführungsordnung bestimmt)
 (a) wenn nicht bereits im EPÜ festgelegt
 (b) Art der Berechnung, Verlängerung
 (c) Mindest- und Höchstdauer von Amtsfristen
 R 126: Zustellung per Post
 (1) Was wird wie zugestellt
 (2) Einschreiben gilt mit dem 10. Tag nach der Abgabe zur Post als zugestellt (kein R 134 (1))
 R 130 (1): Zustellung an den bestellten Vertreter
 R 131: Berechnung der Fristen
 (1) generelle Punkte
 (2) Fristbeginn am Tag nach Ereignis
 (3) Jahre (4) Monate (5) Wochen
 R 132: Dauer der Fristen
 (1) zu bestimmende Frist
 (2) Amtsfrist 2 M - 4 M (max. 6 M)
 (+ Verlängerung vor Ablauf auf Antrag) | R 133: Verspäteter Zugang (Sonderausgabe Nr. 3, ABl. 2007, I.1)
 - Einschreiben aufgegeben 5 Tage vor Fristablauf
 - zugelassener Übermittlungsdienst
 - außerhalb Europas → Luftpost
 R 134: Verlängerung von Fristen
 (1) mind. eine EPA Annahmestelle geschlossen
 → Fristerstreckung auf den nächsten offenen Tag
 (2) gestörte Postzustellung
 (3) nationale Ämter geschlossen
 (4) verzögerte Benachrichtigung infolge von Störung
 (5) verspätetes Schriftstück infolge von Störung
 R 51: JG
 (1) Fälligkeit: letzter Tag des Anmeldemonats
 (2) 6 M Nachfrist mit Zuschlagsgebühr
 (3) TA | Art. 47 PCT: Fristen
 R 79 PCT: Zeitrechnung
 R 80 PCT: Berechnung von Fristen
 R 80.1 PCT: Jahr, R 80.2 PCT: Monat,
 R 80.3 PCT: Tag
 R 80.5 PCT: Ablauf an Feiertag
 R 80.6 PCT: Start mit Datum und 7-Tage-Vorbehalt (d.h. falls länger als 7 Tage unterwegs, gibt es Fristverlängerung)
 Art. 48 PCT: Überschreitung von Fristen
 R 82 PCT: Störungen im Postdienst
 R 82.1 PCT: Einschreiben und Luftpost 5 Tage vor Fristablauf
 R 82.2 PCT: Postunterbrechung
 R 82bis.1 PCT: Vom Bestimmungs- oder Anmelde-Amt zu entschuldigende Fristüberschreitungen
 R 82bis.2 PCT: WE |

Kalender

Kalender 2023

Januar 2023

Mo	Di	Mi	Do	Fr	Sa	So
						1
2	3	4	5	6	7	8
9	10	11	12	13	14	15
16	17	18	19	20	21	22
23	24	25	26	27	28	29
30	31					

Februar 2023

Mo	Di	Mi	Do	Fr	Sa	So
		1	2	3	4	5
6	7	8	9	10	11	12
13	14	15	16	17	18	19
20	21	22	23	24	25	26
27	28					

März 2023

Mo	Di	Mi	Do	Fr	Sa	So
		1	2	3	4	5
6	7	8	9	10	11	12
13	14	15	16	17	18	19
20	21	22	23	24	25	26
27	28	29	30	31		

April 2023

Mo	Di	Mi	Do	Fr	Sa	So
					1	2
3	4	5	6	7	8	9
10	11	12	13	14	15	16
17	18	19	20	21	22	23
24	25	26	27	28	29	30

Mai 2023

Mo	Di	Mi	Do	Fr	Sa	So
1	2	3	4	5	6	7
8	9	10	11	12	13	14
15	16	17	18	19	20	21
22	23	24	25	26	27	28
29	30	31				

Juni 2023

Mo	Di	Mi	Do	Fr	Sa	So
			1	2	3	4
5	6	7	8	9	10	11
12	13	14	15	16	17	18
19	20	21	22	23	24	25
26	27	28	29	30		

Juli 2023

Mo	Di	Mi	Do	Fr	Sa	So
					1	2
3	4	5	6	7	8	9
10	11	12	13	14	15	16
17	18	19	20	21	22	23
24	25	26	27	28	29	30
31						

August 2023

Mo	Di	Mi	Do	Fr	Sa	So
	1	2	3	4	5	6
7	8	9	10	11	12	13
14	15	16	17	18	19	20
21	22	23	24	25	26	27
28	29	30	31			

September 2023

Mo	Di	Mi	Do	Fr	Sa	So
				1	2	3
4	5	6	7	8	9	10
11	12	13	14	15	16	17
18	19	20	21	22	23	24
25	26	27	28	29	30	

Oktober 2023

Mo	Di	Mi	Do	Fr	Sa	So
						1
2	3	4	5	6	7	8
9	10	11	12	13	14	15
16	17	18	19	20	21	22
23	24	25	26	27	28	29
30	31					

November 2023

Mo	Di	Mi	Do	Fr	Sa	So
		1	2	3	4	5
6	7	8	9	10	11	12
13	14	15	16	17	18	19
20	21	22	23	24	25	26
27	28	29	30			

Dezember 2023

Mo	Di	Mi	Do	Fr	Sa	So
				1	2	3
4	5	6	7	8	9	10
11	12	13	14	15	16	17
18	19	20	21	22	23	24
25	26	27	28	29	30	31

Tag, an dem mind. eine EPA Annahmestelle geschlossen ist (R 134 (1) EPÜ)
zusätzliche Tage können hinzukommen! Vergleiche ABl. EPA, November 2022 und Januar 2023 (zur Drucklegung noch nicht erschienen)

Art. 120 EPÜ: Fristen (werden in der Ausführungsordnung bestimmt) (a) wenn nicht bereits im EPÜ festgelegt (b) Art der Berechnung, Verlängerung (c) Mindest- und Höchstdauer von Amtsfristen **R 126:** Zustellung per Post (1) Was wird wie zugestellt (2) Einschreiben gilt mit dem 10. Tag nach der Abgabe zur Post als zugestellt (kein **R 134 (1)**) **R 130 (1):** Zustellung an den bestellten Vertreter **R 131:** Berechnung der Fristen (1) generelle Punkte (2) Fristbeginn am Tag nach Ereignis (3) Jahre (4) Monate (5) Wochen **R 132:** Dauer der Fristen (1) zu bestimmende Frist (2) Amtsfrist 2 M - 4 M (max. 6 M) (+ Verlängerung vor Ablauf auf Antrag)	**R 133**: Verspäteter Zugang (Sonderausgabe Nr. 3, ABl. 2007, I.1) - Einschreiben aufgegeben 5 Tage vor Fristablauf - zugelassener Übermittlungsdienst - außerhalb Europas → Luftpost **R 134:** Verlängerung von Fristen (1) mind. eine EPA Annahmestelle geschlossen → Fristerstreckung auf den nächsten offenen Tag (2) gestörte Postzustellung (3) nationale Ämter geschlossen (4) verzögerte Benachrichtigung infolge von Störung (5) verspätetes Schriftstück infolge von Störung **R 51**: JG (1) Fälligkeit: letzter Tag des Anmeldemonats (2) 6 M Nachfrist mit Zuschlagsgebühr (3) TA	**Art. 47 PCT: Fristen** **R 79 PCT**: Zeitrechnung **R 80 PCT**: Berechnung von Fristen **R 80.1 PCT**: Jahr, **R 80.2 PCT**: Monat, **R 80.3 PCT**: Tag **R 80.5 PCT**: Ablauf an Feiertag **R 80.6 PCT**: Start mit Datum und 7-Tage-Vorbehalt (d.h. falls länger als 7 Tage unterwegs, gibt es Fristverlängerung) **Art. 48 PCT: Überschreitung von Fristen** **R 82 PCT**: Störungen im Postdienst **R 82.1 PCT**: Einschreiben und Luftpost 5 Tage vor Fristablauf **R 82.2 PCT**: Postunterbrechung **R 82bis.1 PCT**: Vom Bestimmungs- oder Anmelde-Amt zu entschuldigende Fristüberschreitungen **R 82bis.2 PCT**: WE

Kalender

Zustellung durch das EPA

Verfahrens-handlung	Rechtsnorm	Details
Zustellungs-fiktion	R 126 (2)	**Zustellungsfiktion** (S/S Art. 119 Rd 8 ff.) Ein Schriftstück gilt mit dem **10. Tag** („10-Tages-Regel") nach Abgabe an den Postdiensteanbieter als zugestellt. Ist das Schriftstück später zugegangen, so ist der Tag des tatsächlichen Zugangs fristauslösendes Ereignis. (R 126 (2), letzter Halbsatz: Nachweispflicht liegt beim EPA) (S/S Art. 119 Rd 15)
	R 127 (2)	Ein elektronisches Dokument gilt mit dem **10. Tag** nach seiner Übermittlung als zugestellt. Ist das Schriftstück nicht oder später zugegangen, so ist der Tag des tatsächlichen Zugangs fristauslösendes Ereignis. Nachweispflicht liegt beim EPA (S/S Art. 119 Rd 24).

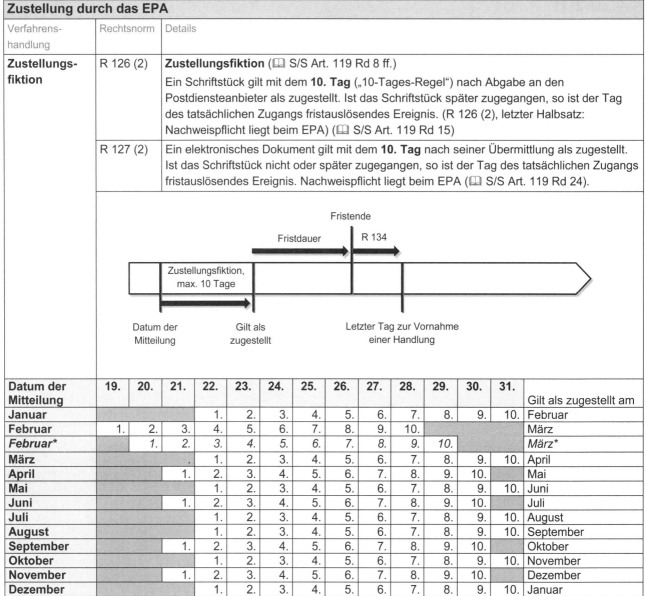

Datum der Mitteilung	19.	20.	21.	22.	23.	24.	25.	26.	27.	28.	29.	30.	31.	Gilt als zugestellt am
Januar				1.	2.	3.	4.	5.	6.	7.	8.	9.	10.	Februar
Februar	1.	2.	3.	4.	5.	6.	7.	8.	9.	10.				März
*Februar**		*1.*	*2.*	*3.*	*4.*	*5.*	*6.*	*7.*	*8.*	*9.*	*10.*			*März**
März				1.	2.	3.	4.	5.	6.	7.	8.	9.	10.	April
April			1.	2.	3.	4.	5.	6.	7.	8.	9.	10.		Mai
Mai				1.	2.	3.	4.	5.	6.	7.	8.	9.	10.	Juni
Juni			1.	2.	3.	4.	5.	6.	7.	8.	9.	10.		Juli
Juli				1.	2.	3.	4.	5.	6.	7.	8.	9.	10.	August
August				1.	2.	3.	4.	5.	6.	7.	8.	9.	10.	September
September			1.	2.	3.	4.	5.	6.	7.	8.	9.	10.		Oktober
Oktober				1.	2.	3.	4.	5.	6.	7.	8.	9.	10.	November
November			1.	2.	3.	4.	5.	6.	7.	8.	9.	10.		Dezember
Dezember				1.	2.	3.	4.	5.	6.	7.	8.	9.	10.	Januar

* Schaltjahre 2012, 2016, 2020, 2024

Fristenrechner

Fristdauer	+Anzahl Jahre	+Anzahl Monate
12 M	1 J	0 M
16 M	1 J	4 M
18 M	1 J	6 M
19 M	1 J	7 M
20 M	1 J	8 M
22 M	1 J	10 M
24 M	2 J	0 M
30 M	2 J	6 M
31 M	2 J	7 M

Artikel- und Regelverzeichnis

ERSTER TEIL ALLGEMEINE UND INSTITUTIONELLE VORSCHRIFTEN				
EPÜ			**PCT**	**RiLi**
Art. 1		Europäisches Recht für die Erteilung von Patenten		
		Personalstandsprotokoll		
Art. 2		Europäisches Patent		
Art. 3		Territoriale Wirkung		
		Vertragsstaaten		
Art. 4		Europäische Patentorganisation		
Art. 4a		Konferenz der Minister der Vertragsstaaten		
Art. 5		Rechtsstellung		
Art. 6		Sitz		
Art. 7		Dienststellen des Europäischen Patentamts		
Art. 8		Vorrechte und Immunitäten		
Art. 9		Haftung		
Art. 10		Leitung		
	R 9	Verwaltungsmäßige Gliederung des Europäischen Patentamts		
Art. 11		Ernennung hoher Bediensteter		
Art. 12		Amtspflichten		
Art. 13		Streitsachen zwischen der Organisation und den Bediensteten des Europäischen Patentamts		
Art. 14		Sprachen des Europäischen Patentamts, europäischer Patentanmeldungen und anderer Schriftstücke		RiLi A-III
	R 3	Sprache im schriftlichen Verfahren		
	R 4	Sprache im mündlichen Verfahren		
	R 5	Beglaubigung von Übersetzungen		
	R 6	Einreichung von Übersetzungen und Gebührenermäßigung		
	R 7	Rechtliche Bedeutung der Übersetzung der europäischen Patentanmeldung		
Art. 15		Organe im Verfahren		
	R 9	Verwaltungsmäßige Gliederung des Europäischen Patentamts		
Art. 16		Eingangsstelle		
	R 10	Zuständigkeit der Eingangsstelle und der Prüfungsabteilung		
Art. 17		Recherchenabteilungen		
	R 8	Patentklassifikation		
	R 11	Geschäftsverteilung für die erste Instanz		
Art. 18		Prüfungsabteilungen		
	R 10	Zuständigkeit der Eingangsstelle und der Prüfungsabteilung		
Art. 19		Einspruchsabteilungen		
Art. 20		Rechtsabteilung		

Artikel- und Regelverzeichnis

ERSTER TEIL (Fortsetzung)				
EPÜ			PCT	RiLi
Art. 21		Beschwerdekammern		
	R 12a	Organisation und Leitung der Beschwerdekammereinheit und Präsident der Beschwerdekammern		
	R 12b	Präsidium der Beschwerdekammern und Geschäftsverteilungsplan für die Beschwerdekammern		
	R 12c	Beschwerdekammerausschuss und Verfahren zum Erlass der Verfahrensordnungen der Beschwerdekammern und der Großen Beschwerdekammer		
	R 12d	Ernennung und Wiederernennung von Mitgliedern der Beschwerdekammern und der Großen Beschwerdekammer einschließlich der Vorsitzenden		
Art. 22		Große Beschwerdekammer		
	R 13	Geschäftsverteilungsplan für die Große Beschwerdekammer		
Art. 23		Unabhängigkeit der Mitglieder der Kammern		
	R 13	Geschäftsverteilungsplan für die Große Beschwerdekammer		
Art. 24		Ausschließung und Ablehnung		
Art. 25		Technische Gutachten		
Art. 26		Zusammensetzung		
Art. 27		Vorsitz		
Art. 28		Präsidium		
Art. 29		Tagungen		
Art. 30		Teilnahme von Beobachtern		
Art. 31		Sprachen des Verwaltungsrats		
Art. 32		Personal, Räumlichkeiten und Ausstattung		
Art. 33		Befugnisse des Verwaltungsrats in bestimmten Fällen		
Art. 34		Stimmrecht		
Art. 35		Abstimmungen		
Art. 36		Stimmenwägung		
Art. 37		Finanzierung des Haushalts		
Art. 38		Eigene Mittel der Organisation		
Art. 39		Zahlungen der Vertragsstaaten aufgrund der für die Aufrechterhaltung der europäischen Patente erhobenen Gebühren		
Art. 40		Bemessung der Gebühren und Anteile – besondere Finanzbeiträge		
Art. 41		Vorschüsse		
Art. 42		Haushaltsplan		
Art. 43		Bewilligung der Ausgaben		
Art. 44		Mittel für unvorhergesehene Ausgaben		
Art. 45		Haushaltsjahr		
Art. 46		Entwurf und Feststellung des Haushaltsplans		
Art. 47		Vorläufige Haushaltsführung		
Art. 48		Ausführung des Haushaltsplans		
Art. 49		Rechnungsprüfung		
Art. 50		Finanzordnung		
Art. 51		Gebühren		

Artikel- und Regelverzeichnis

ZWEITER TEIL MATERIELLES PATENTRECHT				
EPÜ			**PCT**	**RiLi**
Art. 52		Patentierbare Erfindungen		RiLi G-I
			Art. 52 (2), (3) R 39.1 PCT R 67.1 PCT	
Art. 53		Ausnahmen von der Patentierbarkeit		RiLi G-II, 3 ff.
			Art. 53 a) R 9.1 i), ii) PCT	
			Art. 53 b) R 39.1 ii) PCT R 67.1 ii) PCT	
			Art. 53 c) R 39.1 PCT R 67.1 PCT	
	R 26	Allgemeines und Begriffsbestimmungen		
	R 27	Patentierbare biotechnologische Erfindungen		RiLi G-II, 5
	R 28	Ausnahmen von der Patentierbarkeit		RiLi G-II, 3
	R 29	Der menschliche Körper und seine Bestandteile		RiLi G-II, 4.2
Art. 54		Neuheit		RiLi G-VI
			Art. 54 (1) Art. 33 (2) PCT	
			Art. 54 (2)	
			R 64.2 PCT R 33.1 a), b) c) (keine Bestimmung für rein mündliche Offenbarung)	
			Art. 54 (3)	
			R 64.3 PCT R 70.10 PCT	
	R 165	Die Euro-PCT-Anmeldung als kollidierende Anmeldung nach Artikel 54 Absatz 3		
Art. 55		Unschädliche Offenbarungen	Art. 27 (5), (6) PCT R 4.17 v) PCT R 51bis.1 a) v) PCT	RiLi B-VI, 5.5 RiLi G-V
	R 25	Ausstellungsbescheinigung		RiLi G-V, 4
Art. 56		Erfinderische Tätigkeit	Art. 33 (3) PCT	RiLi G-VII
Art. 57		Gewerbliche Anwendbarkeit	Art. 33 (4) PCT	RiLi G-III
Art. 58		Recht zur Anmeldung europäischer Patente	Art. 9 (1) PCT	RiLi A-II, 2
Art. 59		Mehrere Anmelder	R 18.3 PCT	RiLi A-II, 2
Art. 60		Recht auf das europäische Patent		RiLi A-II, 2
Art. 61		Anmeldung europäischer Patente durch Nichtberechtigte		RiLi C-IX, 2 RiLi A-II, 2
	R 14	Aussetzung des Verfahrens		
	R 15	Beschränkung von Zurücknahmen		
	R 16	Verfahren nach Artikel 61 Absatz 1		
	R 17	Einreichung einer neuen europäischen Patentanmeldung durch den Berechtigten		
	R 18	Teilweiser Übergang des Rechts auf das europäische Patent		
	R 78	Verfahren bei mangelnder Berechtigung des Patentinhabers		
		Anerkennungsprotokoll		

Artikel- und Regelverzeichnis

ZWEITER TEIL (Fortsetzung)			
EPÜ		**PCT**	**RiLi**
Art. 62	Recht auf Erfindernennung		RiLi A-III
	R 19 Einreichung der Erfindernennung	Art. 4 (1) v) PCT	
Art. 63	Laufzeit des europäischen Patents		
Art. 64	Rechte aus dem europäischen Patent		RiLi F-IV, 3
Art. 65	Übersetzung des europäischen Patents		
	Londoner Übereinkommen		
Art. 66	Wirkung der europäischen Patentanmeldung als nationale Anmeldung		RiLi A-IV, 6
Art. 67	Rechte aus der europäischen Patentanmeldung nach Veröffentlichung		
		Art. 67 (1), (2) Art. 29 (1) PCT	
		Art. 67 (3) Art. 29 (2) PCT	
Art. 68	Wirkung des Widerrufs oder der Beschränkung des europäischen Patents		RiLi D-X, 3
Art. 69	Schutzbereich	Art. 29 (1), (2) PCT	RiLi B-III, 3
			RiLi F-IV
	Protokoll über die Auslegung des Art. 69		
Art. 70	Verbindliche Fassung einer europäischen Patentanmeldung oder eines europäischen Patents		RiLi A-VII, 8
Art. 71	Übertragung und Bestellung von Rechten		RiLi E-XIV, 3
	R 22 Eintragung von Rechtsübergängen		
Art. 72	Rechtsgeschäftliche Übertragung		RiLi E-XIV, 3
	R 85 Rechtsübergang des europäischen Patents		
Art. 73	Vertragliche Lizenzen		RiLi E-XIV, 6
	R 23 Eintragung von Lizenzen und anderen Rechten		
	R 24 Besondere Angaben bei der Eintragung von Lizenzen		
Art. 74	Anwendbares Recht		

ZWEITER TEIL (Fortsetzung)

Artikel- und Regelverzeichnis

DRITTER TEIL DIE EUROPÄISCHE PATENTANMELDUNG				
EPÜ			**PCT**	**RiLi**
Art. 75		Einreichung der europäischen Patentanmeldung	R 19.1 PCT	RiLi A-II, 1
	R 1	Schriftliches Verfahren		
	R 2	Einreichung von Unterlagen; Formvorschriften		
	R 35	Allgemeine Vorschriften	Art. 2 xv), 10 PCT	
Art. 76		Europäische Teilanmeldung	-	RiLi A-IV, 1 RiLi C-IX, 1
	R 36	Europäische Teilanmeldungen		
Art. 77		Weiterleitung europäischer Patentanmeldungen	R 19.4 PCT	RiLi A-II, 1.7
	R 37	Übermittlung europäischer Patentanmeldungen		
Art. 78		Erfordernisse der europäischen Patentanmeldung		RiLi F-II, 1
	R 30	Erfordernisse europäischer Patentanmeldungen betreffend Nucleotid- und Aminosäuresequenzen	R 13bis PCT	
	R 31	Hinterlegung von biologischem Material	R 13bis PCT	
	R 32	Sachverständigenlösung	R 13bis PCT	
	R 33	Zugang zu biologischem Material	R 13bis PCT	
	R 34	Erneute Hinterlegung von biologischem Material	R 13bis PCT	
	R 38	Anmeldegebühr und Recherchengebühr	Art. 3 (4) iv) PCT	RiLi A-III, 13 RiLi A-X, 5.2.1
	R 41	Erteilungsantrag		
	R 42	Inhalt der Beschreibung	R 42 (1) a)-f) R 5.1 a) i)-vi) PCT R 42 (2) R 5.1 b)	
	R 43	Form und Inhalt der Patentansprüche	R 43 (1) R 6.3 a) PCT R 43 (1) a), b) R 6.3 b) i), ii) PCT R 43 (4) R 6.4 a) (teilweise), b), c) PCT R 43 (5) R 6.1 a), b) PCT R 13.4 PCT R 43 (6) R 6.2 a) PCT R 43 (7) R 6.2 b) PCT	RiLi F-IV RiLi B-III, 3.2
	R 45	Gebührenpflichtige Patentansprüche		
	R 46	Form der Zeichnungen	R 46 (2) i) R 11.13 l), m) PCT R 46 (2) j) R 11.11 PCT	
	R 47	Form und Inhalt der Zusammenfassung		RiLi F-II, 2
	R 48	Unzulässige Angaben	R 9.1 i)-iv) PCT	RiLi A-III, 8
	R 49	Allgemeine Bestimmungen über die Form der Anmeldungsunterlagen	R 49 (9) R 11.10 PCT R 49 (10) R 10.1 a), b), d), e) PCT R 49 (11) R 10.2 PCT	

Artikel- und Regelverzeichnis

DRITTER TEIL			
DIE EUROPÄISCHE PATENTANMELDUNG			
EPÜ		PCT	RiLi
Art. 78	Erfordernisse der europäischen Patentanmeldung		RiLi F-II, 1
	R 50 Nachgereichte Unterlagen		
Art. 79	Benennung der Vertragsstaaten		RiLi A-III, 11
	R 39 Benennungsgebühren		
Art. 80	Anmeldetag	Art. 11 (1) iii) PCT	RiLi A-II, 4.1
	R 40 Anmeldetag		
Art. 81	Erfindernennung		RiLi A-III, 5
	R 19 Einreichung der Erfindernennung		
	R 20 Bekanntmachung der Erfindernennung		
	R 21 Berichtigung der Erfindernennung		
	R 60 Nachholung der Erfindernennung		
Art. 82	Einheitlichkeit der Erfindung	R 13.1 PCT	RiLi F-V,
	R 43 (2) Form und Inhalt der Patentansprüche	R 6.1 a), b) PCT R 6.2 a), b) PCT R 6.3 a) PCT R 6.3 b) i), ii) PCT R 6.4 a)-c) PCT R 13.4 PCT	
	R 44 Einheitlichkeit der Erfindung	R 44 (1) R 13.2 PCT R 44 (2) R 13.3 PCT	
	R 64 Europäischer Recherchenbericht bei mangelnder Einheitlichkeit		RiLi B-III, 3.12, RiLi B-XI, 5
	R 137 (5) Änderung der europäischen Patentanmeldung		
Art. 83	Offenbarung der Erfindung	Art. 5 PCT	RiLi F-III
	R 42 Inhalt der Beschreibung	R 6.1 a), b) PCT R 6.2 a), b) PCT R 6.3 a) PCT R 6.3 b) i), ii) PCT R 6.4 a)-c) PCT	
Art. 84	Patentansprüche	Art. 6 PCT	RiLi F-IV
	R 43 Form und Inhalt der Patentansprüche	R 6.1 a), b) PCT R 6.2 a), b) PCT R 6.3 a) PCT R 6.3 b) i), ii) PCT R 6.4 a)-c) PCT R 13.4 PCT	
Art. 85	Zusammenfassung		RiLi F-II, 2
	R 47 Form und Inhalt der Zusammenfassung		
	R 66 Endgültiger Inhalt der Zusammenfassung		
Art. 86	Jahresgebühren für die europäische Patentanmeldung		RiLi A-X, 5
	R 51 Fälligkeit		
Art. 87	Prioritätsrecht	Art. 8 PCT	RiLi F-VI
	R 136 Wiedereinsetzung		

Artikel- und Regelverzeichnis

DRITTER TEIL DIE EUROPÄISCHE PATENTANMELDUNG				
EPÜ			**PCT**	**RiLi**
Art. 88		Inanspruchnahme der Priorität	Art. 8 PCT R 4.10 PCT	RiLi A-III, 6 RiLi F-VI
	R 52	Prioritätserklärung		
	R 53	Prioritätsunterlagen		RiLi A-II, 5
	R 54	Ausstellung von Prioritätsunterlagen		
	R 59	Mängel bei der Inanspruchnahme der Priorität		
Art. 89		Wirkung des Prioritätsrechts	R 64.1 b) PCT	RiLi F-VI

Artikel- und Regelverzeichnis

VIERTER TEIL ERTEILUNGSVERFAHREN			
EPÜ		**PCT**	**RiLi**
Art. 90	Eingangs- und Formalprüfung		RiLi A-III
	R 55 Eingangsprüfung		RiLi A-II, 4
	R 56 Fehlende Teile der Beschreibung oder fehlende Zeichnungen		RiLi A-II, 5
	R 57 Formalprüfung		RiLi A-III
	R 58 Beseitigung von Mängeln in den Anmeldungsunterlagen		RiLi A-III, 16
Art. 91	(gestrichen)		
Art. 92	Erstellung des europäischen Recherchenberichts		RiLi B-II
	R 61 Inhalt des europäischen Recherchenberichts		
	R 62 Erweiterter europäischer Recherchenbericht		
	R 62a Anmeldungen mit mehreren unabhängigen Patentansprüchen		
	R 63 Unvollständige Recherche		
	R 64 Europäischer Recherchenbericht bei mangelnder Einheitlichkeit		
	R 65 Übermittlung des europäischen Recherchenberichts		
	R 66 Endgültiger Inhalt der Zusammenfassung		
	R 70a Erwiderung auf den erweiterten europäischen Recherchenbericht		
Art. 93	Veröffentlichung der europäischen Patentanmeldung		RiLi A-VI
	R 67 Technische Vorbereitungen für die Veröffentlichung		
	R 68 Form der Veröffentlichung der europäischen Patentanmeldungen und europäischen Recherchenberichte		
	R 69 Mitteilungen über die Veröffentlichung		
Art. 94	Prüfung der europäischen Patentanmeldung		RiLi C
	R 70 Prüfungsantrag		
	R 70a Erwiderung auf den erweiterten europäischen Recherchenbericht		
	R 70b Anforderung einer Kopie der Recherchenergebnisse		
	R 71 Prüfungsverfahren		
Art. 95	(gestrichen)		
Art. 96	(gestrichen)		
Art. 97	Erteilung oder Zurückweisung		RiLi C-V
	R 71a Abschluss des Erteilungsverfahrens		
	R 72 Erteilung des europäischen Patents an verschiedene Anmelder		
Art. 98	Veröffentlichung der europäischen Patentschrift		RiLi C-V, 10
	R 73 Inhalt und Form der Patentschrift		
	R 74 Urkunde über das europäische Patent		

Artikel- und Regelverzeichnis

FÜNFTER TEIL
EINSPRUCHS- UND BESCHRÄNKUNGSVERFAHREN

EPÜ			PCT	RiLi
Art. 99	**Einspruch**			RiLi D
	R 75	Verzicht oder Erlöschen des Patents		RiLi D-I
	R 76	Form und Inhalt des Einspruchs		RiLi D-III
	R 77	Verwerfung des Einspruchs als unzulässig		RiLi D-IV
Art. 100	**Einspruchsgründe**			RiLi D-III, 5
Art. 101	**Prüfung des Einspruchs – Widerruf oder Aufrechterhaltung des europäischen Patents**			RiLi D-V
	R 78	Verfahren bei mangelnder Berechtigung des Patentinhabers		
	R 79	Vorbereitung der Einspruchsprüfung		
	R 80	Änderung des europäischen Patents		
	R 81	Prüfung des Einspruchs		
	R 82	Aufrechterhaltung des europäischen Patents in geändertem Umfang		
	R 83	Anforderung von Unterlagen		
	R 84	Fortsetzung des Einspruchsverfahrens von Amts wegen		
	R 85	Rechtsübergang des europäischen Patents		
	R 86	Unterlagen im Einspruchsverfahren		
Art. 102	**(gestrichen)**			
Art. 103	**Veröffentlichung einer neuen europäischen Patentschrift**			RiLi D-VII, 7
	R 87	Inhalt und Form der neuen europäischen Patentschrift		
Art. 104	**Kosten**			RiLi D-IX
	R 88	Kosten		
Art. 105	**Beitritt des vermeintlichen Patentverletzers**			RiLi D-VII, 6
	R 89	Beitritt des vermeintlichen Patentverletzers		RiLi D-I, 5
Art. 105a	**Antrag auf Beschränkung oder Widerruf**			RiLi D-X
	R 90	Gegenstand des Verfahrens		
	R 91	Zuständigkeit für das Verfahren		
	R 92	Antragserfordernisse		
	R 93	Vorrang des Einspruchsverfahrens		
	R 94	Verwerfung des Antrags als unzulässig		
Art. 105b	**Beschränkung oder Widerruf des europäischen Patents**			RiLi D-X, 3
	R 95	Entscheidung über den Antrag		
Art. 105c	**Veröffentlichung der geänderten europäischen Patentschrift**			RiLi D-X, 5
	R 96	Inhalt und Form der geänderten europäischen Patentschrift		

Artikel- und Regelverzeichnis

SECHSTER TEIL BESCHWERDEVERFAHREN				
EPÜ			**PCT**	**RiLi**
Art. 106		Beschwerdefähige Entscheidungen		RiLi E-X
	R 97	Beschwerde gegen Kostenverteilung und Kostenfestsetzung		
	R 98	Verzicht oder Erlöschen des Patents		
Art. 107		**Beschwerdeberechtigte und Verfahrensbeteiligte**		RiLi E-VII, 5
Art. 108		**Frist und Form**		RiLi E-VII, 6
	R 99	Inhalt der Beschwerdeschrift und der Beschwerdebegründung		
	R 101	Verwerfung der Beschwerde als unzulässig		
	R 103	Rückzahlung der Beschwerdegebühr		
Art. 109		**Abhilfe**		RiLi E-VII, 7
Art. 110		**Prüfung der Beschwerde**		
	R 100	Prüfung der Beschwerde		
Art. 111		**Entscheidung über die Beschwerde**		
	R. 102	Form der Entscheidung der Beschwerdekammer		
Art. 112		**Entscheidung oder Stellungnahme der Großen Beschwerdekammer**		
Art. 112a		**Antrag auf Überprüfung durch die Große Beschwerdekammer**		
	R 104	Weitere schwerwiegende Verfahrensmängel		
	R 105	Straftaten		
	R 106	Rügepflicht		
	R 107	Inhalt des Antrags auf Überprüfung		
	R 108	Prüfung des Antrags		
	R 109	Verfahren bei Anträgen auf Überprüfung		
	R 110	Rückzahlung der Gebühr für einen Antrag auf Überprüfung		

Artikel- und Regelverzeichnis

SIEBENTER TEIL GEMEINSAME VORSCHRIFTEN				
EPÜ			**PCT**	**RiLi**
	R 1	Schriftliches Verfahren		
	R 2	Einreichung von Unterlagen; Formvorschriften		
	R 50	Nachgereichte Unterlagen		
	R 111(1)	Form der Entscheidungen		
	R 112	Feststellung eines Rechtsverlusts		
	R 113	Unterschrift, Name, Dienstsiegel		RiLi E-II, 1.3
	R 133	Verspäteter Zugang von Schriftstücken		
	R 139	Berichtigung von Mängeln in den beim Europäischen Patentamt eingereichten Unterlagen		
	R 140	Berichtigung von Fehlern in Entscheidungen		
	R 142	Unterbrechung des Verfahrens		
Art. 113		Rechtliches Gehör und Grundlage der Entscheidungen		RiLi D-VI, 7.2.1
	R 111(2)	Form der Entscheidungen		
Art. 114		Ermittlung von Amts wegen		RiLi E-VI
Art. 115		Einwendungen Dritter		RiLi A-VII, 3.5 RiLi D-X, 4.5 RiLi E-VI
	R 114	Einwendungen Dritter		
Art. 116		Mündliche Verhandlung		RiLi E-III
	R 4	Sprache im mündlichen Verfahren		RiLi E-III, 10.2
	R 111	Form der Entscheidungen		RiLi E-III, 9
	R 115	Ladung zur mündlichen Verhandlung		RiLi E-III, 6
	R 116	Vorbereitung der mündlichen Verhandlung		RiLi E-III, 6
	R 124	Niederschrift über mündliche Verhandlungen und Beweisaufnahmen		RiLi E-III, 10
Art. 117		Beweismittel und Beweisaufnahme		RiLi E-IV
	R 117	Entscheidung über eine Beweisaufnahme		
	R 118	Ladung zur Vernehmung vor dem Europäischen Patentamt		
	R 119	Durchführung der Beweisaufnahme vor dem Europäischen Patentamt		
	R 120	Vernehmung vor dem zuständigen nationalen Gericht		
	R 121	Beauftragung von Sachverständigen		
	R 122	Kosten der Beweisaufnahme		
	R 123	Beweissicherung		
	R 124	Niederschrift über mündliche Verhandlungen und Beweisaufnahmen		
Art. 118		Einheit der europäischen Patentanmeldung oder des europäischen Patents		RiLi A-II, 2
	R 138	Unterschiedliche Patentansprüche, Beschreibungen und Zeichnungen für verschiedene Staaten		

Artikel- und Regelverzeichnis

SIEBENTER TEIL (Fortsetzung)			
EPÜ		**PCT**	**RiLi**
Art. 119	**Zustellung**		RiLi E-II
	R 125 Allgemeine Vorschriften		RiLi E-II, 2
	R 126 Zustellung durch Postdienste		RiLi E-II, 2.3
	R 127 Zustellung durch Einrichtungen zur elektronischen Nachrichtenübermittlung		RiLi E-II, 2.4
	R 128 Zustellung durch unmittelbare Übergabe		
	R 129 Öffentliche Zustellung		
	R 130 Zustellung an Vertreter		RiLi E-II, 2.5
Art. 120	**Fristen**		RiLi A-III
	R 131 Berechnung der Fristen		RiLi E-VIII
	R 132 Vom Europäischen Patentamt bestimmte Fristen		
	R 133 Verspäteter Zugang von Schriftstücken		
	R 134 Verlängerung von Fristen		
Art. 121	**Weiterbehandlung der europäischen Patentanmeldung**		RiLi C-V, 8
	R 135 Weiterbehandlung		
Art. 122	**Wiedereinsetzung in den vorigen Stand**	R 26bis.3 PCT (Prio) R 49ter.2 PCT (Prio)	RiLi E-VIII, 3
	R 136 Wiedereinsetzung		
Art. 123	**Änderungen**		RiLi H-IV
	Art. 123 (2)	Art. 19 (2) PCT Art. 34 (2) b) PCT	
	R 80 Änderung des europäischen Patents		
	R 137 Änderung der europäischen Patentanmeldung	Art. 19 (1) PCT	RiLi H-II, 2
	R 137 (2)	Art. 34 (2) b) PCT R 66.3 a) PCT R 66.4 PCT R 66.4bis PCT	RiLi A-V, 2
	R 138 Unterschiedliche Patentansprüche, Beschreibungen und Zeichnungen für verschiedene Staaten		
	R 139 Berichtigung von Mängeln in den beim Europäischen Patentamt eingereichten Unterlagen	R 91 PCT	RiLi H-VI, 2
	R 140 Berichtigung von Fehlern in Entscheidungen		RiLi H-VI, 3
	R 159 Das Europäische Patentamt als Bestimmungsamt oder ausgewähltes Amt – Erfordernisse für den Eintritt in die europäische Phase		
	R 161 Änderung der Anmeldung (Euro-PCT)		
Art. 124	**Auskünfte über den Stand der Technik**		RiLi B-XI, 12
	R 141 Auskünfte über den Stand der Technik		
Art. 125	**Heranziehung allgemeiner Grundsätze**		
Art. 126	**(gestrichen)**		
Art. 127	**Europäisches Patentregister**		RiLi A-XI, 4
	R 143 Eintragungen in das Europäische Patentregister		

Artikel- und Regelverzeichnis

SIEBENTER TEIL (Fortsetzung)			
EPÜ		PCT	RiLi
Art. 128	Akteneinsicht		RiLi A-XI
		Art. 128 (1) Art. 30 PCT	
		Art. 128 (4) R 94 PCT (ABl. EPA 2003, 382)	
	R 144 Von der Einsicht ausgeschlossene Aktenteile		
	R 145 Durchführung der Akteneinsicht		
	R 146 Auskunft aus den Akten		
	R 147 Anlage, Führung und Aufbewahrung von Akten		
Art. 129	Regelmäßige Veröffentlichungen		RiLi C-V, 13
Art. 130	Gegenseitige Unterrichtung		
	R 148 Verkehr des Europäischen Patentamts mit Behörden der Vertragsstaaten		
Art. 131	Amts- und Rechtshilfe		
	R 149 Akteneinsicht durch Gerichte und Behörden der Vertragsstaaten oder durch deren Vermittlung		
	R 150 Verfahren bei Rechtshilfeersuchen		
Art. 132	Austausch von Veröffentlichungen		
Art. 133	Allgemeine Grundsätze der Vertretung		
	R 151 Bestellung eines gemeinsamen Vertreters		
	R 152 Vollmacht		
Art. 134	Vertretung vor dem Europäischen Patentamt		
	R 154 Änderungen in der Liste der Vertreter		
Art. 134a	Institut der beim Europäischen Patentamt zugelassenen Vertreter		
	R 153 Zeugnisverweigerungsrecht		

Artikel- und Regelverzeichnis

ACHTER TEIL
AUSWIRKUNGEN AUF DAS NATIONALE RECHT

EPÜ			PCT	RiLi
Art. 135		Umwandlungsantrag	Art. 25 PCT R 51 PCT	RiLi A-IV, 6
	R 155	Einreichung und Übermittlung des Umwandlungsantrags		
	R 156	Unterrichtung der Öffentlichkeit bei Umwandlungen		
Art. 136		(gestrichen)		
Art. 137		Formvorschriften für die Umwandlung		
Art. 138		Nichtigkeit europäischer Patente		
Art. 139		Ältere Rechte und Rechte mit gleichem Anmelde- oder Prioritätstag		RiLi H-III, 4.4
Art. 140		Nationale Gebrauchsmuster und Gebrauchszertifikate		
Art. 141		Jahresgebühren für das europäische Patent		

NEUNTER TEIL
BESONDERE ÜBEREINKOMMEN

EPÜ		PCT	RiLi
Art. 142	Einheitliche Patente		
Art. 143	Besondere Organe des Europäischen Patentamts		
Art. 144	Vertretung vor den besonderen Organen		
Art. 145	Engerer Ausschuss des Verwaltungsrats		
Art. 146	Deckung der Kosten für die Durchführung besonderer Aufgaben		
Art. 147	Zahlungen aufgrund der für die Aufrechterhaltung des einheitlichen Patents erhobenen Gebühren		
Art. 148	Die europäische Patentanmeldung als Gegenstand des Vermögens		
Art. 149	Gemeinsame Benennung		
Art. 149a	Andere Übereinkommen zwischen den Vertragsstaaten		

Artikel- und Regelverzeichnis

ZEHNTER TEIL			
INTERNATIONALE ANMELDUNGEN NACH DEM VERTRAG ÜBER DIE INTERNATIONALE ZUSAMMENARBEIT AUF DEM GEBIET DES PATENTWESENS – EURO-PCT-ANMELDUNGEN			
EPÜ		PCT	RiLi
Art. 150	Anwendung des Vertrags über die internationale Zusammenarbeit auf dem Gebiet des Patentwesens		
Art. 151	Das Europäische Patentamt als Anmeldeamt		
	R 157 Das Europäische Patentamt als Anmeldeamt		
Art. 152	Das Europäische Patentamt als Internationale Recherchenbehörde oder als mit der internationalen vorläufigen Prüfung beauftragte Behörde		
	R 158 Das Europäische Patentamt als Internationale Recherchenbehörde oder als mit der internationalen vorläufigen Prüfung beauftragte Behörde		
Art. 153	Das Europäische Patentamt als Bestimmungsamt oder ausgewähltes Amt	Art. (1) PCT	
	R 159 Das Europäische Patentamt als Bestimmungsamt oder ausgewähltes Amt – Erfordernisse für den Eintritt in die europäische Phase		
	R 160 Folgen der Nichterfüllung bestimmter Erfordernisse		
	R 161 Änderung der Anmeldung		
	R 162 Gebührenpflichtige Patentansprüche		
	R 163 Prüfung bestimmter Formerfordernisse durch das Europäische Patentamt		
	R 164 Einheitlichkeit der Erfindung und weitere Recherchen		
Art. 154	(gestrichen)		
Art. 155	(gestrichen)		
Art. 156	(gestrichen)		
Art. 157	(gestrichen)		
Art. 158	(gestrichen)		

ZWÖLFTER TEIL			
SCHLUSSBESTIMMUNGEN			
EPÜ		PCT	RiLi
Art. 164	Ausführungsordnung und Protokolle		
Art. 165	Unterzeichnung – Ratifikation		
Art. 166	Beitritt		
Art. 167	(gestrichen)		RiLi H-III, 4.4
Art. 168	Räumlicher Anwendungsbereich		
Art. 169	Inkrafttreten		
Art. 170	Aufnahmebeitrag		
Art. 171	Geltungsdauer des Übereinkommens		
Art. 172	Revision		
Art. 173	Streitigkeiten zwischen Vertragsstaaten		
Art. 174	Kündigung		
Art. 175	Aufrechterhaltung wohlerworbener Rechte		
Art. 176	Finanzielle Rechte und Pflichten eines ausgeschiedenen Vertragsstaats		
Art. 177	Sprachen des Übereinkommens		
Art. 178	Übermittlungen und Notifikationen		

Stichwortverzeichnis

10-Tagesfrist **J.86**

Abbuchungsauftrag **R.230, R.267, R.307**
– Reihenfolge **R.271**
Abhilfe **F.100**
Absage mündliche Verhandlung **D.55**
Abschluss Verfahren **S.25**
AFCP 2.0 **V.22**
After Final Consideration Pilot 2.0 **V.22**
AIA **V.1, V.41**
Akteneinsicht **A.285, B.164, B.318, B.461**
– ab Zeitpunkt Veröffentlichung der ePA **A.286**
– Ämter **B.465, B.473**
– Ausgeschlossene Angaben **A.300, B.479**
– Auskunft aus den Akten **A.297**
– Einwendungen Dritter **A.488**
– europäische TA **A.296**
– fälschlicherweise eingereichte Unterlagen **A.308a**
– für einen Dritten **A.293**
– ivP **B.267**
– MyEPO Portfolio **J.101f**
– Nennung Antragsteller **A.293**
– Verwaltungsgebühr **A.297**
– Vollmacht **A.293**
– vor Veröffentlichung **A.290**
– beim EPA zu PCT-Anmeldungen **A.311**
– im PCT beim IB, ISA, IPEA **A.309**
– in SA einer TA **M.78**
Allgemeine Vollmacht **P.39, P.54**
Allgemeine Voraussetzungen ePA **A.97**
Ältere Anmeldung **S.28**
Ältere europäische Rechte **A.498**
Ältere nationale Rechte **A.499, H.210, L.42**
– Doppelschutz **A.505**
– nationale Gebrauchsmuster **A.509**
– Patentansprüche **A.504**
– Schutzrechtsarten **A.511**
– Wirkung **A.501 ff.**
Alternativlösungen **H.38**
Amtsermittlung **A.361, D.81b, E.197**
Amtsfristen **J. 3, J.10**
Amtssprache **B.127**
Änderung **A.353, B.395, L.1 ff.**
– Ältere Rechte **L.42**
– Ansprüche **L.28**
– Anspruchskategorie **L.49**
– aus Zeichnungen **L.31**
– Beschränkungsverfahren **L.12**
– Beschreibung PCT **B.375**
– Beschwerdeverfahren **L.11, L.80**
– Einheitlichkeit **L.47**
– Einspruchsverfahren **E. 62, L.10, L.16, L.71**
– Euro-PCT **C.54, L.9, L.38**
– ivP **B.235, B.388**
– Kennzeichnung **A.357, L.96**
– nach Art. 19 PCT **B.332, B.376, L.115**
– nach Art. 34 PCT **B.388, L.126**
– nach Einverständnis Erteilung **S.37**
– nach Erhalt des RB **A.355**
– nach Erteilungsabsicht **L.63 ff.**
– nach Zugang int. RB (ISR) **L.114**
– nationale/regionale Phase **B.404, L.142, L.201**
– nicht recherchierte Gegenstände **A.358**
– PCT **L.113 ff.**
– PCT Begleitschreiben ivP **L.136**
– PCT EPA = ISA, IPEA oder SISA **C.57 f.**
– PCT Prioanspruch **I.101**
– PCT Sprache **L.123, L.140**
– PCT vor Erhalt int. RB (ISR) **L.113**
– PCT vor Erstellung ivP **L.126**
– Sammelantrag **L.223**
– Sprache **B.402**
– Stand der Technik **L.60**
– Teilanmeldung **S.67**
– Verfahren **L.95 ff.**
– Verfahrenssprache **C.60**
– vor Erhalt des RB **A.354**
– Zeichnungen **L.61**
– Zulässigkeit **L.3**
Änderungsbuchung **R.328**
Anerkennungsprotokoll **M.84**
Anfechtbare Zwischenentscheidungen **F.9**
Angabe
– Anmeldungsunterlagen Euro-PCT **C.11**
– zum Anmelder **C.41**
– zum Prioritätsanspruch (PCT) **I.94**
Angestelltenvollmacht **P.58**
Anhängigkeit
– ePA **A.449**
– Stammanmeldung **M.20**
Anmeldeamt **A.98, B.11**
Anmeldeberechtigung **B.9, V.3, V.10**
Anmeldebestimmungen **A.120**
Anmeldegebühr **A.28, B.96, C.13, R.4**
– ePA **R.4**
– Ermäßigung **A.28, R.110, R.121**
– Euro-PCT **R.8**
– Rückerstattung **B.99**
– TA in Nichtamtssprache **K.22**
– Teilanmeldung **M.66**
– Zusatzgebühr **A.28**
Anmelder **B.20, B.41**
– Berichtigung **B.9, L.165, L.186**
– Identität **A.4, A.15**
Anmeldetag **A.3, B.1, B.6, V.32,**
Anmeldeunterlagen **A.67, B.18**
– Eingang an verschiedenen Tagen **B.7**
Anmeldung
– Neue Anmeldung nach Art. 61 (1) **M.92**
– Nichtberechtigte **M.84 ff., M.92**
– Vergleich PVÜ/PCT/EPÜ **I.117**
Annahmeverweigerung **J.87**
Anschlussverfahren (EPG) **G.126t**
Ansprüche
– Änderung ePa **L.28**
– Änderung im Beschwerdeverfahren **S.57**
– Änderung nach Art. 19 PCT **B.163**
– Änderung nach Art. 34 PCT **B.388**
– Übersetzungsfehler **L.174**
– Veröffentlichung PCT **B.297**
Anspruchsgebühr **A.29, A.387, C.29, R.10, V35**
– Erteilung **R.48**
– Euro-PCT **R.17**
– Teilanmeldung **M.70**
Anspruchskategorie **H.37, L.49, S.8**
– Änderung **S.5**
Antrag
– EU-Patent **G.39, G.43**
– frühere Anträge auf einheitliche Wirkung **G.41**
– ePA **A.2, A.49, A.58**
– Entscheidung über Rechtsverlust **A.455, F.59**
– PCT-Anmeldung **B.4 ff.**
Anwalt **B.417, B.423**
Anwendbares Recht **G.26**

A: EP-Anmeldung/Patent	G: EU-Patent	M: Teilanmeldung, Neue Anmeldung	Q: Zulassung
B: PCT-Anmeldung	H: Materielles Patentrecht		R: Gebühren
C: Euro-PCT	I: Priorität	N: Weiterbehandlung, Wiedereinsetzung	S: G-Entscheidungen
D: Mündliche Verhandlung	J: Fristen		V: US-Patentrecht
E: Einspruch	K: Sprachen	O: Beschleunigung	
F: Beschwerde	L: Änderungen, Berichtigung	P: Vertretung, Unterschrift	

Stichwortverzeichnis

Äquivalente **H.147, L.45**
Arzneimittel **S.1, S.72**
Ästhetische Formschöpfungen **H.10**
Aufforderung
– Mängelbeseitigung (Priorität PCT) **I.94**
– Stellungnahme zum Einspruch **E.50**
Aufgabe-Lösungs-Ansatz **H.143, L.58**
Aufrechterhaltung eP
– in geändertem Umfang **E.91**
– in unveränderter Form **E.90**
Aufrechterhaltungserklärung **A.334**
Ausführbarkeit **H.171**
Ausgewählte Ämter **B.543, B.408, C.3**
Auskünfte über den Stand der Technik **A.87**
Auskunftserteilung **R.103**
Auslagen für Kopien (PCT) **R.108**
Ausnahme Wiedereinsetzung **N.54**
Ausnahmen Patentierbarkeit **H.7, H.13, H.25, H.28, H.198**
Ausschluss von der Akteneinsicht **A.300**
Aussetzung **A.453, J.103**
– Verfahren **E. 81**
Ausstellung
– anerkannte Ausstellung **A.220**
– Bescheinigung vom Aussteller **A.221, C.26**
– Ausstellungsschutz **A.215**
Auswahlerfindung **H.105**
Automatisches Abbuchungsverfahren – siehe VAA **R.305 ff.**
Automatische Erstreckung **A.192**
Automatische Fristverlängerung **J.36**

Bagatellbeträge **R.133**
Bankkonto **R.164**
Banküberweisung **B.458, R.229**
Barzahlung **R.218**
Beanspruchung einer Priorität **A.52**
Bearbeitungs-/ Prüfverbot **B.337**
Bearbeitungsgebühr **B.242**
– ivP **R.190**
– Reduktion **R.201**
– Rückerstattung **R.210**
– SIS **B.174, R.184**
Beendigung des Einspruchsverfahrens **E.88**
Beglaubigte Abschrift **I.32, I.70, R.101**
Begleitperson **S.42, S.46**
– Voraussetzungen **D.74**
Begleitschreiben **B.398, B.402**
– PCT ivP **L.136**
Beispiele für Amtssprachen **K.65**
Beitritt **E.124, S.17, S.41, S.65**
– Beitrittsgebühr **R.84**
Benennung **A.178, C.17**
– Brexit **A.181**
– EP über PCT **A.180**
– Gebühr **A.188**
– Voraussetzung **A.176**
– Zurücknahme **A.182**
Benennungsgebühr **A.188, A.392, C.15, R.32**
– Erteilung **R.47**
– Euro-PCT **R.35**
– Rückerstattung **R.150**
– Teilanmeldung **M.72**
– Nichtzahlung **S.56**
Berechtigte(r) **E.114, H.204 f.**
– ivP **B.216**
– Teilanmeldung **M.7**
– Einspruch **E.114**
Berechtigung zur Inanspruchnahme Priorität **I.16**

Bereiche **H.104**
Berichtigung
– ePA/eP **L.147 ff.**
– Entscheidungen **L.171**
– Erfinder **A.95, L.166**
– fälschlicherweise eingereichter Unterlagen (EPA) **C.70**
– Grenzen **L.155**
– Hinzufügen Priorität (PCT) **I.47, I.94**
– Name des Anmelders **L.165**
– PCT **L.174 ff.**
– Prioritätserklärung **I.31**
– Sprache **L.195**
– Veröffentlichung PCT **B.300**
– von Bezeichnung des Einsprechenden **E.25**
– von Fehlern in der Entscheidung **S.76**
– von Mängeln **S.11, S.44**
– Zeitpunkt **L.155**
– Zustimmung Behörde **L.192**
Berichtigungsantrag
– mündliche Verhandlung **D.88**
Berichtigungsbuchung **R.328**
Berufungsgericht **G.112**
Beschleunigung **O.1, O.6**
– Beschwerdeverfahren **O.40**
– Einspruchsverfahren **E.49, O.38**
– Einwendung Dritter **A.490**
– ePA **O.11**
– Euro-PCT **O.12**
– Prüfungsverfahren **A.340**
– Reaktion auf Recherchenbericht **O.34**
– Recherche **O.6**
Beschränkung **L.83 ff.**
– Beschränkungsgebühr **R.85**
– Verfahren **L.12**
– Einwendungen Dritter **L.89b**
Beschreibung
– Änderung PCT **B.374 ff.**
– fehlende Teile **A.8**
Beschwer **F.183**
Beschwerde **F.1, V.25**
– Abhilfe **F.96**
– Änderungen **F.57**
– Beendigung Beschwerdeverfahren **F.85**
– Begründung **F.34 f.**
– Berechtigte **F.11**
– Beschwerdeschrift **F.27**
– Beweismittel **F.51**
– Erhebung **F.24**
– Ermittlung von Amts wegen **F.73**
– Folge eines Mangels **F.42 ff.**
– Frist **S.75**
– Grenzen **F.50**
– Unzulässigkeit **S.88**
– Verfahrensbeteiligte **F.11**
– Verfahrensverlauf **F.63**
– Verschlechterungsverbot **F.138**
– Wirkung **F.47**
– Zurücknahme **F.99**
– Zuständigkeit **F.33**
Beschwerdefähige Entscheidungen **F.3**
Beschwerdeführer
– Fehlerhafte Angabe **S.79**
Beschwerdegebühr **F.31, R.87**
– Nichtzahlung **S.83**
– Rückzahlung **R.153, S.62, S.88**
– Rückzahlung bei Abhilfe **F.107**

A: EP-Anmeldung/Patent	G: EU-Patent	M: Teilanmeldung, Neue Anmeldung	Q: Zulassung
B: PCT-Anmeldung	H: Materielles Patentrecht		R: Gebühren
C: Euro-PCT	I: Priorität	N: Weiterbehandlung, Wiedereinsetzung	S: G-Entscheidungen
D: Mündliche Verhandlung	J: Fristen		V: US-Patentrecht
E: Einspruch	K: Sprachen	O: Beschleunigung	
F: Beschwerde	L: Änderungen, Berichtigung	P: Vertretung, Unterschrift	

Stichwortverzeichnis

Beschwerdekammer **F.144**
– Informationspflicht **S.51**
– Ladungsfrist **S.47**
– Umfang Prüfung **S.22, S.40**
– Zuständigkeit **S.49, S.78**
Beschwerdemöglichkeit **S.4**
Beschwerdeschrift **F.27**
Beschwerdeverfahren
– Änderung **L.11, L.81, S.57**
– Beitritt **F.127, S.65**
– Beschleunigung **F.124**
– Neuer Einspruchsgrund **S.43**
– PACE **O.41**
BEST **A.255**
Bestimmung(en) **B.64 ff.**
– Zurücknahme PCT **B.64, B.440**
Bestimmungsamt **B.331, B.339, B.473, B.543, C.3**
– Nachprüfung **B.363**
Bestimmungsgebühr **B.57, B.450, R.170**
Beteiligte
– Einspruchsverfahren **E.113**
– Beschwerdeverfahren **S.15**
Beweisaufnahme durch Gerichte oder Behörden der Vertragsstaaten **E.252**
Beweismittel **K.61, S.29**
– Beweisaufnahme **E.213**
– Übersetzung **K.64**
Beweissicherung **E.247, G.235**
Beweissicherungsgebühr **R.94**
Bezeichnung **B.138**
Bezugnahme **A.3, A.22, B.18**
– auf frühere Anmeldung **A.22**
– auf frühere GM **A.26**
– Teilanmeldung **M.46**
– Übersetzung **A.23**
Bibliothek **H.91**
Biologische Probe **S.34**
Biologisches Material
– Herausgabe an Dritte **A.211**
– Herausgabe Probe an Sachverständige **A.212**
– Hinterlegung **A.209 ff.**
Biologisches Verfahren **H.18, S.80, S.91**
Biotechnologische Erfindungen **H.16, H.26**
Blockchain **H.61**
Brexit **G.246, K.96, Q.7**
– Vertretung **P.68**
Bringing Examination and Search Together (Best) **A.255**
Bündelreste **G.74**
Bundesverfassungsgericht **G.256**
Business method patents **V.40**

Case Management System – siehe CMS
Chemische Zusammensetzung **S.26**
Chirurgische Behandlung **S.70**
Chirurgisches Verfahren **H.21, H.198a**
CMS **A.111**
Computergestützte Simulation **H.47, H.63**
Computerimplementierte Simulationen **S.89**
Computerprogramm(e) **B.117, H.11**
– Patentierbarkeit **H.41**
Continuation Application **V.19**
Continuation **V.43**
Continuation-in-part Application **V.21**
Continuation-in-part **V. V.43**
Continuing application **V.18**
COVID-19 **J.37, Q.17**
– Aussetzung Zusatzgebühr für verspätet gezahlte JG **J.226**

– Europäische Eignungsprüfung **J.230**
– Gebührenerhöhung **J.227**
– Jahresgebühr **R.62**
– Mündliche Verhandlung **D.21**
– Mündliche Verhandlungen vor Beschwerdekammern **J.229**
– Mündliche Verhandlungen vor Prüfungs– und Einspruchsabteilungen **J.228**
– Störungen im Postdienst **J.221**
– Teilanmeldung **R.71**
– Übersicht **J.220**
– Verlängerung von Fristen bei allg. Unterbrechung **J.221**
– Verlängerung von Fristen zur Gebührenzahlung **J.224**
DAS **A.53, A.83, B.91 f.**
– Priorität PCT-Anmeldung **I.34**
– Übernahme Priounterlage **I.99**
Datenträger **J.50**
Derivation Proceedings **V.12**
Devolutiveffekt **F.189**
Diagnoseverfahren (Patentierbarkeit) **H.21**
Diagnostizierverfahren **S.63**
Diagramm **A.66**
Dienstleistung EPA **B.132**
Digital Access Service – siehe DAS
Dingliches Recht **H.234**
Disclaimer **H.118, H.167, L.102 ff., L.44, S.61, S.77, S.87**
– Formulierungsbeispiele **L.107**
– Nicht ursprünglich offenbart **L.103**
– Ursprünglich offenbart **L.106**
Diskette **J.53**
Divisional application **V.20, V.43**
DOEPS (Durchführungsverordnung zum einheitlichen Patentschutz) **G.12**
Doppelpatentierung **H.199, S.92**
– EU-Patent vs. eP **G.18**
– Verbot **H.200, H.202, M.64**
– Teilanmeldung **M.64**
Doppelschutz **A.505**
Doppelschutzverbot **G.18, H.203**
Durchführung einer Beweisaufnahme **E.227**
Durchführungsverordnung zum einheitlichen Patentschutz (DOEPS) **G.12**
Durchzuführende Handlungen
– Weiterbehandlung **N.9**
– Wiedereinsetzung **N.56**
Duty of Candor and Good Faith **V.42**
Duty of disclosure **V.15**

Early Certainty from Search **A.254, O.4**
e-EQE **Q.42**
e-EQE 2023 **Q.46**
EERB (Erweiterter europäischer Recherchebericht) **A.253**
EESR (Extended European Search Report) **A.253**
Eingangsprüfung **A.5**
Einheitliche Regelungen **G.89**
Einheitliche Wirkung **G.17**
– Eintragung **G.32**
Einheitlicher Charakter und einheitliche Wirkung **G.17**
Einheitlicher Schutz **G.24**
Einheitlichkeit **G.73, H.34, H.38, H.176, H.178, H.180**
– Einspruch **S.14**
Einleitung der regionalen Phase **C.1**
– Änderungen Eintritt in die Euro-PCT-Phase **C.54**
– Berichtigung **C.69**
– Erfordernisse **C.6 ff., C.27 ff.**
Einreichung Anmeldung **A.1, A.107, B.4 ff., B.488, K.3**
– andere Verfahren **A.116**
– Anmeldebestimmungen **A.120**

A: EP-Anmeldung/Patent	G: EU-Patent	M: Teilanmeldung, Neue Anmeldung	Q: Zulassung
B: PCT-Anmeldung	H: Materielles Patentrecht		R: Gebühren
C: Euro-PCT	I: Priorität	N: Weiterbehandlung, Wiedereinsetzung	S: G-Entscheidungen
D: Mündliche Verhandlung	J: Fristen		V: US-Patentrecht
E: Einspruch	K: Sprachen	O: Beschleunigung	
F: Beschwerde	L: Änderungen, Berichtigung	P: Vertretung, Unterschrift	

Stichwortverzeichnis

- Annahmestellen **A.169**
- Antrag auf Erteilung ePA **A.58**
- bei nationalen Behörden **J.47**
- Datenträger **A.141, A.165**
- DOCX Dokumenten **A.119**
- elektronisch **A.109**
- E-Mail **A.116, A.160**
- Einreichungsmöglichkeiten **A.130**
- ePCT **A.111**
- fälschlich eingereichte Unterlagen **A.11**
- fehlende Teile **A.8**
- Form **B.489**
- neue Anmeldung Art. 61 (1) **M.92**
- Online **A.109, A.118**
- Online-Einreichung 2.0 **A.111, A.118, A.155**
- Papierfom **B.489**
- Postdienste **A.107**
- Postweg **A.145**
- Prioritätsdokuments **A.81, A.113**
- Recherchenergebnisse **A.86**
- Schriftliches Beweismittel **K.62**
- spezielle Handlungen **A.174**
- Teilanmeldung **M.47, M.49**
- Telefax **A.110, A.137, A.163, B.490, J.55**
- telegrafische Einreichung **A.116**
- Übergabe **A.145**
- Übersetzung **K.11, K.60**
- Übersicht Dokumente und Formate **A.152**
- unmittelbare Übergabe **A.107**
- Vollmacht **P.57**
- Web **A.111**
- weitere Unterlagen elektronisch **A.112**
- Zentralbehörde **A.148, A.171**

Einrichtungen zur elektronischen Nachrichtenübermittlung **A.109**
Einsichtnahme in WO-ISA **B.164**
Einsprechende **E.112**
- Übertragung **E.121, S.64**

Einspruch **E.1 ff.**
- Änderung des eP **E. 62**
- anhängiges Beschränkungsverfahren **E.290**
- anhängiges Widerrufsverfahren **E.292**
- Aufrechterhaltung in geändertem Umfang **E.59, E.91**
- Aufrechterhaltung in unveränderter Form **E.90**
- Berechtigter **E.3, E.114**
- Beschleunigung **E.49**
- Beteiligte **E.57, E.113**
- Dritter **E.124, S.52**
- Einheitlichkeitsprüfung **E.46**
- Einreichen von Unterlagen und Beweismittel **E.11**
- Einspruchsgrund Beschwerdeverfahren **S.43**
- Fehlende Unterschrift **E.24**
- Form der neuen eP und Einheit des eP bzw. ePA **E.142**
- Formalprüfung **E.12, E.16**
- Frist **E.2**
- Einspruchsgebühr **E.9, R.82, R.152**
- Gemeinsamer mehrerer Personen **S.58**
- gilt als nicht eingelegt **E.27**
- gilt als unzulässig **E.28**
- Jedermann **E.3**
- Klarheitsprüfung **E.43**
- Kosten **E.266**
- Mängel **E.18, E.20**
- Mangelhafte Offenbarung **E.42**
- Mangelnde Patentierbarkeit **E.41**
- Materiell-rechtliche Prüfung **E.29**
- Neuer Einspruchsgrund **E.189**
- Patentinhaber **S.39**

- Rechtsnachfolge des bisherigen Patentinhabers **E.120**
- Rücknahme **S.38**
- Sprache **E.10**
- Übertragung **S.6, S.64**
- Umfang der sachlichen Prüfung **E.31**
- Unzulässige Erweiterung **E.47**
- Verfahrensablauf **E.48**
- Veröffentlichung Patentschrift nach Änderung **E.74 ff.**
- Verspätetes Vorbringen **E.195**
- Vertretung **E.119**
- Widerruf **E.93, E.89, E.96**
- Wirkung **E.6, E.106**
- Zurückweisung **E.107**
- Zuständigkeit **E.17**
- Zustimmung zu geänderten Ansprüchen **E.56**
- Zwischenentscheid **E.71**

Einspruchsabteilung **E.145**
- mündliche Verhandlung **D.134**
- Umfang Prüfung **S.22**

Einspruchsbeschwerde **S.20**
Einspruchsschrift **E.7**
- Übersetzung **E.10**

Einspruchsverfahren
- Änderung **L.10, L.16, L.71**
- PACE **O.39**

Eintragung der einheitlichen Wirkung **G.32**
Eintragung
- Rechtsübergänge **A.314, R.98 f., L.210**
- Lizenzen und andere Rechte **R.100**

Eintritt in die nationale Phase **B.342**
Einwendungen Dritter **A.362, A.457, B.462, B.495, V.33**
- Akteneinsicht **A.488**
- Berechtigte **A.465**
- Beschleunigung **A.490**
- Einwendungen gegen Patentierbarkeit **A.467**
- Euro-PCT **A.463**
- Form **A.473**
- Gebühren **A.471**
- nach VÖ **A.459**
- PCT-Anmeldung **A.464**
- Sprache **A.479**
- Stellung des Dritten **A.483**
- Umfang **A.467**
- Unterrichtung Anmelder oder PI **A.485**
- Vertretung **A.482**
- Zeitpunkt **A.459**

Einzelvollmacht **P.39**
Elektronische Einreichung **B.489, J.49**
- Datenträger **J.50**
- Diskette **J.53**
- E-Mail **J.52**
- Form **J.51**
- Prioritätsunterlagen **I.35**
- Reduktion Gebühr (PCT) **R.200**
- Vollmacht **P.64**

E-Mail
- Einreichung im Prüfungsverfahren **D.129**
- Einreichung Videokonferenz **J.52**
- Mündliche Verhandlung **D.126**
- Pilotprojekt **J.94**

Embryonen **S.69**
Entscheidung
- Berichtigung **L.171**
- Verschiebung der Entscheidung **G.44**
- Weiterbehandlung **N.14**
- Wiedereinsetzung **N.63**

ePCT **A.111, B.492**

A: EP-Anmeldung/Patent	G: EU-Patent	M: Teilanmeldung, Neue Anmeldung	Q: Zulassung
B: PCT-Anmeldung	H: Materielles Patentrecht		R: Gebühren
C: Euro-PCT	I: Priorität	N: Weiterbehandlung, Wiedereinsetzung	S: G-Entscheidungen
D: Mündliche Verhandlung	J: Fristen		V: US-Patentrecht
E: Einspruch	K: Sprachen	O: Beschleunigung	
F: Beschwerde	L: Änderungen, Berichtigung	P: Vertretung, Unterschrift	

Stichwortverzeichnis

EPG (siehe europäisches Patentgericht)
EPGÜ **G.88**
EPI **Q.50**
epi-Mitgliedsbeiträge **R.301**
EQE **Q.8**
– Anmeldung **Q.21**
– Beschwerde **Q.16**
– COVID-19 **Q.17 f.**
– Hauptprüfung **Q.38**
– Prüfungsgebühr **Q.27**
– Prüfungsstoff **Q.10**
– Registrierung **Q.23**
– Vorprüfung **Q.35**
Erfinderische Tätigkeit **A.226, B.220, B.259, H.36, H.136, H.142, H.187, H.189, V.8**
Erfindernennung **A.51, A.89 f., B.360, B.481, C.33**
– Berichtigung **A.90, A.95, L.166**
– durch Dritte **A.94**
– Nachholen **A.91**
– Teilanmeldung **M.53**
– Verzicht **A.93**
Erfordernisse ePA **A.2**
Ergänzende europäische Recherche **R.23**
Ergänzende internationale Recherche (SIS) **B.167**
Erlöschungsgründe (Priorität) **I.65**
Ermäßigung
– Anmeldegebühr **R.110, R.121**
– Berechtigte Nichtamtssprache **R.112**
– ePA **R.109**
– Gebühren (PCT) **R.200**
– KMU **R.112**
– Nichtamtssprache **R.111, S.19**
– Nichtamtssprache Prüfungsgebühr **R.29**
– Online-Einreichung **R.110**
– Prüfungsgebühr (Euro-PCT) **R.28**
– Prüfungsgebühr **A.320, C.23, R.122**
– Zusatzgebühr **R.130, R.111**
Ermessensausübung **D.89a**
Erörterung der Sach– und Rechtslage **D.105**
Ersatzblätter **B.398**
Erschöpfung **G.25**
Erstellung des europäischen Recherchenberichts **A.225**
Erstreckung **A.190**
– automatische **A.192**
– Gebühr **A.195, A.386, C.15, R.36, R.45**
– Verordnung **A.195**
Erteilung **A.372 f.**
– Änderung durch Anmelder **A.394**
– Anmelder stimmt mitgeteilter Fassung nicht zu **A.383**
– Anmelder stimmt mitgeteilter Fassung zu **A.378**
– Antrag **A.317**
– Antragsprinzip **A.398**
– Einreichung Änderungen oder Berichtigungen **A.382**
– Fehlerhafte Zurückweisung oder Erteilung **A.409**
– Jahresgebühr **A.402**
– Laufzeit des eP **A.424**
– mehrere Anmelder für verschiedene VS **A.400**
– Schutzbereich **A.423**
– Verfahren **G.36**
– Veröffentlichung Hinweis Erteilung **A.404**
– Verzicht auf R 73 (3) Mitteilung **A.397**
– Voraussetzungen **G.16**
Erweiterter europäischer Recherchenbericht **A.258 f.**
EU-Patent
– Anhebung der Obergrenze **G.215**
– Antrag **G.39, G.43**
– Anwendbares Recht **G.26**
– Ausnahmeregelung **G.96**
– Ausschließliche Zuständigkeit **G.94**
– Berufungsgericht **G.112**
– Beweissicherung **G.235**
– Brexit **G.246**
– Bündelreste **G.74**
– Bundesverfassungsgericht **G.256**
– Doppelschutzverbot **G.18**
– Durchführungsordnung (DOEPS) **G.12**
– Einheitliche Patentgerichtsbarkeit **G.7**
– Einheitliche Regelungen **G.89**
– Einheitliche Wirkung **G.17, G.46, G.73**
– Einheitlicher Charakter **G.17**
– Einheitlicher Schutz **G.24**
– Einrede der doppelten Inanspruchnahme **G.19**
– Eintragung der einheitlichen Wirkung **G.32**
– EPGÜ **G.88**
– Ermäßigung der Obergrenze **G.219**
– Ermäßigung Jahresgebühren **R.79a**
– Erschöpfung **G.25**
– Erteilungsverfahren **G.36**
– Erteilungsvoraussetzungen **G.16**
– EuGH **G.113**
– Europäisches Patentgericht **G.87**
– Explanatory memorandum zum EPLC **G.64**
– Festgebühr **G.147, G.173**
– Festgebühren – Gebührentabelle **G.149**
– Frühe Anträge auf einheitliche Wirkung **G.41**
– Gebührenerstattung **G.195**
– Gebührentabelle **G.128**
– Geographische Abdeckung **G.248**
– Gerichtliche Zuständigkeit **G.92**
– Gerichtsgebühren **G.129 ff.**
– Gerichtsgebühren und Kosten **G.127 ff.**
– Gesetzliche Voraussetzungen **G.3**
– Großvaterregelung **G.56**
– Historie **G.259**
– Instanzen des EPG **G.99, G.114**
– Jahresgebühren **G.69, R.79**
– Klagebefugnis EPG **G.230**
– Kleine Unternehmen **G.222**
– Kosten **G.127**
– Kosten des Rechtsstreits **G.133**
– Kostenentscheidung **G.137**
– Kostenfestsetzung **G.140**
– Kostenverteilung **G.138**
– Lizenzbereitschaft **G.27**
– Lokal– und Regionalkammern – Örtliche Zuständigkeit **G.122**
– Lokal– und Regionalkammern – Sachliche Zuständigkeit **G.121**
– Lokalkammer **G.102**
– Londoner Übereinkommen **G.67**
– Möglichkeit zur Erlangung von Schutzrechten **G.75**
– Nichtigkeit **G.233**
– Opt-out **G.96**
– Patentunterlagen **G.66**
– Praxisbeispiele **G.76**
– R 370 RoP (Gerichtsgebühr und Kosten) **G.127**
– Ratifizierungsprozess – aktueller Stand **G.244**
– Rechtliche Grundlagen **G.15**
– Regionalkammer **G.104**
– Rules on Court fees and recoverable costs **G.127**
– Rules on the European Patent Litigation Certificate **G.63**
– Streitwertabhängige Gebühr **G.147**
– Streitwertabhängige Gebühr – Gebührentabelle **G.160**
– Streitwertbestimmung **G.223**
– Verfahrenssprache **G.124, G.126**
– Verfassungsbeschwerde **G.255**

A: EP-Anmeldung/Patent	G: EU-Patent	M: Teilanmeldung, Neue Anmeldung	Q: Zulassung
B: PCT-Anmeldung	H: Materielles Patentrecht		R: Gebühren
C: Euro-PCT	I: Priorität	N: Weiterbehandlung, Wiedereinsetzung	S: G-Entscheidungen
D: Mündliche Verhandlung	J: Fristen		V: US-Patentrecht
E: Einspruch	K: Sprachen	O: Beschleunigung	
F: Beschwerde	L: Änderungen, Berichtigung	P: Vertretung, Unterschrift	

Stichwortverzeichnis

- Verschiebung der Ent. über die Erteilung des eP **G.44**
- Vertretung **G.49**
- Weiterbehandlung, Wiedereinsetzung **G.241**
- Wirkung **G.46, G.73**
- Zentralkammer **G.101**
- Zentralkammer – Örtliche Zuständigkeit **G.119**
- Zentralkammer – Sachliche Zuständigkeit **G.118**
- Zwangsvollstreckung **G.28**

EuGH **G.113**
Euro-PCT **C.1 ff. P.102**
- 3. Jahresgebühr **R.73**
- Änderung **L.9, L.38**
- Anmeldegebühr **C.61, R.8**
- Anspruchsgebühren **C.67, R.17**
- Beglaubigte Abschrift **C.67**
- Benennungsgebühr **C.65, R.35**
- Beschleunigung **O.12**
- ergänzende europäische Recherche **R.23**
- Geänderte Ansprüche **R.18**
- Jahresgebühr **C.65**
- Mindesterfordernisse **C.6 ff.**
- nicht eingeleitet **C.61**
- PACE **O.14**
- Prüfungsantrag **C.65**
- Prüfungsgebühr **R.27 f.**
- Recherchenbericht **B.115**
- Recherchengebühr **C.65**
- Sequenzprotokoll **C.67**
- Teilanmeldung **M.5, M.30**
- Übersetzung **C.61**
- Verfahrenssprache **K.41**
- Veröffentlichung **B.315 ff.**
- Vertreter **B.420**
- Weiterbehandlung **N.112**
- weitere Erfordernisse **C.27 ff.**
- Wiedereinsetzung **N.112, S.36**
- Zusatzgebühr Seitenzahl **R.9**

Europäische Eignungsprüfung (EQE) **Q.8**
Europäische Patentanmeldung (ePA)
- allgemeine Voraussetzungen **A.2, A.97**
- Änderungsmöglichkeiten **A.353**
- Anhängigkeit **A.449**
- Anmeldeamt **A.98 ff., C.70**
- Anmeldegebühr **R.4**
- Antrag **A.2**
- Eingangsprüfung **A.5**
- Einreichung **A.107**
- Erfindernennung **A.90**
- Erteilung **A.373**
- keine Veröffentlichung **A.268**
- Prüfung **A.315**
- Prüfungsgebühr **R.26**
- Recherchengebühr **R.19**
- Veröffentlichung **A.263**
- Zurückweisung **A.369**

Europäisches Patentamt (EPA)
- Anmeldeamt **A.98 ff., C.70**
- Ausgewähltes Amt **B.344, B.509, C.73**
- Bestimmungsamt **B.344, B.406, B.509, C.73**
- internationale Recherchenbehörde **C.70**
- PCT Behörde **B.505**
- Widerspruchsbehörde (PCT) **B.132, B.278, B.510, R.177, R.195**

Europäische Patentschrift
- Veröffentlichung **A.413**

Europäischer Recherchenbericht **A.223 ff., A.258**
Europäisches Patentgericht (EPG) **A.311, G.87, H.242, L.228**
- Anhebung der Obergrenze **G.215**
- Anschlussverfahren **G.126t**
- Ausnahmeregelung **G.96**
- Ausschließliche Zuständigkeit **G.94**
- Berufungsgericht **G.112**
- Beweissicherung **G.235**
- Einheitliche Regelungen **G.89**
- EPGÜ **G.88**
- Ermäßigung der Obergrenze **G.219**
- Festgebühr **G.147, G.173**
- Festgebühren – Gebührentabelle **G.149**
- Gebührenerstattung **G.195**
- Gebührentabelle **G.128**
- Gerichtliche Zuständigkeit **G.92**
- Gerichtsgebühren und Kosten **G.127ff.**
- Instanzen des EPG **G.99, G.114**
- Klagebefugnis EPG **G.230**
- Klageerwiderung **G.126l**
- Klageschrift **G.126j**
- Kleine Unternehmen **G.222**
- Kosten **G.127**
- Kosten des Rechtsstreits **G.133**
- Kostenentscheidung **G.137**
- Kostenfestsetzung **G.140**
- Kostenverteilung **G.138**
- Lokalkammer **G.102**
- Lokalkammer – Örtliche Zuständigkeit **G.122**
- Lokalkammer – Sachliche Zuständigkeit **G.121**
- Mündliches Verfahren **G.126r**
- Nichtigkeit **G.233**
- Nichtigkeitsklage **G.126f**
- Opt-out **G.96**
- R 370 RoP (Gerichtsgebühr und Kosten) **G.127**
- Regionalkammer **G.104**
- Regionalkammer – Örtliche Zuständigkeit **G.122**
- Regionalkammer – Sachliche Zuständigkeit **G.121**
- Rules on Court fees and recoverable costs **G.127**
- Schriftliches Verfahren **G.126i**
- Streitwertabhängige Gebühr **G.147**
- Streitwertabhängige Gebühr – Gebührentabelle **G.160**
- Streitwertbestimmung **G.223**
- Urteil **G.126s**
- Verfahrensabschnitte **G.126b**
- Verfahrensgrundsätze **G.126c**
- Verfahrensleitung **G.126d**
- Verfahrenssprache **G.124, G.126**
- Verletzungsklage **G.126e**
- Verletzungsklage mit Nichtigkeitswiderklage **G.126g**
- Verletzungsklage mit Nichtigkeitswiderklage und Antrag auf Änderung des eP **G.126h**
- Vorläufiger Einspruch **G.126k**
- Zentralkammer **G.101**
- Zentralkammer – Örtliche Zuständigkeit **G.119**
- Zentralkammer – Sachliche Zuständigkeit **G.118**
- Zentralkammer – Zuständigkeit **G.117**
- Zwischenverfahren **G.126p**

Ex Parte Reexamination **V.31**
ex parte **F.186**
Extended European Search Report **A.253**

Fachmann **H.5, H.56, H.85, H.109, H.119, H.132, H.139 ff. H.152, H.161 ff.**
Falsche Betragsangabe im Abbuchungsauftrag **R.245**
Fax
- Priounterlagen **I.37**

Fehlbetrag **R.244, R.327**
Fehler in Veröffentlichung **A.425, L.183**
Fehlerhafte Zurückweisung oder Erteilung **A.409**

A: EP-Anmeldung/Patent	G: EU-Patent	M: Teilanmeldung, Neue Anmeldung	Q: Zulassung
B: PCT-Anmeldung	H: Materielles Patentrecht		R: Gebühren
C: Euro-PCT	I: Priorität	N: Weiterbehandlung, Wiedereinsetzung	S: G-Entscheidungen
D: Mündliche Verhandlung	J: Fristen		V: US-Patentrecht
E: Einspruch	K: Sprachen	O: Beschleunigung	
F: Beschwerde	L: Änderungen, Berichtigung	P: Vertretung, Unterschrift	

Stichwortverzeichnis

Fehlerhafter Druck **A.414**
Feiertagsregelung **J.28, J.203**
Festgebühr **G.147, G.173**
– Gebührentabelle **G.149**
Feststellung Rechtsverlust **N.41**
First-inventor-to-file **V.3**
First-to-file **V.3**
First-to-invent **V.3**
Flowchart **A.66**
Formalprüfung **A.33**
– Anmeldeunterlagen **A.67**
– Antrag auf Erteilung **A.58**
– Beanspruchung einer Priorität **A.52**
– Erfindernennung **A.51**
– Formerfordernisse ePA **A.49**
– Nachgereichte Teile der Anmeldung **A.68**
– Nachgereichte Unterlagen **A.70**
– Nucleotid– und Aminosäuresequenzen **A.71**
– Patentansprüche **A.59**
– Sprache/Übersetzung **A.47**
– Übersicht **A.33**
– Vertretung **A.55 f.**
– Zeichnung **A.66**
– Zusammenfassung **A.62**
Formalsachbearbeiter
– Kompetenz **S.59**
Formblatt 1001 **A.317**
Formerfordernisse **A.34, A.49**
Forschungseinrichtungen
– Gebührenermäßigung **R.112**
Fortführung uneinheitlicher Anmeldung **S.27**
Fortsetzung des Einspruchsverfahren von Amts wegen **E.83**
Fortsetzung des Einspruchsverfahrens **E. 82**
Fristverlängerung
– Ablehnung **J.23**
Fristen **J.1 ff.**
– 10-Tagesfrist **J.86**
– Aufeinander folgende Fristen **J.12**
– Berechnung **J.5, J.201**
– Fristauslösung **J.11**
– Fristbeginn **J.6, J.204**
– Fristdauer **J.10**
– Fristenarten **J.2 f.**
– Fristende PCT **J.206**
– Fristüberschreitung PCT **J.208**
– mehrere Prioritäten **I.64**
– Priorität **I.15**
– Prüfantrag **A.260**
– Regionalisierung **C.7**
– Umwandlungsantrag **A.441**
– Vergleich PVÜ/PCT/EPÜ **I.120**
– Weiterbehandlung **N.3**
– Wiedereinsetzung **N.48**
– Zusammengesetzte **J.14**
Fristenübersicht EPÜ **J.162**
– Beschwerdeverfahren **J.192**
– Einspruchsverfahren **J.180**
– ab AT **J.131**
– ab Einreichung der ursprünglichen Unterlagen **J.124**
– aus Mitteilungen, Mängel und Nachfristen **J.175**
– Gebühren **J.144**
– Priorität (Art. 87) **J.136**
– Teilanmeldung **J.156**
– Gerichtsgebühr **G.127, G.129**
Fristenübersicht PCT **J.200**
Fristverlängerung **A.348, J.20, V.36**
– Automatisch **J.28**

– PCT **J.207**
Frühere Recherche **B.143**
Frühzeitige Veröffentlichung **I.48**
Frühzeitiger Prüfungsantrag EPA **O.24**

Gebrauchsmuster **B.481**
Gebrauchszertifikaten **B.481**
Gebühren **R.1**
– Änderung **R.54, R.199, R.221**
– Anmeldegebühr (PCT) **B.96, B.449, R.166**
– Anmeldegebühr (Euro-PCT) **R.8**
– Anmeldegebühr **(EPA) A.28, R.4**
– Anspruchsgebühren **A.29, A.387, R.10**
– Auslagen für Kopien (PCT) **R.108**
– Automatischer Abbuchungsauftrag **R.14**
– Bagatellbeträge **R.133**
– Banküberweisung **R.229**
– Bearbeitungsgebühr (SIS) **B.174, R.184**
– Bedingte Rücknahme **R.149**
– Beglaubigte Abschrift **R.101**
– Beitrittsgebühr **R.84**
– Benennungsgebühren **A.188, A.392**
– Beschränkungsgebühr **R.85**
– Beschwerdegebühr **R.87**
– Bestimmungsgebühr **B.450, R.170**
– Beweissicherungsgebühr **R.94**
– Einspruchsgebühr **R.82**
– Eintragung und Löschung Lizenzen und andere Rechte **R.100**
– Eintragung von Rechtsübergangen **R.98 f.**
– Einwendungen Dritter **A.471**
– Entrichtung **R.220 ff.**
– Ergänzende internationale Recherche **R.182**
– Ermäßigung ePA **R.109**
– Ermäßigung Nichtamtssprache **S.19**
– Erstreckung **A.193**
– Erstreckungsgebühr **R.36**
– Erteilungsgebühr **A.386, R.45**
– Fehlbetrag **R.244**
– Feiertagsregelung **R.234**
– Gemeinsamer Einspruch **R.83**
– Internationale vorläufige Prüfung (ivP) **B.212, B.239, R.188**
– Jahresgebühr **A.390, R.49 ff.**
– Jahresgebühr fällig nach Mitteilung R 71 (3) **R.55**
– KMU **R.112**
– Kostenfestsetzungsgebühr **R.93**
– Kreditkarte **R.228**
– Mehrere Anspruchsätze **R.12**
– Nichtamtssprache **R.111**
– Nichtverfügbarkeit Einreichungsweg für Abbuchungsaufträge **R.242**
– Online Einreichung **R.4**
– Online-Akteneinsicht **R.102**
– PCT **B.94 ff., B.448, R.165**
– Prüfungsgebühr **A.260, A.318**
– Recherche internationaler Art **R.105**
– Recherchengebühr **A.31, R.19**
– Recherchengebühr PCT **B.100, B.452**
– Recherchengebühr zusätzliche Recherche **A.32**
– Reduktion Anmeldegebühr (PCT) **R.201**
– Rückerstattung (PCT) **R.203**
– Rückerstattungsverfahren **R.161 ff.**
– Rückzahlung/Rückerstattung **R.132 ff.**
– Sequenzprotokoll (PCT) **R.181**
– Sequenzprotokoll (verspätete Einreichung) **R.92, R.106**
– Technisches Gutachten **R.95**
– Teilanmeldung **M.19, M.66 ff., R.7, R.68**
– Übermittlungsgebühr **B.94, B.451, R.91, R.168**

A: EP-Anmeldung/Patent	G: EU-Patent	M: Teilanmeldung, Neue Anmeldung	Q: Zulassung
B: PCT-Anmeldung	H: Materielles Patentrecht		R: Gebühren
C: Euro-PCT	I: Priorität	N: Weiterbehandlung, Wiedereinsetzung	S: G-Entscheidungen
D: Mündliche Verhandlung	J: Fristen		V: US-Patentrecht
E: Einspruch	K: Sprachen	O: Beschleunigung	
F: Beschwerde	L: Änderungen, Berichtigung	P: Vertretung, Unterschrift	

Stichwortverzeichnis

– Überweisung **R.225**
– Validierungsgebühr **A.199, R.37**
– Veröffentlichungsgebühr **R.96**
– verspätete Einreichung PCT **B.104**
– verspätete Zahlung PCT **B.453**
– Weiterbehandlungsgebühr **R.89**
– Widerrufsgebühr **R.86**
– Widerspruchsgebühr **R.176**
– Wiedereinsetzungsgebühr **R.90**
– Zahlungstag **R.232**
– Zusatzgebühr **A.28**
– Zusätzliche Gebühr ivP **B.273**
– Zusätzliche Kopie Schriften im RB **R.104**

Gebührenänderung **R.54, R.199, R.221**
Gebührenerhöhung **R.288**
Gebührenermäßigung **B.97, B.102, B.244, K.20, R.121, R.200**
– KMU **K.23**
– Sprache **K.21**
– Zusatzgebühr **K.28**
Gebührenzahlung **J.66, R.229**
– PCT **R.212**
– Tag des Eingangs **J.66**
Geheimhaltungsvereinbarung **A.219a**
Gemeinsame Vertreter **B.417, B.424, P.26, P.87**
– Vollmacht **P.60**
– Zustellung **P.31**
Gemeinsamer Einspruch
– Einspruchsgebühr **R.83**
Gerichtliche Zuständigkeit **G.92**
Gesamtbestimmung **B.52**
Gesetzliche Fristen **J.2**
Gesetzliche Voraussetzungen **G.3**
Gewerbliche Anwendbarkeit **H.155**
Gleichwertigkeit mündliche Verhandlung **D.126**
Global PPH **O.47, O.62**
Goldstandard-Test **L.103, L.106, S.77**
Grace period **V.6**
Große Beschwerdekammer (GBK) **F.154**
– Antrag **F.169**
– Berechtigte **F.157**
– Entscheidung **F.176**
– Frist **F.166**
– Gebühr **F.167**
– Unzulässigkeit der Vorlage **S.45**
– Voraussetzung zur Einleitung Verfahren **F.159**
Gültigkeit Vollmacht **P.61**

Handlungen nur mit Vollmacht **P.67**
Handschriftliche Änderung **D.92, L.98**
Hauptprüfung EQE **Q.38**
Hilfsanträge **L.13**
Hinterlegung biologischen Materials **A.209 ff.**
Hinweis auf VÖ des RB **A.262**
Historie **G.259**
Hochschulen – Gebührenermäßigung **R.112**
Höhere Gewalt **J.214**

International preliminary report on patentability (IPRV) **B.156**
Inanspruchnahme Priorität **A.79, I.79**
– Vergleich PVÜ/PCT/EPÜ **I.126**
Inhalt Teilanmeldung **M.54 ff.**
INID-Codes **A.284**
Instanzen des EPG **G.99, G114**
Inter Partes review **V.30**
Inter partes **F.187**
Interference **V.11**

Internationale Anmeldegebühr **B.96, B.449, R.166**
Internationale Anmeldung **B.4 ff.**
Internationale Recherche **B.106**
– Gebühr **B.100**
– Rückerstattung **R.208**
Internationale vorläufige Prüfung (ivP/IPRP)
– Akteneinsicht **B.267**
– Änderung **B.235, B.388, L.126**
– Änderung Sprache **L.140**
– Antrag **B.201**
– Aufforderung Stellungnahme **B.252**
– Bearbeitungsgebühr **B.242, R.190**
– Berechtigte **B.216**
– Berücksichtigung Änderung **B.399**
– Beschränkung **B.222**
– Frist **B.246**
– Gebühr **B.212, B.239, R.188**
– Internationale vorläufige Prüfung **B.200**
– IPEA **B.218**
– IPER **B.247**
– Mängel **B.233**
– Maßgeblicher SdT **B.225**
– Prüfbericht **B.258**
– Prüfung **B.245**
– Prüfungsgegenstand **B.220**
– Sprache **B.231**
– Übersetzung **B.231**
– Uneinheitlichkeit **B.271**
– Widerspruchsgebühr **B.276, R.194**
– Zurücknahme **B.214, B.283**
– Zusätzliche Gebühr **B.273**
– Zuständige Behörde **B.218**
Internationaler Recherchenbericht **B.142**
IP5
– Pilotprojekt **B.114**
– PPH– **O.48 f.**
IPEA
– ivP **B.218**
IPER **B.247**
IPRP – siehe ivP **B.156**
International Search Authority (ISA) **B.107**
– Behörde **B.113**
– IP5-Pilotprojekt **B.114**
ISR **B.142**
– Änderung **B.376, L.114**
– Änderung Sprache **B.385**
– Änderungsverbot **B.375**
– Europ. RB **B.514**
– Written Opinion **B.151**

Jahresgebühr **A.390, C.24, G.69, R.49 ff., V.37**
– Aussetzung **R.66**
– COVID-19 **R.62**
– Ende Zahlung **R.60**
– Erteilung **R.46**
– EU-Patent **R.79, G.69**
– Euro-PCT **R.73**
– Fälligkeit nach Erteilung **R.61**
– Nachfrist **J.16**
– Neue Anmeldung Art. 61 (1) **M.118, R.72**
– Rückerstattung **R.65**
– Teilanmeldung **M.74**
– Unterbrechung **R.67**
– Vorauszahlung **R.59**
– Wiedereinsetzung **N.66, R.58**
Juristische Beschwerdekammer **S.13**

A: EP-Anmeldung/Patent	G: EU-Patent	M: Teilanmeldung, Neue Anmeldung	Q: Zulassung
B: PCT-Anmeldung	H: Materielles Patentrecht		R: Gebühren
C: Euro-PCT	I: Priorität	N: Weiterbehandlung, Wiedereinsetzung	S: G-Entscheidungen
D: Mündliche Verhandlung	J: Fristen		V: US-Patentrecht
E: Einspruch	K: Sprachen	O: Beschleunigung	
F: Beschwerde	L: Änderungen, Berichtigung	P: Vertretung, Unterschrift	

Stichwortverzeichnis

Kapitel I (PCT) **B.106, C.4**
Kapitel II (PCT) **B.200, C.4**
Katastrophen (PCT) **J.214**
Ketten-Teilanmeldung **M.15, S.68**
Klagebefugnis (EPG) **G.230**
Klageerwiderung (EPG) **G.126l**
Klageschrift (EPG) **G.126j**
Klarheit **H.165, S.85**
KMU **K.24, R.112**
Kopie Rechercheergebnisse **C.46**
Kosten
– EU-Patent **G.127**
– Einspruch **E.266**
– Kosten des Rechtsstreits **G.133**
– Kostenentscheidung **G.137**
– Kostenfestsetzung **G.140**
– Kostenverteilung **G.138**
Kostenfestsetzungsgebühr **R.93**
Kreditkarte **B.455, R.213, R.228**
Kumulierung Nachfrist und Weiterbehandlung **N.8**
Künstliche Intelligenz **H.56**

Ladung
– Umfang **D.47**
– von Beteiligten, Zeugen und Sachverständigen **E.226**
– Ladungsfrist **S.47**
Lastschrifteinzug **B.456, R.214**
Laufendes Konto (LK) **R.247 ff.**
– Abbuchungsaufträge **R.230, R.267**
– Auffüllung Konto **R.327**
– Auflösung **R.251**
– epi-Mitgliedsbeiträge **R.301**
– Eröffnung **R.250**
– Fehlende Deckung **R.240**
– Gebührenerhöhungen **R.288**
– Online-Gebührenzahlung **R.277**
– Reihenfolge Abbuchungsaufträge **R.271**
– Rückerstattung **R.295**
– Rückzahlung **R.255**
– Unzureichende Deckung **R.246**
Laufzeit eP **A.424**
Leahy-Smith America Invents Act (AIA) **V.1, V.41**
Liste der zugelassenen Vertreter **P.74**
Litigation
– Rules on the European Patent Litigation Certificate **G.63**
Lizenzbereitschaft **G.27**
Lizenzen **H.234, L.206 ff., L.229**
Lokalkammer **G.102**
– Örtliche Zuständigkeit **G.122**
– Sachliche Zuständigkeit **G.121**
Londoner Übereinkommen **A.438, K.96, G.67**

Mängel
– Internationale Anmeldung **B.25 ff.**
– ivP **B.233**
– Einspruchsschrift **E.18 ff.**
Mailbox EPA **J.95**
maschinelles Lernen **H.56**
Maßgeblicher SdT **A.224, B.120, H.68, V.7**
Maßgeblicher Zahlungstag **R.232**
Medizinische Indikation **H.76**
Mehrere
– Anmelder **B.9**
– Einsprechende **E.115**
– Einsprüche **E.117 f.**
Mehrfache Ausübung des Prioritätsrechts **I.63**
Mehrfachprioritäten **I.59**

Mehrfachteilungen / Ketten-Teilanmeldungen **M.15**
Mikrobiologisches Verfahren **S.71**
Mindesterfordernisse
– Anmeldetag **A.3, B.6**
– ePA **A.1 ff.**
– fälschliche eingereichte Unterlagen **A.11**
– Mängelbeseitigung **A.13**
– PCT-Anmeldung **B.1 ff.**
– Unterlagen **A.14**
Mitteilung
– an Beteiligte über Stellungnahme zum Einspruch **E.55**
– an Patentinhaber über Einspruch **E.50**
– erteilungsfähige Fassung (R 71(3)) **A.377**
Möglichkeit zur Erlangung von Schutzrechten **G.75**
Mottainai PPH **O.44**
Mündliche Verhandlung **A.451, D.1 ff.**
– Absage **D.51**
– Antrag auf erneute Verhandlung **D.10**
– Antrag eines Beteiligten **D.4**
– Augenscheinseinnahme **D.122**
– Begleitperson **D.74**
– Beibehaltung **D.51**
– Berichtigung von die Offenbarung **D.88**
– Beschwerdekammer **D.136 ff.**
– Beweisaufnahme **D.82, D.122**
– Beweismittel **D.81a**
– Bindung an Entscheidung **D.108**
– COVID-19 **D.21**
– Durchführung **D.58, D.126**
– Einleitung zur Sache **D.71**
– Einreichung von Beweismitteln **D.40**
– Einsatz computergenerierter Präsentationen **D.76**
– Einspruchsabteilung **D.22**
– E-Mail **D.126**
– EPG (mündliches Verfahren) **G.126r**
– Eröffnung **D.64 ff.**
– Fehlerhafte Ladung **D.67**
– Fortsetzung bei Nichterscheinen **D.69**
– Gleichwertigkeit **D.126**
– Handschriftliche Änderungen **D.92**
– Kosten Übersetzung **D.31**
– Ladung **D.41**
– Ladungsfrist **D.43, D.138**
– Laptop **D.79**
– Leitung **D.62**
– Neu vorgebrachte Tatsachen **D.89**
– Niederschrift **D.113**
– Öffentlichkeit **D.12, D.59**
– Ort **D.15**
– Prüfungsabteilung **D.22**
– Rechtskundiges Mitglied **D.38**
– Rücksprache **D.19**
– Sachverständiger **D.122**
– Schließung **D.107**
– Sprache **D.25**
– Tonaufzeichnung **D.20**
– Überprüfung der Identität der Teilnehmer **D.65**
– Überprüfung der Identität (Videokonferenz) **D.65a**
– Verfahrensmissbrauch **D.91**
– Verfahrensökonomie **D.90**
– Verkündung der Entscheidung **D.111**
– Verlegung **D.51, D.139**
– Verspätet vorgebrachte Tatsachen, Beweismittel oder Änderungen **D.81**
– Verspätetes Eintreffen **D.68**
– Videokonferenz **D.118, D.123, D.125, D.127, D.133, S.93**
– Vorbereitung **D.35**

A: EP-Anmeldung/Patent	G: EU-Patent	M: Teilanmeldung, Neue Anmeldung	Q: Zulassung
B: PCT-Anmeldung	H: Materielles Patentrecht		R: Gebühren
C: Euro-PCT	I: Priorität	N: Weiterbehandlung, Wiedereinsetzung	S: G-Entscheidungen
D: Mündliche Verhandlung	J: Fristen		V: US-Patentrecht
E: Einspruch	K: Sprachen	O: Beschleunigung	
F: Beschwerde	L: Änderungen, Berichtigung	P: Vertretung, Unterschrift	

Stichwortverzeichnis

- Vortrag der Beteiligten **D.73**
- Wechsel der Beteiligten **D.10**
- Zeitpunkt für Einreichung Schriftsätze **D.37, D.49**
- Zeugen **D.83, D.122**
- Ziel **D.36**
- Zuständigkeit **D.14**

Mündliches Verfahren (EPG) **G.126r**
MyEPO Portfolio **J.101**
- Akteneinsicht **J.101**
- Benachrichtigung **J.101g**
- Elektronische Zustellung **J.101c**
- Elektronische Einreichung **J.101d**
- Umfang **J.101a**

Nachgereichte Unterlagen
- Teile der Anmeldung **A.68**
- nicht Teile der Anmeldung **A.70**

Nationale Erfordernisse **B.357**
Nationale Gebühr **B.340**
Nationale Phase **A.436**
Nationale/regionale Phase **B.330**
- Änderung **B.404**

Naturkatastrophe **J.34**
Natürliche Person **H.205**
Negative Feststellungsklage **F.128**
Neue Anmeldung nach Art. 61 (1) **K.15**
- Akteneinsicht **M.115**
- Anmeldeamt **M.98**
- Anmeldezeitpunkt **M.93**
- Antrag **M.104**
- Benennung **M.107**
- Berechtige(r) **M.97**
- frühere Anmeldung **M.100**
- Gebühren **M.111**
- Inhalt **M.108**
- Jahresgebühr **M.118, R.72**
- Verfahrenssprache **M.101**

Neuheit **H.35, H.65, H.186, V.5**
- Auswahlerfindung **H.104**
- Neuheitsschonfrist **V.6**
- Teilbereich **H.104**

Nicht offenbarter Disclaimer **H.118**
Nichtamtssprache
- Ermäßigung Gebühren **R.111, S.19**
- Ermäßigung Prüfungsgebühr **R.29**

Nichtberechtigter Anmelder **M.84 ff.**
Nichterscheinen im Prüfungsverfahren **D.70**
Nichtigkeit **A.494, G.233, H.181**
- Ältere europäische/nationale Rechte **A.498 f.**
- Beschränkung **A.497**
- Nichtigkeitsgründe **A.495**
- Nichtigkeitsverfahren **L.94**
- Technisches Gutachten **A.500**
- Teilnichtigkeit **A.496**

Nichtigkeitsklage (EPG) **G.126f**
Nichtverfügbarkeit
- Nachrichtenübermittlung **B.493**
- Online-Einreichung **A.114**
- zulässige Einreichungswege für Abbuchungsaufträge **R.284**

Niederschrift
- Antrag auf Berichtigung **D.117**
- Mündliche Verhandlung **D.113**
- Sprache **D.115**

Nucleotid- und Aminosäuresequenzen **A.71, B.496**

Offenbarter Disclaimer **H.120**
Offenbarung **H.71, H.83, H.86, H.93, H.129, H.133, H.140, H.161 ff.**
- unschädliche **A.215, B.357**

Offenkundige Vorbenutzung **E.206**
Offensichtliche Fehler – PCT **L.191**
OLF **A.111, A.131, A.153**
Online Filing Software **A.131, A.153**
Online-Einreichung
- elektronisch **A.109**
- Ermäßigung **R.110**

Online-Einreichung 2.0 **A.111, A.118, A.155**
Online-Gebührenzahlung **R.277**
Opt-Out **G.96**

PACE **A.252, O.2, O.36**
- Akteneinsicht **O.36**
- Ausschluss **O.37**
- Bearbeitungsverbot Euro-PCT **O.12**
- Beschwerdeverfahren **O.41**
- Einspruchsverfahren **O.39**
- ePA **O.11**
- Euro-PCT **O.12**
- Programm **O.37**
- Reaktion auf Recherchenbericht **O.34**
- Recherche **O.6**
- Veröffentlichung **O.35**
- Zeitpunkt **O.20**

Patent Prosecution Highway **O.42**
Patentansprüche **A.59**
- Übersetzung **A.389**

Patentgericht (Europäisches) – siehe Europäisches Patentgericht
Patentierbarkeit **H.2, V.4**
Patentierungsverbot **H.17, H.24, S.53, S.80, S.91**
Patentschrift
- Übersetzung **A.438**

PATENTSCOPE **B.154, B.164, B.463, B.495**
Patentunterlagen **G.66**
Patentverletzer **S.41**
Paypal **B.457, R.215**
PCT **B.1. ff.**
- Akteneinsicht **B.164, B.267, B.318, B.461**
- Akteneinsicht Ämter **B.465, B.473**
- Änderung **B.374 ff., B.395, L.121**
- Änderung (Art 19 PCT) **B.163, B.235, B.388, L.125**
- Änderung (Art. 34 PCT) **B.235, B.388, L.126**
- Änderung (ISR) **B.375, L.114**
- Änderung (ivP) **B.235, B.388, L.126**
- Änderung (nationale/regionale Phase) **B.404, L.201**
- Änderung (Sprache) **B.385, B.402, L.123, L.140**
- Anmeldeamt **B.11**
- Anmeldeberechtigung **B.9**
- Anmeldegebühr **B.96, B.99, B.449, R.166**
- Anmeldetag **B.1**
- Anmeldeunterlagen **B.18**
- Anwalt **B.423**
- Auslagen für Kopien **R.108**
- Bearbeitungs-/ Prüfverbot **B.337**
- Bearbeitungsgebühr (ivP) **B.242, R.190**
- Bearbeitungsgebühr (SIS) **B.174, R.184**
- Berechtigte (ivP) **B.216**
- Berichtigung **L.174 ff., L.195**
- Berichtigung Veröffentlichung **B.300**
- Bestimmung **B.52, B.331**
- Bestimmungsgebühr **B.450, R.170**
- Definition internationale Anmeldung **B.4**
- Einreichung **B.4 ff., B.488**

A: EP-Anmeldung/Patent	G: EU-Patent	M: Teilanmeldung, Neue Anmeldung	Q: Zulassung
B: PCT-Anmeldung	H: Materielles Patentrecht		R: Gebühren
C: Euro-PCT	I: Priorität	N: Weiterbehandlung, Wiedereinsetzung	S: G-Entscheidungen
D: Mündliche Verhandlung	J: Fristen		V: US-Patentrecht
E: Einspruch	K: Sprachen	O: Beschleunigung	
F: Beschwerde	L: Änderungen, Berichtigung	P: Vertretung, Unterschrift	

Stichwortverzeichnis

- Einwendungen Dritter **B.495**
- Elektronische Einreichung **B.492**
- EP=Regionales Patent **B.61**
- Ergänzende Internationale Recherche (SiS) **B.167**
- Ermäßigung Recherche **B.102**
- Ersatzblätter **B.398**
- Formalprüfung **B.39 ff.**
- Früheres Recherchenergebnis **B.116**
- Gebühren **B.94 ff., R.165**
- Gebühr (ivP) **B.212, B.239, R.188**
- Gebühr Ergänzende internationale Recherche **B.174 ff., R.182**
- Gebühr Sequenzprotokoll **R.181**
- Gebührenänderung **R.199**
- Gebührenermäßigung **B.97, B.244, R.200**
- Gebührenzahlung **R.212**
- Gemeinsame Vertreter **B.417, B.424**
- Internationale vorläufige Prüfung (ivP) **B.200**
- IPEA **B.218**
- IPER **B.247**
- ISA **B.107**
- ISR **B.142**
- Kapitel I **B.106**
- Kapitel II **B.200**
- Mängel **B.25 ff., B.39**
- Mängelberichtigung **L.186**
- Maßgeblicher SdT **B.120**
- Nationale Erfordernisse **B.347**
- Nationale Gebühr **B.340**
- Nationalisierung (Kapitel II) **B.281**
- Offensichtliche Fehler **L.191**
- PATENTSCOPE **B.154, B.164, B.463, B.495**
- Priorität **B.71 ff., B.441**
- Recherche **B.106**
- Recherche (SIS) **B.186**
- Recherche Beschränkung **B.117**
- Recherche Sprache **B.46**
- Recherchengebühr **B.100, B.177, B.452, R.172**
- Reduktion Anmeldegebühr **B.98, R.201**
- Reduktion Bearbeitungsgebühr **R.201**
- Reduktion Gebühr elektronische Einreichung **R.200**
- Rückerstattung Bearbeitungsgebühr **R.210**
- Rückerstattung Recherchengebühr **R.208**
- Rückerstattung **B.103, R.203**
- Rückerstattung frühere Recherche **B.144**
- Sammelantrag **B.416**
- Schriftlicher Bescheid **B.151**
- Schriftverkehr Sprache **B.50**
- Schutzrechtsarten **B.480**
- SISA **B.197**
- Sprache **B.14, B.542**
- Sprache (ivP) **B.231**
- Sprache Recherche **B.126**
- Sprache Schriftverkehr **K.50**
- Sprache Veröffentlichung **B.47, B.312**
- Stellungahme **B.392**
- Übermittlungsgebühr **B.451, R.168**
- Übersetzung Veröffentlichung **B.165**
- Übersetzung Recherche **B.126**
- Übersetzung Zusammenfassung **B.296**
- Übersetzungserfordernisse **B.45**
- Übertragung **B.412**
- Umschreibung **B.412**
- Uneinheitlichkeit **B.128 ff.**
- Uneinheitlichkeit (ivP) **B.271**
- Uneinheitlichkeit (SIS) **B.189**
- Uneinheitlichkeit (SISR) **R.185**
- Uneinheitlichkeit Recherchengebühr **B.128, B.273, R.174, R.191**
- Veröffentlichung **B.292, B.463**
- Veröffentlichung Zeitpunkt **B.304**
- Veröffentlichungssprache **B.165**
- Vertreter **B.417 f., 421, B.436**
- Vollmacht **B.428, B.444**
- Voraussetzungen Anmeldetag **B.6**
- Vorbehalte **B.534**
- Währung **B.454, R.197**
- Weiterleitung **B.410**
- Widerspruchsgebühr **B.131, B.276, R.176, R.194**
- Wiederherstellung Priorität **B.77, N.118**
- Wirkung Veröffentlichung **B.314**
- Written Opinion **B.151**
- Zahlungsarten **B.455, R.213**
- Zurücknahme **B.438**
- Zurücknahme (ivP) **B.283**
- Zurücknahme Bestimmung **B.64, B.440**
- Zurücknahme Internationale Anmeldung **B.439**
- Zurücknahme Priorität **B.85**
- Zurücknahme Unterschriftserfordernis **B.445**
- Zusammenfassung Übersetzung **B.45**
- Zusätzliche Gebühr verspätete Einreichung Bestandteile **R.179**
- Zusätzliche Recherchengebühr **B.128**
- Zuständigkeiten Ämter **B.541**

PCT-PPH **O.46**
PCT-SAFE **A.111**
Pflanzen **S.80, S.82**
Pflanzensorte **H.17, H.28, S.53**
Pilotprojekt Online-Einreichung 2.0 **B.494**
Post grant review **V.29**
Post-Prosecution **V.24**
Poststelle **S.25**
PPH **O.43, O.45**
- Länderübersicht **O.66**
- Nichtpatentliteratur **O.53**
Pre-Appeal Brief Conference Pilot Program **V.23**
Prioerklärung – Teilanmeldung **M.38**
Priofrist (PCT) **B.81, I.96**
Prioanspruch **I.9**
Priobeleg **A.80, B.91, I.32, I.35**
- Einreichung **A.81**
- Fax **I.37**
- PCT **I.98**
- Übersetzung **A.84**
- Vergleich PVÜ/PCT/EPÜ **I.127**
Priorität **A.75 f., B.71 ff., I.1 ff., V.14**
- Alternative Merkmalsbeanspruchung **S.86**
- Berechtigter **I.16**
- Berichtigung/Hinzufügen **I.31, I.47, L.162**
- dieselbe Erfindung **I.20, I.123**
- Erlöschen **I.57, I.65**
- Erste Anmeldung **I.24, I.76, I.121**
- Fristbeginn bei mehreren Prioritäten **I.64**
- Inanspruchnahme **A.79, B.71 ff, I.28 ff., S.54**
- mehrere Prioritäten **B.71, I.11, I.63, I.122**
- PCT **I.77 ff.**
- Prioritätsbeleg **B.91, C.36, I.32, I.35**
- Prioritätserklärung **I.30**
- Prioritätsfrist **I.15**
- Prüfung **I.42**
- PVÜ **I.80**
- Recherchenergebnisse **A.86, I.39**
- späteres Schicksal **I.10, I.82**
- Teilanmeldung **M.37 ff.**
- Übersetzung (Priodokument) **I.43**
- Übersetzung (Prioritätsunterlagen) **I.43 ff.**
- Vergleichende Übersicht PVÜ/PCT/EPÜ **I.116**

A: EP-Anmeldung/Patent	G: EU-Patent	M: Teilanmeldung, Neue Anmeldung	Q: Zulassung
B: PCT-Anmeldung	H: Materielles Patentrecht		R: Gebühren
C: Euro-PCT	I: Priorität	N: Weiterbehandlung, Wiedereinsetzung	S: G-Entscheidungen
D: Mündliche Verhandlung	J: Fristen		V: US-Patentrecht
E: Einspruch	K: Sprachen	O: Beschleunigung	
F: Beschwerde	L: Änderungen, Berichtigung	P: Vertretung, Unterschrift	

Stichwortverzeichnis

- Verzicht / Erlöschen I.57
- Vorveröffentlichter Stand der Technik I.42
- Wiederherstellung (PCT) B.77, I.110
- Wirkung des Prioritätsrechts A.77
- Zurücknahme (PCT) B.85, B.441, I.104

Prioritätsanspruch C.34
- Wirksamkeit für SdT S.35

Prioritätsbegründende Anmeldungen I.3
Prioritätsdatum (PCT) I.78
Prioritätserklärung A.52, A.78, I.30
- Berichtigung I.31, L.162
- Elektronische Einreichung I.35

Prioritätsunterlage – siehe Priobeleg
Programme for Accelerated Prosecution of European patent applications A.252
Prosecution history estoppel V.39
Provisional Application V.13
Prüfung A.315
- Abbuchungsauftrag A.324
- Antragstellung A.323
- Berechtigter A.327
- Einspruch E.35
- Gebührenzahlung A.325
- PACE (ePa und Euro-PCT) O.11
- Rückerstattung Prüfungsgebühr A.329
- Vertretung A.331
- Zurücknahme Prüfungsantrag A.332

Prüfungsabteilung
- mündliche Verhandlung D.127

Prüfungsantrag A.316, C.21
Prüfungsbescheid A.341
Prüfungsgebühr A.318, C.21
- ePA R.26
- Ermäßigung A.320, R.27 f., R.122
- Rückerstattung A.329
- Rückzahlung R.145
- Zahlung A.260

Prüfungsverfahren A.333
- Beschleunigung A.340
- Fristverlängerung A.348
- Sprachenwahl zur Beantwortung A.347
- verbindliche Fassung A.337

Quick Path Information Disclosure Statement V.26

Ratifizierungsprozess EPGÜ G.244
RCE V.17
Recherche
- Beschleunigung O.6
- Beschränkung PCT B.117
- ECfS O.4
- fälschlicherweise eingereichte Unterlagen A.32a
- PACE O.6
- SIS B.186
- Sprache (PCT) B.46, B.126
- Widerspruchsgebühr B.131
- internationaler Art A.256, R.22, R.105

Recherchenbericht ePA A.223, B.106 ff.
- Hinweis auf Veröffentlichung A.262
- Teil-Recherchenbericht A.241

Recherchenergebnisse
- Einreichung A.86
- keine Einreichung erforderlich A.88

Recherchengebühr A.31, B.100 f., R.19
- ePA R.19
- Ergänzende europäische Recherche C.18, R.23
- Gebührenermäßigung (PCT) B.102

- mangelnder Einheitlichkeit A.32
- PCT B.100, B.452, R.172
- Rückerstattung R.140
- Rückzahlung C.51, R.138
- Rückzahlung TA R.143
- SIS B.177
- Teilanmeldung M.66
- Uneinheitlichkeit ePA A.32, R.20
- Uneinheitlichkeit PCT B.128, B.273, R.174

Rechtliches Gehör A.360
Rechtsabteilung – mündliche Verhandlung D.130
Rechtsanwalt P.35, Q.6
Rechtstexte
- US Patent Law V.2

Rechtsübergang H.231, H.238, L.210, L.221
- während Beschwerde L.224
- während Einspruchsverfahren E.140

Rechtsverlust A.455
Rechtzeitige Aufgabe eines Schriftstücks (PCT) J.211
Reduktion
- Anmeldegebühr (PCT) R.201
- Bearbeitungsgebühr R.201
- Elektronische Einreichung (PCT) R.200
- Recherchengebühr C.19, R.24

Reformatio in melius F.185
Reformatio in peius F.139, F.184, S.31
Regionales Patent B.61, B.484
Regionalkammer G.104
- Örtliche Zuständigkeit G.122
- Sachliche Zuständigkeit G.121

Reissue V.27
Rückerstattung – siehe auch Rückzahlung A.32, B.103, R.132 ff.
- Anmeldegebühr (PCT) B.99
- Anweisungen R.162 f.
- Bankkonto R.164
- Bearbeitungsgebühr R.210
- Bedingte Rücknahme R.149
- Benennungsgebühr R.150
- Europäisches Patentgericht G.195
- Frühere Recherche (PCT) B.144
- Internationalen Recherchengebühr R.208
- Jahresgebühr R.65
- Laufendes Konto R.295
- PCT R.203
- Recherchengebühr M.67, R.140
- Verfahren R.161 ff.

Rücknahme Einspruch S.38
Rückzahlung – siehe auch Rückerstattung R.132 ff.
- Beschwerdegebühr R.153, S.62, S.88
- Einspruchsgebühr R.152
- Empfänger R.134
- LK R.255
- Prüfungsgebühr R.145
- Recherchengebühr C.51, R.138
- Recherchegebühr (TA) R.143

Sachverständiger D.122
Sammelantrag B.416
- Änderung L.223
Scheck R.218
Schreibfehler L.147
Schriftartencodes A.281
Schriftform B.489
Schriftlicher Bescheid B.151
Schriftliches Verfahren (EPG) G.126i
Schriftverkehr
- Sprache PCT B.50

A: EP-Anmeldung/Patent	G: EU-Patent	M: Teilanmeldung, Neue Anmeldung	Q: Zulassung
B: PCT-Anmeldung	H: Materielles Patentrecht		R: Gebühren
C: Euro-PCT	I: Priorität	N: Weiterbehandlung, Wiedereinsetzung	S: G-Entscheidungen
D: Mündliche Verhandlung	J: Fristen		V: US-Patentrecht
E: Einspruch	K: Sprachen	O: Beschleunigung	
F: Beschwerde	L: Änderungen, Berichtigung	P: Vertretung, Unterschrift	

Stichwortverzeichnis

Schutzbereich **H.223**
Schutzrechtsarten **B.480**
Schutzwirkung **B.516, H.220**
Seitenzahl
– Zusatzgebühr **R.5**
Selbstbenennungsrecht **I.12**
Sequenzprotokoll **A.71 ff., B.496 ff., C.40**
– Gebühr **R.92, R.181**
Simulation **H.47, H.63**
SIS **B.168 ff.**
– Antrag **B.169**
– Bearbeitungsgebühr **B.174**
– Beschränkung **B.188**
– Ergänzende Internationale Recherche **B.167**
– Gebührenermäßigung **B.175, B.178**
– Prüfstoff **B.168**
– Recherche **B.186**
– Recherchenamt (SISA) **B.197**
– Recherchengebühr **B.177, R.182**
– Rückerstattung **B.176, B.179**
– Uneinheitlichkeit **B.189, R.185**
– Zurücknahme **B.199**
SISA **B.197**
SISR
– Uneinheitlichkeit **R.185**
Software **H.41**
Sprachen **B.14, K.1**
– Änderung (ISR) **B.385**
– EPA als AA **K.85**
– Euro-PCT **K.86**
– ivP **B.231**
– Mündliche Verhandlung **D.24**
– Niederländische Sprache **B.15, B.127, B.232**
– Recherche PCT **B.126**
– Schriftverkehr **B.50, K.50**
– Teilanmeldung **K.7**
– Veröffentlichung **B.312, B.329**
– Veröffentlichungssprache PCT **B.165**
– Zusammenfassung **B.329**
Sprachenwahl **A.347**
Sprachliche Fehler **L.147**
Stand der Technik **H.66, H.139, L.60**
– Art. 54 (3) **H.72**
– Prioritätsanmeldung **I.38**
– Prioritätsanspruch **S.35**
– Zugänglichkeit **H.122**
– Zusammenfassung ePA **A.63**
Stellungnahme **B.392**
Störung
– Postzustellung **J.31**
– Postdienst (PCT) **J.211**
Streitwert
– Streitwertabhängige Gebühr **G.147**
– Gebührentabelle **G.160**
– Streitwertbestimmung **G.223**
Suspensiveffekt **F.190**

Technische Vorbereitungen **A.269**
Technischer Effekt **H.48, H.105**
Technisches Gutachten **A.500**
– Gebühr **R.95**
Technizität (Computerprogramme) **H.43**
Teil– und Mehrfachprioritäten **I.60**
Teilanmeldung **A.448, M.1 ff.**
– Änderung **S.67**
– Anhängigkeit der Stammanmeldung **M.20**
– Anspruchsgebühren **M.70**
– Benennungsgebühr **M.72**
– Berechtigung zur Einreichung **M.7**
– Bezugnahme **M.46**
– COVID-19 **R.71**
– Einreichungsamt **M.43**
– Einreichungsvoraussetzungen **M.2**
– Einreichungszeitpunkt **M.93**
– Einspruchs-/Beschwerdeverfahren **M.24**
– Erfindernennung **M.53**
– Erteilung Stammanmeldung **M.22**
– Erteilungsantrag **M.48**
– Euro-PCT **M.5, M.30**
– Gebühr **R.68**
– Inhalt **M.54 ff.**
– Ketten-TA/Mehrfachteilungen **M.15, S.68**
– Priorität **M.37 ff.**
– Rückerstattung Recherchegebühr **M.67**
– Sprache **M.101**
– Übersetzung **M.50**
– Umwandlung **M.77**
– Uneinheitlichkeit **M.80**
– Veröffentlichung **M.41**
– Voraussetzungen **M.2**
– Wirkung **M.12**
– Zeitraum Einreichungsmöglichkeit **M.2**
– Zurücknahme Stammanmeldung **M.27**
– Zurückweisung Stammanmeldung **M.23**
– Zusatzgebühr **M.19, M.66, M.69, R.7**
Teilbereich **H.104**
Teilnichtigkeit **A.496, G.233**
Teil-Recherchenbericht **A.241**
Telefax **A. 115, A.163, B.490**
– PCT **J.63**
Therapeutische Behandlung/Verfahren **H.21, S.1**
Tiere **H.17, S.91**

Übergang Stellung Einsprechender **E.121**
Übergangsbestimmungen neue Gebührenordnung **R.44**
Übermittlung ePA von nat. Zentralbehörden **A.492**
Übermittlungsgebühr **B.94, B.451, B.512, R.168**
Überscheidender Bereich **H.108**
Übersetzung **K.83**
– Änderung (ivP) **B.236**
– Anmeldung **K.12**
– Anmeldung mit Bezugnahme **K.13**
– bei Zweifel **K.16**
– Beschränkung **K.93**
– Einspruchsschrift **E.10**
– int. Anmeldung in EP-Amtssprache **C.9**
– Patentansprüche **A.389**
– Patentschrift **A.438, K.95**
– Prioritätsunterlagen **A.85, I.43 ff.**
– Recherche (PCT) **B.46, B.126**
– Schutzwirkung **B.516**
– Teilanmeldung **K.14, M.50**
– Übersetzungsfehler **L.174**
– Veröffentlichung PCT **B.47, B.165**
– Zusammenfassung PCT **B.296, B.329**
Übersicht
– COVID 19 **J.220**
– PPH Länder **O.66**
Übertragung der Aufgaben an das EPA **G.29**
Übertragung **B.412, H.207, H.226, L.206 ff.**
Überweisung **B.458, R.216, R.225**
Umschreibung **B.412**
Umwandlung
– Antragsfrist **A.441**

A: EP-Anmeldung/Patent	G: EU-Patent	M: Teilanmeldung, Neue Anmeldung	Q: Zulassung
B: PCT-Anmeldung	H: Materielles Patentrecht		R: Gebühren
C: Euro-PCT	I: Priorität	N: Weiterbehandlung, Wiedereinsetzung	S: G-Entscheidungen
D: Mündliche Verhandlung	J: Fristen		V: US-Patentrecht
E: Einspruch	K: Sprachen	O: Beschleunigung	
F: Beschwerde	L: Änderungen, Berichtigung	P: Vertretung, Unterschrift	

583

Stichwortverzeichnis

– Gebühr **R.91**
– in nationale Anmeldung **A.439**
– Priorität **A.444**
– Tatbestände **A.440**
– Teilanmeldung **M.77**
– Umwandlungstatbestände **A.440**
– vorzunehmende Handlungen **A.442**
– zuständiges Amt **A.443**
Uneinheitlichkeit
– Einreichung Teilanmeldung **M.80**
– EPA ≠ (S)ISA **C.48**
– EPA = (S)ISA **C.50, S.9**
– Gebühr (ivP) **R.191**
– ivP **B.271, R.191**
– PCT (SISR) **R.185**
– Recherchengebühr (PCT) **R.174**
– SIS **B.189, R.185**
– Widerspruch **R.174**
– Zusätzliche Recherchengebühr **R.20**
Unentrinnbare Falle **S.33**
Unschädliche Offenbarung **A.215 f., B.357**
Unterbrechung **A.453, J.115**
Unterbrechung des Postdienstes – PCT **J.214**
Unterlagen
– widersprüchlich **A.20**
– EU-Patent **G.66**
Unterschrift bei elektronischer Einreichung **P.122**
Unterschriftserfordernis **P.104**
Unzureichende Deckung LK **R.246**
US Patent Law **V.1**
– After Final Consideration Pilot 2.0 **V.22**
– Anmeldeberechtigung **V.3, V.10**
– Anmeldetag **V.32**
– Anspruchsgebühren **V.35**
– Begriffe **V.3**
– Beschwerde **V.25**
– Best mode **V.34**
– Business method patents **V.40**
– Einwendungen Dritter **V.33**
– Erfinderische Tätigkeit **V.8**
– First-inventor-to-file **V.3**
– First-to-file **V.3**
– First-to-invent **V.3**
– Fristverlängerung **V.36**
– Gebühren Unternehmensgröße **V.38**
– Jahresgebühren **V.37**
– Leahy-Smith American Invents Act (AIA) **V.41**
– Maßgeblicher SdT **V.7**
– Patentierbarkeit **V.4**
– Priorität **V.14**
– Reissue **V.27**
– Request of continued examination **V.17**
– Restriction Requirements **V.16**
– Supplemental Examination **V.28**
Unschädliche Offenbarung **S.55**
Urteil (EPG) **G.126s**

VAA (Automatisches Abbuchungsverfahren) **R.305 ff.**
– Abbuchungsauftrag **R.307**
– Gesonderte Zahlungsart **R.331**
– Unwirksamkeit Widerruf **R.334a**
– Widerruf **R.334**
– Zahlungstag **R.321**
– Zugelassen Gebührenarten **R.314**
– Zugelassene Verfahrensarten **R.309**
Validierung **A.198**
– Antrag **A.199**

– EURO-PCT **A.198**
– Gebühr **A.199, C.15, R.37**
– Staaten **A.200 ff., R.28 ff.**
– Voraussetzung **A.199**
Verbindliche Fassung **A.337**
Verdolmetschung **D.126**
Verfahren bei mangelnder Berechtigung Pl **E.80**
Verfahrensablauf Einspruch **E.48**
Verfahrenssprache
– ePA **C.10, K.5, K.32, S.74**
– EU-Patent **G.124, G.126**
– PCT-Anmeldung **K.37**
– Teilanmeldung **M.49**
– Wahl der Verfahrenssprache **K.38**
Verfassungsbeschwerde **G.255**
Verhältnis zwischen Einspruch, Beschränkung und Widerruf **E.302**
Verhinderung der Veröffentlichung **A.430**
Verletzungsklage **F.128, O.39**
Verletzungsklage (EPG) **G.126e**
– mit Nichtigkeitswiderklage **G.126g**
– mit Nichtigkeitswiderklage und Antrag auf Änderung des eP **G.126h**
Veröffentlichung **A.263, A.268, B.292, B.463, B.515**
– Akteneinsicht **B.318**
– Änderungen nach Art. 19 PCT **L.125**
– Ausgeschlossene Unterlagen **B.320**
– Berichtigung PCT **B.300**
– eP bei Beschleunigung/PACE **O.35**
– europäische Patentschrift **A.413**
– Fehler **A.425, L.183**
– Form **A.267h, B.310**
– Gebühr **R.96**
– Hinweis auf Erteilung **A.404**
– Inhalt **A.267a**
– neue oder geänderte Patentansprüche **A.278**
– Sprache **B.47, B.165, B.312, K.73 f.**
– technische Vorbereitungen **A.269, B.322**
– Teilanmeldung **M.41**
– unterbleibt **A.430, B.322**
– vorzeitige **B.306**
– Wirkung PCT **B.314**
– Zeitpunkt **A.264 ff., B.304**
– Zurücknahme vor Veröffentlichung **A.263, A.268, B.292, B.463, B.515**
– Zusammenfassung **B.329**
Versäumnis Frist zum Eintritt in nat. Phase **B.373**
Versäumte JG-Zahlung **R.56**
Verschlechterungsverbot
– Beschwerde **F.138**
Verspäteter Zugang von Schriftstücken **J.41**
Verspätetes Vorbringen im Einspruch **E.195**
Versteinerungstheorie **H.116, I.2**
Vertragsstaaten – siehe Benennung
Vertretung **A.55, B.20, B.417 ff., C.42, G.49, P.1, P.80**
– Angestellte **P.24**
– Anwalt **B.423**
– Berechtigung (PCT) **B.423, P.86**
– Bestellung (PCT) **B.421, P.84**
– Einspruch **E.119**
– Euro-PCT **B.420**
– EU-Patent **G.49**
– Fehlende Bestellung **P.21**
– Gebührenzahlungen **P.10**
– Gemeinsame Vertreter **B.417, P.26, P.87**
– mehrere **B.426**
– Großvaterregelung **G.56**
– Rechtsanwalt **P.35**

A: EP-Anmeldung/Patent	G: EU-Patent	M: Teilanmeldung, Neue Anmeldung	Q: Zulassung
B: PCT-Anmeldung	H: Materielles Patentrecht		R: Gebühren
C: Euro-PCT	I: Priorität	N: Weiterbehandlung, Wiedereinsetzung	S: G-Entscheidungen
D: Mündliche Verhandlung	J: Fristen		V: US-Patentrecht
E: Einspruch	K: Sprachen	O: Beschleunigung	
F: Beschwerde	L: Änderungen, Berichtigung	P: Vertretung, Unterschrift	

Stichwortverzeichnis

- Vollmacht (PCT) **B.428, P.92**
- Widerruf und Verzicht (PCT) **B.436, P.100**
- Wirkung (PCT) **B.432, P.96**
- Zeugnisverweigerungsrecht **P.70**
- zugelassene Vertreter **P.13**
- Zurücknahme **B.431**
- Zusammenschluss **P.33**
- Zustellung **P.19**

Vertreterzwang **A.56, P.5**
- Ausnahmen **P.7**

Vertretung – siehe Vertreter
Vertretungsregelung **B.418**
Verwaltungsgebühr Vereinbarung EPA und WIPO **R.108**
Verzicht
- Erfindernennung **A.93**
- Erlöschen Priorität **I.57**
- Mitteilungen nach R 161/R 162 **O.25**
- Vollmacht **B.353**
- weitere Mitteilungen (R 71 (3)) **O.29**

Videokonferenz
- Mündliche Verhandlung **D.118, S.93**
- Überprüfung der Identität der Teilnehmer **D.65a**

Vindikation **M.93**
Vollmacht **B.350, B.428, P.38**
- allgemeine Vollmacht **P.39**
- Angestellte **P.42**
- Einreichung **P.57, P.64**
- fehlend, Rechtsfolgen **P.63**
- gemeinsamer Vertreter **P.60**
- Gültigkeit **P.61**
- mehrere Vertreter **P.47**
- Rechtsanwalt **P.42**
- Widerruf **P.45**
- zugelassene Vertreter **P.42**
- Zurücknahme **B.444**
- Zusammenschlusses **P.48**

Voraussetzung
- Weiterbehandlung **N.1**
- Wiedereinsetzung **N.44**

Vorauszahlung Jahresgebühr **R.59**
Vorbereitung Einspruchsabteilung **E.30**
Vorfällige Zahlung **R.137**
Vorläufiger Einspruch (EPG) **G.126k**
Vorläufiger Schutz **H.220**
Vortragen durch Begleitperson **D.74**
Vorzeitige Veröffentlichung **B.306, B.464**

Währung **B.454, R.197**
Web-Form Filing Service **A.135, A.158**
Weiterbehandlung **G.241, N.1**
- durchzuführende Handlungen **N.9**
- Entscheidung **N.14**
- Frist **N.3**
- nicht möglich **N.18**
- Voraussetzungen **N.1**
- Weiterbehandlungsgebühr **R.89**

Weiterbenutzungsrecht **N.40**
Weiterleitung **A.103, B.410**
- Geheimschutz **A.105**
- durch Patentämter der VS **A.103**

Widerruf **S.12**
- eP **E.89, E.92**
- Vertreter **B.436**

Widerrufs– und Beschränkungsverfahren **E.278**
- Antrag **E.282**
- Mängel **E.293**
- Zeitpunkt **E.279**

Widerrufsgebühr **R.86**
Widerspruch
- Recherche PCT **B.131**
- Uneinheitlichkeit **R.174**
- Unterlagen **A.20**
- Widerspruchsbehörde **B.510**
- Widerspruchsgebühr **B.131, B.276, R.176, R.194**
- Widerspruchsverfahrens **B.278**

Wiedereinsetzung **G.241, S.16, S.30, N.43**
- Ausnahme **N.54**
- Beschwerde/Einspruch **S.3**
- Durchzuführende Handlungen **N.56**
- Entscheidung **N.63**
- Euro-PCT **S.36**
- Frist **N.48**
- Jahresgebühr **R.58**
- möglich **N.68**
- nicht möglich **N.79**
- Sorgfaltspflicht **N.87**
- Voraussetzung **N.44**
- Weiterbenutzungsrecht **N.85**
- Wiedereinsetzungsgebühr **R.90**

Wiedergabe von Informationen **H.12**
Wiederherstellung **N.119**
- Priorität PCT **B.77**

Wirkung
- Anmeldetag PCT **B.8**
- eP **A.437**
- EU-Patent **G.46, G.73**
- EU-Patent (Eintragung der einheitlichen Wirkung) **G. 32**
- Prioritätsrecht **A.77, I.1**
- Veröffentlichung **B.314**
- Widerruf **E.106**

Wochen-, Monats– und Jahresfrist **J.7**
WO-ISA **B.151, B.164**
Würdigung von Beweismitteln **E.260**

Zahlung
- Ende Zahlung JG **R.60**
- ohne Rechtsgrund **R.136**
- Erinnerungen JG **R.57**
- Zahlungsarten **B.455, R. 224**
- Kreditkarte **R.228**
- Schecks **R.226**
- PCT **R.213**

Zahlungstag **R.232, R.321**
Zeichnung **A.66, L.61**
- fehlende Teile **A.17**
- Übersetzung PCT **B.45**

Zeichnungen – fehlende Teile **A.8**
Zeitzone – PCT **J.202**
Zentralbehörde **B.511, R.135**
Zentralkammer **G.101**
- Örtliche Zuständigkeit **G.119**
- Sachliche Zuständigkeit **G.118**
- Zuständigkeit **G.117**

Zeugen **D.122**
Zugangsfiktion **J.86**
Zugelassene Vertreter **P.13 f.**
Zulässigkeit Änderungen **L.3**
Zurücknahme **B.438**
- Anmeldung **A.430**
- Benennung einzelner VS **A.182**
- Beschwerde **F.99**
- Bestimmung PCT **B.64**
- Internationale Anmeldung **B.439**
- ivP **B.214, B.283**

A: EP-Anmeldung/Patent	G: EU-Patent	M: Teilanmeldung, Neue Anmeldung	Q: Zulassung
B: PCT-Anmeldung	H: Materielles Patentrecht		R: Gebühren
C: Euro-PCT	I: Priorität	N: Weiterbehandlung, Wiedereinsetzung	S: G-Entscheidungen
D: Mündliche Verhandlung	J: Fristen		V: US-Patentrecht
E: Einspruch	K: Sprachen	O: Beschleunigung	
F: Beschwerde	L: Änderungen, Berichtigung	P: Vertretung, Unterschrift	

Stichwortverzeichnis

- Prioanspruch Teilanmeldung **M.39**
- Prioanspruch **I.104**
- Priorität PCT **B.85**
- Prüfungsantrag **A.332**
- Teilanmeldung **M.27**
- Unterschriftserfordernis **B.445**
- Vertreter **B.431**
- Vollmacht **B.444**
- vor der Veröffentlichung **A.268**

Zurückweisung **A.368**
- Einspruch **E.107**
- ePA **A.369**

Zusammenfassung **A.62, B.138**
- Stand der Technik **A.63**
- Übersetzung **B.45**

Zusammenschluss zugelassener Vertreter **P.33**
Zusammenwirken PCT EPÜ **B.502**
Zusatzerfinderscheine **B.481**
Zusatzgebrauchszertifikate **B.481**
Zusatzgebühr **A.28**
- Ermäßigung **R.111, R.130**
- Seitenzahl **A.28, B.449, R.5, R.9**
- Teilanmeldung **M.66, M.68, R.7**

Zusätzliche Gebühr
- ivP **B.273**
- Recherchengebühr **B.128**
- Verspätete Einreichung Bestandteile PCT-Anmeldung **R.179**

Zusatzpatente **B.481**
Zusatzzertifikate **B.481**
Zuschlagsgebühr **B.165**
- COVID-19 **R.63**

Zuständiges Anmeldeamt **A.98, B.11 f.**
- nationale Behörden **A.99**

Zuständigkeit
- Beschwerdekammer **S.49**
- Einspruch **E.17**
- Zentralkammer **G.101**

Zustellung **J.75, P.18 f.**
- öffentliche Bekanntmachung Patentblatt **J.97**
- elektr. Nachrichtenübermittlung **J.91**
- gemeinsamer Vertreter **P.31**
- MyEPO Portfolio **J.101**
- Postdienst **J.85**
- Übergabe **J.96**
- Vertreter **J.98**

Zustellungsfiktion **J.86**
Zustellungsmängeln – Heilung **J.100**
Zwangsvollstreckung **G.28**
zweckgebundener Stoffschutz **H.19**
Zwei-Listen-Prinzip **H.106**
Zweite medizinische Indikation **H.198a**
Zwischenentscheidung **F.188, S.31**
- Einspruch **E.71**

Zwischenverfahren **G.126p**

A: EP-Anmeldung/Patent
B: PCT-Anmeldung
C: Euro-PCT
D: Mündliche Verhandlung
E: Einspruch
F: Beschwerde
G: EU-Patent
H: Materielles Patentrecht
I: Priorität
J: Fristen
K: Sprachen
L: Änderungen, Berichtigung
M: Teilanmeldung, Neue Anmeldung
N: Weiterbehandlung, Wiedereinsetzung
O: Beschleunigung
P: Vertretung, Unterschrift
Q: Zulassung
R: Gebühren
S: G-Entscheidungen
V: US-Patentrecht